大歲月

彭百顯——著

臺灣政治經濟500年

臺灣人自應知曉臺灣史

本書以政治經濟學角度著手，為一簡明臚列臺灣過去陳年往事之編年體歷史長河，
既可供瀏覽、輕鬆翻閱，亦可供歷史事件對照比較研析之參酌。
其間，每一年皆為臺灣歷史大歲月的一個驛站，更可由此出發，深入檢視大歷史背影的真正元素。
由歷史的演變，臺灣確實是一個海洋之國，打自15世紀西歐大航海時代之前，
臺灣先民除原住民族群外，大皆來自四面八方，群聚島嶼，安家興邦，也嘗試對外拓展，
間亦有建國思維或舉動，惟皆功虧一簣，時間並不長久。雖然如此，但歷史所遺留的事跡，
緬懷先人當然是重要的目的，而最重要的卻是為下一代子孫後人留下更寬廣的發揮空間。
可看到的臺灣歷史歲月雖僅五百年紀事，
但已足以供我們為臺灣的命運前程思考努力。我們希望未來的臺灣變成什麼樣的明天？
就讓我們在時間上接銜先民所遺留的基因，
然後研究怎麼演化創造一個美好快樂的臺灣國度吧！

HET EYLAND FORMOSA

歲月總會留下痕跡

在這個世界裡，時間的質地剛好是黏的。

每個城總有些地區卡在歷史洪流中的某個時刻而出不來。所以，個人也一樣，卡在他們生命的某一點上，而不得自由。

——《愛因斯坦的夢》，第 10 個夢

艾倫萊特曼（Alan Lightman，1948-）

麻省理工學院人文學科助理教授

理論物理學家也是小說家

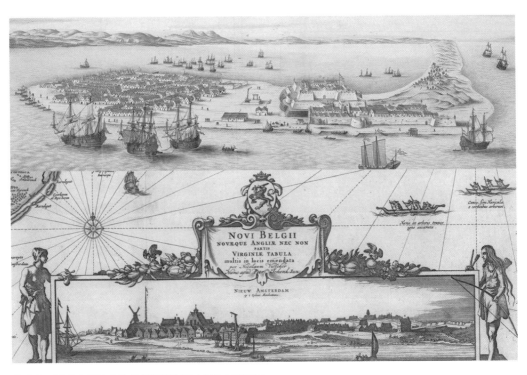

荷蘭東、西印度公司兵分東西兩路的發展命運大不相同。

荷蘭東印度公司（VOC）1624年佔領東半球的臺灣，由臺南建城（安平港、赤崁城）開始治理臺灣，發展貿易；荷蘭勢力於1662年鄭成功攻臺後逝去。圖上部為荷蘭東印度公司大員（今臺南），保壘與市鎮中設置市場及刑場。

荷蘭西印度公司（WIC）1624年佔領西半球北美洲的曼哈頓，建有新阿姆斯特丹（後英國改稱紐約）開始治理，發展貿易；荷蘭勢力於1664年英國戰勝而取代。圖下部為荷蘭西印度公司新阿姆斯特丹，絞刑臺設在左邊。

17 世紀往來於臺灣海峽的中國大陸戎克船

荷治時期，懸掛荷蘭旗幟的中國帆船進入大員，圖右上角為熱蘭遮城。

1663 年荷蘭艦隊攻打金門，聯清試圖再奪取臺灣。

17 世紀，西班牙佔領基隆社寮島，建薩爾瓦多城（San Salvador），1626 完工。
1664 年荷蘭修建為北荷蘭城，1668 年在鄭氏東寧王朝攻打下，荷蘭炸毀此城，
並退出基隆。

鄭成功率 25,000 大軍由鹿耳門攻打普羅民遮城（赤崁城）後，於 1661 年 3 月至 1662 年 2 月的 9 個月期間圍攻熱蘭遮城（安平城）。這段戰役景觀，曾出現在一位日耳曼商人（Albert Herpot）1669 年瑞士出版的《東印度旅行短記》書中插圖。圖示即由北向南描繪鯤鯓半島上的熱蘭遮城及大員市街，圖左海岸為普羅民遮城與赤崁街。

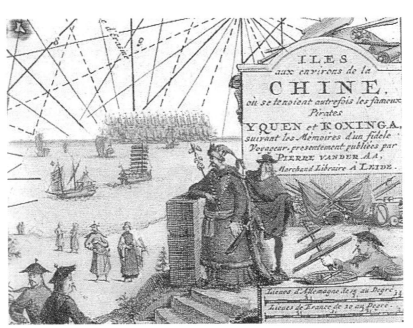

17 世紀鄭芝龍（1604-1661）、鄭成功（1624-1662）父子在福建沿海勢力範圍達到臺灣海峽。1630 年代後半，鄭芝龍勢力興起，為中國東南沿海海上貿易集團之首領，並為荷蘭人貿易最主要對象，與荷蘭人具有競爭與合作之關係。西歐文獻稱鄭芝龍為：一官（Equan、Iquan、Quon、Iquon），稱鄭成功為：國姓爺（Koxinga）；在他們眼中，鄭氏父子是海盜（pirates）。

圖示荷蘭所繪製：一官與國姓爺。

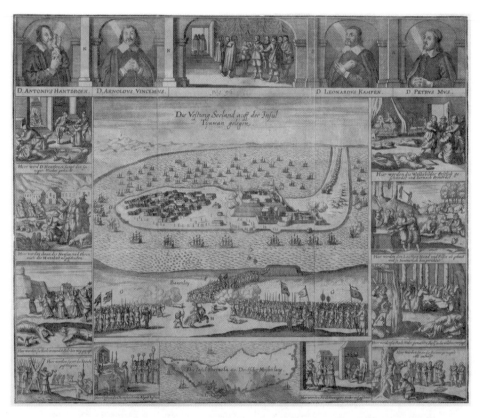

1661 年 4 月，鄭成功攻臺，一個半月後，巴達維亞才獲知消息，1662 年中，歐洲荷蘭才消息傳開。圖示即 1662 年中，國姓爺攻臺消息傳到歐洲引起震撼的海報。圖中繪製熱蘭遮城旁臺江湧入大量海賊船，雙方在北線尾沙洲進行陸戰；周圍係描述被浮者遭到國姓爺虐待情況；左上角為當時犧牲的傳教士 Hambroek（畫家顏水龍曾繪製他的故事：訣別）。

1662 年，荷蘭臺灣總督揆一（Frederik Coyett，1615-1687）向鄭成功投降，撤離臺灣，後遭巴達維亞當局判處死刑，再經改判無期徒刑並流放小島 8 年；再由家人於本國營救，經繳交高額贖金，並與公司簽署競業禁止及保密協定後，於 1674 年獲釋返荷。

揆一以 C.E.S 化名，為自己辯護寫下《被遺誤的臺灣》，書中引用許多東印度公司內部機密文件等資料，為 17 世紀臺灣史之重要參考文獻。

圖示為揆一向鄭成功投降圖。（1675，阿姆斯特丹）

1842 年 8 月 29 日大清帝國與英國在康華麗號（HMS Cornwallis）軍艦上簽訂《南京條約》開放海口通商，割讓香港；打開中國被列強瓜分的先聲。

北埔首富姜家家族（北埔天水堂前）

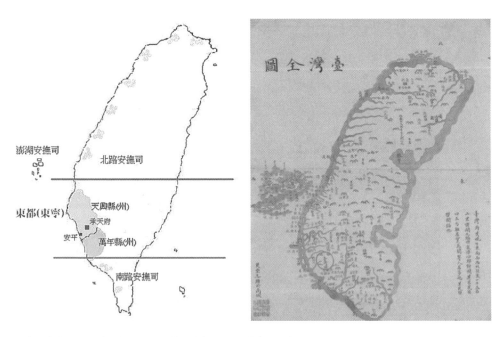

明鄭（東寧王國）時期臺灣行政區域，約侷限於臺灣島之西南隅。

日本佔領臺灣展開治理力量

後藤新平（1857-1929）係日本帝國（1936-1947日本之國號，亦泛指1868年江戶時代結束至1947年新憲施行期間）時期的政治家，原是醫師，1894年中日甲午戰爭爆發在明治天皇廣島大本營工作至戰後，獲陸軍次官兒玉源太郎（1852-1906）賞識。1898年2月，兒玉源太郎任臺灣總督時擔任第三任民政長官（1898-1906）。

後藤新平任臺灣總督府民政長官時，由於總督兒玉源太郎時常不在臺灣，是實際的臺灣治理者，也是奠定臺灣步向現代化的重要發展基礎者。包括土地調查、戶口普查及風俗習慣調查，推展「生物學」殖民政策，亦即依生物學原理促進科學、發展農業、工業、衛生、教育、交通、警察等之發展，以「生存競爭獲取保全及勝利」治理臺灣。對臺灣發展影響至大。

臺灣總督府於 1912 年 6 月 1 日開工，1919 年 3 月竣工，總經費 281 萬日圓。自此，這棟建築一直就是統治臺灣的最高權力中心，當時亦是最高的建築。

臺灣總督府係 1907 年以 5 萬日圓公開徵圖，1909 年，經評審團審慎考量採用第二名長野宇平治（1867-1937）的設計作品，後再經過初選第四名森山松之助（1869-1949）就採用入選作品作局部修改，並擔任施行階段之設計。為文藝復興式之建築。

臺灣總督府於 1945 年二戰末期曾遭美軍炸毀部分結構。1946 年，民間捐款修復，並改名「介壽館」。1949 年至 1957 年，中華民國總統府與行政院在此合署辦公。1957 年後由總統府單獨使用。2006 年「介壽館」改稱「總統府」。

文藝復興式風格的臺灣總督官邸於日治時期1901年9月26日落成，花費21萬日圓，係當時總督住所，也是接待宴客之所，自第4任總督兒玉源太郎至末任安藤利吉，計有16位總督居住於此。1945年曾短暫成為臺灣省主席官邸，1950年改為臺北賓館。1952年，《中日和約》在此簽訂。1998年經指定為國定古蹟。圖示為1901年完成的第一代總督官邸。（上圖）由於空間不敷使用，且材質腐壞情況，1911年開始改建，至1913年3月31日完成擴建，風格遂改為巴洛克式，為第二代總督官邸（下圖）今之臺北賓館外貌未變。

臺灣總督府博物館（今國立臺灣博物館）是臺灣首座現代化博物館。
1906 年，臺灣總督府民政長官祝辰巳（1868-1908）為紀念故兒玉總督及後藤民政長官之政績，
向民間募集資金（256,101 日圓）籌建兩位之紀念館。1908 年與總督附屬博物館合併。1913
年興建，1915 年完工，為後文藝復興式建築。

彰化銀行是最早由臺灣人自行籌資設立的銀行，甚具歷史意義。

彰化銀行是創立於 1905 年的老銀行，由中部地區地方士紳吳汝祥（1868-1941）、
吳德功（1850-1924）、辜顯榮（1866-1937）、楊吉臣（1854-1930）等為配
合解決清治遺下「一田二主」（永佃）的嚴重現象，日本政府遂交付龐大公債，
而集資 22 萬日圓創立「株式會社彰化銀行」，總行設於彰化，故名彰化銀行。
1910 年總行遷至臺中。

圖示為 1936 年新建古典式的臺中總行，1938 年 9 月完工。

製糖是臺灣早期的重要農業，是臺灣經濟發展史的重要一環。

17世紀荷蘭時期即以蔗糖對外出口，日本時期砂糖年產量最高達142萬公噸（64％輸出日本）；國府時期產糖量最高100萬公噸（1964-1965），糖外銷1.35億美元，佔總出口（外匯）79％（1964）。二戰後砂糖產量僅8.6萬公噸，三年後恢復至戰前六成產量，1980年代恢復年產100萬噸水平。今已明顯萎縮。上圖是臺灣製糖株式會社1900年成立後於橋仔頭（今高雄）所設立最早的新式現代化糖廠（日搾1,000公噸）。

臺灣製糖廠日治時期自1902年即在橋仔頭設置糖廠，1907年設置虎尾糖廠（1909年開工，日搾3,300公噸；1912年二廠日產1,600公噸；1962年停工），接著1908年設屏東廠（阿猴廠，1922年起並為總公司所在地）、小港（後壁）、善化（灣裡）、仁德（車路墘）、永康（三崁店）、埔里、臺北（1942年停工）、南州（東港）、旗山（旗尾）、恆春、大寮（1942年停工）。

全臺各地並興建有製糖鐵道運輸甘蔗，如1932年神社前線（善化 - 神社前）、1914年旗尾線（屏東 - 里港）、1909年屏東 - 東港線、鳳山 - 工場線、鳳山 - 林子邊線，以及鷺洲 - 新莊線等。戰後糖廠及鐵道皆由國府接收。下圖是運輸甘蔗的臺糖火車。

阿里山森林鐵道係日治時期為開發阿里山森林之林木運輸所建設之鐵路。
1900 年開始勘查興建阿里山鐵路，1906 年大阪藤田組獲得經營許可，1908 年嘉義 - 竹崎完工，1909 年官方接手，1912 年全線 67.1 公里完工。
圖為阿里山鐵路運送木材。1918 年開辦客運。

圖上為日治時期基隆火車站，1907 年落成後被譽為最美的車站。1967 年被拆除，取而代之的是下圖近年之火車站。

1912 年 6 月 9 日基隆郵便局落成（今郵局現址）。

臺北菊元百貨店成立於 1932 年 11 月 28 日，12 月 3 日開幕，為臺灣最早的百貨公司，與臺南市同年 12 月 5 日開幕的林百貨店並列為當時臺灣南北兩大百貨。

圖為稱為七重天（七樓）的菊元百貨，樓高僅次於總督府。二戰後國民政府接收停業。

臺灣文化協會 1921 年 10 月 27 日成立。

臺灣共產黨（1928-1931）1928 年 4 月 15 日在上海成立。
圖為主要人物大會主席謝雪紅（1901-1970，前排右二）攝於 1925 年赴莫斯科
留學前。

延平郡王祠為臺灣開拓史的一個重要象徵，也是漢文化根植臺灣的關鍵象徵，所謂「開臺聖王」是耶。

延平郡王祠又名鄭成功廟，建立 1662 年，也名開山王廟，1875 年，專祀建祠，係清治時期最早官祀鄭成功之紀念祠。1896 年，日治時期改名開山神社，是日本在臺最早設置之神社，也是二戰前日本海外神社唯一由廟宇改為神社的特例。

1914 年大規模改建。1963 年，再度重建。（圖示為日治時期之樣貌）下圖為延平郡王神像。

1935 年 4 月 21 日清晨，芮氏規模 7.1 新竹－臺中大地震，死亡 3,276 人，傷 12,053 人。

臺中一中為日治時期由臺灣人氏林烈堂（1876-1947，捐地 15,000 坪）、林獻堂（1881-1956）、辜顯榮（1866-1937）、吳德功（1850-1924）、蔡蓮舫（1875-1936）、林熊徵（1888-1946）等 17 人共募資 248,820 元）捐款、捐地所設立培育臺人子弟之中學。圖示為日治時期臺中一中畢業紀念冊上學生在校活動一景。

1943 年 10 月臺灣總督府徵集學生兵

日本帝國在台殖民統治的最高權力中心與行政、文化飾。

日治時期（1895-1945）臺灣總督由日本天皇指派，前後半個世紀共派任 19 位總督。總督府於 1919 年啟用（1912 年 6 月啟建，歷時八年）。二戰時曾遭到美軍空襲，部分結構受損，1946 年起開始修復，至 1948 年底完成，改名「介壽館」，2006 年再更名為「總統府」，為中華民國總統府機關所在。

圖示為前衛出版《臺灣總督府》封面之日治時期臺灣總督府及歷任總督照片。

蔣、毛之爭中,俄羅斯歷史學家潘佐夫(Alexander V. Pantsov)教授認為蔣介石與美方的結盟造成不佳觀感,而使毛澤東坐大。

圖示為1945年重慶談判時,美國駐中華民國大使赫爾利(Patrick Jay Hurley)、蔣介石與毛澤東合照。下圖係1949年毛澤東(左)與史達林(右)於莫斯科。此種關係即為造成臺灣當今在兩岸互動的「蔣毛歷史模式」。

戰爭期間決定臺灣命運的一次國際會議。

1943 年 11 月 23 日至 26 日,中、英、美在埃及開羅召開三國領袖會議,會後於 12 月 1 日發表對日作戰之新聞公報(開羅公報),有稱之為《開羅宣言》(又稱 1943 第一次開羅會議)。主要內容包括臺澎歸還中華民國,以及朝鮮獨立。惟本項宣言存有爭議尚多。

圖示為蔣介石(中華民國軍事委員會委員長)、羅斯福(美國總統)、邱吉爾(英國首相),以及三國與會將領於 1943 年 11 月 25 日合影。這一張之合照為軍服組。(另一組是三國與會外交文官,稱為西服組合照)

1945 年 9 月 9 日，二戰結束後中國作戰區受降儀式在南京舉行，日軍之中國指揮官岡村寧次在投降文件代表日本簽署。

1950 年臺北市慶祝臺灣光復

1946 年 10 月 21 日,蔣介石與宋美齡搭 C-47 美齡號來臺巡視一週,並參加臺灣光復一週年活動(上圖)。

下圖係國民政府來臺後的第一個元旦,1950 年,中華民國元旦團拜,總統蔣中正與陳誠副總統(前排左二)、總統府秘書長張群(左四)等軍人合影。

1949 年國民政府撤退來臺之前，臺灣即因國共內戰而負培訓軍力之責任。

孫立人將軍任陸軍訓練司令時，於 1949 年將上海等地招募之知識女青年及流亡女青年三百餘人來臺於 3 月 8 日在屏東阿猴寮（今屏東機場）成立女青年訓練大隊，隸屬陸軍訓練司令部。

圖示係 1949 年女青年訓練大隊在女兵入伍接受持槍訓練。

1950 年 6 月 25 日，韓戰爆發，美國駐遠東總司令麥克阿瑟向總統杜魯門建議臺灣派一支師支援韓國，及美方派軍保衛臺灣島。蔣中正即時召開緊急軍事會議準備派出第 52 軍增援；但因國務卿艾奇遜反對，杜魯門三度否決麥帥計畫。因而，也打消了蔣中正反攻大陸之希望。

1960 年 6 月 18 日，美國總統艾森豪在第七艦隊聖保羅號旗艦上乘直昇機到達臺北松山機場訪臺，並簽署聯合公報重申共同抵禦中共威脅。

1950 年，韓戰爆發，美國物資援臺，一批軍用吉普車在基隆港卸下。
（鄧錦輝 1952）

1950 年 6 月韓戰爆發，中共派遣 50 萬志願軍進入朝鮮協助作戰，當年
二萬多人被俘中有一萬四千多名被俘虜的志願軍不願回中國大陸而輾轉
來臺，成為「1954 年一二三自由日」的由來。
圖為當年「反共義士」在大湖、楊梅各義士村宣誓脫離中國共產黨。

1950 年花蓮選出第一位民選縣長楊仲鯨（右二，留著招牌長鬍鬚）擊敗 4 位國民黨候選人。（中國時報，阮大正提供）

1951 年中華民國第一位民選首都市長吳三連勝選。

1958 年 4 月 10 日，胡適就任中央研究院院長。圖為與蔣中正合影於中央研究院就職會場前。

蔣中正夫婦與蔣經國

1978 年 5 月 20 日，蔣經國自嚴家淦之後接任總統職位，進入完全蔣經國時代。

1979 年 12 月 10 日高雄爆發美麗島事件。

1987 年 6 月 12 日，在立法院前示威的民進黨人士，與反共
愛國陣線對峙。

1987 年 5 月 19 日，支持民進黨人士 5,000 多人在臺北舉
行示威遊行，抗議戒嚴，抗議制定國安法。延續 1986 年
「五一九綠色行動」的主張，要求解嚴、回歸憲法。

彭百顯側寫

　　1990 年代初，臺灣上場幾位耀眼的政治人物，一位國會記者觀察兩年黨團幹事長風格做出論述「民進黨的四把刀」，其中所指細微縝密的那把手術刀，就是本書的作者 — 彭百顯。

　　彭百顯，1949 年生於南投縣國姓鄉。長期兼教職於文化大學、中興大學經濟系副教授，後專任開南大學財金系，並擔任系主任及研究所所長。

　　作者早期投身金融領域 15 年，先後服務於合作金庫、基層金融研訓中心，以及財政部金融研究小組。曾經於專業性報章雜誌發表過數十萬字經濟金融專業文章，主編過《今日合庫》月刊、《產業經濟》月刊、《基層金融》半年刊；曾為首都日報、民眾日報、環球日報、臺灣時報等主筆。後來關心臺灣政治，並為《八十年代》、《亞洲人》等黨外雜誌，以及《臺灣春秋》月刊、《黑白新聞》週刊等雜誌刊物撰稿。

　　中年參與臺灣民主運動，共同發起民主進步黨創黨、置身政治洪流並也擔任公職 12 年，曾以最高票任第一、二、三屆立法委員，於國會打拼

臺灣政經體制方面扮演大力推動國家社會改革之旗手，為民進黨在經濟領域打出一片天，深受各界所敬重。

其間，除自身多次投入選舉直接走入群眾，三十年來，亦曾於民進黨正義連線會長任內與同志們共拱陳水扁當上臺北市長，並為民進黨全力投入 400 年第一戰為陳定南競選省長，以及 1996 總統民選時為彭明敏、謝長廷競選總統、副總統，兩度負責運籌上億元財務及輔選工作，分別為民進黨寫下美好之選舉紀錄。

1997 年苦戰中當選史上首位非國民黨籍之南投縣長，展開財政窘困之縣政改革。接著於縣長任內發生 1999 年 921 大地震，不幸在艱難重建中，懷璧其罪，被奸所害，以莫須有罪名蒙冤身陷司法纏訟跨越一個世代；沉潛自修十數年，待還清白，卻仍遭扼阻政治仕途；人生黃金歲月竟未能以財經專業貢獻社會，誠留一生憾事。

作者正埋首執筆整理影響其一生之政治司法大案，以及《臺灣政治經濟學》一書。

序：為政傳命，為臺灣作史

20 世紀初期，史學藉由經濟史（經濟與社會史）而影響歐美的年鑑學派（Annales School）興啟，歷史已不僅僅是政治史的專屬，而是將經濟學、社會學、人類學皆納入歷史學的範疇。依此，本書即係一部把近五個世紀以降，將與政治、經濟有關之臺灣社會文明進展之事件，利用編年體（chronology）的方式，一一呈現概貌的臺灣年史。

《大歲月：臺灣政治經濟 500 年》是我斷斷續續寫了二十餘年尚未完成的《臺灣政治經濟學》這本書的副產品。當初，只是為了對照歷來臺灣政經發展有關人物、事件等之確切時間，以及為避免出現時空矛盾而整理之政經年史簡表，未想竟一發不可收拾，內容愈加愈多，最後決定費一點心力完整連貫成為一部五百年政經史之專書。全書經過五年之增補修正，終於以本面目出版。

這五年，正是我由開南大學退休下來賦閒於家較為輕鬆的時日。原以為，可以悠然澄清已往歲月，紓解過去長期負重的心情；只是，其間稍放不下、尚存一絲「公門好修行」僥倖之志，希望有機會回到投身政治之前的金融專業領域，為臺灣克盡我這生下半場之生命剩餘價值。夢想猶原如此，但畢竟公門難入。故當思及與前輩城仲模前司法院副院長一起共事時，他所曾言閱讀臺灣史之應然事一幕，遂而激勵自己利用時間，重拾已然準備回歸自我之心，決心再面對我們生命中最重要的環境臺灣，猛然投

入本項鉅大工程；其間，也包括擔任《民報》創報一年半社長的一段時光。這也是完成本書之一段機緣。

本書乃我人觀臺灣歷史，臺民生存發展之紀錄，政治經濟演變過程及結果也。

古早，始有天地，臺灣即位立太平洋濱。島國先民，原住天涯一方，也融自八方；以島為其家，以島為其國。近溯先民遺命寶島凡五百載，有史則約四百年。命運造化，大航海時代捎來首批武力統治，開啟政權；接著四個世紀仍未離軍力主導臺灣歷史。五百年為政傳命，乃成今日臺民歷史之局。海權注定臺灣命運。故而省思臺灣歷史，政治乃主角，生存依賴之經濟則為基石。本書之構成即依此為脈絡，為臺灣作史，但著重當代，以先民面對統治所留精神，所創生存發展志業，酌採擇記，盡留臺民及後來之參。

我自知本書之市場性非常有限，原打算自行印行，只期達到藏諸名山備參，以供有心研究者參卓，惟經好友紅螞蟻圖書公司負責人李錫東先生之好意鼓勵，乃委請代為處理相關出版發行，甚為感謝。而由於本書涵蓋歷史長遠，許多早期資料容或欠缺且查證非易，取材受限難臻完善，書中錯誤難免，敬請指正。

最後，誠心祝福臺灣。我要把本書獻給熱愛臺灣、奉獻臺灣的每一個人。

彭百顯 謹記

2018 年 3 月

歷史是現在與過去之間無休止的對話。

—— 愛德華·霍列特·卡爾

（Edward Hallett Carr，1892 –1982）

英國歷史學家、國際關係學者

大歲月

臺灣政治經濟 500 年

　　本書是臺灣五百年來的政經故事簡史。全書採編年體方式，以臺灣為主體，就發展角度，把這近五個世紀臺灣歷史長河縮影於前，內容分為四大部分。

　　第一部：過去，為「地理大發現：臺灣走進殖民地時代」、「大清帝國邊陲時代」、「日本帝國時代」、「回合與分離：臺灣與大陸中國之合分」等由早期至二戰終結之單元。

　　第二部：當代之一，為「中華民國到臺灣：蔣中正時期」、「中華民國在臺灣：蔣氏父子時期」、「中華民國是臺灣：後蔣中正時期」、「中華民國是臺灣：蔣經國時期」等 20 世紀下半葉之單元。

　　第三部：當代之二，為「中華民國是臺灣：李登輝時期」到「中華民國臺灣：邁向新世紀」，包括陳水扁時期、馬英九時期、蔡英文時期等 21 世紀初期之單元。

　　第四部：當代之三，為兩岸關係之發展單元。

　　全書以十個章次，即第一部至第三部概要式的總覽了臺灣這五百年以來有關的主要政經紀事；兩岸關係之競合，則於第四部另立篇幅單獨陳述。

目 錄

彭百顯側寫 ⋯⋯⋯⋯⋯⋯⋯⋯⋯⋯⋯⋯⋯⋯ 36

序： 為政傳命，為臺灣作史 ⋯⋯⋯⋯⋯⋯⋯⋯⋯ 38

前言： 島國地緣 ⋯⋯⋯⋯⋯⋯⋯⋯⋯⋯⋯⋯⋯ 46

第一部 過去：天涯浪跡，聚島寄情 ⋯⋯⋯⋯⋯ 50

第一章 地理大發現：臺灣走進殖民地時代 ⋯⋯⋯⋯ 54
第一節 前荷蘭時代：村社、部落與大都王國 ⋯⋯⋯ 56
第二節 航海政權與荷西時期（1624 -1662） ⋯⋯⋯ 75
第三節 分離政權：鄭氏東寧王國時期（1662 -1683） ⋯⋯ 107

第二章 大清帝國邊陲時代 ⋯⋯⋯⋯⋯⋯⋯⋯⋯ 122
第一節 納編福建及渡臺禁令時期（1684 -1874） ⋯⋯⋯ 124
第二節 移民開墾及獨立建省時期（1875 -1895） ⋯⋯⋯ 177

第三章 日本帝國時代 ⋯⋯⋯⋯⋯⋯⋯⋯⋯⋯⋯ 194
第一節 日治殖民初期（1895 -1918） ⋯⋯⋯⋯⋯⋯ 196
第二節 日治地方自治時期（1919 -1936） ⋯⋯⋯⋯ 229
第三節 日治戰爭時期（1937 -1945） ⋯⋯⋯⋯⋯ 246

第四章 回合與分離：臺灣與中國大陸之合分 ⋯⋯⋯ 259
第一節 戰後盤整制憲（1945 -1947） ⋯⋯⋯⋯⋯ 260
第二節 大陸大逆轉：由憲政到戒嚴（1948 -1949） ⋯⋯ 285

第二部 當代之一：天演民國，蓬萊豎旗 ······· 326

第五章 中華民國到臺灣：蔣中正時期 ················ 329

第一節　遷臺整頓初期：建立專制政體（1949 -1952） ······· 331
第二節　推動經建計畫：管制經濟之發展（1953 -1959） ······· 360
第三節　穩固在臺統治：控制政經體系（1960 -1965） ······· 396

第六章 中華民國在臺灣：蔣氏父子時期 ················ 419

第一節　蔣經國培育時期（1966 -1969） ············· 420
第二節　蔣經國副院長時期（1969 -1971） ············ 442

第七章 中華民國是臺灣：後蔣中正時期 ················ 469

第一節　「莊敬自強」時刻（1971 -1972） ············ 471
第二節　蔣經國掌權接班（1972 -1975） ············· 484

第八章 中華民國是臺灣：蔣經國時期 ················ 521

第一節　接任黨主席（1975 -1978） ··············· 522
第二節　強人政治的高峰（1978 -1979） ············· 548
第三節　黨國體制的挑戰（1979 -1988） ············· 569

第三部 當代之二：天運順機，斯國新民 ······· 640

第九章 中華民國是臺灣：李登輝時期 ················ 643

第一節　李登輝接班（1988） ················· 644
第二節　李登輝之民主化（1989 -1996） ············ 660
第三節　中華民國臺灣化（1996 -2000） ············ 706

第十章 中華民國臺灣：邁向新世紀 ················ 735

第一節　民進黨輪政：陳水扁時期（2000 -2008） ········ 736
第二節　政黨再輪替：馬英九時期（2008 -2016） ········ 817
第三節　民進黨二度執政：蔡英文時期（2016 - ） ········ 907

第四部　當代之三：天設造化，隔離試煉 ‧‧‧‧‧‧ 940

兩岸競合 ‧‧‧‧‧‧‧‧‧‧‧‧‧‧‧‧‧‧‧‧‧‧‧‧‧‧ 942
一、1950－1987：互不交往 ‧‧‧‧‧‧‧‧‧‧‧‧‧‧‧‧ 942
二、1987－1999：間接交往 ‧‧‧‧‧‧‧‧‧‧‧‧‧‧‧‧ 944
三、2000－2004：小三通與經貿大開放 ‧‧‧‧‧‧‧‧‧ 956
四、2005－2008：國共交流與民間往來活絡 ‧‧‧‧‧‧‧ 976
五、2008－2012：大三通與經貿締約 ‧‧‧‧‧‧‧‧‧‧ 1007
六、2013－2016：全面性往來 ‧‧‧‧‧‧‧‧‧‧‧‧‧‧ 1047
七、2016－2017：冷戰互動 ‧‧‧‧‧‧‧‧‧‧‧‧‧‧‧‧ 1067

兩岸之未來 ‧‧‧‧‧‧‧‧‧‧‧‧‧‧‧‧‧‧‧‧‧‧‧‧‧ 1094

未來：　自強行健，履踐理想 ‧‧‧‧‧‧‧‧‧‧‧‧ 1095

附錄 ‧‧‧‧‧‧‧‧‧‧‧‧‧‧‧‧‧‧‧‧‧‧‧‧‧‧‧‧‧‧ 1100

目次

附錄 1　《麻豆協約》確立荷蘭領主關係（1635.12） ‧‧‧‧‧‧‧ 1100
附錄 2　大都王國與荷蘭東印度公司所簽訂之降約（1645） ‧‧ 1103
附錄 3　鄭荷之戰《荷蘭降書》（1662.2） ‧‧‧‧‧‧‧‧‧‧‧ 1104
附錄 4　清日《馬關條約》（1895.5.8） ‧‧‧‧‧‧‧‧‧‧‧‧ 1108
附錄 5　國民政府《國家總動員法》（1942.3.29） ‧‧‧‧‧‧‧ 1114
附錄 6　《波茨坦宣言》（1945.7.26） ‧‧‧‧‧‧‧‧‧‧‧‧ 1119
附錄 7　昭和天皇《終戰詔書》（1945.8.14） ‧‧‧‧‧‧‧‧ 1121
附錄 8　《日本投降書》（1945.9.2） ‧‧‧‧‧‧‧‧‧‧‧‧ 1122
附錄 9　美國接管臺灣的麥帥〈第一號令〉（1945.9.2） ‧‧‧‧ 1124
附錄 10　《戒嚴法》（1934.11.29） ‧‧‧‧‧‧‧‧‧‧‧‧‧ 1129
附錄 11　臺灣人民自救宣言（1964.9.20） ‧‧‧‧‧‧‧‧‧‧ 1133
附錄 12　921 震災總統緊急命令（1999.9.25） ‧‧‧‧‧‧‧‧ 1143
附錄 13　陳水扁司法案彙總 ‧‧‧‧‧‧‧‧‧‧‧‧‧‧‧‧‧ 1145
附錄 14　臺灣重大食品安全事件（1979－2014） ‧‧‧‧‧‧‧ 1149
附錄 15　中華人民共和國《臺灣問題與中國的統一》白皮書（1993.8.31） ‧‧‧ 1155
附錄 16　行政院大陸委員會《臺海兩岸關係說明書》（1994.7.5） ‧‧ 1172

表次
表 1-1　荷蘭治臺歷任總督一覽（1624－1662） ‧‧‧‧‧‧‧‧‧‧ 79

表 1-2　西班牙歷任雞籠與淡水總督（1626-1642）‧‧‧‧‧‧‧‧‧‧‧‧‧‧‧‧‧‧‧‧‧‧‧ 83

表 2-1　臺灣歷任知府（1684-1886）‧‧‧‧‧‧‧‧‧‧‧‧‧‧‧‧‧‧‧‧‧‧‧‧‧‧‧‧‧‧ 132

表 2-2　臺灣布政使（臺灣知府升格，1887-1895）‧‧‧‧‧‧‧‧‧‧‧‧‧‧‧‧ 133

表 2-3　歷任福建分巡臺灣廈門道首長（1684-1727 年）‧‧‧‧‧‧‧‧‧‧‧ 145

表 2-4　歷任臺灣道首長（1727-1766 年）‧‧‧‧‧‧‧‧‧‧‧‧‧‧‧‧‧‧‧‧‧‧‧ 146

表 2-5　歷任福建分巡臺灣兵備道首長（1766-1791 年）‧‧‧‧‧‧‧‧‧‧ 147

表 2-6　歷任按察使銜分巡臺灣兵備道首長（1791-1885 年）‧‧‧‧ 148

表 2-7　鹿港八郊之主要商號及營業性質‧‧‧‧‧‧‧‧‧‧‧‧‧‧‧‧‧‧‧‧‧‧‧ 158

表 3-1　日治時期臺灣總督一覽表（1895-1945）‧‧‧‧‧‧‧‧‧‧‧‧‧‧‧‧‧ 200

表 3-2　日治時期修築之臺灣主要公路（1895-1943）‧‧‧‧‧‧‧‧‧‧‧ 205

表 3-3　日治時期臺灣醫校與學生統計（1897-1945）‧‧‧‧‧‧‧‧‧‧‧ 208

表 3-4　日治時期臺灣各府立醫院規模統計（1936）‧‧‧‧‧‧‧‧‧‧‧‧ 209

表 3-5　日治時期政府興築之鐵路（1898-1922）‧‧‧‧‧‧‧‧‧‧‧‧‧‧‧‧ 217

表 3-6　日治時期臺灣教育狀況（1944）‧‧‧‧‧‧‧‧‧‧‧‧‧‧‧‧‧‧‧‧‧‧‧ 231

表 3-7　日治時期臺灣之行政區劃（1945）‧‧‧‧‧‧‧‧‧‧‧‧‧‧‧‧‧‧‧‧‧ 232

表 3-8　日治時期臺灣稻米產量比較（1925-1931）‧‧‧‧‧‧‧‧‧‧‧‧‧ 234

表 3-9　日治時期臺灣公司資本籍別統計（1929）‧‧‧‧‧‧‧‧‧‧‧‧‧‧ 239

表 3-10　日治時期臺灣國籍別人口調查（1935）‧‧‧‧‧‧‧‧‧‧‧‧‧‧‧ 243

表 3-11　日治時期臺灣國籍別人口調查統計（1935）‧‧‧‧‧‧‧‧‧‧ 243

表 3-12　日治時期基隆港及高雄港建設（1944）‧‧‧‧‧‧‧‧‧‧‧‧‧‧‧ 247

表 3-13　日治時期臺灣稻米外銷比重（1929-1941）‧‧‧‧‧‧‧‧‧‧‧ 249

表 3-14　日治時期臺灣工業部門就業結構（1915-1940）‧‧‧‧‧‧‧ 249

表 3-15　日治時期臺灣勞動參與率（1905-1940）‧‧‧‧‧‧‧‧‧‧‧‧‧ 250

表 3-16　日治時期臺灣進出口市場結構（1896-1940）‧‧‧‧‧‧‧‧‧ 250

表 3-17　日治時期臺灣國民所得統計（1910-1939）‧‧‧‧‧‧‧‧‧‧‧ 251

表 3-18　日治時期臺灣學齡兒童就學率統計（1917-1942）‧‧‧‧‧ 253

表 3-19　日治時期臺灣行政區域面積及人口統計（1945）‧‧‧‧‧‧ 257

表 4-1　臺灣警備總司令部系統四度演變流程（1945-1992）‧‧‧‧ 267

表 4-2　臺灣總督府出資臺拓社有地面積統計（1936）‧‧‧‧‧‧‧‧‧ 270

表 4-3　二戰後臺拓出資地各縣市分布表（1946）‧‧‧‧‧‧‧‧‧‧‧‧‧‧ 272

表 4-4　臺灣歷任省政府主席（1947-1994）‧‧‧‧‧‧‧‧‧‧‧‧‧‧‧‧‧‧‧ 282

表 4-5　中華民國歷任總統一覽表（1948 -2016）‧‧‧‧‧‧‧‧‧‧‧‧‧‧ 288

表 4-6　1940 年代臺灣稻米生產統計（1941-1949）‧‧‧‧‧‧‧‧‧‧‧ 294

表 5-1　臺灣行政區劃改制比較（日治與戰後）‧‧‧‧‧‧‧‧‧‧‧‧‧‧‧‧ 340

表 5-2　臺灣行政區劃改制前後與當前（2017）比較‧‧‧‧‧‧‧‧‧‧‧ 341

表 5-3　臺灣的外國經濟援助（1951-1968）‧‧‧‧‧‧‧‧‧‧‧‧‧‧‧‧‧‧‧ 417

表 9-1　全部（或一部）移轉民營之公營事業‧‧‧‧‧‧‧‧‧‧‧‧‧‧‧‧‧‧ 680

表 9-2　已結束營業之公營事業（共 17 家）‧‧‧‧‧‧‧‧‧‧‧‧‧‧‧‧‧‧ 682

移民拓墾

公元		
1500	大明禁海令	
	沿海居民自發性登島	
	（大明人到臺灣）	
	大都王國	
1623	大明禁船航臺	
荷蘭時代		
1636	鼓勵漢人移民墾殖	
1656	大清發佈禁海令	
東寧王國		
1662	鄭軍 2.5 萬登臺屯田	前言：
大清時代		島國地緣
1684	禁止移民臺灣	
1709	鼓勵移民，因應歉收	
1719	重申渡臺禁令	
1870	獎勵移民至臺	
1874	解除移民禁令	
日本時代		
1895	殖民開發臺灣	
1909	推動官營移民	
1915	鼓勵私營移民	
中華民國時代		
1945	日本撤退臺灣	
1949	國府 200 萬軍民移臺	

前言：島國地緣

　　臺灣，四面都是海，像西太平洋邊的一葉扁舟，隨風雨搖曳，伴歷史時空的變遷紛擾，忽為孤島，隨而殖民屬地；忽為刀俎，隨而爭自主。沒有自主的政治經濟，對島民而言，以漢人為主，就像為爭生存的奮鬥過程，並無屬於自己的安定家園；而所面對的帝國殖民主義，就像在壓抑和搾取的領主，並無留給自己揮灑的空間，任其予取予求。一部五百年臺灣史，像飄盪在亂世隨波逐流。*

　　早期臺灣的歷史便是移民的點點滴滴故事集，自荷蘭在臺建立政權，開始有比較整體性的政權活動及其移轉事蹟與經濟貿易之記載，歷史內容也才逐漸豐富。17 世紀以降，先後歷經荷、西、鄭、清屬地時代，以及日本統治時代，甚至於脫離殖民統治之後，臺灣的命運持續受強權宰制。直到 20 世紀末期，島國自主掙扎之聲才在現代化過程中響亮出來。這是一部悲愴苦難的政經歷史。

---

* 對臺灣歷史發展研究探討有深入見解之文獻甚多，如：駱芬美，（1）《被誤解的臺灣史：1553-1860 之史實未必是事實》，2013；（2）《被混淆的臺灣史：1861-1949 之史實不等於事實》，2014；（3）《被扭曲的臺灣史：1864 -1972 撥開三百年之歷史迷霧》，2015。（臺北：時報文化）；紀事文獻方面如：李永熾監修，薛化元主編，《臺灣歷史年表》終戰篇 I（1945-1965），終戰篇 II（1966-1978）及終戰篇 III（1979-1988），出版年分別為：1990，1994，1991。（臺北：財團法人張榮發基金會，國家政策研究中心）

「我看到昨天，我知道明天。」

—— 古埃及諺語

冰河時期	公元	住民生活島上	第一部
...			過去
1500		大航海時代	
1540 ？		大都王國成立	
1623		荷蘭一鯤鯓皆城建據點	
1624		荷蘭佔領臺南建政權	
1626		西班牙佔基隆淡水建政權	
1662		東寧王國建立	
1684		併入大清於福建設府	
1732		大都王國瓦解	
1885		大清獨立建省	
1895		馬關條約割讓予日本	
		日治時代開始	
		5月，臺灣民主國建立	
...			
1941		太平洋戰爭	
1945		終戰，中華民國設省	
1946		國共內戰	
1949		中華民國遷臺	

【第一部】過去

天涯浪跡，聚島寄情

臺灣也有悠長悠長的過去…

往前追憶，隱隱約約自公元 16 世紀以降，大約五百年，臺灣人文活動的
輪廓才逐漸明顯浮上歷史檯面。

臺灣先民曾經橫渡黑水溝遠離彼岸，去鄉背井，冒險患難；儘管蓽路藍縷，
流血揮汗拓墾荒疆野地，但求落地安居，打拼美好新家園。

歷經無數的潮來浪往，刀槍火礮強權出入五個世紀，江山卻屬人家天下，
奈何孤島斯民美夢難圓。

這一篇近五百年的歷史，一幕接一幕，盡是一部漫漫移民開墾、異族統治
的血淚史章。

歷史學家強調，一個值得生活的社會，總要提供空間給不同族群安身。

我們不能只顧自己的利益，我們的世界真成了一個人人為己的世界，那麼，這個世界絕不會是個美好的世界，也絕不可能長久。

	公元		
？		住民部落生活	
…			
1171		南宋泉州軍民屯戍澎湖	
1281		大元設澎湖巡檢司	
…			
1400 年代		大明鄭和揮師入臺	第一章
1542		福爾摩沙稱臺	地理大發現
1570 年代		島上貿易橫跨太平洋	
1593		日倭入侵北臺灣	
1602		荷蘭東印度公司成立	
1603		漢人登陸	
1604		明朝屯軍澎湖	
1609		日本到臺尋貿易據點	
1618		荷蘭在爪哇建巴達維亞城	
1621		顏思齊、鄭芝龍率眾入臺	
1622		荷蘭佔澎湖與大明激戰	
1624		鄭芝龍於笨港建基地	
		打狗與爪哇巴達維亞建立航線	

第一章

地理大發現：臺灣走進殖民地時代

　　五百年之前，臺灣躍登國際舞臺，但不是自主性的。

　　臺灣島地懸西太平洋邊，正當全球步入地理大發現的航海時代，記載顯示自公元 16 世紀中葉，臺灣即開始與中國以及日本、朝鮮、呂宋、葡萄牙、西班牙及荷蘭等亞歐諸地因貿易商業的往來，而分別有不同程度的聯結關係。由於臺灣的地理位置，也把中國與大航海世界之歐洲、東亞與西亞、南亞與中亞、印度與非洲等東西兩半球諸帝國的貿易拓展相串連，並建構成自己島國與對外關係，於是，臺灣的歷史紀事，才逐漸累積起來。

　　其實，更早之前，臺灣的發展也可以說是航海世紀的變遷，尤其是 15 世紀歐洲重商主義興起的貿易、資源掠奪與殖民競爭史的一環。此時，大陸中國政權是大明王朝正值帝國結束「鄭和七下西洋」改採行閉關之海禁政策時期，由於地緣政治之海禁政策，致使大陸沿海海盜橫行，走私貿易利豐，故有鋌而走險移民臺灣之漢人開發，亦開啟了臺灣政權更替的島國爭奪史跡。

　　臺灣拓墾乃移民之功用。臺灣社會之發展，是一部移民拓墾之歷史，移民開墾特色是歷來島上政權之著力處，因而，移民政策變遷即構成臺灣發展史之重要政經指標。

經貿發展

公元		
1500	大陸漢人來臺經商	
1554	福爾摩沙地標躍上葡人航海圖	
1560 年代	臺海兩岸通商往來活絡	
1570 年代	與呂宋間大帆船商業橫跨太平洋	
1575	眾多臺民登陸馬尼拉	第一節
1600 年代	大明、荷蘭、日本探尋貿易據點	
1622	荷蘭佔澎湖，與大明海戰 8 個月	前荷蘭時代
1623	荷蘭於一鯤鯓建據點	
1624	「螞蟻換駱駝」，荷蘭佔領臺灣	

前荷蘭時代：村社、部落與大都王國

　　臺灣是移民社會，早在荷蘭人進佔殖民統治之前，並無文獻確切記載政治活動或相關政權之治理，但在中國大陸與日本、朝鮮等地的歷史文獻，仍有部分零星之文字紀錄一些經濟狀況與社會、政治型態，反映並不完整的臺灣風貌。*

　　臺灣在荷蘭人殖民之前，即有來自中國大陸沿海漢人的村社、部落組織在島上生活，亦即前荷蘭時代臺灣政治型態，以村社、部落為主。而政治上之治理，小者為村、社族群宗長，大者則為部落酋長，或聯合諸部落聚合為更大之區域部落、聯合部落，或小王國。其中，大都王國（即所謂「大肚王國」，而「大肚」應為音誤）是見諸歷史文獻之臺灣前荷蘭時代即已存在的早期部落政權，為聯合部落之王國；其「國祚」橫跨荷蘭時代、鄭氏東寧王國，以及清朝前期，時間長達二百年。有關島上中西部地區的本土政權「大都王國」，更早則存自 1540 年代以降的說法，因無文獻證實且無具體之統治形式記載，一般未予採信。

　　或謂大都王國並非信史，惟歷史卻又證明其存在不虛，直至清雍正時才被滅亡。可見無留存文字記載並非無史。這是臺灣史空白的一頁，尚待填補。蛛絲馬跡，大都王國之早期部社與臺南之淵源，或可能由發現「大明人」之移民關係，而有進一步解開面紗，還原當代歷史真面目。

---

* 對臺灣早期的探討，參閱杜正勝，〈關於臺灣古代史的一些思考〉，石守謙主編，《福爾摩沙：十七世紀的臺灣、荷蘭與東亞》第六篇（臺北：國立故宮博物院，2003）。

？萬年前

　　臺灣屹立西太平洋濱。

1-5 萬年前

　　冰河時期已有先民生活居住在臺灣。

230　三國時代臺灣稱為夷州。

605　隋代稱臺灣為流求。隋煬帝曾於 607 年（大業 3 年）派朱寬招撫流
　　求，610 年更派陳稜、張鎮攻擊流求。（唐：魏徵等撰，《隋書》）

1171　《宋史》記載，南宋朝（孝宗乾道 7 年）泉州知州汪大猷（約 1120
　　- 1200）派遣泉州軍民屯戍澎湖（時稱平湖，隸屬福建晉江縣，未
　　久即廢）。在澎湖置設房舍、兵營 200 間，水軍長期駐守。

1281　大元朝（世祖忽必烈至元 18 年）第二次發動大軍遠征日本遇風未
　　果，迂迴臺灣，道經澎湖，設巡檢司（隸屬福建泉州府）。巡檢陳
　　信惠（1262-1347）是元朝首位駐澎湖之基層官員。（迄至 1370 年
　　代，明朝時仍循例設置巡檢官職，1387 年因封海政策而廢除，1563
　　年復設巡檢司，直至 1622 年荷蘭佔領澎湖為止。）

1400 -1410 年代

　　臺灣接觸大明，未知受侮。明永樂初期，臺島住民（含原住民）未
　　理會明朝特使鄭和（1371 - 1433，曾領航隊進出西洋，於 1405 -1433
　　年的 28 年間，七度遠渡重洋）之招約（獻琛，臣服），鄭和以「東
　　番（臺灣）遠避不至」，遂而揮師入臺，傳諭約束臺民，貽贈每家
　　一只銅鈴，繫於頸（輕慢之，如狗之意）。*

1500　年初，漢人來臺經商。中國沿海漢人以大員小島（臺員，今臺江內
　　海西岸一鯤鯓）為出入臺島「蕃社」（臺江西岸之臺灣社、臺江東
　　岸之赤崁社，今臺南安平）之門戶。含原住民在內的住民種類甚多，

分別為社，社或千人或五、六百人。

1542　葡萄牙（明朝時稱佛朗機）東來為尋求貿易據點與殖民地，船行經臺灣海域，喊出「Ilha Formosa（美麗之島）」。＊＊（葡萄牙人 15 世紀末出現於臺灣附近之南海，1513 年葡萄牙人由東南亞北上廣東沿海，1516 年敲門廣東華南要求通商，於 1543 年抵達日本）

　　　【連橫（1878- 1936）《臺灣通史》（臺灣通史社出版，1920）記載此景時為 1544 年，史明《臺灣人四百年史》（南天書局發行，2014）則指係於 1557 年】

　　　福爾摩沙（Formosa）之由來＊＊＊，早期文獻顯示並非指臺灣，而係指琉球群島之一個島嶼，直至 1554 年葡萄牙繪製地圖之後，臺灣遂以福爾摩沙出名。

史明（1918- ）簽名《臺灣人四百年史》新書出版

＊有關「鄭和到臺灣」的歷史考證，1960 年代，臺灣學界曾就「鄭和到臺灣」的相關記載掀起論戰。過去官方府誌如清代首任知府蔣毓英《臺灣府志》（1685），及以後之《重修臺灣府志》等，即多有關鄭和與臺灣關係之記載；連橫《臺灣通史》採納之。黃秀政，《臺灣史志新論》（臺北市：五南圖書出版，2007）。

＊＊近亦有質疑 Ilha Formosa（美麗之島）是由葡萄牙人喊出之論點；而認為：荷蘭人由聽聞當地天主教徒用葡萄牙文指臺灣是「美麗之島」之所稱，並非水手途經所喊出。

＊＊＊翁佳音，〈「福爾摩沙」由來〉一文有進一步探討。以及〈福爾摩沙名稱來源：並論 1582 年葡萄牙人在臺船難〉，《翰林社會天地》，第 5 期，2006 年 10 月，頁 4-13。網站：〈http://archives.ith.sinica.edu.tw/collections_con.php?no=25〉

1543 【歐洲文藝復興時期之巨人哥白尼（Nicolaus Copernicus，波蘭人，
        1473 -1543）出版《天體運行論》指出行星繞行太陽說，而非行星
        繞地球之主張】

1551 明朝（嘉靖 30 年）打狗港（今高雄）巡邏哨船頭旁，「福德宮」
        建廟。（依 1975 改建時出土之「建廟磚契」刻有：本宮始自嘉靖
        30 年乃明朝世宗皇帝在位西元 1551 年等字。惟本件庶民史料尚未
        獲歷史文獻之認同）

1554 臺灣躍登大航海世界之地標。葡萄牙人羅浦・歐梅（Lopo Homen，
        1497 -1572）製作地圖，將琉球群島之南以福爾摩沙 Formosa 為名，
        後西方世界以此為臺灣之標記。西班牙則稱臺灣為「Hormosa」。
        福爾摩沙是臺灣最早在歐洲世界的形象。雖有航海圖的出現，但對
        臺灣仍無具體之概念：臺灣形象的變化則由群島、三個小島，再到
        一個大島。
        而澎湖海城魚產豐富，葡萄牙人稱呼澎湖為漁翁島（Pescadores）。
        （葡萄牙人與廣東互市）

1557 （葡萄牙人佔領澳門為貿易根據地）

1560-1570 年代
        臺海兩岸進行通商。明嘉靖（1522-1572）末期，臺灣島上濱海聚落
        居民為避海倭搶掠，移居山區，與中國進行貿易交往。大陸沿海販
        商通曉島上語言，以磁（瓷）器、布、鹽、瑪瑙、銅簪環等物品，
        交易島上之鹿脯、皮角等。*

---

* 大航海時代之後，臺灣在歐亞貿易所扮演的角色探討，參閱曹永和，〈十七世紀作為東亞
轉運站的臺灣〉，石守謙主編，《福爾摩沙：十七世紀的臺灣、荷蘭與東亞》第一篇（臺北：
國立故宮博物院，2003）。

1563　大陸沿海盜賊福建詔安人曾一本、廣東潮州人林道乾及林鳳（參見
　　　　1574 -1575 記述）等人先後登陸臺灣。

　　　　明朝於澎湖復設巡檢司。按澎湖巡檢司元朝（1271-1368）於 1281
　　　　年時曾設置，隸屬泉州府晉江縣，至 1335 年正式於澎湖設司。1387
　　　　年大明朱元璋（1328-1398）下令裁撤；1563 年後再恢復。

　　　　明將俞大猷（1503-1579）、戚繼光（1528-1588）追繳海盜林道乾入
　　　　臺。

1565　西班牙人佔領呂宋（菲律賓），與臺灣建立貿易關係。其有關貿易
　　　　航線在日本與東南亞之間。

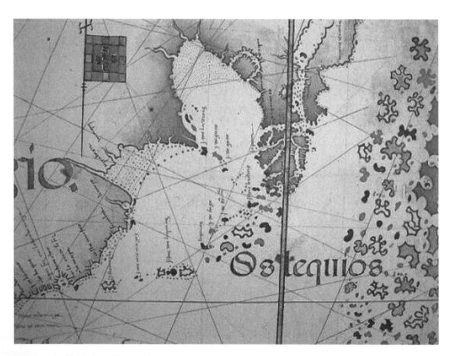

1554，葡萄牙人羅浦．歐梅所繪有關臺灣（群島）的航海圖，可能是最早繪出臺
灣地理關係之地圖。

臺灣在大航海時代的意義

15世紀開始了影響全球的大航海時代，由於葡萄牙、西班牙、荷蘭、大不列顛、法國、義大利等歐洲諸海洋帝國的對外擴張，美洲新大陸的飲食、食材文化遂逐漸移植舊大陸歐洲，並也輾轉擴展至及於亞洲；包括臺灣。其中，源於美洲大陸常見的栽培食材，例如玉蜀黍、馬鈴薯、蕃薯、樹薯、番茄、南瓜、四季豆、花生、鳳梨、木瓜等，皆透過航海的移動，因而改變了各地生態及飲食文化。同時，歐、亞、非文化亦次第匯集輾轉，影響漸至美洲大陸，尤其是北美。

臺灣於開拓貧苦時期，緣由大航海時代之貿易，民生即曾受惠於蕃薯（又稱甘藷、地瓜）食材，解決了當時部分的饑荒生活。尤其，西班牙的「馬尼拉大帆船貿易」更見證了16、17世紀美洲新大陸與馬尼拉、福建、臺灣等地之間貿易往來情形。

大航海運動橫跨太平洋、大西洋，有謂遠自美洲新大陸橫渡廣闊太平洋，傳至亞洲解救的饑荒作物是蕃薯；而橫渡大西洋，傳至歐洲拯救的饑荒作物是馬鈴薯。蕃薯或馬鈴薯，它們故而有「金薯」之美譽。

大航海時代造就了首波的全球化，臺灣也是這波時代運動的一環。

1570　早期在歐洲，臺灣被視為三塊小島。荷蘭人奧特柳斯（Abraham Ortelius，1527 -1598）繪製之東印度群島，包含臺灣在內。此圖反映後來16世紀歐洲之臺灣地圖皆被描繪為三塊分割的島嶼，北島

為福爾摩沙，南島是小琉球。*

荷蘭人彼得‧布朗休斯（Petrus Plancius）繪製之臺灣地圖也分為三個小島。按此概念可能影響後來 1621 年荷蘭人黑索‧黑利德松（Hessel Gerrits）繪製之臺灣地圖亦為三個小島，但他稱臺灣為「小琉球」（Lequeo Pequeno）。至 1597 年，西班牙人繪製之臺灣地圖則已見係一個大島。

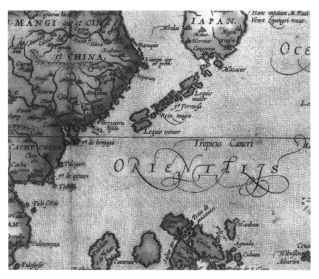

1570，荷蘭人奧特柳斯所繪製之東印度群島，包含臺灣在內，此圖反映後來 16 世紀歐洲之臺灣地圖皆被描繪為三塊分割的島嶼。

1571　臺灣與菲律賓呂宋有商業往來。與地理航線有關的「馬尼拉大帆船」（The Manila Galleon）興起，並成為貨船的統稱，橫跨整個太平洋，可說是貿易全球化的先驅。

　　（西班牙以馬尼拉為首府，成為與中國、美洲貿易之中繼站。）

---

* 鄭維中譯，〈地圖與荷鄭時代的臺灣〉，石守謙主編，《福爾摩沙：十七世紀的臺灣、荷蘭與東亞》第二篇（臺北：國立故宮博物院，2003），對臺灣早期之地圖有詳細之探討。

橫跨太平洋兩岸的貿易推手：馬尼拉大帆船

「馬尼拉大帆船」（The Manila Galleon）係 16 世紀 1570 年代起航行於菲律賓（馬尼拉）與中美洲墨西哥（阿卡普爾科 Acapulco）之間的貨運船隻，屬木構帆船，為西班牙人雇用中國工匠所建造，一般載重約在 300 噸左右。

由於地理航線關係，澎湖及臺灣南端貓鼻角（沙馬頭澳）與馬尼拉有商業往來，當時，馬尼拉變成國際大商港，匯集的各國商人包括中國華人、印度人、阿拉伯人、歐洲人。最主要的商品是：中國的樟腦、生絲、絲綢、陶瓷、茶葉；印度的紡織品；菲律賓的蔗糖；摩鹿加群島的檀香、丁香、豆蔻等香料；斯里蘭卡的肉桂；蘇門答臘的黃金、胡椒；婆羅洲的樟腦；帝汶的檀香；馬來西亞的錫…等等，都會合在馬尼拉，轉運到全球各地，而載回美洲之金、銀、羊毛。

這些貨船當時統稱為「馬尼拉大帆船」，墨西哥人則稱為「中國船」，至 1815 年西班牙王室下令廢止大帆船貿易。

大航海時代橫跨太平洋兩岸的推手：馬尼拉大帆船

1574　海盜集團首領廣東潮州饒平縣人林鳳（西班牙文獻稱 Limahong，林仔鳳，- 1575）被明朝福建總兵胡守仁（1544-1599）追逃至魍港（今布袋）。後再被追擊，逃至雞籠（為凱達格蘭族：「格蘭」之音，接近河洛音雞籠，說明參見 1592 年），之後登陸菲律賓呂宋島，稱王。

1575　林鳳被福建總兵胡守仁打敗，由澎湖退到臺灣，統領水手 2,000 人，士兵 2,000 人，婦女 1,500 人及其他工匠等技術人員，坐上 62 艘武裝大帆船，由臺灣向菲律賓航行，11 月 29 日登陸馬尼拉，攻打西班牙敗退。留下移民於今玳瑁港，邦阿西楠省（Pangasinan）北部，成為當地之「中國高山族」。（菲律賓總統馬可仕曾稱林鳳為其先祖）

【歷史密碼】

倭寇都是日本人嗎？

日倭通稱日本人海盜。13 至 16 世紀期間，活躍於朝鮮半島及中國沿岸的海盜被抓後自稱為日本人，故說日倭是為日本海盜。惟倭寇來源眾多，成分複雜，稱之倭寇是其身材較矮小，是對東亞海盜的貶稱。活動範圍東亞各地及內陸地區。

前期倭寇，以日本人為主體（時稱日本為倭國），被稱為「真倭」；後期倭寇，以中國人為主體，被稱為「假倭」。

1580　（西班牙併葡萄牙，英船至日本平戶）

1582　7 月，一艘搭載約 300 名乘客的葡萄牙船隻，由澳門往日本途中，

於臺灣北部海岸遇颱風擱淺，並在淡水河岸築營停留約 75 天，9 月 30 日離開返回澳門。【天主教耶穌會神父書信集記載，1598。】

1592　日倭入侵雞籠、滬尾（今基隆、淡水）。

臺灣地名許多係藉音而來。「雞籠」乃臺語河洛音之音譯名。惟原音非指「雞籠」之發音，前已指出係原住民「凱達格蘭」一族詞中：「格蘭」之音。因兩詞音近，故混用為「雞籠」。而「滬尾」則指「河」之出口，河尾也；「滬」之河洛音為「河」，非「虎」，但音近。臺灣地名與臺灣歷史關係密切。*

1593　日本豐田秀吉（1537 -1598）派使者原田孫七郎攜「高山國勸降狀」到臺灣（高山國）要求進貢，未果。（日本與臺灣之淵源不斷，關係維持迄至 1633 鎖國，退出東亞角逐為止）

1595　【西班牙公告馬尼拉為菲律賓群島首都。英國莎士比亞（William Shakespeare，1564 -1616）發表《羅密歐與茱麗葉》。】

1596　【荷蘭船艦首度到達蘇門達臘和爪哇島。明李時珍（1518 -1593）《本草綱目》在南京刊行。】

1597　西班牙人和南多・得・洛斯・里歐斯（Hernando de los Rios）繪製臺灣地圖，臺灣首見畫成一個大島。（可能因未大量出版，航海家較少使用）

---

* 臺灣地名的歷史關聯，參閱：（1）陸傳傑，《被誤解的臺灣老地名 - 從古地圖洞悉臺灣地名的前世今生》（新北市：遠足文化，2015）；（2）莊文松，《圖解臺灣老地名》（臺中市：晨星出版，2017）；李筱峰，《以地名認識臺灣》（新北市：遠景出版社，2017）。

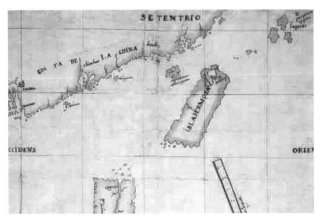

1597 年西班牙人和南多‧得‧洛斯‧里歐斯繪製之臺灣為一長方形之島。

1600　【英國東印度公司成立。英國吉爾伯特（William Gilbert，1544-1603）出版《論磁石》，為物理學史上首部闡述磁學專著。】

1602　大都王國活動點滴躍然紙上。明萬曆 30 年，福建（浯嶼把總）沈有容（1557-1628）招募漁民到臺灣「陰詗地勢」、「圖其地理」；同年冬，率水師 24 艘船艦渡海來臺，討伐由廣東、福建、浙江沿海流竄以東番（臺灣）為巢穴據點之倭寇。焚沉倭船 6 艘，殺 15 人，奪回被擄男女 300 多人。次年，島上住民頭目「大彌勒」之流率同數十人前往獻饌鹿酒，拜謝明朝水師擊退倭寇之侵擾。

臺灣史上最早出現的統治政權荷蘭聯合東印度公司成立。（1602 年 3 月 20 日成立，1798 年宣告破產，1799 年結束）

荷蘭自 1595 年至 1602 年間陸續成立以東印度貿易為主的公司，為推動東印度航路，為避免競爭，乃聯合 14 家於 3 月 20 日在阿姆斯特丹合併成立一家特許的跨國聯合公司，簡稱「荷蘭東印度公司」（Vereenigde Oost-Indische Compagnig，VOC），全名為「荷蘭聯合東印度公司」，特許時期 21 年。荷蘭東印度公司於 1619 年在爪哇

巴達維亞（今雅加達）成立東印度地區總部，開始於印尼殖民統治，後臺灣並曾為其所轄下之殖民地。

1603　中國人初稱臺灣為「大員」見諸記載。臺灣島上南北 10 個地方之聚落村社名稱：魍港（臺南鹿尾寮，另說為嘉義布袋）、加老灣（臺江外圍，鹿耳門附近）、大員（臺南安平）、堯港（高雄茄定）、打狗嶼（高雄打鼓山）、小淡水（高屏溪）、雙溪口（嘉義溪口）、加哩林（臺南佳里）、沙巴里（臺北淡水）、大幫坑（臺北八里），出現於明朝文獻：陳第（福建連江人，字季立，號一齋，1541 -1617）〈東番記〉（1603）。【陳第隨明將沈有容於 1602 年冬至東番驅倭，曾在 1603 年 1 月 21 日登臺灣，於 2 月 10 日離開，撰有〈東番記〉。】

荷蘭東印度公司攻打澳門敗退途中，在一位漢人通譯建議下，率戰船佔據澎湖。並派遣艦隊探勘大員（臺灣）海岸停泊港，無結果。

【西班牙大屠殺馬尼拉華人，近三萬人被殺，六年後華商抗議稅負過重，二萬多華人被殺；大明萬曆王朝坐視，消極不反制。日本德川家康（1543-1616）建立江戶幕府（1603 -1867）。】

【歷史密碼】

〈東番記〉透露的歷史訊息

陳第〈東番記〉（1603）記錄了 16 世紀臺灣的一些社會人文景觀描述，遺留為研究臺灣史：「前荷蘭時代」，一篇重要文獻。

今學者翁佳音〈釋「東番記」中的近代初期番漢關係〉（《原住民文獻》，第 20 期，2015 年 4 月）所指出的下列見解，皆已陳明「荷蘭殖民臺灣之前，就有漢人來臺開墾」（他們不是原住民，這樣的見解，也衍生

更多其他有關臺灣早期的歷史問題）：

1. 16世紀後半以來，漢人船隻已到臺灣西海岸。

（衍生→ 臺灣海峽兩岸之間的往來關係，時間應可推演至更早）

2. 臺灣「原住民」與中國的關係，可能提前到鄭和時代，或更早？〈東番記〉所稱拿槍砲與臺南原住民對幹的「倭」，是以廣州潮州人為主的漢人，1560、1570年代，臺灣中南部有一定數量的廣東潮汕語族群定居，「漳、泉之民，充龍、列嶼諸澳」來臺經商，又懂得「原住民」語言，因而定居下來，傳衍後代。

（衍生→ 大明王朝早期，15世紀，可能有漢人移民臺灣）

3. 臺灣北部採硫與貿易之業，早在西班牙、荷蘭人之前，已行之多年。

（衍生→臺灣開發非始自荷蘭時期，而前荷蘭時代的臺灣社會情形為何？）

4. 1611年文獻「臺灣番敵視其他外國人，卻允許漢人住在那裡」、「包括荷蘭東印度公司，初到臺灣還得透過類似租借關係求取居留權。」

（衍生→ 臺灣「番」原住民是漢化的原住民？）

5. 荷蘭東印度公司來臺之初，赤崁樓一帶已是「漢人漁民與賊仔」居住的村落。

（衍生→15世紀大明王朝有漢人移民臺灣）

6. 臺南「西拉雅族」已混用不少漢語。

（衍生→ 「西拉雅族」是漢人被原住民化的族群？）

7. 荷蘭《巴達維亞日誌》等文獻記錄所指臺灣「野蠻人與居民」是否真為原住民，恐有討論空間。

（衍生→ 前荷蘭時代的臺灣已存在不同族群）

8. 臺灣物產：蕃薯、甘蔗等，早先荷蘭時代存在。

（衍生→ 前荷蘭時代的臺灣已存在有移民）

9. 番漢關係在「前荷蘭時代」就已存在。

（衍生→ 前荷蘭時代的臺灣已存在不同之社會問題）

〈東番記〉稱「東番夷人（臺灣人）不知所自始」，東番夷人全是番（原住民）嗎？由翁佳音解讀〈東番記〉的番漢關係中，可知「前荷蘭時代」的臺灣並非皆原住民族群，而係早已有漢人移民臺灣。則這些漢人移民就是所謂「大明人」？而原住民的漢化問題，若「平埔族」是指漢化了的原住民（清、日時代的「熟番」），那麼，前荷蘭時代的「平埔族」，包括「西拉雅族」，又是誰來漢化他們？是「大明人」嗎？還是前荷蘭時代根本沒有「平埔族」，他們其實就是原住民化了的漢人，…諸如此類的問題，都是臺灣史研究的新世界。

由〈東番記〉透露的歷史訊息，確切的「西拉雅族」與「大明人」（前荷蘭時代的漢人移民）的番漢關係，尚須釐清。這是臺灣史的課題。

1604　明朝於澎湖設立「遊歲」（軍事管理機構），屯軍，防倭寇侵擾。8 月，荷蘭韋麻郎（Wybrand van Warwijck）率 2 艘船於明軍汛兵撤防之際佔澎湖設貨攤；12 月，為大明帝國福建都司沈有容驅離。

1607　（荷蘭人佔領摩鹿加、蘇門答臘）

1609　日本德川家康命有馬晴信（1567 -1612）至臺灣探勘地形，以建立對大明帝國貿易據點，擄原住民而歸。

【德國克卜勒（Johannes Kepler，1571 -1630）出版《新天文學》，提出「克卜勒定律」（行星運動定律）。】

1613　（日本與美國通商）

1615 日本德川幕府派兵4,000人征臺，因颱風遇難。（次年，再進犯臺灣，遭明軍重創。）

1618 （荷蘭在爪哇建巴達維亞城 Batavia，約 1630 年完成，為荷屬東印度之首都，今雅加達。1619 年荷蘭東印度公司於印尼爪哇巴達維亞，設立東印度地區總部，置總督。）

1621 顏思齊（1586-1625）率眾入臺，鄭芝龍（1604-1661）附之。
（荷蘭西印度公司成立，荷蘭在日本平戶設商館）

1622 7 月，荷蘭海將雷約生（Cornelis Reijersen）率軍艦 17 艘佔澎湖，俘虜 600 多艘船及大批中國人，並於澎湖建立城堡，以作為東亞貿易轉口基地，未久遭大明帝國福建巡檢司南居益（？-1644）率水師包圍激戰 8 個月。後於 1624 年經海盜商李旦（？-1625）調停，與明朝福建巡撫南居益達成協議，明朝讓步，與荷蘭人簽訂一項讓荷蘭「用一隻螞蟻換了一頭駱駝」由澎湖退出而允許進佔臺灣之條約；荷蘭遂得以安全撤至臺灣島大員（今安平）。荷蘭終而正式登陸臺灣西南部海岸調查，展開逐步經營臺灣。

荷蘭人所繪，1622 年荷蘭人刀槍登陸澎湖，遭受當地住民原始石頭抵抗。

臺灣本非中國屬地

　　直到 17 世紀，臺灣自古本非中國屬地。此可由中國對臺灣之歷史關係即明朝示意荷蘭據臺可證知一、二。

　　臺灣與當時對岸大明帝國（1368 -1644）之關係，荷蘭因大明帝國對其在澎湖建基地之大軍包圍，而接受大明之示意轉進而據有大員（臺灣），並在此建立政權，成為臺灣史上最早的殖民統治。因此，荷蘭能取得臺灣，實得利於大明帝國默許示意之助（杜正勝、曹永和等歷史學者皆指出此等看法）。這段歷史證明，臺灣與大陸中國之大明並無實質的政權隸屬關係。

臺灣為荷蘭廉價佔領

　　就大陸而言，臺灣的江山，最早係由大明政府所「放棄」的。歷史上，臺灣像一個孤兒。1622 年，一項條約。大明政府「用一頭駱駝，換一隻螞蟻」，把臺灣廉價推向歐洲懷抱。

　　臺灣與荷蘭的機緣，來自荷蘭東印度公司。繼發兵攻打呂宋被西班牙打退之後，荷蘭東印度公司接著進兵澳門，又被葡萄牙打退；於敗退途中，荷蘭軍中的一位漢人通譯建議佔領澎湖。這就是荷蘭人於 1603 年第一次踏進臺灣外緣。

　　荷蘭這次佔領澎湖，大明帝國發現荷蘭在此大興土木，打算長住，故在派兵驅走下結束。惟 1622 年荷蘭東印度公司又派軍登陸媽公（今馬公）附近之紅木埕，並即築城寨建砲台；這次佔領，雖與明朝雙方在白沙島作

戰八個月，但卻也在大明政府讓步之下，獲得「螞蟻換駱駝」的豐利，大明政府同意荷蘭進佔臺灣本島。

1624年，荷蘭佔領臺灣的歷史正式登場。當年10月，荷蘭即依約定由澎湖撤退，兩艘軍艦自澎湖開出，艦上有荷蘭水手30人，士兵16人，爪哇土著34人，一行於12月25日抵達鹿耳門（今曾文溪口），沿溪進入登陸臺灣，開始建立起荷蘭東方貿易的另一個根據地。這是臺灣在大明政府愚昧無知主動放棄，而讓交給荷蘭的歷史命運。

1622年，明軍福建巡檢司南居益率領水師，在白沙島與荷軍雙方激戰八個月，荷蘭東印度公司巴達維亞總督派軍於福建沿海進行騷擾，牽制明軍人心，終使明朝政府讓步和荷蘭簽訂條約，結束澎湖戰爭。但是，也由於這項條約，白紙黑字，明朝政府主動把臺灣交給了荷蘭。

明朝與荷蘭訂立條約的內容是：

一、荷蘭人必須立即由澎湖群島撤退。

二、大明政府允許中國人民與荷蘭人通商。

三、大明政府允許荷蘭人進佔臺灣本島。

這就是荷蘭等於是「用一隻螞蟻，換一頭駱駝」的歷史往事。1624年，很巧的歷史時刻，12月25日，荷蘭登陸臺灣，在大明帝國政府的見證下，臺灣走進荷蘭殖民統治的世界。

1623　明朝禁止船隻航臺。

　　　　荷蘭人在拉曼港（今一鯤鯓）沙州建立簡單據點呰城（以抵擋土著攻擊，今安平古堡前身），留駐有船舶及士兵124人。

　　　　（英國允許設立專利權，保護新發明權利。）

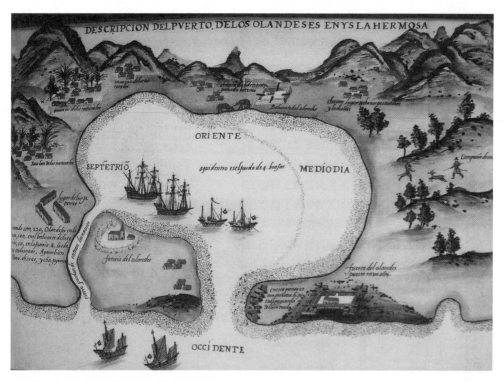

一鯤鯓、赤崁、熱蘭遮城及臺江位置關係圖。

1623 年，荷蘭人所繪製之臺灣港口（臺江內海）反應之「大員」（大灣）。本圖另有一說是葡萄牙人所繪，也有西班牙人所繪之說法。時間也可能是 1626 年。

圖中，大圓（臺員）海域為臺江內海（1822 年後已淤積成陸地）；左邊細長水道，即是鹿耳門水道；右邊稍寬之水道是大港，兩水道之間的小島是北線尾；大港右邊為一鯤鯓，陸地上建有熱蘭遮城；臺江上方建有赤崁城（普羅民遮城）。

1624　鄭芝龍經營之武裝海商集團（海盜集團）基地由日本遷到臺灣之笨

　　　港。（後為荷蘭人驅逐）

　　　開闢打狗（又名打鼓或西港）與荷屬爪哇巴達維亞之間航線。

	公元		第二節 航海政權與 荷西時期
荷西時代			
1624		荷蘭建安平堡	
1625		第一張實地繪製地圖：《北港》出爐	
1628		西班牙建紅毛城	
1629		麻豆溪反荷事件	
1634		熱蘭遮城工程竣工	
1635		武力鎮壓，麻豆社簽訂和約	
1636		召開原住民頭人會議	
1641		推行基督教思想改造	
1642		荷驅逐西班牙出北臺灣	
1645		大都王國簽訂降約	
1650		建赤崁樓	
1652		眾多農民武裝反抗（郭懷一事件）	
1660		鄭成功封鎖臺海，荷使至廈門洽商	
1662		荷蘭投降	

航海政權與荷西時期（1624~1662）

　　15 世紀末期，由於葡萄牙與西班牙帝國率領的海洋探險，終而帶來了後來全球「地理大發現」的歐洲海權時代。西班牙帝國正是最早被冠上日不落帝國稱號的強大帝國，當時，與葡萄牙競爭「發現新大陸」與「殖民擴張」，是歐洲兩大強權；西班牙更繼 16 世紀葡萄牙之後建立起全球性帝國（Global Empire），其興盛時代延綿到 18 世紀，一直都是航海時代全球最重要的殖民國家。她們是與臺灣早期歷史發生淵源關聯的歐洲國家，其中與臺灣關係最密切的航海政權，荷蘭更經過「八十年戰爭」（1568-1648）簽訂《明斯特條約》，始由西班牙帝國獨立出來，並發展為 17 世紀航海貿易的另一個強權，後來殖民統治臺灣。

　　文字記載歷史上最早統治臺灣的政權是荷蘭，是一個遙控的代理政權，係經由授權成立的荷蘭東印度公司當時已壟斷包括亞洲在內的貿易特權，經其向遠東拓展並建立殖民地，於 1624 佔領臺灣南部，開始其在臺之統治時期。這個臺灣史上第一個政權也是遙控的航海政權，其間，還包括另一個歐洲殖民帝國西班牙在北部曾有過短期統治。

　　荷蘭統治臺灣 38 年（1624 -1662）。但統治範圍，早期並不包括北部，因西班牙鑒於 1624 年荷蘭佔領大員後截斷了其與福建馬尼拉貿易航線，遂思佔領臺灣北部以牽制荷蘭，故於 1626 年佔領雞籠，並拓展至淡水、宜蘭，也同時展開荷西在臺共同異地佔領，分別南北治理 16 年之歷史，直至 1642 年荷蘭驅逐西班牙之後，才完全由荷蘭治理。*

1624　荷蘭與大明帝國爆發八個月的澎湖戰爭，經雙方簽訂條約而於 10

月退出澎湖，同年 12 月抵達鹿耳門，佔據大員（臺灣）為據點，建立臺灣史上第一個統治政權，為其東亞貿易樞紐。**第一任臺灣長官（又稱總督）宋克（Martinus Sonck，1590 -1625，任期：1624 -1625）。

荷蘭以士兵 320 人初建殖民地（後來增至一千數百人），以武力火槍統治當地無火力武器之臺灣居民，村落不敵遂而與荷結盟。

漢人約 1,500 人多為貿易商販，散居於各村社。大員有荷視之為海盜村之二條漢人小村落街。

大員原係指臺江的海灣，宛如一個大灣，臺語（河洛）發音與「大員」相似，為臺灣名稱之由來。***

17 世紀歐洲人所繪臺灣地圖所呈現的大灣。

＊荷蘭東印度公司治臺期間，當局對掌理有關臺灣之狀況紀錄，參閱江樹生譯註，《熱蘭遮城日誌：1629 -1662》，第一冊至第四冊（臺南市政府，1999、2002、2004、2010）。

＊＊荷治時期有關之臺灣貿易，包括轉運、出口等對產業之探討。參閱陳國棟，〈荷據時期的貿易與產業〉，石守謙主編，《福爾摩沙：十七世紀的臺灣、荷蘭與東亞》第三篇（臺北：國立故宮博物院，2003）。

＊＊＊臺灣名稱之由來，說法不一，諸多文獻反映亦未有定論。

熱蘭遮城：臺灣最早的統治中樞

　　荷蘭佔領大員據點後，即立刻建築熱蘭遮城，以作為統治臺灣之中樞。

　　第一任總督宋克於北汕尾（又稱北線尾，今臺南四草）建簡易商港，以一鯤鯓沙州原砦（今臺南安平）臺江西岸之據點，於 1625 年重新以木板砂土築城建「熱蘭遮城」（以臺語河洛發音較接近原名 Zeelandia），原採荷蘭獨立戰爭領袖公爵之名命名為 Orange 奧倫治城；1627 年第三任總督納茨改以行省名命名，並在北汕尾建立新碉堡；又叫紅毛城、大員城。第四任總督普特曼斯改換磚石擴建，於 1630 年動工，1632 年首期堡底完工，1934 年全部工程竣工，今安平古堡）。

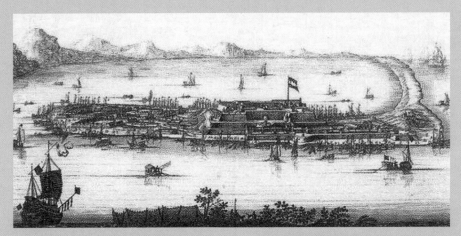

熱蘭遮城以磚石擴建於 1634 年竣工，改建後分「內、外城」兩部分。內城為四方形三層建築，地下一層，地上二層，為行政暨防禦中心（見圖中插立旗幟）；外城為一層長方形城廓建築，與內城西北隅相連。圖中顯示當時繁榮景象。
至 1644 年時，熱蘭遮城內駐軍計有 340 人，外城駐軍計 116 人，西南碉堡駐軍 11 人，海堡駐軍 12 人。1650 年，為應付鄭成功，駐軍增至 1200 人。
熱蘭遮城東面稜堡及南面城壁倒塌。（1631 年修建完竣，1633 年總督普特曼斯為四面稜堡分別命名，北汕尾上碉堡則名為海堡）

以百老匯型態推廣 | 以十七世紀 | 挑戰全英語大規模
原住民為故事核心的音樂劇 | 荷蘭統治下的台灣為背景 | 原創音樂劇

跨海與紐約名導演合作 | 導入百老匯創作發展工作坊

台灣史詩音樂劇
重|返|熱|蘭|遮

Zeelandia
RETURN TO FORMOSA

>> English Information

首部原創百老匯式音樂劇，經過八年之籌劃，臺灣史詩音樂劇《重返熱蘭遮》2014 年 5 月
24 日於臺南市全球首演。圖為《重返熱蘭遮》音樂劇之宣傳海報。

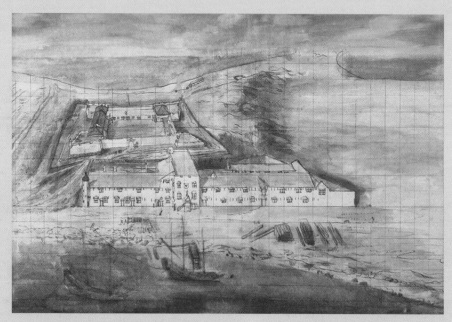

1625，《熱蘭遮城與荷蘭總督官邸鳥瞰圖》，約翰・芬伯翁，荷蘭海牙國家檔案館藏。

荷蘭治理臺灣的領邦政府：總督與議會

　　荷蘭東印度公司殖民統治臺灣，治理的最高統治機構為臺灣議會與由公司派任的臺灣總督組成政府，稱為臺灣領邦政府（荷語Formosanse Land tregeringe）。

　　自1624-1662期間，臺灣歷經12任荷蘭總督之治理。

表1-1　荷蘭治臺歷任總督一覽（1624 - 1662）

任次	任期	總督名字（譯名與內文或有不一）
1	1624 - 1625	宋克（Martinus Sonck）
2	1625 - 1627	德・韋特 （Gerard Frederikszoon de With）
3	1627 - 1629	納茨（Pieter Nuyts）
4	1629 - 1636	普特曼斯（Hans Putmans）
5	1636 - 1640	德・勃爾格（Johan van der Burg）
6	1640 - 1643	特羅登紐斯（Paulus Traudenius）
7	1643 - 1644	勒・麥爾（Maximilian le Maire）
8	1644 - 1646	卡隆（François Caron）
9	1646 - 1649	歐沃特瓦特 （Pieter Anthoniszoon Overtwater）
10	1649 - 1653	費爾勃格（Nicolas Verburg）
11	1653 - 1656	西撒爾（Cornelis Caesa）
12	1656 - 1662	揆一（Frederick Coyett）
13	（任命即又解任）	范・奧德遜（Harmen Klenck van Odessen）

　　而臺灣議會則由臺灣總督、總督副手、最高階軍官以及兩位（上級商務員）議員組成。負責頒布告令（法律）、統率軍隊、制定政策包括貿易

方針、指派地方單位官員。議會採共識決，交由臺灣總督執行。議會並設臺灣公司法庭，包括市政法庭、頭家公堂，處理司法事件，但原住民一般案件仍依部落習慣沈哩，不受法令約束。

設四個地方議會分區，確認原住民對總督的從屬關係。這四個地方議會區域為：北部、南部、淡水、卑南等地方議會區，由原住民推舉代令與會，原則上每年開會一次，以維繫所屬社與公司所簽署的協約，並仲裁仲糾紛。漢人並不出席地方會議。

諮詢對象為頭家。「頭家」（荷語 cabessa）一詞係漢人社會的社群階層，約於 1640 年代後產生的用語。由於這些頭家參與經營事業，並與福建大商人有密切關係，所以荷蘭人統治當局往往以頭家為政策詢問對象，包括財政或行政，並用以負責調解仲裁漢人間糾紛。至於司法糾紛，頭家公堂係負責審理漢人較輕微的民事案件。依 1656 臺灣議會的一項決議，訴訟標的價值在 10 里爾以下的案件，皆由頭家公堂處理。

有關「Cabessa」一詞，據考證尚另有其義，指 Cabessa 長老掌理的三個議會，就是大明王朝的三法司；而 Cabessa 則為大陸江西名山「閣皂山」之音譯。依此而論，荷蘭時期臺南當地的治理 Cabessa 長老，就是大明王朝時之移民，稱為大明人。其部落王國為臺灣早於荷蘭殖民政權之「明代王國」：大都王國。【參見葉金山，〈臺南「吉貝耍」之臺灣大明史·明代王國·建文王朝〉，2016 年 6 月；或本書第二章「歷史密碼」：〈大都王國的歷史公案〉之說明。】

荷蘭組織漢人開墾土地，仍屬東印度公司，稱為王田。荷治時期，農民不得私耕土地，只許耕耘荷蘭所置官田，以人口分耕土地並予徵收田賦。而丈量土地以 1.25 丈為一戈，周圍 100 戈為 1 甲，500 甲為一張犁。今地名三張犁、六張犁等之稱呼，即當時所遺土地制度之文化。

1625　荷蘭佔領臺灣的目的在做為對中國、日本、朝鮮與東南亞商業據點之樞紐，並壟斷馬尼拉（西班牙殖民地）與中國之貿易。在臺江東岸的赤崁（Saccam，赤崁社聚居地）建「臺灣街」（今臺南延平街）與「普羅民遮街」（今民權路）。

後來，為防類似 1652 年「郭懷一事件」，於街北另建「普羅民遮城」（以臺語河洛發音較接近原名 Provintia，今之赤崁樓，1653 年完工），開始殖民統治臺灣（迄至 1661 年，計 38 年）。

荷蘭出版最早的臺灣地圖，名曰 Packan（河洛音「北港」）。有謂「雞籠在澎湖之東北，故名北港」。*

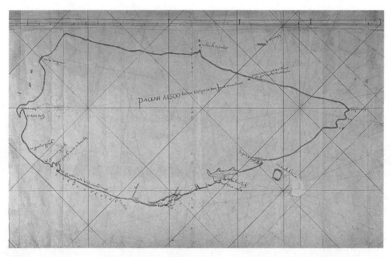

世界最早繪製的臺灣地圖，《北港圖》，1625，荷蘭人雅各‧埃斯布蘭特松‧諾得洛斯（Jacob Ijsbrandtsz Noordeloos）繪製。

---

* 臺灣歷史與地圖之記述對照，參閱以下之著作有清楚之說明：（1）周婉窈，《臺灣歷史圖說》（臺北：聯經出版，2017）；（2）翁佳音、黃驗，《解碼臺灣史 1550 -1720》（臺北：遠流出版，2017）；（3）黃驗、黃裕元（撰文），黃清琦（地圖繪製），《臺灣歷史地圖》（臺南：國立臺灣歷史博物館、臺北：遠流出版，2018）。

最早的臺灣地圖

　　荷蘭人雅各‧埃斯布蘭特松‧諾得洛斯（Jacob Ijsbrandtsz Noordeloos）曾在荷蘭東印度公司巴達雅當局下達旨意下，利用 20 天時間，搭「北港號」戎克船環繞臺灣一周所繪製之臺灣地圖，他使用「北港」一詞來稱呼臺灣，這是全世界第一張探測全島所繪製的臺灣地圖。

　　大清帝國第一張關係福爾摩沙的地圖，係以概念山水繪畫型態繪寫的《康熙臺灣輿圖》，繪製於清康熙 38 至 43 年（1699－1704）之間；不但圖涵蓋的範圍僅及於福爾摩沙不到三分之一的平原地帶，無法及於全福爾摩沙島域，而且較之歐洲對福爾摩沙完整所及最早荷蘭實繪的《Packan 圖》（雅各‧埃斯布蘭特松‧諾得洛斯，1625 年）遲緩了四分之三個世紀。另較之 1636 年 荷蘭人約翰‧芬伯翁（Johannes Vingboons，1616－1670）所畫，北方橫躺的福爾摩沙島圖也晚了一甲子。

康熙臺灣輿圖。

1626 大明天啟6年，西班牙人卡黎尼奧（Antonio Carreno de Valdes）為
突破荷蘭人對馬尼拉的貿易封鎖（如泉州生絲外銷，荷蘭約9萬斤，
西班牙只4,000斤），出兵12艘（其中，10艘為戎克船）300人佔
雞籠社寮島（今基隆和平島）；5月，在社寮島舉行佔領儀式，將
佔領地「三貂角」命名為聖地牙哥（Santiago），以宣示其擁有主權。
後建聖救主城（San Salvador），又稱聖薩爾瓦多城。之後逐次征服
北臺灣，佔領淡水、宜蘭等地。

【歷史密碼】

西班牙時期雞籠與淡水的政治地位

　　1626年攻佔臺灣，西班牙設雞籠淡水總督治理臺灣北部。

　　1626至1642年間，西班牙派任之總督共有八位，1630年起，分為西
班牙雞籠總督與西班牙淡水總督，兩職分設於雞籠（今基隆和平島聖薩爾
瓦多城）與淡水紅毛城兩地。

表1-2　西班牙歷任雞籠與淡水總督（1626－1642）

就任時間	雞籠	淡水
1626	伐爾德斯（Antonio Carreno de Valdes）唯一一任雞籠淡水總督	
1630	阿爾卡拉索（Juan de Alcarazo）首任雞籠總督	格司曼（Luis de Guzman）首任淡水總督
1634	羅美洛（Alonso Garcia Romero）	奧就（Sargeant Uajor）

1637		赫爾南勒茲（Franciso Hernandez）末任淡水總督
1639	帕羅米諾（Pedro Palomino）	
1640	波爾的里奧（Gonzaro Portillo）末任雞籠總督	

17 世紀西班牙人筆下的基隆與淡水港地圖（1626）

西班牙為保護其與中國、呂宋馬尼拉間之貿易，於 1626 年佔領基隆與淡水，而建立北臺灣據點，並分別築城建立堡壘，對這兩重要港口經營不遺餘力。一方面傳佈天主教、建學校，教化擴及今金山、三貂角；開通淡水與基隆、北臺灣間之交通道路，將淡水河與基隆河二河流域下游納入西班牙勢力範圍；另一方面積極發展對中國、日本之貿易，輸出硫磺、鹿皮，更南下竹塹（今新竹）、二林社（今彰化二林），威脅南部荷蘭之拓殖及對日貿易。

1627　任職於荷蘭東印度公司之荷蘭籍新教傳教士喬治‧康第紐斯（干治士，Georgius Candidius，1597 -1647）牧師抵臺，為臺灣史上第一位在臺傳教士，以新港社生活經驗著有《臺灣略記》，並編寫西拉雅辭典；期滿後回到巴達維亞，於 1633 年再度來臺宣教。（按：針對干治士之著作，近已見有所指責為不妥）

　　　　（荷蘭治臺期間，先後計有 20 多位牧師來臺宣教，大清帝國於 1846 年解除西方教會禁令）

1628　鄭芝龍自臺灣攻泉州，大敗明朝福建艦隊。後接受明朝招安，授予「海防游擊」頭銜，守備沿海。

　　　　日本濱田彌兵衛攻臺失敗，發生拒稅事件。（荷蘭東印度公司統治下發生臺灣與日本之間的貿易衝突，由於 1625 年起，東印度公司向來臺灣之日本商人課一成之貨物輸出稅，但日商拒納輸出稅而遭荷蘭沒收船貨，致引起事端。又稱「濱田彌兵衛事件」）

　　　　西班牙占滬尾（今淡水），建「聖多明哥城」（Fort Santo Domingo）（今紅毛城），從此建立在北臺灣之政經地位。

1629　荷蘭東印度公司接獲報告：「到中國買賣，已獲得福州當局默許。需派船至廈門。」當時商船由大員開往日本有 5 艘，往巴達維亞有 2 艘。總值 118 萬荷盾（gulden）。

　　　　鄭芝龍與荷蘭訂約通商三年。

　　　　麻豆溪事件（麻豆社原住民反抗荷蘭橫徵暴斂之起義）。

　　　　荷蘭東印度公司第三任（任期：1627 -1629）臺灣總督彼得‧納茨（又譯：奴易茲，Pieter Nuyts，1598 - 1655），派遣 63 名荷蘭士兵至麻豆社搜捕漢人海盜，經麻豆溪，由原住民因不滿荷蘭而於背其渡河途中順勢蹲下淹死荷蘭士兵。（因「濱田彌兵衛事件」

耽擱未處理，直至繼任第四任（1629-1636）總督普特曼斯（Hans Putmans，？-1656）於 1935 年率眾攻打麻豆社）

【歷史密碼】

臺灣淪為公司統治的荷蘭屬邦

　　東亞於 17 世紀初期，在大航海時代也成為歐洲海權擴張下的「新大陸」，臺灣在該世紀 20 年代納入荷蘭與西班牙之殖民地。而統治臺灣的第一個政體卻是一家代行政權的荷蘭東印度公司。

　　荷蘭聯合東印度公司為一家股份有限公司，是一家具有公權力特殊身分地位的公司，擁有國會授權壟斷非洲至南美洲南端之貿易權。可招募軍隊，宣戰，發行貨幣，與他國訂立條約，並對殖民地實施殖民與統治之權。在亞洲曾設有 35 個據點，在巴達維亞設總署，統領殖民地治理及亞洲貿易，包括臺灣，1799 年底解散。

　　荷蘭以經濟動機在臺灣建立政權，主要目的在於以此據點便於與中國、日本、朝鮮半島進行貿易。當時歐洲的兩大海上強權是葡萄牙和西班牙。16 世紀，葡萄牙最早打通印度洋航線，已發展為全球性帝國之勢力，並在東南亞也建立殖民地發展貿易。同時，西班牙更在 1492 年哥倫布發現新大陸後開展為期長達兩百多年的帝國興盛大業，更於 16 世紀末期至 17 世紀上半葉（1580 -1640）兼併葡萄牙，接收其海外殖民地，成為當時全球最大的日不落帝國的最重要殖民國家，包括西太平洋也有多個殖民地，也曾一度包括臺灣在內。

　　在這種海洋競爭環境，荷蘭、英、法等國急起直追，其中，臺灣正是在荷蘭面對脫離西班牙統治的獨立戰爭期間所建立的殖民政權。由此可

見，臺灣在 16 世紀因歐洲貿易關係即進入全球大航海時代的歷史，並在 17 世紀上半葉與西班牙、荷蘭分別建立殖民屬地關係。

值得注意的，統治臺灣政權運作，並不是荷蘭脫離西班牙獨立後的尼德蘭七省聯合共和國（簡稱荷蘭共和國）法律上的直接殖民地統治，而是透過前述所成立一家相當獨特的貿易獨占公司 ── 荷蘭聯合東印度公司代理執行運作，因具有貿易壟斷權，以及自組傭兵、發行貨幣、簽訂條約、殖民與統治等特殊之國家權力，故亦視同共和國所統治。她在臺灣殖民地組成臺灣領邦政府來治理，以臺灣議會為最高統治機構，基本上仍屬荷蘭屬邦。

因而，早期四百年前之臺灣史與荷蘭東印度公司關係相當密切，故對荷蘭東印度公司（股份有限公司）的組成與營運歷史，也是了解臺灣史與經濟史的一個重要部分。例如，荷蘭東印度公司所留《臺灣告令（法律）集》、《熱蘭遮城日誌》、《巴達維亞日誌》等工作紀錄，更是珍貴的史料。

1630　鄭芝龍來臺拓墾。

福建巡撫熊文燦（1575 -1640）採所招降並任命為海防游擊將軍鄭芝龍之議，將數萬飢民移往臺灣，協助荷蘭開發，每人發給白銀 3 兩，3 人給牛一頭。漳泉渡海來臺人數未計婦孺達男 2.5 萬人。（至荷治後期，漢人移民已超過 10 萬）

1630 年代，巴達維亞數度催促大員設法籌措財源。（課徵獵鹿、捕魚執照費。除了已定居臺灣的漁民之外，每年 12 月到次年 2 月也會有福建漁民前來捕魚，大陸漁民也須先取得執照，捕烏魚須繳納 10% 的漁獲作什一稅，其他魚類則是按船徵稅。）1640 年向漢人徵

收人頭稅。

1631　西班牙人沿淡水河入臺北，沿基隆河入基隆。

4月，177 名漢人乘東印度公司船隻抵達大員。荷蘭東印度公司總督普特曼斯派福建人蘇鳴崗（1580-1644）到福建遊說移民海外開墾，一時大量漢人趨之若鶩，在廈門等船者尚有一千多人。

針對輸入漢人奴工，荷蘭東印度公司予以編入大小結首制內，從事指定開墾工作，生產外銷之糖、米。

大小結首制乃一種勞動結構，乃合數十個人為一結，以曉事多者為首，名為小結首；合數十小結為一大結，舉有力公正能服眾為大結首，有事則荷蘭人問於大結首，大結首則問於小結首。視人力多寡授予未開發地，墾成眾佃公分，人人得若干甲地。此制為荷蘭東印度公司駐臺總督普特曼斯引進在中南美洲新大陸所實施的歐洲式農場奴隸制，以及在巴達維亞的「甲斐丹」（又譯為甲必丹，China Capitan 河洛音，僑領之意）勞工包辦制、中國農耕習慣等三種特質之混合結構制度。

1632　西班牙雞籠總督阿爾卡拉索派 80 名士兵進入臺北盆地。派兵入宜蘭，摧毀噶瑪蘭七個部落。（至 1635 年，總督羅美洛派兵擊敗噶瑪蘭人「蛤仔難番社」）

「漢人移墾區」計畫僱用 300 名漢人勞工開墾種植甘蔗，二年後稻米亦成功營運。

西班牙天主教道明會神父哈辛托 · 艾斯維奇（Jacinto Esquivel）在雞籠創辦學林（學校）。

1633　鄭芝龍於福建金門沿海擊潰荷蘭艦隊，協助明朝帝國控制海路。

荷蘭東印度公司在臺灣一年純利達 96,411 荷盾。

【義大利人伽利略（Galileo Galilei，1564 -1642）因地動說（日心說）入獄】

1634　漢人開始種稻米。（後為考慮甘蔗排擠效果，於 1643 取消稻米收成免稅，徵什一稅）。

1635　荷蘭與麻豆社簽訂「和平協約」，確立在臺領主關係。受到巴達維亞增援部隊之鼓舞，為報復 1629 年麻豆溪事件，荷蘭東印度公司駐臺總督普特曼斯率新港社（今臺南新市）等部落 400 餘名「血稅」進攻麻豆社。

「血稅」指荷蘭東印度公司利用當地土著，訓練使成為軍隊之一部分，利用青年為荷蘭賣命，不從者以「不馴服罪」處以絞刑，駐臺總督普特曼斯向公司報告稱之為「血稅」。

此舉係由新繼任總督普特曼斯藉 1629 年「麻豆溪事件」（淹死荷蘭士兵）展開報復屠殺，燒毀 3 千餘戶住家，迫使麻豆社投降，簽訂《麻豆協約》。【附錄 1】（荷蘭東印度公司《巴達維亞日誌》記載：對外貿易逐漸穩定之後，征服麻豆、新港社。簽訂《麻豆協約》，確立各社與荷蘭東印度公司臣服關係。）

3 月至 7 月，臺灣商館輸出至巴達維亞轉銷荷蘭、印度之陶瓷計有 136,664 件（1638 年有 890,328 件）。8 月，（18 -31 日）輸出陶瓷至日本長崎為 135,905 件。

陶瓷經由臺灣運往印尼爪哇轉往歐洲、印度，或直接由臺灣運往日本，為當時貿易之主要商品之一。（由安平壺等之陶瓷貿易，證明漢文化於 17 世紀前後即已傳入臺灣。但另由淇武蘭遺址陶瓷，則漢文化傳入臺灣之時間可能自 16 世紀前期或更早。*）

---

* 謝明良，〈安平壺芻議〉，《貿易陶瓷文化史》（臺北：允晨文化，2005）。

1636　荷蘭基督教傳教士羅伯圖斯‧尤紐斯（Robertus Junius，1606
　　　-1655）在新港社開辦第一所基督教學校，教授羅馬字拼音之原住民
　　　語文，稱為「新港文書」。

　　　總督普特曼斯再出征蕭壟社（今佳里）、大目降社（今新化）。共
　　　四度出兵鎮壓蕭壟社、大目降社、哆囉國（今東山）和小琉球社。

　　　第五任（1936 -1640）總督范德伯格（Johan Vander Burg，? -1640）
　　　任內發生愛麗森島（Lamey）大屠殺 300 餘原住民事件（亦稱拉美
　　　島事件）。死於總督任所，葬於安平古堡。

　　　荷蘭在臺灣首次召開原住民頭人會議。

　　　管制鹿製品貿易，開辦狩獵執照，漢人需購買始可獵鹿。並對鹿製
　　　品課稅。（之後引起反抗事件）

　　　統計東印度公司生產白糖 12,000 斤，黑糖 11 萬斤，輸日本頗受喜
　　　好。（預估生產量將增為 30 - 40 萬斤）。

　　　【荷蘭爆發鬱金香熱（tulipomania）投資狂潮，鬱金香球莖價格飆
　　　漲，1637 年崩潰】（人類史上第一樁大型金融投機事件）

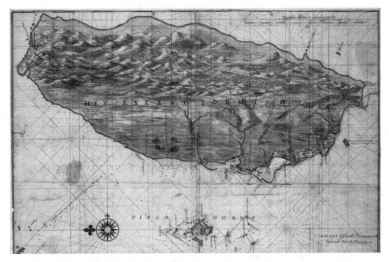

《澎湖島及福爾摩沙海島圖》（與 1636 年手繪圖示類似），約翰·芬伯翁（Johannes Vingboons）繪製，約 1640 年。

約翰·芬伯翁所繪製臺灣與澎湖地圖已把福爾摩沙西南海岸、河流，以及中央山脈之輪廓畫得相當明顯。

繼約翰·芬伯翁繪製臺澎地圖（已含蓋臺灣島內陸）後，1638 年亦出現類似之臺灣海圖，1648 年左右德國人卡斯帕·史馬卡爾頓（Casper Schmalkalden）繪製臺灣噶瑪蘭地圖。無論北方是橫向或直向，臺灣地圖大體上在 17 世紀已相當接近現實。本圖此式臺灣地圖之大量出現或使用，應與 18 世紀印刷出版有關。

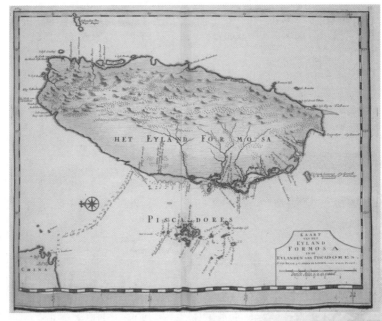

1726 雅克·范巴（J. Van Braam）依據約翰·芬伯翁約 1640 年所繪製，北方在左。

17 世紀中葉歐洲人筆下的臺灣像蕃薯。

15、16 世紀大航海時代臺灣出現在世界的形象一直是模糊的，直到 17 世紀初，荷蘭東印度公司之艦隊曾由艦隊司令官韋麻郎、雷爾生等人分別於 1604、1622 年率艦東來登陸澎湖、臺灣島進行調查，艦隊大副雅各・埃斯布蘭特松・諾得洛斯更曾於 1625 年環島一週，臺灣地圖之繪出《北港圖》遂見較為正確之形象。圖中臺灣形狀如蕃薯，表示至 17 世紀中葉當時之概念。

【歷史密碼】

荷蘭的部落治理

　　17 世紀初，荷蘭成立聯合東印度公司以謀求對印度、印尼，以及中國、日本等地進行貿易活動，頻頻由南中國海前往東中國海，尋找據地，但遭到中國當局拒絕，最後在大明政府的同意之下，以臺灣作為根據地。1624 年，荷蘭人遂得以大員（Tayouan，今臺南）為中心，逐漸將勢力擴及全島南北，同時開始與各地原住民部落接觸。1635 年 11 月，荷蘭聯合

東印度公司的臺灣總督（亦稱長官）普特曼斯（Putmans）得到新港社族人的協助，進攻麻豆社；隔月，並深入至東南山地征伐傀儡（Maka-tau）；翌年年初，征服蕭壟；接著令各社部落住民舉行歸順儀式，確認接受荷蘭統治。

荷蘭所舉行的歸順儀式，形式上由部落酋長交以數株檳榔、椰子幼苗、香蕉等產物，象徵土地與人民宣誓對荷蘭的臣服，亦即意味部落酋長以土地與產物表示奉獻；再由荷蘭「賞賜」國旗、首長藤杖、禮服等物品，象徵納入為荷蘭的庶民。

1636 年 2 月，荷蘭人在臺南新港社首次舉行盛大的歸順集會，共約集 28 社，包括大都王國部落的代表，一同聆聽總督普特曼斯的訓話。1641 年 4 月，復在赤崁召開各社部落之集會（Landdagh），會上進行有各村落狀況報告，且各皆獲賜贈物；各社代表並被安排引見總督保祿士·杜拉第紐斯（Paulus Traudenius）。由幾度之集會，荷蘭安撫島上居民、原住民，以及以統治者之尊，君臨臺灣之姿態，至為明顯。

1644 年，這種集會之報告與頒賜儀式，以及引見，成為制度。荷蘭東印度公司之治理，更將全島分為四區，每年各區於不同日期，舉行地方會議。一、北路（臺南以北至大甲溪）；二、南路（臺南以南地區，高屏溪一帶以南至恆春）；三、東部（卑南地區，今臺東縣）；四、淡水（北部地區，包括今宜蘭、臺北以及大甲溪以北）。其中，北、南路兩區，皆在赤崁的公司大庭園集會；東部地區在今臺東卑南舉行；淡水地區則在臺灣北角一帶舉行。

至於更詳細的村社情形，自 1647 年起，荷蘭東印度公司並將地方集會召開所蒐集到的資料，加以編製出《全臺臣服番社戶口造冊》報告，且對各區番社的首長名字、各社名稱、戶數皆詳細列舉。據知，時至今日，

尚留存 1647、1648、1650、1654、1655、1656 等共六年的番社戶口報告，可供研究。日本中村孝志考證指出，荷蘭時代登錄的番社數目，與清代所載 300 餘社生番熟番，相去不遠。由荷蘭東印度公司 1640 年代的定期召開地方集會，顯示荷蘭治理臺灣 38 年的後半時期，統治基礎已甚為嚴密穩固。

1637　西班牙菲律賓總督科奎拉（Sebastian Hurtado de Corcuera，？-1660）下令毀掉淡水聖多明哥城，駐軍於聖薩爾瓦多城。

（西班牙屠殺呂宋漢人）

【法國笛卡兒（Rene Descartes，1596 -1650）出版《方法論》，演繹推論，提出「普遍懷疑」主張，奠定西方現代哲學。】

1638　荷蘭東印度公司為城堡工事經費，對大員居民增稅。

荷蘭《熱蘭遮城日誌》記載，已知大都王國存在於中部馬芝遴（鹿港）地區，領袖為甘仔轄・阿拉米〔Kamachat Aslamie，Quata（番仔）Ong（王）？- 1648 年〕。

1640　荷蘭在臺灣開始實施番社稅賦承包制。對來臺之漢人移民，年齡 7 歲以上男女課徵人頭稅，每人四分之一里爾（12 stuijvers），每年收入 20 萬荷盾。（1645 年起，人頭稅額漢人每月須繳 14 stuijvers 之人頭稅）

里爾以白銀為材料，以里爾為單位之銀幣，為荷蘭東印度公司在亞洲通用的貨幣，即貿易支付用，荷蘭盾（金幣，gulden，f 或 fl，florijn））用於荷蘭本土。西班牙亦使用里爾。

1641　禁止獵鹿。

荷蘭第六任（1640-1643）總督保羅‧拉弟紐司（Paulus Traudenius，？-1643）率兵登陸笨港（今雲林北港），遇郭懷一（？-1652），力邀移居大員，並任命為大結首。

荷蘭東印度公司因西班牙雞籠防備空虛，派兵 205 荷軍及 500 淡水原住民進攻雞籠。

流放 250 名尪姨（部落祭司），推行基督教思想改造。

1642　鄭芝龍授命福州都督。海盜漸消，軍權大增，擁 20 萬軍力，3,000 艘船隊，為東南海上最大強權。

荷蘭人攻擊雞籠，巴達維亞增援大員，驅逐西班牙人出北臺灣，淡水聖多明哥城改名為「安多尼城，Antonio」結束西班牙人短暫之 16 年（1626-1642），從此，荷蘭掌控臺灣南北。

淡水紅毛城是 1644 年荷蘭所建（西班牙所建聖多明哥城原址附近），1646 年完成；1724 年重修；1867 年英國永久租用為領事館，直到 1972 年；其後由澳大利亞及美國代管。1980 年產權歸屬政府。1983 年指定為國定古蹟。
清治時期並於城下河邊設有砲臺，由水師駐守。圖為紅毛城歷史一景。

1644 荷蘭改變原交易許可證制，實施「贌」（荷語Pacht）之承包制度（拍賣出售獨占權，時間一年，得標承包商須繳納預付款）。

贌社係贌之一種村社承包制度，將轄下原住民村社之交易權公開招標以獨占交易，得標承包商以衣料、鹽、鐵鍋等物與原住民交易鹿皮、鹿肉、再轉賣鹿製品。1645年更引進贌港制度，把臺灣沿海及內陸湖泊劃成漁場，得標者始可進入捕魚。另並標售徵收烏魚稅權利。*

7月，南部發生大地震（估計震級5）。

9月，荷蘭軍隊攻打半線（彰化）；次年1月再攻，西部平原原住民部落歸順。

荷蘭上尉匹德澎（Piter Boon）率兵遠征北臺灣原住民，戰勝後南下打通陸路，遭大都王國巴布拉族強烈反擊，未果。1645年，匹德澎再度進攻，摧毀大都王國13個村社部落，國王阿拉米接受協調，4月於南路地方會議中，與荷蘭訂約（11條）臣服，身份降為領主。但大都王國不接受基督教，只讓歐洲人通過領土，不准定居，不設荷語翻譯員。大都王國與荷蘭東印度公司所簽訂之降約參見【附錄2】。

劉國軒（1629 -1693）前往半線（彰化）屯田（達18,450甲），威脅大都王國發生衝突。

【李自成（1606 -1645）稱帝，明亡，清佔領北京。】

---

* 有關前荷蘭時期及荷治時期原住民之活動探討，參閱翁佳音，〈原鄉：世變下的早期臺灣原住民〉，石守謙主編，《福爾摩沙：十七世紀的臺灣、荷蘭與東亞》第五篇（臺北：國立故宮博物院，2003）。

1645 設立「地方參議會」（司法性質之市政法庭），容許二名漢人耆老（保長，Cabessa）加入。後來開放由 Cabessa 承包殖民地稅收徵收業務。

1646 鄭芝龍兩度派人赴日求援軍抗清。（後因明隆武帝被殺，降清未果）

1647 鄭芝龍之子鄭成功（1624 -1662）感明朝中興有望，修書日本幕府請求援助。（未果）

鄭成功像

荷蘭建立的土地所有權制與稅制

臺灣土地所有權制度（1647）與稅制人頭稅（1640）、米作什一稅（1644）的實施，是荷蘭治理時期所實施的重要經濟體制。

在土地所有權制度方面，荷蘭治理時代臺灣施行有兩種不同的土地所有權制度，一是對原住民所實施的保守「封建制度」；另一是對於漢人所實施的較為現代式的土地所有權制度，即受「法律」保護的私有財產權制度，這個制度開始於 1647 年。

荷蘭為何會給漢人土地所有權狀？荷蘭總督許可發放土地所有權狀，主要理由是期許「開墾更多的土地」。但實際上，給予土地產權背後的真正理由，是 1644 年徵收米作什一稅所須推動之配套措施。由於荷蘭於 1644 年 10 月 10 日開徵「米作什一」稅，並把收稅的權利發包給承包商，需要有清楚的土地所有權名冊，承包商才可能執行要向誰課稅，否則容易引起糾紛，因而需要進行土地調查，遂產生權狀制度。

1644 年，米作什一稅開徵，承包的大員商館，必須詳核確認應對何人徵稅。在開徵米作什一稅以前，荷蘭東印度公司雖已於赤崁地區獎勵農業發展，但卻未管制土地的開墾及持有，迄至米作什一稅開徵，因而引起地籍註冊與保障土地所有權的一些反應作為。主要的作法為：

1. 墾戶列冊：中國移民開墾田園之前，須先稟明大員商館。

2. 墾地列冊：進行大規模土地調查，繪圖記載中國移民所開墾的土地。

3. 特許狀賦予：荷蘭東印度公司在接獲巴達維亞總部准許後，授與大員商館「臨時土地權狀」，當土地調查手續完備，即以正式權狀取代。

臺灣土地所有權制度於荷蘭時代推動實施的過程，是由此開始：

1647 年，臺灣荷蘭東印度公司巴達維亞總部指示，在下列地界授與

權狀：

　　北方不得越過大目降村落之田野，東抵「小山丘」山腳下，西抵稱為「二仁溪」的大河，南方抵十荷哩處。（主要是因為此一境界內並無任何原住民的村落，而有大量可墾的荒地。）

　　1647年8月20日，東印度公司巴達維亞總部另指示臺灣的總督貼出佈告宣佈：

　　…於上述地界內，總督發給耕地，使任何個人完整地擁有之…

　　此舉係特別為鼓勵中國人從事經營，准許他們本身和後代都以制式所有權狀保有耕地產權。

　　次日，1647年8月21日，荷蘭東印度公司臺灣總督公佈，此後中國人將以獲頒土地權狀的方式被授與土地所有權。權狀可以依法認證，做為保障財產權的根據。公司將授與土地權狀的每筆土地登錄於「土地所有權登記簿」的特定冊籍。由此，臺灣土地權狀制度於焉建立。

　　其次，稅制方面。荷蘭東印度公司在臺灣的稅收制度，分直接稅及間接稅兩種。所謂直接稅，是指由公司直接徵收；間接稅，是指收稅的權利出售給出價最高的人。稅收的種類繁多，直接稅有關稅、烏魚稅權、鹿製品出口稅以及人頭稅；間接稅是對於各行各業徵收，有烏魚稅權、豬隻屠宰稅權、鹿肉出口稅權、收購中國啤酒稅權、村落承包權、鹽稅權、薪炭稅權、通行稅權（所有通過二仁溪的舢板船稅）、藍靛稅權、衡量稅權，種類繁多。

　　其中，人頭稅係1638年至1639年間，荷蘭向中國居民發動募捐；而為了確保居留權及受法律保障，中國居民十分樂意捐輸。至1640年6月30日，樂捐發展成為永久制度，而改變成為徵收人頭稅的辦法。所有大員商館管轄下的中國居民，都應該於每月的首天與第三天內獲領一張許可

證。每張許可證，每月應支付 1/4 里爾（12 個 stuijvers，1 里爾約 20 斤砂糖），不領取者將被罰款 5 里爾。這就是荷蘭人頭稅的由來，荷蘭人把人頭稅單稱為工作證。

1653 年開始，人頭稅項標售由中國包稅商執行徵收。人頭稅由 1640 年每月的 12 個 stuijvers 增為 14 個 stuijvers。至於稅率，大約為 10%。若一名勞工，每月以每日 6 個 stuijvers 的薪資，工作 24 天，而人頭稅每月為 14 stuijvers。（稅率為 9.7%）1654 年之人頭稅由 Gincko 得標，每月須付給公司 3,025 里爾。（推算繳稅之漢人約 11,000 人）

1648　荷蘭人建臺南及麻豆學校。

1650　荷蘭在赤崁（今臺南赤崁樓）築成第二城寨，設東印度公司辦事處，人口調查漢人總數約 1,500 人，土著人口有 68,657 人。

（1648 年，荷蘭東印度公司管轄之原住民部落共有 315 個，戶數共 15,249 戶，總人口數 63,861 人。）

贌社標價年年升高，至 1650 年，每年村落平均出價由 1645 年 259 里爾（Real）增至 2,862 里爾。

贌商則因鹿肉價格下跌無力付清競標款而面臨破產。

（鄭成功占廈門、金門，相傳設「山海五商」制度經理貿易。）

鄭成功的貿易體制：山海五商

相傳鄭芝龍、鄭成功家族的貿易組織以「金、木、水、火、土」的五行及「仁、義、禮、智、信」的五常，分別為「山五商」（批發）與「海五商」（船隊）系統，各為獨立運作，互不相隸屬。

山五商，指物品如綾、絲、綢、緞紗、藥材等商品之批發，以杭州為中心在各地行銷採購，五行為名稱，即以金、木、水、火、土為五大批發商的名號。由於絲綢生產在江南，杭州為集散地；又如瓷器生產在江西，於杭州採購極為便利。設有「裕國庫」，以支付軍餉、文武官員給俸。

海五商，指海上經商船隊，以廈門為基地，五常為名稱，即以仁、義、禮、智、信為五支船隊的名號。行駛於中國、日本、朝鮮、琉球、臺灣、菲律賓、中南半島諸國，南至巴達維亞。業務是銷售採購、令旗出租、收稅、人力仲介、客運。其中，收稅指在海上鄭家已經控制海權，除自家船隊外，其他商船需獲經得許可才可通行否則即予以扣留。從臺灣開往廈門的船隻徵收商船洋稅，在臺灣先收，到廈門後憑收據核算，不再重徵。若有證明亦可先行將貨物出售後再交納洋稅。顯然，當時臺海並無大清船隻通行。設「利民庫」，經管海洋之船本和盈利；利民庫的銀兩，對五商的供應及銷售商可以給予借貸之融通。

1651　荷蘭人徵詢對象漢人頭家（Cabessa，或稱耆老、保長）集體向大員陳情士兵濫權惡行，並要求取消人頭稅。（未果）【建立 Cabessa 制度治理漢人（源自南洋），其實乃源自明朝「里甲制」。】
清廷下令沿海居民撤離 30 里，阻止民眾援助鄭成功。

由於清廷撤離沿海居民令，影響以海為生之居民生活，故閩粵移民臺灣大增。

（英國公布《航海條例》禁止外船入港，打擊荷蘭商業）

1652　郭懷一事件，武裝革命反抗荷蘭，約四、五千人漢族農民參與。。荷蘭傳教士賽爾（Daniel Gravius，1616 -1681）向東印度公司購牛121頭分與蕭壠社【今臺南佳里為原住民部落「蕭壠」之社名，名稱原意為契約土地，與目加留灣社（善化安定）、新港社（新市）、麻豆社並稱原住民四大社。另與大目降社（Tavocan，新化）山林之地，並為荷蘭治臺五社】土著。

郭懷一事件

　　1652 年 9 月，農民因謀生困難，不滿荷蘭東印度公司臨檢人頭稅惡行，又因贌社破滅，郭懷一等人為了擺脫沉重債務，反抗荷蘭人統治而進行武裝起事，有 4,000 - 5,000 名漢人參與，因不敵荷軍火槍，加上原住民協助荷軍，遂被鎮壓。歷經 12 天（1652.9.7 -9.19）結束，共有 3,000 - 4,000 名漢人被殺。

　　此事件也影響後來之農業耕作，並使大員當局採行改人頭稅由贌商徵收，取消婦女免繳人頭稅，在赤崁增設地方官處理司法糾紛等措施。

1653　鄭成功受明桂王封為「延平郡王」。

1655　荷蘭停止增設贌社區。

鄭芝龍遭削爵下獄。

臺南地震（約 5.5 級）。

1656　清廷發佈禁海令，「片板不許下海」。

【荷蘭奪取葡萄牙人在東方及非洲之殖民地勢力。荷蘭科學家雷文霍克（Antoni van Leeuwenhoek，1632 -1723），發現微生物的存在，並改良製作高倍率顯微鏡。】

1657　荷蘭人於麻豆社建傳教學校。

1658　熱蘭遮城日記：3 個月間（1657 年 12 月 - 1658 年 2 月）捕獲烏魚39 萬 8 千餘尾，烏魚子 3 萬 2 千餘斤。

1660　前任荷蘭總督凱沙爾（Kassal）派通譯何斌（又名何廷斌）至廈門見鄭成功，要求解決對臺灣之海上經濟封鎖。

6 月，鄭成功決定攻取臺灣，於廈門召開「攻臺軍事會議」。參加會議之軍政要員包括：黃旭、馬信、黃廷、王秀奇、陳輝、楊朝棟、林習山、吳豪、馮澄世、蔡鳴雷、蘇綿桂、陳永華等人。

荷蘭增援大員 12 戰艦。司令范德蘭（Jan van der Laan）與總督揆一（1615-1687）不睦，次年 2 月，率其中 9 艘離大員至巴達維亞。

1661　4 月，鄭成功登陸鹿耳門，占大員（臺灣）；鄭荷臺江內海戰役，荷軍潰敗，普羅民遮城（赤崁城）投降。*

12 月，在鄭成功 25,000 大軍及對熱蘭遮城（安平城）9 個月之經濟封鎖之下，荷蘭總督揆一召開緊急軍事會議，在 29 人「投票公決」下，以 27：2 決定「開城投降」；於是派使者請降並要求鄭成功下

---

* 鄭成功攻打臺灣在 1661 年 5 月到 1662 年 2 月，約九個月時間，這場戰役的探討，參閱林偉盛，〈熱蘭遮圍城 275 日〉，石守謙主編，《福爾摩沙：十七世紀的臺灣、荷蘭與東亞》第四篇（臺北：國立故宮博物院，2003）。

令停戰 5 天，以磋商投降條件；5 天後議定出「18 條降約」經送鄭
成功同意後，荷蘭總督揆一開城投降。

大都王國抵抗鄭成功軍隊，鄭軍將領楊祖陣亡，一鎮之兵（約 500
人）無一生還。鄭軍再派將領黃安（？-1665），襲殺大都社頭目
阿德狗讓（A Tek Kaujong，1592 -1661）。

臺灣荷西屬地時期紀事（1624-1662）

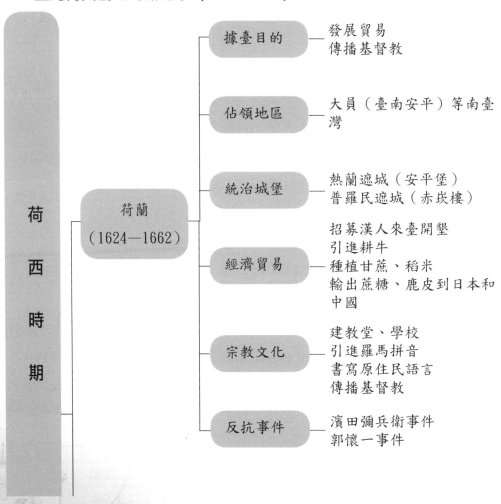

荷西時期

荷蘭
（1624—1662）

- 據臺目的 —— 發展貿易
  傳播基督教

- 佔領地區 —— 大員（臺南安平）等南臺灣

- 統治城堡 —— 熱蘭遮城（安平堡）
  普羅民遮城（赤崁樓）

- 經濟貿易 —— 招募漢人來臺開墾
  引進耕牛
  種植甘蔗、稻米
  輸出蔗糖、鹿皮到日本和中國

- 宗教文化 —— 建教堂、學校
  引進羅馬拼音
  書寫原住民語言
  傳播基督教

- 反抗事件 —— 濱田彌兵衛事件
  郭懷一事件

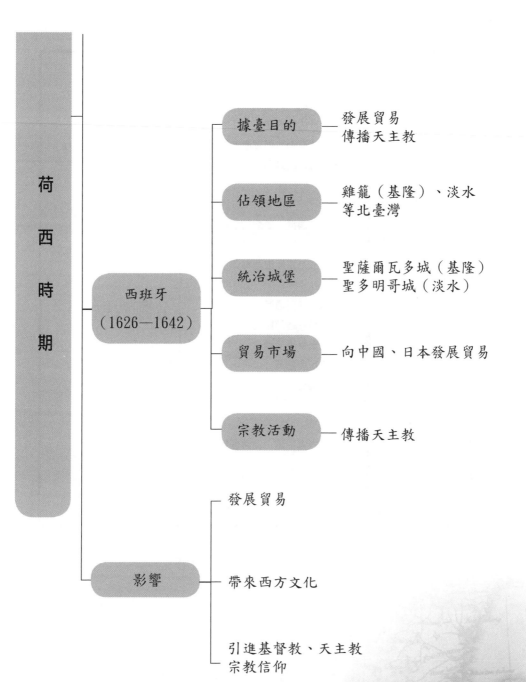

荷西時期

西班牙
（1626—1642）

據臺目的 —— 發展貿易
傳播天主教

佔領地區 —— 雞籠（基隆）、淡水
等北臺灣

統治城堡 —— 聖薩爾瓦多城（基隆）
聖多明哥城（淡水）

貿易市場 —— 向中國、日本發展貿易

宗教活動 —— 傳播天主教

影響 —— 發展貿易

帶來西方文化

引進基督教、天主教
宗教信仰

	公元		
荷西時代			
1624		荷明議約，佔臺南	
1626		西班牙佔北臺灣	
1660		鄭成功召開攻臺軍事會議	
1661		鄭軍登陸鹿耳門	
東寧王國			
1662		鄭成功過世，臺灣改稱東寧	第三節
1665		建孔廟。設學堂（全臺首學）	分離政權
1660		日本成為貿易重要夥伴	
年代下半			
1669		英國人來臺通商	
1672		臺英簽訂通商協約	
		英在安平設商港	
1683		施琅攻克臺灣	
		東寧國亡	
大清時代			
1684		臺灣內編福建，頒渡臺禁令	

分離政權：鄭氏東寧王國時期（1662～1683）

　　鄭成功與荷蘭據臺之時景相同，也得力於對方在臺灣的通事之助，而得以避開砲火順利進港登陸臺灣。鄭成功趕走荷蘭，鄭氏在此建立王國，鄭氏父子成為臺灣史上最早的漢人統治政權，但卻短命，國祚僅 21 年。

　　鄭氏東寧王國在臺灣之經營，由於面對歷史強敵大清帝國之威脅，並具使命準備隨時「反攻大陸」，雖有陳永華（1634 -1680）深耕臺灣之籌劃，但因內部不合未竟其業；未久，終亡於清廷，非乃小國寡民共同之歷史宿命？

1661　鄭成功定臺灣為東都明京（今臺南），改普羅民遮城（赤崁城）為承天府衙門，置天興（今嘉義）、萬年（今鳳山）二縣，行軍屯田。另設一澎湖安撫司。並改熱蘭遮城為「安平鎮城」並為鄭家之門第（即「王城」、「延平王城」，乃鄭成功懷念泉州晉江縣安平為名）。承天府設府尹，首任府尹楊朝棟（？ -1661）。【第二任鄭省英，第三任（1662）顧礽，第四任（1664）翁天祐；1664 年，府尹為鄭經裁撤。】

　　　【英國波以耳（Robert Boyle，1627 -1691）出版《懷疑派化學家》，為近代化學奠基。發現「定量氣體、定溫時其體積與壓力成反比」，即所謂「波以耳定律」，是人類史上第一個被發現之定律。】

1662　2 月（農曆為 1661 年 12 月），荷蘭末代臺灣總督（第 12 任）揆一投降，鄭成功在今之赤崁城舉行受降儀式。鄭荷之戰《荷蘭降書》參見【附錄 3】。

清朝採明鄭降將黃梧（1618 -1674）之議，將山東、廣東沿海居民內遷 30 - 50 里（1 里約 500 米），並焚棄房屋，不准復界，以斷絕對明鄭之補給。

鄭成功時期東都（臺灣）行政建制 （1661 – 1662 年）

■ 一府二縣一司

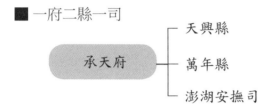

承天府 ┬ 天興縣
　　　├ 萬年縣
　　　└ 澎湖安撫司

【歷史密碼】

鄭成功對荷蘭戰爭釋出善意

　　鄭成功為何會決定班師攻臺？全盤接受投降的荷蘭的撤退要求條件，是否留下鄭成功對臺灣之善意，而有助未來與荷蘭之關係？

　　鄭成功聽取曾任荷蘭東印度公司通譯、會計何斌（原鄭芝龍部屬）對臺灣糧食充足、貿易及地理位置之議，並呈遞臺江內海港道及荷蘭軍隊部署狀況後，於 1661 年 3 月率 25,000 兵眾經澎湖親征臺灣；4 月，由鹿耳門水道進入臺江內海，於禾寮港（今臺南市開元寺附近）登陸，與荷軍開戰，未幾，普城守軍出降；另熱城則對峙激戰，數月，荷蘭總督揆一於 1662 年 2 月 9 日（即農曆 1661 年 12 月 20 日）締約投降，退出臺灣。

　　由鄭成功與荷蘭之間的條約內容，幾乎皆是戰敗一方荷蘭所提退出臺灣之撤退條件「保障生命財產安全」；勝利者鄭成功一方幾乎全盤接受荷蘭之要求，而未加任何勝利者之條件，似乎也表達了鄭氏對投降者之善意態度。就此觀之，這也可能影響後來荷蘭與臺灣之民間友好歷史關係。

1662	3 月，鄭成功派特使傳教士義大利人（Vittoriro Riccio）赴馬尼拉要西班牙菲律賓總督對臺灣稱臣納貢，否則，伐兵征討。（後因鄭成功身亡作罷）
	鄭成功派遣何積善屯田鹽水港沿岸平原。
	5 月，鄭成功過世，由弟鄭襲（？-1663）繼位，為東都主（國主），後為鄭經（1642-1681）所征服。（遭禁錮於廈門，1663 降清）
	鄭經亦同時另繼位於廈門，廢東都，以東寧稱全臺灣，自稱東寧國王；除承天府外，升天興、萬年二州（改縣為州），於澎湖安撫司外加設南北路兩安撫司。
	7 月，清靖南王耿繼茂（？-1671）向鄭經提出議和（第一次議和）。次年，再差官招撫。
	12 月，鄭經進攻臺灣。
	【楊英《先王實錄》，依時序記載了自 1649 年（明永曆 3 年）11 月 4 日，至 1662 年（明永曆 16 年）6 月 23 日鄭成功逝世，前後 14 年期間鄭成功之征戰事蹟。本書 1931 年曾改稱《從征實錄》。楊英係鄭成功之部將，鄭經時期任戶官之職。】

鄭氏東寧王國時期行政建制（1662 – 1683）

■ 一府二州三司

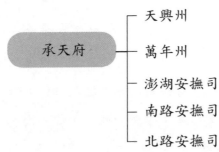

承天府 ─┬─ 天興州
　　　　├─ 萬年州
　　　　├─ 澎湖安撫司
　　　　├─ 南路安撫司
　　　　└─ 北路安撫司

1663　清荷達成協議聯合攻打鄭氏王朝。清朝靖南王耿繼茂（？-
　　　　1671）、福建總督李率泰（？-1666）與荷蘭協議，荷蘭以戰艦16艘、
　　　　大砲440門、兵2,653人，由海軍提督巴爾特（Balthasar Bort，1626-
　　　　1684）率領以助清攻金、廈和臺灣；清朝則以臺灣許予荷蘭居住為
　　　　條件。10月，清荷聯軍圍攻金門、廈門，鄭軍不敵而棄守。

鄭成功祖廟為1663年鄭經所建，奉祀其父鄭成功及母董氏。1683年施琅曾至此祭拜鄭
成功。清治1771年改稱鄭氏大宗祠，又稱昭格堂。1985年公告為臺南市三級古蹟。

【歷史密碼】

清荷協議聯合出賣臺灣？

　　1662年，荷蘭在臺灣的統治經由鄭成功驅逐，荷蘭東印度公司為續
保障在臺灣的既得利益，乃於次年與清朝合議以武力攻鄭，以換取臺灣歸
回荷蘭，故雙方有聯合攻鄭之議約。雖有清荷聯軍之實際行動，惟本議約
後來在清廷不理會之下，以不了了之結尾；雖然如此，十餘年後，清荷雙
方於1679年並曾有再議聯合攻臺之事。

清荷聯合攻鄭議約（1663）

一、清荷兩國民間，應有不得破壞之同盟關係存在。

二、為對抗共同敵人鄭軍，兩國應緊密合作，至敵人投降為止。

三、雙方應通知各方旗幟，以便與敵人鑑別。

四、攻敵遠征隊，由雙方出兵組織之。

五、清方之帆船及小船應由荷人指揮，荷軍分三船隊前進。抵廈門時，荷艦吃水太深，無法靠近海岸；需帆船進港，因此需用華籍領港人。

六、雙方應同時登陸攻擊敵人。

七、荷蘭東印度公司在中國與一切華人得享有貿易之自由，不受任何干涉。但聯軍為克服金、廈兩地前，對於荷蘭所帶來之貨物，暫不討論。

八、克服金、廈兩島後，荷人必要時，得在兩者之間，擇取其一或其他地點，以駐艦隊，以防海賊攻擊。

九、克服金、廈兩島後，聯軍應馳往臺灣；攻取此島後，清軍應將該島以及一切城堡物件交與荷人，以供荷人居住。

十、清方總督應提供一優良船隻，以便荷人遣使至巴達維亞城報告。

十一、此約應得清廷之批准，並將其批准書送交荷人。

1664　1月，荷蘭海軍提督即艦隊司令官巴爾特獨立攻下澎湖，並攻臺。於打狗上岸。2月，撤離。

3月，鄭經退守臺灣。

8月，荷蘭占領雞籠。遊說清廷履約派兵支援。

（英國奪取荷蘭在北美之新阿姆斯特丹，改名紐約）

鄭軍將領黃安擊敗大都王國大都社。

鄭成功部將林圯（？-1668）率200多人赴斗六開墾，日與土番戰，拓地至水沙連（今竹山），土番不服屢抗。1668年，土番夜襲屯地，林圯與屯丁百人禦戰不勝被圍，寧死不棄屯地，之後，林圯與部下糧盡被殺。居民收集遺骸合葬，以時祭祀。居民為紀念林圯開拓之功，遂以「林圯埔」名之。

1665 陳文華（1634-1680））建議建孔廟（次年落成）。

泉州人許友儀、漳州人林天生等移民定居笨港。於1700建媽祖廟。

4月，清荷聯軍攻打澎湖，遇颱風而退。

1666 臺灣孔廟落成，旁設明倫堂，為首座官立儒學學堂，稱「全臺首學」，實施科舉（只考到舉人一級）。

1667 清鄭第三次談判。（1669年再次談判，兩度談判皆因鄭經不肯薙髮未果）

鄭經允許日本商人住在基隆。自日本大量輸入軍需銅鉛、盔甲。

日本德川幕府為東寧王國重要貿易夥伴，雙方貿易於1665-1672達到高峰。

施琅圖

1668 康熙7年，鄭軍降將施琅（1621-1696）上疏提議收復臺灣，獲召見進京面陳攻臺方略。（未果，免水師提督改授內大臣，隸鑲黃旗漢軍，不許回海防前線。至1675年復任命施琅為福建水師提督，以「謀劃進取臺灣」。1683年8月，施琅攻克臺灣。）

清廷派納蘭明珠（1635-1708）、蔡毓榮（？-1699）招降鄭經。

7月，荷蘭結束佔領雞籠。（從此永遠退出臺灣）

1669 英人至臺灣通商。

建承天府城隍廟於東安坊郡署右側（即今臺南之臺灣府城隍廟，為臺灣歷史上最早官建城隍廟）。

康熙加強對臺灣議撫，派員攜詔書赴臺招撫鄭經。

1670　英國東印度公司來臺發展貿易，上書鄭經，稱呼其為「陛下（Your Majesty）」，對其政權稱「臺灣王國」。

鄭軍劉國軒屠滅大都王國所轄沙轆社。（劉國軒屠村事件）

大都社被迫遷往埔里，水裡（龍井）社遷往水里。

1671　沈光文（明朝大思想家陸象山門人沈煥的後代，1612-1688）曾隱居於羅漢門（1909 改稱蕃薯街，後改稱旗山），教化土著兒童。

1672　6 月，鄭經與英國東印度公司簽訂非正式通商協約，10 月正式締約，鄭經因而獲得英國之火藥兵器，並協助鄭軍訓練砲兵。

英國東印度公司於安平設商港（1681 年關閉）。另於 1675 年同意在廈門設立商港。

1674　東寧王國更定官制。陳永華總制東寧，規劃行政體制，設吏、兵、戶、禮、刑、工計六部的行政機構。

以承天府為中心，建十字街，分東安、西定、寧南、鎮北四坊，坊置簽首，理庶事。制鄙為三十四里。里有社，社置鄉長，十戶為牌，設牌首，十牌為甲，置甲長，十甲為保，設保長。

鄭經派兵都部李德赴日本，請長崎藩鑄「永曆通寶」銅錢，以為軍餉。為臺灣最早之制錢。日本則以「寬永錢」運臺使用。

5 月，鄭經出兵廈門，占領海澄、同安，與耿精忠（？-1682）交戰。

1675　清平南王尚可喜（1604 -1676）提出和議。

1677　4 月，清康親王傑書（1646 -1697）派朱麟、臧慶祚至廈門招撫。鄭經拒之。

7月，清康親王傑書以照朝鮮事例，不薙髮，不投降，只稱臣納貢議和，但鄭經要求沿海諸島及資給糧餉，不成。

10月，清總督姚啟聖（1623 -1683）派漳州進士張維至廈門和議，不成。

1679　清荷於巴達維亞談判合攻臺灣（因荷蘭索高價助兵費未果）。

5月，清康親王傑書遣使蘇埕到廈門再度招撫鄭經。

1680　鄭經將軍國事務交長子鄭克臧（1664 -1681），退守臺灣。

清廷由平南將軍賴塔（ ？ -1684）派人到臺議和。

（非洲黑奴輸入西印度）

1681　3月，鄭經過世，12歲之次子鄭克塽（1670 -1707）繼位。（東寧之變，鄭克塽岳丈馮錫範殺世子鄭克臧）

1682　12月，清總督姚啟聖採招撫政策，水師提督萬正色認同，派黃朝田（原鄭軍劉國軒部屬）渡臺招撫。（最後一次，條件至寬）

客籍人士楊、張、鄭、古四族移民龜壁灣（今車城），建立保力村社。

1683　施琅率清兵攻佔澎湖。

7月，鄭克塽投降，東寧王國亡，國祚21年。

【歷史密碼】

鄭氏如何在臺灣建立王國？

　　臺灣首度漢人自治的時期，係鄭氏東寧王國時代。鄭氏東寧王國的建立，是由鄭成功驅逐荷蘭人離開臺灣之後開始的。

　　歷史的發展，很多時候是由小事情發展來的。鄭成功決意收復臺灣，與荷蘭東印度公司的一個漢人有關。1660年，鄭成功在廈門聽取荷蘭使

者何斌通事之建言，及提供荷蘭兵力部署情況與一張臺灣地圖後，決意攻臺。其後，在攻臺期間亦多採何斌之獻策。何斌成了參與臺灣獨立建國的歷史人物。

何斌係鄭成功之父鄭芝龍歸順明朝之後，與郭懷一在南臺灣屯墾，郭懷一武裝革命失敗，何斌以通曉多種語言而為荷蘭人所重用，藉派晉見鄭成功之便，以「臺灣為乃父所開拓，地理條件並不受大陸威脅，且山有木材礦產，地有千里沃野，沿海又富魚鹽之利，為進可攻退可守，確為一建立王霸事業之樂土」相勸進，遂使鄭成功而有意欲攻取臺灣，以為反清復明根據地。

鄭氏王朝的關鍵戰爭是對荷蘭宣戰。

1661 年 3 月 23 日，鄭成功統率戰艦 400 艘，運載水陸雄師 25,000 人，由料羅灣啟航向臺灣進軍。24 日，鄭軍登陸馬公；26 日，鄭成功統領文武官員巡視澎湖全島，宣示「澎湖乃臺灣之大門，今大門已進，可登堂入室」，於是派部將駐守澎湖。4 月 1 日，鄭成功親率大軍，依何斌提示之荷蘭兵力部署，為避荷蘭赤崁城（普羅民遮城）砲轟，而選定一鯤身之北，於鹿耳門登岸臺灣。經臺江血戰，赤崁城守將貓難實叮（Maunanshtin）舉白旗開城，向鄭軍投降；鄭成功禮遇貓難實叮，並託其向守安平城（熱蘭遮城）荷蘭總督揆一勸降。揆一則只願談和，而不願投降；於是，鄭成功乃集中兵力攻安平城，後則留重心包圍，並實施經濟封鎖。圍困約 9 個月，鄭成功切斷安平城水源，終逼使荷蘭總督揆一棄城。

接獲鄭成功最後之通牒，揆一於安平城內召開緊急軍事會議，在 27：2 投票議決「開城投降」的情況下，揆一見城內將士已無鬥志，於是派使者請降，並請求停戰。雙方蹉商，於 12 月 1 日訂出「18 條投降條款」；議定後，鄭成功並在赤崁城舉行正式之受降儀式。

12 月 9 日傍晚，荷蘭臺灣總督揆一率領荷蘭殘兵 600 人（戰亡 1,600 人）一行，攜帶清便自衛武器及眷屬，登上 8 艘船，在夕陽殘照中揚帆航向印尼巴達維亞，結束了荷蘭統治臺灣 38 年（1624 -1662）之時代。

　　在鄭成功眼中，臺灣乃中國領土，在 1661 年登陸臺灣，驅逐荷蘭人勢力退出臺灣之後，即定臺灣為東都明京。但次年 5 月鄭成功過世後，鄭經繼位於廈門並隨即廢東都，建立東寧王國，以東寧稱全臺灣，於是臺灣變身為鄭氏統治的獨立東寧王朝。時間雖然短暫，只有 21 年，但卻是臺灣歷史上接續荷蘭殖民統治之後，由漢人治理的第一個漢人王朝，是臺灣獨立建國的時代。而關鍵的人物，除鄭成功父子之外，何斌也算是臺灣建國歷史過程的關鍵人物因素。

【歷史密碼】

命運的轉折：臺灣何未脫中自立？

　　歷史的演變，總令人不勝唏噓。在施琅領軍攻克臺灣之前，臺灣在前途命運上幾度出現可以走上獨立自主的方向。但何以未能如此？其中，曾出現的幾度決定臺灣命運的變易歷史又是怎樣的轉折？

　　歷史上，臺灣本非中國領土版圖，與北京紫禁城皇權並無交集。迄至 1683 年，清康熙平定臺灣，關係遂變，命運亦定。

　　臺灣，北京，以及大清帝國的關係，由於出現了鄭成功這位人物與大明國祚關聯，才引來臺灣與康熙帝的交會。之間，施琅因素居然更把臺灣的命運，由可擺脫帝國之縛束自立，而一變卻納併於大清康熙版圖；自此與大陸構成統治隸屬關係，一晃就是悠長悠長的 212 年。

　　其實，臺灣在東寧王朝的發展時期，於當時歷史變遷時刻，是有可能

演易為獨立於大清王朝之國度。歷史事實，本來幾度和議機會，或可「就封朝鮮，以存殷祚」、「全軍甲歸保臺灣自如」，「以臺灣為箕子之朝鮮，徐市之日本，與世無爭」，即猶如今之韓、日，昔之箕子、徐市（福）。其間，1677 年及 1679 年議和時機尤佳，而以 1680 年及 1682 年之條件為最寬。奈何，歷史上總有些小人物「夜郎自大」，由於缺少社稷、國家、人民概念，以及長遠眼光之流掌權、弄權，故失機也。

當荷蘭東印度公司臺灣總督揆一於 1662 年降鄭，撤離臺灣，而大清帝國亦因甫入主中國，急於消滅「明鄭」，故東南沿海行政督撫有思萌聯合外力，以攻明鄭之意圖。於是而有清荷聯手攻臺之議，遂而在荷蘭降鄭棄離臺灣之後再度登上歷史。惟由於清廷對臺海政策舉止未定，荷蘭最後放棄聯合攻臺之想，而鄭氏東寧王朝則由於部屬施琅等背離投清，而引為致命因素，此乃玄機也。

鄭氏東寧王朝之滅亡，與施琅息息相關。鄭施之間，亦隱含一些歷史轉折變遷秘辛，牽引臺灣之命運。蓋由鄭氏東寧亡國歷史，錄存有多次決定臺灣命運發展之因素，應如何抉擇，實為後世臺民之殷鑑。

追溯鄭氏東寧王朝滅國歷史，幾度臺民命運轉變的關鍵因素，其或非當事人之執意於個人信念，則今之臺灣面貌或將不同。所謂歷史命運變遷，誠難料也。

一段決定臺灣命運的歷史，清荷算計臺灣。1663 年（明永曆 17 年，清康熙 2 年），清福建總督李率泰、靖南王耿繼茂合謀，議約荷蘭以築城通商合攻金門、廈門兩島，並議合師為荷蘭收復臺灣；10 月，聯軍（荷蘭出兵甲板船 16 艘，兵數千）分道進攻金廈；鄭經棄守，退銅山亦不力，終而歸臺。當時已降清之施琅為表歸順效忠，亦參加此役。

歷史轉折的時間，1664 年 6 月，原荷蘭臺灣總督揆一見清軍謀金廈

後，無意依約渡海攻臺，代其收復臺灣，遂領船入福州港，問罪於耿繼茂及李率泰，獲以「進兵大事，出在朝廷，待命下之日興師」之回對。但水師提督施琅仍力主攻臺，耿、李為爽信荷蘭，乃合疏進勦臺灣。11月，清廷同意施琅進攻澎湖，並於次年（1665）4月15日出師，但遇颶風損壞甚多而停。

1667年臺灣可以有建國之機。1月，清廷採河南人總兵孔元章之議，對臺灣招撫。5月，孔元章到臺宣撫，得鄭經「照朝鮮例，不薙髮，則可」善意回應。惟一向主張興師攻臺的施琅聞訊大為氣憤，於11月24日以長文（1,500字）上疏力主平定臺灣。1668年，施琅獲知奉旨入京前，復因知悉原鄭軍降清諸將士撥散各省屯田，攻臺將歸夢幻，甚為焦急，乃於4月盡陳所見，再進興師長文（2,000字）密疏，極力阻撓臺灣獨立建國。

惟有利臺灣的決策環境在朝廷的態度。1668年4月，施琅進京，康熙帝接見，授內大臣，裁其水師提督職，並積極進行撮撥各投誠鄭軍官兵分配外省開墾。清廷此舉與施琅主張用兵臺灣，計謀利用降清將領「慣海舵梢精銳、稔熟鄭軍內部」為攻臺先鋒之意見相左。同年，清廷再進一步裁撤福建水師提督缺，悉焚戰艦，清康熙顯示政策不渡海圖臺，朝廷無東進意圖甚明。次年，清廷再裁併福建總督，設浙閩總督，淡緩臺灣情勢更為明朗。

雖然如此，施琅對攻臺仍不死心，更積極自投清鄭軍蒐集臺灣情資，堅決意欲實現武力平定臺灣。

1669年臺灣建國再現轉機。7月，康熙帝加強對臺議撫，派員攜詔書赴臺招撫鄭經。惟鄭經以「不薙髮」堅持，議和之事稍緩。至1677年4月，請和碩康親王遣使僉事道、朱麟、莊慶祚至廈門招輔，鄭經復以「何必裂冠毀冕」拒招。6月，清廷全面退讓，「使鄭經全軍甲歸臺灣自處，以海

外賓臣援朝鮮例，不復言薙髮」，由寧海將軍喇哈達令內院覺霍拓修書，差吳公鴻再往廈門見鄭經議商；卻為東寧權臣馮錫範自信臺島實力而加以勸阻，致使和議無望，吳公鴻即辭回復命。清廷招撫議和良機至此而失。

1678 年，清帝國對臺態度轉強。清廷起用原布政史司姚啟聖為福建總督，原按察司吳興祚為福建巡撫之後，即一改過去對鄭氏東寧王朝作風；一方面積極禦侮征剿，一方面仍續和議遣使廈門招撫鄭經，軟硬兼施。

1679 年，清廷積極採拉攏分化策略。1 月，姚啟聖廣招鄭軍文武民兵投清。文官投清條件，以原銜照職推捕，武官則換劄，原任；兵民入武歸農一如所願。如此，投清者「絡繹相繼」，分化打擊鄭經軍民士氣。同年 5 月出現轉機，另一系力量，清康親王傑書復遣蘇埕到廈門以「照依朝鮮事例」再度招撫，鄭經因見不削髮而表「當即相從」，但此次臺灣命運轉機在馮錫範以「海澄列為往來公所」條件未果而罷。

1679 年清鄭議和之機因東寧「海澄公所」遂而再失，而至 1680 年 8 月福建總督姚啟聖決心請進兵東寧之時，清廷以康熙旨意，由平南將軍賴塔再遣人臺灣議和。這是清鄭最後第二次之招撫和議，條件之寬，亦為歷來之最，「自今以往，不必登岸，不必去髮，不易衣冠，稱臣入貢可也，否亦可也。以臺灣為箕子之朝鮮，徐市（即徐福）之日本，與世無爭。」

這是當時臺灣最有尊嚴、最好時機？鄭經接書，報書如約。惟「海澄互市」仍為姚啟聖否決，和議乃止。

1682 年 12 月再出現臺灣最後一次的一線生機。姚啟聖以施琅未敢渡海，再度差使副將黃朝用往臺灣進行招撫，「許不削髮，只稱臣納貢，照高麗朝鮮例」。但鄭經並未掌握機先，卻為施琅堅持削髮杯葛之下所否決。

兵戎相見已不可免。東寧臺灣原猶可步朝鮮、日本之後自主無清無爭之機遂失而不可得。歷史造化機運如此，臺民又復何言？

自地理大發現迄今，全球化唯一未能全球化的面向：世紀仍然是屬於民族國家的世紀。

但見變化，人民已更直接指向自身，不是政府。

大清時代	公元		第二章
1684		臺灣設府，頒渡臺禁令	
		規範居民及漢人渡臺	
1709		開放移民來臺	
1719		重申渡臺禁令	
1725		准漢人耕作平埔族地區	
1729		重申渡臺禁令	
1731		鹿港開港（島內米粟貿易）	
1732		移民准攜眷來臺	
1736		重申渡臺禁令	
1784		設鹿港新港口（貨運集散）	
1759		設縣丞開發南投	第二章
1809		蛤仔難併入版圖	大清帝國
1850		濁水溪氾濫鹿港港運受阻	邊陲時代
1858		天津條約，臺灣開港	
1864		英國於高雄設領事館	
1867		基隆大海嘯	
1870		鼓勵移民來臺	
1874		牡丹社事件，廢止渡臺禁令	
1875		開放渡臺耕墾，設拓墾局	
1877		第一條電報線（臺南－旗津）完成	
1885		臺灣建省	
1886		於臺北設臺灣電報總局	
1887		臺閩海底電線接通	
1888		設郵政總局	
1889		於彰化橋孜圖興建省城	
1893		基隆－新竹鐵路通車	
1895		馬關條約割讓臺灣	

第二章

大清帝國邊陲時代

1683 年臺灣納入大清版圖，結束了西方歐洲航海殖民政權以及鄭氏王朝時代，隨即併於隔海之大陸帝國政權統治，但由於獨立在臺建國的鄭氏王國在清廷眼中係明朝遺臣，屬掃除對象，雖經施琅平定臺澎，惟滿朝仍對臺灣之棄留仍存異見。康熙皇帝甚至並不重視，認為：「臺灣僅彈丸之地，得之無所加，不得無所損。」當時，臺灣約有 12 萬漢人。

康熙後來雖採施琅國防戰略觀點，將臺灣納入福建省（1684 -1885），但「班兵」制度、渡臺禁令、准許渡臺者禁攜眷屬、臺灣不許築城…等等不深耕臺灣之消極作為，遂使此後二百年的臺灣蒙上大清帝國邊陲地位陰影，形成移民拓荒的渡臺悲歌，以及來臺開墾篳路藍縷之艱難苦境。

1874 年，牡丹社事件發生後，略見清廷較積極之開發臺灣，十年後行政體制更自福建脫離獨立建省。單獨置省之後，全島建設愈見積極有成。惟清日戰爭簽訂《馬關條約》割讓臺灣予日本，臺民不服宣佈建立民主國，永清 150 天（1895 年 5 月 25 日 - 10 月 19 日），是歷史上臺民建國的一段小小插曲，未成氣候。

拓墾與經濟開發

福建省時期	公元		第一節 納編福建
1687		施琅開圳（「將軍圳」）	
1697		北投硫磺採礦	
1709		陳天章等開發臺北盆地	
		施世榜興建八堡圳	
1715		王世傑興建「隆恩圳」	
1716		岸裡社開墾臺中	
1723		張達京「割地換水」開圳	
1725		臺南三郊奠定臺南首府城	
1732		福建泉州移民艋舺	
1733		楊秦盛開墾王田庄	
1734		林秀俊開墾大甲圳	
1740		郭錫瑠開五庄圳（瑠公圳）	
1750		林秀俊開墾新莊、大加蚋堡	
1755		林秀俊建大安圳、永豐圳	
1776		林元旻兄弟等開墾蘭陽	
1784		鹿港八郊促成鹿港第二大城	
1787		吳沙武裝入宜蘭開墾	
1831		姜秀鑾開墾北埔	
1832		林平侯商記併為「林平源」商號	
1866		淡水種植安溪茶	
1869		烏龍茶外銷美國	
1870		北部煤礦開採	
1874		開放內山番界禁令	

納編福建及渡臺禁令時期（1684～1874）

　　自「臺灣善後會議」並納編於福建省設府之隸屬開始，臺灣並未被列入認真經營的大清屬地。此後約二百年，除 1709 年曾因歉收短時期開放移民臺灣外，臺灣仍被當做化外之地；直至 1874 年，採福建巡撫沈葆楨（1820-1879）之議，廢止渡臺禁令，總計清廷採隔離臺灣政策，前後一共維持了 190 年之久。

　　就經營臺灣之作為而言，由於大清採取以番制漢政策，利用原住民來抑制漢人移民，自 1684 年蔡機功（？-1684）招集二千餘人抗清，並經 1689 年吞霄之役，清政府皆調原住民助攻，此政策演變成後來漢、番合作抗清。有關抗清事件有稽可考的超過百件，所謂「三年一小反，五年一大亂」就是大清帝國經營臺灣的歷史印象，也是臺灣移民繼航海殖民之後併入大陸政權的一段歷史經驗。而臺灣之開墾，大部分皆由渡臺民間商人所組之墾號為先鋒。

1683　清廷在福州召開「臺灣善後會議」，棄臺保臺論兼有。北京定調「遷其人」，遂將舊鄭氏王國部屬兵將遷移山東、山西、河南墾荒。

　　　大清帝國佔有臺灣東寧王國後，將東寧王朝的主臣全部遷至大陸居住，不可留在臺灣。鄭氏納入上三旗管束，文武官員及士兵分別遷至諸省墾荒。

　　　大清採取以漢治漢，用攻臺將領治理臺灣，且長期的以這些攻臺將領擔任地方軍事首長。就福建水師一職，自 1684 至 1721 年計 37 年間，共歷施琅、張旺（1649-1722）、吳英（1637-1712）、施世驃（1667

-1721）四任提督，其中，張旺任職二年為非攻臺將領外，其他皆是。而施琅、施世驃父子更任職達 25 年之久。陸路提督則亦由萬正色（1637- 1691）、吳英、藍理（1648- 1719）等之攻臺將領擔任。

施琅計畫以「臺灣歸還荷蘭」誘引英、荷於福建、臺灣貿易，建議清廷維持海禁，未果。

【歷史密碼】

春秋大義看鄭經與施琅

　　1680 年臺灣前途大致已定。10 月，鄭經知和議不成，大勢既定，縱情花酒，國事交由鄭克塽監國秉政。未久，終於 1681 年（明永曆 35 年，清康熙 20 年）1 月 28 日過世，得年與其父鄭成功同，39 歲。清廷遂以鄭經亡故內亂，乘隙離間。8 月，施琅隨即復職獲任福建水師提督。1682 年 2 月，施琅更力主乘機「渡海東征，便可進取」、「招撫恐失其時」，3 月 1 日復密奏「專征航剿海務」顯其攻臺之心切。10 月 20 日，施琅接獲「進剿」旨令，10 月 28 日復接「毋失可行進剿時機」，11 月北方因風大未敢出師。

　　1682 年 12 月，姚啟聖最後一次遣使進行對臺灣招撫，迄至尚未結果之前的 1683 年 2 月，由於施琅堅持「撫當必遵制削髮」，遂使「姚啟聖欲撫，施琅欲剿」兩議未合。其間，施琅於 1 月 21 日以「宜乘機進剿，不可違時」密奏以過阻和議之進行。至 4 月，施琅再度密疏「臺灣可取」之滅鄭決心。合計施琅自 1681 年 10 月出任福建水師提督至 1683 年 5 月 17 個月期間，共上疏 4 次出兵攻臺密奏，透露其「降清反鄭必報父弟之

仇的堅持」，鄭施恩仇竟成臺灣是否建國之玄機。

施琅（中坐者）與眾官會議圖

　　臺灣之於施琅，又臺灣之於鄭經，相對以評，臺民之命運何竟繫於施琅對鄭氏之仇恨耳乎？仇恨何深，致鄭氏祖先留言「施興鄭窮，鄭興施無種」，斯謂仇恨難雪？

　　1683年臺灣命運改變終於到來。6月，施琅統兵2萬，戰船300餘艘，出師攻臺。16至22日激戰，22日鄭軍敗退，澎湖諸島歸清。7月5日，鄭克塽修書請降，16日，施琅諭令臺灣官民等「遵制削髮」（隨即於22日鄭克塽令民兵悉遵制削髮）；8月13日，施琅進抵臺灣。惟密疏謂「（鄭東寧王朝）偽文武官員於輸誠疑畏時，獨劉國軒決意以生死力主歸命，遂而我師不用戰攻而得全國，其功不少」，猶留歷史春秋之筆尚待澄清大義也。

　　8月22日，施琅赴鄭氏家廟（今臺南市忠義路二段36號）告祭鄭成功，留有「情猶臣主，蘆中窮士，義所不為，公義私恩，如是則已」之情

義並茂。施琅之於父仇，連橫《臺灣通史》尚且為言：「言畢淚下，臺人聞之，為嗟歎曰：『父仇一也，隕公辛賢於伍員矣』」誠以有乎。11 月 22 日，施琅班師離臺，27 日回廈門。今澎湖媽宮澳及臺南天后宮之施琅「紀功碑」碑文，著有平臺之勳，則以施琅昔為鄭氏部將，得罪歸清，其藉滿清而覆明社，其罪大乎？抑或有乎？

　　嗟乎，施琅攻臺，歷史春秋之義何如，而其意義究應為何，士人誠有異同之見者也，其庶乎可風之論者何，實不見春秋矣。

1684　福建興化人移民馬芝遴社鹿仔港，於此興建媽祖廟。1783 年設正口（對渡口岸為泉州蚶江），改稱鹿港。

　　康熙 23 年，臺灣行政建置納入福建省。改東寧為臺灣，承天府為臺灣府（隸屬臺廈道），原天興縣、萬年縣改為諸羅縣、鳳山縣。

臺灣納編於福建省時期之行政建置（1684-1722）

■ 一府三縣

臺灣府 ─┬─ 臺灣縣
　　　　├─ 諸羅縣
　　　　└─ 鳳山縣

首任知府蔣毓英。（任內與諸羅知縣季麒光、鳳山知縣楊芳聲共同編著有《臺灣府志》，通稱「蔣志」）

頒布〈臺灣編查流寓六部處分則例〉，規定流寓之民無妻室產業者應逐回大陸。其內容含嚴格規定臺灣居民及漢人渡臺的三條禁令，限制渡臺，尤禁婦女，准者亦不可攜眷。

施琅建天妃廟。

蔡機功事件。（原鄭成功部屬，不滿清朝駐臺官員強佔鄭氏王國留下田畝，10 月發起兵變）

大清重用攻臺將領治臺，肆無忌憚佔領田畝。施琅佔良田達 7,500 餘甲，部屬陳致遠 2,000 餘甲，雖有諸羅縣令季麒光再三申請，清廷未加治罪。

施琅強要澎湖漁民每年繳納銀 1,200 兩，在 1729 年（雍正 7 年）雖有福建水師提督反應要求撤銷，迄至 1737 年（施琅死後 41 年）停止。

陸路提督藍理在臺灣霸市抽稅，婪贓累萬，其罪應斬，但康熙僅調職至京入旗。（大清如此曲意保全，乃懼明鄭遺民發動武裝抗清。）

「渡臺禁令」三條（1684）

滿清佔據臺灣後，在 1684 年（康熙 23 年），即時公佈〈臺灣編查流寓六部處分則例〉，嚴格規定臺灣居民及漢人渡臺，三條禁令：

1. 內地商民渡臺貿易者，須由臺廈兵備道查明，並發給路照，出入船隻須嚴格檢查，偷渡者嚴辦，偷渡之船戶及失察之地方官，亦照法查辦。
2. 渡臺者不得攜帶家眷，已在臺者不得搬眷來臺。
3. 粵潮州惠州之地，為海盜淵藪，積習未脫，其民禁止渡臺。

【歷史密碼】
「渡臺禁令」造成臺灣特殊文化

臺灣於 1683 年併入大清帝國，隨後納編福建省，並頒「渡臺禁令」，

長期（1684-1874）對臺採取隔離政策，時達近兩個世紀。這期間禁令的結果，致使臺灣移民多有偷渡情況，以及政策造成今日之臺灣特殊文化。

過去17、18世紀以來，中國內地漢人違背禁令偷渡來臺，偷渡搭乘簡陋船隻橫渡臺灣海峽，須冒「黑水溝」波濤之險，臺灣諺語有「六死，三留，一回頭」，以及「唐山過臺灣，心肝結歸丸」的說法。

一日一夜拼命渡過黑水溝，乃到臺灣的挑戰。

臺灣海峽的黑水溝，水黑如墨，以澎湖分為大小洋兩處，大洋位於澎湖西方，乃澎、廈分界；小洋在澎湖東方，為澎、臺分界；雙方各寬80餘里。而小洋水深湍激，其險惡有「落漈」之描述（臺語：落魄、窮途末路之意）。

而且大明帝國與大清帝國禁止攜眷來臺的禁令，更造成臺灣漢人「陰衰陽盛」的現象。因而有謂「一個某（妻），恰（較）贏三仙天公祖」之俗語。使得大部分的漢人男子必須入贅屬於母系社會的原住民家庭，才能順利在臺繁衍後代。臺灣俗諺：「有唐山公，無唐山媽」，就是指許多臺灣人有來自唐山（中國內地）的男祖先，沒有來自唐山的女祖先。

然而，並非每個來臺的單身漢都能入贅原住民家庭，仍然有一些人娶不到妻子，只能孤獨一生，這些人常常晚上睡在廟裡十八羅漢神像的腳下，因此被稱為「羅漢腳」。羅漢腳既舉目無親，流離失所，死後更無子嗣送終，往往遺骨暴露，由民間善士為其立廟祭祀。這是「有應公」的由來。臺灣俗話「少年若無一遍戇，路邊哪有有應公」，意謂若不是「戇少年」離開原鄉，流浪到臺灣，客死異鄉，路邊哪來這麼多的「有應公」？

另外，由於渡臺禁令，於是來臺移民而有「無宅無妻，不士不農，不工不商，不負載道路之男性遊民」，由於「單身遊食四方，隨處結黨，衫褲不全，赤腳終身」，稱之為羅漢腳。可知，羅漢腳亦係渡臺禁令所遺留之另類臺灣文化特色。

清代對臺移民政策（1684 - 1874）

　　清朝之移民臺灣政策，主要自閩粵地區引進大批人口，安排聚居要地以便牽制原住漢人。澎湖的南嶼（今七美嶼）原本居民稠密，人口眾多，清軍入臺後，認為此處地理是控扼戰略要地，即將原住漢人遷至八卓嶼，將南嶼交由攻臺將領之親族、及清軍及其眷屬居住。由於視移民至臺灣為逃民，抓到要充軍，故多選擇移民南洋。

1684（康熙 23 年）依施琅之議，滿清頒布渡臺禁令三條。

1709（康熙 48 年）臺灣連續三年（1705 -1708）歉收，乃鼓勵移民開墾。

1719（康熙 58 年）依閩浙總督羅覺滿保之議，清廷重申渡臺禁令。

1729（雍正 7 年）再度重申渡臺禁令。

1732（雍正 10 年）廣東巡府鄂爾達奏准渡臺者攜眷。

1734（雍正 12 年）臺調官員年 40 歲無子者准攜眷來臺。

1736（乾隆 1 年）　重申渡臺禁令。

1740（乾隆 5 年）　閩浙總督郝玉麟以開禁後弊病叢生，再度禁止。

1746（乾隆 11 年）戶科奏請開攜眷令。

1748（乾隆 13 年）閩浙總督喀爾吉善奏請攜眷以一年為限。

1760（乾隆 25 年）福建巡撫吳士功，奏請開禁但以一年為限。准攜眷。

1761（乾隆 26 年）閩浙總督楊廷璋，奏請嚴禁渡臺及禁攜眷。

1788（乾隆 53 年）陝甘總督福康安奏請廢止攜眷禁令。

1870（同治 9 年）　獎勵移民至臺。

1874（同治 13 年）依福建巡撫沈葆楨之議，渡臺禁令廢止。

大清帝國治理臺灣之行政體系（1684－1874）

清代治理臺灣之行政體系（三級政府）

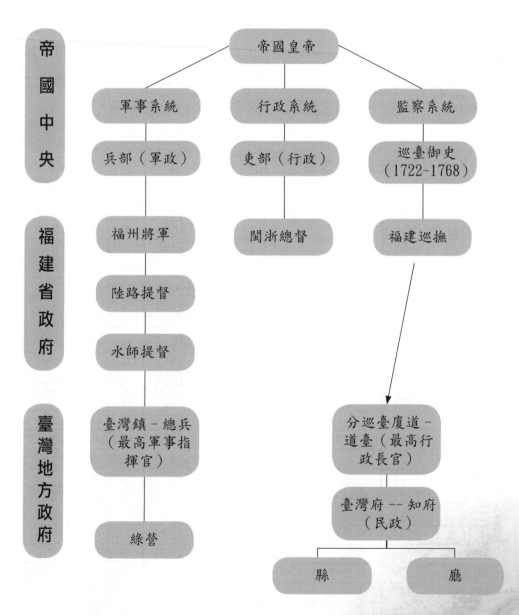

臺灣知府（1684 -1886）

臺灣知府即臺灣府知府，為臺灣之地方父母官，受臺廈道（1684 -1727）及臺灣道（1727 -1887）管轄監督。知府衙門在今臺南市赤崁樓旁。至 1875 年，臺北設府，臺灣知府已非管轄臺灣全境。1885 年，臺灣府升格建省，臺灣知府不再是最高行政官僚，由福建臺灣布政使取代。事實上，至 1887 年派任知府升格為布政使，才是臺灣正式建省的象徵。

表 2-1　臺灣歷任知府（1684-1886）

姓　名	到任年	姓　名	到任年	姓　名	到任年	姓　名	到任年
蔣毓英	1684	余文儀	1760	慶　保	1802	仝卜年	1843
吳國柱	1690	蔣允焄	1763	馬慶陞	1805	史　密	1847
齊體物	1694	秦廷基	1766	高叔祥	1806	王用賓	1848
靳治揚	1695	鄒應元	1767	錢　澍	1806	裕　鐸	1848
衛臺揆	1702	李師敏	1772	楊廷理	1806	張維屏	1851
周元文	1707	成　城	1774	鄒　翰	1806	黃開基	1851
陳　璸	1713	蔣元樞	1775	徐汝瀾	1808	朱材哲	1851
馮協一	1715	萬綿前	1778	汪　楠	1811	裕　鐸	1853
王　珍	1716	蘇　泰	1781	楊廷理	1811	孔昭慈	1856
沈近思	1721	劉亨基	1783	汪　楠	1812	洪毓琛	1860
高　鐸	1721	王右弼	1783	鄭佐廷	1817	陳　鍔	1862
范廷謀	1725	劉亨基	1783	蓋方泌	1818	馬樞輝	1862
孫　魯	1726	孫景燧	1784	鄭佐廷	1818	陳懋烈	1862
俞存仁	1727	楊廷理	1786	蓋方泌	1819	葉宗元	1863
倪象愷	1729	楊紹裘	1787	徐景楊	1820	陳懋烈	
沈起元	1729	楊廷樺	1787	蓋方泌	1820	葉宗元	1868
王士任	1731	楊廷理	1787	毛鼎亨	1821	梁元桂	1868
尹士俍	1733	徐夢麟	1788	方傳穟	1823	祝永清	1870
徐治民	1735	楊廷理	1788	鄧傳安	1824	陳思燏	1870
劉良璧	1737	袁秉義	1791	方傳穟	1824	周懋琦	1872
錢　洙	1740	楊紹裘	1791	陳俊千	1826	張夢元	1876
范昌治	1742	清　華	1793	鄧傳安	1826	孫壽銘	1876
莊　年	1745	袁秉義	1793	徐　鏞	1827	向　熹	1877

褚　祿	1745	遇　昌	1794	鄧傳安	1828	張夢元	1877
方邦基	1747	朱慧昌	1794	王衍慶	1829	周懋琦	1879
金　溶	1750	遇　昌	1795	鄧傳安	1830	趙　鈞	1880
陳玉友	1751	沈　颺	1795	呂志恆	1831	袁聞拆	1881
王文昭	1752	楊紹裘	1796	王衍慶	1832	程起鶚	1883
曾日瑛	1753	遇　昌	1797	托渾布	1832	侯材驥	1883
鍾　德	1754	吉　壽	1799	周　彥	1833	程起鶚	1886
覺羅四明	1757	吳逢聖	1799	熊一本	1834	吳本傑	1886

表 2-2　臺灣布政使（臺灣知府升格，1887-1895）

姓　　名	到任年	姓　　名	到任年
邵友濂	1887	沈應奎	1890
沈應奎	1889	唐景崧	1891
蒯德標	1889	顧肇熙	1894
于蔭霖	1890	俞明震	1895

1685　改建臺南孔廟為臺灣府學。知府蔣毓英捐俸整修東安坊玄天上帝廟
　　　（今臺南北極殿）。

　　　知府蔣毓英與諸羅知縣季麒光、鳳山知縣楊芳聲共同編纂《蔣志》；
　　　為臺灣最早之地方志。

1686　實施班兵三年輪調制度。

　　　施琅平定臺灣之後，清廷對臺灣棄留仍未定論，為不棄臺灣並安康
　　　熙皇帝之心，施琅建議駐臺軍隊採班兵制度，定期（三年或二年）
　　　調防。1686 年施行。

　　　陳辛事件（陳辛結合 36 番抗清）。

1687　允許臺民赴福建鄉試。福建總督更名閩浙總督。

　　　施琅引八掌溪開圳道，灌溉 462 甲面積。（為臺灣最早興建之水利

工程，後因洪水沖毀，經地方士紳紅嚴卿等 15 人出資重修，感念施琅遂命名「將軍圳」。再後與「道爺圳」合併稱為「道將圳，灌溉面積達 2,938 甲。）

樸仔腳（今嘉義縣朴子市）建媽祖廟，名為「樸樹宮」。乾隆年間，勒封為「配天宮」。

【英國牛頓（Sir Isaac Newton，1643 - 1727）發表《自然哲學的數學原理》，闡述萬有引力及三大運動定理。】

1688　清設立「寶臺局」，開爐鑄錢。（次年開始鑄錢，由永曆舊錢銷毀改鑄，稱為「康熙通寶」）

（英國光榮革命，確立君主立憲。英法爭奪美洲殖民地戰爭。）

1689　吞霄淡水事件。（淡水社「土官」，原住民頭目冰冷（？ - 1689）率眾射殺主賬金賢，並結合今苗栗通宵之吞霄社「土官」卓霧等抗清）。

1691　福建泉州同安縣金門人士王世傑（1661 -1721）移民開拓竹塹。

自 1731 年起以竹塹港為貿易活動中心，發展島內貿易，並拓展至天津、牛莊（今遼寧海城西部），以及朝鮮、呂宋，是竹塹港之黃金時代。1803 年洪水塞港，1807 年於其附近新開停泊處，稱為新港。1807 年，竹塹港改稱舊港；1813 年淤塞，港務移至頭前溪南岸的新港。1815 年，附近之新港壅塞，再濬復舊港，港務再移此繼續貿易。1854 年以後，竹塹行郊更於此設棧，船舶出入日多，港務興盛。1857 年後，香山港興起，舊港停滯。日治時，1899 年指定舊港為對中國貿易港，港務再度恢復；1932 年廢港，舊港遂成一般漁港。

1694　福建分巡臺灣廈門道高拱乾補纂完成《臺灣府志》（高志）編修。

1695　第四任臺灣知府靳治揚於臺南設熟番學社。（「平埔族」漢化）

江蘇上海人氏徐懷祖來臺，完成《臺灣隨筆》（遊記）。

1696　諸羅吳球（？－1696）事件。（前明後裔朱友龍煽動「反清復明」起事抗清）

1697　杭州人氏郁永河（郁永和，1645-？）1696年奉旨來臺灣北投採硫磺，2月於今臺南安平上岸北行，駐紮於硫磺產地，聘用原住民協助；在臺九個月，著有《裨海記遊》（1698，或稱《採硫日記》即在描述臺北盆地見聞），今列入臺灣省文獻委員會「臺灣歷史文獻叢刊」。

【歷史密碼】

18世紀清治範圍不及半個臺灣

　　17世紀末至18世紀中葉，大清帝國統治臺灣之實際範圍，其實並未含蓋全臺灣，仍未及半個臺灣。

　　由康熙38年到43年的五年間（1699-1704）所繪製的《康熙臺灣輿圖》對照康熙下令勘測於1735年完成之《福建省與所轄臺灣》地圖，證明當時清朝所統治之實際含蓋範圍實不及完整臺灣的三分之一。

　　依據《「康熙臺灣輿圖」上地名點圖》係中央研究院臺灣研究所王祿驊、朱瑪瓏依據《康熙臺灣輿圖》（典藏於臺灣省立博物館，此圖並未記載繪製者及繪製年代，推測時間大約在康熙38-43年期間（1699-1704））上之地名，以點顯露於今臺灣地圖編繪而來。

　　依本圖反映，還原清康熙時期統治臺灣之範圍，南起沙馬岐頭（當時之鳳山縣南端，今恆春半島北緣），北到雞籠城（基隆和平島），東至山地，西到沿海（含澎湖島嶼）。值得注意的是不含蛤仔灘（宜蘭）等後山

（含宜蘭、花蓮、臺東、屏東）地區。

　　另依《乾隆臺灣輿圖》（典藏於臺北故宮博物院），未記載繪製者及繪製年代，推測時間約在乾隆21-24年期間（1756 -1759）所編繪之《「乾隆臺灣輿圖」上地名點圖》，範圍情況與《「康熙臺灣輿圖」上地名點圖》略同。可見清朝治理臺灣的前一個世紀，實質的統治範圍尚僅限於臺灣的西岸沿海為主，甚且連今之苗栗縣、新竹縣、桃園縣、新北市皆尚未見開發。

1699 通宵社事件（通宵社土官卓个、卓霧、亞生率社民殺死徵派無度的通宵社通事黃申及同夥十餘人）。

1701 諸羅劉却（？-1703）事件。（1703，劉却第二次起義抗清）

1702 漳州人由鹿港登陸，開拓大肚庄。接著沿大肚溪北岸東進。

1703 諸羅知縣宋永清對劉却再於北港起事，建木柵為垣以自衛。此為臺灣納清版圖之後，在清廷「臺灣不築城」政策下的第一座縣城。（直至 1721 年朱一貴起兵造反，清廷乃於 14 年之間，至 1735 年一共興建了鳳山縣城、臺南府城、彰化縣城、新竹廳城、嘉義縣城五個官建城池；1811 年又因蔡牽事件再建噶瑪蘭廳城，共 6 個官城政治中心。這是清廷在臺灣的第一次大規模築城運動。第二次大規模築城運動是 1871 -1889 期間 18 年，在外部威脅之下，再完成臺北府城、臺中府城、恆春縣城、雲林縣城、埔里與馬公廳城等 6 個政治中心。）

1704 江日昇完成《臺灣外記》。鳳山縣衙門啟建草寮祭祀縣城隍。（1718 年由知縣李丕煜捐俸新建城隍廟，即今鳳邑舊城隍廟，或稱左營城隍廟，為臺灣歷史第二悠久之官封城隍。但若以 1718 年計，之前尚有 1711 年建安平縣之官祀全臺首邑縣城隍廟，以及 1715 年建諸羅縣之官祀今嘉義市城隍廟。）

1707 （英格蘭、蘇格蘭合併為大不列顛王國）

1709 「陳賴章墾號」（福建泉州人氏陳天章、陳逢春、賴永和、陳憲伯、戴天樞五人合夥成立）准開發「大佳臘」地區（臺北盆地）。落籍嘉義之陳天章等五人向臺灣諸羅縣申請開墾，經核發墾單，准開墾大佳臘地區，並張掛告示，開墾範圍「東至雷里（今萬華）、秀朗（今永和），西至八里坌（今八里）、干脰（今關渡）外，南至興直山腳（今觀音山、泰山、新莊）內，北至大浪泵邦溝（今臺北大龍峒）」。

陳天章等五人除合設「陳賴章墾號」外，另又同設「陳國起墾號」、「戴天樞墾號」，分別開拓八里、士林平原一帶。大臺北地區均含蓋在三個墾號拓墾範圍。

施琅之族人施世榜（1671 - 1743）於 1709 年開始興建「八堡圳」，1719 年完工。（其父施啟秉（1640 - 1709）與施琅為同父異母，曾參與施琅攻臺之役，主導安海鎮重建，來臺後落籍於鳳山縣，墾荒及經營米糖事業，曾到半線開墾。）

清治時期，臺灣有三大水利工程分布在北、中、南三區，北是郭錫瑠（1705 - 1765）父子建造的瑠公圳，中是施世榜興建的八堡圳，南是曹謹（1787 - 1849）闢建的曹公圳。其中，以八堡圳灌溉面積最大。

施琅完成《靖海紀事》。

清廷因 1705 - 1708（康熙 44 -47 年）臺灣連續三年歉收，乃鼓勵移民來臺拓墾。

1713　粵籍黃利英率族人到東螺平原（今北斗）經商、墾農。1821 年，東螺改稱寶斗，後再改名北斗。

1714　康熙帝於 1708 年下令編繪《皇輿全覽圖》（比例 40 萬之 1），其中，繪圖人士包括耶穌會教士雷孝思（J.B.Regis）、馮秉正（Joe.de Mailla）、德馬諾（R.Hinderer）等奉康熙皇帝命至臺灣測量勘測，4 月 18 日 -5 月 20 日（康熙 53 年 3 月 5 日 - 4 月 7 日）共 33 天，完成臺灣部份《皇輿全覽圖》。法國巴黎於 1720 年發行《康熙皇帝命令下調查所轄福爾摩沙島圖》。由於參與測繪之外國傳教士，每測完一省份地圖便將一份由巡撫呈朝廷，另一份則寄往法國，因而得以發行中國地圖。

1715　王世傑引九芎林溪開「隆恩圳」。（1725 年完成，灌溉面積 400 甲，稱「四百甲圳」，後以地償公債，改稱隆恩圳。）

嘉義道將圳、彰化八堡圳及新竹隆恩圳並稱為臺灣三大古圳。

1716　岸裡社頭目阿穆依附清廷，開墾大肚山，拓墾臺中。岸裡五社共442 戶，3,368 人。

1717　閩浙總督覺羅滿保（？- 1725）派千總李岩到臺灣，覓尋善跑（飛毛腿、飛番）「麻達番子」（原住民未婚男子）程天與（？- 1776）等 7 名及 4 條狗至北京。

諸羅縣知縣周鍾瑄（1671 - 1763）延聘為縣志總纂的陳夢林（1670 - 1745）完成臺灣最早之縣志：《諸羅縣志》。

1719　彰化租戶施世榜建八堡圳完工（1709 年開始以施長齡墾號興建），設圳長、埤甲、埤匠、巡圳等職務管理水圳事務。

清廷重申渡臺禁令。

【法國密西西比公司（Mississippi Company）泡沫事件：股價連續上升 13 個月，漲幅 20 倍；1720 年 5 月崩潰，連續下跌 13 個月，跌幅 95%。】

八堡圳「林先生」

　　八堡圳關鍵的工程師，不名亦不受酬，人稱「林先生」，為清代全臺規模最大之水利工程。今當地並立有祀廟紀念其功。灌溉當時彰化全區 13 堡一半以上水利，包括東螺東堡、東螺西堡、武東堡、武西堡、燕霧上堡、燕霧下堡、馬芝堡及線東等八堡，故稱八堡圳；因水圳引用濁水溪之水，最初稱為濁水圳。總灌溉面積達一萬二千餘甲，涵蓋一半以上的彰化縣城，其中五千多甲為施家所有，故又稱施厝圳。餘租農戶，以穀為租

計，租穀收入年約四萬五千石。施世榜於八堡圳沿址並設有 12 租館以管理收租與址務。

八堡水利涵蓋區域為：

1、 東螺東堡：今天二水鄉全部、永靖、田中、田尾的局部。

2、 東螺西堡：今埤頭、溪洲及田尾局部，北斗鎮全部。

3、 武東堡：今社頭、田中、員林的局部。

4、 武西堡：今員林、溪湖及田尾鄉的局部。

5、 燕霧上堡：今花壇鄉全部、秀水鄉局部。

6、 燕霧下堡：大村鄉全部、員林鄉大部。

7、 線東堡：今彰化市全部、和美鎮局部。

8、 馬芝上堡：鹿港鎮及福興鄉、秀水、埔鹽的局部。

1720 年代　泉州人氏毛、游、李、陳、蔡、郭等六氏至房裡（今苑裡）建立聚落，發展染布成為僅次於北斗的臺灣第二大染布中心。

1720　鳳山知縣李丕煜主修完成《鳳山縣志》，兼臺灣知縣王禮（？-1721）主修完成《臺灣縣志》。（前兩部縣志皆見臺籍人士陳文達、李欽文等參與編纂）

　　　　【英國南海公司（South Sea Company）泡沫事件：南海股票換取國債，股票由年初 120 英鎊急升至 7 月 1,000 英鎊，全民瘋狂炒股，9 月暴跌，至 12 月跌至 124 英鎊。與荷蘭 1636 年鬱金香熱、法國 1719 年密西西比泡沫事件，合稱歐洲三大泡沫事件。】

1721　南澳總兵藍廷珍（1664 -1730）平定鳳山朱一貴（1690 -1722）（事件發生於 1721 -1723，朱一貴漳州人，舉事定國號為「大明」，號稱中興王，曾佔有全臺，俗稱鴨母王），後帶領漳、泉士兵百餘人於阿里港（今屏東縣里港鄉）墾殖。

阿里山與水沙連社事件（反抗設置社商通事不公平待遇）。

賴姓人士墾拓枋橋（今板橋）。

閩粵移民首見械鬥。

朱一貴紀念碑（高雄內門朱一貴文化園區）

1722　平定阿里山及水沙連社番。

　　朱一貴事件後，為禁止漢人開墾原住民土地，並以分界漢人及原住
民生活區，首立西部番界碑，執行封禁隔離政策。後來乾隆年間於
臺灣南北各地計 54 處分別立有界碑，並造冊繪圖，禁止漢人越入。
1739 年，再劃界立碑。【但侵占番地屯墾移民仍多，其後 5 年（1740
- 1744）墾地面積達 2,850 餘甲】

　　巡臺御史黃叔璥（1682 -1758）於《臺海使槎錄》（8 卷）書中有關
臺灣「大肚王國」（即大都王國）之記載：「大肚山形，遠望如百
雉高城，昔有番長名大眉」。其真實義或有隱諱政治，本意或為：
「大都（大明之國都）的山勢地形，遠遠望去，就好像三百丈高的

高城，以前這裡有一個國王，名號叫大明王。」

1723　鄭氏遺臣范文章、何有年獲准招募大批漳州、泉州移民開墾鹽水。
（又稱「月津」）

福建漳州的移民開始入墾雞籠港區，並於南岸興建崁仔頂街，為基
隆市街創建之始。

雍正元年，臺灣行政體制設：一府四縣一廳。臺灣府下設臺灣縣、
諸羅縣、鳳山縣、彰化縣等四縣及淡水廳（淡水捕盜同知，1731 年
更名為淡水撫民同知）。

諸羅分縣為彰化（原名「半線」，縣治設於巴布薩平埔族半線城，
今彰化市）。

清雍正至嘉慶期間臺灣行政建置（1723/1727/1812/1874）

■ 由「一府四縣一廳」到「一府五縣四廳」

　　　　　　　　　　┌─ 臺灣縣

　　　　　　　　　　├─ 諸羅縣 （乾隆 52 年，1787 年改稱嘉義縣）

　　　　　　　　　　├─ 鳳山縣

　　　　　　　　　　├─ 彰化縣 （雍正元年，1723 年由諸羅縣析出）

　臺灣府 ─┤├─ 淡水廳 （雍正元年，1723 年設立）

　　　　　　　　　　├─ 澎湖廳 （雍正 5 年，1727 年設）

　　　　　　　　　　├─ 噶瑪蘭廳 （嘉慶 17 年，1812 年設立）

　　　　　　　　　　├─ 恆春縣 （同治 13 年，1874 年設立）

　　　　　　　　　　└─ 卑南廳 （1874 年設立）

1724　首任淡水捕盜同知王汧重修聖多明哥城安東尼城堡（今淡水紅毛城）。

1725　水沙連諸社番殺人事件。開放熟番（平埔族）地區准予漢人耕作。禁止私自採取樟腦。

　　　三位閩粵巨商組織「臺南三郊」：北郊蘇萬利、南郊金永順、糖郊（又稱港郊）李勝興；總部設於南河港（今臺南水仙宮旁之「三益堂」），以「蘇萬利」、「金永順」、「李勝興」之名連署對外行文。「郊」為商業公會之稱，參加公會之商號稱為郊商，以貿易為主。

船頭行

　　臺灣史上兩岸貿易最早的買賣商號就是「船頭行」。

　　船頭行通常是有相當勢力之商紳，在港口市街上設置店舖，規模大者或兼營水客，或僱傭船隻，甚至於自置船隻，出海貿易，他們擁有規模龐大的船頭行，並執各行各業之牛耳地位，主要條件在掌握海上運輸，以及貿易。後來並聯合組成「郊」（商業同業公會），如臺南三郊、鹿港二郊、臺北五郊；分別在兩岸設立貿易據點。至 20 世紀機械化輪船興起後，船頭行日漸沒落。

臺南三郊（府城三郊）

　　1723 -35 年間，安平港為當時主要貿易港口，臺江為主要腹地，府城相繼成立三個郊商與大陸貿易往來。北郊為 20 餘商號組成，以「蘇萬利商號」為代表，配運福州以北等地之貨物。南郊由 30 餘商號組成，由「金永順商號」為代表，配運福州以南等地之貨物。糖郊由 50 餘商號組成，以「李勝興商號」為代表，初期以糖米出口為主，故名「糖郊」；後配運

於臺灣各港口，故名「港郊」。

三郊帶動臺南地區商業發展，讓臺南府城維持甚久之首府地位。「一府二鹿三艋舺」諺語即指此景。

迄至 19 世紀初，臺江與安平港淤積，府城三郊經商根據地失去優勢而沒落。20 世紀初，「三郊組合」由臺灣總督改制「臺南商工經濟會」（今臺南、雲林、嘉義縣商業公會之前身），三郊走入歷史。

1727　繼陳賴章等開墾之後，楊道弘招佃開墾新莊。

改分巡臺廈道為臺灣道，下設一府四縣二廳（增澎湖廳）。

巡臺御史（1722 -1769 年期間設置於臺）黃叔璥（1682 -1758）完成《番俗六考》（為 1737 年完成《臺海使槎錄》之第 5 卷至 7 卷）。

臺灣道與臺灣府

臺灣道前身為 1684 -1727 年的臺廈道，係 1727 -1887 年（1885 臺灣改制行省，至 1887 始正式建省）清代治理臺灣 212 年期間福建省之派出機構，臺灣府是正式的清代行政區劃。清代治理臺灣前期，福建省管轄的臺灣府，才是臺灣的正式行政區劃；但中後期，「道」逐漸成為介於「省」與「府州」之間的「準行政區劃」，受福建省節制管轄。1885 年臺灣建省之前，行政體系的正式名稱仍為「福建臺灣省」，獨立建省後，始稱臺灣省。

臺灣府係正式行政編制，而道只是省的派出機構，同樣屬於福建省所管轄。雖臺灣道與臺灣府管轄區域多所重疊，因府是正式的行政區，因此官方以臺灣府稱臺灣。直至 1885 年建省，因臺灣省方面之布政、監察、軍事、納稅等體系，與福建省有相當密切的行政體系關係，因此官方文件中，臺灣省的正式名稱，還是被清廷命名為福建臺灣省。

福建分巡臺灣道

福建分巡臺灣道又稱為臺道或臺灣道、分巡臺灣道，前身為福建分巡臺灣廈門道，是臺灣道的主官正式官職，即臺灣最高級別官員。臺廈道道署設於廈門，1827年升格之後的臺灣道設署於臺南。1767年，福建分巡臺灣道升格為福建分巡臺灣兵備道（加授按察使銜、臺灣軍權，制約總兵），張珽為首任臺灣道。1788年，福建分巡臺灣兵備道升格為按察使銜分巡臺灣兵備道，有權可直接上奏清朝皇帝。

表 2-3　歷任福建分巡臺灣廈門道首長（1684 –1727 年）

	姓　　名	任職時間	離職時間
1	周　昌	1684 （康熙 23 年）	1686
2	王效忠	1687	
3	高拱乾	1691	
4	常光裕	1696	
5	王之麟	1699	1704
6	王敏政	1704	
7	周元文	1710 代理	
8	陳　璸	1710	
9	梁文科	1715	1717
10	王　珍	1717 代理	
11	梁文瑄	1718	1721
12	陶　範	1721	
13	陳大輦	1722 （康熙 61 年）	1724 （雍正 2 年）
14	吳昌祚	1724 （雍正 2 年）	1727

表2-4　歷任臺灣道首長（1727－1766年）

首長姓名	上任時間（年）	備　註
吳昌祚	1727	
俞存仁	1728	代理
朱鴻緒	1728	未到任
孫國璽	1728	
劉蕃長	1728	
倪象愷	1731	
張嗣昌	1732	
沈起元	1735	代理
尹士俍	1735	
劉良璧	1739	代理
鄂　善	1739	
劉良璧	1740	兼任知府
莊　年	1743	
書　成	1746	
方邦基	1749	代理
金　溶	1750	
扡駞穆齊圖	1752	
德　文	1755	
楊景素	1758	
覺羅四明	1761	
余文儀	1764	
蔣允焄	1764 代理	1765 真除
奇寵格	1766	因「生番」殺人卸職
余文儀	1766	福建按察使降臺灣道
張　珽		兼理學政

表 2-5　歷任福建分巡臺灣兵備道首長（1766 –1791 年）

首長姓名	上任時間 （年）	備　註
張　斑	1766	兼學政
孫孝瑜	1768	
余文儀	1768	
蔣允焄	1769	
奇寵格	1771	
碩　善	1774	
成　城	1774	
馮廷丞	1775	
蔣元樞	1776	兼學政
張　棟	1777	
俞　成	1780	
蘇　泰	1781	
穆和藺	1782	兼學政
楊廷樺	1782	
李俊原	1783	未到任，革職
孫景燧	1784	
永　福	1784	
楊廷理	1788	知府護理
王右弼	1788	

表 2-6　歷任按察使銜分巡臺灣兵備道首長（1791－1885 年）

首長姓名	上任時間　（年）	首長姓名	上任時間　（年）
萬鍾傑	1788	熊一本	1837
王慶常	1791	沈汝瀚	1837
楊廷理	1793	姚　瑩	1838
劉大懿	1795	熊一本	1843
季學錦	1797	仝卜年	1847
遇　昌	1798	熊一本	1847
慶　保	1801	徐宗幹	1848
遇　昌	1802	瑞　濱	1854（未到任）
慶　保	1805	裕　鐸	1854
清　華	1806	孔昭慈	1858
張志緒	1808	洪毓琛	1861
汪　楠	1811	陳懋烈	1863
羅奇瑜	1812	丁日健	1864
汪　楠	1817	吳大廷	1866
蓋方泌	1818	梁元桂	1868
汪　楠	1819	黎兆堂	1869
蓋方泌	1819	定　保	1871
葉世倬	1820	周懋琦	1872
毛鼎亨	1821（未到任）	潘駿章	1872
史　譜	1821	夏獻綸	1873
周　漪	1821	周懋琦	1879
陳中孚	1821	張夢元	1879
胡承珙	1821	劉　璈	1881
方傳穟	1824	陳鳴志	1885
孔昭虔	1824	唐景崧	1887
陳　鑾	1827（未到任）	程起鶚	1891
劉重麟	1827	唐贊袞	1891
鄧傳安	1830	顧肇熙	1892

平　慶	1830	陳文祿	1894
周　凱	1832	賴鶴年	1895
劉鴻翔	1833	區鴻基	1895
周　凱	1836	忠　滿	1895

1729　訂定捕拿潛渡臺灣法令。

　　　廣東廖簡岳（簡嶽）及其族人至拳山（今臺北、公館、松山）開墾，
　　　與凱達格蘭族發生衝突，全族遭滅。

　　　嘉義建築土城。

1730　【英國北美殖民地維吉尼亞及佛羅里達（屬西班牙）種植棉花成功，
　　　至 1784 年獨立後的美國開始向英國出口棉花。】

1731　鹿港開港為島內貿易港，為彰化平原之米粟運港口。1784 年正式設
　　　口後，鹿港溪畔河岸碼頭林立，更為貨運集散中心，此後半世紀為
　　　鹿港最繁榮時期，直至港口淤淺（1820 年代初期）。

　　　大甲西社事件。（1731 -1732 期間，大甲西社（大甲）族及大都王
　　　國 13 社族武裝反抗，引發大規模之擴大反抗事件，結果致使大都
　　　王國徹底瓦解。）

1732　鳳山吳福生（？ - 1732，曾參與朱一貴事件）事件。

　　　福建泉州三邑（頂郊）：晉江（泉安）、惠安、南安三縣移民來臺，
　　　以艋舺今龍山寺所在地為中心，形成蕃薯市。泉州安溪移民艋舺建
　　　立清水祖師廟為中心。泉州同安移民艋舺則在八甲莊建立霞海城隍
　　　為中心（下郊，後移至大稻埕）。閩南三大族群經營艋舺，今之萬
　　　華。

　　　大甲西社及大都王國各社反抗事件平定之後，清廷放寬海禁，移民
　　　准攜眷來臺。大甲西社改稱德化社。

淡水廳同知移設於竹塹（新竹）。

大都王國滅亡，並由岸裡社接收舊地領域。

【歷史密碼】

大都王國的歷史公案

前荷蘭時代是研究臺灣史的空窗地帶。就文字記載而言，連橫「臺灣固無史也，荷人啟人⋯」乃係一針見血之觀察。惟根據荷蘭治臺時期與鄭成功驅逐荷蘭建立鄭氏王朝的兩段歷史時空，當時臺灣島上都存在有「大都王國」之相關文獻記錄，乃至清治時期文獻亦復如是。可見「大都王國」的「國祚」（1540？-1732），相當久遠。

職是，有關大都王國之歷史自不宜付諸荒煙蔓草，如若無人理之。所幸近有翁佳音（1992、2001）、中村孝志（2002）、江樹生（2002）、康培德（2003）、許瑞芳（2009）等諸學者之研究，為此填補不少內容，雖不完備，尚可助益進一步探究。最具爆炸性的研究發現，則以最近葉金山（2016）認為：「大都王國可能是保護大明建文帝之後人所建的王朝」、「西拉雅（平埔）族是大明人（朱允炆帝的皇家禁衛軍之後裔）」等論證，可能推翻一些先前之結論，並為前荷蘭時代的臺灣史開拓新頁。

「大都王國」若果就如葉金山所指為「大明漢人」所建立之部落王朝，則臺灣在荷蘭人殖民之前，就確定有漢人移民臺灣的「前荷蘭時代」之歷史。而葉氏所謂「大明漢人」，即荷蘭人佔領臺灣之前由大陸漢人來臺的移民，是大明王朝早、中期就來臺灣的「大明人」，應該有別於荷蘭殖民以後來臺的漢人，也有別於鄭氏王朝帶來大批軍民來臺之漢人，更與清治時期來臺拓墾、以及蔣氏大陸撤退來臺之漢人有別。這就表示大陸漢人移

民臺灣，是有不同時期之區分。則荷蘭、西班牙、葡萄牙等於15、16世紀或16、17世紀歐洲大航海時代，殖民帝國文獻所記載的臺灣島上居民，應該不能一概視之為原住民。

其次，許多文獻顯示：臺灣史始於荷蘭政權，荷蘭人殖民之前，臺灣並無政權。此種觀察，也可能有誤矣。由於部分文獻零星、分散的記載，荷蘭人與中國漢人對臺灣的觀察是有交集、相同的，認為當時臺灣沒有「領導人、國王」，但可能皆不正確。其實，當「大明漢人」角色出現之後，可能彌補、合理化了這些文獻出現的其他矛盾之處，也符合了陳第〈東番記〉（1603）、黃叔璥《臺海使槎錄》（1722），指出前荷蘭時代臺灣島上確有政權存在。她，被稱呼為大都王國，即文獻上所指「大肚王國」，或明代王（King of Middag）王國。

欲解開前述之歷史公案，以下這項論述及其所衍生的相關議題，可能存藏一些歷史奧秘，值得有識之士注意。

葉氏認為，荷蘭文獻指出當時臺灣（臺南）由「Cabessa」長老掌理三個議會：「Tackakusach、Takasach、Quaty」，這三個議會就是大明王朝的三法司：Tackakusach 刑部上書、Takasach 都察院、Quaty 大理」。而 Cabessa 就是「Kab Ua Sua」，是「閣皂山」，但被誤譯為「吉貝耍」（因而導向原住民語方向）；臺南「吉貝耍」（Cabessa，閣皂山，Ca 是閣，讀音近於ㄍㄚˉ／gā／嘎，和客家話鴿子的鴿讀音相同；be 是皂，讀音ㄅㄧ／bī／逼，皂字又讀ㄅㄧ／bī，《集韻》：「皂，筆力切，音逼。」；san 就是「山」。證明「大明人」確先於荷蘭人殖民臺灣之前即已移民臺南、臺灣，而荷蘭人眼中，殖民前臺南當地的治理 Cabessa 長老，就是大明王朝「建文帝朱允炆」其扈衛有關之族人與後裔（即所謂之「大明人」）所建立之大明「小王朝」。亦即荷蘭等歐洲人所謂的「明代王」，

King of Middag，而他們的王，大都王的名字並不叫「甘仔轄・柯達」（Camacht，原住民音譯），而是歷代大都王年號，也是姓：「建文朱允炆，Camacht」（河洛話音為「建文朱」）。亦即前荷蘭時期臺灣的「明代王（大明王）」，他們歷代都姓「建文朱允炆」（建文朱，Camacht）。

　　這項論述，指證臺灣史之前荷蘭時代，島上移民可能與大明王朝建文帝有關。而葉氏之相關引證論述，認為「大明人」、「明代王」，其實就是「大都（大肚）王國」的漢人族群。（參見葉金山，〈臺南「吉貝耍」之臺灣大明史・明代王國・建文王朝〉，2016 年 6 月。）

　　其次，葉氏之論點也指出「原住民漢化」的歷史問題。依臺灣發展之過程，原住民漢化是臺灣移民的文化趨勢。但其間也隱含「漢族原住民化」的另一個問題。因由於時間久遠，不同時期的移民，先前到來的老移民，也幾乎被晚來、逐漸多數的新移民認定為是「原住民」。例如，平埔是指地名，平埔族群不宜皆歸類為原住民。究竟平埔族是何種族群，是否就是「漢族原住民化」的漢人？而平埔族之認定，始於何時：清治時期？日治時期？還是更早之荷蘭時期？而前荷蘭時代之原住民，有漢化的原住民嗎？

　　臺灣原住民文化，有不同時期統治者的文化涵義，若以相同之名詞，視為認定族群標準，則非但困惑，也容易誤解歷史。例如，一般將原住民部落稱為「社」，但明朝的「社」與清朝的「社」，就有差別。「社」本身是原住民文化嗎？臺灣原住民稱「社」究竟出於何時？荷蘭時代之前的「社」，究竟皆歸類稱是「原住民社」？還是根本就是「漢人社」？

　　總之，這些都隱藏一些臺灣史的秘辛，則前荷蘭時代尚有一片天地等待開發，而歷史淵源久遠的「大都王國」的發展事實，總有一天終會在臺灣歷史上佔有其一定之地位吧。

1733 繼 1723 年「割地換水」方式獨力興建下埤圳，於中部娶得 6 名部
落公主之「蕃仔駙馬」張達京【1690 -1773，廣東潮州人，岸裡社
（今臺中神岡）1723 年首任理番通事】及所代表之「張振萬墾號」
六館業戶（餘五人為：秦廷鑑、姚德心、廖朝孔、江又金、陳周
文）與中部大地主臺中岸裡大社第一代總通事，第三任總土官潘敦
仔（1705 -1771），再度簽訂「割地換水」契約，建上埤圳道（1733
-1734）。

下埤、上埤與下溪洲圳（1823 -1867 年由陳天來、陳奎、陳漢、陳策、
陳荐等合稱五協所合資興建）於 1902 年合併為葫蘆墩圳，引大甲
溪灌溉農田千餘甲，稻米豐收（即今聞名之葫蘆墩米）。

八里坌被選定為開臺海禁後的臺灣北部港口。1796 年遭大水沖毀港
口與街市，居民遷移至對岸淡水，八里坌港遂而沒落，滬尾港遂起
而代之。

楊秦盛招佃開墾勝庄（月眉庄，屬大肚下堡，今烏日）。後形成王
田庄（今大肚）。

行保甲法，連坐法。

竹塹建築木柵城。

1734 福建漳州人林秀俊（1699 -1771）移居大甲，開鑿大甲圳（可能是
今社尾溝）引水灌田。後北上並以「林天成」、「林成祖」墾號開
墾臺盆地。

彰化縣建築莿竹圍城（仿諸羅）。官員年 40 歲無子准攜眷來臺。

臺灣道張嗣章在南北兩路設置「土番社學」50 餘所。

1735 武洛庄客家領袖林桂山、林豐山兄弟因平吳福生之亂有功，陳情拓
墾瀰濃（今高雄美濃）禁地（次年獲准）。

法國發行《清朝福建省與轄臺灣》地圖。

1735．《清朝福建省與所轄臺灣》（法國發行）。
由圖可知，當時清朝雖已統治臺灣超過半個世紀，但其統治的範圍仍
未及臺灣全島。

1737　嚴禁漢蕃通婚。

1738　乾隆3年5月，泉州三邑移民將晉江縣龍山寺分香興建艋舺龍山寺。

1739　禁漢人侵占番地。

1740　禁臺民招家眷入臺。

　　　郭錫瑠成立「金順興墾號」，開鑿「五庄圳」（引新店溪水利，歷

　　　經20年完工）。

1744　禁武官假借名義置莊田。

1745　准臺民攜眷來臺。（1747再改為禁止）

泉州人沈用墾殖麻里錫口社（後簡稱錫口）。

1746　臺灣年運 85,297 石米接濟福建福、興、漳、泉四府。次年，准閩商來臺販運米穀。（1816 年，清廷曾催運歷年應運穀石）

1748　【法國孟德斯鳩（Charles de Secondat, Baron de Montesquieu，1689 -1755）出版經 27 年寫作的《論法的精神》，或譯《法意》，提出三權分立原則。】

1750　林秀俊組「林天成墾號」開墾新莊平原。另以「林成祖墾號」拓墾大加蚋堡（今臺北）、擺接堡（今板橋）、興直堡（今新莊）、土城、中和、永和，興建大安圳；其第二代續拓臺北平原東部（今內湖石潭一帶）。淡水廳陳蓋事件，北部首起起義。

　　　　【美國佛蘭克林（Benjamin Franklin，1706 -1790）發現避雷針】

1751　北路彰化縣凶番焚殺內凹庄及柳樹湳兵民事件。
　　　廣東客家族與原住民凱達格蘭族人租地開墾峯仔峙社。1765 年，漳州人將村落改名水返（臺與河洛音：頂）腳。淡水開港後，本地成茶葉最大產地，而茶葉亦成為北部最大之輸出品。1920 年，水返腳改名汐止。

1752　各縣廳立石以明民番境界，並禁漢人入番地。

1753　彰化鹿港施篤（施天賜）糾眾劫囚犯事件。
　　　諸羅海豐莊吳典（黃典）窩藏罪犯糾眾抗官起義。

1755　林秀俊開大安圳引大漢溪支流水利灌溉今江子翠、土城農田；永豐圳，灌溉今之南勢角、中和農田。
　　　泉州人許宗琴舉家到簪纓（今深坑）開墾。

1758　強迫原住民漢化，令歸附「熟番」薙髮，並實施賜姓政策（由潘、蠻、陳、劉、戴、李、王、錢、斛、林、黃、江、張、穆…等 50

姓中選擇），改用漢名。

清朝區分原住民為「生番、化番、熟番」三種；生番並無「輸餉納糧、編籍應差」；化番有「輸餉納糧」，但無「編籍應差」；熟番完全有「輸餉納糧、編籍應差」。

1759　淡水都司移艋舺。新設南投縣丞。

1760　准民攜眷入臺（僅限一年）。郭錫瑠建成「五庄圳」（為瑠公圳前身）。

1761　興建土牛溝，劃分漢番界線。

土牛溝指挖出之溝渠，深約6尺，挖出之泥土堆置於漢人土地溝旁，堆高約8尺，頂寬6尺，以為界線，可設隘寮用作觀測，因堆起之土堆似牛背，故稱土牛溝。

鳳山縣丞由萬丹改駐阿里港。新港巡檢移駐斗六門。下淡水巡檢由大崑麓移駐崁頂。

1762　郭錫瑠「金順興墾號」興建之「瑠公圳」完成。（開鑿前後約12年）

1740年起引新店溪清潭水源至錫口（今松山），迄至1753年再與大坪林五莊墾首蕭妙興交換水源，引大潭水利，合開隧道渠道；1762年鑿通石腔圳路，歷時22年，貫穿新店、景美、公館、松山之青潭大圳水道，又稱為「金合川圳」，通稱為「瑠公圳」。使臺北成為僅次於中部的另一個穀倉。

【英國東印度公司攻佔馬尼拉。法國盧梭（Jean-Jacques Rousseau，1712 -1778）出版《社會契約論》，催生主權在民理念。】

1763　【英國瓦特（James von Breda Watt，1736 -1819）改良新式蒸汽機；1769年改良蒸汽機之後，工業革命更加大幅躍進。】

1764　【英國哈格里夫斯（James Hargreaves，1720 -1778）發明珍妮紡紗機（以其小女而命名）促使英國棉紡織業興起。】

1766　置南北理番同知，處理移民、土著交涉問題。北路理番同知兼理海防，設在彰化，管轄淡水、彰化、諸羅一廳二縣。南路理番同知兼理海防，由臺灣海防同知兼，管轄臺灣、鳳山二縣。

1767　改臺灣道為臺灣兵備道。

1768　林漢生召眾入墾蛤仔難平原，遭原住民土著殺害。

1769　臺灣縣大目降（今新化）黃教事件（？-1769，福建同安移臺，1760 年代劫匪）。
　　　山美社鄒族於中埔襲殺通事吳鳳（1699-1769）事件。
　　　彰化漳泉械鬥、鳳山縣閩粵械鬥。

1770　福建獺窟民船至梧棲進行貿易往來。

1773　福建漳浦吳沙（1731-1798）移民臺灣經商。後曾率閩、客移民約 2,000 人武裝入墾蘭陽平原，造成後來之原漢衝突。

1776　廢止官員不許攜眷來臺規定。（禁止長達 94 年）
　　　林元旻、林元火、林元辨、林元道等四昆仲入墾淇武蘭（今礁溪），為入蘭陽平原最早之漢人。早前於 1768 年，漳州林漢生入宜蘭開墾遭原住民殺害。林元旻則成功入墾淇武蘭。
　　　【美國發表《獨立宣言》。英國亞當斯密（Adam Smith，1723-1790）出版《國富論》。】

1777　閩粵械鬥（爭樹林）。

1782　8 至 11 月彰化嘉義漳泉械鬥。
　　　18 世紀中至 19 世紀末之閩南語族群之武裝衝突，漳州移民主要居地在中部平原、北部沿海及蘭陽地區（內埔腔）；泉州移民主要居地在中部沿海、臺北盆地（海口腔）；臺灣南部為漳泉混合地區。
　　　械鬥事件延續 3 個多月，最後由福建水師提督黃仕簡來臺鎮壓才結

束。官方報告：斬首者 290 餘人，流放者 320 餘人。

兩族群衝突的利益在灌溉水泉、墾地、建屋、蓋廟等方面。

1683 -1895 清朝統治 212 年期間，臺灣大小民變有記錄者，自吳球事件（1696）起至 1892 年恆春射不力社事件（後改名為善化社），共達 138 件事件，反映「三年一小反，五年一大反」之清治當時臺灣社會之寫照。

1783 張主忠反清事件，小刀會林貴反清事件，鳳山縣林弄反清事件。

淡水廳黃泥塘（桃園）漳粵械鬥，淡水閩粵械鬥（張昂案）。

1784 設鹿港為新港口。

開設迄至 1845 年，為鹿港全盛時期，僅次於臺南之全島第二大城。

當時有八大商業組織，商業盛況繁茂。

鹿港八郊：泉郊金長順、廈郊金振順、南郊金進益、䇲郊金長興、油郊金洪福、糖郊金永興、布郊金振萬、染郊金合順。

表 2-7　鹿港八郊之主要商號及營業性質

郊會	公會名稱	營業性質	商號家數	主要商號名稱
泉郊	金長順	與泉州地區貿易，以進口石材、木材、藥材、絲布、白布為大宗。	200 餘家	林日茂、萬合號、林盛隆、泉合利、黃金源、蔡永茂、蘇源順、施長發、施謙利、許謙和、蔡隆興、歐陽泉勝、施益源。
廈郊	金振興	主要與廈門、金門、漳州地區貿易、輸出米、糖、輸入杉木、布衣、紙捆。	100 餘家	海盛號、陳慶昌、陳恆吉、施合和、施瑞成、莊謙勝。

南郊	金進益	與廣東、澎湖及南洋等地貿易，多輸入鹹魚類、雜貨、鱨、草魚苗。	70-80 家	施自順、林源和、林永泰等。
簳郊	金長興	日用雜貨即海產仔貨（南北貨）之貿易	100 餘家	長源
油郊	金洪福	輸出花生油、麻油等	40-50 家	黃五味
糖郊	金施興	輸出糖往寧波、上海、煙台、天津	18 家	
布郊	金振萬	輸入綑布	70-80 家	
染郊	金合順	染布	30-40 家	勝興、元昌

1785　梧棲與大陸沿海之福州、廈門、汕頭等港口貿易活絡。

1786　鹿港龍山寺遷移現址落成。（1647 年，泉州三邑移民自泉州龍山寺分香於鹿港暗街仔結庵奉祀，1653 年建寺。）

11 月，彰化林爽文（1756 -1788）、莊大田事件（1786 -1788）。

此事件費時一年四個月平定，林爽文及其父林勸被押解北京為乾隆帝壽禮，乾隆為「嘉」許諸羅縣民「義」舉，而將諸羅改名嘉義。

林爽文像

1787　福建漳州人氏吳沙自組墾號，武裝入蛤仔難開墾宜蘭地區。

乾隆 52 年，諸羅縣改名為嘉義縣。

臺北艋舺創建清水巖。（福建安溪移民臺北所建祠）

1788　陝甘總督福康安（1753 -1796，今嘉義公園仍有由乾隆帝御筆之紀功碑文）倡議，臺灣遴選平定林爽文、莊大田事件協力之原住民頭目 30 名赴北京祝壽，並曾參與皇帝賜宴及諭令將原住民朝觀事蹟補畫入（1761）《皇清職貢圖》。（收錄臺灣原住民圖像，該祝壽團行程約 8 個月，於 1789 年 5 月 21 日返抵府城）

粵惠州陸豐及潮州饒平人氏林、彭、劉、蘇、宋等移民樹杞林（今竹東）。

漳州謝秀川、賴基郎向泰雅族租地，開墾臺灣最內陸的港口大姑陷（大嵙崁、今大溪月眉）。

置淡水縣新莊分縣。

【德國康德（Immanuel Kant，1724 -1804）出版《實踐理性批判》。英國詹姆斯・赫頓（James Hutton，1726 -1797）出版《地球的理論》（均變學說），為現代地質學之父，否定達爾文的天擇說。】

福康安平定林爽文事件圖

1789　羅漢門（今內門）縣丞改為羅漢門巡檢（1810 年移駐番薯寮，今旗山），新莊巡檢改為新莊縣丞。

福康安因平林爽文駐師龜壁灣（今車城）。以木為城，稱柴城，並以牛車佈置於其外圍禦敵，故得稱車城（為「柴城」河洛音之誤音，又稱「福安庄」）。

【法國大革命，公布《人權宣言》。法國拉瓦節（Antoine-Laurent de Lavoisier，1743 -1794）出版《化學基本論》，倡導質量守恆（不變）定律，提出第一個現代化學元素（33 種）列表。】

1791　實施「屯番」制度（又稱「番屯」制）。

1788 年林爽文事件結束後，因熟番協助平亂有功，福康安奏准而有屯番制之實施。由 93 個熟番社選出，全臺設 12 屯（4 大 8 小），大屯 4 處，每處 400 人；小屯 8 處，每處 300 人。有事聽命征戰，無事各力田疇。

1792　7 月 20 日，嘉義、彰化地震，死約百餘人。

吳光彩起義事件。

（法國採用 10 進位）

1793　劉添事件（反清起義天地會）。

1794　鄭光彩、林翰奇小刀會事件（反清起義小刀會）。

1795　陳周全（？ -1795，又名陳周，臺灣天地會首領）武裝事件。

1796　全臺免地租。

吳沙入烏石港（今頭城）遭阻，退回三貂角。以火器威力擊潰噶瑪蘭族，進墾宜蘭平原。

吳沙夥番社商人（番割）許天送、朱合、洪掌，共謀募閩粵流氓，率 200 餘鄉勇越界開墾，引發土著對抗，後吳沙藉天花流行贈藥治

癒百餘人,而獲土著獻地答謝,不及一年,吳沙得地數十里。次年,吳沙獲准屯墾執照,繼續開墾二圍、三圍、四圍。

【法國拿破崙(義大利語:Napoleone Buonaparte,1769 -1821)崛起】

1797　寄居淡水楊肇(仿天地會結拜「小刀會」)武裝事件。

宜蘭原住民流行天花,吳沙以漢方獲原住民信任。

1801　【英國(大不列顛王國)併愛爾蘭,成立聯合王國。1919 年愛爾蘭獨立戰爭於 1921 年簽訂英愛條約,成立愛爾蘭自由邦(26 郡)及北愛爾蘭(6 郡)歸英國聯合王國管轄。】

1804　華南海盜,福建同安人蔡牽(1761 -1809)攻臺。1805 年,蔡牽稱鎮海王,船隊駛入鳳山(今高雄市鳳山區),包圍臺灣府城。

後人林承強作有蔡簽起義紀念詩:

常思要塞金湯固

每憶邊陲鐵甲艱

獵獵義旗知勁旅

森森青劍斬凶頑

蔡牽起義紀念詩收錄於福建《霞浦縣誌》,並刻在霞浦文化公園歷史紀念碑。

1805 臺北大龍峒保安宮落成。（福建同安移民臺北於 1742 年創庵，1804 年建廟）

1806 漳泉械鬥，中部受害。

浙江提督李長庚三破蔡牽。（1807，李長庚戰亡。1809，蔡牽戰亡。）

1807 朱濆（1749-1808，號稱海南王）入蘇澳反清，與蔡牽組聯合船隊反清。

【美國富爾頓（Robert Fulton，1765 -1815）發明汽船】

1808 吳化（吳沙之侄）等將宜蘭墾民戶口清冊呈閩浙總督方維甸，要求蛤仔難入清版圖。（未果，至 1810 年核可改稱「噶瑪蘭」，1812 年設「噶瑪蘭廳」，廳治設於五圍，今宜蘭）

【英國道爾頓（John Dalton，1766 -1844）出版《化學哲學的新體系》，提出原子理論，確立「物質是由原子（粒子）組成」的理論。】

1809 漳泉械鬥（北部、中部）

李長庚部將王得祿、邱良功分別接任福建、浙江提督，合兵圍攻蔡牽於浙江台州漁山外洋，蔡牽寡不敵眾，開炮自炸座船，250 餘人沉海而死。

1810 蛤仔難併入版圖，改稱噶瑪蘭（1812 年建廳）。

1811 淡水內港人高夔事件。

1812 嘉慶 17 年，臺灣行政體制設：一府四縣三廳（增設噶瑪蘭廳）。

臺灣府下設臺灣縣、鳳山縣、嘉義縣、彰化縣等四縣及淡水廳、噶瑪蘭廳、澎湖廳等三廳。

平埔族衛阿貴開墾鹹菜甕（今新竹縣關西）。

天地會會員大批被捕。

1814 彰化墾戶郭百年事件。（1814 -1815 期間，中部內山水沙連地區埔

裏社漢人與原住民之間衝突事件）

1815 水沙連隘丁黃林旺、嘉義陳大用、彰化郭百年、臺灣府門丁黃里仁
獲准屯墾入水沙連番地，引起對抗。

1817 清廷於集集及烏溪立碑，禁止漢人進入。（但未見成效，未久，埔
里一帶已成漢人村落）

1820 （鴉片大量流入中國，20 年後清英發生鴉片戰爭。）

1821 海盜林鳥興侵犯滬尾（今淡水）。

1822 噶瑪蘭林永春（林泳春）事件。滬尾（淡水）朱蔚（？-1822）事
件。

1823 鄭用錫（1788-1858）開臺首位進士及第。

鄭用錫生於後龍，今苗栗；1806 舉家遷居竹塹，今新竹；鄭用錫之
前已有陳夢球（以漢軍正白旗籍中舉）、王克捷（晉江縣寄籍諸羅
縣）、莊文進（以鳳山籍登科後回即晉江）等三人考取進士，故「開
臺進士」有不同之說。）鄭用錫因 1853 彰泉械鬥起，新莊、艋舺、
大烈，親赴各莊排解，著〈勸和論〉（經選入今「高中國文」2009
課綱送部審定版本）。

中部平埔 5 族（巴宰族、道卡斯族、巴布拉族、巴布薩族、洪雅族）
14 社聯合遷往水沙連（當時對臺灣中部內山地區之稱呼，今泛指大
部分之南投縣境）。

三貂嶺路修成，暖暖成為交通要衝，並形成臺灣最北部之貨物集散
中心。

7 月，一場大洪水，使曾文溪突然改道南流，洪水挾帶大量泥沙，
臺江內海淤塞沖積成為海埔新生地。鹿耳門港淤積，成為廢港。鹿
耳門遂成為一片廣漠田園。

（美國發表「門羅主義」聲明，不容許歐洲干涉美洲事務及殖民。）

1824　福建漳州林平侯（1766 -1844）建大嵙崁城（林家屋宅），後由其子將其商記合併為「林本源」，遷於板橋。

林平侯於 1782 年隨父林應寅來臺，經商米鹽生意，1787 林爽文事件引發通貨膨脹，成為富商，以捐官得新竹縣丞、廣西同知；官至知府，為道光之前臺籍最高官位者（其孫林維源任二品官，為臺籍文官最高位）。1816 年由廣西回臺，為防泉州人不睦，及新莊河港日漸淤積，不利生意經營，乃於 1818 年（一說為 1821 年）遷居大科嶺（今桃園大溪）；為臺灣最大地主，擁有土地超過 5,000 甲。1832 年，林平侯子成立「林本源」商號。（林平侯生前曾將其財產分為五個商記「飲、水、本、思、源」予後代五子，林國華與林國芳，將「本、源」兩個商記合併為「林本源」商記；1853 年遷板橋。1847 建林本源家族居所；1976 家族將庭園捐給臺北縣政府。林本源家族對近代兩岸之政經皆有重要之影響。）。

許尚、楊良斌起義抗清事件。

1825　【英國史蒂芬生（George Stephenson，1781 -1848）發明的蒸汽火車在世界上第一條鐵路上試車成功。】

1827　英人滬尾販賣鴉片。（滬尾今淡水，1740 年首度出現之淡水堡莊名，「滬尾」出海口之意，不是「虎尾」之意。）

1830　【英國查理斯・萊爾（Sir Charles Lyell，1797 -1875）出版《地質學原理》（1830-1833 分三卷出版）闡述均變論，認為山川河流的形成係由長時間積累的後果。】

1831　姜秀鑾（1783 -1846，先祖自粵陸豐來臺，生於九芎林），開墾北埔。成立金廣福公館，俗稱金廣福大隘，為當時隘墾總部及指揮中心，

姜秀鑾為金廣福第一代墾戶首。

1832 天地會張丙（？-1833，豎旗起義，建國號為「天運」，自立為「開國大元帥」）事件、陳辦、陳連事件（1832 -1833），許城占鳳山、林海占臺灣縣，黃城、莊文攻林圯埔。張丙事件各地響應以殺害貪官為名，全臺響應革命群眾達 3 萬人。嘉義人王得祿（1770 -1842）在廈門招募丁勇，事件平定後道光皇帝封太子少保銜。1838 年，嘉義縣沈知自稱大元帥，殺害官兵，搶奪佳冬（臺南後壁）糧倉，王得祿又率義勇，前往平亂，事定後道光皇帝追加太子太保銜。

王得祿為清治時期官位最高的臺籍官員

1834 閩浙總督程祖洛（？-1848）於張丙事件後，奏訂「酌臺灣善後事宜 20 條」（含修建城牆、砲臺、興辦臺灣府及民捐民修嘉義縣城工程、禁偷渡、減兵員、禁私煎硝磺、鐵禁等）。

北路左營改制為嘉義營。

曹謹抵鳳山，任知縣，依幕僚林樹海（1808-1851）建議開圳，引下淡水溪水灌溉鳳山平原，次年完工；解決乾旱。1839年，由知府熊一本（1778-1853）命名為「曹公圳」。（後擴大包括新圳、鳳山圳、大寮圳、林園圳，灌溉大高雄地區面積達六千多公頃。）

1837　（美國發生金融危機，促成經濟大恐慌。）

1838　（林則徐至廣州禁煙，1841清英鴉片戰爭。次年，訂《南京條約》，賠款，割香港，開放五口通商。）

1841　嘉義縣江見、林旺抗清事件。

1842　英船 Brig Ann 號攻臺中大安港。

1843　臺灣縣郭光侯（同郭洸侯）領導非武力抗糧（抗租）事件。由於地賦下令以穀納制改為折銀納穀制剝削農民，變相加賦，郭洸侯為當地武生，率領民眾拒絕繳納現銀，將穀物搬運到臺灣府城堆積抗議，致引起緝捕，後遭流放邊疆。

嘉義洪協（？-1843）事件。

1846　【英國廢《穀物法》（Corn Laws，1815年制定，保護地主農民利益），引發馬爾薩斯（Thomas Robert Malthus，1766-1834）與李嘉圖（David Ricardo，1772-1823）經濟學理之爭論，最後，反保護主義獲勝，奠定英國自由貿易原則，直到20世紀兩次世界大戰期間例外。】

1847　英商到雞籠調查煤礦。

1848　【德國猶太人馬克斯（Karl Marx，1818-1883）與恩格斯（Friedrich Engels，1820-1895）於倫敦發表《共產黨宣言》。】

1850　英船 Larpant 號預備前往上海，遇暴風雨擱淺於恆春半島，遭生蕃洗劫。囚禁之3名生存船員後逃出獲英船救送至上海。

1851　濁水溪氾濫，影響鹿港之港運，出海口移動並形成下游南北兩岸之沖積扇。（1888 及 1900 年，濁水溪又見大洪水）

林藍田由雞籠移居大稻埕中街（今迪化街），建林益順店舖 3 間，為大稻埕開設店舖之始。

歐洲輪船初航至滬尾及雞籠進行貿易活動。

（英國舉辦世界第一次世博會：倫敦萬國工業博覽會）

嘉義洪紀（？- 1852）事件。

1853　魴頂漳泉械鬥（108 人死亡，為基隆歷來最大的械鬥）。三角湧（三峽）亂民焚八甲、新莊。臺南李石事件、鳳山縣林恭（？- 1853）事件。頂下郊拚（下郊人聯合漳州人與頂郊人對抗）。

（咸豐 3 年）清廷為籌軍餉，於嘉義縣鑄造「咸豐通寶」4 種。（咸豐年間，臺灣有寶臺、寶福二局鑄錢）

（美國船艦至日本浦賀，迫日本開港。次年，美日訂《神奈川條約》准開港，派駐使節。）

1854　美艦司令培理（Matthew Calbraith Perry，1794 -1858）率鑑停泊雞籠約 10 日，勘查礦產，測量雞籠港地勢。回國後提出報告，主張佔領臺灣。

【歷史密碼】

臺灣貪污文化其來何自？

貪污愛財一向倚仗權勢。官場貪污流於官吏為非作歹，無視上司國法、倫理良心之存在使然也。權威是貪污文化的源頭。

有謂臺灣貪污文化源於中華文化，「但知有官，不知有民」、「官以

吏役為爪牙，吏役以民為魚肉」。其來有自，為存真故，乃引原說為證。

話說，自1684年臺灣收歸大清設府納併福建，早期臺灣胥史（官吏）大部分來自福建。當時，臺灣對北京而言只是偏遠邊陲之地，雖設府置縣派官治守，但並無良好治理能力，府縣常只是空懸虛名。徐宗幹（1796-1866）〈上劉玉波制軍書〉：政務淪為「臺地積習，但知有官，不知有民」，致「官以吏役為爪牙，吏役以民為魚肉」。至清統治末期，沈葆楨（欽差辦理臺灣等處海防兼各國事務大臣）在〈請移駐巡輔摺〉即明指「始由官以吏胥為爪牙，吏胥以民為魚肉。」凡此指證歷歷之臺灣官場，乃貪官污吏之寫照也。於是乎，貪污形成社會文化，終而留下警世之臺灣諺語：「一世做官，三世絕」、「一世官，九世牛，三世寡婦」，以及民間流傳：「交官散（窮），交鬼死，交好額（富）做乞食（乞丐），交縣差吃了米」腐敗吏治之社會民情。

曾歷任過山東、四川各縣府，及分巡臺灣兵備道與福建巡撫的徐宗幹，對吏治敗壞之抨擊於《斯未信齋文集》更感慨指出：「各省吏治之壞，至閩極，閩中吏治之壞，至臺極矣。」

清治時期，臺灣吏治流弊，藍鼎元（1680-1733）於〈論治臺事宜書〉亦有謂「臺中胥役（官吏僕役），（流弊）比之內地更熾，一名皂快（衙門差快），數十幫丁。一票之差，索錢六、七十貫或百餘貫不等。吏胥（小吏）之權勢甚於鄉紳，皂快之煊赫甚於風憲，由來久矣。」

凡此政風敗壞，史跡昭昭。文化形成，確實其來有自。

1855　美商威廉安遜公司取得打狗港通商特權，西洋帆船進出頻繁。

美商羅必涅洋行以協助道臺捕抓海盜為條件，獲得臺灣樟腦經銷

權；1860 年則把特權移轉給英商怡和、鄧德洋行，壟斷市場。

1858　英、法、美、俄與清訂定《天津條約》，臺灣開港：臺灣（安平）、
　　　打狗（高雄）、滬尾（淡水）。

　　　英國輪船抵達打狗。

　　　（英解散東印度公司）

1858 年英國東印度公司在臺灣（安平）設立德記洋行，為貿易據點，主要在輸出糖、
樟腦、茶葉，輸入鴉片為主。安平港淤淺後沒落。二戰後，該建築成為臺南鹽場的辦
公處、鹽場宿舍。1979 年臺南市政府收回整修，由奇美實業捐贈基金修建為「臺灣
開拓史料蠟像館」。

1859　西班牙屬菲律賓聖多明哥教會派遣郭德剛（Rev. Terdirand）及洪保
　　　祿（Rev. Angel Bofurull，o.p）二位神父到臺傳教。次年，於今高雄
　　　前金建全臺首座天主堂：「玫瑰聖母堂」（1864 年咸豐帝頒賜「奉
　　　旨」石牌）。

　　　【英國達爾文（Charles Robert Darwin，1809 -1882）發表《物種起
　　　源》，提出物競天擇之演化論觀點。】

1860　　開闢旗後港（旗津）為通商口岸。1863 年後下淡水河堆積，旗後小島逐漸延伸其砂嘴而形成潟湖，後變成漁港。

1861　　清廷收歸樟腦專賣（至 1868 年，另一說是 1863 年改為官辦，嚴重影響獨佔樟腦貿易的英國商人利益）。後來於 1886 年再恢復樟腦專賣，1890 年劉銘傳（1836 -1896）下令廢止專賣。

依據《天津條約》，滬尾（淡水）於 1860 年開港，並設海關稅務司所開徵關稅。英國要求開雞籠為滬尾之外口，清廷基於有助於稅收，次年增設雞籠關。

淡水港正式開闢為國際港，並以大稻埕為內港，自此大稻埕碼頭乃成為水陸轉運之交通要津，至 1869 年第一批由大稻埕碼頭裝貨，經淡水港輸出的烏龍茶 21 萬公斤，直接運銷美國紐約成功之後，大稻埕碼頭成為全臺的商業貿易中心，各國領事館與外商洋行接踵而來，起造洋房街屋，以茶、米、樟腦、硫磺之輸出而享譽國際。

臺北大稻埕碼頭也承擔海峽兩岸貿易往來之口岸。
三、四百年來臺灣即以主要港口：安平、打狗、笨港、滬尾（淡水）、雞籠、鹿耳門、鹿港、八里坌、烏石港、竹塹港、後壠、東港、天后澳（馬公）等十餘口岸對外進行貿易關係。
圖示為清治時期淡水河航運興盛時之大稻埕碼頭景觀。

1862　彰化縣（今臺中）戴潮春事件（1862 -1864）。

戴潮春（？- 1864）以地方團練協助維護地方治安，集股八卦會，擴張成為天地會分支，因發展過速，且四處滋事因而引起官府鎮壓，戴並自封東王建立政權，另封南王、西王、北王，設大將軍、國師、丞相等官職，儼然成一王國。事件歷時四年平定。（戴潮春、林爽文、朱一貴等三大事件稱為清代三大民變）

臺灣知府洪毓琛（？- 1863）為發軍餉，發行借據（債券）32,000圓及銀單（紙幣）8,000圓，合計 4 萬圓。這是臺灣官方最早的紙幣（限時紙幣）。

戴潮春像

1863　鷄籠開港，為滬尾（淡水）之外口副港。

【美國總統林肯（Abraham Lincoln，1809 -1865）公布《釋黑奴令》（解放黑人奴隸宣言）】

1864　打狗開港（今高雄，1864 年開港之初並未設海關，直到 5 月設關）。英國於打狗設立領事館。

臺灣（安平）1 月 1 日開港，並設置關稅務司。

1865　英商陶德（John Dodd，1838- 1907）在文山堡、海山堡引進安溪茶。

（1866 在淡水種茶，展開臺灣茶葉黃金開發期）

英倫敦長老教會首位傳教士醫師馬雅各（James Laidlaw Maxwell，1836 -1921）來臺，在南部傳教。（創設臺灣最早出現之西式醫院：臺南府城看西街診所，為今新樓醫療財團法人最早創設的基礎）

1866　【奧地利孟德爾（Gregor Johann Mendel，1822 -1884）發表〈植物雜交試驗〉，闡明遺傳定律（1900 年證實，稱為孟德爾定律。）】

1867　美艦於瑯嶠（恆春）為土番所劫。

美駐廈門領事李仙得與原住民族長卓杞篤締結《南岬之盟》災難救助條約。

基隆外海地震引發大海嘯（8 公尺高），引發基隆金山沿海嚴重傷亡。

【馬克斯與恩格斯出版《資本論》（第 1 卷）。馬克斯過世後，第 2 卷、第 3 卷草稿由恩格斯編輯，分別於 1885 年及 1894 年出版。】

清治時期臺灣總兵劉明燈北巡經草嶺啞口時遇狂風大霧，後書「虎」字鎮於此。
據說劉明燈所書「虎」字有公、母之分，石碑為母虎。（公虎存於臺北市博愛路軍管區內）

1868　英商在梧棲走私樟腦被扣。

臺南、鳳山、淡水等地教堂被毀。

173

因樟腦紛爭，英艦隊向安平開砲，攻佔熱蘭遮城。其後中英簽訂條約，廢除樟腦官辦，賠償損失，並認可外國人在臺自由傳教。

1869　烏龍茶由淡水外銷美國紐約，大受歡迎。

【俄國門得列夫（Dmitry Ivanovich Mendeleyev，1834 -1907）發表〈元素性質與原理的關係〉，提出第一張「元素週期表」。】

1870　臺灣北部煤礦開始開採，雞籠逐漸成為臺灣北部最大港口。

1871　瑯𤩝番（排灣族原住民）殺琉球宮古島、八重島漂流民 54 人，引起 1874 年牡丹社事件。

1872　加拿大長老教會馬偕（George Leslie Mackay，1844 -1901）等一行到滬尾（淡水）地區傳教。（1880 年，創馬偕醫院；1882 年，創牛津學堂；1884 年，建女子學堂）

1874　沈葆楨奏准開放內山番界之禁，獎勵拓墾。（1877 年設拓墾局，並予優惠條例：每名佃戶田地一甲、10 個佃戶農具 4 副及耕牛 4 隻、每佃穀種銀 2 元、建住宅銀 6 元；以後優惠更加，沿海招募墾拓，直至 1879 年。）

5 月，日軍侵臺登陸社寮（今屏東車城射寮村），發生牡丹社事件，清廷震撼。

6 月，欽差大臣沈葆楨至臺，奏請設府開山撫番（次年 2 月渡臺解禁，並新置臺北府），全盤調整全島行政區域以經營臺灣。

10 月，日清訂《臺灣事件專約》（即《北京專約》），賠款日本 50 萬兩。

同治 13 年，臺灣行政體制：一府五縣四廳。臺灣府下設臺灣縣、鳳山縣、嘉義縣、彰化縣、恆春縣等五縣及淡水廳、澎湖廳、噶瑪蘭廳、卑南廳等四廳。

清廷自承「牡丹社事件」之不是

　　1874 年日本侵臺登陸屏東車城，發生「牡丹社事件」，清廷無能，與日本簽訂《北京專約》以處理事件發生之理由及有關賠償善後事宜。

　　《北京專約》，又名《臺灣事件專約》或《臺事北京專約》，為 1874 年 5 月牡丹社事件處理所訂。《條約》規定：清朝承認「臺灣生番曾對日本國屬民等妄為加害」，日軍出兵是「保民義舉」；清國給予難民撫卹銀十萬兩，購買日軍修築之房舍道路，銀四十萬兩（而非賠償兵費）；日軍撤出臺灣。

　　清日兩國在 1874 年 10 月 31 日（同治 13 年 9 月 22 日）簽訂，共有三條：

1. 日本國此次所辦，原為保民義舉起見，清國不指以為不是。

2. 前次所有遇害難民之家，清國定給撫卹銀兩，日本所有在該處修道、建房等件，清國願留自用，先行議定籌補銀兩，別有議辦之據。

3. 所有此事兩國一切來往公文，彼此撤回註銷，永為罷論。至於該處生番，清國自宜設法妥為約束，以期永保航客不能再受兇害。

	公元		
福建省時期			
1875		全面開放內地人來臺	
1876		黃南球開墾苗栗	
1877		基隆煤礦開工	
1878		獎勵墾植山地	
臺灣省時期			
1885		臺灣建省	
		設立臺北機器廠（生產武器）	第二節
1888		臺北設發電機開始發電	
1889		全臺清丈土地（1885 失敗）	移民開墾
		聯合組成「廣泰成」墾號	
1890		劉銘傳請辭巡撫	
1894		省會移至臺北	
		清日甲午戰爭	
臺灣民主國			
1895		臺民發表獨立宣言	
		日軍入臺南城，掌握全臺。	

移民開墾及獨立建省時期（1875～1895）

由於 1684 年臺灣再度面臨歷史性的變革，政權歸併於大清帝國福建省，隸屬福建省之一道，雖然經過近 200 年長期之治理，臺灣並未清平，主要原因在於清朝對臺之化外態度，渡臺禁令遲至納省 190 年後的 1874年才廢止，開放內地人民渡臺耕墾，臺灣與大陸雖同屬大清帝國，但僅一海之隔，發展上受政策阻攔囿限，形同附屬於帝國政權之邊陲。

自 1875 年開放十年移民開墾，再至 1885 年決定臺灣獨立建省，才見大清帝國官方對臺灣建設的積極性作為，但為期甚短，只有區區二十年時間，臺澎便割讓給日本，命運再轉變為另一個不同的異族統治時代。

1875　臺灣全面開放內地人民渡臺。（取消渡臺耕墾禁令）

另置臺北府（轄淡水、新竹、宜蘭三縣，及基隆廳），恆春縣、卑南廳、埔里社廳。（即臺灣府行政轄區縮小範圍為中臺灣與南臺灣，北臺灣獨立建府）

1875 年，光緒元年，臺灣行政體制：二府八縣四廳【新增：一府臺北，四縣：淡水（由廳改制）、宜蘭（由噶瑪蘭廳改制）、新竹、恆春以及基隆廳、埔里廳、卑南廳）三廳。】臺灣府下設臺灣縣、鳳山縣、嘉義縣、彰化縣、恆春縣等五縣及澎湖廳、埔里社廳、卑南廳等三廳；臺北府下設新竹縣、淡水縣、宜蘭縣等三縣及基隆廳。屏東獅頭社事件。（由於開山撫番政策計畫，打通恆春與後山之路，清軍屠殺原住民之衝突）

沈葆楨建議將福建巡撫移往臺灣，但清廷沒有接受，只命令福建巡

撫半年駐臺，半年（夏秋）仍駐府城（福建福州）。另並奏追諡鄭成功，建專祠。

【歷史密碼】

「開山撫番」政策，強制漢化

「牡丹社事件」發生，引起清朝政府對臺灣的正視，派遣船政大臣（後改授欽差大臣：欽差辦理臺灣等處海防兼理各國事務大臣）沈葆楨於1874 年來臺主持軍務與海防。沈葆楨派袁聞柝（1822 –1884）乘輪赴後山招撫生蕃，允後山開路以為歸化，遂對光緒皇帝提出「開山撫番」的主張，以開墾山路，增加平地和山地之間人民的往來與交通管道。1875 年『渡臺禁令』取消，大舉招募漢人進入山地進行殖民拓墾，在開墾地上展開稻米、茶、甘蔗的耕作。

1875 年 1 月，沈葆楨上奏提出三項改革（包括：一、廢除嚴禁內地人民渡臺的舊例；二，廢除嚴禁臺民私入「番界」的舊例；三，廢除嚴格限制「鑄戶」、嚴禁私開私販鐵斤及嚴禁竹竿出口的舊例），打破臺島西部濱海平原所謂「山前」與東部「山後」間的人為壁壘，使漢族居民與土著居民間得到往來交流的自由；使人民的物質生產與物資流通得到自由，變防民為便民。

「撫番」即加強對原住民的治理，與「開山」（山路六尺寬）、「開路」（平路橫寬一丈）相輔，安撫內部，加強海防。自 1874 年 9 月開始，調兵 19 營分三路開山。南路（崑崙坳古道）：一由屏東射寮越山至臺東卑南共 214 里，一由射寮循海岸東行到卑南共 175 里；中路（八通關古道）：由彰化的林圯埔越山至花蓮璞石閣（玉里）共 265 里；北路（蘇花古道）：

自噶瑪蘭廳蘇澳沿海岸至花蓮奇萊共 205 里，約均於一年內完成。「開山撫番」使東西海岸聯成一片，有利於鞏固海防，同時對促進東部的開發和漢族與原住民的交往都有重要的意義。其中，中路為三路中碩果僅存，且最為艱鉅，為今之八通關古道。

南路由南路撫民理蕃同知袁聞柝、總兵張其光分別由赤山（175 里）及射寮（214 里）開建至卑南。北路由臺灣道夏獻綸赴蘇澳募集兵勇，後由陸路提督羅大春督兵 13 營（5,000 人，其中 1,000 多人開路），自蘇澳、和平、清水斷崖、崇德、新城，至花蓮，於 1876 年開通。

總兵吳光亮為中路總領（接辦自黎兆棠），1875 年 1 月，督兵三營（2,000 餘人），自林圯埔（竹山）東進，設營於集集茅竹南溪左岸，為開鑿「山通大海」起點。吳光亮在集集提「化及蠻陌」及「開闢鴻荒」兩塊石碣，鹿谷鳳凰山麓一塊巨石，刻有「萬年亨衢」四個大字，說明這條路將成為南投繁榮之要衝。1875 年 11 月，開通自璞石閣（玉里），全路完工。

沈葆楨所謂的「撫番」，乃是有計畫的使「番」民漢化，其所擬定的計畫包括選土目、查番戶、定蕃業、通語言、禁仇殺、設番學、修道路、易冠服等。在開山深入山地之時，道路所經之處，隨時隨地招撫當地「蕃（番）社」，使其承諾願意接受漢化，不再以武力出草漢人，若有不服招撫或仍以武力抵抗者，便以兵力展開討伐，發生大港口事件、加禮宛事件等屠殺事件。

清光緒開放移民臺灣之行政建置 （1875 年）

■ 二府八縣四廳

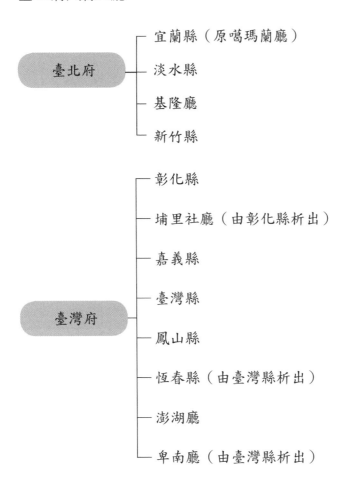

臺北府
- 宜蘭縣（原噶瑪蘭廳）
- 淡水縣
- 基隆廳
- 新竹縣

臺灣府
- 彰化縣
- 埔里社廳（由彰化縣析出）
- 嘉義縣
- 臺灣縣
- 鳳山縣
- 恆春縣（由臺灣縣析出）
- 澎湖廳
- 卑南廳（由臺灣縣析出）

【歷史密碼】

沈葆楨調整臺灣行政區劃

　　牡丹社事件後，清廷對日本兵臨臺灣相當震怒，派福建船政大臣沈葆楨赴臺籌辦防務。在行政區域之規劃方面，沈葆楨決定在日軍登陸的琅嶠地區設置恆春縣，增置卑南廳，加強後山管理；並認為北部應該強化，設府，將淡水、噶瑪蘭二廳改置縣，並增新竹縣與雞籠置廳。

　　為解決臺灣政治組織與移墾開發速度脫節的問題，也對中南部的行政區劃加以調整。將嘉義縣南部的曾文溪以南地區劃入臺灣縣，將彰化縣埔里地區單獨設立埔里社廳。

　　改「北路撫民理蕃同知」為「中路撫民理蕃同知」，移駐埔里，另於後山地區設置「卑南廳」，移「南路撫民裡蕃同知」。

1876　出生於桃園楊梅人士黃南球（1840 -1919）成立「黃南球」、「金萬成」、「金協成」等墾號，開發苗栗大湖。1881 年並取得「新竹總墾戶」頭銜。1900 年擔任新竹廳參事。

　　　太魯閣開山事件。（起因於沈葆楨的開山撫番政策，北路開山總領福建陸路提督羅大春欲強行打通後山北路，開始侵犯太魯閣族的生活領域，導致族人抗清，襲擊開路的清軍）

　　　大稻埕計有 39 家華人洋行介入茶葉貿易，其中 19 家為大稻埕本地人開設、14 家為廈門人開設、5 家為廣東人開設、1 家為汕頭人開設。

　　　【加拿大貝爾（Alexander Graham Bell，1847 -1922）發明電話】

1877　巡撫丁日昌（1823 -1882）架設臺灣第一條電報線「臺南 --- 旗後（旗

津）電報線」：7 月開工，9 月完工，10 月對外營業。臺南 --- 安平亦同時完成。三個電信局於 11 月營運。

大港口（今花蓮豐濱）事件。（又稱奇密社屠殺事件，花蓮阿美族遭清兵誘騙屠殺，160 人死亡。）

基隆煤礦開工。（日產 30 - 40 噸，1881 年，年產 53,600 噸，工人 2,000 人）

【美國愛迪生（Thomas Alva Edison，1847 -1931）發明留聲機，次年發明電燈】

1878　獎勵墾殖山地。6 月 - 9 月，加禮宛開山事件。（噶瑪蘭與撒奇萊雅族聯合抗清）

1879　（日本併琉球，改為沖繩縣）

1880　（巴拿馬運河開工，全長 82 公里，1913 年啟用。）

1884　法軍攻打基隆，登陸淡水。

法軍登陸滬尾，宣布封鎖臺灣。（次年，清法停戰，法解除封鎖）

臺北城牆及五座城門完成。

劉銘傳以直隸陸軍提督身分來臺主持防務。（1885 年清法戰爭結束以後，清廷任命為福建巡撫，繼續留在臺灣。）中央及地方的大臣，包括左宗棠、李鴻章等都贊成將臺灣設為行省。

【英國費邊社成立。美裔英國人馬克沁（Sir Hiram Stevens Maxim，1840 -1916）發明機關槍，每分鐘發射 600 發子彈。】

1885　清廷在 1885 年 9 月 5 日宣布臺灣建省。10 月，臺灣獨立建省，首任巡撫劉銘傳。

臺北設立機器廠，生產武器。

測量全島農田。（遭反抗，失敗）

劉銘傳銅像 (臺北新公園)

【歷史密碼】

臺灣獨立建省於 1885 年或 1887 年？

　　1885 年，光緒 11 年 9 月 5 日（舊曆）慈禧太后懿旨有「著將福建巡撫改為臺灣巡撫」，下旨研議建省；光緒 12 年 4 月臺灣知府行函各縣一份「臺灣府轉知：改省事宜尚未議定，一切仍循舊辦理」；光緒 13 年設立布政使，「福建巡撫」改稱「福建臺灣巡撫」；8 月 1 日福建、臺灣分治，臺灣巡撫和布政使正式行使職權，1887 年臺灣正式改制行省。

　　1885 年 10 月 17 日調任劉銘傳為臺灣巡撫，1886 年 10 月雖然福建分出立臺灣為一省，但實際的行政工作拖延到 1887 年才完成，惟正式名稱仍曰「福建臺灣省」。

　　臺灣省文獻會出版的《臺灣省通誌》（1973） 以光緒 13 年為臺灣建省；後省文獻會提出「光緒 11 年 9 月 5 日庚子為臺灣建省的學理依據及

史料舉證說明書」，1984 年，省政府成立「慶祝臺灣省建省百週年暨光復四十週年」籌備委員會，民政廳和省文獻會舉行了「臺灣建省百週年確定年月研討會議」，改稱建省於 1885 年。現今官方歷史教科書多從後者。

臺灣建省後，省會設在彰化縣橋孜圖（今日的臺中市），但是由於建築省城的工作遲遲未行，巡撫一直留在臺北。

1875 年設置臺北府，1879 年開始興建臺北府城。至 1882 年工程全部完成。城之東、南、西、北、西南設有五城門，東門稱為「照正」、西稱「寶成」、南稱「麗正」、北門稱「承恩」、西南（小南門）稱「重熙」；後東門改稱「景福」。為臺灣實質之省會所在地。

表 2-8　臺灣省歷任巡撫（1885 -1895）

任期	姓　名	任　　期	備　　註
第 1 任	劉銘傳	1885 年 9 月 10 日 - 1891 年 2 月 27 日	實際行政於 1887 年才完成
	沈應奎	1891 年 4 月 28 日 - 1891 年 10 月 15 日	代理
第 2 任	邵友濂	1891 年 10 月 16 日 - 1894 年 9 月 15 日	
第 3 任	唐景崧	1894 年 9 月 16 日 - 1895 年 3 月 23 日	

清光緒 11 至 21 年期間（1885 -1895），臺灣獨立成為一省 （迄至臺澎割讓予日本），行政區劃設三府、十一縣、四廳、一直隸州。

一省為臺灣省。

三府為臺北府、臺灣府（府治設在臺中）、臺南府。

十一縣為淡水縣、新竹縣、宜蘭縣，（臺北府轄）；另由原新竹縣析

分出苗栗縣；臺灣縣、彰化縣、雲林縣，（臺灣府轄）；安平縣、鳳山縣、恆春縣、嘉義縣，（臺南府轄）。

四廳為基隆廳（臺北府轄）、埔里社廳（臺灣府轄）、澎湖廳 （臺南府轄）。原定在大嵙崁（今新竹大溪）設南雅廳 （臺北府轄），因次年（1895） 割臺於日本而作罷。

一直隸州為臺東直隸州。

1886 招撫南路生蕃 400 餘社，7 萬人歸化。

1885 年臺灣建省，沈葆楨開山撫番的山林開發政策，為首任臺灣巡撫劉銘傳所沿用。劉銘傳在籌備建省時，以「辦防、練兵、清賦、撫番」列為四大要務。劉銘傳採用武力征討，臺灣原住民不是被滅族，就是逃離原來活動領域，往深山遷徙。並將漢人移往原住民區域，剝奪原住民生存空間，導致原漢關係的緊張不斷。臺東直隸州知州的胡傳（胡適之父），曾對劉銘傳的「開山撫番」留下如此評語：

「臺灣自議開山以來，十有八年矣。剿則無功；撫則罔效；墾則並無尺土寸地報請升科；防則徒為富紳土豪保護茶寮、田寮、腦寮，而不能禁兇番出草。每年虛糜防餉、撫墾費為數甚鉅。明明無絲毫之益，而覆轍相蹈，至再、至三、至四，不悟、不悔；豈非咄咄怪事哉！」

劉銘傳於滬尾建砲臺，於臺北創設臺灣電報總局。

大科崁社事件（先住民起義前後長達 7 年，涵蓋臺北、桃園山區，又稱大科崁戰役）。

1887 臺灣正式建省。劉銘傳巡撫開辦鐵路：滬尾 --- 雞籠。

劉銘傳在臺北府城創立西學堂，直屬巡撫衙門管理，培養買辦與技

術人才。

劉銘傳引進人力車。

12月，臺灣與福建間海底電線通。

（中國最初外債：清向德貸款 500 萬馬克）

（清國鑄銀元，1887 年 2 月張之洞奏准）

臺灣行政體制設：一省三府一直隸州十一縣四廳。一省：臺灣省（省城擇於彰化縣僑孜圖，今臺中市，省城並設臺灣府及臺灣縣）；三府：臺南府，下設安平縣、鳳山縣、嘉義縣、恆春縣和澎湖廳；臺灣府、下設臺灣縣、彰化縣、雲林縣、苗栗縣和埔里社廳；臺北府，下設新竹縣、淡水縣、宜蘭縣、基隆廳和南雅廳（其後並未增設置），一直隸州：臺東直隸州。

（即臺灣府之行政轄區範圍再予縮小，僅限於中臺灣）

臺灣最早開發的地方澎湖，這裡是兵家必爭之港口，也是中國大陸移民臺灣的跳板。
馬公鎮最古老的城廓是媽宮城，建於 1887 年（光緒 13 年），今僅存小西門（順承門）。圖示是媽宮城的北門（拱辰門），由城樓可望遠方海上航行之船隻。

清光緒時期臺灣獨立建省之行政建制 （1887 － 1895）

■ 一省三府一州十一縣四廳

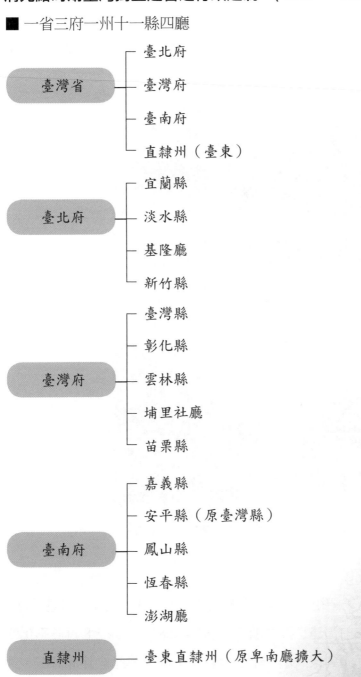

臺灣省
- 臺北府
- 臺灣府
- 臺南府
- 直隸州（臺東）

臺北府
- 宜蘭縣
- 淡水縣
- 基隆廳
- 新竹縣

臺灣府
- 臺灣縣
- 彰化縣
- 雲林縣
- 埔里社廳
- 苗栗縣

臺南府
- 嘉義縣
- 安平縣（原臺灣縣）
- 鳳山縣
- 恆春縣
- 澎湖廳

直隸州
- 臺東直隸州（原卑南廳擴大）

1888 設郵政總局，臺灣郵政開辦。

於臺北設置蒸氣燃煤發電機，為臺灣發電之始。

鹿港施九緞（？ - 1890）事件。大庄（花蓮富里）事件（清末開發東部過程中最大規模的衝突）。

清治時期，臺北市的第一條大馬路衡陽路建於 1888 年。圖中，「急公好義」牌坊（為旌表淡水縣貢生洪騰雲）已移至新公園（228 和平紀念公園）。遠處之城門樓為西門。

日治時期之衡陽路，改稱榮町石坊街（因路面鋪設石板得名），是臺北主要的商店街。

1889 白阿社開山事件。

黃南球、姜紹祖、林振芳等聯合組「廣泰成」墾號，開墾新竹北埔。

劉銘傳依前福建巡撫岑毓英（1829- 1889）原議，8 月於彰化縣橋孜圖（橋仔頭到東大墩一帶，今臺中）動工興建八卦形省城，共有八

門四樓。【1894年由於接任之邵友濂（1840-1901）將省城移至臺北，臺中省城計畫告停。】

全臺清丈田地。

【歷史密碼】

移民開墾臺灣的祖先究竟多少？

　　大陸沿海無海禁政策影響時際，暫毋論大都王國早期是否有漢人移民臺灣，至17世紀初，即陸續有移居臺灣之記載。連橫《臺灣通史》指出，1620年代初（明朝天啟年間）移居臺灣來自大陸饑荒，「漳泉無業之民亦先後至，凡三千餘人。」主要是顏思齊入北港築寨以居，而其結拜兄弟鄭芝龍等亦多人入臺，故見移民臺灣大增；後並因（崇禎年間）大旱移「饑民數萬人，人給銀三兩，三人與一牛，載至臺灣，令其墾田築屋，秋成所獲，倍於中土，以是來者歲多」。這是臺灣大量移民之早期文獻記載（時值荷蘭佔領臺灣初期）。惟對此說法，亦有方豪、陳紹馨、劉翠溶等人先後提出質疑。

　　大陸流民渡臺開墾係臺灣不斷發展的動力，400多年來的臺灣發展史，可說是一部漢人移民臺灣的開拓歷史。

　　有紀錄的殖民歷史始於17世紀中葉的荷蘭時期，而鄭成功在驅逐荷蘭人之後的寓兵於農政策，更開啟了有計畫性的開墾拓殖，移居臺灣的漢人逐漸增加至10萬人以上（曹永和，〈鄭氏時代之臺灣拓殖〉）。

　　1661年，鄭成功率軍登臺，並展開屯墾。頒訂墾殖條款，鎮營之兵駐地營盤，鼓勵將士眷屬遷臺，令文武官員招佃耕墾文武官田（私田），改荷蘭時期之王田為官田，故而有17世紀下半葉南臺灣之開墾，有利18

世紀以後全臺之擴大移民與拓墾。

　　而自 1684 年臺灣納入大清版圖起，清廷申嚴海禁政策，故清治領初期移民臺灣者大都屬於冒險的偷渡民眾。雖然如此，流民一旦偷渡成功，便可隨己能力闢土耕種，因此，迄至 18 世紀 80 年代初（乾隆 40 年代末）官方雖仍執行渡海禁令，但已准許文武官員及安良民眾攜眷來臺，在臺人數之增加更數十倍於佔領臺灣之時。

　　1811 年（嘉慶 16 年）調查的臺灣移民人口數已達 200 萬人（24 萬戶），到 1877 年（光緒 3 年），移民人口數更超過 320 萬人。

　　自 1875 年（光緒元年）清廷取消入臺禁令，經十年後臺灣設省，且因依 1858 年天津條約之開放安平、打狗、淡水、雞籠四個港口之經商發展，臺灣移民遂更加快速及多元。

　　根據 1892 -1895 年間編纂的《臺灣通志》戶口統計，則為 2,545,731人；而馬若孟（Ramon H. Myers，1929 -2015）依日本人之統計，指出1905 年全臺的人口為 289 萬人。

1890　臺北設番學堂。劉銘傳請辭巡撫。

　　　林英、林克兄弟發現九份金礦本脈，未久，九份即湧入成為 4,000戶人家。

　　　陳福謙所設順和行壟斷打狗糖區生意。

1891　邵友濂來臺，任福建臺灣巡撫。

　　　5 月，基隆－臺北間鐵路通。

1892　三角湧（今三峽）開山事件。射不力社（位今楓港之東的獅子鄉）事件。邵友濂巡撫修鐵路到新竹。

1893 臺北－新竹間鐵路通車。

頭城烏石港洪水氾濫淤積。

1894 臺北府增設南雅廳。

臺灣巡撫邵友濂奏請將省會由彰化縣橋孜圖（今臺中市）移至臺
北，原於臺中興建之省城計畫全面停止。唐景崧（1841 -1903）任
福建臺灣巡撫。

（光緒 20 年）為慶祝慈禧太后 60 大壽鑄「祝壽錢」。

8 月，清日甲午戰爭。

【孫中山（1866- 1925）於美國夏威夷組興中會】

1895 觀音山（今花蓮玉里）事件。

4 月 17 日，清日《馬關條約》【附錄 4】臺澎割予日本，大清帝國
結束 212 年（1684 -1895）之統治。

雷公火（關山鎮）之役（卑南族與阿美族聯手抗清）。

全臺各地陸續發生對抗日軍情事，臺民武力抵抗割日至 1902 年。

5 月，臺灣宣佈建立「臺灣民主國」。

歷史從無正義。

儘管 1776 年《美國獨立宣言》把「人人生而平等」喊得震天價響，其實還是把人分成上下等級。

問題是：使「他們」成為「我們」。

然而，「他們」依然不是「我們」。

——哈拉瑞（Yuval Noah Harari，1976 –）
歷史學家、牛津大學博士
耶路撒冷希伯來大學歷史系教授

	公元	
日治時代 武官總督時期		
1895		設總督府
1897		實施金本位制度
1902		新渡戶稻造：糖業改良書
1904		幣制改革
1905		不再接受中央補助款
1909		推展移民臺灣政策
1912		總督府新舍動工
1917		進入水泥進口替代
文官總督時期		
1919		全臺最大電力建設定案 （日月潭水力發電計畫） 進入電訊時代
1920		全島大地震
1924		臺蕉外銷
1927		臺灣民眾黨成立
1932		米穀統制
1935		臺中大地震
恢復武官總督		
1936		積極獎勵日人移臺
1937		臺籍軍伕奉召至中國戰場
1938		臺灣經濟工業化成果投入戰場
1940		擴大米穀統制對象
1941		太平洋戰爭爆發
1945		美軍轟炸臺灣 日本無條件投降

第三章

日本帝國時代

　　1895 年大清簽下《馬關條約》將臺澎割讓予日本，臺灣長達二個世紀隸屬大陸中國清季政權時代（1683 -1895）於是告終，臺灣脫中走向日本。其間，臺民雖曾短暫高舉「臺灣民主國」明志反抗割日，但畢竟臺灣終成日本明治維新之帝國殖民地，斷然自中國陸權分離出來，臺灣歷史再度進入海洋，日本帝國統治時代（1895 -1945）上場。

　　臺灣納入日本殖民版圖，是日本延續了 682 年幕府時代結束後，明治維新以來日本的第一個殖民地，對日本發展為帝國主義國家之擴張深具意義，但對臺灣而言，卻是另一個不同奴役命運的開始。整個日本統治的半個世紀，粗分殖民期、內地化期，以及皇民化戰爭期三個階段變化，是臺灣由大陸型發展邁向海洋型發展；由異國、順民，走向對外戰爭的初體驗。

臺灣就是在這張日清議和談判桌上被決定割讓給日本，於 1895 年 4 月 17 日簽訂《馬關條約》。其中，第二條明定臺灣永遠讓與日本。1895 年（光緒 21 年，明治 28 年），6 月 2 日，清日公告臺澎併歸日本。

圖示即日本馬關（下關）一家旅館春帆樓內的會談情形。會談的主角是正面坐大紅椅的日本首相伊藤博文，及其對面坐大紅椅背向的大清全權大臣李鴻章。

本圖為日本畫家永地秀太（1873 -1942）所繪。

殖民初期	公元	
1896		公佈《臺灣總督府條例》
		基隆—屏東縱貫公路完工
1898		測量全臺土地
		興建縱貫鐵路
1900		新式製糖工廠設立
1902		公布〈糖業獎勵規則〉
1904		臺銀發行金幣兌換券，回收銀元券
1905		首次戶口調查
		彰化銀行營業
1906		發行彩票
1907		興建南迴鐵路
1908		縱貫鐵路全線通車
1909		官營移民花蓮
1911		阿里山鐵路通車
1913		臺北市公共汽車開始通行
1914		興建花東鐵路
1915		私營移民臺東
1916		興建宜蘭鐵路
1917		第一座現代化水泥廠（臺泥鼓山廠）完工
1918		中央山脈橫貫公路完成

第一節
日治殖民初期

日治殖民初期（1895～1918）

　　1895 年，臺灣在歷史冷酷無情的交互推移下，臺灣的天又再次面臨轉變，統治政權已改由日本帝國接手。

　　日本殖民臺灣的統治與荷蘭時期的作為類同，一樣以臺灣總督為主導，但對臺灣的開拓與發展則更見積極於過往之治理。統治初期，臺灣被視為新殖民地發展範式，遂以異於母國之特別法管控臺灣社會，這段時間，主導殖民地支援母國政策的靈魂人物是後藤新平（1857 -1929），其對臺灣各項建設發展，也奠下重要現代化之基礎。這種殖民統治路線，一直持續到 1919 年採取所謂「內地延長主義」，改派文官總督治理為止。

1895　4 月，臺灣紳民爭取列
　　　強干預臺灣割讓不果，
　　　在臺北發表《臺灣民主
　　　國獨立宣言》【陳季同
　　　（1851 -1907）起草】。
　　　5 月 25 日，臺灣民主國
　　　成立，士紳丘逢甲（1864-
　　　1912）等擁立唐景崧為臺
　　　灣民主國總統。唐景崧
　　　就任總統，劉永福（1837
　　　-1917）為大將軍，年號
　　　「永清」。

臺灣民主國國旗（1895），因其樣式為藍地黃虎，又稱「藍地黃虎旗」。
1894 清日甲午戰爭，大清戰敗，1895 年 4 月 17 日訂《馬關條約》割讓臺澎，5 月臺民成立臺灣民主國，發表獨立宣言，擁原巡撫唐景崧為總統，但不久即棄職逃亡廈門。

臺灣民主國總統唐景崧

臺灣民主國獨立宣言 （1895.5.25）

　　臺灣民主國總統前署臺灣巡撫布政使唐為曉諭事：照得日本欺凌中國，大肆要求，此次馬關議款，於賠償兵費之外，復索臺灣一島。臺民忠義，不肯俯首事仇，履次懇求代奏免割，總統亦奏多次，而中國欲昭大信，未允改約。全臺士民，不勝悲憤。當此無天可籲，無主可依，臺民公議自立為民主之國。以為事關軍國，必須有人主持，於4月22日士民公集本衙門遞呈，請余暫統政事。經余再三推讓，復於4月27日相率環籲；5月2日，公同刊刻印信，文曰：「臺灣民主國總統之印」，換用國旗「藍地黃虎」捧送，前來竊見眾志已堅，群情難拂，不得已為保民起見，俯如所請，允暫視事。即日議定，改臺灣為民主之國，國中一切新政，應即先立議院，公舉議員，詳定律例章程，務歸簡易。惟是臺灣疆土，荷鄭大清經營締造二百餘年，今須自立為國，感念列聖舊恩，仍應恭奉正朔，遙作屏藩，氣脈相通，無異中土，照常嚴備，不可稍涉疏虞。民間有假立名號，聚眾滋事，藉端仇殺者，照匪類治罪。從此臺灣清內政、結外援、廣利源、除陋習，鐵路、兵輪次第籌辦，富強可致，雄峙東南，未嘗非臺民之幸也。特此曉諭全臺知之。

永清元年5月25日

1895　5月，日軍近衛師團登陸澳底，佔領基隆。

臺灣宣佈建立「臺灣民主國」。

6月，6月3日，日軍攻陷基隆，唐景崧逃至滬尾（今淡水），後乘德籍輪船棄職逃亡至廈門，6月26日，劉永福出任第二任大總統，以臺南為首都，建立第二共和。

劉永福以欽差幫辦的身分駐守臺南，為支持抗日所需的費用發行臺南官銀票，分別有護理臺南府正堂忠及官銀錢票總局所發行的官銀票，其流通時間由1895年7月31日起，陸續發行通用，至9月6日止。劉永福命安平知縣兼攝臺南府知府忠滿，印行官銀票，面額分1元、5元、10元三種，分向各商戶借款籌餉，首次官銀票於6月10日發行（即臺南官銀票正堂忠壹大員、伍大員、拾大員）。此外，臺南官銀錢票總局，由士紳莊明德理之，隸於籌防總局，職司發行鈔票，6月19日發行之官銀票計有1元、5元、10元三種。後來於8月中另發行小額的清錢500文官錢票（即臺南官銀票總局壹大員、伍大員、拾大員及臺南官錢票總局伍佰文）。而籌防總局發行之臺灣民主國安全公司股票有1元、5元（即臺灣民主國股份票壹大員、伍大員）。除此之外，為籌措軍餉，8月中旬以民主國國旗為藍本，發行「獨虎郵票」。

臺灣民主國郵票

臺灣民主國郵票

臺南官銀票正堂忠伍大員　　臺南官銀票總局拾大員　　臺灣民主國股份票壹大員

1895　6月，日本在臺北將原清巡撫衙門改為臺灣總督府，並舉行「始政大典」。首任總督（1895.5-1896.6）樺山資紀（1837-1922）。

日軍進入臺北城圖：《臺北御入城》（石川寅治繪）

1895 8 月，原臺灣縣廢止，改稱臺灣府為臺灣縣。（後更名為臺灣民政
　　　支部，次年再更名為臺中縣）

　　　10 月，19 日，第二任大總統劉永福西走中國。21 日，日軍順利入
　　　臺南城，民主國亡，國祚 150 天。日本平定臺灣。

　　　11 月，樺山總督向大本營報導全島敉平。

　　　（孫中山廣州之役失敗，逃至日本）

　　　林少貓（1866-1902）事件（1895-1902，武裝抗日）。

　　　【德國倫琴（Wilhelm Conrad Röntgen，1845 -1923）發現 X 光射線】

表 3-1　日治時期臺灣總督一覽表（1895 –1945）

任次	總督	任期	背景
武官總督時代（1895 –1919）			
1	樺山資紀	1895 /05 /10 － 1896 /06 /02	海軍大將
2	桂太郎	1896 /06 /02 － 1896 /10 /14	陸軍大將
3	乃木希典	1896 /10 /14 － 1898 /02 /26	陸軍大將
4	兒玉源太郎	1898 /02 /26 － 1906 /04 /11	陸軍大將
5	佐久間左馬太	1906 /04 /11 － 1915 /05 /01	陸軍大將
6	安東貞美	1915 /05 /01 － 1918 /06 /06	陸軍大將
7	明石元二郎	1918 /06 /06 － 1919 /10 /24	陸軍大將
文官總督時代（1919 –1936）			
8	田健治郎	1919 /10 /29 － 1923 /09 /02	政友會
9	內田嘉吉	1923 /09 /06 － 1924 /09 /01	政友會
10	伊澤多喜男	1924 /09 /01 － 1926 /07 /16	憲政會
11	上山滿之進	1926 /07 /16 － 1928 /06 /16	憲政會
12	川村竹治	1928 /06 /16 － 1929 /07 /30	政友會
13	石塚英藏	1929 /07 /30 － 1931 /01 /16	民政會
14	太田政弘	1931 /01 /16 － 1932 /03 /02	民政會
15	南弘	1932 /03 /02 － 1932 /05 /26	政友會
16	中川健藏	1932 /05 /26 － 1936 /09 /02	民政會

恢復武官總督時代（1936 -1945）			
17	小林躋造	1936 /09 /02 - 1940 /11 /27	預役海軍大將
18	長谷川清	1940 /11 /27 - 1944 /12 /30	海軍大將
19	安藤利吉	1944 /12 /30 - 1945 /10 /25	陸軍大將

說明：1895 設置副總督一職，1896 年廢止。唯一的臺灣副總督是高島鞆之助（1844 -1916）。

1896 日外務部次官原敬（第 19 任日本首相，1856 -1921）對臺灣應否視為殖民地，向臺灣事務局提〈臺灣問題二案〉意見書。

1 月，總督府實施格林威治子午線標準時間制。

3 月，公佈《臺灣總督府條例》（1897 年 11 月 1 日廢止）及《民政局官制》，置 3 縣 1 廳：臺北縣、臺中縣、臺南縣、澎湖島廳。另置「撫墾署」，處理原住民事務；共開設叭哩沙、大科崁、五指山、南庄、大湖、東勢角、林杞埔、埔里社、蕃薯寮、恆春、臺東 11 個撫墾署。

4 月，公佈《法律第 63 號：關於應在臺灣施行的法令之法律》，通稱《六三法》，委任立法制，為統治臺灣之母法。

《六三法》雖然明訂三年後失效，但於 1889 年及 1902 年二次延長期限，1905 年更以玉兒源太郎（1852 -1906）總督參加日俄戰爭，不在臺灣為理由，再次延長至 1906 年 12 月 31 日止。共實施了 11 年 8 個月，後由《三一法》取代。

依此法發布之具法律效力的命令稱為「律令」。雖須經由臺灣總督府評議會決定，但評議會成員全是臺灣總督府官員，當然係臺灣總督立場。《六三法》所賦予臺灣總督的律令制定權，使臺灣總督行政、軍事、立法權集於一身，也使臺灣成為日本法制中特殊法域。

6 月，桂太郎（1848 -1913）任總督（第二任，1896.6 -1896.10，後

來三度出任日本內閣總理大臣）為時四個月。

9月，公布〈國語學校規則〉。

公告「住民去就決定日」，國籍選擇最後期限為次年5月8日。（1935年有國籍別調查資料）

10月，乃木希典（1849-1912）任總督（第三任，1896.10-1898.2）。確立「以臺治臺」策略，制定「三段警備法」，分軍警憲三等區域治理（1897.6-1898.6）之特別法，以壓制武裝抗爭活動。公佈《臺灣總督府官制》（內容與《臺灣總督府條例》同，1898、1901、1919曾修訂）。

日本國會因治安難理（後在後藤新平軟硬策略下，消弭抗日游擊隊，1898-1902期間共殺11,950名游擊隊）而出現「臺灣賣卻論」【欲把臺灣以一億元賣給法國，兒玉源太郎反對賣掉臺灣，伊藤博文（1841-1909）並任命其當臺灣總督】。

【義大利馬可尼（Guglielmo Marconi，1874-1937）發明無線電訊】

【歷史密碼】

原敬〈臺灣二案〉：是否視臺灣為殖民地？

日本外務部次官原敬於1896年1月5日向伊藤博文提出意見書〈臺灣問題二案〉，必須先確定〈甲〉將臺灣視為移民地，即colony；或〈乙〉臺灣雖與內地在制度上多少有差異，但不視之為殖民地，雖授予臺灣總督相當之職權，但臺灣之制度應儘量與內地相近，最後終至與內地沒有區別。

原敬主張臺灣統治應採〈乙〉案，不必將臺灣視為殖民地。

原敬雖將臺灣視同內地，但在具體的施政上採「便宜行事」方式，將日本的法制漸近施行於臺灣：

1. 法律方面，現行法律應施行於臺灣者，漸次施行之；其他則特別為臺灣制定或以緊急敕令規定之。行政命令方面，現行命令應施行者，漸次施行之；其他則特別為臺灣制訂。

2. 但依媾和條約入籍為帝國臣民的支那人，非多少異其制度則難以統治，因此以臨機處分；目前則應以敕令代表法律。

3. 臺灣總督為該島之最高行政官，但承臺灣事務大臣之命。

4. 在臺灣之陸軍、海軍、郵便、電信、鐵道、稅關、司法等事務，不全由臺灣總督掌理，而應由內地該當官廳直接管理。

　　也就是說，原敬的治理設計，雖將臺灣視為日本之內地，但主張應採漸進的方式，將日本的法制施行於臺灣。

《臺灣總督府條例》　1896（明治29）年3月30日公佈

第一條 臺灣設置臺灣總督，管轄臺灣島及澎湖島。

第二條 總督由天皇親自任命陸海軍大將或中將充任。

第三條 總督在委任範圍內統率海陸軍，受拓殖務大臣之監督，統理一般之政務。

《六三法》（1896）

1. 臺灣總督於管轄範圍內，得公布法律效力之命令。

2. 前條之命令由臺灣總督府評議會議決後，由拓務大臣奏請勒裁，再由臺灣總督府評議會的組織以勒令訂之。

3. 臨時緊急場合時，臺灣總督得不經前條之手續，直接發布第一條的

命令。

4. 依照前條所公佈之命令，於發布後必須立即呈請勒裁，並向臺灣總督府評議會報告。

5. 現行的法律以及將來發布之法律，其全部或部分要在臺灣施行者，以勒令定之。

6. 此法律自施行之日起滿三年即失去其效力。

1897　3月，日本公佈《貨幣法》；4月，公佈《臺灣銀行法》（1891年修正第8條，規定允許臺灣銀行發行面額1元以上以銀元兌換之銀元券；其後發行有1圓、5圓、10圓、50圓券；當時臺灣並未採用金本位）；10月，實施金本位制度。日本本國貨幣在臺灣流通。

5月，修正公布〈臺灣總督府地方機關組織規程〉，全臺劃為6縣3廳。縣廳下設辦務署。

八堡圳（施長齡墾號所有）強制改為公有，合併於臺中州公共埤圳連合會，以辜顯榮（1866 -1937）為圳長。

縱貫公路完工（基隆－屏東，修建期間1895 -1897，全長425公里；1919 -1925重修）。

【諾貝爾（Alfred Bernhard Nobel，1833 -1896）於1895年11月27日所立存於斯德哥爾摩一家銀行之第三份遺囑在瑞典公佈，決定把鉅額遺產全部捐給世界，作為全人類的科學、文學和和平事業的獎勵基金。（當時遺產變現為33,233,792瑞典克朗，約合200多萬英鎊）瑞典國王1898年5月21日宣布遺囑生效，1900年6月29日向議會頒佈《諾貝爾基金會章程》，並宣布「諾貝爾基金會」成立。頒發諾貝爾獎的日期為每年12月10日，即諾貝爾之逝世紀念日，1901年12月10日正式舉辦第一次頒獎活動。】

表 3-2 日治時期修築之臺灣主要公路（1895 –1943）

名稱	起迄點	修築期間	長度／公里	備　　註
縱貫公路	基隆 -- 屏東	原 1895-1897 重 1919-1925	425.0	為開發西部經濟重心的主要動脈
蘇花公路	蘇澳 -- 花蓮	1916-1924	119.9	1936 改建為汽車道路完工
新店礁溪	新店 -- 礁溪	1936	63.0	為環島公路之一環
南迴公路	高雄 -- 臺東	1933-1939	194.3	為環島公路之一環
南部橫貫公路	屏東 -- 臺東	1927-1943	120.0	1943 改建為汽車道路完工
中部橫貫公路（新高公路）	臺中州新高郡 -- 花蓮銅門	1941（未全部完工）	10.0	以聯絡臺中東勢及花蓮港為目標，只完成一小部份

資料來源：陳國棟、彭信坤、董安琪、劉翠榕、劉士永，（1995），《臺灣近代史》，第二章。

【歷史密碼】

國籍選擇：臺灣首次住民自決

　　臺灣人永遠不可能忘卻馬關條約。清廷無情無力的割讓臺澎列島，讓臺灣民眾頓失「母國」依怙，面對歷史時刻，臺灣民眾必須於兩年內，在大清帝國與日本帝國之間選擇何去何從？

　　經過兩年生活的比較與對未來的遠景，臺灣民眾於 1897 年 5 月 8 日，選擇新舊國籍的限定期限做出決定，當時選擇舊國籍（清國），表明要離開臺灣，不當日本國民的人數共 6,456 人，佔當時 280 萬人的 0.23%，反映出絕大多數臺灣民眾的重土不思遷情結。

　　此種現象也反映了極為無奈的國民情境：對絕大多數臺灣住民而言，一方面，選擇背棄「大清臣民」轉為日本國籍，確是自己的意志；另一方

面，選擇居留臺灣，接受日本帝國統治，也確是自己的意志。既然「臺灣民主國」失敗，在清日之間，如何二擇一？這是臺灣住民自決的歷史賭注。

顯然，賭注下在日本帝國這邊，也反應了過去清朝二百多年的統治，並不能收攬臺灣民心。因此，臺灣居民決心賭上異族統治的未來新希望，此後，臺灣人走向面對不可知的歷史命運。

1898　3月，臺灣總督（第四任）兒玉源太郎、後藤新平（內務省衛生局長，為醫師治臺之始祖）民政長官（原稱民政局長，因總督日俄戰爭軍務繁忙，為治理臺灣之實權者，掌權 8 年 8 個月）就任，開始現代化計畫，包括鐵公路交通等基礎建設。（成果參見所附相關各表）

7月，發布〈臺灣地籍規則〉、〈臺灣土地調查規則〉，成立「臨時臺灣土地調查局」，後藤新平自任局長，測量全臺 63 萬 3 千餘甲土地。

8月，暴風雨侵襲中北部，災情慘重。

實施〈臺灣公學校令〉廣設公學校。

公佈〈保甲條例〉（恢復清朝保甲制度），成立「壯丁團」。（10 家為 1 牌，10 牌為 1 甲，10 甲為 1 保，為鎮壓抗日之工具）

實施〈匪徒刑罰令〉。

成立「臺灣鐵路部」（後藤新平自任局長），民間鐵路公司改國有，興建縱貫鐵路。（基隆－高雄，興建期間 1898 -1908，全長 408.5 公里）

1899　4月，設立「臺灣總督府醫學校」（今臺灣大學醫學院前身）。

取消日本銀行在臺灣之出張所（辦事處）。9月，「株式會社臺灣

銀行」開業，成為日本統治臺灣的國家銀行。當時在臺灣有 10 家分行、在神戶有 1 家分行，辦理存款、放款、外匯，並擔任經理公庫、募集公債、整理幣制、發行鈔券，甚至對各種產業投資、支援對外貿易等業務，正式開啟臺灣金融機構發展歷史。

1899 年 9 月 26 日臺灣銀行開業，圖為臺灣銀行總行。

1912 年 9 月 2 日臺灣銀行新嘉坡支店設立，為日本時代臺灣銀行全球眾多據點之一。

1899 年 9 月 29 日臺灣銀行發行壹圓銀券（龍鳳），12 月 25 日發行五圓銀券，後來發行拾元、伍拾元銀券。1904 年 7 月 1 日發行金券，銀券兌換金券期限至 1909 年底，自 1910 年起臺灣只流通金券而無銀券。

表 3-3　日治時期臺灣醫校與學生統計（1897 –1945）

單位：人

學校名稱	設立時間	畢業學生人數	
		全體學生	臺籍學生
醫學講習所	1897-1899	—	—
總督府醫學校	1899-1919	772	770
臺北醫學專門學校	1919-1935	1,096	682
臺北帝國大學醫學部副屬醫學專門部	1935-1945	679	303
臺北帝國大學醫學部	1935-1945	266	131
合　　計		2,813	1,886

資料來源：臺灣省文獻會，1972。

表 3-4 日治時期臺灣各府立醫院規模統計（1936）

單位：人；次；日

醫院名稱	設立時間	醫師人數	病床數	科別數	診治病患人數	
					門診（次）	住院（日）
臺北病院	1895	39	383	9	426,801	105,086
基隆病院	1897	7	64	5	92,936	17,362
宜蘭病院	1895	7	86	5	85,876	25,384
新竹病院	1896	8	87	6	128,243	19,060
臺中病院	1895	13	187	6	167,829	46,449
嘉義病院	1895	10	138	6	119,750	28,084
臺南病院	1895	15	195	7	239,105	41,466
高雄病院	1914	9	140	6	119,699	28,750
屏東病院	1910	7	92	5	78,043	16,159
臺東病院	1897	5	59	4	47,268	8,772
花蓮病院	1909	9	68	5	77,449	11,939
澎湖病院	1896	4	36	4	17,346	2,889
合　　計		133	1,535		1,600,345	351,400

資料來源：臺灣省行政長官公署，1946。

1900　黃玉階（1850-1918）發起「臺北天然足會」，推動社會現代化。

（清帝國時曾於 1638 年下令禁止婦女裹足；1902 年，慈禧太后推動新政，頒旨勸戒纏足，民間並成立有「不纏足會」。1915 年，日本〈保甲規約〉規定，婦女不得纏足，終結纏足習俗）

10 月，孫中山來臺，寄居於臺中霧峰人士林資鏗（字季商，號祖密、式周，1878-1925）之臺北寓所（今臺北車站國父史蹟紀念館）。

兒玉總督令後藤新平協助孫中山起事反清，11 月後藤與化名為「吳仲」的孫中山同船自基隆至日本。

設立臺灣製糖株式會社（三井投資），為臺灣第一家新式製糖工廠。

縱貫鐵路臺南—打狗間鐵道線於 11 月 28 日完工舉行通車儀式。

興建淡水線鐵路（臺北—淡水，1901 年完工，全長 21.2 公里）。

制定〈道路設備準則〉。（至 1945 年 8 月，依此完成全島幹支線道路，總長計 17,170 公里）

總督府建立臺灣神社，作為統治臺灣的象徵。1931 年，日本政府提出「國有神社、家有神棚」，1934 年 3 月 1 日臺灣總督府推動「一街庄一社神社」政策。

（八國聯軍攻入北京）

1901　大甲草帽開始經銷日本。

大甲草帽經銷商李聰和與杜清（1869-1936）、朱麗（1878-1936）、李城等人合夥創立「元泰商行」最早把大甲帽推銷至日本神戶受歡迎後，日商更來臺採購銷至大阪、名古屋、東京等地。

1903 年杜清等人組成臺灣最早的民營帽蓆公司—大甲帽蓆合資株式會社，由日本專家培訓、研發產品，設有兩處工廠，積極開拓日本市場，因而大甲、苑裡、清水草帽業蓬勃發展。1909 年，蔡惠如（1881-1929）、蔡年亨（1889-1944）、蔡燕等三人更創「牛罵頭製帽公司」行銷神戶；至 1912 年清水草帽生產更躍居全國之冠。

1911 年，總督府並訂有〈臺灣帽子檢查規則〉管制輸出品質；1926 年，於大甲、通宵、苑裡等地設有「帽子檢查所」，實施統一檢查制度加強品管。1930 年 2 月，在臺灣總督府認可支持下「神戶帽子商業組合成立」。

其中，王昭德（1899-1963）、李義招、陳貴心、黃萬貴、蔡丑忠、蔡幽香、蔡謀䖸等人對拓展日本市場更是居功厥偉；在神戶並組有

「臺灣帽子聯盟會」，會長王昭德後來更成為日本神戶有影響力之企業家。

以大甲帽起家為日本神戶成功企業家王昭德。

1901　7月，頒佈〈臺灣公共埤圳規則〉。

8月，中部暴風雨。

10月，公佈〈臨時臺灣舊慣調查會規則〉。「臨時臺灣舊慣調查會」成立，後藤新平自任會長，為後來有謂「治臺三策」之依據。（由京都帝大岡松參太郎，及1903年加入的織田萬兩位教授主持）

臨時臺灣舊慣調查會報告書

後藤新平「治臺三策」

1926 年，《臺灣民報》曾刊出對「後藤新平的治臺三策」之說法：*

後藤新平在臺灣做民政長官的時候，從臺灣人的性質上發現了三項的弱點，因此要好好利用這個弱點，所以制定治臺的三策：

一、　臺灣人怕死 --- 要用高壓的手段威嚇的。

二、　臺灣人愛錢 --- 可以用小錢利誘的。

三、　臺灣人重面子 --- 可以用虛名籠絡的。

* 1926.2.20，《臺灣民報》，第 145 號。

1901　11 月，新渡戶稻造（1862 -1933）提「臺灣糖業改良意見書」。

（新渡戶稻造為殖產局長，1902 年任臨時糖務局長，被稱為臺灣砂糖之父，為日圓 5,000 元券之幣面人物）

「糖業改良意見書」主要內容有甘蔗品種之改良、栽培方法之改良、水利灌溉之改良、蔗作獎勵等各項，以夏威夷糖業為藍本撰寫而成。意見書提出之際，總督府官員正展開「大小製糖廠」論戰，總督府依據意見書於 1902 年 6 月公布〈糖業獎勵規則〉。

（1900 年砂糖產量 3 萬噸，至後藤新平晚期產量達 6 萬噸，至 1937 年更高達 100 萬噸，1940 年代最高達 160 萬噸）

廢縣設廳（由辨務署升格或整併），全臺設 20 個廳。（1909 年縮編為 12 個廳）

（瑞典「諾貝爾獎」第一次頒發物理學、化學、生理學或醫學、文學，以及和平獎，共五個領域。）

糖業躍居臺灣經濟第一產業

　　臺灣糖業在荷蘭時期即已見相當之獎勵，後再經清朝長期治理期間的持續推展，產量達到 3.5 萬噸。日本統治後，更推動製糖工廠現代化政策，任命新渡戶稻造為殖產局長，並成立糖業試驗所，致力蔗種改良；1900年創立臺灣製糖株式會社，資本額 100 萬日圓（屬超級大型公司），以展示在臺灣追求製糖業現代化之動力。1902 年發布〈臺灣糖業獎勵規則〉，以獎勵並補助或租金減免，鼓勵甘蔗耕作及砂糖製造。

　　隨後 1900 年代十年間，日本財團資金接著引注臺灣之製糖產業：1903 年成立新興製糖（資本額 24 萬日圓），1904 年成立塩水港製糖（資本額 30 萬日圓），1906 年成立明治製糖（資本額 500 萬日圓），1907 年成立大日本製糖（資本額 2,700 萬日圓），1910 年成立帝國製糖（資本額 500 萬日圓）。

　　1910 年代，大量投資新式製糖機器工廠之工業化。臺灣製糖產量，由 1902 年 3 萬噸大幅增加至 1937 年達到 100 萬噸；1940 年代二戰期間，甚至衝高到 160 萬噸的最高峰生產水準。這段期間，奠定了製糖產業成為臺灣最重要的經濟結構地位以及出口貿易之主力產品。探討主要原因，係與引注大量資金致使有能力提高製糖工業技術，並且亦擴大蔗田農作的統治當局，兒玉源太郎、後藤新平民政長官時期之鼓勵振興製糖之產業政策有關。

　　這就是 1902 年律令第 5 號規定的前述〈臺灣糖業獎勵規則〉所發揮之效果，規則主要內容為：

第一條　對於甘蔗的耕作者或是從事砂糖製造者，經臺灣總督所認可的，

　　　　發給如下列費用之獎勵金：

一、 蔗苗費及肥料費

二、 開墾費

三、 灌溉費或排水費

四、 製糖機械器具費

第二條 以臺灣總督所訂定的原料數量而從事砂糖製造者可得到補助金。

第三條 對於開墾官有地而從事甘蔗耕作者，勿需繳交土地租金，待耕作
　　　成功後將免費的付與其業主權。

　　在政府鼓勵策略之下，臺灣製糖產量於是大幅成長，出口日本的貿易
量亦隨之增加，加以砂糖之進出口稅亦自 1910 年在日本中央視臺灣為本
土而取消關稅。因而，1910 年代臺灣砂糖產量大部分輸往日本內地，平
均佔總生產量的 85％。如此產銷政策，製糖產業遂一枝獨秀發展為臺灣
第一產業，直至終戰前後。

圖為 1984-2004 日圓 500 紙鈔上「臺灣糖業之父」新渡戶稻造像。

1902　禁止《新臺灣民報》發行。

　　　烏日－彰化線鐵路開通。

人止關（今南投縣仁愛鄉霧社）事件。

臺中地方法院由彰化移至臺中。

據統計，臺灣學校學生共 19,581 人，私塾書房 1,623 所，學生 29,742 人。

1903　臺灣銀行向總督府建議幣制改革，以及完全實施金本位制。（1904 年臺灣銀行發行面額 1 圓以上之金幣兌換券；同時回收銀元券）

【美國萊特兄弟（Wilbur and Orville Wright，Wright brothers，1867 -1912 ／ 1871 -1948）實驗飛機】

1904　完成土地調查（農田多出 1.7 倍），總督府以公債向大租戶購農田。公佈〈臺灣地租規則〉。

腳踏車出現。（牛車為主要交通工具，日治末期牛車數量約 6 萬餘台）1910 年代，客運車發展迅速，車輛曾多達近 900 輛，日治末期降至 300 餘輛。

7 月，臺灣銀行發行金券。發布銀幣禁止流通，納稅除外。

1905　本年起總督府不再接受日本中央政府補助款。（象徵臺灣經濟力自給自足）

彰化－二水線鐵路開通。

大肚溪鐵橋完成。

設置總督府臨時臺灣戶口調查部。首次全島戶口調查。

6 月，彰化銀行設立於彰化，開始營業。為臺灣人【吳汝祥（1868 -1941）、吳德功（1850 -1924）、楊吉臣（1854 -1930）等人】自籌設立之銀行。

發佈〈保甲令〉。（次年 2 月 1 日實施，保正甲長配戴徽章，促使審慎行為。）

【孫中山在東京成立中國革命同盟會。德猶太裔愛因斯坦（Albert Einstein，1879 -1955）發表〈相對論〉，改變舊有之時空概念。】

1906　日本國會通過《法律第 31 號：關於應該臺灣實施的法令之法律》。簡稱《三一法》，取代原《六三法》。與《六三法》差別不大，但規定總督之法令不得與日本本國之法令牴觸。

3 月 17 日，發生梅仔坑地震或稱梅山地震，涵蓋範圍北自北斗，南至嘉義間 40 公里，死亡 1,258 餘人，受傷 2,385 人，房屋全倒 6,769 棟。

4 月，佐久間左馬太（1844 -1915）就任總督（第 5 任，1906.4 -1915.4，為歷任在位最久之總督，提「五年理蕃計畫」，發動 160 多次「理蕃戰役」，北討泰雅族，南撫布農族，有「鐵血總督」之稱）兼臺灣守備隊司令官。

6 月，公布〈臺灣總督府為慈善、衛生、保廟宇等事業發行彩票〉律令第 7 號。公佈〈臺灣彩票發行律令〉。9 月，公佈〈臺灣彩票施行細則〉。彩票局正式發行彩票。

豐原－彰化線鐵路完成。

1907　1 月，《三一法》生效。

3 月，公布〈樺太廳官制〉（南庫頁島之民政官廳）令（拓殖占領，1942 年歸併為日本內地）。

4 月，臺灣商工學校成立（今開南商工）。八堡埤圳擴張工程完竣。

5 月，臺中、彰化、南投廳公埤圳連合會（後來之水利會）成立。

11 月，北埔事件（第一次事件於 1895 年）。枕頭山事件。

興建南迴鐵路林邊－枋寮段（1941 年完工）。

1908　打狗港開工。嘉義設置北回歸線標塔。

4月，全島縱貫鐵路（基隆－高雄）全線通車。10月24日臺灣總督府在臺中公園舉辦「縱貫鐵道全通式」開通典禮。

10月，公佈違警令。

1908 年 10 月基隆火車站落成啟用。

表 3-5　日治時期政府興築之鐵路（1898-1922）

名稱	起迄點	修築期間	長度（公里）
1 縱貫線	基隆－高雄	1898 －1908	408.5
2 淡水線	臺北－淡水	1900 －1901	21.2
3 宜蘭線	基隆－蘇澳	1916 －1935	98.7
4 屏東縣	高雄－林邊枋寮	1907 －1941	62.9
5 臺東縣	花蓮－臺東	1914 －1926	175.9
6 阿里山線	嘉義－阿里山	1910 －1922	71.9
7 阿里山支線	阿里山－新高口	1939	10.7
8 臺中線（海線）	竹南－彰化	1919 －1922	91.4
9 八仙山線	大甲溪之土牛－佳保臺	1921 －1922	45.4

資料來源：臺灣省文獻會，1969，第二冊。

1909 　總督府地方官制修正。20 個廳整併為 12 個，區改為正式行政區劃。
　　　開辦臺日間新聞電報。

　　　總督府開始於花蓮港廳進行推展官營移民政策。（1917 年終止，移
　　　民村：吉野、豐田、林田，劃歸地方州廳管轄）

　　　1932 年，再度興辦官營移民。*（以中部臺中為主：秋津、豐里、
　　　鹿島、香取，以及後期之八洲、利國；後期尚包括臺南：榮村、春
　　　日村；高雄：日出、千歲、常盤；以及臺東：敷島。前後 14 年，
　　　1932-1945。）

淡水戲館是大稻埕最古老的戲院，為日人金子圭介等所發起創建。1909
年落成開幕。1915 年辜顯榮買下整修改建，更名為臺灣新舞臺，為當時
全臺最重要最風光之表演場所。

1910 　帝國製糖會社成立。

　　　彰化銀行總行由彰化遷移至臺中。

　　　黃南球成立苗栗輕鐵株式會社。（1912 年，投資大安軌道株式會社，
　　　參與採伐木材及樟腦。）

---

* 日本殖民政策，此二波官辦移民有關之政經效果分析，參閱：張素玢，《未竟的殖民：日
本在臺移民村》（新北市：衛城出版，2017）。

1911 阿里山鐵路通車。（全線 1922 完工，興建期間 1910 -1922 年，全長 71.9 公里）。

臺北首家電影院「芳之亭」開業。

（湖北武昌起義）

圖示為日治時臺北市之三線路，係臺北城城牆拆除原址所闢建之道路。路中，設置兩塊長形分隔島，弄成三線道，稱為「三線路」為當今之中山南路（東線）、中華路一段（西線）、愛國西路（南線）和忠孝西路一段（北線）。

【歷史密碼】

孫文、日本、中華民國與臺灣

日本與臺灣的歷史關係甚是密切，除了統治過五十年之外，當代中華民國與臺灣的關係亦與日本有相當淵源。其中，頭山滿（1855 -1944）這號人物的角色更是傳奇。

頭山滿係日本 20 世紀初的右翼政治領袖，為 1901 年日本軍國主義與泛亞洲主義組織黑龍會之創辦人（會長為內田良平），扶植孫中山革命黨

反清革命；1905 年 7 月 30 日，中國各革命組織於東京黑龍會總部成立中國革命同盟會（由孫中山、宋教仁、黃興、黃元秀、章太炎等人領導）。

　　頭山滿與中華民國建國歷史關係密切，除大力支持協助孫中山反清革命、建立中華民國外，並支持蔣介石北伐⋯。

圖為日本黑龍會頭山滿等與中國反清革命之關係照片，包括孫中山、黃興、上海宋氏家族、蔣介石⋯等相關活動照。他是很具爭議的歷史人物，但與臺灣之關係卻相當特殊。

1911 年，湖北新軍在慫恿下叛變起義，同盟會與日本黑龍會成員即時將流亡海外的孫中山促成回國，成立中華民國南京臨時政府。圖示 1911 年 12 月 20 日孫中山與兩會成員合影。

1912　3 月，林杞埔（今竹山）事件，又稱竹林事件。

事件起因於依〈官有林野取締規則〉，強行將林地收歸為國有地（放領于日本三菱造紙株氏會社）。劉乾（鹿谷人）率竹林庄庄民 12 人攻打頂林駐在所（今竹山頂林里）。

6 月，土庫事件。7 月，明治天皇（1852 -1912）崩逝。

臺灣總督府新廳舍動工。（今總統府，1919 年 3 月完工，歷時八年）

馬偕紀念醫院開幕。基隆－打狗夜車通行。

【1 月 1 日，中華民國南京臨時政府成立，孫中山為首任臨時大總統；2 月 12 日，清朝皇帝溥儀（1906- 1967）退位。】

1913　公布〈臺灣國稅徵收規則〉、〈臺灣河川取締規則〉。

臺北市開始通行公共汽車（臺北－圓山）。

苗栗羅福星（1886 -1914）事件。

總督佐久間左馬太獻「享於克誠」匾額予北港朝天宮。

林本源製糖會社創立。

臺中霧峰林家後裔林資鏗放棄日本國籍，向新成立之中華民國申請入籍，於11月18日取得中華民國內政部發給「許字第1號」國籍之執照，為臺灣人中最早入籍中華民國者，後改稱林祖密。

【孫中山反袁二次革命；8月，廣東革命失敗，至臺灣。11月，袁世凱（1859-1916）解散國民黨】。

林季商本名林資鏗，又稱林祖密，臺中霧峰人，為霧峰林家第7代，與孫中山交好並資助革命，現臺北車站旁的「國父史蹟紀念館」即為林祖密之臺北寓所。1911武昌革命成功，1912資助一連串抗日事件，1913舉家遷居鼓浪嶼，宣布放棄日本籍，向新成立之中華民國申請入籍，11月18日，內政部發給「許字第壹號」回復國籍執照，為海外華人最早恢復中華民國國籍的人。

【歷史密碼】

兩岸政經關係第一人：林祖密

　　林資鏗又稱林祖密，申請入籍中華民國兩年後，於 1915 年加入中華革命黨；1916 年變賣在臺田產支持孫中山革命；1918 年，由孫中山任命為閩南軍司令授予護法軍政府陸軍少將，1920 年任粵軍第九支隊司令、汕頭警備司令；1921 年調任孫中山大元帥府侍衛武官；1922 年轉任林森福建省水利局長，1923 年辭職回鼓浪嶼經營私人產業；1925 年呼應蔣介石發動革命，被殺身亡。其孫林義功編著有《林祖密將軍傳奇》一書，2013 年出版，為霧峰林家近百年之發展紀述。

　　林資鏗的霧峰林家關係，對臺海兩岸影響甚大，為臺灣第一人。其曾祖先林定邦（1808-1850）、祖父林文察（1828 -1864）以及父親林朝棟（1851 -1904）皆為有清一代名將，在兩岸發展極為特別。林資鏗之名乃巡撫劉銘傳所命，當時其母於生下林資鏗時，仍帶領霧峰義勇軍支援中法戰爭被法軍圍困的林朝棟部隊，故取名「資抗」（資鏗）。由於家產擁有 2 千多甲水田、2 萬多甲山地，並有樟腦腦賣權，故經濟資源龐大，有能力資助抗日及孫中山革命。

　　林資鏗（1878 -1925）之父林朝棟屬霧峰林家下厝系，與頂厝系之林獻堂（父為林文欽 1854 -1900）為堂兄弟；林資鏗則與小其三歲的林獻堂（1881 -1956）之子林攀龍（1901 -1983）同一輩份，父子輩數代都是影響當代兩岸政治經濟的有力人物。例如，在政治關係之互動，則包括孫中山、蔣介石、陳炯明、林森、嚴家淦等當代歷史領袖，皆與霧峰林家有相當密切之關連。在事業方面，例如林獻堂、林攀龍父子所經營的事業很多，包括臺中中央書局、明台產物保險公司等，迄今仍持續經營者有彰化銀行、明台輪船公司、延平中學、萊園中學等，另外，三五興業產業公司

更仍以霧峰林家為基地發展，意義特別。

1908 年臺灣縱貫鐵道完工通車。
1913 年 12 月 20 日東亞最長鐵橋：下淡水溪鐵橋及阿緱（屏東）車站落成啟用。
圖左為上、下為全長 1,526 公尺之下淡水溪鐵橋英姿，圖右上、下為歐風之阿緱火車站。

1914　飛機始見於臺灣。颱風侵襲，災情慘重。

12 月，臺灣同化會成立。

由日本民權運動領袖板垣退助（1837 -1919，明治維新功臣，1881
年創立日本第一個政黨「自由黨」）來臺時，與林獻堂（1881
-1956）、蔡培火（1889 -1983）、蔡惠如等號召創立，於日本、臺
灣各地設分會，板垣退助離臺，隨即於 1915 年 1 月以「妨害治安」
遭解散，為日治時期第一個合法運動之組織。

興建花東鐵路。（1926 年完工）

（第一次世界大戰爆發。孫中山於東京組中華革命黨）

1915　公佈〈臺灣公立中學校官制〉。自來水廠落成。

5 月，安東貞美（1853 -1932）接任總督（第 6 任，1915.5-1918.6）兼臺灣守備隊司令官。

西來庵事件（1915 -1916），又稱余清芳（1879 -1916）事件、玉井事件、噍吧哖事件。為余清芳、羅俊（1854 -1915）、江定（1866 -1916）等人領導之武裝抗日事件，日軍屠殺臺南玉井居民。

1915 年發生西來庵事件，為大規模武力抗日民變，余清芳以「大明慈悲國」起義，為起事領袖，又稱「余清芳事件」；因在噍吧哖 (1920 年改名為今之玉井) 與日軍作戰，又稱為「噍吧哖事件」或「玉井事件」。這是臺灣首度以宗教力量抗日的武裝行動，留有「奉旨平臺征伐天下大元帥余清芳告示文」(1915)、「道嗣法弟子羅俊祈禱文」(1915 年 6 月 29 日) 等起義文獻。圖示為臺南縣政府 1981 年於玉井虎頭山所設立之紀念碑。

1915　5月，田健治郎（1855 -1930）、內田嘉吉（1866 -1933）創立南洋
　　　協會（推展南進政策）。此二人後來分任第 8 任及第 9 任臺灣府總
　　　督。

　　　臺民林獻堂、林烈堂（1876 -1947）、林熊徵（1888 -1946）、辜顯榮、
　　　蔡蓮舫（1875 -1936）等士紳發起建立之臺灣公立臺中中學校（今
　　　臺中一中）開校。

　　　私營移民臺東：鹿野、旭村、鹿寮等三村。1938 年私營移民臺中：
　　　新高、昭和。

臺灣民報不具年（漏
具）12 月 29 日發行
（四頁對摺），第壹
卷第壹號，「發聲－
林獻堂特展專刊」。
本書刊標榜林獻堂三
要事：設校、設置議
會請願、設立文化協
會。

林獻堂，名朝琛，號
灌園，以字行。臺中
霧峰人，為霧峰林家
第 6 代，日治時期
為臺灣自治及文化運
動重要領袖。其父林
文欽因家族林文察
於清治時參與平定
戴潮春民變（1862
-1865）有軍功而成
為巨富。（霧峰林家
因而獲得大量田地及
樟腦專賣權而躍為中
臺灣最有勢力家族）
戰後，228 事件因庇
護嚴家淦有功，獲國
府黨政高層禮遇，但
亦承受被列「臺奸」
之累。

1916 辦理臺灣勸業共進會（今總督府、228 公園、博物館、植物園之場址），以促進日本移民臺灣。（慶祝始政 20 週年之大型展覽活動，展示來自大日本帝國及各殖民地之物產）

8 月，嘉義、南投、臺中大地震。

興建宜蘭線鐵路（1917 年動工，1935 年完成）。

1917 臺南自來水開始供水。公佈〈臺灣新聞紙令〉。

臺灣第一座現代化水泥廠：淺野水泥株式會社打狗工場（高雄廠，今臺泥鼓山廠前身）完工，結束水泥自日本進口之時代。（1994 年關廠）

【英國勞倫斯（Thomas Edward Lawrence，1888 -1935）策動阿拉伯人反土耳其。俄國大革命，列寧（1870 -1924）奪權。】

1918 明石元二郎（1864.6 -1919.10）就任總督【第 7 任，1918.6 -1919.10，曾巡視全臺 6 次，任內逝世，唯一葬於臺灣之總督，遺言：「成為護國之魂，亦可鎮護吾臺民」震撼全臺；也是第一位進入 1919 年完工落成之臺灣總督府（今總統府）之總督】兼臺灣守備隊司令官，提「同化主義」施政方針。

公佈〈臺灣違警令〉。（〈警察違警令〉廢止）

中央山脈橫貫公路完成。阿里山火災，一連三天。各地惡性感冒大流行。

（孫中山來臺。北京政府公佈〈注音字母〉。）

地方自治時期	公元		第二節 日治地方自治時期
1919		臺灣電力株式會社設立 華南銀行成立 興建臺中海線鐵路	
1920		興建八仙山鐵路，民間興建太平山鐵路	
1922		蓬萊米培植成功	
1924		臺灣青果株式會社成立	
1925		臺日海底電線話	
1926		花東鐵路完工	
1927		中壢農民抗議肥料價格太高 收買民間建水里線（二水—車埕）鐵路	
1929		向民間收買平溪線（三貂嶺—菁桐坑）鐵路	
1930		嘉南大圳完工供水	
1932		官營移民南部 東部臨海道路（今蘇花公路）竣工	
1934		日月潭水力發電廠完工	
1935		北迴鐵路（基隆—蘇澳）完工 松山機場竣工	
1936		設立「臺灣拓殖株式會社」開發未墾地	

日治地方自治時期（1919 ～1936）

　　日本治臺，由於初期依特別法實施殖民地統治，乃透過商社開發臺灣，以作為支持本國工業之後盾並為南進基地；中期以後之治理則改採「內地延長主義」，標榜「日臺合一」，淡化殖民主義色彩。

　　1912 -1926 年期間，日本進入「大正民主」時代，殖民地臺灣亦自1919 年改武官總督為文官總督，治理臺灣之策略逐漸轉向與母國同化之目標，臺灣之許多體制逐漸與日本本國接軌。職是，臺灣議會請願運動、臺灣文化協會、《臺灣青年》、《臺灣民報》、政黨政治包括「抗日」活動蓬勃。當時，除徹底反日主張臺灣自主中立，日本的臺灣留學生更是成為 1920 年代臺灣政治、社會運動之先驅。

1919　開啟文官總督時代。

　　　1 月，頒布〈臺灣教育令〉，確立日本在臺教育制度。（其後，1922、1941 年，再分別發布第二次及第三次之〈臺灣教育令〉。）

　　　5 月，彰化女子高等普通學校成立。（即彰化高等女學校）

　　　7 月，臺灣電力株式會社設立，並定案全臺最大電力建設：日月潭水力發電計畫。華南銀行成立。淡水高爾夫球場開幕。

　　　10 月，田健治郎接任臺灣總督（第 8 任，1919 -1923），為首位文官總督，開始推展「內地延長主義」（同化政策），其後並為接續歷任八位文官總督之政策，1936 年後由於戰爭關係，再改由三位武官接任推展皇民化運動。

　　　11 月，臺中一中學生 200 餘人攻擊洗衣業者。

興建臺中海線鐵路（竹南－彰化，1922年完工，全長91.4公里）

進入電訊時代，全臺總計有7,146支電話，6條電報線。

（北京學生發起「五四運動」。孫中山改「中華革命黨」為「中國國民黨」）

臺灣電力株式會社1919年7月31日成立本社（總公司）。

表 3-6　日治時期臺灣教育狀況（1944）

單位：校；人

組別	校數	教員		學生		合計
		臺籍	日籍	臺籍	日籍	
小學校	155		1,493	5,046	50,599	55,645
公學校	944	8,322	5,668	872,507	19	876,747
男中學	22	38	444	7,230	7,888	15,172
女中學	22	22	398	4,855	8,396	13,270
師範	3	6	180	522	2,634	2,888
公立農業學校	9	5	136	3,504	960	4,465
公立工業學校	9	23	207	3,180	2,424	5,628
公立商業學校	8	10	152	2,374	1,893	4,288
公立實業補習學校	90			15,828	2,234	18,090
公立基隆水產學校	1	0	11	154	90	247
臺北帝大附屬醫專	1	4	29	122	237	360
臺中農林專門學校	1	0	25	14	249	268
臺北經紀專門學校	1	1	33	123	313	437
臺南工業專門學校	1	8	46	103	643	752
臺北帝大	1	1	172	85	268	357

1920　實施地方自治。

　　　1月，臺灣留日學生成立「新民會」。

　　　蔡惠如、林呈祿（1886 -1968）、蔡培火、彭華英（1893 -1968）等，
　　　於日本東京繼「聲應會」【臺灣青年與中華青年同聲相應之意，
　　　1919 秋，由林呈祿、蔡培火、彭華英、馬伯援（1884 -1939）、
　　　吳有容、劉木琳等發起組成】、「啟發會」【1919 冬，由彭華
　　　英、羅萬俥（1898 -1963）、王敏川（1889 -1942）、吳三連（1899
　　　-1988）、林攀龍（1901 -1983）、蔡培火等組成】組織「新民會」，

推林獻堂為會長。以廢除《六三法》為核心的殖民體制，展開啟蒙運動。*

薩拉茅社事件。（今梨山，泰雅族，攻擊日警駐在所，日本當局利用塞德克族德固達雅群馬赫坡社（今盧山溫泉區）及霧社群部落頭目莫那‧魯道（1880-1930）「以番制番」）。

5月，公佈〈臺灣所得稅令〉。

6月，全島大地震。5人死亡，20人受傷，273棟房屋全毀，1,257棟房屋毀損。

7月，創辦《臺灣青年》，於東京發刊第一號。

9月，臺灣實行州廳管轄區域，設五州二廳。（1926年增為三廳，直到1945年皆維持五州三廳體制）與制度五層級：

表 3-7　日治時期臺灣之行政區劃（1945）

第一級	第二級	第三級	第四級	第五級
州（5）廳（3）	市（11）		大字（段）	小字
	郡（51）支廳（2）	街（67）		
		庄（264）		
		蕃地		

說明：括號內數字為行政區數目。即至終戰當時，五州三廳之下轄11市51郡2支廳，全部郡、支廳之下轄67街264庄。

1920　10月，總督府公布〈臺灣州制〉、〈臺灣市制〉、〈臺灣街庄制〉，改革地方制度，規定州、市、街庄不僅是行政區劃，也是地方公共

* 時空跨越一個世紀，有關臺灣自治與民主運動的歷史述說，一部臺灣民主運動百年追求的故事，參閱：陳翠蓮，《自治的夢想》；吳乃德，《自由的挫敗》；胡慧玲，《民主的浪潮》；【百年追求：臺灣民主運動的故事，卷一、卷二、卷三】（新北市：衛城出版，2013）。

團體；將西部十個廳改制為五個州（臺北州、新竹州、臺中州、臺南州、高雄州）；五州之下轄 3 市 47 郡，市、郡同級；47 郡之下轄 263 街庄（約等同今日之鄉鎮市）；東部設花蓮港廳、臺東廳兩廳；二廳之下轄 6 支廳，共 2 街 18 區。

總督府撤銷「臺灣米穀移出限制令」，恢復自由出口。

首次國勢調查。

11 月，連橫（1878 -1936，本名重送，字雅堂）《臺灣通史》出版。

（孫中山與唐紹儀在上海成立軍政府，入廣東組軍政府。1920 年 1 月 10 日《凡爾賽條約》正式生效，國際聯盟成立。）

1921　日本公布《法律第三號》，簡稱《法 3 號》，日本法律適用於臺灣，總督必要時才能制訂法律。

興建八仙山線鐵路（土牛－佳保臺，1922 年完工，全長 45.4 公里）

臺灣首位日本科班女醫師蔡阿信（1899 -1990）學成歸國。（1924 年在臺北自宅開業，同年與留日民族運動人士彭華英結婚。彭華英 1921 任臺灣青年會會長，傾社會主義及反日而出走中國，1924 回臺，1933 赴滿洲，後兩人離異。）

2 月，臺灣議會請願運動。4 月，臺北新店線鐵路通車。廢止〈笞刑處分令〉。

（5 月，孫中山就任非常大總統）

10 月，臺灣文化協會成立。【推林獻堂為總理，與在日「新民會」合流，1931 年 12 月分裂，蔣渭水（1890 -1931）逝世】

民間臺灣電器興業株式會社興建太平山線羅東土場鐵路（土場－天送埤，1924 年完工，全長 37.3 公里，後由政府收買。另「天送埤－歪仔」段，係由臺南製糖會社興建，由政府租用，餘由羅東百姓興

築，全線供開發森林之用，1926 年兼營客運）。

12 月，公佈〈臺灣正米市場規則〉，〈臺灣水利組合會〉。

【俄國實施新經濟計畫。外蒙獨立。印度甘地（Mahatma Gandhi，1869 -1948）倡不合作運動。希特勒（Adolf Hitler，1889 -1945 年）出任納粹黨魁。】

1922　公佈第二次〈臺灣教育令〉。實施酒類專賣。鐵路海線通車。

蓬萊米培植成功。

1921 年由磯永吉（1886 -1972）與末永仁（1886 -1939）試種「臺中65 號」於草山竹子湖，1926 由伊澤多喜男（1869-1949，第 10 任總督，任期 1924-26）總督命名「蓬萊米」。「米糖相剋」問題浮現，導致後來之 1920 年代全島農民抗爭運動。

杜聰明（1893 -1986）獲臺灣第一位醫學博士。

《治安警察法》實施。（警察監督，當時，臺民平均 547 人即有 1名警察）

【蘇維埃社會主義聯邦共和國簡稱蘇聯（USSR）成立】

表 3-8　日治時期臺灣稻米產量比較（1925 -1931）

單位：千公噸

年　　別	在來米	蓬萊米
1925-1926	4,422.12	4,874.56
1926-1927	4,547.02	5,034.09
1929-1930	4,836.06	5,440.50
1930-1931 *	4,783.64	5,360.02

資料來源：臺灣總督府殖產局，1927，1928，1931，1932。

* 1930 年代經濟大恐慌，總督府實施米穀統制政策，為保護母國日本農民，以抑制臺灣米穀過度增長，自 1931 年起加強米穀檢查，致當期稻米產量減少，庶免影響糖業發展。（米糖相剋之政策反應）

米糖相剋的博奕現象

　　過去，臺灣最主要的兩項農作物是甘蔗與稻米。「米糖相剋」指日治時期臺灣稻米與甘蔗的種植互相競爭農作地，因而製糖會社便實施「米價比準法」（隨著米價來調整甘蔗的採收價格，讓甘蔗的採收價高過米價以吸引農民繼續種甘蔗），企圖壓抑稻米的種植；但因日本本土需要臺灣提供糧食，所以，臺灣總督府反而鼓勵農民轉作稻米。此現象，導致臺灣農業由過去專注糖米種植，轉向多角化經營，製糖會社也改變了其經營方式。

　　「臺中65號」米（即後來的蓬萊米），引發了農民大量種植的風潮，使得稻作區往南發展，於是導致改變「南糖北米」之稻米與甘蔗互相爭地現象。

　　此外，造成米糖相剋的因素，包括第一次世界大戰後日本農村嚴重的不景氣，而導致佃農與地主爭權，發起農民運動；致令日本米價暴漲，「東京米穀取引所」停止交易，進而發生「米暴動」，讓日本政府開發臺灣稻米市場的想法，而八田與一（1886-1942）對嘉南大圳的灌溉作用，亦使臺灣南部的看天田與甘蔗園變得可種稻米，也是造成米糖相剋的重要原因。這是產業經濟競爭的博奕反應。

1923　《臺灣民報》在東京創刊。

　　　攝政皇太子裕仁（1901-1989，以後之昭和天皇）視察臺灣（修建嘉南大圳巡禮）。

　　　治警事件。「臺灣議會期成同盟會」（負責推動議會設置請願運動）

2月21日於東京成立。惟在此之前，1月30日蔣渭水、蔡培火等在臺灣以同名稱申請則不准設立，2月2日結社旋遭禁止，故活動移到東京。為管制政治集會結社，總督府遂於12月16日以違反《治安警察法》進行逮捕千餘會員，史稱「治警事件」，為一政治運動事件。

「治警事件」的後果：蔣渭水等49人於1924年8月判罪，蔣渭水、蔡培火判處徒刑4個月。

（1923.9.1日本關東大地震，田健治郎總督返日任農商務大臣兼司法大臣）

9月，內田嘉吉任總督（第9任，1923-1924，係唯一擔任過臺灣總督府民政長官及總督之官員）

【上海孫越宣言，聲明蘇維埃制度不適合中國。國共合作（1927合作結束）。】

1924　9月，伊澤多喜男（1869-1949）就任總督（第10任，1924.9-1926.7，曾提出「臺灣統治之對象非15萬之內地（日本）人，而為300數十萬之本島居民」）。

臺灣日報社、晚報發行。

公佈〈臺灣度量衡規則〉，施行米制法與內地統一。

臺灣青果株式會社成立。（推展香蕉外銷）

航船蓬萊號直航日本神戶—基隆首航。

1925　5月，公佈《治安維持法》。桃園大圳竣工。王田—彰化線鐵路通車。

6月，李應章（1897-1954，又名李偉光，1937年於上海組「臺灣革命大同盟」，1947年於上海組「臺灣旅滬同鄉會」及「臺灣民主自治盟華東總支部」，為臺盟代表。）成立「二林蔗農組合」。

10 月，二林事件。（林本源製糖會社與二林蔗農組合衝突）

蔗農受制於〈採收區域制度〉與〈產糖獎勵辦法〉剝削的反抗衝突，逮捕 400 多人，移送審判 47 人。

打狗改稱高雄。日臺海底電線通話。

實施第二回國勢調查。

（孫中山逝世。英國出現電視。）

1926　增設澎湖廳。

7 月，上山滿之進（1869-1938）就任總督（第 11 任，1926.7-1928.6，因「臺中不敬事件」辭職）

9 月，簡吉（1903 -1950）與楊逵（1906 -1985，原名楊貴）等籌組「臺灣農民組合」於鳳山成立。（為信奉馬克斯主義之左傾組職，會員最多時達 2 萬人，至 1928 年計有 27 個支部。1929 年 2 月遭受檢舉）

花東鐵路完工。（花蓮－臺東，興建期間 1914 -1926 年，全長 175.9 公里）

【12 月，大正天皇（1879 -1926）崩逝。國民政府遷都武漢。】

1927　7 月，「中壢事件」。趙港（1901 -1940）領導中壢農民抗爭，抗議日本拓殖會社與肥料價格太高，農民組合示威。11 月落幕。次年，再度發生第二次中壢事件。

臺灣民眾黨成立。（由臺灣文化協會第一次分裂退出組成）

總督府向民間收買水里線（二水－外車埕）鐵路（1919 -1921 年期間，為臺灣電力株式會社為運器材興建，1922 年改為營業線，全長 29.7 公里，亦即 1999 年 921 大地震後由南投縣政府改名之「南投縣觀光鐵路」）。

【8 月，蔣介石（1887-1975，1949 年來臺後稱蔣中正）下野，次年

復為革命軍總司令；1928 年任國民政府主席，1931 年下野。】

2 月，臺灣工友總聯盟成立。（蔣渭水揭示「同胞需團結，團結真有力」標語，加盟團體曾達 65 個，人數達一萬多人，1931 年式微）

（1922 年，英國愛爾蘭南部 26 郡成立愛爾蘭共和國，而北部 6 郡成立北愛爾蘭續留聯合王國。至 1927 年，英國改名為：大不列顛及北愛爾蘭聯合王國。）

1928　臺北帝國大學創立（3 月 16 日）。

今臺灣大學之前身，1922 年由總督田健治郎開始規劃，1925 年總督伊澤多喜男籌備三年，首任校長幣原坦（1870 -1953，任期：1928 -1937）。為日治時期臺灣唯一之大學。

中共 4 月 15 日在上海提出對臺灣三大主張：「臺灣民族、臺灣革命、臺灣獨立」。

彰化人謝雪紅（原名謝阿女，1901 -1970）等組織臺灣共產黨（日本共產黨臺灣民族支部）於上海成立。（1931 年瓦解）

6 月，川村竹治（1871 -1955）接任總督（第 12 任，1928.6 -1929.7）。

鐵道部公佈臺灣鐵路沿線觀光地圖：八景 12 名勝。

1929　總督府開始刊行《臺灣關係史料》。

總督府向民間收買平溪線（三貂嶺－菁桐坑）鐵路。（1919 -1921 年期間，為臺陽礦業株式會社為運煤所興建，全長 12.9 公里）。

7 月，石塚英藏（1866 -1942）任總督（第 13 任，1929.7 -1931.1，為兒玉源太郎倚重之法制幹部，為首位登上玉山之臺灣總督）。

（美國紐約股市大跌，造成 1930 年代經濟大蕭條，世界經濟恐慌開始。）

表 3-9　日治時期臺灣公司資本籍別統計（1929）

公司種類	計（圓）	日人（%）	臺人（%）	其他（%）
股份有限	287,939,000	78.40	19.81	1.79
兩合	16,567,000	67.97	32.03	0
無限	7,941,000	23.59	76.42	0
合　　計	312,447,000	76.46	21.89	1.65

資料來源：張漢裕，（1984），《經濟發展與農村經濟》。

1930　4月，嘉南大圳完工，正式通水啟用。

八田與一（1886 -1942）技師興建烏山頭水庫，1920年動工，1930年完工，經費 5,414 萬日圓，為亞洲最大灌溉土木工程，世界第三大水庫，灌溉面積由5千公頃增為15萬公頃農田。

總督石塚英藏獻「神恩浩蕩」匾額予北港朝天宮。

臺灣民眾黨分裂，「臺灣地方自治聯盟」成立。

10月，霧社事件。（當局出動飛機投毒瓦斯彈，次年1月，總督石塚英藏因本案違反日內瓦公約而遭解職。）

八田與一為日本土木工程師，日治時期設計嘉南大圳並建造烏山頭水庫（當時亞洲最大灌溉土木工程）而聞名於世，有「嘉南大圳之父」之稱。他於1910年東京帝大畢業後直至過世之前都在臺灣任職，曾在臺北設立土木測量專校。對臺灣水利事業貢獻很大。目前在官田設有紀念室，及2011年落成之紀念園區。圖示為八田與一之銅雕塑像，為1981年所設置於烏山頭水庫八田塚前。（最早為1931年建立於烏山頭水庫壩旁）

霧社事件發生於 1930 年 10 月 27 日至 12 月 1 日，起因是賽德克族原住民不滿日本
統治當局苛虐暴政，掠奪原住民資源，賽德克族頭目莫那‧魯道領導馬赫坡社等番社
聯合起事襲殺日本人。事發後遭日方調集軍警，以飛機、山炮、毒氣等武器強力鎮壓。
起事領袖莫那‧魯道飲彈自盡，參與行動的各部落幾遭滅族。

1931　太田政宏（1871 -1951）就任總督（第 14 任，1931.1 -1932.3，曾強
　　　行遷移霧社原住民至川中島，今國姓清流部落，引發衝突）。
　　　3 月，臺北扶輪社成立。（原稱「樂大利俱樂部」，二戰後於 1948
　　　年 2 月再成立臺北扶輪社）
　　　實施米穀抑制，加強米穀檢查。
　　　決定臺北市區都市計畫。設置臺北廣播電臺。
　　　【毛澤東（1893 -1976）於江西建立中華蘇維埃共和國組臨時政府，
　　　開始稱為毛主席。】

1932　南弘（1869 -1946）接任總督（第 15 任，1932.3 -1932.5），任期二
　　　個月餘，因內閣改組辭職，由中川健藏（1875 -1944）接任。（第
　　　16 任，1932.5 -1936.9，為最後一年文官總督）

「臨海道路」5 月竣工通車，總長約 120 公里，有大型橋樑 9 座，隧道 14 處。（二戰後改名蘇花公路）

實施米穀統制政策。（並發展組合制度以控制米穀產銷）

臺灣臨海道路 (蘇花公路) 通車。

1933　完成理藩事業，臺灣史上首次全島行政管轄統一。

訂定〈臺灣山胞集團移住十年計畫〉。

實施《臺日通婚法》。

【日本退出國際聯盟。美國總統羅斯福（Franklin Delano Roosevelt，1882 -1945）開始新政。】

1934　3 月，實行《內臺共婚法》。移原住民於特定區。5 月，臺灣文藝協會成立。

6 月，日月潭水力發電廠完工。

9 月，臺灣議會設置請願運動終止（前後 14 年）。

【滿州國溥儀稱帝。蘇聯加入國際聯盟。湯恩比（Arnold Joseph Toynbee，1889 -1975）出版《歷史研究》（計 12 卷，至 1961 年）。】

1935　國勢調查統計結果公佈。辦理始政 40 年臺灣博覽會。

召開熱帶產業調查會。建設臺北機場（松山）。開辦定期臺日航空郵政。

4 月，總督府公佈〈臺灣自治律令〉、〈臺灣自治制度改正〉。

4 月 21 日，新竹、臺中大地震。3,276 人死亡，12,053 人受傷，房屋全倒 17,907 戶，半倒 36,781 戶，傷亡為史上最慘重。

7 月，竹南、苗栗地震。

10 月，北迴鐵路竣工。（基隆－蘇澳，修建期間 1916 -1935，全長 98.7 公里）

臺灣全島各州廳於 10 月 10 日至 11 月 28 日同時舉辦「始政 40 周年紀念臺灣博覽會」，為期 50 天。（參觀人數達 334.7 萬人次，當時全臺人口約 600 萬。與上次「30 周年」（10 天）、「20 周年」（5 天）展覽會之時間、人次、地點相較，規模堪稱空前。）

11 月，舉辦有史以來首次直接民選的地方（市、街、庄）議員選舉。（計選出半數之議員及會員，另外半數由州知事派任，任期四年）

【1 月，中共遵義會議確立毛澤東領導地位；8 月，中共發表《八一宣言》，抗日民主統一戰線。德國整軍。波斯改名為伊朗。】

表 3-10 日治時期臺灣國籍別人口調查（1935）

人口密度單位：人／km²

州廳	面積（km²）	人口（人）								人口密度
		本島籍	內地籍		外地籍		外國籍		計	
			鹿兒島	其他	朝鮮	樺太（庫頁島）	中華民國	其他		
臺北州	4,565.66	874,308	14,341	106,250	646	6	28,842	147	1,024,546	224
新竹州	4,598.60	696,128	2,141	11,761	58	3	2,217	1	712,309	155
臺中州	7,383.43	1,123,745	5,046	279,908	196	0	5,334	18	1,162,247	157
臺南州	5,421.49	1,279,511	6,006	37,968	233	2	8,438	29	1,332,187	246
高雄州	5,722.57	689,412	4,682	29,906	226	13	8,572	8	732,819	128
臺東廳	3,526.38	64,364	611	4,726	37	2	969	1	70,710	20
花蓮港廳	4,628.57	93,739	1,401	13,729	78	0	2,549	1	111,497	24
澎湖廳	126.86	61,738	447	3,629	0	0	297	0	66,111	521
總　計	35,973.56	4,882,945	34,675	487,877	1,474	26	57,218	205	5,212,426	145

表 3-11 日治時期臺灣國籍別人口調查統計（1935）

州廳	人口（人）						
	中華民國	英國	西班牙	滿洲國	挪威	其他	總計
臺北州	28,842	71	15	14	13	34	28,989
新竹州	2,217	0	0	0	0	1	2,218
臺中州	5,334	9	5	0	0	4	5,352
臺南州	8,438	24	4	0	0	1	8,467
高雄州	8,572	0	4	0	0	4	8,580
臺東廳	969	1	0	0	0	0	970
花蓮港廳	2,549	1	0	0	0	0	2,550
澎湖廳	297	0	0	0	0	0	297
總　計	57,218	106	28	14	13	44	57,423

1936 日本積極獎勵日人移臺。松山機場竣工。臺日空運航線開啟航空時
代。

2 月，東京戒嚴。3 月，《臺灣新文學》創刊（楊逵）。

10 月，在海軍積極運作下，海軍上將小林躋造（1877 -1962）就任總督（第 17 任，任期：1936.9 -1940.11），結束 1919 至 1936 期間之文官總督時代，恢復武官治理。

總督小林治臺三原則：皇民化、工業化及南進基地化。

11 月，為南進國策設置公民合營之「臺灣拓殖株式會社」（臺拓，特種公司），開發未墾土地。

依 6 月公布之〈臺灣拓殖株式會社法〉設立，初期資本額 3 千萬日圓，其中一半資本額係由臺灣總督於 1942 年兩度以官租地、未墾地、營林所財產等出資地參與開墾總督府分年撥交公有荒蕪地，屬「事業地」，約 1.4 萬甲、干拓（抽乾水域以形成陸地，屬於所謂之「社有地」，約近 1.7 萬甲），兩者合稱「臺拓地」。二戰後被盟軍最高司令總司令部（GHQ）指定解散，在臺資產由臺灣土地銀行於 1947 年 2 月接收，因問題複雜，形成爭議困擾。

展開「正廳改造運動」，宗教上不准臺民擺設神明彩（漆）。

12 月，臺北公會堂落成（今中山堂）。

臺北新公園落成，今國立臺灣博物館於 1899 興建成立，1908 初步落成，1915 年並完成為「兒玉 • 後籐紀念館」，1949 年改制為臺灣省立博物館，公園區則於 1996 年改名為 228 紀念公園。

【張學良（1901 -2001）、楊虎城（1893 -1949）發動西安事變，並諫蔣介石停止剿共，進行抗日。義、德成立軸心，德、日達成反共協定（次年，義大利加入）。英國凱因斯（John Maynard Keynes，1883 -1946）出版《就業、利息與貨幣的一般理論》（俗稱《通論》）引發經濟學革命，經濟學區隔為個體經濟學與總體經濟學。】

日治戰爭時期	公元		
1937		臺灣軍伕奉召到中國戰場	
		完全控制米穀產銷	
1938		私營移民臺東	
		頒佈《國家總動員法》	
		建基隆港船塢	
1939		梧棲港開工	
		阿里山支線鐵路完工	
1941		林邊 — 枋寮鐵路完工	第三節
		環島公路完工	日治戰爭時期
		公布火柴專賣	
		成立「臺灣產業組合聯合會」	
		太平洋戰爭爆發	
1942		強制米穀配給	
1943		農業生產與金融分流	
		美軍轟炸新竹	
1944		實施徵兵制（次年4月入營）	
1945		日本撤出臺灣	

日治戰爭時期（1937～1945）

　　臺灣經過近 20 年的日本文官總督治理，日本沿用內地延長主義統治企圖將臺灣拉近融合於日本，而持續的現代化建設，臺灣政經發展及社會進步，已逐漸擺脫落後。臺灣出現一定程度之進步。

　　臺灣本土化運動更在文官總督治理期間相當蓬勃，臺灣自主意識亦逐漸擡頭，但接著 1937 年中日戰爭爆發，因而激起日本化運動，強制推展皇民化政策，甚至將臺灣納入日本軍事體制。

　　1945 年，臺灣正式擺脫殖民統治色彩，未久，日本投降，臺灣再度更替統治者。

　　綜觀臺灣日治時期整體發展，1895 年至 1945 年的半個世紀，由陸權中國分離出來的時代，日本之經營對臺灣所進行之制度與社會結構改變，後來成為奠定臺灣經濟走向現代化的重要基礎；惟皇民化運動的同化政策，則激起臺民更深層的文化思維，影響臺灣民主化與獨立運動。

1937　推行皇民化運動，禁漢文報紙。（日本統治臺灣 50 年期間於臺灣各地興建神社，日本官方於各州廳認定的神社共 68 座，若包括其他非官方認定的神社或神社之遙拜所在內則神社總數超過 200 座，目前全皆已拆除及改建。）

　　　臺灣地方自治聯盟解散。

　　　日本軍隊同意招募臺灣兵力（以「義勇軍」、「特設團」、「特別志願兵」等名義招募、動員臺民及原住民投入戰場）。

　　　三個國立公園成立：大屯、次高太魯閣、新高阿里山。

7月，中日戰爆發，臺灣軍伕奉召至中國戰場。

10月，總督府修改〈米穀檢查規則〉，並通過〈米穀管理案綱要〉，完全控制米穀產銷過程。

1938 4月，總督府宣佈實施日本政府所頒佈之《國家總動員法》，將臺灣經濟工業化成果投入戰場；總督府據此以軍管替代民政。建基隆港船塢。

表3-12 日治時期基隆港及高雄港建設（1944）

項目	單位	基隆港完成設備	高雄港完成設備
繫船能力	隻	25	34
標準起卸能力	噸	2,840,000	2,910,000
錨地	平方公尺	2,210,000	1,567,647
防波堤	公尺	1,116	938
岸壁			
延長	公尺	2,756	2,387
船席	隻	15	16
棧橋	個	1	3
繫船浮標	個	15	15
起貨場	公尺	4,844	3,810
倉庫	平方公尺	81,755（共15棟）	40,687（共25棟）
岸壁起重機	臺	13	15
碇泊處	個	5	5
運河	公尺	2,848	1,764
修船塢	基	2	

資料來源：曾汪洋（1955），《臺灣交通史》（臺北：臺灣銀行經濟研究室）。

1938　10 月，中華民國國民政府在大陸修正實施影響後來臺灣經濟管制甚鉅之《非常時期農礦工商管理條例》法令。

（國民政府於 1938 年修正實施的《非常時期農礦工商管理條例》以及 1942 年公布施行的《國家總動員法》，這兩個法令對後來臺灣依「開羅宣言」（1943）「回歸」中國之後的經濟發展有相當大的控制及束縛效果，併稱為臺灣控制經濟體制的「兩大經濟戒嚴法」。50 年之後，經彭百顯於 1990 年提案在立法院推動廢止，終於《非常時期農礦工商管理條例》於 1994 年 2 月總統令廢止全文，但《國家總動員法》遲至 2004 年 1 月才由總統令公布廢止。）

12 月，實施全島燈火管制。

【國民政府遷都重慶。希特勒掌統帥權。慕尼黑協定瓜分捷克予德國（1939 年 3 月，德國併吞捷克）。哈恩（Otto Hahn，1879 -1968）和史特拉斯曼（Fritz Strassmann，1902 -1980）發現鈾分裂核能。】

1939　實施臺灣米穀出口管制，米專賣。

4 月，公布〈米穀配給統制規則〉，合併五大米商為「米穀組合」；11 月，實行〈米穀移出管理令〉。

新開港開工於梧棲舉行。

阿里山支線鐵路完工。（全長 10.7 公里）

（德國攻波蘭，第二次世界大戰開始。）

表 3-13 日治時期臺灣稻米外銷比重（1929 –1941）

年	在來米 ％			蓬萊米 ％		
	產量／米總產量	移出／產量	總出口／產量	產量／米總產量	移出／產量	總出口／產量
1929	0.6206	0.0785	0.0785	0.1999	0.8109	0.8109
1930	0.5883	0.0809	0.0809	0.2451	0.5925	0.5925
1931	0.5777	0.0995	0.0995	0.2552	0.8371	0.8371
1932	0.4948	0.0770	0.0770	0.3288	0.7510	0.7510
1933	0.4317	0.0550	0.0550	0.4097	0.8401	0.8409
1934	0.3847	0.1005	0.1006	0.4716	0.8964	0.8975
1935	0.3526	0.0491	0.0491	0.4929	0.7900	0.7902
1936	0.3663	0.0315	0.0315	0.4854	0.7828	0.7828
1937	0.3834	0.0487	0.0487	0.5180	0.7847	0.7848
1938	0.3677	0.0361	0.0414	0.5375	0.7687	0.7795
1939	0.3626	0.0519	0.0523	0.5241	0.6158	0.6335
1940	0.3763	0.0801	0.0807	0.5449	0.4520	0.4739
1941	0.3686	0.0906	0.0913	0.5684	0.3157	0.3221

資料來源：臺灣總督府殖產局，1942。

表 3-14 日治時期臺灣工業部門就業結構（1915 –1940）

單位：人：％

年別	總就業人數	工業部門		手工業部門	
		人數	％	人數	％
1915	119, 142	29, 298	24.6	89, 844	75.4
1920	130, 825	51, 521	39.4	79, 304	60.6
1930 *	124, 712	60, 979	48.9	63, 733	51.1
1930 * *	121, 627	60, 979	50.1	60, 648	49.9
1940	172, 121	128, 505	74.7	43, 616	25.3

資料來源：Ho., S.（1978）Economic Development of Taiwan，1860-1970，New Haven and London：Yale University Press.

說　明：1915、1920 及 1930 * 之總就業人數得自各職業別的就業人數；而 1930 * * 及 1940 年則為各產業別的就業人數。

表 3-15　日治時期臺灣勞動參與率（1905 -1940）

單位：%

年	就業人口	男％	粗就業率（％）
1905	1,658,014	65.31	74.57
1915	1,828,759	63.22	76.59
1920	1,864,558	63.45	75.15
1930	1,897,429	72.37	64.79
1940	2,243,520	71.69	63.53

資料來源：劉鶯釧，（1995），〈日治時期臺灣勞動力試析〉，《經濟論文叢刊》。
說　　明：所謂男（％）指男性就業人口除於總就業人口。

表 3-16　日治時期臺灣進出口市場結構（1896 -1940）

單位：%

期間	出　口			進　口		
	中國	日本	其他地區	中國	日本	其他地區
1896-1900	63.57	18.57	17.86	39.13	2344	37.43
1901-1905	33.13	46.26	20.61	25.28	47.73	26.99
1906-1910	9.98	71.53	18.49	14.61	59.79	25.60
1911-1915	6.18	77.82	16.00	13.21	70.87	15.92
1916-1920	8.85	76.80	14.35	16.36	68.77	14.87
1921-1925	7.66	83.10	9.24	18.22	67.62	14.16
1926-1930	8.12	85.40	6.48	5.09	68.41	16.50
1931-1935	3.79	91.50	4.71	12.08	81.20	6.72
1936-1940	8.08	88.93	2.99	9.25	86.98	3.77

資料來源：臺灣總督府財務局，1936，1938-1941。

表 3-17　日治時期臺灣國民所得統計（1910 -1939）

單位：圓，%

期間	平均每人實質 GDP			每勞動產出指數		
	Level（圓）	整段成長率（%）	每年成長率（%）	農業	製造業	礦業
1910-1914	127.23	–	–	78	–	–
1915-1919	159.75	25.56	5.11	89	–	–
1920-1924	150.63	-5.71	-1.44	100	100	100
1925-1929	175.72	16.66	3.33	121	137	109
1930-1934	204.74	16.51	3.30	134	160	104
1935-1939	205.06	0.16	0.03	146	166	75
1910/14-1935/39	—	61.17	2.45	—	—	—

說　　明：實質國內生產毛額之基期為 1937。
資料來源：吳聰敏，（1991），《經濟論文叢刊》

1940　擴大米穀統制對象至農民及地主。

海軍大將長谷川清（1883 -1970）就任第 18 任總督（任期：1940.11
-1944.12）。

1941　招募原住民青年赴菲作戰。

林邊－枋寮段鐵路完工（1907 -1941 期間興建，全長 62.9 公里）。

環島公路完成。

公布〈臺灣火柴專賣令〉。

3 月，公佈第三次〈臺灣教育令〉。

4 月，配合新體制運動，成立「皇民奉公會」，進一步推動皇民化
運動，將臺灣納入日本軍事體制。

9 月，修改〈臺灣產業組合規則〉，賦予創設聯合會之權。（次年，

成立「臺灣產業組合聯合會」，會長由總督府總務長官齊藤樹擔任。）

12月，日本偷襲珍珠港，太平洋戰爭爆發。

【美國總統羅斯福發表「四大自由」：言論、信仰、免於匱乏、免於恐懼。羅斯福、（英）邱吉爾（Sir Winston Leonard Spencer-Churchill，1874 -1965 年）發表《大西洋憲章》。】

1943年
2月，實施強制配給政策，發佈〈臺灣米穀應急措施令〉，規定除自家米外，餘皆須售予政府。

3月，中華民國制定影響後來臺灣甚鉅之法令，由國民政府公布《國家總動員法》【附錄5】，並於5月5日通令施行。（2003年12月16日立法院通過廢止32條，2004年1月總統令廢止）

4月，實施陸軍特別志願兵制，臺灣首批陸軍志願兵入伍。

（12月，美國原子分裂連鎖反應成功，研製原子彈。）

1943年
4月，設立國民學校，實施六年制義務教育。

8月，實施海軍特別志願軍制度。

11月，美軍轟炸新竹基地。

12月，頒佈〈臺灣農業令〉，將農業生產與金融體系分流。

【1月，中國南京政府（汪精衛政權）向英美宣戰。9月，蔣介石就任中國國民政府主席。10月，中國南京政府與日本結新同盟。11月，開羅會議。公佈「開羅宣言」：中、美、英同意制裁日本，主張臺澎歸還中國，朝鮮獨立。】

1943 年 11 月 25 日，美機由江西飛炸新竹機場，開始二戰空襲之序幕。
圖為新竹遭空襲之畫面。

表 3-18　日治時期臺灣學齡兒童就學率統計（1917 –1942）

單位：%

年	臺人			日人			人口比率	
	男	女	平均	男	女	平均	臺人	日人
1917	21.4	3.7	13.1	95.5	94.6	95.1	95.5	4.0
1927	44.3	13.8	29.7	98.5	98.4	98.5	94.4	4.7
1932	51.0	19.7	35.9	99.2	99.0	99.1	94.1	50.0
1939	67.2	38.1	53.2	99.5	99.5	99.5	93.7	5.5
1942	76.6	54.1	65.8	99.6	99.6	99.6	93.2	6.0

資料來源：臺灣省行政長官公署，1946。

出陣，日語為上陣、出征之意。1943年10月2日本東條內閣頒布《在校徵集延期臨時條例》，
規定取消文科學生免除兵役，稱為「學徒出陣」。
圖示為日治末期，臺灣人接獲徵召到戰場文化一景。

1944 實施臺民徵兵制（次年4月入營）。

中國國民政府於開羅會議之後準備接收臺灣，3月於中央設計局設立「臺灣調查委員會」。由陳儀（1883-1950）任主任委員，委員有沈仲九、王芃生、錢宗起、周一鶚、夏濤聲等五人，後加派黃朝琴、游彌堅、丘念臺、謝南光、李友邦等五名臺籍人士（但大多未曾與會）。中國國民黨省黨部主委王泉笙亦加入為委員（惟鮮少參與）。（6月，德國V2火箭飛彈加入戰場。盟軍登陸諾曼第。10月，發表聯合國案）

12月，陸軍本部運作奪權，長谷川清總督12月1日辭職，陸軍大將安藤利吉（1884-1946）接任總督（第19任，任期：1944.12

-1945.10，末任總督，被列為戰犯，1946 年 4 月 19 日於上海監獄服氰化鉀身亡。）

1945　1 月，美軍轟炸臺灣。

3 月，中國國民黨採納臺灣調查委員會陳儀等人所提共 16 項 83 條的「臺灣接管計劃綱要」，作為接管臺灣的藍圖與政經法律依據，包括中央銀行發行印有臺灣地名之法幣，並提交國民政府委員會予以通過追認。

4 月，昭和天皇下詔將臺澎參政權納入實施。臺灣正式擺脫殖民治理形式。臺灣全面徵兵。

（2 月，雅爾達密約。美國總統羅斯福、英國首相邱吉爾和蘇聯人民委員會主席史達林，於 1945 年 2 月 4 日至 2 月 11 日在克里木半島雅爾達里瓦幾亞宮內舉行未為他國所知之一次關鍵性首腦會議，迫使簽訂《中蘇友好同盟條約》，並同意外蒙古獨立。4 月，《聯合國憲章》發表。5 月，德國投降。7 月，美國進行原子彈實驗；對日發表《菠茨坦宣言》【附錄 6】。）

圖為二戰末（1945.5.31）盟軍對臺北大空襲下總督府受創一景。

1945　8月，6日及9日，美軍在日本廣島與長崎投下原子彈。8月14日，
　　　日本昭和天皇發布「終戰詔書」【附錄7】，日本接受《菠茨坦宣
　　　言》。8月15日，日本無條件投降。撤出治理50年的臺灣。9月2日，
　　　日本投降代表團共11人登上停泊於日本東京灣的美國軍艦密蘇里
　　　號簽署《降伏文書（日本投降書）》，正式無條件投降。【附錄8】

【歷史密碼】

終戰前後臺灣的政制改革

　　1945年二戰即將終止之際，重慶國民政府著手規劃臺灣的政制改革。

- 將日治時期之街、庄名稱改為鎮與鄉，並維持村里鄰建制，原則上不重新劃分。

- 將日治時期州廳轄之臺北等11市以及計畫中的新高市改制為12個省轄市。1945年10月後，臺灣省實際統治單位：行政長官公署，將地方政制研擬的12省轄市減少為9市。而規模較小的花蓮港市、宜蘭市改為縣轄市。

- 增加一級縣之行政區劃，共9個縣，將日治時期之地理、人文相近之兩至三郡，合併為縣，而一級縣區劃依據為十五萬人以上為原則。

- 增加二級縣之行政區劃，共18個縣。

- 增加三級縣之行政區劃，共3個縣。

　　由內容觀之，此次規劃特色，除了是以人口多寡為主要依據之外，由於日治時期臺灣議會設置之聲不斷，本意也是為了方便因應日後實施選舉及地方自治。除此，另外一個特點則是縣市名稱使用了歷史人物人名或別

號，如嘉義市改為爽文市以紀念林爽文，省三縣的省三，則是清朝巡撫劉銘傳的別號，也算是對臺灣人文之重視。

後來，陳儀又認為地方政制不切實際，因此該政制並未於正式接管臺灣省之後全面實施，而是將日治時期五州三廳改為八縣，另增設基隆、臺北、新竹、臺中、彰化、嘉義、臺南、高雄及屏東9省轄市。

1950年，根據《臺灣省各縣市實施地方自治綱要》將臺灣區劃成16縣、5省轄市、1管理局（陽明山管理局）、360鄉、鎮、縣轄市，鄉鎮縣轄市直接隸屬縣。而1950年版的這項行政區劃，除少部分更動之外，如撤銷陽明山管理局，縣市升格為院直轄市，全部沿用至今。

表3-19　日治時期臺灣行政區域面積及人口統計（1945）

名稱	姓　　名			面積（平方公里）	人口（1941年）
	市（11）	郡（51）	支廳（2）		
臺北州	3	9		4,594.2371	1,140,530
新竹州	1	8		4,570.0146	783,416
臺中州	2	11		7,382.9426	1,303,709
臺南州	2	10		5,421.4627	1,487,999
高雄州	2	7		5,721.8672	857,214
花蓮港廳	1	3		4,628.5713	147,744
臺東廳		3		3,515.2528	86,852
澎湖廳			2	126.8642	64,620

說明：1、高雄州1939年含新南（南沙）群島
　　　2、澎湖廳1926年（由高雄州）獨立設廳

歷史的方向，究竟是分是合，很難判斷趨勢。雖然，大勢是分久必合。

歷史的大歲月，不乏偉大的思想家、英勇的戰士、慈悲的聖人、才氣充沛的藝術家、睿智創新的科學家、福國利民的經濟學家、雄偉抱負的政治家，他們對社會結構的建立與瓦解、帝國的興衰、科技的發明與傳播，確實奉獻斐然。

然而，對於這一切究竟如何為每個人帶來快樂或造成痛苦，卻是著墨不力，無方處理。

這就是史識的空白，該是填補的時候。

第四章

回合與分離：臺灣與中國大陸之合分

　　歷史造化，二戰後的亂局，1945 年至 1949 年的短短五年間，是臺灣與大陸中國回歸合體，卻又隨即分離的戲劇性變化時刻；對臺灣而言，更是豬羊變色、完全不一樣角色的五年。這段微妙的關鍵性變易，把臺灣推向中華民國，後來並站在兩個中國對峙的歷史浪頭。

　　歷經多年的中日戰爭及太平洋戰爭，臺灣於戰後 1945 年納歸中國，迄至 1949 年 10 月中國共產黨另外建立新中國為止，臺灣再度過了大陸國共內戰的紛亂與經濟蕭條。而合併於大陸中國政權的時間極為短暫，1949 年以後便又再度分道揚鑣，開始另一階段把中華民國合體於臺灣卻與大陸中國隔離對峙兩岸的歲月。

　　這是一段特殊詭譎多變的歷史。臺灣回合中國於中國國民黨領導之國民政府，依歸中華民國，短短不到五年，命運遭遇全球美蘇兩大陣營冷戰與國內國共爭權的戰後內外紛亂，卻與大陸時期的中華民國之命運緊密結合，這是承負兩岸多事之秋且事關變局之時段。

戰後盤整制憲（1945～1947）

　　1945年，臺灣在國際強權英、美、蘇形勢運作下回歸中國，納入大陸政權體系，脫離了自1895年經過半個世紀之日本海權政局統治。但國民政府忙於內戰，無力兼顧甫由日本回歸的孤島臺灣；且戰後經濟凋敝，百廢待興，更由於未脫離軍事統治，回合於中國的四年多期間，臺灣仍處於戰亂軍政「盤整」局勢，經濟連帶受陷於高惡性通貨膨脹之困境。雖然，1946年國民大會通過制憲，1947年1月1日公布憲法於12月25日實施，但臺灣在這段時間則仍處在亂世歲月，政經動盪不已。

　　雖說二戰後國民政府接收臺灣，聲稱「回歸祖國」，但由於初期治理全力側重推動政權更替的改革體制，並急欲「清除日本殖民主義影響」，且因對兩年後所發生全島性民眾糾紛疏離處理未當，遂衍生「228事件」大屠殺，種下統治者與臺民間重大隔閡因子，影響國家社會超過半世紀之久。

1945　8月15日，日本宣布無條件投降。（日本在臺公私產業均由國民政府接收。臺灣省行政長官公署與警備總司令部合組臺灣省接收委員會，於1945年11月開始運作，接收日本在臺產業。下設日產處理委員會，1947年4月結束工作。）

　　　8月19日，臺灣銀行發行日本流通大面額千圓券及無號碼百元券之背書券。【用以預支日本雇員、公務人員、軍人6個月薪餉、退職慰問金，預付至1946年3月，以及建設工事人員津貼】物價嚴重上漲。

8 月 29 日，國民政府任命陸軍上將陳儀（1883 -1950）為臺灣省行政長官（任期：1945.9 -1947.5），之後又委派兼任臺灣省警備總司令部總司令。（1945 年 9 月 1 日於重慶成立，1947 年改制為臺灣全省警備總司令部。）

中國國民黨領導的國民政府與中國共產黨在重慶進行談判。（8 月 29 日至 10 月 10 日）

1945　9 月，2 日，日本在東京灣美國密蘇里艦上簽署投降書，宣告無條件投降。二戰盟軍遠東最高統帥太平洋總司令麥克阿瑟（Douglas MacArthur，1880 -1964）於受降儀式上對戰敗國日本發佈〈一般命令第一號〉，即有關其武裝力量在向各相關同盟成員國投降過程中所應注意事項，包括臺灣之接管。【附錄 9】。

國民政府公佈《臺灣省行政長官公署組織條例》、〈臺灣省行政長官公署組織大綱〉，成立臺灣省行政長官公署。（9 月 1 日成立，1947 年 4 月 22 日解散）

臺灣總督府公佈廢止企業許可令，解散各種管制公司。

國民政府公佈〈臺灣區日本紙幣回收辦法〉。

（美俄以北緯 38 度線為界，分佔南北韓）

【歷史密碼】

戰後千圓大鈔：貨幣彈轟炸臺灣

　　1945 年 8 月 15 日，日本宣布無條件投降。終戰的第 4 天，8 月 19 日，日本銀行在臺灣發行大面額（千圓券）兌換券。發行的主要目的，係為因應日本撤退之前所需支付，包括預付 6 個月之公務人員薪資、退職金，以

及資遣、總督府工事費用等。其實，在日本天皇宣布日本投降之前，臺灣總督府就已提出要求印行大額千圓鈔券之需，但尚未完成，日本即已對外宣布投降，根本無法正常依規運作。故在撤離臺灣前，遂將原於日本本土使用所印製之部分「千圓券」鈔票，空運來臺，充當戰後緊急復原需要。

值得關切的，這些大鈔到底用在那裡？根據原臺灣總督府主計課長鹽見俊仁《秘錄：終戰前後的臺灣》（1979）的說法，這些千圓券主要運用於「預付在臺公務人員、官員至翌（1946）年3月共計半年之薪餉及退職金」，以及「戰爭末期建造島內各項要塞的工事人員津貼」；也包括「其他一切必要之相關經費」也藉此全數付清。日本政府為不欠公債，使得這些貨幣，大皆落入日本軍人、官吏、公務員之口袋。另依據統計，截至1945年10月底，臺灣銀行所發行銀行券餘額高達28億9.78萬餘元，為當年上半年2月底餘額的三倍多。可見這是典型的濫發貨幣，無任何發行準備金，與大陸國共內戰後期國府發行金圓券之「飲鴆止渴」如出一轍，對臺灣皆造成嚴重之惡性通貨膨脹。

其次，由於日本政府臨時以原準備於本土使用，由日本銀行所印行的「千圓券」大鈔，而緊急提撥部分空運支應臺灣使用，顯然，所印發發行的主體並非臺灣銀行，因而，日本貨幣當局處理的方法是，由臺灣總督府在千圓券背面補加印：「株式會社臺灣銀行」及「頭取之印」（代表董事長或總裁）之紅色戳章，表示係由臺灣銀行背書，發行總額共7億8,428萬元。（袁穎生，《臺灣光復前貨幣史述》，頁19）

由於臺灣銀行背書發行這大筆大鈔所釋放的大量貨幣數量流通，對兩個月後才由國府接收管轄的臺灣而言，確如「天上掉下來的貨幣原子彈」，造成金融風暴在戰後橫掃肆虐全島。如何善後？

1945年11月，國府公布〈臺灣省行政長官公署處理省內日本銀行兌

換券及臺灣銀行背書之日本兌換券辦法〉。11月7日，行政長官公署財政處下令，自次日起，凍結禁止千圓券流通，持有人應自10日起至12月10日為期一個月內，存入指定銀行納為「臺銀特種定期存款」處理（存入一個月後，每個月可定期定額提領300元）；否則，失效。（其處理有別於專收日本銀行券之「日銀特種定期存款」，另又取名為「臺銀券特種定期存款」，期限一年。）由於此禁令之故，本「千圓券」之流通壽命僅維持81天時間，統計共回收6億9,384萬元「千圓券」（佔發行量88.5%），及5,679萬元「日本銀行兌換券」。

　　貨幣史上的特殊意義。這次「偷渡」發行的「千圓券」大鈔，又稱為「武尊千圓券」。主要緣由係銀行券鈔票之正面右側圖像為日本民間所敬重的傳奇人物「日本武尊」（日本第12代景行天皇之次子，武藝高強，力大無窮，驍勇善戰，並富謀略之猛將）而名。鈔票正面左側的圖像為日本滋賀縣大津市之「建部神社」，所奉祀之主神即為「日本武尊」。

　　「武尊千圓券」又可分為四種：「武尊日本券」、「武尊臺灣券」（後面加印紅色：「株式會社臺灣銀行」、「頭取之印」），以及「韓國武尊券」（正面加印：朝鮮銀行券）等三式；另「香港武尊」（正面加印英文：「香港政府」、「一元」）於戰後香港亦於1945年9月曾印製待用（11月，

港幣運至，停止作業）。「武尊千圓券」代表日本歷史曾經風雲斯地斯時，貨幣主權至明。

1945　10月，國民政府第70軍在美協助下，乘40艘美艦抵臺。陳儀由美軍將領陪同於10月24日從上海飛抵臺北。10月25日，依照麥帥發布的〈一般命令第一號〉規定，在臺北公會堂（今臺北中山堂）陳儀代表蔣介石將軍接受日軍第10方面軍司令官安藤利吉（1884-1946）將軍的投降，並作為盟軍中國戰區蔣介石元帥的代表，軍事接收臺灣。國府稱為「臺灣光復」。1946年8月，臺灣省行政長官公署頒布命令，明訂10月25日為「臺灣光復節」。中國國民黨國府治臺初期仍沿襲日本殖民主義模式，以武官為統治之首長。

臺灣省行政長官公署與臺灣省警備總司令部於臺北設臺灣省前進指揮所，並任葛敬恩（1889 -1979）為主任。

臺灣省前進指揮所公告：原臺灣貨幣（臺灣銀行券與日本銀行券）在國民政府的處理辦法公佈前繼續流通，法幣在臺禁止使用。臺灣銀行券發行總額已倍增。物價呈現嚴重惡性通貨膨脹。

【10月24日聯合國安理會五大常任理事國：法國、中國、蘇聯、英國和美國及其他簽署國（46國）共同批准《聯合國憲章》，聯合國宣告成立。】

【歷史密碼】

臺灣改朝之貨幣

1945年二戰結束，國民政府自日本手中接收臺灣，但在臺灣並未使用中國當時流通的法幣或金圓券，而是以臺灣銀行發行之臺幣作為過渡時期的貨幣。1946年，臺幣重新改版印製，以取代原流通之「舊」臺幣。此時臺灣銀行的重整具有相當之歷史意義。

1946當年之臺幣係委託上海之中央印製廠印製。而第一批印製完成之「新」臺幣，包括壹元券300萬張、伍元券100萬張及拾元券200萬張，共600萬張幣券，票面總額新臺幣2,800萬元；於1946年5月1日由上海經海運來臺。

臺灣銀行即於9月1日起為期2個月，於各地收換舊新臺幣。至10月12日止，舊臺幣之兌換情形並不盡理想，回收不到總量之一半，因此，收換期間再延長一個月至11月30日截止。後又制定逾期未兌舊臺幣登記辦法，將換幣之衝擊降到最低。

1945　11 月，任黃朝琴（1897 -1972）為臺北市長。

接收氣象臺（改組為臺灣省氣象局）、衛生機關（預定實施公醫制度）、臺北帝大等。

行政長官公署成立臺灣省糧食局。禁止食糧輸出。

國民政府財政部公佈〈臺灣與中國本土匯兌流通管理辦法〉、〈臺灣省行政長官公署處理省內日本銀行兌換券及臺灣銀行背書之日本兌現券辦法〉。臺灣省警備總司令部通告嚴禁法幣流通。

1945　12 月，臺北市食糧不足，開始米配給。

全省各地公會堂一律改稱中山堂。

臺灣省行政區域改制，分臺北、新竹、臺中、臺南、高雄、花蓮、臺東、澎湖八縣，舊制的郡改為區，街改為鎮，庄改為鄉，州廳改稱縣政府，郡役所改稱區署，街庄役場改為鄉鎮公所，其下設村、里、鄰各辦公處。

美國魏德邁（Albert Coady Wedemeyer，1897 -1989）將軍在重慶成立軍事顧問團，負責運送國府軍隊到臺灣，以及遣返駐臺日軍回國。

高雄彌陀人陳文祥（1895 -1988，留學日本後到上海）自上海回臺佈道。次年 1 月，於臺北大龍峒創建一貫道寶光道場：歸元佛堂，為臺灣最早之一貫道道場。一年內共建設 11 處道場。1948 年，陳文祥被捕。

表 4-1　臺灣警備總司令部系統四度演變流程（1945 –1992）

歷任	任期時間	總司令姓名 軍種、軍階	備註
臺灣　（全）　省警備總司令部（1945 –1949）			
第一任	1945. 9. 1– 1947. 5. 9	陳儀 陸軍二級上將	日本陸軍大學 1 期 臺灣行政長官兼任。
第二任	1947. 5. 10– 1949. 1. 4	彭孟緝 陸軍二級上將	黃埔 5 期 1947 年全銜改為「臺灣全省警備總司令部」。
第三任	1949. 1. 5– 1949. 8. 31	陳誠 陸軍一級上將	保定陸軍（1912-23 共辦 9 期）8 期 1949 年 1 月全銜改為「臺灣省警備總司令部」。 1949 年 8 月，「臺灣省警備總司令部」裁撤 重組「東南軍政長官公署」及「臺灣省保安司令部」。
臺灣省保安司令部（1949 –1958）			
第一任	1949. 9. 1– 1949. 12. 20	彭孟緝 陸軍一級上將	
第二任	1949. 12. 21 –1953. 4. 16	吳國楨	臺灣省政府主席兼任。
第三任	1953. 4. 16– 1954. 6. 7	俞鴻鈞	臺灣省政府主席兼任。
第四任	1954. 6. 7– 1957. 8. 16	嚴家淦	臺灣省政府主席兼任。
第五任	1957. 8. 16– 1958. 5. 14	周至柔 陸軍一級上將	保定陸軍 8 期 臺灣省政府主席兼任。

臺灣警備總司令部（1958 -1964）			
第一任	1958.5.15- 1958.8.14	黃鎮球 陸軍二級上將	保定陸軍6期 1958年7月整編成立「臺灣警備總司令部」。
第二任	1958.8.15- 1962.11.30	黃杰 陸軍二級上將	黃埔1期，1949年曾率軍轉戰西南進入越南，被法國殖民地政府囚居富國島4年，堅貞不屈、一心返臺，以鐵腕樹立警總威望。
第三任	1962.12.1- 1964.6.30	陳大慶 陸軍二級上將	黃埔1期。 1957臺北天母發生「524」劉自然事件，護美防止反美群眾殺害美僑有功，任內建立警總完整組織架構、情報佈建方式、任務職掌分工，使1960年代讓警總權力達到鼎峰。
臺灣警備總司令部暨臺灣軍管區司令部（1964 -1992）			
第一任	1964.7.1- 1967.6.30	陳大慶 陸軍二級上將	1964年7月1日，新編成立「臺灣軍管區司令部」。臺灣軍管區司令由臺灣警備總司令兼任。
第二任	1967.7.1- 1970.6.30	劉玉章 陸軍二級上將	黃埔4期，任內發生「陳玉璽案」、「柏楊案」、「彭明敏潛逃事件」…，但因政戰勢力使內部發生變化，無法充分主控警總。
第三任	1970.7.1- 1975.4.6	尹俊 上將	黃埔7期，任內承平無事。
第四任	1975.4.7- 1978.5.31	鄭為元 陸軍二級上將	黃埔8期。

第五任	1978.6.1- 1981.11.30	汪敬煦 陸軍二級上將	黃埔 14 期。任內多政治事件。
第六任	1981.12.1- 1989.12.4	陳守山 陸軍二級上將	黃埔 16 期。 首位臺籍總司令。
第七任	1989.12.5- 1992.8.1	周仲南 上將	黃埔 26 期（第一名畢業）。 末任總司令。 1979 年師長任內發生林毅夫（原名林正義，後改名林正誼）叛逃事件。 建議警總改制為安全防衛司令部，未獲採納。

1946　1月，實施食堂、旅館、理髮店公定價格。

專賣局改善專賣品販賣制，廢除承銷商，由零售商組配銷會。

聯合國善後救濟總署決定臺灣區麵粉配額 10 萬袋。【聯合國善後救濟總署係 1943 年 11 月 9 日 44 個國家代表在美國華府所成立（非 1945 年 10 月 24 日在舊金山所成立之聯合國），1946 年 4 月 20 日，聯合國成立國際難民組織取代之。】

行政長官公署修正〈食糧管理辦法〉，停止配給制度，准許自由買賣。

公布〈臺灣省漢奸總檢舉相關規程〉。臺灣省警備總司令部公告：臺灣省漢奸檢舉數目，澎湖縣除外，總計達 300 件。

行政長官公署公告：「臺民自光復日起恢復國籍」。

臺北市千餘人示威抗議物價暴漲。臺中、員林食米嚴重缺乏。

行政院長宋子文（1894 -1971）抵臺。

決定國共停戰，重慶再開政治協商會議。（參加政黨包括中國國民黨、中國共產黨、中國民主同盟、中國青年黨及無黨派。）

1946　2月，臺灣省貿易公司改為臺灣省貿易局。貿易局公佈「米糖交換

比率為 1.5 斤對 1 斤」。

派任游彌堅（1897 -1971）以財政部專員兼任臺北市長（於 1950 年卸任）。

臺北市流行天花。

國府軍隊登陸臺灣。

1946　3 月，臺大醫院罷診。

臺拓接收委員會進行接收。

第二次國共內戰爆發。

【歷史密碼】

臺拓地的接收處理

臺灣拓殖株式會社（臺拓）是 1936 年日本推行南進政策的一「國策會社」。臺拓會社係以二次總督府的出資地（即所謂的「社有地」為基礎）進行全臺開墾與開拓事業。1945 年 8 月 15 日日本投降，國民政府接收臺灣日產土地，接收後的土地成為政府所有，包括臺拓之社有地（簡稱「臺拓地」）。日治時期殖民的特殊關係，臺灣人私有土地僅占全島土地總面積之 13%，而日人擁有的公、私有土地則高達 87%。

表 4-2　臺灣總督府出資臺拓社有地面積統計（1936）

單位：甲

出資州 ＼ 次數別	第一次	第二次	合　計
臺北州	1, 216.9423	693.6601	1, 910.6024
新竹州	83.9337	119.8053	203.7390

臺中州	4,387.7984	205.4117	4,593.2101
臺南州	6,526.0537	615.4466	7,141.5003
高雄州	2,063.3175	977.3580	3,040.6755
合　計	14,278.0456	2,611.6817	16,889.7273

　　臺拓會社經營的事業包括農林、水產及工礦等事業，所以由長官公署的農林處及工礦處會同監理，1945 年 11 月 16 日派莊晚芳為監理臺拓委員會主任委員，各分支機構 49 處、投資機構 31 社也陸續派員監理；農林事業歸農林處，工礦事業歸工礦處接管。1946 年 1 月，加派地政局長為監理臺拓委員會委員。

　　1946 年 3 月 5 日，臺拓接收委員會進行實際接收，至 6 月底為時四個月為試辦期期。1946 年 5 月，派專門委員徐方幹來臺南接收臺南支店，至 6 月初接收完畢；高雄支店則由鄭文達於 4 月 13 日接收完畢。長官公署於 1946 年 7 月 10 日成立清理處，進行清算、結束臺拓業務；7 月 16 日，長官公署頒布「臺拓業務歸併意見書」，將臺拓接收委員會所屬各部課業務與人員歸併。

　　政府對臺拓的處置，由於企業龐雜，橫跨農工企業方面，分營或是改組一直未有明確的經營方針，最後各自為政，臺拓的業務分別歸併於各機關。但臺拓扮演的角色卻是賺取佃農利潤，與政府規劃的土地政策相違背。長官公署最後決定清算結束，於 9 月 1 日起解散臺拓。

　　清理工作至 11 月 15 日結束。臺拓業務分別歸併各機關，而臺拓土地部分，分別於 1946 年 9 月 17 日到 11 月 15 日之間，由臺拓接收委員會移交給臺灣省地政局。林業部業務則為農林處林務局接管，工礦事業由工礦處接收，三德礦業所歸併工礦處接管（1946 年 8 月 31 日結束）；南方事業則歸併工礦、財政兩處接管。其他投資會社，也由相關機關接收，如造

船工業由交通處接收。地政局接管的土地申報，產權為省有，地政局為管理機關；山林地由林務局申辦登記，其產權為「省方」，保管使用機關則為「林產管理局」。

1945年1月25日長官公署通報，社有地則交由各縣市政府放租。臺拓社有地在各縣市分布情形列表如下：

表 4-3　二戰後臺拓出資地各縣市分布表（1946）

縣　別	第一次出資地（甲）	第二次出資地（甲）	合計（甲）
宜蘭縣	1,113.0182	144.9686	1,257.9868
臺北縣	101.7892	548.6915	650.4807
桃園縣	----	66.7151	66.7151
新竹縣	85.4077	37.3516	122.7593
苗栗縣	0	15.7836	15.7836
臺中縣	742.8645	59.9384	802.8029
臺中市	212.6123	----	212.6123
南投縣	1,402.5700	78.7591	1,481.3291
彰化縣	2,010.0806	67.1152	2,077.1958
嘉義縣	1,385.5550	102.5322	1,488.0872
雲林縣	4,390.2291	----	4,390.2291
臺南縣	546.2408	525.7708	1,072.0116
高雄縣	600.7794	743.9026	1,344.6820
屏東縣	1,332.6131	233.5554	1,566.1685
合　計	13,927.7580	2,625.1297	16,552.8870

1947年，行政長官公署明令前臺拓社有地一律移交各縣市政府依法放租，並辦理公地囑託登記，且限期檢齊所有圖籍交由該管縣市政府接

收。

　　1948 年，臺灣省試辦公地放領政策，行政院核定，以臺北、新竹、臺中、臺南、高雄、臺東及花蓮等七縣境內之前臺拓社有地，以及糖業公司或茶業公司劃出之零星耕地來試辦。劃出一萬甲，其中臺北、臺中、臺南及高雄等地共劃出 8,239 甲，直接放租給農民，日治時期的臺拓社有地成為戰後公地放領之憑藉，1951 年起連續九次放領。

　　社有地 16,860 甲，接近政府接收日人公、私有土地 181,490 甲的一成，地政局接收的臺拓社有地占當時公地的 10%，1947 年起放租。1948 放領，承耕原臺拓社有地的佃農獲得放領，成為擁為土地的自耕農。對於臺拓地的佃農來說，政權改變，但仍延續日治時期的經營還是佃農。公地放領後，才成為耕種土地的主人。

國府軍隊登陸臺灣

1946　4 月，臺灣省行政長官公署國語推行委員會成立，開展推行國語的
　　　工作。

戶口調查開始。

宜蘭發生天花。

臺灣選舉參議員。

1946　5月，臺灣省參議會成立暨第一次開會。議長黃朝琴，副議長李萬
　　　居（1901 -1966）。

臺灣銀行開始發行「臺幣兌換券」1元，5元，10元三種新鈔。（9
月1日發行50元及100元鈔券，1948年發行500元、1,000元、
10,000元鈔券。後來也印製了100萬元鈔券，但未發行）。9月1
日起並開始收回日治時代的「臺灣銀行券」與日銀券。（共回收34
億4,000多萬元）

行政長官公署通令嚴禁糧食輸出。

臺灣總督府官制廢止。

布袋事件、新營事件、員林事件。（這些警民衝突事件，構成次年
228大規模警民衝突事件之前奏。）

國府還都南京。【5月1日，國民政府發布〈還都令〉，宣布5月
5日「凱旋南京」。】

1946年9月1日發行之舊臺幣百元鈔（委託中央印製廠上海廠印製再運來臺灣發行）。

1946　6月，行政長官公署轉頒《糧食管理治罪條例》，凡囤積者處死。

　　　　東部暴風雨受災慘重，通信、交通均斷絕。

　　　　臺灣省行政長官公署公告：考選 100 名公費生升學中國內地大學專科校。（8月，錄取分發北大、中央、武漢、暨南、復旦、廈門等大學計 93 人；11月，啟程赴大陸 92 人）

1946　7月，臺灣銀行合併原日本三和銀行臺北分行與臺灣貯蓄銀行，資本額 6,000 萬元。

1946　8月，省公路局成立。

　　　　行政長官公署把臺灣劃分成八個糧食區，並允許區內食糧的移動販賣。

　　　　臺灣銀行辦理省外匯兌，法幣對臺幣兌換率改為 40：1。

　　　　嘉義縣布袋霍亂患者 129 人，死者 86 人。臺南霍亂患者計達 540 人。

1946　9月1日，臺灣土地銀行、臺灣無盡業股份有限公司成立。

　　　　政府為配合在臺推行平均地權、耕者有其田等土地政策，國庫撥充 6,000 萬資本，以日治時代日本勸業銀行之臺北、新竹、臺中、臺南、高雄等五個支店為據點，於 9 月 1 日成立「臺灣土地銀行」，並正式營業。

　　　　臺灣省行政長官公署將「臺灣勸業無盡」、「臺灣南部無盡」、「東臺灣無盡」、「臺灣住宅無盡」等四家株式會社合併，9 月 1 日改組為「臺灣無盡業股份有限公司」。1947 年 6 月改稱「臺灣省人民貯金互濟股份有限公司」。1948 年 1 月更名為「臺灣合會儲蓄股份有限公司」。1976 年 7 月 1 日改制為「臺灣中小企業銀行股份有限公司」。1998 年 1 月改制為民營銀行。（1948 至 1953 年，臺北區、新竹區、臺中區、臺南區、高雄區、花蓮區、臺東區合會儲蓄公司

陸續設立。1976 至 1979 年間，7 家合會儲蓄公司均改制成中小企業銀行。1998 年 5 月，臺北區中小企銀改制為臺北國際商業銀行；1998 年 12 月，臺中區中小企銀改制為臺中商業銀行；1999 年 4 月，新竹區中小企銀改制為新竹國際商業銀行；2006 年 5 月，臺南區中小企銀改制為京城商業銀行；2004 年 9 月，高雄區中小企銀概括讓與玉山商業銀行。而其餘花、東兩家中小企銀，因經營不善，財務狀況持續惡化，為保障存款人權益及維護金融秩序，金管會指定中央存款保險於 2006 年 12 月 15 日接管臺東區中小企銀銀行；2007 年 1 月 5 日再接管花蓮區中小企業銀行，由金融重建基金處理。中小企業銀行體制演變僅存臺灣中小企銀一家。）

開始實施徵兵制度。

法幣對臺幣兌換率改為 35：1。

1946　10 月，原「臺灣產業金庫」改組成立「臺灣省合作金庫」，由臺灣省政府及業務區域內各合作事業團體暨農會、漁會、農田水利會等社團組織成立，股本總額為舊臺幣 2,500 萬元，分為 25 萬股，其中政府股（公股）為 15 萬股，各社團股（社股）10 萬股，

公佈臺灣地區戶口清查情形，計 1,000,597 戶，人口 6,336,329 人。

為慶祝蔣介石（1877-1975）60 歲生日，原總督府大樓改名為「介壽館」，林獻堂獻金 50 萬元。10 月 21 日，蔣介石夫婦搭乘「美齡號」訪臺。蔣介石、宋子文、麥克阿琴在臺秘密會談。

臺灣省第一次高等考試有 380 人報名（11 月舉行考試）。

第一次省運會。

1946　11 月，國民政府與美國簽署《中美貿易條約》。行政長官公署公佈〈臺灣省餘糧登記辦法〉。

臺北市流行霍亂。

於南京召開國民大會。（制定憲法）

11 月 25 日，日本完全撤離臺灣。

1946 12 月，臺南新化地震（芮氏規模 6.1），死者 69 人，傷者 170 人。
嘉南大圳水利組會改名嘉南農田水利協會。臺灣茶輸出至紐約。
行政長官公署公佈《非常時期食糧管理違反治罪暫行條例》。刊行
《臺灣省 51 年來統計提要》。

《中華民國憲法》在 12 月 25 日於南京由國民大會制憲通過。

1947 1 月，1 月 1 日公布《中華民國憲法》，訂於 12 月 25 日施行。
農田水利局成立。本省公地初步統計，共約 230 萬甲。

公佈臺灣省五年經濟建設計劃總綱。

臺東、新港霍亂又流行。

臺灣省行政長官陳儀聲明設置經濟警察，以從事食糧及專賣的取
締。（同年 4 月成立）

1947 2 月，臺灣省行政長官公署禁止黃金、外幣之買賣，黃金黑市封市
時突破五萬元，糧食因米商惜售，糧價越來越貴。行政長官陳儀發
表物價管制的緊急措施。取消茶輸出之禁止令。

財政處長嚴家淦（1905-1993）自中央銀行貸款 991 億元法幣。發表
臺幣與法幣的兌換率 1：35。

228 事件。警備總部下令戒嚴，展開大屠殺。（國民政府於 1934 年
11 月 29 日公布《戒嚴法》【附錄 10】於中國施行。）

【歷史密碼】

228事件種下歷史仇恨

臺灣人與大陸外省人的省籍對立是如何造成的？臺灣統獨意識又是如何形成？政治上，民主化過程藍綠意識又如何與省籍、統獨情結掛勾？深究其實，這皆與中國國民黨政府處理228事件失當有關。而228事件的歷史情節的關鍵為何？

瞭解228事件的歷史事相，應還原關鍵時間的發展因素。

1945年8月15日第二次世界大戰結束，也結束日本在臺的統治，由中國接管臺灣。臺灣人原先歡喜地迎接、並期待「祖國」的到來；但後來國民政府的接收，卻帶來政治腐敗、經濟蕭條，以及越來越惡化的社會治安。臺灣人希望的心情跌進絕望的深淵。在國民政府接收的第二年（1946年），臺灣社會經常發生軍警與民眾的衝突事件，已埋伏隨時都有可能爆發成大規模流血事件的因素。

1947年2月27日傍晚，臺灣省菸草專賣局傅學通等6人與警員查緝臺北市延平北路攤販私賣煙，欲沒收中年寡婦林江邁之香煙及賣煙所得而發生爭執。圍觀民眾見林婦遭槍管敲打頭部出血暈倒，於是群起圍攻；查緝員逃退時毫無目標地向群眾亂開槍，誤擊民眾陳文溪（後不治身亡），更激起民眾集結警察局、憲兵團，要求逮捕兇犯，未果。

2月28日上午，激憤民眾請願要求交出兇手，並搗毀警局。至下午，上千名民眾更前往行政長官公署請願，竟遭機關槍掃射死傷多人，局勢更激惡化；亦有罷市、罷工、罷課情事，臺北市全市騷動；接著更有民眾佔領臺灣廣播電臺（即現在的臺北228紀念館），向全臺灣廣播事件的經過，並請求各地的民眾起來響應。下午3時，行政公署長官陳儀宣佈臺北市戒嚴，武裝憲警開槍掃射市民，群眾遂再包圍專賣局、警察局，軍警民眾衝

突愈發嚴重。

3月1日，臺北市民代成立「緝煙血案調查委員會」，要求陳儀處理事件並政治革新，陳儀同意並改委員會為「228事件處理委員會」，由官民合組。

3月2日，臺北市上千大中學生集會，提出「政治民主」、「教育自由」訴求，擁護市民義舉；下午陳儀廣播宣佈四項處理辦法：「對參加者不追究、被捕民眾可免保領回、死傷者不分省籍一律撫恤、准處理委員加入人民代表」。然而，軍警對民眾開槍並未停止，民眾憤懑情緒愈加激烈，引發全臺情勢失控。

3月5日，陳儀一方面對處理委員會虛與委蛇，但另一方面誤導中央調遣武力鎮壓「叛亂」。蔣介石聽信陳儀片面之言，不理臺灣民代之請願及建議，令派國軍第21師出兵。

3月8日傍晚，軍隊登岸基隆，展開武力鎮壓；9日起，進入臺北市並向南部推進，殘酷鎮壓，彷彿進入戰爭狀態，人心惶惶。

3月10日，蔣介石就228事件發表談話，直指原因隱含共產黨煽動，引起社會緊張。隨後，陳儀對全省戒嚴、鎮壓並展開全面屠殺。

3月14日，警總宣佈全省平定，隨即開始「肅奸」，更大力展開全省各地「清鄉」行動。於是，重大悲劇一一在全臺嚴重上場，撒下仇恨種子。全島性的捕殺，濫殺無辜的臺灣人民，死亡人數多達一萬至兩萬人（確切人數尚待整理）。

連續半個月的「228事件」，一連串的政府不當措施，由此埋下臺灣民眾與大陸外省矛盾對立之情結種苗，撼動全島。尤其，發生在脫離日本統治未久，中國國民黨政府於頃接政權之際，便即顯露軍事暴力統治印象，深植人心。一時之間，歷史仇恨不平，根本難以化解。

臺灣人民經過了 228 事件的流血大屠殺後，中國國民黨政府緊接著進入高壓統治，形成「白色恐怖」陰影，更使得 228 事件的歷史傷口不但無法癒合，反而在長達數十年的「白色恐怖」中隱隱作痛。在這樣的政治環境下，臺民人人聞「228」而色變，避而不談。

　　「228 歷史情結」在臺灣人心中如影隨形，至少半個世紀，對臺灣政治、社會層面造成黨內外兩極化發展的嚴重對立因素，並因而形成後來省籍、綠藍對決意識，皆以此為基礎，發展延至 21 世紀初期並未休止。

1947 年 228 事件是臺灣人心中永遠的痛。
圖為被視為「共匪」於 1952 年遭槍決的四川人黃榮燦（1916-1952）228 版畫作品《恐怖的檢查》。

1947　3 月，彰化商業銀行成立。

　　　「株式會社彰化銀行」於 1905 年由彰化吳汝祥（1868 -1941）結合中部地方士紳，集資 22 萬日圓股本組織設立。1945 年，政府接收日籍股東之股份，1947 年 2 月舉行創立股東大會，董事會推選林獻堂為董事長，3 月 1 日改組成立為彰化商業銀行，資本總額定為舊臺幣 1,500 萬元。

　　　華南商業銀行成立。

株式會社華南銀行於 1919 年由板橋林家林熊徵（1888 -1946）創設，1945 年，國民政府將各項日本在臺資產收歸國有。10 月 25 日，林熊徵以臺灣總商會會長身份，獲選臺灣省代表參加中央政府還都典禮，乘機爭取讓華南銀行繼續存在。主要股份被國有化，板橋林家的股本只剩 2 成，官股交由臺灣省政府管理，華南銀行成為省屬三商銀之一。

臺灣工商銀行成立。

臺灣工商銀行（即今第一商業銀行）創立於 1899 年，名為「臺灣貯蓄銀行」；1912 年與「臺灣商工銀行」合併，沿用「臺灣商工銀行」名稱；1923 年又合併「嘉義銀行」、「新高銀行」。1945 年收歸國有，1947 年改組更名為「臺灣工商銀行」，1949 年再更名為「臺灣第一商業銀行」，1976 年改稱「第一商業銀行」。與彰化銀行及華南銀行並稱為「省屬三商銀」。（在 1997 年凍省之前，臺灣省政府是三商銀最大股東。1998 年 1 月三商銀出售股權完成民營化，但官方仍然擁有相當的持股及影響力。）

公佈〈銀樓業管理辦法〉。

1947　4 月，行政院撤銷臺灣省行政長官公署，改組為臺灣省政府，以省主席為首長。決定臺灣省政府委員、廳長、處長之人選（全部 22 名中，臺籍人士佔 12 名）。

潮州流行天花。枋寮流行天花。

實施戶口清查。

臺灣省農林公司成立。

省憲政協進會發起「臺灣新文化運動」。

1947　5 月，臺灣工礦公司成立。臺東天花流行，患者 183 人，死者 29 人。

開始實施《貨物稅條例》。〈省餘糧登記辦法〉廢止。

臺灣省政府 5 月 16 日成立，任立法院副院長魏道明（1899 -1978）為第 1 任省主席（任期：1947.5 -1949.1）。

設立臺灣省日產清理處、日產清理審議委員會及公產公物整理委員會，辦理日產清理工作。

表 4-4　臺灣歷任省政府主席（1947 -1994）

任別	姓名	任　期（精省前）
第 1 任	魏道明	1947 年 5 月 16 日 — 1949 年 1 月 5 日
第 2 任	陳　誠	1949 年 1 月 5 日 — 1949 年 12 月 21 日
第 3 任	吳國楨	1949 年 12 月 21 日 — 1953 年 4 月 16 日
第 4 任	俞鴻鈞	1953 年 4 月 16 日 — 1954 年 6 月 7 日
第 5 任	嚴家淦	1954 年 6 月 7 日 — 1957 年 8 月 16 日
第 6 任	周至柔	1957 年 8 月 16 日 — 1962 年 12 月 1 日
第 7 任	黃　杰	1962 年 12 月 1 日 — 1969 年 7 月 5 日
第 8 任	陳大慶	1969 年 7 月 5 日 — 1972 年 6 月 6 日
第 9 任	謝東閔	1972 年 6 月 6 日 — 1978 年 5 月 20 日
第 10 任	林洋港	1978 年 6 月 12 日 — 1981 年 12 月 5 日
第 11 任	李登輝	1981 年 12 月 5 日 — 1984 年 5 月 20 日
第 12 任	邱創煥	1984 年 6 月 9 日 — 1990 年 6 月 16 日
第 13 任	連　戰	1990 年 6 月 16 日 — 1993 年 2 月 25 日
第 14 任	宋楚瑜	1993 年 3 月 20 日 — 1994 年 12 月 20 日

1947　6月，臺幣與法幣的兌換率 1：51。《臺灣銀行季刊》發刊。

臺糖公司為防止囤積，開始辦理食糖配給，每人每月照定價購半市斤，臺糖十萬噸砂糖運往上海供應需要。

臺中水災潰決 10 處，難民共達 2,000 餘名，流失水田 813 甲，死傷 37 人。

（美國展開「馬歇爾計畫」，援助歐洲重建。）

1947　7月，臺幣與法幣兌換率為 1：65。

全省民營企業已申請登記者總數為 7,301 家。

【美國外交採行美駐蘇聯外交官凱南（George Frost Kennan，1904 -2005）對蘇聯所發表之「圍堵政策」。】

1947　8月，國民政府委員會議通過有限制開放對日貿易。臺灣紙業公司決定售予民營。臺灣火柴股份有限公司開放民營。

決定本省國大代表名額為 19 名。

丘念臺（1894 -1967）就任中國國民黨省主任。

1947　9月，臺幣與法幣兌換率 1：72。

花蓮水災嚴重，淹沒房屋 172 幢，災民五千餘人。

各縣市役齡男子調查工作已完成，全省計 274,532 人。

省府公佈〈臺灣省各機關學校員役食米配售辦法〉，對公務人員實施糧食配給。

臺糖 3,000 噸砂糖輸往上海。10 月，輸出上海 1,000 噸。11 月，輸出上海 8,000 噸。12 月，輸出上海 7,000 噸。（大陸需糖孔急，臺灣緊急配合供應）

1947　10月，淡水、安平、布袋、蘇澳、舊港等五港開放為「省際商港」。

省府開放基隆、高雄為國際港。

行政院長張群（1889 -1990，任期：1947.4.23 -1948.5.24）蒞臺。

1947　11 月，22 日，臺幣與法幣兌換率 1：79。

臺灣省國大代表選舉。

省府廢止〈火柴專賣規則〉。省府訂頒〈土地權利清理〉。

省府為平抑糖價，配售食糖禁運出省。

1947　12 月，3 日，臺幣對法幣兌換率 1：84。

司法院長居正（1876-1951）訪臺。

美國海軍上將柯克（Charles M. Cooke, Jr.，1886 -1970）來臺訪問。

12 月 24 日，臺幣與法幣兌換率 1：90。（對照 1946 年 8 月開辦省外匯兌，當時所定法幣兌換臺幣比率 1：40，兩岸貨幣掛勾連動，臺幣幣值變動劇烈。）

【美國巴丁（John Bardeen，1908 -1991）、布拉頓（Walter Brattain，1902 -1987）、及肖克利（William Shockley，1910 -1989）三人發明電晶體。（取代真空管，並為積體電路鋪路）】

大陸大逆轉：由憲政到戒嚴（1948～1949）

　　戰後不滿一年，1946 年大陸局勢演變為國共內戰，國民政府陷入苦戰，根本無力顧及臺灣，但於 1947 年公布憲政體制，自 1947 年 12 月 25 日開始實施憲政，但未及半年，於 1948 年 5 月隨即凍結憲法而施行《動員勘亂時期臨時條款》。

　　由憲政到戒嚴，1948 年到 1949 年的兩年期間，當時臺灣最大的歷史特徵，就是政局紊亂，經濟更是衰敗與嚴重的惡性通貨膨脹，民不聊生。

　　1949 年，國共內戰不利中國國民黨，5 月 19 日臺灣頒布戒嚴令。國民政府 12 月 7 日宣布撤退臺灣，開啟了以臺灣為重心的歷史，在臺海兩岸形成兩個勢不兩立的中國。臺灣再度自中國大陸政權分離。自 1949 年 12 月以後，國民政府準備用全力經營臺灣，以此為反攻大陸之跳板，這時候的臺灣卻是陷入政經負擔沉重的國度世界。

1947　12 月 25 日《中華民國憲法》施行，國家形式上邁入憲政體制。

1948　1 月，經濟陷入中國大陸惡性通貨膨脹輸入臺灣。臺幣與法幣的兌換率一再上升，1 月 12 日為 1：92。1 月 14 日上升為 1：94。1 月 20 日再上升為 1：96。1 月 23 日再上升為 1：98。1 月 26 日再上升為 1：100。1 月 31 日再上升為 1：102。

　　　　公佈徵收礦區稅。廢止〈管理食糧臨時辦法〉。

　　　　民政廳統計，戰時被日人徵召服役省民，傷亡人數計 14,000 餘名。

　　　　本省報紙雜誌不能繼續發刊者一年來計 53 家。新聞雜誌現有 81 家。

1948　2 月，由大陸總統府警衛總隊組成之「臺灣警備旅」來臺成軍（1950

年擴編為步兵師）。

臺灣銀行發行新百元券。

公佈〈臺灣省合作農場耕作辦法〉。

經濟仍陷於持續的輸入型惡性通貨膨脹。2 月 5 日，臺幣與法幣的
兌換率上升為 1：104。2 月 20 日，再上升為 1：112。2 月 28 日，
再上升為 1：142。

中美在上海進行談判，合作開發臺灣鋁業。中美合營之高雄鋁廠之
契約在南京簽字。

行政院決定日產之收入（約臺幣 70 億元）當作本省復興建設費。

臺糖運日合同簽訂，計 25,000 噸。開始對日輸出砂糖 7,000 噸。

中央核准辦理放領公地開墾荒地，推行耕者有其田政策，扶植本省
自耕農。

決定停止徵收本年度食糧稅。

1948　3 月，臺灣省鐵路管理委員會改組為臺灣鐵路局。臺灣樟腦公司改
組為樟腦局（由省建設廳管轄）。

行政院發布臺北、臺南、臺中、基隆、新竹、彰化、高雄、嘉義、
屏東等縣市政府組織規程。

嘉南大圳開始放水，灌溉面積達 18 萬甲。

全國各地郵局開發臺灣匯票。

臺中潭子鄉甘蔗崙村發生大規模械鬥，起因為農民爭水灌田。

改用公制度量衡器。

16 日，大陸文物 600 箱由上海運臺。11 月 10 日，傅斯年（1896
-1950）、王世杰（1891 -1981）等決定將倫敦故宮展文物 500 箱、
中央博物院、中央研究院、中央圖書館文物運臺。

29日至5月1日，召開第一屆國民大會。（選舉第1屆總統、副總統）

輸入性惡性通貨膨脹加劇。3月5日，臺幣與法幣的兌換率上升為1：150。3月10日，上升為1：165。3月12日，上升為1：189。3月20日，上升為1：210。3月25日，兌換率為1：205。

1948　4月，公佈〈臺灣省港務稅徵收辦法〉。

楊逵（本名楊貴，1906 -1985）因「和平宣言」入獄。

為扶植自耕農，一萬甲公地放租。

公佈〈身分證總檢查實施辦法〉。（5月，戶口總檢查開始。）

20日，國民大會選舉蔣介石、李宗仁（1891 -1969）為第1任總統、副總統。

通貨膨脹持續惡化。4月6日，臺幣與法幣的兌換率為1：210。4月9日，上升為1：229。4月20日，上升為1：238。4月28日，上升為1：248。

楊逵本名楊貴，為日治時期之小說文學家、社會運動者。戰後曾因228事件被捕。1948年同儕起草「和平宣言」，扛責再度被捕入獄。（另一說為「和平宣言」係楊逵於1949年1月發表）1961年出獄，定居臺中東海大學附近。留有《楊逵全集》（2001）及《家書》。
〈壓不扁的玫瑰〉原名〈春光關不住〉，1976年收入於《國中國文》教材而改名，以本名發表。
圖示為臺南市政府於新化為紀念楊逵所設置之文學館（2005年11月27日落成）之一景。

表 4-5　中華民國歷任總統一覽表（1948 – 2016）

屆　　次	姓　名	副總統	任　　　期
第 1 任	蔣介石	李宗仁	1948 年 5 月 20 日－1949 年 1 月 21 日
代行職權	李宗仁	無	1949 年 1 月 21 日－1949 年 12 月 5 日
復行視事	蔣中正	無	1950 年 3 月 1 日－1954 年 5 月 20 日
第 2 任	蔣中正	陳　誠	1954 年 5 月 20 日－1960 年 5 月 20 日
第 3 任	蔣中正	陳　誠	1960 年 5 月 20 日－1966 年 5 月 20 日
第 4 任	蔣中正	嚴家淦	1966 年 5 月 20 日－1972 年 5 月 20 日
第 5 任	蔣中正	嚴家淦	1972 年 5 月 20 日－1975 年 4 月 5 日
繼　任	嚴家淦	無	1975 年 4 月 5 日－1978 年 5 月 20 日
第 6 任	蔣經國	謝東閔	1978 年 5 月 20 日－1984 年 5 月 20 日
第 7 任	蔣經國	李登輝	1984 年 5 月 20 日－1988 年 1 月 13 日
繼　任	李登輝	無	1988 年 1 月 13 日－1990 年 5 月 20 日
第 8 任	李登輝	李元簇	1990 年 5 月 20 日－1996 年 5 月 20 日
第 9 任	李登輝	連　戰	1996 年 5 月 20 日－2000 年 5 月 20 日
第 10 任	陳水扁	呂秀蓮	2000 年 5 月 20 日－2004 年 5 月 20 日
第 11 任	陳水扁	呂秀蓮	2004 年 5 月 20 日－2008 年 5 月 20 日
第 12 任	馬英九	蕭萬長	2008 年 5 月 20 日－2012 年 5 月 20 日
第 13 任	馬英九	吳敦義	2012 年 5 月 20 日－2016 年 5 月 20 日
第 14 任	蔡英文	陳健仁	2016 年 5 月 20 日－

1948　5 月，聯合國遠東經濟委員會工業調查團訪臺。

臺灣銀行發行 500 元及 1,000 元大鈔。

海關取消輸入稅臨時附加稅，美方商品輸入稅大幅下降，稅率 70%
減為 40%，30% 減為 15%。

《動員戡亂時期臨時條款》公佈施行。

行政院發布〈行政院美援運用委員會組織規程〉。

蔣介石就任行憲後第 1 任總統，李宗仁為副總統。分別由翁文灝

（1889 -1971，任期：1948.5.25 -1948.11.26）、孫科（1891 -1973，任期：1948.11.26 -1949.3.12）組閣。

5月21日，簽署《關稅暨貿易總協定》（General Agreement on Tariffs and Trade，簡稱GATT）成為締約成員。（1946年冬，中華民國為聯合國常任理事國，以發起人身分，派遣代表團參加於倫敦召開之國際貿易組織ITO籌備委員會。翌年GATT於日內瓦草簽時，為23個草簽成員之一。）

美國駐華大使司徒雷登（John Leighton Stuart，1876 -1962）由孫立人（1900 -1990）作陪到臺灣視察。

地政局發表本省國有地借貸的有107,600多甲。

臺灣之輸入性惡性通貨膨脹持續明顯惡化。5月3日，臺幣與法幣的兌換率為1：256。5月6日，上升為1：268。5月8日，再上升為1：302。5月14日，再上升為1：348。5月16日，兌換率再上升為1：334。

【歷史密碼】

箝制臺灣的《動員戡亂時期臨時條款》（1948 -1991）

《動員戡亂時期臨時條款》是《中華民國憲法》的附屬條款。由國民大會制定，在動員戡亂時期優於憲法，於1948年5月10日公布實施，到1991年經國民大會決議李登輝總統公告於5月1日廢止，共施行43年。

1948年4月，第一屆國民大會第一次會議召開。為擴大總統權力，以迴避剛生效不到四個月的《中華民國憲法》，張群、王世傑等721名國大代表，聯名提出制定《動員戡亂時期臨時條款》。於宣告動員戡亂期間，

就國家實施緊急權之程序給予特別之規定，不受《中華民國憲法》本文規定之限制。規定有效期為兩年半。

1949 年 12 月 7 日，中華民國政府播遷至臺灣。1954 年 2 月 16 日，在臺北召開第一屆國民大會第二次會議，3 月 11 日大會決議《動員戡亂時期臨時條款》繼續有效，並於 1960 年 3 月至 1972 年 3 月先後對條款作了四次修訂（將條款增至為 11 項）：

1. 1960 年 3 月，《臨時條款》第一次修訂，凍結《憲法》對於總統連任之限制。

2. 1966 年 2 月，《臨時條款》第二次修訂，解除國民大會行使創制、複決權之限制，並同意其設置憲政研究機構，使國大權力得以擴張。

3. 1966 年 3 月，國民大會第三次修訂《臨時條款》，授權總統設立動員戡亂機構、調整中央政府組織與訂頒辦法增補選中央民代。

4. 1972 年 3 月，谷正綱提出《臨時條款修訂提案第 285 號》，因提議「第一屆國大代表將於於其任期屆滿且凡能辦理選舉地區，均予改選」使提案遭到反對。於是內容改為以定期改選之增額中央民意代表充實各第一屆中央民意代表，並於 3 月 17 日完成《臨時條款》第四次修訂。

1990 年 3 月，臺北爆發三月學運，提出廢除《臨時條款》和召開國是會議等訴求。

1991 年 4 月，國民大會臨時會第一次修憲，制定憲法增修條文十條，李登輝於 4 月 30 日明令宣告動員戡亂時期於同年 5 月 1 日零時終止。結束長達四十多年的動員戡亂狀態，修憲內容還包括內容還包括二屆國大、立委產生辦法。同年 12 月，立法院、監察院、國民大會第一屆委員全體退職，「萬年國會」結束。

1948　6月，臺灣省通志館成立（為臺灣省文獻委員會之前身），林獻堂
　　　為館長。

　　　臺灣銀行開始發行臺灣省結匯證明書。

　　　金融物價情勢再惡化。6月5日，臺幣與法幣的兌換率為1：357。
　　　6月6日，上升為1：368。6月10日，再上升為1：390。6月15日，
　　　再上升為1：445。6月18日，再上升為1：447。6月23日，再上
　　　升為1：552。6月28日，再上升為1：685。

1948　7月，蔣介石準備部署退至臺灣。中華民國政府與美國政府在南京
　　　簽定《中美經濟援助協定》。

　　　中華民國政府設立行政院美援運用委員會（簡稱「美援會」，
　　　1963年改制為「國際經濟合作發展委員會，簡稱經合會」）。美
　　　國則在上海成立美國經濟合作總署中國分署（Economic Cooperation
　　　Administration，Mission to China，1948年12月30日行政院美援會成
　　　立臺灣辦事處，1949年隨國府遷臺）。

　　　7月29日，蔣介石召開研究金圓券發行事宜，由王雲五提貨幣改革
　　　方案。

　　　中央銀行增發大面額鈔票四種：計關金券1萬、2萬5千、5萬、
　　　25萬四種。（大陸時期中央銀行於1931年5月發行關金兌換券，
　　　專為繳納關稅之用。1942年，財政部為因應鈔券需要，關金兌換券
　　　壹圓折合法幣貳拾圓流通。1948年幣制改革，廢除法幣及關金券，
　　　發行金圓券。）

　　　輸入性惡性通貨膨脹相當嚴重。7月5日，臺幣與法幣的兌換率為
　　　1：720。7月9日，上升為1：786。7月12日，再上升為1：907。
　　　7月17日，再上升為1：1066。7月22日，再上升為1：1257。7

月 31 日，再上升為 1：1345。

1948　8 月，依《中美經濟援助協定》，中美簽約合作成立「中國農村復興聯合委員會」（JCRR，10 月 1 日成立）。

決定肥料與砂糖的交換辦法：肥料對砂糖之交換率為 1 公斤：1.5 公斤。

金融局勢嚴重惡化。8 月 7 日，臺幣與法幣的兌換率為 1：1412。8 月 11 日，上升為 1：1497。8 月 18 日，再上升為 1：1635。

8 月 19 日，行政院公布〈財政經濟緊急處置〉，實行幣制改革，發行金圓券取代法幣（決定兌換率：金圓券 1 元對法幣 300 萬元，金圓券 2 元對 1 塊銀元，金圓券 4 元對 1 美元。發行上限為 20 億。至 1949 年 7 月停止流通）。限期（至 9 月底）收兌民間黃金、白銀、銀幣、外幣。（後延期至 10 月底，最後收兌黃金總數超過 150 -184 萬兩）

8 月 20 日，行政院發布〈金圓券發行準備監理委員會組織規程〉、〈行政院經濟管制委員會組織規程〉及〈安定經濟新辦法〉。

大陸出現惡性通貨膨脹，法幣發行量達 604 兆，三年間增加超過 1,000 倍。（國府抗戰勝利時之法幣發行總額為 5,569 億元。）

廢止臺幣與法幣之兌換，改以金圓券。決定金圓券對臺幣的兌換率為 1：1,835。（臺灣經濟面臨新一階段之自中國大陸輸入嚴重通貨膨脹，只因再度與金圓券連結掛勾，且明顯高估金圓券之價值。）

開始發行金圓券（1948 年 11 月 11 日，發行總額已突破 20 億上限。1949 年 7 月停止流通）。

行政院發布〈臺灣省政府合署辦公施行細則〉及〈臺灣省政府組織規程〉。

1948 9月，臺北海關奉令徵收勘亂附加稅。

黃金、白銀、外國幣券一律禁止攜帶出國。

省府公佈〈化學肥料配銷辦法及施行細則〉，以實施肥料換穀計畫。

臺糖、臺紙分撥股票充作臺幣準備金。

臺灣物價審議委員會成立。

【歷史密碼】
肥料換穀政策支援工業發展

　　肥料換穀為二戰後的農業經濟政策。臺灣首次實施肥料換穀係於 1946 年 4 月 26 日公布實施，由行政長官公署降進口 7,000 噸肥料交由農林處負責配銷以增產糧食，未久於 9 月 25 日公告廢止。12 月 1 日，將爭取 20 萬噸聯合國善後救濟總署之肥料改由跨部會之「臺灣省肥料配銷委員會負責，迄至 1947 年底肥料來源斷絕。1950 年起，臺灣農民要取得政府所獨佔的化學肥料，必須用稻穀按官定比率與政府交換，於 1973 年 1 月廢止。糧食平準基金於 1974 年上場。

　　1950 年開始實施之肥料換穀政策，係按照 1948 年 9 月〈臺灣省政府化學肥料配銷辦法〉實行，主要的內容是：農家進行耕作所需的化學肥料，必須由稻穀來交換，而不是按現金進行交易；農民必須依官訂比率用穀物與政府交換肥料。農民以稻穀向糧食局肥料運銷處換取肥料，交換比率 1949 年為 1.5 公斤的肥料（硫酸錏）對換 1 公斤稻穀，1967 年比例變為 1：0.85。

　　國府推動肥料換穀政策同時管制肥料生產，回收肥料生產執照，代以 PVC 執照，以發展塑膠產業。

表4-6　1940年代臺灣稻米生產統計（1941 -1949）

年	水陸稻總產量（公斤糙米）			水稻栽培面積（甲）			水稻生產力(公斤糙米/甲)		
	共計	一期	二期	共計	一期	二期	共計	一期	二期
1941	1,186,669,862	592,068,306	594,601,556	642,471.06	295,433.81	347,037.25	1,809	1,987	1,658
1942	1,161,498,604	543,899,997	617,598,607	616,214.40	272,781.27	343,433.13	1,861	1,989	1,759
1943	1,116,715,644	541,726,972	574,988,672	612,464,33	276,501.14	335,963.19	1,809	1,955	1,689
1944	1,060,475,642	551,521,579	508,954,063	603,998.19	274,724.13	329,274.13	1,741	2,002	1,523
1945	638,828,570	342,014,285	296,814,285	506,467.55	236,719.17	269,748.38	1,250	1,439	1,085
1946	894,020,700	382,916,955	511,103,745	550,375.60	208,092.87	342,282.73	1,568	1,828	1,410
1947	999,012,112	471,419,104	527,593,008	661,231.25	286,930.74	374,301.12	1,467	1,613	1,354
1948	1,068,420,958	513,880,420	554,540,538	689,246.25	305,286.47	383,959.79	1,505	1,651	1,390
1949	1,214,523,200	577,487,184	637,036,016	718,034.41	313,033.44	405,000.98	1,633	1,808	1,498

資料來源：臺灣農產年報（民國40、50年版）。原資料面積單位為公頃，經換算為甲。

說　　明：1. 產量取水、陸稻總和，反映臺灣米殼總產量。

　　　　　2. 臺灣稻米以水稻為主，表所涵蓋期間歷年水稻佔稻米總產量的95%~99%以上。

　　　　　3. 水稻生產力明顯高於陸稻，以水稻栽培面積與生產力反應糧食主要來源。

【歷史密碼】

發行金圓券：視體制於無物的胡為

　　國民政府根本無力於貨幣管理，終而丟掉大陸，但卻也使臺灣捲入中國大陸的惡性通貨膨脹經濟體系內。金圓券的發行歷史是活生生的教訓。

　　金圓券是1948年8月開始發行，1949年7月停止流通。

　　根據第一屆國民大會第一次會議通過的《動員戡亂時期臨時條款》賦予總統的緊急處分的特權，1948年8月19日，蔣介石頒布「財政經濟緊急處分令」，發行金圓券，同時停止發行法幣；並在各地設置經濟管制督導員。〈金圓券發行法〉：

1. 金圓券發行採用十足準備，其中必須有 40% 為黃金、白銀及外匯，其餘以有價證券及政府指定的國有事業資產充當。每元法定含金 0.22217 公分（公分即克），由中央銀行發行，發行總額定為 20 億元。

2. 金圓券一元折合法幣 300 萬元，東北流通券 30 萬元，限期 1948 年 12 月 20 日以前收兌已發行的法幣及東北流通券，在此限期前法幣及東北流通券按照上列折合率流通行使，臺灣省幣及新疆幣的處理辦法由行政院另定。過去所訂法幣及東北流通券的公私債權債務均按照上述兌換率的清償。

3. 禁止私人持有黃金（1 兩兌金圓券 200 元）、白銀（1 兩兌金圓券 3 元）、銀幣（1 元兌金圓券 2 元）、外匯（1 美元兌金圓券 4 元）。凡私人持有者，限於 9 月 30 日前收兌成金圓券，違者沒收。據此制定、頒布、實施了《人民所有金、銀和外幣處理辦法》。

4. 限期登記管理本國人民（包括法人）存放國外的外匯資產，違者予以制裁。

5. 全國物價及勞務價凍結在 8 月 19 日水平。

1948 年 11 月 16 日，中央銀行總裁俞鴻鈞報告金銀外幣兌換成金圓券。收兌成效：黃金 166.3 萬兩，白銀（即銀錠）893.7 萬元，銀元 2403.8 萬元，美鈔 4773.5 萬元，港元 8732.5 萬元，合計折合 1.9 億美元。

原來規定中央銀行收兌人民持有的金銀的期限是 9 月底，國民政府延期到 10 月底，無異於宣告金圓券信譽破產。11 月 11 日，金圓券之發行已達其所規定 20 億之限，公布〈修正金圓券發行辦法〉和〈修正人民所有金銀外幣處理辦法〉，將金圓券的法定含金量由原來的 0.22217 公分減為 4.4434 公毫（公毫為百分之一克），減低了 4/5，原來 1 美元兌 4 金圓券貶值降至 1 美元兌 20 金圓券；對金圓券發行總額不做規定，即無限

額發行。財政部部長王雲五辭職，行政院長翁文灝辭職。

　　當時臺灣省政府奉命依金圓券發行準備移交保管辦法，將臺糖總資產1億2千萬美元，劃撥4,300萬元，將臺灣造紙總資產2,500萬美元，劃撥800萬元，使臺灣進一步被捲入中國大陸惡化的經濟情勢中。而1948年8月當時金圓券1元兌換臺幣1,835元（1：1,835）再度明顯高估，至1949年5月27日，金圓券1元對臺幣的兌換比率反而已變成2,000：1。中國大陸流入臺灣套匯的活動，使臺灣面臨非常嚴重的惡性通貨膨脹困境，經濟更趨惡化。

　　1949年1月，金圓券巨幅貶值，1,000元金圓券兌換1塊銀元；1949年4月，1,000萬元金圓券兌換1塊銀元。至1949年7月，國府在大陸再度改制，停止金圓券，貨幣改以發行銀圓券。規定1元銀幣兌換5億金圓券，金圓券暴跌形同廢紙。可見貨幣當局視發行準備於無物。

　　終戰後飄搖薄弱的臺灣經濟，在法幣體制瓦解摧殘之後，再度因金圓券體制崩潰而備受輸入嚴重之惡性通貨膨脹之打擊。

1948　　10月，中國農村復興聯合委員會（簡稱農復會）於南京成立，主任委員蔣夢麟（1886 -1964）（1949年遷臺）。

　　　　本省實施全面配米。

　　　　各商業銀行總經理在南京討論幣制改革後的增資問題。

　　　　臺糖發表1946年5月到1948年9月止，對上海砂糖輸出共345,300噸。

　　　　國防部長何應欽（1890 -1987）訪臺。

　　　　省主席魏道明指令三商業銀行緊縮一般的商業放款。

1948 　11 月，公佈臺幣、金圓券兌換率採機動性調整。

蔣介石請求杜魯門緊急軍事援助，提出請美國介入內戰，並派宋美齡（1897 -2003）趕赴華府，請求援助 10 億美元，遭美方拒絕。中共聲明，對中華民國政府的任何援助視為對中國人民之敵對行為。

臺灣工商銀行改名為臺灣第一商業銀行。

省參議會議長黃朝琴參加南京的全國食糧會議返臺後表示，已與中央達成以棉布、肥料或其他生活必需品換購臺灣糧食之協議。

臺灣全省銀行放款委員會成立。

百餘大戶抗售餘糧。

省合作金庫開始配售戶口糖，按戶配給每人一公斤。

蔣介石密令中央銀行總裁俞鴻鈞（1898 -1960）將金庫所存放黃金運往臺北、廣州。

11 月 1 日，臺幣、金圓券兌換率為 1,000：1。11 月 10 日，臺幣、金圓券兌換率為 600：1。11 月 26 日，兌換率為 370：1。（金圓券幣制改革，未及三個月，便即反映臺灣與大陸貨幣掛勾，不因幣制改革而改善惡性通貨膨脹之進口）

1948 　12 月，臺灣銀行發行壹萬元券。

實施由張其昀（1901 -1985）等所提「遷臺方案」：以強人主管臺灣，運送各種戰略物資，包括中央銀行之黃金、銀元、美元等運至臺灣。

美國政府決定停止對華長期援助計劃。

省米穀商業同業會要求撤廢糧區制度及免除食米營業稅。

12 月 15 日，行政院任命傅斯年（1896 -1950）為臺灣大學校長。

12 月 29 日，行政院任命陳誠（1898 -1965）為臺灣省主席。（1949 年 1 月 5 日接掌臺灣省政府）

1948　12月，公佈「臺灣省管理營造商實施辦法」。（1974年9月廢止）

　　　　1949年8月15日，林清波（1929-）創設互助營造廠。[*]

　　　　持續惡性通貨膨脹。12月23日，臺幣、金圓券兌換率為350：1。

　　　　12月28日，兌換率為275：1。

戰後臺灣面臨重建復遭惡性貨膨脹，圖為1948年12月12日臺灣銀行所發行面額壹萬圓之鈔票。其後未久，1949年6月，臺幣改制，4萬元舊臺幣兌換1元新臺幣。

【歷史密碼】

蔣介石運送多少黃金來臺？

　　大陸國共內戰後期，中國國民黨政權面臨倒臺危機，遂依張其昀等幕僚意見決定遷到臺灣，黃金、白銀、美元等貨幣物資運臺也是「遷臺方案」主要內容之一。而執行運送黃金、白銀作業的核心人物，有國防部聯勤財務署署長吳嵩慶，中央銀行秘書處長陳延祚、機要科主任何善垣等，負責黃金之運送、保管、發放。

　　依據1989年公布的「民國檔案史料」，存放上海中央銀行、中國銀行的黃金、白銀、外匯，於1948年12月至1949年5月期間，先後分三

[*] 臺灣營造業之發展，參閱林清波總策劃，互助營造撰寫，《臺灣營造業百年史》（臺北：遠流出版，2012）。

批運往臺灣及廈門（主要用途在支軍費）。

一、第一批運送：黃金200萬兩，銀元120噸（1948年12月1日運送，12月5日運抵臺北入庫）

依中央銀行1948年11月29日報告密陳：

「奉（蔣介石）密諭，…移轉（中央銀行）庫存準備金項下之一部分黃金到臺北…經面請（蔣介石）核示移轉辦法，…已將黃金裝箱手續完成，計共774箱，合純金200萬零4,459.506市兩。…又據…通知，洽妥海關海星巡艦裝載、海軍總部美朋艦隨行護衛，准予12月1日午夜裝運，首途至基隆登陸轉臺北。」

二、第二批運送：黃金80萬兩，銀元3,000萬塊（1949年1月10日運送，2月10日運至廈門、臺北）

1949年1月10日，蔣介石命中央銀行總裁俞鴻鈞運送中央銀行庫存黃金，由蔣經國主持；1月16日，並令將中央銀行、中國銀行兩行之外匯，存入私人戶頭。

依蔣經國《危急存亡之秋》：

「1949年1月10日，（蔣介石）父親派我赴上海訪（中央銀行總裁）俞鴻鈞先生，希望將中央銀行現金移存臺灣。」（上次運送所剩餘黃金100萬兩，其中80萬兩黃金及3,000萬塊銀元，經裝151箱）

此次由蔣經國負責執行，係由財務署長吳嵩慶署長以「預支軍費」項目交由海軍運送，於2月10日將中央銀行之80萬兩黃金等運至廈門及臺灣。

三、第三批運送：黃金19萬2,029.743兩，銀元146萬9,000塊（1949年5月17日提運廈門、臺灣，銀元赴渝）

1949年5月，蔣介石批示吳嵩慶將中央銀行庫存尚餘黃金、銀元及

外幣全部運往廈門、臺灣。

依據寧滬杭警備總司令湯恩伯致中央銀行之親筆手令：

「為適應軍需，貴行（中央銀行）現有黃金、銀元除暫留黃金5,000兩、銀元30萬塊外，其餘即務存於本部指定之安全地點，需要時陸續提用。」

此次吳嵩慶再以「軍費」項目，將金銀全部提出裝運，共計黃金19萬2,029.743兩（裝33箱），銀元146萬9,000塊（裝62箱），於5月17日提運。

除以上說明，另外，尚有1949年2月7日由上海運臺之60萬兩軍費；以及1949年8月22日及30日，自美國運臺之二批，各9.9萬兩；總計六批運臺黃金總量約為420萬兩。

根據1949年6月27日財政部長徐堪之報告資料，當時央行存金為382.9萬兩；另計6月21日撥付臺銀80萬兩做為新臺幣準備金，則總數量為462.9萬兩。

1949　1月，陸軍上將陳誠接任臺灣省主席（第2任，任期：1949.1.5-1949.12.21）。蔣經國（1910-1988）任中華國國民黨臺灣省黨部主委（1948.12.19中國國民黨中常會決議）。

省參議會通過臨時動議，分別致電蔣介石與毛澤東，呼籲和平。

省茶葉公會發表：1948年臺茶出口總額9,758,829公斤。

總統令：制定《管理外匯條例》。

臺灣水泥公司發表1948年度總生產量235,200噸。臺灣肥料公司發表1948年度化學肥料生產量38,329噸。

公佈〈臺灣省境內黃金外幣買賣取締及兌換辦法〉。

臺南米價暴漲，米價封市時 1 大斗突破 2 萬元。

中國國民黨臺灣省黨部促發表任職主委之蔣經國早日來臺。

1 月 21 日，蔣介石總統宣布下野，由李宗仁副總統代理總統職務，分別由何應欽（1890 -1987，任期：1949.3.12 -1949.6.13）及閻錫山（1883 -1960，任期：1949.6.13 -1950.3.10）組閣。

總統令：修正《銀行業戰前存款放款清償條例》。

糧食局放出特殊食糧以抑制米價。省警務處加強糧食管制，大批承購須提交准購證。省主席陳誠聲明公務員實施實物配給。

臺灣全省警備總司令部改為臺灣省警備總司令部，由陳誠任總司令，彭孟緝為副總司令。

太平輪事件。（與貨輪在舟山群島附近海域相撞沉沒，近千人罹難。）

金圓券體制搖搖欲墜。1 月 6 日，臺幣與金圓券兌換率為 190：1。1 月 8 日，兌換率為 180：1。1 月 10 日，兌換率為 150：1。1 月 12 日，兌換率為 130：1。1 月 18 日，兌換率為 100：1。1 月 28 日，兌換率為 90：1。1 月 31 日，兌換率為 80：1。

1949　2 月，臺南米價暴漲，月內上升數次，封市時蓬來米一大斗突破 26,000 元。大批美援物資運抵基隆。省府修正頒佈〈收購糧食辦法〉，規定收購大戶、中戶餘糧採用累進法。

代理總統李宗仁私人特使程思遠（1908 -2005）訪臺，並會見省主席陳誠。

公佈實施「三七五減租」。臺糖公司土地決以二五減租辦法放租農民。

獎勵大陸來臺者至臺東荒地開拓投資。省府通過設立臺東墾殖農場。

國立中央圖書館由南京遷至臺灣，並於臺中設立閱覽所。（1996 年 1 月，易名為國家圖書館）

省參議會決定派遣代表參加上海全國和平促進會。

國民政府撤退來臺先遣跡象徵兆顯露。裝甲兵副司令官蔣緯國（1916 -1997）抵臺。海南特區行政長官李漢魂（1895 -1987）抵臺。中國國民黨中央宣傳部副部長陶希聖（1899 -1988）抵臺。農復會主委蔣夢麟抵臺。政委陳立夫（1900 -2001）抵臺。從上海來的旅客急速增加。

臺灣經濟飽受惡性通貨膨脹之痛，民不聊生苦相畢露。臺北市警局為制裁糧商囤米抬價，限 10 日內售出，違者嚴辦。警務處採取 6 項措施，取締糧價不法上漲。物價暴漲，米價比上海還高。臺大自費生發表宣言，要求以配米、貸金及比照立委之例開放省外匯兌，解決饑餓問題。糧食局停止米配給，放出大量糧食。臺東米價暴漲，1 大斗 8 萬元。決定公務員待遇從二月開始調整，平均調高 1 倍半。

臺灣省警備總司令部會同臺灣省政府於 2 月 10 日公布〈臺灣省准許入境軍公人員及旅客暫行辦法〉，重點在於防止匪諜滲透，3 月 1 日實施。

前臺灣行政長官陳儀涉嫌投共在上海被捕。（1950 年 6 月，槍決）

中國大陸持續不斷出口通貨膨脹到臺灣，全島經濟苦，苦，苦。2 月 1 日，臺幣與金圓券兌換率為 65：1。2 月 3 日，兌換率為 53：1。2 月 5 日，兌換率為 40：1。2 月 11 日，兌換率為 30：1。2 月 16 日，兌換率為 20：1。2 月 24 日，兌換率為 15：1。

1949　3月，臺灣銀行放出黃金以抑制物價。

全省煤礦坑達269坑，新開者占40%。省煤炭調整委員會發表1948年煤炭輸出488,972噸。

省府通過撤消肥料運銷委員會，日後業務歸糧食局。

中國國民黨《中央日報》發行臺灣版。

代理總統李宗仁電召省主席陳誠至南京。

北京大學校長胡適（1891-1962）及教育部長杭立武（1903-1991）抵臺。

省市各人民團體紛電總統府、行政院、立法院、監察院、省政府，促請維護〈入境暫行辦法〉。

金融情勢惡化嚴重。3月8日，臺幣、金圓券兌換率為9：1。3月14日，兌換率為6：1。3月19日兌換率為5：1。3月31日，兌換率為3：1。

（美國B-50轟炸機完成環球之週之飛行）

1949　4月，國共和談開始。4月15日，中共向中華民國政府提出國內和平協定決定案；4月20日，中華民國中國國民黨政府拒絕，和談破裂。

【歷史密碼】

國民黨崩潰之速出乎預料

　　中國之國共內戰，暴露國民政府諸多問題。至1948年3月，中共解放軍在國軍（國民政府軍，亦即中國國民黨軍）勦共的軍事壓力下，當時，毛澤東尚且有上山打游擊的念頭，但為何僅僅一年後，堂堂八年抗戰打敗

日本的中國國民黨國府軍，卻淪為落跑臺灣海島的窮兵敗將？

　　中國國民黨丟掉整個大陸江山，於國共內戰期間，其敗亡之速度，甚至遠超過裝備、軍隊人數皆相差懸殊的對手首領毛澤東之預估：

1. 1946 年 7 月，樂觀估計：五年可贏到全國勝利；

2. 1948 年 3 月，估計：取得勝利可能需要十多年；

　　然而，僅不過一年，經過 1948 年 9 月至 1949 年 1 月「三大戰役」：遼西會戰、徐蚌會戰、平津會戰。

3. 1949 年估計：推翻中國國民黨政權，大概只須一年時間。

　　事實上，由打贏抗戰到打輸中共，自國共內戰起，連中國共產黨也沒預計到中國國民黨政權崩潰如此迅速。

　　回顧歷史，二戰結束後的次年，1946 年國共內戰爆發，領導抗日勝利的中國國民黨政府，終於在短短的四年時間，就失掉了整個中國大陸。其何以如此？迄今仍難論斷確切原因，留下當代中國的歷史謎題。

1949　4 月，省府頒佈〈各縣市財政收支監督辦法〉。

　　英國糧食部與臺灣糖業公司訂定砂糖 5 萬噸的買賣契約。臺糖運出 2,300 噸砂糖到上海。

　　楊逵因撰寫「和平宣言」轉載於上海《大公報》，被判徒刑 12 年。

　　中央核准臺銀為外匯指定銀行。臺灣銀行停止對廣東興寧的匯款。臺灣銀行停止對江西的匯款。臺灣銀行停止對浙江的匯款。臺灣銀行停止對廣東梅縣的匯兌業務。臺灣銀行停止對上海的匯兌業務。臺灣銀行停止對福建（除福州外）的匯兌業務。臺灣銀行停止對湖南全省（除長沙、衡陽外）的匯兌業務。臺灣銀行停止對廣州的匯

兌業務。（兩岸開始隔絕金融掛勾幣值連結）

行政院美援運用委員會與美國經濟合作總署中國分署成立協定，美援化學肥料分配臺灣 4 萬噸。

「四六事件」學生運動被逮捕學生中，19 名接受審判，釋放百餘人。

中國國民黨臺灣省黨部主委蔣經國辭職，由陳誠接任。

本省糧食業營業稅續免徵半年。各地物價暴漲，市場呈混亂狀態。

省糧食局拋售米糧，分區按戶配售，每斤臺幣 6,000 元。

上海市長吳國楨（1903 -1984）夫婦抵臺。

省府公布〈臺灣省私有耕地租用辦法〉，實施三七五減租（相關法律於 1951 年才通過，後經過 1954、1983、2001 修正）開啟土地改革。

臺灣省三七五減租推行督導委員會成立。

臺大發表學生人數統計共 2,631 人。

財政部廢止〈臺灣省境內黃金外幣買賣取締及兌換辦法〉。

省府決定公娼制度在臺北市試辦。

五一全省戶口總檢查，各縣市將設審訊組。北市開始舉行戶口「假檢查」。

大量飛機由上海飛來（政府要員及其家屬由大陸逃出）。從上海來之飛機 20 餘架抵臺。

兩岸金融風暴，金圓券體制面臨崩解。4 月 7 日，臺幣與金圓券兌換率為 220：100。4 月 8 日，兌換率為 200：100。4 月 9 日，兌換率為 150：100。4 月 11 日，兌換率為 100：100。4 月 13 日，兌換率為 90：100。4 月 16 日，兌換率為 60：100。4 月 17 日，兌換率為 50：100。4 月 19 日兌換率為 30：100。4 月 21 日，兌換率為 25：100。4 月 22 日，兌換率為 20：100。4 月 26 日，兌換率為

10：100。4月29日，兌換率為7：100。4月30日，兌換率為5：
100。（金圓券發行量增至5兆，為發行限量20億之250倍）

（北大西洋公約組織於4月4日成立）

【歷史密碼】

四六校園事件

1949年4月6日，大批軍警闖進臺大及省師範學院（今師大前身）校園逮捕學生，200多人被捕。

事件背景：1948年，臺大學生發起要求提高公費待遇之學生運動。1949年3月20日晚，臺大學生何景岳與師範學院學生李元勳共乘一部腳踏車。與員警發生衝突，被打、拘押。次日，兩校學生選派代表聲援、請願，提出嚴懲等五項要求。由於包圍警局，學生、民眾人數達千人，引發當局關切，認定校園受到共產黨統戰、滲透。

隨繼3月29日，臺大法學院具中國共產黨員身分學生葉城松（1923-1956，嘉義朴子人）主持青年節營火晚會，會中演唱〈你是燈塔〉（又名〈跟著共產黨走〉）等紅歌，並呼應大陸南京「520學生運動」，擬於5月4日舉行全省學生大會。遂而引致當局注意，下令緝拿「主謀份子」。4月6日，軍警包圍臺罷及師範學院學生宿舍，進行逮捕行動，即所謂「四六事件」。當時，臺大校長傅斯年極力保全涉案學生，師範學院校長謝東閔（1908-2001）則較配合政府行動。

此事件與228事件並構成臺灣1950年代白色恐怖之根源。

戰後土地改革與耕地三七五減租

　　戰後臺灣土地改革政策將地利盈收部分轉往官方，土地改革政策包括：

1. 三七五減租（1949 年起）：實施三七五減租，解決部份租佃問題。

2. 公地放領（1951 年起）：1951 至 1976 年間分九期實施公地放領，放領對象以原承租公有耕地之現耕農民為主。

3. 耕者有其田（1953 年起）：1953 年 1 月公佈《實施耕者有其田條例》及《臺灣省實物土地債券發行條例》，將地主出租之耕地徵收後，放領給現耕佃農或雇農。

4. 農地重劃（1962 年起）。

耕地三七五減租

　　三七五減租源於國民政府在中國大陸地區實施的二五減租，當時佃農繳納給地主的佃租，普遍採取分益佃租方式，而其比例通常是收穫總量的 50%；「二五減租」是將繳納給地主的 50% 的佃租，減去 25%，也就是佃租是千分之三七五。

　　1947 年 3 月 15 日，國民政府國防最高委員會第 223 次常務會議決議：「各地耕地佃農應繳之地租，暫依照正產物總額千分之三百七十五計算。」3 月 20 日，行政院通令各省遵行，臺灣省於屏東縣開始試辦耕地減租。

　　1947 年 3 月 20 日，國民政府「從字第 10050 號」訓令規定：佃農應繳之耕地地租，依正產物 1000 分之 375 計算，是為「三七五減租」。1949 年 4 月 14 日公布實施〈臺灣省私有耕地租用辦法〉，陸續訂定〈臺灣省私有耕地租用辦法施行細則〉、〈臺灣省辦理私有耕地租約登記注意

事項〉、〈臺灣省推行三七五減租督導委員會組織規程〉及〈臺灣省各縣市推行三七五減租督導委員會組織規程〉等法規，以貫徹三七五減租政策。後為確保推行成果，於 1951 年 6 月 7 日制定公布《耕地三七五減租條例》。

1949　5 月，戶口總檢查。發表全省戶口總檢查結果，總人口 7,026,887 人，總戶數 1,245,188 戶。

鐵路運費調升，客運 200%，貨運 180%。臺灣銀行的外國匯兌從 1 美元對臺幣 19,000 元改為 1 美元對臺幣 8 萬元。米價持續暴漲，白米一石百萬元。

省主席陳誠分電各機關，全面展開推行「三七五」地租工作。各地推行三七五減租之地租委員會成立。

警務處限全省地下錢莊一月內自行結業，否則，一律依法重辦。地下錢莊因七洋貿易行案，掀起倒風，40 餘家宣告破產。政府嚴禁高利貸，臺北市地下錢莊陸續倒閉。省府指令臺灣銀行以外的各金融機關停止開票。

臺灣糖業公司發表 1948 -1949 年度蔗糖生產量 631,000 噸，比前年度的 260,000 噸增產約 2 倍半。

臺銀發行總值 200 億元之一萬元票面新券。臺灣銀行發行百萬元本票。臺灣銀行公佈〈黃金儲蓄辦法〉。臺灣銀行受理黃金儲蓄存款，公定價格 1 臺兩 1,440 萬元。臺灣銀行上海分行關閉。臺灣銀行代理中央銀行管理本省的外匯。

中央造幣廠遷移至臺灣。省財政廳長嚴家淦、美國經濟合作總署中國分署副署長葛里芬（Robert Allen Griffin）聯袂抵臺，美援機構部

份遷臺。

省財政廳長嚴家淦表示，中樞決定臺灣省經濟金融逐漸成獨立單位，在中央所定國策下完成完整的經濟體系。

蔣介石來臺，抵高雄壽山（17日飛抵澎湖馬公）。閻錫山、于右任（1879-1964）、吳鐵城（1888-1953）、陳立夫、朱家驊（1893-1963）來臺，陳誠著軍裝接機。

5月19日，省主席兼省警備總司令陳誠頒佈戒嚴令，宣告自5月20日零時起實施。（至1987年7月15日蔣經國總統宣布解嚴，共歷時38年又56天，史稱「戒嚴時期」。）

5月20日，臺灣省政府暨臺灣省警備總司令部通告〈臺灣省戒嚴期間防止非法集會結社遊行請願罷課罷工罷市罷業等規定實施辦法〉，第3點規定：「凡經政府核准之各社團非經許可並派員指導者，一律禁止集會。」第4點規定：「未經政府許可之各社團，均為非法團體，一律禁止。」臺灣開始進入長達數十年的「白色恐怖」時期。

5月24日，立法院通過《懲治叛亂條例》，6月21日公告施行。（該法係執政的中國國民黨政府為安定國家政局而制定，但實施戒嚴後，成為壓制政治異議者的主要工具。戒嚴解除四年後的1991年5月22日廢止。）

警備總司令部頒佈〈臺灣省出境軍公人員及旅客登記辦法〉，6月1日實施出境管制。

上海撤退之軍隊駐屯在臺北、基隆各中小學校。

臺北市各里里民大會因恐觸犯戒嚴令，決定請求後延期舉行。臺中市對公教人員實施連保制度。省政府認為《公論報》刊錯本省人口

總檢查的人口統計數字，有意誇大，令飭停刊三天。

金圓券變成壁紙，連結臺幣拖垮臺灣經濟。5月2日，臺幣與金圓券兌換率為3：100。5月3日，兌換率為1：100。5月20日，兌換率為1：250。5月21日，兌換率為1：300。5月23日，兌換率為1：400。5月26日，兌換率為1：1000。5月27日，兌換率為1：2000。（金圓券發行量達68兆。上海物價失控，一石米價達4億多金圓券。）

1949年國府大撤退，圖為美國《生活》雜誌攝影師 Jack Birns 記錄當年11月1日上海撤退情景。

臺灣省戒嚴令

1949 年 5 月 19 日，臺灣省警備總司令部 佈告 嚴字第壹號

一、本部為確保本省治安秩序，特自 5 月 20 日零時起，宣告全省戒嚴。

二、自同日起，除基隆、高雄、馬公三港口在本部監護之下，仍予開放，並規定省內海上交通航線（辦法另行公佈）外，其餘各港，一律封鎖，嚴禁出入。

三、戒嚴期間規定及禁止事項如左：

（一） 自同日起，基隆、高雄兩港市，每日上午一時起至五時止，為宵禁時間；非經特許，一律斷絕交通。其他各城市，除必要時，由各地戒嚴司令官依情形規定實行外，暫不宵禁。

（二） 基隆、高雄兩市各商店及公共娛樂場所，統限於下午十二時前，停止營業。

（三） 全省各地商店或流動攤販，不得有抬高物價，閉門停業，囤積日用必需品擾亂市場之情事。

（四） 無論出入境旅客，均應遵照本部規定，辦理出入境手續，並受出入境之檢查。

（五） 嚴禁聚眾集會、罷工、罷課及遊行請願等行動。

（六） 嚴禁以文字標語，或其他方法散佈謠言。

（七） 嚴禁人民攜帶槍彈武器或危險物品。

（八） 居民無論家居外出，皆須隨身攜帶身分證，以備檢查，否則一律拘捕。

四、戒嚴期間，意圖擾亂治安，有左列行為之一者，依法處死刑。

（一） 造謠惑眾者。

（二）　聚眾暴動者。

（三）　擾亂金融者。

（四）　搶劫或搶奪財物者。

（五）　罷工罷市擾亂秩序者。

（六）　鼓動學潮，公然煽惑他人犯罪者。

（七）　破壞交通通信，或盜竊交通通信器材者。

（八）　妨害公眾之用水及電氣、煤氣事業者。

（九）　放火決水，發生公共危險者。

（十）　未受允准，持有槍彈或爆裂物者。

五、除呈報及分令外，特此佈告通知。

中華民國 38 年 5 月 19 日

主席兼總司令　陳　誠

1949　6月，臺灣區生產事業管理委員會成立，統籌管理公營事業金融、
原料、貿易、產銷、價格等各種營業上必要之資源，並掌控業務、
計畫、資金、人力資源等決策權（1953 年 9 月裁撤）。

省參議會駐會委員會向中央要求停止臺幣與金圓券的兌換業務。
（金圓券發行量增至 130 兆，為發行限額 20 億的 65,000 倍。）

海軍總司令桂永清（1901 -1954）、國防部廈門指揮所主任湯恩伯
（1898 -1954）抵臺。

省府為管制菸酒進口，設審核委員會。臺北市米配給。

銀樓業正式掛牌，統一價格收兌銀元。

教育廳核定外省來臺寄讀生可以取得正式學籍。

臺北市實施夜間戶口突擊檢查，逮捕嫌疑者多人。

臺灣省通志館改組為臺灣省文獻委員會（主任委員林獻堂，副主委黃純青）。

臺灣幣制改革。省府公佈〈臺灣省幣制改革方案〉、〈新臺灣發行辦法〉，發行新臺幣，金、銀、外幣及其他物資為準備金，推行新臺幣幣制改革，取代舊幣。（臺灣銀行發行新臺幣2億，兌換率為新臺幣1元＝舊臺幣40,000元，保持美元連鎖制度，5元＝1美元。但國幣仍保留銀本位，計帳單位為新臺幣，比率為1：3）

臺灣銀行發行1元、5元、10元新臺幣券。

臺灣銀行發表至6月14日止舊臺幣及定額票據發行量：舊臺幣527,033,734,425元，定額票據1,213,580,535,400元，合計舊臺幣1,740,614,269,825元。

行政院頒佈修正〈管理進出口貿易辦法〉。省府制定〈土地稅徵收規則〉。

電費上漲300%。

1949　7月，臺灣銀行發行新臺幣輔幣券。國府在大陸廢止金圓券流通（只流通10個月時間，貶值超過數萬倍），改革貨幣制度，發行銀圓券。

公佈〈地下錢莊取締辦法〉。行政院決議發行愛國公債。（8月1日開始發行）

世界紅十字會臺灣分會成立。

火燒島改稱為綠島。

省府頒發〈臺灣省農會與合作社合併辦法〉，改組農會。

開徵公路建設費。

澎湖發生713事件。

臺灣省日產清理處發表：接收日人私有房屋24,147棟，出售1,600

餘棟。

代理總統李宗仁訪臺。國府軍隊開始自大陸移陣至臺灣。

全面實施公務員連坐保證制度，未有保證人具保者不予僱用。

1949　8 月，中國國民黨總裁辦公廳於臺北草山（今陽明山）成立。立法院、監察院在臺灣設立辦公處。農復會總會遷臺，開始辦公。草山

管理局成立。

臺灣銀行停止流通舊臺幣定額票據。

美國發表《中美關係白皮書》（The China White Paper），正式名稱為《美國與中國的關係：特別着重 1944 至 1949 年的階段》，又稱《對華關係白皮書》、《中美問題白皮書》，認為國共內戰國府應負全責，美為靜觀政策辯解。隨即停止對中華民國軍援。美第三艦隊增加在臺灣海峽的防衛兵力。

省府修正〈生產事業管理委員會組織規程〉。

糧食局發行食鹽購買券，從 9 月份開始實施食鹽配給。

省府決定不廢止公賣制度。

東南軍政長官公署成立（1949.8.15 -1950.3.31），設於介壽館（今總統府），陳誠為東南行政長官（9 月 1 日就任）。任命陸軍總司令孫立人兼任臺灣防衛總司令部司令（9 月 1 日就職）。

1949　9 月，臺灣省保安司令部成立，總司令彭孟緝。

省府與美經合總署及行政院美援運用委員會簽約，臺灣省接受 1950 年度第一期美援肥料 6 萬噸。

天行輪載運日賠償物資 30 噸抵基隆。

實施全省戶口突擊檢查。

1949　10 月，1 日，中華人民共和國於北京宣佈成立。

中央造幣廠臺北廠鑄造新臺幣 1 角與 5 角兩種輔幣。

監察院長于右任抵臺北。行政院長閻錫山從廣州抵臺。

開始合併改組本省各縣市農會及合作社。

公佈〈各機關學校員役食米配給辦法〉。全省公教員工家用皂開始平價配售。戶口米擴大配售，有戶口者隨時可購。美援布匹全省普

遍配售。

中國國民黨成立革命實踐研究院，蔣介石總裁兼院長。

公佈〈取締擾亂金融辦法〉。省警務處突擊檢查各銀樓，取締金鈔
黑市。

海關總稅務司署遷臺辦公。

金門古寧頭戰役。

10 月 31 日，白團團長白鴻亮（化名，本名富田直亮，1899 -1979）
抵達臺北。

古寧頭位於金門島西北角，因中國解放軍 1949 年 10 月 25 日凌晨登陸金門引起國
共兩軍激戰而聞名，即古寧頭戰役。
圖示為為 1984 年所建古寧頭戰史館正面之戰士銅像。

金門原名浯州，因地形「固若金湯，雄鎮海門」而得名。

1949 年 10 月 25 日凌晨，中國解放軍 9 千多人登陸古寧頭，進攻金門，激戰三晝夜，大部分陣亡，3,900 多人被浮擄押於臺中干城營房；國府軍方傷亡亦相當慘重；史稱「古寧頭戰役」。

圖示為 1953 年，胡璉將軍於大武山修築軍人忠烈祠，並立將士紀念碑。

【歷史密碼】

蔣介石整建新臺軍

　　今天臺灣的國軍，是蔣介石重新整建的新臺軍，曾由日本白團花 20 年時間所協助。

　　1949 年，下野後的蔣介石曾密派赴日本東京，商請「頭號戰犯」日軍中國總司令岡村寧次籌組協助國軍撤退臺灣後之整編。蔣介石何有此舉？其間關係為何？

　　岡村寧次，為早期蔣介石留學日本於清廷所創辦之東京振武學堂之老師；1945 年 9 月，日本宣佈投降後，完成撤日軍 105 萬、日僑 75 萬人回至日本；1948 年 7 月，南京戰犯審判會議，被中共列為第一號戰犯，中國國民黨代表則力求無罪釋放，蔣介石裁決無罪，經上海軍事法庭三次審理，於 1949 年 1 月 28 日判決無罪。1949 年 2 月，回日本，接受麥帥盛

情宴會。

這一天，1949 年 7 月，岡村寧次在醫院接獲已經下野的蔣介石派駐東京之曹士澂少將所攜函件，希請協助重新整編撤退臺灣國軍使命；遂而組成後來之「日本軍事顧問團」，即所稱之「白團」。

白團所化身的「駐臺」日本軍事顧問團，主要的任務，在於協助中國國民黨軍（國民政府國軍）現代化為新的臺軍（臺灣的國軍）。前後在臺工作 20 年，蔣緯國、郝柏村皆曾為白團之學生，影響臺灣軍隊現代化甚大，並也改善後來之臺日關係。

蔣介石委託白團的任務，在團長來臺後正式展開進行那些工作？

話說，1949 年 1 月 21 日，蔣介石下野後，在尚未撤退到臺灣之末期（1949 年 7 月），即已委請日本前日軍中國派遣軍總司令岡村寧次（1945 年 9 月 9 日，於南京簽署投降書）協助訓練撤退臺灣之國軍，並於當年 11 月於重慶會見日本軍事顧問團。

白團由岡村寧次指定前戰時香港總督府參謀長富田直亮（化名為白鴻亮）擔任團長，並組成「血盟志士」成員，第一團赴臺 83 人，另約定不赴臺 11 人，合計 94 人，皆化名為中國名字。

1950 年 1 月，受委託之日本軍事顧問團（白團）成員到達臺北。駐地於臺北圓山公園附近所設圓山訓練所，目的在訓練大陸敗撤之國軍指揮官；另在石牌、湖口亦設有訓練所。

白團在臺的軍事教育訓練工作活動，持續至 1964 年 10 人回日後結束；而最後 4 位成員於 1969 年全數回國後，白團全部活動告一段落，前後 20 年。其中，最引人注目的成效，是第 32 師經訓練後成為臺灣第一精銳軍團，取名為「中山師」，並升級移防近衛臺北。而國軍「三軍大學」的創立，與白團關係密切。

由於大陸時期中國國民黨的國民政府軍隊移防臺灣仍具軍閥體質，蔣介石應有見於此，苦心招聘白團，試圖轉變這種軍隊成為現代化之國軍，對臺灣軍隊素質之進化確為居功甚偉。至於經過長期努力，對白團心目中「中國國民黨軍是否現代化為新臺軍」的投入 20 年心血，成就如何，則或為識者所肯定，歷史將有定論。

1949　11 月，臺灣省地方自治研究會修正通過「地方自治實施綱要草案」全文。

省府訂定緊急辦法，防止牛瘟蔓延。12 月，臺北縣發現牛瘟。

查禁《資本論》等反動書籍。

新臺幣與銀元券匯率暫停掛牌。

中國國民黨中常委吳忠信（1884 -1959）、外交部長葉公超（1904 -1981）抵臺。

通過〈臺灣商人對日貿易辦法〉。

《自由中國》半月刊創刊，發行人胡適，社長雷震（1897 -1979），主編毛子水（1893 -1988）。

臺灣省日產清理處及公產公物整理委員會整併，改組為臺灣省公產管理處。（1952 年 9 月公產管理處結束，日產清理業務移交臺灣土地銀行。1960 年 12 月財政部國有財產局成立，接手日產清理管理業務。）

1949　12 月，5 日，代總統李宗仁飛美。

7 日，國民政府頒佈「總統令，首都遷臺北」。大陸淪陷。8 日，行政院長閻錫山帶領內閣由成都飛抵臺北，宣佈國民政府即日起移至臺北辦公。10 日，蔣中正及總統府、行政院等官員分別由成都抵

達臺北。中央銀行、中央信託局遷至臺北。張群（1889 -1990）、吳鐵城（1888 -1953）抵臺。中國國民黨中央黨部遷臺。

新臺幣金屬輔幣正式發行。金門一帶諸島允許新臺幣流通。

訂定〈持他省身分證人民換發本省身分證辦法〉。中國大陸來臺人士身分證開始換發。

日賠償物資二千餘噸運抵基隆。

省行政會議通過省主席陳誠提出之〈實行地方自治草案〉。

各級農會及合作社合併稱為農會。

省糧食局實施全省各地食米配給。未久再宣佈食米擴大配售，以穩定糧價。

英國財政部宣佈凍結中華民國存款。臺銀暫停售英鎊、港幣、叨幣（新加坡幣）等外匯。

12 月 31 日，舊臺幣收兌最後一天。

國府軍隊撤退遷臺

1949劃時代意義：成就兩個「新中國」

1949年12月7日，中國國民黨國民政府「總統令：政府遷設臺北」。相對未久之前，於1949年10月1日，中國共產黨在北京建立中華人民共和國，正式對外宣佈另一個新中國誕生，共有兩個中國存在。而12月7日國民政府宣佈首都遷移臺北，雖說中華民國播遷臺灣，國共內戰遂因而延至兩岸持續對峙，但設首都於臺北，則無異棄守大陸南渡，臺灣成了另一個不同於大陸政權的國度誕生：臺灣蛻變為承續過去大陸舊中國的新「中華民國」的化身。顯然，這是兩岸兩個「新中國」。

自1949年，國民政府遷臺，不僅形成兩岸兩個中國，也造成國際局勢認同之混亂。雖然，韓戰促成1950年代之後臺灣與美國結盟，參與以美為首的反共圍堵冷戰體系，但至1980年代在大陸新中國與美國建交之後，以及在1990年代蘇聯解體，因而以美國為首的反共集團，也面對國際局勢變化而變易，臺灣政經不再只以美國為首的時代來臨，大陸的新中國開始逐漸影響臺灣。

這段長達五、六十年期間，臺灣所代表的中國國民黨中華民國政府，亦逐漸形塑臺灣成為「自由中國」的新臺灣。臺灣面臨政權移植於斯，吸納了大量原大陸中央政府組織，逐漸發展形成臺灣特殊的政治、經濟、社會之體制；而近200萬大量移民注入及中華文化根源之移植，臺灣遂而發展出今日特殊文化的政經體制。由於中國國民黨政府撤退大陸，播遷移植的參融經營臺灣，促進民主體制的發展，於是而有今尚屬強而有力的臺灣海洋發展經驗與全球地位，確實有異於過去大陸中國之發展模式，形成今日兩岸發展格局，屹立於世界。

1949年的劃時代意義，在於臺灣因中共政權之建立新中國，而有中

國國民黨國民政府政權之移植生根。迄至 21 世紀，經過這段歷史之塑造發展，臺灣已大異於二戰後回歸中國初期之臺灣。而今日之兩岸，實乃因中華民國已蛻變為政治上異於過去大陸之新中華民國，而自然形塑成新臺灣之發展結果，其中歷史的深沉意義為何？諸如血跡斑斑的 1949，何以臺灣仍能成為大陸中原歷史上最近被迫南遷的新據點，因而產生帶來文化重整的新世紀，更耀眼閃爍北方？而獨裁專制的軍閥政權，在臺灣又何能因此發展成為五千年大陸中原歷史上首見之自由民主之政治國度，而與當今「共產黨皇權」相對峙？凡此究源，其豈無執令 1949 造成兩岸大分裂之時代命運因素？

　　總之，1949 年之後的臺灣，若非承接兩岸過去之歷史，以及銜接全球現代化文明，在兩岸分別經過半個世紀之時代浪潮衝激的各自發展，如今在政治上、經濟上、文化上，兩岸分立的大陸中國與海洋臺灣，其形成之諸傾向豈非是構成歷史的重要關鍵。但真正促成兩岸「兩個中國」以及未來的發展，則仍然應是兩岸的重要課題。

反共絕無妥協
奮鬥才能自由
蔣中正

滿腔都是血淚，無處著悲哀，遙望中原。

四百年來民氣，滿目山河依舊，人事竟如何？生存寶島臺灣。

	公元	
1949		實施三七五減租
		（中華人民共和國成立）
		中華民國到臺灣
蔣中正時期		
1950		蔣中正復行視事
		韓戰爆發
		美援恢復
1951		公地放領
1953		施行耕者有其田
		推動四年經濟計畫
1954		蔣中正連任總統
1960		蔣中正三連任總統
1962		農地重劃
1965		美援結束
1966		蔣中正四連任總統
1971		中華民國退出聯合國
1972		蔣中正五連任總統
1974		推動十大經濟建設
1975		蔣中正逝世
1976		六年經濟計畫
1977		中壢事件
蔣經國時期		
1978		蔣經國當選總統
1979		中華民國與美國斷交
		美麗島事件
1984		蔣經國連任總統
1986		民主進步黨成立
李登輝時期		
1988		蔣經國逝世，蔣氏父子時代結束

第二部

當代之一

【第二部】當代之一
天演民國，蓬萊豎旗

1949 年豈是偶然，蔣氏父子醉臺一場，夢醒兩中歷史已花落蓮成。

命運作弄，臺灣承受國民政府「幸臨」，於是，堂堂豎起民國大纛，一舉超過半個世紀。

蔣氏父子終其後半生於寶島，堅持對抗共產中國，依美傾民主，治理臺灣化身為中華民國，乃至落土生根回不去大陸，繼而李登輝傳續，使臺灣化身為「新中華民國」。故有併稱三者為臺灣「意外之國父」之謂。

沿史觀之，孫中山生而分有兩中，這一篇為時不到半世紀立中於臺的歷史，好似冥冥中有股支配的力量主導著臺灣的走向。

當代人類把世界分類成相互衝突的陣營。

自由人文主義與社會人文主義對於人類進化的經驗各有詮釋，也互有競爭互有衝突。

至於何種經驗最有價值？卻見彼此都各自畫條線把自己與其他異類隔開，直接認定自己最優秀、最有價值。

只是，這樣的作為仍把人類原本的內部分裂，再予逐漸擴大，並累積更嚴重的對立戰爭。

現今整個世界都與人類經驗唇齒相依，但當先進超級人文科技普遍釋出，將會從根本上顛覆所有各種人文主義，那麼，未來的人類會是怎麼樣的發展？

第五章

中華民國到臺灣：蔣中正時期

同樣的 1949 年，同樣的歷史人物，由蔣介石到蔣中正，中華民國的身分卻起了不一樣的變化，國民政府遭逢時代的大調整，兩岸兩中對峙歷史上場。中華民國首都遷臺，1949 年起臺灣進入有別於大陸時期蔣介石的蔣中正時代，一直到 1965 年，也是「中華民國到臺灣」的時代。這個時代的政治特徵：上層領導者身雖在臺灣，心卻志在大陸。也是兩岸國共彼此都想消滅對方的對抗時代。

自中華民國接收臺灣，頓時，敵我變易，臺灣視野即刻轉變，局面銜接為：頃見 1945 年剛剛結束長期的對日戰爭，國民政府窮於應付戰亂，未久，隨即又面對繼之 1946 年爆發的國共內戰；尤其，1949 年中國共產黨棄離中華民國另行成立「中華人民共和國」，迫使中國國民黨領導之國民政府於年底撤退來臺。臺灣於是承繼原來的中華民國，形成與大陸中共中國隔海對立，命運分離，兩個中國並存之局於焉上演。

斯時，國民政府治理臺灣，著重在貫徹「反攻大陸」國策，及建設「反共復國」基地，因而，形成臺灣政體專制，經濟發展亦一概納入政治管制的僵化社會；國際生存則唯美馬首是瞻，政治經濟亦以美為依。這段時期亦係美援介入臺灣政經的時代（1950 -1965）。

1950 年韓戰，促使美國剛停止不久的美援於 7 月底恢復繼續援助，至 1965 年 7 月停止貸款援助，美國對國民政府撤退來臺與美國站在同一陣線以對抗蘇聯為主的共產主義，美援一共持續了 15 年。美援對臺灣的主要政治意義，就是在體制上奠定美國式的政治民主以及經濟自由。蔣中

正站穩「中華民國到臺灣」，正是美援臺灣的期間，除了政治上的地方選舉，在經濟上臺灣推動了三期四年經濟計畫，12 年期間，為臺灣奠定了由政府領導經濟建設的凱因斯發展模式（Keynesian economics），加以各項經濟管制措施與法規，形成臺灣政經一體的國家資本主義黨國體制，時間並維持半個世紀之久。

遷臺整頓初期:建立專制政體（1949～1952）

　　1949 年底國民政府首都遷臺，形成兩岸「兩個中國」政局。中國國民黨政權的基調定位在整頓臺灣反攻大陸，因此國共內戰的主軸未變，臺灣承接更加嚴峻的政治困局：「一年準備、兩年反攻、三年掃蕩、五年成功」的內壓，繼續與中國共產黨隔海峽對陣。*

　　接著由於 1950 年韓戰的情勢變化，臺灣與大陸中共中國的兩岸競賽，符合以美蘇為首的兩大集團對抗的全球冷戰策略。臺灣在政治外交上親美抗共，故而有自 1950 至 1965 年這段時間的美援貸款（共計 14.8 億美元），這是臺灣扭轉發展的重要政經因素。正值國府遷臺初期，全力致力政經體制之建立，加強政治思想管制，並配合美援（主要為民生與戰略物資、基礎建設、技術合作），目的在協助臺灣戰後恢復，復原農村運作，國府順勢推展各期「經建計畫」，以增強對抗中國共產主義集團之能力。

1949　10 月 1 日，中華人民共和國於北京宣布建立。

1949　12 月，國府播遷來臺。（美聲明不干涉臺灣方針）

　　　12 月 9 日，行政院正式在臺北市辦公並召開遷臺首次行政院會議。任前上海市長吳國楨（1903 -1984）接替陳誠為第 3 任省主席（任期：1949.12.21 -1953.4.16）兼臺灣省保安司令部總司令（1950.1.3 起）及行政院政務委員（1950.3.12 -1954.3.17），以爭取美援。

---

* 有關戰後臺灣政經及相關人權之紀事有詳細編纂，參閱薛化元、林果顯、楊秀菁編，《戰後臺灣人權年表 1945 -1960》（國史館與文建會合作出版，2008）。

蔣經國抵臺成立政治行動委員會，發展秘密警察工作。

（盟軍總司令部許可與日本民間貿易。）

吳國楨像

1950　1月，日本賠償物資 1 萬噸陸續到達。

緊急遷移北京故宮博物館文化財產至臺灣。

在臺第一次徵兵入伍。

省府通過「臺灣省縣市實施地方自治綱要」。公佈〈臺灣省防衛捐徵收辦法〉。制定〈省商赴日貿易辦法〉。許可日本公司投資。

限定外省籍民眾身分證換取期限至月底為止。

行政院發布「反共保民總體戰動員綱要」。

省府人事異動，楊肇嘉（1892 -1976）接替蔣渭川（1896 -1975）任民政廳長，陳尚文（1887 -1969）任建設廳長，吳三連（1899 -1988）任省政府委員兼臺北市長。

1950 2月，民航環島航線開航。

1950 3月，1日，蔣中正復行視事（總統），陳誠任行政院長（任期：1950.3.10 -1954.6.1）。任命蔣經國為國防部政治部（1951年5月更名為總政治部）主任。

金門發行新臺幣，總額980萬元。

省府通過本省戶口總檢計劃。4月，全省戶口總檢查。

立法院追認：行政院將全國包括海南島、臺灣一併劃作接戰區域實施戒嚴案。

號稱東亞最大之臺南製紙工廠開工。

省府為補籌愛國公債之不足，決定自4月1日起發行愛國獎券（後延於4月11日發售）。

財政廳接管全省各級信用合作社業務。

實施勞工保險。保障的範圍包括傷害、殘廢、生育、死亡及老年五種給付。

31日，總統府召開軍事會議，軍隊人數：空軍82,000人、海軍43,000人、陸軍575,000人，合計70萬人。（大陸撤退來臺軍隊人數）

東南行政長官公署於3月31日撤銷，人員與業務移轉總統府及行政院。

1950 4月，財政部宣佈實施黃金可購外匯。

省民政廳山地行政指導室統計，全省山地同胞約22萬3千人。

嚴家淦出任國際貨幣基金及國際復興開發銀行理事。

中華婦女反共抗俄聯合會成立。中國青年反共抗俄聯合會成立。

公佈〈臺灣省各級漁會與漁業生產合作社合併改組辦法〉。

立法院追認《民國38年愛國公債條例》。

省府發布「臺灣省各縣市實施地方自治綱要」，實施縣市地方自治。

省府頒布〈臺灣反共保民委員會組職辦法〉，並通令各縣市實施連保制度。

1950　5月，全省3月底人口統計，戶數1,332,905戶，人口數7,454,886人。

蔣中正演講指出：「一年準備，二年反攻，三年掃蕩，五年成功」。

〈軍人保險辦法〉公佈，6月1日起實施。

公賣局開始辦理香煙攤販申請登記，無照攤販6月將予取締。

臺灣糖業公司發表1949 -1950年砂糖生產量612,624公噸。

臺灣、美國航線開航。

省府通過〈臺灣省節約救國有獎儲蓄券辦法〉。

中華民國退出關稅暨貿易總協定（GATT），發表聲明指出：退出目的在使中共喪失關稅減讓互惠權利。

「解救大陸同胞」的口號，是自1949年國府遷臺後至1980年代中葉，國府對在臺人民的政治訴求。1980年6月，蔣經國提出「三民主義統一中國」口號，替代之前「反共復國」、「反攻大陸」、「光復大陸」之訴求。

1950　6月，美國總統杜魯門（Harry S. Truman，1884 -1972）聲明臺灣中

立化方針：

一、第七艦隊阻止中共對臺灣攻擊；

二、阻止國民政府進攻大陸；

三、臺灣的將來由聯合國檢討。

花蓮觀音山大圳太平渠竣工通水

全省印花稅實行總檢查。

行政院令：公私會計改以新臺幣為記帳單位。

韓戰（1950 -1953）爆發，美國宣布臺海中立化，第七艦隊協防臺灣。

【《阿拉伯集體安全保障條約》簽署。】

【歷史密碼】

中華民國國祚何能延續於臺灣？

　　1950 年，甫退居臺灣的中華民國中國國民黨政府，因國共內戰落敗偏困東南海島，尚且於苟延殘喘之際，又何能高姿態高唱「反攻大陸」、「反共抗俄」，膽敢以小博大？6 月 25 日是一個關鍵點，美國則是當事的主角。

　　基於韓戰的爆發，國際局勢迫使杜魯門確立了美國為首的反共陣營，以及以蘇聯為首的共產主義陣營，並開始此兩陣營的冷戰時代。韓戰使臺灣順勢納入美國反共陣營，中華民國移植到臺灣的國祚因而得以延續；「國共內戰」亦因國際化而冷卻，臺海戰事危機也得到化解。臺灣因此而與美國站在同一陣營，堅持反共抗俄，國際上依附美國，成為美國的「附庸」。

　　關鍵的 1950 年，美國改變對臺政策，採行「扶蔣反共」。目的在阻

止中共解放臺灣，以保住臺灣在美國西太平洋戰略地位，故有 6 月 27 日派遣第七艦隊「協防臺灣」之舉，而開始恢復介入中國內部事務（國共內戰）。美國「臺海中立化」政策，更使杜魯門端出「臺灣地位未定論」，企圖變相宣佈「開羅宣言（臺澎歸還中國）不再有效」，並成為美國干預臺灣問題之依據，以及為 1950 年代初期美國主張聯合國託管臺灣之先河。

總之，美國基於太平洋戰略，終而介入「中國內戰」。而在臺灣的中國國民黨政府所標榜的中華民國，亦因而躲過當時美國「把中華民國一筆勾銷方案」的窘境，繼續存活下來。臺灣的命運終於變成與美國共存的局勢。

【歷史密碼】

「一邊一國」：臺灣海峽中立化

美國海軍第七艦隊進入臺灣海峽，目的在保衛臺灣嗎？

依美國的盤計，美國第七艦隊進入臺灣海峽的任務並非在保衛臺灣，其主要任務係在掩護美國在韓作戰之側後，並在限制中華民國軍隊之對大陸發起攻擊行動，其政治意義，就是海峽兩岸：兩個新中國，「一邊一國」。

1950 年初，由於美國預估大陸中華人民共和國之中共將於 6 月攻臺，而準備將以軍事干預臺海戰爭，進佔臺灣。但中共並無行動。後因 6 月 25 日韓戰爆發，隨即美國杜魯門總統於 6 月 27 日下令第七艦隊進入臺灣海峽，被解讀為保衛臺灣；惟美國之立場實係為掩護在南韓作戰之美軍側後安全，並同時限制臺灣中華民國之中國國民黨政府之「反攻大陸」行動，避免兩面作戰之危機，故而實行臺灣海峽中立化政策。（此政策至 1953 年美國總統艾森豪於國情咨文中宣布改變，意即第七艦隊任務將不再阻止

國軍進攻大陸。）但此舉確也發揮了「保衛臺灣」之目標。

　　尤其，在中共軍隊渡過鴨綠江對美展開正面作戰，終使美國打消對毛澤東之新中國可能傾美期望，因而改變了日後影響未來發展之對臺政策，於焉開始了後來之美國軍援、經援，讓蔣介石之命運改觀，中華民國政權持續得以生存下來，臺灣亦愈加在政經上之獨特化發展，形成今日之格局。

1950　7月，公佈〈臺灣省實施地方自治綱要〉，開始臺灣地方自治。省地方自治督導委員會成立。（主任委員吳國楨、副主任委員黃朝琴）。

省府決定附加徵收全省田賦 30% 的防衛捐。

國府遷臺後首次地方自治於花蓮試辦，選舉縣議員。

臺灣省至 5 月底人口統計：戶數 1,354,318 戶，人口 7,532,591 人。

臺銀發行新臺幣 5 元券，收回破損鈔票。

7 月 31 日，美國麥克阿瑟訪臺，聲明防衛臺澎。美援開始恢復。（1948 年國府成立行政院美援運用委員會，於年底成立臺灣辦事處，並於 1949 年遷臺，同年停止援助；1950 年韓戰爆發後繼續援助，至 1965 年 7 月，停止貸款援助。）

1950　8月，總統蔣中正與聯軍總司令麥克阿瑟確立與美國間的軍事合作基礎，個別發表聲明。麥克阿瑟聲明中美共同協防臺澎。美國第十三航空隊開始駐臺。

行政院修正通過「臺灣各縣市行政區域調整方案」，將臺灣省重劃為 16 縣及 5 省轄市（原為 8 縣、9 省轄市、2 縣轄市）。

花蓮、臺東縣議會成立。臺灣省漁會成立。

總統核定第1屆國大臨時會緩予召集，因現有在臺代表僅 1,090 人，其餘大部份均未來臺。（代表總數 3,045 人，實際選出 2,961 人）

【歷史密碼】

美國主導「臺灣地位未定論」

1949 年詭譎多變的國際時局，迫使由 1948 年末以來之美國對華政策一再轉折，終因 1950 年韓戰而決定臺灣成為美國「反共橋頭堡」之命運，臺灣因而有了新生的空間。

1949 年 1 月 21 日，蔣介石在國共內戰中國國民黨兵敗如山倒瀕臨瓦解的局勢下宣佈引退，由副總統李宗仁代行總統職務。時值美國杜魯門連任總統，當時國務院之對華政策之基本方針（1948 年擬定）已不再以「中華民國」生存為考量，而係「使中國共產黨不倒向蘇聯著眼」。但由於局勢變化，美國為防止臺灣落入新中國之手，於是有「把臺灣自中國分離出來」之支持「臺獨」（自治）想法，而有後來「臺灣自治運動」之發展。

於是，美國並派有秘密特使馬禮文（亦有譯：莫成德，Livingston T. Merchant）於 1949 年 3 月來臺瞭解臺獨運動。另並秘密策動李宗仁以孫立人替換陳誠為臺灣省主席之舉。（其因可能係於 2 月中旬密會陳誠主席，要求順從美國作為，未果，故有替換人選之議。但李宗仁以無權撤換為由，而把燙手山芋推給蔣介石）。至於有另議臺灣問題列入聯合國議程，要求由美國實行軍事佔領、託管臺灣政權；此議在英國反對之下胎死腹中。（如此論點，迄至 21 世紀當今，仍有「民政府」政治團體在臺運作推展）

1949 年 8 月 5 日，美國艾奇遜國務卿發表〈中國白皮書：美國與中國之關係 — 特著重 1944-1949 年時期〉，對中國國民黨政府落井下石，對蔣介石有諸多抨擊責難，聲明停止一切軍援。接著 10 月 1 日中華人民共和國成立，美國杜魯門總統於 11 月更決定對華政策，表明「重心不再在臺灣，而在北京」，且於 12 月制定公報訓令官員「不再強調臺灣戰略重要性」。惟次年之韓戰爆發，遂而再改變美國對臺立場為反共同盟，臺灣命運正隨著美國之態度一再改變。

　　1950 年 6 月 29 日，南北韓開戰後第五天，美國第七艦隊（2 艘巡洋艦、6 艘驅逐艦、1 艘補給艦）進入臺灣海峽執行臺海中立化政策，與此有關的杜魯門聲明「臺灣地位未定論」（臺灣未來地位之決定，必須待太平洋安全恢復，對日和約簽訂，或經由聯合國考慮），更改變美國過去一向堅持「臺灣屬於中國」之立場，否定了 1950 年 1 月 5 日「美國承認中國對臺灣行使主權」之說法。柳暗花明，臺灣自此走向以依附美國而相對安定的國際環境。

　　1950 年 8 月 31 日，美國就臺灣地位再度公開聲明，應由「曾對日作戰的盟國及目前在日本駐有佔領軍各國在對日和約解決」，把臺灣的未來丟由「對日和約」簽訂來處理，也因此埋下後來多國反對臺灣參與簽署對日和約的國際紛爭。

　　惟臺灣反共堡壘的臺美同盟地位，再因 1980 年代美中建交及美國圍堵政策之不再而易變。然而，臺灣地位未定論的嚴肅問題，愈加凸顯國際強權之政策更易，迄今已進入 21 世紀仍未獲得解決。尤其，最近美國重回亞洲、太平洋的新「圍堵政策」，將再度讓美中臺關係發生變化。

國府戰後改制行政區劃

　　1950 年之前臺灣省行政區範圍並未做出太大的變革，1950 年對縣市級行政區劃做重劃，並對一些面積較大的鄉鎮做切割。

■　縣轄區為派出機關。縣治郡、支廳改制為縣轄區，不久旋即廢除。下轄鄉鎮直接受縣直轄；其他縣轄區於戰後至 1950 年地方自治期間陸續廢除，改為縣直轄。

■　蕃地原下轄於郡，戰後將蕃地切分改制成多個山地鄉。1949 年縣下各縣轄區所轄的山地鄉獨立增設一個縣轄區管制（高雄縣則劃有兩個，臺南縣因蕃地改制後只有吳鳳鄉一鄉），1951 年廢止。

■　省轄市改制時併日治原州轄市周圍鄉鎮。

■　原宜蘭市、花蓮港市則規模相差太大，特別設立縣轄市，與縣轄區同級。

■　原州轄市改制為省轄市，1950 年其中四市拆解降格為縣轄市。

■　各省轄市內另循原日治時代的區編組區。

■　基層之行政區則依保、甲改制為村里、鄰，原大字、小字則改為僅作地籍用途的地段。

表 5-1　臺灣行政區劃改制比較（日治與戰後）

日治時期		戰後改制	
一級	州、廳	縣	一級
二級	市	省轄市	
		縣轄市	
	郡	縣轄區	二級
	支廳		
三級	街	鎮	三級
	庄	鄉	
	蕃地	山地鄉	

表5-2　臺灣行政區劃改制前後與當前（2017）比較

日治時期行政區	1950 改制後之行政區	2017 之行政區
臺北州	臺北市、基隆市、臺北縣（有縣轄市宜蘭市）	臺北市、新北市、基隆市、宜蘭縣
新竹州	新竹市、新竹縣	新竹市、新竹縣、桃園市、苗栗縣
臺中州	臺中市、彰化市、臺中縣	臺中市、彰化縣、南投縣
臺南州	臺南市、嘉義市、臺南縣	臺南市、嘉義市、嘉義縣、雲林縣
高雄州	高雄市、屏東市、高雄縣	高雄市、屏東縣
花蓮港廳	花蓮縣（有縣轄市花蓮市）	花蓮縣
臺東廳	臺東縣	臺東縣
澎湖廳	澎湖縣	澎湖縣

1950　9 月，中日貿易協定在東京簽約（有效期間由 1950 年 7 月至 1951 年 6 月為止，來往 1 億美元）。

財政廳規定各銀行利息自 1951 年起不超過民法規定之最高利息（20%）。

美國對「臺灣問題」向聯合國大會提備忘錄。

省府公佈自 1950 年 10 月起恢復徵收食糧營業稅。

蔣經國命王昇（1915 -2006）主導成立政治工作幹部學校。（次年 11 月，第一期開課）

政工幹校

　　政工幹部學校源於 1950 年當時的政治部主任蔣經國設立「政治幹部訓練班」召訓政工幹部，後為健全政工制度創建「政工幹部學校」。1951 年 7 月 1 日正式成立，1970 年易名為「政治作戰學校」，2006 年 9 月 1 日改制為國防大學政治作戰學院。

政工幹校 ／ 政治作戰學校校歌（林大椿詞　張錦鴻曲）

> 看！陽明山前革命的幹部，氣壯河山
>
> 聽！復興基地反攻的怒吼，聲破長空
>
> 我們是革命的政工，我們是反攻的先鋒
>
> 三民主義的真理，指引著我們向前衝
>
> 團結三軍，動員民眾，戰鬥的任務莫放鬆
>
> 效忠偉大領袖，解救同胞的苦痛
>
> 學習的目標要集中
>
> 立萬載千秋的大志，抱青天白日的心胸
>
> 刻苦，冒險，忍辱，負重
>
> 我們是革命的政工，我們是反攻的先鋒
>
> 三民主義的真理，指引著我們向前衝
>
> 向前衝　向前衝，向前衝

1950　10 月，屏東縣政府成立。新設宜蘭縣成立。臺中、彰化、南投縣政府成立。新設桃園、新竹、苗栗、雲林、嘉義五縣成立。
　　　　省府通過〈中日貿易實施辦法〉。

臺灣銀行實施貸款緊縮措施。

立法院通過《審計法》。

臺南市議會成立。基隆市議會成立。

1950　11 月，省府公佈〈稅制改革委員會組織規程〉。省稅制改革委員會成立。

生產事業管理委員會發表 1950 年自日本輸入化學肥料 77,000 噸。

美國經濟合作總署署長福斯特（Robert A. Lovett，1895 -1986）訪臺。

行政院通過《耕地三七五減租條例》草案。

國防部政治部公佈大陸反共游擊隊成長經過，分布地區及目前武裝實力已達 160 萬人。

省府公告肥料進口由政府統籌辦理。

臺北市首屆議會成立，黃啟瑞（1910 -1976）任議長。

1950　12 月，省府公佈〈臺灣省營利事業統一發票辦法〉及〈臺灣省統一發票給獎暫行辦法〉。1951 年起試辦一年。

馬祖准使用新臺幣。

省府通過 1951 年 1 月開始實施地籍整理暨放領公地扶植自耕農兩方案。

臺灣銀行宣佈暫停接受民間自由申請結匯，恢復審查制度。

省府節約新聞用紙，將嚴格管制出版物。

行政院通過〈戰士授田草案〉，以年產穀 1,500 斤之田為準，反攻前先發給原籍授田憑據。全省辦理戰士授田已告完成，共計 2 萬 3,900 餘市畝。

中國國民黨政治行動委員會成為政府正式機關，改名為「總統府機要資料組」。

全省日產耕田清查完竣。

第 1 屆立法委員任期暫延一年。（1952、1953 年再延兩次；1954 年大法官會議確立「終身制」。）

1951　1 月，各縣設置地政事務所。金門發行為善獎券。

省府修正通過〈臺灣省公地公產整理方案〉、〈省縣山地行政機構調整辦法〉。省府制定山地施政要點。行政院頒佈〈臺灣省戒嚴時期外人進入山地管制辦法〉。

教育部禁售不印「民國年號」之書刊。

勞保統計 1950 年被保勞工 12 萬 8 千餘人，給付保險金 176 萬餘元。

美國經濟合作總署發表至 1950 年 12 月 31 日，對臺援助物資 19,252,052 美元。

臺灣區青果輸出業同業公會成立。

恢復徵收定額薪資所得稅。

省府決定在臺北、基隆、臺中、臺南、高雄五都市實施米配售。

無黨籍吳三連（1899 -1988）當選臺北市第一屆民選市長。

1951　2 月，12 縣市增設山地行政室。

國防部公佈撥配國軍公田注意事項。

省府訂定〈車輛牌照稅總檢查實施辦法〉。

總統令各機關、學校、軍隊、工廠、民眾團體每月上旬舉辦孫文紀念月會。

省府以瀆職為由，將高雄水利委員會主委余登發（1904 -1989）撤職。

中美簽訂軍事援助協定。臺灣琉球貿易協定簽定。

1951　3 月，臺北市票據交換所成立。

濁水溪澄清，地方民眾認係佳兆。

省府公告臺銀董事長免由財政廳長兼任，並任命徐柏園（1902-1980）為臺銀董事長。

1951　4月，在大陳島開始使用新臺幣。

臺北市舉行糧食座談，決組設糧食委員會，訂儲存食米計畫預存10日糧。

省府通過〈管制西藥辦法〉。公佈〈臺灣省日文書刊管制辦法〉，並設審查會。

省府通過〈臺灣省都市土地改革實施初步計畫綱要草案〉。

公佈〈取締金鈔黑市之金融措施〉，准許人民持有金鈔，但不得自由買賣。臺灣銀行公佈〈外匯結匯證買賣辦法〉。

公佈〈禁止奢侈品買賣辦法〉。可口可樂50箱不准進口（被視為奢侈品）。

中鹽公司改組為臺灣製鹽總廠。

省府發表臺灣省1950年度公營企業利潤合計新臺幣241,126,409元。

立法院通過《會計師法》。

【歐洲煤鋼共同體1951年4月18日通過《巴黎條約》，1952年7月23日生效。根據條約規定，成員國毋須交納關稅而直接取得煤和鋼的生產原料。締約國有法國、西德、義大利、比利時、荷蘭及盧森堡。】

1951　5月，開始使用國際度量衡制度。

美國軍事援華顧問團（或稱美國駐臺軍事援助顧問團，為美國軍事援助技術團MAAG所成立，於1960年12月改稱「美國駐中華民國軍事援助顧問團」）開始在臺北工作，對臺灣提供軍援、經援。（陸

軍顧問組同時成立，1977 年 9 月結束）

（1979 年 3 月 1 日，美軍顧問團停止運作，原先業務由美國在臺協
會接掌。）

圖為美援與臺灣經濟的印象

【歷史密碼】
美國不滿日本白團角色

臺灣國軍重建，由於蔣介石基於對日情感而依賴日本，美國心生芥蒂。1951 年 6 月，美軍顧問團來臺，團長蔡斯少將表達不滿國軍由日本軍人當軍官（日本軍事顧問團）。

韓戰改變了中華民國命運，臺灣國際地位由「未定論」，附身轉變為美國之盟邦。國府撤退到臺之早期，美國派有美軍顧問團常駐臺灣，但臺灣當局對主導軍事訓練任務卻對美國不信任，而委由日本軍人顧問團（白團）來執行（對白團之依賴，當然與蔣介石的心態有關）。顯然，美國仍然忌諱臺日美之間的關係微妙變化。

雖然如此，但因韓戰爆發之需要，美國基於現實考慮，原本已準備放棄臺灣（中華民國）而轉為將臺灣納為同盟國；而對蔣介石不理會美國不滿日本軍事顧問團擔任臺軍軍事教育訓練之事，此後亦便未再過問。

歷史一再證明，國家之命運以及國際間之矛盾，往往因風雲際會之變化而改變。

1951　5 月，省府公佈〈外國進口管制物資進口審查辦法〉、〈臺灣省奢侈品特許發售商店管理規則〉、〈臺灣省木材分配辦法〉。

臺灣糖業公司發表 1950 -1951 年砂糖生產量 350,793,688 噸。

中信局配售麻膠布，每戶三口者限購 10 碼。

內政部公佈電影片檢查標準。

龍捲風掠南部成災。中南部四縣洪水氾濫成災，73 名兵工為救災死亡。

美國經濟合作總署與農復會考選留美學生名單公告。（李登輝錄取社會科學門）

5月30日，立法院通過《耕地三七五減租條例》，6月7日總統公布。

行政院通過〈臺灣省放領公有耕地扶植自耕農辦法〉。

【歷史密碼】

《耕地三七五減租條例》（1951）

1951年6月7日，《耕地三七五減租條例》公布施行，規定佃農對地主繳納的地租，以全年收穫量的37.5%為上限，現有地租高於37.5%者須降至此標準，低於此標準者則不得提高。

主要規定內容：

- 地主不得預收地租，若遇歉收則應調降。
- 佃期不得低於6年。
- 租約期滿後，除非地主收回自耕，否則仍應租給原佃農。
- 地主若要出售土地，原耕作之佃農有優先承購權。
- 各縣市鄉鎮設有租佃委員會，以仲裁調解租佃糾紛。
- 農地「正產物」指稻米、甘藷等，以1947、1948的平均值為計算依據，而非依每年收穫量的37.5%重新計算，所以是定額制，而非定率制。

據統計，「三七五減租」受益農戶296,043戶，占農戶44.5%。訂約面積256,557公頃，佔耕地總面積31.4%。地租率由50%~70%減為37.5%。

1951 6月，青年黨臨全會宣佈由革命政黨改為民主政黨，並選出主席團主席。

省建設廳管制物資出口審查小組成立。

行政院通過〈中央公務員工保險辦法〉。行政院長陳誠宣佈：公教人員直系眷屬加發生活補助費20元。

臺銀發行新臺幣10元鈔票。

行政院通過修訂〈戡亂時期臺灣省准許人民入境出境暫行辦法〉，放寬限制並簡化申請手續。

美國經濟合作總署發表1950年6月5日開始至1951年5月31日止援華支出金額54,440,000美元。1951年度援華追加4,170萬美元，合計9,770萬美元。

省府規定對中共地區及蘇聯等共產國家任何貨物一律禁運。

省參議會通過稻穀收購價每公斤7角，較省政府通過價格增加1角。

省府發表第一次公有地政府出售3萬6千甲。

實施公地放領。公布〈臺灣省放領公有地扶植自耕農實施辦法〉，至1952年放領5萬14甲（佔公耕地28％）；至1958年總共放領7萬2千甲（佔39.5％），14萬佃農，平均每戶0.5甲。

公地放領

1951年6月，為扶植自耕農實施公地放領，放領耕地由政府委託臺灣土地銀行徵收，使無地之農民取得所有權。由公地管理機關及縣市政府依據法令規定之實體與程序，准許符合規定之承租農民依照規定程序申請承領，於繳清全部放領地價後，移轉土地所有權。

1951年至1976年間分九期實施耕者有其田，將公有耕地優先由承租

公地的現耕農承領；放領面積，每戶不超過水田二甲或旱田四甲；公地承領人在規定期限內繳清地價後，就取得土地所有權；共計放領 138,957 公頃，承領農戶 286,287 戶。政府收得放領公地地價稻穀 367,366,416 公斤，甘藷 1,254,768,525 公斤，由臺灣土地銀行經收撥作扶植自耕農基金。

1951　7 月，省政府通過新竹、彰化、嘉義、屏東、宜蘭、花蓮准設縣轄市。

省教育廳規定嚴禁以日語或方言教學。

臺糖公司發表 1950 -1951 年砂糖生產量 359,247 噸。

基隆防波堤完工，施工 13 年耗資 4,000 萬元。

國防部頒發 1951 年度首次徵兵令，為在臺灣的第一次徵兵令。

省府公佈〈管制各種書刊進口辦法〉。

1951　8 月，行政院通過〈臺灣省日用重要物品管理辦法〉。

省糧食局公佈〈貸放稻作肥料辦法〉，廢止〈稻谷換肥補充辦法〉。

行政院通過〈臺灣省都市土地改革辦法〉。行政院決定國營公司公有耕地先撥兩萬餘甲放領，省營公有耕地放領由省府自決。

臺鹽 10 萬噸輸日，價值 186 萬美元。

民間買賣飾金得依官價交易，不再取締。

省府訂頒〈臺灣省各縣山地推行國語辦法〉。

【《美菲聯防條約》於 1951 年 8 月 30 日簽訂，1952 年 8 月 27 日生效，有效期無限。】

1951　9 月，美國等 48 國與日本簽署《舊金山和約》，日本放棄對臺、澎主權。

竹東鐵路內灣支線鐵路通車。

《民族報》發行人王惕吾（1913 -1996）、《經濟時報》發行人范

鶴言（1898 -1973）、《全民日報》發行人林頂立（1908 -1980），合併三報為《全民日報、民族報、經濟時報聯合版》，至 1953 年 9 月改爲《全民日報、民族報、經濟時報聯合報》，1957 年 6 月 20 日改名爲《聯合報》。

行政院發布〈臺灣省臨時省議會組織規程〉及〈臺灣省臨時省議員選舉罷免規程〉。

基隆永基煤礦爆炸，6 死 3 重傷。

斗六大圳竣工。

【《美日安全保障條約》於1951年9月8日簽訂。（1960年1月19日，新的美日互助安全保障條約在華盛頓特區簽訂。）】

舊金山和約

《舊金山和約》是第二次世界大戰的同盟國各國與日本簽訂的和平條約。1951 年 9 月 8 日，包括日本在內的 49 個國家（不包括中國）的代表在美國舊金山簽訂，於 1952 年 4 月 28 日生效；起草人為美國國務卿顧問杜勒斯。

和約主要是為了解決第二次世界大戰後戰敗的日本地位問題，並釐清戰爭責任所衍生的國際法律問題，和約聲明日本承認朝鮮獨立、放棄臺灣、澎湖、千島群島、庫頁島南部、南沙群島、西沙群島等島嶼的主權權利。同意美國對於琉球群島等諸島實施聯合國信託管理。這些規定造成後來南千島群島以及臺灣等領土法律歸屬的主權爭議。

舊金山和約簽署並未解決臺灣之主權問題

1951　10 月，青果聯營委員會成立，首任主委郭雨新（1908 -1985）。

立法院通過《反共抗俄戰士授田條例》。

臺灣銀行允許第一、華南、彰化、中國、交通、土地銀行及中央信託局 7 個金融機關代理進口匯兌收受保證金業務。

泰國、臺灣、日本空航開航。

總統核令全國性公務人員考試應將臺灣省另劃試區，擇優錄取。

岡山阿公店蓄水庫竣工。

1951　11 月，高雄公告放領首期公地 300 甲。新竹公告放領 300 餘甲公地。

各縣市議會選舉臨時省議員，一共選出 55 名。

中、美商定 1952 年度經援運用計劃，總數定為美金 8,100 萬元。

1951　12 月，行政院通過〈中華民國境內外人出入居留規則〉。

糧食局在臺北市無限制配給米。糧食局在基隆市配給米。

省府決定撤廢省物資調節委員會，期間為 1952 年 1 -6 月間。

第 1 屆臺灣省臨時省議會 12 月 11 日成立。議長黃朝琴，副議長林頂立。

開始辦理全省戶口總校正，至 1952 年 1 月 31 日截止。

苗栗西河水庫竣工。

《臺灣風物》季刊創刊。

東西輸電聯絡線正式通電，東部送電 1 萬 5 千瓩到西部。

省府通過〈愛國獎券發行辦法〉。

（日本發表「吉田茂書簡」：不承認中共政權。）

1952　1 月，1 日開始施行《商業會計法》。省府恢復徵收契稅。

糧食局開始在全省各重要鄉鎮及食糧缺乏地區配給米。為徹底抑平米價，縣市鄉鎮 106 處實施配售食米。

臺灣肥料公司發表 1951 年度肥料生產量 105,429,000 噸。

臨時省議會通過〈取締地下錢莊辦法〉、〈臺灣省合會儲蓄業管理規則〉。

首期公地放領，7 萬餘農戶受惠。

1952　2 月，外交部函覆美國依共同安全法案，同意接受軍事經濟援助，承擔義務。

臺電公佈 2 月份起加徵電燈費 30% 的防衛捐及電費 10% 之防衛捐。

省教育廳通令中學生蓄髮男生不超過三分，女生留短髮，長度不過耳際。

省府撤廢「臺灣省物資調節委員會」。次月，成立臺灣省物資局。將調節國內物資供需安定物資機能納入政府正式體制，包括接收日治時期之工廠，例如臺灣鳳梨公司高雄食品廠。

1952　3月，國防部總政治部主任蔣經國宣佈整頓軍政三措施，含：實施現職軍官假退役、建立主管官任期制度及建立實踐制度。

省政府修正通過地方自治法規 15 種。

臺韓航空線開通。

1952　4月，全省地籍整理工作完成，開始土地統計工作。

教育部頒佈實施學生軍訓綱要。

生產事業管理委員會產業金融小組改制由省政府所管，並改稱「臺灣省政府產業金融小組」。

《中華民國與日本國間和平條約》（簡稱《中日和約》）4月28日在臺北簽字，8月5日雙方換文生效。（日本在 1972 年 9 月 29 日與中華民國斷交後片面廢止和約。）

【8月，日本首相吉田茂（1878 -1967）訪臺。】

中日和約（1952）

　　《中日和約》共有 14 條，主要目的為：（一）正式終止雙方戰爭狀態（戰爭行為在 1945 年 8 月 15 日已實際結束，9 月 2 日由日本簽署投降書，但在形式仍需有一和約以終止戰爭狀態。（二）確認戰後雙方關係（如處理領土、戰爭賠償、財產、人民等問題）。

　　和約重要內容包括：

1.　宣示終止中華民國與日本國之戰爭狀態。

2.　依據《舊金山和約》，日本放棄對臺灣、澎湖、南沙群島、西沙群島之一切權利。

3.　雙方國民的財產和所作要求的處置，應由中華民國政府與日本國政府間另商特別處理辦法。

4.	日本承認 1941 年以前與中國所締結之一切條約，因戰爭結果而歸無效。

5.	確認中華民國國民應包括一切臺灣及澎湖居民。

6.	有關經貿、航空及漁業協定另協商訂定。

1952	5 月，在金門發行「金門限定通用」之新臺幣。

世界衛生組織、美國共同安全總署中國分署、農復會及省政府合作實施撲滅全省瘧疾四年計畫。

行政院通過蔣經國連任國防部總政治部主任。

行政院通過〈地下錢莊取締辦法〉。

與美國訂定《中美投資保證協定》。

1952	6 月，行政院通過大學畢業生實施預備軍官軍事訓練一年。

行政院決定會計年度之曆年制改為從 7 月 1 日至隔年 6 月 30 日。

臺北市政府公佈第一、三、五、八等四個合作社倒閉案件報告。

行政院頒佈〈動員月會實施辦法〉。

省府通過〈臺灣省戶籍整理計劃綱要草案〉，決定發行新式國民身分證。

省教育廳長在臨時省議會表示：全省普通中學教員人數本省籍有 1,020 人，外省籍 2,800 人；職業學校本省籍教員有 949 人，外省籍 1,400 人。

1952	7 月，省政府通過設立榮譽國民之家四所，收容老殘除役工兵，開辦經費訂為 1,300 萬元。

宋美齡發起組織「臺灣省防癆協會」，省府將撥 450 萬元作基金。

1952	8 月，省府公佈〈臺灣省戒嚴時期戶口臨時檢查辦法〉。

推行生活節約運動自 9 月起分期實行。

1952　9 月，美國共同安全總署發表 1952 會計年度對臺灣經濟援助買進物資支出 8,148 萬美元。

1952　10 月，中國青年反共救國團 10 月 31 日成立，蔣經國出任主任（任期 1952 -1973）。華僑救國聯合總會在臺北成立。

中國國民黨第 7 屆全國代表大會選舉蔣中正為總裁，通過其手訂之「反共抗俄基本論」。

梵諦岡教廷晉升之臺灣教區總主教郭若石（1906 -1995）抵臺。

省府通過實施漁民保險。

管制物資進出口審查小組裁可煤炭輸出日本 5,000 -10,000 噸。

美軍援戰鬥機第一批運抵臺。

中國青年救國團

　　1950 年 4 月 27 日，中國國民黨成立「中國青年反共抗俄聯合會」，為「中國青年救國團」前身。

　　1952 行政院頒布〈中國青年反共救國團籌組原則〉。10 月 31 日，中國青年反共救國團宣告成立，蔣中正兼任團長，蔣經國為首任主任，隸屬於國防部總政治部，為帶有官方色彩的政治性組織。

　　1989 年依據《人民團體法》登記為社團法人，脫離政治性組織的架構，但對教育仍有所介入，高中軍訓課程的課本即由救國團下的幼獅文化出版。

　　2000 年 10 月 25 日，去掉「反共」二字，更名為「中國青年救國團」。

1952　11月，立法院通過《違反糧食管理治罪條例》。

　　　　貝絲颱風過境，南部遭受嚴重損害，91人死亡，64人重傷。

　　　　1952年度各縣市戶口總校正開始。

1952　12月，公賣局接續樟腦局業務，設立樟腦製煉廠。

　　　　臺灣煉鐵廠開爐。

　　　　鹿窟事件。臺北縣汐止鹿窟山區破獲「臺灣人民武裝保衛隊」（中
　　　　共在臺殘餘組織），400多人被捕。（石碇鄉玉桂村因而滅村）

【歷史密碼】

石碇「鹿窟事件」滅了玉桂村

　　中國國民黨官方文件指出，鹿窟山區有不少中共臺灣省委會的游擊隊在此活動。1949年6月，中國共產黨臺灣省工作委員會受命到臺灣進行內應，書記蔡孝乾主持會議，並選定臺北縣石碇鄉與汐止市交界的鹿窟作為「北區武裝基地」，蔡孝乾計畫成立「臺灣人民武裝保衛隊」。

　　調查局指稱石碇鄉公所總幹事廖木盛被中國共產黨臺灣省委會滲透擔任臺灣組織的財政部長，鹿窟村長陳啟旺是臺灣組織的主席，公共戶籍員黃碧達是總務部長，共產黨在全省共設有七個據點，石碇鄉鹿窟村是大本營，總指揮官是林松級。1952年12月28日，臺灣參議會參議員投票日當晚一名警員失蹤，引發警備總部對臺北縣石碇鄉進行戒嚴，搜索並逮捕地方人士。

　　當年軍隊動用了一萬多名的兵力團團包圍住這一帶山區，世居於此的事件受難者被一一緝捕，並關押在鹿窟菜廟（今光明寺）裡審問拷打，許多受難者被屈打成招，含冤莫白。根據統計，汐止、石碇等地被捕的人約

有 400 多人，並被判以不等的刑期。有 35 人被判死刑槍決，自首無罪和不起訴者 12 人，其餘 98 人被判有期徒刑，其中連未成年的兒童也要坐牢，刑期合計 865 年。

鹿窟事件後，玉桂村遭遇清鄉滅村的命運，被劃入豐田村，從此在地圖上消失。

臺北縣政府 2000 年 12 月 29 日在當地建碑紀念（南港、汐止、石碇交會之處，光明寺附近），鹿窟事件紀念碑文，全文如下：

> 1947 年，228 事件爆發。1949 年，國民政府撤退來臺，政局動盪不安，厲行威權統治，肅殺氣氛瀰漫全臺。
>
> 1952 年 12 月 29 日凌晨，軍警包圍鹿窟山區，逮捕被疑為中共支持的武裝基地成員之村民，至 3 月 3 日為止。其間因案波及，於 2 月 26 日至瑞芳圍捕，3 月 26 日又至石碇玉桂嶺抓人。前後近四個月，牽連者 200 多人。經判決死刑者已知 35 人，有期徒刑者百人，是 1950 年代臺灣最重大的政治事件，史稱鹿窟事件。
>
> 鹿窟村民被捕之後，多移送鹿窟菜廟（今光明寺）。未經對質查證，即以刑求逼供所得自白或他人供詞，加以定罪，造成無數冤魂和牢獄折磨，以致家破人亡傷痛欲絕。
>
> 今日立碑，除追悼冤魂，緬懷往事，更要記取當時任意逮捕判刑，踐踏人權的教訓，共同攜手為建設臺灣成為民主法治、公平正義的社會而努力。

臺北縣政府 2000. 12. 29

1952　（氫彈研製成功）

　　1950 年 1 月，美國總統杜魯門鑑於蘇聯 1949 年進行原子彈引爆測試，決定研製氫彈；1951 年 5 月美國進行核武器實驗（氫彈）爆炸【泰勒－烏拉姆設計方案：愛德華泰勒（Edward Teller，1908 -2003，）－烏拉姆（Stanis aw Marcin Ulam，（1909 -1984）】；1952 年 11 月，成功進行氫彈試驗爆炸。泰勒被譽為「氫彈之父」。1953 年 8 月，蘇聯實驗世界上第一顆實用氫彈。1955 年英國進行研製，1957 年第一次測試，1958 年核試驗成功。其後，中國、法國於 1970 年代、印度於 1980 年代投入核武研製。巴勒斯坦於 1990 年代、北韓於 2000 年代及 2010 年代，分別進行核試。

氫彈試爆

推動經建計畫:管制經濟之發展（1953~1959）

　　經過三年的整頓，國府在臺灣站穩了統治地位。一方面，在美國堅定力挺下，對外穩定了國際外交地位；一方面，在臺灣內部建立新政經管制體制，推動土地改革，強化了中國國民黨的強勢領導。

　　接下來的1950年代，臺灣繼續土地改革，另開始推動各期經建計畫，企圖在經濟上能自立自足，美援扮演動力催生的角色。而政治上，則仍發展專制模式，強力掌控一切資源，主要之環境因素仍係兩岸依然緊張對峙；其間，吳國楨事件、孫立人事件，以及金門砲戰等，皆見內外部危機，莫不隱含政治之複雜性因素。

　　不過，一切皆在控制之內，臺灣內部逐漸適應中華民國到來的國府統治。專制獨裁的中國國民黨政權在臺灣根本上已掌握穩定條件，鮮少有挑戰，因而得以大力進行政經改革。此階段的時代特徵就是計畫經建，並為管制經濟體制奠基。

1953　1月，實施第一期四年「經建計畫」。

　　　　立法院通過《實施耕者有其田條例》，1月26日總統公佈。（1993年7月30日廢止）

　　　　西螺大橋通車。

　　　　臺灣銀行發行「大陳島限定流通」新臺幣100萬元。

　　　　天花傳染病開始在臺北市大安區蔓延。

經建計畫是美援的產物

1952年，臺灣省政府參照「美援運用委員會」懷特顧問工程公司所擬的「1952至1955會計年度工業計畫草案」及行政院經濟設計委員會經濟組所擬的「臺灣生產建設四年計畫草案」，改編成「臺灣經濟四年自給自足方案」，目標期在1957年起能夠自給自足，不再仰賴外援。為付諸實現，於1953年7月將原行政院財政經小組委員會改組成立行政院經濟安定委員會，負責經濟計畫，將「自給自足方案」更易為「臺灣經濟建設四年計畫」，為臺灣第一個推行之經濟計畫。

第一期經建四年計畫（1953-1956）係經濟安定委員會依據臺灣省政府「臺灣經濟四年自給自足方案」改訂。由於經濟安定委員會在1953年7月成立，計畫雖由年初開始實施，俟計畫設計完成，1953年已成過去，故當年列實際數字，1954年至1956年列計畫目標數字，內容範圍僅包括農業及工業兩個部門，無全期完整之總體計畫。

農業部門計畫設計由經濟安定委員會第四組邀集中央及地方農業主管機關、公營事業代表、學者專家、外籍顧問六十餘人，組成糧食作物、特用作物、林業、漁業、畜牧、水利建設等六個審議小組，參照當時經濟發展情況及可能性，修訂自給自足方案，訂立生產計畫原則及1954年生產目標，再由臺灣省政府會同農業復興委員會、經濟部漁業增產委員會釐訂各項細部方案送經濟安定委員會彙編農業生產實施方案總綱，1955年及1956年實施方案，先行檢討前年度計畫執行情形後，再予編製，係採取逐年設計次年度實施方案作法，包括農作物、林產、水產、畜產、水利等計畫。

工業部門當時交通運輸計畫列在工業部門內，考量財力、技術層面，

不足以全面發展，乃擬定四項原則：1、採重點發展方式，但仍保持各產業之平衡發展。2、增產目標按國內外市場需求為標準。3、充分利用現有設備、原料及副產品。4、擴充生產與改進生產同時並重。依此原則彙編工業部門計畫，將 1954 至 1956 年之主要生產目標全部訂出，包括 1953 年的四年工業生產及交通營運目標，各年所需臺幣及外匯投資金額，然後每年檢討執行後，再予修訂次年度生產目標，包括礦業、製造業、電力、交通運輸等計畫，農工兩大部門係分別提出，並未彙整。第一期經建計畫實施以來，使農工生產順利增加，投資環境得以改善，對外貿易迅速展開，各部門、產業尚能平衡發展。

1957 至 1960 年第二期經建四年計畫，將交通運輸等八類計畫自工業部門中分出成獨立部門，並增加專案計畫、國際貿易與收支計畫及財政金融配合措施等。

1961 至 1964 年第三期經建四年計畫，除農、工、交通運輸三部門外增加社會建設、國際貿易及國際收支計畫，並將石門水庫興建專案計畫改為一個獨立完整的計畫，社會建設計畫包括國民住宅興建、公共衛生、都市建設、培養技術人才等，國際貿易及國際收支計畫則包括改進外匯貿易管制制度、推廣出口貿易、調節進口物資、減少外匯差額、改善國際收支等。

1965 至 1968 年第四期經建四年計畫，根據「十年長期經濟發展計畫」前四年之計畫而編訂，由於十年計畫期間較長，涉及因素較多，未來變化難測，未予核定，但兩者總體設計上並無二致。

1969 至 1972 年第五期經建四年計畫，編訂上大致仿照第四期方式，利用計量經濟學原理，建立繁複而完整的成長模型，取消社會建設部門，將都市與社區發展，人力發展擴大為兩個獨立部門。

1973 至 1976 年第六期經建四年計畫，將都市及社區發展部門更名為都市及區域發展部門，交通運輸部門改為運輸通訊部門。執行結果是因 1975 年世界經濟情勢衰退影響，國內經濟社會急劇轉變，中途停止本期計畫，另以六年經建計畫取代。

　　六年經建計畫（1976-1981）在運輸通訊部門中，加入水資源、土地資源開發利用計畫，併為基本建設部門，都市區域發展與人力發展部門，增列國民保健及社會福利計畫，合併為社會建設部門。

　　臺灣經濟發展的設計在低度開發時期，有經濟計畫的概念，但實際執行的機構付之闕如，為穩定及重建經濟，所採取的措施，都是局部性的解決當前問題為首要，如幣制改革，物價直接管制，加強外匯貿易管制，實施土地改革，成立「臺灣生產事業管理委員會」，策畫設立在臺國營、公營生產事業等，期以迅速增加生產，緩和物資短缺與通貨膨脹，將有限資源的合理分配，以符合國家最佳利益，並非有計畫的建立長期經濟發展計畫。

　　臺灣經濟設計在 1950 年代運用土地改革，復興農村，提高社會生產力及購買力為主，1960 年代以鼓勵儲蓄、投資、增產、出口為主，1970 年代調整總資源，兼顧農工及公共投資，縮短所得差距，1980 年代以消弭通貨膨脹，維持經濟穩定為主，1990 年代以實現充分就業，重視環境保護、勞動資源為主。

【歷史密碼】

「耕者有其田」政策的爭議

1953 年 1 月 26 日公佈《實施耕者有其田條例》，規定地主可保留水田三甲或旱田六甲，其餘由政府用徵收補償方法交佃農承租耕種。地主免徵耕地，政府強制徵收地主超額之出租耕地，附帶徵收地主供佃農使用收益的房舍、曬場、池沼、果樹、竹木等定著物的基地，放領給現耕農民。1953 年 12 月完成，計徵收放領耕地 139,249 公頃，創設自耕農戶 194,823 戶。放領的地價，以耕地正產物（稻穀、甘藷）全年收穫總量 2 倍半（分十年均等攤還）。徵收方面，補償地主 70% 為政府發行的實物土地債券（分十年均等償付，並加給年息 4%），30% 為水泥、紙業、工礦、農林等公營事業股票（一次給付）。

耕者有其田政策對於臺灣資本集中有相當的幫助，當時的小地主在土地被徵收後陷入貧窮的局面、加上對國民黨政權的不信任，故大皆出售（政府給予之補償）股票；一些富人可以以低價收購股票，資本集中對工業化有一定的幫助。

耕者有其田政策實行最大負面影響，是地主的定義太嚴苛、讓許多僅有小面積的中產階級在土地被徵收後，生活陷入困境。據當時立法院內政考察團估計，受打擊高達 200 萬人。

三七五減租與耕者有其田政策有違憲爭議。大法官會議曾做出：78 號、124 號、125 號、128 號、347 號、422 號、561 號、579 號、580 號、581 號等一連串解釋。釋字第 580 號之解釋宣告 1983 年 12 月 23 日增訂之減租條例第 19 條第 3 項規定，要求出租人補償承租人，無異於承擔承租人之生活照顧義務，該規定不當限制出租人之財產權有違憲意旨。大法官決議該規定自本解釋公佈日後兩年內失效（失效日為 2006 年 7 月 9 日）。

1953 2月，美國發表解除臺灣中立化，不阻止「臺灣反攻大陸」。

新竹青草湖水庫舉行開工典禮。

臺北市實行憑戶口配售食米，每隔五日或十日可購買一次。

福建省金門縣政府成立。

外交部長發表聲明，宣告中蘇友好同盟條約及其附件為無效。

（日本 NHK 電視開播。）

1953 3月，原「澎湖防衛司令部子弟學校」遷至彰化員林，更名為「教育部特設員林實驗中學」。（專為安頓以山東籍為主之流亡學生而設立）

各縣市開始耕地複查。

信用合作社聯合社成立。

1953 4月，吳國楨辭省主席，任命前中央銀行總裁、財政部長俞鴻鈞（1898 -1960）接替第 4 任省主席（任期：1953.4 -1954.6）。

臺北、士林發現腦膜炎。

【美國詹姆斯·華生（James Dewey Watson，1928 -）、英國佛朗西斯克里克（Francis Harry Compton Crick，1916 -2004），英國莫里斯·威爾金斯（Maurice Hugh Frederick Wilkins，1916 -2004 年）以及英國羅莎琳·富蘭克林（Rosalind Elsie Franklin，1920 -1958）分別發現遺傳物質的基本結構 DNA。（前三者共同獲得了 1962 年的諾貝爾生理學或醫學獎，後者因病逝無緣得獎。）】

1953 5月，政府聲明：凡進入我國自由地區的任何商輪，必須保證卸貨後 60 天內決不駛往匪區，違者永遠不准再來我國。

1953 6月，立法院通過《臺灣省內菸酒專賣暫行條例》。7月7日公布施行。（2002 年 5 月 22 日公布廢止）

1953 7月，行政院經濟安定委員會成立（主任委員俞鴻鈞），為行政院
與省政府間財經政策、農工生產計畫，以及其他重要措施之設計、
審議與聯繫之機構。（1958年8月裁撤）

〈民營工業進口原料外匯配額辦法〉開始實施。

越南撤退之政府軍（3萬餘「富臺部隊」，被法軍解除武裝，集中
軟禁在富國島，自6月2日起分批來臺）抵達臺灣（整編為海軍陸
戰隊）。統率留越軍民之黃杰（1902-1995）將軍抵臺。

灌溉蘭陽平原之萬長春圳舉行通水典禮。

7月27日，行政院頒佈〈臺灣省戒嚴期間新聞紙雜誌圖書管制辦
法〉，限制各類出版品刊登內容，對於內容不當之報紙雜誌及書籍
進行管制，由各地駐軍、警察及憲兵負責查禁。

【簽訂《朝鮮停戰協定》，以北緯38度線劃分南北韓。簽訂《美
韓安保條約》】

【歷史密碼】

箝制思想、言論的行政命令

依1953年7月27日公布之〈臺灣省戒嚴期間新聞紙雜誌圖書管制辦
法〉規定，所有出版品必須於發行時檢送臺灣省保安司令部（後改為警備
總部及地方警察局）並檢查。審查後如認定該出版品違反該處分，即扣押
且發文各單位不准陳列。目的在限制新聞、雜誌、圖書、標語與相關出版
品內容，成為箝制思想及言論自由的殺手鐧。

箝制臺灣人民思想、言論之工具，除了管制辦法外，相關查禁法源尚
有《出版法》、《出版法施行細則》、《刑法》。1970年5月22日，行

政院重新制訂〈臺灣地區戒嚴時期出版物管制辦法〉並廢止〈臺灣省戒嚴期間新聞紙雜誌圖書管制辦法〉。規定凡是中國大陸出版品一律查禁，而各類出版品亦不得有違反國策、危害治安等內容。

　　戰後，警備總部以違反〈臺灣地區戒嚴時期出版物管制辦法〉第 3 條第 5 款違背反共國策者、第 6 款淆亂視聽，足以影響民心士氣或危害社會治安者、第 7 款挑撥政府與人民情感者予以查禁查扣處份。1980 年代黨外書刊大量湧現，形成查禁書刊 的高潮。例如：《進步》、《深耕》、《自由時代》系列、《蓬萊島》等。

　　出版法與出版物管制法令等結合運作，不僅箝制言論自由讓知識份子噤聲，也讓許多人權鬥士成為政治罪犯。1987 年 7 月 15 日，戒嚴令解除，〈臺灣地區戒嚴時期出版物管制辦法〉隨之失效；1992 年 8 月警備總部裁撤，「禁書」才在臺灣社會消失。《出版法》於 1999 年 1 月 25 日廢止，結束臺灣書刊審查歷史。

1953　8 月，第一期預備軍官結訓，於鳳山舉行畢業典禮。

　　　妮娜颱風通過東北部，災情慘重。

1953　11 月，立法院通過《陸海空軍軍人保險條例》。

　　　臺灣省整理戶籍會報成立，全省國民身分證及戶口名簿定 1954 年 1 月開始換發。

　　　衛生院發表白喉蔓延。

　　　行政院經濟安定委員會通過統一水泥售價、原棉進口免防衛捐。

　　　曾文溪大橋重建通車。

　　　滇邊第 10 批游擊隊員抵臺，來臺游擊隊人員達 1,129 人。1954 年

3月，滇緬邊區志願反共游擊隊第二期接運工作結束，抵臺人數共
3,451 名。

美副總統尼克森（Richard Nixon，1913 -1994）訪臺。韓總統李承晚
（1875 -1965）訪臺。

1953　12月，省府委員會通過〈流動人口登記辦法〉。

省糧食局長宣佈本省稻米空前大豐收，政府準備隨時拋售。

糧食局在高雄、臺南兩市配給米。

1954　1月，行政院新聞局成立。行政院設立反共義士就業輔導處。韓國
來的反共戰俘總計 14,619 名。

司法院公佈大法官會議通過釋字 31 號解釋文：確認第 2 屆立法委
員及監察委員未能依法選出集會以前，應仍由第 1 屆立法委員、監
察委員繼續行使職權。

1954　2月，14,000 餘名反共義士，分別在大湖、下湖、楊梅三地開始接
受就業輔導教育，分四區舉行開學典禮，並簽訂救國公約。4月，
恢復平民之反共義士 13,000 多人再入營。

中國國民黨中央委員會選出蔣中正為第 2 任總統候選人。蔣中正提
名陳誠為副總統候選人。陳誠仍任行政院長。

行政院政務委員吳國楨向美國合眾社記者發表對臺灣之政見，認為
政府過於專權。3月，撤免吳國楨政務委員職務。

實施 1954 年度全省戶口總檢查。

臺灣省四健會首屆年會揭幕。

省府公告自 3 月 1 日起實施限期出售餘糧。

1954　3月，警察廣播電臺開始播音。

行政院美援運用委員會與美國共同安全總署簽定以美援做為國家基

本資源開發。

行政院通過〈信用合作社辦法〉、〈臺灣紡織品外銷辦法〉。

臺灣省山地 9 族中文名稱由內政部確定為：泰雅、賽夏、布農、曹、魯凱、排灣、卑南、阿美、雅美。

1954　4 月，立法院通過《引渡法》、《聯合國鴉片會議議定書》。

1954　5 月，楊傳廣（1933-2007）獲得亞運 10 項運動金牌。中華民國宣佈退出奧林匹克委員會。

美總統艾森豪（Dwight David Eisenhower，1890 -1969）特使符立德（James A. Van Fleet，1892 -1992）上將訪臺。

省建設廳解除鋁、針織品及鹽素酸三種製造工場之限制設立（但火柴、石鹼、橡膠及毛紡織四種限制依然有效）。

省府實施結購外匯加徵防衛捐辦法。

1954　6 月，俞鴻鈞接任行政院長（1954.6.1 -1958.7.15）。前財政部長嚴家淦（1905 -1993）任省府主席（第 5 任，任期：1954.6 -1957.8）

任尹仲容（1903 -1963）為行政院政務委員兼經濟部長。（另兼 1953 年 7 月成立之經濟安定委員會下工業委員會召集人，1958 年兼外匯貿易審議委員會主任委員，1961 年兼臺灣銀行董事長，對建構臺灣有計畫的自由經濟、推動外匯改革及鼓勵出口與經濟發展有深遠影響與貢獻。）

日本歸還於大戰期間劫掠之鑽石 1,735 粒（共重 368.17 克拉）運抵臺北。

1954　7 月，政大復校籌備委員會成立。（11 月 24 日，臺北復校）

立法院通過《外國人投資條例》。

省府開始徵收木材、紙及電燈泡等之貨物稅。

【1954 年 7 月 21 日九國外長（柬埔寨、北越、法國、寮國、中華人民共和國、南越、蘇聯、英國和美國）共同達成協議，簽定《日內瓦協定》：自北緯 17 度分割南北越南。】

1954　8 月，美國經濟顧問團訪臺。

立法院通過《實施都市平均地權條例》，8 月 26 日總統公布，明定規定地價、照價徵稅、漲價歸公等辦法。

內政部對《中國新聞》等 10 家「不良雜誌」予以定期停刊處分。

8 月 22 日，中國共產黨和各民主黨派，人民團體聯合發表《解放臺灣聯合宣言》宣告「臺灣是中國的領土，中國人民一定要解放臺灣。」

1954　9 月，第一次臺海危機：93 砲戰。（1954 年 9 月 3 日，中國解放軍對金門發動榴彈炮突擊。1955 年 1 月 18 日，解放軍佔領一江山島。2 月 8 日至 11 日，美國海軍協助將大陳島軍民撤退至臺灣。）

蔣中正令國防會議副秘書長蔣經國仍全權督導國防部總政治部。（仿蘇聯建立國軍政戰系統制度所建制，主要為安排政戰官監軍。）

（毛澤東任中華人民共和國國家主席。東南亞公約組織在 1954 年 9 月 8 日簽訂，於 1955 年 2 月 19 日在泰國曼谷成立，由美國主導，目的在牽制亞洲的共產主義勢力，後因為越戰失利而喪失功能，隨著多個成員國陸續退出於 1977 年 6 月 30 日解散。）

【歷史密碼】
政戰體制的建立

臺灣國軍政戰體制度乃師法蘇聯政工體系而設置。

黃埔軍校創立以來就有政工制度，1925 年 6 月，黃埔軍校開辦政治訓練班為培訓政工幹部之始；接著於國民政府軍事委員會下設「政治訓練部」，正式建制國軍政工體系。

　　1950 年 4 月政工改制，原「國防部政工局」擴編為「國防部政治部」，由蔣經國擔任主任。1951 年 5 月更名為「國防部總政治部」，並成立「政工幹部學校」（今國防大學政治作戰學院）。1963 年 8 月再更名為「國防部總政治作戰部」，不僅專管軍中黨務、政治教育、心戰和監督軍人，而且還通過退役軍人涉足民間政治和社會界，從事各種特務活動。

　　2000 年 1 月 15 日「國防二法」完成立法，政戰制度法源確立。在《總政治作戰局組織條例》完成法制程序後，2002 年 3 月 1 日，總政治作戰部再改組為「國防部總政治作戰局」。其後，國防部為配合行政院「組織改造」及「募兵制」政策推動，通盤檢討包含總政戰局在內的國防部所屬機關組織法制修訂，2012 年 12 月 12 日，《國防部政治作戰局組織法》公布施行。2013 年 1 月 1 日，依《國防組織六法》（國防部、參謀本部、政治作戰局、軍備局、主計局、軍醫局組織法）進行組織調整，更銜為「國防部政治作戰局」，並確立局長職階為中將位階。

1954　10 月，立法院通過《中華民國國徽國旗法》。

　　　行政院通過〈實施耕者有其田案公營事業移轉民營輔導辦法〉。

　　　美國第七艦隊旗艦抵基隆。（11 月 9 日，蔣中正登上潛艇討論大陳撤守）

1954　11 月，成立「行政院國軍退除役官兵就業輔導委員會」，統籌規劃辦理退除役官兵就業輔導及安置事宜，嚴家淦任主任委員（任期：

1954.11.1 -1956.4.24）

臺灣水泥公司轉移民營，新舊任董事會辦理交接。臺灣紙業公司轉移民營後召開第一次股東大會。

竹東自來水廠舉行通水典禮。

光復大陸設計研究委員會成立，直屬於總統府，副總統陳誠兼任主任委員。（1991 年廢除）

1954　12 月，臺灣金銅礦務局改為臺灣金屬礦業股份有限公司。

公營企業民營轉移輔導委員會制定農林、工礦兩公司之出售辦法。

《中美共同防禦條約》12 月 3 日在美國首府簽訂，次年 5 月生效。（1980 年 1 月 1 日終止）。

臺灣首度大學聯招。

國民大會同意無限期延長在臺施行《動員戡亂時期臨時條款》。

【歷史密碼】

臺灣納入美國依賴關係

　　臺灣與美國正式軍事結盟的密切進行，反映在 1954 年 9 月 9 日美國國務卿杜勒斯訪臺，三個月之後，於 12 月 3 日美國與中華民國在華盛頓首府簽署《中美共同防禦條約》；當天，助理國務卿羅伯遜（Walter S. Robertson）來臺。

　　在臺灣的中華民國與美國簽訂《中美共同防禦條約》，該條約以軍事為基礎，包括政治、經濟、社會等合作條約。臺灣進一步納入美國東南亞保安組織，成為美國協防範圍，表示臺灣與美國達成軍事同盟。因此，在國際上獲得美國之安全保障。

雖然獲得國際之安全保障，但臺灣亦自此受制於美，終而成為以美國為首對抗蘇聯共產集團之圍堵政策之一環。臺灣與日本、菲律賓等，共同構成美國西太平洋圍堵地理第一島鏈，政治外交即以美馬首是瞻，連經濟發展亦形成傾美依賴。

1955　1月，立法院通過《水利法》第 3 條及第 38 條修正條文；明定水利自治團體為公法人。

　　　省衛生處表示，彰化發現天花病例。

　　　經濟部成立大甲溪開發計畫委員會。公佈〈臺灣農林、工礦公司的民營移轉分期付款辦法〉、修正公布《臺灣省內菸酒專賣暫行條例》。

　　　美國海軍第七艦隊司令蒲賴德（Alfred Melville Pride，1897 -1988）中將抵臺北。美國太平洋艦隊總司令史敦普（Felix Budwell Stump，1894 -1972）訪臺，5月，美國太平洋艦隊總司令史敦普上將突然抵臺，晉見總統蔣中正。

　　　開始籌建「中興新村」。

　　　美國會通過「臺灣決議案」。（福爾摩沙決議案，援權美國總統可以在其認為有必要時，派遣美軍到臺灣、澎湖群島，協助中華民國政府防衛該地區。1974 年 10 月 26 日廢止。）

1955　2月，大陳島撤退（國防部「金鋼計畫」，由美國海軍第七艦隊動用 132 艘艦及 400 架飛機支援，協助撤退 2.8 萬軍民）。

　　　全省實施戶口普查。

　　　行政院外匯貿易審議委員會成立。（掌理輸出入審查及外匯管理相關業務，1968 年 12 月裁撤。1969 年 1 月，貿易業務劃歸經濟部，

成立「國際貿易局」，外滙業務改歸中央銀行。）

1955 3月，美國國務卿杜勒斯（John Foster Dulles，1888 -1959）訪臺。（次年3月再度訪臺）

農林公司完成移轉民營手續。臺灣工礦公司移轉民營後之第一屆股東大會召開。由經濟部臺灣鋁廠改制之臺灣鋁業公司成立。

省糧食局在各地擴大實施米配給。

1955 4月，省建設廳發表至1954年底，登記工廠設立14,392家。

淡水漁港碼頭全部竣工。

省府改進各級漁會進入實施階段，改組基層，設立入會登記站登記會員。

美國第七艦隊在臺北設立「臺灣聯絡中心」。

行政院決定，提前發給戰士授田憑證。

中國國務院總理周恩來在印尼「萬隆會議」（Bandung Conference，第一次亞非會議）宣稱願與美國談判，討論和緩遠東緊張局勢的問題，特別是和緩臺灣地區的緊張局勢問題。（第一次臺海危機解除）

1955 5月，臺灣金銅礦物局改組為臺灣金銅礦業股份有限公司。

臺灣省合會儲蓄事業協會成立。

實施公地受領農家總檢。

孫立人（1900 -1990）事件。

繼1954年8月前陸軍軍官學校校長孫立人被扣禁，1955年5月25日，鳳山陸軍軍官學校第四軍官訓練班同學會等被捕600餘人。8月，孫立人因部下涉及中共間諜案，免總統府參軍長職，蔣中正下令成立調查委員會（以陳誠9人構成），進行調查。（8月，被判處「長期拘禁」於寓所，直至1988年5月解除「監護」。）

紀念孫立人將軍的地標有兩處，一是臺中市政府文化局將孫立人故居整建的「孫立人將軍紀念館」（孫家財產），於 2010 年 11 月 21 日揭牌開幕；一是位於屏東的孫立人官邸（軍方於 1955 年改為空軍招待所，1997 年移交予屏東縣政府），縣政府文化局於 2005 年改為「屏東縣族群音樂館」，2017 年 4 月再將這幢歷史建物正名為「孫立人將軍行館」。

1990 年，李登輝總統頒發褒揚令給予褒揚：

總統府前參軍長除役陸軍二級上將孫立人，學精韜略，性稟剛方，早歲自美國維吉尼亞軍校畢業，歸國陳力，歷經剿匪、抗戰、戡亂諸役，南北馳騁，戰績彪炳，洊膺團、師、軍長、陸軍副總司令、總司令兼臺灣防衛總司令等職，勳猷卓著。尤以抗戰時遠征緬甸，解仁安羌盟軍之圍，復破頑敵，打通中印公路，揚威異域，馳聲宇內。來臺後，組訓新軍，鞏固復興基地，益宏靖獻。茲聞溘逝，軫悼殊深，應予明令褒揚，用昭勳藎。

總　　　統　李登輝
行政院長　郝柏村
中華民國 79 年 12 月 7 日　典璽官　甯紀坤

【1955 年 5 月 14 日，蘇聯與東歐簽訂《華沙公約組織》。東歐社會主義國家除南斯拉夫以外，全部加入華約組織；在亞洲方面，除中華人民共和國和朝鮮民主主義人民共和國之外，其他社會主義國家都是華約組織觀察員。華約於 1991 年 3 月 31 日停止一切活動，1991 年 7 月 1 日在捷克首都布拉格簽署終止華沙公約議定書，華沙公約組織正式宣布解散。】

【歷史密碼】

孫立人事件

孫立人事件係指其兵變案，為 1955 年發生之臺灣白色恐怖時期政治冤案。陸軍上將孫立人部屬少校郭廷亮預謀發動兵變，宣稱孫立人「縱容部屬武裝叛亂，窩藏共匪，密謀犯上」，將他軟禁，孫立人部屬有 300 多人受到牽連下獄。此事件由蔣中正與蔣經國主導，但動機仍未有定論。

1949 年 3 月，孫立人任臺灣防衛司令，但孫部屬陸續遭指控為匪諜而入獄。1950 年 3 月，蔣中正宣布視事總統，任命孫立人為陸軍總司令。3 月孫立人部屬有多人又被誣告為匪諜，之後被監禁。1955 年 8 月 20 日，孫立人被解除一切職務，無限期軟禁。1988 年 5 月，李登輝總統下令解除長達 33 年之軟禁。

1955 年，監察院由監委陶百川等 5 人組成調查小組，於 11 月 21 日提出「孫立人將軍與南部陰謀事件關係調查報告書」，監察院長于右任於 12 月 15 日院會中裁示「不作決議」。調查報告於塵封 45 年後的 2001 年 1 月 9 日公布，明確認定孫立人並無叛亂行為與意圖。2014 年 7 月，第 4 屆監委李炳南、馬秀如、余騰芳、趙榮耀提出調查報告，為孫立人平反，認定郭廷亮等人並非匪諜，郭廷亮並未著手實行叛亂。孫立人謀叛無確證。

1955　7月，石門水庫建設籌備委員會成立，1956年7月開工（1964年6月竣工）。

推動建設高速公路系統。

龍捲風肆虐新竹五分鐘，毀屋200餘家，傷3人。

1955　8月，臺南縣新化鹽水埤水庫開始通水。

1955　9月，臺灣銀行發行新10元券。

1955　11月，水資源統一規劃委員會成立。臺電南部火力發電所啟用。

臺北市米價一日三次上漲。

立法院通過《華僑回國投資條例》。

美軍協防臺灣司令部在臺運作。【在臺美軍約5,000多人，眷屬約4,000人，第一任協防司令由第七艦隊司令蒲賴德兼任，第二任殷格索（Stuart H. Ingersoll，1898 -1983）於12月21日到任。】美國太平洋艦隊總司令史敦普上將五度訪臺。

玄奘法師靈骨由日本運抵臺灣。（在中日戰爭期間，日本人在南京取走玄奘法師的頂骨舍利，供奉在日本崎玉縣慈恩寺，戰後送中華民國佛教協會部分頂骨舍利，1955年迎靈骨來臺，暫時安奉於苗栗獅頭山開善寺。1958年安奉於日月潭畔的玄光寺。1965年11月，玄奘寺建成後，靈骨遷迎入。）

1955　12月，淡水漁港竣工典禮。

立法院通過修正《所得稅法》及通過《中華民國45年度所得稅稅率條例》，規定綜合所得「超過90萬元者就其超過額課78%」，實際徵收時，尚須附加臺灣省防衛捐30%，即納稅人全年所得淨額超過30萬元者須納稅稅率達100.4%。

1956　1月，竹南煤礦災變死2人，8人不明。

石門水庫輸水隧道開通。東勢各界成立委員會促進完成豐東鐵路。

農業普查委員會成立。

實踐女子家事專校核准成立，秋季招生。

臺灣省政府由臺北市（今行政院址）疏遷至南投縣中興新村辦公。

1956　2 月，北高間柴油特快車開始行駛。

NC0310 甘蔗新品種在臺推廣成功，紀念碑於虎尾揭幕。

美國經濟合作總署發表 1956 會計年度對華援助 6,290 萬美元。

中共砲轟金門。

2 月 28 日廖文毅（1910 -1986）在東京成立臺灣共和國臨時政府，並就任大統領。1953 年創刊的《臺灣民報》，由劉吶明主編，臺灣共和國臨時政府成立後為其機關報。

1956　3 月，臺灣農業樣品調查開始。

教育部通過國校畢業免試升學實施方案、高中畢業會考升學實施要點，批准省立臺南工學院改為成功大學。

立法委員覃勤質詢外貿審議委員會、經安會、工委會、美援運用委員會等臨時機構之預算未經立院審議監督，破壞體制。

美國國務卿杜勒斯再訪臺。中美協商會議開幕。

行政院新聞局長柳鶴圖表示，我已從事研究使用原子武器。

1956　4月，開始實行存款準備金制度。

實施「都市平均地權」，北市、中市、南市、高市、基隆範圍核定。

蔣經國任行政院國軍退除役官兵就業輔導委員會副主委代主委（主委任期：1956.4.25 -1964.6.30）。【5月，退輔會決議負責興建中橫公路，榮民工程事業管理處（簡稱「榮工處」）成立。6月，臺北榮民總醫院開工。】

平均地權

　1954年8月26日制定公布《實施都市平均地權條例》。自1956年起，在臺灣各大都市實施平均地權，並分期分區擴大其實施範圍，因實施平均地權之範圍，以「都市土地」為限，都市以外之土地未能實施，致其土地漲價全部歸私。1969年修正《實施都市平均地權條例》，1977年2月《平均地權條例》公布，全面實施平均地權。

1956　5月，臨時省議會通過將耕者有其田政策中向地主收購土地及搭配四大公司股票三成所存之基金，撥出1億元貸給四大公司作為生產基金。

新竹煤礦災變，24人罹難。

1956　6月，從零時開始全省戶口普查。

新聞局訂定〈電影片檢查標準規則〉。

行政院發布〈金門馬祖地區戰地政務實驗辦法〉。

1956 7月，福建省政府移駐臺北。省政府實施蔗農保險制度。

東西橫貫公路7月7日開工，開鑿人力由行政院退輔會主導。

教育部長張其昀表示，高等教育博士學位將由政大政治研究所首次設立。

臺海大型空戰，馬祖北方五度交鋒，擊落中國（共）軍機四架。

基隆港外擴大工程完竣。臺南縣柳營德元埤水庫舉行竣工典禮。

1956 8月，萬達颱風過境，北市多處水患，六千名市民遷避。

中美剩餘農產品買賣協定簽字。

政府根據1954年12月中美雙方簽定之《中美共同防禦條約》於1956年8月及1958年5月實施「陽明山計畫」，擴建日治時期的公館機場，徵收大肚山臺地1,400公頃，並將臺地附近大雅鄉、沙鹿鎮、清水鎮及神岡鄉等472戶移民，集體遷村於新社鄉、石岡仙塘坪、埔里大坪頂及魚池鄉等地，開墾廣大荒野。

1956 9月，強烈颱風黛納造成北部大災害。芙瑞達颱風過境，宜蘭損失慘重。

外匯貿易審議委員會通過〈貿易商外幣收入登記及處理規則〉。

臺灣、福建地區戶口普查從零時開始實施。

新竹市青草湖水庫落成。

1956 10月，《反共抗俄戰士授田條例》實施。政府開始頒發戰士授田憑據（彭孟緝代蔣中正舉辦）。

省府訂頒「獎勵山地設置梯田實施計畫」。

臺船第一艘國產新式遠洋漁船落成下水。唐榮鐵工廠製造國產第一部耕耘機，在淡水首次試驗。

成功大學成立。教育部空中廣播大學開播。幼獅廣播電臺開播。

臺北、高雄電報傳真試驗成功。軍中設置軍郵機構進入實行階段（第一軍郵管理處已奉令成立於金門、馬祖前線地區）。

行政院公佈〈徵兵規則〉。

行政院戶口普查處統計發表：戶數 1,686,357 戶，人口 9,874,450 人，男 5,282,317 人，女 4,592,133 人。

10 月 31 日蔣中正總統 70 歲生日，希望各界以進言代替祝壽。《自由中國》發行蔣總統祝壽專號，胡適〈述艾森豪總統的兩個故事給總統祝壽〉諷諫應該守法守憲，重視分工、授權。徐復觀〈我所了解的蔣總統的一面〉，對任人用事提出嚴厲批判。雷震、陶百川、蔣勻田、徐道鄰等批評時政。祝壽專號洛陽紙貴，軍方報刊指為「毒素思想」，當局動用各種機關、媒體、學者攻擊《自由中國》，甚至誣以勾結共黨「為匪張目」。

1956　11 月，省教育廳遷中部霧峰辦公。12 月，省府在中部開始辦公。

輔導平地山胞農業，省農林廳公佈計畫地區分為苗栗、臺東、花蓮三縣。

行政院通過〈臺灣省海埔新生地開發辦法〉。

臺北淡水河橋開工。

省教育廳通知全省高中增設中國文化基本教材。

1956　12 月，臺灣農工企業公司成立。內政部核准設立原子醫學研究院。

大雪山材木運搬道路第一區開通。

省教育廳公佈〈臺灣省學齡兒童強迫入學辦法〉。

（日本加入聯合國，次年當選安理會非常任理事國。）

1957　1 月，與美國達成美援在臺灣中部建設新式軍用飛機場協議。

省府公佈〈白喉防治辦法〉。

高雄草潭埤水利工程竣工。

行政院發布〈戰略物資管制辦法〉。戰災保險賠償金開始發放。

行政院長俞鴻鈞宣佈，第二期四年「經建計畫」於本年開始。

1957　2月，實施全省戶口總普查。行政院核定設立駐外經濟商務官。

美國「援外計畫調查團」訪臺。

石門水庫建設委員會通過石門大圳施工計畫。新竹縣峨眉大埔水庫開工。

1957　3月，國防部軍法學校成立。

農復會與土銀試辦家畜貸款信用保險。

行政院美援運用委員會發表1956年輕工業貸款額，合計1,493,545.54美元。

1957　4月，松山煤礦災變，死亡7人。

中日合作策進委員會在東京成立。臺灣省合作金融業務促進委員會成立。國立臺灣藝術館成立。大貝湖風景區建設委員會成立。

省民營企業物資產銷輔導委員會通過〈臺灣省產品內銷外銷輔導辦法〉。

臺灣省第3屆省議員及縣市長選舉。

裕隆自製吉普長途試車。臺灣人造纖維公司開始生產。

1957　5月，省府訂定〈鄉鎮農會與合作社調整辦法〉。

第一所榮民之家成立。全國棒球委員會成立。金門縣政治諮詢會議成立。

大法官會議釋字第76號解釋：國民大會、立法院、監察院共同相當於民主國家之國會。

行政院公佈〈戡亂時期匪諜交付感化辦法〉。

美飛彈部隊進駐臺灣。

立法院通過《國際原子能總署規約》。

劉自然事件（又稱「524 事件」，美國大使館被搗，逮捕 111 人，行政院長俞鴻鈞下臺）。

【歷史密碼】

劉自然事件

劉自然事件，是 1957 年在臺北市的美國駐華大使館的暴力抗議事件，也是少有的反美事件。

1957 年 3 月，革命實踐研究院的少校學員劉自然於美軍宿舍公寓外被槍擊，嫌犯為雷諾（Robert G. Reynolds）上士，美軍軍事法庭在兩個月之後宣布是誤殺，無罪釋放，且不准上訴。劉自然的遺孀奧特華於 5 月 24 日身著黑色喪服到美國駐臺北大使館門前抗議，聚集民眾朝大使館丟擲石頭，增至 6,000 人，高喊「殺人償命」、「打倒帝國主義」，攻擊美國大使館，燒毀文件，毆打了使館人員。群眾撕下美國國旗，破壞美國駐臺北大使館新聞處，包圍美軍協防臺灣司令部。

臺北市進入戒嚴狀態，美國駐華大使藍欽向外交部抗議，不久衛戍司令黃珍吾、憲兵司令劉煒、警備處長樂幹先後被撤職，俞鴻鈞內閣亦告倒臺。被捕的 111 人中有 71 人被宣布無罪釋放，40 人被判處 6 個月到 1 年的有期徒刑。

1965 年 8 月 31 日，中美於臺北簽訂《美軍在臺地位協定》，規範美軍在臺之司法適用管轄範圍。

1957　6月，東吳大學士林新校舍動土。

　　　　日本首相岸信介（1896 -1987）抵臺聲明支持蔣中正的反攻大陸政策。

　　　　中國漁業公司新建立之第一艘遠洋鮪釣漁船「漁型號」自基隆出海。

　　　　美駐臺第13特種航空隊所屬第7戰鬥轟炸機中隊由日本三澤空軍基地調臺。美國將9種導向飛彈交由臺灣三軍使用。

　　　　對日輸出一期稻作五萬噸協定簽字。

　　　　臺灣塑膠工業公司高雄工廠開工，是東南亞第一家生產塑膠原料之工廠。經濟部宣佈遠東航空公司已核准設立。

　　　　省府疏遷工作全部完成，7月1日起中興新村成為臺灣省施政中心。

　　　　經濟部公佈〈臺灣省棉紡織品管理辦法〉，7月1日起實施。

1957　7月，高雄縣長候選人余登發投書《自由中國》，指出高雄縣長選舉舞弊。

　　　　紅糖業同業公會發表1956 -57年期糖輸出量為17,960,360公斤。

　　　　行政院通過〈股份有限公司公司債發行辦法〉。

　　　　政府公佈新辦法，予以在臺僑生升學便利。首批旅越僑生50人抵臺。

　　　　中美在華盛頓首府簽訂「石門水庫工程契約」。

1957　8月，臺灣郵政管理局開始郵購業務。省農田水利協會成立。苗栗頭屋大橋通車。

　　　　行政院任命尹仲容為經濟安全委員會秘書長、嚴家淦為美援運用委員會主任委員。

　　　　總統任命陸軍上將周至柔（1899 -1986）為第6任臺灣省主席（任期：

1957.8 -1962.12）。

1957 年度中日貿易計劃在東京簽字（來往 9,260 萬美元）。

1957　9 月，興建豐東鐵路工程處成立。《馬祖日報》創刊。

省府公佈〈臺灣省小型工業登記辦法〉、〈工廠登記實施辦法〉。

省糧食局在臺北市實施戶口配售米。擴大米配給地域至基隆、臺中、臺南、及高雄。擴大配米區域至板橋等 13 地區。在澎湖實施米配給。1958 年 2 月，擴大配售戶口米至 41 個鄉鎮。4 月再擴大米配給地區。

立委李祖謙質詢以黨歌代替國歌問題。

1957 學年度起全省各中等學校設置安全室主任。（「人二」進入中學校園）

1957　10 月，向日本提出第二期四年經建計畫援助，日本同意援助 8 項計畫計 4,400 萬美元。日本首相岸信介與特使張群發表中日合作共同聲明。

宜蘭大同農場舉行首次退役軍人授田。

中國國民黨 8 全大會選蔣中正為總裁。陳誠當選副總裁。

楊振寧（1922 -）、李政道（1926 -）獲諾貝爾物理學獎。

（蘇聯於 1957 年 10 月 4 日發射人造衛星史普尼克，這是第一顆進入地球軌道的人造衛星。）

1957　11 月，立法院通過防衛捐自 1958 年開始全繳中央統籌支配。

臺港間郵政匯兌業務開始。12 月起辦理經由香港通達世界 115 地區的國際郵政匯兌業務。

總統任命胡適（1891 -1962）為中央研究院院長。次年 4 月任職。

《文星雜誌》創刊。《公論報》總主筆倪師壇及《臺灣新生報》編

輯路世坤被捕。

國際糖業會議發表 1975 年度臺灣糖輸出分配額是 758,264 噸。

省府決定將新竹、臺中、彰化、雲林等地一萬餘甲海埔新生地供予退役軍人耕作。決議出售委託各縣市管理之省有地 5 萬公頃。

1957 　12 月，全省商工工廠登記證總普查開始。

東西橫貫公路達見－梨山間工程通車。橫貫公路西線霧社－翠峰支線通車。大雪山公路試行通車。

稻米 15 萬噸對日輸出協定簽字。裕隆與日產汽車公司簽訂技術合作草約。

立法院通過《鐵路法》。

監察院彈劾行政院長俞鴻鈞違法失職。

行政院美援運用委員會發表，美國經濟合作總署同意對臺灣 22 項工業建設計畫支出新臺幣 17,400 萬元。

中美合作興建的東西橫貫公路，1957 年 12 月達見 - 梨山間工程通車。圖為 1956 年 7 月 7 日美國大使藍欽（Karl L. Rankin，圖左）及行政院長俞鴻鈞（圖右）主持動土儀式。

1958　1 月，經濟部撤銷水泥管制。

　　　臺灣省第 4 屆縣市議員選舉。

　　　文字學會發表聲明反對「漢字拉丁化」。

1958　2 月，半世紀以來臺北地區最低溫達攝氏 2.6 度。

　　　第一座治癌鈷 60 儀器由美國運抵基隆。美國 11 艘小型軍艦移贈臺灣海軍，計火箭船 3 艘、登陸艇 8 艘。

　　　中美簽訂《撲滅臺灣省結核病協定》，美國撥款 133 萬美元，以 10 年時間普施檢查治療。省府積極進行瘧疾監視工作，各縣市將分期噴射 DDT。

1958　3 月，國際獅子會臺北市分會成立。東西橫貫公路太魯閣─天祥間開通。縱貫鐵路東勢支線（豐原─東勢）開工。大雪山運材公路通車。

　　　行政院廢止〈戰略物資管理辦法〉。

　　　美軍協防臺灣司令部發表公報宣佈：美國駐臺軍事援助顧問團業已歸併於「美軍協防臺灣司令部」。

　　　省府通過高雄港十年興建計畫。

1958　4 月，臺中市公共汽車通車典禮。省防癌協會正式成立。

　　　省府通過〈改進山地管制辦法〉，予山胞生產技術輔導，平地人可申請開發山地資源。

　　　臺中縣霧峰臨時省議會大樓落成，臨時省議會從臺北遷出。

　　　臺中山區（中央山脈）發生大火，延燒六日。

　　　立法院秘密審議通過《出版法》修正案。

1958　5 月，再任陳誠組閣（任期：1958.7.15 -1963.12.16）。伊朗國王巴勒維訪臺。

省府決定設立大雪山林業公司。臺中市自動電話竣工開放通話。

臺灣警備總司令部成立，隸屬國防部，係由過去之臺灣防衛總司令部、臺北衛戍總司令部、臺灣省保安司令部、臺灣省民防司令部四個單位合併組成，接管臺灣全島戒嚴任務，由黃鎮球（1898-1979）出任總司令。

臺灣銀行與伊拉克的五家銀行（阿拉伯銀行、英國中東銀行、伊拉克商業銀行、東方銀行、奧圖曼銀行）建立交易關係。

中日 1958 年度貿易協定於臺北簽字（貿易額 8,525 萬元）。

清大物理館落成，原子爐開工興建。

1958　6 月，臺灣足球隊榮登亞運王座。中國女童軍總會成立。中國物理學會成立。

行政院准予籌設「華僑銀行」。（1961 年 3 月開業）

1958　7 月，立法院通過《勞工保險條例》。

陳誠再任行政院長（任期 1958.7.15 -1963.12.16）

經濟部宣佈〈股份有限公司公司債發行辦法〉自 7 月 11 日起廢止，發行公司債按《公司法》一般規定辦理。

強烈颱風溫妮襲擊東部，花蓮死亡 16 人，毀損房屋 6,000 餘棟。

省府會報通過「滅蠅運動」實施計畫，定 8 月 1 日起實行。

1958　8 月，中共激烈砲擊金門。第二次臺海危機，國防部宣佈臺灣進入緊急備戰狀態。

金門 823 炮戰在 8 月 23 日開打，8 月 24 日，美國國防部發表第七艦隊在臺海域進入戰鬥態勢，此後第七艦隊除了協助臺灣海軍補給團赴金門補給外，並派駐 F-104A 星式戰鬥機及勝利女神飛彈營至臺灣，同時也在臺灣成立作戰指揮中心。美國軍方並且提供火力強

大的新型八吋（203 公厘）及 240 公厘「巨砲」大砲，空軍 F 86 軍刀機追熱響尾蛇飛彈至金門。10 月 6 日，中共中央委員會主席毛澤東撰寫，由國防部部長彭德懷發表《中華人民共和國國防部告臺灣同胞書》，指 823 炮戰為懲罰性質，並通知從 10 月 6 日起停止炮擊金門 7 天，建議舉行談判，實行和平解決。10 月 25 日，彭德懷再發表《中華人民共和國國防部再告臺灣同胞書》，宣布次日起，將實施「單打雙停」的政策，823 臺海戰役畫下句點。接連 44 天，中共對金門群島發射了將近 48 萬顆砲彈。

臨時省議員陳火土在民政總質詢中引《自由中國》雜誌所載〈反攻大陸無望〉一文，對「反攻無望」、「臺灣獨立」論者大肆批評，要求政府緊縮言論尺度。趙岡在《自由中國》發表〈臺灣的利率問題〉，批評當局的低利率政策。

《公務人員保險法》開始實施。

行政院通過合併臺灣肥料公司、花蓮氮肥公司、高雄硫酸錏公司，改組為臺灣氮氣工業有限公司。

中國氣象學會成立。雲林地下水開發工程開工。

1958 年 823 砲戰美國宣布第七艦隊進入臺海。

金門 823 砲戰發生於 1958 年 8 月 23 日至 10 月 5 日，兩岸隔海砲擊對方，為國共內戰之延續，稱第二次國共內戰之一部分。（於 1979 年 1 月 1 日停戰）
10 月 6 日，中華人民共和國國防部長彭德懷發表〈告臺灣同胞書〉，停止砲擊 7 天；後毛澤東發布「金門砲擊再停兩星期」；10 月 25 日，彭德懷〈再告臺灣同胞書〉宣布「逢單日砲擊，雙日不砲擊」（即單打雙不打），至中美斷交為止。

1958　9 月，陳誠就任行政院美援運用委員會主委，並改組。美國宣佈：美國對於中華民國石門水庫電力及灌溉工程建設計劃，將再投資 2,150 萬美元。

美國防部長麥可羅伊（Neil H. McElroy ，1904 -1972）對臺灣海峽問題發表聲明，警告中共如有必要將採取軍事行動。美國戰鬥機進駐臺灣。美軍宣佈在臺已成立作戰指揮中心，勝利女神飛彈營選遣部隊已抵臺。美國太平洋空軍總司令庫特（ Laurence S. Kuter 1905 -1979）抵臺。

對日蓬萊米 5 萬噸輸出協定在臺北簽定。

高雄港擴大工程開工。新竹孔廟落成。

國際糖業會議宣佈，1958 年的中華民國食糖出口配額增加 53,236 公噸。

臺灣省議員許世賢（1908 -1983）被中國國民黨開除黨籍。

彰化、竹田兩個大同合作農場之授田在彰化舉行，授田給 720 位榮民。

經濟部訂定儲備物資計畫，以勵行經濟備戰。

1958　10 月，臺灣食米銷往琉球，與琉球簽訂備忘錄。

美國噴射轟炸機（B-57）移駐臺灣。美國發表中止護送前往金門的臺灣補給船。美國國防部長麥可羅伊抵臺。

臺北市中興大橋開通。省府通過花蓮港擴大案。臺北市務會議通過設立市立銀行。大雪山林業公司成立。幼獅文化出版事業公司成立。

立法院通過《商標法》、《電信法》；廢止《電信條例》。

陽明山風景地區建設委員會成立。屏東縣恆春龍鑾潭水庫落成典禮（興建 10 年）。

行政院通過〈臺灣省港工捐徵收辦法〉，出口貨品免繳港工捐，進口物品港工捐增加 1%。

總統蔣中正與美國國務卿杜勒斯發表聯合公報，否認將以武力反攻大陸，再確認金、馬兩島的防衛。

1958　11 月，美國太平洋空軍總司令庫特上將再訪臺。美國太平洋艦隊總司令霍伍德（Herbert Gladstone Hopwood，1898 -1966）上將抵臺。（蔣中正總統登上第七艦隊航空母艦中途號）。12 月，美國海軍第七艦隊司令基維德（Frederick N. Kivette）訪臺。

王雲五所主持為期 8 個月之總統府臨時行政改革委員會結束。

中美雙方簽訂協定，向美貸款 2,000 餘萬美元，以建築石門水庫。

對日本輸出鹽 30 萬噸契約簽定。12 月，日購食米 10 萬噸協定簽定。

行政院通過修正〈外匯貿易管理辦法〉。宣佈外匯改制，實施單一匯率，美金 1 元折合新臺幣買進 36.08 元、賣出 36.38 元。

政府宣佈原則上取消紡織業設廠限制。

勝利女神飛彈基地落成。

1958　12 月，省府決定「臺灣省高山森林運用榮民開發計畫」。

苗栗、新竹交界（鹿場大山）發生森林大火。

在美國華盛頓首府簽訂《民用原子能合作協定》修正條款，可獲取原子研究材料。

行政院通過「整理農林公司方案」。

桃園縣劃定六區為民生主義實驗農區，展開實驗工作。

東勢支線鐵路完成試車。苗栗香茅油聯營公司發生擠提存油風波。

省府修訂公佈施行〈車輛發照辦法〉，單車瓦形牌照廢止。

1959　1 月，農林廳農林航空測量隊成立。南港輪胎公司成立。

全省各行庫成立儲蓄部，開辦儲蓄存款業務。

臺東青果合作社因虧損，決定與高雄縣青果合作社合併。

行政院通過發展科學計畫綱領，以及國營四家紡織公司合併成立新公司。

立法院通過《專利法》。

中日締結肥料易米協定。對日輸出米 10 萬噸，輸入肥料 30 萬噸。

省政府令公路局開放營業汽車牌照，但車輛進口規定仍極嚴格。

臨時省議員李萬居提 22 點尖銳質詢指責中國國民黨一黨專政。

省教育廳規定：放映國語片禁用臺語說明。

公務員懲戒委員會對南投縣首席檢察官延憲諒予以撤職處分。（因在 1958 年 5 月 29 日簽呈上批示「奉令不上訴」李國楨案。）

1959　2 月，國家長期科學發展委員會成立。行政院會議通過開放花蓮為國際港。核准〈臺灣省戒嚴期間山地管制辦法〉。

農學年會發表統計結果：臺省人口密度居世界最高。

中國銀行、交通銀行復業後業務與資金來源擬定內容；前者為特許國際匯兌銀行，後者為協助實業投資之專業銀行。

1959　3 月，東西橫貫公路宜蘭支線完成。省政府財政廳遷中興新村。

省民政廳發表戶籍登記統計：截至 1958 年底，臺灣省人口已超過 1,000 萬人（10,039,435）。4 月，省糧食局統計：臺灣人口增加率為世界第一。

裕隆汽車工廠與日本日產汽車公司合作生產五噸大卡車出廠。

核准第一家外商銀行：日本勸業銀行在臺設分行。（10 月營業）

1959　4 月，恢復國際商會會籍。

【劉少奇（1898 -1969）任中華人民共和國國國家主席。】

1959　5 月，首次全國標準會議在臺北舉行。中華開發信託公司成立。

國際貨幣基金組織代表團抵臺，檢討外匯管制問題。

美國發表自 1950 -1959 年間對臺經濟援助 9 億 8,230 萬美元。

1959　6 月，新竹南寮漁港竣工，淡水浴場開放。八里海濱浴場開幕。

臺灣省臨時省議會改制臺灣省議會。

1959　7 月，會計年度改制為美式的 7 月 1 日至 6 月 30 日。

瑞芳瑞富煤礦爆炸，工人 6 死 1 傷。畢莉颱風對東北部造成災害。

行政院通過〈臺灣省實施耕者有其田保護自耕農辦法〉。

臺糖公司發表 1958 -1959 年期砂糖生產量為 93 萬 9 千噸。

1959　8月，日航班機臺北—東京開航。

　　經濟部發表聲明，警告內銷廠商不得藉聯營壟斷市場，否則依《非常時期農礦工商管理條例》論罪。

　　「八七水災」，臺灣中南部18萬人以上受災。恆春發生強烈地震，居民死亡24人，屋塌500棟，省府撥10萬元救濟。

　　行政院成立中南部水災救濟及重建工作小組。省府制定一年完成受災區重建計畫（預定經費20億元）。依《動員戡亂時期臨時條款》規定，總統蔣中正發佈緊急處分令，授權行政機關在稅法、預算、會計、審查等有關法令的變更權，並在一定期間內有水災復興建設捐的附加課徵權。10月，行政院決定發行水災復興建設儲蓄券3億元。為寬籌災區重建經費，決定調整農田水利會會費。12月，財政部令臺灣銀行發行「八七水災」災區復興建設儲蓄券3億元。1960年4月，美援核准新臺幣9億5千餘萬元，協助八七水災災區重建工程。1960年6月，省政府發表八七水害地區重建工作完成，共用經費15億元，人力500餘萬工。

八七水災

　　1959年8月7日，由於颱風艾倫因藤原效應作用，形成強大的西南氣流，引起豪雨導致於8月7日至9日連續三日臺灣中南部的降雨量高達800至1,200公釐；8月7日當天的降雨量已高達500至1,000公釐，接近平均全年降雨量。

　　豪雨導致河川水位高漲決堤，造成空前的大水災，受災範圍包括臺灣13個縣市的農業區域13餘萬公頃。以苗栗縣、臺中縣、南投縣、彰化縣、雲林縣、嘉義縣及臺中市受災最為嚴重；實際受災面積達1,365平方公里，

受災居民達 30 餘萬人，死亡人數達 667 人，失蹤者 408 人，受傷者 942 人，房屋全倒 27,466 間，半倒 18,303 間。

　　臺灣省政府擬定災區建計畫，總統頒布緊急處分令，變更現行稅法及各級政府預算，以應災需。

1959　9 月，省檢驗局成立接辦出口產品檢驗。

省議會通過旅行社開放民營。（省府於次年 6 月開放）

《冤獄賠償法》開始實施。

美國國防部長麥艾樂（Neil H. McElroy，1904 -1972）及空軍參謀總長懷特（Thomas D. White，1901 -1965）訪臺。

1959　10 月，經濟部發表 1951 至 1959 年 6 月進入臺灣的投資：華僑投資 227 件，4,102 萬餘美元；外人投資 56 件，10,689,168.99 美元。

國際糖協決定臺灣糖輸出追加分配額 32,653 噸。

美國國務院澄清，美國總統艾森豪於記者會中所用「臺灣獨立」一語，乃指「以臺北為首都的獨立自主的中華民國政府」。（臺灣即中華民國政府）

1959　11 月，榮民總醫院揭幕。空軍中部基地啟用，為遠東最大軍用機場。

教宗若望二十三世（1881 -1963）接見于斌（1901 -1978）總主教，率先捐美金 10 萬元在臺創辦輔仁大學，任命于斌為校長。

全省開始辦理 1959 年度戶口總校正，同時辦理大陸來臺國民調查。

1959　12 月，招商局與復興航業公司開闢中美定期航線，第一艘班輪開出。

東部立即電話開放。

日本首相吉田茂訪臺。（1964 下野後再度來臺）

穩固在臺統治：控制政經體系（1960~1965）

　　1960 年代上半葉是美援的後期，臺灣完成了三期四年經建計畫。當 1965 年美援停止，臺灣即獨自撐起沒有美援的第四期四年經建計畫。

　　這段期間，臺灣因持續與中共對峙，由於依賴美國而得以在國際上施展外交；在政治上，因「臨時勘亂時期」對臺灣戒嚴，但卻又不因戒嚴而仍宣稱實施憲政。但這種矛盾，為了蔣中正總統的第三次連任，不得不揭露了憲法的適任問題，留下實施憲政之危機；也有一些零星的反中國國民黨政權事件，如臺獨活動、湖口事件等。而在經濟方面，不斷促進經濟發展的主流，仍以公經濟力量之介入，如各產業的公司成立，以及民生之基礎建設，而控制經濟之發展本質未變，但一些便民之管制已稍見逐漸鬆釋。

　　1960 至 1965 年仍有美援支持，1960 年代上半，臺灣政經體系之建立與管制經濟之發展，大致延續 1950 年代。

1960　1 月，總統蔣中正頒佈國民大會召集令。

　　　南投縣巒大山林火警歷時逾二晝夜，共計燒掉砍伐地 70 餘公頃。

　　　行政院長陳誠宣佈，決定在三個月內完成臺省境軍用土地清理工作。

　　　臺灣省公路交通安全聯席會報成立，臺灣省各地車禍肇事平均每天 10 次，死亡 1.2 人，受傷 10 人。

　　　教育部指定臺北市試行「省辦高中，市辦初中」。

　　　省府通過〈臺灣實施農業普查辦法〉。

深澳發電所第一部火力發電機開始發動，發電量為全省規模最大。

三合煤礦大斜坑貫通出煤典禮。

中國大陸災胞救濟總會宣佈 10 年來已空投大陸 4,000 餘噸物資。

1960　2 月，宜蘭縣礁溪電信局成立，東部電信網完成。臺灣畜產保險公司設立。

中國國民黨中常會決議設置「中山獎學金」，鼓勵青年出國深造。

中南部久旱未雨，中部農田實施輪灌。

國營交通銀行於 2 月 2 日復業（1907 年設立）。【另中國銀行於 1960 年 10 月 24 日復業（1904 年設立，1971 年 12 月 17 日改組民營，並更名為中國國際商業銀行）、中國農民銀行於 1967 年 5 月 20 日復業（1933 年設立），這些國營銀行與 1949 年復業的中央信託局分別擔負起專業銀行的特殊任務。】

1960　3 月，天主教唯一的中國籍樞機主教田耕莘（1890 -1967）抵臺，任臺北教區署理總主教。

臺電全面實施〈可靠電力限制用電辦法〉（4 月，臺電工業限電全部取消）。

林務局稱，連日中央山脈森林火災，林田山、丹大、大甲溪及苗栗大武橫龍等區域均已撲滅。

臺糖公司將農民應得糖的分配率由 35% 增至 40%，以平抑上漲的糖價。

糧食局在基隆、臺北、臺南、臺中、高雄等五大都市實施米配給。

政府核定 7 月 1 日為漁民節。

蔣中正第三次連任總統，陳誠連任副總統。仍由陳誠組閣。（雷震、李萬居、郭雨新、高玉樹等連署反對蔣中正三連任總統，因為違

憲。）

1960　4月，國際糖業協會發表，臺灣糖的輸出分配量追加約 9 萬 4 千噸，
　　　許共約 77 萬 1 千餘噸。

縱貫鐵路大肚溪山線鐵橋重建完成，開放通車。東西橫貫公路（現
稱中部橫貫公路）興建完成（太魯閣－東勢）主線全長 190 公里，
5 月 9 日通車。

省政府決定開放高雄冷凍工廠及高雄食品工廠為民營。行政院許可
臺灣肥料公司與花蓮氮肥工廠合併。

《臺灣青年》在東京創刊。

立法院通過《戰時交通設備及器材防護條例》。

第 2 屆省議員和第 4 屆縣市長選舉，平均投票率約 75%。

裕隆機械製造公司第一輛小轎車製造裝配成功。

教育部宣佈臺大、政大、成大三校試辦夜間部。

1960　5月，立法院通過《引水法》。

中國民主社會黨發表拒絕由國庫撥給反共抗俄宣傳補助費之書面聲
明。

吳三連、高玉樹等 40 餘人假臺北市中國民主社會黨中央總部，舉
行在野黨及無黨派人士本屆地方選舉檢討會，主席先後由李萬居、
高玉樹擔任。其中，郭國基（1900 -1970）等主張組新黨。

省府通過〈日人埋藏物資發掘辦法〉。

1960　6月，實施夏令時間，提早一小時。第 1 屆中國小姐選出林靜宜。

教育部核准私立臺北醫學院立案。

印花稅率決予降低，由比例稅改為定額稅。

行政院決定臺灣所屬的七區農林改良場自 7 月 1 日起改稱為農業改

良場。

省政府決定推動各縣市成立投資策進會。

大肚溪海線鐵橋通車，縱貫鐵路全部重建完成，山海線同時行車。

美國總統艾森豪訪臺。8 月，第 13 航空隊司令狄恩宣佈：移交臺灣的全天候 F86D 型噴射戰鬥機將抵達。

1960　7 月，經濟部所屬中紡公司開始試行八小時工廠制，為臺灣紡織工廠及其他工業實施三班制之創始。

行政院規定：高中以上學校軍訓工作，劃歸教育部軍訓處辦理。並將原在救國團工作的有關軍訓人員，全部併入教育部。

為處理防颱救災事宜，省政府通過實施縣市設置指揮中心辦法。

臺灣列為美國輸入食糖地區第二優先地位。1960 年 8 月，國際糖業協會宣佈臺灣新出口配額增加 5 萬餘噸，總計 98 萬 7 千噸，居世界第 2 位。

楊傳廣在美國榮獲 10 項運動賽第 2 名，以 8,426 分打破世界紀錄。

9 月，楊傳廣榮獲第 17 屆羅馬奧運 10 項運動競技銀牌。

北投 300 餘甲稻田螟蟲成災。雪莉颱風來襲，淡水河水位猛漲。

省府決開發山地保留地 20 公頃放領墾牧。

行政院通過擴建南部火力發電場全盤計畫。

1960　8 月，強烈颱風雪莉為臺灣中部帶來大水災（八一水災），房屋全倒 10,513 間，半倒 13,404 間，死亡及失蹤 210 人。省水利局為有效防洪，訂定淡水河防洪計畫。

肥料換穀不受農民歡迎，臺南縣議會建議改善。

行政院決定營業計程車之增加採漸近方式，並為淘汰三輪車，每輛新增計程車由業者繳納 15,000 元，以收購三輪車牌照 5 個。8 月起，

停發營業三輪車執照。

行政院決議將故宮博物院與中央博物院籌備處遷臺文物從臺中霧峰遷至臺北。（1948、49 年間，先後分三批以軍艦、商船運送文物抵臺，故宮有 2,972 箱，中央博物院籌備處有 852 箱。這些文物在來臺之初，一部分曾暫存在楊梅的鐵路局倉庫，一部分貯置於臺中糖廠倉庫。為顧及文物安全，政府在霧峰北溝另建山邊庫房及防空洞，1950 年 4 月，設於臺中霧峰北溝之文物庫房完工，全部遷臺文物入庫存貯。1965 年 11 月 12 日，國立故宮博物院臺北新館落成揭幕。）

中美簽訂農產品銷售協定，將向美購買 1,420 萬美元等值農產品。

立法院通過《獎勵投資條例》。1960 年 9 月 10 日總統令公布。

1960 9 月，聯勤壓鋼炮彈廠落成開工。高雄大貝湖觀光區開放。

經濟部成立證券管理委員會，為管理及監督證券市場的主管機關，同時並邀請中央信託局、交通銀行、中華開發公司等負責證券交易所籌備發起事宜，另徵求其他公民營事業為共同發起人，集資籌設臺灣證券交易所。經濟部令國營事業均改為股份有限公司（以便發行股票）。

中美電報交換業務國際電臺開放。臺北東京間電傳打字機業務開辦。

雷震事件。《自由中國》雜誌社長雷震因組黨行動被捕。臺灣警備總司令部軍法處高等軍事法庭判決宣告，雷震以「叛亂煽動罪」被判處 10 年，褫奪公民權 7 年；劉子英判處 12 年，褫奪公民權 8 年。11 月，雷震等叛亂案覆判，維持原判。

中國開發信託公司及華南、第一、彰化三家銀行貸款 1.2 億元予唐

榮鐵工廠，並限令該廠民間借款降低利息。（11月，政府委託中華開發公司代管唐榮鐵工廠。12月，經濟部公告唐榮申請救濟獲准。）

印尼華僑 1,400 人移居臺灣。

省府核定六堵為北部工業示範區。

日本日產汽車公司決定貸款 200 萬美元給予裕隆公司，擴大技術合作，發展我汽車工業。

經濟部公佈實施「工礦產品出口檢驗方案」，並成立審議委員會。

（日本開始電視彩色節目。）

雷震事件

雷震事件指 1960 年雷震與臺港在野人士李萬居、郭雨新、高玉樹等共同連署反對蔣介石違背《憲法》三連任總統，引發「假匪諜案」。《自由中國》雜誌 5 月 4 日發表鼓吹成立反對黨參與選舉以制衡執政黨。5 月 18 日黨外人士舉行選舉檢討會，主張成立新黨，要求公正選舉，實現真正民主。決議組織「地方選舉改進座談會」，籌組「中國民主黨」。雷震擔任召集委員。

9 月 1 日，《自由中國》社論聲言組黨就像民主潮流，是無法阻擋的；9 月 4 日，警備總部以涉嫌叛亂的罪名，將雷震等人逮捕。雷震被以「為匪宣傳」（散佈「反攻無望論」）及「知匪不報」罪名判處 10 年徒刑。

圖為雷震攝於《自由中國》雜誌總社。

1960　10月，夏令時間終止，恢復標準時間。

外貿會宣佈麵粉開放進口。中國銀行復業。

1960　11月，內政部開始實行觀光客逗留三天以內者免辦簽證。

1960　12月，政府補助《中央日報》每月臺幣12萬5千元，加強海外宣傳。
教育部通過周道濟為《學位授予法》第一位博士。省立臺中師範專
科學校成立。

行政院禁止輸入一切在臺可能生產的小型汽車。

軍工協力地方經建14項工程全面開工。臺南縣白河水庫動工興建。

臺灣省農業普查開始辦理。

行政院修正〈外匯貿易管理辦法〉，規定軍政機關、社會團體、公
私營事業對外簽訂採購契約及有關外匯事項，應先洽由外貿會同意
後辦理。

（聯合國通過《反殖民主義宣言》）

1961　1月，行政院通過設立中興大學計畫案。教育部通過〈中國醫藥研
究所組織規程〉。

立法院通過《商務仲裁條例》。

臺灣省第5屆縣市議員選舉。2月21日，臺灣省21縣市議會成立。

省府通過〈管理伐木及製（樟）腦業規則〉、〈癩病防治規則〉。

陳誠副總統發起「一人一日儲蓄一元」的「三一儲蓄運動」。

1961　2月，四健會協會成立。苗栗錦水54號新井鑽探成功。

行政院通過〈臺灣省縣市政府組織規程準則〉。

省府通過設立臺灣電視公司。

1961　3月，華僑銀行於3月1日開業，為華僑資金設立的銀行。

行政院通過〈國產汽車工業發展辦法〉。

政府接運滇緬邊區反共義民來臺，首批抵達臺灣南部。

臺灣省新聞處發表：臺灣省現有廣播電臺 56 家，以人口計，平均不及 20 萬人有電臺一家，每 16 人有收音機一架。

1961　4 月，清大原子科學研究所核子反應器竣工。

【蘇聯尤里·加加林（Yuri Gagarin，1934 -1968）太空繞地球一周（歷時 1 小時 48 分鐘），世界上首次載人宇宙飛行。】

1961　5 月，快速公路（北基二路）動工。行政院公佈〈證券商管理辦法〉。

美國副總統詹森（Lyndon Baines Johnson，1908 -1973）訪臺並發表聲明，堅持中美約定，防衛臺灣。

強烈颱風貝蒂侵襲東部，花東造成局部災害。

1961　6 月，臺鐵觀光號列車正式行駛。高雄市半屏山土砂崩塌，死傷 50 餘人。

臺灣銀行宣佈將發行 100 元鈔票。省府通過〈愛國獎券發行辦法〉。總統核定「中央銀行復業方案」。行政院公布〈中央銀行在臺灣地區委託臺灣銀行發行新臺幣辦法〉。7 月 1 日，中央銀行在臺復業，仍委託臺灣銀行發行貨幣，並接管臺北市票據交換所，其他縣市仍由臺灣銀行管理。

行政院制定〈證券商管理辦法〉，對發行公司、承銷商、經紀人等納入規定管理。（1968 年 4 月，《證券交易法》公布實施。）

行政院改定臺糖公司 1961 -1962 年度分糖率：蔗農 55%，公司 45%。

1961　7 月，省立中興大學成立，省立法商學院併入。

首架噴射客機自美抵臺。

嘉義民雄平交道發生車禍，柴油快車撞大卡車，乘客 48 人死亡。

1961　8月，省府任命周百鍊（1909 -1991）代理臺北市長（市長黃啟瑞因
　　　案涉訟）。

　　　（8月13日，東德政府建立柏林圍牆，環繞西柏林邊境修築全封閉
　　　的邊防系統，將其與西德領土分割開來。）

1961　9月，波密拉颱風過境，北部地區災害，死亡百人，受傷900餘人。
　　　新臺幣一元硬幣開始發行。
　　　雲林縣議員蘇東啟（1923 -1992）等因叛亂罪被捕。
　　　國際糖業協會總會決定臺灣糖輸出分配額75萬噸。

蘇東啟事件

　　　1960年雷震有意籌組反對黨中國民主黨，縣議員蘇東啟熱心支援；
1960年9月雷震被捕時，蘇東啟於雲林縣議會提議要求蔣介石釋放雷震
並獲得全數通過，成為官方眼中釘。之後，嘉義縣民雄鄉張茂鐘與雲林縣
詹益仁等人，計劃奪取保警和空軍訓練中心，發動武裝革命，控制電臺實
現臺灣獨立，暗中吸收同志，組織發展軍隊，他們需要有名望的人士領導，
蘇東啟允諾支持。但是事機洩露，1961年9月19日蘇東啟被捕。本案被
警總保安處逮捕的共300餘人，1962年5月17日，警總軍法處以祕密庭
判處蘇東啟、張茂鐘、陳庚辛等三人死刑，另47人分別判處無期徒刑。
其後，引發海內外極大爭議，經聲請覆判，1963年，蘇東啟改判無期徒刑。

1961　10月，臺灣證券交易所成立，辜振甫（1917 -2005）當選董事長。
　　　1962年2月開業。

1961　11月，農耕示範隊赴賴比瑞亞。

1961　12月，通過第三期四年經濟建設計畫（總投資額500億2千萬元）。

臺灣觀光協會估計 1961 年觀光外幣收入達 269 美元，比 1960 年的 148 萬美元約增加一倍。

臺灣銀行發行橫式 50 元新臺幣鈔票。

清華大學原子爐啟用。（臺灣開始進入原子能時代）

1962　1 月，經濟部發表十年來華僑及外國人投資總額為 1 億 767 萬美元（華僑資本 7,568 萬美元，外國人資本 3,199 萬美元）。

臺北市及附近七鄉鎮區自來水擴建工程（蟾蜍山水廠）開工。臺北市雙園堤防開工。臺南白河水庫開工。南部橫貫公路首期工程開工。

經濟部廢止水泥公定價格制。

美國開發總署中國分署改稱美國援華公署。

1962　2 月，經濟部發表第二期四年經濟建設計畫成果；總投資額新臺幣 220 億元，比計畫的 200 億元超過 10.4%，國民所得比 1950 年增加 6.6%。

第三期四年經濟建設追加國民住宅建設投資 9 億 5 千萬元。

行政院公布〈各機關營繕工程招標辦法〉。

胡適因心臟病逝世於臺北。

1962　3 月，臺灣警備總部進行「反共自覺運動」（3 月 1 日至 4 月 30 日）。中央產物保險公司創立。臺灣氰胺公司成立。

花蓮縣新城鄉發現砂金，埋藏量估計 2,000 公斤（相當於 2 億元）。

1962　4 月，第二次工商業普查開始。

第一部新型 IBM 電子計算機 650 式主機在交通大學開鈕啟用。

縱貫鐵路濁水溪橋改建竣工通車。

臺灣電視公司成立。（10 月開播）

美援會發表 1962 年度臺幣援款，撥用金額 21 億 9,000 餘萬元。

王世杰（1891 -1981）就任中央研究院院長。

1962 5 月，《國防臨時特別捐徵收條例》開始實施（徵收國防臨時捐導致股市混亂）。

第一人壽保險公司創業。

臺灣銀行發表 12 年來愛國獎券的發行合計 267,443,174 張，收益 6 億元。

教育部指定臺大得頒授名譽博士學位。

1962 6 月，行政院通過〈對外投資辦法〉。

臺灣銀行發行橫式 100 元新臺幣鈔票。

林業試驗所發表竹林資源調查結果（竹林面積 7 萬 5 千公頃，竹積量 120 萬噸）。

美國總統甘迺迪（John Fitzgerald Kennedy，1917 -1963）警告中共對金馬攻擊，聲明「如威脅臺灣，則防衛金馬」。

1962 7 月，省議員蔡李鸞為警察主管比例提出質詢，臺灣省籍在 26 個總局長只占一席，副總局長未有一人，分局長 150 餘人只占 5 人。

1962 年美援物資非計劃貸款美金 2,000 萬元協定簽定。

行政院核准〈公司行號發行獎券管理辦法〉。

凱蒂颱風災情：死亡 7 人，失蹤 7 人，房屋全倒 300 餘間。

立法院通過《技術合作條例》。

外貿審議委員會核准水泥外銷公約，8 家水泥公司參加。

施明德（1941 - ）與高雄等地陸軍軍官、學生 30 餘人被指涉入「臺灣獨立聯盟案」遭逮補。

史明著《臺灣人四百年史》（日文版）在東京出版。

1962 8月，日本政府因臺灣發生副霍亂，宣佈暫停進口臺灣香蕉，禁止臺灣船隻進入日本。行政院設置霍亂問題處理特別委員會。

行政院核准臺糖設立嘉義海埔地墾殖處，撤銷雲林海埔實驗處。

1962 9月，美國殷臺公司結束營業。（1957年，臺灣造船公司之造船廠廠房出租給美國殷格斯臺灣造船及船塢公司（簡稱殷臺公司）經營，承造招商局輪船公司、臺灣航業公司貨輪兩艘，因殷臺公司經營不善，1962年結束營業，臺灣造船公司收回自營。因殷臺公司所遺留之財務問題，臺船於1964年改組。）

國泰人壽保險公司及第一產物保險公司創立。

全省霍亂疫區解除。

1962 10月，臺灣省戶口總普查開始。

1962 11月，與美國簽訂三年期農產品買賣協定。東豐（東勢─豐原）大橋落成通車。

1962 12月，臺北國賓飯店奠基。石門水庫淹沒區移民新村落成。

陸軍上將黃杰（1902-1995）任省主席（第7任，任期：1962.12-1972.7）

1963 1月，臺灣發表「對聯合國湄公河水利計畫」捐贈水泥5,000噸。

高雄縣楠梓仙溪林區發生大火，焚燬原始林80餘公頃。

臺灣銀行發行橫式10元鈔票。

楊傳廣在美俄勒岡室內運動邀請賽中創下撐竿跳之世界紀錄：16呎三又四分之一吋。

1963 3月，臺南縣楠西鄉玉山林區發生大火，200公頃相思樹付之一炬，初步估計損失4,000萬元。4月，花蓮木瓜林區森林火災，損失約800萬元。5月，高雄縣臺東交界處森林大火歷時九晝夜。另高縣

茂林鄉，屏東縣及阿里山楠梓仙溪鹿林山莊交界處亦均有森林大火。

洋菇罐頭、味精、植物油精製等三項工業工廠新設申請停止一年。

1963 4月，省建設廳決定電晶體收音機為輸入管制商品。

省警備總司令部下令取締臺灣日蓮協會（創價學會）。

李翰祥導演，凌波、樂蒂主演的《梁山伯與祝英臺》在臺首映造成轟動。

第3屆省議員選舉，投票率約70%。

1963 5月，北部橫貫公路動工。（1966年5月完工通車）

省府開放申請設立豬肉零售商店。

省警備總司令部宣佈嚴禁一貫道。

總統公佈12月25日為行憲紀念日。

美國再度叮囑不得「反攻大陸」。

行政院決定撤銷美援運用委員會，改設置國際經濟合作委員會，定7月1日成立（後延至9月1日成立）。

【歷史密碼】

「經建計畫」規劃組織的整合：經合會

經濟安定委員會負責第一、二兩期經濟計畫之設計、編擬、審議及推動，執行工作則由各相關單位辦理。1957年行政院改革委員會認為經濟安定委員會職掌與其他部會重疊，於1958年8月將該會結束，原有工作分別併入經濟部、交通部及美援會辦理。

1958年11月，由美援運用委員會及農業復興委員會支援，在經濟部

下設立工礦及農業計畫兩個聯繫組，交通部於 1960 年 9 成立運輸計畫聯繫組，原採分散設計制，分別負責工、農、交通部門計畫之設計、審議及推動；經濟部及美援運用委員會則彙總第三、四兩期的經濟建設計畫。

由於缺乏統籌全局及協調的單位，為適應美援減少趨勢，恢復集中設計制。1963 年 9 月，將行政院美援運用委員會、經濟部工礦計畫聯繫組、農業計畫聯繫組、交通部運輸計畫聯繫組、行政院國際開發協會貸款償債基金保管委員會、美援運用委員會工業發展投資研究小組及經濟研究中心等機構合併，改組為行政院國際經濟合作發展委員會（簡稱為經合會），負責編擬第四、五兩期經濟建設計畫。

1963　6 月，臺灣省第 3 屆省議會成立（議長謝東閔，副議長許金德）。

雙聯式愛國獎券發行。

臺灣興南藥品公司與日本田邊製藥株式會社合創臺灣田邊製藥公司。

行政院核定為符美援要求利潤率，自 7 月 1 日起調整電價，照明用電增加 12%，工業用電 8.7%。

1963　7 月，停徵國防臨時特別捐（1962.5.1 -1963.6.30，計 14 個月間徵集 24 億元）。

西德明德專案連絡人室（簡稱明德小組）成立。（協助臺灣軍官教育，臺灣聯絡人為蔣緯國將軍，1975 年 12 月解散）

批准中國海灣油品公司契約（中油與美國海灣石油公司合作）。

省建設廳發表第二次工商業普查結果（全省共有工商業者 182,348 家，全年營業收入為 72,933,379,100 元）。

美援 1963 年度經援方案確定，有關臺幣部分共 15 億餘元。

1963　8 月，國防部總政治部改名為「總政治作戰部」。

1963　9 月，行政院政務委員蔣經國赴美訪問。

花蓮港開放為國際港。臺電南部火力電廠裝竣首部發電機。高雄港新生地工業區動工。

日本 B 型腦炎在臺流行，患者 166 人，有 21 人死亡。

省議會修正地方自治法規，改縣市代表、鄉鎮代表任期為 4 年。

強烈颱風葛樂禮造成臺灣東北部水災。

臺南市政府發表報告書，鄭成功登陸地點確定為鹿耳門。

行政院美援運用委員會改組為行政院國際經濟合作發展委員會（簡稱「經合會」）。

1963　10 月，中美簽定《臺灣棉紡織品對美輸出四年協定》（自 10 月 1 日生效）。

美國援華公署向經合會提出「出口之障礙」，提供 26 項建議。

政府與聯合國特別基金會及國際勞工局會同訂立「金屬工業發展計畫」，於高雄市成立財團法人金屬工業發展中心。

1963　11 月，總統蔣中正對美記者稱，今年是反攻決定年。

1963　12 月，美臺合資的慕華尿素製造工廠（苗栗）開始生產。

中國國民黨通過臺糖超收盈餘移作政府反攻復國基金。

嚴家淦擔任行政院長（任期：1963.12.6 -1972.6.1）兼經合會主任委員。

1964　1 月，行政院令飭公營事業停止採購日貨。

省府統計，自 1912 年起 50 年間，本省不幸死亡煤礦工人總數 4,025 人。

南部 5 級強震，死傷失蹤 563 人。三峽興成福煤礦爆炸，27 死 9 傷。

第 6 屆縣市議員及第 5 屆鄉鎮縣轄市長選舉。全省投票率逾 70%。

湖口事件。【又稱湖口兵變，陸軍裝甲兵代理司令趙志軍（1914 -1983）於湖口基地發動叛變未遂】

湖口兵變

湖口兵變又稱湖口裝甲兵事件，是 1964 年 1 月 21 日由陸軍裝甲兵副司令趙志華在新竹縣湖口鄉裝甲兵湖口基地，發動的的叛變未遂事件。

當時國防部副部長蔣經國下令：

1. 湖口以北的陸軍各部隊，沿著湖口往臺北的主要道路，以反坦克武器，立即攔截北上的裝甲部隊，不待命開火。

2. 桃園空軍基地的戰鬥機、轟炸機待命，準備空襲北上的裝甲部隊。

3. 工兵部隊向所有通向臺北市區之橋樑，如臺北橋、中興橋裝置好炸彈，必要時將所有橋樑炸斷。

惟趙氏預謀未成，即遭逮捕。湖口兵變受害者還有蔣緯國，在中將軍階 20 年未能升為上將，蔣中正過世才晉升上將。

1964　2 月，臺北松山國際機場大廈落成。

基隆旭坑煤礦災變，死亡 17 人。

臺灣加入日內瓦長期棉織品協定。

日本前首相吉田茂訪問臺灣，與總統蔣中正會談。

1964　3 月，臺北區防洪計劃首期工程開工。

行政院通過蔣經國兼任國防部副部長。

最低工資由每月 300 元提高到每月 450 元（4 月 1 日開始實施）。

省府通過設立東部土地開發區，以安置退除役軍人與開發東部。

1964　4月，藥品加工分裝、味精、榨油、洋菇罐頭四項工業，仍限制設廠，至 1965 年 1 月為止。

美國前任副總統尼克森夫婦抵臺。美國務卿魯斯克來臺。

立法院通過《戡亂時期在臺公司陷區股東股權行使條例》。

選舉第 5 屆縣市長 21 名，中國國民黨獲得 17 席；臺北市長無黨高玉樹當選。

省交通處宣佈，北基新路通車後改名為麥克阿瑟公路。

1964　5月，1963 年外匯準備 1 億 6,450 餘萬美元（比前年同期約增加 1 億 120 餘萬美元）。

第一條調整公路麥克阿瑟公路通車。大雪山製材工廠開工。

立法院通過《國軍退除役官兵輔導條例》。

聯合國糧農組織援助 35 萬美元發展林業經濟。

美國國務院宣佈自 1965 年 6 月 30 日起停止對華經援，但軍援及農產品援助仍保留。

省府發表 1963 年第一次勞動力調查概況，勞動人口 413 萬 3 千人，完全就業者 364 萬 4 千人（88.17%），不完全就業者 20 萬 4 千人（4.93%），失業者 28 萬 5 千人（6.9%）。

1964　6月，苗栗縣錦水天然氣油廠正式生產。臺肥硫酸錏廠開工。石門水庫竣工完成。（興建歷時 8 年，興建經費 31.83 億元）

中美簽訂農產品協定，美國以 1,814 萬美元農產品資助臺灣。

中美原子能合作協定簽約延長 10 年。

一架 CAT 航空公司班機，於臺中縣神岡上空遭難，機上包括亞洲影展影界人士等 57 名乘客與機組員全數罹難。這起空難對臺灣電

影造成嚴重打擊。

臺北縣三峽同益煤礦爆炸，7 人死亡。

1964　7 月，進行 5 年之軍工協建工作停止。大臺北煤氣公司成立。

新編成立「臺灣軍管區司令部」，司令由臺灣警備總司令兼任。

日本外相大平正芳（1910 -1980）訪問臺灣。

行政院宣佈 8 月實施〈保安處分執行法〉。

1964　8 月，林園、枋寮沿海海潮猛漲成災，毀屋 100 多間。

高雄縣長余登發遭公懲會以不辦理移交為由撤職處分。

1964　9 月，行政院核定沈宗瀚繼（1895 -1980）任農復會主委。

彭明敏（1923 -）謝聰敏（1934 -）、魏廷朝（1935 -1999）等發表〈臺灣人民自救運動宣言〉啟動獨立思維。【附錄 11】本案又稱「彭明敏事件」。涉及人物尚包括李敖（1935 -2018）、吳灃培（1934 -）等。

「臺灣人民自救運動宣言」傳單

彭明敏 1996 競選總統發行之自救券。

吳澧培，彰化大城人，在「彭明敏事件」當時服務於彰化銀行扮演財務資金之角色而流落美國，為美國成功之銀行家。長期在海外支持臺灣民主運動，推展「臺美公民運動」有成，對臺美關係上之外交助益臺灣民主發展更是居功厥偉。
吳澧培 1999 年返臺定居，一生傳奇，參閱吳澧培，《一個堅持和無數巧合的人生》（臺北：圓神出版，2015）。

1964	10 月，韓國總理丁一權（1917 -1994）訪問臺灣。
	供應 20 萬學童營養午餐開辦，省主席代表接受美贈物資。

1964　10 月，韓國總理丁一權（1917 -1994）訪問臺灣。

供應 20 萬學童營養午餐開辦，省主席代表接受美贈物資。

澎湖跨海大橋動工。臺中《臺灣日報》創刊。

（中華人民共和國核子試爆，於 1967 年 6 月再度試爆。）

1964　11 月，基隆河改道工程及雙溪堤防開工。臺北市南機場公寓（國民住宅）落成。

1964　12 月，行政院長嚴家淦赴韓國訪問。

臺灣土地開發公司開業。核准美國花旗銀行臺北分行承辦外匯業務。

臺北市第一條行人地下道（圓山地下道）施工興建。

與美簽署兩農產品協定（小麥和菸葉），價值 5,000 餘萬美元。

財政部公布〈外國銀行設行原則及業務範圍〉，此後，美商花旗銀行、美國商業銀行、泰國盤谷銀行、美商運通銀行等紛紛來台設立分行與辦事處。

1965　1 月，美援停止（1951 -1965，15 年計提供約 15 億美元經援）。

第四期四年「經建計畫」（首次未依靠美援）開始實施。

蔣經國任國防部長（任期：1965 -1969），9 月訪美。

行政院任命李國鼎（1910 -2001）為經濟部長【任期 1965.1.25 -1969.7.4，後接任財政部長（任期 1969.7.4 -1976.6.11），推動獎勵投資、加工出口區、創設科技園區、促進國際合作等工作，是臺灣科技產業發展的重要推手】。

財政部發表去年對外貿易首次出超。

立法院通過《加工出口區設置管理條例》。

1965　2 月，美國花旗銀行臺北分行開幕。省政府決定恢復統一發票給獎。

經濟部在屏東萬丹發現搬土岩礦，藏量 200 萬公噸值 1 億美元。

（美國轟炸北越，越戰爆發。）

1965　3 月，副總統陳誠逝世。美國商業銀行臺北分行開業。

經濟部成立高雄加工出口區管理處籌備處。（次年正式營運）

行政院核定扶植汽車工業期限延長 4 年，至 1968 年止。

於第 23 屆 GATT 締約成員全體大會中獲准以觀察員身分再度參與 GATT 活動。

1965　4 月，與日本簽約貸款協議（5 年 1.5 億美元，同年 7 月 1 日起執行，每年貸款 3,000 萬美元向日本採購資本財）。

1965　5 月，換發新身分證，同時作國民血型普檢，記載血型。

首座天然氣發電廠於苗栗通宵建成。泰國盤谷銀行臺北分行開業。

「臺灣共和國臨時政府大統領」廖文毅返臺，聲明放棄「獨立」運動。

1965　6 月，〈戒嚴期間臺灣省區山地管制辦法〉施行。

聯合國特別基金會通過撥款助臺灣防颱防洪計畫。

因應 6 月底美援停止，中美雙方政府於 4 月訂定《設立中美經濟社會發展基金協定》，設立中美經濟社會發展基金。

民營上海商業儲蓄銀行於 6 月 16 日復業（1915 年設立）。

證券市場交易恢復，開徵證券交易稅。

黛納颱風侵襲東南部，死傷 251 人。北市大拇指山山洪暴發，吳興街 500 餘戶遭水患。

美國對臺灣經濟援助 6 月底停止。

1965　7 月，李宗仁返中國大陸。

教育部核准 23 所學校自 1965 學年度起開設 5 年制職業專修科。11

所 5 年制職業專科學校籌備設立。

臺南白河水庫竣工。臺北地區防洪計劃首期工程（歷時 1 年 4 個月）完成。

1965　8 月，瑪麗颱風災情，全省死傷 98 人。

　　　（新加坡退出馬來西亞聯邦，1965 年 8 月 9 日成為獨立的共和國。）

1965　11 月，決定參加亞洲開發銀行，認捐開辦資金 800 萬美元。（後增至 1,600 萬美元）。

1965　12 月，世界衛生組織（WTO）承認臺灣瘧疾完全撲滅。

表 5-3　臺灣的外國經濟援助（1951－1968）

援助國	金額（美金千元）	時間
美　國	1,447,800	1951－1968
日　本	66,480	1965－1968
西　德	2,860	1966－1968
加拿大	2,790	1966－1968
義大利	2,014	1964－1968
澳大利亞	749	1966－1968

資料來源：松本繁一（1970 年）

短期而言，歷史也許站在勝方。

長期來看，獲得歷史理解的總在負方。

——寇塞列克（Reinhart Koselleck，1923-2006）

德國歷史學家

第六章

中華民國在臺灣：蔣氏父子時期

　　1960 年代後半，美援結束，臺灣經濟逐漸自立自主，迄至中華民國退出聯合國前這段期間（1966 -1971），中華民國未能「反攻大陸」依然侷限在臺灣，繼續經營臺灣，臺灣政經仍以美國在國際外交上之支持，而獲穩定發展。政治上兩蔣仍是臺灣二戰之後統治指標，蔣氏父子全權專制，在黨政軍特全面管制之下，中國國民黨掌控所構成嚴密之黨國政治經濟體系，臺灣發展像匍伏前進，受圍限極大。

　　雖然蔣中正猶存意圖反攻大陸，中華民國國政之實際治理，完全以臺澎金馬為範圍，基於美援及外交依賴美國在聯合國席位的支持，整個1960 年代，中華民國在臺灣度過了兩岸對立的緊張時機，蔣中正一直是臺灣的重心，惟自 1960 年代中葉蔣經國的角色便見加強。

　　蔣經國掌權係計畫性之安排，自 1965 年 1 月蔣經國擔任國防部長開始，孕育 10 年。1969 年 6 月擔任行政院副院長即躍居權力核心實質掌政權，1972 年 6 月正式組閣更浮出檯面。期間，嚴家淦對臺灣經濟發展貢獻，在政府領導的角色方面確有積極作為，而蔣經國在 1969 年 7 月起以副閣揆身分也參與 1970 年代初期經濟建設，即是培養領導接班之意義。直至1975 年 4 月蔣中正逝世，蔣經國出任中國國民黨主席，幾乎完全接班。

　　中華民國退出聯合國之前的 1960 年代下半葉，自蔣經國在蔣氏父子時代出頭主政，國政開始落實本土化、民主化，經濟方面並致力深耕臺灣，中華民國與臺灣的關係實際上也由「中華民國到臺灣」階段，臺灣逐漸轉型，過渡並確立了另一個「中華民國在臺灣」的時代。

蔣經國培育時期（1966~1969）

1966 年起美援停止，臺灣建設藍本的經濟計畫自立更生是發展重點，而反映在政治上則係刻意培植蔣經國以逐漸在在政經位置上突顯其重要性。

蔣中正到臺灣來之前即刻意培養太子蔣經國接班。由 1949 年國民政府自中國大陸撤退來臺時之執行過程，以及接任中國國民黨臺灣省黨部之安排即已露端倪。後來，一連串的介入建制政工系統，再至 1965 年任國防部長掌軍權，則係為穩定接班局勢的安排。

在 1970 年代之前，蔣經國的角色是潛伏的，這段期間的位置變化則見於國安方面。直至 1969 年露臉行政院長之前的短短 4 年時間，蔣經國黨國培育接班的基礎則更凸顯在軍政領域的掌控布局。

1966   1 月，蔣經國籌辦第 12 屆軍事會議；訪南韓。

美副總統韓福瑞（Hubert Horatio Humphrey, Jr., 1911 -1978）夫婦訪臺。

臺灣第一座氣象雷達站在花蓮啟用。

行政院通過對世界糧食方案（認捐米、糖各 20 噸）。通過〈輔導中小型企業辦法〉。

財政部核定中華開發貿易公司為授信機構，辦理廠商申請設立保稅倉庫或保稅工廠。2 月，中華開發貿易公司在臺北國際機場設立第一家免稅商店，以外幣交易。（中華開發貿易公司已具投資、貿易、金融、財稅等專業於一身之特權企業，凸顯管制經濟體制之運作。）

立法院通過《臺灣省砂糖平準基金條例》。

1966   2 月，南韓總統朴正熙（1917 -1979）訪臺。

國大臨時會通過修訂《臨時條款》，國民大會得制定辦法，於戡亂時期行使創制、複決兩權；閉會期間設置研究機構，研討憲政有關問題。3 月，通過增訂《臨時條款》，授權總統設置動員戡亂機構，決定大政方針；得應需要調整中央行政及人事機構，並對於中央公職人員訂頒辦法實施增選或補選。

臺銀開辦出口押滙貸款，最高期限為六月，經專案核准後再延長。

嘉義市首次發現烏腳病。（7 月，桃園縣大溪鎮發現烏腳病例。）

第一屆十大傑出女青年：王澄霞、紀政、李鍾桂、張秋香、蘇玉珍、城璧連、郭美貞、陳潔瀅、劉娟翔、湯樂誦。

天主教臺北署理總主教田耕莘樞機因病辭職，羅馬任命臺南羅光（1911 -2004）主教升任臺北總主教。

行政院核定修正〈中央再保險股份有限公司章程〉。

1966　3月，蔣中正第四次連任總統，副總統為嚴家淦（首位文人副總統，仍兼行政院長，至 1972 年 6 月 1 日）。

外貿會公布〈人造纖維限制進口實施辦法〉。

呂國民、顏尹謨、吳文就等散發「獨立鬥爭決戰書」、「三不三唯宣言」、「獨立鬥爭決戰書」。

1966　4月，證嚴法師（原名王錦雲，1937 -）於花蓮創立慈濟功德會。

《臺灣文藝》第一屆臺灣文學獎頒獎。

美國務卿魯斯克（David Dean Rusk，1909 -1994）發表對中國政策聲明，將圍堵中國侵略。

證嚴法師 (原名王錦雲，1937 -) 於花蓮創立慈濟功德會。

1966　5月，聯合國特別基金會與臺灣合作成立航業發展中心。

北部橫貫公路（西起桃園大溪，東迄宜蘭壯圍，全長 130 公里）完

成通車。

裘迪颱風過境，南部蕉農損失慘重。

【中國組紅衛兵展開文化大革命。1966 年 5 月至 1976 年 10 月長達十年，被稱為「十年動亂」、「十年浩劫」。】

1966　6 月，行政院通過〈中華民國 56 年度愛國公債派募辦法〉，出口結匯一律停配，進口結匯配率提高（1 美元配新臺幣 1 元的公債，提高為新臺幣 1.25 元；緊縮民間貨幣數量，移轉至政府部門。）。

臺灣聯合蘆筍罐頭廠出口公司及臺灣柑桔蘆筍聯營公司組成外銷蘆筍罐業務委員會，聯合辦理蘆筍罐銷售業務。

1966　7 月，外貿會宣布五種管制進口貨品開放進口。包括：車鈴、腳踏車、車鎖、電熨斗、保溫器。

臺灣與加拿大政府同意棉織品貿易協定延長二年。高雄香蕉恢復輸日。

省府五年計畫整建阿里山成為國際性公園。

1966　8 月，大臺北瓦斯槽第一期工程開工。臺東大橋通車。臺灣煉鐵公司汐止鋼廠開工。省政府通過東部設紙漿廠。

立法院通過亞洲開發銀行協定，我國為創始會員國。

立法院通過臺糖公司 4 個副產品工廠及臺北、雍興兩紡織廠開放民營。

腦炎於全省流行。

「阿哥哥」（A-Go Go）浪潮流行。

1966　9 月，臺北市第八信用合作社發生票據交換差額無法填補情形，申請成立清理小組，對外暫停營業 10 天。臺北市政府勒令在 10 月 3 日前復業。10 月，省政府批准全省信用合作社支援北市八信改組復

興方案。而北市八信理監事 10 人因涉嫌詐欺背信侵佔，被捕法辦。

外貿會公布〈穩定外銷蘆筍罐頭產銷辦法〉。

1966　10 月，金門黃龍潭水庫動工。

臺糖公司成立臺灣砂糖平準基金管理委員會。

農業史上首次空中噴灑農藥在臺中縣沙鹿鄉竹林村上空施作。

1966　11 月，總統令，明定 11 月 12 日為中華文化復興節。陽明山中山樓「中華文化堂」及臺北外雙溪「中山博物院」（故宮博物院）落成。

林水泉（1936 - ）、呂國民、張明彭、顏尹謨、吳文就、黃華（1939 - ）等於臺北創立臺灣獨立革命組織「全國青年團結促進會」，主張「建設新國家，成立新政府，制定新憲法」。（1967 年 8 月，調查局以意圖叛亂的罪名，將臺北市議員林水泉，及青年學生顏尹謨、黃華、許曹德（1937 - ）等 247 人逮捕。最後以「意圖以非法之方法顛覆政府」等罪名起訴者 15 人，並被判處重刑。情治單位認定促進會係由林水泉為首，故又名「林水泉等叛亂案」。）

亞洲開發銀行成立，中華民國由央行總裁徐柏園代表出席。

1966　12 月，臺灣第一個加工出口區在高雄正式營運。

吳阿民（1938 - ）榮獲亞運 10 項冠軍。

實施全國戶口住宅普查。

行政院決定民營銀行在撤退大陸前所有債務一律暫緩支付。

與日本簽訂信用貸款協定、蕉貿協定。與聯合國簽署合約，定四年內全部完成合作防颱防洪計畫。

行政院決議臺北市改制院轄市。次年 5 月，通過於 7 月 1 日改制。

美國國務卿魯斯克訪臺。

（美轟炸河內。蘇聯太空船「月球 13 號」於月球著陸。）

1967 1月，省民政廳宣佈普查 1966 年的速報數字，本省常住人口為 12,974,633 人。2月，內政部發表臺閩戶口普查初步統計常住人口為 13,512,143 人。

南投縣第 5 屆縣長補選，林洋港（1927 -2013）當選。

金門發行 50 元面額新臺幣。

駐美大使周書楷（1913 -1992）代表簽署太空和平條約。

美國國務院強調，中華民國政府因受正式保證的約束，如未經美國同意，不作反攻大陸的試探。

女青年音樂指揮郭美貞（1940 -2013）在美獲國際音樂比賽指揮獎（與代表西德、法、西班牙三國之青年共同獲得首獎）。

1967 2月，蔣經國任國安會總動員委員會主委。

與日簽訂食米外銷協定，日本購臺米五萬公噸。

省政府決定將田賦收入總額的 30% 劃作鄉鎮財源，定 7 月 1 日起實施。

行政院通過修正〈工業輔導準則〉第 5 條，麵粉工業設廠限制解除，小麥可自由申請進口。

1967 3月，1967 年預防霍亂計畫及全民霍亂預防注射計畫公佈，5 月 16 日起全省實施。

大臺北區自動電話系統，全部工作完成。

1967 4 月，全省第三次工商普查開始。

內政部公佈修正戰時新聞用紙節約辦法，各報新聞紙篇幅增為兩大張半。

1967 5 月，經濟部核准與日本合資設立臺灣畜產公司。

外貿會決定自 5 月 8 日起，將一般進口結匯時繳納 100% 的信用狀金額降低為 50%，將美援物資交換計畫下的物資進口結匯保證金降低至 25%，以便利進口金融的周轉。臺銀實施新結匯辦法，貿易商要提出確保債權授權書。

中央公告實施降低銀行存放款利率，貼現放款利率降低 6%，存款利率降低 3 -5%，同時調整銀行存款保證準備率，提高至法定最高率。

中美基金核准森林工業原料貸款予中興紙廠，將用以變更林相。

行政院通過修正〈各機關優先錄用退除役官兵實施辦法〉。

中國農民銀行在臺復業。

【美、英、日、EEC 決定就甘迺迪降低關稅的主張進行交涉。6 月 30 日簽署最後協議（53 國平均降低關稅 30-35%）。】

1967 6 月，經濟部長李國鼎（1910 -2001）與聯合國代表簽定「臺灣省社區發展公共衛生設施改善計畫」。

省農林廳決定自 1967 年二期稻作開始，在本省選擇五個鄉鎮，為水稻生產改良技術綜合栽培示範鄉鎮；選定之五鄉鎮為宜蘭五結鄉、桃園大園鄉、臺中東勢鄉、臺南西港鄉、高雄美濃鄉。

【阿拉伯國家與以色列爆發戰爭。（6 月 5 日開始至 6 月 10 日止，結果以色列從埃及奪取加薩走廊及西奈半島；從約旦奪取約旦河西岸地區包括東耶路撒冷；從敘利亞奪取戈蘭高地。）阿拉伯國家同

時對以色列的支持者美、英、西德等實行石油禁運。中華人民共和國首次氫彈試爆成功。】

1967　7月，臺北市改制為院轄市。財政部臺北市國稅局成立。三軍總醫院成立。

1967　8月，行政院頒布「九年國民教育實施綱領」，自1968年學年度（1968年秋）將義務教育延長為九年。1968年1月，立法院通過《九年國民教育實施條例》。

拆解廢船工業躍居世界首位。高雄港第二港口闢建工程開工。

美國西屋公司宣佈與臺電簽約提供臺灣西部30萬千瓦的蒸汽電機。

立法院通過《關稅法》。

美國運通銀行在臺分行開業。

烏來纜車開放。

國家科學委員會成立。

【8月6日，印尼、馬來西亞、新加坡、菲律賓、泰國五國外長在曼谷舉行會議，8月8日發表《曼谷宣言》成立「東南亞國家協會」（ASEAN）。《布魯塞爾條約》於1965年4月8日由歐洲經濟共同體的六個成員國在比利時首都布魯塞爾簽訂，1967年7月1日生效。根據該條約，歐洲煤鋼共同體、歐洲原子能共同體以及歐洲經濟共同體等三大共同體將合併建立統一的歐洲部長理事會和歐盟委員會。】

1967　9月，日本首相佐藤榮作（1901-1975）訪臺。史學家錢穆（1895-1990）夫婦自香港飛來臺北定居。

亞洲土地改革與農村發展中心於臺北土地改革紀念館成立，為亞洲各國推動土地改革與農村發展的中心組織。

高雄蕉外銷數量逾 600 萬籠，破 43 年來外銷紀錄。

省府規定民間慶祝媽祖誕辰祭典，一律在農曆 3 月 23 日舉行。

【國際貨幣基金組織（IMF）發表國際流動性增強對策案。1967 年夏，IMF 執董會起草「國際貨幣基金組織特別提款權大綱」。9 月，在 IMF 與世界銀行的聯合年會上，決定創設特別提款權（SDR），各成員國就 SDR 的貨幣單位及使用程序等問題進行討論。1968 年 5 月，IMF 完成對《基金組織協定》的修訂，補充了有關 SDR 分配、使用和取消等的相關條款。SDR 依據各國在 IMF 中的份額進行分配，可以供成員國平衡國際收支。是基金組織分配給會員國的一種使用資金的權利。】*

每年農曆 3 月 23 日舉行慶祝媽祖誕辰活動是臺灣重要的社會宗教文化。

---

* 參閱彭百顯，〈國際貨幣基金組織的業務功能與改革〉，《新世紀智庫論壇》第 51 期，2010 年 9 月，頁 55-94。

1967　10 月，與美國簽訂新紡織品協定。

　　國際復興開發銀行（IBRD）同意提供美金 1,700 餘萬元，助我完成擴充鐵路。

　　解拉颱風過境，北部災情慘重：43 人死亡，34 人受傷，失蹤 42 個人，房屋全倒 206 間。苗栗南庄煤礦廠發生瓦斯大爆炸。

　　曾文水庫 10 月 31 日動工興建。（1973 年 10 月 31 日完工）

　　（77 個開發中國家在阿爾及爾舉行部長會議，簽署《阿爾及爾憲章》，要求舉行第二屆聯合國貿易開發會議。）

1967　11 月，國際開發協會（IDA）貸予臺灣省 215 萬美元，作為地下水開發基金。

　　國防部長蔣經國抵東京訪問。

　　行政院通過「中美資源交換計畫」，運用 3,750 萬美元，將進口美原棉、牛油脂、菸葉。

　　（英國政府發表英鎊貶值 14.3%，比公定比率增加 8%。美國及六個歐洲國家中央銀行決定共同維持現行美金價格。）

1967　12 月，第一座聚乙烯工廠臺灣聚合公司高雄廠落成。行政院通過在高雄設立造船廠。

　　行政院核准省府發行「臺灣省糧食實物債券」，作為興建曾文水庫經費。

　　與日本簽訂五項貸款協定，購置設備用於工業建設。

　　（聯合國大會決議禁止使用核子武器。）

1968　1 月，為配合臺電增闢電源煤炭運輸，鐵路局新建林口支線通車。

　　臺灣省戶稅全部廢除。

　　《大學雜誌》創刊。柏楊（1920 -2008，本名郭衣洞）事件。

柏楊事件

「柏楊事件」又稱大力水手事件。1968 年 1 月 2 日，《中華日報》家庭版刊出柏楊（本名郭衣洞）翻譯的美國《大力水手》（Popeye the Sailor Man）連環漫畫，故事內容為波派父子合購一島，遂在島上建立國家，各自競選總統。柏楊將英文的 Fellow（夥伴們）譯為「全國軍民同胞們…」，類似總統蔣中正的語氣，遭情治單位解讀為對蔣中正父子暗諷，挑撥政府與人民之間的感情，以「侮辱元首」、「打擊國家領導中心」的罪名逮捕，柏楊及妻子先後遭約談，柏楊後被捕移送軍法處起訴，判處 12 年徒刑。（1975 年，因蔣中正逝世減刑三分之一為 8 年有期徒刑。1976 年刑滿後仍被留置於綠島，後因國際特赦組織等人權團體的要求才被釋放，共被囚禁 9 年 26 天。）

1968　1 月，民營的金門航運公司第一艘貨輪「泰航」號由高雄駛抵金門。臺灣造船公司新建 10 萬噸大造船塢正式動工。經濟部任命趙耀東為大鋼鐵廠籌建處主任。

省糧食局規定限期出售存糧及餘糧，不論糧商或農戶均應遵照辦理，否則依違反《糧食管理治罪條例》論處。

臺灣省第 7 屆縣市議員及第 6 屆鄉鎮（市）長選舉投票，共選出縣市議員 847 人，其中，中國國民黨籍者 567 人；鄉鎮（市）長 312 人，其中中國國民黨籍者占 238 人。

行政院核定中油成立苗栗頭份石油化學工廠。核定設置楠梓加工出口區。

【越共軍隊發動攻擊，攻佔美國大使館六小時。越南總統阮文紹宣佈全國戒嚴。沙烏地阿拉伯、科威特、利比亞等三國，於貝魯特成立阿拉伯石油輸出國組織（OAPEC）。】

1968　2 月，財政部同意包商承建美軍工程得免營業稅、印花稅。

政府決定將信用合作社納入金融系統。教育部同意中央大學復校。

行政院通過基本工資暫行辦法，每月 600 元。

行政院決定洋菇、蘆筍、味精三工業再限制設廠一年。

日本政府改變購蕉政策，分散來源，影響臺蕉輸日。

【美眾議院通過取消美元黃金準備。第二屆聯合國貿易拓展會議（UNCTAD）於新德里開幕，共有 133 國代表參加（含 88 個低度開發國家），會中通過由先進國家對低度開發國家採行優惠待遇。世界共產黨，勞工黨協商會議於布達佩斯舉行（至 3 月 5 日），共有 66 國參加，討論召開一項世界共黨會議，重新檢討因中、蘇共之糾紛所影響之共黨團結。日本、中國、北韓、北越、阿爾巴尼亞未出席該會。】

1968　3 月，財政部公佈〈營利事業所得稅藍色申報書實施辦法〉。

國父紀念館動工興建。（1972 年 5 月 16 日主要工程完成，舉行落

成典禮。）

與聯合國世界糧食組織簽訂「灌溉與防洪改善方案」。

行政院為支持「黃金同盟」兩價制，決定重訂輸出政策。

臺船決定建 10 萬噸級船埠。

行政院核定賦稅改革委員會成立。5 月，「行政院賦稅改革委員會」設立，為期 2 年，由劉大中擔任主任委員，成員包括政府重要的財經官員。1970 年 6 月底任務結束，完成多項稅制、稅法及稅務行政之改進建議，成為往後賦稅改革之藍本。運作期間，1969 年 4 月 25 日與財政部合設「財稅資料處理及考核中心」，首創財稅機關使用電子計算機處理財稅業務之先例。任務結束後行政院核准於 1970 年 7 月 1 日成立「財政部稅制委員會」為常設之賦稅研究機構。

經濟部將製發統一標誌，推行不二價運動。

【西歐搶購黃金造成黃金恐慌。歐洲各國中央銀行負責人在華盛頓集會，討論國際貨幣制度的命運。歐洲共同市場歐洲貨幣委員會於布魯塞爾召開會議，討論世界貨幣危機。「黃金同盟」7 國的中央銀行總裁會議於華盛頓召開，決定實施黃金雙重價格制。】

1968　4 月，財政部宣佈愛國公債自 1969 年度起停止派募。

亞銀宣佈支持在臺灣設立亞洲蔬菜中心。9 月，行政院核定參加亞洲蔬菜發展中心，負擔 30% 的經費。1971 年 5 月，亞洲蔬菜研究發展中心於臺北成立。1973 年 10 月，亞洲蔬菜研究發展中心在臺南善化舉行落成典禮，開始運作。

馬星航空公司宣佈，因華航片面降低票價，22 日起停飛臺北，收回華航吉隆坡、星洲線航權。泛美航空增闢臺灣為中間站。

首座遠洋漁業基地高雄前鎮漁港落成。交通部長孫運璿（1913

-2006）表示，政府將在高雄港建立貨櫃轉運中心，並在基隆港興建一座貨櫃碼頭。

財政部核定總公司所在地、工廠所在地分收營業稅，以解決院轄市與外縣市稅收劃分問題。

行政院通過人口政策綱領，並決定研訂優生保健法。5月，公佈〈臺灣地區家庭計畫實施辦法〉。

臺灣大學考古隊地質學教授林朝棨（1910 -1985）田野調查發現臺東縣長濱鄉八仙洞 16 個洞穴新石器時代遺跡。這是臺灣最早的人類文化遺存，距今約 50,000 年至 5,000 年時間。（證明臺灣早期係與大陸華南地理相連）

臺灣省第 4 屆省議員及第 6 屆縣市長選舉舉行投票，20 位縣市長當選人中，3 名非中國國民黨提名；71 名省議員中，有 10 名非中國國民黨籍。

經濟部決限制多元酯絲工廠設廠。高雄煉油廠新建輕油裂解工廠開始生產。

【美參議院通過限制紡織品進口案，並列加稅法案。美國黑人運動領袖金恩（Martin Luther King, Jr.，1929 -1968）於曼菲斯遭槍擊喪生，各地爆發黑人抗議行動。】

1968　5月，臺灣各縣市自治。

《原子能法》制定公布，明定設置原子能委員會。《行政院原子能委員會組織條例》於 1970 年 12 月 3 日公布。

行政院 5 月 17 日頒訂〈臺灣地區家庭計畫實施辦法〉，1969 年 4 月 19 日公布「中華民國人口政策綱領」。1971 年提出「兩個孩子恰恰好，男孩女孩一樣好」及「三三二一」（婚後三年才生第 1 個

孩子，過了三年再生 1 個，二個孩子恰恰好，男孩女孩一樣好。）
等政策。（由於出生數快速下降，導致未來可能的人口負成長，政
府在 2005 年推動新口號：「兩個孩子很幸福，三個孩子更熱鬧」。）

日本三菱獲准在臺設立「中國菱電股份有限公司」。美國海灣石油
公司簽字投資華夏塑膠。

與聯合國世界糧食組織簽訂「合作農場土地開發計畫」實施方案。

行政院通過〈臺灣地區金融機構設分支機構審核標準〉，開發公司、
外國銀行、農業信用部不得設立。通過「加強發展觀光事業實施方
案」。

1968　6 月，交通部宣佈不再核准製造 65c.c. 以下機車。

【歐洲共同市場 6 國撤除關稅限制。美國總統提名候選人羅勃甘迺
迪（Robert Francis Kennedy，1925 -1968）於洛杉磯遭狙擊身亡。】

1968　7 月，實施公務人員職位分類制度。

取消違警罰鍰由警察提獎制度，打破 40 多年來慣例。

南部橫貫公路開工。臺產可口可樂上市。

經濟部物價會報成立。政府南泥北運，消解北部水泥漲風。

歐洲 8 國 9 大銀行同意對臺灣無限制提供商業貸款。

行政院核定修正〈外銷退稅辦法〉。核定小港附近為工業區。

臺東縣成功鎮麒麟山史前遺址巨石文化層年代測定，距今約三千
年，相當於商晚期周初期。次年 1 月，臺東八仙洞掘出舊石器時代
文化遺址。

民主臺灣聯盟事件。【作家陳映真（1937 -2016，本名陳永善）與
高中教師李作成、臺灣藝術專科學校助教吳耀忠、臺灣大學學生丘
延亮及陳述禮等人，共同籌組具有社會主義色彩的異議團體「民主

臺灣聯盟」，研讀馬克思、列寧、魯迅等左翼思想書籍，牽連被捕者 36 人。軍法處以「預備顛覆政府」罪名，將陳映真、李作成、吳耀忠、陳述禮等人判處 10 年徒刑，陳映和判刑 8 年，丘延亮、林華洲各 6 年。這是戰後臺灣文學界波及人數最多的政治迫害事件。】

附徵教育捐 30%。

（GATT 主要會員國 18 國實施甘迺迪回合減讓關稅協定。歐洲共同市場成立關稅同盟。）

1968　8 月，行政院通過加入國際金融公司（IFC，隸屬世界銀行）。次年 1 月，正式加入國際金融公司，由駐美大使周書楷代表簽約。

臺灣電信管理局開放臺中、基隆、嘉義、屏東、新竹、彰化等地的真蹟電報業務，花蓮、臺東兩地試辦性開放。

行政院通過擴大管制進口物品項目。行政院核定，為減少紅磚使用量及確保建築安全，今後凡 3 樓以上（不包括 3 樓）的樓房，一律改為「鋼筋混凝土構架」，5 樓以上必須使用 RC 構架。經合會訂定〈輔導磚廠辦法〉。

經濟部確定「平抑毛豬價格方案」。

央行宣布自 12 日起提高拆放、重貼現、重質押、公債質押利率。

臺東紅葉少棒隊擊敗世界冠軍日本和歌山少棒隊，揚名海外。

1968　9 月，棕色新 5 元券開始流通。《中國時報》開始發刊，由原《徵信新聞報》改名。中國電視公司成立。張榮發創立長榮海運公司。

花蓮縣玉里鎮下勞灣溪上游發生山崩，23 名山胞慘遭活埋。

財政部公佈實施〈海關管理保稅工廠辦法〉。

實施九年義務教育，初級中學全面改制為國民中學。

（蘇聯無人太空船「桑德五號」自月球返回地球。）

義務教育演進

1943 年日治末年開始，初等教育的公立學校，教育六年。

1950 年實施六年國教：6 歲~12 歲為學齡兒童。

1968 年實施九年國教：提高國民教育素質。

1968　10 月，行政院同意通過國際貨幣基金組織（IMF）增殖設立 SDR 之協定。（中華民國自 1946 年基金組織創立正式營運開始，因認股攤額為前五大會員國，得以直接指派一名執行董事參加執行董事會。但 1971 年退出聯合國後，開始面臨中華人民共和國對會籍的挑戰。自 1972 年起，中華民國代表被拒絕參加基金組織和世界銀行兩年一次的執行董事選舉，因為在多次的攤額總檢查中，中華民國屢次未能參加基金組織之增資。至 1980 年 4 月 17 日，IMF 執行董事會決議承認中華人民共和國代表中國，在臺灣的中華民國之中國代表權即告終止。）*

公佈實施〈改善民間祭典節約辦法〉。省警務處發表艾琳颱風災情：死亡 24 人，失蹤 20 人，受傷 23 人。

紀政（1944 - ）獲 19 屆世運會女子 80 公尺低欄銅牌。

行政院核定設立原子電廠。另通過設置高雄第二加工出口區在楠梓、左營間。

立法院通過修正《銀行法》。財政部設立之中央再保險公司揭幕。

---

* 參閱彭百顯，〈國際貨幣基金組織的創設與體制—兼論臺灣與基金組織之關係〉，《新世紀智庫論壇》，第 50 期，2010 年 6 月，頁 31-67。

【中共 8 屆 12 中全會免除劉少奇（1898 -1969）國家主席地位，永遠開除出黨、撤銷黨內外一切職務。】

1968　11 月，省府同意舉辦農業災害保險。

第五期四年經建計畫初步編訂完成，以發展出口為主之輕工業為重。

行政院核定〈軍人戶口查記辦法〉修正為〈陸海空現役軍人戶口查記辦法〉，規定現役軍人均應設立戶籍。

行政院核准省級公務員三年退休計畫，年屆 65 歲者，將勒令退休。

高雄首座貨櫃碼頭開工興建。

行政院通過臺電向世界銀行貸款供 10 年長期開發電源使用計畫。

與亞洲開發銀行簽約貸款 40 萬美元，贈款 10 萬美元，協助規劃南北高速公路。通過修正〈外銷品沖退稅捐辦法〉。

（中華人民共和國要求與美國談判，簽署和平共存五原則。由於國際貨幣危機發生，英法以外之歐洲各國外匯市場宣告關閉。11 月 25 日重新開始運作。）

1968　12 月，世界銀行資助臺電興建達見水壩工程 5,000 萬美元貸款簽約。

亞銀貸款中油 1,020 萬美元建纖維原料廠，在馬尼拉簽約。與聯合國世界糧食組織簽定「森林及農村道路建設計畫」實施方案。

交通部訂定觀光旅館分為五等。

教育廳通令全省國中嚴禁惡補。

（中國氫彈試驗。）

1969　1 月，經濟部國貿局公佈「改進香蕉品質方案」，決定外銷維持五五制。味精、洋菇及蘆筍工業繼續限制設廠一年。次月，行政院通過「促進外銷罐頭食品事業發展方案」。

外交部統計，全球 138 個國家中，67 國與我國有外交關係。

立法院通過《國有財產法》。

省府訂定 1969 年度 10 項農業發展重點。決定開徵水權費。

《中美科學技術合作協定》於臺北簽訂，有效期間 6 年。國家安全會議通過科學發展計畫，每年基金 12 億元。

省議員高育仁於省議會質詢，公路局為路政監督機關，若要經營運輸業務應成立公司。（政經分離）

行政院公佈第五期四年「經建計畫」。臺中加工出口區設立。

內政部提出「兩個孩子恰恰好」人口節育政策。

1969　2 月，經濟部國營事業管理委員會成立。交通部長孫運璿宣佈高雄港將建遠東貨櫃集運中心。次月，政府指 5 家國輪公司成立貨櫃聯營公司。

基隆至臺北間的長途電話自動撥號正式開放。

教育部設置中山助學金以培植中國大陸逃港知青。

遠東航空公司國內班機失事，墜毀於臺南縣，36 人死亡。

蔣經國訪問南韓；3 月訪問美國；6 月訪問泰國。

政大學生許席圖（1940 - ）等 37 人因籌組「統一事業基金會」會員募股方式向學生籌募經費，運用於公益活動以淨化社會，被誤以「統一中國促進委員會」，企圖與中共進行和平統一，以「意圖顛覆政府」的罪名逮捕，關押於景美看守所。（在獄中被刑求而導致精神分裂症）

國營事業曾是臺灣1970年代以後國家經濟發展的主力。圖為中油高雄煉油廠。

1969　3月，為消除全省國小三年級以上二部制教學，省府補助及貸款各
　　　縣市國小興建教室全部落成。

　　　經濟部決定河川採取砂石深度放寬為5公尺，並在採石段設管理
　　　站。

　　　第一艘10萬噸油輪伏羲號裝載原油98,000噸首航返國。

　　　省府宣佈「農家綜合發展與貧農特別輔導計畫」，以貸款及補助經
　　　費協助農家發展。

　　　行政院通過自4月1日起開放高雄小港機場為國際貨運站，並替代
　　　臺南機場作為技術降落站。

　　　經濟部金屬工業研究所成立。國產汽車外銷婆羅洲，為首度外銷。

　　　【中華人民共和國和蘇聯因珍寶島的歸屬問題於1969年3月間在

島上發生武裝衝突。（結果：中國駐紮爭議地區。1991 年蘇聯承認該島歸屬中國）】

1969 4 月，臺北市銀行成立，1993 年 1 月 1 日更名為臺北銀行。中、韓、越三國中央銀行總裁會議於臺北舉行。亞銀貸款簽字協助臺灣發展遠洋漁業。北部山線公路完成聯結。

中國國民黨十全大會選舉中央委員，蔣經國排名第一。

總統令，為建立新港預備地址，梧棲、淡水等鎮工地禁止買賣。

財政部關務署決定，臺北市新設臺北關，原設於基隆的臺北關更名基隆關，原高雄的臺南關更名為高雄關。

行政院通過修正〈國際經濟合作發展委員會組織規程〉。

央行總裁徐柏園因青果社弊案遭免職，由財政部長俞國華兼任。

【4 月 1 日，中國共產黨第 9 次全國代表大會於《中國共產黨章程》明文指定林彪（1907-1971）是毛澤東的親密戰友和接班人。】

1969 5 月，行政院核定，因鄉鎮已有農會不得再有合作社，故鄉鎮合作社不得兼營蔬菜批發。通過〈民間設立信託投資公司審核原則〉，規定資本額不得少於 2 億元。通過〈股份有限公司最低資本額辦法〉。

全面實施紅燈時車輛禁止右轉規定。

高雄農業改良場育成新稻種「高雄秈二號」。

向美國政府租借第一艘海洋研究船「九連號」，供臺大海洋研究所使用。

經濟部擴大限制工業用電，增列紡織、食品、水泥三業。國貿局宣佈，除銷越南外，水泥暫停出口。為因應限電措施，水泥外銷一律延期交貨。

行政院發布〈戡亂時期臺灣地區戶政改進辦法〉，實施「戶警合一」制度，經行政院核定，定 7 月 1 日起開始實施，並試行一年。

越南總統阮文紹（1923-2001）訪臺。

立法院秘密會議通過香蕉、洋菇、蘆筍外銷臨時捐延徵一年，並決議期滿不得再延。

1969　6 月，國貿局決定，水泥改列專案輸出物資，出口須經國貿局簽證。

貿易局擴大託收進口，先由付款交單 D／P 放寬，承兌交單 D／A 稍後實施。

行政院核定臺中潭子加工出口區設立原則，全區佔地 23.6 公頃。

省政府設置生產建設事業基金，並公佈實施管理運用辦法。

亞洲及太平洋理事會第 4 屆部長會議通過在臺北成立糧食肥料中心總部（亞太糧食肥料技術中心於 1970 年 4 月 24 日成立，FFTC/ASPAC）。

經濟部決定將半屏山劃為水泥工業原料區。

教育部公佈「國民教育發展計畫」，以漸進方式達成國中生強迫入學並加強職業教育比重。教育部決定國中學生原則上可以能力分班。

【美國總統尼克森與越南（南越）總統阮文紹（1923-2001）於中途島舉行會談，宣佈於 8 月底前撤出美軍 25,000 人，7 月 8 日第一批 814 名美軍撤出越南。】

蔣經國副院長時期（1969～1971）

　　1960 年代中葉，蔣經國浮上臺灣檯面。經過五年軍政佈陣之後，1969年 7 月，蔣經國進一步露面國政領導行列，接任行政院副院長，雖身隱蔣家重臣嚴家淦之背，惟卻已實質上掌權，展開歷練整個國家之領導。

　　經過短短二、三年期間，蔣經國以行政院副院長身分開始身負中華民國在臺灣之重任，走訪海內外，在全島探詢民疾，推展國家建設。迄至在臺灣的中華民國退出聯合國，副院長蔣經國在行政決策的角色更為加強，行政院領政愈發積極，尤其，在國家長遠發展，並面對中華民國在臺灣本土化問題。

1969　7 月，蔣經國任行政院副院長（任期：1969.7.1 -1972.6.1）。行政院設置財政經濟金融會報，由副院長蔣經國主持。通過修正〈經合會組織規程〉，由蔣經國兼任主任委員。前陸軍總司令陳大慶（1904-1973）任第 8 任省主席（任期 1969.7 -1972.6）。

　　高雄航空站 7 月 1 日升格為「高雄國際航空站」，並於 1972 年 10 月開辦國際客運業務。

　　臺中青果社舞弊案，40 人被起訴。8 月，高雄地方法院宣判高雄青果運銷合作社舞弊案，被告吳振瑞等 23 人處徒刑。9 月，臺中地方法院宣判臺中青果運銷合作社舞弊案，被告 34 人判徒刑。10 月，行政院通過「臺灣省各級青果運銷合作社改進方案」。

　　臺北縣瑞芳侯硐瑞三煤礦瓦斯爆炸，礦工 25 人死亡，56 人受傷。

　　行政院決定廢止現行會計年度，改為曆年會計年度。行政院明訂 10

項具體措施，以求革新政治，刷新政風。

國貿局核定 PE 塑膠管制進口。

立法院通過《發展觀光條例》。

財政部決定實施定額或定率退稅辦法。

臺中金龍少棒隊打敗日本，取得世界少棒聯盟太平洋區代表權。紀政於愛爾蘭都柏林舉行的運動會中，百碼短跑平世界紀錄。

強颱衛歐拉過境，海潮暴漲，嘉南沿海地區海水倒灌一片汪洋，數萬人無家可歸。臺南虱目苗損失超過 1 億元。死亡失蹤 11 人，輕重受傷 63 人，房屋全倒 1,292 間，半倒 830 間。

臺大試製鍺半導體成功。臺灣電信管理局宣佈，自 8 月 1 日起，苗栗、員林、新營三地開放真蹟電報業務。

【IMF 修訂後的《基金組織協定》自 7 月 28 日開始生效，特別提款權（SDR）創立。1970 年 1 月 1 日分配 34.14 億單位特別提款權給 IMF 特別提款權帳戶的 104 個成員國。截至 2016 年 3 月，IMF 創造並向成員國分配 2,041 億特別提款權（約相當於 2,850 億美元）。美國總統尼克森於關島宣佈協助強化亞洲各國自立及消減美國援助等方針（關島主義）。美國撤銷對中國旅行、貿易限制。美國阿姆斯壯（Neil Alden Armstrong，1930 -2012）於 1969 年 7 月 21 日執行太空任務阿波羅 11 號邁出「人類的一大步」，為第一個踏上月球的太空人，並和其搭檔艾德林（Buzz Aldrin，1930 - ）在月球表面停留了兩個半小時，安全返回地球。蘇聯無人太空船「月球 15 號」登陸月球。】

1969　8 月，美國國務卿羅吉斯（William P. Rogers，1913 -2001）訪臺。

經濟部決定，甲等工廠產品始得用正字標記。經濟部物價會報成

立。訂定〈出口商登記辦法〉，規定出口實績符合規定者，可再申請登記為貿易商。臺北縣窯業公會表示，紅磚生產過剩，窯廠多已停產停工。

行政院公佈修正〈取締匪偽物品獎懲辦法〉，並公佈〈取締匪偽物品辦法〉。核定〈戡亂時期臺灣地區流動人口登記辦法〉。核定開闢新國際港，擴建梧棲港。農復會決定設立造林貸款基金。

生命線自殺防治中心成立。

行政院通過臺電籌建原子能發電廠向美貸款計畫。授權臺電與美國進出口銀行簽訂貸款合約，以籌建第一座核能電廠。10月，臺電採購核能反應爐，由美國奇異公司得標。

交通部民航局與印尼代表簽訂交換航權協定。次月，行政院核定（印尼）交換航空權合約，並指定中華航空公司經營中印航線。1971年4月，印尼噴射客機首航臺北；7月，華航波音727試航雅加達。

臺灣糖業公司和菲律賓糖業中心簽署5年協定，在發展栽培甘蔗計畫方面互助合作。與史瓦濟蘭簽訂農技協定。

中央銀行將進口結匯信用保證金自50%降為25%。郵政管理局宣布，例假日仍承辦儲匯，提存限額500元自20日取銷。

臺中金龍少棒隊奪得1969年第23屆世界少年棒球賽冠軍。

國防部轉頒總統蔣中正手諭「限期杜絕車禍」指示，限定國軍3個月之內杜絕，如再肇車禍，一律嚴處。

行政院通過全面實施平均地權預定進度，貫徹實施耕者有其田，分二期辦理公地放領。

1969　9月，臺灣造船公司自造10萬噸油輪「有巢號」安放龍骨。

行政院修正〈外國護照簽證辦法〉，對在臺投資者可發多次入境簽證。

美國飛虎航空公司中美貨運航線通航。經濟部訂定〈免稅商店設置管理辦法〉。交通部成立闢建規劃委員會，籌建桃園國際機場。經濟部核准設立臺灣省農會飼料廠。

立法委員魏惜言違反中國國民黨黨中央決策，對《公司法》修正條文持異議，遭停止黨權一年。

行政院財經會報通過全民儲蓄方案草案，並將建立「受僱人員公積金」制度。通過「臺灣北區區域建設計畫」

強烈颱風艾爾西造成全臺慘重災情：死亡失蹤105人，輕重受傷371人，房屋全倒12,264間，半倒20,582間。

1969　10月，增額補選中央公職人員名額宣佈，計國大代表15名，立法委員7名，監察委員2名。

芙勞西颱風災情：死亡失蹤105人，輕重受傷41人，房屋全倒2,647間，半倒3,322間，臺北盆地洪水氾濫。行政院通過「艾爾西、芙勞西颱風災害農工商業緊急救助措施方案」。

美國民航局宣佈，尼克森總統批准中華航空公司在美國本土和日本大阪和東京之間的航線。1970年2月，中華航空公司開闢中美航線，以波音707噴射客機首航飛往舊金山。

IMF決定特別提款權配額，中華民國為4.6%，首年分配為1億3,000萬美元。1972年8月，央行表示已付IMF攤額6,000萬美元，可參加基金匯兌交易。次月，IMF認定新臺幣平價為40元兌美金1元。

與聯合國世界糧食組織簽訂「山坡地水土保持計畫」的實施方案。

中油與美國海灣公司擬定合作投資生產乙烯計畫。

經濟部核定實施國產商品實施品質管制，使用正字標誌及申請分等檢驗聯繫辦法。

臺南左鎮鄉菜寮溪發現大批古代生物化石、石器、陶片，其年代在百萬年以前，犀牛、象獸骨化石與亞洲大陸屬於一類。

中國電視公司 10 月 31 日開播。

1969　11 月，嘉南大圳灌溉渠道內面工程竣工。臺北大橋通車。中國貨櫃運輸公司成立。中華顧問工程公司成立。行政院通過設立臺中潭子加工區，以發展輕工業為主。

省漁業局禁用硼砂為蝦防腐劑。內政部決定禁用家庭用 DDT。

國貿局宣佈自 1970 年起大麥、工業用鹽列為進口大宗物資。經濟部公佈實施〈國產商品品質管制辦法〉。

臺北市改制後市議員選舉，選出第一屆市議員 48 人，中國國民黨籍議員佔 43 名。

1969　12 月，三軍大學成立。臺灣氯乙烯公司成立。巴西航空公司臺北營業處成立。達見水庫大壩開工。第一座衛星通訊用電臺啟用。臺電決定興建梧棲發電廠。

國防部指示三軍部隊全面協助農民割稻。

交通部決定南北高速公路為不收費公路。

美國參議院否決援臺戰鬥機。美國第七艦隊改為隨時巡邏臺灣海峽（原來是常時巡邏）。

行政院核定「銀行現代化方案」。通過香蕉、洋菇、蘆筍外銷臨時捐稅率減為 3%。

臺北縣雙溪礦業公司本坑發生災變，2 死 3 重傷，38 人受輕傷。經濟部訂定《礦場安全法》。

依據《動員戡亂時期自由地區中央公職人員增選補選辦法》，12月20日舉行立委及國代選舉。這是 1948 年之後，中華民國第一次中央公職性質的國會大選，共選出 11 名增額立委及 15 名增額國代。（美國宣佈局部解除對中國之 19 年貿易禁令，許可非鐵金屬戰略物資輸出中國。IMF決定增資，日本新出資額為 12 億美元居第 5 位，出任理事國。）

1970　1月，美國副總統安格紐（Spiro Theodore Agnew，1918 -1996）抵臺訪問。中興工程顧問社成立。決定在通宵建新式製鹽廠。行政院通過投資設立中臺公司及中氨公司，大量生產液氨、耐隆。全錄公司開幕。

經濟部決定設永久觀測井網，以管制地下水，防止臺北盆地地層下陷。決定擴大南部工業區，臺糖撥地近千頃參與合作。南部工業區更名，改稱高雄臨海工業區。

「臺灣獨立建國聯盟」於紐約成立。（1992 年遷臺，正式在臺灣運作。）

行政院通過「加強推動儲蓄方案」。中華民國加強儲蓄推行委員會成立。

中國國民黨舉行黨政關係談話會，就立法院的「總額」問題獲致結論，總額不變更，仍為 773 人，加上新選出的 11 人，共 784 人。

聯合國通過撥款 45 萬 5 千美元，助臺灣發展社會開發。

臺北縣新店太乙煤礦粗坑礦場發生災變，礦工 8 死 3 傷。

省議員趙森海於省議會提案：請臺灣電視公司於開會期間開闢節目報導省議會開會情形。大會決議：請政府轉請臺灣電視公司研究辦理。

臺灣獨立建國聯盟

　　臺灣獨立建國聯盟，簡稱臺獨聯盟或獨盟，是以推動臺灣獨立運動的組織。1970年由四個海外獨立運動團體：日本臺灣青年獨立聯盟（1960年成立）、加拿大臺灣人權委員會（1964年成立）、美國全美臺灣獨立聯盟（1966年成立）、歐洲臺灣獨立聯盟（1967年成立）和國內臺灣自由聯盟共同組成世界性臺灣獨立聯盟。為海外勢力最大的臺灣獨立運動組織。

　　隨著臺灣內部反對運動的發展與政治環境的開放，臺灣獨立建國聯盟的領導人突破黑名單的限制，發起遷臺運動，紛紛偷渡返臺，並於1992年將總部遷回臺灣，聯盟人士張燦鍙（1936 -）、郭倍宏（1955 -）、李應元（1953 -）等人在此一行動中被捕下獄。臺灣獨立建國聯盟總部設在臺灣，另外設有美國本部、日本本部、加拿大本部、歐洲本部及南美本部。

1970　2月，新竹、新北間鐵路大車禍，觀光號追撞平快車，造成10人死亡，47人輕重傷。遠東航空公司運報專機失事，墜燬於臺北福壽山頂。

　　　臺東泰源事件。主張臺灣獨立的政治犯聯合駐紮該地執行警衛任務的臺灣籍士官兵50人，以及當地的臺灣原住民知識青年等共120餘人，以「臺灣獨立」為目的，發動監獄革命。

　　　臺北夜間郵局揭幕。行政院通過保險業務改進方案，舉辦新保險，防止惡性競爭。

　　　國防、教育兩部決定投資一億元擴建教育電視臺，改名中華文化電視公司。1971年10月開播。

　　　經濟部和省政府核准民間開採花蓮海口砂石。

紀政在加拿大國際室內運動會上打破女子低欄 50 公尺世界紀錄。

證券交易所公佈〈簡化上市發行公司新股上市程序〉及〈上市發行公司新股權利證書特約買賣辦法〉兩種，即日起實施。

行政院通過央行建議新臺幣五元幣得以金屬鑄造。

【尼克森把亞洲政策的「關島主義」擴大為適用於全世界的外交戰略，稱為「尼克森主義」（Nixon Doctrine）。】

泰源事件

泰源事件，是一場有組織但被迅速撲滅的武裝臺獨行動。為 1970 年 2 月 8 日發生於臺東縣東河鄉泰源谷地泰源監獄的事件，參與者有參與臺灣獨立運動的政治犯、駐守該監獄的警衛和當地原住民族，還有人負責後續劫獄、搶佔廣播電臺等工作。泰源事件後不久，所有政治犯，都在海陸空嚴密監視下被移拘到綠島綠洲山莊關押。

當年總統蔣中正批示：「如此重大叛亂案，豈可以集中綠島管理了事，應將此 6 犯皆判刑槍決，而賴張李等 3 犯，以警衛部隊士兵，而竟預聞逆謀不報，其罪難宥，應照法重處，勿誤。中正 中華民國 59 年 4 月 27 日」。

為了紀念發動泰源監獄起義、1970 年 5 月 30 日被槍決的五位烈士，臺灣政治受難者關懷協會與大地文教基金會於 2014 年 5 月 31 日在南投草屯「臺灣聖山－生態教育園區」舉辦紀念碑揭碑典禮、紀念儀式。「泰源事件紀念碑」碑文如下：

1970 年初，臺灣正值戒嚴高壓統治以及彭明敏教授出逃國外不久，一群囚禁在臺東「國防部泰源感訓監獄」的政治犯，為了臺灣獨立的信念，計畫發動監獄革命。包括陸軍官校肄業的江炳興，蘇東啟政治案的海軍陸戰隊充員兵鄭金河、鄭正成、陳良、詹天增，以及在軍中書寫「反動

文字」因而入獄的謝東榮，這六位擔任外役的青年在 2 月 8 日（農曆大年初三）那一天中午，利用衛兵換哨的時機搶奪槍械，江炳興且大聲喊道：「臺灣獨立了，你快把槍交給我吧！」他們殺死一位上士組長，但與警衛連士兵對峙僵持，以致無法照計劃釋放押房中的的臺獨政治犯，即逃往山區。軍方遂動員東部海防部隊圍捕，迄 2 月 19 日為止陸續將六人捕獲，其中除鄭正成被判有期徒刑 15 年 6 個月，餘五人皆判處死刑且於同年 5 月 30 日槍決。由於此一事件，國防部才決定將政治犯集中遷往綠島，這就是 1972 年春天開始有「綠洲山莊」的由來。

泰源事件是帶著政治主張的集體行動，見證了「有壓迫的地方就有反抗」。江炳興等六人被捕之後歷經嚴刑拷打，都沒有透漏任何其他共同策畫的獄友姓名，義行令人敬佩；臺灣有今日的自由民主，應感念前人的犧牲，特於南投草屯臺灣聖山立碑紀念。

陳儀深撰寫碑文

陳武鎮設計製作

圖示為綠島監獄一景。

綠島原名火燒島，1937 年設火燒島庄（屬臺東郡），戰後改鄉，1948 年改名綠島。1951 年設政治犯（思想犯）監管之「新生訓導處」，曾有一千名政治犯移此。1970 年並設感訓監獄（綠洲山莊）；1972 年起綠島為政治犯之集中監管地。1997 年施明德等立委建請改綠洲山莊為紀念館，2001 年改稱「綠島人權文化園區」並擴建。

1970　3 月，臺灣電視公司播出黃俊雄製作的布袋戲「雲州大儒俠」轟動全國（連播 583 集，欲罷不能。6 月 29 日下檔，並縮短布袋戲播出時間。後由於高收視率，1974 年 6 月政府以「影響農工作息」為由，下令禁播以臺語發音之布袋戲收場。）

省府為獎勵造林，核定自 1970 年開始設立造林貸款基金三億元。

三位數郵遞區號制度開始實施。

28 家毛紡廠合組中聯紡織公司成立。

（日本舉行大阪萬國博覽會。）

1970　4 月，亞銀貸款興建高速公路楊梅段，在臺北完成簽約。第一次日圓貸款 1 億 5,000 萬元，中日代表在東京換文生效。國光人壽公司經營不善，財政部勒令停業。財政部核定設置保險業研究發展基

金，並成立管理委員會。財政部授權中央再保險公司定期檢查保險業務。行政院核定加強推廣貿易方案，決擴大辦理輸出保險。

省水產試驗所研製鋁罐成功。交通大學研製小型電腦成功。

行政院副院長蔣經國啟程赴美。在紐約遭狙擊。

省府為促進觀光事業全盤發展，劃定 10 處為風景特定區，設置機構分別維護管理。

亞太糧食肥料技術中心在臺北成立。

第一艘全貨櫃輪中國航運公司的吉雲號首航抵基隆。

教育部通令中小學校嚴禁學生吸煙。

（美國總統尼克森宣佈新撤軍計畫，決定自 1971 年 5 月起一年內，撤離 15 萬駐越美軍。中國首次發射人造衛星）

1970　5 月，省府公告梧棲國際港定名為臺中港。行政院核定公佈蘇澳港為基隆港之輔助港，並核定建港計畫。

臺北市鄭州路大火，燬屋 56 戶。

經濟部訂定石油工業四年發展計畫，擬投資 134 億元，加強開發天然氣及煉油設備。訂定銅礦長期開發計畫，決擴大探勘東部銅礦，增設一貫作業煉銅及加工廠。行政院通過由政府在國內建立一座一貫作業的大煉鋼廠，全部經費約 3 億美元，將分 3 期逐步完成。

財政部核准實施〈外銷食品廠配鹽辦法〉。

行政院公布〈臺灣地區戒嚴時期出版物管制辦法〉。

行政院通過「信用合作社改進方案」及「加速工業發展綱要」。

1970　6 月，中油公司通霄天然氣油廠開工。

財政部公佈實施〈金融主管機關受託統一管理信用合作社暫行辦法〉。

檢驗局設立高雄、基隆港口檢驗場，並實施〈港口檢驗場業務處理辦法〉。

經濟部次長張光世表示為發展國內汽車工業，暫不核准外資設廠。

行政院核定1971年1月舉辦臺閩地區農漁業全面普查。核定淡水港暫不禁建。核定臺南市安平工業區開發方案。通過中美經社基金協定延期5年。

經濟部擬定營利事業呈報資本簽證辦法，規定公司行號設立或變更登記均須送會計師簽證之資產負債表。

央行、經濟部及財政部同意中小企業共同出資設立信用保證基金。（1974年7月9日，中小企業信用保證基金開始營運。）

臺北縣瑞芳三工礦場發生瓦斯爆炸，礦工5人罹難。

省政府為提高國民就學率，嚴禁工廠僱用未滿14歲員工。

1970 7月，財政部稅制委員會成立。財政部訂定〈金融機構設分機構審核標準〉。中央銀行農業金融策劃委員會成立。中華民國對外貿易發展協會成立。

大林埔油槽漏油，浮油污染紅毛港海域。

紀政於美國洛杉磯第47屆全美女子田徑錦標賽打破220碼世界紀錄。並於西德慕尼黑200公尺短跑及100公尺低欄兩項目創下世界新紀錄。

鐵路局宣佈臺中、臺南、新竹及嘉義將闢貨櫃卸車站。高雄港貨櫃儲運中心啟用。

國貿局公佈實施貨品管制出口準則。行政院通知各廠凡接受「周匪4條件」與匪貿易之日商，決拒絕與其貿易。國貿局因三菱化成株式會社接受「周匪4條件」，宣布撤銷三菱化成會社在臺代理商。

（所謂「周匪4條件」係指 1970 年 4 月 19 日日中談判時，中國國務院總理所提出延長日中貿易的條件，一般稱「周恩來4條件」。為中華人民共和國於 1970 年中止 4 類企業的貿易，分別為：1. 支持臺灣和韓國的廠商、商社；2. 在臺、韓投資的廠商、商社；3. 向美提供武器和彈藥的企業；4. 在日本的日美合資企業。乃因佐藤榮作實施反華路線的反彈。）

行政院財經會報中決定調低現行肥料現金配銷價格及換穀比率，並追溯至本年 1 月 1 日起實施。

內政部公佈閩臺地區人口統計數共計 14,554,050 人，其中男性 7,669,183 人，女性 6,884,867 人。臺北市政府主計處發表，臺北市人口至 1970 年 6 月底止為 1,742,626 人，男比女多 14 萬人。

立法院通過《藥物藥商管理法》。

【共黨國家經濟互助組織（COMECON）會員國於莫斯科簽署國際投資銀行成立協定。除羅馬尼亞以外，蘇聯及東歐 6 國均參加。】

1970　8 月，日本政府同意二次日圓貸款，折合美金 2 億 5,000 萬元。

工業局通過軍公民機械工業合作方案。行政院准許設立出口信用發展工業貸款基金，長期低利貸放工商業者週轉。

花蓮飛臺北華航班機在臺北市郊福山發生空難，13 人罹難，1 人失蹤，17 人受傷。臺北市郊南港豐臺煤礦發生瓦斯爆炸，5 人死亡。

國民大會全國聯誼會決議促儘速於釣魚臺群島建立行政區。

明德水庫興建完成。

1970　9 月，行政院通過修正〈反共抗俄戰士授田條例施行細則〉（1954 年 5 月 19 日訂定，1990 年 2 月 28 日國防部令廢止）。

芙安颱風過境，造成 41 人死亡，45 人失蹤。大溪海山煤礦災變，3

人死亡，9 人重傷。

財政部核定公佈「漁船保險改進方案」。宣佈每人月存 500 元以下者免利息所得稅。

配合貨幣政策需要，央行宣佈採行兩項外匯措施：一、開發遠期信用狀時，應一律按信用狀金額最少先行結匯 10%，二、暫停接受工礦企業週轉金匯入款之申請。

經合會決定將高雄縣大社工業區改為石化工業區。經濟部擬訂輔導方案，發展高級工業產品，電子、石化、紡織及精密儀器列為優先推動項目。

立法院 101 位立委聯名質詢，指出政府徵收公共設施保留地保留期間一再延長，補償地價漫無標準，損害人民權益。

【教宗保祿六世（1897 -1978）宣佈解散梵諦岡武裝部隊。】

1970　10 月，臺灣造船史上第一艘 10 萬噸巨型油輪有巢號下水。由南臺公司製造之第一艘玻璃纖維漁船下水。

縱貫鐵路彰化、臺南間雙軌通車。

財政部公佈實施〈兼營信用合作社改組實施辦法〉，限令 6 個月內重組為專營信用合作社。臺北市第十二信合作社發生擠兌，臺北市銀行決定貸款 1,000 萬元，供支付 3 萬元以下小額存戶（1974 年 6 月 15 日併入臺北市第九信用合作社）。次月，財政部核定自 11 月 30 日起臺北市第十信用合作社接管六信業務。

與歐洲共同市場簽訂棉紡織品貿易協定。

行政院核定〈戰時物資徵購徵用統籌辦法〉。

經濟部訂定「林業長期發展方案」。

財政部責成交通銀行專責開發銀行任務。臺灣銀行發行 5 元面額硬

幣。

臺北市議會通過建議政府在各國中校園恭置總統銅像，並將圓山更名中山公園。

1970　11月，臺電金山火力發電廠開工。

財政部決定成立專案小組，檢討肥料換穀存廢問題。（次月，行政院財經會報通過將肥料換穀方式改為7成貸放交換稻穀，3成現金銷售。）決定將公債買賣由臺銀擴充至7家金融機構：臺銀、交銀、彰銀、第一、華南、土銀及中華證券投資公司。飭令銀行公會研定辦法，開辦有獎儲蓄存款。

中央銀行宣佈實施〈生產事業向國外借款辦法〉。

經濟部核准亞洲工業公司與萬國冷凍公司合組亞洲食品公司，為臺灣中小企業合併經政府同意之首例。臺糖與美商嘉吉公司簽約，合作投資建現代化飼料廠，成立中美嘉吉飼料公司。

西北航空公司波音747客機試航抵臺。

經濟部決議農田灌溉電費補助30%。省政府決定自民國59學年度起給予蘭嶼國中學生全部公費。

教育部公佈〈大專學生集訓實施辦法〉。

1970　12月，立法院通過《管理外匯條例》修正，規定新臺幣兌美元匯率由財政部會同中央銀行訂定，並報請行政院核定。

新臺幣鈔券正式印上「中華民國」字樣，彰顯新臺幣之國幣地位。

榮總完成首次「心臟主動脈瓣膜」及「二尖瓣膜」人工移植手術。

經濟部核准第一家中美合資創設電視映像管公司。

公布〈信託投資公司設立申請審核原則〉、〈信託投資公司管理辦法〉，開放民營信託投資公司設立。【當時經財政部核准設立之信

託投資公司共有 8 家，其中，2 家並未開業。開業的 6 家分別是：華僑信託（1971.8.6 開業）、中國信託（1971.7.9 開業）、中聯信託（1971.10.12 開業）、國泰信託（1971.7.28 開業）、臺灣第一信託（1971.5.3 開業）、亞洲信託（1972.7.7 開業）。另 1972 年 7 月 1 日，臺灣土地開發公司改組成立臺灣土地開發信託投資公司。】

日本大藏省統計指出，臺蕉輸日一落千丈，佔有率降為 26.7%。

省社會處下令，公路夜快車由 1971 年 1 月底起停駛。

大甲溪青山水力發電廠落成。

1971 1 月，內政部統一商品產地名稱為「中華民國臺灣」。臺閩地區實施農漁業普查。內政部核准 111 名技術工人赴關島承建房屋。國貿局廢止加工登記外匯制度。

行政院核定〈臺灣地區漁業發展基金設置徵收及管理運用辦法〉及〈臺灣地區漁業發展基金管理委員會組織規程〉。4 月，經濟部漁業發展基金管理運用委員會成立。

與美國農產品修正協定在臺北簽字。與美簽訂第二次資源交換計畫協議，由美國在 480 公法項下提供 2,000 萬美元農產品之出售，所得半數供我發展合作計畫。

中央銀行決定運用郵政儲金 100 億元設置信用特別基金，融通農工商業。

國貿局宣佈，民營工礦企業進口機器設備總額不得逾 5 萬美元之限制將予以解除。

（美總統尼克森於向國會發表的「世局咨文」中，首次稱中國大陸為「中華人民共和國」。）

1971 2 月，財政部公佈〈發展農業貸款基金作業辦法〉，撥款 1 億元融

通農業長期資金。行政院通過〈糧食債券還本付息財源及保證基金管理辦法〉。中央銀行信用特別基金運用委員會成立。

首座自建原子爐開始運轉。

臺中港工程局成立。中華證券公司股東常會決定增資為 2 億元，並更名為中國信託投資股份有限公司。

1970 年 10 月 12 日臺南美國新聞處發生爆炸事件，1971 年 2 月臺北美商花旗銀行亦發生爆炸案，有 15 人重傷。警備總部保安處指控此一事件牽涉彭明敏，為臺獨暴力事件事件，並懷疑掩護彭明敏流亡海外。警總逮捕謝聰敏、魏廷朝，同案被捕的共有 23 人。其後，謝聰敏被判 15 年徒刑，魏廷朝被判 12 年徒刑，李敖判 10 年徒刑，同案其他被告也有多人被判處 15 年重刑。

省警務處發表統計：1970 年底，本省（不包括臺北市在內）現住人口總數 12,898,860 人，人口密度為每平方公里 361 人。臺閩地區農漁業普查完成，統計農漁戶共 98 萬 9,900 戶。臺北市政府主計處公布：截至 1970 年底，全市人口計有 1,769,568 人。

美國駐華大使馬康衛（Walter Patrick McConaughy, Jr.，1908- 2000）表示美援貸款限制放寬，准向美國以外國家採購。

省政府決定工業用地採先租後售方式，減少建廠資金負擔。另表示環島鐵路完成規劃，北迴路段決先興工，全部經費估計共需 58 億元。

（10 個石油生產國家部長會議通過提高石油價格。世界各國石油公司與波斯灣 6 個石油生產國簽訂長期價格協定。）

1971　3 月，行政院通過修正〈廣播及電視無線電臺設置及管理規則〉，規定中央政府所在地設置電臺不得超過 3 座。

澎湖跨海大橋通車。

財政部公佈修正〈發展工業貸款基金作業辦法〉。由華僑與美商合資之「第一信託投資公司」成立。

非棉紡織品輸美設限。國貿局公佈〈紡織品出口配額作業處理辦法〉。

行政院衛生署成立。

經濟部長孫運璿在立法院報告施政，國內經濟發展已進入「以對外輸出導向並促進農業生產，以工業支援農業之現代化」的時代。

中國國民黨核准加拿大籍傳教士范藹夫入黨。

李敖事件（協助臺獨，以內亂罪入獄）。

李敖事件

李敖因抨擊蔣中正獨裁成為政治犯。白色恐怖期間，李敖協助彭明敏逃亡，此外，李敖擬把受迫害被關的政治犯名單送到聯合國與人權組織告發，但在日本被拿走，刊登在刊物上，以致被牽連。1971 年 3 月 19 日被捕，1972 年 2 月 28 日以叛亂罪被判刑 10 年，褫奪公權 6 年。1975 年蔣中正去世實行大赦獲減刑，9 月 22 日改判 8 年 6 個月。1976 年 11 月 19 日出獄，時年 41 歲。

圖為中央社為李敖製作之作品年表。

1971　4月，臺北縣石碇文山煤礦發生爆炸，造成 3 人死亡，5 人重傷。

雲林縣政府為防治鼠害所消滅的 200 萬隻老鼠舉行鼠類慰靈祭典。

行政院核定〈工業動員辦法〉。

全美華人 2,500 人於華盛頓舉行「保衛中國領土釣魚臺」的示威遊行。300 多名大專學生至美國大使館抗議美對釣魚臺主張。美國務院發表聲明，宣稱臺、澎地位待決，贊成由臺北與北京間直接談判。

佛光山大悲殿落成典禮。臺灣最大的環山林道網在嘉義通車。西海岸首座防沙堤興建工程完成。

南區少棒冠軍決賽，因 5 萬球迷瘋狂擁擠，秩序無法維持，決定延期。

（美國國務院宣稱擬於 1972 年將包括釣魚臺列嶼在內之所謂「南西群島」行政權交還日本。美國總統尼克森宣佈對中華人民共和國採取非戰略物資直接貿易等五項緩和措施。）

1971　5月，經濟部工業局宣佈仁武工業區開發完成，以無公害或無污染之工業為限。臺灣電信管理局宣佈，自 6 月 1 日起，開放臺北至桃園長途直接電話。

美國國務院因 4 月 28 日所作臺灣地位待決之聲明未經白宮認可，美國國務院承認錯誤。

省家計推行委員會表示：根據 1970 年統計臺灣地區人口密度躍居世界冠軍，平均每平方公里 1,489 人。次月，推出「兩個孩子恰恰好」口號。

與菲律賓於馬尼拉簽定食米貸借協定，臺灣決定貸菲律賓 5 萬噸食米。

省政府通過設梨山管理局。

中央銀行宣佈降低存放款利率，調整貼放利率，並暫停公債賣出。
（日本大藏省宣佈放寬外匯管制，自 6 月 1 日起生效。）

1971　6 月，經濟部核定實施託收（D／A）進口貨品辦法。行政院核定劃
一國貨地名標誌。核准高雄機場 10 月開放國際客運。交通部觀光
局成立。金門選舉第一屆鄉鎮長。

新聞局宣佈《大華晚報》董事長李荊蓀以「匪諜」罪名被提起公訴。
總統蔣中正在國家安全會議提示「我們國家的立場和國民的精神」
一文，激勵國人「莊敬自強，處變不驚。」教育部普遍印發供各級
學校師生普遍閱讀；省社會處、全國總工會、監察院等機構也紛紛
通告下級機構研讀。

臺大近千名學生示威遊行，為釣魚臺主權向美、日大使館遞抗議
書。美國務院聲明，美國只是把對琉球的行政權交還日本，有關釣
魚臺的主權有待中、日解決。

世糧方案贈我農產 500 餘萬美元，在臺北完成簽署。

臺北市士林平交道大車禍造成 5 死 31 人受傷。

（美日簽署歸還琉球協定，美國仍保留島上主要軍事基地。美國總
統尼克森解除 21 年來對中國非戰略物資之輸出管制，宣佈准許售
予中國貨物清單。）

釣魚臺事件

釣魚臺位於臺灣本島外東北，第二次世界大戰結束後，島嶼列嶼轉由
美國控制，1971 年 6 月 17 日，美國與日本簽署沖繩返還協定，直至 1972
年 5 月 15 日，美國將琉球群島管理權移交日本，同時一併將釣魚臺列嶼
的行政管轄權也交給日本，但中華民國政府與中華人民共和國政府皆認為

釣魚臺列嶼為臺灣附屬島嶼，因而引發一系列的主權爭議。海內外民眾遂激起示威抗議浪潮。（美國國務院 1971 年 6 月聲明，有關釣魚臺主權有待中日解決。）

1971　7 月，第一所外役監獄臺東外役監獄成立。

省議會通過〈為消除國民地域隔膜，建議政府修改戶籍法，將籍別記載加記「祖籍」一欄，並准光復後來臺之各省同胞，在臺逕行申報「設本籍」，以建立國民「數典不致忘祖」與「來臺無分先後」案〉。

加拿大政府認定臺灣電視銷加形成傾銷。

行政院明令每年 10 月最後一週為國民儲蓄週。省府通令各機構學校推行「臺灣省加強推行國語實施計畫」。

央行成立業務操作室及公開市場操作委員會，對上市公債實行公開市場操作。

美國參議院外交委員會通過廢止授權總統之〈1955 臺灣防衛決議案〉（1955.1.29 生效）。1974 年 10 月 28 日總統簽署廢止。

【美國國家安全顧問季辛吉（Henry Kissinger，1923 -）7 月 9 日至 11 日秘密訪問中國，與國務院總理周恩來進行會議，決定 1972 年 5 月底前由美國總統訪問中國。蘇聯《真理報》（7 月 25 日）刊登專論，對中美親善提出警告。美國總統尼克森宣佈於 1972 年 5 月前訪問中國大陸。】

1971　8 月，內政部核定闢建泰山工業區 400 公頃。省農會農藥廠建廠完成。經濟部公佈實施〈白蘆筍罐頭計畫產銷辦法〉。

美國提出一項「兩個中國」的提案，要求列入聯合國議程。【美國

務卿羅吉斯（William P. Rogers，1913 - 2001）宣佈美國政府對中國代表權問題之新方案，主張兩個中國並存於聯合國。】

行政院通過臺電核能發電計畫籌款辦法，總額逾 1 億 380 萬美元。

通過實行臺鐵電氣化工程貸款計畫，預計 1974 年開工，3 年內完成。另決定 8 月 20 日起停徵證券交易稅半年。

中央銀行通知各指定外匯銀行，外幣匯率除美元外，按日公告機動調整，而新臺幣對美元匯率不變。並表示與日商進行貿易不得以日圓支付。

國貿局宣佈全面實施託收進口，並准以 FOB 報價。

立法院通過《中華民國 60 年罪犯減刑條例》。10 月，《中華民國 60 年罪犯減刑條例》施行，全國 4,817 名受刑人減刑開釋。

臺南巨人隊榮獲 1971 世界少棒賽冠軍。

南北高速公路開工。（1978 年 10 月完工通車）

【美國尼克森總統宣布終止美元之金本位政策，暫時停止黃金、美元交換、課徵 10% 進口稅等美元保護措施（美元震盪）。8 月 16 日歐洲外匯市場為避免造成混亂局面宣佈關閉，8 月 23 日再度開始交易。主要國家改採浮動匯率。日本實施日圓浮動匯率制度。中共中央委員會副主席林彪墜機死亡。】

1971　9 月，國貿局宣佈委託外匯局授權指定銀行辦理進口簽證。經濟部林業發展小組同意羅東設立木材市場。第 4 屆世華金融會議決議成立世華聯合銀行。

奉總統指示，政府各級行政機關首次實施每月一次夜間辦公，以養成在戰時夜間辦公的習慣。

強烈颱風貝絲席捲本島造成 20 人死亡。糧食局貸放資金、食米給

受貝絲颱風災害九縣市。

臺電與美國進出口銀行簽定協定，獲貸款 3 億籌建核能電廠。

中央銀行訂定〈金融機構對輸美工業產品臨時週轉貸款處理辦法〉。

（10 國集團於英國倫敦集會，一致要求美元貶值。美、日、英及西德等 10 國財長會議同意改革國際貨幣制度。）

1971　10 月，省政府獲得亞銀同意借貸 1,000 萬美元建造 40 艘遠洋鮪釣漁船。

國貿局表示，輸美非棉紡織品列為管制出口，需取得輸出許可證後方得簽證出口。美國宣佈解除對非棉紡織品進口的 10% 附加稅，並與日、韓、香港及臺灣達成協定，限制非棉織品輸美 3 -5 年。

行政院通過〈臺灣地區金融機構設立分機構審核標準〉，6 萬人以上得增設分支單位一所。

北市建設局鼓勵農民在山坡種菜養豬，並得向農民銀行洽低利貸款。

財政部核准新投資生產事業經核准 5 年免稅，可以免辦預估暫繳。

中華電視公司 10 月 7 日開播。

聯合國 10 月 25 日以 76：35，17 票棄權，通過阿爾巴尼亞等 23 國所提「恢復中華人民共和國在聯合國組織中的合法權利」，以中華人民共和國取代原有中華民國所代表的中國席位，排除中華民國的議案，中華民國代表團在進行表決時，退出會場並宣佈退出聯合國。

因為中華民國退出聯合國，GATT 旋即援引聯合國有關中國代表權之決議，因而撤銷在 GATT 之觀察員資格。

歷史作弄，中華民國終於被迫退出聯合國。

【歷史密碼】

中華民國與聯合國「2758 號決議文」（1971）

　　中華民國是聯合國的創始會員國，也是安全理事會的五個常任理事國之一，不過，在中國國民黨政府自 1949 年撤退到臺灣後，中華民國在聯合國的代表權問題便受到共產國家的挑戰，幾乎每一年都要為會籍問題而奮戰，直到 1971 年第 26 屆聯合國代表大會，在臺灣的中華民國政府終於敗給了北京的中華人民共和國政府，自此退出聯合國。

　　1949 年 11 月 18 日，中共政權成立一個多月後，中華人民共和國外長周恩來致電聯合國大會主席及秘書長，否認中華民國政府代表團的法律地位。1950 年 1 月 8 日，中共又通知安理會，請其驅逐國府代表團，蘇

聯代表以此提請安理會議決，但為安理會所否決。事實上，以蘇聯為首的共產國家和親共國家，從 1950 年 9 月第 5 屆聯合國大會開始，每屆大會都提議不承認中華民國代表，而要引進中華人民共和國的代表，直到 1961 年，聯合國有關中國代表權的提議，均由中華民國友邦提出緩議案，以「本年度不列入議程」的方式獲得通過而擱置。

1960 年代後半期，國際上發生許多重大事件，使得各國對於「臺灣問題」暫時無暇顧及，到 1969 年 1 月 20 日尼克森（Richard Milhous Nixon，1913 -1994）就任美國第 37 任總統後，隨著美國對外政策的大幅轉變，出現了急轉直下的發展。尼克森面對前述國際上及美國國內許多重大事件，一上臺就任命季辛吉為總統助理，推動所謂的「權謀外交」。而在亞洲政策上，為了解決慘敗的越戰，就把中美建交、聯合國中國代表權問題以及臺灣問題連在一起，展開外交攻勢，以此打開美國在國際上所遭遇的僵局。

1970 年，美國總統尼克森為了與蘇聯對抗，決定與當時與蘇聯交惡的中華人民共和國交往。1971 年，毛澤東知道美國意向後，開始與華盛頓進行桌球外交，雙方關係迅速升溫。1971 年，尼克森訪問中國，據信雙方對於中共加入聯合國的問題已取得一致的意見。美國向中華人民共和國讓步，接納中華人民共和國的聯合國代表權，各國見風轉舵，此時支持中華民國的陣線已然崩潰。

1971 年 10 月 25 日在第 26 屆聯合國大會上，就「恢復中華人民共和國在聯合國組織中的合法權利問題」進行表決。當時代表中國的中華民國政府代表在表決結果揭曉前即步出會場，並稱此案為「排我納匪案」。而聯合國大會也隨後以壓倒性的多數（贊成 76 票、反對 35 票、保留 17 票），通過阿爾巴尼亞等 23 國的提案，「恢復中華人民共和國在聯合國

一切合法權利」，並「立即把蔣介石的代表（中華民國）從它在聯合國組織及其所屬一切機構中所非法佔據的席位上驅逐出去。」這就是聯合國大會 2758 號決議文，中華人民共和國政府依此取得原由中華民國政府擁有的聯合國中國代表權。

第 26 屆聯合國大會 2758 號決議文
「恢復中華人民共和國在聯合國的合法權利」

大會，

回顧聯合國憲章的原則，

考慮到，恢復中華人民共和國的合法權利對於維護聯合國憲章和聯合國組織根據憲章所必須從事的事業都是必不可少的，

承認中華人民共和國政府的代表是中國在聯合國組織的唯一合法代表，中華人民共和國是安全理事會五個常任理事國之一，

決定：恢復中華人民共和國的一切權利，承認她的政府的代表為中國在聯合國組織的唯一合法代表，並立即把蔣介石的代表從它在聯合國組織及其所屬一切機構中所非法佔據的席位上驅逐出去。

1971 年 10 月 25 日　第 1976 次全體會議

退出聯合國對在臺灣的中華民國政府外交造成重大衝擊，建交國遽降；1971 年 1 月，在全世界 139 個國家中，與中華民國有外交關係者有 66 國，與中華人民共和國共建交的則只有 48 國。但退出聯合國後，1971 年剩 59 國，至 2018 年 5 月底，剩 18 國。

臺灣有自己的理論。

我們需要臺灣歷史，來說明現在臺灣的社會系統是如何形成的。

第七章

中華民國是臺灣：後蔣中正時期

1971-1975 後蔣中正時期，也是中華民國臺灣化的實踐時期。

由於中華民國到臺灣是 1949 年國民政府播遷來臺所造成的歷史政局，臺灣也不因地理偏隅而浮上國共政爭地位要角。當時，國共內戰未已，中國共產黨宣布建立新中國，國民政府在大勢已去中國國民黨掌政軍事不利之時，不得已東南遷移，由此而有兩岸兩個中國競逐「中國」代表權之政治發展。臺灣因而也成了中華民國的化身。

1971 年 10 月，聯合國「驅逐蔣介石（中華民國）代表聯合國之中國席次」之後，中華民國雖然仍在臺灣，但是國際主流社會國家已不承認中華民國，因而形成後蔣中正時期的主要政治特徵：因應兩岸兩個中國政局變化。基此，政治有識之士乃致力中華民國國家之生存，於是有「改制自救」之議，更有建議宣佈成立「中華臺灣民主國」；中華民國的臺灣化乃變成相異於過去根源大陸中國之中華民國。* 故而有謂此為「中華民國就是臺灣」，而後蔣中正時期及蔣經國時代的發展建設臺灣，實乃中華民國歷史轉型的象徵。中華民國開始根植臺灣，在臺灣本土化。

1970 年初起迄至 1975 年 4 月蔣中正去世之前的後蔣中正時期，臺灣政治的重心雖仍繫乎強人蔣中正一人身上，但實際上，蔣經國即以接班人之姿態君臨天下，臺灣亦因蔣經國嚴拒與中共中國合作而採行落實本土化

---

* 中華民國臺灣化的探討，參閱汪浩，《意外的國父：蔣介石、蔣經國、李登輝與現代臺灣》（新北市：八旗文化，2017）。

建設，中華民國根植在臺灣之經濟發展於焉奠基，兩岸兩個中國亦於焉更落實分立分治。政經上，臺灣蛻變為民主自由體制的中華民國，相異於大陸共產主義的中華人民共和國體制。

「莊敬自強」時刻（1971~1972）

　　1970 年代初期，美國改變美蘇冷戰策略，以拉攏中華人民共和國對抗蘇聯共產，因此，反中共的中華民國遭美國放棄，於是臺灣變成孤立無聯合國國籍的棄兒。

　　1971 年 10 月，臺灣遭遇聯合國之排斥中華民國，整體國際變化相當不利於中華民國之外交局勢，故而蔣中正在退出聯合國之前夕，即於「國安會議」上激勵國人「莊敬自強、處變不驚」以鼓舞士氣。1971 與 1972 兩年是一段臺灣外交史上面對波濤浪湧最為緊急變化時刻的凝聚作為：莊敬自強。蔣經國臨危授命，隨時等待上場掌國。

「我愛國旗、我愛國家」（國府來臺後，針對臺灣同胞早期的政治宣導）
英國愛爾蘭詩人奧斯卡·王爾德（Oscar Wilde，1854 -1900）曾說：愛國主義是邪惡的美德。曾經，臺灣在戰後蔣氏父子統治之下，為了「反共」、「反攻大陸」專制戒嚴時期，也出現類似的愛國運動。

1971 10月，中華民國退出聯合國。【「兩個中國」分庭抗禮的競爭時代結束，「中華民國在臺灣」面臨轉型，「中華民國是臺灣」時代來臨。】

1971 11月，與奧地利合資之中國鋼鐵公司成立。臺電決定在北部興建核二廠。

教育部公佈民族精神教育方案，六項原則是：1.復興中華文化；2.加強民族意識；3.發揚固有道德；4.恢復民族固有智能；5.確立「主義、領袖、國家、責任、榮譽」五大信念；6.明恥教學，加強仇匪教育。

行政院核定實施機械工業發展方案。

國際民用航空組織在蒙特婁會議中排除中華民國會籍。

國貿局公佈〈輸美非棉紡織品之配額分配辦法〉，決定配額比例，基本配額得自由轉讓。並決定毛蔴混紡品視同毛織品，管制出口。

大宗物資國外期貨交易會報成立。

立法院通過修正《加工出口區設置管理條例》，國內不能產製產品得部份由加工區內購。

高雄至馬公的臺澎輪首航典禮。中華航空公司客機在馬公上空爆炸失事，機上25人全部罹難。

（96個開發中國家要求美國取消進口附加稅。10國集團代表於羅馬召開國際貨幣危機會議。中華人民共和國代表團首次代表中國出席聯合國大會會議。中華人民共和國與美國同時宣佈美國總統尼克森於1972年2月21日訪問中國大陸。）

1971 12月，行政院命令即日起停止信託投資公司設立申請，理由是設立家數7家已多。總統令公佈修正《中國銀行條例》，中國銀行改制，定名中國國際商業銀行，依《公司法》設立開放民營。（中國銀行

條例於 2005 年 12 月 21 日公布廢止。）

基隆煤礦公司七星坑礦場災變，42 名礦工罹難。

美國固特異公司宣佈投資臺灣輪胎工業。中油奉准興建第二輕油裂解廠。

《大學雜誌》刊登由臺大法學院學生代表會舉辦，周道濟（1927 -1994）、陳少廷（1932 -2012）主辯的「全面改選中央民意代表辯論」紀錄。

臺灣基督教長老教會總會常置委員會議決通過「對國是的建議與聲明」，反對任何國家罔顧臺灣地區 1,500 萬人民的人權與意志，並主張中央民意代表全面改選，以及徹底革新內政以維護我國在國際間的聲譽與地位。

336 位大專院校教授公開發表「我們對時局的認識和主張」宣言，並呼籲大力革新，改選中央民意代表，並擁護總統，鞏固領導中心。

「全美中國同學反共愛國聯盟」（後改為「中華民國反共愛國聯盟」）於華府成立，計有郁慕明（1940 -）、胡志強（1948 -）、趙林、胡立德等 17 人選任理事。（為中國國民黨在美國成立的政治性組織，標榜愛國就要反共，號召在美右派學生對抗親共的左派學生。核心成員歸國後，多出任公職。）

國貿局宣佈輸美非棉及棉製品配額可以互相流通使用。中美雙方在華府簽訂《輸美非棉織品設限協定》，效期 5 年，而《中美棉織品協定》亦延長至 1976 年為止。

財政部宣佈新臺幣對美元維持 40：1 比率。

行政院通過「臺灣地區合會事業改進方案」。另通過汽車開放進口，關稅提高 85%。

臺中、高雄長途電話直接撥號開放。

首座核能電廠（位於新北市石門區）開工興建。（1978 年 12 月 10 日商業運轉）

【10 國財政部長會議於美國華盛頓首府召開（史密松寧協定 Smithsonian Agreement），會中決議每盎斯黃金由 35 美元提高至 38 美元，包括取消美國進口稅課徵在內之多項貨幣調整案，除加拿大外各國恢復固定匯率。12 月 20 日美國停止課徵進口稅。美國總統尼克森宣佈取消進口附加稅。1971 年 12 月 3 日印度與巴基斯坦兩國爆發戰爭，結果印度和孟加拉解放軍勝利，東巴基斯坦脫離巴基斯坦獨立，1972 年 1 月成立孟加拉人民共和國。】

核電廠的加入供電解決臺灣經濟發展用電問題，但自核四廠興建開始引發反核運動，形成政治問題。

1972　1 月，南投縣政府指出仁愛、信義兩山地鄉教會活動已嚴重影響山地學校教育。

省府奉令將原訂 5 月份舉行之省議員及縣市長選舉延期。決定將 5 萬餘公頃國有林地放領放租開墾。訂定「省政府實踐莊敬自強方

案」。

5 日開始實施票據交換改為每日一次，當日不能抵用。央行決定取消 5 日起實施之新票據交換方式，採行當日抵用原則。自 19 日起，票據交換改為當日完成。

行政院核定「中華民國臺灣地區長期經濟發展計畫」，時間自 1971 年至 1980 止。通過「臺灣地區綜合計畫開發計畫綱要」，通過〈經濟發展基金設置及運用辦法〉。

雷震（1897 -1979）發表「救亡圖存獻議」，建議：

1. 宣佈成立「中華臺灣民主國」，2. 蔣介石辭職總統，3. 實行民主政治，4. 削減軍費，5. 實行法治保障人權，6. 改造治安機關，7. 廢止創辦新聞禁令，8. 簡化行政機構，9. 廢除省級制度，10. 大赦政治犯。

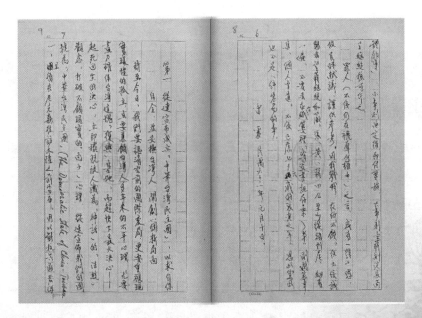

1972 年 1 月 10 日雷震「救亡圖存獻議」手稿。

財政部令國光壽險公司解散，並在一個月內提資產負責報告。次月，法院宣告國光壽險公司破產。

內政部表示全國出版事業共計 3,122 家。

財政部決定辦理 D/A、D/P 輸出保險只須貨單售予外匯銀行即可取得資金。

臺北與日本東京間衛星通信開始作業。蘇澳港開放為商港。

屏東潮州大車禍，死亡 30 餘人。

【美國宣佈定期派遣第七艦隊巡視南中國海及印度洋。美國務院表示《中美共同防禦條約》將無限期有效，但簽約雙方的任一方如通知對方有意終止條約，則此條約將在通知發生後一年內失效。石油輸出國組織（OPEC）與世界石油公司集團成立協定，石油原油價格提高 8.49%。】

【歷史密碼】

「中華民國臺灣」的衍化

兩岸關係的變化，1970 年代是臺灣轉型的時期。中華民國，由「到臺灣」變為「在臺灣」，後再轉變為「是臺灣」，就是實際上雷震所謂的「中華臺灣民主國」。

1970 年代，臺灣面對空前的外交挫敗。

1969 年 11 月，美日協議決定於 1972 年將琉球交還日本，引起臺灣 1970 年「釣魚臺事件」。1971 年 1 月，美國首次稱大陸中國為「中華人民共和國」，並同意琉球與釣魚臺列嶼的主權交予日本，而激起在美中國留學生發起一連串的「保釣」抗議活動；另並提出臺灣地位未定論。1971

年 6 月 15 日，蔣中正總統召集「國安會議」，提出國人應秉持「莊敬自強、處變不驚」態度。接著，1971 年 7 月美國總統尼克森宣布將於 1972 年 5 月間訪問大陸中國，8 月美國主張「兩個中國」並存於聯合國。1971 年 10 月，聯合國通過 2758 號決議案，將中華民國代表驅逐，承認「中華人民共和國為中國唯一合法政府」。1972 年日本與中華人民共和國建交。臺灣外交在國際更形孤立。

1971 年中華民國的退出聯合國，頓時國際地位一落千丈，「中華民國」的外交招牌已由「兩個中國」可分庭抗禮的競爭「中國」代表權宣告結束。國際社會形式上「兩個中國時代」走入歷史。臺灣也由「中華民國在臺灣」再轉變成「中華民國是臺灣」的時代，正是 1972 年 1 月 10 日雷震向政府提出〈救亡圖存獻議〉的「改制自保」建議，主張更改國號為「中華臺灣民主國」（Chinese Republic of Taiwan），亦就是由形式過渡到實質的「兩個中國」：一中一臺。

相對其建言及至今臺灣發展變遷的過程，似乎皆應驗了雷震前瞻性之所觀察「中華臺灣民主國」：「中華民國到臺灣」→「中華民國在臺灣」→「中華民國是臺灣」→「中華民國臺灣」。

1972　2月，1,183 位國大代表聯名蔣中正總統籲請任命蔣經國為行政院長。（6月，蔣經國正式組閣）

中國國民黨中常會通過「現階段農村經濟建設」11 點改進辦法。

臺北市木柵芳川煤礦瓦斯爆炸，13 人死亡。臺北縣平溪鄉大華煤礦發生災變，3 名礦工死亡。

國營中國產物保險公司成立。財政部為鼓勵工商界以本票代替遠期

支票的行使，訂定〈銀行受託為本票擔當付款人辦理要點〉，自 3 月 1 日起實施。通令甲種存款本票自 3 月 1 日起實施，並令各銀行即時起不接受遠期支票貼現。行政院決定停徵證券交易稅期間延至 6 月底。

宣佈縣市長、鄉鎮市長任期延長（第 6 屆縣市長任期由 1972 年 6 月 2 日延長至 1973 年 2 月 1 日屆滿）後，嘉義市長許世賢（1908 -1983）向民政廳口頭提出辭職。

交通部觀光局表示觀光外匯收入首次突破一億美元，已居國家外匯收入的主要地位。

前日本「臺灣青年獨立聯盟」委員長、現任日本「臺灣獨立聯盟」日本本部執行委員辜寬敏（1926 - ），脫離組織回臺。

國家安全會議在國民大會做首次公開工作報告。高雄縣政府下令糾正鳳山扶輪社於 1971 年 9 月舉行的活動未加冠「中華民國」字樣。蘇澳漁會公告各類漁船應油漆統一顏色及反共標語，違反者將予停止出海處分。

臺灣與西班牙直撥電話電路開放使用。

國貿局決定開放汽車進口，交由中信局統籌辦理。

美國總統尼克森發表外交咨文，表示將維持與中華民國的關係。美國總統尼克森訪問中國大陸（2 月 21 日至 28 日），並會見中共中央委員會主席毛澤東，與國務院總理周恩來進行會談；2 月 27 日簽署並於 28 日發表《中華人民共和國和美利堅合眾國聯合公報》（即《上海公報》），內容包括適用和平 5 項原則、美國確認所有中國人皆認為臺灣屬於中國之一部分。

辜寬敏雖然脫離臺獨組織回臺，但對臺灣民主運動仍舊盡心竭力。

【歷史密碼】

上海公報：美國背棄臺灣的大動作

　　《上海公報》是中華人民共和國與美國兩國間的第一個聯合公報，為美國總統尼克森訪問中國期間於 1972 年 2 月 27 日在上海與中國國務院總理周恩來所簽署，次日，28 日共同發表全名《中華人民共和國和美利堅合眾國聯合公報》。

　　《上海公報》主要內容：

- 兩國對越南問題以及亞洲其他地區政治局勢的不同看法；
- 中美關係正常化符合兩國利益；
- 國際爭端應在尊重主權、不干涉別國內政等基礎上解決，反對任何國家在亞洲建立霸權或在世界範圍內劃分利益範圍；
- 中方反對美方在臺灣問題上所持立場，反對一中一臺、兩個中國、一國兩府、臺灣獨立和臺灣地位未定論；
- 美方承認（acknowledge）海峽兩岸都堅持一個中國，並對這一立場

> 不表異議（not to challenge），重申對由中國人自己和平解決臺灣問題的關心，並將逐步減少在臺美軍設施和武裝力量；
>
> - 擴大兩國民間交流與往來，為雙邊貿易提供便利；
> - 保持接觸管道。
>
> 《上海公報》代表中美關係相對緩和。對美國而言，最重要意義在於拉攏中華人民共和國政府，在國際上進一步孤立蘇聯及其衛星國家，加強美國的國家安全。而對於中國，因地理原因，蘇聯依然是最大威脅，與美國改善關係對中國也有利。而《上海公報》最大的意義則在於美國對一個中國的立場首次正式表明了不表異議（not to challenge）。中華民國或者臺灣，都受困於這個公報而改變命運。

1972　3月，財政部准許精密機械、金屬加工及電器製造三工業設備進口援用關稅記帳規定。公佈《中美互免航運所得稅協定》。另核准美國大通銀行設立臺北分行，核准〈大宗物資國外期貨交易管理辦法〉。

省府令省屬各級機關學校、縣市政府，清明節定為民族掃墓節並放假一日。另通令各機關自7月1日起，曆年制預決算改為會計年度制。人事行政局宣佈政府各級機關夜間辦公不再按月實施。

鳳梨罐頭廠聯合出口公司成立，謝成源擔任董事長。

省議會促請修正《財政收支劃分法》，將菸酒公賣歸由臺灣省經營。

中國國民黨推舉蔣中正為該黨總統候選人，嚴家淦為副總統候選人。

臺北市警察局宣佈嚴禁有賭博行為的電動玩具。

美國商業部公布，臺灣銷美黑白電視機已取代日貨地位。

國民大會第1屆第5次會議以起立方式全票通過修訂《動員戡亂時期臨時條款》，擴大授權總統調整政府行政人事機構組織，訂頒辦法充實中央民意機構。通過授權總統採行戰時體制。通過反攻復國實施綱領。

英國駐淡水領事館關閉，將館址及房屋移交澳洲駐臺使館接管。

臺北縣新店金記煤礦災變，3人死亡。

中興新村及高雄市開始試辦自來水加氟鹽，以防治兒童蛀牙工作。

1972 4月，中央銀行實施「遠期外匯買賣」，包括澳幣、港幣、馬來西亞幣、馬克、法郎、英磅等6種外幣。

政府決定不接受在臺北舉辦世界觀光小姐選拔。

教育部令：女學生頭髮以齊耳為準。

曾任臺灣獨立聯盟日本本部中央委員、臺灣再解放聯盟秘書長、臺灣民主獨立黨、臺灣青年獨立聯盟中央委員邱永漢（1924-2012）歸國，參加慶祝蔣中正當選連任總統，並計畫在臺投資設廠。孤影（1937- ，本名敏洪奎）所著之〈一個小市民的心聲〉在《中央日報》連載，單行本第1版1萬本於4月18日上市。臺北市古亭區400多個會首在宣佈退出聯合國時集體宣告倒會，金額達5億元，監察院函請警總密切注意有無顛覆政府陰謀。

行政院核定修正〈自備外匯進口小汽車及其出讓過戶辦法〉，以配合汽車開放進口措施。經濟部決定對11種石化產品採保護措施。

經濟部長孫運璿下令整頓國營事業財務。

郵政總局接獲萬國郵政聯盟通知，排除中華民國會籍。

電信總局宣佈，臺北、基隆、桃園、臺中用戶長途直撥電話自4月

30 日起開放。最大漁港 — 高雄市前鎮漁港啟用。第一座人造衛星觀測臺設置完成啟用。高雄國際機場開放使用。

內政部、國防部會商決定高職畢業生准許提前一年入營。

臺北市政府宣佈：第四信用合作社經營發生重大困難，併入第十信用合作社。

1972　5 月，施建 4 年的高雄縣大崗山自來水廠完工。高雄市鼓山區太祥冷凍廠發生機房爆炸，氨氣外溢，造成 400 多人集體中毒。嘉義民族國小 14 名女生受電視劇「媽祖」影響，集體到城隍廟坐禪求道。北宜公路車禍，樹林國中師生 13 人喪生，41 人受傷。

華航獲美國認可執照，可修護各型噴射機。

省政府宣佈 7 月 1 日起，各縣市凡工商業發達具有市鎮型態之鄉一律設置聯合服務中心。省教育廳通令各中小學，禁止為學生代辦保險。舉辦縣市長座談會，縣市長並主張鄉鎮改為虛級並修改《財政收支劃分法》解決地方財政困難。省府將臺灣土地開發公司改為臺灣土地開發信託投資股份有限公司。

經合會決定設立雜糧發展基金。財政部宣佈 IMF 核准調整新臺幣平價。第一家大貿易商世界通商公司成立。第一座高級鋼廠唐榮中興合金鋼廠落成。臺北市國父紀念館落成。

蔣中正第五度連任總統、嚴家淦為副總統。行政院宣佈為慶祝總統就職，自 20 日起全國懸掛國旗三天。教育部宣佈慶祝總統就職，學校停課一天。國防部宣佈為慶祝總統就職，停止砲擊二天。臺大保衛釣魚臺列嶼委員會發表忠告美國青年書。

行政院通過臺灣地區農會信用部改造方針。經濟部公佈實施〈臺灣地區汽油及柴油管制辦法〉，未經特許不得製造買賣。

省政府決定 7 月 1 日起免徵軍車及機車通行費。

決定舉辦「國建會」。（1972 年 8 月在臺北舉辦）

（美國解散琉球地方政府，結束 27 年統治，將琉球及釣魚臺施政權歸還日本，成立沖繩縣。）

國建會

1971 年退出聯合國之後，為因應緊張局面。在海外學人建議之下，政府決定每年暑假在臺北定期召開「國家建設研討會」，簡稱「國建會」。成立之初是由教育部及救國團主其事，1972 年開始到 1995 年止，持續了 23 年。

第二節

蔣經國掌權接班（1972～1975）

　　蔣經國其實於 1969 年擔任行政院副院長後即已進入接班階段。1972 年接任行政院長後就完全接班掌權，臺灣進入蔣經國時代，在政治上並開始推動政治革新，在經濟上亦開啟「十大建設計畫」，直至 1975 年在蔣中正逝世之前，蔣經國大體上已掌實權，行政院長變成舉國政治實質之核心，臺灣儼然成為內閣制政府國家。

　　1971 年至 1975 年，因中華民國退聯，國際政局險峻，斯時，蔣中正將黨國大權逐漸交手蔣經國，直至 1975 年 4 月去世，臺灣逐漸由戒嚴走向民主法治；尤其，蔣經國所安排之政治佈局，任用謝東閔（1908 -2001）、張豐緒（1928 -2014）、林洋港（1927-2013）、李登輝（1923-）等臺籍人士，使本土精英在政治上抬頭，更加速了 1970 年代後期臺灣民主與主權獨立的國民意識之興起。其次，值得觀察 1973 年及 1974，國際能源危機，國內外經濟金融變化頻頻以及政府之因應作為，尤其是十大經濟建設指　　　　　　　　　　　　　　　　　　　　　標。

蔣經國上承蔣中正、嚴家淦之後，走上臺灣政治舞臺。

1972　6 月，蔣經國組閣（任期 1972.6.1 -1978.5.20，自此掌權迄至過世，
　　　共 16 年）。

　　　任命前省議會議長謝東閔為臺灣省主席（第 9 任，任期：1972.6
　　　-1978.5，提出「客廳即工廠」之家庭工業，配合外銷政策）。任命
　　　張豐緒（1928 -2014）為首任臺北市長（任期：1972.6 -1976.6）。

　　　立法院通過《國家公園法》。6 月 13 日公布實施。

　　　行政院長蔣經國提出 10 項革新政風指示，嚴令各部會首長及政務
　　　委員辭去公私兼職，並撤銷所有公營事業及金融機構散布各地之招
　　　待所。

　　　行政院核定〈外籍商船及民用航空器進出中華民國國際港口及機場
　　　管制辦法〉，規定外籍商船不得由匪區直航臺灣。另通過「整理行
　　　政院所屬各機關法規方案」。及通過「國（省）營事業經營改進方
　　　案」，並定 7 月 1 日起實施。公佈〈動員戡亂時期自由地區中央民
　　　意代表增加選舉辦法〉（三年一選）。

　　　省警務處公佈臺灣中部豪雨成災，屋倒 900 間，千人無家可歸，造
　　　成 10 人死亡。省府決定中部受災民房，比照興建國宅方式貸款重
　　　建。高雄臺塑二廠氯氣外洩，百餘人集體中毒。

　　　經濟部公佈實施修正〈工廠設立登記規則〉。

　　　中央銀行外匯局宣佈：為因應英鎊採取浮動匯率的影響，除了美元
　　　仍維持交易外，其他 6 種外幣暫停交易。（未久）恢復英鎊等 6 種
　　　外幣結匯買賣。

　　　（英鎊大幅貶值。6 月 22 日英國宣佈依公定比率將英鎊升值 1%。6
　　　月 23 日改行浮動匯率。歐洲外匯市場關閉，6 月 28 日再開。）

謝東閔為蔣經國於中華民國退出聯合國後推動本土化政策首批重用的臺籍人士。其後，接續有張豐緒、林洋港、李登輝、邱創煥、許水德、楊金欉、連戰...等等臺灣本土派人物崛起政壇。

1972　7月，1971年諾貝爾經濟學獎得主美人顧志耐（Simon Kuznets ,1901-1985）抵臺。行政院核定，今後土地增值稅以公告現值為準。臺北縣新店碧潭大橋通車。臺大考古隊在臺南縣左鎮鄉挖出200萬年前之犀牛及鹿角化石。

基隆中宏煤礦災變，6人死亡，11人受傷。莉泰颱風來襲，造成山洪爆發，海水倒灌，枋寮100餘間房屋倒塌，一列火車出軌翻覆，造成司機、司爐2人死亡。

行政院決定將中央與地方機關的行政事務單位歸併成立行政管理處（室），將統計單位與會計單位合併改為主計處（室）。行政院通令安全單位撤銷，其業務併入人事單位。下令廢止公務員三考三卡制。合併經濟部三研究所，設立工業技術研究院。

立法院通過《商業團體法》將強制商業團體加入公會，並廢止《商會法》及《商業同業公會法》。

省議員呂俊傑為省府改組任用桃園縣長許新枝為民政廳長、南投縣長林洋港為建設廳長、彰化縣長陳時英為社會處長，任意調任民選

縣長，且遺缺由省府派員代理，顯然破壞法治一事提出質詢。

【歐洲共同市場（EC）10個會員國與歐洲自由貿易聯合（EFTA）5國於布魯塞爾簽署西歐自由貿易地區成立協定。】

1972　8月，美期貨公司戈斯登公司臺灣分公司成立。財政部決定在臺外國銀行開放辦輸出保險。美國大陸銀行臺北分行成立。世華聯合銀行召開首次籌備會，決定總行設在臺北。第一屆海外學人國家建設研究會在臺北揭幕。中共周恩來接見居留美國的「臺灣人訪問團」。行政院令飭臺灣省下屆省議員縣市長選舉與中央民意代表增額選舉合併辦理。裁併中央公務人員購置住宅輔助委員會及中央各機關學校公教人員福利互助委員會，改為中央公教人員住宅輔建及福利互助委員會。

經濟部公佈「實行促進汽車工業方案」。訂定「設置農產專業區方案」。行政院通過洋菇、蘆筍罐頭管制出口。

日本同意三菱商事以信貸方式對臺輸出核電廠。

貝蒂颱風造成29人死傷。

省農林廳完成農家資金運用意見調查，顯示農家負債情形嚴重。

省交通處公佈〈動員時期船舶管制辦法〉。

屏東美和青少棒隊首度獲得世界青少棒冠軍。臺北市少棒隊獲得1972世界冠軍。

教育部決定將公費留學最高年限改為7年。省教育廳規定各校自1972學年度起一律不得代收教師節學生敬師金。

1972　9月，臺灣自製第一艘大型登陸艦下水。省府廢止〈臺灣省反共義士生產輔導所義士輔導辦法〉。省財政廳決定，中興紙業、復興紡織、農工企業開放民營。省府公告本屆縣市議員、鄉鎮市長、鄉鎮

民代表會代表及村里長任期分別延長，以配合本年公職人員選舉。

國貿局決定如申請向日本進口物資，貨價超過 2 萬美元者必須改向歐美地區購買。

行政院決定都市公共設施保留徵收期限再延長 5 年。次月，行政院再將都市公共設施保留地延長期限改為 10 年。。

行政院長蔣經國宣佈，促進農業發展採 9 項新措施，行政院撥 20 億元支援：廢肥料換穀，取消田賦附加教育捐等，改善農民生活，提高農民所得。11 月，農復會主委沈宗瀚表示，肥料換穀制自 1973 年元月起廢除。1973 年 1 月，省糧食局公佈〈廢止肥料換穀辦法〉。（1950 年起實施肥料換穀政策，農民以稻穀依官定比率向農糧局換穀，屬隱藏稅性質）。

行政院農機專案貸款基金小組成立。

婦人高秀皇主持「一貫道」聚會，警方以妨害風俗拘禁五天，其餘聽道的 18 名女工則處罰鍰 30 元。

臺北縣汐止鎮煤礦災變，8 人死亡。

鋼琴家陳必先（1950 - ）獲 21 屆慕尼黑國際音樂比賽鋼琴組冠軍。

日本首相田中角榮（1918 -1993）訪問中國，與中共中央委員會主席毛澤東、國務院總理周恩來會議，簽定《中日關係正常化聯合聲明》。中國取消向來攻擊日本軍國主義復活，進而改為支持《美日安全保障條約》與日本再武裝；日本則對於中國主張臺灣是中國領土的立場表示「理解與尊重」（acknowledge），並堅持基於波茨坦宣言第 8 項的立場。日本與中華人民共和國發表聯合聲明，宣佈協議建交，日本外相大平正芳表示與中華民國所訂《中日和約》失效。9 月 29 日，臺灣宣佈與日本斷交。

【歷史密碼】

為什麼放棄對日戰爭賠償？

戰爭賠償是冤冤相報，惡性循環的歷史代價。但願二戰後的處理，當時兩岸中國在因緣際會下，於1951年與1972年分別放棄對日本的戰爭賠償要求，可以化解未來與日本之間的一些「宿仇」。

二戰的戰爭賠償，日本對東南亞國家的賠款，菲律賓、印尼、緬甸分別獲得：5.5億美元、2.23億美元與2億美元。而對於傷害最大、軍民傷亡高達3,500萬人、損失超過千億美元的中國，卻無法獲得賠償，為什麼？這涉及美國主導、安排的企圖。

1951年，以美國為首所主導52國出席通過的《舊金山對日和約》（簡稱舊金山和約）中，中國被排除在對日談判之外，更主張中國應在會外與日本單獨締約，至於將由中國（兩岸）哪一方與日本締約，美國強調「應日本決定」。顯然，當時盟國對中國政府的認同分歧，於焉而有美國主導扶日以納入反共之策略。是以，中國對日戰爭之賠款主權，乃因而被犧牲。

1951年9月8日《舊金山和約》簽訂之後，臺北中國國民黨政府（中華民國）為爭中國正統，而被迫放棄對日賠款要求，於1952年4月28日在臺北簽訂《中日和約》，另於和約外的議定書上正式表達：

中華民國自動放棄《舊金山和約》「日本國所應供應之服務之利益（服務補償：即美國所主導以限制賠償規定「以日本人之勞務充作賠償」，實際上，就是變相減免日本的戰爭賠償）」。

20年後的1972年，北京中國共產黨政府（中華人民共和國）亦迫於邦交，為「中日兩國人民的友好關係」而放棄對日本的賠償要求，於1972年9月29日在北京簽訂《中日邦交正常化聯合聲明》，於聲明上也正式表達：

中華人民共和國政府宣布：為中日兩國人民友好關係，放棄對日本國的戰爭賠償要求。

這個結果，就是由美國強權運作之下，變相減免日本二戰戰爭賠償；並且，排除中華民國參與《舊金山對日和約》，而製造出由日本對兩岸「兩個中國」分別締約並奠定的國際局勢。因此衍生的中國政策，其實就是美國排除中華民國參與《舊金山對日和約》的歷史產物。

相對 1895 年清日甲午戰爭，日本依《馬關條約》由戰敗的清朝政府手中掠走 2 億兩的戰爭賠償。而 50 年後，二戰日本投降，無論是臺北中華民國或北京中華人民共和國所代表的中國，日本依《舊金山和約》（1951）、《中日和約》（1952）、《中日邦交正常化聯合聲明》（1972），日本的戰爭賠償，皆因兩邊中國分別表示放棄要求，而無須繳付賠款。這一特例，同樣兩國戰爭，戰敗者賠款待遇卻不一，其中含藏的歷史意義，說明了中國內戰分裂的矛盾，以及美國強力主導世局的企圖，對日本固係屬僥倖，但對戰爭下中國的人民百姓以及臺灣人民百姓何嘗有公平正義？

歷史霸權畢竟是政治現實，國際之間之公道只能依循強權而走，中國曾經歷經 19、20 世紀的國際霸道現實；而今 21 世紀，臺灣如何在這段歷史的中國悲劇與日本經驗中，在國際強權之間找出新時代的道路，令人關切。

1972　10月，基隆、臺北、桃園、新竹、苗栗 5 縣市關閉舊式屠宰場，實施電化屠宰。省府公告，實施全面停獵 3 年，以保護野生動物。國際石油暨化學工業勞工協會通過我國入會申請。第一屆全球中國基督徒大會在臺北揭幕。音樂教育家李抱忱（1907 -1979）博士返

國定居。第一座船模試驗室在臺大落成。南部橫貫公路全線通車，自臺南左鎮、王井及高雄甲仙、桃源，至臺東海端、關山，全長約170公里。

行政院院會決定不再進行日圓貸款計畫。衛生署通令醫院停用日本製的藥品。次年3月，國貿局決定整套機械設備進口一律限向歐美地區採購。另決定所有違警及交通違規等罰鍰，均悉數繳交地方公庫。決定對外技術合作政策由經合會統籌協調。

央行宣佈新臺幣100元、50元為彩色新鈔，9日發行。

臺電與美國進出口銀行簽約貸款3億美元興建第二核能電廠。

行政院公佈〈臺灣地區國有財產捐贈寺廟教堂辦法〉。

臺北木柵萬隆煤礦災變，造成3死4傷；基隆煤礦汐止烘內坑災變，造成1死6中毒。內政部因淡水飛歌電子公司使用除污劑三氯乙烯及四氯乙烯毒性過強，致連續5名女工死亡，多人患病，勒令該公司停工。

省財政廳宣佈取消田賦徵收所附加的教育捐，自1972年度第2期開始實施。

經濟部公佈施行〈貿易商管理辦法〉。

1972　11月，挪威油輪布列坦尼號在基隆港檢修時，瓦斯爆炸造成12名修理工人死亡、41人輕重傷。雲林縣口湖區漁會報告，在本次烏魚汛期內雲林縣連續漁船失事，計沈船15艘，15人死亡，59人失蹤。金門航運公司所屬金航線「雄生輪」，由金門返高雄途中，在海上失蹤。

行政院通過第六期四年經建計畫。經濟部核准美國福特汽車公司在臺投資設廠。美福特汽車公司與六和汽車公司簽定投資合約。決定

設立麵粉價格平準基金。省建設廳發表 44 家外銷蘆筍罐廠進行合併。

央行中長期信用特別基金會擬撥出中長期基金 10 億元作為中小企業融資之用。

第 20 屆世界杯職業高爾夫錦標賽，呂良煥、謝敏男榮獲雙料冠軍。

省府公告禁止製造販賣陳列具有賭博性「吃角子老虎」、「柏青哥」等電動玩具。

國科會「中文資料處理電子組」研製成功的第一部中文電腦「中文處理系統」在清華大學公開展示。自琉球基地移駐臺灣美幽靈式（F-4）戰鬥轟炸機兩中隊，公開展示。國際青商會 27 屆大會在臺北揭幕。

【東南亞國協（ASEAN）5 國外相會議發表「和平宣言」。79 國為防止海洋污染，進行控制海洋污染協定（倫敦公約）簽署預備事項；12 月 29 日進行簽署；1975 年 8 月 30 日生效；1980 年 10 月 15 日，日本正式批准；1985 年 12 月 15 日對中國生效。】

1972　12 月，日本政府於東京以財團法人名義於東京設立民間機構－「財團法人交流協會」，別稱日本交流協會，以維持日本與中華民國（臺灣）之間的往來。臺灣方面，行政院設立亞東關係協會，負責與日本關係事務。（財團法人交流協會於 2012 年 4 月改制更名為「公益財團法人交流協會」，2017 年 1 月，更名為「公益財團法人日本臺灣交流協會」。2017 年 5 月，亞東關係協會更名為「臺灣日本關係協會」。）

美國電話電報公司（AT&T）決定在臺投資設廠。1973 年 6 月，電信總局與美商國際電話電報公司（ITT）簽約，投資 8 億元產製精

密通訊器材。

三家電視臺在教育部文化局的規定下，開始淨化電視節目，並減少方言節目時間。（每天每臺不得超過 1 小時，分為兩次播出；下午 6：30 -9：30 內，限由一臺輪流播映）

經濟部公佈〈國產汽車檢驗準則〉。公佈〈實施紡織品輸出檢驗品質管制聯合實施要點〉。決定為平抑木材價格，立即停止木材出口。

舉辦首次中央民意代表增額選舉，增額立委、國代及臺灣省第 5 屆省議員、第 7 屆縣市長選舉舉行投票，中國國民黨囊括 45 席立委（增額立委共 51 席）、20 席縣市長、55 席省議員。

行政院通過證券交易稅自 1973 年 1 月 1 日起恢復課徵。

《經濟日報》改選董監事，王永慶（1917 -2008）任董事長，並成立聯合文化事業股份有限公司。（王永慶握有聯合報系《聯合報》及《經濟日報》之股權，觸犯當局大忌，於 1973 年 5 月退出）

| 1973 | 1 月，財團法人工業技術研究院成立（經濟部長孫運璿推動，由部屬之聯合工業研究所、聯合礦業研究所、金屬工業研究所合併組成，官方資本 50%）。陽明海運公司成立。美國大陸銀行臺北分行開業。國科會與臺糖利用蔗渣、糖蜜試製塑合板、酵母菌等成功。

經濟部加工出口區管理處暨高雄、臺中兩區分處成立。

副總統嚴家淦與美總統尼克森於華盛頓會談。

立法院通過《工程受益費徵收條例》修正、《工業技術研究院設置條例》、《兒童福利法》、《遺產及贈與稅法》。

臺北市景美區發生煤礦落磐意外事件，2 礦工罹難。北市木柵永和礦場發生瓦斯爆炸，3 人死亡。

經濟部廢除香蕉五五出口制，改由生產團體負責。公佈「遠洋漁業

整頓方案」。核定〈輔導自行車工業外銷實施要點〉。頒布「穩定當前經濟措施方案」。國貿局公告大量開放進口貨品 319 項，以調節國內供需、平衡國際收支。

行政院通過農會信用部改列金融管理系統。財政部公佈〈信用合作社安定基金設置及管理辦法〉。財政部通令，全年營業額 500 萬元以下者准以書面審核代替查賬。

央行規定，各銀行動用外匯自 15 日起改為當日結算。各銀行宣佈不受理 LC 過期或證件不全者之出口押匯。

省府核定第 8 屆縣市議員選舉各縣市應選出議員名額及選舉區之劃分，全省共分 129 個選區，選出議員 850 名。

【英國、丹麥、愛爾蘭加入歐洲共同市場（EC），會員國增加為 9 個。1973 年 1 月 27 日，越南共和國（南越）、美國、越南民主共和國（北越）及「越南南方民族解放陣線」（又稱越共）代表於巴黎簽署越南和平協議及議定書；1 月 28 日正式生效。1 月 29 日美國總統尼克森宣佈越戰結束，自越南撤軍。】

1973　2 月，臺灣省第 5 屆議會成立，蔡鴻文（1910 -1994）當選議長。省議會及臺北市議會選出 10 位增額監委，已任 25 年省議員之青年黨籍郭雨新（1908 -1985）獲 0 票。

交通部公佈〈汽車投保責任險辦法〉。

美國國務院證實已簽訂協定，F-5E 噴射戰鬥機將在臺設廠裝配。

因美國宣佈美元貶值 10%，經濟部宣佈臺灣外匯買賣及證券市場暫時停止交易。證管會宣佈自 4 月 16 日起證券市場改為半天營業，以健全證券市場。經濟部決定建立證券信用交易制度。公佈實施〈農藥運輸倉儲管理辦法〉。

行政院通過降低 10 項貨物進口稅率，實施期間半年。隨即 10 項重要物資降低進口稅率開始實施，為期半年，包括大麥、黃豆、玉米、廢鐵等。8 月，行政院通過 2 月 15 日核定降低進口關稅的 10 項大宗物資延長實施期間半年。另通過 6 項決定，以利增產稻米、掌握糧源，所有國內糧食和肥料除已經承諾外銷者外一律不再出口。

【美元拋售轉劇，大部份西歐和日本外匯市場同時關閉。美國宣佈美元貶值 10% 並發表通貨、貿易、投資等一連串政策（史密松寧協定破壞）。2 月 14 日歐洲外匯市場再開。美國國務卿季辛吉訪問中國與毛澤東、周恩來進行會談；2 月 22 日發表共同聲明，於對方首都設置聯絡事務所；5 月 14 日於北京、5 月 29 日於華盛頓，兩國行政長官分別上任。】

1973　3 月，新竹新樂煤礦落磐，3 人死亡。北基鐵路火車發生互撞，造成 1 死 43 人受傷。日華議員商談會於日本東京成立。亞洲中小企業聯盟在臺北成立。國際崇她社亞洲區代表大會於北市舉行。省府公告指定國立臺灣大學農學院實驗林管理處所屬溪頭營林區為森林遊樂區。

經濟部公佈〈民營生產事業申請輸入貨品辦法〉、〈農藥工廠設廠標準〉、〈纖維及紡織品輸出檢驗與品質管制聯合實施辦法〉。

教育部文化局通知三家電視公司，播映國語節目要用純正國語。教育部次長朱匯森表示，目前電視中的方言節目僅佔 1/10，祇是推行國語政策下的過渡時期。

國貿局取消大宗物資進口每月成數限制，及電視機責任外銷制度。國貿局同意廠商以接受及開發 L/C 之方式經營三角貿易。4 月，國貿局宣佈暫停受理 D/A、D/P 申請進口。5 月，央行外匯局宣佈 4

日起各家外匯銀行恢復接受辦理 D/A 及 D/P 進口案件。

臺灣省第 8 屆縣市議員及第 7 屆鄉鎮縣轄市長選舉，平均投票率逾 72%。

財政部公佈〈農工業用鹽管理規則〉。

省主席謝東閔表示，中央銀行正積極籌措在 6 月前大量供應 1 元硬幣，以解決目前硬幣短缺問題。中央銀行呼籲國人勿窖藏硬幣，並表示 1 元硬幣正在趕製中。次月，中央銀行委託臺銀代為發行的 1 元及 5 元鈔券（紙幣）1,600 萬元開始兌換。4 月，中央銀行發行橫式 1 元新臺幣紙幣。5 月，央行總裁俞國華表示，1 元硬幣合金時價僅值 4 角，外傳材料成本超過面值不實。

立法院通過《國庫券發行條例》。央行公佈修訂〈改進金融機構放款業務綱要〉。央行總裁俞國華宣佈 5 項穩定金融措施。

【歐洲共同市場各國再度拋售美元。3 月 2 日歐洲外匯市場再度關閉（瑞士除外）。3 月 11 日歐洲共同市場各國於布魯塞爾召開財政部長會議，會中決定馬克升值，6 會員國實施浮動匯率（3 月 19 日開始實施）。3 月 19 日歐洲外匯市場再開。】

1973　4 月，中央通訊社成立股東大會，改組為中央通訊社股份有限公司。臺北市希爾頓大飯店開幕。經濟部核准與美商合建中國造船公司。財政部決定汽車製造商出售汽車免徵營業稅。

行政院降低 15 項貨品進口稅率，以穩定國內物價。公佈施行〈貨品出口審核準則〉及〈貨品進口審核準則〉。與美國簽訂貿易協定，將在 3 年內向美購買價值 8 億美元之穀物。

《國庫券發行條例》公布施行，10 月，中央銀行首次發行乙種國庫券，收縮貨幣供給額。

經濟部為配合第三套輕油裂解工廠，決定開放 18 項石油化學工業下游計畫給民間經營。工業局宣佈推動高爐煉鐵計畫，限制電爐作業設廠。

曾參加「臺灣獨立運動」的黃永純返國，宣佈脫離此一組織。

【美國總統尼克森涉嫌參與水門事件（1974 年 8 月 9 日尼克森辭職）】

1973　5 月，臺灣省各縣市第 8 屆縣市議會成立。彰化二水車站縱貫鐵路上發生貨櫃火車與平快車互撞，12 人喪生，40 名重傷；省交通處長陳樹曦及鐵路局長陳德年引咎辭職。桃園縣觀音鄉藝林爆竹工廠爆炸，造成 5 死 18 輕重傷。三重大拜拜，前後幾天內約有 20 萬名食客湧入。臺北縣福隆海水浴場開放。

國貿局宣佈新聞用紙進口地區限制自即日起取消。

高雄法院判決高雄縣議員林景元因競選期間虛構事實詆譭政府，當選無效。為實踐競選諾言，高雄市長王玉雲公佈財產，共 4,850 餘萬元。

行政院命令：禁公務員經營不動產買賣。內政部決定開業建築師下不得兼任公務員。

立法院通過《電話電報臨時捐徵收條例》再延長一年，並附帶決議期滿不再延。通過《律師法》修正，嚴格規定取得律師檢覈資格，包括立委三年任滿後不再可以轉任律師。

行政院公佈〈藥物製造工廠設廠標準〉。頒佈〈商品禮券發售管理辦法〉。

新當選之省籍國大代表鄭逢時、吳豐山等 5 人聯合發表聲明，拒絕接受省政府所編列補助的交通費，並發起「消滅特權運動」。苗栗

縣苑裡鎮鎮民代表於第 9 屆第 10 次大會中建議政府准予將該鎮恢復本名為蓬山鎮，因「苑裡」名字不吉祥，諧音為「怨妳」，致地方不團結。

反共救國團人事改組，主任由李煥（1917 -2010）繼任，副主任由徐亨（1912 -2009）、邱創煥（1925 - ）、楊振忠、鄧昌國繼任。

中國要求英國倫敦《泰晤士報》禁止刊登支持臺灣的廣告，遭反對。

1973　6 月，中央銀行發行新 1 元券。央行開始發行 10 億元儲蓄券，以配合收縮通貨，安定金融及物價。

省府決定自 7 月 1 日起將各青果運銷合作社、青果聯合社及雲林縣青果業務予以改組，合併為一個全省性的青果運銷合作社。

經濟部公佈《非常時期農礦工商管理條例》重新指定管理之企業及物品項目。建商劉厎將水泥超過限價 3 元賣出，共賺了 90 元，被高等法院依《非常時期農礦工商管理條例》判刑 3 個月。（彭百顯於 1990 年 3 月在立法院提案廢止《非常時期農礦工商管理條例》。其後於 1994 年 1 月 18 日經總統令廢止）

參加「臺獨」組織的高齊榮由日返臺，宣佈脫離此一組織。

行政院通過穩定物價 11 項重大措施，包括重要民生必需品實施限價並得限制出口，主要物資增加進口、外匯由央行無限融資、娛樂用及四層以上新建築申請暫停受理等，自 7 月 1 日起實施。經濟部宣佈黃豆加工品實施限價，7 月 1 日起由警總全面檢查。公佈修訂〈綜合輸入許可證實施辦法〉。

【石油輸出國組織（OPEC）與世界石油投資公司同意石油依公示價格提高 11.9%。蘇聯共產黨中央委員會總書記布里茲涅夫（1906 -1982）訪美，進行美蘇高峰會議；6 月 22 日簽署核子戰爭防止協定；

6 月 25 日發表共同聲明。】

1973　7 月，工業技術研究院成立。成功大學裝置完成國內最大的垂直油壓式結構試驗機。連接臺北市與永和的福和橋通車。外商合資的中國造船股份有限公司成立。臺灣合成橡膠公司成立。

經濟部公佈修正〈民營生產事業申請輸入貨品辦法〉。

民生必需品限價全面實施。臺電宣佈實施全省用戶日間分區輪流停電，但工廠用電不在此限。後臺電宣佈暫緩實施輪流限電辦法。省政府決定恢復肥料配售辦法。省政府宣佈，凡持有硫酸錏肥料商人限期依平價出售，逾期將予嚴懲。行政院決定將經濟部物價會報改組為經濟部物價督導會報。省物資局平價供應水泥，每人限購 10 包。經濟部黃豆基金委員會成立。國貿局為穩定國內物價，列舉 10 項貨品暫停出口，包括各種鋼線圈、鋼絲等。臺灣水泥公司大批水泥配合「南泥北運」政策，開始實施。8 月，行政院長蔣經國指示限價範圍不再擴大。

《戶籍法》修正公布，增列動員戡亂時期戶政事務所得經行政院核准隸屬直轄市縣警察機關之規定，使戶警合一制度有明確的法律依據。同時，鄉鎮市區戶政事務所主任，改由警察分局副分局長兼任。（動員戡亂時期終止後，1992 年 6 月 29 日《戶籍法》修正公布，7 月 1 日實施戶警分立，戶政事務所由警察機關改隸縣市政府民政局。新修正之戶籍法廢止本籍登記，增列出生地為登記項目。）

美國中止對中華民國的無償軍事援助。中油與美國進出口銀行簽訂 800 萬美元貸款合約，協助在高雄建立丙烯腈廠。

行政院通過建立證券信用交易制度，並核定融資證券辦法。通過〈臺灣地區煤業合理化基金管理及運用辦法〉。衛生署頒訂藥商整

頓方案。

警總公佈修正〈動員時期電信電子器材管制辦法〉，電視、收音機不再列入管制。

省教育廳指定 22 所國民中小學自 1973 學年起擴大辦理國民教育「9年一貫制」的實驗。

1973　8 月，行政院為加強經濟設計、研究工作，將國際經濟合作發展委員會改組為行政院經濟設計委員會（簡稱經設會），採集中設計制，負責第五、六兩期經建計畫之編擬。

1973 年度國家建設研究會揭幕。臺北松山機場正式啟用全自動電訊傳遞設備。勞保局准許中醫骨科參加勞保醫院。中國鋼鐵公司與美國鋼鐵工程公司簽約技術合作興建大鋼廠。

立法院通過修正《海關進口稅則》，工農業用原料機械進口稅大幅降低。修正《臺灣地區砂糖平準基金條例》。通過《農業發展條例》。

臺北華興青少棒隊衛冕世界青少棒冠軍。臺南巨人少棒隊衛冕 1973 世界少棒成功。

財政部宣佈降低九種進口工業原料關稅 50%，為期 1 年。央行宣佈國庫券暫緩發行。指定 12 金融單位買賣國庫券。

省政府訂頒〈臺灣省縣市自治事項細目與委辦事項劃分原則〉。

【聯合國發表跨國公司經營現況，前 10 大公司每年生產所得平均超過 30 億美元、80 個中小型國家國民平均所得（GNP）提高，對國家主權亦生影響。1973 年 8 月 8 日，金大中（1924-2009）在日本東京遭綁架。該事件由大韓民國中央情報部（國家情報院前身）策劃實施。】

1973 9月，高雄民航輪船公司交通船「高中六號」在61號碼頭翻覆，造成25人死亡，46人受傷。

「經由法律促成世界和平中心」（World Peace Through Law Center）頒贈世界傑出女法官獎給首位女大法官張金蘭（1917 -1975）。

行政院決定臺灣省自來水事業統一經營，可照《公司法》規定成立臺灣省自來水股份有限公司。通過將高等則農田擴大為1至8等則，並禁止變更為非農業使用。

經濟部物價督導會報通過臺灣地區木材進出口連鎖要點，實施木材進出口連鎖制度。交通部宣佈臺灣地區整體運輸綱要計畫。

教育部通令各公私立大專院校及省市教育廳全面加強取締在校學生蓄留嬉皮長髮及穿著奇裝異服。

中央銀行公佈〈加工出口區外匯管理辦法〉。央行儲蓄券10億元上市。

省府決定將鄉鎮衛生所由鄉鎮公所改隸為縣、市政府衛生局，報請行政院核准。

監察院函請行政院對臺大教授林瑞翰（1927 -2015）修正再版之《中國通史》重加審查，若未修正「視岳飛為軍閥」文句之版，即予以銷燬。省文獻委員會宣佈山胞花岡一郎和花岡二郎曾參與霧社山胞抗日行動。

因應市面5角輔幣不足，中央銀行恢復發行庫存5角輔幣券。行政院長蔣經國宣佈絕不輕易變動幣值發行大鈔。

雲門舞集首次公演。

【關稅暨貿易總協定（GATT）會議於東京召開。】

1973 10月，第9屆華商會議通過在臺北設貿易中心。馬來西亞航空公司

班機首航臺北。臺大醫院完成首次冠狀動脈手術。第 10 屆臺灣省鄉鎮市民代表與村里長選舉。省立臺北圖書館併為國立中央圖書館臺北分館。省府舉行霧社山胞抗日事件 43 週年紀念日及抗日首領莫那‧魯道安葬典禮。因涉瀆職案被高檢處下令通緝的前高雄縣長余登發被捕。

省糧食局在臺北市、基隆市、臺北縣、臺中市、臺南市、高雄市等地區掛牌拋售食米，無限制大量供應。

臺灣省物資局宣佈：味精、毛巾、牙膏、汗衫、衛生紙、肥皂等六種日常用品在臺中、基隆、臺南、高雄、花蓮、臺東、宜蘭、馬公等八個地區平價供應。行政院決定平抑物價 4 項措施：1. 日用品全面開放進口，2. 國內缺貨之日用品立即停止出口，3. 必要時取消限制設廠，4. 就成本及利潤調整日用品價格。國貿局決定廢鐵料、印刷品暫停出口。

省府、臺北市政府核定興建華中大橋。省政府通過興建北迴鐵路，定 12 月 25 日動工。臺中港建港工程開工（1976 年 10 月 31 日竣工通航）。曾文水庫竣工蓄水運作。

省府決定臺灣產物保險、臺灣人壽保險、復興紡織、農工企業等四家公司開放民營。省農林廳長張訓舜表示，政府已選定新竹、宜蘭 2 縣試辦農民健康保險。

【第四次中東戰爭爆發（10 月 6 日至 10 月 26 日），起源於埃及與敘利亞分別攻擊 6 年前被以色列佔領的西奈半島和戈蘭高地。波斯灣 6 國宣佈石油價格提高 21%。阿拉伯石油輸出國組織（OAPEC）石油部長會議決定，對美國等支持以色列之國家石油供應量依 9 月為準，各削減 5%（石油戰略開始進行）。沙烏地阿拉伯對美國、

荷蘭實施全面石油禁運。第一次石油危機爆發。】

1973　11月，中華民國電影製片界人士為響應行院院長蔣經國提倡「淨化電影運動」，發表宣言。辜振甫、辜偉甫（1918-1982）捐贈之鹿港民俗文物館開幕。鐵路局光華號在嘉義與卡車相撞，3人死亡，40餘人受傷。縱貫線鐵路二水站附近列車互撞，51人輕重傷。

行政院宣佈肥料進口稅減半。中央銀行與韓國造幣公社簽約，委託代鑄硬幣14億元。中船公司與美國惠固公司簽訂承造45萬噸級巨型油輪4艘。

榮民總醫院傷殘重建中心調查，全國現有傷殘人口25,156人，其中14,399人不能獨立維生。

教育部宣佈，在臺以所持有之大陸時期校印出具的學歷證明一律無效。

臺北市工務局指出：歷年臺北盆地地盤下陷程度平均每年下陷16公分。

省府決定各縣鄉道路客運業務，開放民營。

糧食局在桃園市、新竹市、苗栗鎮、豐原鎮、彰化市、南投鎮、斗南鎮、嘉義市、新營鎮、鳳山市、屏東市、馬公鎮、宜蘭市、花蓮市、臺東鎮等15市鎮擴大辦理食米批售。

陳德宗於亞洲盃田徑錦標賽中打破楊傳廣保持17年之跳高全國紀錄，並且是我國首位跳過2公尺的選手，他在該項比賽中名列第4。

行政院決定所屬各機關的車輛用油減少1/4，冷暖氣機一律停用，辦公房舍用電一律減少1/4。中油指定油料配售辦法。省政府訂定〈臺灣省各級機關節約能源實施要點〉。臺電宣佈公路路燈將減半照明。中油公司決定自11月25日起縮短營業時間並限制用量。

高雄、基隆兩港區解除自光復以來的宵禁。

【阿拉伯石油輸出國組織（OAPEC）10 會員國決定對抗以色列之策略，自 11 月起原油生產較 9 月減少 25%，12 月起再減產 5%。11 月 18 日 OAPEC 宣佈歐洲共同市場（EC）各國（荷蘭除外）自 12 月起不適用該項減產措施（12 月 9 日及 1974 年 1 月起再宣佈減產）。阿拉伯聯盟 17 個會員國（利比亞、伊拉克除外）與巴勒斯坦解放組織於阿爾及爾舉行高峰會議，會中決議 12 月對日石油輸出不予削減、石油戰略繼續進行。美國與英國、西德等歐洲 6 國廢止黃金雙重價格協定。英國能源危機嚴重，宣佈進入緊急狀態，次年 3 月解除。】

1973　12 月，臺北市舉行第 2 屆市議員選舉。航行於高雄、馬公間的大東輪貨船沈沒，14 名船員失蹤。美商西屋與臺電簽約，共同興建 4 座電廠。臺北市政府建設局將牯嶺街舊書攤遷往光華商場。麥帥公路每晚 7 時至翌晨 6 時止實施全面交通管制，為期一年。內政部公佈施行〈印鑑登記辦法〉。

省府公佈修正〈糧食局辦理配售食米辦法〉，省糧食局擬訂〈農民限期出售餘糧辦法〉。經濟部宣佈蔬菜列為總動員物資，自公告日起一律停止出口。

蔣經國於 12 月 16 日在行政院會中提出「九項建設」計畫，預計於五年內完成九項國家重大建設。

內政部公告限制營業及廣告招牌使用霓虹燈的時間。政府決定對車輛實施點券配油。行政院通過元條及其他型鋼停徵貨物稅一年。財政部決定暫時凍結〈信託投資公司管理規則〉第 24、25、27 條規定，各信託投資公司不得貸款給其他企業作為投資房地產的資金，以平

抑建築材料的漲風，遏止社會對房地產的投機。為配合節約能源，三家電視臺協議自1974年元旦起縮短播出時間。經濟部決定民生物資限價改由議價實施。1974年1月，行政院通過並公佈穩定當前經濟措施方案，提高銀行存放款利率，調整油、電、煙酒價格、交通費率，軍公教加發薪津一成等。

立法院通過《礦場安全法》。修正《獎勵投資條例》。修正《所得稅法》。

財政部決定將教育捐納入正規稅收。臺銀與美進出口銀行合作融資1,000萬美元，轉貸進口美國物資。

臺北市教育局表示，國小不得硬性規定學生到校參加早讀。

新竹天后宮慶成福醮大拜拜，殺豬5,000頭，耗費一億元以上。

行政院長蔣經國指示，碼頭倉棧可吸收民間投資。

北迴鐵路開工。

（波斯灣沿岸6個石油國宣佈，自1974年1月1日起原油價格提高兩倍。石油輸出國組織石油部長會議宣佈視日本與歐洲為友好國家，決提供其一切所需原油，但美國與荷蘭除外。）

1974　1月，經濟九項建設陸續開工。經濟部自1月起建立公司資格卡。內政部公佈〈核發建築執照簡化辦法〉。臺灣省自來水公司成立。政府實施農業用電免收基本電費措施。省立臺中醫院完成首次連體嬰兒分割手術。行政院決定實施日光節約時間。衛生署公佈實施「醫政整頓方案」。

行政院通過將原油、燃料油及液化石油氣等進口稅率降低50%。

臺電決定以美金10億元在墾丁公園附近興建第三座核能電廠，並計畫興建第四座核能電廠。（併「九項建設」計畫為「經濟十大建

設」）

證管會宣佈，第一、二類股發行公司，資本額將分別提高為 1 億元及 5,000 萬元。臺灣銀行開始發行有獎儲蓄券。央行恢復遠期 L／C 辦理。

因應第一次石油危機，行政院 1 月 26 日通過「穩定當前經濟措施方案」，包括調整油電及交通運輸價格，對民生必需品改限價為議價，調整存放款利率及增加軍公教人員待遇等。

【歷史密碼】

經濟十大建設的時代意義

經濟十大建設的推動，適值中華民國退出聯合國，中日斷交，國內充滿危機意識時期。政府全力推動改善經濟建設的基本設施和重工業建設，在政治上的意義，顯示中國國民黨政權在臺灣「生根」的決心。

1973 年 12 月 16 日，蔣經國在行政院會中提出「九項建設」計畫，預計於五年內（1974 –1979）完成九項國家重大建設：中山高速公路、鐵路電氣化、北迴鐵路、桃園國際機場、臺中港、蘇澳港、臺船高雄廠、中鋼、中油高雄煉油廠等 9 項建設。（後來增加核能發電廠，稱為十大建設）。

此過程見諸郵政總局發行的郵票原為「九大建設郵票」，發行了 3 次，有 3 個版，核能發電廠完工後發行的「核能發電廠紀念郵票」與第 3 版「九大建設郵票」配成一套，後來再發行「十大建設紀念郵票」小全張。

　　十大建設之背景乃國際能源危機爆發，環境適符經濟學家凱因斯（John Maynard Keynes，1883－1946）所提出總體經濟理論之論點。整體建設自 1974 年起，至 1979 年底陸續完成，投資總額 2,094 億元。在十大建設中，有 6 項是交通運輸建設，3 項是重工業建設，1 項是能源建設。

　　十大建設的項目及其興建與完工情形：

1.　南北高速公路（中山高速公路）：北起基隆南至高雄小港，中以支線連接桃園國際機場，全長 373 公里。1971 年 8 月 14 日開工，1974 年 7 月 29 日三重到中壢路段率先通車，1978 年 10 月 31 日中沙大橋啟用，高速公路全線正式通車。

2.　鐵路電氣化：施行範圍為西部幹線縱貫線全線，1979 年 7 月 1 日全部完工。

3.　北迴鐵路：東部鐵路幹線與西部接軌，將花蓮車站移至現址，興建花蓮（新）車站至宜蘭線南聖湖車站（今　蘇澳新站）之單線新線。1979 年 12 月完工，1980 年 2 月 1 日全線通車。

4.　中正國際機場（桃園國際機場）：因應臺北松山機場的運量飽和，於

桃園縣大園鄉另新建佔地 1,223 公頃的新國際機場。計畫原名桃園國際機場，1979 年 2 月 26 日啟用訂名中正國際機場。2006 年 10 月改為臺灣桃園國際機場。

5. 臺中港：延續日治時期之新高港計畫， 1983 年 6 月完成初期工程。

6. 蘇澳港：小型港口擴建，1983 年 6 月完工。

7. 大造船廠（中國造船公司高雄總廠）：於高雄市小港區的臨海工業區內，支持航運、貿易、國防及發展關聯工業多目標之基本任務，於 1975 年建廠，同時承建美商 44 萬 5 千載重噸超級油輪，同時合併原位於基隆的臺灣造船公司為基隆總廠。

8. 大煉鋼廠（中國鋼鐵公司）：一貫作業煉鋼場，佔地約 480 公頃，位於高雄臨海第四工業區，濱臨高雄港第二港口。

9. 石油化學工業（中國石油公司高雄煉油總廠）：開發兩處石化工業區──「仁大（即仁武、大社）石化工業區」和「林園石化工業區」。

10. 核能發電廠（第一核能發電廠）：兩部機組裝置容量各為 63.6 萬瓩，核能一廠列入十大建設計畫優先興工，兩部機組分別於 1977 年與 1978 年完工。

（第二核能發電廠、第三核能發電廠為核能發電的延伸計畫，後續列入十二大建設計畫，分別於 1981 年與 1984 年完工。）

· 中國國民黨黨史館 典藏 ·

一般認為，十大建設為蔣經國時代對臺灣經濟發展的重要貢獻。

1974　2月，達見水庫奉總統命名為德基水庫。財政部核准首家英國金融機構在臺設分公司。

省糧食局宣佈民間米可以自由買賣，價格不受限制。省交通處表示汽車燃料使用費率即日調整，改採隨油徵收辦法。

經濟部公佈〈加工出口區貿易管理辦法〉。證管會採緊急措施，所有股票跌幅以 1% 為限，漲幅仍維持 5%，現金增資繳款日期延緩。

行政院核准「臺灣省香蕉產運銷業務經營改進方案」。

行政院蔣經國建議，立法院除了國防和外交之外，一律公開審查總預算。4 月，立法院首次公開審查中央政府總預算。

（115 個國家代表於日內瓦集會，商討修訂日內瓦公約。）

1974　3月，財政部核定公佈實施提高 383 種貨物之完稅價格。宣佈信託投資公司自 3 月 4 日起購入之證券不受持有一年始准出售之限制。報紙零售每份 1.5 元調整為 2.5 元。

經濟部表示政府不再鼓勵種植香蕉，決定改推動種植稻作或高價值作物。經濟部工業局宣佈自 4 月 1 日起取消工業用油核配限制。

行政院通過〈糧食平準基金設置辦法〉，基金總額 30 億元。

【阿拉伯石油輸出國組織（OAPEC）石油部長會議決定解除對美石油禁運，敘利亞及利比亞表示反對。】

1974　4月，宣布停止臺日航線。為抗議日本與中華人民共和國簽訂民航協定，外交部宣佈關閉臺灣、日本間航線：中華航空公司即日停飛中日航線，同時禁止日本航空器進入中華民國管轄的飛航情報警及防空識別區。

「日光節約時間」開始實施，至 9 月 30 日止，全國各地時鐘均予提早一小時。中油公司宣佈自 5 月 1 日起，放寬各加油站加油時間。

證管會宣佈實施證券信用交易制度，8 月開始申請，15 日正式辦理融資。

行政院宣佈調整穩定經濟措施。經濟部物價督導會報宣佈取消鋼筋、肥皂、香皂、洗衣粉議價。經濟部工業局表示：國內中小企業 438 家停業停工，佔工廠總數 22%。

省府核准於鶯歌、花蓮設陶磁、大理石專業區。並決定曾文水庫觀光區自 7 月 1 日正式開放。

財政部公佈實施〈人壽保險業安定基金設置及管理辦法〉。

清華大學阿岡諾反應器（Tsing Hua Argonaut Reactor 簡稱 THAR）裝置完成並達臨界運轉，提供核能方面相關之教學訓練。（1991 年 5 月停止運轉）

【聯合國亞洲及遠東經濟委員會（ECAFE）大會決議，改名為亞太經濟社會委員會（ESCAP），並通過可倫坡宣言。】

1974　5 月，國家文藝基金管理委員會成立。

中央銀行公佈〈中央銀行對外銷工業生產資金重貼現辦理要點〉。

財政部公佈實施〈證券交易所得部份停徵綜合所得稅辦法〉。行政院核定〈中小企業信用保證基金設置及作業辦法〉。行政院設立中小企業信用保證基金新臺幣 5 億元。6 月，中小企業信用保證基金會成立。

省府通令各縣市政府，為遏阻社會奢侈風氣，即日起暫停受理有關冷熱飲業、茶室、酒店、純吃茶等行業營利事業登記。

行政院秘書處函令：凡室內溫度到達攝氏 28℃以上辦公室房舍內可以開放冷氣，但只以工作時間為限。

行政院經濟設計委員會《國際經濟情勢周報》指出：石油危機後 5

個月間，躉售物價上漲率為 33.11%，消費者物價上漲率為 32.67%。經濟部確定投機壟斷操縱行為認定原則。經濟部決定暫時限制日製汽車、彩色電視機等進口簽證。經濟部物價督導會報宣佈自 6 月 1 日起取消平價黃豆補貼政策。議價項目全部解除（內銷不得聯營操縱）。

1974 6 月，中美貨運班機在高雄開航。財政部自 7 月 1 日起設置「壽險定定基金」。省府通過設立稅務研究發展基金。

內政部決定將寺廟祭典日上演外臺戲原規定一天，放寬為 3 天。另為遏阻社會奢靡風氣公告限制特定營業的營業時間定下午 11 時止，嚴格禁止新設及擴大營業場所。

立法院通過修正《臺灣地區砂糖平準基金條例》。

（IMF 同意採取世界新金融體制，以特別提款權取代黃金為主要貨幣。美蘇於莫斯科舉行高峰會議；6 月 28 日雙方簽署心臟、房屋、能源等三項協定；6 月 29 日雙方簽署經濟、產業、技術長期合作協定；7 月 3 日簽署反制飛彈限制議定書、地下核子試爆限制條約等三項文件，並發表共同聲明。）

1974 7 月，蘇澳港擴建工程開工。

立法院通過《水污染防治法》。決議捲筒印報紙的進口關稅及貨物稅繼續停徵一年。

交通部觀光局宣佈開始受理新旅行業的設立和轉讓的申請，並公佈「加強管理旅行業執行要點」。

臺灣省公私立各級學校學生自 9 月 1 日起，一律參加臺灣人壽保險公司舉辦的學生平安保險。1975 年 1 月，通過臺灣人壽公司試辦學生團體平安保險。7 月，省府決定自 8 月 1 日起試辦學生團體平安

保險 1 年。

省府擬訂〈寺廟管理辦法〉，為避免廟寺淪為營利事業，規定新建寺廟須辦財團法人登記，開啟「功德箱」時須有官員見證等。

美國加州銀行臺北分行開業。基隆港區高架公路正式通車。桃園國際機場先期工程開工。南北高速公路三重中壢段正式通車。

1974　8 月，臺灣省實施統一水價。高雄縣新打港自即日起改名為新達港。

第一家可以取代香港、日本沖印影片技術的國際電影沖印廠開幕。

和泰國修訂航空協定，客、貨機航線延長至金邊、吉隆坡及新加坡。

省府通過修正〈臺灣省河防基金設置及管理運用辦法〉。

臺灣省青果合作社所屬的高雄合作社職員虛報斤兩案，經調查有 16 個辦事處 180 多個集貨場的 200 多人涉嫌，省合作改進委員會決移送地檢處偵辦。

中華青棒代表隊及屏東美和青少棒隊分別獲得世界青棒及青少棒錦標賽冠軍。高雄立德少棒隊榮獲 1974 世界少棒錦標賽冠軍。臺灣首度贏得「三冠王」。行政院長蔣經國以茶會接待青棒及青少棒隊職員，並宣佈政府決定在臺北興建一座夜間棒球場。

臺北市伊通街建國市場發生大火災，60 餘家商店化為灰燼。

省政府決定自 1976 年起陸續將山地保留地的所有權無償移轉予山胞，並廢止「山地籍同胞免徵租稅原則」，比照平地開徵租稅，解決山胞高利貸問題等，並決定在十年內逐步解除山地特殊措施，促使山胞徹底平地化。

中、美、比三國集資的聯聚化學公司生產高度 PE 塑膠原料的頭份工廠建廠完成。

1974　9 月，第一條完全由國人經營的環球海運定期航線由基隆港首航。

鋪設在高雄市綜合運動場的亞洲第一條速維龍跑道完工。經濟部公佈實施「臺灣省南部橫貫公路沿線礦產開發方案」。

新聞局電影處決定：1975 年元旦起各外片戲院最少一年應放映 28 天國片，以解決目前 150 多部國片無法上演的問題。

省府公布〈臺灣省學生團體平安保險辦法〉。〈臺灣省政府農業研究發展基金設置及管理運用辦法〉。另訂定〈臺灣省造林貸款基金設置及管理運用辦法〉。〈臺灣省政府稅務研究發展基金設置及管理運用辦法〉。

中央銀行宣佈降低存款利率。

中國經濟學會成立。（1986 年改組成立臺灣經濟學會）

范迪颱風豪雨成災，高速公路八堵分線道發生山崩，72 人遭活埋，宜蘭縣頭城和礁溪境內洪水成災，造成 13 戶房屋倒塌，4 人死亡。

1974　10 月，美國廢除「臺灣決議案」（1955 年 1 月，授權總統可出兵協防臺灣）。

電視木偶戲製作人黃俊雄開辦「臺灣民俗藝術展示中心」，將他在電視上連續演出四年且創下極高收視率的布袋戲團 25 種角色史艷文、劉萱姑、藏鏡人、怪老子等陳列展出。

省府訂〈臺灣漁港興建及管理辦法〉。省議會通過〈臺灣省加速農村建設時期健全農田水利會實施要點〉，定 1975 年 1 月 1 日實施。德基水庫及南北超高壓輸電線路工程竣工啟用。南北超高壓輸電線開始全線運轉。

衛生署公佈水果殘留農藥容許量暫行標準。省衛生處表示，自即日起禁止流動攤販出售藥品。通知臺灣省及臺北市各公立醫院，從 31 日零時至 24 小時，在各公立醫院出生的嬰兒，一律免費接生。

臺灣區果菜運銷公司成立。12 月營業。

農復會通過降低統一農貸利率，信用貸款由年息 16.25% 降為
15%，抵押貸款由年息 15.25% 降為 14.25%，並溯自 9 月 19 日實施。
《中美紡織品貿易協定》簽約，自 1975 年 1 月 1 日生效。空軍與
美國洛斯羅普飛機製造公司合作生產的首架 F -5E（中正號）噴射
戰鬥機出廠。

貝絲及卡門颱風造成東部災情，宜蘭、臺東兩縣共死亡 9 人、失蹤
2 人、房屋全倒 79 戶、收容災民 655 人。

政府決定採取限制日貨進口及阻止日本貨品傾銷，以縮減對日貿易
鉅額逆差。

大甲溪石岡攔水壩興工。（1977 年 10 月竣工，1999 年 921 大地震
毀損，12 月恢復引水，2000 年底復建工程完工，原功能已減低。
2010 年完成閘門更新）

1974　11 月，經濟部決定設立飼料、畜產品平準基金。

省府公佈〈臺灣省港灣基金設置及運用辦法〉、〈推行家庭手工藝
副業實施要點〉。

立法院通過《私立學校法》。省教育廳決定：自下學年度臺省國民
小學教師派聘，全部採取公開作業方式辦理。

監察院教育委員會通過糾正案，認為國立編譯館改編高中國文課本
第 6 冊（周何主編），刪除非秦的過秦論，荊軻傳易以揚秦的韓非
子、列子等非儒崇法的文章，以司馬遷之報任安書代替蘇武傳，刪
除杜工部詩而取柳永等靡靡之音等均是違反編輯目標，有悖當前國
策。

為縮減貿易逆差，國貿局決定對各種小汽車一律停止進口。

行政院解除 5 樓以上禁建命令。

財政部開放外國保險公司承保漁船保險及船員平安保險。

經濟部公佈修正〈大宗物資進口辦法〉、〈臺灣地區漁業發展基金設置徵收及管理運用辦法〉。

北部核能二廠（位於新北市萬里區）開工興建。

1974　12 月，省府公佈〈臺灣省山坡地農業發展基金貸款要點〉。訂定「臺灣區治山防洪 10 年計畫」，以 9 億元全面整治各河川上游集水區。

行政院核定 10 項財經措施，包括：舉辦外銷周轉金貸款，恢復副料退稅，停征進口原料港工捐，停收押匯利息，降低結匯差額等，以協助外銷生產事業度過難關。經濟部解除黃豆油、黃豆粉平價限制。

央行宣佈降低存放款利率及貼現率。外匯局宣佈停收押匯利息。11 家行庫會商決定對 5,000 萬元以上貸款實施聯合貸款。

省府通令縣市政府自 1975 年 1 月 1 日起徵收清潔規費。

立法院通過《工業團體法》，並廢止《工業會法》。修正《獎勵投資條例》。

1975　1 月，臺北市及中興新村公教人員福利品供應中心開始供應物品。

實施國家標準時間。經濟部劃定新店溪為水污染管制區，公佈新店溪廠礦污水放流標準。經濟部中標局宣佈實施商標總校正。

1944 年被日軍拉伕到印尼作戰之阿美族中村輝夫（李光輝，1919-1979）在印尼摩祿泰島叢林度過 30 年後回到臺灣。

各縣市政府嚴禁僱用未滿 10 歲之兒童擔任民間迎神遊行工作。

省交通處核准臺灣省次要公路客運路線開放民營。由唐榮公司自製成功的鐵路莒光號客車在臺北車站試車。

美國華友銀行臺北分行開幕。與美銀行簽約貸款 5 億 2,000 餘萬元，建核電廠及液氨廠。

臺中市鬧區興中街發生爆炸及大火災，27 人喪生，受傷 162 人，房屋倒塌 53 戶。臺北市士林區天惠煤礦災變，1 人死亡，2 人受傷。

1975　2 月，首部自製自畫彩色大銀幕卡通影片「封神榜」完成。中國電影文化城揭幕營業。

政府公佈〈輔導虧損農會復興貸款辦法〉。財政部宣佈，國家行局依規定程序放款，發生呆帳可不負行政責任。

南亞塑膠公司高雄廠蒸氣管爆炸，發生大火，工人 1 人死亡，8 人受重傷，財物損失 1 億元以上。

行政院公佈取締「世界基督教統一神靈協會臺北分會」的傳教活動。教育部嚴禁學生參加「統一教」，調查局密切注意該教不法行動。

臺鐵與英商完成鐵路電氣化主體工程簽約。第一座生產尼龍纖維的中臺化工高雄廠落成。全纖伸縮線公會宣佈解除封錠減產。中鋼 2 億美元貸款公司債在歐洲公開發行。

中央銀行降低各項貼放利率。

1975　3 月，國防部指示馬祖附近的東沙島更名為南引島。

加拿大多倫多道明銀行臺北分行開幕。汎美世界航空公司首航臺北。臺灣航空公司首航高雄至小琉球班機。鐵路電氣化工程在基隆車站開始施工。銀行聯合徵信中心成立。全國經濟會議揭幕。高雄市鹽埕區發生大火，焚燬 58 間房屋。

經濟部公佈修正〈紡織品出口配額處理辦法〉。

行政院核定水泥廠價准自由公開調定。

涉及青年公司冒貸案的 42 各國中校長，16 人被移送地檢處偵辦，26 人將受行政處分。4 月，監察院通過彈劾省教育廳長許智偉，指其中處理青年公司負責人蔡少明冒名貸款案過程中，枉法徇私，影響政治風氣，敗壞教育制度，致使公帑受損。省政府發表涉及青年公司冒貸款的 4 位教育行政人員分別予以記過處分。6 月，青年科學公司非法貸款案審結宣判，青年公司董事長蔡少明判刑 18 年，霧峰地政事務所主任曹明欣處死刑，6 名校長獲判無罪。

臺北縣警察局稱，有關土城國小部份山地籍學童因受「王國聚會所」傳教人員影響，漠視朝會禮儀不向國父遺像鞠躬等事，該局已採取矯正措施。

經濟部通知國營事業，購美物資以 FOB 決標條件交國輪承運。

行政院核定「臺灣省地區各級農會合併方案」及「臺灣地區農會總幹事遴選方案」。

美國總統福特簽署一項行政命令，指定包括臺灣在內之關稅特惠待遇地區。

內政部公佈〈流動人口登記辦法〉，並廢止〈戡亂時期臺灣地區流動人口登記辦法〉。

臺南縣左鎮菜寮溪出土的化石經中日專家鑑定證實為人類頭骨化石，年代在 1 萬至 3 萬多年，並命名為「左鎮人」化石。

1975　4 月，自行車公會表示國產高級自行車外銷成功。

2 家漁業公司與 2 家印尼公司正式簽約，獲得印尼西伊利安省海域的捕 魚權。

臺北市西門鬧區發生大火，200 餘戶違建村之一炬。

5 日，蔣中正於第 5 任總統內過世，嚴家淦繼任總統。行政院長蔣

經國以「不孝、侍奉無狀，遂至總裁心疾猝發，遽爾崩殂，五內摧裂，已不復能治理政事」為由，向中國國民黨中央常務委員會提出辭呈，經中常會一致決議予以慰留。中國國民黨第 10 屆中央委員會臨時會議舉行，會中一致通過蔣經國擔任中央委員會主席，並保留總裁一章。蔣經國接任中國國民黨主席。

為了哀悼總統蔣中正的去世，3 家電視臺決定取消一切娛樂節目 3 天，加強新聞報導，並以黑白片播出一個月。臺大學生代表發起一項全國性的獻機報國行動；政大師生發起師生、校友捐款，在校園內建造銅像，以提供師生瞻仰。淡水鎮鎮務會議決定取消農曆 3 月 15 日淡水鎮保生大帝 9 年輪值一次的大拜拜，以哀掉故總統蔣中正的去世。臺灣省及臺北市肉類公會禁屠並停止營業 3 天。臺北仁愛國中 86 位男、女中學生自動請纓報國。

總統令：為關切娛樂界從業人員的生活，自故總統 蔣公安厝後一日，解除停止娛樂之規定。

美國弔唁特使團由副總統洛克斐勒（Nelson Aldrich Rockefeller，1908 -1979）率領抵臺。

故總統蔣中正遺體舉行大殮奉厝，總統嚴家淦主祭。

行政院長蔣經國指示司法行政部立即辦理全國性減刑。

圖示是 1976 年 10 月動土，1980 年 3 月 31 日完工，4 月 4 日落成的「中正紀念堂」正面廣場。
這個地方曾經舉行過蔣中正逝世五週年紀念大會；也曾經集結多次民主及社會運動群眾；1990 年 3 月
16-22 日並為野百合學運集結靜坐，提出政治訴求而經由李登輝運作完成廢除《動員勘亂臨時條款》、
結束「萬年國會」等政治改革的政治性活動場所。2007 年 3 月，民主進步黨執政卸下廣場牌樓「大中至
正」字樣；12 月，改名為「自由廣場」。

許多政治、社會活動偏愛以「自由廣場」為訴求活動的場所，圖示即是一例。

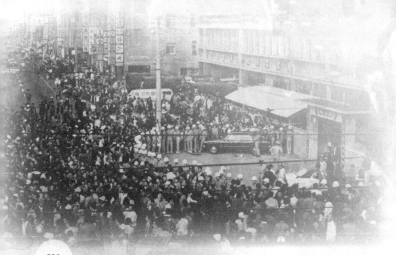

臺灣史的方向在那裡？

臺灣當然以臺灣為中心，不以臺灣為中心的世界，未知如何寫
臺灣史？

第八章

中華民國是臺灣：蔣經國時期

　　20 世紀下半臺灣的歷史與蔣氏父子關係密切，尤其，自蔣經國接任中國國民黨主席迄至其逝世，這期間更是臺灣當代歷史的重要一章。1975 年至 1988 年，是蔣經國時期推動本土化政策的關鍵期間，也是政治意義「中華民國到臺灣」再落實到「中華民國是臺灣」的階段。

　　蔣經國在臺灣掌權可以溯自 1969 年 6 月出任行政院副院長起，當時行政院長係由文人副總統嚴家淦兼任，歷練三年後於 1972 年 6 月就任閣揆職務，執政黨大權在握，已是一人之下、萬人之上之位尊。1975 年 4 月，蔣經國接任中國國民黨主席，更集黨政大任於一身，而 1978 年 5 月又登上第 6 任總統之位，1984 年 5 月連任第 7 任總統，在黨國體制已是黨政軍特大權獨攬的政治巔峰。臺灣發展全繫於蔣經國之一念及其拓展決心，完全是強人政治的時代。

　　蔣經國時代是臺灣社會相對改變最大、最多的階段，也是臺灣政治經濟學豐收的時候。1970 年代下半，臺灣政局遽變，黨外雜誌興起、民主思潮雲湧下愈加趨向緊張，並也發生一連串空前之政治事件，例如 1977 年「中壢事件」；繼之 1978 年 12 月面對「中美斷交」局勢，臺灣國際外交頓失依賴。隨後，1979 年 1 月發生「橋頭事件」，接著蘊釀出 1979 年 12 月的「高雄美麗島事件」；跨入 1980 年代，臺灣政經體制更面對強力挑戰，同時也是影響臺灣走向自由民主機制改革的重要關鍵階段。這段期間，終使蔣經國痛下決心推動本土化改革，政治發展於是往更開放之方向邁進，臺灣故有更活潑之民主自由空間。這時期的中華民國在蔣經國力推之下，幾乎已等同臺灣的化身。

接任黨主席（1975～1978）

　　臺灣的政體自1949年中華民國隨中國國民黨到臺灣以後，就一直是黨國一體。而中華民國在中國國民黨執政下的國民政府，一切政事皆由黨領政，是典型的黨國體制國家。1975年，蔣經國繼蔣中正領導中國國民黨，是國民政府政體的新一代實際領導中心，三年之後，嚴家淦繼任總統到期，於1978年5月退居幕後。蔣經國就任總統，臺灣進入另一階段之新局。

　　蔣經國強人政治的時代作為，臺灣政經調整發展迅速，積極進行經濟建設；惟黨國體制、經濟管控仍然不變，臺灣走向依然是黨國資本主義為主的經濟模式，不過民間經濟體系的中小型企業發展蓬勃。

1975　4月，蔣中正總統逝世，副總統嚴家淦繼任總統。蔣經國接任中國國民黨主席。行政院長蔣經國提「六年經建計畫」（1976 -1981，取代原「四年經建計畫」，提前結束第六期四年經建計畫：1973 -1976，目的在完成十大經濟建設）。

　　　越南赤化，華航臺北－西貢航線班機停飛。（1992年9月復航）

　　　（美國總統福特4月23日宣佈越戰結束。）

1975　5月，行政院通過〈經濟發展基金收支保管及運用辦法〉，並通過〈農會信用部管理辦法〉。修正〈反共抗俄戰士授田條例施行細則〉。經濟部訂「臺灣農業發展區域計畫」，以區域整體營建方式，達到降低生產成本與提高農民收益目的。財政部公佈〈信用合作社暨農會信用部業務輔導辦法〉。

　　　省府通令屬行公制度量衡單位，嚴禁使用臺斤、呎、磅、加侖等單

位。

撤運 850 名越南僑胞艦隊第一艘登陸艇返臺。

臺電與美西屋公司簽約，購入核三廠之核子反應器及燃料。

立法院通過《中央政府建設公債發行條例》。通過《中華民國 64
年罪犯減刑條例》，於 7 月 14 日起施行。

世華聯合商業銀行 5 月 20 日開業。

經濟部物價督導會報宣佈不再補貼進口小麥，並停止平價供應麵
粉。並決定延遲非急需的公用工程，並不准超月預購水泥數量，以
減緩水泥供需失調的情勢。

1975　6 月，李秋霞在第 2 屆亞洲田徑賽女子 800 公尺決賽中奪得金牌、
3,000 公尺金牌、1,500 公尺金牌。戴世然獲得男子 110 公尺高欄金
牌、400 公尺中欄金牌。第 21 屆亞洲影展丁善璽（1935 -2009）獲
得最佳導演、柯俊雄（1945 -2015）最佳男主角。留學生陳宏寬在
西德全國性音樂院學生鋼琴大賽中獲第二名。

省府訂定〈臺中港五項設施開放民營申請辦法〉。省府公告舞廳、
酒家、酒吧、特種咖啡茶室等特種營業禁止遷址營業。

青年科學公司非法貸款案審結宣判，青年公司董事長蔡少明判刑 18
年，霧峰地政事務所主任曹明欣處死刑，6 名校長獲判無罪。

政府決定首期國民住宅興建資金 40 億元採三對等方式籌措，中央、
省市融資 2/3，申請人自備 1/3。

經濟部發佈股份有限公司最低資本額標準。臺灣區鋼鐵公會通過 10
億元投資中鋼在高雄建大鋼廠。。

立法院通過修正《海關進口稅則》、《銀行法》、《臺灣地區砂糖
平準基金條例》。

《銀行法》修正全文 140 條，於 7 月 4 日公布。新銀行法對銀行分類做大改變，分為商業銀行、儲蓄銀行、專業銀行及信託投資公司四種。刪除錢莊為銀行種類。另外，取消存款利率上限，利率首度自由化。各種放款利率改由銀行公會議定其上下限，報請中央銀行核定後實施。

日航向國際空協申訴，要求中華民國開放飛行情報區。

行政院通過設置中正紀念堂籌建小組。行政院核定實施〈改進廢鐵進口及查驗辦法〉，限定只有工廠可以申請輸入，並不得自日本進口。中國味精公司表示暫不出售味精予日本。

郵政總局宣佈自 7 月 1 日起全面調整郵資。

國立陽明醫學院成立。

| 1975 | 7 月，立法院通過《國民住宅條例》並廢止《興建國民住宅貸款條例》。修正《道路交通管理處罰條例》。 |

臺灣省各縣市公教人員福利品供應中心開始營業。高雄第二港口開放通航。基隆、花蓮間「花蓮輪」首航。北迴鐵路南段（花蓮－新城）通車。中美合資之臺達化工新廠開工。臺北市立體育場的足球場和棒球場夜間照明設備完工。國家建設研究會在臺北市舉行。

總統令：謹定民族掃墓節為先總統蔣公逝世紀念日，暨 10 月 31 日為誕辰紀念日。

行政院新聞局修正〈外國電影片（華商經營）輸入配額分配處理要點〉。

亞東關係協會與日本交流協會在臺北簽訂復航協議書。

指定臺灣銀行、中國國際商業銀行及交通銀行負責推動短期票據交易。臺北市政府勒令第十六信用合作社 7 月 28 日起停業清理。

遠東航空公司自高雄至臺北班機失事，27 人罹難。

1975　8 月，臺電宣佈整訂 12 年長期電源開發計畫。基隆八斗子漁港動土施工。

中日航線恢復。日本亞洲航空公司成立，以經營復航的臺北—東京航線。次月，日本亞洲航空公司首航臺北。

中華青年棒球隊、屏東美和青少年棒球隊及高雄立德少棒隊分別獲得世界青年棒球、青少年棒球、少年棒球錦標賽冠軍。（臺灣因連奪 4 屆少棒冠軍，美國主辦單位取消外國參加，但 1976 年又恢復）

中央標準局公佈實施使用正字標記規則。全國第一次公司總校正開始。

臺灣省政府主席謝東閔表示，實施小康計畫四年，至 1975 年 5 月底止，已減少貧民 26 萬餘人。

《臺灣政論》創刊，發行人黃信介（1928 -1999），社長康寧祥（1938 -），總編輯張俊宏（1938 -）。1975 年 12 月，被迫停刊。1976 年 10 月，最高軍事法庭審判確定《臺灣政論》雜誌刊載觸犯內亂罪及煽動他人觸犯內亂罪文字，依《出版法》撤銷該雜誌的登記。

1975　9 月，蔣夫人宋美齡赴美就醫。洪建全視聽圖書館開幕。雲門舞集赴香港表演。1967 年 6 月 2 日通過之《醫師法》開始實施。省衛生處 5 年計畫，運用 1 億 4,000 萬元消除烏腳病。

臺北縣雙溪鄉牡丹村牡丹煤礦坑發生爆炸，25 名工人罹難。汐止鎮烘內坑基隆煤礦災變，4 名工人罹難。

行政院長蔣經國於接受訪問時表示我國已具製造核武能力。

臺灣基督教長老教會發表「我們的呼籲」，主張唯有我們自己的人民才有權利決定自己之命運，以及要求突破外交孤立困境。

1975 10 月，亞洲國會議員聯合會第 11 屆大會在臺北舉行。美國葛理翰
（Billy Graham，1918 - 2018）牧師在臺北舉行佈道大會。

新竹縣一滿載噴霧式殺蟲劑的貨車在卸貨時爆炸，致屋毀 13 間，6
人死亡，4 人受傷。

財政部和中央銀行會商決定，以現有行政區域為準設置國民銀行，
但在同一行政區域內以設立一家國民銀行為限。1976 年 1 月，財政
部宣佈臺灣省合會儲蓄公司改制為臺灣中小企銀股份有限公司，7
月 1 日營業。

1975 11 月，省府決定自 1975 年度起 5 年內裁減公教人員 2 萬名。

臺電發行公司債 4 億臺幣。臺灣電力公司訂定 15 年長期電源開發
方案，以配合工業發展需要。

1974 年諾貝爾經濟學獎得主海耶克（Friedrich August von Hayek，
1899 -1992）訪臺。國際獅子會第 14 屆遠東及東南亞年會在臺北揭
幕。

財政部公布〈銀錢業支票存款戶處理辦法〉，「甲種活存」更名。
央行通告，支票、本票未到期及未背書者不得提出交換。暫停發售
國庫券，並通知未購買央行外匯的銀行暫停出售外匯。

財政部核准開辦 D/A、D/P 輸出匯票保險。各銀行國外部開始周六、
日加班辦理簽證。次月，央行宣佈 L/C 外銷可依 85％貸放；財政部
核定大幅降低輸出保險新費率。

1975 12 月，第一屆國家文藝獎頒獎。省教育廳函令中國語文學會將國
歌、國父遺囑及先總統蔣公遺囑譯成白話文，轉發各校採為中國文
化基本教材。

行政院公佈〈推廣外銷基金收支保管及運用辦法〉。行政院核定〈短

期票券交易商管理規則〉。由臺灣銀行、中國國際商業銀行、交通銀行分別籌備成立中興、國際及中華3家票券金融公司。（1976年5月、1977年1月、1978年12月，中興、國際、中華三家票券金融公司相繼開業）

財政部命令解散臺中市第十信用合作社。

第1屆立法委員第2次增額選舉，選出37名增額立委。

行政院長蔣經國宣佈六年經建總體目標。

【美國總統福特（Gerald Rudolph Ford，1913 -2006）訪中國大陸。】

1976 1月，臺閩地區農漁業普查抽樣調查開始。

行政院經設會宣佈完成景氣預報制度。經濟部中央標準局制訂施行電量國家標準。公佈施行機車安全帽國家標準。3月，臺北市警察局表示：乘坐機車應戴安全帽，臺北市自4月1日起展開勸導工作，11日起執行告發。4月，交通部道路交通安全督導會報決議，在國內市場未能充分供應合格安全帽前，暫不取締處罰未戴安全帽之機車騎士。

內政部表示農會不得強迫女職員婚後辭職。

總統令公佈《廣播電視法》，規定國內廣播播音以國語為主，方言應逐年減少。

國防部中國電影製版廠製作的「寒流」影集在3家電視臺聯播。9月，以反共為號召的「寒流」影集配製閩南語重新聯播。

【中國國務院總理周恩來（1898 -1976）過世。】

1976 2月，政府成立「核燃料聯合研究小組」，研製核子燃料技術，以期國內核能電廠使用之核子燃料自給自足。8月，美國《華盛頓郵報》報導，臺灣秘密進行核子燃料之再處理工作。

教育部規定有關中文橫寫順序，學術性刊物得由左向右，橫式標語招牌由右向左。

聯合報系之《世界日報》在美創刊。《夏潮》創刊。

行政院人事行政局表示：夏令「日光節約時間」自今年起停止實施。

自來水廠合併完成，納入省自來水公司的經營體系。

【華國鋒（1921 -2008）接任國務院代總理。4月，任中共中央委員會第一副主席和國務院總理。】

1976　3月，臺灣省、臺北市通令，商號大廈命名不得使用外文譯名。

與沙烏地阿拉伯簽訂 5,000 萬美元高速公路貸款合約。與美國簽約，5年內向美購買 1,020 萬公噸穀物。

傑出青年鄭豐喜（1944 -1975）遺著《汪洋中的破船》依行政院長蔣經國提示，更名為《汪洋中的一條船》，開始對外發行。

行政院院會核定，將臺灣省本屆省議員、縣市長、縣市議員、鄉鎮（縣轄市）長等四種公職人員之改選延至 1977 年 11 月與臺北市市議員之改選同時舉行。

林語堂（1895 -1976）在香港病逝，遺體將運回臺灣安葬。

1976　4月，內政部核定「實施臺灣區漁會合併方案」。核准中醫納入勞保就醫範圍，並先試辦一年。

1971 年諾貝爾經濟獎得主顧志奈博士（Simon Smith Kuznets，1901 -1985）應邀來臺。

行政院長蔣經國提示教育部，應將臺灣先賢烈士事蹟從速編纂臺灣史籍或列入中小學教科書中。

立法院通過《山坡地保育利用條例》。

彰化縣大村鄉發生南下觀光號火車與彰化客運相撞車禍，40 人死

亡，41 人輕重傷。蘇花公路發生車禍，遊覽車摔落山溝，造成 6 人死亡，46 人輕重傷。

蔣經國在行政院院會上表示，「六年經濟建設計劃」的目的在於完成「十大建設」，並且推動其他相關建設。

（中國四五天安門事件，鄧小平被解除一切職務。美國總統福特簽署 200 浬漁業經濟海域設定法案。）

1976　5 月，行政院衛生署發佈資料指出，最具危險性的霍亂、鼠疫等 9 種傳染病已絕跡。第一座訓練用核能電廠模擬設備安裝完成開始啟用。臺灣郵政管理局開辦代發薪資業務，不分公私機構均可委託辦理。

省府修正〈田賦徵收實物條例臺灣省實施辦法〉，對三七五出租耕地田賦暨隨賦徵穀均大幅降低。省糧食局決自本年第 2 期起，准許農民以現金購買稻種。

經濟部表示，公司資本逾一定數額者股票須公開發行，股份有限公司資本額應逾百萬。

縱貫線海線竹南與談文站間發生南下平快班車與北上對號快車互撞車禍，死亡 29 人，傷 164 人。

1976　6 月，任命林洋港（1927 -2013）為第 3 任臺北市長（任期：1976.6 -1978.6）。

行政院長蔣經國指示中船，國船國造、國輪國修、國貨國運。中船大造船塢竣工。高雄港務局宣佈，國人自行規劃施工之高雄第二港口竣工。

財政部規定信用合作社及農會信用部不得參與貨幣市場活動。

內政部表示自 7 月 1 日起臺閩地區舊國民身分證一律停用。

內政部公佈〈工廠法施行細則〉，規定工廠要求工人假日上班，需先徵得工會或工人同意；工作 7 日應有一日之休息。

臺電公司宣佈自即日起對鋁業、肥料、酸鹼、鋼鐵、紙業，電石等 6 項工業實施限電。

（加拿大宣佈自 1977 年 1 月起擴大漁業經濟海域為 200 浬。）

1976　7 月，臺中港務局成立。

臺灣合會儲蓄公司於 7 月 1 日改制為臺灣中小企業銀行。（隨 1975 年新銀行法實施，1976 至 1979 年間，7 家合會儲蓄公司均改制為中小企業銀行。）

「耶和華教」臺灣區的四名高級傳教士先後以「拿槍殺人得不到永生」等語，說服 38 名信徒拒服兵役，被臺東地方法院各處有期徒刑 1 年 6 月，褫奪公權 2 年，緩刑 4 年。警備總部軍法處初審判決：楊金海（1932 - ）意圖顛覆政府，而著手實行，處無期徒刑；顏明聖（1936 - ）預備顛覆政府，處有期徒刑 12 年。

省府宣佈本省公有山地保留地將於 1977 年度起，逐年將所有權轉移給本省山胞，預定六年內辦理完畢。

國際奧委會宣佈我以「臺灣」名義參加奧運會，奧委會主席沈家銘宣佈決定不參加此次在蒙特婁舉行的奧運會，但並非退出奧委會。

行政院核定「政府對於當前艱苦工業之處理方針」。經濟部物價督導會報決定自 9 月份起停止執行水泥產銷 5 原則，開放水泥外銷。次月，決定國內各水泥廠的安全存量為 28 萬噸，低於此即不准出口。10 月，決定國內水泥安全存量不得少於 11 萬噸。

財政部錢幣司決定金融機構均須加入聯合徵信中心。

（7 月 28 日，河北省唐山市發生芮氏規模 7.8 強烈地震，唐山市淪

為廢墟。官方在地震三年後公佈，共有 24.24 萬人死亡，重傷 16.46 萬人，截癱患者 3,817 人，造成孤兒 4,204 人，輕傷需治療者 36 萬人。＊唐山大地震為 20 世紀世界地震史死亡人數最多的大地震。）

1976　8 月，行政院通過臺中港於 10 月 31 日開放為國際商港。行政院核定成立電動車推動發展委員會。經濟部訂定石油化學工業分工原則，規定上游工業為國營，下游工業原則上鼓勵民營。

財政部表示自 1975 年度起，所得稅稅收居各項稅收中之第 2 位，僅次於關稅。

瑞芳鎮大福煤礦發生災變，造成 1 死 8 人重傷。

省府核定愛國獎券由每聯 10 元提高為 20 元，獎金也由第一特獎每聯 50 萬元提高為 100 萬元。

臺北市政府通過臺北市學生團體平安保險決定比照教育部及省政府，以參加投保方式委託臺灣人壽保險公司辦理。

中華青年棒球隊及屏東美和青少年棒球隊分別贏得世界青棒及青少棒賽冠軍。

掌中戲劇家李天祿（1910-1998）接受巴黎萬國文藝協會的邀請，將率其「亦宛然」掌中劇團前往歐洲公演。

中研院蔣碩傑（1918-1993）等五院士應財經小組之邀，提出經濟長期發展改革方案。

1976　9 月，財團法人中小企業信用保證基金會公佈〈中小企業信用保證基金融資辦法〉。財政部長費驊（1912-1984）指出，十項建設所

＊唐山大地震傷亡的統計，說法不一，有 30 萬、70 萬、80 萬等差異。依據徐中約《中國近代史》（香港中文大學出版社，2005），則另有「一份政府的秘密報告統計出 655,237 人死亡、779,000 人受傷」的論述。

需資金經重估後約需款 2,400 億元。

內政部表示雙重國籍之華僑、僑生，欲擔任公職，須放棄外僑居留身分，改報我國戶籍。

行政院通過〈新創生產事業特別獎勵辦法〉。行政院核定水泥外銷原則。礦務局長邱岳宣佈，為執行能源多元化，新設工廠須一律用煤炭。

國際貨幣基金組織（IMF）宣佈，臺灣可以「中華民國」名義加入IMF以及世界銀行組織。

英國宣佈對臺小型黑白電視輸入設限。國貿局決定，輸英小型黑白電視設立配額、管制出口。1978 年 8 月，美國要求彩視機輸出設限。

經濟部工業局宣佈，石油化學中間原料產品一律向國內採購；如不得已向國外採購，須得到工業局的同意。

【中共中央委員會主席毛澤東（1893 -1976）過世。】

1976　10 月，行政院核定「發展積體電路專案計畫」。並核定實行全面平均地權的執行方案。臺中港正式啟用通航。中正紀念堂動土。連接臺北縣市之華中大橋通車。丁肇中（1936 -）獲 1976 年諾貝爾物理獎。

省主席謝東閔遭郵包炸彈炸傷。1977 年 1 月，行政院新聞局宣佈省主席謝東閔傷手案偵破，嫌犯王幸男（1941 -）被捕。警備總部軍事法庭宣判以投寄郵包炸傷省主席謝東閔之王幸男處無期徒刑。（1990 年 5 月 5 日獲得假釋。）

經濟部長孫運璿表示從日本進口零件在臺灣裝配之產品，禁用原日本廠牌名稱。

行政院修正「臺灣經濟建設六年計畫」。

財政部宣佈：證券交易所得稅溯及自元月起停徵 2 年。

中央銀行宣佈降低對銀行業的貼放利率以及銀行業存款最高利率，外幣融通降低年息 1%，其餘各項均降低 0.75%。

行政院原子能委員會表示，核能運用安全問題政府已有周密計畫，廢料決運離島埋藏隔離。

啟達企業集團非法貸款案，由臺北地方法院宣判，22 名被告全被判有罪，其中中國農民銀行總經理徐鳳鳴被判無期徒刑，啟達企業負責人徐啟學被判刑 12 年。

【北京發生軍事政變，中共政治局常委江青（1914 -1991）、王洪文（1935 -1992）、張春橋（1917 -2005）、姚文元（1931 -2005）等四人幫被捕。】

1976　11 月，內政部、國防部及交通部會銜公佈實施修正〈飛航安全標準及航空站、飛行場、助航設備四周禁止、限制建築辦法〉。經濟部劃定基隆河水污染管制區，即日起公告執行。省府決定採取「深山管制，近山開放」原則，以為山地管制措施之調整。

　　政府公佈修正〈臺灣地區營業小客車駕駛人執業動態管理辦法〉，由省政府轉知各警察機關自 1977 年元旦實施，其中規定計程車駕駛人應穿制服、佩掛執業登記證。

　　蘇澳商港啟用。

　　財政部規定保險公司之最低實收資本增為 1 億元。

　　（土耳其發生大地震，7,000 人死亡。）

1976　12 月，臺北市長庚紀念醫院開始應診。經濟部核定亞克力棉開放進口。「海功號」試驗船自基隆港啟程遠征南極。省府決定設立香蕉平準基金。電信局開放無線電叫人業務。教育部決定辦理特殊教育

5 年計畫，自 1978 會計年度起實施。

中央銀行總裁俞國華（1914 -2000）宣佈自 12 月 15 日起降低中央銀行對銀行業之貼放利率，及銀行業存款最高利率。

臺灣電力公司宣佈調整電價，平均提高 20%。

陽明山七股山區成豐化工公司白土礦場發生崩坍災變，6 人罹難。

經濟部公佈修正〈紡織品出口配額處理辦法〉，並自 1977 年元旦起實施。

中興票券公司與美國運通銀行合作，完成首次「雙名交易票據」。

（蘇聯宣佈設定 200 浬經濟海域。1977 年 3 月 1 日開始實施。）

1977 1 月，財政部決定降低石油關稅稅率 50%，自 1 月 25 日起實施 1 年。

行政院核定〈建築物容積率管制辦法〉先在臺北市試辦。核定資本密集及基本金屬製造工業、重機械工業、石化工業之適用範圍及標準，依《獎勵投資條例》規定給予特別獎勵。

財政部規定，營利事業轉投資之股利可免課徵營利事業所得稅。頒訂〈臺灣地區民營合會公司改制中小企業銀行注意要點〉。

經濟部決定 6 月舉辦第一次公司總抽查。中船、中鋼公司決定於年內收歸國營。1977 年 6 月，立法院通過中船改制為國營型態，於 7 月 1 日生效。7 月，中船、中鋼公司改制國營。工業局與汽車業者開會決定提高汽車自製率至 70%。國貿局通過修訂〈貿易商管理辦法〉。

立法院通過修正《郵政法》，以簡化郵件分類，改進郵資計費方式。

1977 2 月，紡拓會決定紡織品出口配額實施公開轉讓。行政院公佈〈開發基金收支保管及運用辦法〉。工業局訂定〈工業公害防治辦法〉。

科威特籍油輪「布拉哥號」在基隆外海擱淺沈沒，浮油造成嚴重污

染。

一貫道（寶光組）負責人王壽（1920 -2014）、蕭江水（1926 - ）二人因利用迷信、蠱惑群眾、危害社會安全，依叛亂罪移送軍法偵辦。（1953 年 2 月 10 日，內政部以一貫道「涉及迷信及妨害地方治安」為由列為邪教，進行取締。1958 年 4 月 19 日，內政部再度下令加強取締一貫道。1987 年 2 月 21 日，中國國民黨政府在解除戒嚴等民主化壓力及爭取一貫道龐大組織支持，宣布解除對一貫道禁令。1988 年 3 月 15 日成立「中華民國一貫道總會」，目標為「促進世界大同」。）

由於銷美日光燈退貨事件，國貿局長汪彝定（1920 - 1993）表示今後凡銷往北美洲之電器產品須通過美 UL 或加 CSA 檢查標準方可出口。首批銷往南非共和國食米 200 萬噸出口。

財團法人國泰醫院於臺北開幕。

內政部指出 1976 年（龍年）臺灣省人口自然增加率為 21‰，比 1975 年增加 3 ‰ 以上，估計有 423,356 位嬰兒出生。

南投縣水里鄉舊中央市場大火，災民人數達 1,000 多人。

1977　3 月，美國取消臺灣 23 項外銷產品優惠關稅。

中央銀行宣佈自 23 日起證券信用交易融資比率提高為 50%。宣佈自 4 月 1 日起降低重貼現率及短期融通利率，降幅約 0.75%。臺灣省合作金庫、國際票券金融公司、中小企業信用保證基金開始辦理中小企業發行商業本票保證及承銷。

經濟部表示為配合國貨國運政策，在進口方面凡屬大宗物資均應由國輪運輸。國貿局訂定〈出進口商管理辦法〉。

1977　4 月，澎湖七美島至高雄、馬公空中航線通航。臺灣地區第一次

實施人造雨。行政院經設會將中美基金貸款利率由年息 12% 降為 10%。

臺灣省工商普查展開。省主計處統計顯示，本省平均每 1.14 戶有 1 架電視，每 2.97 戶訂 1 份報紙。

基隆市七堵郊區中臺煤礦發生災變，1 人死亡，3 人受傷。中宏煤礦災變，2 人死亡，1 人受傷。大溪鎮順和煤礦災變，2 人死亡，2 人重傷。北區大專生參觀蘇澳港，不幸翻船致 31 人死，16 人傷，1 人失蹤。教育部長蔣彥士（1915 -1998）為蘇澳港覆船事件請辭，由李元簇（1923 -2017）接任。花蓮鬧區大火，燬屋 75 戶，災民 300 多人，損失達億元以上。

經濟部決定特用作物肥料分配方式，將原由糧食局分配改由蕉農及果農團體分配。財政部決放寬《獎勵投資條例》第 27 條之解釋，凡符標準者進口國內未能製造之設備可免稅。

立法委員董微就政府支應青年黨反共抗俄宣傳費每月 85 萬元，但在總預算書中並未列此科目，對此款出自何處及民主國家可否有執政黨養在野黨的現象提出質詢。

1977　5 月，警總放寬山地遊覽區，由原各橫貫公路兩側 15 公尺改為 50 公尺。

鞋類輸美談判開始。美取消對臺灣進口鞋類加徵 5% 之進口稅。雙方簽訂草約，協定 4 年以內我將自動設限輸美鞋類。國貿局公告，實施鞋類輸美管理出口。

基隆七堵福基煤礦災變，5 死 14 人傷。中油公司苗栗境內油井試氣爆炸，造成 3 死 3 重傷。臺北市萬大路中國礦油行爆炸，致 3 死 15 傷，損失計千萬元。

行政院同意增加國際開發協會（IDA，隸屬世界銀行）之股款45萬9,100美元。行政院核准臺電成立機電服務社承攬沙烏地工程。

美國政府連續第二年拒絕臺灣提出之替換駐美大使之要求，同時決定不更換駐華美國大使。

省議員擱置預定審查預算的議程，通過請議會就省議員許信良（1941 - ）著之《風雨之聲》內容向外澄清，並促許信良自我檢討。

第一銀行等八金融機構決定成立聯合公司發行信用卡。

省公路局表示，中興、臺北、華江三座大橋及西螺大橋自7月1日起停收過橋費。

【第3屆七大工業國組織（G7）高峰會議於倫敦召開，通過貿易、南北問題等協議，發表「倫敦宣言」。越南宣佈擴展其海權，專有經濟區的範圍向外延伸至200浬。世界經濟富有及貧窮國家間最後一回合會談（南北會談）於巴黎召開。】

1977　6月，經濟部與美商UL公司協議電器安全技術合作。由中船承建之國內第一艘超級油輪44萬5千噸之柏瑪奮進號舉行下水典禮。中鋼煉鐵高爐點火運轉。

內政部訂頒〈日據時期會社土地清理要點〉。

警政署發佈「六七水災」災情：死亡18人、失蹤1人、重傷1人、房屋全倒24間，搶救災民19,570人。國泰塑膠公司竹南廠發生爆炸，造成6人死亡，1人失蹤、11人受傷。縱貫公路楊梅附近發生連環大車禍，造成8人死亡，55人重傷。

中央銀行宣佈實施降低央行重貼現、擔保放款融通、短期融通、公債擔保融通利率及銀行業定期及儲蓄存款利率0.5%，並核定銀行公會降低貼現、擔保及擔保放款利率0.5%。

省府指示各機關學校提供場所曬乾稻谷，特准農會在都市計劃區內興建糧倉及烘碾米設備。

立法院通過修正《鹽政條例》，鹽稅自 7 月 1 日取消。宣佈自 7 月 1 日起調整鹽價，同時提高鹽工曬鹽工資。

財政部為穩定國內油價，宣佈石油進口稅率再降 50%。

【東南亞公約組織（SEATO）宣佈解散，結束為期 23 年之活動。】

1977　7 月，立法院通過《土地稅法》，以配合全面實施平均地權。通過將進口捲筒印報紙之關稅及貨物稅，暨國產捲筒印報紙之貨物稅繼續停徵一年。通過修正《獎勵投資條例》。修正《票據法》，農會支票納入管理，提高違反刑責。

行政院核定修正〈中小企業輔導準則〉，中小企業範圍放寬，資本額提高為 2,000 萬元，固定資產額提高為 6,000 萬元。

省府核定修正〈臺灣省港工捐徵收辦法〉，進口貨物港工捐改以完稅價格為準。

和信興公司勾結物資局官員盜賣黃豆一案，經高雄地檢處將和信興公司總經理蔡俊明及物資局高雄辦事處處長于長江等 6 人提起公訴。

中鋼煉鋼廠開爐運轉，首日生產 4,000 噸粗鋼。

經濟部命令解散未參加全國第一次公司總校正的 40,756 家公司，並請各單位配合不准予以變更登記，且不再售予統一發票並停止貨物出口。

強烈颱風賽洛瑪登陸臺灣南部，風力達 16 級。行政院宣佈五項緊急措施，協助南部風災復建。薇拉颱風登陸臺北，北門高架道路鋼樑被吹垮，壓碎 8 輛汽車，造成 8 人死亡，8 人受傷。

1977 年國建會揭幕。

日本宣佈實施「200 浬經濟海域」、「12 浬領海」臨時法。我國亞東關係協會東京辦事處聲明釣魚臺列嶼為我國領土。

【北韓宣佈設定 200 浬經濟海域，8 月 1 日正式實施，同時宣佈為保護此海域，於距日本海沿岸 50 浬處之黃海海域設立軍事警戒線。中共第 10 屆 3 中全會開幕，7 月 22 日會中決定鄧小平（1904 -1997）恢復為黨副主席，江青等 4 人幫成員開除黨籍。】

1977　8 月，薇拉颱風侵襲東北部造成嚴重傷害，計 45 人死亡，175 人受傷，房屋全倒 156 間，半倒 313 間。

高速公路基隆內湖段開放通車。與日簽訂協議書，興建海底電纜。

臺灣基督長老教會因應美國與中國關係正常化，總會常置委員會議決通過「人權宣言」，提出「臺灣人民自決」及建立「新而獨立的國家」之主張。次年 3 月，內政部去函告誡臺灣基督長老教會濫發言論。為抗議臺灣基督長老教會總會發表政治性宣言，西松國語禮拜堂宣佈脫離總會，並決定在堂前天天升國旗。

5 家人織公司合併成立華隆公司，完成簽約手續。由華新麗華電線電纜公司投資的煉銅廠開工，為國內第一家民營煉銅廠。

美國《紐約時報》社論支持參議員甘迺迪之提議，促使卡特政府早日承認中華人民共和國、廢止《中美共同防禦條約》並維持對臺之經濟關係。

全體國代暨千餘位教授致函美國總統卡特，籲停止進行與中共關係正常化。

行政院公佈實施〈改善投資環境實施要點〉。財政部公佈〈修正獎勵投資條例有關稅捐減免部分實施注意事項〉。經濟部宣佈簡化公

司登記手續，並縮短其辦理時限。國貿局訂定〈大貿易商輔導準則〉。

我國獲得第 2 屆亞洲女子足球賽冠軍。中華青棒、臺北華興青少棒隊衛冕世界冠軍。高雄立德少棒隊獲 1977 世界少棒錦標賽冠軍。

【東南亞國家協會（ASEAN）於吉隆坡舉行高峰會議。8 月 6 日日本、澳洲、紐西蘭參加會議。日本同意 ASEAN 共同聲明事項，提供 10 億美元之資金援助。美國國務卿范錫（Cyrus R.Vance）訪問中國大陸。】

1977　9 月，財政部決定開辦融資保證保險。財政部提高保險公司的最低資本額為 1 億元。央行決定設置加速農建貸款基金。交通部決定汽機車第三人責任險強制投保。

行政院核定〈紡織工業出口退稅改進辦法〉。

國防部訂定〈戰時臺灣地區公路交通管制辦法〉，並廢止〈臺灣戰時公路交通管制辦法〉。

臺中鬧區發生大火，綜合大樓及遠東公司全部付之一炬，損失至少 5 億元，死傷 18 人。

立法委員胡秋原指出種種臺灣地方團體、會議皆以全國為名，如「全國少棒比賽」、「全國公害防治會議」等，犯了「兩個中國」之謬。

行政院核定〈高級中學以上學校學生軍訓實施辦法〉。省府核定設置外銷香蕉契作平準基金 2 億元。

【旅日棒球員王貞治（1940 -）擊出第 756 支全壘打，創下世界新紀錄。】

1977　10 月，新竹縣關西鎮龍臺煤礦落磐災變，1 名礦工死亡。南投縣鹿

谷鄉發生遊覽車墜崖，23 人死亡。

臺中縣石岡水壩竣工。

行政院訂定〈國軍官兵貸款購宅基金收支保管及運用辦法〉。

省交通處公告：「暫停受理大客車出租業申請設行增車一年」。

美國國務院中華民國事務科科長費浩偉（Harvey Julien Feldman，1931 -2009）訪臺。

三富與美國安德遜公司簽約，運銷 400c.c. 小汽車 1 萬 7,000 輛出口。

西部幹線電化工程第一期「基隆—竹南」間工程履勘，為鐵路史上寫下劃時代的一頁。（1978 年 1 月，西部幹線電化第一期工程完成通電。2 月，基隆至竹南間舉行電化通車典禮，正式行駛電力客貨列車。6 月，竹南至彰化間第二期電化工程完成通車。1979 年 7 月，西部幹線電化工程全線通車。）高速公路臺北內湖段、臺南高雄段及光復大橋完工通車。

蔣經國指示十大建設完工後將繼續推動後續「十二項建設」。

1977　11 月，美國務院宣佈決不裁減駐臺美軍。加拿大法庭裁定臺灣和韓國的腳踏車和零件「傾銷」，對加拿大製造業造成傷害。國際會計師會議通過我國為會員國。

行政院通過改進糧食政策，降低稻米生產，並增產雜糧，且降低農業生產成本。國貿局決定由中信局統籌年進 4,000 輛美國小汽車。

因「議案荒」，立法院決定停止本月 18、22 日兩次院會。

第一核能發電廠開始發電。（核一廠是於 1970 年核准興建，1971 年底開始施工，1 號機反應爐於 1975 年 5 月完成吊裝，1977 年 10 月裝填鈾燃料，11 月併聯發電，1978 年 12 月 10 日開始商業運轉。2 號機反應爐則於 1976 年 11 月完成吊裝，1978 年 10 月裝填鈾燃料。

12 月併聯發電，1979 年 7 月 15 日開始商業運轉。核一廠建造費用
295 億元。核一廠兩機組將在 2018 年和 2019 年分別除役。）

11 月 19 日，省、市議員、縣市長、縣市議員、鄉鎮縣轄市長、臺
北市議員五項公職人員選舉。桃園縣長選舉開票中，中壢市 213 投
開票所監選主任范姜新林（時任中壢國小校長），被牙醫邱奕彬等
人指控以拇指沾印泥將投給許信良的票壓成廢票，有舞弊作票之
嫌，引發「中壢事件」，軍警以催淚彈驅趕，群眾燒燬警車及中壢
分局大樓。（中壢事件激勵臺灣民主運動崛起）

吳三連文藝基金會成立。

行政院核定〈出進口商管理辦法〉。國貿局決定設免稅區，擴大轉
口貿易。經濟部公佈實施大貿易商輔導要項。

中壢事件：群眾包圍警察局，鼓舞衝撞體制的民主先聲。

1977　12 月，行政院將行政院經濟設計委員會與行政院財經小組合併，改組為「行政院經濟建設委員會」（簡稱經建會）。俞國華為主委，原財經小組取消。蔣經國指示規劃「十二項建設」，並整理「六年經濟建設計畫」（1976-1981）中後四年的政策規劃。

美國國務院宣佈我國在美國海岸 200 浬內之捕魚限額。與 IMF 諮商會議在臺北舉行。為平衡中日貿易逆差，政府決限制日本消費品進口。

中華航空公司與美國商業銀行簽約，貸款 4,800 萬美元，決定購買波音 747 -209B 型飛機一架。

省政府主席謝東閔為電化鐵路列車命名為自強號。臺灣省最大漁港－高雄縣興達港通航啟用。中鋼大鋼廠全面開工生產。電信局啟用電腦查號系統。

行政院宣佈，證券交易所得稅繼續停徵一年。通過降低原油及燃料油進口稅率 50%，1978 年元旦起實施。

蔡鴻文（1910 -1994）、魏綸洲（1921 - 2007）當選第 6 屆臺灣省議會正、副議長。

立法院通過修正《銀行法》。

臺北市議會一致通過擁戴行政院長蔣經國為第 6 任總統。

南部高速公路連環車禍，5 人死亡，19 人輕重傷。高速公路楊梅至新竹段通車。

（美國總統卡特發表保護美元聲明。）

十二項建設

「十二項建設」又稱「十二大建設」，建設期間從 1980 至 1985 年。

十大建設與十二大建設都是以基本建設為主，十大建設偏重視重工業的發展，十二大建設則加入農業、文化、區域發展等方面的計畫。

　　十二大建設內容為：

1.　興建南迴線以及拓寬臺東線，完成臺灣環島鐵路。

2.　新建東西橫貫公路三條：

（1）　新北部橫貫公路：又稱「烏來宜蘭線」，由臺北烏來起經孝義，越過阿玉山，經福山、雙連埤，終迄宜蘭外員山。（昔為臺9甲線）。

（2）　新中部橫貫公路：以嘉義玉山線（阿里山公路）、玉里玉山線為主線橫貫，（故亦稱嘉義玉里線），並與水里玉山線交會於玉山，後變更成東埔山埡口（今塔塔加）交會。（主線昔為臺18線，東段之玉里玉山線已改編為臺30線，另一支線水里玉山線即臺21線一部份。）

（3）　新南部橫貫公路：又稱「三地門知本線」或「屏東知本線」，由屏東三地門起，經霧臺、阿禮，越過知本主山，終迄臺東知本。（昔為臺22線，今改編為臺24線。）

3.　改善高雄屏東一帶公路交通

　　（拓寬臺1線、臺17線、181線及185線公路）。

4.　中鋼公司第一期第2階段工程（第一期第1階段屬十大建設）。

5.　興建核能發電二、三兩廠（核能發電一廠屬十大建設）。

6.　臺中港第一階段第2、3期工程（第一階段第1期屬十大建設）

7.　開發新市鎮，廣建國民住宅（平均每年25,000戶）。

8.　加速改善重要農田水利系統。

9.　修建臺灣西岸海堤工程及全島重要河堤工程。

10.　屏東至鵝鑾鼻道路拓寬為4線高級公路。

11.　設置農業機械化基金，促進農業全面機械化。

12.　建立每一縣市文化中心，包括圖書館、博物館、音樂廳。

1978　1月，中國國民黨提名蔣經國為第6任總統候選人，謝東閔為副總
　　　統候選人。臺北、臺中、臺南、新竹四個地區合會儲蓄公司分別改
　　　制為中小企業銀行。高雄臨海工業區開發完成。行政院決定生產事
　　　業所需進口原料暫不限採購地區。立法院通過修正《海關進口稅
　　　則》。財政部公佈〈外銷紡品用副料退稅處理原則〉。
　　　警總軍事法庭宣判「人民解放陣線」案（戴華光事件），戴華光（旅
　　　美華人）處無期徒刑，賴明烈（文化大學助教）15年，劉國基（輔
　　　仁大學研究生）12年。
　　　中美紡品談判第二回合開始。
　　　《漢聲》雜誌中文版創刊。
　　　（美國財政部與聯準會發表聯合聲明，宣佈干預匯市，支持美元。
　　　國際貨幣基金組織宣佈，世界最富有國家於斯德哥爾摩舉行的秘密
　　　會議中，決定廢除限購黃金協定。）

1978　2月，南方朔（本名王杏慶，1944 - ）發表「中國自由主義的最後堡
　　　壘－大學雜誌的量底分析」，討論《大學雜誌》集團分裂的原因。
　　　《民生報》創刊。
　　　行政院核定新闢中部橫貫公路。省府通過整治高雄市仁愛河計畫，
　　　計6年完成。鐵路西部幹線電氣化首期工程（基隆、竹南間）竣工
　　　通車。
　　　歷時4個月的中美紡織品談判結束，兩國簽訂5年協定，我國獲得
　　　平等待遇。

臺灣省家庭計畫研究所所長孫得雄（1930 -）指出，臺灣地區人口密度僅次於孟加拉，居世界第二。

行政院訂定〈中央國民住宅基金收支保管及運用辦法〉。

中油決定興建第四輕油裂解廠。

股市破 500 點。

（中共第 5 屆全國人大第 1 次會議，國務院總理華國鋒於會中指出未來發展方向為現代化社會主義強國模式；3 月 5 日通過新憲法，明示四個現代化路線及解放臺灣之目標；3 月 6 日發表 10 年經濟計畫。）

1978　3 月，蔣經國、謝東閔當選第 6 任總統、副總統。

高速公路六堵附近車禍，6 人死亡，31 人受傷。

經建會決定 9 項措施，放寬進出口限制地，協助中小企業外銷。工業局決定 15 種工業無污水處理設備不得設立。工業局宣佈新竹幼獅工業區開發完成。財政部決定放寬進口機械設備免稅或分期交稅適用範圍。

菲律賓軍隊佔領南沙群島中之巴納塔島，外交部重申南沙群島為我國國土。

行政院核定大客車汽車責任險自 7 月 1 日辦理。

全省勞動力調查開始。

中小企業信保基金決定中長期融資保證期延為 7 年。

由林正杰（1952 -）、張富忠（1952 -）合著的《選舉萬歲》，紀錄臺灣政治史上著名的「中壢事件」始末。警總以「誣蔑政府，違反反共國策」理由在裝訂廠查禁該書，沒收 9,960 本。

1978　4 月，第三核能發電廠（位於屏東縣恆春鎮）第 1 部機組原子爐基

礎工程開工興建。

中油宣佈雲林縣四湖鄉附近海域臺西 1 號油井探勘成功。

行政院通過修正〈農會信用部管理辦法〉。政府成立農會策劃指導小組,以檢討農會法規。行政院公佈〈農業機械化基金收支辦法〉。中央核撥 20 億元作為農機專案貸款基金。

立法委員康寧祥質詢指出,新聞局下令「停止受理雜誌登記申請一年」乃違憲行為。

臺北縣三峽鎮湊合煤礦發生災變,3 名礦工罹難。阿里山森林火車「中興號」出軌翻覆,致 26 人受傷。

省府核定「發揮村里組織功能實施方案」。

臺灣飛利浦公司開始生產彩色電視機之映像管。

紡錠汰舊工作小組宣佈 24 日開始鑑定。

銀行公會宣佈行庫對 3,000 萬元以上貸款實施報表核對辦法。

最高法院民事庭首度舉行言詞辯論庭。7 月,最高法院刑事庭首次開言詞辯論庭。(憲法法庭第一次言詞辯論為 1993 年 12 月)

(南韓宣佈 12 浬領海範圍。)

1978　5 月,經濟部訂定六項原則穩定物價。

1978 年亞洲文學會議在臺北揭幕。前衛文學叢刊出刊。

行政院長蔣經國內閣總辭。

強人政治的高峰（1978~1979）

　　1978 年蔣經國上任總統，1979 年美國與中華民國斷交，並終止與臺灣之共同防禦條約。1978 -1979 這兩年可說是臺灣強人政治發展的高峰時期，也是臺灣政局緊張，對外關係失去美國依賴的艱難時刻。

　　1978 年 5 月蔣經國的就任中華民國總統，係經過中國國民黨撤退來臺的一連串接連整治，臺灣進入形式與實質合一的另一個政治強人蔣經國時代。時值 1980 年代風雨來臨前夕，1979 年 1 月，臺灣面對中美斷交的嚴峻局勢，臺灣社會遂朝向多元發展，政治上是推動本土化的重要里程碑。而經濟上接續前所強力推動的「十大經濟建設」、「六年經濟計畫」之穩定經濟發展，使臺灣經濟復在國際能源危機之下度過難關，並讓臺灣經濟之基礎建制逐次展開，於是後來的經濟發展得以順利邁向起飛階段。

1978　5 月，蔣經國、謝東閔就職第 6 任總統，副總統。孫運璿任行政院長（任期：1978.6.1 -1984.6.1）。

　　　臺南海濱秋茂園揭幕。國際青年商會亞洲大會在臺北揭幕。加拿大決對臺徵收腳踏車反傾銷稅。中船公司國輪國造第一艘船「春明號」交船。

　　　經濟部公佈「東西橫貫公路金礦探勘方案」。

　　　行政院核定開發彰化濱海工業區。（1979 年開始施工。1981 年緩減開發。1985 年 4 月，經建會宣佈彰濱工業區暫停開發，已投入資金由國庫償還。1986 年 1 月，行政院決定全面停止開發彰化濱海工

業區。1991 年納入國建六年計畫。1992 年全面展開興建。1995 年第一家廠商開始生產。）

（日本成田機場啟用）

1978 6 月，任命林洋港為臺灣省主席（第 10 任，任期：1978.6 -1981.12），李登輝（1923 - ）為臺北市長（第 4 任，任期：1978.6 -1981.12）。

中美紡織品協定生效，規定輸美配額為 75,890 萬平方碼，及以後數年中每年 6% 之年成長率。

行政院飭令執行公務員 10 項革新要求的規定。

第 11 屆鄉鎮市民代表及村里長選舉。

央行宣佈採取八項放寬外匯管制措施。經濟部及衛生署公佈〈西藥自由進口辦法〉，8 月 1 日起實施。行政院核准由民間商人承辦餘糧外銷，數量為 10 萬公噸。

1978 7 月，東線鐵路拓寬工程全面開工。高速公路新竹到王田段通車。盧森堡至臺灣間航空貨運首航。與菲簽訂協議，於臺灣北部與呂宋間興建海底電纜（次年 8 月完成）。

省糧食局抽籤決定由六家糧商承辦第一批民間餘糧五萬噸的外銷。

新臺幣升值。7 月 11 日，新臺幣對美元價位再度調升為一美元兌換 36 元。政府宣布放棄固定匯率制度，改採機動匯率制度，也就是管理浮動匯率制度，以改善因鉅額順差，所導致的貨幣供給增加過速的情形。

立法院通過《中國輸出入銀行條例》。

財政部規定信託公司投資不動產不得逾自有資金三成。

歐洲經濟社會委員會決定自 11 月 1 日起放寬目前適用於包括我國

在內之若干國家的鞋類進口限制。

行政院核定籌設臺灣世貿中心。農業機械化基金運用保管委員會成立。

第二次赴美採購團返國，購買 7 億 8,670 萬美元之農工產品。與美紡織品貿易協定諮商談判在臺北舉行。

行政院公佈施行〈加速農村建設貸款基金收支保管及運用辦法〉。

【第 4 屆七大工業國組織（G7）高峰高議於波昂開幕，美、英、法、日、西德、義大利、加拿大等國代表出席；7 月 17 日發表「波昂宣言」，提出避免通貨膨脹之經濟成長綜合策略。】

1978　8 月，央行放棄黃金官價。為適度收縮銀根，央行於 10 日起發行國庫券 10 億元。開辦遠期美元期貨買賣，並公佈修正〈遠期外匯買賣辦法〉。

行政院長孫運璿令省市政府嚴禁擅建高爾夫球場。

由許常惠（1929 -2001）教授率領的臺灣全省民族音樂調查隊錄到轟動世界音樂史研究的布農族「祈禱小米豐收歌」。省交響樂團於臺中縣霧峰鄉建立永久團址。

省衛生處研究報告指出臺灣省成人疾病患病率高達 1/3。

美國公佈外交機密文件記載，證實國民政府故總統蔣介石於 1949 年 1 月失去北京之支配權後，即決定以臺灣為最後根據地，而運送黃金來臺。

中華青棒隊及臺北榮工青少棒隊奪得世界青棒及青少棒錦標冠軍。屏東屏光少棒隊獲世界少棒錦標賽冠軍。

行政院通過修正〈旅客出入國境攜帶金銀外幣及新臺幣限制辦法〉及〈飛機船舶服務人員攜帶金銀外幣及新臺幣限制辦法〉。

《臺灣日報》由臺灣報業股份有限公司改組經營，徐亨（1912
-2009）出任董事長。

（日本與中華人民共和國簽訂《中日和平友好條約》，全稱《中華
人民共和國和日本國和平友好條約》。）

1978　9月，經濟部決定對4萬多家未接受總校正之公司作專案調查後命
　　　令解散。國貿局核定匯僑企業公司申請設立大貿易商案。

　　　蔣經國向財經主管部門作六項重要提示，以期改善法令及手續、大
　　　量吸收僑外資，並提高農民收益，改革稅務行政。行政院通過「增
　　　進稅務關務行政效率改革方案」。

　　　《民眾日報》自基隆遷至高雄發行。

　　　央行外匯局宣佈美元期貨買賣掛牌限制取消。中小企業信保基金決
　　　定遠期信用狀融墊外匯自10月1日開辦信用保證。

　　　臺北縣中正橋收費站假造過橋費收據弊案，省主席林洋港指示公路
　　　局撤換中正橋站長及所有收費員。

　　　行政院核定通過「延長高速公路至屏東建設計畫」。通過「屏東至
　　　鵝鑾鼻公路拓寬建設計畫」。鐵路自強號於正式通車後故障頻仍，
　　　被迫停駛。

　　　美國國務院宣佈中止《中美經濟合作協定》。

　　　臺灣在第1屆亞太跆拳大賽中獲團體總冠軍。

　　　省府公佈修正〈各縣市政府組織規程準則〉。

　　　（伊朗東北部發生芮氏7.7大地震，估計約有25,000人死亡。）

1978　10月，財政部修正〈臺灣地區金融機構申請增設分支機構審核要
　　　點〉，規定行庫增設分支機構1年內不得超過二處。行政院通過證
　　　券交易所得稅1979年繼續停徵1年，證券交易稅提高為3‰。通過

縣市文化中心籌建的規劃計畫。

國防部宣佈國產「雄蜂」飛彈及火箭「工蜂四式」研製成功。

立委黃信介於作家王拓（本名王紘久，1944 -2016）餐會中宣佈黨外人士決定組成「臺灣黨外人士助選團」。

教育部轉知各中等學校中學生髮式放寬，男生以 3 公分為度，女生可齊後頭髮根。

北部萬里、金山等地區漁港受娜拉颱風侵襲，有 200 多艘漁船嚴重毀損。

省府宣佈改善路橋收費制度，限制收費年限，收足立即停徵。各縣市開始實施特約土地登記代理人制。

內政部警政署宣佈，在臺灣地區設籍超過 3 年者出境免辦保證手續，自 10 月 25 日起實施。刑事警察局啟用「高速縮影電子計算機」，犯罪資料 3 秒內即可查出。

教育部核准中華民國聖經公會申請出版羅馬拼音聖經 5,000 冊，但限不識字之年長教友及初來我國之外籍傳教士使用，並須逐冊編號登記。

中山高速公路國道 1 號 10 月 31 日全線通車，北起基隆端南迄高雄端，總長 372.73 公里，全線設置 59 處交流道及 1 處出口匝道、11 個收費站、6 處服務區。（國道 1 號汐止五股段高架段全長約 20.69 公里，沿線設置 2 處交流道及 1 處出口匝道，於 1996 年 10 月 30 日通車。）

高屏大橋通車。新加坡國際銀行臺北分行開業。

（日圓升值至戰後最高點。）

1978　11 月，行政院通過開放觀光護照，自 1979 年元月起准許國人出國

觀光。（12 月，內政部及國防部會銜公佈〈國民申請出國觀光規則〉，自 1979 年 1 月 1 日起實施。）

臺機宣佈中興合金鋼廠正式併入營運。美國大陸航空客機首航臺北。與美國紡織品諮商會議在美舉行。

財政部訂定〈銀行大額授信辦理聯貸作業準則〉。

美國國務院宣佈出售 48 架 F-5E 欄截機予臺灣。

行政院核定高雄市改制升格為直轄市，定 1979 年 7 月 1 日起實施。

行政院核定「臺灣經濟建設六年計畫後三年修訂計畫」。

中央銀行自 21 日起將支票及活期存款準備率分別提高 5%。

立法院通過修正《證券交易稅條例》，將證交稅由 1.5 ‰提高為 3 ‰。

修正《關稅法》。

高雄大社石化工業區發生氰化物廢氣外洩事件，傷 209 人，死 1 人。

省教育廳通知各地娛樂場所禁唱日本歌曲。

國貿局擬定〈國輪優先承運國貨實施辦法〉。經濟部訂定〈酸鹼工業發展要點〉。行政院裁定美國克萊斯勒公司優先與我合作發展重型車輛。

美國《華盛頓郵報》刊登美國評論家訪問中國國務院副總理鄧小平之內容，指出鄧小平表示即使統一臺灣亦將維持其現有經濟體制，不採共產化。

行政院發佈施行修正〈基本工資暫行辦法〉，訂基本工資為 2,400 元。

（美國宣佈保護美元緊急政策，積極介入外匯市場，採取對日本、西德、瑞士之互惠信用貸款協定增資等措施。中共《人民日報》指摘中共中央委員會主席毛澤東於歷史運動中犯了部份錯誤；報導天

安門事件之真相評價為抗議的革命性行動，改變 1976 年之認定。
墨西哥發生芮氏 7.9 大地震。）

1978　12 月，央行外匯局表示外匯市場操作匯率上下限訂為 1%。立法院
通過修正《管理外匯條例》，取消匯率官定，新臺幣改採機動匯率；
取消出口貨品所需要及所獲取之外匯應向中央銀行結售之規定。

行政院通過「提高農民所得，加強農村建設整體方案」。經建會決
定汽車責任險改為政策性保險，仍由民間產險業承辦。省府決定調
整勞保投保最低工資為 2,460 元。

中興顧問社與美國貝泰公司簽約合設泰興工程公司，引進核能電廠
建造技術。

青年黨內鬨，四派人士各自集會慶祝建黨 55 週年。「全國黨外候
選人座談會」在臺北市中山堂舉行，由黃信介、黃玉嬌、姚嘉文擔
任主席。次年 7 月，青年黨和民社黨具狀向臺北地檢處指控立法委
員黃信介誹謗，指其於 1978 年 12 月 5 日在臺北中山堂光復廳「全
國黨外候選人座談會」中演講時指「民、青兩黨是國民黨廁所中的
花瓶」，嚴重損害兩黨的聲譽。

美國總統卡特（James Earl "Jimmy" Carter，1924 - ）12 月 16 日宣佈，
美國將於 1979 年 1 月 1 日與中華人民共和國建立完全的外交關係，
並將終止美國與中華民國的共同防衛條約。

交通部指示暫時凍結核發計程車牌照一年，以緩和計程車數之成
長。蘇澳港第 1 期工程竣工，開放通航。中船自造第一艘貨櫃輪「長
生號」命名下水。

臺灣證券交易所宣佈將股價每日漲跌幅度改為 2.5%，並自 19 日起
實施。央行成立公開市場操作小組，宣佈實施公開市場操作。

全國各公私立大專院校發起簽名捐獻運動，支持政府譴責美國背信毀約。三萬多民眾在美國來臺協商代表團抵臺北松山機場示威抗議。美國芝加哥地區臺灣留學生集會發起「支援國防基金運動」。行政院決定成立小組統籌「自強救國基金」之運用。

臺美關稅貿易協定在華府簽署，互享優惠關稅及最惠國待遇。

立法院通過修正《獎勵投資條例》。經濟部公佈修訂〈正字標記管理規則〉。衛生署宣佈臺灣自明年起不再接種牛痘。

與美國雙方代表 35 人就未來兩國關係於臺北舉行會議。

（石油輸出國組織總會於阿布達比召開決定 1979 年之原油價格依四階段調整上漲 14.5％為止。）

1979　1 月，美國與中華人民共和國同時宣佈自 1 月 1 日起兩國正式建立外交關係，美國並與臺灣斷交。總統蔣經國依照《動員戡亂時期臨時條款》第一項規定發佈緊急處分令，軍事單位戒備，增額民代選舉延期，停止競選活動。總統主持財經會議，指示各項經濟建設均照計畫進行。

美國與中華人民共和國建交，與中華民國政府斷絕外交關係。美國政府通知 1980 年 1 月 1 日終止《中美共同防禦條約》，外交部發表聲明譴責。《中華人民共和國與美利堅合眾國關於建立外交關係的聯合公報》（即《中美建交公報》）生效。

中國人大常委會發表《告臺灣同胞書》，提出開放兩岸「三通」（通郵、通商、通航）。

中美建交公報（1979）

　　《中美建交公報》於 1979 年 1 月 1 日生效，全稱《中華人民共和國和美利堅合眾國關於建立外交關係的聯合公報》，宣布中華人民共和國與美國建立正式的大使級外交關係。美國在該公報中首次承認「中華人民共和國政府是中國的唯一合法政府」，但保留與臺灣的非官方往來。以下內容為建交公報之要點：

　　中華人民共和國和美利堅合眾國商定自 1979 年 1 月 1 日起互相承認並建立外交關係。

　　美利堅合眾國承認中華人民共和國政府是中國的唯一合法政府。在此範圍內，美國人民將同臺灣人民保持文化、商務和其他非官方關係。

　　中華人民共和國和美利堅合眾國重申上海公報中雙方一致同意的各項原則，並再次強調：

· 雙方都希望減少國際軍事衝突的危險。

· 任何一方都不應該在亞洲－太平洋地區以及世界上任何地區謀求霸權，每一方都反對任何其他國家或國家集團建立這種霸權的努力。

· 任何一方都不準備代表任何第三方進行談判，也不準備同對方達成針對其他國家的協議或諒解。

· 美利堅合眾國政府承認中國的立場，即只有一個中國，臺灣是中國的一部份。

· 雙方認為，中美關係正常化不僅符合中國人民和美國人民的利益，而且有助於亞洲和世界的和平事業。

　　中華人民共和國和美利堅合眾國將於 1979 年 3 月 1 日互派大使並建

立大使館。

　　建交公報在中國國務院副總理鄧小平訪問美國前夕公佈，加強了中華人民共和國在國際上的合法性，被視為中共一次外交勝利。而對依然堅持擁有全中國主權的中華民國政府而言，則是繼被迫退出聯合國之後在外交上的另一次重大打擊。

　　有關這次美國對臺態度之大逆轉，所謂美國國家利益優先，確實驚醒了許多臺灣人民。

1979　1月，採彈性實質外交。十大建設全部完工。新竹科學園區動工（1980年12月完工）。行政院通過臺北翡翠谷水庫興建計畫。

　　　因中美斷交，《中美經濟援助協定》失效。行政院決定中國農村復興聯合委員會改組為行政院農業發展委員會（農發會），並通過組織規程（3月16日成立）。

　　　省府通過嘉義市及新竹市升格為省轄市。

　　　制定「十年經濟建設計畫」（主要內容為後來移併至孫運璿時代「十二項建設」，以及俞國華時代「十四項建設」），將機械、電子、電機、運輸工具業列為策略性工業。

　　　中央銀行首次透過三家票券金融公司實施公開市場操作，融通年關資金需求。證管會宣佈證券融資比率提高為50%，股價每日漲跌幅恢復為5%。

　　　國營之政策性專業銀行中國輸出入銀行於1月11日成立。

　　　大貿易商高林公司開始營業。與沙烏地阿拉伯簽署合建肥料工廠。

　　　內政部入出境管理局開始受理國民出國觀光申請案件。

苗栗縣公館鄉大東山煤礦落磐，2 名工人死亡。

立法院通過《國防工業發展基金設置條例》。

高雄縣前縣長余登發及其子余瑞言因涉嫌吳春發（化名吳泰安）叛亂案，遭警總拘押偵辦。1 月 22 日，黨外人士為余登發被捕在高雄火車站及高雄縣橋頭鄉舉行抗議示威遊行（橋頭事件，為國民政府在臺灣實施戒嚴 30 年來第一次的政治示威活動）。省政府宣佈將桃園縣長許信良因參加遊行擅離職守送監察院。2 月，全省黨外人士至桃園市遊行，並致送許信良「人權萬歲」匾額。6 月，公務員懲戒委員會審議通過懲處許信良休職 2 年。許信良發表書面聲明指責為「政治迫害」。

經濟部核定實施「進口小麥平準基金方案」。

美國宣佈成立「美國在臺協會」，由丁大衛（David Dean，1925 -2013）擔任理事主席。（美國在臺協會在維吉尼亞州的阿靈頓設有華盛頓總部，其對等組織為北美事務協調委員會。）「美國在臺協會」於 4 月 16 日開始對外作業。

【中華人民共和國國務院副總理鄧小平訪美，與美議員進行會議，表示不對臺灣行使武力（但拒絕明確保證將不以武力對付臺灣）；1 月 31 日雙方簽署科學技術、文化及領事事務三項交流協定。】

1979　2 月，外匯市場成立，由中央銀行代表和五家指定銀行（臺灣銀行、中國國際商業銀行、第一商業銀行、華南商業銀行、彰化商業銀行）負責人共同議定中心匯率及每日即期匯率變動範圍，並由外匯交易中心在此範圍內訂定當日即期美元買賣匯率。（使匯率能隨市場供需情形機動調整）

央行宣佈開辦主要出口工業、技術密集工業外幣融資。

第一銀行臺北中山分行爆發押匯舞弊案，損失達 3 億元以上。

北迴鐵路南段花蓮新站到和平通車。

財團法人國防工業發展基金會成立。

為重建與美國新關係，行政院通過「北美事務協調委員會組織規程」，負責處理中美兩國事務。3 月 1 日，北美事務協調委員會成立。直屬於行政院，實際由外交部掌管，對口單位為美國在臺協會。（1994 年 10 月 10 日，外交部將「北美事務協調委員會駐美國辦事處」更名為「駐美國臺北經濟文化代表處」，駐亞特蘭大等 12 個辦事處亦更名為「駐（地方）臺北經濟文化辦事處」。2012 年 9 月 3 日，外交部組織調整，北美事務協調委員會成為外交部所屬機構。）

行政院通過將桃園國際機場命名為「中正國際機場」，並於 26 日啟用營運。（第二航廈在 2000 年 7 月 29 日啟用。2006 年 10 月中正國際機場改名為臺灣桃園國際機場）。松山國際機場改為國內機場。

臺灣機械公司與中央投資公司和英國帕金森引擎公司簽約合作設廠產製柴油引擎。經濟部通過中船興建臺中、花蓮造船廠計劃。

中央由王昇（1915 -2006）組成黨政軍聯合作業的常設反統戰組織，勢力橫跨黨政軍特的「劉少康辦公室」。（前身為「固國小組」，1983 年 5 月裁撤。）

政院新聞局宣佈：雜誌登記暫停受理登記一年期滿，自 3 月 1 日起續行受理登記。3 月，國內雜誌登記開禁，《八十年代》、《聖國》、《努力》、《鼓聲》、《春雷》等分別由康寧祥、黃信介、王拓、陳鼓應（1935 -）、吳哲朗等提出申請或醞釀申請。

1979 3月，中文電腦鍵盤開發成功，東元電機公司產製。工技院研製成功石英鐘積體電路。唐榮廠正式產製電動車。經濟部國貿局公佈開放北美地區轎車自由進口。

行政院通過「臺灣地區綜合開發計畫」，將區域劃分由原7區調整為4區。

國防工業發展基金會通過以自強救國捐獻基金採購中美合作生產的F-5E戰鬥機案，並決議購買一個中隊的F-5E戰鬥機。

省交通處長常撫生表示，鐵路局電聯車設計製造不良，英國公司已同意賠償15萬英磅並改良設計。

交通部宣佈計程車起程價格自29日起，自10元調整為15元。

央行放寬四種外匯操作辦法。

【歐洲共同市場（EC）巴黎高峰會議發表歐洲新貨幣流通制度（EMS）並立即實施，除英國外其他會員國均參加。阿拉伯聯盟召開外長、經濟部長會議計劃制裁埃及，除埃及、蘇丹外共14國出席；3月31日會中一致決議，發動召回大使、斷絕經濟關係等24項全面制裁。美國國會於3月28日及29日表決通過《臺灣關係法》。美國賓州三哩島核能發電廠發生大量輻射線外洩事件。】

1979 4月，蔣經國總統提出不接觸、不談判、不妥協之「三不」大陸政策。

美國總統卡特4月10日簽署《臺灣關係法》，並追溯自1979年1月1日生效。

全國黨外人士40餘人於臺北姚嘉文（1938-）律師事務所集會，發表「黨外國是聲明」，主張積極重返聯合國，尋求新的國際社會地位。由陳婉真（1950-）、吳哲朗共同執筆的省議會通訊《潮流》第1期在臺中出刊。

首座地熱電廠宜蘭清水發電廠供電。

臺北市楊洋百貨公司及其聯鎖公司洋洋百貨公司由於周轉不靈，廠商緊急搶搬商品，負責人葉依仁離境飛往香港。

財政部裁定中國、國泰及亞洲等6家信託公司違規，並予罰款處分。

行政院通過「臺灣地區綜合開發計畫」。

【中華人民共和國宣佈廢止《中蘇友好同盟互助條約》，並通知蘇聯自 1980 年 4 月 10 日起失效。南斯拉夫南部發生芮氏規模 7.2 大地震。布里茲涅夫（Leonid Brezhnev，1906 -1982）當選連任最高蘇維埃主席團主席。】

【歷史密碼】

《臺灣關係法》（1979.4.10）

《臺灣關係法》係美國現行之國內法，為美國與中華人民共和國建交後規範美國與臺灣關係之法案。（追溯自 1979 年 1 月 1 日生效）

《臺灣關係法》乃為協助維持西太平洋之和平、安全與穩定，並授權繼續維持美國人民與在臺灣人民間之商業、文化及其他關係，以促進美國外交政策，並為其他目的。

由美利堅合眾國國會參議院及眾議院聯合制定。主要條文有二：

第二條：（政策的判定及聲明）

一、由於美國總統已終止美國和臺灣統治當局（在 1979 年 1 月 1 日前美國承認其為中華民國）間的政府關係，美國國會認為有必要制訂本法：

1. 有助於維持西太平洋地區的和平、安全及穩定；

2. 授權繼續維持美國人民及臺灣人民間的商務、文化及其他各種關係，

以促進美國外交政策的推行。

二、美國的政策如下：

1. 維持及促進美國人民與臺灣之人民間廣泛、密切及友好的商務、文化
   及其他各種關係；並且維持及促進美國人民與中國大陸人民及其他西
   太平洋地區人民間的同種關係；

2. 表明西太平洋地區的和平及安定符合美國的政治、安全及經濟利益，
   而且是國際關切的事務；

3. 表明美國決定和「中華人民共和國」建立外交關係之舉，是基於臺灣
   的前途將以和平方式決定這一期望；

4. 任何企圖以非和平方式來決定臺灣的前途之舉 -- 包括使用經濟抵制
   及禁運手段在內，將被視為對西太平洋地區和平及安定的威脅，而為
   美國所嚴重關切；

5. 提供防禦性武器給臺灣人民；

6. 維持美國的能力，以抵抗任何訴諸武力、或使用其他方式高壓手段，
   而危及臺灣人民安全及社會經濟制度的行動。

三、本法律的任何條款不得違反美國對人權的關切，尤其是對於臺灣地區
   1,800 萬名居民人權的關切。茲此重申維護及促進所有臺灣人民的人
   權是美國的目標。

第三條：（美國對臺灣政策的實行）

一、為了推行本法第二條所明訂的政策，美國將使臺灣能夠獲得數量足以
   使其維持足夠的自衛能力的防衛物資及技術服務；

二、美國總統和國會將依據他們對臺灣防衛需要的判斷，遵照法定程序，
   來決定提供上述防衛物資及服務的種類及數量。對臺灣防衛需要的判
   斷應包括美國軍事當局向總統及國會提供建議時的檢討報告。

三、指示總統如遇臺灣人民的安全或社會經濟制度遭受威脅，因而危及美國利益時，應迅速通知國會。總統和國會將依憲法程序，決定美國應付上述危險所應採取的適當行動。

1979　5 月，中鼎工程公司成立。大同公司董事長林挺生證實，大同與美國 GM 公司商議在臺生產汽車。唐榮公司決定在高雄設不銹鋼片廠。

行政院通過成立經濟犯罪防制小組，以預防及迅速辦理經濟犯罪案件。司法行政部調查局成立經濟犯罪防制中心。

美國國際貿易委員會裁定臺灣鋼板傾銷。

行政院通過改善社會風氣重要措施方案，並自 7 月 1 日起實施。另通過科學技術發展方案。

中央銀行總裁俞國華宣佈自 5 月 16 日起調整多項金融措施，包括提高銀行存放款利率等。

臺電公司表示，自 6 月 1 日起臺灣地區 1,389 家用電量在 500 瓩以上的工廠，將實施輪休用電。並表示自 6 月 1 日起全面管制全省之霓虹燈、廣告燈及路燈。

行政院通過「發行聯合簽帳卡作業方案」，由銀行與信託公司合資成立「聯合簽帳卡處理中心」，由財政部召集各金融機構共同會商簽帳卡作業方案。【1981 年 10 月，財政部頒布〈銀行辦理聯合簽帳卡業務管理要點〉。1983 年 5 月，財政部修正管理要點，同意改為「財團法人」。9 月金融機構捐助基金之「財團法人聯合簽帳卡處理中心」成立。1984 年 6 月 1 日正式發行「聯合簽帳卡」。1988

年9月，財政部修正管理要點，將「聯合簽帳卡」改為「聯合信用卡」，廢除「一人一卡」限制，擴大信用卡服務功能，「財團法人聯合簽帳卡處理中心」更名為「財團法人聯合信用卡處理中心」。1989年1月1日推出更名後之「聯合信用卡」。】

1979　6月，第1屆警察節。省議員何春木（1922 -2017）在省政總質詢時指責〈南海血書〉誇大渲染、荒誕離譜。

《八十年代》雜誌創刊。【康寧祥任發行人兼社長，江春男（1944 - ）以司馬文武為筆名擔任總編輯，彭百顯撰擬發刊詞。於戒嚴時期多遭查禁及停刊。查禁後接著以《亞洲人》、《暖流》、《八十年代之亞洲人》等闖關出版。】

財政部公佈〈營利事業設置職工退休基金保管、運用及分配辦法〉。
核定汽車責任保險經營由各保險公司聯營。
行政院通過將財政部經濟發展基金併入行政院開發基金。

【聯合國宣佈5月中乘船逃出之越南難民有5萬1,139人，各收容機構收容之中南半島難民達28萬5千人。石油輸出國組織（OPEC）於日內瓦召開決定實施原油雙重價格制，依原油基價之23.75％為上漲幅度，最高上限為每桶23.5美元。】

1979　7月，高雄市升格改制為院轄市，任命王玉雲（1925 -2009）為市長（任期：1979.7 -1981.6）。

臺閩地區戶口名簿全面進行換發。財團法人資訊工業策進會成立。
臺灣地區「日光節約時間」開始，至9月30日止。
行政院核定實施「電機工業發展方案」。臺灣鐵路高雄車站舉行西部幹線電化工程全線通車儀式。行政院通過臺北市區鐵路轉入地下。

國建會揭幕，行政院長孫運璿致詞表示：中共應放棄共產主義，發起「政治學臺北」運動。（11月，1979年第2次國建會舉行開幕式。）

立法院通過修正《獎勵投資條例》，鼓勵企業合併。

行政院通過〈證券金融事業管理規則〉。（1980年4月2日成立復華證券金融公司，辦理融資、融券及股票集中保管業務。）

《科學工業園區設置管制條例》制定公布。

臺北市撫遠街發生化工原料爆炸案，31人死亡，數十人輕重傷，損失超過1億元。

經濟部長張光世宣佈電價自8月1日起全面調整，平均上漲幅度29.5%。國貿局決定開放鋁錠自由進口。

1979　8月，馬公航空站8月1日成立。（1991年5月11日接管七美、望安兩輔助站。）

《美麗島》雜誌創刊。（黃信介為發行人，許信良為社長，黃天福（1938 - ）、呂秀蓮（1944 - ）為副社長，張俊宏為總編輯，施明德為總經理。12月10日《美麗島》雜誌在高雄舉辦紀念世界人權日的群眾大會，發生民眾與憲警的暴力衝突，引發美麗島事件，雜誌社遭查封；社務人員多數被捕、以軍法判處重刑。）

《臺灣教會公報周刊》發行《臺灣基督長老教會發表〈人權宣言〉1週年特刊》，呼籲全體教會促使臺灣成為「新而獨立的國家」。《自立晚報》主辦第1屆鹽分地帶文藝營在臺南縣將軍鄉南鯤鯓代天府召開。

北部濱海公路通車。與菲律賓間的第1條海底通信電纜在宜蘭頭城國際電信局海纜站登陸。

央行宣佈調升銀行各類存放款利率。

歐敏颱風豪雨沖毀臺北青潭堰欄水壩百餘公尺。

臺電、中央投資公司及美國奇異電機公司簽約合組聯亞電機製造公司，合作產製重發電機。

總統蔣經國接受演員工會建議將籌建中之中正紀念堂的國劇院改名為國家劇院。

北美事務協調委員會駐紐約辦事處再度發生爆炸事件。

臺中東峰青少棒代表隊在世界青少棒大賽中衛冕冠軍。嘉義朴子少棒隊獲 1979 世界少棒賽冠軍，投手陳昭安出戰義大利六局比賽中三振對方 18 次，創造安全比賽少棒史紀錄。

行政院通過「促進汽車工業發展方案」。核定 10 月 31 日「先總統蔣公誕辰紀念日」為榮民節。

1979　9 月，財政部公告實施紡職業合併規模標準。臺鐵宣佈鐵路運價調整 1 成至 6 成。行政院宣佈：擴張領海為 12 浬，經濟海域為 200 浬，同時保留對鄰接海岸大陸礁層應享有的一切權利。

中泰賓館事件。【「反共義士」勞政武（1944 - ）、沈光秀（筆名沈野，1938 -2010）等《疾風》雜誌社成員，在《美麗島》雜誌於中泰賓館舉行創刊酒會時，在同一地點聚眾舉行「聲討國賊陳婉真行動大會」，並向館內人士投擲石塊、電池等危險物品，造成對峙衝突。】

小說家金庸（本名查良鏞，1924 - ）作品查禁多年後首度在報紙連載《倚天屠龍記》。

與新加坡簽署協定，免除華航及新航在對方國家付給所得稅及營業稅。交通部批准日本亞細亞航空飛航臺北與琉球航線，期間暫訂 3 個月。

臺大醫院進行連體嬰張忠仁、忠義兄弟分割手術成功。

華航波音 707 型貨機在桃園縣大園鄉上空作機師晉升考試訓練時，墜於竹圍漁港外海，機上 6 名空航人員全部罹難。臺北縣三峽鎮忠義煤礦發生瓦斯爆炸，5 名礦工喪生。

教育部通過全面取締未經立案招生的基督教書院。

1979　10 月，交通部郵政管理局調高國內包裹郵資近 80%（但未公告即予實施）。交通部委託臺灣省警察廣播電臺播出的高速公路路況報導開播。

行政院核定自 1980 年 1 月 1 日起繼續停徵證券交易所得稅 1 年。

行政院通過「全面推動基層建設方案」，決定自 1980 年 1 月 1 日起以 200 億元經費在二年內完成地方自來水供應、醫療設備、產業道路、攤販市場、排水溝渠、體育活動場所等六項重要基層建設。

美國在臺協會和北美事務協調會簽訂協定，由美國對臺灣供應濃縮鈾，期限為 30 年。

立法院通過修正《中央銀行法》，中央銀行改隸行政院。（中央銀行自 12 月 1 日起改隸行政院，任俞國華為中央銀行總裁。）

行政院核定公營事業優先向歐美地區採購，並以 FOB 代 CIF。經濟部選定美國通用公司為重型車廠合資對象。

【世界衛生組織（WHO）宣佈天花絕跡。】

1979　11 月，因應第二次石油危機爆發，11 月 1 日行政院成立「經濟部能源委員會」。（2004 年 7 月 1 日，改組為經濟部能源局）。

與澳洲訂定協定，臺灣付出年費 80 萬澳幣獲准進入澳洲 200 浬海洋資源區內進行漁場作業。金山核能一廠竣工。開放對東歐五國直接貿易。

財政部核准西雅圖第一國民銀行、瑞年銀行、波士頓第一國民銀行

等 3 家美國銀行在臺設立分行。省財政廳成立財團法人基層金融研究訓練中心。

交通部決定計程車牌照再凍結 1 年。（次月，開放個人經營計程車執照申請）

臺北市龍山寺建寺 240 週年紀念，慶典節約 90 餘萬元捐作慈善基金。

臺中縣大甲鎮萬鋼煙火公司爆炸，11 人死亡，66 人輕重傷。

1979　12 月，央行通知臺銀試辦與東歐之通匯業務。全面開放包裹、郵件寄往地區（中國大陸除外）。

國內首部自製雷射高速漢字印字機啟用。

北迴鐵路竣工完成試車。（1980 年 2 月通車開始客貨運營運。）屏東縣鵝鑾鼻至佳樂水間的濱海公路及海湁大橋興建完工通車。

行政院核定設立中華經濟研究院。（1981 年 7 月 1 日正式成立）

臺電宣佈自 1980 年 1 月 1 日起調整電價，平均漲幅為 18%。

【南韓朴正熙（1917 -1979）總統（任期：1963 -1979）遭暗殺身亡，崔圭夏（1919 -2006）代行總統職務（1979 -1980）。】

鵝鑾鼻燈塔經過兩年施工，1883 年落成；1898 年整修，可照射 20 浬。1904 年架設電話線，為恆春地區第一部電話。1926 年再整修，可照射 27.2 浬。

黨國體制的挑戰（1979~1988）

　　1980 年代是臺灣進入民主化的重要階段，也是中華民國推動本土化的轉型階段，關鍵因素在於蔣經國用人本土化，以及對於在野政治組織化的態度容忍。

　　邁入蔣經國一代政治強人的時代，雖則堅持反共而又外交失利，基本上臺灣政局仍呈現相當穩定的控制局勢。然而，一向為臺灣政經依賴的美國於 1978 年末宣布於 1979 年起與中國大陸之中華人民共和國建交，使臺灣之中華民國完全失去重心。國內政局於是掀起民主改革風潮，挑戰保守的中國國民黨政權，1979 年 12 月，高雄美麗島事件更是激起反對中國國民黨黨國體制、一黨專制之浪濤。

　　面對 1980 年代的政局波濤洶湧，蔣經國及中國國民黨開始進行有關體制之開放，包括政治、經濟、社會方面之改革。臺灣政經管制兩大體系開始面臨挑戰，政治民主化、經濟自由化是這段歷史的重要開端。1986 年，臺灣第一個本土政黨搶灘成功，民主進步黨創立，更是開啟民主政治的重要一大步。

　　1979-1988 時期，這十年是蔣經國改變臺灣的時代，更是挑戰並也打破臺灣黨國體制政治改革非常重要的一頁歷史。

1979　12 月，9 日下午，為了 10 日舉辦「世界人權紀念日」活動宣傳，《美麗島》雜誌社兩部宣傳車在高雄鼓山二路和綠川街口遭多部警車及警察圍堵發生爭執，兩名義工被捕並遭到毆打，雜誌社人員與支持者前往警察鼓山分局聲援，引發警民衝突。（一般認為鼓山事件是

美麗島事件的導火線之一）

12月10日，《美麗島》雜誌社在高雄舉行集會遊行，引發憲警民衝突。（即美麗島事件，民主運動之轉折）。

警備總部以「涉嫌叛亂」逮捕高雄「美麗島事件」關係人14人，包括張俊宏、姚嘉文、王拓、陳菊（1950 - ）、周平德（1939 - ）、蘇秋鎮（1935 - 1998）、呂秀蓮、紀萬生（1939 - ）、林義雄（1941 - ）、陳忠信（1949 - ）、楊青矗（1940 - ）、邱奕彬、魏廷朝、張富忠，並通緝施明德，查封《美麗島》雜誌社臺北總社及各地辦事處。次年1月，施明德於逃亡25天後在臺北市被捕。

臺大學生刊物《大學新聞》第501期刊登《八十年代》出版社與雜誌社的廣告，被校方查禁。

《中美共同防禦條約》12月31日終止。

中國發表《告臺灣同胞書》（提兩岸三通）。

【歷史密碼】
美麗島事件（1979）

　　1980年代前夕的美麗島事件敲響了1980年代臺灣民主化的先聲。

　　美麗島事件又稱高雄事件，是於1979年12月10日國際人權日在高雄發生的重大衝突事件，當時政府稱為高雄暴力事件叛亂案。

　　事件的發生，緣以黃信介為首創辦的《美麗島雜誌》為核心的黨外人士於12月10日晚上在高雄市進行遊行及演講，遭鎮暴部隊包圍，並施放催淚瓦斯而引爆軍警民衝突。警備總部並藉此大舉逮捕黨外人士，進行軍事審判。為臺灣自228事件後規模最大的政治衝突事件。

高雄美麗島事件，鎮暴部隊施放催淚彈。（原照片為艾琳達提供）

　　次日，政府宣稱共有 183 名軍警在「美麗島事件」中負傷，群眾受傷者則無法統計。由於媒體的偏向報導及有關單位形塑軍警「打不還手、罵不還口」，直指《美麗島雜誌》領導者為匪黨及陰謀份子，而群眾為非理性暴民的印象，致使媒體輿論似乎傾向支持政府嚴辦氛圍。

　　隔日，12 月 12 日下午，《美麗島雜誌》舉行記者會，由黃信介、張俊宏、姚嘉文和施明德等人對外說明整起事件的情形。他們聲稱，當時《美麗島雜誌》人員並沒有動手打人，而是因為憲警人員封鎖道路並使用催淚瓦斯，才使得雙方發生衝突。不過，他們的說詞未獲得當局認同。

　　再隔日清晨，治安機關出動逮捕「首謀份子」張俊宏、姚嘉文、陳菊、呂秀蓮、林義雄、王拓、楊青矗、周平德等人；當時擔任立法委員的黃信介則由警總行文立法院，經立院同意於 14 日遭到逮捕；施明德則是經過將近一個月輾轉逃亡後於隔年的 1 月 8 日被捕。警總後來又陸續逮捕數十位與事件有關的人員，並查封《美麗島雜誌》社及各地服務處，施明德美

籍妻子艾琳達遭驅逐出境。一時社會肅然，對政府高壓統治印象深刻。

1980 年 2 月 20 日，黃信介、施明德、林義雄、姚嘉文、陳菊、呂秀蓮、張俊宏、林弘宣等八人遭軍事檢察官以叛亂罪提起公訴，其餘 37 人則被移送一般司法機關偵辦。同年 4 月 18 日，警備總部軍事法庭判決施明德無期徒刑，黃信介 14 年徒刑，其餘姚嘉文等六人被處 12 年有期徒刑。這些美麗島事件的主要黨外成員，以及辯護律師、家屬，大都蛻變為後來臺灣民主運動的重要領導人物。

另在美麗島事件進行軍事審判期間，1980 年 2 月 28 日上午，發生了事件被起訴人省議員林義雄家遭兇手潛入，將林義雄的母親及其雙胞胎女兒殺害，大女兒被殺成重傷的血案，震驚社會各界，更使事件政治化。本案迄未偵破。

1980	1 月，美國決定售予臺灣價值 20 億 8 千萬美元的對空飛彈及其他防衛性武器，但拒絕臺北政府要求的較高性質戰鬥機。國務卿范錫（Cyrus Roberts Vance，1917 -2002）表示中華人民共和國已表達對卡特政策的不滿，但仍持續關係正常化的發展。 南非共和國決予我最惠國待遇。與菲簽訂漁業協定，我國漁船可在菲國海域合法捕魚。 華航與日本亞細亞航空新闢琉球航線，預定 2 月 22 日通航。 內政部通過〈臺灣省國民住宅基金設置管理及運用辦法〉。 鼻頭角因受北潮帶來臺金公司煉銅廢水，致沿岸九孔養殖池受污染無法繼續養殖。
1980	2 月，基隆七堵區友蚋鹿寮煤礦發生災變，4 名礦工罹難。彰化油

脂公司和臺中縣豐香油行被控製售米糠油含毒案，3 名負責人各判刑 10 年。省政府通知各縣市政府在轄區內如發現多氯聯苯中毒者，應予免費治療。

行政院核定進口複式稅率。（2003 年 12 月再改採行三欄式稅率）交通部核定鐵、公路客貨運費率提高 3 至 5 成。北迴鐵路通車。

中央銀行經核定自 2 月 25 日起發行面額 500 元及 1,000 元的鈔券。

林義雄母女遭暗殺。（1980 年 2 月 28 日，省議員、美麗島事件被告林義雄 60 歲的母親游阿妹及 7 歲雙胞胎女兒林亮均、林亭均被刺殺身亡，9 歲長女林奐均受重傷。由於當天是 228 事件發生日，林義雄當時因美麗島事件而被警備總部收押，其住家及電話均為情治單位所監控，兇手卻能從容進出林宅行兇而未察，啟人質疑該案與中國國民黨政府之情治單位有關。案件經過幾次重啟調查，仍無法破案。）

總統蔣經國指示，立即保釋林義雄；懸賞 50 萬緝兇破案；保護高雄事件被告家屬。（警總懸賞 200 萬，但案犯迄未抓獲。）

林義雄的雙胞胎女兒林亮均與林亭均生前照（圖片摘自維基百科）。

1980 年 2 月 28 日，「美麗島事件案」林義雄臺北市住家發生政治意圖的兇殺案件，林義雄 60 歲母親游阿妹、7 歲雙胞胎女兒被刺殺身亡，9 歲長女奐均重傷。本案迄今尚未偵破。

圖為血案舊址，已改為基督教義光教會。

1980　3 月，央行開辦重貼現窗口業務。央行宣佈 3 日起，取消新臺幣對美元中心匯率，外匯買賣逾前一日中間價之 1% 時，將進場干預。

行政院通過「中華民國臺灣經濟建設十年計畫」（1980 至 1989）。

行政院長孫運璿率團訪問南非、馬拉威、史瓦濟蘭、賴索托等四國。與南非簽署三種交通運輸協定，簽署科技合作協定，簽訂鈾原料 4,000 噸購買協定。

中鋼產製核能用鋼獲得美工程師學會合格證書。

歐洲自由貿易協會公報專文中指臺灣與其他 9 國為「新興工業化國家」（Newly Industrialized Countries，NICs），建議不應給予特別優惠待遇。

「國際特赦組織」發表聲明，指控中華民國政府刑求及監禁政治不滿分子，並要求中華民國政府實施其憲法中的人權保障。

臺灣警備總部軍事法庭公開審判高雄事件中被起訴叛亂罪的被告黃信介、姚嘉文、施明德、張俊宏、陳菊、林弘宣（1942 -2015）、呂秀蓮等 7 人。

財政部規定外銀在華分行最低資本額為 200 萬美元。另核准 5 家歐洲銀行在臺北設立分行。財政部決定開放報關行設立。

交通、經濟部決定，停止 3000 c.c. 以下小型柴油車進口。

1980　4 月，孫立人（1900 -1990）請辭陸軍二級上將之職。

銀行同業拆款中心成立。中正紀念堂落成。復華證券金融公司開業。（為臺灣獨佔的證券金融事業）

苗栗泰安鄉泰安礦場發生坑道內瓦斯爆炸，4 人死亡、1 人重傷。

第二次世界大戰充當日本軍伕流落緬甸 39 年的鄭武定返臺。

行政院長孫運璿表示，1981 年度國防經費所佔預算比例為 52%，仍列為第一，政府將不限制國防上各種需要，必要時將以追加預算或預算方式支應。行政院同意公賣局預算以折衷方案送審，即公賣利益預算部分由立法院審議，其餘的菸酒營業預算由省議會審查。

中華民國宣佈退出國際貨幣基金組織。結清 IMF 帳戶全部金額，交還 SDR，共提回黃金 47 萬 1 千英兩。

4 月 18 日，臺灣警備總部軍事法庭針對「高雄事件」判決：黃信介處有期徒刑 14，褫奪公權 10 年。施明德處無期徒刑，褫奪公權終身。姚嘉文處有期徒刑 12，褫奪公權 10 年。張俊宏處有期徒刑 12 年，褫奪公權 10 年。林義雄處有期徒刑 12 年，褫奪公權 10 年。林弘宣處有期徒刑 12 年，褫奪公權 10 年。呂秀蓮處有期徒刑 12 年，褫奪公權 10 年。陳菊處有期徒刑 12 年，褫奪公權 10 年。以上所有被告的全部財產，除各酌留其家屬必需之生活費用外，均沒收。

（1990 年 5 月 20 日，李登輝就職第 8 任總統，同日簽署美麗島事件的特赦令，美麗島政治犯重獲自由。）

美國國務院就高雄事件及審判結果發表聲明：我們希望這次判決並不是幾年來臺灣政治自由化程序中斷的訊號。我們主要的關切是看解決這一情勢的方案，對島上內部安定及人權有貢獻。我們了解，所有的被告都將有機會就他們的判刑申請覆判。希望臺灣當局能以符合近年來臺灣在人權方面獲得的進步精神，來考慮 8 名已被判刑被告的覆判聲請。

新聞局表示，高雄暴力事件涉嫌叛亂的被告仍待判決，有關新聞報導不得出版專書。外交部表示，高雄暴力事件審判為我國之內政，不容有任何干預，對於美國國務院評論這項仍在審判中案件一事，深表遺憾。

臺中縣大甲鎮瀾宮刈火活動，5 萬餘名媽祖信徒前往北港朝天宮進香。

行政院核定，柴油小客車燃料費按照汽油引擎費額徵收，以抑制柴油過度使用。交通部核定，臺灣省內航線客運船票自 5 月 1 日起提高 20%。交通部貨運費率調整方案，鐵路 81%，公路 29%，定 5 月 1 日實施。交通部決定，國內民航客貨運價，將約漲 20 -25% 之間。政府決定計程車起步價格自 16 元調整為 20 元。經濟部宣佈國內油價及 16 項油品價格自 25 日起調整，漲幅在 10 -16.7% 間。

臺灣長老教會總幹事高俊明（1929 - ）牧師因為幫助施明德逃亡，於 4 月 24 日被捕。6 月 5 日，與許晴富因「共同藏匿叛徒」被判有期徒刑 7 年、褫奪公權 5 年。7 月，基督教 50 個教派代表 6,000 餘人展開簽名運動，表達效忠國家赤誠。

行政院決定今年停止實施日光節約時間，但自 5 月 1 日起至 9 月 30 日止，各公務機關提早半小時上下班。

行政院發佈修正〈基本工資暫行辦法〉，基本工資訂為每月新臺幣 3,300 元。

（美總統卡特宣佈對伊朗展開禁運、斷交等四項制裁措施。）

1980　5 月，高雄市長王玉雲對美麗島事件引咎辭職，獲行政院院長孫運璿慰留。警備總部宣佈黃信介等人涉嫌叛亂案覆判結果維持初審原判。

立法院通過《動員勘亂時期公職人員選舉罷免法》，5 月 14 日總統公布。

財政部公佈修正〈中央銀行在臺灣地區委託臺灣銀行發行新臺幣辦法〉。

行政院決定《獎勵投資條例》延長實施 10 年。

臺電公司及中央投資公司與美國奇異公司簽約成立聯亞公司，在臺設廠產製發電機。日本豐田汽車正式向經濟部提出申請在臺設汽車廠。美通用動力公司與臺機簽約，合組華通公司，生產重車。

世界銀行宣佈，中華人民共和國取代中華民國在世界銀行的席位。

【南韓光州事件，陸軍中將全斗煥下令武力鎮壓，造成大量平民和學生的死傷。金大中（1924 -2009）被補。】

1980　6 月，總統公佈辦理增額中央民代選舉。

《殘障福利法》6 月 2 日制定公布，奠定推展身心障礙福利服務之基礎。（1990 年、1995 年及 1997 年修正增列障礙等級，1997 年法案名稱修正為《身心障礙者保護法》。為使身心障礙分類與國際接軌，2007 年更名為《身心障礙者權益保障法》。）

與美國進行彩色電視機貿易談判。

小琉球海底電纜竣工供電。

立法院通過《國家賠償法》，7 月 2 日總統公布，自 1981 年 7 月 1 日施行。

行政院通過中文橫式書寫及排印方式統一規定，自 7 月 1 日實施。

1980　7 月，實施審檢分隸，司法行政部改制為法務部。（司法權完全自行政權獨立出來，審判回歸司法院，檢察屬於法務部。）

基隆八斗子漁港啟用。南迴鐵路舉行開工。中央選舉委員會決定：增額國代及立委選舉定於 12 月 6 日投票。省主席林洋港訪美。1980 年國建會開幕。

上海《解放日報》報導臺灣製的消費品 30 年來第一次在中國大陸出售（經由香港進口）。

艾達颱風侵襲，屏東縣瀕海村落遭海水倒灌，估計農田及魚塭損失 3,000 萬元左右。

行政院核定「健全當前證券市場方案」。財政部核准成立「漁船保險合作社」；經濟部暫停核發 20 噸級以上的漁船執照。

省水利局表示濁水溪以南地區旱象十分嚴重，若 8 月 7 日（立秋）前仍無充分雨量，勢必要實施轉作。嘉南農田水利會表示今年乾旱為數十年來最嚴重的一次，尤以嘉南地區最嚴重，7 萬公頃良田僅 1/5 插秧。省農林廳統計，截至 7 月 17 日止因乾旱無法種植水稻之面積計 5 萬 2,000 餘公頃。行政院討論經濟部擬具之「減少農民負擔措施方案」後，作成四項決定以減少臺灣南部發生旱象地區的農民負擔。

1980　8 月，《能源管理法》制定公布。

行政院開放歐洲自由地區 3000 c.c. 以下轎車進口。

糧食局決議自 1981 年一期稻作起，農民申報肥料改由農會辦理。

由於雙方降低彼此的進口障礙，兩岸間接貿易大幅增加。

臺北縣汐止鎮東山煤礦發生災變，3 人死亡 18 人輕重傷。

首家歐洲銀行—建利銀行臺北分行開幕。臺北世界貿易中心股份有限公司成立。

屏東美和青少棒衛冕贏得世界青少棒賽冠軍（臺灣第九度）。臺北縣榮工少棒隊奪得 1980 世界少棒錦標賽冠軍。

【中國國務院總理華國鋒辭職，趙紫陽（1919 -2005）接任。】

1980　9 月，科學工業園區管理局正式成立。郵政總局開始辦理以郵政劃撥方式代繳用戶水費。

經濟部國貿局宣佈，海關進口稅則由單一稅率改為複式稅率。並宣佈設立石化工業產銷平準基金，溯自 9 月 1 日起實施。工業局決定停止短纖維紡紗工廠設立。

基隆豪雨成災，總雨量達 650 公釐；多處山崩，10 人死亡，損失約 1 億元以上。

美郵政總署公報指出，寄臺郵件須註明臺灣，但不禁止加註「R.O.C.」。

【南韓全斗煥（1931-）接任總統（任期：1980 -1988，1981 連任）。兩伊戰爭於 9 月 22 日爆發。（伊拉克和伊朗於 1987 年 7 月 23 日和 1988 年 7 月 18 日，各自接受了聯合國的停火決議，但雙方直至 1988 年 8 月 20 日才正式停止戰鬥。）】

1980　10 月，與菲兩私人公司於臺北簽訂漁業合作協定，我方公司漁船可懸掛國旗，但需向菲方公司繳納費用。

南非航空公司完成首次試航。德國歐亞銀行臺北分行開幕。

桃園縣大成國小師生因食用學校營養午餐發生集體中毒；受害者達2,000 餘人，全校陷入癱瘓，奉令停課兩天，幸未造成死亡。

1980　11 月，第一家專營氣象服務「中華氣象顧問公司」成立。

中央銀行宣佈〈銀行利率調整要點〉，規定銀行最高利率由央行決定，放款利率則由銀行公會議定幅度，各銀行可彈性操作。央行核定銀行調整存放款利率，自 17 日起實施。次月，銀行利率審議小組決定，取消放款加碼幅度不超過 1% 之規定。

經濟部與省政府決定撥 3 億元設立煤礦業融資基金。

1980　12 月，立法院通過《農地重劃條例》。修正《獎勵投資條例》。修正《所得稅法》。

第 1 屆增額國大代表及第 1 屆立法委員第 3 次增額選舉投票，投票率 68%。在 97 名立委席次中，中國國民黨 57 人，無黨籍 13 人；國大代表國民黨 63 人，無黨籍 12 人，民社黨 1 人。【美麗島事件受難者家屬周清玉（1944 - ）、許榮淑（1939 - ）、黃天福等分別當選】。臺灣省議會及臺北、高雄市市議會投票選出 22 名監委，中國國民黨籍 16 人，無黨籍 5 人，青年黨籍 1 人。

高雄地區發生不明來源廢氣污染事件，仁武地區多人送醫急救。臺塑公司承認仁武工業區污染事件由其工廠氯氣外洩造成，願負賠償責任。

外交部公佈實施〈外交部核發觀光護照要點〉。

新竹科學工業園區揭幕。荷蘭銀行臺北分行開幕。

行政院院會決定明年起每年 7 月 1 日公告土地現值，增值稅按漲價金額累進課稅。外匯交易中心決定擴大匯率波幅。

國軍軍服自 1981 年元旦起改制，換穿新裝，三軍軍官階級標識作
一致規定。

1980 年代雨後春筍，黨外雜誌紛紛出刊。

1981　1 月，為配合電腦處理票據作業，規定金融機構票據改用橫式。
　　　各金融行庫局聯合委託臺灣發行的儲蓄獎券，改名為國民儲蓄獎
　　　券，發行期限由二年改為一年，特獎每季開獎一次。
　　　1980 年 4 月 17 日創刊的《自強日報》改名為《自由日報》。（1987
　　　年 9 月，再度更名為《自由時報》）
　　　財政部核准開辦汽車貨運責任保險。經濟部決定股份有限公司資本
　　　額逾 2 億元者，股票須公開發行。
　　　省政府實施臺閩地區農漁業普查。
　　　央行宣佈調升銀行存款最高利率為 15%，並調高重貼現及四項融通
　　　利率 0.5 至 1.5 百分點。央行貼現窗口短期融通利率調高為 13.5%，

升幅 1%。

立法院通過修正《財政收支劃分法》，將地價稅及田賦列為縣市政府收入。修正《農會法》，規定農會總幹事聘任須經全體理事 1/2 以上決議，解聘須經全體理事 2/3 以上決議。

臺金決投資 4 億餘美元，在南非設煉銅、煉鋅廠。

來自馬來西亞的作家溫瑞安（本名溫良玉。1954 - ）、方娥真組織「神州詩社」，經軍法審判裁定為匪宣傳，感化 3 年。

區域立委候選人張文安擅自辦政見會，違反選罷法，被提公訴，為選罷法公佈以來，第一位被依法公訴的參選人。立委落選人張春男（1941 - ），競選言論涉嫌煽惑暴亂，被臺中地檢處收押。3 月，彰化縣立委落選人劉峰松（1941 - ）涉嫌於競選期間違反選罷法，臺北地檢處依煽惑他人犯內亂罪之罪嫌將其起訴。

「聖本泉號」漁船在臺南縣蘆竹溝海面發生海難事件。臺北市雙溪淨水廠未按手續開閘放水，造成旅遊學生 10 人死亡，5 人失蹤，30 餘人受傷。

行政院通過〈廠商輸出入貨品簡化許可證法〉，指定貨品免簽許可證。

行政院經建會指出，重化工業佔工業生產比例提高至 57.2%。教育部長朱匯森表示，凡國民教育經費占全縣預算 40% 以上者，即可要求省政府補助，省府教育預算超過預算 25% 以上，即可申請中央補助。

【雷根（Ronald Wilson Reagan，1911 -2004）就任美國第40任總統。】

1981　2 月，臺北縣平溪鄉菁桐礦場發生災變，造成 10 人死亡。

經濟部宣佈國內油價 12 日起調整，汽車每公升調升 2 元，柴油調

升 1.5 元，燃料油每公秉增加 800 元。中油宣佈，9 項石化基本原料自 3 月 1 日起漲價 4%。臺電宣佈電價全面調整，平均漲幅 7.79%。

歐洲共同市場委員會宣告臺灣輸盧、比、荷三國之女裝將設限。

美國核管會表決通過，發給臺灣原子反應爐出口許可證。

天主教北京教區主教傅鐵山（1931 -2007）表示，梵蒂岡承認臺灣是中國天主教會和羅馬和解的主要障礙。

中國抗議荷蘭出售潛水艇予臺灣，決召回駐荷蘭大使。

1981　3 月，財政部決定土地增值稅率級距按實際漲價累進課徵。自 16 日開始發行 30 億甲種建設公債，年息 14.5%，償還期限 3 年。向銀行融資逾 3,000 萬元者，自 4 月 1 日起概須經會計師辦理融資簽證。經濟部工業局表示，製造業者資本在三萬元以上須辦工廠設立登記。

經濟部、財政部及中央銀行設專責委員會管理重要物資國外期貨交易，暫以黃豆、玉米、大麥及棉花為限，聯合採購須採集體委託代辦方式。

行政院表示，石化下游工業決不再擴充，上游工業限向國外設廠。次月，經濟部公佈「石化基本原料價格處理方案」。

自強號列車翻落新竹頭前溪，造成 28 人死亡，百餘人輕重傷。

省主席林洋港赴日訪問（為首位訪日之臺灣省主席）。

【IMF 同意提供中國 4 億 5,000 萬特別提款權（SDR）融資，此為中國首次向國際組織借款。美國總統雷根在華府遇刺受傷。】

1981　4 月，國貿局指定 3,987 項商品免辦輸出入許可簽證，自 7 月 1 日實施。

立委賴晚鐘等批評教科文預算未達憲法所定之標準。

央行透過公開市場操作，買進近 3 億元短期票券，以調節資金供需。

3 銀行同業拆款中心執行小組協議，拆款中心利率調高 0.5 個百分點，上下限擴大為 4 個百分點。

行政院通過新竹、嘉義兩市升格為省轄市，並自 1982 年 7 月 1 日起實施。

阿里山鐵路列車遭落石擊中，至 26 日止統計共 10 人死亡。19 人輕重傷。

全國經濟會議通過「資訊工業為策略性工業」。（1981 -1990 年期間）

王（王作榮，1919 -2013）蔣（蔣碩傑，1918 -1993）經濟政策大論戰。

【歷史密碼】

王蔣經濟政策大論戰

　　王蔣論戰是 1981 年中國時報系列總主筆王作榮與中央研究院院士蔣碩傑透過報紙專欄與社論展開的經濟政策大辯論，這場辯論是臺灣的經濟學家公開討論政府經濟政策的開始，也是自由主義的市場經濟思潮進入臺灣的重要論壇，影響了臺灣日後的經濟走向，是臺灣戰後經濟發展史上重要的一次論爭。雙方在「經濟安定」與「經濟成長」經濟政策目標不同之下，以不同理論主張不同之經濟政策。

　　1981 年 3 月 5 日至 6 日，蔣碩傑在《中央日報》發表〈穩定中求成長的經濟政策〉一文，主張控制貨幣供給增加率和維持利率自由化以穩定物價，批評凱因斯派經濟學的作法，引起時任《中國時報》、《工商時報》總主筆的王作榮在社論上展開反擊。王作榮主張，物價上升是由於供給面帶動的物價上升，而臺灣民間尚有許多資金，應該採用低利率政策並且增

加貨幣供給，以增加需求面，帶動經濟成長。

　　蔣碩傑於1981年6月20日《中國時報》發表〈貨幣理論與金融政策〉，反駁王作榮，此後，臺灣的經濟學者紛紛發表意見，形成一場經濟政策大論戰。這是當代臺灣發展方向的第一次政策大論戰，透露當時臺灣到底應該適用何種政策，由於涉及不同政經效果，相當敏感；這在一直都很保守的環境，可公開討論，相當稀罕。

1981　5月，財政部規定，企銀對每客戶授信總額不得逾其淨值25%，對同一客戶無擔保授信總額不得逾淨值5%。

臺灣關島間海底電纜正式啟用。

倪文亞（1902 -2006）、劉闊才（1911 -1993）當選立法院正、副院長。

立法院通過《航業法》，明定國輪國造、國貨國運之原則。

臺北市東門國小 8 名學生至教育部控訴謝明興老師惡補不當，以不平等方式對待實習及不實習的同學。

三富與法商雷諾簽約技術合作，在臺生產汽車。

【羅馬教宗若望保祿二世（1920 -2005）於聖伯多祿教堂廣場中槍造成重傷。】

1981　6月，《天下雜誌》創刊。《深耕》雜誌創刊。

央行貼放利率自 15 日提高，幅度為 1 -1.25％間。臺北市銀行公會宣佈自 15 日起調升銀行存款利率，幅度為 1 -1.5％。

中華木蘭女子足球球於第 4 屆亞洲盃錦標賽中奪得冠軍。

任命楊金欉（1923 -1990）為第 2 任高雄市長（任期：1981.6 -1982.4）。

縱貫公路新竹－竹北間主要幹道頭前溪橋，橋面突然斷裂 50 公尺，致 2 人墜溪死亡。

經濟部能源委員會決定，輔導大量產生廢熱的工廠，裝設汽電共生設備。

經濟部國貿審議委員會核定，外銷筍罐設立產銷平準基金。

美國宣佈解除對臺灣所實施之鞋類進口配額限制。

【印度發射人造衛星。中共 11 屆中央委員會召開 6 中全會；華國鋒辭黨主席由胡耀邦（1915 -1989）接任，鄧小平（1904 -1997）出任黨中央軍事委員會主席；會中全面否定文革，通過「與歷史問題有關之決議」，一方面認定毛澤東功績，又指其左傾錯誤。】

1981　7 月，國建會揭幕。經濟部證券管理委員會改隸財政部。證管會核定新融資融券標準。

留美學人陳文成（1950 -1981）陳屍於臺大研究圖書館旁（陳文成事件）。

立法院通過修正《貨物稅條例》。通過《農產品市場交易法》。

莫瑞颱風過境，警政署發表災情報告，共死亡 39 人，14 人失蹤。

錢思亮（1908 -1983）之子中研院院士錢煦（1931-）於歐洲臨床血流變學會會議中，獲首屆倫敦「Fahraeus」獎章。

空手道選手林志珉於第 1 屆世界運動會中獲金牌。

陳文成事件

陳文成於 1978 年取得密西根大學博士學位，陸續發表幾篇重要論文，引起國際學術界的重視，對統計學的理論發展，有相當的貢獻，並獲聘為卡內基美隆大學統計學系助理教授。

陳文成關心臺灣政治發展，並研究政治理論，積極參加同鄉會、人權會，推動民主基金會，在財力上支援《美麗島雜誌》。1981年5月20日，陳文成攜妻、子從美國返臺探親，7月2日遭警備總部帶走，7月3日被發現陳屍於臺灣大學研究生圖書館旁，至今仍無法查出真兇。

卡內基美隆大學校長塞爾特（Richard M. Cyert）多年鍥而不捨地寫信給蔣經國，要求「還我陳文成博士」，並主動提供日後陳文成之子陳翰傑就讀該校的獎學金。美國國會為此舉行聽證會，陳文成命案上了頭條新聞。

事件過後，海內外臺灣人踴躍捐輸成立紀念基金會。當時教育部以「命案未破」為由，不准基金會有「陳文成」三個字出現。基金會乃以「臺美文化交流基金會」為名，沈義方為首任董事長，以推展臺灣文化為宗旨，紀念以行動和身軀為臺灣奉獻的故人。2000年7月，政黨輪替新政府成立，終得以正名為「陳文成博士紀念基金會」。

陳文成殞命34年後，2015年3月21日，臺大校務會議通過將其陳屍地點命名為「陳文成事件紀念廣場」。

1981　8月，銀行利率審議小組宣佈放款實際有效最高利率，臺銀等10行庫3日降為17.75％，央行核定存放款利率維持不變。銀行公會宣佈銀行放款利率25日起降低最低年率短期14.5％、中長期15％，存款利率不變。

新臺幣貶值與美元匯兌（38：1），兌美元貶幅達4.86％。

遠東航空班機在三義上空爆炸解體，110名乘員全部罹難。

中華代表隊獲世界青棒冠軍。臺中太平少棒隊獲1981世界冠軍。

1981　9月，美國在臺協會理事主席丁大衛訪臺。行政院通過〈高爾夫球場管理規則〉，規定高爾夫球場應開放供大眾使用。

嘉南地區洪水成災，物資田舍損失嚴重，死亡 23 人，失蹤 9 人。

銀行超額準備逾 110 億，央行決暫停公開市場操作。

新聞局暫停美聯社駐臺北記者周清月採訪權（對陳文成案報導未能更正）。

中國人大委員長葉劍英（1897 -1986）提出《進一步闡明關於臺灣回歸祖國實現和平統一的方針政策》（即通稱的「葉九條」）。

中共「葉九條」

9 月 30 日，在中華人民共和國 32 週年國慶前夕，全國人民代表大會常務委員會委員長葉劍英提出「有關和平統一臺灣的九條方針政策」：

1. 中國國民黨與中國共產黨兩黨可以對等談判；

2. 雙方在通郵、通商、通航、探親、旅遊及開展學術、文化、體育交流達成協議；

3. 統一後的臺灣可保留軍隊，作為特別行政區，享有特別自治權；

4. 臺灣社會、經濟制度、生活方式與同其他外國的經濟、文化關係不變；私人財產、房屋、土地、企業所有權、合法繼承權和外國投資不受侵犯；

5. 臺灣政界領袖可擔任全國性政治機構領導，參與國家管理；

6. 臺灣地方財政有困難時，可由中央政府酌予補助；

7. 臺灣人民願回大陸定居者，保證妥善安排、來去自如、不受歧視；

8. 歡迎臺灣工商界人士到大陸投資，保證合法權益與利潤；

9. 歡迎臺灣各界人士與團體，提供統一的建議，共商國事。

1981　10 月，臺東航空站 10 月 1 日成立（1990 年 7 月兼管蘭嶼、綠島機

場）。澎湖電信局在外島望安各村裝設直撥電話通話。偵破首宗「為匪經濟統戰案」。省教育廳函知馬陵出版社代理英商企鵝公司翻印英文本《馬克斯學說》及《資本論》等書依法查禁。

經濟部核定 19 項石化原料自由進口，另 25 項自由出口。國貿局宣佈解除輸法鞋類之出口管制。

新竹南寮漁港新建工程開工。漁類輸出業與庫克群島簽訂漁業合作協定，遠洋漁船繳納漁費後，可在該島捕魚作業。

行政院為紓解工商業困境，宣佈四大措施：1. 增加工商業融資；2 提高石化工業外銷競爭能力；3. 輔導改善建築業經營現狀；4. 提高民間投資意願。另銀行公會宣佈銀行利率 21 日全面調低，降幅放款利率 1.0 -1.40%，存款利率為 0.75 -1.0%。

【中共中央總書記胡耀邦邀請蔣經國等訪大陸，臺灣方面予以拒絕。】

1981　11 月，陳定南（1943 -2006）當選宜蘭縣第一位「黨外縣長」。行政院文化建設委員會成立。

財政部核定中央信託局放寬對大貿易商融資額度，不受現行銀行對單一企業授信額度不得超過各該銀行淨值 25% 之限制。

臺灣省第 9 屆縣市長、第 7 屆省議員、臺北市第 4 屆議員、高雄市第 1 屆市議員選舉。【美麗島事件辯護律師謝長廷（1946 -）、陳水扁（1950 -）等當選】。

任命李登輝為第 11 任臺灣省主席（任期：1981.12 -1984.5），邵恩新（1924 -2014）為第 5 任臺北市長（任期：1981.12 -1982.4）。

1981　12 月，全國經濟會議揭幕。3 家電視臺在澎湖設立轉播站工程竣工開播。東線鐵路光復河底隧道通車，為臺灣第一條河底鐵路隧道。

高育仁（1934 -）、黃鎮岳（1935 -）當選第 7 屆臺灣省議會正、副議長。

花蓮縣臺陽石礦工地山崩，致 5 工人死亡。

銀行公會宣佈銀行利率決全面降低，幅度為 0.5 -1.0%。

行政院通過證券交易稅繼續停徵 4 年。財政部決定銀行資本額逾 2 億元者，股票應公開上市。

與新加坡簽訂租稅協定，減免雙方運輸事業稅捐，消除重複課稅，加強經貿關係。

經濟部核定〈紡織品配額處理要點〉，決撥獎勵配額鼓勵拓展非設限市場，各類別訂平均單價依此增減獲配量。公佈紡織品出口實施新規定：基本配額自由轉讓，自由配額則受限制。

核二廠 1 號機開始商業運轉。（核二廠 1974 年 9 月開工興建，1 號機於 1981 年 1 月完成鈾燃料裝填，12 月 28 日啟用商業運轉，2 號機於 1983 年 3 月商業運轉。核二廠建造費用 630 億元，兩機組預計在 2021 年和 2023 年分別除役。）

1982　1 月，臺灣地區觀測到月全蝕。個人電腦開始風行。李登輝提「8 萬農業大軍」計畫。李國鼎推動修正〈科學技術發展方案〉，將能源、自動化、材料、資訊、生活科技、光電、食品科技、肝炎防治等 8 項列為重點項目。

行政院通過「臺灣經濟建設四年計畫」。央行配合經濟成長採擴張措施，今年貨幣供給目標訂為 13 -15%。

美國國務院宣佈雷根總統批准延長美國與臺灣合製戰機計畫。

銀行同業拆款中心決定銀行拆款中心利率 13 日起調升 0.75%。

臺灣省各縣市第 10 屆縣市議員、第 9 屆鄉鎮縣轄市長投票。

臺北開往花蓮的第 135 次對號特快車行駛南澳隧道中發生車廂爆炸，造成 4 死 13 傷。

高雄市銀行成立，1994 年 1 月 1 日更名為高雄銀行。

（南韓取消實施 36 年之宵禁。）

1982　2 月，國貿局宣佈中日貿易逆差擴大，自即日起所有非民生必需消費品限向日本以外地區採購，管制項目共達 1,500 項貨品。

1982　3 月，臺北市內湖福田煤礦在保安檢查 20 天後發生災變，6 人死亡，7 人身陷坑內，35 人受傷。

1982　4 月，行政院通過「加強基層建設提高農民所得方案綱要」。

臺灣土地銀行古亭分行發生持槍劫鈔案。（李師科案）。

任命楊金欉為第 6 任臺北市長（任期：1982.4 -1985.5），許水德（1931 - ）為第 3 任高雄市長（任期：1982.4 -1985.5）。

1982　5 月，立法院通過《商品標示法》，7 月 22 日起實施。修正《廣播電視法》，嚴禁私電臺，並將錄影帶納入管理。

財政部決議農會信用部對每一會員放款，總額最高 400 萬元，無擔保最高 200 萬元。

國貿局表示輸美彩視機出口數量不再限制，7 月 1 日起開放自由出口。

臺灣省各農田水利會召開第 6 屆第 1 次大會並選舉新會長，結束 7 年政府接管整頓狀態。

1982　6 月，行政院通過五項措施，加強刺激投資意願。另決定減免稅捐等多項優惠以獎勵華僑船舶縣掛國旗。

股價指數破 1978 年初最低點，91 種跌價。證管會宣佈五項激勵股市措施，提高融資額度為 80 萬元，融資成數 7 成，融券保證金

100％，鼓勵公營銀行進場。立法院通過修正《海關進口稅則》，106 項關稅降低，20 項稅率提高。

教育部專案保送國二學生楊柏因（1969－）升入師大附中，為臺灣 30 年來第一位保送跳級的學生。

《深耕》雜誌刊出林世煜（1953－）〈放棄杯葛，黨外還有什麼？〉展開批康（寧祥）運動。【1983 年 3 月再續「批康」；9 月 9 日，100 多位黨外雜誌編輯與作家成立「黨外編輯作家聯誼會」，在各政論雜誌發起「批康運動」，批判康寧祥在後美麗島時代，表現不夠強硬，妥協性太強。批康要角包括邱義仁（1950－）、林世煜、吳乃仁（1947－）、艾琳達（1949－）、鄧維楨等，長達一年多。1983 年底的立委改選，康寧祥落選。張德銘（1938－）和黃煌雄（1944－）也同時落選，首度展現文字批判之政治影響力。】

康寧祥、尤清（1942－）、張德銘、黃煌雄等 4 人受北美洲臺灣人教授協會邀請赴美訪問，開啟日後黨外人士與海外臺灣人團體之間公開來往，相互聲援的契機。

臺中市中山堂新建工程倒塌，5 人死亡，百餘工人遭壓埋。

臺灣省第 12 屆鄉鎮市民代會及村里長選舉投票。

【第 8 屆七大工業國組織（G7）高峰會議於法國凡爾賽宮舉行，通過自由貿易宣言。】

1982　7 月，國建會開幕。東部幹線寬軌列車通行。女壘隊獲世界女壘賽亞軍。

行政院通過〈輔導技術及整廠設備外銷推動方案要點〉。

中船承造之艾索・西班牙號油輪失火，造成 15 人死亡，20 餘人輕重傷。強烈颱風安迪造成 11 人死亡 2 人失蹤。

立法院通過修正《獎勵投資條例》，寬延資本密集產業免稅期。

1982 8 月，行政院通過家庭計劃 4 年計畫，期至 1986 年臺灣人口成長率能降至 1.59%。亞洲信託投資公司發生擠兌。

西仕颱風來豪雨致五股山洪爆發，造成 19 人死亡。

財政部頒布〈證券商營業處所買賣有價證券管理辦法〉，建立店頭市場。（店頭市場 10 月開辦，初期僅限於政府公債、金融債券、國營事業債券之買賣。股票店頭市場 1988 年 3 月 1 日建立。）

中央銀行改變外匯市場操作方式，匯率基礎從銀行與顧客間交易改為銀行間交易，每日匯率調整仍保持以不超過中心匯率上下 2.25% 為限。央行表示臺幣貶值 2 角 1 分，美元賣出匯率突破 40 大關。

美中分別於華盛頓、北京就美製武器輸入臺灣之問題發表聯合公報《817 公報》，美國同意對臺輸出之武器於質、量將同時遞減，但未明示最後期限。

經濟部宣佈解除 842 項日本貨進口管制。財政部宣佈出進口商資格簡化為兩種，出口實績 20 萬美元以上才有進口資格。

嘉義朴子隊獲得 1982 世界少棒錦標賽亞軍。

高雄縣旗山分局取締甲仙鄉的新約教徒。

《817 公報》（1982）

　　《817 公報》是中美兩國於 1982 年 8 月 17 日簽署，全稱《中美就解決美國向臺出售武器問題的公告》。該公報是為了解決美國對臺武器出售的問題而簽訂的，在公報中，除了美國首次強調將逐步減少對臺武器銷售之外，中國則重申「爭取和平解決臺灣問題」，而美國也對此表示「讚賞」。美國在該公報中就對臺售武問題做出了明確的承諾：

1. 向臺灣出售的武器，在性能和數量上，將不超過中美建交後近幾年供應的水平；

2. 準備逐步減少對臺灣的武器出售；

3. 經過一段時間最後解決。

　　此後，中國政府一直指責美國政府繼續對臺售武，而且數量和質量都不斷提升，違反了該公報。而美國則以具法律效力的《臺灣關係法》，以及兩岸軍力不對等為由，對於中國政府的抗議持保留意見。

1982　9 月，《農產品市場交易法》實施。前衛出版社創社。

　　　　內政部於 9 月 1 日公告實施「墾丁國家公園計畫」，臺灣首座國家公園誕生。（墾丁國家公園管理處於 1984 年 1 月 1 日成立。）

　　　　通貨膨脹壓力減輕，央行改採寬鬆政策，貨幣年增率維持 10-13%。銀行公會宣佈銀行存放款利率下降，央行貼放利率同日調低。央行核定銀行業存放款利率分別降低，存款利率下降 0.75%，放款利率下降 0.75%，上限降低 1%；為 1981 年 8 月以來，連續第 7 次利率下降。

　　　　經濟部核准 GMP 輔導獎勵措施方案，對優良藥品製造標準藥廠將予免稅進口設備獎勵。另決定凡符合自動化獎勵發展項目，全以長期低利貸款支援，購置設備予投資抵減加速折舊獎勵。

　　　　黨外人士在臺北市中山堂集會，以民主、團結、救臺灣為總綱，提出制定《國家基本法》等六項主張。（此次為全國黨外聯誼會聲勢最浩大的一次。臺北市警察全部停止休假，唯恐意外組黨，聲明若黨外組黨將依法制裁）

1982　10 月，行政院決定國人到自由貿易區投資設廠可享受 5 年免稅優

惠。

諾貝爾文學獎得主蘇聯作家索忍尼辛（Aleksandr Isayevich Solzhenitsyn，1918 -2008）應吳三連文藝獎基金會邀請抵臺訪問。

1982　11 月，行政院通過第二階段農地改革方案，將提供擴大農場經營規模之長期低利購地貸款。

臺南縣佳里鎮發生連鎖倒會案，金額高達 50 億元。

工業技術研究院宣佈國人自製工業機器人誕生。

經濟部宣佈 689 項限制進口日貨將自 22 日起解禁。

外匯交易中心開始逐日公布新臺幣實質有效匯率指數。

1982　12 月，中鋼表示明年所購礦砂煤灰全部交由國輪承運。

全國金融業務會議於 12 月 21 日起舉行。

銀行公會宣佈銀行利率 30 日起降 0.75%，創戰後以來最低利率水準。

1983　1 月，行政院農發會表示已擬訂水田轉作計劃，預定於 1991 年止減少種稻面積 13 萬公頃。

財政部核准加拿大皇家銀行設臺北分行。

行政院內政部決定廢除漁民保險之備付金制度，由雇主代為辦理投保。

荷蘭同意交換航權，定 4 月 1 日起臺北至阿姆斯特丹每週對開 1 次。

央行統計截至 1982 年 12 月底，外匯存底已突破 100 億美元。

英國《金融時報》指出臺灣第一部中文電腦（終端機）電傳機已製造成功。

1983　2 月，花蓮市慈濟醫院開工。北市開封街大火，致 12 人死，24 人傷。

11 家電腦產品銷美，遭美商蘋果公司指控仿冒。

號稱臺灣第一份黨外週報《生根》週刊創刊（《深根》28 期遭停刊）。第 1 期刊載〈36 年前春天臺灣大災劫的官方資料〉係有關「228事件」30 多年來首度公開發行的報導。

2 月 28 日，美國參議院通過《臺灣前途決議案》，主要內容是「臺灣的前途應和平解決，避免強制手段，並要採用能為臺灣人民接受的方式，而且要合乎國會制定的法案及美中公報的一貫精神」。【在臺灣人公共事務協會（FAPA）推動下，參眾兩院準備就此案進行聯合立法，中國政府則大力阻撓，雷根政府擔心此決議案會破壞美中關係而加以干預反對；擬議中的「Pell -Leach 決議案」遭到擱置，最後遭到挫敗。】

1983　3 月，經濟部指示小型水泥廠應停止新設，西部各廠不宜再事擴充。行政院通過「臺灣地區農業信用保證制度實施方案」。通過「復甦經濟景氣促進工商業發展方案」。

省府依據〈臺灣省社會救助調查辦法〉第 2 條，訂定 1983 年低收入戶最低生活費用為每人每月新臺幣 1,950 元整。

康寧祥於立法院中質詢行政院長孫運璿，要求取消臨時條款，訂定國家基本法。孫院長答復認為制定基本法為毀憲、棄憲的行為，應以充實臨時條款方式行之；康寧祥再質詢時表達支持之意，被部分黨外「黨工」抨擊為「康放水」。

1983　4 月，行政院全面禁止電動玩具營業。中文電腦發稿首由中央社啟用。荷蘭定期客機首航抵臺。省政府公告廢止糧區管制規定。經濟部訂定「電子工業發展方案」，選定 69 項產品給予廠商獎勵，並可享策略性工業優惠。

為穩定新臺幣兌美元匯率，央行持續實施外匯市場操作，銀行準備

金增加 43 億美元。

行政院通過修正〈信託投資公司管理規則〉，准信託投資業者收受不定期信託資金。通過自 5 月起提高基本工資，每月調為 5,700 元，每日調為 190 元。

1983　5 月，財政部表示，黃金不准自由買賣，也不開放進口。

行政院發布〈證券投資信託事業管理規則〉，陸續核准 4 家證券投資信託公司設立。國際證券投信於 1983 年 7 月 11 日成立、光華證券投信於 1985 年 11 月 11 日成立、建弘證券投信於 1985 年 11 月 29 日成立、中華證券投信於 1986 年 2 月 25 日成立。

交通部核准泛美航線復航臺北。6 月 15 日首航抵臺北。

1983　6 月，工研院工業材料所興建首座非鐵及鑄造工廠在高雄落成啟用。中南部豪雨造成嚴重災害，造成 20 人死亡。空軍 C -119 型 3197 號飛機失事墜海，17 人死亡，21 人失蹤。

《龍的傳人》作曲家侯德健（1956 -）前進中國大陸。

經濟部投審會通過豐田投資大汽車廠案。

臺中港、蘇澳港完工。

鄧小平（兼掌中國共產黨中央軍事委員會主席暨中華人民共和國中央軍事委員會主席）提出兩岸和平統一的最新構想，解決臺灣問題之六條方針（「鄧六條」）。

【李先念（1909 -1992）任中華人民共和國國家主席，趙紫陽連任國務院總理；美國首次發射由太空人駕駛之太空梭「挑戰者號」，6 月 22 日於太空實地放出及回收人造衛星，操作成功。6 月 24 日返回地球。】

中共「鄧六條」

鄧小平解決臺灣問題之六條方針：

1. 臺灣問題的核心是祖國統一。和平統一已成為國共兩黨的共同語言。

2. 制度可以不同，但在國際上代表中國的，只能是中華人民共和國。

3. 不贊成臺灣「完全自治」的提法，「完全自治」就是「兩個中國」，而不是一個中國。自治不能沒有限度，不能損害統一的國家的利益。

4. 祖國統一後，臺灣特別行政區可以實行同大陸不同的制度，可以有其他省、市、自治區所沒有而為自己所獨有的某些權力。司法獨立，終審權不須到北京。臺灣還可以有自己的軍隊，只是不能構成對大陸的威脅。大陸不派人駐臺，不僅軍隊不去，行政人員也不去。臺灣的黨、政、軍等系統都由臺灣自己來管。中央政府還要給臺灣留出名額。

5. 和平統一不是大陸把臺灣吃掉，當然也不能是臺灣把大陸吃掉，所謂「三民主義統一中國」不現實。

6. 要實現統一，就要有個適當方式。建議舉行兩黨平等會談，實行國共第三次合作，而不提中央與地方談判。雙方達成協定後可以正式宣布，但萬萬不可讓外國插手，那樣只能意味著中國還未獨立，後患無窮。

1983　7月，省農業建設大軍展開工作。第1次全國保險會議揭幕。臺北市區鐵路地下化先期工程施工。

內政部決定全面推動「改進建築管理方案」，15日起實施建築師責

任制度。

立法院通過修正《農業發展條例》。

省水污染防治所調查報告指出，臺省河川遭受嚴重污染，汞等 7 種重金屬是禍首。

1983　8 月，長庚高雄醫學中心動土。基隆港棧橋式貨櫃碼頭啟用。

經濟部暫停受理新設水泥工廠申請。

中華青棒、屏東美和青少棒獲 1983 世界冠軍。嘉義朴子隊獲 1983 第一屆世界少棒軟式棒球賽冠軍。

1983　9 月，空中大學開播。

報復菲律賓於 8 月 21 日暫停華航馬尼拉降落權，臺灣採相對措施中止菲航降落權。

10 艘漁船因颱風在東沙群島附近翻覆，58 人失蹤。

中華成棒獲亞洲冠軍，並贏得 1984 年參加奧運表演賽之代表權。

經濟部通過第一批開放進口貨品項目（共 594 項），並公告實施。

與南韓簽署海運協定，臺灣船舶可在韓自由攬貨。

太平洋電線電纜公司試製六心光纜成功，成為國人技術生產光纜第一家。清大特殊合金鋼廠研製鎳基合金成功。

1983　10 月，經濟部公佈修正〈紡織品出口配額管理辦法〉，明年實施，取消基本配額自由配額，改採計劃配額臨時配額。

財政部大幅放寬銀行增設分支及辦事處審核標準，每年最多可增設 3 處分行及辦事處，但最近一年中嚴重違規或經濟虧損者，不得增設。

行政院頒布〈證券投資顧問事業管理規則〉，開放證券投資顧問公司設立。

蘭陽地區豪雨成災，雨量高達 400 餘公釐，7,100 公頃稻田受損。
苗栗平峒礦區礦坑發生煤層陷落瓦斯外溢事件，5 名工人被活埋。
首座水力清流電廠併聯發電。工研院機械所完成首座機器人實驗室。

1983　11 月，財政部縮小《獎勵投資條例》中 36 萬元利息定額免稅範圍。
中央選委會指出，黨外中央後援會所提「臺灣前途應由臺灣全體住民共同決定」之共同政見乃違法行為。
立法院通過《廣播電視事業發展基金條例》。通過《國際金融業務條例》。
裕隆汽車公司投資的第國第一座車身壓造場在苗栗三義開工。
由王桂榮（1931 -2012）夫婦於 1982 年捐獻 100 萬美元，於美國加州蒙特利公園市設立的「臺美基金會」頒發第 1 屆人才成就獎。科技工程獎－廖述宗（1931 -2014，芝加哥大學生化教授）；人文科學獎－楊逵（本名楊貴，1906 -1985）、江文也（本名江文彬，1910 -1983）；社會服務獎－陳五福（1918 -1997）。

1983　12 月，經濟部將僑外投資大貿易商資本額由原定 4 億降至 2 億元。
另規定資本 1 億元以上廠商，強制提列研究費用。
第 1 屆立法委員第 4 次增額投票結果公佈，選出 98 位增額立委，中國國民黨籍獲 83 席。
省府表示，新竹市市長施性忠（1938 - ）就任以來言行乖張、處理公務曲解法令，有損政府形象，核定記大過 1 次處分。（12 月 29 日，新竹地方法院依侵占、圖利判處施性忠有期徒刑 1 年 5 個月，省政府未待上訴即將其停職。1984 年 6 月，新竹市長補選，施性忠再度當選。1985 年 7 月，最高法院判處施性忠 2 年 6 個月，褫奪公權 2

年定讞，被解除市長職務。）

宜蘭縣議會決議將縣長陳定南依涉嫌「瀆職及圖利他人」罪名移送法辦。（肇因於 8 月 29 日起宜蘭縣政府每天派遣 13 位臨時人員，分赴各水泥廠執行全天候駐場監測取締空氣污染，激化府會對立。）

財政部訂定 1984 年營利事業員工薪資水準，獨資合夥事業員工月薪，認定標準最高 4 萬元。

臺大醫院實驗診斷科宣告國內首次自體骨髓移植技術成功。

臺塑營業額破 1,000 億元，年成長率達 40%。

（美政府宣佈擴大紡織品進口限制。）

1984　1 月，高雄過港海底隧道貫通。美商麥當勞（McDonld's）登陸臺灣。中油宣佈四輕建廠完成，4 月開始生產原料。行政院通過工研院「超大型積體電路 5 年發展計畫」。工研院電子所開發成功 8 位元中央處理器。

總統蔣經國頒佈第 1 屆國民大會第 7 次會議召集令。

行政院新聞局宣佈專案准許進口 4 部日本影片，為自 1973 年禁止輸入日片以來首次開禁。

經建會審查通過，投資新臺幣 243 億 8,200 萬元，完成臺灣環島鐵路網計畫—興建南迴鐵路工程。另指出去年全年臺灣電子及其零件出口已超過紡織業，成為出口成長的第 1 位。

財政部決定營利事業提存職工退休基金，須撥 25%存指定銀行。財政部決定，各金融機構對單一工商企業授信額度，不得逾銀行淨值 10%。

【聯合國糧食農業組織（FAO）發表非洲有 24 個國家 1 億 5 千人

瀕臨饑餓狀況，特別是衣索比亞餓死 50 萬人，莫三比克 15 萬人。】

1984　2月，行政院通過自 2 月 13 日起解除重型車輛出口限制，進口稅率提高至 60%。

中國國民黨 12 屆 2 中全會推舉主席蔣經國為該黨中華民國第 7 任總統候選人，李登輝為副總統候選人。

行政院長孫運璿於 24 日罹病入院接受治療，院務由副院長邱創煥代理。

與美國食米外銷諮詢談判達成協議，今後 5 年臺灣出口糙米限 152 萬噸，自設限第二年起可彈性增加 10%。

澎湖航業公司所屬貨輪「馬公輪」碼頭卸貨時發生爆炸，造成 9 人死亡，3 人失蹤，20 餘人輕重傷。

1984　3月，經濟部長趙耀東宣佈實施局部、計劃性自由經濟政策，將逐漸取消保護，僅幼稚工業給予適當保護，以防止傾銷傷害。國貿局公告將原列有採購地區限制的 1157 節貨品，全部改為准許自由進口。農發會同意開放 91 節農水產及其加工品自日進口。

交通部宣佈中華航空公司自 4 月 12 日環球航線首航。

第 1 屆國民大會選出蔣經國為中華民國第 7 任總統，李登輝為副總統。

立法院改選正副院長，中國國民黨提名之正副院長候選人倪文亞、劉闊才分獲當選連任。

1984　4月，長庚醫院完成亞洲第一例人體胰臟移植手術。國內第一家製造光纖電纜製造廠華榮鋼鐵公司舉行生產開工。省府公佈〈臺灣省道路命名及門牌編定辦法〉。

美國國際貿易委員會裁定臺灣彩色電視機在美國市場傾銷，美國商

務部決定強制課徵反傾銷稅。

中華開發信託公司與工業技術研究院成立前瞻開發股份有限公司，並與國際商業機器股份有限公司（IBM）簽署為期5年的發展合約，專為 IBM 進行產品設計與發展的工作。

（美國總統雷根訪問中國。）

1984 5月，第一個公共電視節目在中國電視公司開播。

俞國華（1914 -2000）接任行政院長（任期：1984.6.1 -1989.6.1）。

「黨外公職人員公共政策研究會」（簡稱「黨外公政會」）成立。【費希平（1917 -2003）立委擔任第 1 任理事長、林正杰擔任秘書長。】

1984 6月，聯合簽帳卡開始全面使用。中國信託與國泰信託所簽發的信用卡即日起停止使用。

邱創煥任第 12 任省主席（6 月 9 日就職，任期：1984.6 -1990.6）。

北部地區連續 5 小時豪雨，雨量高達 200 多公釐，29 人死亡，5 人失蹤，房屋倒塌 13 棟，橋樑沖毀 5 座。臺北市景美發生瓦斯爆炸案，8 人死亡，9 人輕重傷。臺北縣土城海山煤礦災變，74 人死亡。

行政院通過基本工資調整案，每月為 6,150 元。並通過〈平衡稅及反傾銷稅課徵實施辦法〉，以因應貿易自由化及低關稅時代的來臨。

中共中央軍事委員會主席鄧小平提出「一個國家，兩種制度」（一國兩制）。

1984 7月，臺灣電力公司核能部門成立。臺電核能二廠、三廠發生故障，造成戰後以來最大電力跳脫事件。核三廠 1 號機開始商業運轉。（核三廠於 1978 年 4 月開始建造，1 號機於 1984 年 7 月 27 日啟用商轉，2 號機於 1985 年 5 月 18 日商轉。建造費用 947 億元。現有運轉執

照期限分別為 2024 年 7 月 26 日及 2025 年 5 月 17 日。）

《優生保健法》7 月 9 日總統公布，1985 年 1 月 1 日施行。廢止〈臺灣地區家庭計畫實施辦法〉。

央行指出臺灣公民營企業資本流動，出現近 20 年來僅見淨流出，有助減輕貨幣供給壓力。

臺北縣瑞芳煤山煤礦於 7 月 10 日起火燃燒，造成 103 人死亡。經濟部通令全省各煤礦至少暫停開採一天，以實施全面性安全普查。

立法院通過《勞動基準法》，300 多萬勞工基本生存權工作權獲得保障。強制規定所屬行業，雇主必須設立退休制度，以及基金之提撥保管與運用等規範。（至 2018 年 1 月底，其間經過 18 次修正）

宏碁電腦公司開發的 16 位元電腦登陸美國成功。

銀行公會決議對外營業延長半小時，週一至週五延時至下午 4 時，週六維持原至中午 12 時。

蔡溫義獲奧運舉重銅牌。

1984　8 月，臺灣成棒隊獲奧運表演賽銅牌。中華青棒隊在世界青棒錦標賽中奪得冠軍，衛冕成功。

美麗島事件林義雄、高俊明、許晴富及林文珍獲得減刑，假釋出獄。

經濟部「汽車工業發展方案」，採限制進口以扶植自有零件工業，8 年後以 30％關稅開放汽車進口。

1984　9 月，行政院農業委員會成立。（由行政院農業發展委員會與經濟部農業局合併改組）

行政院通過大汽車廠合作案建議，決定中止與豐田汽車公司合作設廠計劃。發佈修正策略性工業之適用範圍。

行政院通過「自然生態保育方案」確立自然生態保育政策。

財政部增列第二類股票上市公司、全國 500 企業等三類公司，可發行免保證商業本票。另公佈修正〈海關管理保稅工廠辦法〉，保稅工廠駐廠制度將在三個月內全面撤銷。

央行決定將黃金、白銀排除於外匯定義範圍之外，不再受《管理外匯條例》規範。1986 年 5 月，立法院通過修正《管理外匯條例》將黃金、白銀排除於外匯之外。

1984　10 月，警總宣佈開放部分山地管制區為遊覽區。

首座抽蓄水力發電廠－明湖抽蓄水力發電廠第 1 部機組併聯發電。

經濟部發佈臺灣地區能源政策，將續發展核能發電。

行政院長俞國華指示將「香港小組」層次提高，由各有關部會首長參加，並由副院長林洋港擔任召集人。

縱貫鐵路永康段發生南下北上兩列火車相撞事件，3 人受傷。

作家劉宜良（1932 -1984，筆名江南，著《蔣經國傳》）在美國舊金山自宅遭槍殺死亡。

醫學界共同發表聲明，建議將傳統死亡定義規定改為腦死。

央行決定銀行放款基本利率制度自次年元月起開始實行。

中華成棒隊獲得第 28 屆世界杯亞軍，為棒運史上最輝煌紀錄。

中正國際機場過境旅館落成啟用。（2004 年 1 月不堪虧損結束營業）

劉宜良在美國遇刺
自宅車房遭兩殺手狙擊
身中三槍被害原因不明

蔣經國傳

【本報舊金山十六日專電】前台灣日報駐華府特派員劉宜良（筆名江南），於十五日在舊金山附近的大雅市自宅車房被二名歹徒槍殺，身中三槍斃命。

分屍們準備到漁人碼頭店裡，隨後即帶出三聲槍響，她跑進察看，發現丈夫倒在血泊中不省人事，經報案後，由救護車將他送往醫院，但仍不治死亡。

根據劉妻指證，案發當天上午，有兩名男子駕車近徘徊，兩人均穿運動衫，並將遮風帽蓋在頭上，因此他們無法辨認出他們的模樣。

現場調查後，警方在兒案發現兩名兇手是先將汽車停在附近，而以單車做為犯罪的交通工具，兇手行兇後將單車自巷口內逃出，並騎進一條巷子內，汽車也隨即開走。

劉宜良被槍殺後，兇手身上的證件及證包均付之一炬，他的親友認為兇手並非是現財，不過，警方已廣泛蒐集線索，全力偵辦中。

劉宜良原籍江蘇，現年五十的劉宜良是在一九六七年擔任台灣日報駐華府特派員，後來改行移居舊金山在漁人碼頭經營禮品店。

劉宜良的妻子崔蓉芝在兒案發生後，向警方描述說：當天上午，她先開車送逸小孩上學，回家後將車子停入車房，如往常一樣進來將車房門關上。九時廿

自宅車房被槍殺，一槍擊中頭部，兩槍擊中胸部，被害原因不明，兩名歹徒在行兇後逃逸。

「江南案」緣起於原名劉宜良（左上圖，1932-1984）撰寫《蔣經國傳》（左下圖為後來出版之封面），圖示為劉宜良遇刺當時報紙之報導。

1984　11月，經濟部推動超大積極電路等16項重要科技研究，研擬高科技工業大型投資計劃。

國安局策劃實施一清專案掃黑。

央行核定銀行業存、放款利率選擇性降低，下限一律降低0.25%。

（日本發行新鈔，計有10,000圓、5,000圓、1,000圓三種。雷根連任美國總統。）

1984　12月，國貿局、工業局同意開放重車進口。

臺灣人權促進會12月10日成立。臺權會係為救援政治犯、黑名單，爭取言論自由、結社自由，要求解除戒嚴、平反228事件之目標而設。成立緣由乃係鄭欽仁（1936 - ）接受林鐘雄（1938 -2006）之提

議所推動*。首任會長為江鵬堅（1940 -2000）。

臺北縣三峽海山一坑煤礦發生災變，93 人喪生。省礦務局調查指出，全省 104 個煤礦有 77 個礦場表示願接受政府輔導關閉。

行政院發佈修正〈工業動員辦法〉。

央行決定銀行放款實施單一基本利率，臺銀等 5 家下月起公開掛牌。

立法院通過修正《獎勵投資條例》。

俞國華在中國國民黨中常會提「十四項重要建設計畫」報告。

林鐘雄、鄭欽仁長期投入臺灣民主運動，其中，推動人權運動並促成在當時保守環境下成立「臺灣人權促進會」，並時常參與相關主題之研討會。
左圖為林鐘雄，右圖為鄭欽仁、鄭美惠夫婦。

十四項建設

十四項建設是繼蔣經國「十大建設」及指示規劃之「十二項建設」（次年由孫運璿院長執行）之後，於 1984 年俞國華院長提出推動的系列大型

---

* 林鐘雄在臺灣民主運動進展的角色，參閱彭百顯總編輯，《自由之花：林鐘雄回憶錄》（臺北：民報文化事業，2015）。

基礎設施建設：

1. 中鋼三期擴建
2. 電力擴建（核四廠）
3. 石油能源重要計畫（開發油氣能源）
4. 電信現代化
5. 鐵路擴展計畫
6. 公路擴展計畫
7. 臺北市鐵路地下化
8. 建設臺北地區大眾捷運系統
9. 防洪排水計畫
10. 水資源開發計畫
11. 自然生態保育與國民旅遊計畫
12. 都市垃圾計畫
13. 醫療保健計畫
14. 基層建設計畫

1985　1月，「大家樂」風行全國。

　　　總統令公布《存款保險條例》，保障金融機構存款人權益，維護信用秩序，促進金融業務健全發展。並由財政部會同中央銀行共同出資設立存保公司，專責辦理存款保險。（中央存款保險公司籌備小組於4月27日成立，9月7日取得公司執照，9月27日正式開業。）財政部關政司為配合5年取消退稅方案，預定從1985年4月1日開始，全面實施退繳分離制度，並對鉅額沖退稅出口物加強抽驗。三家電視臺延長電視節目播出時間，每日中午至午夜都有節目播

出。

89 名立法委員針對財政部頒行信託投資公司管理規則，准許信託公司收受不定期資金一事，聯名提出質詢。

新修訂的美國普遍化優惠關稅制度（GSP）生效，實施期限 8 年 6 個月，至 1993 年 1 月 4 日終止。臺灣約 8 至 9 億美元的產品將喪失免稅待遇。

經建會通過「汽車工業發展方案」，規定自製率前 3 年為 70%，後 3 年為 50%。次月，行政院通過。

馮滬祥（1948 -）控告《蓬萊島雜誌》社發行人黃天福、社長陳水扁、總編輯李逸洋（1955 - ）涉嫌誹謗案宣判，黃天福、陳水扁、李逸洋等三人各處 1 年徒刑。（1986 年 5 月 30 日，高等法院改判三人各處 8 個月有期徒刑，並喪失參加該年年底的公職人員選舉資格，三人入獄服刑。誹謗案起因於《蓬萊島雜誌》刊載指摘馮滬祥所著《新馬克思主義批判》一書為「以翻譯代替著作」。）

諾貝爾和平獎得主德雷沙修女（Mater Teresia，1910 -1997）來臺訪問。

美國電報電話公司（AT&T）與電信總局、交通銀行、耀華玻璃公司合組成立「美臺電訊股份有限公司」，由方賢齊（1912 -2015）擔任董事長。

經建會同意紓解唐榮不銹鋼廠財務困境，所積欠行庫 40 餘億債款 3 年內不必償還利息。

（聯合國年度人口報告指出，世界人口將由 1985 年初之 48 億，以每 10 年增加 8 億之速度成長。）

大家樂

　　大家樂是 1980 年代盛行於臺灣的一種非法賭博方式。

　　投注的方法類似歐美式的樂透、香港的六合彩。民眾至各地簽賭站投注，在 00 和 99 中間，一注可選取 5 -10 個不同的 2 位數字，投注若干金額，與開獎之號碼相符越多者彩金越高。開獎的號碼起初依附於臺灣銀行發行之愛國獎券，愛國獎券停止發行後改依香港之六合彩搖獎號碼。

　　最風行之時為 1980 年代中期，由於經濟蓬勃發展、外貿出超，民間游資泛濫，在金融管制下，金融機構與金融工具投資管道相當有限，一般民眾為求致富，便大力投入各種地下經濟。當時無論士農工商、販夫走卒，甚至企業家、政治人物、公務人員紛紛投入簽賭。民眾篤信中獎號碼稱為「明牌」，一時「明牌」之風吹遍全臺灣。

1985　2 月，行政院通過「玉山國家公園計畫」，為臺灣第 2 個完成規畫的國家公園。

　　　財政部核定臺北市第十信用合作社經營不善，處以停業 3 天處分。宣佈臺北市十信現任及前任理監事，限制出境及禁止財產移轉。並由合庫接管。（1986 年 1 月，十信社員代表大會決議，十信資產與負債由合庫概括承受。1986 年 12 月結束營業，本月 8 日起改隸合作金庫。）次月，財政部宣佈由交通銀行、中央信託局、中國農民銀行組成銀行團，接管受十信弊案波及的國泰信託投資公司。

　　　銀行公會決議自 3 月 1 日起實施銀行放款基本利率制度。

1985　3 月，立法委員蔡辰洲（1946 -1987）因涉嫌十信弊案被收押。次月，臺北地方法院判決十信弊案主嫌蔡辰洲違反票據法部分判刑 15 年。6 月，臺北地檢處偵結十信弊案，87 名被告提起公訴。

經濟部部長徐立德（1931 -）辭職，由李達海（1919 -1994）接任。

央行核定全面調低銀行放款利率0.25%。

60 餘位立委向行政院提出書面質詢，表明反對興建核四廠。

臺灣出現第 1 名 AIDS 病例（患者係過境旅客）。

3 月 28 日，美麗島事件受難者呂秀蓮以甲狀腺癌惡化獲准保外就醫。

3 月 31 日，施明德在獄中發表絕食聲明，決定自 4 月 1 日起無限期絕食，向朝野做悲慟的死諫。（9 月 1 日，絕食 133 天的施明德，在強制灌食及國內外關心人士的救援之下停止絕食。）

臺北十信案

十信案係發生於 1985 年的經濟犯罪事件。本案背景係政商勾結。

臺北十信理事主席自 1957 年起均由國泰集團的蔡萬春家族擔任。1982 年蔡萬春之子蔡辰洲當選立法委員，結合增額立委，與劉松藩、王金平、洪玉欽、謝生富、李宗仁、李友吉、林聯輝、蔡勝邦、吳梓及蕭瑞徵等立法委員組成「十三兄弟」派系，遊說「合作社理、監事可無限制連選連任」以及「信託投資公司可承辦銀行業務」。1983 年，財政部進行一般金融事務檢查時發現臺北十信有不正常貸款現象，由於不良放款跳升，因此派員進駐輔導；1984 年 10 月，財政部督促臺北十信限期改善，然而情況並無好轉。

1985 年 2 月 9 日，臺北十信放款總額占存款總額之比率高達 102%，顯示已無放款能力；各分社都受到嚴重的擠兌，財政部為保障存戶合法權益、穩定金融秩序，明令臺北十信停止營業三天，由合作金庫暫為接管，嚴加清查整頓。在主管機關督導下，1985 年 2 月 18 日社員大會委託合作

金庫代管，蔡辰洲以違反《票據法》遭收押，累計刑期達 670 年。

1985　4 月，臺南市帝王大飯店發生大火，25 人死亡，12 人重傷，財物損失超過 1,000 萬元。高雄縣鳳山信用合作社五甲分社運鈔車被劫，共損失現金 201 萬元，支票 4,700 餘萬元。中華航空公司國內北高線班機遭劫機，被脅迫改航；後劫機者經制伏，原機返抵臺北。

工研院發表開發成功非晶矽太陽能電池。

臺灣第 2 座國家公園玉山國家公園管理處成立。

1985　5 月，基隆定遠航業公司所屬「金鴻號」貨輪在羈留中國大陸 14 天後，獲釋返抵臺中港。

行政院長俞國華指示經濟部暫緩興建核四廠。

行政院經濟革新委員會成立。（為低迷的經濟景氣和民間投資意願尋找對策，4 月 25 日，行政院長俞國華召集財政首長座談，決定設立經革會，半年為期，提具體改革建議；5 月 2 日，通過委員會組成名單及設置辦法；5 月 -11 月經革會共通過 56 項建議方案，其中 54 案行政院核定送各有關機關辦理，11 月 5 日，經革會結束。）

因抗議省政府委員會未遵照省政府組織法而多出 12 位省府委員，省議會仍表決通過其超額超列部份之預算，14 位黨外省議員因此宣佈集體辭職。邱連輝（1932 -2010）因黨外省議員集體辭職之事而請辭屏東縣長。

行政院通過「陽明山國家公園計劃計畫」，為臺灣第 3 座國家公園。9 月 16 日，陽明山國家公園管理處成立。

1985　6 月，楊鐵工具工廠停工，楊鐵股票暫停買賣。榮總完成國內首件兒童肝臟移植。首家房屋仲介公司：太平洋房屋公司成立。

經濟部 7 月 1 日起停徵棉紡業外銷研究改進基金。

第30屆亞太影展，侯孝賢（1947 - ）以《冬冬的假期》獲最佳導演獎。

央行核定銀行存款利率降低調整方案，降幅0.25或0.5個百分點。

臺北縣三峽海山一坑煤礦再度發生災難，7死18傷，67人及時救出。

行政院核定自6月24日起證券交易稅停徵半年。

1985 7月，總統蔣經國指示，中小學教師及軍人免納所得稅之規定不宜變更。

臺北新火車站動工。臺鐵南迴線卑南－知本間，通車營運。（1988年1月，知本－太麻里間通車營運。1992年10月，南迴鐵路枋寮－臺東全線正式營運。）

核三廠發電機組氫氣外洩因而機房起火燃燒發電機毀損。

立法院通過《動員戡亂時期檢肅流氓條例》。

行政院核定實施工商紓困方案，放寬融資，工業油電降價。

第2屆世界運動會空手道比賽，臺灣女選手共獲2面銀牌、1面銅牌。東園國小棒球隊獲得第3屆世界少年軟式棒球錦標賽冠軍。

1985 8月，內政部決定自1985年度起停止徵收臺北市及高雄市空地稅。

行政院核定「電信現代化計劃」。電信總局開辦電傳視訊。

行政院廢止《利率管理條例》，實行存款利率自由化。央行宣佈基本放款利率制度9月1日起全面實施。央行解除外匯外幣存款利率限制，依國際行情逐日浮動。

世運會女壘賽，中華女壘贏得亞軍。屏東美和隊獲世界青少棒賽衛冕冠軍。

內政部取消紡織成衣電子業女工夜班工作限制。

總統蔣經國接受美國《時代》（Time）雜誌訪問，指出國家元首依憲法選舉產生，下一任總統未考慮由蔣氏家族人士繼任。12月，總

統蔣經國於 1985 年行憲紀念大會中，指出下任總統必依憲法產生，其家人「不能也不會」競選總統；並指出不會實施軍事統治。

省政府調查，全省不適用教師共計 957 人。

明湖抽蓄式水力發電廠興建工程完工，總工程費約 300 億元，9 月投入商業運轉，後併入大觀發電廠旗下進行營運與管理，明湖抽蓄水力發電廠改名為「大觀發電廠大觀 2 廠」。

美國杜邦公司決定投資 1.6 億美元在彰濱工業區生產二氧化鈦。事件披露後，引發當地居民強烈反彈。（1986 年 10 月，彰化縣公害防治協會成立，以各種抗爭手段抵制杜邦設廠。1987 年 3 月，杜邦公司宣佈取消在鹿港設廠計畫。）

（日本航空客機墜毀於群馬縣，共 520 人死亡，4 人生還。）

1985　9 月，副總統李登輝赴哥斯大黎加、巴拿馬、瓜地馬拉三國訪問。

臺灣第 1 位試管女嬰誕生。佛光山星雲法師（1927 - ）退位住持。

電信總局「國際銀行跨行作業連線資訊網路系統」開放使用。

經濟部修正大宗物資進口辦法，採取「有限度自由申報，聯合採購」方式。自 1986 年 1 月 1 日試辦 1 年。

第 29 屆亞洲田徑賽中，中華隊古金水（1960 - ）、李福恩（1964 - ）分獲 10 項比賽金、銀牌。

臺北地區及桃竹苗發現餿水浮油變造食用油弊案。

中央存款保險公司開業，主要辦理存款保險、檢查金融機構、輔導問題金融機構及處理停業金融機構等四項重要職責。

1985　10 月，央行外匯存底突破 200 億美元。關渡自然公園成立。

IBM 臺灣公司完成 38 型與中文電腦模擬主機的連線功能。

教育部訂定《語文法》草案，規定公開演講、公務交談，應使用標

準語文－國語。

黨外選舉後援會擬訂參選共同政見為「新黨・新氣象・自決・救臺灣」。

1985　11月，新加坡總理李光耀（1923-2015）訪臺。國際教育研究所報導，臺灣留美學生居世界第 1 位。花蓮木瓜溪之龍溪水力發電廠完工。

行政院通過，自 1987 年 7 月起臺灣省及臺北市 9 所師專改制為師範學院。

央行核定自 1986 年 1 月開始實施「存款利率自由化」。

行政院通過「信託投資公司經營改進方案」。

第 10 屆縣市長、省市議員選舉投票，中國國民黨在 21 個縣市長席次中，獲得 17 席，無黨籍獲 4 席。警總宣佈將涉嫌本月 16 日地方公職人員選舉開票後，由新竹市市長落選人施性融率領至選委會抗議之群眾 10 人移送偵辦。余陳月瑛（1926-2014）當選臺灣第一位女縣長（高雄縣）。臺南縣長落選人陳水扁之妻吳淑珍（1953-）在臺南縣關廟鄉謝票時遭車禍重傷。

中華成棒隊獲得 1985 年國際棒球邀請賽冠軍。

經濟部商定紡織品配額重分配公式，高單價 50%，汰舊更新 15%，非設限地區 30%，自創品牌 5%。次月，經濟部發佈〈紡織品計劃性配額重新核配實施辦法〉。

中船公司宣佈基隆廠、高雄廠及臺北公司裁員 1,400 人。

黨外元老黃順興（1923-2002）經日本前往中國大陸。

【亞洲開發銀行（ADB）宣佈受理中華人民共和國之入會申請。】

1985　12月，電影分級制度正式實施。龍應臺（1952-）《野火集》出版。

財政部決定，證交稅續停徵至 1986 年 6 月 30 日。

省議會第 8 屆議員宣誓就職；高育仁、黃鎮岳分別當選正副議長。北、高兩市新任市議員宣誓就職；張建邦（1929 - 2018）、陳田錨（1928 - 2018）分別當選兩市市議會議長。

工研院宣佈開發成功 32 位元微電腦原型。1987 年 5 月，宏碁電腦公司宣佈開發完成 32 位元超級個人電腦。

臺北世貿中心展覽大樓啟用。阿里山祝山鐵路完工，1986 年 1 月通車。臺北市全面實施夜間收集垃圾。

1986　1 月，行政院「整頓市場交易用衡器計劃」實施，公制衡器開始全面使用。北迴鐵路宜蘭線段完成雙軌通車。

行政院通過「製造超大型積體電路（VLSI）計畫」，奠定臺灣半導體技術發展根基。

央行開始實施存款利率自由化。央行表示銀行放款最低利率自 20 日起調低，短期及中長期各降 0.25 百分點。國內各金融機構開始實施存款利率自由化。

內政部宣佈蘆洲鄉李氏古厝成為臺灣第一座列入古蹟保存的古宅。

衛生署表示，自 1984 年 1 月到 1986 年 1 月上旬，臺灣地區新生兒罹患先天性甲狀腺低能症的比例居世界第一。

經濟部全國公司總校正結束，下令解散 11 萬餘家公司。行政院統計，臺灣全部國營事業總資產，突破 3 兆元。

1986　2 月，全省各縣市議員及鄉鎮市長選舉。

高雄美麗島事件受刑人陳菊等 12 人獲假釋出獄。

日本京都地方法院宣判，京都光華寮學生宿舍產權為臺灣政府所有。（為無邦交國家創先例）

屏東縣萬丹鄉農會運鈔車遭劫 250 萬元。華航 B1870 班機在馬公北

方海面失蹤（3月10日宣佈墜海失事）。

經濟部通過日本豐田公司在臺的投資案。宣佈降低各類油品售價，汽油降一成，其餘 2.7 -3.9%。

經建會通過大眾捷運系統和中運量系統的綜合計劃，決定在大臺北地區興建四條捷運系統。

1986 3月，央行各項貼放利率降 0.5 個百分點，新增郵儲回存比例提高為 70%。央行大規模干預匯市，買進 1 億 5,000 萬美元，經緩和臺幣漲勢。

強烈寒流造成南部農漁業災情慘重，損失約 1 億 9,000 萬元；省府決定提供貸款減免。

臺灣蝴蝶蘭首度進入歐洲花卉市場。

國道 3 甲西起臺北端東迄深坑端，長約 5.6 公里，設置 1 處交流道，於 3 月 21 日全線通車。

1986 4月，加值型營業稅正式實施。【新制營業稅係以加值額為稅基，取代舊制按照營業稅總額之課徵，為前行政院賦稅改革委員會（第一次賦改會）於 1969 年創議，研究規劃時間前後長達 17 年之久，歷經財政部 7 任部長，於 1985 年 11 月完成修法，1986 年 4 月 1 日開始實施。】

高雄縣出現綠牡蠣現象，經水產試驗所化驗小組證實為二仁溪工業污染。臺北縣萬里鄉核二廠二氧化碳外洩，6 名員工中毒送醫急救。經建會決議臺灣西部不再設水泥廠，並將在花蓮地區設水泥專業區。

高雄市開始實施家戶垃圾分類計畫，為國內首先實施的城市。

1986 5月，臺灣民主黨建黨委員會在紐約市成立。

環保署發表 1985 年臺灣省 21 條河川污染度，以大漢溪居首，鹽水溪、二仁溪居次。

原定由新加坡樟宜機場經曼谷廊曼機場、香港啟德機場至中正國際機場的華航編號 B -198 貨機，在 5 月 3 日遭機長王錫爵劫持到廣州白雲機場。王錫爵要求中華人民共和國給予庇護。兩岸兩航空公司並因此而展開四次會談達成協議。（為兩岸首次之公開交流正式實質接觸協商。）中華航空公司客機劫機事件，經雙方華航與中國民航雙方交涉，副機長董光興、整備人員邱明志送返臺灣、機身並經由香港送回臺灣，機長王錫爵則留於廣州。

中國國民黨三人溝通小組與黨外公政會 7 名成員在陶百川（1901 -2002）等人邀請下首次進入政治溝通。由顏錦福（1938 -）、江鵬堅、周伯倫（1954 -）發起的黨外公政會臺北分會 5 月 10 日成立，為第一個成立的黨外公政會分會（陳水扁任理事長）；5 月 17 日，黨外公政會臺北市第二個分會「首都分會」成立（康寧祥當選理事長）。黨外「519 綠色行動」於萬華龍山寺舉行要求解除戒嚴。李文忠（1958 -）退學案臺大召開臨時行政會議仍決議予以退學。

臺灣發生 5.8 強震，造成 1 死 5 傷，蘇花公路嚴重坍方。

美國眾院通過《貿易綜合法案》，要求臺灣及日本等國逐年減少 10%的對美貿易順差。

新竹縣新埔鎮瑞豐農藥公司農藥外洩，造成附近百餘民眾出現頭暈嘔吐症狀。南投縣竹山鎮太極峽谷發生山崩，29 名遊客罹難。高雄籍的魷釣漁船憲德三號與啟富六號於南太平洋福克蘭群島公海遭阿根廷軍艦攻擊，造成 1 死 3 傷。

1986　6 月，中油自本日起，選定高速公路、臺北、臺中、高雄等 13 處加

油站供應無鉛汽油。

黨外公政會中市分會成立。黨外公政會屏東分會成立。

與荷蘭飛利浦公司正式簽訂超大型積體電路計劃合約。

立法院通過修正《關稅法》，進口貨完稅價格以交易價格為計算基礎。通過修正《平均地權條例》，地價稅率降為 1%，自宅稅率降為 0.3%。通過修正《票據法》，票據刑罰將自 1987 年 3 月起廢止。

財政部國庫署表示：公保制度實施 12 年以來累計虧損達 59 億餘元。第一商銀爆發貸款弊案。

美國眾議院外交委員會亞太小組與人選小組共同決議要求中國國民黨政府「容許新政黨成立」。

1986　7 月，錄放影機全面開放進口。經濟部同意六經興建開放民營。首批國產福特汽車準備外銷加拿大。

臺北縣萬里鄉核能二廠變壓器發生爆炸，造成兩技工重傷。高雄市皇都大飯店發生大火，造成 7 死 8 傷慘劇。

1986 年國建會揭幕。南投縣魚池鄉「九族文化村」開幕啟用。

央行核定出進口外匯由許可制改為申報制，自 8 月 18 日實施。行政院依總統蔣經國指示，因外匯存底過多，宣佈放寬外匯管制。

1986　8 月，行政院核准空中大學成立。交通部宣佈計程車新處理政策，寄行車申請個人經營將接受分段受理。

第 29 屆世界盃棒球賽，中華隊獲得亞軍。臺北華興青少棒隊獲得 1986 年世界青少年錦標賽衛冕冠軍。臺南公園少棒隊獲得 1986 年世界少棒錦標賽冠軍。

財政部宣佈自 10 月 1 日起完全取消關稅完稅價格表，美方亦同意停止進行有關《301 法案》的報復措施。財政部決定全面降低關稅

十項原則，大幅降低稅率上限，減稅貨品達 1,300 項，取消按內銷比率課稅制度，外銷不再沖退。

黨外公政會首都分會在臺北市金華國中舉辦「促進組黨說明會」。

黨外公政會與編聯會在臺北市中山國小舉行「行憲組黨說明會」。

停放在高雄港大仁宮拆船碼頭之卡那利號油輪廢船爆炸，造成死亡 18 人，失蹤 3 人，受傷者近百人。韋恩颱風三度侵襲臺灣，造成嚴重災情，死亡 52 人，失蹤 24 人，輕重傷 310 人，財物損失逾 100 億元。

臺北市圓山動物園關閉，停止開放。次月，臺北圓山動物園動物搬遷至木柵新園。

王瀚成功游過直布羅陀海峽，為第一個游過此海峽的華人。

| 1986 | 9 月，高雄市萬壽山 356 高地發生嚴重山崩，坍方面積達數十公頃，臺泥公司高雄廠部分廠房被埋，有 4 名工人失蹤。艾貝颱風過境，造成 11 人死亡，2 人失蹤，38 人輕重傷。 |

《時代》雜誌刊登黨外編聯會「組黨工作小組」研擬之黨綱草案。

經濟部同意核准臺塑集團投資第六輕油裂解廠計劃。

國立中央圖書館新館啟用。（1996 年 1 月 31 日更名為國家圖書館）

28 日，黨外後援會推薦大會於圓山大飯店舉行，132 位與會人士簽名發起建黨，民主進步黨正式成立。（民主進步黨是戒嚴下臺灣第一個成功創立的政黨。1949 年 5 月 19 日臺灣開始實施戒嚴，依《戒嚴法》第 11 條規定，戒嚴地區之最高司令官有權「停止集會結社及遊行請願」【附錄 10】，臺灣開始黨禁。蔣經國總統於 1987 年 7 月 15 日宣布臺灣地區解除戒嚴令，黨禁解除。）

黨旗的奧秘：民進黨的潛意圖是什麼？

　　民進黨的黨旗是由「十字」、「綠色臺灣」，以及「白底」三種臺灣區塊競合政治的內容所構成。其中，「十字」居中分隔「白底」為四個區塊角落；而「綠色臺灣」置於「十字」的中央。主要訴求為：「臺灣已走到歷史的十字路口，標榜進步環保，追求綠色臺灣。」政治意涵明確，感動很多具本土意識的臺灣同胞。

　　這幅旗幟隱含玄機、奧秘，這是誰設計的，為什麼用「十字」，都讓後人好奇。由十字區隔出來的四個區塊，註定民進黨派系林立，分別據地為王，尤其，綠色臺灣背後那個「十字」究竟代表什麼？真的是代表：臺灣在歷史的十字路口？

　　眾知，基督教徒信仰耶穌基督為神為救世主，十字是基督教的重要信仰的標誌。有一天，臺灣終會是基督教的國度，或是基督文化的國度？民進黨旗透露："They will be."？！

　　民進黨黨旗中的十字意義，究竟是：民進黨背負臺灣的十字架，還是

臺灣走在歷史的十字路口？民進黨的答案是什麼？臺灣永遠走在十字路口，還是恆常背著十字架？抑或兩者皆具？

三十年前，當時，旗樣設計者歐秀雄在周清玉授意下為民進黨繪製黨旗初稿二幅，而在其一用大拳頭刻意被淘汰，但另一卻存凸顯深富基督教意義的臺灣「米」字旗（民進黨十字黨旗的原稿），本就隱藏著設計者基督徒濃厚的基督教符號意圖。歐秀雄設計米字旗初稿之意義，與相輝印早期第一個皈依基督教，也下令改其為國教的羅馬君士坦丁大帝所使用基督教「凱樂」符號（由 P 及羅馬數字 10「Ｘ」）組合成就有類似的「米」字，而有異曲同工之妙，皆含基督教之象徵。

當今英國及大不列顛國協國家的國旗，就堂堂把「米」字位列在其中，也突顯基督教意義。另其他許多歐洲國家的國旗，就正式的把象徵基督教的「十字架」的標誌用在旗幟之上。英國國旗之「米」字，其實就是凱樂標誌的「Ｘ」及「十」字這兩種基督教符號的結合體。歐秀雄設計這面民進黨旗的用心，豈非昭然若揭？顯然，民進黨十人決策小組多人具基督教意識，他們有意把象徵基督教符號隱藏在民進黨旗，而卻另謂臺灣位「在十字路口」？實在耐人尋味。

由於民進黨旗具有基督教十字架文化意涵，無怪乎一些身為基督徒的政治人士，就很熱衷引領臺灣與民進黨發展，他們希期向基督文化靠攏。他們心中有夢，希望在民進黨領導下的臺灣，有一天也是基督教文明的王國。歷史可鑑，由近三、四十年的臺灣政治發展，基督教長老教會於 1971 年提出「國是聲明」，其後，又陸續推出的「臺灣人民自決運動」、「臺灣主權獨立宣言」、「新而獨立的臺灣聲明」、「公義與和平宣言」，其政治關係莫不與民進黨之運作有關，亦皆深深影響民進黨之主張及走向。

回顧基督教文化的對外擴張歷史，除了在政治上，各基督教帝國政權的武力擴張，以及基督教征服世界的開始十字軍東征之強力政治性訴求；而在經濟上，挾帶傳佈基督教責任，自16世紀航海時代殖民政權，以葡、西、荷、法、英等帝國，最為積極向外新世界謀取財富與擴展基督教文化。尤其，到20世界曾號稱「日不落國」的英國大不列顛帝國，更是把帝國的影響力伸到全球各地。

　　值得關注的，支持其擴權的重要動機，到底是什麼因素讓小小英倫島國致力其政經實力以稱霸世界？促使英國站上全球尖峰的關鍵領導則是女王伊莉莎白一世時代（1558-1603），而說服她採取如此走向最重要的說帖，就是地理學家哈克盧特之《論西方殖民》（1584）著作，其中，與基督教有關支持殖民的論詞：殖民可「改變異教徒的信仰」，可「促成基督福音的傳播範圍，進一步擴大」之用意。伊莉莎白一世接受殖民擴張的建言，批准了「殖民公司」之特許，於是而有「東印度公司」等之向外殖民政權之建立，把大不列顛聯合王國推向另一個盛世，英國米字旗的標誌遂在全球土地上飄揚。

　　自16世紀荷蘭殖民臺灣派遣傳教士宣傳基督教文化，以至20世紀基督徒歐秀雄設計民進黨旗原稿的「米」字意涵，以及後來民進黨諸君決定之民進黨黨旗上的「十字」路（架）本義，政治上意圖在臺灣扮演「基督福音傳播」，其潛意甚明，惟卻也難摒除有些人在政治上有教教相護，爭實質主導，暗裡排拒非基督教徒之行為。

1986　10月，行政院宣佈，黃金買賣解禁，開放進口，出口將繼續管制。
　　　　與美國於華府簽定《中美5年穀物協定》。

中國國民黨決定於 1986 年中解除戒嚴令之各項方針。總統蔣經國接受美國《華盛頓郵報》及《新聞週刊》訪問時宣稱，臺灣將在近期內解嚴及開放黨禁。中國國民黨中常會通過「動員戡亂時期國家安全法令」「解除戒嚴令」及「動員戡亂時期民間社團組織」「開放黨禁」兩項革新議題。

中華空手道代表隊於第 8 屆世界錦標賽中奪得女子「型」團體賽金牌。

中橫公路發生遊覽車墜崖事件，42 人死亡。

行政院通過太魯閣國家公園計畫，成為臺灣第 4 座國家公園。11 月 28 日，太魯閣國家公園管理處成立。

央行宣佈放款利率下限調低 0.5%。

行政院決定，自 11 月 1 日起基本工資由每月 6,150 提高至 6,900 元。

財政部准許外銀設第 2 家分行，並准吸收 6 個月以上存款。行政院通過黃金進口及買賣管理辦法。自 11 月 1 日起黃金可自由買賣。

李遠哲（1936 - ）獲諾貝爾化學獎（12 月返臺）。國人生產裕隆「飛羚 101」上市。

| 1986 | 11 月，苗栗縣通霄鎮勳億協爆竹廠發生爆炸事件，造成 4 死，30 餘人受傷。高雄縣大寮鄉民為抗議大發廢五金專業區垃圾起火冒煙污染環境，對鎖工業區大門，堵死通路以禁止車輛進出。 |

工研院電子所宣佈開發成功 32 位元個人電腦，將儘速技術轉移使商品化。

臺塑董事長王永慶 11 月 6 日宣布投資 400 億元在宜蘭利澤工業區設置六輕（第六套輕油裂解廠）。（因宜蘭人持續反六輕高污染性工廠興建的環保運動，1991 年 6 月行政院核定六輕設雲林離島工業

區。）

民主進步黨 11 月 10 日召開第 1 屆全國黨員代表大會，通過黨章、黨綱及紀律仲裁辦法等議案，並選舉江鵬堅為第 1 屆黨主席（任期：1986.11.28 -1987.12.20）。

蔣宋美齡（1898 -2003）離國 11 年後重返臺灣。

省議會決議請省政府立即停止愛國獎券之發行，以有效遏止大家樂。

立法院通過廢止《最低工資法》。事業單位開始提撥勞工退休準備金。

許信良、謝聰敏、林水泉等 11 月 30 日從日本成田機場準備搭國泰班機闖關回臺。（為迎接「黑名單」人士闖關返鄉，上萬人前往桃園機場接機。軍警鎮暴部隊出動嚴陣以待，引爆流血衝突。許信良等人遭拒絕登機無法回臺。這場「桃園機場事件」帶動當年名列黑名單的海外菁英陸續闖關返臺。）

1986	12 月，1986 年比利時布魯塞爾世界發明展覽會臺灣獲得 16 面獎牌。

1986　12 月，1986 年比利時布魯塞爾世界發明展覽會臺灣獲得 16 面獎牌。

第 1 屆立法委員第 5 次增額選舉及增額國大代表選舉投票。（選舉首次出現兩黨競爭的場面。於 9 月 28 日已宣布成立，但受限於戒嚴令尚無法核准登記的民主進步黨在增額立委中提名 20 人當選 12 席；國代選舉中，提名 22 人獲得 11 席。）

財政部宣佈，自 1987 年 1 月開放美國菸酒自由進口，歐市比照一體適用。因臺灣同意開放美國菸酒自由進口，美正式宣佈取消對臺灣之《301 法案》。

臺幣對美元匯價突破 1 比 36 大關。

證券交易所指出股票交易自 1987 年起將全面實施電腦化。

立法院通過修正《海關進口稅則》，降低 1800 餘項貨品稅率及 14 項工業原料改為免稅。

1987　1 月，六大財經重要變革（進口關稅大幅降低、新票據法、外國菸酒開放進口、暫時解除大宗物資與工業原料進口地區限制、輸美工具機自動設限、及恢復開徵證券交易稅）開始實施。

美國政府公佈新優惠關稅制度，終止來自臺灣與韓國等國約 30 億美元進口物的免稅待遇。

財政部正式核定，臺灣金融機構在海外設立之分支機構，可依照地主國金融法令及實際需要，彈性承貸各項授信等金融業務，不再受現行銀行法束縛，僅需事後報備即可。另決定所有農產品交易營業稅，以實質稅負 1% 課徵，溯自 1986 年 4 月 1 日起適用。

經濟部決定加油站開放民營。

增額監察委員選舉，臺灣省議會及臺北、高雄兩市議會共選出 22 位。

蕭瑞徵（1944 -1987）等 40 位立委聯名質詢呼籲政府速准「天道」
（俗稱一貫道）之立案與合法傳佈。內政部長吳伯雄（1939 - ）表示，
原則決定取消一貫道禁令。（1988 年 3 月，「中華民國一貫道總會」
成立，成為合法宗教。）

「主婦聯盟」成立。臺灣文藝作家發起成立「臺灣筆會」。

內政部確立勞工退休金仍應溯及既往原則，以消弭勞資雙方為退休
金的計算方式認定標準不一，引發勞資糾紛的情況。

國防部以服刑超過刑期的一半，符合假釋條例，於 1 月 20 日釋放
姚嘉文等 26 名政治犯。

行政院農委會表示調低 9 種農業用化學肥料價格，平均調幅為
6.19%，新價溯自 1 月 21 日起實施。

高雄永安中油液工站遭永安鄉新港村民擋路事件達成協議，新港村
民獲 1 億 1,000 萬元轉業輔助金之賠償。

臺大決定校園刊物審稿方式交由社團老師負責。千名臺大學生聯名
要求校方貫徹教授治校。

1987　2 月，民主進步黨 11 名新當選國代宣佈成立國民大會黨團。民進黨
立法院黨團成立。立法院爆發委員互毆事件，民進黨籍立委朱高正
（1954 - ）與國民黨籍立委周書府（1924 -2001）互毆。民進黨發行
《民進報》週刊出版創刊號。

行政院長俞國華指示放寬外匯匯出管制，僑外資本匯出限制再予放
寬。央行總裁張繼正（1918 -2015）證實外匯存底已突破 500 億美元。
中鋼全面調低下季鋼價，平均降價幅度為 3.5%，溯自 1 月起施行。
由臺灣人權促進會等海內外臺灣人各界團體聯合組成的「228 和平
日促進會」於 2 月 4 日成立。2 月 13 日，參與團體增加到 41 個並

發表宣言，主張訂定「2月28日為和平日」。

世界最大工具機廠美國史坦利公司擴大在臺投資，斥資33億。

第1家積體電路公司在臺成立，由政府、民間、國外公司共同出資。

財政部決課徵印尼輸入素面合板反傾銷稅。（為關稅史上之首次）。

交通部宣佈小客車租賃業於3月16日起開放申請。

倪文亞、劉闊才當選立法院正、副院長。

（石油輸出國家組織的石油新定價制度生效，每桶18美元。）

1987 3月，彰化縣公害防治協會舉行反社邦演講會，並遊行鹿港市區，譴責製造公害之企業。

臺灣史研究會成立。《新新聞》週刊創刊。

經濟部工業局決定制訂6年機車開放進口時間表，預定1992年全面解除機車進口管制。

行政院下令取消肥料配銷制度。

中油公司10萬噸油輪伏義2號試車時於基隆外海擱淺，前往營救之海軍救難船亦擱淺，造成1名上尉殉難，2名士兵失蹤。

立法委員黃煌雄就1988年中央政府總預算，國防部內預算仍佔47%提出質詢。

1987 4月，行政院核定修正「汽車工業發展方案」，取消外人來臺投資生產汽車外銷比例規定。通過機動降低成衣、鞋、帽等862項貨品之進口關稅稅率，平均調幅35%。18日起生效，實施1年。

行政院原委會表示，核二廠大修視察，發現40餘疏失，將促臺電列表督促改革。20個民間社團共同發起在鹽寮核四廠建地舉行示威活動，反對興建核四廠。

監察院對總統提名司法院院長，副院長人選行使同意權，林洋港、

汪道淵（1913 -2011）分獲同意。

與美國之保險諮商談判中，臺灣同意對美開放國內保險市場，准許每年設立兩家產物及人壽公司，但不准設立子公司，亦不訂定開放時間表。在華盛頓舉行的臺美綜貿諮詢談判結束，臺灣同意 62 項農工產品平均減稅 50%，其中六項木材及紙製品免稅進口。

南投縣、花蓮縣轄內「八通關古道」及澎湖縣轄內「西嶼燈塔」業經內政部公告指定為第 1 級及第 2 級古蹟。

中國石油化學開發公司高雄大社廠發生反應爐爆炸，損失逾 1 億元。

財政部宣佈免徵屠宰稅，銷售肉類改課營業稅。

4 月 17 日，民主進步黨全國黨員代表大會決議，主張臺灣國際主權獨立，不屬於以北京為首都之中華人民共和國。並通過「四個如果」決議文：如果國共片面和談、如果中國國民黨出賣臺灣人民利益、如果中共統一臺灣、如果中國國民黨不實施真正的民主憲政，則民主進步黨主張臺灣獨立。

【日本國鐵民營化。中華人民共和國與葡萄牙正式簽署澳門於 1999 年歸還中華人民共和國協議。日本國民每人總生產毛額（GNP）平均已達 1 萬 8,000 美元，超過美國之 1 萬 7,700 美元。】

1987　5 月，央行總裁張繼正表示，政府已決定全面解除外匯管制。央行表示自 1986 年 8 月以來，外匯存底帳面上的匯兌損失已超過新臺幣 2,000 億元。臺幣對美元匯率升值，漲破 32 大關。

根據銓敘部統計，今年 1 月至 4 月底公務員申請更齡者共 108 人，核准更齡人數共 88 件。

經濟部物價督導會報指出，新臺幣升值所造成的進口物價降低，已

成為目前國內物價穩定的重要因素之一。

財政部決大幅調整關稅稅率基本結構，降稅貨品達 2,000 餘項。

臺北市饒河街觀光夜市開幕。

法務部准蔡辰洋（1949 -2016）出具書面保證新臺幣 100 萬元，將「十信案」蔡辰洲保外就醫，同時仍限制其出境。未久，蔡辰洲去世。

民進黨於 5 月 19 日發起抗議戒嚴 38 週年示威遊行活動，要求無條件解除戒嚴及反對制訂《動員戡亂時期國家安全法》。

37 位中國國民黨立委聯合提出書面質詢，請行政院呈請總統於解除戒嚴之日宣佈全國性赦免。國防部表示「叛亂犯」黃信介、張俊宏（國防部軍人監獄）、黃華、余素貞、周文龍、顏明聖（土城仁愛教育實驗所）等 6 人合乎《刑法》第 77 條假釋規定，5 月 30 日開釋出獄。

行政院國科會規劃完成次微米元件技術大型計畫，以提升國內半導體技術。

1987　6 月，中國國民黨中常會通過國安法協調決議案，入出境改由警察機關施檢，戒嚴體制及軍管將予結束。FAPA 會長彭明敏宣佈，將舉辦民主聖火長跑，要求全面改選中央民代，「聖火」訂 11 月 8 日傳抵臺灣。立法委員康寧祥請設電臺未准，新聞局廣電處稱係頻道過密。

民進黨於 6 月 12 日發起遊行活動，反對政府以制定國家安全法作為解嚴條件，以及立法院結構不合理不健全，為戒嚴以來最大規模的遊行活動，造成流血衝突。（612 事件）

立法院通過修正《管理外匯條例》，恢復外匯管制須經立法院審議。

通過《動員戡亂時期國家安全法》，規定人民集會、結社不得違背

憲法或主張共產主義，或主張分裂國土，人民出入境向內政部警政署申請。

地下投資陸續興起。

臺灣高等法院院長不再列席臺灣省政府委員會例會。

美眾議員索拉茲（Stephen J. Solarz，1940 -2010）提《臺灣民主法案》以壓倒性票數通過。該法案要求中國國民黨加速民主改革、全面改選中央民意代表。

歷時 8 年施工，投資 120 億之翡翠水庫落成啟用。

陽明醫學院鄭石彥研究指出，臺灣飲水含氟過量，中毒患者逾 10 萬，籲政府進行研究防範。

1987　7 月，財政部奉行政院指示設立「財政部賦稅改革委員會」【第二次賦改會，為期 2 年，由陳聽安（1932 -）擔任主任委員。主要職責在於制定賦稅改革方案，經過 28 次委員會議的討論後確定所得稅、貨物稅、營業稅、娛樂稅、關稅、地價稅、房屋稅、土地增值稅、遺產及贈與稅、契稅、印花稅及獎勵投資條例等各稅之改進方案，並完成能源稅建置之建議方案。1989 年 6 月任務結束，計完成 76 項有關稅制稅政的改進研究案。】

行政院經建會通過「輔導中小企業因應新臺幣升值方案」，決定以兩年時間整合及強化現有小企業輔導體系。

行政院宣佈自 7 月 15 日起實施新外匯制度，取消了所有外匯都必須賣給央行的規定，准許公民營事業、個人和團體自行持有外匯，自行運用。貿易收支全開放，其他定額審核，確立以「經常帳自由、資本帳適度管制」之原則。民間匯入款每人每年以 5 萬美元為限，匯出款為 500 萬美元（實施近 40 年之外匯管制大幅放寬）。

國際獅子會第 70 屆年會於臺北市揭幕，並舉行花車遊行。

行政院通過依法解除臺灣地區戒嚴。立法院通過解嚴案。7 月 14 日，蔣經國頒布總統令，宣告臺灣地區自同年 7 月 15 日凌晨零時起解嚴，解除在臺灣本島、澎湖與其它附屬島嶼實施的戒嚴令。《動員戡亂時期國家安全法》同日施行。（戒嚴令自 1949 年 5 月 19 日頒布，次日開始行使，戒嚴期間長達 38 年又 56 天，人民集會、結社、言論和出版等自由，受到相當大的箝制。解嚴開放黨禁、報禁，為社會帶來空前轉變，民主政治與社會運動風起雲湧。）

行政院經建會指出，國民中小學生去年輟學 6,000 人。

內政部修正〈流動人口登記辦法〉草案，非長期者住宿均不必登記，住滿半年仍須續住得以電話申報。

行政院長俞國華宣佈，解除國民赴港、澳地觀光申請之限制。行政院香港小組擴大編制為「港澳小組」，新任召集人為副院長連戰（1936 - ）。內政部及交通部公佈國民前往港澳觀光輔導實施要點，28 日起正式受理申請。

經濟部取消中鋼公司對進口鋼品之加簽，全面開放進口鋼品。

證券市場股價指數突破 2,000 大關。

自力救濟運動興起。

（美國國務院宣佈禁止前菲律賓總統馬可仕離開美國。）

1987　8 月，行政院取消田賦，自 1987 年第 2 期起開始停徵。成立「行政院勞工委員會」、「行政院環境保護署」。

財政部決議通過公賣局改制案，除設立菸酒公賣管理局隸屬於財政部，負責菸酒專賣行政管理業務外，並將另設菸酒公司，隸屬省政府，負責菸酒產銷業務。

臺灣獲得日本第 5 屆國際軟式少棒賽冠軍。中華青棒重獲世界青棒冠軍。臺北縣榮工少棒隊獲 1987 世界少棒冠軍。

由於實施課徵出口貨物商港建設費，引起高雄、基隆報關業者抵制，財政部海關部署決定出口貨徵建港費採權宜措施，3 天內得先投單後繳費，基隆市報關公會抵制，一律不投單表抗議，高市報關業則決定暫不繳費續投單。

首家民營加油站成立。行政院新聞局表示，政府自明年元月開放報紙登記及增張事宜。行政院通過舞廳、夜總會管理改進方案，規定不准新設舞廳，但得依法設置舞場，並大幅降低舞廳、夜總會許可年費。臺北市政府市場管理處決定取消沿襲 30 多年的毛豬供應配額制度，開放毛豬供應市場。

內政部放寬解嚴後人民入出境審查許可標準，原先曾赴中國大陸者 3 年不准出境之規定更改為 2 年。

交通部長郭南宏（1936－）向行政院報告指出，違規規營運之遊覽車每日平均發車至少 860 班次，已佔高速公路客運總運量 40%。

教師聯盟成立。教師人權促進會成立，選出林玉体（1939－）、張國龍（1938－）為正、副會長。

股市衝破 3,000 點，成交值總額逾 155 億。

行政院香港小組決改組為港澳小組，並將大幅改進僑胞來臺入出境手續，港澳專用的加簽證效期將延為 3 年。

1987　9 月，財政部為拉平國產與進口貨物稅負，決定自 10 月 1 日起全面調低國產貨品完稅價格。

臺灣省政府決定，為遏止大家樂，10 月起愛國獎券改為每月二、四兩週日上午開獎，以使簽賭高潮移至週末，減輕工商活動壓力。

臺灣省第 2 期試辦農民健康保險，預定自 10 月 25 日起試辦兩年，保險費率為 7.5%。

《自立晚報》宣佈記者徐璐、李永得（1955 - ）將前往中國大陸採訪。9 月 14 日中華人民共和國駐日本大使館發給旅行證准予進入中國大陸。新聞局對《自立晚報》兩記者前往中國大陸採訪一事，發表聲明：兩年內停止受理所屬報社人員出國申請，以《刑法》偽報不實罪嫌移請偵辦。

列為十四項重要經建計畫之一的明潭抽蓄水力發電工程開工。

交通部宣佈，將於 1988 年 1 月 1 日起開放旅行社執照申請。

經濟部工業局決定重新進用彰濱工業區，三處精華區將優先開發，明年初完成規劃。

經濟部表示不禁止廠商與中國大陸進行轉口性經貿投資。

股市加權指數破 4,000 大關。

省府完成均衡地方經濟發展方案規劃，決自 1988 年 7 月起以兩年時間，動支 83 億元在全省推動。

1987	10 月，行政院通過修正〈美國保險公司申請在我國境內設立分公司審核要點〉，刪除與我國保險公司往來須 5 年以上之規定，將資本額提高至 5 億，且規定申請經營、業務須有 10 年以上經驗者。

新臺幣升值破美元 30 大關，廠商爭相預售外匯，創下 12 億美元紀錄。

交通部決定本月底開放遊覽車牌照與開放高速公路路權。

國家戲劇院與國家音樂廳完工啟用。

王思婷獲亞洲青少年網球錦標賽女子單打冠軍。

中國國民黨中常會通過開放大陸探親政策，原則同意除現役軍人及

現任公職人員外，凡在中國大陸有血親、姻親三親等以內之親屬者，不限年齡，均得赴中國大陸探親。行政院通過〈臺灣地區民眾赴大陸探親辦法〉，開放民眾赴大陸探親，於 11 月 2 日起受理登記，須先在紅十字會填表每次停留不得超過 3 個月。自 12 月 1 日起，民眾可赴大陸。

琳恩颱風過境，造成重大災情，至少 28 人死亡，9 人失蹤。臺東縣岩灣職訓二總隊發生囚犯暴動，軍方以「演習」為名實施道路封鎖，移送綠島管訓隊的 73 名隊員抵達綠島後，傳出更大暴動，8 名死亡，10 餘名受傷。中山高速公路三義段大車禍，11 人喪生。

總統蔣經國接受亞洲華爾街日報訪問，強調國家統一必須根除共產主義。

財政部決定通知所有公營銀行，全面開辦股票融資業務。

（中國公安部出入境管理局表示，將委託中國旅行社簽發臺胞旅行證明，臺胞可從大陸開放口岸進出。）

1987　11 月，工黨成立。11 月 5 日，行政院通過《人民團體組織法草案》，將政治團體列為人民團體之一，受該法約束。解除黨禁。（1989 年 1 月 20 日，立法院通過《動員戡亂時期人民團體法》，各政治團體均得依法自由成立，並從事選舉自由活動。）

開放民眾赴中國大陸探親。（兩岸人員交流）中華民國紅十字會開始受理赴中國大陸探親登記，已有 10 萬人領取申請表格。

民主進步黨第 2 屆全國黨員代表大會決議：「人民有主張臺灣獨立的自由」（「臺獨」主張列入黨綱案以大會聲明取代）。姚嘉文當選第 2 屆黨主席（任期 1987.12.20 -1988.10.30）。

國民大會統計，國代等候遞補人數尚有 224 名，歷年經遞補產生代

表達 664 位。

臺北縣瑞芳建基海底煤礦宣佈停採。

1987 年地價稅暴漲,漲幅較輕之臺北市 300 - 400%,最嚴重的則為嘉義,高達 400 倍之多。

行政院衛生署證實「登革熱」第一型病毒在南部擴大流行。

內政部初步規劃 1990 年前分三階段將全民納入健康保險,擬分為第 1 階段就業人口,第 2 階段退休人員及眷屬,第 3 階段無工作者三類。

勞保局決定於 12 月 1 日起先開放 12 家中醫試辦勞保門診。

1987　12 月,行政院新聞局 1 日宣布自 1988 年 1 月 1 日起開放報禁。接受發行新報之登記與開放增張,解除自 1951 年以來報禁;省市報業公會宣佈 8 點共同規範。

行政院於 12 月 2 日發布〈金融資訊服務中心作業基金收支保管及運用辦法〉。(1988 年 8 月成立「金融資訊服務中心」,以加速國內金融資訊作業自動化。為因應金融市場自由化、國際化的發展情勢,1998 年 11 月,金資中心改制為公司組織,由財政部及公、民營金融機構共同出資成立「財金資訊股份有限公司」,概括承受「金融資訊服務中心」之資產、負債及經營業務。)

考試院通過對中國國民黨民眾服務社、救國團等團體的職工轉任公職時,原有年資不予計算。

行政院核定,證交所得稅續停徵 1 年。

臺灣民主運動海外組織主席許信良,經喬裝企圖闖關回臺失敗。

臺幣兌美元匯率突破 1:29 大關。臺灣外匯存底 767 億美元,僅次於日本。

向荷蘭購製之潛艇海龍號抵臺。

為平息大家樂賭風，省政府主席邱創煥宣佈愛國獎券自 1988 年元月起暫停發行（共發行 34 年 4 個月）。

行政院經建會擬定「臺灣地區總體與區域經濟計畫」，將至 2000 年之經濟年平均成長目標訂為 6.5%。

國民大會年會爆發統獨辯論，表決通過兩項「反臺獨」提案。

臺電公司公佈核四廠環境影響評估報告，為國內第一次就核電廠完成之完整環境影響評估。

姚嘉文當選民主進步黨主席（任期：1987.12.20 -1988.10.30）。

行政院令，廢止戰時新聞用紙節約辦法，自 1988 年 1 月 1 日失效。

1988 1 月，報禁解除。旅行社執照開放。衛生署實施醫療院所全面禁煙。

北市進出口公會陳情，要求政府停止新臺幣升值。近百家出口商成立「出口商自救協會」，以阻止新臺幣繼續升值。

中科院核研所副所長張憲義（1943 - ）潛逃美國。（叛逃追溯期至 2000 年 7 月；2000 年 7 月 11 日，國防部最高軍事法院檢察署撤銷通緝。）

立法院通過《動員戡亂時期集會遊行法》，確定將三個國會排除於許可集會遊行區域之外；民主進步黨立委對第 11 條仍有異議，宣佈集體退席抗議。另通過修正《證券交易法》；證券商設立特許制，改採要件主義，外商申設分支機構須獲許可證照。

蔣經國總統於 1 月 13 日逝世，副總統李登輝繼任第 7 任總統。（強人威權體制年代結束）

（國際金融會議，歐美貿易領袖決對「亞洲四小龍」施壓促重估貨幣匯率價值，並設法降低貿易出超。）

「福之為禍，禍之為福；化不可極，深不可測也。」

	公元	
1986		民主進步黨成立
李登輝時期		
1988		蔣經國去世，李登輝繼任總統
1990		野百合學運
		李登輝當選總統
1991		終止勘亂
		資深民代全面退職
		兩岸兩會交流
1994		省長選舉
1996		中華民國化身臺灣
		民選總統：李登輝當選
1999		李登輝提「兩國論」
		921 大地震
陳水扁時期		
2000		新臺幣成為國幣
		陳水扁當選總統
		民主進步黨輪政上臺
2004		319 槍擊案
		陳水扁連任總統
2006		紅衫軍「倒扁運動」
馬英九時期		
2008		政黨再度輪替
		馬英九當選總統
2010		兩岸簽訂 ECFA
2012		馬英九連任總統
2014		太陽花學運
蔡英文時期		
2016		民主進步黨再度執政
		蔡英文當選總統

第三部
當代之二

【第三部】當代之二

天運順機，斯國新民

千禧年轉折，李登輝擇機順勢，浮出臺灣立國新氣象。

過了千禧年的新世紀，臺灣出現自 1949 年以來截然不同的歷史困局，在現實世界中陷於自主生存或由美、中國際強權所決定進退之逆境。

1979 年中美建交後，臺灣所面對的歷史矛盾，本質上非常不同於過往，即 1980 年代之前，臺灣在美蘇冷戰對抗中，一向以美國模式、資本主義自由經濟、民主政治體制為依歸；如今已一改為必須在美中聯手導出之矛盾「一中」：以雖屬同文同種，但卻是中國社會主義政經異質之制度做合併之選擇，否則並無國際空間？

這是臺灣人民必須抉擇歷史質變的時代問題 — 臺灣前途，如何走出明天？

21 世紀，臺灣民主全民意，臺灣總統化身於《中華民國憲法》，中華民國全然立基於臺灣。惟執於「一中」史觀，臺灣飄盪，未來民意所趨終究如何，實繫全體斯土斯民之所決。

歷史告之後人，人間世事：來龍去脈，不易預知；成功失敗不容輕易判斷，變數多多。

這一篇進行式，未完成。承續先民代代相傳的臺灣子民，需用生命、用智慧，在兩岸競合之間，穩住父祖拓殖蓬萊島國精神，致力實踐人類大同世界的大未來。

我們要護衛歷史學，並且堅持主張人類有能力了解世界是如何
演變至今日的，以及人類能夠擁有更美好的未來。

——艾瑞克·霍布斯邦（Eric J. Hobsbawm，1917 –2012）
英國歷史學家及作家

第九章

中華民國是臺灣：李登輝時期

他們都曾致力於臺灣建設。

臺灣於蔣經國去世之後，「中華民國是臺灣」更因進一步之本土化、民主化而漸進過渡到「中華民國臺灣」，尤其，1996 年 3 月中華民國總統直選之後，使臺灣與中華民國幾乎是同位語。

自中華民國政府遷臺至 1988 年蔣經國過世，臺灣強人政治正告結束，並也終結蔣氏父子長期在臺灣之威權統治。而退出聯合國之後，面對挑戰的中華民國臺灣的兩岸關係，國政目標已由「反攻大陸」、「光復大陸」，逐漸轉變為消極的「三民主義統一中國」，中華民國在臺灣於是落地「改土歸流」生根「本土化」，長期執政的中國國民黨也因此面對轉型。尤其，李登輝領導任內推動了六次憲法改造，終使中華民國臺灣化定型。

繼 1980 年代蔣經國強力推動臺灣經濟建設，奠定發展結構，1990 年代是李登輝的時代，更加速推動政治改革及經濟自由化；臺灣社會逐步邁向現代化及民主化，及至後李登輝時期，終於 20 世紀結束時更見總統直選，並順利完成政黨輪替；奠定邁入 21 世紀臺灣的走向。

李登輝接班（1988）

　　1988 年李登輝意外提前上臺接班，臺灣政局邁向歷史新的另一個轉折。

　　這一年，蔣經國強人的過世，代表著專制威權時代的告終，也代表所遺留政權是否穩健運作則關乎臺灣發展。林洋港與李登輝是蔣經國時代竄起的臺灣本土政治領袖，由於李登輝是蔣經國當年捨臺灣本土另一長才林洋港所選定接班的副總統，因此，在蔣經國於任期內過世，李登輝才有可能順利接任總統職務。但保守的黨國體制當時仍有反本土化勢力，中國國民黨主席並非名正言順隨即由李登輝同步接任，已明白透露當局接班暗藏玄機。

　　1988 年是值得觀察的一年。這時，李登輝被包圍在黨國保守勢力中，能否踏穩順利接班仍是謎樣的重要時機，直到半年後的 7 月，才正式執掌黨機器，接著再經三個月後的 10 月完成國慶閱兵，李登輝才算在政壇上站穩了接班地位。當年，也正是民主進步黨闖關創黨滿週年準備蓄勢待發，臺灣反對勢力興起躍躍欲試的猛爆點。

　　這一年，正是李登輝踏上登峰造極歷史的關鍵年。

1988　1 月，蔣經國總統過世（總結掌權期間，臺灣政局由威權轉向包容開放）。由副總統李登輝接任總統（任期：1988.1 -1990.5，經過暗潮洶湧的半年，7 月始接任中國國民黨主席）。

　　　總統令，蔣總統經國先生遽逝，為避免國家及人民遭遇緊急危難，依《動員戡亂時期臨時條款》第一項規定，發佈緊急處分事項：國

喪期間，聚眾集會、遊行及請願等活動一律停止。

高等法院宣判蔡有全（1951 -2017）、許曹德「臺獨叛亂案」。蔡有全依「預備意圖竊據國土罪」判有期徒刑11年，許曹德依「共同陰謀竊據國土罪」判有期徒刑10年。（蔡有全、許曹德「主張臺灣應該獨立」，於1987年10月12日被臺灣高檢處依叛亂罪收押。1990年5月李登輝就任總統後，兩人獲得特赦。）

《證券交易法》修正公布，財政部於5月公布〈證券商設置標準〉，開放證券商之申請新設。

臺航B11125小客機於飛蘭嶼途中墜毀，10人死亡，1人生還。

內政部及國防部公告76處集會遊行禁制區。

高、高屏三縣市大家樂近百名組頭決議2月9日開出六合彩第1期。

中國國民黨中常會通過由李登輝出任黨代理主席（1988.1.27 -1988.7.8）。

考試院廢除中國國民黨黨務人員轉任公職時原有年資合併計算之辦法。為確立文官中立原則，考試院銓敘部廢除〈中華民國民眾服務總社專職人員暨公務人員服務年資互相採計要點〉及臺灣省〈黨政獎勵配合要點〉。

永豐餘公司宣佈發行國內首次可轉讓公司債。

美國宣佈1989年元月起取消臺、韓、星、港所享優惠關稅待遇。

1988　2月，經濟部開放期貨買賣，暫不設交易所，但准設經紀商或仲介商。

中國國民黨中常會通過充實中央民意機構方案，訂定增額代表總數，鼓勵資深者自願退職，因故不行使職權達一定期間視為自願退職，並停止國代遞補制。資深立委沈友梅宣佈退職

（為首位公開宣佈自願退職的資深立委）。3月，國安會議通過〈訂定第1屆資深中央民代自願退職辦法〉。（次年立法通過，1991年12月16日第1屆中央民代全退）

董立（1955 - ）因「涉嫌叛亂」遭以軍法判12年，經司法當局改判無罪（解嚴後第1件叛亂案獲判無罪的案例）。

行政院通過修正國外留學規程；凡公私立高中畢業，高普考及格、役畢或無兵役義務者均可申請出國留學。

臺安醫院開辦榮民免費洗腎業務。

農委會通過《糧食管理法》草案；規定雜貨店零售小包裝食米，無須辦理糧食營業登記。

基隆關收進9億元創關稅收入單日最高紀錄。

總統李登輝促央行公佈周知如何運用鉅額外匯存底。並指示央行研究建立美元拆放市場及發展為國際籌款中心之可行性。

福特六和中壢廠發生罷工。新竹遠東化織新埔總廠發生怠工事件，員工要求提高年終獎金。捷運系統首項工程北投機廠工程開工，遭民眾抗議。

中國國民黨邀民主進步黨就若干政治問題朝野首度溝通。

日本政府批准臺籍日兵家屬賠償金法案，日政府約需給予3萬名死傷臺籍日軍家屬賠償金每名200萬日圓，合美金15,625元。

對東歐7國直接貿易，採進口關稅相對優惠。

交通部開闢藍色公路（海上第3走廊），並實施優惠措施鼓勵業者經營基隆、高雄兩港間的海上駁運航線。遊覽車業者完成股權登記，籌組新公司營運高速公路。

臺灣核能公司向行政院申請興建輻射照射公司，為第1家擁有輻射

照射廠的民營公司。

民主進步黨在各地舉辦 228 紀念活動。

1988　3 月，央行首度向立委公開外匯存底的運用情形。立委許榮淑表示將全面展開「臺灣人返鄉運動」。孫立人恢復行動言論自由。民主進步黨舉行遊行，推動省市長民選及地方自治合法化。

中油公司斥資增添重組煉油設備建烷化廠，於 1989 年底開始全面供應無鉛汽油。

百位教授連名聲明促請重視核一廠事件，要求委託公正團體進行深入調查。貢寮鄉反核自救會集會抗議興建核四廠。反核行動於金山舉行第一場示威遊行。

百餘位生態保育人士抗議林務局濫砍森林，展開遊行活動，並赴立、監兩院陳情。臺灣電子電腦公司勞資爭議擴大，資方宣佈停工 3 天。勞工群眾在全國總工會代表大會會場內外展開抗議行動，要求全面改選理事。

立法院通過廢止《第 1 屆國民大會代表出缺遞補補充條例》，並通過修正《國民大會代表選舉罷免法》及《國民大會代表選舉罷免法施行條例》。

行政院長俞國華提出兩岸「通信不通郵」的新政策宣告。郵政總局表示大陸寄臺信函無安全顧慮者，以不加蓋我國郵戳及不塗銷郵票的方式投遞。

行政院中美貿易小組決議開放火雞肉進口，並解除美國地區水果限量限制，改採配額管制進口。中華民國養雞協會發動 2,500 餘名雞農至國貿局與美國在臺協會呈遞抗議書。反對開放美國農產品進口，3,000 餘名農民在臺北遊行抗議。

在美國官方壓力下，臺灣停止原子彈零件的秘密生產。《紐約時報》引述美政府匿名官員談話表示，張憲義（1943 - ）係由中情局安排出境；在受到美國官方的壓力之後，臺灣已停止秘密提煉生產核子彈所需的鈽元素。*

因應經貿快速成長，國貿局宣佈重要新措施，包括：成立貿易調查委員會、設立對歐貿易專賣機構、實施調和關稅、擴大獎勵廠商。另為因應大宗物資開放進口，國貿局決定廢止聯合採購、申報預計進口量與搭配國產雜糧等制度。並放寬中國大陸農工原料進口限制，首批開放清單包括煤、棉花、鎢、錫等產品。

工研院決將「光罩」製造技術轉移給民間。

【世界最長的日本青函海底隧道完工通車，結束 80 年依賴青函聯絡船的交通方式。中華人民共和國第 7 屆全國人民代表大會第 1 次會議開幕，選出楊尚昆（1907 -1998）任國家主席，萬里（1916 -2015）任人大委員長，鄧小平（1904 -1997）任中央軍委主席，李鵬（1928 - ）為國務院總理。】

1988　4 月，海關實施「一證通關」制度。王思婷獲香港青少年網球賽女子單打冠軍。

核一廠發生空浮現象，原委會下令停機。全臺反核團體發起為期 3 天的反核示威活動。蘭嶼旅臺居民至原委會抗議貯存場存廢。

行政院核准大宗物資自 7 月份起自由進口。農民再度請願抗議開放美國農產品進口。

---

* 張憲義1988 年被通緝，追訴權於 2000 年 7 月 11 日時效撤銷；2016 年 12 月，陳儀深訪問：《核彈！間諜？ CIA：張憲義訪問紀錄》一書出版，書中揭露他身上眾多謎團及臺灣核武事件的真相。

准許大陸民眾有條件繼承榮民在臺遺產，將透過國際紅十字會辦理申請及審查手續。

中國國民黨與民主進步黨達成協議，政治犯納入《中華民國77年罪犯減刑條例》之減刑範圍。

民主進步黨第2屆臨全會在高雄揭幕。

行政院核定300億元經濟合作發展基金計畫，以協助其他新興工業國家發展經濟，並分散貿易市場。

股市指數突破4,000點。

1988　5月，臺灣鐵路局司機集體休假停駛，造成臺鐵全線客貨運癱瘓。工黨等20餘勞工團體舉行五一勞動節大遊行。（40年首度勞工大遊行）。「老兵行動聯盟」、「反共愛國陣線」、「大同公司調職員工」、「民進黨雙和聯誼會」等四批訴求不同團體至中國國民黨中央黨部前抗議。教權會與12所大學學生至立法院、教育部抗議教科文預算違憲。公共設施保留地自救協進會至立法院請願，抗議《都市計劃法》修正案。由近千名老兵所組成的「老兵自救聯盟」前往中國國民黨中央黨部爭取戰士授田證權益，與警方發生衝突。高雄大榮製鋼公司員工因不滿拍賣廠房一事，涉嫌官商勾結前往監察院抗議。大同公司三峽廠員工因不服勞資爭議，與該公司負責人林挺生發生爭執並進行怠工。桃園縣觀音鄉民眾至縣府抗議六輕將於觀音鄉建廠。（11月，經濟部通過臺塑六輕專案，核准在桃園縣觀音鄉設廠投資，採多元汙染控制，3年後生產。）高雄煉油廠機器故障致火焰沖天，500餘位後勁居民抗議。千餘人權工作者為救援「美麗島事件」受刑人施明德，在臺北舉行抬棺遊行。

農民北上請願，爆發流血衝突事件。（520農民運動，是臺灣解嚴

後首次爆發激烈警民衝突的社會群眾運動）

行政院「力行小組」證實，對中國大陸原料進口將採分階段漸進原則。

中油油駁船翻覆，嚴重污染基隆港港區。高雄市籍漁船金鴻11號在印度洋遇難，20人失蹤。進行大修的核二廠1號機發生工作人員遭輻射污染事件。

全美臺灣人公共事務協會（FAPA）決議在臺創設分會，由許榮淑擔任首任會長（6月26日成立，彭百顯為副會長）。

交通部統計4月份郵政儲金首見負成長，游資多流入股市。因郵儲大量流失，郵政儲金匯業局被迫解除轉存款以應周轉。

鴻源投資公司以7成票值接手嘉駿投資公司債權。臺北地檢處突擊檢查巨東建設違法吸收游資。

太平洋經濟合作會議（PECC）在日本大阪揭幕，兩岸皆與會出席。

勞委會和勞保局決定全面開放中醫勞保。

《歐洲經濟》月刊首度選臺灣為國際經濟指標代表國。

世臺會致函總統李登輝澄清該會政治立場，並要求政府准許該會成員辦理入境簽證。

財政部長郭婉容（1930-）出席北京亞銀22屆年會。首批赴中國大陸考察之半官方學術機構經貿政策研究人員，在有關官員默許下以私人身份前往。

《營業稅法》修正公布，稅額由外加改為內含，7月1日實施。

（蘇聯第一個反對黨「民主聯盟」成立。）

520 事件

指 1988 年 5 月 20 日的農民大規模社會群眾運動，是臺灣解嚴後首次爆發激烈警民衝突的社會群眾運動，又稱 520 農民運動。

主要原因係 1988 年春，政府決定擴大開放外國農產品進口的數量與種類，引起大多數農民的質疑和恐慌。

5 月 20 日，雲林縣農權會由林國華擔任總指揮，蕭裕珍擔任副總指揮，以「農業開放可能導致農民權利受損」為抗議目標，帶著農民等群眾北上請願；抗議的群眾提出全面農民保險、全面農眷保險、肥料自由買賣、增加稻米保證價格與收購面積、廢止農會總幹事遴選、廢止農田水利會會長遴選、成立農業部、農地自由買賣等七項要求。

原本平和的遊行，因為數千名軍、警的介入強力驅離，引爆群眾不滿的情緒。當時從軍、警、憲，乃至於檢方、新聞局指控這些人是「暴民」、「陰謀份子潛伏煽動」、「民眾在載滿青菜的車上預藏石塊和木棍」。共有 130 多人被捕、收押人數達 396 人，93 人被起訴。最後林國華等 19 人被以妨害公務罪被判有徒刑 1 到 3 年不等。

後來 11 名教授組成調查團，提出《520 事件調查報告書》，反駁有關遊行民眾預藏器具進行暴力行動的指控，與檢方及初審判決所根據之事實認定大相逕庭。

1988　6 月，國大全聯會針對立法院刪除國大預算案一事，發表聲明指出，必要時將行使創制複決兩權。

股市指數突破 5,000 點。

中央研究院 60 週年院慶。中研院研究員發起連署研究員治院主張。

總統李登輝首次召集財經金融會談，指示儘速解決五、六輕問題。

監察院調查指出，臺電購煤案浪費百億公帑。

歐市宣佈對臺三項化纖產品，課以反傾銷稅。

行政院核定，稻田轉作補貼方式，由現行實物稻穀補貼改為現金補貼。

「臺灣農民權益促進會聯盟」成立。全臺性農民團體宣佈分裂，以雲林農權會為主（新潮流系）的農運人士組成「臺灣農權總會」；山城農權會方面的人士（美麗島系）亦另組「農民聯盟」。

唐山樂集送審 5 卷大陸音樂卡帶，獲新聞局核准，成為第 1 家完成合法程序發行的出版商。

1988　7 月，中國國民黨全國代表大會選舉李登輝為黨主席。

新加坡總理李光耀訪臺。

中國國務院公布〈關於鼓勵臺灣同胞投資的規定〉。

國防部公佈國軍出國觀光規定，軍人出國觀光，每人每年以一次 15 天為限。國防部同意將國防工業與民營企業結合。

基隆八斗子漁港落成。北淡線鐵路停止營運。臺北市捷運系統北投機廠工程二度開工，由市長許水德主持動土。

行政院核定基本工資調高為 8,130 元。

行政院中美小組再度決議，美國火雞肉仍維持「全雞」進口。經濟部宣佈，開放中國大陸原料進口項目由該部自行決定。國貿局公佈中國大陸原料間接輸入處理原則。

金山核二廠 170 餘名員工集體罷工。核三廠排水致南灣珊瑚群白化死亡，墾丁國家公園管理處呼籲臺電應儘速提出解決之道。

嘉南地區乾旱，2 萬公頃稻田公告休耕轉作。行政院長俞國華表示政府決補助，並停收水利會費。

《雷震回憶錄》被國防部新店軍人監獄燒毀，其妻宋英要求國家賠償。次月，監察院針對《雷震回憶錄》遭焚一事，通過彈劾軍法局長吳松長與新店軍監典獄長王祿生。

郵局首度實施周日休假，停止營業。國建會在臺北市圓山飯店揭幕。國內第一部性教育節目「人之初」在臺視播出。

中華民國紅十字總會宣佈：臺籍日兵弔慰金將自9月起發放。

股市指數突破6,000點。

1988　8月，教育部長毛高文（1936 - ）宣佈即日起撤銷「安維秘書」。宜蘭縣長陳定南批示撤除縣府人事第二辦公室（人二）及教育局人事課兩單位。

經濟部宣佈放寬中國大陸農工原料及產品開放進口項目，決定增列煤、生鐵等20項。高等法院判決劉義加「資匪案」「直接貿易」無罪。國貿局決定對共產國家貿易，採負面列舉以放寬限制。並公佈「大陸產品間接輸入預警措施」。行政院以任務編組方式成立行政院大陸工作會報，處理有關中國大陸事務。9月，法務部長蕭天讚指出，與中國大陸直接貿易仍屬資匪。12月，國貿局表示，22日最高法院判定「與大陸單純直接貿易並非資匪」一例，已無異違反不直接貿易原則。

省主席邱創煥（1925 - ）表示臺灣省村里長、鄉鎮市代、縣市議員，將自明年7月起納入健康保險。北縣勞工局成立，為第一個縣市政府設立者。

省財政應要求7行庫提「持有熱錢報告」，引發「熱錢」定義爭論。鴻源投資公司宣佈自8月中旬起利息減半。

北市9家民營公車發生怠駛現象，以抗議公車票價調整案迄今仍無

結果。苗栗客運工會員工發動全面罷工，並圍堵車輛出入；資方解僱 244 名員工；勞工團體群眾聲援；檢方主動偵察停駛責任。

賴芳美、秦秋月、彭郁君奪得全美國際射箭錦標賽冠軍。

行政院長俞國華宣佈臺北南港與宜蘭頭城間將興建隧道公路（北宜高速公路）。

股市指數衝破 7,000 點大關。

內政部入出境管理局宣佈，自 16 日起放寬大陸探親限制至四等親。

臺電大林發電廠跳電 2 分鐘，致中鋼鍊鋼高爐生產中斷，發電鍋爐毒氣外洩，10 人昏迷送醫。「八一四水災」，4 人喪生，2 人失蹤，房屋農田多遭淹沒，損失逾 50 億。

臺北市交通局表示，交通部核定自 16 日零時起實施計程車新收費制度（計程計時，夜間加成收費）。經建會通過高速公路客運民營專案。

由北美臺灣人教授協會與臺權會合辦之 1988 年臺灣公共政策研討會在臺北揭幕。世臺會年會首度在臺舉行。

中華青棒、屏東美和青少棒隊榮獲世界青棒、青少棒比賽冠軍。臺中太平少棒隊衛冕 1988 世界冠軍成功。臺灣重獲「三冠王」榮銜。

股市指數突 8,000 點。

總統李登輝指示有關單位速擬「穩定房價措施」。

「臺灣原住民族還我土地運動聯盟」在臺北市舉辦遊行。

美對臺提出「國民待遇」，藉此美國金融機構可與臺灣的金融機構公平競爭，並希望擬訂金融開放時間表，明白告示金融自由化與國際化的確切步驟。9 月，與美國金融諮商談判結束，同意開放信用卡市場，並提高外商銀行授信額度。民航局與美商簽約購買長程飛

機 10 架，總價 12 億美元。

1988　9 月，林正杰發表致民主進步黨主席姚嘉文公開信，討論黨「路線」
　　　問題「抨擊泛新潮流系及其主持之黨中央」。

中華成棒代表隊於 1988 年世界盃成棒賽中得季軍。

宜蘭縣長陳定南下令戲院取消播放國歌影片。

首批由中國大陸進口燃煤運抵高雄港。

中正機場與小港機場將在月底前開放 40 部國際直撥電話。

財政部長郭婉容宣佈自 1989 年 1 月 1 日起，恢復課徵證券交易所
得稅。【併入綜合所得稅課稅，個人出售上市公司股票超過 300 萬
元者，應課徵證券交易所得稅，出售持有一年以上股票者，其證券
交易所得減半課徵。政策宣布後，造成股市重挫。證券市場發行量
加權股價指數在 9 月 24 日至 10 月 21 日間共下跌了約 3,100 點，引
發投資人群體抗議。在各方壓力下，10 月，財政部宣布八大穩定股
市措施，包括將每年每人可享受的免稅額由 300 萬元提高至 1,000
萬元；證券交易稅稅率由 3 ‰降回 1.5 ‰。核定「證券交易所得課
徵所得稅注意事項」。規定個人出售 1988 年 12 月 31 日以前取得
之上市股票，其交易所得依《獎勵投資條例》繼續停徵所得稅，而
非以有價證券買賣為專業的營利事業出售 1988 年 12 月 31 日以前
取得的上市股票，屬於 1988 年 12 月 31 日以前的交易所得免徵所
得稅。】

李天祿（1910 -1998）榮獲「國際偶戲協會」頒贈「資深演員最佳
貢獻獎」。

中標局宣佈將正字標記改換新式 CNS 圖樣。

【中華人民共和國國務院臺灣事務辦公室成立，由「國家計劃委員

會」委員、副主席丁關根（1929 -2012）兼任。孟加拉自 8 月末到 9 月中旬發生本世紀以來最大水災，國土三分之二浸水，罹難者達 4,000 萬人。】

1988　10 月，50 餘名後勁反五輕居民在經濟部展開為期 6 天的絕食活動。工業局長楊世緘宣佈，林園石化廠全面復工，補償達成協議，居民立即撤圍，補償費高達 13 億元，林園石化廠停工事件落幕。經濟部次長徐國安出面協調，完成林園各廠分攤補償費。高雄縣梓官鄉漁民發動 80 餘艘漁船圍堵臺電興達電廠運煤航道，以抗議臺電煤渣拋海。行政院成立工業公害紛爭處理小組。

總統李登輝主持國慶閱兵大典。

經濟部決定實施「關稅登記制度」，並已印妥相關登記表格。

臺北區中小企業銀行獲准成立工會，為經勞委會解釋後首度成立之金融業工會。

名列中國國民黨政府黑名單的謝聰敏獲准返臺。

因校長對教師之遲到早退問題採「扣分」方式，臺北市忠義國小教師罷教。高雄縣永安鄉民圍堵興達火力發電廠。高雄縣興達火力電廠與永安鄉民達成 11 項協議。股市投資人前往立法院抗議。桃園縣蘆竹、大園鄉民圍堵林口電廠，要求解決公害並與臺電協商賠償問題。近百家貿易商至貿協陳情，反對新臺幣升值表示寧願接受「301 條款」。紡拓會決定領導業者上街頭抗議美方不當施壓。

首宗依賭博罪起訴之期貨業者，臺北地方法院裁定無罪。

臺灣省農保全面試辦。

外匯市場創新臺幣日最大漲幅，銀行間成交創最低價。

10 月 29 日，民主進步黨第 3 屆全國黨員代表大會，選舉黃信介為

第 3 屆黨主席。1989 年 10 月 29 日，黃信介連任第 4 屆黨主席。（任期：1988.10.30 - 1992.1.20）

1988　11 月，美麗島事件受刑人施明德結束兩年多的絕食生活。

行政院大陸工作會報決定開放選手赴中國大陸比賽。

經濟部海外經濟合作發展基金成立，由經濟部長陳履安（1937 - ）擔任主任委員，總額 300 億元分期編列預算支應。

行政院「重返 GATT」專案小組決定 1989 年提出入會意願函。

國科會成立人造衛星政策小組。

證管會宣佈，14 日起股價跌漲幅恢復為 5%，證券融資比率及融券保證金成數隨指數分級自動調整。

第 2 次全國農業會議於臺北揭幕。

南投酒廠發生冷凍廠爆炸，造成 5 死 6 傷。

行政院通過撤銷「力行小組」（1965 年 9 月設立，主要為「對匪經濟作戰策劃」）。行政院大陸工作會報決定，「中國大陸傑出人士」將可來臺。苗栗謝源拔（1927 - ）獲境管局核准入境，為首位獲准返鄉的滯留大陸臺籍國軍（估計當時滯留大陸的臺胞約有 2.7 萬人，臺籍老兵約 1,000 多人）。

財政部長郭婉容表示因法令缺失，不易取締地下投資公司。

第一座回收寶特瓶擠壓工廠，由嘉義縣朴子鎮東贏企業公司完成試車。

現代學術研究基金會成立，鄭欽仁任首屆董事長，並舉辦【臺灣當前問題討論會】。

（美國與加拿大自由貿易協定自 1989 年 1 月 1 日起生效。美國與中國協議合作生產戰車。OPEC 達成新產量協定。）

現代學術研究基金會的成立對臺灣現代化影響深遠，基金會成員分別在各個領域帶領風騷、領導整個社會在各部門，包括政治、外交、經濟、歷史、法學、教育、文化、環保、人權、社會運動、民主運動…等等之成就甚是傑出。
圖為創會會長鄭欽仁對群眾之演講。右上角是藝術家王美幸素描作品。他的眼神永遠閃爍著對臺灣的未來

1988　12月，全國工商協進會理事長辜振甫呼籲發行亞洲貨幣。

立法院首次主席動用警察權。立法院長倪文亞宣佈請辭院長職務。

立委費希平宣佈退出民主進步黨。全國工業總會成立「海峽兩岸經貿關係委員會」。

首批臺灣中小企業家抵中國上海訪問。首批 5 位中國大陸留美學生

抵臺訪問。中國大陸「科海公司」要求與臺灣電腦廠商合作。

國產 IDF 戰機出廠，總統李登輝主持命名典禮，命名為「經國號」。

央行提高存款準備比率，以對抗通貨膨脹壓力。

臺北捷運系統首項路線工程「木柵線」和平東路基礎工程開工。

外交部長連戰等人以「休假」名義至東協國家拓展經貿活動後返國。

高速公路員林收費站附近發生連環車禍，8 輛車追撞燃燒，造成 11 人死亡。花蓮酒廠爆炸。

行政院核定修正〈公教人員革新要求實施要點〉，取消宴客限制，准許進出娛樂場所。行政院中美小組表示，已接獲美方「301 條款」通知。

行憲紀念日大會，民主進步黨國代不滿主席團座位移作他用，爆發激烈衝突，秘書長何宜武（1913 -2001）召警驅逐（中山堂事件）。

電信總局與電信工會簽訂團體協約，為公營機構與工會第 1 個。

交通部宣佈個人計程車牌照於明年 1 月底開放，3 月起受理申請。

內政部取消一般人民出國觀光、商務考察應聘、依親、探親或應邀訪問必須繳驗戶籍謄本的規定。

李登輝之民主化（1989～1996）

　　李登輝接班後進行他的改革臺灣，經過 8 年的政經改革，臺灣社會由管制、壟斷逐步走向開放。

　　1988 年李登輝上臺，度過第一個接班不平靜的一年。隨著社會改革的壓力，李登輝隨即進行人事調整，並著手體制轉型，力促臺灣現代化。李登輝執政的這段時期，巧妙地運用民主進步黨銳意成長的反對民意勢力，致力政經轉型最終更促使臺灣再轉進至另一個新時代。

　　就時代觀察，跨入 21 世紀前的 1990 年代，是臺灣轉型邁向現代化的關鍵時期，也是臺灣民主化的時代。尤其是李登輝透過數次的修憲，更締造了中華民國總統直接民選，1996 年，臺灣破天荒的一年，這一年臺灣進行總統民選，民主時代真正來臨，讓臺灣成為中華民國的化身。

　　無論是民主政治之逐漸成熟穩健，抑或經濟發展之質量永續，在邁向文明現代化之路，對整體社會的調整，都面臨需要進一步昇華的動力。李登輝執政的 1990 年代，政黨政治開步走向競爭，臺灣民主政治再創另一階段的政黨競爭新歷史。這段時期的政治作為，是臺灣政經轉型社會進化相當重要的史頁。

1989　1 月，臺灣大型連鎖書店誠品書店（吳清友 1950 -2017）於臺北市創立。（2004 年獲《時代雜誌》亞洲版評選為「亞洲最佳書店」）

　　　　立法院 1 月 26 日通過《第 1 屆資深中央民意代表自願退職條例》，適用範圍包括立法委員與國大代表。

1989　2 月，農民黨成立。

（中國通過《香港特別行政區基本法》）

1989 3 月，與巴哈馬、格瑞那達、賴比瑞亞（恢復）、貝里斯建立外交關係。

公司行號及個人匯入款限額，由原先 5 萬美元調整至 100 萬美元。（1990 年 7 月再調高至 200 萬美元；1991 年 3 月調整至 300 萬美元；1992 年 10 月調高至 500 萬美元。1994 年 1 月企業匯入款調高為 1,000 萬美元，個人仍為 500 萬美元。1996 年 1 月企業每年自由匯出匯入上限調高為 2,000 萬美元，個人仍維持在 500 萬美元上限。）

1989 4 月，臺灣代表隊以「中華臺北」名義參加國際體育活動。

鄭南榕（1947 -1989）自焚事件。5 月，詹益樺（1957 -1989）自焚。2003 年 5 月，與詹益樺同為誓盟之陳東騰（1958 -2003）上吊自殺。

中央銀行採行管理浮動匯率制度，原則上，新臺幣匯率由外匯市場供需決定，但若有不規則因素（如短期資金大量進出）與季節因素，導致匯率過度波動或失序變動，而不利於經濟金融穩定時，央行將維持外匯市場秩序。

新臺幣對美元匯率由 1 美元兌 40 升值到 1 比 28。

澄社成立。楊國樞（1932 - ）為第一任社長。

臺灣人口突破 2,000 萬人。

侯孝賢（1947 - ）《悲情城市》獲威尼斯金獅獎，為臺灣史上第一人。

【中國制定「深圳經濟特區法規」。前中共中央總書記胡耀邦去世。】

鄭南榕自焚事件（1989. 4. 7 ）

1984 年，鄭南榕創辦《自由時代週刊》，多次撰文批評中華民國國軍、

情治機關以及蔣中正家族等過去報紙與雜誌不能碰觸的言論話題，極右派人士便曾公開指責鄭南榕「離經叛道」。1984 年底江南案發生後，《自由時代週刊》轉載《蔣經國傳》，指稱國防部聯合後勤司令部總司令溫哈熊、陸軍官校校長湯元普和退役的陸軍特種兵司令張錦錕等人涉嫌貪汙，而遭到指控誹謗罪。

1986 年，鄭南榕和江鵬堅等黨外運動人士策畫於 5 月 19 日發起 519 綠色行動，並且開始於雜誌社討論進行方法並且在每期《自由時代週刊》登上廣告宣傳。519 行動當天，群眾被鎮暴警察以人牆包圍並且對峙 10 多個小時。結束後，鄭南榕遭到警方監視。

1987 年 4 月 16 日，鄭南榕在臺北市立金華國中演講公開主張臺灣獨立，也多次公開呼籲黨外人士應該組織政黨。

1987 年 5 月 19 日，與民主進步黨合作在國立國父紀念館舉辦遊行活動，示威群眾與警方對峙長達 12 個小時。

1988 年 11 月 16 日，鄭南榕結合臺灣政治受難者聯誼總會等團體共同推動臺灣新國家運動，以 40 天步行的方式「全島行軍」，並在臺灣各地發起演講以及遊行活動。

1988 年 12 月 10 日，《自由時代週刊》刊登臺灣獨立建國聯盟日本本部委員許世楷（1934 - ）所撰寫的《臺灣新憲法草案》全文，而遭到查禁，鄭南榕也被當時偵辦內亂案專案小組指控犯下妨礙公務和妨害自由等罪刑。

1989 年 1 月 21 日，鄭南榕收到「涉嫌叛亂」之傳票，1 月 27 日表示將不會出庭應訊，公開宣佈「國民黨不能逮捕到我，只能夠抓到我的屍體。」

為了表達「百分之百言論自由」，鄭南榕將自己關在雜誌社總編輯室

內，在桌下擺放了三桶汽油。

　　檢察官決定採取強制拘提，在 4 月 4 日簽發 4 月 8 日截止的拘捕票。
4 月 7 日，在臺北市警察局出動 200 人佈署的拘捕攻堅手段行動中，鄭南
榕引燃預先準備的汽油桶自焚身亡。意外地造就了日後葉菊蘭（1949－）
的投入政治，並成為臺灣政壇上本土派特殊的烈士家屬精神象徵。

鄭南榕墓園追思紀念

1989　5 月，行政院長俞國華請辭。李煥（1917－2010）接任（任期：1989.
　　　6.1－1990.6.1）。首都早報試刊（創辦人康寧祥，6 月 1 日創刊）。
　　　財政部長郭婉容赴北京出席亞洲開發銀行年會。
　　　新竹遠東化纖霸工事件。（政府強力鎮壓，羅美文等 9 人依《非常
　　　時期農礦工商管理條例》遭到起訴）
　　　作曲家楊三郎（1919－1989）去世。
　　　（北京部分地區實施戒嚴，5 月 20 日至次年 1 月 11 日）
1989　6 月，李登輝宣布「實質外交」。

地下投資公司風暴事件。6月30日，因應《銀行法》修正，檢調單位強力查緝地下投資公司，致鴻源集團發生4次擠兌風暴，短短二星期支付200億元現金，終至破產。

立法院通過《農民健康保險條例》，6月23日總統令公布。7月1日，農民健保開始施行。

【北京發生「六四天安門事件」，中共中央總書記趙紫陽下臺，江澤民（1926 - ）接任。】

1989　7月，地下投資公司鴻源集團發生擠兌，當日（7月13日）股市重挫320點。

成立「行政院公營事業民營化推動專案小組」，由經建會主委擔任召集人。

17日，總統令《銀行法》修正公布，放寬銀行經營範圍並開放新銀行設立。（解除金融管制，開啟金融自由化）

1989　8月，高雄港都少棒隊獲得1989世界少棒賽錦標賽冠軍。屏東美和青少棒隊獲得世界賽衛冕冠軍。

8月19日，全臺灣首座228紀念碑落成，由民間興建，原稱「嘉義市彌陀路228紀念碑」，後改名為「嘉義市228紀念公園228紀念碑」。這是臺灣唯一設計者因設計紀念碑入獄的紀念碑：設計者詹三原（1942 - ）因設計該座紀念碑，被逮捕入獄，服刑一年半。

嘉義市228紀念公園228紀念碑主文

　　二大戰後，臺灣脫離日本統治，以為從此可過自由民主生活。豈料中國政權接收臺灣，所派陳儀官兵貪污腐敗無能，特權橫行，加上戰後經濟體系破敗，物價高漲，造成臺民生活艱困，哀聲怨道，各地紛傳反抗之

聲。終在 1947 年 2 月 27 日，於臺北大稻埕發生官員查緝私菸，蠻橫打傷女販，復又開槍射殺抗議市民。次日 2 月 28，臺北市民請願要求嚴辦兇嫌又遭機槍掃射，導致爆發全臺民眾紛起抗暴，要求政府徹底改革的「228 事件」。陳儀起初佯作妥協，然私下電請中國派兵。大軍登陸後隨即展開全島恐怖大屠殺和清鄉，造成臺灣精英死傷無數，含冤莫白四十年無人敢予安慰。今吾建碑為之紀念伸冤，肯定先輩犧牲奉獻，並祈代代子孫記取歷史教訓，誓保臺灣永久公義、和平，絕不容許類此悲劇再次發生。

1989 年 8 月 19 日立碑

1989　9 月，臺北市區鐵路地下化工程通車、臺北新站啟用。

9 月 27 日，許信良經由中國搭漁船偷渡回臺，被抓押送土城看守所。民進黨發起萬人「迎接許信良回家」土城探監活動，遭到警方強力驅離。（12 月 23 日臺灣高等法院宣判，許信良被以「叛亂罪」判刑 10 年。12 月 25 日民主進步黨以「總統民選」及「聲援許信良」為訴求，發動大規模群眾遊行。）

【歷史密碼】

黑名單

　　黑名單，主要指臺灣戰後戒嚴時期，對於流亡在外主張臺獨、民主、或同情左派、共產主義的國民，不再允許其入境與核發簽證之政策，官方稱「列註人員名單」。

　　由國安局、國防部情報局、調查局、前警備總部等在海外佈建的線民及職業學生，擔負著監視旅外臺人與僑胞的任務，匯集各式海外臺灣人言

論與行動的報告。名列黑名單的人，其護照到期失效後並不准予返臺加簽。於是，很多人便淪為無國籍或被迫取得其他國籍或難民證；有些人則雖然沒被吊銷護照，但仍有持續的騷擾跟監視。

主張臺灣獨立、違反反共國策、或單純參與臺灣同鄉會活動的人都可能被列入黑名單。如：李應元、許添財、金美齡、黃昭堂、王康陸、陳以德、蔡同榮、郭松棻、林孝信、張燦鍙、陳婉真、許信良、陳翠玉、羅益世、陳昭南、郭倍宏、彭明敏、謝聰敏、林水泉、李憲榮、蔡銘祿、蔡正隆、羅益世等，皆被登錄其中。這些被迫流亡海外的政治異議分子，都是中國國民黨眼中的黑名單。他們必須利用各種管道才能偷渡回臺，但政府都會以「違反國安法」之名加以逮捕或是驅逐出境。

直到 1987 年 7 月 15 日臺灣解嚴，不少臺灣獨立運動者與被列為黑名單者，陸續「闖關」回臺。1988 年 8 月起，返鄉運動再掀高潮，陸續有不少列入「黑名單」的海外臺灣人，千方百計回到臺灣。在 1992 年 5 月《中華民國刑法》第 100 條修正的廢止，「黑名單」也宣告廢除，正式走入歷史。

1989　10 月，華航 204 班機花蓮撞山，54 人罹難。

　　　　開放外勞來臺。（政府為推動十四項重大公共工程建設，因勞力短缺，於是以「專案方式」引進第一批低技術外勞 3,000 名。）

1989　11 月，臺灣證券集中保管公司開業。

　　　　【11 月 9 日，東德政府宣布允許公民申請訪問西德以及西柏林，柏林圍牆在東德居民的壓力下被迫開放。隨後數週數以萬計的市民走上街頭，拆毀圍牆作為紀念品。（1990 年 6 月，東德政府決定拆除

柏林圍牆。柏林圍牆的倒塌為東德政府的倒臺以及兩德統一鋪平了道路，1990 年 10 月 3 日兩德最終統一。）】

1989　12 月，《所得稅法》、《證券交易稅條例》修正公布，1990 年 1 月 1 日起證券交易所得停徵所得稅；證券交易稅從 1.5‰ 調高至 6‰。參謀總長郝柏村（1919 - ）接任國防部長。

第 1 屆立法委員第 6 次增額選舉，選出 130 位，其中，中國國民黨獲得 94 席，民主進步黨 21 席。第 9 屆省議員選舉。第 6 屆臺北市議員、第 3 屆高雄市議員選舉。

【日本昭和天皇（1926 -1989 在位，名裕仁，1901 -1989）逝世，明仁（1989 在位 -2019 預定，1933 - ）改元平成。北京天安門廣場示威，6 月 4 日發生事件。香港《基本法草案》頒布。江澤民當選中共中央總書記。】

【歷史密碼】

金融管制下的地下金融：地下投資公司

　　臺灣金融管制，地下金融猖獗。1980 年代，臺灣出現以投資公司名義提供月息 4 分的誘人高息違法吸金，投資人高達數 10 萬人。當時臺灣最大的地下投資公司鴻源成立不到三年，便已吸金近 1,000 億元，投資達 20 萬人，以驚人高利率、老鼠會形式，吸收民間游資，遍及社會各基層，包中軍中。當時，鴻源推出的 4 到 6 分高利誘惑，吸引了許多投資人爭先恐後地投入，也讓鴻源成為地下投資公司龍頭。

　　鴻源吸收資金的方式有兩種，一種是固定職員（吸金專員），另一種是募股（一般投資人），吸金員必須繳交基本股份（先投資 6 股，即 90

萬元），除了每個月可憑所購買的股份領取4分以上的高額紅利，在經過一個月的密集訓練，便成為公司職員，可開始對外招募，除了固定底薪，每招募到一股，每個月還可以多領一份介紹費，介紹費不是只領一次，而是每個月皆可領取。至於幕股，則是按照投資人所購買的股份，每個月分紅，月息也是4分以上。

1989年6月30日，《銀行法》修正後，幾乎所有地下投資公司都遭遇擠兌的困境，檢調單位終於開始強力查緝地下投資公司。連續三星期，鴻源集團發生四次擠兌風暴，致而引爆牽連20萬投資人，資金千億元的地下金融與經濟大風暴。

當時，地下投資公司興起，引起不少社會問題。

1990　1月，以「臺灣、澎湖、金門、馬祖個別關稅領域」名義申請入會GATT。（1992年受理入會申請，1993年入會）

1990　2月，央行統計，臺灣持有外匯存底830億美元，超越日本的826億美元，成為世界第一。

1990　3月，16日民主進步黨主席黃信介與國大代表等14人，至總統府請願並要求面見總統，遞交「解散國大」抗議書，遭警力強行驅散。臺大數十名學生集體前往中正紀念堂抗議，掀起「野百合學運」序幕。

中華職棒於臺北舉辦首場比賽。

3月21日，李登輝當選第8任總統。民主進步黨中央黨部對李登輝當選總統發表聲明，要求訂出新政府時間表，總統直接民選、國會

全面改選、省市長直接民選、軍隊及情治系統國家化、司法獨立、開放電視頻道、刪除一切黨國不分之預算、釋放所有政治犯、政治犯復權以及解除黑名單。李登輝於總統府接見 50 多位靜坐學生代表，應允召開國是會議。

野百合學運

野百合學運又稱 3 月學運，是 1990 年 3 月 16 至 22 日發生的學生運動。將近 6,000 名來自全國各地的大學生，集結在中正紀念堂廣場上靜坐，他們提出「解散國民大會」、「廢除臨時條款」、「召開國是會議」及「政經改革時間表」等四大訴求。這是臺灣有史以來規模最大的一次學生抗議行動，對臺灣民主政治有相當程度的影響。李登輝總統對學生承諾，召開國是會議。其後，1991 年廢除《動員戡亂時期臨時條款》，結束「萬年國會」。

1990	4 月，財政部 4 月 10 日發布〈商業銀行設立標準〉，開放商業銀行之設立許可申請。商業銀行設立最低實收資本為 100 億元。1991 年 6 月至 1992 年 6 月，共核准 16 家新商業銀行設立；每家新銀行又核准設立信託部、國外部、國際業務分行，而且每年可增設 5 家分行。
	臺中外埔鋐光實業公司發生爆炸，造成 40 人死亡，29 人受傷。臺鐵山線莒光號列車出軌，造成 2 死 9 傷。臺南左鎮發現二起烏腳病例。
1990	5 月，李登輝就任第 8 任總統，李元簇為副總統。郝柏村出任行政院長（任期：1990.6.1 -1993.2.27）。

李登輝總統於第8任總統就職演說宣示：「如中共當局能推行民主政治及自由經濟、放棄在臺灣海峽使用武力，不阻撓我們在一個中國前提下開展對外關係，則我們願以對等地位建立雙方溝通管道、全面開放學術、文化、經貿與科技交流。」

5月17日，教授與文化界組成「知識界反軍人干政聯盟」於省立博物館靜坐抗議，聲援學生反軍人干政行動。

5月20日，李登輝總統宣示就職當天，全學聯與社運團體發起「全民反軍人干政大遊行」，抗議李登輝總統提名郝柏村組閣，在立法院集結抗議並與警方爆發激烈衝突，立法院仍通過任命案。

5月20日，李登輝總統發布特赦令，美麗島事件等相關人士獲釋。林弘宣、呂秀蓮、陳菊、姚嘉文、黃信介、張俊宏、林義雄、施明德、許信良等9人罪刑宣告無效，黃劍峰等11人免除其刑之執行，另外恢復黃劍峰等14人被褫奪之公權。

5月22日，李登輝在總統就職記者會上宣布，將於一年內終止動員戡亂時期並廢止《動員戡亂時期臨時條款》，回歸正常憲政體制。

1990　6月，任前行政院副院長連戰為第13任省府主席（第13任，任期：1990.6 -1993.2）。吳敦義（1948 -）為高雄市長（第5任，任期：1990.6 -1994.12）。

民主進步黨6月23日公布「民主大憲章草案」，作為國是會議藍本。

6月28日，李登輝總統召開為期六天的國是會議，民主進步黨、中國國民黨於會議期間密集協商，達成總統、省長直接民選之共識。

歐菲莉颱風重創宜蘭、花蓮。

行政院通過〈臺灣省議會組織規程〉等修正條文，明定省主席及院轄市長之任用由省市議會行使同意權。

228 事件編入高中歷史教科書。

1990　8 月，日月潭發生遊艇沉沒事件，造成 57 人死亡。

臺南善化少棒隊獲得 1990 世界少棒賽錦標賽冠軍。屏東美和青少棒隊獲得世界賽衛冕冠軍。

1990　9 月，兩岸紅十字會組織代表陳長文（1944 -）、韓長林（1951-）等於 9 月 11 至 12 日在金門進行商談，就雙方參與見證其主管部門執行海上遣返事宜，簽署《金門協議》，以解決違反有關規定進入對方地區的居民和刑事嫌疑犯或刑事犯的遣返問題，保證雙方人員移交的安全。（這是 1949 年以來，雙方分別授權的民間團體簽訂的第一份書面協議；也是兩岸民間團體以事務性商談方式解決兩岸交往中產生的法律事務的重要嘗試。為兩岸紅十字會分別透過雙方授權由民間團體簽署之第一次書面協議。）

1990 年 9 月 12 日兩岸紅十字會在金門簽署《金門協議》。

《金門協議》（1990.9.12）

一、遣返原則：

　　應確保遣返作業符合人道精神與安全便利的原則。

二、遣返對象：

（一）遣返有關規定進入對方地區的居民（但因捕魚作業遭遇緊急避風等不可抗力因素必須暫入對方地區者，不在此列）。

（二）刑事嫌疑犯或刑事犯。

三、遣返交接地點：

　　雙方商定為馬尾 <——> 馬祖，但依被遣返人員的原居地分佈情況及氣候、海象等因素，雙方得協議另擇廈門 <——> 金門。

四、遣返程序：

（一）一方應將被遣返人員的有關資料通知於對方，對方應於二十日內核查答復，並按商定時間、地點遣返交接，如核查對象有疑問者，亦應通知對方，以便複查。

（二）遣返交接雙方均用紅十字專用船，並由民用船隻在約定地點引導，遣返船、引道船均懸掛白底紅十字旗（不掛其它旗幟，不使用其它的標誌）。

（三）遣返交接時，應由雙方事先約定的代表二人，簽署交接見證書（格式如附件）。

五、其他：

　　本協議書簽署後，雙方應儘速解決有關技術問題，以期在最短期間內付諸實施，如有未盡事宜，雙方得另行商定。

1990　10月，李登輝總統邀集朝野各黨及社會各界人士於總統府成立「國

家統一委員會」研商制訂《國家統一綱領》。國統會設置目的在主導臺灣海峽兩岸關係的發展，依據「民主、自由、均富」力促中國統一。次年2月通過《國統綱領》。

【原德意志民主共和國（東德）於1990年10月3日併入德意志聯邦共和國（西德），兩德正式宣布統一。】

1990　11月，召開海基會捐助人會議，通過《財團法人海峽交流基金會捐助暨組織章程》。向行政院大陸工作會報申請設立許可。（1991年2月28日經陸委會許可，並向臺北地方法院辦理財團法人登記，1991年3月9日起開始運作）

1990　12月，總統令公布《促進產業升級條例》。（延續《獎勵投資條例》，自1991年1月1日起施行）。

【歷史密碼】

國統會與《國統綱領》

國家統一委員會，簡稱國統會，係於1990年10月7日由總統李登輝所宣布成立。此一組織為總統府的任務編組單位，設置的目的在於主導臺灣海峽兩岸關係的發展，主要的聯繫訴求係以依據「民主、自由、均富」為力促「中國統一」之基礎，以導使中國大陸走向自由民主國度。。

而《國家統一綱領》（簡稱《國統綱領》）則是有關「大陸政策」的最高指導原則，係於1991年2月23日國統會第3次會議通過，3月14日並獲行政院第2223次會議通過。2006年2月27日，陳水扁總統宣布「終止適用」。

《國家統一綱領》（1991）

一、目標：建立民主、自由、均富的中國。

二、四大原則

1. 大陸與臺灣均是中國的領土，促成國家的統一，應是中國人共同的責任。

2. 中國的統一，應以全民的福祉為依歸，而不是黨派之爭。

3. 中國的統一，應以發揚中華文化，維護人性尊嚴，保障基本人權，實踐民主法治為宗旨。

4. 中國的統一，其時機與方式，首應尊重臺灣地區人民的權益並維護其安全與福祉，在理性、和平、對等、互惠的原則下，分階段逐步達成。

三、三個階段的進程

（一）近程（互惠交流階段）

1. 以交流促進瞭解，以互惠化解敵意；在交流中不危及對方的安全與安定，在互惠中不否定對方為政治實體，以建立良性互動關係。

2. 建立兩岸交流秩序，制訂交流規範，設立中介機構，以維護兩岸人民權益；逐步放寬各項限制，擴大兩岸民間交流，以促進雙方社會繁榮。

3. 在國家統一的目標下，為增進兩岸人民福祉：大陸地區應積極推動經濟改革，逐步開放輿論，實行民主法治；臺灣地區則應加速憲政改革，推動國家建設，建立均富社會。

4. 兩岸應摒除敵對狀態，並在一個中國的原則下，以和平方式解決一切爭端，在國際間相互尊重，互不排斥，以利進入互信合作階段。

（二）中程（互信合作階段）

1. 兩岸應建立對等的官方溝通管道。

2. 開放兩岸直接通郵、通航、通商，共同開發大陸東南沿海地區，並逐

步向其他地區推展，以縮短兩岸人民生活差距。

3. 兩岸應協力互助，參加國際組織與活動。

4. 推動兩岸高層人士互訪，以創造協商統一的有利條件。

（三）遠程（協商統一階段）

　　成立兩岸統一協商機構，依據兩岸人民意願，秉持政治民主、經濟自由、社會公平及軍隊國家化的原則，共商統一大業，研訂憲政體制，以建立民主、自由、均富的中國。

1991　1月，新中部橫貫公路通車。作家三毛（原名陳懋平，改名陳平，1943 -1991）上吊自殺。

　　《行政院大陸委員會組織條例》公布，為統籌處理有關大陸事務特設行政院大陸委員會。

　　行政院核定「雪山、大霸尖山國家公園計畫範圍」。10月，國家公園計畫委員會決議，將第5座國家公園正名為「雪霸國家公園」。1992年7月1日，雪霸國家公園管理處成立。

　　1月31日，行政院通過國家建設六年計畫，經費總額8兆2千億元。

六年國建

　　六年國建（1991 -1997年），全名為「國家建設六年計畫」，為國家長期經濟計畫，行政院長郝柏村係接續蔣經國時代「10年經濟建設計劃」，總金額為8.2兆元，其中5.2兆元為公共投資金額，預算龐大、必須大量舉債，六年國建開啟了臺灣財政赤字之大門，1991年至1993年中央政府公債發行分別為1,000億元、2,045億元及2,350億元。

1993 年 2 月郝柏村下臺，連戰繼任行政院長，停止大部分六年國建計畫，維持近三年多的六年國建收場。

　　六年國建包括：1. 電力建設，2. 航空客運，3. 鐵路建設，4. 環保，5. 醫療保健，6. 住宅建設，7. 文教設施，8. 社會福利，9. 十大新興工業，10. 八大關鍵技術，11. 把臺灣地區劃分為 18 個生活圈（6 個屬都會生活圈）。

1991　2 月，《公平交易法》公布。

1991　3 月，由政府及民間人士共同捐助成立的「財團法人海峽交流基金會」（簡稱海基會）成立，辜振甫（1917 -2005）擔任董事長。（4 月 9 日，與陸委會簽訂委託契約）

　　　民主進步黨啟動「人民制憲」憲政改造列車，黨主席黃信介親率國大黨團、立院黨團及中央黨部幹部下鄉赴全省 23 縣市宣揚制憲理念。人民制憲會議圓滿結束，並通過「臺灣憲法草案」。

　　　汐止發生吳銘漢、葉盈蘭夫婦命案，蘇建和等 5 人被逮捕。（蘇建和、劉秉郎、裝林勳三人經判死刑，訴訟歷經年，未批准執行令，並經三次非常上訴、監察院調查、國際特赦組織等國內外各界關切。纏訟逾 20 年的吳銘漢夫婦命案最後於 2012 年 8 月 31 日臺灣高等法院再更三審宣判蘇建和、劉秉郎與莊林勳 3 人無罪，並因適用《刑事妥速審判法》定讞。為臺灣司法史上非常特殊之誤判平反案例。）

1991　4 月，國民大會通過廢止《動員戡亂時期臨時條款》、制定《中華民國憲法增修條文》。憲法增修條文主要內容為：（1）明定第 2 屆中央民意代表產生的法源、名額、選舉方式、選出時間及任期。（2）賦予總統發布緊急命令的職權。（3）明定兩岸人民權利義務關係，得以法律為特別的規定。

海基會首度由副董事長兼秘書長陳長文（1944－）組團訪問北京，並與國臺辦副主任唐樹備（1931－）會談。陳長文提出「大陸也是中國的一部分」，以回應唐樹備等所強調「臺灣是中國的一部分」之「一個中國」論述，而改口「臺灣、大陸都中國的一部分」，當時唐樹備並提出兩岸交往五個原則（唐五條）。

「唐樹備五原則」（唐五條）（1991）

唐樹備向陳長文提出處理海峽兩岸交往中的具體問題應遵循的五項原則是：

1. 臺灣是中國領土不可分割的一部分。中國的統一是臺灣海峽兩岸同胞的共同願望和神聖使命，兩岸同胞都應為促進祖國和平統一而共同奮鬥；

2. 在處理海峽兩岸交往事務中，應堅持一個中國的原則，反對任何形式的「兩個中國」、「一中一臺」，也反對「一國兩府」以及其他類似的主張和行為；

3. 在堅持一個中國的原則下，考慮海峽兩岸存在不同制度的現實，應消除敵意，加深了解，增進共識，建立互信，實事求是、合情合理地處理海峽兩岸交往中的各種具體問題，維護海峽兩岸同胞的正當權益；

4. 積極促進和擴大兩岸同胞的正常往來，儘早實現直接通郵、通航、通商，鼓勵和發展海峽兩岸經濟、文化、體育、科技、學術等各方面的雙向交流；

5. 海峽兩岸許多團體和人士致力於促進直接「三通」和雙向交流，應繼續充分發揮他們的積極作用。同時，為解決海峽兩岸交往中各個

方面的具體問題，應儘早促成海峽兩岸有關方面以適當方式直接商談。

1991　5月，1日，總統令公布廢止《動員戡亂時期臨時條款》，並同時頒布《中華民國憲法增修條文》。發生獨臺會案。

獨臺會案是 1990 年代初期的政治案件。1991 年 5 月 9 日凌晨，調查局進入清華大學拘提歷史所研究生廖偉程；逮捕臺灣大學社會學研究所畢業的文史工作者陳正然、民主進步黨的王秀惠與傳道士林銀福，指稱該四人接受旅居日本的臺灣獨立運動者史明資助，在臺灣發展獨立臺灣會（獨臺會）組織。5 月 11 日，逮捕協助張貼獨臺會文宣的安正光。由於 1991 年 5 月 1 日已終止動員戡亂時期，逮捕學生行動引發校園劇烈反彈。（1992 年 5 月《刑法》第 100 條修正案生效，刪除陰謀叛亂罪罰，全案改判免訴。）

5 月 17 日，立法院通過廢止《懲治叛亂條例》，5 月 22 日，總統令公布廢止。其母法《刑法》100 條修正問題成為焦點。

1991　6月，財政部公布新銀行名單，共有 15 家獲得核准。

6 月 19 日，《公營事業移轉民營條例》修正案公布施行。

【歷史密碼】

公營事業民營化

公營事業民營化是民主進步黨的經濟政策，並明訂列入黨綱之經濟施政目標，但卻著力不深。

《公營事業移轉民營條例》於 1953 年 1 月 26 日公布實施，30 餘年來由於公營事業經營環境不斷變遷，早已不合時宜。行政院於 1989 年 7

月成立「行政院公營事業民營化推動專案小組」，主要任務為：修訂民營化相關法令、研擬解決民營化問題途徑，以及審議民營化執行方案。

「行政院公營事業民營化推動專案小組」，由經建會主委擔任召集人，該單位經多次更名及組織調整。1998 年 4 月，更名為「行政院公營事業民營化推動指導委員會」；2000 年 10 月，調整為「行政院公營事業民營化推動與監督管理委員會」；2003 年 11 月，改為「行政院公營事業民營化推動委員會」，行政院另成立由產、官、學及社會人士組成「行政院公營事業民營化監督與諮詢委員會」（勞委會擔任幕僚）。2008 年 12 月，該二單位合併為「行政院公營事業民營化推動及監督委員會」。2012 年 8 月，再改為「行政院公營事業民營化推動與監督會」。

1989 年 11 月，行政院提出《公營事業移轉民營條例修正草案》，立法院於 1990 年 6 月 3 日完成三讀，總統於 1991 年 6 月 19 日公布施行。其後，2000 年 10 月立法院再通過《公營事業移轉民營條例》修正案，11 月 29 日公布施行。2002 年為配合經濟發展會議建議再修正《公營事業移轉民營條例》，12 月 27 日審議通過，2003 年 1 月 15 日公布施行。

政府自 1989 年起推動公營事業民營化，至 2015 年 12 月 31 日止，計完成 39 家事業民營化（全部或一部移轉民營），結束營業 17 家；目前尚有經濟部所屬事業 4 家（臺灣電力公司、臺灣中油公司、臺灣糖業公司及臺灣自來水公司）、財政部所屬事業 1 家（臺灣菸酒公司）及交通部所屬 2 家（臺灣鐵路管理局及中華郵政公司）等 7 家列於推動名單。

表 9-1　行政院提列移轉民營之公營事業 （不計＊共 39 家）

原主管機關	全部（一部）移轉民營之公營事業	民營化基準日	民營化方式
經濟部	中國石油化學公司	1994 年 6 月 20 日	出售股權
	中華工程公司	1994 年 6 月 22 日	出售股權
	中國鋼鐵公司	1995 年 4 月 12 日	出售股權
	臺機鋼品廠＊	1996 年 5 月 20 日	讓售資產（與特定人協議）
	臺機船舶廠＊	1997 年 1 月 10 日	讓售資產（與特定人協議）
	臺機合金鋼廠＊	1997 年 6 月 30 日	讓售資產（與特定人協議）
	臺肥公司	1999 年 9 月 1 日	出售股權
	中興紙業公司	2001 年 10 月 16 日	讓售資產（員工承接）
	臺機公司	2001 年 11 月 19 日	讓售資產（與特定人協議）
	唐榮運輸處＊	2002 年 8 月 1 日	標售資產
	唐榮鋼鐵廠＊	2002 年 9 月 1 日	讓售資產（與特定人協議）
	唐榮公路車輛事業部＊	2002 年 9 月 1 日	標售資產
	唐榮軌道車輛事業部＊	2002 年 10 月 16 日	資產作價與民間投資人合資成立民營公司
	臺灣省農工公司	2003 年 1 月 1 日	標售資產
	臺鹽實業公司	2003 年 11 月 14 日	出售股權
	唐榮公司	2006 年 7 月 5 日	出售股權
	臺灣國際造船公司	2008 年 12 月 18 日	出售股權
	漢翔公司	2014 年 8 月 21 日	出售股權

財政部	中國產險公司	1994 年 5 月 5 日	出售股權
	農民銀行	1999 年 9 月 3 日	出售股權
	交通銀行	1999 年 9 月 13 日	出售股權
	中央再保險公司	2002 年 7 月 11 日	出售股權
	合作金庫	2005 年 4 月 4 日	出售股權
交通部	陽明海運公司	1996 年 2 月 15 日	出售股權
	臺汽公司	2001 年 7 月 1 日	讓售資產（員工承接）
	臺鐵貨搬公司	2003 年 1 月 1 日	資產標售（員工承接）
	中華電信	2005 年 8 月 12 日	出售股權
臺灣省	彰化銀行	1998 年 1 月 1 日	出售股權
	華南銀行	1998 年 1 月 22 日	出售股權
	第一銀行	1998 年 1 月 22 日	出售股權
	臺灣中小企銀	1998 年 1 月 22 日	出售股權
	臺灣產險公司	1998 年 1 月 22 日	出售股權
	臺灣航業公司	1998 年 6 月 20 日	出售股權
	臺灣人壽保險公司	1998 年 6 月 30 日	出售股權
	臺開信託公司	1999 年 1 月 8 日	出售股權
退輔會	液化石油氣供應處	1996 年 3 月 16 日	標售資產
	榮民氣體廠	1998 年 1 月 1 日	資產作價與民間投資人合資成立民營公司
	岡山工廠	1998 年 8 月 1 日	標售資產
	食品工廠	2003 年 7 月 1 日	資產作價與民間投資人合資成立民營公司
	榮民製藥廠	2005 年 12 月 31 日	資產作價與民間投資人合資成立民營公司
	龍崎工廠「事業廢棄物處理區」	2006 年 10 月 4 日	資產作價與民間投資人合資成立民營公司
	榮民工程公司	2009 年 11 月 1 日	核心業務（無形資產、未完工程、技術人力及施工材料機具等）資產作價與民間投資人合資成立民營公司

新聞局	新生報業公司	2000 年 12 月 31 日	讓售資產（與特定人協議）
臺北市	臺北銀行	1999 年 11 月 30 日	出售股權
	印刷所	2000 年 12 月 31 日	標售資產
高雄市	高雄銀行	1999 年 9 月 27 日	出售股權

表9-2　已結束營業之公營事業（共17家）

原主管機關	已結束營業事業	結束營業日
退輔會	農業開發處	1990 年 6 月 30 日
	海洋漁業開發處	1991 年 12 月 31 日
	冷凍加工廠	1992 年 1 月 30 日
	臺中港船舶中心	1993 年 4 月 30 日
	榮民製毯廠	1996 年 6 月 30 日
	彰化工廠	1996 年 10 月 31 日
	榮民礦業開發處	1997 年 4 月 30 日
	榮民化工廠	1997 年 6 月 30 日
	楠梓工廠	1998 年 9 月 30 日
	榮民印刷廠	1999 年 3 月 31 日
	臺北紙廠	1999 年 8 月 31 日
	臺中木材廠	2000 年 7 月 31 日
	臺北鐵工廠	2000 年 11 月 30 日
	桃園工廠	2001 年 12 月 31 日
	塑膠工廠	2003 年 7 月 1 日
新聞局	臺灣電影文化事業公司	1999 年 10 月 31 日
經濟部	高硫公司	2002 年 12 月 31 日

1991　7月，六年國建計畫實施。民營長榮航空開航。

1991　8月，臺中大仁少棒隊獲得 1991 世界少棒錦標賽冠軍。屏東美和青少棒隊獲得世界青少棒（2016 年起改名為 U -15 世界杯）錦標賽冠軍。

1991　9月，臺鐵東勢線（東勢—豐原）停駛（1959 -1991）。

翻牆回國的「黑名單」、臺獨聯盟美國本部副主席李應元，於 9 月 2 日被捕。臺大教授李鎮源（1915 -2001）、吳新英等人到土城看守所探視後，決定與林山田（1937 -2007）、陳師孟（1948 - ）、廖宜恩等人發起「廢除刑法 100 行動聯盟運動」。9 月 21 日「100 行動聯盟」成立，宣佈「反閱兵、廢惡法」兩階段行動聲明，以廢除《刑法》100 條為訴求（「戰帖」由民主進步黨立法院黨團幹事長彭百顯在立法院殿堂上提交予行政院長郝柏村），展開抗議靜坐，要求執政黨在 10 月 8 日前作出明確回應，否則將於國慶舉行反閱兵活動。

1991　10月，國慶典禮動用大批軍警將「100 行動聯盟」抗議人士團團圍住外，也在閱兵隊伍行經的臺北市部分地區，畫出廣大管制區，以鐵絲網圍住，形成蛇龍拒馬內閱兵奇景。該次閱兵成為中華民國最後一次的「軍事閱兵」。「100 行動聯盟」未因反閱兵行動失敗而停止，仍持續宣揚廢除《刑法》第 100 條的理念。（1992 年 5 月 15 日，立法院通過《刑法》100 條修正案，刪除陰謀叛亂罪處分。）

1991　11月，「兩岸共同防制海上犯罪程序性問題會談」（陳長文、唐樹備）於中國北京舉行。唐樹備再度提出「堅持一個中國原則」的態度為兩岸會談前提。

1991　12月，臺鐵南迴線（枋寮—臺東，1980 年開始興建）全線通車（卑

南站更名為臺東新站）。次年 1 月開始臨時營運，5 月再調整臨時營運方式，10 月正式營運。

12 月 16 日，政府發布〈信託投資公司申請改制為商業銀行審核要點〉，准許信託投資公司改制為商業銀行。從 1998 年 11 月至 2007 年 12 月，計有 4 家信託投資公司改制為商業銀行。

12 月 21 日，第 2 屆國民大會代表選舉，為「國會全面改選」劃開序幕，總計選出 325 名國大代表。這是首次辦理國民大會代表的全面改選，中國國民黨當選 254 席，民主進步黨獲得 66 席。

12 月 31 日，第一屆國代、立委（資深民代）全部退職。

【中國成立「海峽兩岸關係協會」（簡稱海協會），汪道涵（1915 -2005）擔任會長，為與海基會互動的窗口。】

1992　1 月，《行政院公平交易委員會組織條例》公布，行政院公平交易委員會成立。

許信良接任民主進步黨主席（任期：1992.1.20 - 1993.12.4）

行政院長郝柏村表示將抑制金融遊戲死灰復燃，股市一路下滑。（至 1993 年 1 月 8 日 3,098 低點，下跌 43％）

1992　2 月，台新國際商業銀行成立。

行政院核定恢復核四計畫。（後經立法院預算委員會審查，於 1992 年 6 月通過「同意恢復原編列核四計畫預算動支案」；1994 年 7 月立法院核列 1995 及 1996 年度預算；但在 1996 年 5 月立法院通過「廢核案」，停止核四預算動支；1996 年 10 月行政院對立法院「廢核案」提出「覆議案」，經總統同意後，由立法院通過覆議；並在 1999 年 3 月原能會核發核四廠第 1、2 號機建廠執照動工。後於 2000 年 10 月 27 日民主進步黨政府行政院長張俊雄宣布停建核四。）

1992　3月，兩岸「文書驗證」及「掛號函件」第一次會談【許惠祐（1952－）、李亞飛（1955－）】在中國北京舉行。唐樹備提出兩岸交流之前提：「堅持一個中國原則」的態度。

1992　4月，民主進步黨針對「總統直選」訴求發動「419大遊行」並持續靜坐數日。（4年後成功促成總統直選。）

1992　5月，國民大會第2次修憲，內容包括大法官增設憲法法庭；監委由總統提名、國民大會任命之；國民大會每年集會，聽取總統國情報告；省市長直選；國代與總統任期改為4年。

5月8日《就業服務法》制定公布，提供引進外籍勞工的法源基礎。（為保護國人就業權益，外籍勞工開放政策一直以來係採許可制並限業限量，開放項目為製造業、營造業、海洋漁撈、屠宰業、機構看護、外展看護、家庭看護及幫傭等。2003年5月13日《就業服務法》修正公布，外籍勞工在臺工作期滿須至少出境1天，以防止長期居留而變相移民。2016年10月21日立法院通過《就業服務法》修正案，刪除期滿應出國1日始得再入國工作之規定；同時新增外籍勞工於聘僱許可期間得請假返鄉探親，雇主應予同意，經總統公布自11月5日生效。2017年底外勞在臺總數達67萬6,142人。）

5月16日，《刑法》100條修正頒布，終結「言論叛亂罪」的法源，排除思想叛亂入罪。（過去被以此法法辦的思想犯與黑名單人士，如黃華、郭倍宏、李應元、陳婉真、林永生、鄒武鑑、江蓋世（1958－）、許龍俊等人都被釋放，臺灣人民不再因主張臺灣獨立以叛亂罪而被起訴。）

開放銀行兼營票券保證、經紀及自營買賣等業務，打破原本3家票券金融公司寡占票券業務局面。

1992　6月，臺南怡記洋行（1867年設立，1883年結束營業）。（安平5家洋行中今僅存德記與陳興兩洋行建築物，其餘之和記、怡記、唻記3家洋行皆已不存）

《戶籍法》修正公布，廢止本籍登記，增列出生地為登記項目。

1992　7月，實施戶警分隸制度。（鄉鎮戶政事務所改隸縣市政府，戶政業務回歸民政單位辦理。）

《國外期貨交易法》公布，規定金融機構經其目的事業機關核准，得兼營國外期貨經紀商。

新臺幣持續升值至1美元兌24.5元。

7月29日，《動員戡亂時期檢肅流氓條例》名稱修正為《檢肅流氓條例》並修正條文公布。（2009年1月21日廢止）

7月31日，《臺灣地區與大陸地區人民關係條例》制定公布。（9月18日施行）。

1992　8月，國統會第8次會議通過《關於「一個中國」的涵義》決議。

《動員戡亂時期國家安全法》修正為《國家安全法》，8月1日施行。

裁撤臺灣警備總司令部，改制為海岸巡防司令部（為現今國防部後備指揮部與行政院海岸巡防署之前身。）

廢止〈銀元及銀元兌換券發行辦法〉，銀元國幣地位喪失法源基礎。（1949年7月2日依《動員戡亂時期臨時條款》規定公佈，以銀元為國幣單位，金圓券5億元兌換銀元券壹圓，由於《動員戡亂時期臨時條款》廢止而於8月5日廢止。）

屏東鶴聲隊獲得1992世界青少棒錦標賽冠軍。

最低基本工資由11,040元調至12,365元（日薪412元）。

8月22日，宣布與南韓斷交。

1992 9月，行政院發布實施《臺灣地區與大陸地區人民關係條例》，第
35條規定，如經主管機關許可，可在大陸地區從事投資或技術合作；
或與大陸地區人民、法人、團體或其他機構從事貿易或其他商業行
為。

關稅暨貿易總協定理事會通過接受我國以「臺灣、澎湖、金門、馬
祖個別關稅領域」名稱申請入會案。

1992 10月，南迴鐵路開發營運，環島鐵路網完成。

陸委會通過第一批服務業間接赴大陸投資項目，共158項。

兩岸「文書驗證」及「掛號函件」第二次會談（許惠祐、周寧）於
香港舉行。（會談中，雙方對於「一個中國」認知和該問題相關的
方案，均不為對方所接受，後來「海協會」對於「海基會」所提議
之「雙方以口頭聲明各自表述的方式」，表示同意並予尊重。外界
解讀「交流、對話、擱置爭議、一個中國各自表述」為「九二共識」
的重要精神）

1992 11月，《金門、馬祖、東沙、南沙地區安全及輔導條例》11月7
日開始施行。金馬地方解除戰地政務，實施地方自治。

1992 12月，第2屆立委選舉，共選出161席立委，中國國民黨獲得102
席，民主進步黨得票率首次超過三成，獲得51席。這是1948年舉
行第1屆立法委員選舉後，中華民國首次的立委全面改選。（結束
「萬年國會」）

1992年底臺灣外匯存底為823億美元，僅次於德國之910億美元，
居世界第2。

施振榮（1944 -）提「微笑曲線」（Smile Curve）企業競爭策略概念。

國統會「一個中國」涵義

李登輝於 1990 年就任新任期總統之後，兩岸透過民間團體首度達成金門協議，於是有兩岸兩會「白手套」的設立運作兩岸發展關係。

而兩岸兩會能夠突破僵局的重要因素，乃中國「堅持一個中國原則」在於態度問題，當「一個中國原則」在李登輝總統運作下，國統會於 1992 年 8 月 1 日作出「一個中國」的涵義之說明之後，未久，1992 年 10 月兩岸兩會即進行工作會談。此即為日後所衍生出所謂「九二共識」問題之源頭。

前李登輝時代，國家統一委員會通過對關於「一個中國」的涵義，說明是：

第一、海峽兩岸均堅持「一個中國」之原則，但雙方所賦予之涵義有所不同。中共當局認為「一個中國」即為「中華人民共和國」，將來統一以後，臺灣將成為其轄下的一個「特別行政區」。臺灣方面則認為「一個中國」應指 1912 年成立迄今之中華民國，其主權及於整個中國，但目前之治權，則僅及於臺澎金馬。臺灣固為中國之一部分，但大陸亦為中國之一部分。

第二、民國 38 年（公元 1949 年）起，中國處於暫時分裂之狀態，由兩個政治實體，分治海峽兩岸，乃為客觀之事實，任何謀求統一之主張，不能忽視此一事實之存在。

第三、中華民國政府為求民族之發展、國家之富強與人民之福祉，已訂定「國家統一綱領」，積極謀取共識；深盼雙方均以務實的態度捐棄成見，共同合作，為建立自由民主均富的一個中國而貢獻智慧與力量。

1993   1月，臺北市「論情西餐廳」火災，造成 33 人死亡，21 人受傷。

　　　　【美國第 42 任（第 52 屆）總統柯林頓（William Jefferson Clinton，

　　　　1946 - ）就職】

1993   2月，郝柏村內閣總辭。連戰任行政院長（首位臺籍閣揆，任期：

　　　　1993.2.27 -1997.9.1），中國國民黨秘書長宋楚瑜（1942 - ）為省主

　　　　席（第 14 任，任期：1993.3 -1994.12）。

　　　　李安（1954 - ）《喜宴》獲柏林影展金熊獎。

　　　　證券交易稅稅率由 6 ‰調降至 3 ‰。

1993   3月，兩岸「文書驗證」及「掛號函件」第三次會談（許惠祐、李

　　　　亞飛）在中國北京舉行。

　　　　經濟部通過〈在大陸地區從事投資或技術合作許可辦法〉，對赴大

　　　　陸地區從事投資或技術合作之產品或經營項目，區分為「准許類、

　　　　禁止類及專案審查類」三類。12 月公布辦法，並有較明確的規定。

1993   4月，兩岸兩會的最高負責人在新加坡舉行歷史性的「辜汪會談」

　　　　（海基會董事長辜振甫、大陸海協會會長汪道涵），並簽署四項協

　　　　議：一、《兩岸公證書使用查證協議》。二、《兩岸掛號函件查詢、

　　　　補償事宜協議》。三、《兩岸聯繫與會談制度協議》。四、《辜汪

　　　　會談共同協議》，成為兩岸以對話協商解決交流問題的濫觴。這是

　　　　海峽兩岸自 1949 年中華民國政府播遷臺灣以來，首度進行的正式

　　　　官方級會晤。其後，兩岸政府也持續透過此一管道進行多次談判，

　　　　雙方制度化協商的機制逐步確立。

　　　　核三廠 1 號機組年度大修時操作不慎，導致輻射污水外流到廠區海

　　　　域。

1993   5月，「530 反核大遊行」，約有 5,000 人參加，提出「撤銷核四計

畫」、「杜絕輻射毒害」、「建立非核家園」三大主張。

1993　6月，總統府核准設中央研究院臺灣史研究所（籌備）。（2004年成立）

1993　7月，《公職人員財產申報法》7月2日制定公布，自1993年9月1日施行。

1993　8月，新黨成立。《有線電視法》制定公布。（1999年2月修正為《有線廣播電視法》）

中國國臺辦8月31日發表第一個兩岸問題白皮書《臺灣問題與中國的統一》，指「一個中國」就是中共政府之中國，否定中華民國。【附錄15】（第二個白皮書是2000年2月發表《一個中國的原則與臺灣問題》白皮書。）

1993　9月，TVBS開播，為臺灣本土第一個衛星電視臺。

法亞航貨機抵達臺北，揭開中法開航序幕。

1993　10月，宜蘭縣史館開張，為臺灣第一個地方史料館。

1993　11月，立法院制定《信用合作社法》。

廢止金馬戰地政務，實施地方自治。23個縣市長選舉投票。

前美國總統老布希（George H. W. Bush，1924 - ）訪臺。

1993　12月，兩岸兩會首度在臺北舉行副首長會談。

施明德代理民主進步黨主席（任期：1993.12.4 -1994.7.18）。

前總統嚴家淦（1905 -1993）逝世。海軍上校尹清楓（1946 -1993）陳屍宜蘭外海。

12月23日，憲法法庭就立法部門對「政府向銀行賒借款以支應重大建設及軍事採購支出，應否列入中央政府建設公債發行條例所規定的公債未償還總餘額內」案（彭百顯等24位立委提），首次開

庭行言詞辯論。1994 年 1 月 14 日做出釋字 334 號解釋。

《公共債務法》的誕生

中華民國憲法法庭言辭辯論的首度開張：政府舉債規範的爭議

背景

本案緣於 1993 年 1 月 4 日，彭百顯等 24 名立委於立法院提案聲請大法官會議解釋，認為政府向銀行賒借一年以上之借款，支應重大建設及軍事採購等支出之金額，應否列入《中央政府建設公債發行條例》所規定之公債未償還總餘額內，但政府行為有憲法疑慮。彭百顯等所提代表國會部門對政府舉債規避規範故聲請大法官會議解釋。

本案乃司法院自立國以來憲法法庭之首度開庭。司法院依通知聲請機關立法院及關係機關行政院指派代表，於 1993 年 12 月 23 日到場，在憲法法庭進行言詞辯論，邀請兩造及財經學者到庭陳述意見。

聲請解釋之目的

行政院於計算各級政府發行公債未償還餘額時，皆將一年以上之賒借數額排除，以向銀行及勞工退休基金等單位長期借款，規避公債發行上限。爰依司法院大法官會議法第 4 條及第 6 條之規定，聲請大法官會議統一解釋，以資釐清政府債務範圍，避免後代子孫負擔及引發財政危機，而致政府破產。

聲請解釋之理由及對本案所持之見解

預算法第 25 條規定，政府非法法律，不得於其預算外增加債務；其

因調節國庫收支而發行國庫券時，依國庫法規定辦理。財政收支劃分法第34條第1項規定，各級政府非依法律之規定，或議會之議決，不得發行公債或為一年以上之國內外賒借。預算法及財政收支劃分法明定政府舉債要件，無非避免增加人民負擔及避免政府財政危機。

無論是以發行公債或向銀行賒借作為政府財源，皆係因應財政上之需要，為政府所負之債務，需依約付息還本。若將一年以上之賒借數額排除於未償公債總餘額外，則各級政府可毫無限制向銀行賒借，變成變相發行公債，增加往後人民之負擔，並引發財政危機，而致政府破產。

大法官會議做出第334號解釋：支持納入總體規範

1994年1月14日大法官會議做成釋字第334號解釋，對有關「公債發行條例「公債」之意涵？」爭點，解釋文為：「廣義之公債，係指包括政府賒借在內之一切公共債務而言。而中央政府建設公債發行條例所稱之公債，則指依法以債票方式發行之建設公債。惟為維護國家財政之健全，國家全部舉債之上限，宜綜合考量以法律定之，併予指明。」

結果：行政院提法案修正制度偏差

大法官會議做成第334號解釋文後，1995年行政院提出《公共債務法》立法，規範國家整體債務。

1994　1月，縣市議員、鄉鎮市長選舉投票。臺南航空站1月1日成立為丙種航空站。1997年9月1日升格為乙種航空站。

行政院長連戰訪問中南美洲宏都拉斯與巴哈馬。

《消費者保護法》制定公布。行政院設消費者保護委員會。（1994年7月1日成立至2011年12月31日止，自2012年1月1日起併

入行政院院本部，改為諮詢審議性質之任務編組「行政院消費者保護會」，業務單位部分則改制成立「消費者保護處」）。

1986 年諾貝爾化學獎得主李遠哲任中央研究院院長（1994.1-2006.10）。

1994　2 月，總統李登輝訪問菲律賓、泰國、印尼，為期 8 天。

1994　3 月，金門航空站 3 月 1 日成立。臺灣第一個有線電視新聞網「真相新聞網」開播。

臺灣旅遊大陸「千島湖事件」，24 名臺灣觀光客及 8 名船工導遊遭到搶劫，並被兇手燒死。

前蘇聯總統戈巴契夫（M. S. Gorbachov，1931 - ）夫婦訪臺。

兩岸兩會第 4 次工作商談在中國北京舉行。

中國全國人大常委會通過《臺灣同胞投資保護法》，主要內容包括：1. 臺資企業的財產、工業產權、投資收益等可以依法讓與繼承。2. 在管理上給予充分的經營自主權。 3. 可自由兌換貨幣，合法收益可依法匯出。4. 可以依法成立臺胞投資企業協會。5. 在優惠、仲裁方面，給予立法保障。（1999 年 12 月發佈實施細則）

1994　4 月，華航名古屋空難，264 人罹難。

美國總統柯林頓宣布對臺灣進行經濟制裁。

1994　5 月，李登輝總統首度訪問邦交國，前往尼加拉瓜、哥斯大黎加、南非、史瓦濟蘭，為期兩週。連戰以總統特使出使薩爾瓦多與瓜地馬拉。

臺北貢寮舉行核四公投，投票率 58.3%，其中近 9 成反對。

行政院通過〈工商綜合區開發設置管理辦法〉。

全面解除馬祖入出境管制，開放觀光。（結束 45 年管制）

1994　6月，司法院長林洋港向總統提出辭呈，表示將在9月與大法官同時卸職。8月，任命施啟揚（1935 - ）為司法院長，林洋港為總統府資政。梁國樹（1930 -1995）接任央行總裁。

民主進步黨發起萬人「發放敬老津貼、反對利益輸送」大遊行，宣示追求建立福利國家的信念。

1994　7月，國民大會第3次修憲，內容為總統直接民選、國大設議長、總統人事任免無須行政院長副署。

民主進步黨執政縣市臺北縣、宜蘭縣、新竹縣、臺南縣、高雄縣、澎湖縣開始發放老人年金。

陸委會於7月5日公布首部大陸政策白皮書《臺海兩岸關係說明書》【附錄16】。

行政院通過「十二項建設個別計畫內容摘要，推動十二項重點建設計畫」。

施明德當選民主進步黨主席（任期：1994.7.18 -1996.3.23）。

立法院制定《省縣自治法》，總統於7月29日公佈，為臺灣省地方自治之法源依據。（12月省市長選舉，該法於1999年3月30日廢止。）

立法院通過《全民健康保險法》。（審議中將「強制納保」條文改為「非強制納保」獲得通過，全民健保原規劃精神盡失。8月9日總統令公布。10月3日，《全民健康保險法》修正公布，恢復強制納保規定。1995年3月1日開辦。）另通過《省縣自治法》。

國立東華大學成立。兩岸兩會於臺北展開第5次工作商談。

1994　8月，兩岸兩會副首長第二次焦唐會談【焦仁和（1948 - ）、唐樹備】於臺北舉行。

經濟部續開放 285 項產品准赴大陸投資，及准許 185 項大陸物品間接進口。

修正〈票券商業務管理辦法〉為〈票券商管理辦法〉，增列票券金融公司新設的法源。

凱特琳颱風、道格颱風，9 月葛拉絲颱風，10 月塞思颱風分別襲臺，受創嚴重。

1994　9 月，考試院通過國家考試普通科目停考「國父遺教」與「三民主義」。

蔡明亮（1957 - ）以《愛情萬歲》獲得威尼斯影展金獅獎。

李遠哲應行政院連戰院長邀請，擔任行政院教育改革審議委員會召集人。

漢光演習民間金鷹航空拖靶機被擊落，機上 4 人喪生。

1994　10 月，財政部修正發布〈證券商營業處所買賣有價證券管理辦法」，確立櫃檯買賣中心之法律地位。11 月，「財團法人中華民國證券櫃檯買賣中心」成立，自臺北市證券商業同業公會接辦證券櫃檯買賣業務。

1994　11 月，小金門駐軍試砲誤擊廈門市郊，炸傷 4 名民工。解放軍未還擊。

立法院通過《獎勵民間參與交通建設條例》。

兩岸兩會在南京展開第 6 次工作商談。

1994　12 月，舉行第 1 屆省長選舉。這是臺灣歷史上僅有的一次省長選舉，省主席宋楚瑜以中國國民黨參選人身分當選。臺北市、高雄市直轄市長選舉，由陳水扁、吳敦義分別當選。

美國運輸部長裴納（Federico Pena，1947 - ）訪臺。美國前總統布希

（George H. W. Bush，1924 - ）訪臺。

立法院通過《中央健康保險局組織條例》。1995 年 1 月 1 日，行政院衛生署成立「中央健康保險局」，3 月 1 日實施「全民健康保險」。世界大廠德國拜耳公司向臺灣提出投資 500 億，申請生產 TDI（二異氰酸甲苯酯），預定成為拜耳在亞洲營運中心。（1995 年 5 月，經建會成立「亞太營運中心單一窗口」掛牌營業，拜耳掛第一號，成為亞太製造中心的指標個案。1996 年開始，立法院、臺灣省議會及民間興起反對拜耳設廠的聲浪。1998 年 3 月，拜耳公司終止來臺設資設廠計畫，主要理由是沒有確切可能的建廠的時間表，在高度政治不確定性影響下造成商機延宕。三年來數億元前期投資以虧損退場，拜耳後來將資金轉至美國德州投資。2000 年 1 月 19 日，臺中港務局宣佈停止拜耳土地承租權。）

1994 省長選舉民主進步黨陳定南競選陣營財務總規劃彭百顯推出紀念券創舉，募款結合選舉，解決財務艱困問題，更成功達成凝聚龐大造勢能量。

1995　1 月，嘉義候機室升格為輔助站；1997 年 11 月 1 日升格為丙種航空站。

行政院通過發展臺灣為亞太營運中心計畫。3 月，行政院推出「亞太營運中心計畫」，以發展臺灣成為亞太地區的經濟樞紐為目標。「營運中心」是指六項專業中心，包括製造中心、海運轉運中心、航空轉運中心、金融中心、電信中心和媒體中心。（2000 年陳水扁執政後，擱置亞太營運中心計畫，改為推動建設臺灣成為「綠色矽島」。學理上，所謂「政治不確定性風險」之例證。）

中共總書記江澤民發表「江八點」，堅持「一個中國」、「一國兩制」框架下，提出發展兩岸關係的八項主張。

江八點

江八點指 1995 年 1 月 30 日中共中央總書記、中華人民共和國主席江澤民在〈為促進祖國統一大業的完成而繼續奮鬥〉的講話中，關於發展兩岸關係、推進中國和平統一進程的八項主張。

1. 堅持一個中國原則。

2. 對於臺灣同外國發展民間性經濟文化關係，我們不持異議。但是，反對臺灣以搞「兩個中國」、「一中一臺」為目的的所謂「擴大國際生存空間」的活動。

3. 進行海峽兩岸和平統一談判。在一個中國的前提下，什麼問題都可以談，包括臺灣當局關心的各種問題。

4. 努力實現和平統一，中國人不打中國人。

5. 要大力發展兩岸經濟交流與合作，以利於兩岸經濟共同繁榮，造福整個中華民族。應當採取實際步驟加速實現直接「三通」，促進兩

岸事務性商談。

6. 中華文化始終是維繫全體中國人的精神紐帶，也是實現和平統一的一個重要基礎。兩岸同胞要共同繼承和發揚中華文化的優秀傳統。

7. 臺灣同胞不論是臺灣省籍，還是其他省籍，都是中國人，都是骨肉同胞、手足兄弟。我們歡迎臺灣各黨派、各界人士，同我們交換有關兩岸關係與和平統一的意見，也歡迎他們前來參觀、訪問。

8. 我們歡迎臺灣當局的領導人以適當身份前來訪問；我們也願意接受臺灣方面的邀請前往臺灣。中國人的事我們自己辦，不需要藉助任何國際場合。

1995　2月，取消外資投資總額限制。

WTO 通過「臺灣、澎湖、金門及馬祖個別關稅領域」（The Separate Customs Territory of Taiwan, Penghu, Kinmen and Matsu ）為觀察員。（2002.1.1 成為會員。）

「世界貿易組織」WTO 於 1995 年 1 月 1 日成立，總部在瑞士日內瓦，是負責監督成員經濟體之間各種貿易協議得到執行的一個國際組織，其前身是 1948 年實施之「關稅暨貿易總協定」GATT，GATT 與 WTO 共存 1 年至 1995 年 12 月 31 日，至 2016 年 7 月底，WTO 計有 164 個會員。

臺中市衛爾康西餐廳發生火災，64 人死亡。

228 事件 48 週年，李登輝總統代表政府向 228 受難家屬致歉。臺北新公園 228 紀念碑完工矗立。（228 紀念碑經過 2 年有碑無文的爭議歲月後，642 字碑文於 1997 年 2 月 28 日揭幕。）

臺北市 228 紀念碑係 1995 年 2 月 28 日立於臺北市 228 和平紀念公園（原新公園）。

臺北市 228 紀念碑落成時無碑文，兩年後，1997 年 2 月 28 日 642 字碑文（如圖示）揭幕。

1995 3月，中央銀行總裁梁國樹「因病辭職」，由許遠東（1927-1998）接任。

3月23日，立法院通過《228事件處理及補償條例》，4月7日總統令公布，10月7日生效施行。

1995 4月，李登輝總統於國統會發表〈建立兩岸正常關係，塑造統一有利形勢〉談話，並提出建立現階段兩岸正常關係六點主張（李六條）。

【歷史密碼】

「228事件」的法律處理

1947年發生的228事件，是臺灣近代史上最不幸的悲劇。為撫平歷史傷痕，促進臺灣社會公義和平，1987年解嚴後，社會各界發起推動228平反運動，積極要求政府公佈事實真相、平反冤屈、安慰受難者家屬、興建紀念碑、紀念館、制訂228和平紀念日。

1988年2月22日，李登輝繼任總統，舉行第一次總統記者會，並提出他對228事件看法。隔天，李登輝總統命其次女李安妮，前往中央研究院三民主義研究所，聽取研究員賴澤涵有關228事件的研究及政府應如何處理的意見。

1990年5月20日：李登輝就任中華民國第8任總統，指示總統府資政邱創煥組成228事件專案小組，撰寫「專案報告」，提出適當對策建議，供政府權責部門參酌。同年11月29日，行政院成立「228事件專案小組」，負責蒐集國內外有關檔案及相關資料，1992年〈228事件研究報告〉公諸於世。1995年2月28日，李登輝總統代表政府首次為228事件向受難者

家屬及全體國人道歉。

為處理 228 事件賠償事宜，落實歷史教育，釐清相關責任歸屬，使國民瞭解事件真相，撫平歷史傷痛，促進族群融合，1995 年 3 月 23 日，立法院通過《228 事件處理及補償條例》，4 月 7 日總統令公布，10 月 7 日生效施行。依該條例規定，10 月，行政院成立「財團法人 228 事件紀念基金會」，受理 228 補償申請、核發補償金。並透過舉辦各種紀念活動、回復受難者名譽、真相調查與實地訪察等事宜，以撫慰受難者及家屬之心靈創痛，促進臺灣社會查明與瞭解真相，以落實平反，歸還臺灣社會公平與正義。

《228 事件處理及補償條例》第 4 條第 2 項規定『定每年 2 月 28 日為「和平紀念日」，為國定紀念日，不放假』，4 月 7 日總統公布。10 月 5 日，內政部修正《紀念日及節日實施辦法》，增訂「和平紀念日」但不放假。（1997 年 2 月，《228 事件處理及補償條例》修正，每年 2 月 28 日之「和平紀念日」改為國定放假日）

2007 年 3 月 21 日修正法律名稱，為：《228 事件處理及賠償條例》。

228 事件受難者賠償金的審理及核發是 228 事件紀念基金會的重點工作，董事會會根據法律的授權訂定賠償金的審理程序及核發標準，按照受難的程度對受難者或其家屬發放賠償金，最高限額為 600 萬元。《228 事件處理及賠償條例》自 1995 年實施以來，賠償金申請期限歷經 5 次延期，申請期限至 2017 年 5 月 23 日。自 1995 至 2017 年 5 月為止，審理通過 228 事件受難案總計 2,792 件，其中「死亡」類案件 685 件、「失蹤」類案件 180 件、「其他」類（包括監禁、受傷或名譽受損等）1,437 件。受領賠償金的人數（包括受難者本人或受難者死亡後的家屬）總計 10,034 人；賠償金由政府編列預算支應，總金額約 72 億 3,550 萬元。

根據行政院研究報告統計，228 受害人數約在 1 萬 8,000 人至 2 萬 8,000 人左右，多起受難因人、物證消失無從賠償。條例賠償金申請最後期限早已於 2017 年 5 月 23 日到期，且條例原訂僅針對「受難者」，為了避免有受難者及其家屬沒有申請賠償。行政院於 2017 年 6 月提出修正草案，延長申請賠償金的年限再延長 4 年，以及擴大賠償對象，把申請賠償金的權利開放「受難者或其家屬」。2018 年 1 月 17 日，《228 事件處理及賠償條例》修正公布。

李六條

李六條為 1995 年 4 月 8 日李登輝總統為回應「江八點」而提出：

1. 在兩岸分治的現實上追求中國統一。

2. 以中華文化為基礎，加強兩岸交流。

3. 增進兩岸經貿往來，發展互利互補關係。

4. 兩岸平等參與國際組織，雙方領導人藉此自然見面。

5. 兩岸均應堅持以和平方式解決一切爭端。炎黃子孫先互示真誠，不再骨肉相殘。

6. 兩岸共同維護港澳繁榮，促進港澳民主。

1995　5 月，《老年農民福利津貼暫行條例》公布施行，年滿 65 歲符合申領資格之老年農民，自 6 月 1 日起發給每月 3,000 元老年農民福利津貼。（2004 年 1 月起調整為 4,000 元；2006 年 1 月起調整為 5,000 元；2007 年 7 月起調整為 6,000 元；2012 年 1 月起調整為 7,000 元；2014 年 7 月 16 日條例修正老農津貼依全額 7,000 元或減半 3,500 核發；2016 年 1 月起依物價指數成長率調整為 7,256 元或 3,628。）

歌星鄧麗君（1953 -1995）在泰國清邁病逝，遺體運回臺灣。

正大尼龍公司發生罷工事件，時間由 5 月 9 日至 12 月 22 日，創解嚴後罷工期間最長紀錄。

行政院院會通過「金門國家公園計畫」，成為臺灣第 6 座國家公園。金門國家公園管理處於 10 月 18 日成立。

1995　6 月，李登輝總統在美國國會兩院決議及柯林頓政府的同意下，以私人行程名義訪問美國康乃爾大學，並發表公開演說，成為中華民國建國以來第一位前往美國訪問的國家元首。（美國允許臺灣總統

李登輝非正式訪問美國，激起中國強烈反彈，中國政府召回駐美大使以示抗議。中國外交部、全國人大外事委員會和全國政協外事委員會分別發表抗議聲明；國臺辦發言人於「港版錢七條」發表之前一個星期（6月16日），宣佈暫停「第二次辜汪會談」。）

1995　7月，中國於臺海試射導彈，第三次臺海危機：臺灣海峽飛彈危機。（1995年7月21日至11月23日期間，中國第一次飛彈發射及軍事演習，抗議李登輝訪問美國。1996年3月8日至3月25日期間，第二次飛彈發射及軍事演習。因3月23日臺灣將舉行第一次總統直接選舉，中共擔心李登輝當選，因而在臺灣海峽進行導彈試射演習武力威嚇，企圖影響選舉，美國則出動兩艘航母穿過臺灣海峽。）中國片面中斷兩岸兩會的協商。（其後，兩會於1998年10月恢復互動，辜振甫董事長赴中國大陸進行「辜汪會晤」。然而，中國於1999年7月又再度中斷海基會與大陸海協會的聯繫與溝通，其後數年之間，兩岸制度化協商形同停擺。）

明潭抽蓄水力發電廠工程峻工啟用，總工程費508億元。（包含明潭抽蓄、水里、鉅工、濁水、北山等5處機組，是臺灣最大的水力發電廠。）

1995　8月，開放銀行辦理短期票券簽證及承銷業務。開放票券金融公司新設後，陸續有大中、大眾、宏福、萬通、萬泰、聯邦和玉山等7家新票券金融公司加入，打破3家票券金融公司從1987年以來聯合壟斷票券市場的局面。

臺南善化少棒隊獲得1995世界少棒錦標賽冠軍。

計程車暴動事件（1994年8月19日，全民出租車包圍交通部，抗議靠行制度；1995年8月17日，大豐車行（大豐衛星車隊）司機

與全民車行司機在臺北市發生擦撞糾紛，引起彼此聚眾鬥毆，全民計程車大敗，衝突擴散至臺北縣各地，民眾亦遭失控司機圍毆，衝突持續至 18 日晚，警力介入，停業車行並繼續展開報復。19 日，縣長尤清進行斡旋，全民與北區聯出租車行宣布停止械鬥。）

1995　9 月，三立都會臺（三立 2 臺）開播。（1991 創立的三立電視所經營 7 個電視頻道之 1）。10 月，TVBS - NEWS 24 小時新聞頻道開播。

1995　12 月，依據《信用合作社法》規定，政府發布〈信用合作社變更組織為商業銀行之標準及辦法〉，鼓勵信用合作社轉型為商業銀行。1997 年 1 月至 2007 年 7 月，有 9 家用合作社改制為商業銀行。

臺澳（澳門）航線開航，首創臺、澳、北京「班次互換、一機到底」的直航模式，開啟兩岸通航新頁。

第 3 屆立法委員選舉 12 月 2 日舉行，共選出 164 席立委，中國國民黨獲得 85 席，民主進步黨 54 席，新黨 21 席。

1996　1 月，《中央通訊社設置條例》制定公布，授權中央通訊社股份有限公司改制為「財團法人中央通訊社」，政府捐助一千萬元作為創社基金，由行政院長聘請對大眾傳播富有研究的專家、學者及大眾傳播業人士擔任董事，同一黨籍的董事不得超過二分之一，中央社成為黨營改為國營的事業體。（依該條例，7 月 1 日，中央通訊社改制為財團法人中央通訊社，定位為全民共有之國家通訊社，為國內外各界及大眾傳播媒體提供服務，並肩負國際傳播的重任。）

1996　2 月 28 日，臺北新公園改名為 228 和平紀念公園。

1996　3 月，中華民國臺灣總統選舉。

中華民國臺灣化（1996~2000）

　　20世紀結束前夕，後李登輝時期，更由於在政治上的憲政改革臺灣終於打破中華民國大陸時期的憲政體制；國家元首的產生，由總統間接選舉（國民大會票選）轉變為由人民直接選舉，徹底貫徹民主政治精神，由全體公民一人一票決定國家領袖。1996年，臺灣第一次民選中華民國總統、副總統，並由李登輝、連戰分別當選。於是，中華民國正式在臺灣全面性本土化，即所謂：中華民國臺灣化。

　　中華民國臺灣第一任民選總統任職期間，1996-2000年，臺灣民意高張，李登輝挾以全新之高民意支持，「特殊兩國論」更加深兩岸關係的緊張對峙，不但突出中華民國臺灣化，即「中華民國就是臺灣」更變成了「中華民國臺灣」；而且，也使臺灣國家化，所謂「臺灣就是中華民國」。

　　基於李登輝歷史接班於蔣氏父子，以及經由中華民國在臺灣的憲政改造，臺灣的歷史地位再翻身，由一省一躍而變成為中華民國的替身，基於與中華人民共和國對立，臺灣也化身成中華民國。* 於是總統直選這四年「中華民國是臺灣，臺灣是中華民國」的李登輝創造，也就成為臺灣締造未來21世紀新時代的主軸，即使民主進步黨執政，亦依奠基邁出相同的步伐。

　　這是新的臺灣，新的中華民國；民意是最堅強的基礎。

---

* 故有論者謂李登輝與蔣介石、蔣經國併稱為中華民國臺灣「意外的國父」，參閱汪浩，《意外的國父：蔣介石、蔣經國、李登輝與現代臺灣》（新北市：八旗文化，2017）。

1996　3月，首次總統全民直選，李登輝、連戰分別當選第9任總統、副
　　　　總統。民主進步黨正副總統候選人彭明敏、謝長廷獲得21.1%的選
　　　　票。

民主進步黨候選人彭明敏謝長廷競選總部執行總幹事彭百顯推
出臺灣自救紀念券。

1996 第一次總統直選當選人：李登輝、連戰。

第 3 屆國民大會代表選舉，共選出國代 334 席，中國國民黨獲得 183 席，民主進步黨獲得 99 席，新黨 46 席。

中華人民共和國軍演於臺海試射飛彈，引起臺灣海峽飛彈危機。

臺灣第一條都會區捷運臺北－木柵線通車。

張俊宏代理民主進步黨主席（任期：1996.3.23 -1996.7.18）。

【歷史密碼】
展現人民力量　做臺灣的主人

陳定南與彭明敏競選「紀念券」發行紀要

咱的江山咱的夢　臺灣人民救臺灣
咱的江山咱的夢　有情有義救臺灣
咱的江山咱的夢　無私無我救臺灣
咱的江山咱的夢　出錢出力救臺灣

陳定南競選省長紀念券於 1994 年 10 月 9 日在陳定南省長競選本部成立後正式在各地發售，在短短的預定十天時間內，一億元可兌換紀念券大抵銷售一空。社會各界熱烈支持認購，正代表著千千萬萬個臺灣人民支持陳定南參與這場聖戰，以及關心臺灣前途，因而共同投入實現臺灣人當家做主的夢想行列中。

記得 10 月 9 日陳定南競選本部於臺中成立當天，在場民眾慷慨解囊，

許多人掏出身上所有現金購買紀念券，另有自美返臺人士也以身上僅有的美鈔購買。許多人表明為純贊助，選舉結束不會兌換。從他們身上流露的是為臺灣出錢出力當仁不讓，能有機會參與購買相當光榮，因為他們認為支持陳定南，臺灣人才有希望。因而當天短短不到兩個小時即已賣得一百多萬元，這樣的景幕在 10 月 9 日以後臺灣各縣市許多地方都出現同樣感人的畫面。各縣市許許多多的義工來回奔波經售紀念券，綠色和平、寶島新聲等許多家電臺都義務協助幫忙，更有許多學者、社會團體、企業界人士傾力幫忙。他們無私默默的奉獻，正是在結合所有臺灣人的力量與志氣，共同參與這場民主聖戰，期盼以強大的人民力量實現臺灣人當家做主的江山夢。

此外，設計的另一個用意，認購紀念券也是在認購「清廉」，用陳定南紀念券的清廉，掃除金權、貪污的國民黨政權，重建臺灣清廉政治版圖。期盼能獲得更多千千萬萬個民意的支持義購，重建臺灣新希望。雖然，陳定南沒有成功，但他的表現卻也是空前。

發行緣由

走過悲情、宿命暗淡的歷史過程，臺灣人經歷數百年才有了今天的民主點滴。面對這一場歷史性的大戰，臺灣人應有更多的責任與覺醒。從歷史命運中，我們關心臺灣未來前途，我們更珍惜這次難得的民主聖戰。為了結合所有臺灣人的力量與志氣，共同支持陳定南參與這場聖戰，我們發行了「陳定南競選省長紀念券」。

陳定南他公正不阿、剷除特權貪污之青天形象，正是當前腐化、無能社會期待的新希望。他代表土生土長之民主進步黨追求民主改革、主權獨立，在省長競選之役更具歷史意義。本紀念券歷經三個星期緊鑼密鼓的精

心規劃設計及製作。期盼透過各界支持認購，以順利募集競選資金，並帶引競選活動熱潮。

陳定南競選省長紀念券有分可兌換紀念券及不兌換贊助紀念券兩種，兩種紀念券各分一萬元、五千元、一千元、五百元券四種不同面額，分別在票面上明文印出。彭明敏《臺灣自救紀念冊》特別收存燙金VIP不兌換贊助紀念券。

紀念券特性

- 規格：長17.5公分、寬11公分
- 色澤：萬元券－黃金色；五千元券－墨綠色；千元券－暗紅色；五百元券－深紫色
- VIP：僅《臺灣自救紀念冊》收存之紀念券券面加印燙金「VIP」，原發行之紀念券並未有此標記。

主題訴求

- 券面正版訴求：咱的江山咱的夢
  訴求目的：支持陳定南來救臺灣，實現臺灣人的江山夢。呼喚以下四種對象來購置紀念券：（1）認同本土的臺灣人民；（2）對臺灣有情有義的人；（3）無私無我的人；（4）出錢出力的人。
  政治意義：連貫選戰之號召「四百年來第一戰，要將臺灣變青天」。

- 券面背版訴求：
  呼喚集結同心贊助，共同投入實現臺灣人當家做主的夢想，改寫臺灣歷史。而且以「品管省政，改造臺灣」為追求目標。採用臺灣省議會建築物之圖標，代表尊重民意監督之民主政治，以貫徹民主政治理

念，實現臺灣人江山夢。

設計特色

　　本券設計紋路、色澤，採行古典花紋對稱雕刻，並製作民主進步黨黨徽浮雕底紋。本券不僅紋路、圖案精心設計，且採用有價證券之特殊紙張、並經多層防偽處理製作，深具紀念與收藏價值。另每張券均附有印刷精美之封套，以為收存。

自救券發行

　　1994年10月，陳定南競選省長紀念券自發行以來受到支持者的熱列回應，掀起一股搶購熱潮，此舉引發中國國民黨陣營震驚，因而不斷以抹黑、恐嚇手法，企圖打壓民眾支持這次兼具募款及競選造勢效果的「選戰公債」活動。國民黨除了一再放話利用媒體抹黑外，也在國會殿堂透過立法委員提案打壓，更有以違法、以控告的訴訟手段來抹黑陳定南陣營；選後，我與陳定南都曾為本案上過法庭，也可見紀念券的發行，讓中國國民黨當局是多麼懼怕。

　　總之，陳定南競選省長紀念券的發行是紀念陳定南以一介平民清廉參選，訴諸選民奉獻支持的憑證，紀念券所獲得的熱烈回應是代表著千千萬萬個人民支持清廉政黨、反抗貪污賄選政黨的力量展現，紀念券認購均來自選民無私的奉獻。如今，這些都已成為歷史。

　　很巧的，1996年這次總統大選，我又投入彭明敏、謝長廷全國競選部總部擔任負責文宣、財務等規劃執行重任，在諸多要求再度發行紀念券的聲音及幾經考慮客觀條件下，我再度推出紀念券（簡介略）。我刻意保留延續原紀念券之精神，為相對照這兩次發行之意義，並紀念陳定南將其

競選所餘一千萬元資金捐贈投入總統大選之義行，特將「陳定南紀念券」納入彭明敏《臺灣自救紀念冊》，以茲紀念、懷念。（本文紀事係於彭明敏《臺灣自救紀念冊》發行之時，1996 年 3 月）

【歷史密碼】
中華民國進入第三共和

1996 年，中華民國總統首度直接民選，由大陸播遷來臺的中華民國於是再進一層貼近臺灣民意，更加本土化：中華民國憲政落實在臺灣。這是中華民國實施憲政之後，第三共和的正式誕生。

就政治意義而言，本年可謂係「臺灣元年」或「中華民國臺灣元年」，中華民國總統就是臺灣總統。

中華民國建國的演變，大致上可分為 1911 年由孫中山推翻滿清定都南京的南京政府時代；到袁世凱接任定都北京的北京政府時代；然後，再到 1949 年蔣介石遷都臺北的臺北政府時代；輾轉更迭起伏，其間，由於中國國民黨的分裂，中央行政中心所在位置的移動，因時代動亂也歷經廣州、南京、漢口、重慶的混亂分裂時代。

基於大陸亂局，1949 年更因「國共內戰」演變成由中國共產黨另外成立新中國，與由中國國民黨執政的原來中國相持對立，即 10 月以後出現有兩個中國在大陸。後來，於 12 月，以中國國民黨為主的中華民國播遷到臺灣之後，才形成相隔海峽對立的兩岸兩個中國：一是在大陸的中華人民共和國，一是在臺灣的中華民國。因而，中華民國遷移臺灣也就承續了大陸時期的國民政府政權，在執政上也就有過去在大陸的舊中華民國與

在臺灣的新中華民國之區分。

播遷到臺灣以後的中華民國，基本上就是相對於「大陸中國」（撤退前之中華民國，及新建立之中華人民共和國）的「臺灣中國」。

基於歷史事實，1949年以後到臺灣的中華民國，迄至今天21世紀，實際上就是指臺澎金馬，也就是廣義的臺灣，或稱臺灣。因而，1949年，就中華民國的歷史是一個劃時代的分水嶺，在此之前是大陸時期的中華民國，相對而言叫舊中華民國時代；在1949年之後是臺灣時期的中華民國，相對上叫新中華民國時代。

1996年，中華民國總統由民選直接產生，相異於過去由國大代表間接選出。這是具相當意義的歷史進化，而所謂中華民國進入第三共和，係相對在大陸時期自憲政時期開始為第一共和，以及繼1949中華民國遷臺後則進入第二共和而言。

1996　5月，李登輝就任第9任總統（首次直選總統），連戰為副總統兼行政院長，臺灣進入後李登輝時期。

1996　7月，強烈賀伯颱風侵臺，中北部災情嚴重，造成51人死亡，22人失蹤，47人重傷，416人輕傷，503間房屋全倒，880間房屋半倒，經濟損失超過300億元。

許信良當選民主進步黨主席（任期：1996.7.18 -1998.7.18）。

1996　8月，高雄復興少棒隊獲得1996世界少棒錦標賽冠軍。

1996　9月，李登輝總統對臺灣企業界投資中國大陸提出「戒急用忍」主張。次年5月，經濟部公布新版〈企業對大陸地區投資審查辦法〉，依據「戒急用忍」共識，訂定大陸投資新規範，明確界定「高科技、

5,000 萬美元以上、基礎建設」三種對大陸投資應當有所限制，以免臺灣喪失研發優勢以及資金過度失血。

1996　10 月，《洗錢防制法》公布，自公布後 6 個月起施行

1996　11 月，美國宣布將臺灣自「超級 301 名單」中除名。

新竹少年監獄暴動。桃園縣長劉邦友（1942 -1996）官邸命案。民主進步黨婦女發展部主任彭婉如（1949 -1996）命案。

1996　12 月，召開國家發展會議。（國發會於 12 月 23 至 28 日在臺北世貿中心會議廳召開，由副總統連戰主持，討論「健全憲政體制」、「加速經濟發展」及「增進兩岸關係」三大議題。該會議的決議包括：行政院長改由總統任命、臺灣省虛級化、凍結臺灣省長與省議會選舉等修憲條文，臺灣憲政體制更進一步傾向「總統主導的雙首長制」。經濟方面包括：推動成立「境外轉運中心」、改善政府財政收支、健全土地制度、提升行政效率以利經濟發展、加速公營事業民營化、研定參與國際經貿組織戰略等。）

行政院成立原住民委員會（2002 更名為行政院原住民族委員會，2014 更名為原住民族委員會）。

1997　2 月，立法院 2 月 25 日通過《228 事件處理及補償條例》修正案，和平紀念日改成放假，同日總統公布。2 月 27 日，內政部修正《紀念日及節日實施辦法》，規定「和平紀念日」成為國定假日。

2 月 28 日，臺北 228 紀念館於 228 事件發生 50 週年時正式開館。（前身為日治時期「臺北放送局」）

1997　3 月，《期貨交易法》公布，6 月 1 日正式施行，《國外期貨交易法》同時停止適用。臺灣期貨交易所於 1997 年 9 月 9 日完成公司設立登記。

遠東航空 128 號班機劫機事件。（降落廈門）

全臺爆發豬隻口蹄疫疫情。（從 3 月 20 日宣布口蹄疫爆發到 7 月
31 日，臺灣 20 個縣市的 6,147 個豬場發生疫情，發病豬 101 萬多頭，
死亡 18.6 萬頭，撲殺 385 萬多頭。）

1997 4 月，白曉燕（1980 -1997）命案。

財政部證券管理委員會改制為「財政部證券暨期貨管理委員會」。

1997 5 月，《儲蓄互助社法》完成立法。（該法於 2000 年 1 月 13 日修
正，增列內政部為中央主管機關；2002 年 2 月 6 日再修正，明定「儲
蓄互助社為法人」。）

1997 7 月，國民大會第 4 次修憲，取消立法院閣揆同意權、增加倒閣及
總統被動解散國會權、精簡省級政府組織。

南部科學園區開始運作。

【香港回歸，中華人民共和國政府於 1997 年 7 月 1 日對香港（包
括香港島、九龍和新界）恢復行使主權。】

1997 8 月，司法院大法官會議解釋，連戰以副總統職務兼任行政院長有
憲政疑慮。李登輝總統於 8 月 21 日知會蕭萬長（1939 -）立委繼任
組閣，8 月 28 日國民黨臨時中常會通過提名蕭萬長組閣。

行政院核定自 1998 年起，每月第 2、4 周實施周休 2 日，8 個國定
假日只紀念不放假。

溫妮颱風侵襲臺灣北部，造成 44 人死亡、1 人失蹤、84 人受傷，
房屋全倒 121 間、半倒 2 間。汐止林肯大郡於這場颱風倒塌。

北部第二高速公路（國道 3 號）木柵至中和於 8 月 24 日通車，北
二高計畫路段全線通車，同日，連接國道 2 號的鶯歌系統通車。

1997 9 月，蕭萬長任行政院長。（第一位出生臺灣之行政院長，任期：

1997.9.1 -2000.5.20）

蕭萬長向立法院施政報告表示，要使臺灣成為亞太地區科技島及專業服務中心，也要成立「單一窗口」，解決投資障礙。

1997　10 月，臺北市拔河斷臂事件。

教育部於 10 月 22 日公布施行〈大陸地區學歷檢覈及採認辦法〉，並於 10 月 24 日公告大陸地區高等學校認可學校名冊（73 所學校）。（2011 年 1 月 10 日公告認可大陸地區列名「985 工程」之 41 所大學名單。2013 年 3 月 12 日擴大採認公告 111 所以「211 工程」為主之大學名單。2014 年 4 月 18 日再度公告擴大採認 18 所音樂、藝術、體育獨立及科學研究等專業大學校院與高等教育機構，原有之大陸地區大學及高等教育機構認可名冊名單計 129 所。另為配合二年制學校招生需求，復於 2013 年 5 月 2 日增列大陸地區專科學校部分 191 校名單。加上 2016 年 4 月 27 日採認之 26 所學校，總計大陸地區大學及高等教育機構認可名冊計 155 所，專科學校維持 191 所。）

1997　11 月，第 13 屆 23 個縣市長選舉。民主進步黨贏得 12 個縣市的執政權，中國國民黨贏得 8 個縣市，其餘 3 個縣市由無黨籍人士贏得。民主進步黨首度在全國性的選舉中過半超越中國國民黨的得票率。

1997　12 月，《所得稅法》修正公布，實施「兩稅合一」並採行「完全設算扣抵制」，自 1998 年 1 月 1 日起實施。

兩稅合一制是法人繳完營利事業所得稅後，股東分配到的利益須併入綜合所得稅一併課徵，臺灣自 1998 年開始實施「設算扣抵法」，股利扣抵稅額可全額扣抵，直到 2015 年起，改成「減半扣抵」。

採行之理由為：避免重複課稅，鼓勵投資，有助於資本形成。

但實施以來，「兩稅合一」應予廢除之主張不斷。理由包括：沒有

重複課稅的問題；臺灣採行「兩稅合一」後，投資並未增加；兩稅合一造成國庫稅收大幅流失，且違反租稅公平原則、加重所得分配不均，根據財政部統計，國庫因兩稅合一流失的稅收平均每年達 1,000 億元；採行「兩稅合一」，扣抵稅額設算複雜，加重企業負擔及稽徵機關行政成本。（大多數國家未採行「兩稅合一」，如美、日、大陸等大國；採行的 20 國中有 13 國放棄，如英國、德國、法國、新加坡、馬來西亞。到 2007 年歐盟國家已全部廢除兩稅合一制。）兩稅合一施行 19 年後，2017 年 9 月財政部提出稅改方案，包括全面取消「兩稅合一設算扣抵制」。

12 月 25 日，臺捷運淡水線全線通車（淡水站至臺北車站）。

（亞洲金融危機。）

1998　1 月，訂頒〈工業銀行設立及管理辦法〉，開放工業銀行之新設。臺灣工業銀行於 1999 年 7 月 12 日創立，為臺灣第 1 家新設的工業銀行。

1998　2 月，全臺嚴重腸病毒疫情。華航 676 號班機大園空難，乘客與機組人員 196 人（含央行總裁許遠東夫婦）全數罹難，並導致地面上 6 人死亡。

李登輝總統指示由彭淮南（1939 - ）接任央行總裁。

1998　5 月，「臺灣高速鐵路股份有限公司」成立。【政府將高速鐵路的興建與營運特許予臺灣高鐵公司，特許期限自 1998 年起算，為期 35 年，另外尚有開發站區事業發展用地 50 年的特許項目。2015 年 10 月，營運特許期由原本 35 年，延長到 70 年。至 2016 年 9 月，主要法人股東包括：交通部（持股約佔 43.2%）、航發會（約佔 4.6%）、東元（約佔 3.4%）、中鋼（約佔 4.3%）、臺糖（約佔

3.6％）、太電（約佔 2.5％）、大陸建設（約佔 1.4％）、臺灣固網
（約佔 1.6％）、日商臺灣新幹線（約佔 1.7％）。】

5 月 28 日，立法院通過《戒嚴時期不當叛亂暨匪諜審判案件補償條
例》。6 月 17 日總統公布，自公布日起六個月施行，給予受害者適
當的補償。

【歷史密碼】

白色恐怖受難者的法律處理

1998 年 6 月 17 日，總統公布《戒嚴時期不當叛亂暨匪諜審判案件補
償條例》，立法宗旨在為戒嚴時期不當叛亂暨匪諜審判案件之受裁判者，
於解嚴後不能獲得補償或救濟，以本條例補償。

行政院根據這個條例，在 1999 年 4 月 1 日成立「財團法人戒嚴時期
不當叛亂暨匪諜審判案件補償基金會」，針對白色恐怖時期冤、錯、假案
等不當審判而受害之案件，辦理補償業務、回復名譽證明書發放、紀念、
關懷及撫慰活動，並進行相關歷史研究。

依補償條例，可以申請補償的案件，是在戒嚴時期（1949 -1987 年），
人民因觸犯內亂、外患罪或匪諜案，判決有罪確定者，並依受害或監禁年
限，給其本人或家屬補償，失蹤、死亡可以獲 600 萬元補償，監禁超過
18 年半以上可補償 590 萬元。

15 年來，補償 10,067 件，其中死刑 809 人，包括：228 事件、澎湖
713 事件、孫立人部屬郭廷亮案、柏楊案、李敖、雷震案、美麗島案（除了
林義雄可能因林宅血案未破堅持不領補償金）等，核發補償金計 198 億元。

補償條例施行以來曾三度修法延長，基金會存立期間於 2014 年 3 月
8 日屆滿，隨後進入半年法定清算作業階段，9 月 8 日正式結束。但約有

1,500 名受難者未提出申請，有的是被槍決的老兵、家屬在大陸，有的已無家屬。相關業務移轉予 228 事件紀念基金會接續辦理；政治案件資料移交國家人權博物館籌備處。12 月 10 日，國家人權博物館籌備處發布〈國家人權博物館籌備處辦理財團法人戒嚴時期不當叛亂暨匪諜審判案件補償基金會解散清算後移交文化部相關補償卷宗之判決書開放應用作業要點〉。

1998　7 月，李登輝總統於國統會致詞時指出，「中國的再統一應該循序漸進，水到渠成，不設時間表，視大陸地區民主化與兩岸關係的發展，決定和平統一的進程。」在達到此一目標之前，我們當然保留一切維護自身安全、尋求國際活動空間的權利與基本需求。

　　財團法人公共電視文化事業基金會於 7 月 1 日成立，為獨立經營且全民共同擁有的的公共媒體，不受政府、任何政黨及利益團體控制。（1980 年，行政院長孫運璿倡議建立公共電視臺。1990 年 1 月，行政院新聞局成立公共電視建臺籌備工作小組；1997 年 5 月 31 日，立法院通過《公共電視法》，至 1998 年 7 月 1 日開播，公視完成長達 18 年的建臺歷程。）

　　林義雄當選民主進步黨（直選）主席（任期：1998.7.18 -2000.4.20）。

1998　8 月，行政院通過「擴大國內需求方案－加強公共民間投資計畫。」

1998　10 月，辜汪會晤。（辜振甫率海基會代表團訪問上海、北京。汪辜會晤開啟了兩岸政治對話，雙方達成了包括繼續進行政治、經濟等廣泛內容的對話，及汪道涵會長應邀訪問臺灣等四項共識。）

　　立法院通過《臺灣省政府功能業務與組織調整暫行條例》。（精省虛級化）

瑞伯颱風侵臺，造成 19 死 15 失蹤，農業損失約 19 億元。芭比絲颱風過境，造成 3 人死亡、3 人失蹤。

中國國際航空 905 號班機遭機長袁斌夫婦劫機飛往臺灣。

1998 12 月，第 4 屆立法委員選舉投票。在 225 立委席次中，中國國民黨 123 席，民主進步黨 70 席，新黨 11 席，民主聯盟 4 席，全國民主非政黨聯盟 3 席。建國黨及新國家連線各 1 席。

李登輝總統列席第 3 屆國大第 3 次會議第 11 次大會，聽取國代的國是建言後，在綜合說明時就「新臺灣人主義」闡釋指出，「新臺灣人主義」就是不分先來後到，不分語言地域，共同在此地為臺灣、為中華民國打拼、奮鬥、奉獻的一切人民，作為一個生命共同體的身分認同。

實施精省，省虛級化（省府改制，再恢復省主席）。臺北捷運中和線開通。

爆發本土型金融風暴，中央票券公司、宏福票券、臺中商銀出現經營危機，財政部對問題金融機構採取由銀行團併購或中央存保公司接管等方式處理，穩定金融體系。

全國會計年度更易：1999 年以前，係自上一年 7 月 1 日起至當年 6 月 30 日止，自 1999 年 7 月 1 日起，改為曆年制。故 1999 會計年度：1998.7.1-1999.6.30。而 1999 年下半年及 2000 年度：1999.7.1 -2000.12.31。2001 會計年度：2001.1.1 -2001.12.31。

1999 1 月，《存款保險條例》修正公布，存款保險投保方式由自由投保改採全面投保；強制金融機構加入存款保險，保障全體存款人權益。（存款保險制度創立之初採自由投保方式，係以尊重金融機構投保意願為前提，並無強制金融機構加入存款保險，造成部分金融機構

因未加入存款保險，而使其存款人無法受到存款保險之保障，故為保障全體存款人權益，將存款保險投保方式改採全面投保。嗣為控制存保公司之承保風險，又修正《存款保險條例》，將存款保險投保方式改採強制申請核准制，於 2007 年 1 月 18 日經總統公布，自 1 月 20 日起施行，凡經依法核准收受存款、郵政儲金或受託經理具保本保息之代為確定用途信託資金之金融機構，應向存保公司申請參加存款保險，經存保公司審核許可後為要保機構。）

《地方制度法》1 月 25 日公布施行。（替代《省縣自治法》，建構地方自治制度及中央與地方的關係。）

自 1 月開始，分兩階段開放石油進出口業。

1999　2 月，行政院通過「強化經濟體質方案」。

王金平（1941 - ）當選第 4 屆立法院院長。（2002、2005、2008、2012 連任第 5 屆至第 8 屆院長）

1999　5 月，民主進步黨召開第 8 屆全國黨員代表大會。通過《臺灣前途決議文》，主張臺灣是主權獨立國家，認為臺灣、中國雙方不可能永遠自絕於時代潮流，兩個在地緣上相近、經濟上互利、文化上共源的國家，不可能永遠互相仇視、互設門檻。希望到來的新世紀臺灣與中國雙方在歷史上、文化上、血緣上的長遠關係出發，由地緣政治、區域穩定、經濟利益著眼，創造共生共榮、互信互利的美好前景。

《政府採購法》實施。（政府採購法於 1998 年 5 月 27 日制定公布，一年後施行）

1999　7 月，李登輝提出兩岸是「特殊的國與國關係」。

29 日全臺大停電。原因為連日豪雨致地基土壤流失，造成臺電設於

臺南縣左鎮鄉的輸電鐵塔傾斜，由於電力是由南向北傳送，中北部的各發電廠因保護機制而跳脫，進而引發全臺計有五分之四以上之電廠因輸電系統低壓震盪而跳機，最終導致臺南以北地區大規模停電。該次無預警停電造成新竹科學園區半導體廠損失超過 20 億元。

特殊的國與國關係 （兩國論）

特殊的國與國關係，常簡稱為「兩國論」，是總統李登輝在 1999 年 7 月 9 日下午接受《德國之聲》總裁魏里希偕其亞洲部主任克納伯及記者西蒙嫚索的專訪時提出，指 1991 年修憲後中華民國政府已將國家領土範圍限定於臺、澎、金、馬，正副總統與國會議員也僅由臺灣選出，並也承認中華人民共和國的合法性。臺灣和中國大陸的關係早就已經是「國家與國家」，或「至少是特殊的國與國的關係」，而非「一合法政府、一叛亂團體」，或「一中央政府、一地方政府」的「一個中國」內部關係。（即特殊「兩國論」）

【歷史密碼】

李登輝「特殊兩國論」

李登輝於 1999 年 7 月拋出「特殊兩國論」的兩岸關係之後，兩岸頓時陷入緊張關係：中國方面，不但終止兩岸之互動關係，並立即升高對李登輝立場的臺獨認知。以下是李登輝「特殊兩國論」提出後三個月的兩岸反應。

7 月 12 日，中國大陸海協會會長汪道涵在接受中共《新華社》和《中新社》專訪時，對三天前李登輝總統的「特殊的國與國關係」言論表示「驚

訝」，指稱將使海峽兩岸兩會在「一個中國」原則下，授權進行相互接觸、對話與商談的基礎不復存在。

7月20日，李登輝總統在接見國際扶輪社社員代表時重申，提出兩岸關係定位在「特殊的國與國關係」之主要考量，是為兩岸即將展開的政治談判尋求新的定位。

7月30日，海基會董事長辜振甫舉行說明會，強調「特殊的國與國關係」就是兩岸1992年所達成「一個中國、各自表述」共識中，立場的表達。海基會同時將談話稿傳海協會。海協會在二個小時內，以辜振甫談話稿「嚴重違背一個中國原則」為由，傳真退回海基會。海協會表示，海基會董事長辜振甫談話「不倫不類」，並重提「兩會交流對話基礎不復存在」。

8月1日，陸委會公布「對等、和平與雙贏—中華民國對『特殊國與國關係』的立場」書面說明，強調李登輝總統宣示的「特殊國與國關係」的明確定位，是為了奠定兩岸對等的基礎，以提升對話的層次，進而建立民主和平的兩岸機制，開創新世紀的兩岸關係。三天後，8月4日，中國國臺辦針對陸委會「特殊國與國關係」的說帖發表聲明，指所謂「特殊兩國論」，祇是用「特殊性」掩蓋「兩國論」的分裂本質，本質還是「兩國論」。海協會從來沒有承認、今後也不會接受臺灣當局編造的所謂「一個中國、各自表述」。接著於8月7日，陸委會召開「如何在特殊的國與國關係下發展兩岸關係」研討會議，由主任委員蘇起主持。多數與會對李總統所提「兩岸是特殊的國與國關係」均表贊同，並認為政府及各界應直接稱呼對岸為「中華人民共和國」。

8月9日，陸委會主委蘇起表示，將兩岸關係定位在「特殊的國與國關係」，而不是內政關係，是為了陳述一個簡單的事實，也是替未來兩岸

即將面臨的政治談判作準備。

8月16日，李登輝總統接著表示，「特殊的國與國關係」，最重要的是，釐清兩岸的「對等」地位，以確保中華民國的權益與人民的利益。8月16日同一天，中國中央統戰部長王兆國表示，如果臺灣方面繼續堅持兩岸為「特殊國與國關係」，繼續偏離「一個中國」原則，北京將會採取有力的措施，維護國家領土與主權完整。一個星期之後，於8月23-25日，中國國臺辦在北京市懷柔臺辦培訓中心舉行「對臺宣傳工作會議」，針對李登輝所提「特殊兩國論」，討論並訂定今後對臺宣傳工作方針。會議決定，臺灣方面一天不收回該論述，中共對臺宣傳將繼續對之進行鬥爭，同時加強對臺宣傳「和平統一、一國兩制」方針及「江八點」。

8月29日，臺灣執政當局，中國國民黨於15全第2次會議通過「安定、正義、繁榮、創新」四項施政理念，將「特殊的國與國關係」列入政策方向重點：以「特殊的國與國關係」明確定位兩岸關係，迎接兩岸互動的新頁。

中國國家主席江澤民於9月4日表示，李登輝公然將兩岸關係說成是「國與國關係」，這是在分裂國家的道路上走出的十分危險的一步，是對國際社會公認的「一個中國」原則的嚴重挑釁，破壞了穩定發展兩岸關係與和平統一的基石。

1999　8月，國道8號西起臺南端東迄新化端，長約15.51公里，設置2處交流道，於8月16日全線通車。

1999　9月，國民大會第5次修憲，通過國代延任案、立委任期改為四年、國代改由政黨比例代表制產生、國代逐屆遞減為150席止、省虛級

化。本次修憲經大法官會議第 499 號解釋文指出，因違背修憲正當程序，於解釋文公佈當日（2000 年 3 月 24 日）起即時失效，回退到第 4 次修憲內容。（這次修憲國代涉及自肥，因採無記名投票等爭議，引發輿論批評。）

9 月 21 日清晨發生「921 南投大地震」（震央在國姓鄉九份二山，並非集集，因外界常冠以「集集大地震」係錯誤之稱呼，當時南投縣政府曾函請更正，但上級並未重視），震源深度 8.0 公里，芮氏規模 7.3。

財政部宣布 9 月 21 日股市暫停交易 2 天，適逢中秋節連續假期之休市，直至 9 月 27 日始恢復交易，為臺灣證券交易所自開業以來，史上股市第 3 次非正常停盤。

為執行 921 強震災後救助、安置及重建，9 月 25 日總統頒佈《緊急命令》。【附錄 12】

9 月 27 日，行政院成立921 重建會，行政院院長蕭萬長擔任主任委員、副院長劉兆玄（1943 - ）擔任副主任委員兼執行長，並設置 3 位副執行長【由江丙坤（1932 - ）主任委員、趙守博（1941 - ）主席、陳鎮湘（1942 - ）總司令擔任】及 13 個工作小組；

921 南投大地震震央九份二山，因強震走山並形成澀子坑堰塞湖。

9 月 28 日於臺中市警察局設置單一窗口的中部辦公室，轄下由軍方成立國防部災後重建協調支援中

心，並指定陸軍總部於臺中大里天山營區成立國軍災後重建指揮部，統一調派指揮災區三軍兵力，相關部會首長及參謀總長為委員，相關縣市長及鄉鎮長亦參與工作小組。

921大地震因斷層線致名竹大橋扯斷橋孔斷落。

【歷史密碼】

921大地震

921大地震以南投縣全縣、臺中縣局部受創最深，臺北市、臺北縣、苗栗縣、臺中市、彰化縣、雲林縣及其他縣市也有重大損失。全臺死亡人數2,440人，失蹤人數54人（合計2,494人）。受傷人數11,306人，重傷人數725人。房屋全倒51,753戶，半倒54,406戶。災區處處屋毀瓦碎、樓陷牆倒、橋斷路折、山崩地裂，民眾生活機能系統毀損非常嚴重。財產損失逾新臺幣3,412億元。學校受損方面，國小488校、國中168校、高中職129校、大專學校81校、特殊學校4校，合計870校。

埔里鎮中心連棟建築物扭曲變形。

　　921大地震造成自來水設施受損、瓦斯系統受損，災區停水、停氣。更因南投縣中寮鄉超高壓變電所遭震損，位於南電北送樞紐的一座34萬5千伏特高壓電塔亦倒塌毀損，造成全臺灣於地震發生後立即停電。設備塌垮引起北部與南部的電力系統解聯（即隔離成南北各自獨立的電力系統），中北部因電力供應遽降，進而引發電力系統垮掉，鉅工電廠以北電力系統癱瘓，包括核一、核二、協和、深澳、通霄、臺中、林口以及臺塑麥寮等電廠的機組全部跳機，彰化以北全部停電，共計649萬戶無電可用。經臺電公司全力搶修後，採限電措施，10月3日晚將中部的全部電塔搶通，解除部分限電，直到10月10日始解除全臺限電。

921大地震引致臺灣地理中心之埔里酒廠儲酒倉庫受震嚴重。

921 的大停電，也讓臺灣在美國的華爾街金融市場上搶盡媒體版面，原因不在 921 大地震之傷情，而是因地震停電影響「蘋果」等手機所需半導體之正常供應，臺灣是最大之供應商，因影響股市股市故臺灣聲名大噪。

　　921 在國內掀起媒體在政治上主導輿情之空前巨浪，終而促使執政黨垮臺，源於 921 震殤之政經效應。例如，921 當天中央政府決定發放每位罹難者 50 萬元慰問金，9 月 25 日，中央宣布罹難者慰問金提高為 100 萬元。（短短幾天政府決策調整，造成人力重複投入，作業時間落差更造成民眾與政府間的誤解。）9 月 28 日，內政部頒布震災重傷慰問金發放標準，規定重傷的認定標準為：因災致重傷不能行動，經醫師證明需住院 30 日以上治療者。（如此嚴苛幾近殘酷的標準亦引發相當民怨。）此外，房屋毀損慰問金也因中央對房屋全倒、半倒認定標準出爾反爾，遂爭議層出不窮。（中央政策標準改變，對地方政府確造成執行上無止境的困擾。）這些皆是 921 天災之外，帶來中央與地方執行之間的干擾，民眾怨聲不斷。

921 大地震引致斷層旁南投酒廠儲酒槽氣爆起火，建築物焦黑變形。

1999　10月，中央政府為統籌運用「921賑災專戶」捐款，將921震災捐款130多億元成立「財團法人921震災重建基金會」。（基金會於10月13日成立，總計收到捐款140餘億元，利息9.9億元，合計150億餘元。成立初期由辜振甫擔任董事長，其後新政府接班改由殷琪（1955－）繼任。歷經9年運作，於2008年7月1日結束。）

【歷史密碼】

921震災重建基金會

　　921基金會是921地震民眾愛心捐款的產物。旨在運用社會資源，統合民間力量，協助921地震受災地區重建；辦理業務包括：1.關於災民安置、生活、醫療及教育扶助事項。2.關於協助失依兒童及少年撫育事項。3.關於協助身心障礙者及失依老人安（養）護事項。4.關於協助社區重建的社會與心理建設事項。5.關於協助社區及住宅重建相關事項。6.關於協助成立救難隊及組訓事項。7.關於協助重建計畫的調查、研究及規劃事項。8.關於重建記錄及出版事項。9.其他與協助賑災及重建有關事項。所有921資金概由中央統制，主要重災區政府對重建需要並無絲毫主導權。

　　921基金會成為擁有最多可分配捐款的單位，約佔921地震以來民間捐款總額375億的37%，全盟質疑民間震災捐款，有60%以上約92億元被政府挪用，這種做法已違反《921震災重建暫行條例》。

　　921基金會於2008年10月30日卸牌熄燈。解散時留下45億3,000萬的款項及價值4億2,000萬的不動產，剩餘財產轉給「財團法人賑災基金會」。921基金會歷經9年運作，卻留下50億財產（總捐款三分之

一），這實在是 921 基金會強調其高效率運作的莫大諷刺。政府接受特定災難的民間捐款，依誠實信賴原則，即應將該項捐款用於該災難受災戶與災民相關需求上，但 921 基金會捐款竟剩餘 49 億元、桃芝風災捐款竟剩餘 5.6 億元，均移轉與該兩項災難無關的賑災基金會供作他用，這已違背捐款人意願，對 921 全臺灣 11 萬受災戶及桃芝受災戶實在不公平。而政府未徵求捐款人同意，擅自以行政命令即將民眾捐贈 921 震災、桃芝風災善款移用至與此不相關用途，將特定捐款變易持有，嚴重悖離捐款人意願，並已涉及侵占震災款、風災款。（「921 弊案」即以此為藉口啟動辦人）

1999　11 月，行政院 921 震災災後重建推動委員會於 11 月 9 日通過「災後重建計畫工作綱領」。訂定目標、計畫原則，規定前置作業等規範，整體重建（四大重建項目）計畫並訂定五年期間（2000-2004）進行重建。其中，社區重建計畫之推動由內政部營建署於 11 月 15 日制定頒行「災後縣（市）鄉（鎮市）及社區重建推動委員會設置要點」，明定縣（市）鄉（鎮市）推動災後社區重建應設置重建委員會。（規劃所需行政作業經費明定得由民間捐款統籌支應，由 921 震災重建基金會支付。2000 年 5 月，新政府接手，重組重建推動委員會，社區重建政策完全大轉彎，全盤推翻原來重建體制；「921 震災重建基金會」亦換新手接掌，拒絕支付社區重建綱要計畫之行政規劃經費，造成社會嚴重扭曲，為 921 重建蒙上陰影。）

臺北捷運新店線 11 月 11 日全線通車（中正紀念堂—新店），並改為「淡水—新店」列車。（2014 年 11 月 15 日起與新店線及松山線合併為松山新店線）

國道 10 號西起左營端東迄旗山端，長約 33.78 公里，設置 3 處交流道，於 11 月 14 日全線通車。

1999　12 月，第 1 期公益彩券發行。

2000　1 月，訂定〈中央銀行發行新臺幣辦法〉。

停止委託臺灣銀行發行貨幣，將新臺幣正式訂為國幣。自 7 月 1 日起，新臺幣改由中央銀行直接發行，但有關發生所產生之附隨業務仍續委由臺灣銀行辦理。

1 月 15 日，立法院通過《921 震災重建暫行條例》。總統於 2000 年 2 月 3 日公布施行。

【歷史密碼】

921 震災重建與特別預算

　　1999 年 921 的強烈地震，造成嚴重的財產損害和民眾傷亡，國家遭逢緊急危難，為進行災害救助、災民安置及災後重建，李登輝總統經行政院會議之決議於 9 月 25 日發布緊急命令，並於同日咨請立法院追認。行政院成立至少 1,000 億元的國家災難復原基金，設置災後重建委員會，以落實重建工作。9 月 28 日經立法院決議緊急命令予以追認。

　　在災區救助、安置工作進行 3 個月告一段落後，即進入災後的重建階段。因緊急命令之施行期限半年，至 2000 年 3 月 24 日即將屆滿，而當時法律對於重建的推展不夠完備，亟待增修建構，以利重建的有效推動。行政院於 1999 年 11 月 26 日提出《921 震災重建暫行條例》草案，函請立法院審議。行政院的提案有災區社區重建、災區重建之租稅與融資配合措施，重建行政程序之執行與簡化，重建經費之籌措各章。明定各級政府應

設置重建委員會，以推動災後重建，並以內政部負責本條例推動協調之機關。除行政院的提案外，計有黨團及委員分別提出 4 個草案版本。2000年 1 月 15 日立法院通過《921 震災重建暫行條例》，全文共 75 條。總統於 2000 年 2 月 3 日公布施行。依該條例第 69 條第 2 項規定，2001 年度災區復建所需經費新臺幣 1,000 億元，應循特別預算程序辦理，不受《預算法》及《公共債務法》之限制。其後不足部分，應循年度預算程序辦理。但重建總經費不得低於新臺幣 2,000 億元。

921 震災災後重建計畫於 1999 年下半年及 2000 年度追加預算 1,061億 2,400 萬元、2001 年度總預算有關 921 震災災後重建經費 62 億 3,500萬元、2001 年度重建特別預算 727 億 5,900 萬元，連同 2001 年度第 2 期重建特別預算 272 億 4,100 萬元，合計可執行數為 2,123 億 5,900 萬元。此外，另為加速重建區家園及產業重建，依《緊急命令》第 2 點規定，由中央銀行提撥 1,000 億元，供銀行辦理災民重建家園所需長期低利、無息緊急融資。

更特別的意義，這些災區特別預算竟然大部分皆由「中央 921 災後重建委員會」化身「災區政府」完全主導執行重建。

2000　2月，中國國務院發表《一個中國的原則與臺灣問題》白皮書。
　　　臺灣高鐵與 25 家聯貸銀行團簽署聯合授信契約，授信額度為新臺幣 3,233 億元。並與聯貸銀行團、交通部同時簽署三方契約。

2000　3月，民主進步黨陳水扁、呂秀蓮當選第 10 任總統、副總統（總統直選第 2 任），首次政黨輪替。
　　　親民黨成立。

開放保險業赴中國大陸設立辦事處。

高鐵土建工程開工，高鐵計畫進入興建階段。

立法院通過《離島建設條例》，4 月 5 日公布施行。（條例規定為加速離島建設，應設置離島建設基金，基金總額不得低於 300 億元，由中央政府分 10 年編列預算或指定財源撥入。離島建設基金 2001 年成立，迄 2010 年止國庫累計撥入基金已達 300 億元。）

試辦金門、馬祖、澎湖對大陸直接通郵、通航、通商的「小三通」。

2000 總統大選當選人：陳水扁、呂秀蓮

2000　4 月，蘇起（原名蘇永鑫，1949 - ）建議以「九二共識」作為「一個中國、各自表述」之同義詞。（陳水扁並未採納）

謝長廷當選民主進步黨主席（任期：2000.4.20 -2002.7.21）。

國民大會第 6 次修憲，國民大會虛級化，在立法院提出憲法修正案、領土變更案後，才依比例代表制選出國大代表 300 人（即「任務型國大」），複決修憲案、領土變更案。

世人雖然會提出各式各樣不同的觀點，但背後的目的卻十分雷同。

就算天差地遠的政治社會觀，也有逐漸匯集在一起共同形成解決問題的時候，包括時間的融合，避開差異的根源。

何況，21世紀的新科技可能會整個扭轉讓人類失去權威。

第十章

中華民國臺灣：邁向新世紀

　　2000 年，後李登輝時期結束。21 世紀千禧年，臺灣歷史新局登場，陳水扁躍居中華民國總統，臺灣改頭換面。臺灣的民主列車自李登輝憲改奠基之後，21 世紀歷史的首聲把自稱「臺灣之子」的陳水扁拱上總統尊位，接續李登輝成為第 2 任、第 3 任的民選總統，特殊的意義是首度取代中國國民黨政權的本土政黨身分，民主進步黨挾著強烈本土意識站上執政舞臺，融入中華民國政治歷史，中華民國臺灣化更加深化。

　　接著後來新任民選總統的馬英九（1950 - ）及蔡英文（1956 - ），都在這樣的相同基礎條件走向連續的 21 世紀，是臺灣與中華民國糾葛必須面臨處理的歷史時空。雖然「中華民國」在臺灣本土化，並合體為「中華民國臺灣」，但基於「兩岸一中」的競合關係，臺灣前途發展終須做出選擇，決定「中華民國」的前途，決定臺灣的未來。當今維持現狀：「中華民國臺灣」，也已變得困難重重，由於臺灣的統獨意識發展，國家認同幾乎難以融合。因此，臺灣的政局相互競爭激烈，不易安定發展，兩岸關係已進入政治攤牌的對立矛盾，經濟受囿於政治角力，民生素質之提昇相對停滯也變成政治競爭之犧牲品。這是充滿政治算計的年代。

　　21 世紀初期的臺灣，政治仍舊超越一切，已充分反映出政經難以專業分立發展的時代特徵。而國民之意識化演變，更使過去半個世紀尚得以經濟支撐臺灣之政治格局，在政黨輪政、「經濟就是政治」的交互作用之下化為艱鉅，阻障重重。兩岸關係問題更然。

民進黨輪政：陳水扁時期（2000~2008）

千禧年前夕 1999 年 921 大地震的百年世紀浩劫，這場天災變故，臺灣換掉執政黨，於 2000 年 3 月投票選舉出民主進步黨的陳水扁、呂秀蓮為中華民國第 10 任（民選第 2 任）總統、副總統，開始了歷史上第一次本土政黨的執政之路，中國國民黨首度淪為在野黨。

2004 年 3 月，陳水扁、呂秀蓮連任成功，自 2000 年至 2008 年是陳水扁時代，也是民主進步黨執政的 8 年。這段期間，臺灣進行異於過去中國國民黨之施政，包括對兩岸經貿的開放、金融改革等，但在兩岸關係方面之進展並無實質上之改善，雖然這段期間臺灣大幅開放兩岸經貿範圍之交易，但終因政治的彼此堅持，而幾度發展為「一邊一國」的緊張對峙關係。期間，2006 年，陳水扁家族分別爆出醜聞，在政治上引發強烈不滿，臺灣社會出現對立紛擾，延續多時未平，直到 2008 年 3 月馬英九為中國國民黨贏得江山政權，仍難停息人心憤怒。

2000　5 月，陳水扁、呂秀蓮就任第 10 任總統、副總統，為臺灣史上首次政黨輪替。陳水扁就職典禮發表「只要中共無意對臺動武，保證在任期內，不會宣布獨立，不會更改國號，不會推動兩國論入憲，不會推動改變現狀的統獨公投，也沒有廢除國統綱領與國統會的問題」。（「四不一沒有」；2006 年 2 月底終止國統綱領及國統會。）。唐飛（1932 - ）組閣（2000.5.20 -2000.10.6）。

5 月 26 日，行政院舉行「三三三福利政策」協調會，決定發放 65 歲以上老人每人每月 3,000 元福利津貼。

2000 6月，行政院進行921重建會組織重組，易名設置「行政院921震災災後重建推動委員會」小型行政院，6月1日於南投縣中興新村成立。【由黃榮村（1947 - ）政務委員擔任執行長，行政院院長及副院長擔任召集人與副召集人，相關部會首長出任委員；下設有7處，分別為企劃、公共建設、產業振興、生活重建、住宅及社區、大地工程及行政等處，另設巡迴輔導小組及民眾服務中心。（儼然省府復辟，另派置小行政院人馬進駐南投坐鎮921重建。）2006年2月4日921重建會結束，但仍遺留一些工作，例如社區重建更新基金帳目清理、921震災災後重建實錄編印、檔案移交、辦公室財產處理等，乃另成立「行政院921震災社區重建更新基金清理小組」繼續運作，人員14人，至2006年12月31日止。921重建告一段落。】6月30日，立法院通過《災害防救法》，7月19日實施。這是臺灣第一部全國性的災害防救法規，是921災劫考驗臺灣後的產物。

2000 7月，嘉義縣八掌溪四名工人遭暴漲溪水吞噬。

2000 8月，碧利斯颱風襲臺，造成11人死亡，房屋全倒434棟。農業損失達47.4億，以花蓮、臺中兩縣受創最鉅。高屏大橋橋墩被溪水沖毀斷裂，橋面塌陷，造成行駛其上的17輛汽機車墜落，22人輕重傷。澄社由瞿海源（1943 - ）、許松根等7人共同執筆發表萬言書，對執政滿三個月的陳水扁政府提出批判。（2002年6月，面見陳水扁總統）

8月30日，行政院通過「知識經濟發展方案」。這是行政院長唐飛上任後推出的第一項發展政策藍圖。行政院於11月4-5日，邀集產官學界及政府部門等450餘人，召開「全國知識經濟發展會議」，希冀藉由「鼓勵企業創新」、「推廣資訊應用」、「建立服務型新

政府」、「強化網路基礎建設」、「引進培訓人才」及「預防社會問題」等六大方向著手，發展臺灣在十年內達到先進知識經濟國家水準。

8 月 31 日，臺北捷運板橋線（龍山寺－新埔）暨小南門線通車。

2000　9 月，訂每年 9 月 21 日為「國家防災日」，並舉行地震演習。

南投縣政府於 9 月 21 日凌晨在白毫禪寺舉行 921 週年活動，副總統呂秀蓮出席發表講話並與彭百顯縣長共同敲響希望之鐘。副總統呂秀蓮並出席南投縣政府舉辦之「921 重建成果展」。10 月 15 日震災週年重建回顧展圓滿落幕。

2000　10 月，經建會提出推動「全球運籌發展計畫」，總共涵蓋 45 項具體執行事項。包括推動《電子簽章法》立法及放寬「境外航運中心」作業範圍，推動設立「自由貿易港區」，協調推動「貿易便捷化計畫」、以及加速開發臺北港、高雄雙港計畫、桃園航空貨運園區及高雄航空貨運城等。

唐飛辭去閣揆（因中國國民黨支持續建核四，與當時政策主張廢除核四的民主進步黨相違背）。張俊雄（1938 - ）接任組閣（2000.10.6 -2002.2.1）。

行政院宣布停建進度已達 33.81% 之核四工程，引發政壇軒然大波。

象神颱風侵臺，造成 64 人死亡，近 26 萬戶停水。農業損失約 36 億。

新加坡航空 006 號班機在象神颱風的狂風暴雨中於中正國際機場墜毀，造成 83 人死亡、79 人受傷。

放寬大陸科技人士在臺停留期間及在臺灣地區居留之條件。

10 月 16 日，法務部針對南投縣政府 921 重建發動大規模搜索及約談行動。11 月 13 日，再度搜索縣政府；11 月 14 日收押縣長彭百

顯，2001 年 1 月 12 日起訴求刑彭百顯縣長 20 年。2011 年 7 月，全案所有事涉貪污之公務人員皆無罪定讞。（反映社會現實：「毀人清白」。）

【歷史密碼】
核四廠爭議 30 年

回顧核四興建案，爭議不斷。1980 年核准興建計畫，歷經暫緩動工、預算凍結；解凍預算恢復計畫；再到廢止興建，又通過覆議案再度復活；2000 年政黨輪替後停止興建，110 天後又再宣布復工；以至 2015 年 7 月 1 日開始進入為期 3 年的封存，核四廠如何處置，仍未最終確認。

1980 年行政院核准臺電公司興建核四計畫（龍門電廠的興建在 1980 年 5 月提出，選定廠址在今新北市貢寮區），1982 年至 1986 年的總預算中編列 110 億元，執行 31 億餘元。

1983 年行政院指示臺電在社會疑慮尚未澄清以前暫緩動工。1985 年 5 月，貢寮鄉民強烈反對，行政院指示暫緩興建。1986 年 4 月，蘇聯烏克蘭車諾比核電廠發生核子反應爐破裂事故，全球反核聲浪不斷，行政院長俞國華指示暫緩興建；7 月，尚未執行的 79 億預算遭立法院凍結。

1992 年，立法院通過解凍核四預算案，核四廠開始後續規劃興建。1994 年 5 月 22 日貢寮鄉舉行核四公投，不同意興建占 96% 以上。1995 年、1996 年立法院通過核四預算 1,126 億餘元。

1996 年 5 月 24 日，立法院通過「立刻廢止所有核能電廠之興建計畫，刻正進行之建廠工程應即停工善後，並停止動支任何相關預算且繳回國庫」之決議。行政院於 6 月 12 日提出覆議案。10 月 18 日，覆議案獲得

通過，核四興建計畫再度復活。其間，臺電已於5月25日招標有關核反應器及核燃料費工程，由美國奇異公司得標，奇異自10月開工建設核反應器。

　　臺電公司於1997年10月16日向原子能委員會提出核能四廠1、2號機建廠執照之申請。1999年3月17日，原子能委員會簽准核發臺電核四建廠執照，核四廠正式動工。（臺電前三座核能電廠係根據美國政府規範認定，並未對建廠安全分析進行「實質審查」，也未核發建廠執照，核四廠成為臺灣核能史上第一座領有建廠執照的核電廠。建造期限為2005年12月31日，屆期需辦理建照展延或重審。）臺電展開建廠作業，預計該兩部機將分別於2004年7月及2005年7月運轉發電，發電量將各為135萬千瓦，合計270萬千瓦。

　　2000年5月20日政黨輪替，陳水扁總統指示「核四再評估」，經濟部長林信義召開「核四再評估會議」，暫緩核四工程各項採購與工程招標，行政院長唐飛因主張續建核四，10月16日以健康不佳為由請辭下臺。10月27日，新任行政院長張俊雄宣布將不繼續執行由立法院通過的核四興建預算案。泛藍立法委員提案罷免總統，並提案通過移請監察院彈劾行政院，行政院則聲請司法院大法官釋憲。

　　2001年1月15日，司法院大法官作出釋字第520號解釋文，認為行政院未事先向立法院提出報告而片面宣布停建核四，立法院未參與重要決策，與憲法規定不符。1月30日，立法院舉行臨時會議，對「核四案」進行表決通過續建核四決議，確認核四預算有法定效力，行政院應立即復工。在釋字第520號解釋文以及鉅額違約金的雙重壓力下，行政院與立法院多次協商，2月13日，行政院長張俊雄與立法院長王金平簽署協議書，達成核四復工協議，立法院同時收回總統罷免案。2月

14 日，行政院宣布第四核能發電廠工程復工。

　　2 月 14 日，核四廠恢復興建，總投資額由原核定的 1,888 億元，增加至 2,335 億元。由於停工再復工，涉及重新發包、工程介面銜接等複雜工程善後，1 號機原預定要在 2004 年完成商業運轉一延再延。2002 年 6 月行政院同意延後商轉 2 年至 2006 年。後於 2006 年因確定無法如期完成再延至 2009 年，再後又延至 2011 年。（監察院於 2012 年 3 月 20 日對行政院、經濟部及臺電公司提出糾正，針對貿然宣布停建核四工程 110 天後復工，造成 1,870 億元國庫損失，指決策過程草率，違法失職。）

　　2004 年 12 月 24 日，臺電提出核四廠建廠執照展延，原能會同意建廠執照延後到 2010 年 12 月 31 日。2009 年 12 月 24 日第二次申請展延，執照有效期限至 2014 年 12 月 15 日。2013 年 12 月 10 日第三次申請展延，經濟部與臺電規劃讓核四建廠執照展延至 2020 年 12 月 31 日，保住核四的一線生機，該案仍未審定。

2011 年 3 月 11 日，2011 年日本福島第一核電廠事故，臺灣社會更加

關注核四問題。政府決定對核四進行檢視和補強，原預計商轉日期延至2015年。

2013年2月25日，行政院長江宜樺宣布，「核四是否續建由公民投票決定」。2014年4月24日，中國國民黨立法院黨團做成決議：「核四完工，通過安檢後，不放置燃料棒、不運轉。日後核四是否運轉，必須經公投決定。」4月27日，馬英九總統與藍營縣市長商議後宣布核四全面停工，核四未來若要運轉須經公投決定。4月28日，行政院召開國際記者會，宣佈「核四1號機不施工、只安檢，安檢後封存；核四2號機全部停工」。行政院強調，核四停工不等於停建，政府並未變更重大政策。核四廠於2015年7月1日開始進入為期三年的封存狀態，2018年3月前如有展延或變更，則須再提申請。（目前核四廠1號機已完工，約有七成五的系統需定期運轉以避免損壞，2號機停工，維持基本保養。）

2017年11月8日行政院長賴清德召開記者會，宣示核能發電會於2025前停止運轉、如期除役。核四廠興建30年來爭議不斷，政府既已宣示2025年非核家園目標，意味核四幾乎不可能商轉，則高達2,838億元投資金額如何處理，仍在未定之天。公帑如此玩弄，豈不令人痛心？

還原921震災重建誣案

　　2000年，921震災重建弊案曾經轟動朝野，人心不平一直存在。迄今，事實已經證明：所謂「921重建貪污弊案」，確係一齣濫權起訴的司法冤誣迫害案，是一場「政治謀殺」。

　　921大地震之後，當時的政治氛圍是對南投縣政府龐大重建工作的質疑，尤其是議會的大力抨擊，偏偏檢調單位依據黑函啟動辦案，對縣政府全面搜索並進行總調查。

　　還原本案。2000年10月16日這一天，法務部掃黑金中區特偵行動中心召集人李慶義檢察官率領南投徐松奎、王捷拓、王元隆、謝謂誠、蔡仲雍等五位檢察官、兵分十幾路，動員了100多人，針對南投縣政府921重建工程案件進行大規模搜索及約談行動。仍在體育場跑道上班的縣政府有七個單位遭到搜索，數百宗文件資料、磁片被逕行「扣押」，並至縣府多位主管住處搜索。當天全臺20多處縣府工程承包商同步遭到搜索及約談。此次搜索行動，震撼了國內外，報章媒體鋪天蓋地捕風捉影，縣政府許多重建工作被嚴重扭曲，並遭到不實指控污衊。

　　其後，南投縣調查站、憲兵隊、中機組又不斷要求借調921災修工程資料、921各界捐款資料…儼然是對縣政府全面性調查，嚴重侵犯行政權，並打擊重建災區公務人員士氣。甚至，11月13日，再度全面搜索縣政府，並約談多位主管及公務人員。11月14日清晨，南投縣長彭百顯在歷經12小時偵訊後（其實在內之調查人員並未針對所謂「貪污弊端」訊問，主要在偵訊過去擔任立委時期運作之基金會成立情形…），遭南投地檢署收押。許多縣府人員於遭受搜索、約談之後，對於重建工作不再抱有任何的熱誠，連協助縣府社區營造諮詢的專業團隊、顧問也紛紛求去、逐漸離開。

縣府五、六百件案件被調查，讓所有主管及員工對許多攸關災民社區住宅與建案、土地開發案不敢辦理，有關重建行政體系幾乎癱瘓。檢調單位對南投縣政府的大搜索，對重建災區眾多無助的災民而言，更是雪上加霜。

二度搜索之後，接著南投地檢署檢察官又要求社會局提供所有捐款運用情形及資料。縣政府同仁幾乎時時要應付不同的檢調人員要求縣政府提供「921震災專戶」五次會議資料及所有收支憑證，甚至要求提供921之後所有工程的發包資料（500-600件工程文件，約一大卡車）。如此過程，檢察官毫無忌諱、不懼羅織，以如同在大海中撈針的方式尋找彭百顯的貪污資料，配合媒體製造輿情、輿論，當時檢調大張旗鼓、奮力勇往直前的辦案張力究竟為何如此神勇？

事過境遷。事後觀之，檢調以種種荒謬、錯誤甚至偽造的依據，羈押災區最高行政首長彭百顯61天，並控訴以「圖利」、「期約不正利益」、「侵占公用公有財物」、「詐取財物」、「侵占、偽造文書」、「背信」等多項「貪污」罪名，更以政治詞令指控彭百顯「身為縣長不知戮力造福鄉民」，加重求刑20年。其與事實相距甚遠之司法行動，究其何因，耐人尋味。

再觀司法訴訟過程，被起訴的九案十罪名經過十餘年之折磨，事實顯示，「921重建貪污弊案」全部無罪定讞，證明彭百顯及縣府團隊清白。

歷史這樣寫：「921重建貪污弊案」是司法迫害製造的政治冤誣案。

「921冤誣案」的定讞，證明全案暴露不也嚴正控訴：迫害黑手、檢調單位枉顧災區重建迫切，司法權侵犯行政權，違法濫權、以及誤用司法、惡意栽贓、傷害當事人名譽等之罪惡？只是，這不該也是「轉型正義」的無頭公案吧！

2000　11月，《銀行法》修正，銀行可以轉投資票券、證券、期貨、信用卡、融資性租賃、保險、信託事業等。（打破金融分業體制）

中國頒布〈對臺灣地區貿易管理辦法〉，內容以「一國兩制」、市場經濟等為指導原則規範對臺貿易管理及糾紛解決等細節。

2000　12月，《金融機構合併法》公布施行，主要目的在提供合併之金融機構簡化的行政手續及優惠的租稅待遇，獎勵金融機構合併，並允許外國金融機構得以合併本國金融機構。

行政院根據《離島建設條例》公佈施行〈試辦金門馬祖與大陸地區通航實施辦法〉，作為小三通的管理依據。同意大陸人民取得戶籍者得依法令規定擔任大學教職、學術研究機構研究人員或社會教育機構專業人員。

行政院通過「新世紀國家建設計畫－民國90-93年四年計畫暨民國100年展望」。（2002年2月，行政院改組，游錫堃另提出「挑戰2008：國家發展重點計畫」。）

經濟呈現衰退現象。臺幣美元匯率的低點出現在2000年4月（30.32）大波段的貶值到2001年12月（35.08），貶值幅度15.7%。因網路泡沫，臺股從2000年2月開始（加權指數10,393）到2001年9月（加權指數3,411），跌幅67%。

12月30日，臺北捷運南港線（市政府－昆陽）全線通車。【板橋線（龍山寺－西門）及南港線（西門－市政府）於1999年12月24日通車】

2001　1月，兩岸小三通於金門、馬祖兩地正式啟航，定點定時的貨客運通航。

行政院召開「全臺經濟發展會議」。結論有：檢討調整「三通」中

的「通商」政策，合理開放大陸貨品進口，開放陸資企業來臺投資服務業；加強兩岸科技交流，擴大引進大陸產業科技人才等。

核定推動「知識經濟發展方案」，積極推動獎勵高科技人才培育，從寬認列企業研發費用，以及推動工研院等科技研究機構移轉科技研發成果給民間等，以協助轉型朝向知識經濟發展。

臺鐵彰化二水至南投縣境水里線 921 大地震災後重建完竣（更名為南投縣觀光鐵道），列車恢復行駛。（2002 年 2 月，集集車站復舊竣工啟用。）

貨船阿瑪斯號擱淺於墾丁外海，漏油對生態造成嚴重破壞。

行政院通過「擴大公共投資提振景氣方案」。（8100 臺灣啟動）

2001 2 月，行政院長張俊雄宣佈核能四廠自 2 月 14 日起復工、續建。
核准保險公司赴中國大陸設辦事處。（5 月開放銀行赴中國大陸設辦事處。）

2001 3 月，行政院長張俊雄提出「8,100 億元啟動國家建設新方向方案」。政府將以 8,100 億元，朝建設「綠色臺灣」、「活力臺灣」、「速度臺灣」、「優質臺灣」及「魅力臺灣」等五大方針，擴大內需，振興經濟景氣，減少失業率，開創臺灣的新世紀。
核三廠進入第三級警急事故狀態，1 號機組喪失電力超過 2 小時。
核三廠在爐心即將超過臨界高溫時的最後一刻，有一部柴油發電機派上用場，緊急啟動冷卻裝置。

2001 4 月，經濟部投審會發布第 1 季外商來臺投資衰退 21.5％。主計處統計 3 月失業率 3.89％及失業人數 38 萬人，再創新高。
陳水扁總統召集高層財經會議。

2001 5 月，汐止「東方科學園區」發生重大火災事故，園區內 200 多家

高科技廠商受波及，經濟損失超過 60 億元。湖口新竹工業區發生化工爆炸事故，共造成 1 人死亡，112 人受傷。

股市跌破 5,000 點。6 月，財政部宣布三措施提振股市。

由財政部主導，以銀行公會會員機構為主體之臺灣金聯資產管理股份有限公司（TAMCO）5 月 22 日成立，加入處理金融機構之不良債權行列。（政策性設置，配合金融改革）

2001　6 月，立法院通過「金融六法」，包括：（1）《金融控股公司法》，（2）《營業稅法》修正案，（3）《存款保險條例》修正案，（4）《行政院金融重建基金設置及管理條例》（簡稱 RTC 法案），（5）《保險法》修正案，以及（6）《票券金融管理法》。

其中，RTC 法案和營業稅法修正案、存款保險條例修正案等三個法案，主要是建構處理問題金融機構、解決金融逾期放款的法源及財源問題。其他三法，則是屬於金融市場提供金融、保險更寬廣的業務發展空間及管理的規範。

2001　7 月，頒布《票券金融管理法》，貨幣市場業務正式取得法律位階。公布施行《行政院金融重建基金設置及管理條例》。

【歷史密碼】

金融重建基金

　　《行政院金融重建基金設置及管理條例》於 2001 年 6 月 27 日通過，7 月 9 日公布施行，依該條例設置金融重建基金（簡稱RTC）。重建基金建立的主要目的是在於重整臺灣金融體系日積月累的弊病，包括銀行的不良債權、呆帳與基層金融的超貸，農漁會的信用部經營不當等，對存款人

及其他債權人提供全額保障，以避免發生連鎖性金融危機。

　　RTC 的財源包括銀行、保險、信託投資、證券、期貨與票券等金融業者從 2002 至 2005 四年應繳之 2% 營業稅收入及存款保險費收入，但因賠付經營不善機構讓 RTC 幾近彈盡援絕，《行政院金融重建基金設置及管理條例》於 2005 年 5 月 31 日修正，將期限延長，其中金融營業稅收入方面，包括 2002 年至 2010 年期間共九年金融營業稅稅款。存款保險費收入，則為自 2002 年 1 月起 10 年內，依 2000 年 1 月 1 日起調高保險費率所增加之保費收入。

　　2007 年初因金融重建基金可動用財源已不足處理花蓮企銀、臺東企銀、中聯信託、中華銀行、寶華銀行、亞洲信託及慶豐銀行等 7 家經營不善金融機構，經主管機關援引金融重建基金管理條例及存款保險條例等規定，報奉行政院核定「金融重建基金與存款保險準備金合併運用機制」，由存保公司與金融重建基金共同分攤賠付款。

　　金融重建基金自 2001 年 7 月設置迄 2011 年底屆期結束，共處理 56 家經營不善金融機構，計依法賠付 2,077 億元，加計至 2017 年 12 月 31 日止存保公司分攤上開 7 家機構之賠付款計 780 億元，合計賠付款總額為 2,857 億元。

2001　7 月，新臺幣對美元匯率貶破 35 元，為 14 年來新低。

　　　　美國標準普爾公司發表對臺信用評等報告，臺灣長期信用評等首遭調降。

　　　　潭美颱風侵臺，南部水災。桃芝颱風侵襲南投、花蓮等地，造成 35 萬戶停電，鐵、公路多處損毀交通中斷，多處土石流。全臺共計

111 人死亡，103 人失蹤。農林漁牧損失逾 77 億元。

2001　8 月，臺灣團結聯盟（臺聯黨）成立。

為了提振國內經濟，陳水扁總統指示籌組召開「經發會」，由總統府主辦，邀請對象包括學者、企業界，以及朝野政黨代表，一方面提出短期措施，另一方面提出長期政策。五個小組共通過 322 項共識。有關兩岸經貿政策達成將 1996 年底實施之「戒急用忍」政策更改為「積極開放，有效管理」。（鬆綁「戒急用忍」政策）

財政部公布，至 6 月底，全體銀行逾期放款比率為 7.44%，金額為 1 兆 623 億元，均創歷史新高。

財政部要求 10 家公民營行庫進駐問題基層金融機構。（9 月 14 日完成 35 家問題基層金融機構接管工作）

2001　9 月，納莉颱風來襲重創北臺灣，首善之都臺北市許多精華地帶成為水鄉澤國，近 165 萬戶停電；逾 175 萬戶停水。共有 94 人死亡，10 人失蹤。全臺有 408 所學校遭到重創，損失近 8 億元；工商損失超過 40 億元；農林漁牧損失約 42 億元。

行政院於 9 月 14 日成立「行政院財政改革委員會」。（針對稅課收入、非稅課收入及支出等相關層面研討，2003 年 4 月 4 完成「財政改革方案」。38 項課題將依實施期間分為短、中、長期，分別朝以下方向努力：一、妥善調整稅制結構，追求稅收穩定與適足、租稅公平與效率。二、充裕財政收入、加強公有財產管理、落實使用者付費精神。三、控制支出成長、提升支出效率、健全支出結構。）

中國國民黨撤銷李登輝黨籍。

股市跌破 3,500 點。

行政院核定並請總統宣佈邵族脫離鄒族，成為臺灣原住民族第 10

族。

（美國發生 911 恐怖攻擊事件，共有 2,749 人在這次襲擊中死亡或
失蹤。）

臺灣原住民 17 族

臺灣居住著各種族群，其中原住民族約有 53 萬人，佔總人口數的 2%。
1948 年，內政部所訂原住民 9 族為：阿美族、泰雅族、排灣族、布農族、
卑南族、魯凱族、鄒族、賽夏族、雅美（達悟）族。

迄至 2014 年，經政府認定的原住民族除上述 9 族外，又認定：邵族
（2001）、噶瑪蘭族（2002）、太魯閣族（2004）、撒奇萊雅族（2007）、
塞德克族（2008）、拉阿魯哇族（2014）、卡那卡那富族（2014）、平埔
族（2017）等 8 族，共 17 族。各族群擁有自己的文化、語言、風俗習慣
和社會結構，對臺灣而言，原住民族是歷史與文化的重要根源。

日治時代，日本曾將原住民分為 21 族。

2001　10 月，中央存款保險公司接管中興銀行（RTC 賠付 585 億餘元）。
　　　央行強力降息，調降存款準備率、重貼現率、擔保放款融通利率、
　　　短期融通利率、銀行準備金乙戶利率、外幣存款準備率。（配合刺
　　　激經濟）
　　　《石油管理法》公布實施。油品自由化，打破中油、臺塑兩家寡占
　　　局面。
　　　銀行公會各會員銀行共同籌資成立臺灣金融資產服務公司
　　　（TFASC），實收資本額為 15 億元，經財政部核發公正第三人認可，
　　　進行公開鑑價及拍賣，以加速銀行處分承受之擔保品。（政策性組

織，配合金融改革設置）

2001　11月，《金融控股公司法》實施。（舊有體制之銀行、證券及保險業各自受限其法令分開經營，金控法打破金融分業體制，開放金融相關機構整合跨業經營，鼓勵金融機構轉型為金融控股公司，開啟臺灣金融控股時代，並揭開民主進步黨之「金融改革」。至2017年12月底，臺灣計有16家金控公司。）

11月4日，行政院長張俊雄提出「Taiwan Double」願景，希望十年後知識密集產業產值將佔GDP比例達六成，寬頻網路建置率與美國相當，使臺灣平均國民所得是目前的二倍。

行政院通過大陸投資「積極開放、有效管理」計畫，戒急用忍政策鬆綁。自2002年1月起企業的赴大陸投資，取消投資個案5,000萬美元上限，建立新的審查機制。

拉法葉軍購案監察委員約詢前總統李登輝。

臺灣獲准於2002年加入世界貿易組織WTO。（臺灣於1990年1月1日依據GATT條規定，以對外貿易關係具自主權地位的「臺灣、澎湖、金門及馬祖個別關稅領域」向GATT秘書處提出入會申請，在2001年完成各項雙邊與多邊入會經貿諮商。臺灣於11月12日簽署入會議定書，後經立法院審議通過及總統簽署加入WTO批准書，2002年1月1日成為WTO第144個會員。）

開放境外金融中心（OBU）與中國大陸直接通匯。

11月14日，《電子簽章法》制定公布。解決電子文件、電子簽章、數位簽章使用之法律效力問題，建立推動電子商務及電子化政府之法源。2002年4月1日發布施行。

2001　12月，第5屆立委選舉，在225立委席次中，民主進步黨首度成為

最大黨 87 席，中國國民黨 68 席，親民黨 46 席，臺聯黨 13 席，新黨 1 席。

臺灣經濟負成長 2.18％（為 1974 年以來首次負成長），失業率升到新高 4.52％。

國道 4 號西起清水端東迄豐原端，長約 17.16 公里，設置 2 處交流道，於 12 月 21 日全線通車。

（「博鰲亞洲論壇」在海南博鰲成立。北京贏得 2008 奧運主辦權）

2002　1 月，臺灣成為世界貿易組織 WTO 會員。

中央存款保險公司接管高雄中小企銀（RTC 賠付 138 億餘元）。

開放第二類（赴國外旅遊或商務考察轉來臺灣觀光之大陸地區人民）、第三類（赴國外留學或旅居國外取得當地永久居留權之大陸地區人民）中國大陸人士來臺觀光。【2005 年 5 月，規劃開放第一類（經香港、澳門來臺灣地區觀光之大陸地區人民）來臺觀光，每天上限 1,000 人。】

2002　2 月，游錫堃（1948 - ）組閣（2002.2.1 - 2005.2.1）。

2002　5 月，華航 611 號班機澎湖外海空難，225 乘客機組員罹難。

5 月 22 日，《敬老福利生活津貼暫行條例》制定公布（自 2002 年 1 月 1 日起施行，至國民年金開辦前一日止）。年滿 65 歲，在國內設有戶籍，且於最近 3 年內每年居住超過 183 日之國民，符合規定資格者，得請領敬老福利生活津貼，每月 3,000 元，並追溯從元月開始發放。（於 2008 年 9 月 30 日施行屆滿，廢止）

5 月 31 日，行政院核定「挑戰 2008：國家發展重點計畫（2002 -2007）」。預計在未來六年投入 2 兆 6,000 億元，推動包含人才、研發創新、全球運籌通路與生活環境四個投資主軸以及十大重點投

資計畫。這項國家重點計畫共設定七個目標，包括：達到世界第一的產品或是技術至少 15 項，入境臺灣的旅客成長兩倍以上，研究發展經費達到 GDP 的 3%，平均失業率降低至 4% 以下，平均經濟成長率超過 5%，達成 600 萬戶寬頻網路用戶，以及創造 70 萬個就業機會等政策目標。

2002 6 月，廢止〈中央銀行在臺灣地區委託臺灣銀行發行新臺幣辦法〉。澄社成員面見陳水扁總統，提〈國是諍言〉。

立法院通過《證券投資人及期貨交易人保護法》，引進團體訴訟及仲裁制度，明定應成立專責之投資人保護機構，以保護並償付投資人損失。2003 年 1 月 1 日施行，1 月 22 日「財團法人證券投資人及期貨交易人保護中心」法院登記設立，除提供投資人證券及期貨相關法令之諮詢及申訴服務、買賣有價證券或期貨交易因民事爭議之調處外，亦得為投資人提起團體訴訟或仲裁求償；另針對證券商或期貨商因財務困難無法償付之問題，明訂設置保護基金辦理償付善意投資人之作業。

2002 7 月，《金融資產證券化條例》公布施行。

中央存款保險公司接管 7 家問題基層金融機構。

陳水扁總統兼任民主進黨主席（任期：2002.7.21 -2004.12.11）。

7 月 10 日《郵政法》、《郵政儲金匯兌法》、《簡易人壽保險法》和《中華郵政股份有限公司設置條例》等郵政四法公布施行。（郵政總局與郵政儲金匯業局合併，於 2003 年 1 月 1 日改制為公司，成為由交通部持有 100% 股權之國營「中華郵政股份有限公司」）

終止與諾魯共和國之外交關係。（2005 年 5 月 14 日復交。）

行政院通過〈試辦金門馬祖與大陸地區通航實施辦法〉修正案，決

定在維持安全及有效管理前提下，適度擴大實施小三通。

2002　8月，第29屆世界臺灣同鄉會聯合會在東京召開。陳水扁總統在總統府透過視訊直播方式致開幕詞時強調，臺灣和對岸的中國是「一邊一國」。引發美、中關切。

開放8吋晶圓廠至中國大陸投資。宣布春節臺商包機直航臺北—上海兩地。健保費調漲，社會各界及工會反彈。

總統夫人吳淑珍訪美，接受美國國會「民主服務獎章」。

行政院推動6年觀光客倍增計劃，訂定2008年國際來臺旅客成長目標為：基本目標：以「觀光」為目的來臺旅客人數，自目前約100萬人次，提升至200萬人次以上。努力目標：來臺旅客自目前約260萬人次成長至500萬人次。

一邊一國

2002年8月2日，陳水扁總統透過視訊會議對在日本東京舉行的世界臺灣同鄉會第29屆年會上，向與會人士提出臺灣、中國不屬同一國家的主張。

相對於特殊兩國論認為臺灣與中國大陸分屬不同國家，一邊一國強調臺灣是有別於中國之外的獨立國家。

2002　9月，行政院核定中部科學工業園區籌設計畫。（中科園區開發建設工程於2003年7月起展開，園區包括臺中園區、后里園區、虎尾園區、二林園區及中興新村高等研究園區共計五處，總開發面積約1,708公頃。）

臺灣首位球員陳金鋒（1977 -）登上美國職業大聯盟。

全國教師發動「928 教師大遊行」，要求比照受僱者享有勞動三權（結社、談判、罷工）之合法性。

2002　11 月，臺灣各級農漁會組織「全國農漁會自救會」發起「1123 與農共生」全國農漁民團結自救大遊行，約有 13 萬 5 千人集結凱達格蘭大道，提出三大訴求，十大主張。三大訴求是搶救臺灣農漁業與農漁民、農漁民需要農漁會繼續提供服務，以及制訂以農漁會信用部永續經營為主軸的《農業金融法》。十大主張中有六項與農漁會信用部有關，包括由農委會輔導農漁會，已經被銀行合併的 36 家農漁會信用部回歸到農漁會體系，要求政府依法編足「農業發展基金」1,500 億元，以及「農產品受進口損害救助基金」1,000 億元預算，落實陳水扁競選時所提出的「農業政策白皮書」內容等。

其後，當時處理問題基層金融不當的財政部長李庸三、農委員主委范振宗（1942 -）下臺。政府擬定《農業金融法》，於行政院農委會下設置農業金融局，設立全國農業金庫，歸還原先被裁併的 36 家農會信用部，回歸農漁會體系。政府編足 1,500 億「農業發展基金」和 1,000 億「農產品受進口損害救助基金」，以協助與輔導農漁會與農漁民。

北臺灣上半年嚴重缺水危機。失業率高達 5.18％，創 40 年新高。失業人口兩年內遽增 20 萬人以上。

2002　12 月，行政院宣布噶瑪蘭族為臺灣原住民第 11 族。

【胡錦濤（1942 -）當選中共中央總書記，次年當選中華人民共和國主席。】

2003　1 月，立法院通過《促進產業升級條例》修正，自 2002 年起製造業新增投資可享免稅，科學工業可免關稅及營業稅。

2003 2月，行政院修正僑外投資負面表列，放寬投資不動產開發、租賃及買賣限制。為穩定股市及匯市，可動用外匯存底及「國安基金」。

2003 3月，實施首次兩岸春節包機，須中停港澳，只允許臺灣航空業者單飛和單向載客，大陸航點僅上海一地。

全臺爆發 SARS 疫情。（自 3 月 14 日首見病例後，4 月，臺北市和平醫院、仁濟醫院集體感染封院，疫情持續 3 個多月，隔離人數超過 10 萬人，共有 674 個病例，其中 84 人死亡。立法院 5 月 2 日通過《SARS 防治及紓困暫行條例》，同日公布施行，賦予行政院防疫經費 500 億元。世界衛生組織在 5 月 10 日將臺北市升級為 SARS 高度感染區。疫情流行創下醫院封院、街坊封樓、院外發燒篩檢的首見景況，也造成和平醫院院長吳康文遭免職，衛生署長涂醒哲、疾病管制局長陳再晉下臺，臺北市衛生局長邱淑媞下臺。直至 6 月 17 日，臺灣從 SARS 旅遊警示區除名。7 月 5 日世界衛生組織宣布臺灣自 SARS 感染疫區除名。）

核二廠 1 號機在大修期間，發生吊運用過核燃料棒意外脫落碰撞另外 2 束核燃料棒的異常事件，依國際核能事件分級表列為「第一級異常警示事件」。

【英美聯合部隊 2003 年 3 月 20 日對伊拉克發動軍事行動】（美國以伊拉克藏有大規模殺傷性武器並暗中支持恐怖分子為由，繞開聯合國安理會，單方面對伊拉克實施軍事打擊。2003 年 12 月 4 日，海珊被捕，受審後被伊拉克法院判處絞刑，2006 年 12 月 30 日執行。2010 年 8 月美國戰鬥部隊撤出伊拉克，美伊戰爭歷時 7 年多，美方最終沒有找到大規模殺傷性武器，反而找到薩達姆政權早已將其銷毀的文件和人證。2011 年 12 月 18 日，美軍全部撤出。）

2003　4月，財政部放寬攜帶外幣出入境申報標準，由5,000美元提高為1萬美元。

2003　5月，陳水扁總統任命蕭萬長擔任「總統經濟顧問小組」召集人。

2003　6月，行政院宣布，6月1日起10天發起「全民量體溫運動」，勸導民眾早晚量體溫。（發燒篩檢SARS疫情）

原委託臺灣銀行發行之新臺幣停止流通。

外交部發表「護照封面加註TAIWAN字樣」說帖，決定在護照封面的國徽下方加註TAIWAN字樣，新版護照將於9月1日發行。（6月17日，中國外交部表示，臺灣「護照」上加注「TAIWAN」字樣，是其漸進式臺獨分裂活動的繼續，也是其破壞兩岸關係的又一嚴重步驟。）

2003　7月，總統令頒布《行政院金融監督管理委員會組織法》。

《農業金融法》制定公布。（2004年1月30日施行）

《不動產證券化條例》公布施行。（將企業或金融機構所持有之不動產物權予以規格化、單位化、細分化，並透過信託隔離風險，加以增強信用，藉以公開發行有價證券，直接由資本市場籌集資金之過程。）

【7月1日香港特區成立紀念日，民間人權陣線舉辦「七一遊行」，主題是「反對《香港特別行政區基本法》第23條立法」，逾50萬市民上街支持。】

2003　8月，陳水扁發表兩岸直航三階段論。在2004年3月20日選舉之前為準備階段，主要是進行各項準備工作，特別是落實兩岸貨運便捷化措施；第二階段即協商階段，是在大選后展開直航談判；第三階段為實踐階段，在2004年底完成協商，逐步實踐直航措施。

與巴拿馬簽署自由貿易協定，自 2004 年 1 月起生效。

財政部開放銀行以避險為目的之期貨交易。

2003　9 月，開放外資持有上市上櫃公司股票，可以申請發行海外存託憑證，並刪除投資分戶規定。

陳水扁於民主進步黨慶宣示「完成公投，贏得 2004 總統大選、2006 催生臺灣新憲」，為民主進步黨的三大任務。10 月，由民主進步黨、臺灣團結聯盟等團體共同舉辦的 1025「全民公投，催生新憲」大遊行在高雄市登場，10 多萬民眾走上街頭。

2003　10 月，臺 66 線東西向快速公路觀音大溪線通車，為第 1 條全線完工通車之東西向快速公路。

立法院通過《臺灣地區與大陸地區人民關係條例》條正案。修正後總條文 132 條，修正幅度超過 80%。修法旨在建立兩岸社會、文教及經貿交流可長可久的新秩序，進而引導兩岸關係逐步邁向正常化的前提下，就兩岸協商、人員往來、兩岸通航、經貿交流及文教交流等事項，均進行整體性之檢討及調整，以建構「合理開放」、「有效管理」及「落實執行」的法律新機制。修正案為兩岸協商設立「復委託」機制，18 個月後提出兩岸直航具體實施辦法。

賴比瑞亞宣佈與中華民國中斷外交關係，重新與中華人民共和國建交。

蔣宋美齡在美去世，享年 106 歲。

臺北地檢署偵辦興票案，前總統李登輝出庭應訊，創下刑事訴訟史上卸任元首應訊先例。11 月，臺北地方法院傳喚前總統李登輝，就新瑞都案出庭作證，創下卸任國家元首到法院交互詰問的首例。

2003　11 月，立法院通過《公民投票法》。12 月 31 日總統公布。（陳水

扁總統公開宣示，將在 2014 年 3 月 20 日總統大選投票日，同步舉行防衛性公投，確保臺灣主權完整。美國國務院表示，反對臺海兩岸任何一方試圖片面改變現狀，也反對臺灣舉行走向臺獨的公投。12 月，美國政府再度聲明反對臺海兩岸片面改變現狀，並明確表示反對臺灣辦公投。）

游錫堃院長宣布「六年國家整體建設計畫」（新十大建設），以 5 年時間用 5,000 億擴大公共建設投資。

1,000 多名臺灣菸酒公司員工到財政部抗議民營化措施是「擴大失業、變賣公產、圖利財團」。

白米炸彈案爆發，楊儒門（1978 -）於大安森林公園男廁放下貼有「不要進口稻米，政府要照顧人民」標語之炸彈。（2003 年 11 月 13 日至 2004 年 11 月 12 日楊儒門共放置 17 顆爆裂物，被判處 5 年 10 個月徒刑，併科罰金 10 萬元。）

世界最高之臺北 101 大樓建築主體旁高 63 公尺、6 層樓的裙樓，主要規劃為購物中心在 2003 年 11 月 14 日開幕，估計當天進入參觀購物人數達 25 萬人次。

2003 12 月，《老年農民福利津貼暫行條例》修正。（自 2004 年 1 月 1 日起，老農津貼由每月 3,000 元提高為 4,000 元）

陳水扁總統提出「345」財經政策目標：3 年內（2006 年）整體創新研究經費將達到 GDP 的 3% 以上，2 年內（2005 年）將失業率降到 4% 以下，1 年內（2004 年）經濟成長率上升至 5%。

立法院通過《動物保護法》修正案，對殺狗、賣香肉者，提高罰款，最重可罰 25 萬元。

中國國民黨行管會主委張哲琛公開宣布，中影旗下 7 家接受日產的

戲院：臺北新世界戲院、臺中臺中戲院、嘉義嘉義戲院、臺南延平戲院、高雄壽星戲院、屏東光華戲院與羅東新生戲院，將全數歸還給政府。

恆春航空站竣工，投資 5.39 億元由軍用機場改建為民用機場。2004 年 1 月 12 日啟用。【因恆春半島每年 10 月到隔年 4 月盛行落山風，常造成班機無法起降或停飛。機場平均每年虧損約 6,000 萬元，原有三家航空公司（華信、立榮、復興）經營航線，都因不堪虧損減班、退出，2007 年後僅存立榮航空臺北－恆春航線。2014 年 9 月至 2017 年 12 月三年多航班數及載客人數全掛 0，出現沒有 1 架民航機起降，沒有任何旅客進出的蚊子館。恆春航空站年虧損加折舊約 6,000 萬元，民航局多次表達要將機場移撥軍方，但屏東縣政府爭取主張升格為國際機場。截至 2017 年底，交通部對機場存廢仍未予定案。】

2004　1 月，財政部成立「國家資產經營管理委員會黨產處理專案小組」，負責處理不當黨產事宜。

《通訊傳播基本法》1 月 7 日公布施行。明定政府應設通訊傳播委員會，依法獨立行使職權。

《投資中國》雜誌公佈調查統計報告，到 2003 年，中國大陸共有臺商註冊家數 68,115 家，投資契約金額累計 1,295.46 億美元，實際投資金額 773.57 億美元。

陳水扁總統接受花蓮地檢署檢察官李子春傳喚，為頭目津貼案出庭作證，創下國家元首出庭應訊首例。

福爾摩沙高速公路國道 3 全線通車。北起基金交流道南迄屏東林邊端，全長 430.53 公里，共設置 59 處交流道及 1 處出口匝道、11 處

收費站、7 處服務區及 3 處休息站。（1987 年動工，1993 年起分段通車）

《農業金融法》1 月 30 日施行，確立農漁會信用部監管法源，為數十年農漁會信用部監管爭議劃下休止符。農業委員會農業金融局依據《行政院農業委員會農業金融局組織條例》於同日成立，負責農業金融機構之監理及政策性農業專案貸款之規劃推動。

2004　2 月，陳水扁總統簽署和平公投提案，送行政院院會通過，訂 3 月 20 日與總統大選同時舉行公投。

臺灣首度以「捕魚實體」身分，成為「中西太平洋漁業委員會」成員。

藍綠兩陣營總統候選人陳水扁和連戰舉行電視辯論會，為歷史上第一次的總統候選人國政辯論會。

泛綠陣營於 2 月 28 日（和平紀念日、228 事件紀念日）舉行「228 百萬人手牽手護臺灣」運動，大約有 200 萬臺灣民眾參與，北起基隆市和平島，南至屏東縣佳冬鄉 / 鵝鑾鼻，是臺灣有史以來最大規模的運動。

2004　3 月，政府放寬兩岸經貿往來辦法：（1）經濟部許可臺商，包括福建以外地區，皆得經「小三通」往返兩岸；（2）臺商赴大陸投資金額在 20 萬美元以下得採申報制，且不計入大陸投資累計金額；（3）臺灣民眾進入大陸地區不需再申請許可；（4）違規赴大陸投資的臺商得從優審核；（5）臺灣民眾可攜帶 6,000 元人民幣入境臺灣，超過部分須封存於海關，於出境時再攜出；（6）兩岸「單一戶籍制」，臺灣民眾若在大陸設籍或領用大陸護照，如 6 個月內不登出或放棄者將喪失臺灣戶籍。

臺中航空站搬遷至清泉崗機場。（3月5日舉行「中部國際機場第1期工程啟用暨國際包機首航典禮」，清泉崗中部國際機場啟用，由華航及遠航3架國際包機揭開歷史新頁。臺中水湳機場3月6日起停止營運。2013年4月10日清泉崗機場完成並啟用新建國際航廈；2016年6月16日，臺中市政府爭取更改對外宣傳名稱，獲行政院同意。10月機場告示牌更名為「臺中國際機場」。）

發生319槍擊事件。爭取總統連任的民主進步黨籍總統陳水扁、副總統呂秀蓮在臺南市金華路掃街拜票，下午1時45分發生槍擊事件。

總統大選合併舉辦「強化國防」、「對等談判」兩項議題之全國性公投。（因投票人數均未達50%門檻而遭到否決）

陳水扁、呂秀蓮連任第11任總統、副總統（民選第3任）。中國國民黨等反對黨提出選舉無效和當選無效訴訟。國親支持者為抗議總統選舉不公，占據凱達格蘭大道，進行長期抗爭，要求立即、全面驗票。3月26日中選會公告總統、副總統當選人名單，泛藍支持者強力制止，引發暴力，中央聯合辦公大樓一片狼籍。3月27日國親聯盟在總統府前廣場舉行「要真相、拚公道—搶救臺灣民主」大型集會，估計超過46萬人參加。

終止與加勒比海國家多米尼克之外交關係，並停止一切援助計畫。

319 槍擊事件

319槍擊事件發生在2004年3月19日下午，對陳水扁總統和呂秀蓮副總統的槍擊事件。由於發生在總統選舉投票日的前一天，致引起巨大的政治爭議空間，事實真相不明。國際鑑識專家李昌鈺4月應邀來臺，就總

統、副總統被槍擊事件，協助調查。2005 年 8 月 17 日，最高法院檢查署宣布 319 槍擊案結案，以六大理由認定陳義雄為唯一兇手，並因陳義雄已死亡，處以不起訴處分。

2004 總統大選當選人：陳水扁、呂秀蓮

2004　4 月，因總統大選糾紛，4 月 2 日至 5 月 17 日，一群臺大學生集結在中正紀念堂靜坐抗議。提出五大訴求：1. 要求扁連宋對過去四年憲政僵局、政治亂象，向人民道歉。2. 以特別法成立真相調查委員會。3. 立即通過族群平等法，並設族群平等委員會。4. 要求陳水扁對破壞行政中立、不當操控媒體、不尊重國會、違背憲政精神公開道歉。5. 要求陳水扁公開承諾恪遵憲法，立即組成聯合政府，年底國會改選後，尊重國會多數黨組閣。學生與支持者在 5 月 17 日被警察強制驅離。（新野百合學運）

國親聯盟號召 10 萬人在凱達格蘭大道進行大型抗爭活動，並發動「成立 319 槍擊案真相調查委員會」公投提案連署。

最高法院宣判，副總統呂秀蓮訴請《新新聞》周報回復名譽案，法

院駁回《新新聞》的上訴，《新新聞》敗訴定讞。

高雄市議長賄選案，法院判決共 17 名議員有罪定讞，喪失議員資格，高雄市議會將進行補選。

2004　5月，中國國民黨主席連戰在中常會提出國親合併案，獲得所有中常委無異議一致通過，提案將送臨時全國黨代表大會追認通過。

政府公佈「兩岸海運便捷化措施」，即日起境外航運中心由高雄港擴大到臺中港與基隆港，並取消靠泊船舶須停靠第三地規定，業務範圍由經營轉運貨，擴大到可載運大陸與第三地進口貨。

陳水扁宣誓就任第 11 任總統，於就職演說中強調在不涉主權、領土、統獨下進行憲改，2008 年完成新憲。

（北京撰文反綠商）

【歷史密碼】
綠色臺商

　　2004 年 5 月 31 日，中共《人民日報》針對支持陳水扁的企業家，發表了〈我們不歡迎綠色臺商〉一文，公開點名許文龍（1928 － ）為首的「綠色臺商」：一邊在大陸賺錢，同時又支援臺獨活動。經濟力不敵政治力，2005 年 3 月，許文龍發表公開信回應，表示「兩岸同屬一個中國」，並聲稱「臺灣的經濟發展離不開大陸，搞臺獨只會把臺灣引向戰爭，把人民拖向災難」。這是中國在臺商經援大陸成功之後展露的政治面目。

　　對於中國的「反綠商」，行政院長 6 月 1 日游錫堃在立法院表示，大陸點名奇美董事長許文龍，強烈表態不歡迎支持綠營和臺獨的臺商前進大陸的說法，這是讓臺商了解分散投資風險的一個契機，政府已經積極規畫

將「政策轉向」，希望將來與中南半島等國密切合作。

　　但矛盾的是，游錫堃報告施政方針時卻強調，政府將持續放寬及擴大兩岸經貿交流，一方面優先推動「兩岸貨運便捷化措施」，另一方面又說要防止臺灣經濟過於向中國大陸傾斜。而針對中共點名奇美董事長許文龍等臺商，強硬表態不歡迎支持綠營和臺獨的臺商前進大陸的說法，陸委會主委吳釗燮（1954 －　）只能呼籲中共，對臺商在大陸所有商務活動應給予合法保障，不應施以不合理的政治性干預；也只能希望中共，說的和做的能夠一致，這種狀況就「到此為止」。

　　對於中國的打壓綠商，臺灣又能如何？明白的是：未來「綠色臺商」在中國的投資和經營，已不再像過去那麼如意了。政治也有顏色，將回歸主流。

2004　6月，敏督利颱風侵襲中南部損失慘重，多處道路坍方，並引發山區嚴重土石流。此次颱風及七二水災共計造成33人死亡、12人失蹤，僅農林漁牧損失就高達89億元以上。

　　6月11日，立法院通過《勞工退休金條例》，6月30日總統公布，自公布後一年施行，原舊制員工可自行決定使用新制或舊制。勞退新制係以「個人退休金專戶」為主，「年金保險」為輔的制度。雇主應為適用《勞基法》之勞工，按月提繳不低於其每月工資6%勞工退休金，儲存於勞工退休金個人專戶，退休金累積帶著走，不因勞工轉換工作或事業單位關廠、歇業而受影響，專戶所有權屬於勞工。勞工本人也可以在每月工資6%範圍內，另行提繳退休金到個人退休金帳戶，其自提的金額可自個人綜合所得稅中扣除。有316萬勞工選擇新制（占勞工比例6成）。「勞工退休新制個人可攜式

帳戶制」完成立法，於 2005 年 7 月實施。

無黨團結聯盟宣布組黨，前內政部長張博雅擔任首任黨主席。

公布《性別平等教育法》。

6 月 11 日，立法院通過《擴大公共建設投資特別條例》。（即所謂「新十大建設」，2005 年 2 月 5 日修正部分條文）

新十大建設

2004 年總統大選，陳水扁在選前喊拼經濟口號，提出 5 年 5,000 億元的「新十大建設」，擴大公共建設投資，激勵內需市場。

2004 年 6 月 11 日，立法院通過「新十大建設」之法源《擴大公共建設投資特別條例》。條例內容包括擴大公共建設投資計畫之定義、經費額度、經費來源、預算編列方式、預算執行等。「新十大建設」是由「挑戰 2008：國家發展重點計畫」挑選重中之重、急中之急的建設項目，以編列特別預算方式優先加速推動教育、文化、交通、科技及水資源等攸關民眾福祉之公共投資，期能藉由公共建設質量的大幅度提升，有效改善國民生活水準及整體投資環境，強化國家競爭力。

5 年 5,000 億元擴大公共建設特別預算案，經費來源得以舉債或出售政府國營事業釋股的方式籌措，不受到《公共債務法》每年度舉債額度的限制。從 2004 年起分 5 年編列，2004 -2006 三年編列 2,240 億元，在 2007 -2008 年有 2,760 億元的建設持續進行。

新十大建設項目包括：1. 國際一流大學及頂尖研究中心，2. 國際藝術及流行音樂中心，3. 行動臺灣計畫，4. 臺灣博覽會，5. 臺鐵捷運化，6. 第三波高速公路，7. 高雄港洲際貨櫃中心，8. 北中南捷運，9. 汙水下水道，10. 平地水庫海水淡化廠。

2004 7月，「行政院金融監督管理委員會」成立，實踐金融監理一元化目標。（原財政部「證券暨期貨管理委員會」改為「證券期貨局」，並改隸行政院金管會。原財政部金融局改隸屬於金管會，更名為「銀行局」；原財政部保險司改隸屬於金管會，更名為「保險局」。2011年6月29日，《金融監督管理委員會組織法》修正公布，自2012年7月1日施行，行政院金融監督管理委員會更名為「金融監督管理委員會」。）

國策研究基金會提出〈檢驗陳總統執政時期臺灣經濟的表現〉，認為臺灣經濟表現差。

國軍漢光20號演習在中山高速公路仁德段操演幻象戰機起降，為中山高通車26年來戰機首度在高速公路起降。

行政院7月28日會議指示「籌措專門照顧外籍配偶之基金」，自2005年度起設置外籍配偶照顧輔導基金，分10年籌措30億元，以內政部附屬單位基金設立。（2015年6月行政院成立「新住民事務協調會報」，8月4日第一次會議決議修正基金名稱為「新住民發展基金」，基金規模維持10億元。）

2004 8月，臺灣加入隸屬8大工業國家（G8）高峰會體系下的國際網路犯罪聯防組織，成為第35個會員國，為該組織唯一非主權成員。

艾利颱風豪雨引發嚴重土石流災情，以新竹縣五峰鄉桃山村最為嚴重；臺北三重地區因捷運施工不當，導致淡水河洪水倒灌；石門水庫集水區因原水濁度太高，致使桃園地區大停水。共計有15人死亡、14人失蹤，農林漁牧損失約18億元。

立法院通過憲法修正案，自第7屆起立委席次減半為113席，任期延為4年，採單一選區兩票制；廢除任務型國大、公投入憲。這是

行憲以來，第一次由立法院所提出之憲法修正案。

陳詩欣、朱木炎在雅典奧運跆拳賽獲得金牌，打破臺灣奧運零金紀錄。

立法院通過《319槍擊事件真相調查特別委員會條例》。（由於條例部分內容侵犯五權分立原則，組成方式規定必須按照立法院中的政黨席位的比例來分配委員數量，此舉等同讓立法院多數席次的中國國民黨與親民黨經由過半數席次控制真調會，對民主進步黨不利，行政院提出覆議未果。）

2004　9月，立法院以114票否決行政院提出的《319槍擊事件真相調查特別委員會條例》覆議案，民主進步黨及臺灣團結聯盟兩黨團向大法官會議聲請釋憲。（其後，總統公布該條例，違反憲政慣例加以批註，並拒派代表參與真調會。隨後真調會召開會議，執政的民主進步黨則發動行政機關行使抵抗權。同年12月15日司法院大法官作成585號釋憲，認為真調會條例「部分違憲」。釋憲否定以泛藍成員為主的真調會大部分的職權，但該會仍得以改組並繼續運作。此後，真調會沒有刑事調查權，而行政部門仍嚴令所屬機構拒絕配合。）

2004　10月，陳水扁總統在國慶大典上發表演說，盼以「九二香港會談」為基礎，重啟兩岸協商談判大門。（大陸海協會回應以堅持「一個中國」原則基礎）

臺北縣瑞芳鎮九份一輛載滿香港遊客的遊覽車，因司機酒駕發生車禍，造成5死33傷。

監察院針對第一家庭羅太太濫用行資源案所引發的濫用公務車與不當領取津貼一事，通過對警政署、人事行政局與交通部糾正案。

美國國務卿鮑爾（Colin Luther Powell，1937 - ）表示，臺灣不是享有主權獨立的國家，美國也不支持臺獨立，引起朝野爭論。

【歷史密碼】

中華民國與臺灣互為化身

國慶日的過招，兩岸當局的動作，是兩岸關係互動的觀察指標。

2004 年 10 月 10 日，連任的陳水扁總統在國慶大會指出，中華民國的主權屬於 2,300 萬臺灣人民，中華民國就是臺灣，臺灣就是中華民國。如果兩岸之間能夠本於善意，共同營造一個「和平發展、自由選擇」的環境，未來中華民國與中華人民共和國或者臺灣與中國之間，將發展任何形式的政治關係，只要 2,300 萬臺灣人民同意，我們都不排除。兩岸可以「九二香港會談為基礎」，尋求「雖不完美、但可接受」的方案，做為進一步推動協商談判的準備；兩岸應該正式結束敵對狀態，並且透過協商談判，建立兩岸軍事互信機制、同步檢討兩岸軍備政策，甚至共同研議形成「海峽行為準則」，做為臺海永久和平的具體保障。在年底立委選後，將以最大的誠意邀請朝野政黨領袖，共同籌組「兩岸和平發展委員會」，一起推動憲政改造工程。陳水扁透過國慶日釋放善意。

而中國方面的反應，當天，中國國臺辦發言人張銘清表示，陳水扁稱要以「九二香港會談」為兩岸恢復對話的基礎，只要臺灣當局承認「九二共識」，兩岸對話與談判即可恢復。第三天，針對陳水扁鼓吹「中華民國就是臺灣，臺灣就是中華民國」，則認為是赤裸裸的「臺獨」言論，是對臺海和平與穩定的又一次嚴重挑釁。

2004 年國慶日，陳水扁對兩岸關係雄壯的意圖，不但未能突破僵化

關係，更在政治上凸顯兩岸之分歧，相信當事人陳水扁心知肚明。

2004　11月，2004年總統大選「當選無效」之訴，臺灣高等法院於11月4日宣判，連戰、宋楚瑜敗訴。【次年，最高法院6月17日判決，駁回中國國民黨所提出的2004年臺灣總統大選陳水扁、呂秀蓮「當選無效」之上訴。當選無效之訴宣告定讞。9月16日最高法院判決，駁回中國國民黨所提出的2004年臺灣總統大選陳水扁、呂秀蓮「選舉無效」之上訴，選舉無效之訴宣告定讞。】

陳水扁總統召開國安高層會議，建議兩岸應共同商討劃定軍事緩衝區，建議兩岸可以參照1972年美蘇《海上事件協定》以及1998年美中《軍事海上諮商協定》的作法，建立臺海軍事安全諮商機制，逐漸形成「海峽行為準則」。

針對陳水扁總統願以「九二香港會談基礎」重啟兩岸對話，大陸海協會回應堅持一個中國原則是祖國大陸的一貫立場，兩岸商談必須在一個中國原則基礎上進行。11月17日，中國國臺辦發言人李維一表示，如果陳水扁承認「一個中國」這一事實，拋棄「一邊一國」的主張，兩會會立即恢復對話和談判。

【歷史密碼】
由國安看陳水扁的兩岸思維

　　陳水扁執政近四年，雖然勇於大幅開放臺灣經濟對中國大陸的管理門戶，致使臺灣經濟明顯依賴大陸，但是，兩岸關係並未得改善及進展。其兩岸發展之思維為何？

2004 年 11 月 10 日，陳水扁總統主持國安高層會議作出 10 點裁示，由此可略見其對兩岸政策之作為：

1. 臺海的穩定以及和平現狀的維持，一直是國際社會共同關切的議題，其中，美國扮演著至為重要的角色。臺美雙邊長期共享民主自由人權等普世價值，過去半個世紀臺灣民主與經濟的發展，已經成為國際社會共同的資產，而不是負擔。我們感謝美國一貫堅持《臺灣關係法》及對我「六項保證」之承諾，未來雙方更應在價值同盟與既有的基礎上，繼續積極合作以維護亞太地區的和平與穩定。認清時勢，集中力量，善用資源，謀求國家最大利益，應積極研議推動國際臺灣之友社的可行性，爭取國際社會對臺灣的認識與支持。

2. 未來的兩年應該被視為海峽兩岸重啟對話、共同謀求長期穩定與和平發展的「關鍵機遇期」。雙方的政府及領導人，都應該掌握時機、運用智慧，為長遠的發展打開良性的「機會之窗」，為人民的生活謀求平安幸福的基礎。儘管對岸由於諸多因素無法立即回應我方的善意和誠意，但是我們的決心和耐心不會因此而改變。我們也要再次重申，總統 520 就職演說及今年國慶談話所揭示的兩岸政策發展方向，在任期之內不會有任何的改變。在此「兩個不變」的基礎之上，政府各部門應該積極研議重啟對話、降低緊張、合作發展的兩岸「陽光政策」。

3. 充分認知北京當局堅持「一個中國」原則的立場，但是同時也要呼籲對岸正視中華民國存在的事實，以及 2,300 萬臺灣人民追求當家作主的堅定民主信念。如果兩岸都能彼此相互諒解、相互包容，就能透過和平對話、理性協商來解決歧見、消除對立。「九二香港會談」就是體現了這樣的精神。

4. 在「九二香港會談」的基礎上，政府應積極規劃、推動包括三通在內

的兩岸經貿、文化往來。現階段我們可以臺港航線協商模式，立即與對岸就雙向、對飛、不中停第三地等問題協商貨運包機及春節包機的營運，為兩岸直航開啟契機。

5. 為了落實「深耕臺灣、佈局全球」的經濟戰略，政府應借鏡國內外民間企業全球營運的經驗，規劃大型國公營事業赴海外地區設置全球據點或從事投資；並積極引進海外資金與全球人才來臺投資或設置據點，加速臺灣產業的國際化，有效因應經濟全球化的發展新局。

6. 為了緩和臺海軍事的對峙，及推動軍事事務的改革，除加速建立量少質精的國軍部隊、提昇自我防衛能力之外，國防部已完成規劃，從明年7月1日起，將義務役的役期縮短為1年6個月，如果募兵順利，2008年義務役役期將縮短為一年，並且達到裁軍10萬人的目標。

7. 基於人道理由以及國際規範，核子武器、生物武器、化學武器等大規模殺傷性武器都應禁止在臺海使用。我國願意公開承諾，絕不發展此類大規模毀滅性武器，也要鄭重呼籲中國公開宣示放棄發展及使用大規模毀滅性武器。

8. 為避免誤判或擦槍走火，建議兩岸應共同商討劃定軍事緩衝區。雙方機、艦非必要不得進入該區域，若必須進入則應事先知會。

9. 鑑於國際上軍事對峙地區如南北韓、印巴之間均有溝通機制，建議兩岸可以參照1972年美蘇《海上事件協定》以及1998年美中《軍事海上諮商協定》的作法，建立臺海軍事安全諮商機制，逐漸形成「海峽行為準則」。

10. 臺海的穩定應超越朝野黨派及個人的利益之上，兩岸關係的和平發展更是全民殷切的期待。唯有臺灣內部團結、政局穩定，才能為兩岸關係的開展創造最有利的條件。年底立委選後，將以最大的努力和誠

意，邀請在野政黨及社會各界共同籌組召開「兩岸和平發展委員會」，而且不排除由在野黨領袖出任主任委員，希望能夠凝聚朝野及全民的共識，共同擘劃可長可久的「兩岸和平發展綱領」，積極策進兩岸和平穩定、永續發展繁榮的新關係。

2004　12月，南瑪都颱風登陸南臺灣，為史上唯一12月登陸颱風。

第6屆立委選舉投票結果：在225立委席次中，泛藍共獲得114席，掌握國會實質過半，泛綠陣營僅得到101席。因立委選舉泛藍席次過半，陳水扁辭民主進步黨主席，由柯建銘（1951 - ）代理（任期：2004.12.11 -2005.1.15）。

世界最高大樓臺北101金融大樓完工啟用。（於2004年12月31日至2010年1月4日間擁有世界第1高樓的紀錄。）

12月15日，行政院核定在嘉義縣太保市設置國立故宮博物院南部院區，定位為「亞洲藝術文化博物館」。（故宮南院耗資79.3億元，2005年11月動土；2007年3月再次舉辦整地工程開工典禮；2010年10月行政院核定通過第二次修正計畫，2015年12月28日對外營運。）

【12月26日印尼蘇門答臘發生芮氏規模9.1大地震（一般稱印度洋大地震、南亞大海嘯），引發高達30餘公尺的海嘯，波及範圍遠至波斯灣的阿曼、非洲東岸索馬利亞及模里西斯、留尼旺等國，對東南亞及南亞地區造成巨大傷亡，死亡和失蹤人數至少29萬餘人，超過51萬人受傷。】

2005　1月，辜振甫去世。（辜汪會談另一主角汪道涵於同年12月過世）

第 2 次臺商春節包機成功實施。兩岸航空公司共同參與、雙方對飛、雙向載客。為大陸民航班機 56 年來首次飛抵臺灣；包機直航不必降落港澳，大陸航點除上海外，增加了北京、廣州航點。

民主進步黨舉行第 11 屆黨主席選舉，蘇貞昌當選（任期：2005.1.15 -2005.12.3）。

終止與格瑞那達外交關係，並停止一切援助計畫。

2005　2 月，謝長廷擔任行政院長（2005.2.1 -2006.1.25）。

陳水扁總統與親民黨主席宋楚瑜 2 月 24 日在臺北賓館舉行會談，雙方簽署十點聯合聲明。

2005　3 月，考試院會決議，12 項國家考試普通科目全面刪除列考「本國史地」，新制從 2006 年 1 月 16 日實施。

中共中央總書記胡錦濤發表對臺工作「四個絕不」。中國通過《反分裂國家法》。由民主進步黨、臺灣團結聯盟及 500 多個民間社團結合而成的「民主和平護臺灣大聯盟」，於 3 月 26 日在臺北市舉行「326 民主和平護臺灣大遊行」，抗議中國《反分裂國家法》。約有 93 萬人參加，本次遊行是臺灣歷史上少見的超大型動員遊行，首創國家元首上街頭紀錄。

中國國民黨副主席江丙坤率團赴中國。這是 1949 年以來，首次組團訪問中國大陸。（雙方就加強兩岸經貿等領域交流與合作取得了 12 項共識）

行政院宣布，補助中低收入戶 3 歲以下兒童健保費用，4 月 4 日起實施。

「胡四點：四個絕不」

胡四點指 2005 年 3 月 4 日，中共中央總書記胡錦濤在「江八點」之後發表新的對臺工作的「四個絕不」：

第一、堅持一個中國原則絕不動搖。

第二、爭取和平統一的努力絕不放棄。

第三、貫徹寄希望於臺灣人民的方針絕不改變。

第四、反對臺獨活動絕不妥協。

《反分裂國家法》

《反分裂國家法》是 2005 年 3 月 14 日中華人民共和國第 10 屆全國人民代表大會第 3 次會議通過對臺灣海峽兩岸關係的法律。

主要內容：

共有 10 條，法律表明「世界上只有一個中國，大陸和臺灣同屬一個中國，中國的主權和領土完整不容分割」，維護主權完整、促進兩岸統一是包括臺灣同胞在內的全體中國人民的共同義務與神聖職責。第 3 條將臺灣問題定義為是「中國內戰的遺留問題」，是中國內部事務，「不受外國勢力干涉」。

第 5 條提出一個中國原則是和平統一的基礎，和平統一後臺灣將「可以實行不同於大陸的制度，高度自治」。第 6 條鼓勵和推進經濟合作和直接「三通」，鼓勵和推進教育、科技、文化等各項事業的交流，並保護臺商的利益。第 7 條表明主張通過協商和平解決兩岸問題，並提出兩岸可在包括結束敵對狀態、臺灣政治地位、臺灣的國際空間等六方面來進行協商談判。

第 8 條列明在三種情況下政府得採取「非和平方式及其他必要措施，

捍衛國家主權和領土完整」。這三種情況是臺灣從中國分裂出去的事實，或者發生將會導致臺灣從中國分裂出去的重大事變，或者和平統一的可能性完全喪失。國務院在必要時先採取行動，隨後再向全國最高權力機關人民代表大會通報。第9條在「採取非和平方式及其他必要措施」時，應盡力保護臺灣平民和外國在臺僑民的生命財產安全。

2005　4月，陳水扁獲選為美國《時代》雜誌最具影響力百大人物。

陳水扁總統召集府院黨主管開會表示，對兩岸經貿政策不能一味開放，要「有效管理」。（隨即有關部門宣佈全面凍結實施兩岸經貿開放政策）

陳水扁總統搭乘專機前往教廷國，弔唁天主教教宗若望保祿二世。這是中華民國與教廷建交63年來元首第一次到訪梵蒂岡，也是首訪歐洲。

行政院推動「臺灣健康社區六星計畫推動方案」，透過產業發展等六大面向，打造健康社區。

連戰以中國國民黨主席身分訪問中國大陸，提出「九二共識」之說，中共方面乘機予以接受並作為兩岸交流基礎。中共中央總書記胡錦濤與連戰舉行連胡會時就兩岸關係提出四點主張，強調「九二共識」，「一個中國」原則，中國絕不能分裂，中華民族絕不能分裂。中共示出善意贈送臺灣兩隻貓熊。促成後來兩岸「國共論壇」交流。

5月，親民黨主席宋楚瑜出訪中國，進行「搭橋之旅」，並與中共中央總書記胡錦濤舉行會談，宣布多項有關兩岸民生和經貿議題的共識。

江丙坤逃過一劫

2005 年 3 月 28 日，中國國民黨副主席江丙坤率訪問團赴中國。這是自 1949 年以來，臺灣首次公然組團前往中國大陸。雙方並且就加強兩岸經貿等領域交流與合作取得了 12 項共識。

3 月 30 日，中國國臺辦主任陳雲林會見中國國民黨副主席江丙坤率領的大陸參訪團並達成「12 項初步共識」：儘快推動實現兩岸客運包機「節日化」、「常態化」；加強兩岸農業合作；解決臺灣農產品在大陸銷售問題；恢復對臺輸出漁工勞務合作業務；鼓勵和推動兩岸金融、保險、運輸、醫療等服務業的合作；贊成在互惠互利的基礎上，商談並簽訂保護臺商投資權益的民間性協議；促進兩岸縣市之間、鄉鎮之間對口交流；促進兩岸新聞交流；積極做好大陸居民赴臺旅遊的準備；進一步研擬臺灣同胞往來大陸的便利措施；推動兩岸共同打擊犯罪等。兩岸國共交流大步向前突破，成果可謂相當豐碩。

針對國共代表團會談並取得所謂「12 項成果」，民進黨執政下的陸委會發表聲明警告，呼籲朝野政黨、全體民眾，應深切體認中共執意通過的《反分裂國家法》，不僅已經事實存在，而且也開始實行，當前，面對中共以偽善手法包裝「非和平」手段對付臺灣，大家應齊心一致，共同阻止中共為執行《反分裂國家法》包裹糖衣之作為。

4 月 5 日，再見臺灣當局展現強硬「依法處理」態度，陸委會主委吳釗燮於接受《中央社》訪問時提出警訊，表示政黨前往中國交流，未經允許或經授權，卻私自與外國政府、對岸或其派遣的人為約定者，政府相關部會將依法處理。當天，陳水扁總統並召集府院黨主管開會表示，對兩岸經貿政策不能一味開放，要「有效管理」。（隨即有關部門也立刻宣佈全

面凍結實施兩岸經貿開放政策）顯然，民進黨內部已有默契要拿國民黨開刀，處理江丙坤一行之政治脫序，準備動手反制國共政治交流。

然而，後來的發展卻是峰迴路轉，最後，民進黨當局決定「放國民黨一馬」，讓國民黨在兩岸交流大放異彩，回歸正常。對於這種結局，未嘗不是臺灣的幸運，兩岸發展自此更加密切。

就歷史輪迴而言，民進黨這次寬縱江丙坤私自「與匪」相互約定，沒有出手壓制國民黨，冥冥中似乎就是還報當初 1986 年 9 月 28 日民進黨圓山闖關建黨，蔣經國最後並未下手抓人辦人而「放民進黨一馬」，讓民進黨死裡逃生。殊途同歸，一報還一報，一樣為臺灣立下歷史功勞。

面對兩岸這次政治上國共兩黨的公開合流接觸，民進黨政府終究這樣輕輕放過，由此而後，兩岸關係大開大合，勢不可擋。

2005　5 月，全國農業金庫開業。（建構農業金融體系，輔導並協助農會、漁會信用部事業發展，辦理農、林、漁、牧融資及穩定農業金融，促進農業經濟發展。）

行政院長謝長廷提出 8 年 800 億元治水計畫。（2006 年 1 月《水患治理特別條例》公布施行，第 4 條規定「中央政府依本條例支應解決易淹水地區水患治理計畫所需經費上限為 1,160 億元，以特別預算方式編列，得分期辦理預算籌編及審議。」）

5 月 14 日舉行任務型國代選舉。史上唯一的任務型國民大會代表選舉，同時也是最後一次國大代表選舉，用以複決 2004 年 8 月立法院所提出的修憲案。在 300 席國大代表中，民主進步黨獲得 127 席，中國國民黨 117 席，臺灣團結聯盟 21 席，親民黨 18 席。

5 月 17 日，繼 2004 年 1 月屏東縣境恆春航空站啟用之後，另一屏東航空站新航廈落成啟用，耗資 14 億 9,600 萬元。（因機場遠離市區，交通往返的時間與金錢高，在高鐵通車後更加凸顯，且該機場只有往臺北的航線，距離高雄國際機場又過近，造成使用人次過低。民航局原預估，屏東航空站啟用可以服務每年 60 萬人次的航空旅運量，但 2006 年全年出入旅客只有 61,630 人次，2010 年載客數更僅有 3,552 人次。2011 年 8 月 11 日關閉民用航線。）

中國國家旅遊局宣布，將開放中國居民來臺觀光，行政院接受此議，但限制「每天 1,000 人，每次 10 天」。

2005　6 月，5 月選出之「任務型國大」，對對 2004 年 8 月立法院通過的憲法修正案進行複決權之行使，這是國民大會第 7 次修憲。（共有五項重點：立法委員席次由 225 席減為 113 席；立法委員任期由 3 年改為 4 年；立法委員選舉制度改為單一選區兩票制；廢除國民大會，改由公民複決憲法修正案、領土變更案。總統副總統之彈劾改由司法院大法官審理。）

張俊雄接任海基會董事長。【2007 年 7 月，張俊雄奉命再組閣而離職，由洪奇昌（1951 -）接任董事長。】

西濱快速道路苗栗苑裡漁港路段工程發生 20 多公尺高的懸臂式橋樑突然倒塌，鷹架上 6 名灌漿工人遭活埋慘死。

2005　7 月，全民健保部分負擔調漲。《勞工退休金條例》（勞退新制）於 7 月 1 日施行。

行政院通過「易淹水地區水患治理綱要計畫」。

海棠颱風豪雨成災，造成 12 人死亡、3 人失蹤，農漁牧損失逾 48 億。

來往屏東與小琉球的交通船「觀光號」發生嚴重火燒船事件，造成

4 人死亡、27 人受傷慘劇。

中國國民黨首次開放黨員票選黨主席，王金平與馬英九競選。馬英九以得票率 72.4％，超過 23 萬票的差距當選。（2007 年因特別費遭起訴，辭去黨主席）。

司法院大法官就「國民身份證按捺指紋釋憲案」於憲法法庭舉行言詞辯論。（2005 年 9 月 28 日釋字第 603 號解釋戶籍法第 8 條第 2、3 項強制人民按捺指紋並予錄存否則不予發給國民身分證之規定，與憲法規定之意旨不符。）

最高法院宣判確定，法商馬特拉公司與臺北市政府捷運局纏訟近 13 年的 10 億餘元賠償官司案，臺北市政府敗訴，應支付約 16 億 4 千萬元賠償金。

2005　8 月，行政院針對兩岸航運互動做出重大宣示，政府同意民航機可以飛越中國的領空，以節省時間及成本，加速推動兩岸人貨包機。

中華電信展開全民釋股，以達成民營化目標。中華電信工會大表不滿，南北串聯發動激烈的抗爭及罷工行動。

泰國外勞仲介弊案。亦稱高雄捷運泰勞抗爭事件，引爆高雄捷運弊案。勞委會主委陳菊及高雄市代理市長陳其邁（1964 - ）辭職，前總統府副秘書長陳哲男（1941 - ）被提公訴。（民主進黨並開除其黨籍，總統府追回所領二枚勛章）

臺南、高雄地區發現 28 例類鼻疽病例疫情，並造成 7 人死亡，懷疑與海棠颱風所造成的淹水災情有關。

日本參議院繼眾議院之後表決通過《臺灣觀光客免簽證特別條例》，自 9 月 26 日（愛知萬國博覽會結束後次日）起生效。

呂秀蓮副總統召集的民主太平洋聯盟在臺北市圓山大飯店舉行成立

大會，共計有 26 國元首及政要參加。

2005 　9 月，中國民航局批准臺灣的中華、長榮、立榮、華信等 4 家航空公司飛機飛越大陸領空。這 4 家公司由臺往返歐洲和東南亞航班，都可飛越大陸領空，由於航程縮短，每年共可節省燃油成本達 2.8 億新臺幣。5 日，中華航空公司飛歐洲的貨運班機為首架飛越中國大陸領空的臺灣民航機。

　　陳水扁總統訪問瓜地馬拉等國，並過境美國。

　　丹瑞颱風造成宜、花、東、屏土石坍方。

2005 　10 月，臺北市政府積欠中央健保局近 108 億元的全民健保補助款案，最高行政法院宣判，依大法官第 550 號解釋，認為臺北市政府僅需負擔行政轄區內居民健保補助款，判決臺北市政府勝訴確定。

　　塞內加爾共和國政府宣佈與中國「復交」。中華民國政府中止與塞內加爾共和國之外交關係，並停止一切援助計畫。

　　中國公安部出入境管理局正式授權上海市、江蘇省公安機關出入境管理部門為臺灣居民補發、換發五年期臺灣居民來往大陸通行證（臺胞證）。

　　（2005 年 10 月 8 日，巴基斯坦喀什米爾發生芮氏規模 7.8 大地震，是該區 100 年來最強地震。巴基斯坦官方公布死亡人數 87,350 人。）

2005 　11 月，西拉亞國家風景區管理處成立。

　　《國家通訊傳播委員會組織法》11 月 9 日公布施行。2006 年 2 月 22 日國家通訊傳播委員會（NCC）成立，開啟通訊傳播監理歷史新頁。

　　行政院核定衛武營藝術文化中心籌建計畫。（原定 2009 年底完工，卻 5 度展延達 13 年。2007 年 9 月 1 日，文建會衛武營藝術文化中

心籌備處掛牌運作。2010 年 4 月 7 日，衛武營藝術文化中心動工。2015 年 1 月 1 日，國家表演藝術中心成立衛武營營運推動小組，原計畫 2016 年 4 月底試營運，但並未如期完工。建設經費 105 億元的衛武營國家藝術文化中心預定於 2018 年 10 月開幕啟用。）

2005 12 月，《老年農民福利津貼暫行條例》修正，自 2006 年 1 月 1 日起，老農津貼由每月 4,000 元提高為 5,000 元。

舉辦縣市長、縣市議員、鄉鎮市長之「三合一選舉」。（中國國民黨大勝取得 14 個縣市長席次、民主進步黨取得 6 個縣市，親民黨、新黨及無黨籍各 1 席縣長。）蘇貞昌辭民主進步黨主席，由呂秀蓮代理（任期：2005.12.3 - 2006.1.15）。

陸委會黃偉峰副主委表示，臺灣地區人民不得在大陸地區設有戶籍或領用大陸地區護照，若人民領取大陸地區居民證，將自動喪失中華民國臺灣地區人民身分。

雙卡風暴。（信用卡及現金卡發卡銀行收取高利息，致使雙卡債務人背負龐大債務。2004 年 6 月至 2005 年 7 月間，雙卡合計放款餘額由 6,631 億元擴增為 8,056 億元，其中現金卡放款餘額更由 1,934 億元遽增為 3,067 億元。雙卡放款規模快速增長，主管機關監督不周、疏於管理，發卡亂象橫生，衍生卡債問題，加上暴力討債，逼使部分債務人走上絕路。）

臺鐵新左營站工程完工。（2006 年 10 月配合高速鐵路通車時程，新左營站交付臺鐵局進駐，同年 12 月 1 日營運啟用。）

中國國民黨宣布出售中視、中廣、中影股權，總交易金額為 93 億元。

2006 1 月，陳水扁元旦講話，臺灣未來將以「積極管理、有效開放」代

替「積極開放、有效管理」作為未來兩岸經貿政策的新思維。（緊縮兩岸經貿交流的公開聲明，與 2001 年 8 月經發會所達成的「積極開放、有效管理」的結論明顯不同。）3 月 10 日，經濟部長黃營杉表示，將降低臺商對大陸投資比重，以降低 10 個百分點為目標。投資業務處說明要以加強對全球投資佈局，來相對減低對大陸投資的依賴。3 月 22 日，行政院通過陸委會、交通部、經濟部、農委會、金管會等部門擬定的「積極管理、有效開放」配套機制，從人員、農業、經濟及金融等四個方面制定更嚴密的限制措施。3 月 28 日，經濟部研擬對投資大陸 1 億美元以上的申請案將實施「政策面審查」，在「簡易審查」、「專案審查」之上建立第三級審查制度。

立法院通過《菸酒稅法》修正案，調高菸品健康福利捐。

立法院通過《法院組織法》修正案，設立類似國外「獨立檢察官」制度，在最高法院檢察署設特別偵查組，偵辦總統等高官貪瀆、重大經濟等犯罪。

謝長廷（因提建立「朝野和解」未成、事涉「高捷弊案」、「三合一選舉」施政不佳而失利、總預算覆議案未獲支持等因素）辭行政院長（就任未滿 1 年）。蘇貞昌組閣（2006.1.25 -2007.5.21）。

游錫堃當選民主進步黨主席（任期：2006.1.15 -2007.9.21）。

全國 25 縣市同步實施垃圾強制分類。

行政院於 1 月 25 日核定通過「加速推動都市更新方案」，主要內容包含：推動以公有土地為主之都市更新及輔導推動一般民間辦理之都市更新案。財源籌措方面，由國發基金於 2006 年至 2009 年匡列 20 億元做為貸款額度，並由中央政府編列相關公共建設預算，配合辦理都市更新地區周邊公共工程，另提供 2,000 億中長期低利

貸款予實施者以實施更新事業。

北宜高速公路頭城－蘇澳段通車。

中國商務部統計，2005 年大陸批准臺資項目 3,907 項，合同臺資 103.6 億美元，實際利用臺資 21.5 億美元；兩岸間接貿易額達 912.3 億美元，其中大陸對臺出口 165.5 億美元，大陸自臺進口 746.8 億美元，大陸逆差 581.3 億美元。

2006 2 月，行政院通過〈行政院及政務人員財產強制信託實施要點〉，強制政務官須在 3 個月內完成信託。

高速公路電子收費系統開通。

經濟部宣布桃竹苗限水，馬祖地區第二階段限水。臺北縣及桃園部份地區晚間無預警停水。

桃園國際機場捷運開工。路線由第二期航站往東至臺北車站特定專用區，往南經高鐵桃園車站至中壢中豐路與環北路口，全長 51.03 公里，共設 22 個車站，2 座機廠。工程建設總經費約 1,138.5 億元。（機場捷運預定通車時間從 2010 年計畫完工，至 2013 年 6 月、2013 年 10 月、2014 年 8 月、2015 年底、2016 年 3 月底，6 度跳票。2017 年 3 月通車營運。）

陳水扁宣布終止《國家統一綱領》適用及「國家統一委員會」運作。

228 事件紀念基金會公布「228 事件責任歸屬研究報告」，直指蔣中正是事件元兇。

中國國家旅遊局統計顯示，2005 年大陸共計接待臺灣同胞 411 萬人次，臺灣作為大陸重要旅遊客源地的地位不斷增強。與此同時，大陸同胞赴臺人數達 16 萬人次。

陳水扁終止「國統綱領」

2006 年 1 月 29 日，陳水扁總統在臺南縣與鄉親歡聚農曆新年團圓餐敘前致詞時表示，臺灣應該要走自己的路，並應認真思考否要廢除國統會、廢除國統綱領此一嚴肅的課題。

接著，2 月 2 日，陸委會為此就政策辯論指出，要認真考慮廢除國統會與國統綱領的議題，有助於提醒國人對於一些環境背景已有重大變遷的事項，應予以重新檢視。國統會與國統綱領設定，與中國統一為唯一及終極的目標，這是黨國體制的餘緒，完全不符理性民主的期待，也違反「臺灣前途應由 2,300 萬臺灣人民自由意志選擇」的主流民意，確實有加以討論、檢討與研究的必要。

而中國方面的反應，於 2 月 26 日，中國國臺辦負責人就陳水扁推動廢除「國統會」和「國統綱領」，認為是公然邁出全盤推翻「四不一沒有」承諾的危險一步，暴露預謀進行新的分裂活動，特別是要為通過所謂「憲政改造」謀求「臺灣法理獨立」鋪平道路。大陸絕不容忍「臺獨」，絕不允許「臺獨」分裂勢力把臺灣從祖國分割出去。

2 月 27 日，陳水扁主持國安高層會議，發表七點聲明，並裁示：基於中國持續以軍事威脅及《反分裂國家法》等非和平手段意圖片面改變臺海現狀，今國安高層會議綜合國安會所提報告建議及相關單位之討論共識，作成「國家統一委員會終止運作，不再編列預算，原負責業務人員歸建；《國家統一綱領》終止適用，並依程序送交行政院查照。」之決議。同日，陸委會根據 2005 年陸委會及各界所作有關兩岸關係之民調綜合分析顯示，大多數民眾仍期待兩岸關係朝穩定與和平方向發展，贊同政府在維護國家安全及利益的原則下，推動兩岸間各項領域的交流。至於國內各

政黨或民間團體與中國大陸交流時，絕大多數民眾認為仍應遵守政府法令、優先維護臺灣的整體利益。

刻意挑戰的日子，隔日，2月28日陳水扁批示：「同意：國家統一委員會終止運作，不再編列預算，原負責業務人員歸建；《國家統一綱領》終止適用，並依程序送交行政院查照。」隨即當天，中國國臺辦就陳水扁決定終止「國統會」運作和「國統綱領」適用，發表「四個分明」聲明：分明是企圖借終止「國統會」和「國統綱領」，加速推進「臺獨」活動，卻謊稱「不涉及現狀之改變」；分明是惡意挑釁臺海和平，製造兩岸關係緊張，卻藉口大陸威脅臺灣；分明是自己推翻兩岸商談的既有基礎，關閉了兩岸協商大門，卻侈談「透過協商對話建立互信交流的有效機制」；分明是為一己之私，企圖把極少數人的「臺獨」噩夢強加給 2,300 萬臺灣人民，卻說成是「尊重臺灣人民自由意志的選擇」。

而中國最高當局方面的反應，中國國家主席胡錦濤於會見瑞士國防部長施密德時表示，臺灣當局不顧島內外的強烈反對，一意孤行，決定終止「國統會」、「國統綱領」，這是對國際社會普遍堅持的一個中國原則和臺海和平穩定的嚴重挑釁，是在走向「臺獨」的道路上邁出的危險一步。胡錦濤重申，反對「臺獨」分裂勢力及其活動，維護臺海和平穩定，是我們堅定不移的意志和決心。我們將繼續努力爭取和平統一的前景，但絕不允許把臺灣從祖國分裂出去。任何逆歷史潮流而動的人都逃脫不了失敗的命運。

3月1日，陸委會向大陸臺商發表公開信，說明政府決定國家統一委員會終止運作、《國家統一綱領》終止適用，是為了確保中華民國的長治久安，並維護臺灣2,300萬人民選擇未來的自由意志。陸委會也鄭重表明，政府致力維護兩岸現狀的努力不會改變，也會繼續推動兩岸互利雙贏的交

流措施，並且會儘一切努力營造出長期穩定的環境，讓臺商能安心在大陸經營事業，為臺灣經濟繼續打拼，更可以對臺灣民主前景具有信心，讓大家沒有後顧之憂。

　　一般相信，陳水扁這個動作，是其執政六年來兩岸關係沒有明顯突破狀況之下的一項政治挑戰。

2006　3 月，臺鐵 1073 次自強號列車在崇德－新城間撞上在鐵軌上施工人員，5 人全部當場死亡，為臺鐵有史以來最嚴重的工安事件。

　　中國國民黨舉行「拼生活、救臺灣」大遊行，黨主席馬英九帶領民眾走上街頭，訴求「人民做主拼生活，統獨休兵救臺灣」。

　　民主和平護臺灣大聯盟舉辦「護民主、反併吞」大遊行，包括總統陳水扁、副總統呂秀蓮、行政院長蘇貞昌都參與。

　　親民黨與反軍購大聯盟舉辦「全民嗆扁集會」，群眾高呼「反貪污、反無能、反臺獨；要民生、要公義、要和平」，力主再組真調會調查 319 槍擊案。

　　臺灣證券集中保管公司與臺灣票券集中保管結算公司合併為臺灣集中保管結算所股份有限公司。

2006　4 月，赴中國大陸投資 2,000 萬美元以下得採審核制度。（原規定赴大陸投資 5,000 萬美元以上須事先申請，以下事後核備即可。後來上限金額降到 2,000 萬美元以上投資皆須事先申請。）

　　李安執導之《斷背山》獲英美等國際影展多項大獎，美國《時代》雜誌列名為年度全球 100 大最具影響力人物。

　　第 1 屆國共經貿論壇在中國北京舉行。中共當局宣布 15 項對臺新

措施，包括開放人民來臺觀光、承認臺灣高等學歷、允許臺灣民眾到中國報考報關員資格、適時派農產品採購團到臺灣和增加准許銷往中國市場的臺灣農產品等。

「國共論壇」

「國共論壇」即國共兩黨之「兩岸經貿文化論壇」，由中國國民黨和中國共產黨根據 2005 年連戰與胡錦濤達成之共識聯合主辦的活動，以推動「九二共識、反對臺獨」為前提，促進海峽兩岸經濟、貿易、文化的等各方面進行交流與對話，為國共兩黨之交流平臺。

「國共論壇」之兩岸交流（2006 - 2013）

1. 2006 年 4 月 14 至 15 日，第 1 屆國共經貿論壇在北京舉行。

2. 2006 年 10 月 16 至 18 日，第 2 屆兩岸農業合作論壇在海南省博鰲舉行，主題為「加強兩岸合作，實現兩岸農業互利雙贏」。

3. 2007 年 4 月 28 至 29 日，第 3 屆兩岸經貿文化論壇在北京舉行，主題是「兩岸直航、旅遊觀光、教育交流」。

4. 2008 年 12 月 20 至 21 日，第 4 屆兩岸經貿文化論壇在上海舉行，主題是「擴大和深化兩岸經濟交流與合作」。

5. 2009 年 7 月 11 至 12 日，第 5 屆兩岸經貿文化論壇於湖南省長沙舉行，主題為「推進和深化兩岸文化教育交流合作」。

6. 2010 年 7 月 8 至 11 日，第 6 屆兩岸經貿文化論壇於廣東廣州舉行，主題為「加強新興產業合作，提升兩岸競爭力」。

7. 2011 年 5 月 6 至 8 日，第 7 屆兩岸經貿文化論壇於四川成都舉行，主題為「深化兩岸合作，共創雙贏前景」。

8. 2012 年 7 月 28 日至 29 日，第 8 屆兩岸經貿文化論壇於黑龍江哈爾

濱舉行，主題為「深化和平發展，造福兩岸民眾」。

9. 2013 年 10 月 26 日至 27 日，第 9 屆兩岸經貿文化論壇於廣西南寧舉行，主題為「擴大交流合作，共同振興中華」。

【歷史密碼】

首次「國共論壇」的伴手禮？

兩岸首次國共經貿論壇，2006 年 4 月 14-15 日在中國北京舉行。中國國臺辦主任陳雲林釋放利多，宣佈包括擴大臺灣水果檢驗檢疫進口品種擴大為 22 種；11 種蔬菜及部分水產品進口零關稅等 15 項對臺優惠政策措施。陳雲林並受權宣佈和通報大陸將進一步採取的「促進兩岸交流合作、惠及臺灣同胞的 15 項政策措施」，好似是國共首次論壇給臺灣的「伴手禮」：

第一部分，經國務院批准的 3 項政策措施如下：

1. 自今年 5 月 1 日起，對臺灣水果檢驗檢疫准入品種由 18 種擴大到 22 種，新增柳橙、檸檬、火龍果和哈密瓜 4 種水果准入。

2. 開放甘藍、花椰菜、絲瓜、青江菜、小白菜、苦瓜、洋蔥、胡蘿蔔、萵苣、芋頭、山葵等 11 種臺灣主要蔬菜品種檢驗檢疫准入，並實行零關稅。

3. 對臺灣部分鮮、冷、凍水產品實行零關稅優惠措施和檢驗檢疫便利。

第二部分，經國務院有關部門批准的 12 項政策措施如下：

1. 新批准在廣東省佛山市和湛江市、廣西區玉林市設立兩個海峽兩岸農業合作試驗區；農業部、國務院臺辦批准在福建省漳浦縣、山東省棲霞市設立兩個臺灣農民創業園。

2. 供銷總社等將適時組織農產品供銷企業和臺灣農產品採購團，赴臺採購。

3. 福建省廈門市建立臺灣水果銷售集散中心，對入駐集散中心的進口臺灣水果經銷商，給予免交保鮮冷庫儲存使用費以及經銷場地免一年租金的優惠。

4. 開放臺灣農產品運輸「綠色通道」；臺灣農產品在大陸運輸，享受部分地區過路、過橋費減免的優惠政策。

5. 正式認可臺灣教育主管部門核准的臺灣高等學校學歷。

6. 〈大陸居民赴臺灣地區旅遊管理辦法〉，將於 4 月 16 日公佈。該辦法規定，大陸居民赴臺灣旅遊，由指定的大陸旅行社作為組團社組織，以旅遊團形式整團往返。臺灣接待大陸居民赴臺旅遊的旅行社也就是接待社，須經大陸有關部門會同國家旅遊局確認。

7. 增設瀋陽、大連、成都三個臺胞口岸簽注點，並將繼續增加新的口岸簽注點，為未辦妥入境手續直抵大陸的臺灣同胞辦理簽注手續。

8. 開放臺灣同胞參加報關員考試，成績合格者在報名地海關即可申請報關員資格證書。

9. 繼續在臺灣同胞較集中的廣東、福建、江蘇、上海等地醫院指定相對固定的診區，為臺灣同胞提供醫療服務。接診醫師可以是大陸醫師，也可以是按規定經衛生行政部門批准、取得在大陸行醫許可的臺灣醫師。

10. 將為臺灣同胞在大陸就醫後回臺灣報銷醫療費用提供便利。

11. 繼續歡迎和鼓勵臺灣醫療機構與大陸合資合作興辦醫院。

12. 准許符合規定條件的臺灣同胞在大陸申請職業註冊和短期行醫。

對這項大陸贈送的「伴手禮」，其中，農業的部分，農委會表示，中共中央臺辦宣佈對臺灣農產品銷中七項措施，在不違反相關法令及危害國家安全之前提下，對臺灣農民有利之措施，農委會均樂觀其成，惟將來兩岸農業互動交流，在臺灣農產品在中國遭仿冒、知名產地標章產品被註冊登錄，以及其他品種、技術之智慧財產權受到竊取，中國應釋出善意予以解決，始能真正惠及臺灣農民。

2006　5月，行政院長蘇貞昌宣佈實施擴大「小三通」的三項措施，包括5月1日起開放金馬旅臺鄉親、配偶、直系血親及二親等內旁系血親及其未成年子女，可經由金馬進行兩岸「自由行，不必組團」；6月1日起開放金門與泉州的往來航線；為應付「小三通」擴大帶來的變化，9月以前實施兩岸首次聯合救難演習。

行政院宣布，8年未調整的勞工保險級距，上限將調高1級至43,900元，未來勞工退休可領更多老年給付。

臺北捷運板橋線第二階段及土城線通車（新埔站－永寧站）。

中央銀行修正〈金門及馬祖金融機構辦理人民幣現鈔買賣業務要點〉，增設辦理據點；簡化結匯手續與文件；同時將金融機構辦理業務明確限定在辦理人民幣與新臺幣現鈔間的買賣業務。

陳水扁總統親家趙玉柱（1948－）等涉臺開內線交易案。（7月，臺開案偵查終結，趙建銘（1972－）涉嫌內線交易情節重大，不法獲利逾1億元，具體求處8年有期徒刑；總統親家趙玉柱涉嫌內線交易與侵占，求刑10年有期徒刑，併科罰金3,000萬元。）

（5月20日，中國三峽大壩主體工程竣工。三峽工程於1993年準

備，1994 年 12 月 14 日開工，分三個階段實施，於 2009 年全部完工，歷時近 17 年。工程總投資約 1,730 億人民幣，為世界上工程規模最大的水利工程。）

臺開內線交易案

臺灣土地開發公司內線交易案，係總統陳水扁女婿趙建銘於 2005 年 9 月間，透過時任國票證券董事蔡清文牽線，和時任臺開董事長的蘇德建、寬頻房訊總經理游世一等人連吃二場「三井宴」，得知臺開將清理不良債權並推動聯貸案等利多消息。趙建銘將消息告訴父親趙玉柱，和游世一聯手低買高賣，在臺開股價上漲時脫手、賺取暴利。

趙建銘一審被判刑 6 年，一審認定犯罪所得未達 1 億元。但二審及更一、更二審都認定內線交易所有被告獲利合計超過 1 億元，判趙建銘 7 年徒刑。更三審改判 4 年，併科罰金 2,500 萬，與趙玉柱共同犯罪所得 417 萬元沒收。

2018 年 3 月 20 日，高等法院更四審宣判，趙建銘改判為 3 年徒刑；趙玉柱為 2 年 6 月徒刑，併科 5,000 萬元罰金，犯罪所得 475 萬元沒收。蘇德建改判為 2 年徒刑，緩刑 5 年；游世一判 2 年，併科 6,000 萬罰金，犯罪所得 475 萬元沒收。

2006　6 月，蔣渭水高速公路（國道 5 號，又稱「北宜高速公路」，工期 15 年）通車，是臺灣首條橫跨臺灣東西部的高速公路。其中關鍵工程雪山隧道全長 12.9 公里，是世界上排名第 2 長的雙孔公路隧道，曾被視為不可能完成的工程。國道 5 號西接國道 3 號南港系統交流道至蘇澳交流道，長約 54.23 公里，設置 5 處交流道及 1 處坪林行

控中心專用匝道、服務區1處、收費站1處，於6月16日開放通車。

陳水扁總統「國務機要費案」遭偵辦。（陳水扁任內國務機要費以私用發票、假發票、假犒賞清冊、公費私用涉嫌貪污1億742萬元之款項。）

中國國民黨及親民黨兩黨以總統幕僚及第一家庭成員涉及弊案，於立法院提案罷免陳水扁總統。6月27日投票，表決結果119票贊成罷免案，無法通過同意罷免三分之二門檻之148票，罷免案宣告不成立。（10月13日第2次提案罷免投票，116票贊成罷免，罷免案不成立。11月24日，第3次提案罷免投票，118票贊成罷免，罷免案不成立。）

兩岸同步宣佈達成實施四項專案包機的方案，包括專案貨運包機、節日客運包機機制化、緊急醫療包機、急難救助與殘障（疾）人士等特定人道包機事宜。

2006　7月，華航在睽違32年後，從臺北飛抵日本大阪關西國際機場，揭開與大阪復航的序幕，並首航臺北－札幌航線。華航兩岸專案貨運包機自中正機場首航，抵達上海機場卸貨後折返回臺。

財政部長呂桔誠（1956 - ）因臺開案下臺，任職僅5個月（2006.1.25 -2006.7.4），後轉任政務委員。

碧利斯颱風豪雨淹水，中南部部分地區道路中斷，有3人死亡，農業損失約1.8億。

呼籲陳水扁辭去總統，由吳乃德（1947 - ）、紀萬生、張富忠、范雲（1968 - ）、吳叡人（1962 - ）、吳介民（1962 - ）、簡錫堦（1947 - ）等15名親綠學界、社運界人士舉行記者會，發表「715聲明」－「民主政治和臺灣認同的道德危機：我們對總統、執政黨和臺灣公

民的呼籲」，強調陳水扁總統已失去道德威信，應慎重考慮辭職，為臺灣民主樹立範例。

澄社發表〈檢驗民進黨執政 4 年的改革成效〉25,000 字長文，認為改革交了白卷，成績不佳，並引起回響。

（世界上海拔最高、路線最長的高原鐵路－青藏鐵路貫通，起自青海西寧最終到西藏拉薩，全長 1,956 公里，7 月 1 日全線通車。）

【歷史密碼】
國民黨迂迴推動兩岸交流

雖然執政權在民進黨手中，但基於民進黨無法突破兩岸「中國」因素，因而，國民黨得以歷史關係而扮演其迂迴之角色，繼續在政治上發揮影響力。例如，兩岸之觀光交流也是繼兩岸直航之後的另一突破。

總合而言，在國共交流互動中，兩岸觀光旅遊交流之實現，在透過國民黨國會，以先接觸探尋政府底線，然後再透過兩岸國共交流、「論壇」，把大陸政策浮上歷史檯面，再把問題推由民進黨政策因應，最後在國共交流下形成。舉例言之，2006 年 2 月 21 日，立法院中國國民黨團曾永權執行長及朱鳳芝委員至陸委會拜會，陸委會劉德勳副主委代表接待，拜會中強調政府已於 2002 年開放第二、三類大陸地區人民來臺觀光，並公布相關政策方案及許可辦法；反觀大陸方面已公布其人民可以赴境外觀光之國家（地區）已達到 81 個之多，但是迄今仍未將臺灣列為准許大陸居民觀光之地點，也未公布相關辦法，因此，無論在法規或申請程序等技術面，大陸方面顯然尚未準備好。

但次日，國民黨要角即出現在大陸互動的場合。中國國臺辦主任陳雲林會見中國國民黨政策會執行長曾永權一行時明確就這個議題表示，希望兩岸民間航空行業組織能夠儘快按既有模式，就兩岸客運包機的節日化、常態化和貨運包機問題進行商談；願與主張發展兩岸關係的民進黨人士，就兩岸客貨運包機和大陸居民赴臺旅遊交換意見，共同推動；國家旅遊局等部門研擬的〈大陸居民團體赴臺灣地區旅遊管理辦法〉將於近期公佈。可見，這是大陸迴避民進黨政府，而藉由國民黨穿針引線的隔空傳話。

　　再例如，3月29日，雖然陸委會重申，任何政黨或民間團體赴大陸進行交流，只要依法進行，都在許可的範圍，但是在交流過程中，如果觸及與中共協商涉及公權力或臺灣人民權利義務事宜，在沒有經過政府依法同意及授權下，其行為在法律上是無效的。陸委會也再次呼籲朝野各界能共同維護我國民主法治，以面對謀我日亟的中共當局。民進黨政府雖再度放話警告國民黨，但是，兩岸大陸政策仍舊在國共交流中不斷前進。

　　同樣的模式，7月7日，中國國臺辦主任陳雲林會見中國國民黨政策會執行長曾永權一行時，再釋放利多，表示大陸方面正在進一步努力推動大陸商業銀行發放專項貸款，支持大陸中小臺企、臺資農業企業的發展。三日後，陸委會吳釗燮主委於7月10日接見立法院中國國民黨團曾永權執行長等人時回應表示，「澳門模式」為兩岸正式協商的可行方式之一，在兩岸正式協商之前，需要透過雙方指定窗口持續進行溝通、協調及安排；並強調目前政府正積極透過管道與大陸方面進行連繫溝通，希望能儘速與大陸方面就相關問題展開協商，早日實現大陸人士來臺觀光之目標。

　　兩岸之互動交流，民進黨政府就是藉由國民黨遊走穿梭兩岸的角色而推動。

2006　8月，行政院院長蘇貞昌提出「大投資」計畫，以及優先照顧弱勢
　　　族群的「大溫暖」政策，作為衝刺經濟的兩大施政主軸。並提出未
　　　來10年經濟發展願景的「333衝刺計畫」，以三年為一期，拉高平
　　　均國民所得，從2007年開始至2009年，平均每人所得達到2萬元；
　　　第2期至2012年，達到2萬5千美元，再至2015年，達到3萬美元，
　　　每1期平均經濟成長率為5%。

　　　施明德提出「百萬人民倒扁運動」（「紅衫軍」），呼籲民眾每人
　　　捐100元，當捐款累計至1億元時，代表有100萬人參與，隨即開
　　　始策劃長期靜坐抗議活動。（8月14日開始捐款，8月25日零時
　　　關閉帳戶，共收到1億1,121萬1,563元「倒扁承諾金」，捐款人數
　　　超過100萬人。9月9日，反貪倒扁行動登場，施明德率領30萬反
　　　貪腐人民在總統府前的凱達格蘭大道發起日以繼夜的靜坐活動，要
　　　求陳水扁總統下臺。9月29日倒扁總部發起「環島遍地開花」行動，
　　　由總指揮施明德率隊前往外縣市活動。倒扁行動超過35天，形成
　　　「倒扁紅潮」。）*

　　　臺北捷運松山線舉行動工典禮。（2014年11月15日通車，並與小
　　　南門線及新店線直通營運，合稱松山新店線）

　　　中國國民黨於2006年8月23日公布〈面對歷史－向全民交代：社
　　　團法人中國國民黨黨產總說明〉，承認1998年12月在李登輝擔任
　　　黨主席任內，其黨營事業資產淨值達到最高峰，為新臺幣683億
　　　元。至2006年7月止黨產剩277億元。【中國國民黨所願意承認
　　　的黨營事業資產淨值，實在無法與外界的估算相比。1992年3月立
　　　委彭百顯向當時的行政院長郝伯村質詢時，曾估計中國國民黨「黨

---

* 施明德，《總指揮的告白》（臺北：施明德講座基金會，2009）。

營事業」資產規模至少有數千億之鉅。而《財訊》月刊前社長梁永煌及記者田習如則聲稱中國國民黨的總資產曾高達新臺幣 6,000 億元之鉅。】

聯合報系在 2006 年 10 月出版《百萬紅潮》，記錄紅衫軍「百萬人民倒扁運動」。

【歷史密碼】

國民黨以「國共論壇」成功挑戰民進黨

中國國民黨雖已卸下執政權，但仍以「國共論壇」主導海峽兩岸之大陸政策。繼 2006 年 4 月「國共經貿論壇」，接著半年後的「農業合作論壇」持續上場。民進黨無法阻擋國共兩黨在大陸進行，但卻可以執政之便阻止國共在臺灣進行兩黨連手之兩岸論壇。

8 月 21 日，陸委會表示有關中共國臺辦主任陳雲林等申請來臺參加

「兩岸農業合作論壇」，政府已透過海基會邀請中共方面儘速派員來臺進行磋商。陸委會強調，當前兩岸農業合作的急務，並不是中共派人來臺灣參加民間的討論會，而是應該積極採取措施改善中國大陸的作法，立即降低對臺灣農民的利益損害；其次，則應接受我方邀請，展開政府主管部門之協商，以期建立長期有效運作的機制，臺灣農民的利益才能受到真正的照顧。

同時，8月21日，中國國民黨向內政部境管局提出中國國臺辦主任陳雲林等一行66人來臺參加「兩岸農業合作論壇」的申請。9月1日，針對中國國臺辦主任陳雲林有意申請入境臺灣，陸委會第三度透過海基會去函海協會，請海協會儘速轉告中共有關單位，並函復中共當局的真正意見。但大陸方面並不理會民進黨政府之意見，9月2日，中國國臺辦發言人李維一於接受採訪時指出，如果臺灣方面同意陳雲林赴臺，雙方就可以適當名義展開磋商，沒有必要在回覆的形式上糾纏。明確拒絕陸委會之說法。

9月7日，針對中國國臺辦主任陳雲林等官員申請來臺，內政部入出境管理局審查決定不予許可。陸委會副主委劉德勳表示，中共刻意迴避事前與我政府聯繫、磋商，其作為已說明這件申請案對改善兩岸關係及促進區域和平與穩定，並沒有任何正面的意義。9月8日，陸委會針對中國國臺辦主任陳雲林等官員擬申請來臺一案，審查決定不予許可之處理結果，提出鄭重聲明：一、中共顯然毫無改善兩岸關係之誠意。二、中共明顯對我施以兩手策略。三、中共應本相互尊重原則與我磋商。四、中共未曾真心關注兩岸農業深層問題。五、政府推動兩岸和平穩定的努力不會改變。

終於，民進黨政府阻擋了國共論壇在臺灣舉行（後來，於10月在中國海南進行論壇），但兩岸交流仍在國共推力之下持續進行。

2006 9 月，王建民（1980 -）在美國職棒大聯盟創下單季 19 勝紀錄，獲亞洲勝投王榮銜，被視為臺灣之光。

國策研究基金會再度提出〈檢視民進黨執政期間（2000 -2006）臺灣總體經濟的表現〉，指民進黨執政 6 年績效不佳。

陳水扁因國務機要費案遭高檢署查緝黑金行動中心檢察官陳瑞仁（1956 -）指控涉嫌貪污。涉嫌的罪名是《貪污治罪條例》利用職務詐取財物罪和《刑法》偽造私文書罪。

2006 10 月，中國大連觀光團在南投發生車禍，造成 6 死 15 傷，為臺灣開放中國觀光客來臺以來最重大意外事故。

李遠哲擔任 12 年餘的中央研究院院長任期屆滿，翁啟惠（1948 -）接任中研院院長（第 9 任）。

反對黨及無黨籍立法委員在陳水扁總統發表國慶大典演說時拉起紅布條要求立即辭職下臺。倒扁總部在 10 月 10 日國慶日發動「天下圍攻」，上午在博愛特區各路口集結嗆扁，下午遊行至東區，晚上則佔據忠孝西路。倒扁總部宣稱倒扁參與人數最高達 150 萬人。

行政院宣布啟動「大投資、大溫暖計畫」，包括產業發展、金融市場、產業人力、公共建設、社會福利五大套案。

行政院核定將開發基金與中美經濟社會發展基金合併成立國家發展基金。2008 年 10 月，行政院通過決議擴充國家發展基金功能，資產規模從 2,000 億元逐步擴大至 1 兆元。

2006 11 月，國務機要費案偵察終結，檢方認定：陳水扁與吳淑珍、馬永成（1965 -）、林德訓（1960 -）、陳鎮慧（1961 -）4 人均涉貪瀆；涉及的 6 宗秘密外交案中，只有 2 宗是實案，其餘 1 宗為虛構，3 宗無關秘密外交費用。高檢署起訴吳淑珍、馬永成、林德訓、陳鎮

慧 4 人，並認定吳淑珍以他人付款消費的發票詐領國務機要費。陳水扁當時具有總統身份，受憲法保障有刑事豁免權，等其卸任或遭罷免之後才能另外起訴。

經濟部成立「促進臺商回臺投資專案小組」，目的在於統籌整合政府各部會之行政資源，作為臺商投資資訊提供、投資機會開發、投資障礙排除等高效率服務品質之協調窗口。

2006　12 月，力晶半導體與日商爾必達宣布合資在臺設置 4 座 12 吋晶圓廠，投資額 4,500 億元，為史上最大外資投資案。

高雄市鼎金國小家長會親子出遊，遊覽車在臺南縣梅嶺路段翻車，造成 21 人死亡、24 人輕重傷，是臺灣 20 年來死傷最慘重的遊覽車車禍。馬爾他籍貨輪吉尼號蘇澳外海擱淺，110 公噸燃油外洩。屏東恆春近海發生 6.7 地震，造成 2 死 45 傷，海底電纜中斷，致東亞區內網際網路、國際電話受阻。

北高市長選舉，郝龍斌（1952 - ）、陳菊當選。

高鐵板橋－左營段交通部同意核發營運許可。（次年 1 月 5 日通車營運）

中央存款保險公司接管臺東中小企銀（RTC 與存款準備金兩基金共賠付 55 億餘元）。

經濟部投審會通過力晶半導體公司、茂德科技公司申請赴大陸投資 8 吋晶片廠案。12 月 29 日，行政院宣佈開放臺商赴大陸投資 8 吋片廠，製程技術由 0.25 微米升級為 0.18 微米。12 月 31 日，行政院長蘇貞昌表示，開放 0.18 微米製程技術後，希望臺灣企業能夠將機器汰舊換新，加碼投資臺灣，根留臺灣；至於 40% 上限鬆綁規定，暫時不考慮。

2007　1月，內政部入出國及移民署掛牌成立。（2013 年 8 月 21 日，《內政部移民署組織法》公布，2015 年 1 月 2 日，更名為內政部移民署。）

東沙環礁國家公園於 1 月 17 日公告設立。行政院核定撒奇萊雅族為臺灣第 13 個原住民族。海洋國家公園管理處於 10 月 4 日成立。

衛豐保全運鈔車司機李漢揚迷昏保全員後劫走 5,600 萬元現鈔，從桃園機場搭機潛逃香港，為臺灣史上被劫金額最多的運鈔車監守自盜案。

力霸集團利用 68 家虛設人頭公司，自 1998 年至 2006 年底，王又曾（1927 - 2016）、王令麟（1955 -）等父子計掏空 731 億元，非法洗錢到中國大陸、美國等海外金額約 600 億，力霸弊案堪稱是「史上最大經濟犯罪弊案」。3 月，力霸集團弊案偵結，臺北地檢署依違反證券交易法等罪名起訴力霸集團創辦人王又曾、王金世英等 107 名被告；王又曾遭求刑 30 年，王金世英、王令一、王令臺被求刑 28 年，全案起訴書厚逾 940 頁，犯罪金額超過 700 億元，創下臺灣司法史紀錄。

力霸亞太集團爆發財務危機。中華銀行遭擠兌 150 億元。中央存款保險公司接管花蓮企銀（RTC 與存款準備金兩基金共賠付 49 億餘元）、中華銀行（RTC 與存款準備金兩基金共賠付 473 億餘元）。創下金融重建基金首次同日內接管兩家銀行的紀錄。金管會主委施俊吉（1955 -）引咎辭職。

【歷史密碼】

大陸是經濟犯潛逃的天堂

臺灣兩岸交流的負面發展，就是經濟犯的天堂在大陸。

王又曾案也是一個例子。力霸集團創辦人王又曾避走中國，陸委會也只能希望對岸能遣返王又曾夫婦，但中國態度並不明朗。2007 年 1 月 15 日，臺灣臺北地方法院檢察署針對王又曾及王金世英夫婦涉嫌違反《證券交易法》，發布通緝，陸委會的作為，請海基會函告大陸方面，並請大陸方面積極配合我司法機關之調查，協助取得相關證據資料。

為王又曾案，陸委會於 1 月 17 日發布「兩岸能真正有效共同打擊犯罪」新聞稿強調，兩岸能真正有效共同打擊犯罪，必須由具有公權力的雙方主管機關實質參與並主導。如果北京當局能展現誠意，積極面對問題，將目前個案聯繫與協助、與我方商定為制度化運作，才能實現兩岸共同打擊犯罪的目標，無負於各界殷切的期望。但實際上對本案並無效果。

1 月 25 日，大陸公安機關依據《金門協議》，將臺灣搶劫運鈔車嫌犯李漢揚及其同案犯罪嫌疑人李金瓚遣返臺灣。1 月 31 日，中國國臺辦發言人楊毅指出，自《金門協議》簽署以來，兩岸紅十字組織共實施遣返作業 286 次，雙向遣返 37,790 人，其中大陸遣返臺灣非法入境人員、犯罪嫌疑人、通緝犯共計 266 人。

可見一般經濟犯，大陸仍有作為，而重大經濟犯，則有政治考量，大陸仍舊是經濟犯的天堂。

2007　2 月，中華郵政更名為「臺灣郵政」，中國石油股份有限公司更名為「臺灣中油股份有限公司」，中國造船股份有限公司更名為「臺

灣國際造船股份有限公司」。（但郵局更名涉及修法，立法院未能通過。2008 年 8 月 1 日，馬英九執政後改回中華郵政。）

中國國民黨主席馬英九及前臺北市市長辦公室秘書余文因涉及特別費案，被認定「利用職務詐取財物」依違反《貪污治罪條例》起訴。馬英九宣布辭去黨主席一職，並宣布參與 2008 總統大選。

「臺灣之光」林義傑（1976 - ）成功橫越撒哈拉沙漠，歷經 111 天、7,300 公里，是人類史上首見徒步橫越撒哈拉。

2 月 28 日，「228 國家紀念館」（原臺灣教育會館）開館營運。（使國民瞭解事件真相，撫平歷史傷痛，促進族群融合；協助國人瞭解事件真相之文宣活動、辦理 228 事件之調查及考證、平反受難者名譽及促進臺灣社會和平。）

2007　3 月，立法院會通過《勞工退休基金監理會組織法》，賦予累積 1,000 餘億元的勞退基金管理及投資法源，勞退基金可投資股市。

陳水扁總統對臺灣前途提出「四要一沒有」：要獨立、要正名、要新憲、要發展，沒有左右路線問題，只有國家認同分歧與統獨問題。

歷經 15 年施工，臺灣高鐵全線通車營運（臺北至左營），每日雙向運行 50 班次。全長 345 公里，臺北至高雄通勤時間縮短為 1.5 小時，臺灣進入「一日生活圈」。

中央銀行公布，2 月底臺灣外匯存底為 2,679.87 億美元，創歷史新高紀錄，僅次於中國和日本，居世界第三。

公布各銀行截至 2006 年 6 月底億元呆帳大戶，約近 1,500 戶，總呆帳金額逾 3,700 億元，呆帳大戶以朱安雄相關企業逾 160 億元居首。呆帳金額最多銀行包含彰化銀行、兆豐銀行、臺灣銀行、合作金庫。

中央存款保險公司接管中聯信託投資公司（RTC 與存款準備金兩基

金共賠付 32 億餘元）。

美國國務院發表 2006 年各國人權報告，於臺灣人權評估中指陳水扁總統及其夫人被列貪污共犯。

【歷史密碼】

陳水扁的「四要一沒有」

2007 年 3 月 4 日，陳水扁總統出席「臺灣人公共事務會」（FAPA）25 週年慶時提出「四要一沒有」的訴求與主張，這與他第一任總統就職所提「四不一沒有」之政治意義截然不同：

第一、「臺灣要獨立」，臺灣是一個主權獨立於中華人民共和國之外的國家，追求臺灣獨立是臺灣人民共同的理想，也是長久以來的目標，追求臺灣獨立不是危險的退步，而是最崇高的志業；

第二、「臺灣要正名」，臺灣是母親的名字，是我們最美麗、最有力的名字，也是參加聯合國等國際組織最好的名字；

第三、「臺灣要新憲」，臺灣要成為一個正常完整的國家，需要一部合時、合身、合用的臺灣新憲法；

第四、「臺灣要發展」，臺灣的存在是全民、臺商與亞太民主社群的共同利益，只有實施民主才有發展、只有經濟繁榮才有發展、只有照顧弱勢才有發展、只有臺海和平才有發展；

第五、「臺灣沒有左右的問題」，臺灣作為一個新興民主國家，不同的地方就是臺灣只有國家認同分歧的問題、只有統獨的問題、只有要前進或後退的問題，絕對沒有左右路線的問題。

2007   4月，最高法院檢察署特別偵查組掛牌成立。吳伯雄當選中國國民
        黨主席。

        【特偵組於 2007 年 4 月 2 日成立後，曾重啟 319 槍擊案調查，起訴
        陳水扁，2011 年辦國安密帳案，以貪污洗錢罪起訴李登輝等人，偵
        辦蔡英文宇昌案，和林益世（1968－）貪汙案，但最爭議的是 2013
        年前檢察總長黃世銘（1950－）國會監聽洩密案，引起馬王政爭，
        黃世銘下臺，特偵組挨批是鬥爭工具。立法院 2016 年 11 月通過《法
        院組織法》修正案，特偵組在 2017 年元旦正式熄燈，未來高官重
        大貪瀆案，改由高等法院檢察署接手。】

        行政院修正〈試辦金門馬祖與大陸地區通航實施辦法〉，4 月 1 日
        開始施行。在金門、馬祖及澎湖設有戶籍六個月以上之臺灣地區人
        民，得申請許可核發入出境許可證，由金門、馬祖入出大陸地區。
        並開放赴金門、馬祖旅行之中國旅客，可搭包機或包船轉赴澎湖觀
        光旅遊。

        陸軍航空特戰指揮部一架 UH -1H 直升機執行神鷹操演時，失事墜
        毀在高雄縣旗山鎮，包括陸軍空騎旅旅長陳銘同在內，共 8 位軍士
        官殉職。

        第 3 屆兩岸經貿文化論壇在中國北京舉行，主題是「兩岸直航、旅
        遊觀光、教育交流」。中國共產黨中央委員會總書記胡錦濤在北京
        人民大會堂會見中國國民黨榮譽主席連戰，並會見參加論壇代表。

        由澄社前社長顧忠華（1956－）號召相關民間團體籌備的「公民監
        督國會聯盟」，4 月 18 日成立，對立法委員的問政進行評鑑工作。

2007   5 月，職棒投手王建民獲選為美國《時代》雜誌年度 100 大影響力
        人物。（2008 年再度入選）

《地方制度法》修正公布，主要為縣市準用直轄市條款：「縣人口聚居達 200 萬人以上，未改制為直轄市前，於第 34 條、第 54 條、第 55 條、第 62 條、第 66 條、第 67 條及其他法律關於直轄市之規定，準用之。」（第 4 條）、及縣市改制直轄市條款：「縣（市）改制為直轄市，如不涉及行政區域之劃分、調整者，經縣（市）政府提請縣（市）議會通過後，由內政部轉報行政院核定之，不適用前項規定。」（破壞國土行政區劃之健全，為特定縣市量身打造，政治意圖明顯。）

交通部要求中廣返還「天馬計劃」中房地所有權民事訴訟，高等法院判決交通部勝訴定讞，這是追討中國國民黨黨產的第 1 件勝訴判決。

蘇貞昌（黨內總統大選初選失利）辭行政院長（2006.1.25 -2007.5.21），由張俊雄回任院長（2007.5.21 -2008.5.20）。

2007　6 月，政府終止與哥斯大黎加共和國之外交關係，並停止雙方一切合作計畫。

臺鐵宜蘭線發生擦撞，造成 5 死 15 傷，東部幹線全面中斷。臺北陽明山仰德大道發生遊覽車交通事故，造成 8 人死亡、25 人受傷。

白米炸彈犯楊儒門獲得總統陳水扁特赦，結束 1 年 5 個月的牢獄生活。

2007　7 月，實施浮動油價機制。國防義務役役期自 7 月 1 日起縮短為 1 年 2 個月。【2008 年 7 月 1 日起至 2017 年底，義務役役期縮短為 1 年。2013 年 12 月起，在 1994 年 1 月 1 日（含）以後出生之役男僅須接受 4 個月軍事訓練役。】

貓空纜車開始營運。行政院通過將 7 月 15 日訂為解嚴紀念日，只

紀念不放假。適逢臺灣解嚴 20 週年，依 7 月 4 日公布的《中華民國 96 年罪犯減刑條例》，受惠者約 25,670 人，於 7 月 16 日減刑者約 10,353 人，其中減刑出獄者 9,597 人。

立法院通過《國民年金法》，8 月 8 日總統令公布。（國民年金制度歷經 10 餘年、5 個階段的規劃才完成立法，採社會保險制，未加入軍公教及勞保、25 歲至 65 歲民眾均可加保，將於 2008 年 10 月 1 日開辦，預估有 353 萬人受惠。）

臺北氣溫 38.6 度，為百年來第 3 高溫紀錄，平 1921 年 7 月最高溫紀錄。

【歷史密碼】
臺灣申請加入聯合國

臺灣的國際地位，參加聯合國是最重要的國際指標。

2007 年 7 月 20 日，臺灣邁出第一步，陳水扁總統致函聯合國潘基文秘書長，書面提出以臺灣名義申請加入聯合國。依據《聯合國憲章》第 4 條、〈安全理事會暫行議事規則〉第 58 條及〈聯合國大會議事規則〉第 134 條，陳水扁總統代表 2,300 萬臺灣人民，正式提出以臺灣的名義加入聯合國成為會員的申請書。

對於這項動作，中國外交部發言人劉建超表示，根據《聯合國憲章》第 4 條、〈安全理事會暫行議事規則〉第 58 條、〈聯合國大會議事規則〉第 134 條，只有主權國家才能申請成為聯合國會員國。世界上只有一個中國，臺灣是中國領土不可分割的一部分，中華人民共和國政府是代表全中國的唯一合法政府。並認為這是國際社會普遍堅持的立場，完全符合《聯

合國憲章》，並已得到聯大 2758 號決議的確認。

7 月 23 日，中國常駐聯合國代表王光亞表示，「以臺灣名義加入聯合國」申請，這是極為荒謬的、赤裸裸的「臺獨」分裂行徑。中國政府對此堅決反對。認為臺灣根本沒有資格以任何名義、任何方式加入由主權國家組成的聯合國。

7 月 24 日，陳水扁總統出席國際扶輪社 3480 地區第八分區聯合例會時表示， 2758 號聯合國決議文只解決了中國代表權的問題，並沒有解決 2,300 萬臺灣人民在聯合國的代表權問題，我們應該要有適當的代表。

9 月 20 日，中國外交部發言人姜瑜就聯合國大會總務委員會拒絕涉臺提案發表談話指出，第 62 屆聯合國大會總務委員會拒絕將「臺灣加入聯合國」問題列入聯大議程，這再次說明，任何人都改變不了臺灣是中國不可分割的一部分的事實；任何違背《聯合國憲章》和聯大第 2758 號決議的行徑，都不可能得到聯合國廣大會員國的支持；任何挑戰一個中國原則、分裂中國的圖謀，都不可能得逞。

針對第 62 屆聯大第二次全會就總務委員會建議不將臺灣「入會案」提案列入議程進行討論，外交部 9 月 22 日發布新聞稿表示，臺灣入會案首度在聯大全會獲得全面、公開且充分之討論，顯示我入會案之訴求獲各方之高度重視，深具意義。

由於兩岸關係，臺灣入聯問題將有很長的路要走。

2007　8 月，《老年農民福利津貼暫行條例》修正，老農津貼由每月 5,000 元調高為 6,000 元，並溯自 7 月 1 日起實施。

臺北縣升格準直轄市，北高兩市統籌分配稅款將短少。行政院專案

小組決議，將對臺北市補助 155 億元、高雄市補助 100 億元。

聖帕颱風，因豪雨造成部分地區淹水、道路中斷，侵襲期間曾造成 62 萬戶停電。計有 1 人死亡，農業損失約 18 億。高鐵首度停駛。

中央存款保險公司接管寶華銀行（RTC 與存款準備金兩基金共賠付 421 億餘元）。

依內政部統計，中國人民申請購買臺灣不動產，已有 4 件經審核通過。

美國副國務卿尼格羅龐提（John D. Negroponte，1939 - ）在專訪中指出，美國反對臺灣推動以臺灣名義加入聯合國的公投，美國視此為「朝向宣布臺灣獨立的一個步驟」。9 月，美國主管亞太事務的副助理國務卿柯慶生（Thomas J. Christensen）警告，臺灣加入聯合國公投涉及更改國號，是臺灣有意改變臺海現狀的第一步。12 月，美國國務卿萊斯（Condoleezza Condi Rice，1954 - ）批評臺灣的入聯公投是挑釁，不會給臺灣人民帶來任何好處。

2007　9 月，財政部宣布臺北富邦銀行取得運動彩券發行權，發行期：2008 年 4 月中旬至 2013 年 12 月底止。

「908 臺灣國運動」舉行萬人升旗典禮，呼籲美國支持臺灣加入聯合國。

因 921 震災受損的阿里山火車站經 4 年重建，9 月 13 日剪綵啟用，為臺灣規模最大的木造車站。

「2007 年日月潭國際萬人泳渡」活動傳出意外，造成 2 死 2 傷，為活動舉辦 25 年來最嚴重的傷亡紀錄。

游錫堃辭民主進步黨主席，由蔡同榮（1935 -2014）代理（任期：2007.9.21 - 2007.10.15）。

2007 10 月，臺北縣升格準直轄市。

陳水扁總統兼任民主進步黨主席（任期：2007.10.15 -2008.1.12）。

強颱柯羅莎重創全臺，包括淹水、土石流、道路中斷，曾有約 233 萬戶停電，臺東則曾出現焚風。計有 9 人死亡，農業損失約 42.7 億。

民生物資價格不斷上漲，消費者物價指數（CPI）年增率 5.34％，創 13 年新高。

農委會漁業署遷至高雄市前鎮漁港區內的「遠洋漁業開發中心」掛牌運作，是第 1 個南遷的政府機關。

行政院核定 10 月 24 日為「臺灣聯合國日」。

2007 11 月，行政院體育委員會舉辦的「全民傳聖火，前進聯合國」環臺路跑活動，歷經 11 天、25 縣市、1200 公里傳遞返抵臺北。

文建會文化資產審議委員會通過將臺灣民主紀念園區（中正紀念堂）指定為國定古蹟。

【歷史密碼】

「入聯公投」的反應

2007 年，陳水扁總統把臺灣問題提升至入聯公投的層次。

針對中國操控臺商發表聯合聲明反對「入聯公投」及「返聯公投」，陸委會於 11 月 20 日指出，北京當局利用政治分化、經濟操控及威脅利誘臺商等惡劣手段，再度炮製當年的「許文龍事件」，對臺商會長施壓、要求發表聲明連署表態，企圖將政治黑手伸入臺灣公投及選舉過程中，對兩岸經貿關係的發展極為不利，傷害兩岸整體關係的前景，也拆穿了中國不以政治干預經濟的謊言。

針對若干學術界人士提出對兩岸關係及「入聯公投」之意見，陸委會於12月3日強調，以臺灣名義加入聯合國或「入聯公投」，與所謂的「法理臺獨」並無直接關係，亦無涉變更國號，世界上有若干國家在聯合國的名稱即非其國號。將臺灣「入聯公投」與「法理臺獨」劃上等號是中國片面的歪曲伎倆，為中國動用「反分裂國家法」造橋鋪路。

　　針對歐盟對臺灣即將舉行入聯公投，認為可能導致臺海現狀片面改變，而歐盟反對此一現狀之改變。外交部12月3日發布新聞稿澄清表示，臺灣人民希望透過公投的民主程序，以展現參與聯合國的集體意志，是民主的直接實踐，無涉現狀的改變。並促請歐盟以務實、理性及審慎態度檢視中國急速擴充軍力卻不透明、人權紀錄不佳、仿冒及黑心產品充斥全球、人民幣匯率及貿易失衡，以及濫用能源與漠視環保等令人詬病等問題，均將衝擊國際經濟及區域和平穩定。

　　中國國家主席胡錦濤12月6日與美國總統布希通電話時表示，妥善處理臺灣問題是確保中美關係穩定健康發展的關鍵。臺灣當局正變本加厲地推行「入聯公投」等「臺獨」分裂活動，對臺海和平穩定構成嚴重威脅和挑戰。堅決反對和制止「臺獨」，維護臺海和平穩定，符合中美共同戰略利益。

　　針對美國國務卿賴斯提出反對臺灣「入聯公投」及表示此為挑釁政策，陸委會12月22日表達強烈遺憾，並再度重申「入聯公投」是臺灣人民集體意志的展現，無涉改變國號、片面改變現狀、完全沒有違背「四不」承諾，更非中國所誣稱的「法理獨立」。

　　就此，陸委會並公布民調，顯示有77.8%的受訪者表示並不會因為中國透過美國施壓臺灣而反對舉行公投，這項結果說明臺灣人民希望透過民主與和平程序表達參與聯合國的堅定意志，也相當程度反映了臺灣人民

對於臺灣目前所遭受不合理的國際處境感到不滿。另民眾認為北京當局對臺灣政府及臺灣人民不友善的比例再次達到近期以來的新高點，分別是66.8%及50.6%。反映中國面對臺灣的主流民意，應有新的思維及作法來化解兩岸的敵意，才有利於兩岸關係的開展；否則，中國所謂「寄希望於臺灣人民」只會變成更加失望。

2007　12月，懸掛27年中正紀念堂「大中至正」牌匾12月7日拆除，8日掛上「自由廣場」牌匾。

立法院通過《國家通訊傳播委員會組織法》修正案，國家通訊傳播委員會（NCC）委員由原本的依照立法院之政黨比例組成，改為行政院提名，經立法院同意任命。而委員人數也由13名縮減為7名，任期為4年，任滿得連任，單一政黨委員則不得超過席次半數。

行政院通過「Tour Taiwan Years 2008 -2009旅行臺灣年工作計畫」，在2年內投入10億元，以2009年來臺旅客數425萬人次為目標，創造觀光外匯收入1,921億元，活絡觀光。

2008　1月，中華民國與馬拉威斷交。

中央存款保險公司接管亞洲信託投資公司。

陸委會指出，依照內政部統計，已經取得長期居留並取得身分證的中國籍配偶人數約44,000人，也依法取得選舉權。

第7屆立法委員選舉於1月12日舉行，自本屆起委員由原先的225席減半至113席，任期由3年改為4年。投票結果：中國國民黨連同親民黨及新黨的協調席次共取得81席（71.7%），民主進步黨取得27席（23.9%），無黨團結聯盟3席（2.7%），親民黨1席

（0.9％），無黨籍 1 席。

陳水扁辭民主進步黨主席，由謝長廷代理（任期：2008.1.16 -
2008.5.20）。

本次立委選舉與全國性公民投票案第 3、4 案同時舉行。第 3 案簡
稱為「討黨產」公投案，第 4 案簡稱為「反貪腐」公投案。這兩案
都因投票率太低，未跨過 50％的成案門檻而未獲通過。

中國國民黨總統參選人馬英九提出 633 經濟政策政見及競選口號。
其中四大承諾，即：計畫投資「愛臺 12 建設」2 兆 6,500 億元，每
年提供 12 萬工作機會；平均每年經濟成長率 6％，失業率降至 3％
以下，平均國民所得達 3 萬美元。

中國國民黨總統參選人馬英九針對兩岸關係，提出「不統、不獨、
不武」新三不政策。「不統」就是八年內不會跟大陸討論兩岸統一
問題；「不獨」，即不會支持臺灣獨立；「不武」，反對任何以非
和平方式來解決兩岸問題的方案，也就是「維持中華民國臺灣現狀
的主張」，「以臺灣為主，對人民有利」的方向，希望兩岸共存共
榮，不要發生戰爭。

《財團法人原住民族文化事業基金會設置條例》1 月 16 日總統公布
施行。2009 年 9 月 16 日財團法人原住民族文化事業基金會成立。
2013 年 10 月 14 日取得原住民族電視臺之衛星廣播電視事業執照，
並自 2014 年 1 月 1 日自主營運原視。（原住民電視臺於 2005 年 7
月 1 日成立並在有線電視頻道開播。2007 年 1 月 1 日，改名為「原
住民族電視臺」，加入臺灣公共廣播電視集團，轉型成非商業性的
原住民族公共媒體平臺，總部搬入公共電視文化事業基金會。2014
年脫離臺灣公廣集團，由原住民族文化事業基金會擁有。）

2008 2月，總統陳水扁搭機前往南沙太平島，主持太平機場啟用落成。
      並提出「南沙倡議」，主張以環境保護取代主權爭議。
      財政部公布配合《促進產業升級條例》租稅減免全面落日之「輕稅
      簡政」所得稅制改革方案。（計劃將營利事業所得稅稅率，由 25%
      大幅調降為 17.5%，同時取消未分配盈餘加徵 10% 營利事業所得稅
      的規定。）改革旨在建構「低稅率、廣稅基、簡稅政」的租稅環境。
      中國廈門政協新增 5 名臺商委員，均為正式會議代表。
      2月28日，民主進步黨為總統大選發起「為臺灣祈福」活動。

民進黨總統大選活動，仍然以歷史悲情為號召喚起民眾之支持，並以「守護臺灣」為
主軸（右圖）。當天活動之帽子有「蔡英文」之簽名（左圖）。

2008 3月，行政院宣布兩岸經貿鬆綁政策，對願意回臺補辦許可的大陸
      臺商僅處以象徵性的罰鍰，增加「愛臺灣條款」，在不放寬大陸投
      資不能超過 40% 淨值的前提下改變計算方式。另通過將春節「小三
      通」返鄉專案常態化，在大陸地區投資事業的負責人與聘僱員工及
      其配偶與直系親屬，都可以經「小三通」往來兩岸。院會也通過試

辦「小三通」相對旅遊方案,大陸地區人民到金門、馬祖旅遊人數,初期將以現行配額每日總計 680 人為目標,並相對開放同等數額的臺灣人民,在金門、馬祖停留後轉赴大陸觀光旅遊。

高雄都會區捷運系統紅線通車,從小港站到高雄縣橋頭,全長 28 公里。

行政院通過〈國民中學階段精緻國教發展方案〉,自 2009 學年度起 8 年內投入新臺幣 481 億元,每班學生人數降至 30 人以下,增置兼任輔導教師約 3,000 位,甄選新進教師 1,600 位,整修老舊校舍約 4,000 間。

馬英九、蕭萬長以超過 765 萬票、58.45％的得票率當選第 12 任總統、副總統(民選第 4 任)。二次政黨輪替。

全國性公民投票第 5 案簡稱「臺灣入聯合國」、第 6 案簡稱為「務實返聯公投」,與第 12 任總統副總統選舉同時舉行。此二案均遭到否決。

2008 總統大選當選人:馬英九、蕭萬長

2008　4月，兩岸第2次實施清明包機，4月2日到8日共42架次，以上海航班最多。（兩岸首次清明節包機是2007年3月30日至4月8日，共有11家航空公司執行42個往返航班。）

金管會委員會決議，同意富邦金融控股公司申請由海外子公司富邦銀行（香港）轉投資中國廈門市商業銀行，為國內金控公司透過海外子銀行轉投資中國地區銀行的首例。

立法院通過《勞動基準法》修正案。（強制退休年齡由60歲延至65歲）。

行政院核定賽德克族為臺灣原住民族第14族。

《消費者債務清理條例》開始施行，讓無力清償的人可依程序規定，在合理的條件下適當解決債務問題。

副總統當選人蕭萬長率團參加博鰲論壇，並與中國國家主席胡錦濤舉行「蕭胡會」，蕭萬長稱此行為「融冰之旅」。

馬英九臺北市長任內的特別費案，最高法院判決無罪定讞。（馬英九於任職臺北市長期間，將特別費每月固定匯入妻子周美青帳戶運用於私人用途，並以假發票報帳，遭臺北地檢署以貪污罪起訴。）

政黨再輪替：馬英九時期（2008~2016）

2008年3月，臺灣政治再度呈現政黨輪替，中國國民黨提名的馬英九、蕭萬長當選第12任（民選第4任）總統、副總統，極明顯之改變，兩岸關係馬上邁入加強交流的新時代，兩岸經貿更是緊密發展，雙方互訪交流頻頻。關鍵因素是馬英九一反過去李登輝及陳水扁兩位領導人對「一個中國原則」皆否認雙方有所謂的「九二共識」的態度。因此，兩岸交流中斷情況在新總統承認「九二共識」之後隨即改觀。

2012年馬英九、吳敦義連任當選第13任總統、副總統。2008 -2016年馬英九執政期間，臺灣政治首度處理前任元首官司訴訟，並出現陳水扁入獄之局面，為政治添注不安因素；其次，由於中國默許臺灣對「九二共識」的「一中各表」，雙方關係發展密切，並簽訂了多項協議，是兩岸經貿發展活絡密切的黃金時期。雖然如此，政治上對兩岸的意識對立有利綠營凝聚選民意志，2016年1月的國家大選，民主進步黨提名的蔡英文、陳健仁以否認「九二共識」當選第14任總統、副總統，馬英九時代結束。

2008　5月，馬英九、蕭萬長就任第12任（民選第4任）總統、副總統。劉兆玄任行政院長（2008.5.20 -2009.9.10）。

　　馬英九就職總統演說承諾將以不統、不獨、不武，並在中華民國憲法架構下維持臺灣海峽的現狀，以「九二共識、一中各表」為基礎推動兩岸關係。

　　行政院通過「加強地方建設，擴大內需方案」、「周末包機及大陸

觀光客來臺方案」、「當前物價穩定方案」三案。

蔡英文當選民主進步黨主席（任期：2008.5.20 -2012.2.29）。

馬英九獲選為美國《時代》雜誌年度 100 大影響力人物。

江丙坤接任海基會董事長。

中國國民黨主席吳伯雄率團訪問中國大陸，與中共中央總書記胡錦濤會面。「吳胡會」為國共兩黨自 1949 年以來首次黨主席會談，雙方同意在「九二共識」下儘速復談，協商兩岸問題。

5 月 12 日中國四川汶川大地震，芮氏規模 8.2，造成 69,227 人死亡，17,923 人失蹤，374,643 人受傷；是 1976 年河北唐山大地震後傷亡最慘重的一次。臺灣發起捐款活動，達新台幣 12 億元，另包括企業界與民間團體直接捐給中國政府，總計超過新台幣 68 億元。

【歷史密碼】

「九二共識」的兩岸再爭議

　　馬英九總統於 2008 年 5 月 20 日上臺，他急於展開兩岸關係之交流，為擺脫陳水扁時期之否認「九二共識」，隨即於 5 月 26 日海基會發函海協會，表示「期望兩會在『九二共識』的基礎上，儘早恢復制度化協商。」

　　海協會在 5 月 29 日的回函中也表達「同意儘速在九二共識基礎上恢復聯繫往來與協商談判。」2011 年 8 月 23 日，海基會指出兩會自此展開的 6 次會談，簽署的 15 項協議，都是以「九二共識」為基礎，並警告民進黨蔡英文主席否認「九二共識」，毀掉基礎，不僅現有協議的執行會碰到問題，未來的協商也不可能。因而，「九二共識」的大選議題爭議，再

度引起國內政壇注目。

馬英九總統針對「九二共識」議題，於 2011 年 8 月 28 日召開記者會，強調「九二共識」的內涵，就是「一個中國，各自表述」，這是兩岸之間的共識。所謂的「一個中國」當然就是中華民國。用「九二共識」做為海峽兩岸協商的基礎，不但沒有傷害到中華民國的主權，反而讓中華民國的主權在兩岸共同達成協議的過程中扮演一個重要的角色，呼應了憲法的定位。並表示「九二共識」此一設計，讓海峽兩岸把雙方到現在為止都還沒有能夠達成主權共識的問題暫時擱置，雙方願意在這樣的基礎上，儘管還未在主權問題上達成共識，但是雙方擱置爭議，以「九二共識」的方式讓協商能夠進行。

而中國方面，大陸海協會會長陳雲林 2011 年 11 月 20 日在廣東呼應，「九二共識」是兩岸談判的必要前提，也是兩岸關係和平發展的基礎。

2011 年 12 月 9 日，陸委會針對「九二共識」源由指出，1992 年 10 月兩岸在香港會談時，由於大陸方面提出「一個中國」政治性議題，我方建議各自以口頭聲明方式表達。至於口頭聲明的內容，我方係根據 1992 年 8 月 1 日李前總統登輝先生主持的國統會委員會議及其決議之「一個中國的涵義」，其中提到「海峽兩岸均堅持『一個中國』之原則，但雙方所賦予之涵義有所不同。中共當局認為『一個中國』即為『中華人民共和國』…，我方則認為『一個中國』應指 1912 年成立迄今之中華民國…」。大陸海協會後來在 1992 年 11 月對於我方提出「以口頭方式各自表達」表示「充分尊重並接受」，也就是兩岸對「一中」涵義有不同的認知，雙方各自以口頭方式表述不同立場，這也就是「一個中國，各自表述」的共識。

陸委會表示，政府對「九二共識」的立場，即依據政府決策，也就是遵循中華民國的憲法架構，並兼顧兩岸現實。1992 年當時雖無「九二共

識」之名稱，但兩岸確已達成「一中各表」的共識。「九二共識」的精神就是「擱置爭議、務實協商」，也是後來兩岸恢復制度化協商的重要依據。

針對陸委會的說明，中國方面，12月14日，國臺辦表示，「九二共識」是兩岸授權團體達成的共識，不是國共兩黨達成的，代表的是兩岸的共識，這是一個客觀存在的事實。2008年6月以來，兩會恢復協商以及兩會簽署的16項協議，也都是在「九二共識」的基礎上取得的。「九二共識」是兩岸開展對話協商的必要前提，也是兩岸關係和平發展的重要基礎。如果否認「九二共識」，兩岸協商無法進行。

接著，12月16日，中國國臺辦主任王毅在海協會成立20周年紀念大會表示，堅持「九二共識」，兩岸雙方的互信就能維持，基礎就能穩固，商談就能持續。否定或者拋棄「九二共識」，不僅兩會商談會陷入停頓，兩岸關係也會發生倒退。但強調，兩會商談不同於國與國的談判。

2011年12月28日，中國國臺辦再表示，兩岸不管是過去、現在和將來，都不是「國與國」的關係，都同屬於一個國家。「一邊一國」的「臺獨」立場，必然會危害兩岸關係和平發展。

由於2012年的總統大選在即，民進黨蔡英文挑戰「九二共識」的議題，兩岸當局分別就立場關係表達論述，由各自之看法，似乎在政治上統獨尚無「九二共識」。

兩岸災難政治學

2008 四川地震

2008 年 5 月 12 日，中國四川省汶川發生嚴重地震災情。隔日，海基會致函海協會，對受災民眾表示慰問。

5 月 13 日，行政院長張俊雄表示，對四川發生強烈地震表達人道關懷。指示相關單位務必瞭解並掌握相關災情，盡力維護人民生命財產安全。5 月 14 日，張俊雄宣布，對於中國四川震災，政府將提供新臺幣 20 億元賑災計畫，分兩階段執行。

5 月 15 日，中國國臺辦主任陳雲林表示，接受臺灣紅十字組織派遣救援隊參與四川地震災區救援。 5 月 17 日，國臺辦常務副主任鄭立中表示，臺灣社會各界已向四川地震災區捐款達 6 億元人民幣。

9 月 12 日，海基會致函海協會，表示臺灣各界捐贈四川地震的 12 億元捐助，用於災區社區重建與校園重建等特定用途。2009 年 5 月 27 日，海基會公布川震重建捐款使用情形，海協會函告表示我方捐款多用於校園重建，援助項目或已完成規劃，或已進入施工階段。

《中央社》報導，截至 2008 年底，臺灣各界透過海陸兩會、紅十字會、宗教團體、企業集團等管道，賑濟四川大地震的善款約 57 億新臺幣。

2009 莫拉克風災

8 月 12 日，大陸海協會向受 8 月 8 日莫拉克颱風影響的臺灣民眾捐款人民幣 1 億 600 萬元，港幣 500 萬元。陸委會就大陸對莫拉克水災給予慰問及捐輸表達誠摯謝忱，並表示為有效運用捐助資源，政府部門已協調成立專責聯繫窗口。

8 月 18 日，在海基會的聯繫協調下，大陸捐贈的首批救援物資運抵高雄。對於大陸方面的愛心與關心，海基會代表政府及人民表達誠摯感謝。8 月 24 日，大陸海協會馬曉光副秘書長拜會海基會，代表該會捐贈三萬美元給甲仙鄉小林村。

　　9 月 4 日，海基會江丙坤董事長接見海協會理事李禮輝暨中國銀行臺灣金融考察團時表示，兩岸金融業應加強合作；江丙坤並代表災區民眾與政府感謝中國銀行臺灣金融考察團代表捐助賑災款新臺幣 90 萬元。

　　由 2008 年四川地震與 2009 年臺灣莫拉克風災的兩岸反應，雙方對於受災民眾的關切似乎已無政治前提，大抵上這就是兩岸災難政治經濟學的反應模式，不若 1999 年臺灣 921 地震時之國際對臺灣捐款，尚須透過「中國紅十字會」才可之中國政治態度。顯然，「九二共識」也是兩岸災難政治經濟學的前提。

2008　6 月，「第一次江陳會談」於 6 月 11 至 14 日在中國北京舉行。由海基會董事長江丙坤率領代表團與海協會會長陳雲林（1941 - ）舉行會談，針對兩岸包機及大陸人民來台觀光兩項議題進行協商；主要成果是兩岸兩會恢復制度化對話協商機制，並簽署《兩岸關於大陸居民赴臺灣旅遊協議》及《兩岸包機會談紀要》。大陸觀光客將在 7 月 4 日組首發團到臺灣旅遊，周末包機也於 7 月 4 日啟航。

　　　　立法院通過《臺灣地區與大陸地區人民關係條例》修正案，賦予人民幣在臺兌換法源。明定在雙邊貨幣清算協定簽訂或機制建立前，人民幣在臺的管理及貨幣清算，由中央銀行會同金管會訂定辦法。

　　　　臺北縣「聯合號」海釣船遭日本巡邏艦撞沉，日本提出調查報告，

外交部長歐鴻鍊（1940 - ）表示「完全不能接受」，並決定召回駐日代表許世楷，且裁撤日本事務會。

行政院通過〈試辦金門馬祖與大陸地區通航實施辦法〉修正案，全面開放臺灣地區人民、外國人、香港及澳門居民，得持憑入出境有效證件，經許可後由金門、馬祖入出大陸地區。

行政院放寬兩岸金融往來之相關措施。金管會副主委張秀蓮說明放寬陸資投資措施：（1）基金型態之外國機構投資人免出具聲明書。（2）開放臺港 ETF（指數股票型基金）相互掛牌。（3）開放香港交易所掛牌企業得來臺第二上市（櫃）暨發行 TDR（存託憑證）等有價證券。（4）開放證券商、期貨商以及證券投資信託事業投資大陸。（5）放寬基金投資涉陸股之海外投資限制。

行政院金管會、中央銀行修正〈大陸地區發行之貨幣進出入臺灣地區許可辦法〉。並訂定〈人民幣在臺灣地區管理及清算辦法〉，准許國人、大陸地區人民及其他國家或地區人民，均可在經許可的臺灣地區金融機構及外幣收兌處進行人民幣兌換，每次兌換金額不得超過人民幣 2 萬元。6 月 30 日，該辦法正式實施，人民幣在臺灣全面兌換。（截至 7 月 15 日止，已核准 19 家銀行，共 1,570 家總分支機構辦理人民幣買賣業務。）

行政院於 6 月 30 日成立「行政院賦稅改革委員會」落實推動賦稅改革。由行政院副院長擔任召集人，政治大學曾巨威教授（1951 - ）及財政部長李述德（1951 - ）共同擔任副召集人。本次賦稅改革分別就「稅制」及「稅政」二部分加以研議，其中稅制面之議題，包括所得稅制改革、財產稅制改革及銷售稅制改革等三部分；稅政面則包括簡化稅政及納稅人權益保障等二部分，全部研究議題 20

項，以一年半為期，依議題之急迫性分批完成研議，於 2009 年 12 月 29 日完成階段性任務。

江陳會談

兩岸兩會高層會談，指自 2008 年起臺灣的海峽交流基金會與中國大陸的海峽兩岸關係協會之間的高層會談。海峽交流基金會董事長江丙坤與海峽兩岸關係協會會長陳雲林，自 2008 年至 2012 年，合計進行八次兩岸協商會談。

為因應兩會高層人事更迭，兩會決定將以後之會議以「兩岸兩會第幾次高層會談」的方式命名，而不用主談人姓氏代稱。

第一次江陳會談：2008 年 6 月 12 日在中國北京釣魚臺賓館舉行。

第二次江陳會談：2008 年 11 月 4 日在臺北圓山飯店舉行。

第三次江陳會談：2009 年 4 月 26 日在中國南京紫金山莊舉行。

第四次江陳會談：2009 年 12 月 22 日在臺中裕元花園酒店舉行。

第五次江陳會談：2010 年 6 月 29 日在中國重慶索菲特酒店舉行。

第六次江陳會談：2010 年 12 月 16 日在臺北圓山飯店舉行。

第七次江陳會談：2011 年 10 月 19 日 在中國天津迎賓館舉行。

第八次江陳會談：2012 年 8 月 9 日在臺北圓山飯店舉行。

兩岸兩會第九次高層會談：2013 年 6 月 20 日至 22 日在中國上海舉行。

兩岸兩會第十次高層會談：2014 年 2 月 26 日至 28 日在臺北市舉行。

兩岸兩會第十一次高層會談：2015 年 8 月 24 日至 26 日在中國福建福州舉行。

2008　7 月，臺北關稅局為配合兩岸直航政策，於 7 月 1 日正式派員進駐

松山機場辦公處所，並自 7 月 4 日起提供機場出、入境旅客通關作業窗口服務。

兩岸週末包機 7 月 4 日啟動，立榮航空班機由臺北松山機場首航上海浦東機場，成為 30 年來首架從松山機場飛往海外的班機，也是第 1 架從松山機場飛往中國大陸的班機。

立法院通過《勞工保險條例》修正案，8 月 13 日總統公布，行政院於 10 月 9 日令示勞保年金自 2009 年 1 月 1 日起施行。（原來的勞保現金給付包括：生育、傷病、殘廢、老年、死亡等給付，勞保年金施行後，除了將「殘廢給付」改為「失能給付」外，失能、老年及死亡三種給付更增加可以每個月領年金的方式，也就是「老年年金」、「失能年金」和「遺屬年金」三種給付。）

卡玫基颱風襲臺，連日豪雨造成中南部嚴重水患。計有 20 人死亡，6 人失蹤，農損逾 12 億元。

大陸地區人民來臺觀光於 7 月 18 日步入常態化，可經由團進團出之方式申請來臺觀光。初期每日開放人數為 3,000 人。

行政院劉兆玄院長表示，年底前陸續完成 67 項的法規鬆綁，明年則有 142 項議題鬆綁。兩岸經貿法規鬆綁將列為工作重點，鬆綁範疇包括開放兩岸貨運包機、證券及期貨業投資大陸、陸資來臺投資生產事業等。

7 月 18 日，立法院通過行政院版《國民年金法》修正案、8 月 13 日總統公布。（因國民年金開辦後，農民將強制從農民保險退保，轉而加入國民年金，不但老農津貼停止發放，農民也將從現行每月繳交 79 元農保費，提高為繳交 337 元年金費，引起農民強烈反彈。馬英九在總統大選時，曾向農民承諾農保與國保脫勾，政黨輪替

後，中國國民黨團封殺了民主進步黨提案。）

而農保與國保脫勾，農民繼續加保農保，相關的喪葬、殘廢、生育等給付也依照農保原有的制度。農、漁民如符合老農津貼請領資格，仍可繼續申領每月 6,000 元老農津貼。（留下農保逐年虧損造成政府財政負擔沈重，以及嚴重衝擊國保基金的財務規劃問題。）

【歷史密碼】
兩岸由互凍到開創新局

2008 年 3 月 22 日，臺灣總統大選，馬英九勝出，兩岸局勢大為改觀。2000 年到 2008 年改選之前，民進黨執政期間，兩岸關係繼李登輝「特殊兩國論」之後遲遲未能改善，尤其在陳水扁「一邊一國論」更陷入谷底；至 2008 年馬英九當選總統，情勢即明顯改變。

馬英九當選之後未久，兩岸關係即見轉機。中國國務院 4 月 1 日發佈「國務院 2008 年工作要點」，鼓勵兩岸同胞加強交往，積極促進兩岸經濟文化交流，推動直接「三通」；爭取在一個中國原則的基礎上儘快恢復兩岸協商談判，解決兩岸同胞關心的重大問題。

接著，國民黨榮譽主席連戰訪問中國大陸；4 月 29 日，中共中央總書記胡錦濤會見連戰時表示，要在「九二共識」的基礎之下實現兩岸協商；只要兩岸秉持「建立互信、求同存異、擱置爭議、共創雙贏」原則，就能夠找到解決問題的辦法。4 月 30 日，中國國臺辦發言人李維一表示，期望在「九二共識」的基礎上，早日恢復海協與海基會制度化協商談判的機制。

於是，兩岸在馬英九就任總統之後馬上展開雙方積極互動，由此，並

寫下兩岸關係的歷史紀錄。以下便是民進黨下野，馬英九上臺後百日兩岸新局互動情況。

馬英九的百日兩岸互動紀實

5月20日，馬英九就職第12任總統，發表就職演說呼籲，兩岸和解休兵，表示兩岸人民同屬中華民族，並將以「尊嚴、自主、務實、靈活」作為處理的指導原則。5月22日，中國國臺辦主任陳雲林回應，希望兩岸雙方「建立互信，擱置爭議，求同存異，共創雙贏」推動兩岸關係，表示兩岸雙方正為在「九二共識」基礎上恢復協商談判作出積極努力，並展開相關準備。同一天，針對中國方面回應，陸委會隨即發表秉持「擱置爭議、追求雙贏」原則，呼應促成兩岸兩會制度化協商的早日恢復。

中國民用航空局並於5月20日批准臺灣華信航空和中華航空公司，自臺北至成都特別包機及運送救災物資的貨運包機的申請。

臺灣方面，海基會馬上於5月26日進行人事改組，江丙坤擔任董事長，高孔廉兼任副董事長及秘書長。當天，陸委會並授權海基會就週末客貨運包機、中國觀光客來臺等三項議題，與大陸海協會展開協商。之後第三天，5月29日，大陸海協會致函海基會，邀請海基會董事長江丙坤、副董事長兼秘書長高孔廉於6月11日至14日率團訪問中國北京，儘速在「九二共識」基礎上，就兩岸週末包機、大陸居民赴臺旅遊事宜進行商談。隔日，5月30日，海基會函覆大陸海協會，表示同意海基會董事長江丙坤率團訪問北京。

接著，5月30日當天，中國國臺辦發言人楊毅表示，希望兩岸在「九二共識」的基礎上盡快恢復海協和海基會的交往、商談。海協此次與海基會接觸的作法與以往不同，臺灣主管部門官員擬納為海基會顧問參與兩會復談。

與海基會進行同時，中共中央總書記胡錦濤與中國國民黨主席吳伯雄於 5 月 28 日舉行會談，再度呼籲兩岸雙方「建立互信、擱置爭議、求同存異、共創雙贏」，並表示會積極促成贈送一對大熊貓。也釋出善意優先討論臺灣參與世界衛生組織活動的問題。

　　相對中國方面，大陸海協會於 6 月 3 日召開會議改組人事，推舉陳雲林為會長，鄭立中為常務副會長、孫亞夫為執行副會長、李炳才為駐會副會長，王富卿、王在希、安民、張銘清為副會長，李亞飛為秘書長。中國國務院並公布任命王毅為國務院臺灣事務辦公室主任。6 月 3 日同一天，海協會新任會長陳雲林在第二屆理事會第一次會議上表示，海協會與海基會已經互致函電，都表明在「九二共識」基礎上儘早恢復商談的立場，兩會商談即將重新開始。海協會已得到授權，就大陸同胞贈送臺灣同胞的大貓熊到臺灣事宜與海基會協商。海協會還將積極推動海協會與海基會領導人互訪。接著，臺灣於 6 月 8 日宣布，海基會將於 6 月 11 日至 14 日，由董事長江丙坤率團前往大陸進行協商。協商代表團組成共 19 人，其中海基會人員 12 人。

　　6 月 10 日，陸委會發表「中華民國政府對現階段開展兩岸協商之政策說明」，將在「九二共識」的基礎上，恢復海基、海協兩會制度化的協商機制，與大陸展開協商。

　　6 月 11 日，陸委會指出，政府開放第二、三類大陸人民來臺觀光後，截至 4 月底，已有 22,956 團、288,420 人次大陸人民來臺觀光；兩岸包機方面，至今實施 7 次節日包機，共飛航 301 個班次，載運旅客 105,682 人次。

　　6 月 11 日，海基會董事長江丙坤率團起程前往中國大陸進行協商。6 月 12 日，海基會董事長江丙坤與海協會會長陳雲林舉行會談，雙方就

儘快解決兩岸週末包機和大陸居民赴臺旅遊兩項議題交換意見，並就推進兩會協商、加強兩會聯繫交往等事宜進行討論。13日海基會董事長江丙坤與海協會會長陳雲林簽署《兩岸包機會談紀要》及《兩岸關於大陸居民赴臺灣旅遊協議》。

6月13日，中共中央總書記胡錦濤會見臺灣海基會董事長江丙坤和海基會代表團成員時指出，海協會和海基會在「九二共識」的共同政治基礎上恢復商談並取得實際成果，只要雙方秉持「建立互信、擱置爭議、求同存異、共創雙贏」的精神，就一定能夠不斷推動兩岸商談進程。

6月14日，馬英九總統接見海基會協商代表團時表示，此次海基、海協兩會所建立的制度化溝通管道，未來可視議題重要性，以多樣性、分層次的方式進行協商、討論，也可以加速談判的進度。

6月14日，中國東方航空公司總經理曹建雄率領的商務洽談團飛抵臺灣，6月16日，包括中國大陸東航、南航、國航等大陸主要航空公司都已派出代表或洽談團抵達臺灣，與臺灣業者商談有關事宜。

6月16日，中國大陸赴臺旅遊踩線考察團一行39人抵達臺北，開始為期11天的實地考察。6月17日，中國海峽兩岸旅遊交流協會公佈，第一批指定經營大陸居民赴臺灣旅遊業務的13個省市33家旅行社名單。

6月17日，民航局公佈大陸航空公司週末包機分配方案，週末包機初期階段，承運人仍以國航、東航、南航、海航、廈航、上航6家為主。2008年兩岸端午包機於6月3日至6月15日期間，兩岸共計10家航空公司，往返19個班次。

6月19日，行政院通過〈試辦金門馬祖與大陸地區通航實施辦法〉修正案，全面開放臺灣地區人民、外國人、香港及澳門居民，得持憑入出境有效證件，經內政部入出國及移民署查驗許可後，由金門、馬祖進出中

國。

　　6月20日，內政部公告：公告大陸地區人民申請來臺從事觀光活動之數額、實施範圍及實施方式，自2008年6月23日施行。另內政部、交通部令：修正〈大陸地區人民來臺從事觀光活動許可辦法〉，自2008年6月23日施行。

　　6月20日，陸委會副主委傅棟成表示，初期第一類大陸觀光客來臺，採團進團出方式，暫時給予10天是兩會共識，但在實際作業上，會多給1天的寬限期，加上是從抵臺後第二天起算，有效期限實為12天。

　　6月21日，內政部公告大陸地區人民申請來臺觀光，每日受理申請數額4,311人。中國大陸海峽兩岸旅遊交流協會公告：〈大陸居民赴臺灣地區旅遊注意事項〉、〈大陸居民赴臺灣地區旅遊領隊人員管理辦法〉、〈大陸居民赴臺灣地區旅遊團名單表管理辦法〉。6月22日，行政院長劉兆玄召集跨部會會議，確認陸客來臺所有配套措施，並成立專案小組，負責跨部會的業務協調，即日起運作。

　　6月26日，行政院長劉兆玄出席「中華民國工業協進會第2屆第4次會員代表大會」時強調，中國大陸是我國廠商對外投資金額最大的基地，也是第一大的出口市場，因此我們要務實推動兩岸經貿，推動兩岸經貿動態的調整，同時要開創兩岸經貿協商的新時代。

　　6月26日，為促成兩岸金融監理機制運作，行政院通過放寬兩岸金融往來之相關措施，金管會副主委張秀蓮說明調整放寬陸資投資之措施：一、　基金型態之外國機構投資人免出具聲明書，不再要求外資提出資金非來自大陸地區之聲明。二、　開放臺港ETF（指數股票型基金）相互掛牌，開放國內業者募集之ETF可至香港上市，同意香港ETF來臺上市交易。三、開放香港交易所掛牌企業得來臺第二上市（櫃）暨發行TDR（存託憑證）

等有價證券。四、開放證券商直接投資大陸基金管理公司、期貨公司及間接投資大陸證券公司，並開放期貨商直接、間接投資大陸期貨公司，以及證券投資信託事業直接、間接投資大陸基金管理公司。五、放寬基金投資涉陸股之海外投資限制。

6月27日，行政院金管會、中央銀行修正〈大陸地區發行之貨幣進出入臺灣地區許可辦法〉。並訂定〈人民幣在臺灣地區管理及清算辦法〉，准許自然人兌換人民幣，每人每次不得超過2萬元人民幣。6月30日，該辦法正式實施，人民幣在臺灣全面兌換。截至7月15日止，已核准19家銀行，共1,570家總分支機構辦理人民幣買賣業務。

6月30日，陸委會通過行政院新聞局所提恢復大陸新華社與人民日報來臺駐點案，大陸媒體來臺駐點的期限也由目前一個月，延長為三個月。7月4日，《新華社》及《人民日報》恢復赴臺駐點，兩家媒體的四名駐臺記者抵臺，將在臺灣停留採訪三個月。（9月26日，陸委會宣布開放5家大陸地方媒體來臺駐點，受理時間9月30日截止）

6月30日，中國國家旅遊局新聞發言人祝善忠宣佈，大陸居民赴臺旅遊首發團由首發旅遊團和首發旅遊交流考察團組成，共760人，團長由國家旅遊局局長邵琪偉以海峽兩岸旅遊交流協會會長身份擔任。首發旅遊交流考察團行程7天，首發旅遊團行程10天。7月3日內政部入出國及移民署公布大陸地區人民來臺觀光首發團審查結果，許可來臺人數為752名。

7月2日，臺北關稅局為配合政府兩岸直航政策，於7月1日正式派員進駐松山機場辦公處所，並自7月4日起提供機場出、入境旅客通關作業窗口服務。

7月3日，行政院院會通過「放寬縣市長赴大陸地區交流規劃方案」，

將過去僅得申請赴大陸參加國際組織所舉辦之國際會議或活動，擴大得參加與縣市政業務相關交流活動或會議；同時簡化審查時間為於預定出發日1週前，逕向內政部提出申請審查。

7月23日，行政院劉兆玄院長出席中華民國工商協進會工商早餐會時表示，年底前，陸續完成67項的法規鬆綁，明年則有142項議題將陸續推動鬆綁。其中，兩岸經貿法規鬆綁將列為工作重點，鬆綁範疇包括開放兩岸貨運包機、證券及期貨業投資大陸、陸資來臺投資生產事業等。

7月31日，行政院通過金管會公布「海外企業來臺上市鬆綁及適度開放陸資投資國內股市方案」，除放寬海外企業來臺上市資格及籌資限制，並適度開放大陸機構投資人來臺投資證券期貨。

7月31日，中國國臺辦主任王毅在第二次「臺商權益保障工作聯席會議」表示，臺灣方面調整有關兩岸人員往來和金融、投資等領域的政策，放寬以往的某些限制，是有利於兩岸交流合作的積極舉措。在兩岸關係新形勢下，大陸方面也將採取切實措施，大力加強兩岸交流與經濟合作，支持海協會與海基會加強磋商，推進兩岸直接「三通」進程。

綜觀馬英九就任百日內的兩岸發展「政績」，可謂互動頻頻，正所謂「新烘爐，新茶壺」，其所展開之格局，與民進黨執政期間之兩岸互凍，實不可同日而言。

2008　8月，第4屆監察院長王建煊（1938 -）與24名監委宣誓就職。停頓三年多的監察院恢復運作，監察權重新啟動。（2005年2月監察委員出缺至2008年4月，各類型需由監委才能執行的案件累積達32,034件。）

農委會經會勘後，確定臺北木柵動物園獲准輸入大熊貓。（2008年12月，兩隻貓熊「團團」和「圓圓」由中國成都抵達臺灣。）

前總統陳水扁為臺北市長及總統選舉經費申報不實，且夫人吳淑珍將選舉結餘款匯往海外，向全國人民道歉，並與吳淑珍一起退出民主進步黨。

16日，特偵組搜索陳水扁臺北住所、辦公室等地，並訪談吳淑珍。檢方將陳水扁、吳淑珍、吳淑珍胞兄吳景茂、陳致中（1979－）、黃睿靚（1979－）列為被告。特偵組以前總統陳水扁涉嫌洗錢等案進行約談搜索，並在11月12日羈押。此後，接連爆發「海外洗錢案」、「龍潭購地案」、「二次金改案」、「陳敏薰人事案」、「機密外交款案」、「侵占機密公文案」等司法訴訟案。陳水扁司法案彙總參見【附錄13】。

陸委會副主委傅棟成（1953－）指出，在兩岸海運直航前，將開放澎湖實施常態化小三通。

經濟部投審會公佈企業登陸投資上限新規定，個人投資大陸上限為每年500萬美元，中小企業上限為8,000萬元或淨值、合併淨值的60％，其他企業為淨值或合併淨值的60％。9月2日，經濟部再次大幅鬆綁企業登陸上限，凡工業局營運總部認定的臺灣企業及跨國公司在臺子公司，不受資本登陸60％限制。

因不滿馬英九政府經濟施政，臺灣社及臺灣教授協會等組織舉行「830百日怒吼大遊行」，民主進步黨動員參加抗議。

2008　9月，前調查局局長葉盛茂（1943－）於9月2日召開記者會承認任內曾將艾格蒙聯盟（Egmont Group）通報相關涉嫌洗錢情資面報陳水扁。

行政院通過「小三通正常化推動方案」，進一步放寬「小三通」人員、航運、貿易等往來限制，只要是臺灣與中國雙方都認可的中國觀光客，可利用小三通經金門、馬祖中轉來臺旅遊，並提供陸客落地簽或多次入境簽證，但不得中轉臺灣。

行政院通過「因應景氣振興方案」，包括證交稅減半，為期半年，及提高購屋補貼利率的優惠購屋專案等 10 項利多。

中央存款保險公司接管慶豐銀行（RTC 與存款準備金兩基金共賠付186 億餘元）。

中國毒奶粉事件。中國乳製品含三聚氰胺（毒奶粉）輸臺產品，衛生署要求全面下架，並與中國大陸建立食品安全緊急通報機制。因中國毒奶風波，衛生署長林芳郁（1950 - ）及食品衛生處長蕭東銘請辭。

臺鐵「南港專案」鐵路地下化永久軌及南港、松山車站啟用。

強颱辛樂克豪雨重創中部，以南投最嚴重，造成后豐斷橋、豐丘山崩及廬山溫泉區飯店倒塌等災情。計 14 人死亡，7 人失蹤，農損約9 億元。

（美國次級房貸危機引發金融海嘯，導致多間大型金融機構倒閉或被政府接管，災情慘重擴散全球。）

【歷史密碼】

中國毒奶粉

2008 年 9 月，中國大陸發生「毒奶粉事件」。

中國河北省三鹿集團生產的嬰幼兒奶粉遭三聚氰胺污染，中國國家質

檢總局指出，同一批奶粉六月間曾銷往臺灣，數量達25公噸。9月12日，大陸海協會將此事實通知臺灣海基會，中方並要求將該批奶粉就地銷毀。

9月14日，陸委會針對大陸輸入的「三鹿牌」奶粉遭受三聚氰胺污染一事，發表聲明指出，大陸方面透過海協會通報海基會，此一過程已發揮兩岸制度化聯繫管道在緊急事務通報方面應有的功能。而為根本解決食品安全的問題，我方建議兩岸應儘速就大陸輸入我方之食品及商品之安全管理相關事宜，進行協商，並建立貿易、商品檢驗及衛生主管部門之直接聯繫管道與及時通報系統，以有效維護民眾健康權益。

9月15日，經濟部標準檢驗局經濟部為因應中國製三鹿牌奶粉遭受三聚氰胺污染事件，即日起對中國製奶粉逐批查核產品標示，凡中國三鹿集團生產者不准進口，其餘產品應檢附中國質量檢驗局出具不含「三聚氰胺」檢驗報告，合格始予放行。9月17日，行政院衛生署通告，政府決定自即日起，全面禁止中國22家業者相關之乳製品進口。9月23日，大陸奶精等原料污染嚴重，衛生署下令全面下架。

在海協會、海基會溝通下，兩岸相關部門食品衛生專家9月28日達成共識：應儘速在海協會和海基會框架下建立兩岸食品安全聯繫機制。10月6日，海基會函告大陸海協會，我方指定行政院衛生署食品衛生處以及經濟部標準檢驗局，擔任兩岸食品衛生主管部門間緊急事件直接通報聯繫窗口；海協會亦復函告知，大陸方面指定衛生部衛生監督局和質量監督檢驗檢疫總局進出口食品安全局相同層級人員為聯繫之窗口。

衛生署從10月17日開始，禁止中國大陸製之碳酸氫銨（銨粉）原料進口。10月28日，衛生署宣布自即日起，全面禁止進口及使用中國大陸製之蛋白粉。

中國毒奶粉事件，終於在臺灣全面禁止進口政策之下落幕。

2008　10月，《國民年金法》10月1日開始施行，國民年金開辦，主要納保對象是年滿25歲、未滿65歲，國內設有戶籍且沒有參加勞保、農保、公教保、軍保的國民。國民年金提供「老年年金」、「身心障礙年金」、「遺屬年金」三大年金給付保障，及「生育給付」、「喪葬給付」二種一次性給付保障。（估計納保人數470萬人）。原領有「敬老福利生活津貼」及「原住民敬老福利生活津貼」者，於國民年金開辦後，符合請領資格者改依《國民年金法》規定按月發給「老年基本保證年金」。（2008年10月至2011年12月為3,000元，2012年1月至2015年12月為3,500元，2016年1月起為3,628元。）

為因應美國次級房貸所造成全球金融海嘯影響，行政院金管會宣布，自10月7日起中央存款保險公司對要保機構存款人的存款保障，提高為全額保障，到2010年底止。（自2011年1月1日起，每一存款人在同一要保機構之存款本金及利息，受到最高保額300萬元之保障。）

大陸海協會發函海基會，為毒奶粉事件向臺灣民眾道歉。該會會長陳雲林也在北京記者會上，向臺灣民眾道歉。

經濟部公告：准許金門、馬祖以外之臺灣地區物品得經由金門、馬祖轉運至大陸地區，取消現行「離岸價格美幣10萬元以上須檢附臺商協會核章證明之切結書」規定。

民主進步黨於10月25日舉行「反黑心、顧臺灣」大遊行。

2008　11月，「第二次江陳會談」於臺北舉行，簽署空運直航、海運直航、郵政合作與食品安全四項協議。

民主進步黨抗議陳雲林訪臺，於臺北市舉辦「圍城」行動，意外引

爆嚴重警民衝突，藍綠雙方事後互相究責，要求對方為流血事件負責。

最高檢察署特偵組以前總統陳水扁與妻子吳淑珍涉嫌在國務機要費、竹科龍潭基地及安亞專案機密外交等案中貪污逾 3 億，並將款項匯往海外，涉貪污、洗錢等 5 罪，11 月 12 日當庭將陳水扁逮捕，再以被告有串證之虞，向法院聲請羈押禁見。遭臺北地院裁定收押禁見。

為振興房地產景氣，行政院長劉兆玄提出 8 項政策，包括延長建照效期 2 年、協調提高房貸成數等。

代表馬英九總統出席 APEC 領袖會議的中國國民黨榮譽主席連戰，與中國國家主席胡錦濤在會議所在地秘魯利馬進行「連胡會」。

交通部民航局與大陸民航局完成兩岸直航新航路的飛航管制磋商，共同將航管交接點取名為 SULUM，航管交接語言依國際標準使用英語。

主計處公佈 11 月失業率 4.64％，失業人口 50.7 萬，為 5 年來同期新高。

2008　12 月，行政院經建會提出以發放消費券方案來促進景氣活絡。經立法院通過《振興經濟消費券發放特別條例》，以舉債 858 億元（以總人口 2,300 萬人，每人 3,600 元估算）的方式籌措財源編列特別預算。

兩岸海運直航啟動，總統馬英九主持長榮海運立敏輪高雄首航天津典禮。兩岸海運直航後，船舶可直接泊靠臺灣及大陸之主要港口，除降低轉船費用外，更縮短運輸時程航行。

臺北捷運南港線東延段南港站通車（昆陽站－南港站）。

中國國家主席胡錦濤發表「胡六點」對臺政策方針。

全年經濟成長率 0.12%。進出口衰退創最大跌幅，分別跌 44.6% 及 41.9%。

（北京、上海結合兩岸資訊發展「雲端」運算產業。）

「胡六點」

　　2008 年 12 月 31 日，中國國家主席胡錦濤藉紀念〈告臺灣同胞書〉發表 30 周年機會，發表〈攜手推動兩岸關係和平發展，同心實現中華民族偉大復興〉公開講話，提出六點對臺政策方針，即所謂「胡六點」。

1. 恪守一個中國，增進政治互信
2. 推進經濟合作，促進共同發展
3. 弘揚中華文化，加強精神紐帶
4. 加強人員往來，擴大各界交流
5. 維護國家主權，協商對外事務
6. 結束敵對狀態，達成和平協議

2009　1 月，1 日實施勞保年金制度。

　　　教育部為 12 年國教鋪路，今年起擴大辦理高中免試入學。移民署桃園機場兩套境管電腦當機，影響 7 萬名旅客。

　　　發放第一階段消費券，以「人」為發放單位，不限年齡與收入與身分，每人可獲得 3,600 元的消費券。（約 2,117 萬人完成領取）

　　　《菸害防治法》新法實施，高中職以下學校、醫療機構室內外全面禁菸，政府機關、3 人以上共用之室內辦公室全面禁菸。

《遺產及贈與稅法》修正公布。（原各有 10 級距稅率、最高達
50%之累進稅率制度，修正降為 10%之單一稅率，同時遺產稅免稅
額由 779 萬元提高至 1,200 萬元；贈與稅免稅額由 111 萬元提高至
220 萬元。）

立法院通過《離島建設條例》修正案，開放國際觀光旅館經離島公
民投票，有效投票數超過二分之一同意得附設觀光博弈業，並排除
適用《刑法》賭博罪章規定。

監院彈劾審查會認定國安會前秘書長邱義仁與外交部前部長黃志芳
（1958－）兩人處理巴紐案有重大違失，致近 3,000 萬美元（約合
新臺幣 10 億元）公帑遭侵吞，傷害政府形象，通過對兩人彈劾案。
【美國第 44 任總統歐巴馬（Barack Obama，1961－）就職】

2009　2 月，進出口再創衰退 55.6％、44.1％新紀錄。經濟部推動「國營
事業（中油、臺電）改造計畫」。

行政院核定「高雄市區鐵路地下化計畫」，計畫期程：2017 年 12
月完成鐵路地下化通車。

中華郵政公司表示，自 2 月 26 日起開辦「大陸郵政匯入匯款業務」。

2009　3 月，亞洲幣值貶值，臺幣兌美元匯率貶破 35 元，創 1987 以來新
低價位。

國道 6 號（水沙連高速公路）主線於 3 月 21 日開放通車。（國姓
交流道於 2009 年 10 月 22 日開放通車；舊正交流道於 2011 年 1 月
31 日開放通車。北山交流道於 2013 年 11 月 21 日開放通車。）

行政院宣布推動六大新興產業。

2009　4 月，《地方制度法》修正通過。（賦予縣市合併升格為直轄市之
法源依據，國土行政區劃喪失全盤規劃，再度為特定縣市量身打

造，選舉考量之政治意圖甚明。）6月，行政院通過臺北縣、臺中縣市、高雄縣市、臺南縣市升格為直轄市案。2010年1月，立法院臨時會在國、民兩黨雙方爆發大規模肢體衝突中，三讀通過《地方制度法》修正案。主要內容係因應年底臺北縣、臺中縣市、臺南縣市、高雄縣市改制直轄市，修正議員總額、增訂現任鄉鎮市長及代表分別轉任區長、區政諮詢委員及簡併地方選舉期程。2012年11月，內政部審查通過桃園縣改制直轄市（2014年12月25日升格為桃園市）。

立法院通過《行政法人法》。

立法院通過2009年度中央政府振興經濟擴大公共建設特別預算1,491億餘元，可提供超過22萬個就業機會。

「第三次江陳會談」於中國南京舉行，雙方簽署《兩岸共同打擊犯罪及司法互助協議》、《兩岸金融合作協議》以及《兩岸空運補充協議》等三項協議。

立法院通過《菸酒稅法》修正案，米酒稅率改按每公升每度課稅新臺幣2.5元；附帶決議：每瓶售價180元的紅標米酒，未來售價不能超過50元。6月，《菸酒稅法》修正施行。（菸酒稅由每公升定額課徵新臺幣185元，改按每公升按酒精成分每度徵收新臺幣2.5元。）

2009　5月，行政院通過「精緻農業健康卓越方案」，4年內投入242億元，預計到2012年，年產值可達1,589億元，4年創造3萬1,000個就業機會。

馬英九總統簽署《經濟社會文化權利國際公約》及《公民與政治權利國際公約》，臺灣人權保障與國際接軌。

衛生署長葉金川（1950 - ）率領中華臺北代表團，以觀察員身分參加在瑞士日內瓦召開的第 62 屆世界衛生組織 WHA 大會。（為退出聯合國 38 年後首度參加相關活動）

2009 年歐都納臺灣（Atunas Taiwan）遠征隊 3 名勇士（江秀真、伍玉龍、黃致豪）登上 8,848 公尺世界最高峰珠穆朗瑪峰（聖母峰 Everest）峰頂，歷時 3 年完成臺灣團隊首度征服世界 7 大頂峰的最後拼圖。

《所得稅法》修正公布。（自 2010 年度起，營利事業所得稅稅率由 25％調降為 20％，採行單一稅率，並將起徵額由 5 萬元提高至 12 萬元。自 2010 年度起，綜合所得稅稅率「21％、13％、6％」3 個級距稅率分別調降為「20％、12％、5％」，並將適用稅率 5％之課稅級距由 41 萬元提高為 50 萬元。）

馬英九就任總統週年前夕，民主進步黨和臺灣本土社團於 5 月 17 日分別在臺北市和高雄市發動大規模遊行示威。

2009　6 月，馬英九總統宣布回鍋參選黨主席。（7 月 26 日在 1 人競選下，以 93.9％得票率當選中國國民黨主席。）

內政部發布修正〈大陸地區人民進入臺灣地區許可辦法〉，放寬大陸地區人民來臺探親及停留期間、探病或奔喪之親等；另增列大陸地區人民來臺接受醫療服務常態化及大陸地區人民因繼承遺產由機關管理者，得申請進入臺灣地區申辦領取遺產及停留期間等規定。

立法院通過《再生能源發展條例》。

陸委會傅棟成副主委表示，大陸 138 家國有企業中，9 家軍方投資企業不得來臺投資外，其他的 129 家國有企業，若涉及敏感性問題，原則禁止，視個案審查。雙方承諾開放的投資項目，包括航空運輸

業與船舶運送業等為優先開放。

2009　7月，臺北捷運內湖線通車（中山國中站－南港展覽館站）。

交通部民航局統計，自兩岸週末包機直航實施近一年來，兩岸直航班機達 4,008 班，旅客 159.7 萬人次。

瑞士新 7 大奇景基金會公布入圍「新世界 7 大自然奇景」的 77 個景點名單，玉山入圍。經聯合國教科文組織前主席札拉哥薩領導的專家評選，玉山入選 28 個決選名單，參加全球群眾票選。（2011年 11 公布結果玉山未入選新 7 大）

2009 年世界運動會於高雄舉行，中華隊奪得 8 金 9 銀 7 銅成績，在91 個參賽國中排名第 7，刷新歷來佳績。

大陸增設西安、長沙、昆明三個航空口岸辦理臺胞簽注業務。

主計處公布 7 月失業率高達 6.07%，失業人口 66 萬 3 千人，創有統計以來 31 年新高，也是臺灣失業率首度破 6%。

2009　8月，桃園龜山少棒隊獲得 2009 世界少棒錦標賽亞軍。

經濟部水利署繼桃園、馬祖第一階段限水之後，宣布新增基隆、臺南縣市、澎湖限水。

莫拉克颱風侵臺，造成嚴重水災。參與 88 水災搶救的空勤總隊 UH-1H 直升機，墜毀在屏東霧臺山區，3 名機組員殉職。美軍一架運輸機載來一批 88 水災救援物資，也創下中美斷交 30 年後，美軍機來臺的首例。馬英九總統為莫拉克颱風救災不力舉行中外記者會鞠躬道歉，行政院秘書長薛香川（1944 - ）、國防部長陳肇敏（1940 - ）等人請辭。

西藏精神領袖第 14 世達賴喇嘛（丹增嘉措，1935 - ）抵臺，在南臺灣停留 4 天，並前往高雄縣甲仙鄉小林村及屏東縣林邊鄉等莫拉克

災區，撫慰災民並為罹難者誦經。（這是達賴自 1997 年與 2001 年之後第 3 次訪問臺灣）

行政院 8 月 27 日核定臺北縣、臺中縣市、臺南縣市、高雄縣市改制計畫，自 2010 年 12 月 25 日實施。（臺灣進入五都體制時代）

88 風災

88 風災，又稱莫拉克風災，是 2009 年 8 月 6 日至 8 月 10 日間發生於臺灣中南部及東南部嚴重水災，因為颱風莫拉克侵襲臺灣帶來創紀錄的雨勢（降雨量相當於一整年份的量）。是臺灣自 1959 年八七水災以來最嚴重的水患，多處淹水、山崩與土石流。其中以位於高雄縣甲仙鄉小林村小林部落滅村事件最為嚴重，造成 474 人活埋。88 風災造成 673 人死亡，26 人失蹤，農業損失逾 195 億元。

災後 7 天，行政院成立莫拉克颱風災後重建推動委員會，行政院長劉兆玄訂出「搶救要快、重建要細」的指導原則，提出「以永久屋為主、組合屋為輔」、「由政府提供土地及基礎設施、媒合民間團體興建永久屋」，以及「媒合企業協助產業重建」等政策大政方針。8 月 27 日，立法院通過《莫拉克颱風災後重建特別條例》及 1,165 億元特別預算，8 月 28 日總統公布。因追究政治責任，劉兆玄內閣於 9 月初宣布總辭。

2014 年 8 月 8 日，莫拉克颱風災後重建推動委員會完成階段性任務，正式卸牌，並將檔案移交國家發展委員會檔案管理局；運用莫拉克重建特別預算 3,000 萬元設置的「莫拉克風災重建展示館」開幕。8 月 29 日，《莫拉克颱風災後重建特別條例》廢止。

2009 9 月，第 21 屆夏季聽障奧運於臺北舉行。臺灣獲得 11 金、11 銀、

11 銅佳績。

行政院長劉兆玄宣布負起 88 風災政治責任，內閣總辭。吳敦義接任行政院長（2009.9.10 -2012.2.6）

澎湖博弈公投未通過，贊成票 13,397，反對票 17,359，無效票 298。

2009　10 月，臺北縣遊覽車在高雄大樹鄉翻落橋下，造成 7 人死亡、21 人受傷。

臺江國家公園於 10 月 15 日公告設立。

中國國民黨在臺北縣新莊舉行 18 全會，馬英九總統兼任黨主席，承諾年底前提黨產處理方案。

臺美雙方於華府簽署《美國牛肉輸臺議定書》，美國牛肉為 30 月齡以下帶骨牛肉、絞肉、加工肉品，去除特殊危險物質、中樞神經系統、機械取下的肉屑，即可輸臺。2010 年 1 月，立法院通過《食品衛生管理法》修正案，美國牛的頭骨、腦、眼睛、脊髓、絞肉、內臟 6 部位不得進口。

2009　11 月，金管會主委陳冲（1949 -）分別與大陸「銀監會」、「保監會」及「證監會」首長，以「條約互遞」方式完成簽署《兩岸金融監理合作瞭解備忘錄》（Memorandum of Understanding，MOU），60 天後生效。

美國在臺協會（AIT）主席薄瑞光（Raymond F. Burghardt，1945 -）抵臺，拜會馬英九總統，會談重點包括美國總統歐巴馬中國行等相關議題。

11 月 26 日，行政院通過「愛臺 12 建設總體計畫」。

愛臺 12 建設

2008 年總統大選前，馬英九發表經濟政策白皮書，提出「愛臺 12 建設」計畫投資 2 兆 6,500 億元，每年提供 12 萬工作機會、平均每年經濟成長率 6%、失業率降至 3%以下、平均國民所得達 3 萬美元。

行政院為落實馬英九總統競選承諾，自 2008 年 5 月新政府上任後，指示經建會會同相關部會進行「愛臺 12 建設」之整體規劃及推動執行作業，2009 年 10 月底完成「愛臺 12 建設總體計畫」（草案），並於 11 月 26 日經行政院通過辦理。

「愛臺 12 建設」預計自 2009 年至 2016 年，優先推動 12 項基礎建設，包括：1. 全國便捷交通網，2. 高雄自由貿易及生態港，3. 發展中部高科技產業新聚落，4. 桃園航空城，5. 智慧臺灣，6. 產業創新走廊，7. 都市及工業區更新，8. 農村再生，9. 海岸新生，10. 綠色造林，11. 防洪治水，12. 下水道建設。

「愛臺 12 建設」提出透過交通運輸建設，大幅提升臺灣的全球運籌能量。在產業發展方面，加速智慧資本累積，打造臺灣的未來競爭力。在城鄉發展方面，振興老舊及發展落後地區的經濟活力，打造城鄉嶄新風貌。在環境保育方面，優先推動環保基礎工程，以實際行動落實環境生態的保護及減碳效果。

計畫總經費需求概估為 3.99 兆元，包括政府預算約 2.79 兆元，約占總經費需求之 70%，以及民間投資約 1.20 兆元，約占 30%。每年增加 24.7 萬個工作機會。

2009　12 月，花東鐵路電氣化及雙軌化開工。（2013 年底完工，2014 年 6 月通車）

縣市長、縣市議員、鄉鎮市長三合一選舉結果，中國國民黨仍保有

多數席次，縣市長選舉共獲 17 席中的 12 席，連同脫黨參選後當選者，泛藍共獲 13 席、民主進步黨獲 4 席。

立法院通過《土地稅法》、《平均地權條例》修正案，土地增值稅優惠稅率降至 10%，並由「一生一次」放寬為「一生一屋」。（未來只要名下僅有一處房產，一生換屋數次，土增稅都可享有 10% 優惠稅率，但排除大面積住宅適用。）

「第四次江陳會談」於臺中舉行，針對租稅問題、標準檢驗與認證合作、農產品檢疫檢驗以及漁業勞務合作等問題進行協商，簽署三項協議。民主進步黨在臺中發動「破黑箱、顧飯碗」大遊行與晚會，抗議江陳會。

民間耗資 7.2 億元、全長 1.8 公里的日月潭纜車啟用，起點為九族文化村觀山樓，終點在日月潭湖畔青年活動中心前。

2009 年失業率為 5.85%，失業人數 63.9 萬人，皆創歷年新高。

2010　1 月，臺灣高鐵與 8 家聯貸銀行團簽署新聯貸案聯合授信契約，授信額度為 3,820 億元。並與聯貸銀行、交通部同時簽署新三方契約。

美國國務院宣布對臺軍售，包括 2 艘獵雷艦、60 架黑鷹直升機及 114 枚愛國者 3 型飛彈等，總值約 64 億美元。

（1 月 12 日，加勒比海國家海地發生芮氏規模 7.0 大地震，官方統計死亡人數逾 23 萬人，超過 100 萬人無家可歸，聯合國列為單一災害死亡人數第一名。海地是中華民國互設大使館的邦交國之一，根據外交部統計，截至 2012 年 4 月 9 日，我國政府與民間援助海地震災金額 1,849 萬 8,631 美元，約新臺幣 5.9 億元，另外，外交部海外賑災專戶募款統計 2,025 萬 8751 元。）

2010　2 月，總統公布組織改造四法，分別為《行政院組織法》、《中央

行政機關組織基準法》、《行政院業務功能與組織整暫行條例》以及《中央政府機關總員額法》等修正案。

將行政院現有的 37 部會分階段整併為 14 部、8 會、3 獨立機關、1 行、1 院、2 總處，新增科技部、文化部、環境資源部及衛生福利部，總計 29 個機關，中央政府總員額上限則從現行的 19 萬 200 人減至 17 萬 3,000 人，並賦予行政部門機動調整組織的靈活度，且完備獨立機關之提名制度與規範，新中央政府的組織運作於 2012 年 1 月 1 日啟動。

行政院核定「國土空間發展策略計畫」。規劃提出全國性、區域性的國土保育、產業經濟、城鄉發展、交通運輸通訊、空間治理等五大面向之空間發展政策與策略方向。

2010　3 月，衛生署長楊志良（1946 - ）因健保費調漲方案不符政院要求，宣布請辭，不到一個星期又接受慰留。（2011 年 1 月 5 日二代健保案在立法院通過後，請辭獲准。）

法務部長王清峰（1952 - ）明確表態廢除死刑理念，向行政院請辭獲准。

2010　4 月，上海市長韓正（1954 - ）抵臺與臺北市長郝龍斌（1952 - ）等人進行城市交流，是首位和臺灣城市進行交流的中國直轄市長。

臺東菜販陳樹菊（1951-）、宏碁集團董事長王振堂（1954-）獲選為美國《時代》雜誌最具影響力百大人物。

立法院通過《刑事妥速審判法》，規定一、二審若判無罪，檢方不得再上訴；重刑犯羈押期限不得超過 8 年。

國道 3 號七堵段發生嚴重走山，寬 200 公尺，長 700 公尺的路段，被坍塌的土石掩埋，導致基隆段南下、北上共 6 個車道中斷，並造

成 4 人死亡。這是國道史上第一次因山崩封路。

（4 月 14 日中國青海玉樹地震，芮氏規模 7.1，造成至少 2,698 人死亡，12,135 人受傷，270 人失蹤；震央附近大部分建築都是土木結構，民房幾乎全部倒塌。）

2010　5 月，拉法葉軍艦購案，國際商會仲裁法庭在法國宣判我方勝訴，可獲法方約 271 億元臺幣賠償。

《產業創新條例》公布施行。（係因應《促進產業升級條例》租稅優惠即將在 2009 年底落日而制定。藉由減免營利事業所得稅方式，鼓勵產業創新、研究，鼓勵智慧財產流通運用、人才發展，設立國家發展基金補助產業，准許設立產業園區。）

臺灣參加 2010 年上海世界博覽會（第 41 屆世博會）。（5 月 1 日至 10 月 31 日，256 個國家地區參展，吸引 7308 萬人次參觀。）

【歷史密碼】

產業租稅優惠 60 年

　　臺灣運用租稅優惠政策工具協助產業發展，從 1960 年代開始至今（2017）已歷經 57 年。臺灣實施租稅優惠鼓勵投資手段，可分為：一、1960 年開始實施 30 年之《獎勵投資條例》；二、1991 年開始實施 10 年、再延長 10 年之《促進產業升級條例》；三、2010 年開始實施之《產業創新條例》（租稅優惠施行至 2019 年底）三大階段，不同名目之租稅優惠。

　　1950 年代末期美援中止，政府為了鼓勵民間企業，增加投資以拓展對外貿易，於 1960 年 9 月實施《獎勵投資條例》，該條例所減免的稅目，

包括營利事業所得稅、綜合所得稅、營業稅、印花稅、契稅、財產稅、及關稅減免等；獎勵方式則提供營所稅免徵、納稅限額、保留未分配盈餘、擴充設備減免所得稅、轉投資收入免稅、股票溢價轉公債免稅、證券交易所得免稅、外幣債務兌換損失、特別公債、個人投資抵減、個人二年期以上定期儲蓄存款利息所得免稅等。《獎勵投資條例》於 1991 年 1 月 30 日行政院公告廢止。

為加速產業升級、提高產品之附加價值，期藉由「功能別」的獎勵，取代《獎勵投資條例》的「產業別」獎勵。經濟部於 1989 年 3 月提出《促進產業升級條例》，強調發展通訊、資訊等十大新興產業。《促進產業升級條例》於 1990 年 12 月 29 日制定公布，自 1991 年 1 月實施。該條例原訂於 2000 年落日，但又延長實施，獎勵內容作了部分修正，一直到 2010 年 5 月 12 日公布廢止。

為因應全球化之經濟競爭及產業邁向知識經濟時代，經濟部對《促進產業升級條例》進行全面檢討調整，提出《產業創新條例》作為接續，以促進產業創新、改善產業環境、提升產業競爭力為立法目的。2010 年 4 月 16 日，立法院通過《產業創新條例》，5 月 12 日公布施行，包括租稅優惠、補助、技術輔導、產業園區管理設置之法源依據等。

《產業創新條例》於公布施行 7 年後，政府為積極推動產業創新投資，期透過資金、研發、技術及人才的結合，推動產業轉型，進行《產業創新條例》大翻修，大幅鬆綁新創法規，修正案於 2017 年 11 月 3 日經立法院三讀通過，11 月 22 日公布。其中有多項租稅優惠措施施行至 2019 年底。

歷年之租稅優惠對產業的影響有成功也有失敗，這些減免優惠集中在科技產業、大企業，引發各界獨厚特定產業歧視傳統產業之質疑及租稅不公平，其對激勵投資意願的效果也存在爭議。此外，租稅優惠減稅金額龐

大，也造成國庫稅收大幅短徵問題。

2010 6月，臺北松山機場與上海虹橋機場對飛。

「第五次江陳會談」於重慶簽署《兩岸經濟合作架構協議》（ECFA），9月生效。行政院公投審議委員會駁回臺聯黨所提ECFA公投案。

《所得稅法》修正公布。（營利事業全年課稅所得額在12萬元以下者免徵，全年課稅所得額超過12萬元者，就其全部課稅所得額課徵17％，但其應納稅額不得超過營利事業課稅所得額超過12萬元部分之半數。）

民主進步黨在臺北舉辦「反一中，要公投」遊行，號稱15萬人參與。

苗栗縣府辦理新竹科學園區竹南基地開發案（又稱大埔開發案），2009年起辦理區段徵收逾800筆土地，2010年6月9日，苗栗縣府強徵農地，開怪手破壞稻田，引發公民團體抗議。（2013年7月縣府趁自救會北上抗議，強拆張藥房等4戶拒拆戶，引發警民衝突，9月，張藥房老闆張森文離奇死亡，衍生聲援團體抗議。2014年1月3日，臺中高等行政法院更一審撤銷土地徵收，但認為張藥房4戶現址已成道路無法返還，判4戶要求還地敗訴。2016年4月22日，更二審宣判，仍判張藥房等居民敗訴。）

2010 7月，立法院通過《農村再生條例》，目的在投入財政資源，結合社區組織重整農村景觀與文化，但因有關「土地重劃」與「農地產權」爭議甚大，被批評為「滅農法案」。

2010 8月，雲林麥寮、臺西民眾抗議六輕工安事件，連續4天阻擋車子

進出臺塑六輕廠。

立法院通過《兩岸經濟合作架構協議》（ECFA）。通過《卸任總統副總統禮遇條例》修正案，前總統陳水扁被停止禮遇、縮減隨扈。

立法院通過「陸生三法」修正案，針對開放中國陸生來臺就學與大陸高校學歷採認辦法，將「一限二不」入法（限制採證大陸醫事學歷，不得報考國安機密相關系所，不得參加公務員及專門職業與技術人員考試）。

中華青棒獲得 2010 世界青棒錦標賽（2012 年改名為 U-18 世界杯）冠軍。臺北重慶青少棒隊獲得世界青少棒賽冠軍。

2010 9 月，勞委會宣布「立即訓用」計劃，凡企業僱用失業者或新鮮人，經審核通過，每人每月補助 12,000 元，最長 3 個月。

陸委會宣布，《兩岸經濟合作架構協議》及《兩岸智慧財產權保護合作協議》自 9 月 12 日起生效。

凡那比颱風襲臺，南部、東部地區豪雨，造成臺南、高雄及屏東等地區大淹水，鐵、公路交通受阻。計有 2 人死亡，農損逾 45 億元。

2010 年第 4 屆國際地球科學奧林匹亞競賽，臺灣在 19 個國家、67 名參賽學生中，獲 3 金 1 銀，排名世界第 1。

國道 6 號北山交流道施工鷹架坍塌，造成 1 名臺籍領班及 6 名外勞死亡，3 人受傷。

兩岸經濟合作架構協議（ECFA）

《兩岸經濟合作架構協議》（Cross-Straits Economic Cooperation Framework Agreement，簡稱 ECFA）是兩岸海基會及海協會第五次江陳會談於 2010 年 6 月 29 日簽署，7 月 1 日行政院院會通過送立法院審議，立

法院於 8 月 18 日完成審議，於 9 月 12 日生效。

壹、行政院提出簽署 ECFA 緣由：

一、融入區域經濟整合：簽署 ECFA 是臺灣參與區域經濟整合的重要起步，也是突破經濟孤立的關鍵一步，將可使臺灣取得對外貿易立足點平等，提高他國與我洽簽 FTA 動機及意願，有助於臺灣融入全球經貿體系。

二、推動制度化協商：ECFA 有助於推動兩岸經貿制度化發展，讓臺灣人民與企業從事兩岸貿易及投資等權益獲得制度化保障，擴大臺商結合兩岸經濟資源及布局全球的發展空間，為臺灣創造更多商機。

三、增加產業競爭力：ECFA 可協助業者有效打開中國大陸市場，取得領先競爭對手國進入大陸市場的優勢；並可吸引外資，有助於臺灣成為外商進入中國大陸市場之優先合作夥伴，增加產業競爭力。

　　海基會與海協會雙方同意，本著世界貿易組織（WTO）基本原則，考量雙方的經濟條件，逐步減少或消除彼此間的貿易和投資障礙，創造公平的貿易與投資環境；透過簽署 ECFA，進一步增進雙方的貿易與投資關係，建立有利於兩岸經濟繁榮與發展的合作機制。

貳、ECFA 內容

一、ECFA 涉及廣泛的經貿議題，包括貨品的降免稅、服務業的市場開放、雙向投資的促進與保障、爭端解決以及產業的合作等領域，有助於兩岸優勢互補、提升競爭力。

二、協議文本內容為序言、五章、十六條，明定協議的目標及合作措施；貨品貿易、服務貿易、投資保障及爭端解決協議等後續協商範圍及啟

動時程；經濟合作範圍包括智慧財產權保護、金融、海關、貿易便捷化、電子商務、產業合作、提升中小企業競爭力以及經貿團體互設辦事機構等領域；早期收穫規定雙方在協議生效後，儘速享有部分貨品降免稅與服務業開放利益的項目，並建立相關配套措施，例如臨時貿易救濟規則、臨時原產地規則等；成立經濟合作委員會處理本協議相關事宜等。

參、ECFA 執行情形

一、ECFA 早期收穫計畫

（一）貨品貿易早期收穫計畫

1. 貨品貿易早期收穫計畫已於 2011 年 1 月 1 日起開始實施降稅，服務貿易早期收穫部門及開放措施亦同時全面實施，2013 年 1 月 1 日起早期收穫計畫全部產品已降為零關稅。

2. 貨品早收計畫實施以來節省關稅金額逐年增加。經評估，臺灣出口 ECFA 早收項目中小企業直、間接出口金額占近 5 成，ECFA 對臺灣中小企業拓銷大陸市場確有助益。財政部統計，從 2011 年至 2017 年 11 月，臺灣對中國大陸出口早期收穫貨品估計累積減免關稅金額 50.29 億美元；我國自中國大陸進口早期收穫貨品累積減免關稅金額 4.57 億美元。

（二）金融服務業早期收穫計畫執行成果（延續「兩岸金融合作協議 MOU」）

1. 銀行業部分，截至 2017 年 11 月，金管會已核准 13 家國內銀行赴中國大陸設立分行，其中 29 家分行已開業，3 家銀行設有代表人辦事處。

2. 證券期貨業部分，截至 2017 年 11 月，金管會已核准 4 家國內投信事

業赴中國大陸參股設立基金管理公司，並已營業，其中1家經金管會同意撤資處分持股，1家國內投信事業於中國大陸設立辦事處；另有8家證券商赴中國大陸設立14處辦事處。截至2017年11月，有20家國內投信事業及1家證券商獲陸方證券監理機構核准QFII資格，其中19家投信事業已取得投資額度合計54.01億美元，1家證券商取得投資額度0.8億美元；另有9家國內保險業獲陸方證券監理機構核准QFII資格並取得投資額度合計47億美元，以及6家國內銀行業者獲陸方核准QFII資格並取得投資額度合計3.8億美元。

3. 保險業部分，截至2017年11月，金管會已核准12家國內保險業及3家保險經紀人公司赴中國大陸參股投資，並已獲中國大陸核准參股投資大陸地區7家保險業者、2家保險經紀人公司及2家保險代理人公司，另有1件保險業赴中國大陸參股投資案經金管會核准但尚未向中國大陸監理機構遞件申請或刻由中國大陸監理機構審核中；保險業並設有13處代表人辦事處。

4. 陸銀來臺部分，截至2017年11月，陸銀在臺設立3家分行（中國大陸中國銀行、交通銀行及中國建設銀行臺北分行）及2家辦事處（招商銀行及中國農業銀行）。

（三）非金融服務業早期收穫計畫執行成果

1. ECFA服務業早期收穫計畫投資情形：經濟部統計，從2011年至2017年11月，累積ECFA服務業早收計畫陸資來臺核准241件，核准投資金額3億7,710萬美元。累積ECFA服務業早收計畫我方赴中國大陸投資核准731件，核准投資金額8億5,196萬美元。

2. 中國大陸首家臺商獨資醫療機構、臺灣聯新國際醫療集團「上海禾新醫院」2012年6月26日開幕，上海禾新醫院係ECFA簽訂後核准設

立的第一家臺商獨資醫療機構，投資金額約 2,357 萬美元。

3. 截至 2017 年 11 月共有 34 部臺灣電影片依據 ECFA 服務貿易早期收穫計畫， 於中國大陸上映。

二、兩岸經濟合作委員會（經合會）運作情形

1. 雙方依 ECFA 第 11 條成立經合會，由雙方指定的代表組成，並於 2011 年 2 月 22 日經合會第 1 次例會，成立貨品貿易、服務貿易、投資、爭端解決等 4 個工作小組，負責 ECFA 後續貨品貿易、服務貿易、投資、爭端解決等 4 項協議之協商，以及設置產業合作、海關合作等 2 個工作小組，負責推動兩岸產業合作及海關合作。此外，雙方同意透過經合會平台推動兩岸經貿團體互設辦事機構事宜。

2. 至 2017 年已舉行 7 次例會，檢視 ECFA 各項工作推動進展，包括 ECFA 早收執行情形、ECFA 後續協議進展及經濟合作事項之推動情形等。

三、ECFA 後續協議進展

1. 投資保障協議：於 2012 年 8 月 9 日簽署，並於 2013 年 2 月 1 日生效，有助加強對我投資人權益之保護。

2. 服務貿易協議：於 2013 年 6 月 21 日完成《兩岸服務貿易協議》之簽署，並於 6 月 27 日送立法院審議。

3. 貨品貿易協議：自 2011 年 2 月 22 日經合會第 1 次例會宣布啟動協商以來，截至 2015 年 11 月底，經濟部偕同相關部會已與陸方進行 12 次協商。（民進黨再度執政後，2016 年 8 月 18 日，中國國臺辦主任張志軍表示，兩岸溝通機制與協商機制處於停擺狀態，沒有共同政治基礎，貨貿協議「不可能再談」。）

2010　10 月，梅姬颱風環流共伴輻合現象，宜蘭地區淹水、土石流及蘇花
公路多處坍方，310 萬戶停電。計有 38 人死亡，農損約 1 億 3,590
萬元。其中，10 月 21 日創意旅行社遊覽車搭載 21 名來自廣東珠海
的旅行團員，遭到落石擊中墜海全數罹難。該次蘇花公路坍方共 26
人死亡。

臺北松山機場和日本東京羽田機場航線日復飛（停航 31 年），日
本前首相安倍晉三（1954 - ）搭乘首航班機訪臺。

2010　11 月，桃園國際機場航空站改制為國營事業單位，桃園國際機場股
份有限公司成立。

臺北捷運蘆洲線（蘆洲站－忠孝新生站）11 月 3 日通車。（2012
年 1 月 5 日大橋頭站－輔大站通車，2012 年 9 月 30 日忠孝新生站－
東門站－古亭站通車，2013 年 6 月 29 日輔大站－迴龍站通車）

臺北國際國際花卉博覽會開幕，展期 171 天，耗資 135.91 億元。

5 都選舉前夕，連勝文（1970 - ）於造勢場合遭槍擊送醫。

5 都市長選舉投票結果：臺北市長郝龍斌、新北市長朱立倫（1961
- ）、臺中市長胡志強（1948 - ）、臺南市長賴清德（1959 - ）、高
雄市長陳菊。

歐洲聯盟（EU）通過對臺灣免申根簽證待遇，2011 年 1 月 11 日起
生效。

2010　12 月，歐盟以共謀操控價格為由，重罰臺商奇美、友達、彩晶、華映及韓國樂金液晶顯示器 5 家面板廠共 6.49 億歐元。

行政院核定「臺 9 線蘇花公路山區路段改善計畫」（蘇花改）建設計畫。

「第六次江陳會談」於臺北舉行，雙方簽訂《兩岸醫藥衛生合作協議》，並決定成立協議落實的檢討機制。

（中共通過第 12 個五年規劃綱要，簡稱「12 五」，指 2011 年到 2015 年發展國民經濟的計劃。）

2011　1 月，新臺幣兌美元匯率 29.8：1，創 1997 以來新高。

自 1 月 1 日起，每一存款人在國內同一家要保機構之存款本金及利息，合計受到最高保額 300 萬元之保障。

兩岸海協會與海基會同時宣佈「兩岸經濟合作委員會」成立，分別由海協會常務副會長鄭立中（1951 - ）與海基會副董事長高孔廉（1944 - ）任召集人。兩岸經濟合作委員會 1 月 6 日起正式運作。（臺方代表計 14 名：首席代表為經濟部次長；其他成員包括經濟部、陸委會、金管會、經建會、財政部及海基會等單位指定代表組成）

金門大橋（大小金門間）開工，全長 5.4 公里，造價 75 億元，預計 2016 年 6 月完工。（因工程進度持續落後，構成違約情事，交通部國工局依契約規定 2016 年 6 月 29 日終止契約關係，重新辦理工程發包。2016 年 12 月 28 日開工，完工期程延到 2020 年 9 月 25 日）

立法院通過《預算法》修正案，政府機關及公營事業等，不得在媒體置入性行銷。

《所得稅法》修正公布。（刪除軍人及國中小教職員薪資所得免稅，自 2012 年 1 月 1 日起施行，即 2013 年起要繳納所得稅。）

《全民健康保險法》（二代健保）1月26日修正公布。（2012年10月30日行政院發布〈全民健保施行細則〉及〈健保扣取及繳納補充保險費辦法〉。二代健保自2013年1月1日起開始實施。民眾及投保單位除負擔現有「一般保險費」外，雇主有一項及民眾有6項特定所得或收入（高額獎金、兼職薪資所得、執行業務收入、股利所得、利息所得及租金收入）應計收「補充保險費」。）

法務部重啟調查1996年空軍司令部女童遭姦殺案，發現原被認為涉案並已槍決的士兵江國慶被冤殺。（本案是由不具司法警察身分之空軍總司令部政四處的反情報隊違法偵辦，且追求破案績效而使用非法手段刑求逼供施壓而導致冤枉判死。江國慶於1993年8月13日被執行槍決，2011年9月13日，國防部北部地方軍事法院進行再審宣判江國慶無罪。江家提出刑事補償請求，北軍院決定補償江家1億318萬5,000元，創下冤獄賠償最高金額。）

2011　2月，曾雅妮（1989 - ）摘下澳洲ANZ女子高球名人賽冠軍，LPGA積分排名躍升至世界第1，為臺灣首位世界第1的職業高爾夫選手。

前總統陳水扁夫人吳淑珍因案被判刑17年半定讞。2月16日發監服刑、並於臺中培德醫院進行服刑評估。院方以隨時有生命危險之虞拒收，責付家屬帶回，限制住居及出境。

臺北捷運南港線東延段2月27日通車（南港站－南港展覽館站）。

2011　3月，臺中市ALA PUB傑克丹尼夜店火災，造成9人死亡、12人受傷。

臺9線蘇花公路山區路段改善計畫（蘇花改）動工，全線工程分蘇澳至東澳（預定2017年竣工）、南澳至和平（預計於2018年竣工）、和中至大清水（預定2019年完成）等三個路段執行，長約38.8公里，

斥資 528 億元,全線通車後,原行車 2 小時 10 分可縮短為 72 分鐘。(日本發生 311 地震大海嘯。芮氏規模 9.0 的大地震引發的大海嘯,對東北三縣造成巨大傷害,死亡加上失蹤人數超過 1 萬 8 千人,遭受破壞的房屋 1,217,034 棟,為日本二戰後傷亡最慘重的自然災害。)根據外交部統計,日本 311 大地震臺灣捐款單位及金額,截至 2014 年底,我國政府單位計有外交部等 15 單位,共募得 7 億 6,975 萬元,勸募團體計有紅十字會等 10 團體共募得 54 億 6,335 萬元,合計共募得 62 億 120 萬元,將未發起國內勸募直接捐贈給日本之團體及個人列入計算後,合計 68 億 5,466 萬元。

受日本核災影響,衛生署宣布自 3 月 25 日起暫停日本福島、千葉、栃木、茨城和群馬等 5 縣所有食品報驗。

2011　4 月,臺灣代表團在莫斯科阿基米德國際發明展暨發明競賽中,獲大會最高榮譽「金阿基米德獎」;總計獲 17 金牌、20 銀牌、9 銅牌。

立法院通過《特種貨物及勞務稅條例》(俗稱奢侈稅),以健全房市及強化租稅公平,6 月 1 日實施。

行政院長吳敦義宣布,軍公教今年 7 月 1 日起加薪,加薪幅度 3%,所需預算辦理追加預算取得。

證嚴(1937-)法師獲美國《時代》雜誌選為最具影響力百大人物。

馬英九總統宣示,「不再支持國光石化開發案在彰化進行。」

阿里山森林鐵路神木站車輛翻覆,6 人死亡、超過 60 人輕重傷。

民主進步黨參選總統初選由黨主席蔡英文勝出。

國光石化開發案

2006 年,民主進步黨政府蘇貞昌擔任行政院長後,宣布啟動「大投資、

大溫暖」計畫，並將國光石化開發案列為該計畫重大開發案之一。

國光石化科技公司是由經濟部所屬的臺灣中油與民間業者共同組成，中油為最大股東，持股之比例達43%。國光石化開發案原來預定投資9,336億元，後來修正為6,200億元。這項計畫包括一座日產30萬桶原油的煉油廠、年產120萬公噸乙烯的輕油裂解廠、年產80萬公噸的對二甲苯芳香烴中心、23座石化中下游工廠、14套汽電共生廠、以及含13座碼頭的工業專用港。原先預計在雲林縣離島工業區興建石化工業區，後因環評未通過而於2008年轉往彰化縣，並計畫以填海造陸的方式興建國光石化園區。2008年11月13日，行政院核列為國家重大計畫。但此舉卻引發彰化地區反彈，發起反國光石化運動。

國光石化在高排碳、高耗能、高污染、健康風險、濕地破壞、對當地漁農業影響，以及耗用水資源、地層下陷等問題倍受議論，當地民眾結合國內環保團體展開連串抗爭遊行，反對設立污染工廠與保護白海豚運動，並促成首次由民間主動發起的環境信託案例，五萬多人響應願意出資，買下該預定地以保留環境生態。

國光石化經過600多天環評審查，2011年4月22日第五次審查終於做出有條件通過、不予通過兩方案。當天總統馬英九率內閣首長召開記者會，宣布「不會支持國光石化開發案在彰化縣繼續進行」。

2011　5月，立法院通過《會計法》修正案，首長特別費案可因此除罪。
世界衛生組織（WHO）內部文件要求所屬機構稱呼中華民國為「中國臺灣省」，馬英九總統召開記者會向WHO表達政府嚴正立場。
16家食品驗出含塑化劑汙染。
調查局前局長葉盛茂遭控洩密案，臺灣高等法院判處2年6月定讞，

為史上首位因案入監的調查局前局長。（7月14日入監）

2011　6月，國家生技園區開發案（202兵工廠案）在環保署環評會上闖關成功，但明訂7項附帶條件。中研院宣布下半年動工，2017年完工。

立法院通過《法官法》，建立法官評鑑制度，恐龍法官最重可免職。中國宣布大陸居民赴臺自由行，將於6月28日啟動，國家旅遊局並發布「大陸居民赴臺灣地區個人旅遊注意事項」。（先開放北京、上海、廈門三地居民赴臺觀光；至2017年底合計已開放47個陸客來臺自由行城市。）2011年7月29日啟動小三通自由行。

《花東地區發展條例》6月29日制定公布，2012年設置「花東地區永續發展基金」。

2011　7月，第1屆U-12世界杯（少棒）錦標賽於臺北市舉行，臺灣隊（中華臺北）獲得冠軍。

臺灣代表隊參加2011年第42屆國際物理奧林匹亞競賽，獲5面金牌，團隊平均成績世界排名第1，成績歷年來最好。

金管會發布〈臺灣地區銀行辦理人民幣業務規定〉，自7月21日生效。

2011　8月，臺灣首次發生器官移植可能導致病患感染愛滋病的事件。臺大醫院誤收愛滋病患者遺體將器官移植至臺大醫院與成大醫院5名病患。

8月11日，屏東航空站民用航班停飛。9月1日交通部民用航空局終止營運及裁撤，移交國防部空軍司令部啟用。（屏東航空站新機場航廈於2005年5月17日啟用，機場使用率偏低，每年虧損約1億元，被稱為蚊子機場。）

2011	9月，空軍兩架 F -5 系列戰機在蘇澳近郊東澳嶺撞山墜毀，機上 3 名飛官全部罹難。
	行政院核定「12 年國民基本教育實施計畫」，自 2014 學年度起實施。（12 年國教雖早在 1983 年就已經開始規劃，先後經過 10 任教育部長，但因受到許多反對聲浪和財務困窘等因素影響而未曾實施，2014 年 8 月起開始實施。）
	交通部將阿塱壹古道規劃為臺 26 線公路，學界環保團體反彈。（2012 年 1 月，屏東縣政府將觀音鼻及阿塱壹古道劃入自然文化保留區，禁止開發。）
	9 月 22 日，臺日簽署《亞東關係協會與財團法人交流協會有關投資自由化、促進及保護合作協議》，11 月 22 日立法院通過，總統公布自 2012 年 1 月 20 日生效。
2011	10 月，巴拿馬籍砂石船瑞興輪擱淺基隆外海，造成 8 人死亡，2 人失蹤，並釀油污事件。
	「第七次江陳會談」於中國天津舉行，簽署《兩岸核電安全合作協議》，公布關於繼續推進兩岸投保協議協商和加強兩岸產業合作兩項共同意見。
2011	11 月，臺日完成航約換文，納入「開放天空協議」，雙方不再限制彼此民航業者的航點與班次，且享有任何航點的延遠權。
	國際大學運動總會宣布 2017 年夏季世界大學運動會在臺北市舉行。
	立法院院會通過《臺日投資協議》，為臺日首度簽署的全盤性投資協議。
	內政部 12 月 27 日公布〈中低收入老人生活津貼發給辦法〉，針對未接受公費安置之中低收入老人，依其家庭經濟狀況，每月發給

7,200 元或 3,600 元生活津貼。（依據該辦法規定，每四年調整一次，參照最近一年 CPI 較前次調整之前一年 CPI 成長率公告調整，成長率為零或負數時，不予調整。自 2016 年 1 月每月發給 7,463 元或 3,731 元生活津貼。）

2011　12 月，臺灣首座國家自然公園：壽山國家自然公園於 6 日開園。

《老年農民福利津貼暫行條例》修正公布。自 2012 年 1 月起，老農津貼調增 1,000 元，每月可領 7,000 元。並建立制度化調整機制，以後每四年參考 CPI 成長率自動調整。【2013 年起新申領老農津貼者設有排富條款。2014 年 7 月 16 日，《老年農民福利津貼暫行條例》修正公布，排除短暫從事農業者即得申領老年農民福利津貼之不合理現象。主要內容：1. 修法調整前，已領取老農津貼者，不受影響。2. 修法調整前，已加入農保者，於 65 歲時，農保年資滿 6 個月未滿 15 年者，先領取半額津貼 3,500 元，等到年資達 15 年，才發放全額津貼 7,000 元。3. 修法調整後，農保年資達 15 年才發給全額老農津貼 7,000 元。2016 年 1 月起，老農津貼 7,000 元調為 7,256 元；3,500 元調為 3,628 元。】

《國民年金法》12 月 21 日修正公布。2012 年 1 月起，老年年金給付 A 式加計金額、遺屬年金給付基本保障、原住民給付、老年基本保證年金由 3,000 元調整為 3,500 元；身心障礙年金給付基本保障及身心障礙基本保證年金由 4,000 元調整為 4,700 元。其後每四年調整一次，參照 CPI 成長率公告調整。（2016 年 1 月起，國民年金老年年金 A 式加計金額、老年基本保證年金、遺屬年金、原住民給付金額由 3,500 元調為 3,628 元。身心障礙基本保證年金由 4,700 元調整至 4,872 元。）

立法院通過《兵役法》修正案，確定兵役制度由「徵募併行」改為「募兵制」。國防部表示將在 2014 年底完成全募兵制，2015 年 1 月 1 日起實施。（原定 2014 年底達成全募兵，但因無法募到足夠的志願兵員，2013 年 9 月 12 日，國防部宣布延緩上路時程 2 年。2015 年 8 月再度宣布延緩。2016 年 8 月，國防部宣布 2017 年將持續徵集 1993 年次（含）之前的役男 9,600 人入營服義務役 1 年。「全募兵制」4 度跳票。）

日本琉球各界為感謝臺灣基隆市民祭祀其先祖，於基隆和平島公園安置「琉球漁民慰靈碑」銅像、碑座揭幕。

1905 年前後，琉球人遷居至基隆和平島（舊稱社寮島），這是全臺最大且最早的琉球漁民聚落，全盛時期達 600 人，臺灣人提供琉球人地方居住，琉球人也將捕魚、造船等漁業技術教給基隆居民，彼此尊重、合作地生活在一起。後來琉球聚落消逝在戰火中，基隆居民收集起社寮島附近的琉球人、西班牙人、荷蘭人等的遺骸，祭祀在萬善公廟內。
圖示為琉球漁民慰靈碑，乃日本琉球民眾為感謝基隆市民祭祀其先祖，特於和平島設置銅像及碑座。（2011 年 12 月落成）

2012　1月，金管會宣佈開放大陸銀行來臺參股金控公司或銀行，但不能
　　　跨業參股，且單一大陸銀行持股不得超過被投資銀行、金控公司的
　　　5%，與其他大陸 QDII 機構合計不得超過 10%。

　　　歌星鳳飛飛（1953 -2012）在 1 月 3 日在香港辭世。

　　　臺北捷運新莊線 5 日通車。

　　　第 13 任總統（民選第 5 任）與第 8 屆立委大選結果，總統、副總
　　　統由馬英九、吳敦義連任成功。立法委員共 113 席，各黨所獲得席
　　　次分別為中國國民黨 64 席、民主進步黨 40 席、親民黨與臺聯各 3
　　　席、無盟 2 席、無黨籍 1 席。

2012 總統大選當選人馬英九、吳敦義

2012　2月，王金平連任第 8 屆立法院院長，洪秀柱（1948 - ）為第一位女
　　　性立法院副院長。陳冲任行政院長（2012.2.6-2013.2.18）。

　　　蘭嶼達悟族發動第四次大規模抗議，要求核廢料貯存檢整後立即遷
　　　離。

　　　由南投高中及景美女中組成的拔河隊，在 2012 蘇格蘭世界盃室內
　　　拔河錦標賽男女混合組比賽中連戰皆捷，順利奪冠。

蔡英文辭民主進步黨主席，由陳菊代理（任期：2012.2.29-2012.5.30）。

2012　3月，農委會宣布臺灣首度爆發高病原性 H5N2 禽流感，撲殺臺南、彰化超過 5 萬隻雞，但不會人畜共通。

行政院宣布美牛對飼料添加萊克多巴胺的牛肉「安全容許、牛豬分離、強制標示、排除內臟」有條件進口政策。養豬戶不滿走上街頭抗議。7月，立法院通過《食品衛生管理法》修正案，含瘦肉精美牛進口解禁，並授權衛生署訂定瘦肉精安全容許量。

高雄籍砂石船海翔 8 號在基隆外海沉沒，船員 6 死、7 傷、2 失蹤。

空軍救護隊 S -70C 海鷗救難直升機，獲報前往蘭嶼外海救援心臟病發的印尼漁工，意外失事落海，機上 6 名機組員 1 人獲救 5 人殉難。

行政院核准「大陸地區人民來臺投資業別項目」修正案，新增開放業別包括製造業 115 項、服務業 23 項及公共建設 23 項。（這是臺灣自 2009 年 6 月開放陸資以來的第三階段、第四次修正增加開放項目）3 月 20 日，經濟部公告實施。

3 月 20 日，監察院對行政院 2000 年 10 月 27 日貿然宣布停建施工逾 3 成的臺電核四工程，引發當時朝野紛爭及政局不安，停工 110 天後復工，讓後續工程執行極困難，導致工期延宕增加工期 44 個月、預算追加、造成 1,870 億元國庫損失以及品質安全疑慮，指決策過程草率、一意孤行、效能不彰，違法失職，對行政院、經濟部及臺電公司提出糾正。

行政院核定「石化產業高值化推動方案」。

2012　4月，宣布「新電價方案」平均漲幅：家庭用電 16.9%，商業用電 30%，工業用電 35%。

交通部超收逾 218 萬車主汽車燃料使用費長達 29 年，合計逾 11 億

元，將從 7 月起退款給民眾。

林書豪（1988 -，NBA 臺裔美籍控球後衛）曾雅妮（高球天后）、蒲艾真（1974 -，臺裔美籍人權領袖，父蒲慕明為中研院院士）、羅聞全（1960 -，華裔美籍中研院院士）獲美國《時代》雜誌選為最具影響力 100 大人物。

行政院通過證所稅復徵的《所得稅法》及《所得基本稅額條例》，將個人證所稅的扣除額從財政部建議的 300 萬元提高到 400 萬元，稅率由 20% 降為 15% 至 20%。

2012　5 月，國道 5 號雪山隧道發生車輛追撞起火事故，造成 2 人死亡、31 人被濃煙嗆傷，隧道內上百人一度受困待援，為該隧道開通以來最嚴重的交通事故。

奇美集團投入 15 億元興建的「臺南都會園區奇美博物館」，捐給臺南市政府。（2015 年 1 月 1 日開館營運）

馬英九、吳敦義就任第 13 任（民選第 5 任）總統、副總統。馬英九發表「堅持理想、攜手改革、打造幸福臺灣」就職演說。

文化部揭牌成立。（配合行政院組織改造，5 月 20 日文建會改制為文化部，業務涵蓋原文建會業務，並納入行政院新聞局出版產業、流行音樂產業、電影產業、廣播電視事業、兩岸交流等業務、行政院政府出版品相關業務，以及教育部轄下 5 個文化類館所。）

民主進步黨、臺灣團結聯盟以及本土社團於 5 月 19 日以及 5 月 20 日馬英九總統連任就職日發動嗆馬大遊行。

馬英九總統宣布，分三階段調漲電價，6 月 10 日及 12 月 10 先各調漲 40%，最後 20% 視臺電改革成效再決定調漲日期。

財政部長劉憶如（1955 -）因證券交易所得稅復徵請辭（不滿中國

國民黨立院黨團所提「整合版」）。由前財政部次長張盛和（1949 - ）
接任。

5 月 30 日，行政院核定國家建設總合評估規劃中程計畫。

蘇貞昌當選民主進步黨主席（任期：2012.5.30 - 2014.5.28）。

2012　6 月，陳冲院長宣佈通過「黃金十年國家願景計畫」。總目標：建
立繁榮、和諧、永續的幸福臺灣；關鍵驅動力包括：創新、開放、
調結構；實踐「黃金十年」8 大願景與 31 項施政主軸。

行政院金管會 6 月 7 日核准大陸中國銀行、交通銀行兩陸銀申請設
立臺北分行，為首批在臺經營業務的大陸銀行。（中國銀行臺北分
行於 6 月 22 日在臺灣營運，交通銀行臺北分行則於 7 月 16 日在臺
北 101 大樓開業。）

全臺連日豪雨成災，造成 7 人死亡、2 人失蹤及 4 人受傷。農損超
過 5 億元。

行政院核定「國家氣候變遷調適政策綱領」。

原能會批准反應爐錨定螺栓曾斷裂的核二廠 1 號機重新啟動，環保
團體痛批「草菅人命」，揚言抗爭。

2012　7 月，立法院通過《所得稅法》及《所得基本稅額條例》修正案。（建
立證券交易所得課稅制度，停徵 26 年的證券交易所得稅從 2013 年
1 月 1 日起恢復課徵，2013 -2014 年度採「設算所得就源扣繳」與「核
實課稅」雙軌制；2015 年度起採「核實課稅」單軌制。）

內政部 7 月 9 日公布〈身心障礙者生活補助費發給辦法〉，生活補
助費每月核發標準如下：1. 低收入戶之極重度、重度及中度身心障
礙者每人核發 8,200；輕度身心障礙者每人 4,700 元。2. 中低收入戶
之極重度、重度及中度身心障礙者每人 4,700 元；輕度身心障礙者

每人 3,500。3. 非屬中低收入戶之極重度、重度及中度身心障礙者每人 4,700 元；輕度身心障礙者每人 3,500。2012 年 1 月 1 日起，其後每四年調整一次，參照 CPI 成長率公告調整。（2016 年 1 月起，身心障礙者生活補助費核發標準：原核發 8,200 調為 8,499；原核發 4,700 元調為 4,872；原核發 3,500 調為 3,628。）

馬祖博弈公投以 1,795 票，約 57.23% 的比率獲得通過，馬祖將可設立賭場。這是《公民投票法》於 2004 年施行以來第 3 次地方性公民投票，也是唯一表決結果為「通過」之公民投票。

國三生陳伯恩參加第 53 屆國際數學奧林匹亞競賽勇奪金牌，是臺灣參選 21 年來首名奪金的國中生。

行政院核定「強化工業基礎技術發展方案」。

臺東陳樹菊獲得菲律賓號稱「亞洲諾貝爾獎」的麥格塞塞獎。

2012　8 月，不動產成交案件實際資訊申報登錄制度開始施行。

馬英九總統拋出「東海和平倡議」，希望相關各方擱置爭議，以和平方式處理爭端。

蘇拉颱風過境發生土石流、淹水、道路中斷等災情。計有 7 人死亡，農損逾 12 億元。

「第八次江陳會談」於臺北圓山舉行，完成《兩岸投資保障和促進協議》及《兩岸海關合作協議》的簽署。另針對投保協議，雙方也共同發表了「人身自由與安全保障共識」。

蔡英文成立「小英教育基金會」。

李登輝出庭涉嫌侵占 2.5 億元之國安密帳訴訟官司。【2011 年 6 月 30 日，最高法院檢察署特偵組認定李登輝為協助臺灣綜合研究院籌創院資金，於 1998 年與劉泰英（1936 -）及前國安局長殷宗文（1932

-2003）謀議，涉嫌侵佔國安密帳「鞏案」歸墊的剩餘公款779萬7,193美元，挪供支付購置院舍價金、裝置、人事等費用，涉及侵佔公有財物及洗錢等嫌，予以起訴。2013年11月15日，臺北地方法院一審宣判，李登輝無罪。2014年8月20日，臺灣高等法院二審宣判，李登輝部份維持無罪，適用《刑事妥速審判法》無罪定讞。】

經建會公布7月景氣燈號連續第9顆代表景氣衰退的藍燈，為史上第2慘。

中央銀行宣布與大陸完成《兩岸貨幣清算合作備忘錄》簽署，國內銀行自2013年2月6日起開辦人民幣業務。

2012　9月，總統馬英九首度登上距釣魚臺約140公里的彭佳嶼，並呼籲臺日中展開三組雙邊對話，再進行臺日中的一組三邊協商。宜蘭縣「釣魚臺護漁委員會」發起護漁行動，逾百艘漁船挺進釣魚臺海域，隨行12艘海巡艦和日方30多艘保安船艇互相噴水。

由臺灣新聞記者協會等近百個民間團體發起「901反媒體壟斷大遊行」。逾9千人走上街頭，要求旺中媒體集團放棄購併中嘉有線電視系統，呼籲NCC監督媒體壟斷亂象，這是臺灣新聞史上最大規模的抗議行動。

監察院通過彈劾蘇嘉全（1956- ）（農舍案）。（彈劾案文指出，蘇嘉全於其妻名下農業用地興建農舍未供農業使用，阻礙農業整體有效利用。於其名下農牧用地興建祖墳，部分侵占鄉有耕地，違反非都市土地使用管制規則之規定。）

行政院宣布「經濟動能推升方案」，推動產業多元創新、拓寬市場。

中共中央總書記胡錦濤在俄羅斯海參威會見中國國民黨榮譽主席連戰時就鞏固和深化兩岸關係和平發展提出三點看法。

立法院院會表決對行政院長陳冲不信任案，以 46 比 66 未通過。

行政院宣布基本工資調整定案，時薪微調、月薪凍結緩漲。堅持原調漲版本及反對本外勞基本工資脫鉤的勞委會主委王如玄（1961 - ）為此請辭獲准。

林中森（1944 - ）接替江丙坤為海基會董事長。

2012　10 月，美國宣布臺灣加入免簽證計畫，符合資格之臺灣護照持有人若滿足特定條件，即可赴美從事觀光或商務達 90 天，無需簽證。臺灣為全球第 37 個、亞太地區第 7 個獲此待遇國家。

行政院核定「推動中堅企業躍升計畫」。

勞保局公布勞保基金精算報告，顯示基金潛藏負債飆到 7.3 兆元，將在 2027 年瀕臨破產危機。

號稱臺灣史上規模最大的「臺北雙子星開發案」，在經過 4 次招標失敗後標出，由日本森集團、臺灣互助營造、馬來西亞怡保花園集團等多國公司組成的太極雙星團隊得標。（後傳出弊端決定廢標，臺北市長郝龍斌於 2014 年 10 月 14 日宣布由市政府主導投資興建。）

由 7 名高手組成的臺灣代表隊「臺北暗殺星（TPA）」在美國舉行的電玩競賽中勇奪世界冠軍。

署立臺南新營醫院北門分院的護理之家遭縱火，13 人不幸罹難。

主計總處第 9 度下修經濟成長預測目標至 1.05%，仍居四小龍之末。

2012　11 月，「加強推動臺商回臺投資方案」開始實施，分別以高科技產業投資 5 億元以上與其他產業投資 1 億元以上為對象，包括協助其解決人力、土地、設備進口，提供專案貸款、強化輔導措施等方面。（計劃截至 2014 年底，以每年吸引臺商回臺 1,000 億元為目標。）

立法院通過《勞工保險條例》修正案，勞保強制加保年齡由 60 歲

延後到 65 歲。12 月，通過《勞工保險條例》修正案，將勞工領取
保險給付的請求年限由現行 2 年延長至 5 年，以保障勞工權益。立
法院通過《民法》修正案，未來配偶欠債，銀行、討債公司等第三
者不可要求夫或妻吐出財產還債。

全球人壽以保險安定基金賠付 883.68 億元標得國華人壽，創下政
府處理問題金融機構的天價紀錄。（國華人壽因財務惡化於 2009
年 8 月被金管會接管，這是臺灣首家以安定基金賠付退場的壽險公
司。）

2012　12 月，歷經 921 地震、72 水災侵襲，停業 13 年的梨山賓館，重新
開幕。

新竹縣尖石鄉司馬庫斯部落產業道路發生中型遊覽車墜落山谷重大
車禍，導致 13 人死亡、10 人受傷。

國道 1 號五股至楊梅段拓寬工程中壢至楊梅段 12 月 16 日開放通車。

反媒體巨獸青年聯盟號召在臺北市自由廣場守夜跨年，訴求反對媒
體壟斷。

「臺灣 2012 代表字大選」評選：「憂」字。

2013　1 月，二代健保 1 月 1 日起開始實施。臺灣成為國際醫療藥品稽查
協約組織會員。

行政院體育委員會（1993.7 -2013.1）走入歷史。降編改組之教育部
體育署 1 月 2 日掛牌。

高鐵苗栗站及雲林站舉行動工典禮。（2 月，高鐵彰化站舉行動工
典禮）

立法院通過《公務人員任用法》修正案，公務員因具雙重國籍而遭
撤銷任用資格，在職期間俸給應予追還，但不回溯。

1 月 13 日民主進步黨在臺北舉行「人民火大、一路嗆馬」遊行，稱有 20 萬人參與。

2013　2 月，江宜樺（1960 - ）任行政院長（2013.2.18 -2014.12.8），宣布願以公投決定是否停建核四。

中共中央總書記習近平（1953 - ）在北京人民大會堂會見中國國民黨榮譽主席連戰。2 月 26 日，中國國家主席胡錦濤在人民大會堂會見連戰。中國全國政協主席賈慶林（1940 - ）在釣魚臺國賓館會見連戰。

2013　3 月，反核大遊行。（309 廢核大遊行，由臺灣綠色公民行動聯盟等 150 個民間團體共同發起，在四大城市臺北、臺中、高雄、臺東串連反核，參與總人數約 22 萬人，活動口號為「終結核四，核電歸零」是臺灣反核遊行人數最多的一次。）新北市議會通過「建請中央政府立即中止核四興建計劃」的緊急提案，是全國第一個通過停建核四的民意機關。

馬英九總統飛抵羅馬出席新任教宗方濟各（Pope Francis，1936 - ）的就職典禮，並和教宗會面，這是中華民國元首首度和教宗會面。

2013　4月，內政部長將涉貪的南投縣長李朝卿（1950 - ）移送監察院且不
　　　　准復職，這是民選縣市長遭內政部移送監院並停職首例。（2015 年
　　　　8月，李朝卿涉嫌在莫拉克風災等百餘件災修工程收受回扣，南投
　　　　地院重判 30 年徒刑、褫奪公權 10 年。2017 年 6 月，臺中高分院改
　　　　判 22 年徒刑、褫奪公權 10 年。）

　　　　《臺日漁業協議》簽署，兩國經濟海域之漁業作業達成共識。

　　　　國道 1 號五股至楊梅段拓寬工程 4 月 20 日全線通車。五楊高架計
　　　　畫全長 40 公里，2009 年 11 月 21 日動工，興建經費 587 億元，紓
　　　　解國道 1 號五股到中壢路段嚴重壅塞問題。

　　　　李開復（1961-）獲選為美國《時代》雜誌最具影響力百大人物。

　　　　行政院核定「自由經濟示範區規劃方案」。

　　　　中央流行疫情指揮中心公布國內首例 H7N9 感染個案，臺灣成為全
　　　　球第 1 個中國以外被 H7N9 攻陷的國家。6 月，衛生署證實臺灣（中
　　　　部 1 位 20 歲女性）出現全球手例人類感染 H6N1 禽流感病毒。

　　　　4 月 29 日，馬英九在海基會舉辦「辜汪會談 20 周年」紀念茶會重
　　　　申不統、不獨、不武「新三不政策」，保證不推動「兩個中國、一

中一臺、臺灣獨立。

2013　5月，行政院核定桃園縣改制計畫，自2014年12月25日實施。

5萬名勞工與聲援者走上街頭，抗議勞保年金改革等。5月19日，臺灣反核行動聯盟發起519終結核電大遊行。

菲律賓海防船射殺臺灣漁民，行政院長江宜樺宣布對菲採終止菲勞來臺申請等計11項制裁，並派紀德艦南進護漁操演。

衛生署發布部分食品上游業者非法在澱粉中添加「順丁烯二酸」。（之後並演變成一連串的食品安全問題事件）

2013　6月，「兩岸兩會第九次高層會談」在中國上海舉行，簽署《兩岸服務貿易協議》，中國對臺開放80項，臺灣對中開放64項，朝野立委要求將協議送立法院審查後才可生效。

臺鐵花蓮港站及花蓮港支線電氣化自6月22日起全線通車。

立法院通過《所得稅法》修正案，7月10日總統公布。修正證券交易所得稅制度：一、取消2013-2014年臺灣證券交易所發行量加權股價指數之收盤指數達8,500點以上設算課稅規定。二、2015年起股票出售金額超過10億元之大戶課稅方式採「設算為主、核實為輔」，由國稅局歸戶後，就股票出售超過10億元之金額部分，另行發單課徵1‰所得稅。但納稅義務人亦得於結算申報時選擇就股票出售金額全數核實課稅。

立法院通過《公共債務法》修正，未來各級政府總債限計算基礎，將由現行規定不得超過前3年度名目國民生產毛額（GNP）平均數之48%，改為不得超過前3年度國內生產毛額（GDP）平均數之50%，粗估全國舉債額度增加720億元。至於分配方式則為中央政府40.6%、直轄市7.65%、縣（市）1.63%、鄉（鎮、市）0.12%。

中央將舉債額度分別釋出 0.4%、約 548 億元給六都，0.2%、約 274 億元給其餘 16 縣市。（倒退回復至過去無《公共債務法》時代之重複放寬政府舉債空間之慣性遊戲規則）

兩岸服務貿易協議（CSSTA）

《兩岸服務貿易協議》（Cross-Strait Agreement on Trade in Services，簡稱 CSSTA），是海峽兩岸為促進服務貿易自由化，依據《兩岸經濟合作架構協議》（ECFA）第四條所簽署的服務貿易協定。2013 年 6 月 21 日，「兩岸兩會第九次高層會談」在中國上海舉行並簽署該協議，也向外界公布了開放清單。（因各界對協議影響之爭議，至 2017 年底立法院尚未完成審查，協議遭擱置。）

壹、 行政院提出簽署 CSSTA 意義

一、協助業者進軍大陸市場：大陸已從「世界工廠」逐漸轉化為「世界市場」，成為各國廠商兵家必爭之地，繼 ECFA 早收清單為我國廠商搶得灘頭堡後，《兩岸服務貿易協議》之簽署更進一步協助我服務業者利用本協議之各項優惠，以更好的條件進入大陸市場。

二、促進融入區域經濟之整合：服貿協議之簽署將向外界放送兩岸經貿繁榮發展之強力訊息，加上臺星協議已完成實質協商、臺紐已近完成協商，可望激勵更多國家與我洽簽經貿合作協議。

三、有助推動貨品貿易協議完成協商：在兩岸服務貿易協議簽署後，雙方將可集中心力，加速貨品貿易協議之協商。

CSSTA 是依據 WTO 之定義及相關規定進行協商。WTO 依照服務提供的方式區分四種服務貿易模式：模式一指服務的直接跨境提供（例如臺灣的

設計業者透過網路、電話等方式提供在大陸的消費者設計服務）；模式二指消費者到服務提供者所在地消費服務（例如陸客來臺觀光）；模式三指服務提供者至消費者所在地設立商業據點提供服務（例如臺灣的銀行在大陸設立分行），即服務業的投資；模式四指服務提供者以自然人移動方式至消費者所在地提供服務（例如臺灣的銀行派遣臺灣員工至其大陸分行擔任經理，提供銀行服務）。

貳、 CSSTA 主要內容

一、本協議內容包括文本（共有4章24條）、特定承諾表（市場開放清單）及關於服務提供者的具體規定等三部分協議。

二、文本部分規範任一方政府所採可影響服務貿易之措施應遵守之義務，包括：透明化、客觀公正、避免不公平競爭、允許相關的資金移轉及原則上遵守最惠國待遇及國民待遇等。特定承諾表則載明雙方相互開放服務業市場之內容，雙方約定採取正面表列，未列出之服務部門除雙方於WTO作出承諾且現已開放者外，則屬尚未開放。

三、本協議涉及眾多服務部門，依據WTO之分類方式包括商業服務；電信服務；營造服務；配銷服務；環境服務；健康與社會服務；觀光及旅遊；娛樂、文化及運動服務；運輸服務及金融服務等。此外，考量兩岸經貿互動發展及業者關切，我方並未就律師、醫師、會計師、建築師等專業服務業作出開放承諾。

四、大陸對臺灣開放80項行業別（非金融 65 項、金融 15 項），均超越中國大陸在 WTO 的承諾。大陸開放給臺灣項目中，有83%以上是超過CEPA待遇，其中又以金融類為重，有90%都超過CEPA待遇。

五、臺灣則對大陸開放64項行業別（非金融 55 項、金融 9 項），其

中 37 項屬新增或擴大開放陸資項目。所有開放項目中，以金融服務部門與非金融服務部門做為區分。

六、我方承諾開放64項協議簽署生效後，臺灣業者可以利用 協議中各項優惠，以更好的條件進入大陸市場。大陸業者雖可依我方承諾來臺投資，但仍需依據現行法規如〈大陸地區人民來臺投資許可辦法〉等相關規定，經審查通過後，才可來臺投資。

參、 CSSTA爭議

由於民眾對國民黨政府的政策長期傾斜中國大陸欲進行第三次國共合作的疑慮，加上擔憂該協議可能使臺灣在經濟與政治上更受中國操縱，導致《兩岸服務貿易協議》爭議不斷。特別是臺灣開放64項涵蓋上千種行業，包括陸海空運輸業、電信業、批發、零售全面開放，造成中國大陸全面掌握臺灣物流、金流，衍生國家安全問題，弱勢產業生計恐難維持。

《兩岸服務貿易協議》簽署前，行政院陸委會分別在2013年4月25日、5月2日和5月30日三次向立法院專案報告。簽署後於6月27日，行政院院會通過服貿協議，送立法院備查。

2013年6月25日，立法院朝野黨團協商決議：「海峽兩岸服務貿易協議本文應經立法院逐條審查，逐條表決；服務貿易協議特定承諾表應逐項審查、逐項表決，不得予以包裹表決，非經立法院實質審查通過，不得啟動生效條款。」

2014年3月18日，反黑箱服貿民主陣線等民間團體在立法院外舉辦晚會，抗議國民黨將服貿協議送院會存查，以學生為主的抗議民眾衝進立法院，占據議場，場外也陸續聚集大批學生及民眾聲援（太陽花學運），使得該協議造成廣泛的爭議和討論。太陽花學運的訴求，就是 「退回服

貿，重啟談判」以及要求《兩岸協議監督條例》立法。

　　自 2014 年 1 月 1 日起截至 2015 年 3 月 13 日止，經濟部辦理之《兩岸服務貿易協議》相關座談會、說明會、專題演講計 16 場。經濟部受邀出席各個公協會、民間機構、其他政府單位等辦理者計 34 場。受邀出席各大專院校系所辦理者計 45 場。

　　政府針對可能受貿易自由化影響之產業、企業與勞工提供積極、有效之支援措施，已編列 982.1 億元經費，自 2010 年至 2019 年推動「因應貿易自由化產業調整支援方案」，針對不同對象採行振興輔導、體質調整、損害救濟等 3 種調整支援策略，提升其競爭力及輔導轉型。

2013　7 月，與紐西蘭簽署《臺紐經濟合作協定》（ANZTEC），是臺灣與已開發且非邦交國簽署的第一個經濟合作協定。

　　　　衛生福利部揭牌成立。（整併原來衛生署 21 個單位、5 個所屬機關、內政部社會司、兒童局、家庭暴力及性侵害防治委員會、國民年金監理會以及教育部國立中國醫藥研究所等單位，成為 8 司 6 處的新機關「衛生福利部」及 6 個所屬三級機關（構）：「疾病管制署」、「食品藥物管理署」、「中央健康保險署」、「國民健康署」、「社會及家庭署」及「國家中醫藥研究所」。）

　　　　桃園國際機場第一航廈改建工程竣工。

　　　　在臺絕跡 52 年的狂犬病又出現。農委會判定 2012 年中至 2013 年初在南投魚池鄉、鹿谷鄉和雲林古坑發現的 3 隻病死鼬獾，為染狂犬病死亡，臺灣將從全球 10 個非狂犬病疫區中除名。

　　　　國防部處理洪仲丘暴斃事件引發白衫軍於 7 月及 8 月兩度遊行活

動。（白衫軍運動是由公民 1985 行動聯盟發起，第 1 次為 7 月 20 日的「公民教召」遊行，第 2 次為 8 月 3 日的「萬人送仲丘」晚會。）

8 月，《軍事審判法》修正案生效，非戰時之現役軍人犯軍刑法之罪移由普通法院偵審，洪仲丘遭凌虐致死案亦移交桃園地方法院審理。（8 月 15 日起開始實施，國防部憲兵指揮部執行「日新專案」，由武裝憲兵配合各地警政單位戒護，將約 270 多名軍事犯（含有 3 位中將、2 位少將），分 11 個戒護梯隊、分送 11 個戒護地區，移往一般的司法監獄。）

核三廠 2 號機外電系統喪失功能長達 84 天（2013 年 4 月 18 日 -7 月 1 日），依國際核能事件分級表列為「第 1 級異常警示事件」。

白色力量控訴軍中霸凌

2013　8 月，桃園新明隊獲 2013 世界青少棒錦標賽冠軍。

臺灣農村陣線等挺苗栗大埔拒拆戶社團在凱道舉辦「818 拆政府行動」晚會，呼籲政府速修《土地徵收條例》等。晚會結束後，部分

民眾進佔內政部所在中央聯合辦公大樓廣場。

經濟部宣布新版電價調漲方案，10 月 1 日起，住宅用戶月用電 500 度以下者不調漲，約有 85.7%、985 萬戶住宅用戶不受電價調漲影響。

2013　9 月，特偵組記者會指法務部長曾勇夫（1943 - ）、高檢署檢察長陳守煌（1952 - ）接受立法院長王金平、立委柯建銘關說，指示檢察官對柯建銘的背信案不再上訴，讓柯建銘無罪定讞。（引發「馬王政爭」）

馬王「九月政爭」。（中國國民黨考紀會在馬英九的指示下，將涉入關切柯建銘案的立法院長王金平撤銷黨籍。13 日，臺北地方法院裁准王金平聲請繼續保留行使該黨黨員權利之假處分。30 日，臺灣高等法院裁定駁回中國國民黨之抗告，王金平繼續保有黨籍、立委、國會議長身分。2015 年 4 月 23 日最高法院裁定立法院長王金平黨籍案「上訴駁回」，全案確定，王金平保有黨籍。）

行政院核定「第二期技職教育再造計畫」。

2013　10 月，代表馬英九總統出席亞太經合會（亞洲太平洋經濟合作會議，APEC）領袖會議的前副總統蕭萬長，與中國國家主席習近平舉行「蕭習會」，蕭習會由陸委會與中國國臺辦首度承辦，確立未來兩岸高層互動新模式。

4G（第 4 代行動通訊技術）執照競標，總金額 1,186.5 億元為底價 359 億元之 2 倍，得標企業為：中華電信、臺灣大哥大、臺灣之星、亞太電信、國碁電子、遠傳電信。

立法院記名投票處理倒閣案，結果反對 67 票、贊成 45 票，否決倒閣案。

2013　11 月，與新加坡簽署《臺星經濟夥伴協定》（ASTEP）。終止與甘比亞之外交關係。

中國宣布劃設「中華人民共和國東海防空識別區」，並要求 11 月 23 日起，於該識別區內飛行的航空器，都必須向中華人民共和國提供國籍及飛行計畫等識別方式，並服從識別區管理機構或其授權單位的指令；不服者，中國武裝力量將對其採防禦性緊急措施。東海防空識別區範圍包含釣魚臺列嶼，政府對此發表聲明，強調釣魚臺主權仍屬臺灣。

臺北捷運信義線（中正紀念堂站－象山站）於 11 月 24 日起通車，與北投線直通營運。

2013　12 月，規劃推動「自由經濟示範區」，推動「6 海 1 空 1 生技園區」目標。

內政部與南投縣政府 12 月 18 日公布清境民宿災害潛勢調查結果，只有 7 家民宿因未合法登記、部分違建，需要停業。（內政部長李鴻源 12 月 5 日指出清境 134 家民宿中只有 4 家完全合法）

國道全線收費制度由計次轉計程收費，開啟國道計程收費新制度。

外匯存底達 4,168 億美元，創歷史新高，居世界第四。

2014　1 月，行政院經濟建設委員會、行政院研究發展考核委員會、行政院主計總處電子處理資料中心、以及行政院公共工程委員會的工程管考單位，整合為「國家發展委員會」揭牌成立。

立法院於 1 月 14 日通過《流域綜合治理特別條例》，以特別預算編列 6 年 660 億治水工作。治水重點在國土規劃、綜合治水、立體防洪、流域治理，持續協助地方政府進行水患治理工作。行政院依據條例內容，4 月 16 日核定「流域綜合治理計畫

（2014 -2019）」修正。計畫範圍包括：地方政府管河川與區域排水、雨水下水道、上游坡地水土保持與治山防洪、農田排水、水產養殖排水等區域。計畫經費編列特別預算支應，以 660 億元為限；分三期執行，第一期2014 -2015年，計126.69億元、第二期2016 -2017年，計298.53億元、第三期2018 -2019年，計234.78億元。

立法院通過《通訊保障及監察法》修正，嚴格規範檢警調閱通聯紀錄。

1月29日《國家表演藝術中心設置條例》制定公布。4月2日，「國家表演藝術中心」成立。

總統府遭砂石車衝撞進總統府大門。

2014　2月，陸委會主委王郁琦（1969 -）與中國國臺辦主任張志軍（1953 -）在中國南京召開首次兩岸事務首長會議，這是兩岸負責兩岸事務最高官員首度正式會談，雙方以官銜互稱。

「兩岸兩會第十次高層會談」於2月26日至28日在臺北市舉行，簽署《兩岸氣象合作協議》及《兩岸地震監測合作協議》。

勞動部揭牌成立。所屬之勞工保險局、勞動基金運用局、勞動力發展署、職業安全衛生署，與勞動及職業安全衛生研究所等5機關亦成立運作。

財政部提出〈財政健全方案〉。（擬調整營業稅、所得稅，並調高薪資特別扣除額。財政健全方案有三個重點，包含控制政府債務規模、檢討不合理支出，以及稅制改革，擬針對銀行、保險以及富人加稅800億元。）

2014　3月，科技部揭牌成立（前身係1959年2月1日成立的行政院國家科學委員會）。

3月8日，由多個反核團體組成的全國廢核行動平臺，在福島核災3週年前夕，再次發起「全臺廢核大遊行」。

為了反對黑箱服貿，學生與公民團體串聯發起「318攻佔立法院」行動，引發太陽花學運。要求逐條審查《兩岸服務貿易協議》的學生由立法院側門進入院區，佔領議場及主席臺。參與反服貿示威之群眾由立法院移動至行政院，翻越圍牆與拒馬，進入行政院院區並佔領大樓。抵制立法院審查《兩岸服務貿易協議》草案，佔領立法院行動於4月10日結束，為期24日。（從3月18日至4月10日延續24天的太陽花學運創下多項國內群眾運動紀錄，首次由群眾佔領立法、行政二院，共有78萬人次參與，獲得17國、49個城市臺灣留學生相挺。）

因3月24日行政院流血鎮壓事件中，有23名遭警方暴力打傷的學生及民眾以集體自訴的方式，提告行政院長江宜樺、警政署長王卓鈞（1951 -）、北市警局長黃昇勇及中正一分局長方仰寧等人涉犯殺人未遂、強制及傷害罪。）2015年2月，參與太陽花運動之林飛帆（1988 -）、陳為廷（1990 -）、黃國昌（1973 -）、蔡丁貴（1949 -）、魏揚（1988 -）、洪崇晏（1991 -）等126人遭臺灣臺北地方法院檢察署起訴。2016年5月，行政院長林全上任後立即撤回告訴乃論之告訴。佔領立法院，一審全判無罪；攻佔行政院11人，分別有罪。行政院核定「育才、留才及攬才整合方案」。

2014 年 3 月 18 日至 4 月 10 日，一群大學生因不滿《兩岸服務貿易協議》行政院黑箱作業及反對立法院草率審查，發起太陽花學運抗議行動，進而佔領立法院，形成聚眾社會運動事件，後逐漸形成以年輕族群為主的「白色力量」。圖示為學生佔領立法院情況及訴求。

圖示為太陽花學運聚眾包圍立法院一景。

圖示為太陽花學運中在立法院議場牆面突出對政治的強烈訴求。

太陽花學運號召黑衫軍反服貿行動。

2014 4 月，前民主進步黨主席林義雄宣布自 4 月 22 日起禁食，要求停建核四，並呼籲臺灣人民一同敦促政府。民主進步黨宣布推動公投終結核四，立法院黨團提出《核四公民投票特別條例》草案。4 月 23 日，「人民作主」運動發起「人民作主 停建核四」行腳活動。4 月 24 日晚間，民主進步黨發起「2014、停建核四、1 人 1 扣、守護生命、前進凱道」活動，號召民眾上街。4 月 27 日，馬英九總統與藍營縣市長商議後宣布核四全面停工，核四未來若要運轉須經公投決定。4 月 28 日，行政院召開國際記者會，宣佈「核四 1 號機不施工、只安檢，安檢後封存；核四 2 號機全部停工」。

林義雄街頭反核。

2014 5 月，臺北捷運板南線發生隨機殺人事件，嫌犯鄭捷（1993 -2016）於行駛龍山寺站－江子翠站間車廂隨機砍殺，造成 4 人死亡及 24 人輕重傷。
民主進步黨黨主席改選，蔡英文當選（任期：2014.5.28 - 2016.5.25）。

立法院通過《所得稅法》、《加值型及非加值型營業稅法》修正，年所得超過千萬元者稅率增為45%、銀行與保險金融營業稅恢復至5%；同時提高單身標準扣除額、薪資特別扣除額。

國發會5月19日通過經濟部陳報「重要河川環境營造計畫」、「海岸環境營造計畫」及「區域排水整治環境營造計畫」，從2015年至2020年，辦理改善24條中央管河川及2條跨省市河川、524公里一般性海堤及42條中央管排水。三項計畫共編列800億元，中央公務預算支應710億元，經濟部自籌90億元。

行政院宣布推動「臺灣368照顧服務計畫」，以「一鄉鎮一日照」原則，提供多元且普及日間照顧服務。

行政院核定國家氣候變遷調適行動計畫（2013-2017）。

2014　6月，臺鐵花東鐵路電氣化通車。快捷普悠瑪號列車投入營運，臺東站普悠瑪號首航。

六四天安門事件25週年，民間團體6月4日在自由廣場舉行「路過天安門，人人坦克人」紀念晚會。

澎湖南方四島國家公園於6月8日公告設立。

中國國臺辦主任張志軍率團來臺，進行為期4天的訪問，並於6月25日在桃園與陸委會主委王郁琦進行「第二次兩岸事務首長會議」。張志軍訪臺期間，遭學運領袖林飛帆（1988-）等人抗議，到高雄西子灣時座車被潑白漆。

關心中國「六四天安門事件」25 週年，臺灣聲援，勿忘六四。

2014　7月，復興航空由高雄飛往馬公的航機，在澎湖縣湖西鄉西溪村失事墜毀，機員及乘客 48 死 10 傷，並造成地面 5 人受傷。

湖山水庫（位於斗六丘陵西麓北港溪支流梅林溪上游）大壩工程竣工。

花東鐵路電氣化 7 月 16 日開始營運。

高雄氣爆案。7 月 31 日，高雄市前鎮區發生可燃氣體外洩並造成數起爆炸，波及多條街道，造成 32 人罹難、321 人輕重傷。

2014　8月，金管會無預警接管國寶人壽及幸福人壽兩家問題保險公司，造成市場震憾，其中國寶人壽遭接管時淨值為負 252 億元，幸福人壽淨值為負 239 億元。

行政院核定「創業拔萃方案」。

2014 　9月，爆發餿水油事件之食安問題。*不肖商人從夜市、食品行等
地回收廚餘廢油，經提煉後製成食用油販售。餿水油風暴席捲全
臺，屏東縣長曹啟鴻（1948 -）向全國民眾致歉，並宣布環保、衛生、
地政、農業及城鄉發展處等5局處首長請辭獲准。（臺灣重大食品
安全事件參見【附錄14】）

行政院核定「社會企業行動方案」。

（香港人民於9月28日佔領香港金融區中環的交通要道，發動爭
取普選政治運動。臺灣各界紛紛發聲或以行動表示關切或支持。）

2014 　10月，衛生福利部部長邱文達（1950 -）因劣質油品事件請辭獲准。
行政院同時將食品藥物管理署署長葉明功調離原職，並由原副署長
姜郁美接任。蔣丙煌（1952 -）接任衛生福利部部長。

行政院核定「產業升級轉型行動方案」。

為了抗議房價高漲，101個民間團體共同發起巢運，號召於臺北市
宏盛帝寶前夜宿，共約15,000人參與。逾百名華隆自救會成員佔領
勞動部大廳，要求政府代位求償、處理惡性倒閉之廠商遺留的退休
金及資遣費問題。

臺南地檢署查獲頂新集團旗下正義公司涉用飼料用油製成豬油，食
油風暴再起。針對劣質豬油事件，馬英九總統召開國安高層會議聽
取簡報，指示擴大成立「食品安全辦公室」，推動跨部會的食品安
全管理工作。

行政院核定「花東產業六級化發展方案」。（強化產業六級化的合
作加值鏈結發展，讓1級（農林漁業）×2級（加工製造）×3級（零

---

*臺灣農業產學聯盟、桃園市政府、民報主辦【食品安全論壇】，2015.7.4 -7.5。參閱：彭
百顯總編輯，《臺灣食品安全問題總診斷》（臺北：民報．2015）。

售銷售）一體化）

海研5號研究船在澎湖外海沉沒，2名研究員罹難。

巢運無殼蝸牛運動

2014 11月，中國國家主席習近平在福建調研時表示，平潭綜合實驗區是
     閩臺合作的窗口，也是中國大陸對外開放的窗口，要真正建成兩岸
     同胞合作建設、先行先試、科學發展的共同家園。
     臺北捷運松山線（西門站－松山站）於11月15日通車，與小南門
     線及新店線直通營運，合稱松山新店線。
     舉辦地方公職人員選舉，即2014年九合一選舉，包括直轄市長（6
     都）、直轄市議員及里長，直轄市山地原住民區區長及區民代表，
     臺灣省（11縣3市）及福建省（2縣）縣市長、縣市議員、鄉鎮市長、
     鄉鎮市民代表及村里長。22名地方首長中，共13名為民主進步黨
     籍、6名為中國國民黨籍、3名為無黨籍。柯文哲（1959 -，臺北市）、
     朱立倫（新北市）、鄭文燦（1967 -，桃園市）、林佳龍（1964 -，
     臺中市）、賴清德（臺南市）、陳菊（高雄市）分別當選6都行政

首長。

行政院長江宜樺因中國國民黨地方選舉敗選請辭，黨秘書長曾永權（1947 - ）亦請辭。12 月，馬英九辭中國國民黨主席。

2014 年諾貝爾和平獎得主沙提雅提（Kailash Satyarthi，1954 - ），抵臺訪問 4 天。畢生致力於拯救童工的沙提雅提，30 年的時間已經拯救 144 個國家，大約 8 萬多名童工。

環島鐵路電氣化最後階段的南迴鐵路臺東－屏東段電氣化先期工程動土，預計 2020 年 12 月通車。

臺灣青棒隊擊敗日本隊，獲得首屆 21U 世界盃棒球賽冠軍。

2014　12 月，毛治國（1948 - ）接任行政院長（2014.12.8 -2016.2.1）。

彰化銀行舉行臨時股東會，改選 9 席董事，財政部取得 6 席獲勝。喪失彰銀經營權的台新金，以公權力不當操縱對財政部提出訴請「確認契約存在」的民事訴訟，要求賠償 165 億元，改台新推派的法人擔任董事。（二次金融改革之後遺爭議發展，2016 年 4 月 27 日，一審求償遭駁回，但台新金是彰銀最大股東期間，財政部不得妨礙台新金取得彰銀過半董事席次的契約內容有效。2017 年 1 月 16 日，台新金撤回「改派董事」與「損害賠償」上訴請求，專注「契約關係存在」。5 月 17 日，高院判決台新金勝訴，財政部應支持台新金取得過半數的彰銀董事席次。6 月 12 日，財政部認為二審違反經驗法則，提上訴。6 月 16 日，彰銀股東會董事改選，財部取得 3 董事、2 獨董；台新金 2 董事、1 席獨董；龍巖 1 董事，財政部續掌經營權。7 月 4 日，台新金對臺北地院提起「撤銷彰銀 6 月 16 日股東會董事改選決果」的要求。）

歷經 18 年，斥資 158 億元興建的國防部大直博愛營區 12 月 27 日

啟用，與鄰近的空軍司令部、海軍司令部、衡山指揮所組成「大直國防特區」。

核一廠 1 號機在 12 月 10 日進行年度大修，12 月 28 日執行燃料填換作業時，發現一束燃料組件把手鬆脫，創下臺灣核電廠最長歲修停機紀錄。

行政院整合政府、民間、及矽谷的創新創業能量與資源，於 12 月 31 日成立「創新創業政策會報」，責由經濟部整合各部會資源，提報「青年創業專案」及「社會企業行動方案」，協助社會創新與青年創業之工作推動。

（印尼亞洲航空班機 12 月 28 日墜毀於泗水飛往新加坡途中，機上 162 人無人生還。）

2015　1 月，開放中國大陸觀光客到金門、馬祖、澎湖等 3 處「落地簽」。

1 月 5 日，法務部核准讓陳水扁保外就醫。（陳水扁結束 6 年 40 天牢獄返回高雄住所）

立法院通過《所得稅法》修正案，從 2015 年 5 月申報 2014 年個人綜所稅時，夫妻可分開計稅，免除因夫妻薪資所得必須合併申報造成累進稅率額外增加之「婚姻懲罰」。

高鐵財務改革方案於立法院遭否決，交通部部長葉匡時（1957 -）宣布政府將開始準備接管高鐵，並於請辭部長一職，而高鐵董事長范志強（1951 -）亦跟進辭職。國發會主委管中閔（1956 -）請辭。

中國公告劃設 M503、W121、W122、W123 等新航線，於 3 月 5 日生效。臺灣提出抗議。

朱立倫出任中國國民黨主席（2015.1.19 -2016.1.18）。

2015　2 月，《電子支付機構管理條例》制定公布。

金管會公布臺股揚升方案，從 8 月 3 日起，放寬漲跌幅限制從 7%
調高到 10%，並取消自然人單戶、單股融資融券限額，改由券商
自行管理風險。同時，調整擔保維持率下限，自現行 120% 提高到
130%。

原定從臺北松山機場飛往金門尚義機場的復興航空 235 號班機，在
起飛後不久即墜毀於臺北市基隆河，造成 43 人死亡，15 人受傷，
並波及道路計程車 2 人受傷。

法務部矯正署高雄監獄發生挾持事件，6 名受刑人持槍挾持典獄長、
科長等人。6 人在僵持 14 小時後自盡身亡。

臺灣高等法院合議庭認定檢查總長黃世銘向總統及行政院長洩露偵
察中的偵辦內容與通聯記錄等機密事項，依違反《通訊保障及監察
法》及洩密罪判黃世銘 1 年 3 月徒刑，得易科罰金 45 萬 5 千元，
全案定讞。（本案為「馬王政爭」衍生之事件，臺北地檢署於 2013
年 11 月起訴黃世銘「洩密罪」。）

2015　3 月，歷經 10 年的爭議，慈濟基金會宣布撤回內湖社會福利專區開
發案。

國泰人壽以保險安定基金賠付 303 億元，標得國寶人壽及幸福人壽。
金管會強調這是最後一次用公帑處理問題保險公司。

宜蘭金車酒廠的經典獨奏葡萄酒桶原酒，於 2015 年的世界威士忌
大獎中，獲封亞太最佳單一麥芽威士忌，同時獲選為世界最佳單一
麥芽威士忌。

2015　4 月，行政院國家發展委員會通過「臺鐵整體購置及汰換車輛計畫
104-113 年」，10 年內完成城際客車、區間客車、觀光支線列車等
列車汰舊換新，及配合環島鐵路電氣化與花東雙軌化，暨北、中、

南都會區通勤列車之急速需求，提升整體車隊服務品質。

立法院通過《臺灣地區與大陸地區人民關係條例》修正。

行政院4月3日提出《臺灣地區與大陸地區訂定協議處理及監督條例》草案。（後為配合政府改組，相關法案仍待重新檢視，行政院於2016年6月23日函請立法院同意撤回行政院版草案，並經立法院於7月1日同意撤回。其後，有6個版本的兩岸協議監督條例草案在立院等待審查）

臺中捷運綠線工程發生重大工安意外，吊掛重達209公噸、長43公尺的鋼梁高空掉落，造成4死4傷。

（2015年4月25日，尼泊爾首都加德滿都發生芮氏規模7.9大地震，受波及範圍包括尼泊爾、印度北部、巴基斯坦、孟加拉國、不丹和中國西藏部分區域。官方統計9,018人死亡，21,952人受傷。）

| 2015 | 5月，第10屆兩岸經貿文化論壇在中國上海舉行。 |

中共中央總書記習近平在北京會見中國國民黨主席朱立倫。習近平就維護兩岸關係和平發展提出五點主張。

臺北市政府表示遠雄巨蛋公司涉及違反《建築法》第58條發函停工並提出改善計畫。（大巨蛋BOT案於2006年3月簽約，特許年限50年，2010年通過都市設計審議，隔年取得建照，2012年4月動工，原定2015年底完工，因遠雄辦理工期展延，5月勒令停工，6月10日移送法務部調查）

立法院通過《勞動基準法》第30條修正案，將法定正常工時由雙週84小時縮減為一週40小時，週休二日，同時刪減7日之國定假日，自2016年1月1日實施。

為銜接12年國教課程，教育部2014年微調國文及史、地、公民

等高中課綱，高中歷史課綱引發爭議，導致部分社團以及高中生抗議。5 月 24 日，多所高中及高職學生發起反高中課綱微調運動（反黑箱課綱運動）。主要爭議為中國化、去臺灣化、反民主自由思想等。（7 月 31 日，教育部決定由各校自行選擇新舊課綱。2016年 5 月 31 日廢止 2014 年高中社會及國文課微調課綱。）

2015　6月，立法院通過《所得稅法》修正。2016年1月1日起開徵不動產交易所得稅，並將其由綜合所得稅分離出來單獨課稅，為房地合一課徵所得稅之稅制改革。個人在2016年1月1日以後交易的房屋、土地，如在2014年1月2日以後取得且持有期間在2年以內或係2016年1月1日以後取得者，應依新制規定計算房屋、土地交易所得，課徵所得稅。（原有稅制係房屋部分計算財產交易所得課稅；土地部分，按公告土地現值所計算的土地漲幅課徵土地增值稅。然而土地現值與實價交易獲利存在相當差距，此外房地未合併課稅，造成所有權人可能透過提高土地售價並壓低房屋售價，以規避房屋交易所得稅。房地合一課徵所得稅制度，房屋及土地出售時，應計算房屋、土地全部實際獲利，並減除已課徵土地增值稅的土地漲價總數額後，就餘額部分課徵所得稅。）

《長期照顧服務法》制定公布，自公布二年後施行。

《兩岸氣象合作協議》及《兩岸地震監測合作協議》生效。

新北市八仙水上樂園發生粉塵爆炸事故，造成15人死亡，499人受傷，其中331人重傷。內政部於7月10日公告，即日起公共場所或公眾得出入的場所辦理運動、休閒活動或其他聚眾活動時，禁止噴放（灑）可燃性微細粉末。

《有限合夥法》制定公布。

2015　7月，花費2,838億元的核四廠，自7月1日起正式進入封存，為期三年。

《溫室氣體減量管理法》公布施行。

臺北捷運板南線頂埔站－永寧站通車。兩岸經貿談判磋商在臺北舉行。前總統李登輝訪日6天。

苗栗縣政府爆發財務危機，行政院決定對苗栗縣啟動「地方政府財政紀律異常控管機制」，為中央政府介入地方財政之首例。

高雄市政府、李長榮化工、華運倉儲簽署協議，32 名高雄氣爆罹難者，每人和解金 1,200 萬元，將由榮化先墊支；等判決確定後，再由三方依比例分擔。

反對歷史課綱微調高中生全臺發起抗議，包圍教育部，群眾高喊「」、「撤回課綱」、「正面回應」等訴求聲援。反高中課綱微調運動參與者林冠華自殺。7 月 30 日，參與反高中課綱微調運動的群眾深夜先後攻入立法院及教育部正門廣場，提出「立法院立即召開臨時會」、「立法委員連署廢除課綱」、「教育部部長吳思華下臺」等數項要求。

中國國民黨提名洪秀柱（1948 - ）參選總統。（10 月臨全會改徵召朱立倫參選。）

2015　8 月，臺南市長賴清德不列席臺南市議會，遭議會送請監察院彈劾。監察院 6 月 8 日約詢，8 月 4 日以 7 比 2 票數，通過彈劾。

蘇迪勒颱風造成多處道路坍方，全臺停電戶數逾 400 萬戶，計有 8 人死亡，4 人失蹤，437 人受傷，農損逾新臺幣 22 億元。

全臺登革熱病例累計 8,060 例，98% 集中於臺南、高雄、屏東。

臺股盤中指數一度大跌 583.85 點，跌幅逼近 7.5%，創下臺股有史以來跌幅、跌點最大記錄。

「兩岸兩會第十一次高層會談」於 8 月 24 日至 26 日在中國福建福州舉行，簽署《兩岸避免雙重課稅及加強稅務合作協議》及《兩岸飛航安全及適航標準合作協議》。

2015　9 月，48 噸基隆籍漁船「世暉 31 號」在桃園竹圍外海，遭萬噸級

「亞泥2號」貨輪撞擊翻覆，造成5人死亡、4人失蹤。

行政院核定「生產力4.0發展方案」。分2016、2017 -2020、2021 -三個階段逐步推動，由產業、科技、人才等層面全面修補臺灣經濟發展之薄弱環節。

（聯合國「千禧年發展目標」到期。）

2015　10月，中國國民黨臨時全代會以出席891位中812位贊成的比數，廢止提名洪秀柱參選總統，徵召黨主席兼新北市長朱立倫出馬參選。

【跨太平洋戰略經濟夥伴協定（TPP）的12個談判國在美國喬治亞州亞特蘭大舉行的部長會議上達成協議，同意進行自由貿易，並在投資及知識產權等廣泛領域統一規範。這是美國自1994年簽署北美自由貿易協定以來，最大規模協議，參與國共占全球經濟規模近4成。2017年1月，美國新任總統川普（Donald John Trump，1946 -）宣布退出TPP。】

2015　11月，總統馬英九與中國國家主席習近平於11月7日在新加坡會

面，是海峽兩岸自 1949 年政治分立 66 年以來，雙方最高領導人的首次會晤。

亞太經合會（APEC）領袖峰會在菲律賓馬尼拉舉行，我國領袖代表、前副總統蕭萬長在 APEC 晚宴上與中國國家主席習近平會面。

立法院通過《所得稅法》修正案，刪除《所得稅法》第 4 條之 1 證所稅的相關規定，確定證券交易所得停止課徵所得稅，證券交易損失也不得自所得額中減除。營利事業之證券交易所得則維持按所得基本稅額條例規定課徵基本稅額（亦即適用最低稅負制）。自 2016 年 1 月 1 日開始實施。

行政院核定中華民國（臺灣）「國家自定預期貢獻（INDC）」。

臺日經貿會議在東京簽署《避免所得稅雙重課稅及防杜逃稅協定》、《臺日競爭法適用了解備忘錄》、《強化災害防救業務交流合作備忘錄》。

（第 10 屆 G20 領袖高峰會在土耳其安塔利亞舉行。聯合國氣候高峰會議在法國巴黎舉行。）

兩岸領導人總統馬英九與中國國家主席習近平第一次會面。

馬英九對「和平獎」的嚮往

　　兩岸和平是全球矚目的焦點，臺灣方面的領導人，自李登輝以降至馬英九，歷任總統皆曾提出「兩岸和平協議」的目標及作法，如果成功，以及繼之蔡英文，都極可能有機會獲得諾貝爾和平獎的至高榮譽。

　　馬英九於 2011 年 9 月 2 日向國軍各戰略執行單位賀節時提出國安「三道防線」，表示在追求國家長治久安與兩岸利雙贏的目標下，可恃的國防力量是政府協商談判的堅強後盾。當前中共仍未放棄武力犯臺，追求和平必須以實力做後盾，「備戰才能避戰、止戰」，共同戮力打造國家安全「三道防線」：第一道防線，透過兩岸關係制度化，降低雙方訴諸武力的機會；第二道防線是有效提昇中華民國對國際社會的貢獻，重建國際社會對我國的信任與支持；第三道防線是發揮外交與國防相結合的力量，建構「固若磐石」的國防，善盡保國衛民的使命。

　　10 月 17 日，在接見「臺美日三邊安全對話閉門研討會」訪問團時馬英九表示，政府會以審慎、堅定的態度，在「國家有需要、國內民意高度支持及國會監督下」等三項條件成熟時，再考慮是否踏出「兩岸和平協議」的構想第一步，也開始嚮往貢獻「兩岸和平獎」。馬英九強調，協議並非與中國大陸談判統一，而是為了持續現已獲致的兩岸和平。

　　10 月 18 日，陸委會賴幸媛主委為馬英九辯護表示，政府主動提出「在國內民意達成高度共識，兩岸累積足夠互信的前提下，秉持『國家需要、民意支持、國會監督』的原則，審酌推動兩岸商簽和平協議」，是站在臺灣的角度與立場，鞏固不統、不獨、不武的臺海現狀，並不是終極統一，更重要的是，要讓世界看到。面對「和平協議」這個議題，我們依照我們的利益需求來定義「推動和平協議」的前提。

就兩岸領導人會面的問題，11 月 13 日，馬英九接受美國《時代》（Time）雜誌專訪時表示，對於兩岸高層的互訪或者見面，目前時機完全不成熟，也沒有任何時間表，兩岸關係的推動還是應該遵循著「先急後緩、先易後難、先經後政」的原則，這也是國內民眾最支持的態度。這個議題，至 2013 年 7 月 25 日，馬英九接受美國《彭博新聞社》（Bloomberg News）專訪表示，兩岸領導人見面，包括場合、身分等等都非常重要，因為身為中華民國的總統，到任何地方去，都要維持這樣的身分。我們沒有排除與中國大陸領導人習近平晤面，但必須國家有這個需求，且獲得人民的支持，並有一些條件需要雙方共同創造。

　　2013 年 10 月 24 日，馬英九接受美國《華盛頓郵報》（The Washington Post）專訪表示，關於「和平協議」議題，最好須是經過公民投票；而「軍事互信機制（mutual military confidence-building measures）」議題，亦具有敏感性，目前臺灣內部尚未取得共識。兩岸領導人會面，一定要在國家有需要、人民能支持，以及對等尊嚴的狀態下才有可能進行。

　　針對兩岸領導人見面，12 月 25 日，陸委會表示必須在適當時機、適當場合，及以適當身分才能實現。馬總統不論出席何種場合都是中華民國總統的身分，陸委會評估已排除總統以政黨領導人身分見面，陸委會也認為兩岸在亞太經濟合作會議（APEC）見面是適當的場合，政府會依照過去慣例，爭取總統以經濟體領袖之身分出席 APEC 會議。

　　2014 年 9 月 27 日，馬英九再透過媒體披露，在接受卡達《半島電視英語臺》專訪時表示，兩岸領導人會面，APEC 是非常合適的場合，但中國大陸認為不合適，我們會繼續創造條件，但也不會強求。

　　顯然，馬英九就任總統，自始至終就已設定此目標，朝造就兩岸

「和平獎」前進。

於是，後來 2015 年 11 月新加坡的「馬習會」終於上場。

2015　12 月，高鐵新增苗栗、彰化、雲林 3 站營運通車。

臺積電向經濟部投審會申請赴中國南京投資設立 12 吋晶圓廠，投資額 30 億美元。（2016 年 2 月核准）

來臺旅客突破千萬人次，臺灣晉升千萬觀光國家。

臺灣代表字大選投票公布 2015 代表字：「換」。

全年經濟成長率由「保 3」變「保 1」。對外主要貿易夥伴出口均衰退。新臺幣兌美元快速貶值超過 4%。股市指數大幅下挫，最高由 10,014 點跌至 7,203 點。境外遊客破 1,000 萬人次。

（東協經濟共同體 AEC 生效。中國宣布，《亞洲基礎設施投資銀行協定》生效，亞投行宣告成立。截止 2016 年 1 月 1 日，亞投行創始成員國共有 57 個，其中域內國家 37 個、域外國家 20 個。1 月 16 日，亞投行在中國北京舉行開業儀式。）

2016　1 月，實施房地合一課徵所得稅制。

衛生福利部宣布，元旦起，補充保費中的股利所得、利息所得、租金收入、執行業務收入的扣費門檻，從原來 5,000 元提高到 2 萬元。

蔡英文（1956-）、陳健仁（1951-）以 689 萬 4,744 票當選第 14 任總統、副總統（第 6 任民選），得票率 56.12%，民主進步黨再度取得執政權。

第 9 屆立委選舉，113 席次中，民主進步黨獲 68 席，中國國民黨 35 席，時代力量黨 5 席，親民黨 3 席，無黨團結連盟 1 席、無黨籍

1席。行政院長毛治國請辭。

馬英九往太平島訪視。

強烈寒流造成臺南地區沿海養殖漁業災損嚴重,行政院張善政代理
院長指示成立「寒害災害緊急應變小組」,要求中央與地方政府合
作儘速從寬認定災損。

2016 總統大選當選選人:蔡英文、陳健仁

2016　2月,任張善政(1954 -)看守內閣,接任行政院長(2016.2.1
-2016.5.20)。

立法院改選院長、副院長,由民主進步黨蘇嘉全、蔡其昌(1969 -)
當選。

南臺灣美濃發生芮氏規模 6.4 強震，重災區臺南新化震度最大為 7
級，草嶺 6 級。造成 117 人死亡，551 人受傷。臺南市永康區維冠
金龍大樓因地震倒塌，115 人死亡。

中國國臺辦副主任陳元豐（1963 - ）訪臺。

2016　3 月，中國國家主席習近平發表對臺講話，強調堅持「九二共識」
政治基礎，繼續推進兩岸關係和平發展。

馬英九總統訪問中南美洲友邦瓜地馬拉、貝里斯。

蕭萬長參加 2016 博鰲亞洲論壇。

外交部領事事務局公佈，持用中華民國（臺灣）護照國人赴世界各
地可享免簽證，落地簽及電子簽證等便利待遇再增加 3 個，總數增
至 164 個。

行政院 3 月 14 日公布國內土壤液化潛勢區並啟動防治配套措施。

擱淺石門海域貨櫃輪「德翔臺北」斷裂洩油，並有 5 只貨櫃墜海，
嚴重污染周圍海域。

洪秀柱當選中國國民黨主席。

2016　4月，馬英九總統4月8日赴外交部出席「南海議題及南海和平倡議」講習會，重申我國將致力打造太平島成為「和平救難之島」、「生態之島」與「低碳之島」。4月9日，馬英九總統訪視彭佳嶼，為「和平東海 國疆永固」紀念碑揭碑。

亞投行行長金立群（1949－）表示「臺灣若想加入亞投行，需透過中國大陸財政部申請」，財政部認為該要求有損臺灣尊嚴，拒絕以此方式入亞投行。

士林地檢署搜索中研院長翁啟惠（1948－）辦公室，並將浩鼎董事長張念慈（1951－）、翁啟惠等人列背信罪被告。（2017年1月9日，遭士林地檢署偵結起訴）

「國家蚊媒傳染病防治研究中心」於臺南市及高雄市揭牌成立。

亞投行57個創始會員國6月29日赴北京簽署成立協定

民進黨二度執政：蔡英文時期（2016～）

　　2016 年 1 月，臺灣政局再次變易，延續李登輝、陳水扁時期不承認「九二共識」的本土派政黨在蔡英文領軍之下民主進步黨重新取得政權，臺灣在馬英九掌理 8 年兩岸密切交流的局勢頓時改觀。兩岸關係也因政治情勢轉變而立刻陷於更緊張對立。2016 年 5 月，臺灣開始另一階段民主進步黨執政的新政局。

　　延續不承認「九二共識」的代價，便是中止過去馬英九時期逐漸加溫的兩岸政經交流。蔡英文於是再度面對過去陳水扁時期的兩岸關係以及政經困境，臺灣格局仍然侷限於中國與美國兩大國際勢力，尤其是崛起之後的新中國，局勢更是嚴峻。蔡英文帶領的臺灣，雖然表明承續馬英九的兩岸發展結果，也強調「維持現狀」；但是，卻因為不承認「九二共識」不符中國「一中原則」，故自上任之後，兩岸之間之互動，不但政治交流倒退。經濟關係亦見停滯不前。臺灣社會頓時凸出執政差異。

　　21 世紀臺灣何去何從？眼看千禧年代第一個十年的藍綠間政黨輪替，突顯了兩岸關係的起伏波動，至 20 年代前半更使兩岸發展達到史無前例的熱絡，而身為首位臺灣女性總統蔡英文卻面臨 20 年代後半期的嚴峻轉折。臺灣的未來也是中華民國臺灣如何走下去的關鍵時刻，蔡英文的挑戰才剛剛開始。

2016　5 月，蔡英文、陳健仁就任第 14 任（民選第 6 任）總統、副總統。

　　　　林全（1951-）接任行政院長（2016.5.20 - 2017.9.8）。

　　　　蔡英文總統兼民主進步黨主席（任期：2016.5.25 -）。

美國眾議院通過對臺「6 項保證」決議案支援臺灣。

巨型廣體客機 A380 於桃園國際機場開展固定航班。（阿聯航空將定期航班改為空中巴士 A380 每日 1 班。）

（日本主辦 7 大工業國高峰會 G7 在三重縣志摩市召開。）

【歷史密碼】

蔡英文兩岸互動的第一次

新烘爐，新茶壺。各界都相當關注且重視蔡英文的兩岸政策動向。

2016 年 5 月 20 日，民主進步黨蔡英文就任總統，她發表就職演說，在兩岸關係方面表示：

1992 年兩岸兩會秉持相互諒解、求同存異的政治思維，進行溝通協商，達成若干的共同認知與諒解，我尊重這個歷史事實。92 年之後，20 多年來雙方交流、協商所累積形成的現狀與成果，兩岸都應該共同珍惜與維護，並在這個既有的事實與政治基礎上，持續推動兩岸關係和平穩定發展；新政府會依據中華民國憲法、兩岸人民關係條例及其他相關法律，處理兩岸事務。兩岸的兩個執政黨應該要放下歷史包袱，展開良性對話，造福兩岸人民。

所講的既有政治基礎，包含幾個關鍵元素，第一，1992 年兩岸兩會會談的歷史事實與求同存異的共同認知，這是歷史事實；第二，中華民國現行憲政體制；第三，兩岸過去 20 多年來協商和交流互動的成果；第四，臺灣民主原則及普遍民意。

接著當天，中國國臺辦隨即對蔡英文就職演說做出反應，就當前兩岸

關係指出：

維護兩岸關係和平發展的關鍵在於堅持「九二共識」政治基礎。臺灣當局新領導人在今天的講話中，在兩岸同胞最關切的兩岸關係性質這一根本問題上採取模糊態度，沒有明確承認「九二共識」和認同其核心意涵，沒有提出確保兩岸關係和平穩定發展的具體辦法。

這是一份沒有完成的答卷。國臺辦與陸委會的聯繫溝通機制和海協會與海基會的協商談判機制，均建立在「九二共識」政治基礎之上；只有確認體現「一個中國」原則的政治基礎，兩岸制度化交往才能得以延續。

顯然，蔡英文自1月16日當選迄至5月20日就職這段期間長考的準備，為了「九二共識」，她的善意並未被中國方面所接受，反而被認為是「沒有完成的問卷」：不及格。這是蔡英文上臺之後的兩岸互動初次交手，兩岸關係雙方當局呈現停滯零互動狀態。

【歷史密碼】

美國再提 1982「六項保證」

1982年，美國與中國發表《817公報》。而美國雷根總統於事前（7月14日）透過美國在臺協會（AIT）與蔣經國協商，並知會美國國會，由當時AIT處長李潔明（James Roderick Lilley，1928－2009）向臺灣提出「六項保證」（Six Assurances）：

1. 美國政府不會設定終止對臺灣軍售的日期。

2. 美國政府不會更改《臺灣關係法》。

3. 美國政府不會在決定對臺灣的軍售前，先與北京諮商對臺軍售項目。

4. 美國政府不會在臺灣與中國之間擔任調解人。

5. 美國政府不會改變有關臺灣主權的立場，亦即美國認為這個問題應該由中國人自己以和平方式決定，也不會對臺灣施加與中國談判的壓力。

6. 美國政府不會正式承認中國對臺灣的主權。

美國國會 1998 年 6 月 12 日出版的國會報告中，將此「六項保證」列入美國對臺政策正式文件。

2015 年 10 月 28 日，美國眾議院重申「六項保證」與《臺灣關係法》同為美臺重要關係基石。

甫當選，蔡英文就職前，2016 年 5 月 16 日，美國眾議院並將此「六項保證」通過議案。

2016 年 7 月 18 日，「六項保證」列入美國共和黨黨綱。同年 7 月美國眾議院與參議院先後通過《88 號共同決議案》與《38 號共同決議案》，強調其為美臺關係之重要基石。在此之前的 2016 年 2 月，美國國務卿提勒森也強調「美國將堅守六項保證為美之對臺政策」。

2016　6 月，桃園國際機場發生 37 年來最大水患，對外交通路線中斷，卸貨場、地下停車場車輛淹沒水中，第二航廈內水深及腰、並影響機場的電力室供應中斷，冀管爆裂使行李輸送帶卡滿穢物，出入境旅客受困、數百航班受影響，癱瘓長達 8 小時之久。

以華航空服員為主體的桃園市空服員職業工會自 6 月 24 日零時開始罷工。後與中華航空公司就其提出的 7 項訴求達成協議，結束行動。此次罷工造成中華航空 2 日共 122 航班停飛，26 日恢復正常航

班。

行政院通過「食安五環的推動策略及行動方案」。

2016　7月，臺灣高鐵第12座車站南港車站1日啟用，成為「三鐵共構」車站。臺鐵環島路網電子票證全線連通暨北高捷運多卡通全閘門開通啟用。

海軍131艦隊所屬的金江號巡邏艦執行系統檢測時誤射雄風三型反艦飛彈，擊中澎湖外海翔利昇號漁船，造成1人死亡3人受傷。

尼伯特颱風侵臺，臺東出現17級強陣風，造成3人死亡，311人受傷，農損逾6億元。新北市新店區的私立樂活老人長期照顧中心疑因電線走火而失火，造成6死、27傷。

臺鐵松山車站發生列車爆炸事件，造成25人輕重傷。乘載中國觀光客遊覽車在離機場3公里處發生嚴重火燒車事故，造成24名遊客和臺灣籍導遊及司機共26人罹難。

第一銀行遭東歐駭客集團駭入22家分行41臺ATM提款機，盜領8,327萬多元。警方7天內偵破，主嫌安德魯（Peregudovs Andrejs）等三人落網，並起出贓款6,024萬元。（該犯罪集團涉及歐美30多個國家、100多起ATM盜領案，總犯罪金額高達10億美元。）

國家發展基金於7月26日匡列1,000億元，設立「產業創新轉型基金」，將與民間資金以投資方式共同參與企業進行合併、收購、分割或其他有助於企業創新轉型投資計畫所辦理之募資，促進企業轉型升級。

菲律賓依照《聯合國海洋法公約》所提起的「南海仲裁案」，仲裁庭作出判斷稱中國大陸在九段線範圍內主張的歷史權利沒有法律依據，而南沙群島的所有海上地物，包括：例如太平島、中業島、西

月島、南威島、北子礁、以及南子礁，都是法律上的礁岩，不能擁有專屬經濟海域，或大陸棚。行政院對此仲裁案提出「三個不恰當」與「四個主張」。

立法院通過《政黨及其附隨組織不當取得財產處理條例》（簡稱：不當黨產處理條例），8 月 10 日公布施行。政黨財產除黨費、政治獻金、競選經費之捐贈、競選費用補助金及相關孳息外，政黨、附隨組織自 1945 年 8 月 15 日至今，取得或交付、移轉、登記於受託管理人，並於條例公布日還存在的現有財產，都推定為不當黨產。行政院依法成立「不當黨產處理委員會」，追溯各政黨、附隨組織自 1945 年 8 月 15 日起取得的財產，而被認定的不當黨產，通過公開聽證程序後將歸屬國有。不當黨產處理委員會於 2016 年 8 月 31 日掛牌運作，展開調查、追討不當黨產，建立政黨公平競爭環境。

中央氣象局表示，今年臺北已有 16 天出現 37 度高溫，5 天高溫 38 度以上，天數都破歷史紀錄。

2016　8 月，蔡英文總統代表政府向原住民族道歉，並表示將在總統府設置「原住民族歷史正義與轉型正義委員會」，為亞洲第一個向原住民族道歉的國家。蔡英文承諾「檢討相關法規，讓平埔族身分得到應有的權利和地位」。行政院明定 8 月 1 日為「原住民族日」。

行政院為推動新建構長照體系 10 年計畫，自 8 月 9 日至 9 月 30 日，於全國 22 縣市巡迴辦理「長照 10 年計畫 2.0」說明會。

兆豐銀行紐約分行涉及洗錢防制疏失，遭美國紐約州金融廳（DFS）重罰 1.8 億美元（約 57 億臺幣），創國銀史上最高海外罰款紀錄。DFS 嚴詞批評兆豐銀行故意漠視法規，在法令遵循（法遵）機制、防制洗錢及可疑交易申報上，違反銀行保密法及反洗錢法相關規

定。主要缺失包括：（1）防制洗錢人員及法遵主管對法規缺乏瞭解，且無專責法遵主管、（2）法遵人員未全面監控可疑交易、（3）防制洗錢程序未能持續有效監控可疑交易，不符法遵政策、（4）交易監控、客戶開戶及客戶盡職調查等之政策和程序不符聯邦法規指引。

平鎮高中組成的青棒隊奪得世界少棒聯盟舉辦的世界青棒賽冠軍，為臺灣自 1997 年退出、2013 年重新參賽以來，首次奪冠。

陸軍 564 旅教練場發生戰車翻落溪底，造成 4 人死亡 1 人受傷。

2016　9 月，「新南向政策推動計畫」啟動，期望與東協、南亞及紐澳等國家建立「經濟共同體意識」。行政院長林全重申 2025 非核家園目標一定要達成，核一、核二、核三都將如期除役，核四不啟封。行政院通過「亞洲・矽谷推動方案」，期程規劃為 2016 年至 2023 年，2017 年科技部、經濟部等共編列 113 億元，其中 57 億元為新興計畫。「監督年金改革行動聯盟」主辦「軍公教反污名要尊嚴九三大遊行」，有數十個軍公教在職與退休人員團體參加，也有勞工團體參加。

田弘茂（1938 - ）接任海基會董事長。

梅姬颱風侵臺，梧棲、蘇澳出現 17 級強陣風，東部與南部地區有超大豪雨。造成 7 人死亡，662 人受傷，農損逾 17 億元。

2016　10 月，金管會主委丁克華（1953 - ）因兆豐案、樂陞案請辭獲准。臺北地檢署偵辦兆豐金涉違法核貸案，聲押前兆豐金董事長蔡友才獲北院裁准。

蔡英文總統出席國慶大會，對兩岸關係再次重申建立具一致性、可預測、且可持續的兩岸關係，維持臺灣民主及臺海和平的現狀，是

新政府堅定不移的立場。承諾不會改變，善意不會改變，不會在壓力下屈服，更不會走回對抗的老路。

前苗栗縣長劉政鴻（1947 -）因於任內大幅逾越法定債限、擴張歲出，導致財政危機，遭監察院彈劾。

【10月1日起，IMF新的SDR貨幣籃子正式生效，人民幣成為第三大權重貨幣，這也是SDR首次新增成員。五大貨幣在SDR籃子中的比重分別為：美元（41.73％）、歐元（30.93％）、人民幣（10.92％）、日元（8.33％）、英鎊（8.09％）。】（特別提款權自1986年1月1日起以國際出口貿易和服務貿易額最高的五個IMF成員國的貨幣組成特別提款權貨幣籃，以後每五年調整一次，該五國貨幣被定為可自由使用的貨幣。）

2016　11月，發展臺灣綠能產業聚落經濟沙崙綠能科學城啟動。（科學城位於高鐵臺南站附近，核心區約22.3公頃，區內將建置「綠能科技聯合研究中心」和「綠能科技示範場域」。）

宋楚瑜以領袖代表身分率團出席11月19日至20日在秘魯首都利馬舉行的第24屆APEC經濟領袖會議。

政府為日本核災地區食品進口，緊急召開10場公聽會，幾乎每場都出現抗議事件，突顯人民對政府開放核災食品的不滿及對核災食品的恐懼。（日本2011年福島地震引發核災後，臺灣暫停核災區福島、群馬、櫪木、茨城及千葉5縣所有食品進口，2015年更針對日本其他地區食品要求檢附產地證明和輻射檢驗證明等輸入管制措施。因「臺日海洋事務合作對話」，兩國在各項議題談判時，福島食品解禁成為關注焦點。）

復興航空經歷兩次空難後，虧損不堪負荷，11月21日無預警宣布

興航 11 月 22 日全面停航，創下國籍航空「停飛一天」首例，共停飛 84 架次、影響 5,113 名旅客。11 月 22 日復興航空召開臨時董事會，宣布確定解散公司，全面停航。（行政院依《民用航空法》規定，先由中華航空自 12 月 1 日起接手復興航空國際線和國內的花東、離島等部分航線。2017 年 1 月，交通部民航局將復興航空 27 條兩岸航線、61 航班，重新分配給華航、華信、長榮、立榮、遠東及臺灣虎航。）

行政院不當黨產處理委員會決議，對國民黨在永豐銀及臺銀的帳戶，做成暫停匯出及提存的行政處分。

【2016 美國總統大選結果，共和黨總統候選人川普及副總統候選人彭斯（Michael Richard Pence，1959 -）當選美國第 45 任（第 58 屆）總統及副總統。但大選後撕裂美國的後果也在擴大，反川普人士在美國幾個主要城市和大學校園示威遊行，且抗議有激化趨勢。】

2016 12 月，總統蔡英文於 12 月 2 日臺灣時間晚上 11 時（美東時間 2 日上午 10 時）與美國新任總統當選人川普進行越洋電話談話。川普回應「臺灣總統」引起國際迴響。

立法院通過《勞動基準法》修正案，除增訂 7 天中應有 2 天休息，休息日加班費以及特休假天數都提高；此外也刪除勞工 7 天國定假日，明年起全國休假一致。

農委會提出「新農業創新推動方案」，在 2020 年，提升糧食自給率達 40%，增加農業產值約 434 億元，創造就業機會達 37 萬人次，農產品海外新興市場出口占比達 57%。

美國總統歐巴馬在白宮記者會中表示，美國、中國及某種程度上和臺灣之間，長久以來有個協議，就是「不改變現狀」；臺灣人同意，

只要他們能繼續以某種程度的自治，就不會進一步並宣布獨立。

行政院不當黨產處理委員會決議中投、欣裕臺為不當黨產，並將股權收歸國有。國民黨與中投、欣裕臺向法院聲請停止執行。臺北高等行政法院裁定，本案訴訟終結確定前均停止執行，中投與欣裕臺暫時不會被收歸國有。

與非洲友邦聖多美普林西比斷交。

（1969 年，中華民國有 70 個邦交國。1970 年與加拿大和義大利斷交，有 68 個邦交國。自 1971 年退出聯合國，邦交國數量不斷減少，該年與奧地利、土耳其、比利時、墨西哥等 12 國斷交，邦交國降至 56 個。1972 年與 15 國斷交，1979 年與美國斷交，邦交國數量降到歷史新低的 21 國，期間共失去包含日本、紐西蘭、西班牙、泰國等國在內的 47 個邦交國。1988 年李登輝總統推動「務實外交」，一度讓邦交國數量回升至 31 國。截至 2018 年 5 月底，具有正式外交關係的國家僅 18 國。）

環保署毒物及化學物質局 12 月 28 日掛牌運作。

【韓國總統朴槿惠（1952 - ）因國會表決通過彈劾案而停職，由總理黃教安（1957 - ）代理總統職務。】

2017　1 月，一例一休物價喊漲，行政院召開記者會宣布，若有人哄抬物價將重罰。受一例一休衝擊，臺大醫院宣布 4 月起周六門診減診，約衝擊 3,000 名患者。

「財團法人交流協會」於 1 月 1 日更名為「公益財團法人日本臺灣交流協會」。「亞東關係協會」亦於 2017 年 5 月 17 日更名為「臺灣日本關係協會」（我國與日本於 1972 年 9 月 29 日斷交，日本於同年 12 月 1 日成立「財團法人交流協會」，我方於 12 月 2 日成立「亞

東關係協會」。）

蔡英文總統展開為期9天的「英捷專案」，訪問中美洲的宏都拉斯、尼加拉瓜、瓜地馬拉和薩爾瓦多等友邦，15日結束四友邦訪問，回程過境美國舊金山，美方高規格禮遇，出動60輛警車開道，包括50輛哈雷重機車、10輛巡邏車。

蔡英文總統致函天主教教宗方濟各（Pope Francis），響應教宗「2017年世界和平日」文告中指出臺灣與中國大陸和平交往的四大基本立場：「承諾不變，善意不變，不在壓力下屈服，不走回對抗老路」，期盼兩岸展開良性對話。

中央研究院前院長翁啟惠涉於2012年任內用女兒當人頭，收取浩鼎生技董事長張念慈行賄3,000張股票，將中研院醣分子研究成果私相授受給浩鼎生技公司，檢方依貪污、內線交易等罪將翁啟惠起訴。

立法院通過《長期照顧服務法》修正案，確立調整菸稅、遺產稅與贈與稅做為長照特種基金的財源；並通過《電業法》修正案，鬆綁並鼓勵綠能發電，未來綠電業者可直接賣電給用戶，明定核電廠應於2025年全面停止運轉。

（1月20日，川普就任美國第45任總統，1月27日簽署行政命令，禁止來自7個穆斯林國家的公民入境，引發各地大規模示威抗議。）

2017　2月，桃園機場捷運（設計規劃20年、耗資1,138.5億元）2月2日起試營運。3月2日正式營運。

臺電提出蘭嶼核廢料遷場規劃報告，10萬桶核廢先全運回本島3座核廠，計劃審查完成可啟動，最快2026年完成遷移，2030年蘭嶼核廢場除役。

臺北市蝶戀花旅行社遊覽車，失控撞欄翻落邊坡，共33人罹難、

11 人受傷。公路總局長陳彥伯與觀光局長周永暉請辭。

禽流感疫情延燒，農委會 16 日宣布除室內飼養且直送屠宰場的白肉雞，全國其餘家禽禁宰禁運 7 天。

（川普與日本首相安倍晉三在白宮舉行高峰會談，確認《美日安保條約》適用於釣魚臺列嶼。）

2017　3 月，中華文化總會召開第 7 屆執委諮委會議，確定由總統蔡英文接任文化總會會長。蔡英文總統出席「中華文化總會第 7 屆第 1 次會員大會」時表示，願意抱持最大的善意，持續透過文化交流，把兩岸文化交流合作的成果，深化到其他領域，創造出彼此更大的共同利益。

黨產會二度凍結國民黨銀行帳戶 8 億多元資金，高等行政法院日前裁准「停止執行」；黨產會不服提抗告，最高行政法院改判黨產會勝訴，可凍結國民黨資金確定。

日本 311 大地震核災事件六周年，臺北、高雄、臺東同步舉辦廢核大遊行。

立法院初審通過《菸酒稅法》修正案，調增菸稅挹注長照財源，換算每包菸約漲 20 元，稅收可增 233 億元。

前總統馬英九 4 年前接獲當時檢察總長黃世銘洩密，指發現時任立法院長的王金平與綠委柯建銘涉司法關說，馬將案情洩漏給行政院前院長江宜樺等人。臺北地檢署 3 月 14 日依違反通訊保障及監察法、個資法和刑法洩密罪起訴馬英九。（8 月 25 日，臺北地方法院宣判無罪；2018 年 5 月 15 日，臺灣高等法院宣判 4 個月徒刑）

總統蔡英文在高雄左營軍港內的水星碼頭上，主持潛艦國造設計啟動及合作備忘錄簽署儀式，宣示潛艦國造啟航。

行政院通過《前瞻基礎建設計畫及特別條例草案》，全數以舉債支應，總經費8,824億元，其中38項軌道建設共4,241億元，占近半數。（南韓憲法法院以總統朴槿惠嚴重違憲違法，3月10日通過彈劾案必須立即下臺，60日內選出新總統 。3月31日凌晨遭檢方逮捕，為南韓第三位被收押的前總統。

英國國會同意賦予首相啟動脫歐程序的權力，與歐盟展開脫歐談判。）

2017　4月，國內首次檢出雞蛋戴奧辛含量超標，研判來自彰化地區三個蛋雞場，已封存及預防性下架，並進行7天的移動管制，環保署追查汙染源，

立法院會通過《公職人員年資併社團專職人員年資計發退離給與處理條例》，確立追討黨職併公職溢領退休金法源依據。

蔡英文總統4月27日接受《路透社》（ Reuters）專訪時表示，很願意與習近平主席及對岸各階層有實質對話的機會。對臺灣參與WHA呼籲中國不要受到過去傳統的思維與官僚體制的限制，做出不利於兩岸關係的決策。4月28日，針對蔡英文總統接受路透社專訪，中國國臺辦表示，臺灣當局只有承認「九二共識」、認同「一個中國」，才是化解當前兩岸關係僵局的唯一出路。

（美國總統川普與中國國家主席習近平在美國進行會談。朝鮮半島情勢緊張，北韓舉行史上規模最大砲兵演習，駐南韓美軍將飛彈防禦系統「薩德」部分組件運抵部署地點星州郡徹夜組裝。）

2017　5月，執政周年，總統蔡英文提出「新情勢、新問卷、新模式」兩岸關係互動新主張，籲對岸共同維持和平穩定狀態 。

第70屆世界衛生大會（WHA）在瑞士日內瓦登場，我國未獲得本

年度世界衛生大會出席邀請。5 月 12 日，WHO 秘書處治理機構暨對外關係處長阿姆斯壯（Timothy Armstrong）指出 WHO 迄未致發臺灣邀請函係因兩岸無諒解，惟臺灣參與 WHO 技術性會議不受影響。

總統府表示，斐濟已告知外交部規劃撤回駐臺經貿代表處。

國家發展委員會奉行政院同意，由國家發展基金參與投資國家級投資公司 40% 股權，未來參與投資國家級投資公司募集之「5 加 2」產業創新投資基金之投資、投資比例得以 40% 為上限且每檔基金投資不超過新台幣 20 億元。（國家級投資公司於 2017 年 5 月成立籌備處，定名為「台杉投資管理顧問股份有限公司」，由總統府資政吳榮義（1939 - ）擔任董事長，亞洲・矽谷計畫執行中心投資長翁嘉盛擔任總經理，資本額定為 2 億 5,100 萬元。該公司於 8 月 18 日成立運作，將優先募集物聯網、生技及其他 5 加 2 產業創新投資基金，預計募集資金 100 億元。）

大法官釋字 748 號解釋，認為《民法》規定 1 男 1 女才能結婚，未保障同性婚姻自由及平等權，宣告違憲，應在 2 年內修正、制訂法律，保障同婚權益。

蘇花公路因落石造成雙向交通中斷，嚴重影響端午連假旅遊及返鄉民眾行程，中橫、南迴也塞爆，交通部也首度出動客輪輸運。

立法院通過《原住民族語言發展法》，6 月 14 日總統公布。

【南韓總統 9 日大選，文在寅（1953 - ）當選。

法國總統大選「前進黨」創黨人馬克宏（Emmanuel Macron，1977 - ）勝出，為法國史上最年輕總統。

中國發起經濟合作倡議「一帶一路國際合作高峰論壇」】

2017　6月，梅雨鋒面重創北海岸與基隆市區，三芝等部分地區單日累積
　　　雨量超過600毫米，刷新新北市21年來及基隆市41年來的梅雨紀
　　　錄，造成多人傷亡；隔天鋒面南移，雲林、南投、嘉義山區豪雨，
　　　不少農田受損。

　　　蔡英文總統6月7日接見美國智庫「國家亞洲研究局（The National
　　　Bureau of Asian Research，NBR）學者專家訪問團」時表示，《臺灣
　　　關係法》為臺美交往建立法律架構，也確保兩國關係全方位的發展；
　　　期盼臺美合作共同推動更進一步的夥伴關係，包括更具策略性的區
　　　域安全合作、更廣泛的經貿往來，以及更堅實的互信。維護臺海及
　　　區域和平穩定是臺美共同的目標，臺灣除了持續向美國採購適當防
　　　禦性武器，也將加強發展國防產業，希望川普政府能依據《臺灣關
　　　係法》及「六項保證」來提供協助。

　　　臺北美國商會發表《2017臺灣白皮書》，指去年提出對臺灣80項
　　　建言，卻「創紀錄」沒有一項獲完全解決。

　　　紀錄片《看見臺灣》導演齊柏林（1964 - 2017），搭直升機在花蓮
　　　進行空拍時，直升機墜毀在豐濱鄉山區，齊柏林、助手及凌天航空
　　　機師全罹難。

　　　巴拿馬宣布與中華民國斷交，並與中華人民共和國建交。這是民進
　　　黨2016年5月執政後，繼聖多美普林西比第二個與我國斷交的友
　　　邦。邦交國降到20個。

　　　美國聯邦眾議院外交委員會亞太小組於美東時間6月15日通過《臺
　　　灣旅行法案》（Taiwan Travel Act, H.R.535）。要求美國政府應增進
　　　臺美間各層級官員之互訪並解除交流限制；准許包括美國內閣層員
　　　級官員、將級軍官及行政部門官員訪臺，以及准許臺灣高階官員訪

美會晤包括美國國防部及國務院在內等官員。

永豐金控董事長何壽川（1945－）被控使用公司資金購買可交換公司債，作為私人投資上海大樓興建資金，涉嫌違反證交法及金控法，18日被臺北地院裁定羈押禁見；金管會19日解除其董事長職務。

中華郵政宣布自8月起調漲26年未動的國內郵資，平信從5元漲為8元、掛號信從25元漲為28元。

立法院通過《公務人員退休資遣撫卹法》修正案，包括支領月退休金者18%優存2年半歸零，所得替代率設有10年過渡期，最低保障金額3萬2160元等。另通過《公立學校教職員退休資遣撫卹條例》、《政務人員退職撫卹條例》修正案。

美國國務院6月30日批准對臺約433億元軍售案，這是美國總統川普上任以來，首筆對臺軍售交易。

【歐盟對谷歌（Google）開鍘，祭出約臺幣826億元的反托辣斯罰金，創下空前紀錄。

沙烏地阿拉伯、阿拉伯聯合大公國、巴林、葉門、埃及、利比亞東部政府、馬爾地夫、模里西斯及茅利塔尼亞，以支持恐怖主義為由，接連與卡達斷交。聯合國表示，敘利亞、南蘇丹等國發生的毀滅性衝突、暴力與迫害，造成去年全球流離失所人數達破紀錄的6,560萬人。

巴基斯坦多地驚傳爆炸、持槍攻擊和油罐車翻覆爆炸，共造成至少超過200人喪生。】

2017 7月，立法院通過《前瞻基礎建設特別條例》，以4年4,200億元為1期。未來可以4年為期編列最多4,200億元預算，4年期滿後，經立院同意續編。8月，立法院通過「前瞻基礎建設計畫第1期特

別預算」。

行政院宣布，2018 年元旦起新增藥局、醫療器材行、3C、書局、洗衣店、飲料店、麵包店等七類場所約八萬商家不再免費提供購物用塑膠袋，預計每年可減少 15 億個塑膠袋。

行政院核定「新世代反毒策略行動綱領」。

鴻海董事長郭台銘（1950 - ）和美國總統川普在白宮開記者會宣布，未來 4 年將在美國威斯康辛州投資約 3,025 億元，打造以電視面板廠為主的智慧製造園區。

陽明山仰德大道車禍，水泥壓送車煞車失靈衝撞 22 輛汽機車，釀 4 死 9 傷。尼莎颱風 7 月 30 日吹垮花蓮和平電廠輸電塔，全臺進入限電警戒。行政院要求公務機關 13 至 15 時關冷氣節電（8 月 10 日解禁）。

美國聯邦眾議院 7 月 14 日審議通過《2018 財政年度國防授權法案》（NDAA），要求國防部長評估美臺軍艦互停的可行性，以及國會認為對臺軍售的程序應正常化。（中國外交部表示，有關條款嚴重違背美「一個中國」政策和中美三個聯合公報原則，中方已就此向美方提出嚴正交涉。）9 月 18 日，聯邦參議院以懸殊比數通過《2018 財政年度國防授權法案》。國會要求行政部門提交美、臺雙方軍艦互訪停靠的評估報告，正式寫入參院版法案。參院版 NDAA 中指出，國會認為美國應強化與臺灣這一長期戰略夥伴的合作關係，和眾院版本相同的是，兩院都要求美國國防部長在 2018 年 9 月 1 日前遞交評估報告，包括美國軍艦訪問高雄港或其他港口的可行性評估，以及美軍太平洋司令部接受臺灣提出停泊夏威夷、關島或其他地點的進港要求的評估報告。

（美國海軍驅逐艦史蒂森號駛入西沙群島中建島 12 浬，引發中國強烈不滿，中國國防部批美方明知故犯，派出「3 艦 2 機」驅離。北韓成功試射洲際彈道飛彈，美國總統川普指將有嚴厲回應，美稱不惜一戰。北韓再試射飛彈，朝鮮半島情勢升級，美國點名中、俄應該對北韓危機負責。美國眾議院以 419 票對 3 票，通過對俄羅斯、北韓、伊朗三國的新制裁案。）

【歷史密碼】

前瞻基礎建設計畫

「鑒於國際競爭力評比機構報告顯示，我國基礎建設不足，且經濟成長趨緩」，新上任的蔡英文政府積極研議有利國家長遠發展需要之重大基礎建設計畫，目標在於著手打造未來 30 年國家發展需要的基礎建設，爰提出行政院「前瞻基礎建設計畫」。內容公布後引起不同之評價。

行政院「前瞻基礎建設計畫」包含八大建設計畫：建構安全便捷的軌道建設、因應氣候變遷的水環境建設、促進環境永續的綠能建設、營造智慧國土的數位建設、加強區域均衡的城鄉建設、因應少子化友善育兒空間建設、食品安全建設，以及人才培育促進就業建設。

為編列特別預算以順利推動前瞻基礎建設，確保在一定期間內加速執行，並兼顧經費完整性及總預算規模穩定，超越一般行政而採規劃編列特別預算辦理，行政院提出《前瞻基礎建設特別條例》，2017 年 7 月 7 日總統公布施行。以 4 年為期程將編列 4,200 億元（期程共分 3 期），後續預算及期程，經立法院同意後，以不超過前期特別預算規模及期程繼續編列。比較預算行政院由所提 8 年 8,900 變至 4 年 4,200 億，但留空間於期

滿經立法院通過可以再提預算，調整後前瞻總預算從 8,900 變至 8,400 億，少了 500 億。

行政院預估未來 4 年實質國內生產總值（GDP）可增加 4,705 億元，名目 GDP 可增加 5,065 億元，實質 GDP 貢獻平均每年增加 0.1 個百分點。

第 1 期規劃期程為 2017 年 9 月至 2018 年 12 月，8 月 31 日，立法院通過「前瞻基礎建設計畫第 1 期特別預算」，原編列 1,089 億元，減列約 18 億 5,392 萬元，另凍結約 108 億 9,247 萬元。

本計畫為蔡英文總統挾其高民意強力推動的「特別行政」經濟建設案，爭議亦多，後果成效頗受矚目。

2017　8 月，總統府舉行司法改革國是會議會議。

臺北創下攝氏 38.5 度今年最高溫，連帶全臺用電量衝高，亮出今年首顆限電警戒紅燈，是否重啟核電又成話題。

桃園大潭電廠 6 部機組天然氣電動閥，因中油疏失被誤關 2 分鐘，致燃氣供應中斷跳電，全臺 668 萬戶遭殃；經濟部長李世光（1959 - ）及中油董事長陳金德（1961 - ）辭職下臺。

行政院通過《原住民身分法》修正草案，新增認定平埔族群為平埔原住民。

2017 世界大學運動會 8 月 19 日至 30 日在臺北舉行，共 141 個國家、逾萬名運動員同場競技。臺灣代表團累計 26 金 34 銀 30 銅，躍居金牌榜第三。

臺灣首顆自主研發的高解析度遙測衛星「福爾摩沙衛星 5 號」，成功從美國加州范登堡空軍基地發射升空。

農委會公布全臺 1,451 場蛋雞場芬普尼殺蟲劑檢驗結果，多達 44 場蛋雞場超標雞封存 100 萬顆蛋，毒蛋流向西部 13 縣市。

（泰國前總理盈拉因稻米補貼政策而被以瀆職罪遭到起訴，法官認為有重大逃亡之虞發出逮捕令。）

【歷史密碼】

新論證：「西拉雅族」是「大明人」嗎？

行政院於 2017 年 8 月為平埔族正名為「平埔原住民」。茲事體大，如果，這一件大膽的命題工程，證明「西拉雅族」就是「大明人」（大明王朝於早期、中期，自明成祖朱棣發動「靖難之變」後，移民臺灣之明朝人，15 世紀上半葉以降）。那麼，臺灣早期的歷史勢必將改寫；而行政院的正名也勢將被推翻。

新的歷史公案，「西拉雅族」是漢化的原住民（即後來所謂之「熟番」），抑或是原住民化的漢人（根本不是「番」）？此對「西拉雅族是臺灣原住民平埔族的一族」的論點，將有不同的斷論：前者保留，後者推翻。最近，有葉金山論證「西拉雅族」本是漢人移民，並非「平埔族原住民」；並進一步深入探究，而有驚人發現：荷蘭人殖民臺灣（1624 年）之前，臺灣存在有保護大明建文帝朱允炆禁衛軍後裔，即大明人所建立的移民社會及其部落王國。這個王國，可能就是「大都王國」（大肚王國）。

早期臺灣有「大明人」的漢人移民族群嗎？臺南「Kab Ua Sua（吉貝耍）」與「明代王（King of Middag）」有關嗎？

荷蘭人殖民臺灣之前，15 世紀、16 世紀，臺灣西海岸可能是「明代王國，建文王朝」的勢力範圍。這個石破天驚的見解，除了解答荷蘭據臺

之前臺灣並無史的看法，否定連橫《臺灣通史》序「臺灣固無史也，荷人啟之…」之觀點；也打開臺灣史研究的新頁。

雖然，臺灣荷治前史欠缺文字紀錄，但依荷蘭 1625 年 4 月 9 日《巴達維亞日誌》，「在大員灣中，約有 100 艘中國來的戎克船（junk）」，出入中國內地，進行貿易往來。這是龐大繁榮的兩岸經濟貿易景觀，不是一時半載所可形成。顯然臺灣在荷蘭人殖民治臺之前一段時期，島上就有相當活絡之經濟文明，表示大明沿海漢人已有相當數量在臺灣生活，有估算人數可能有上萬。

其次，一般觀點，「社」是臺灣原住民的居住部落名稱，但早在中國社會則有社稷、國土，以及基層行政部落之意，而移植臺灣。而 17 世紀 20 年代荷蘭人來臺之時，臺灣各地就原有社之存在。

明朝萬曆 30（西元 1602）年，福建連江人陳第（1541 -1617）曾隨福建梧嶼把總沈有容（1557 -1628）攻打據臺之倭寇（後期，明朝以降係以大陸沿海漢人為主體），並登陸時稱東番之臺灣，著有〈東番記〉一文。（1603 年春，該文贈予沈有容，故收錄於《閩海贈言》一書）。依據陳第〈東番記〉記載，當時（16 世紀或更早）臺灣西部有「社」的組織，「（部落）種類甚蕃，別為社，社或千人，或五、六百。」而此處所指之「社」，是當時「原住民」的組織嗎？ 抑或是當地當地居民（非「原住民」）之組織？這些種種，對臺灣史的澄清而言，非常重要。

【歷史密碼】

新解說：西拉雅族並非平埔族原住民

近年來，有此一說：西拉雅族並非平埔族原住民。關鍵詞的認知來自

「Siraya」以及「Cabessa」。

　　西拉雅（Siraya）被歸類為平埔族之主要一族，是荷蘭人殖民臺灣之前歐洲人所謂或接觸的「福爾摩沙人（Formosan，或法文Formosane）」；而「平埔族」則是「Kab Ua Sua（吉貝耍）」住民，於日治時期被登記之族名，戶口上註記為「熟」（熟番）。雖然，臺南縣政府曾在 2005 年認定西拉雅族為「縣定原住民族」，行政院亦於 2017 年正名平埔族為「平埔原住民」。但由近來另有人指出，「西拉雅族」並不是平埔族原住民，而認為「Siraya」一詞不是一個民族或族群，是日本治臺之時由荷蘭人「Sideia」一詞轉化而來。而 Sideia 則是荷蘭基督教在臺灣的「傳教區」的意思，荷蘭人寫為「Sideia」（Diocese 基督教教區，傳教區內之族群尚包括多個不同族群）；由於日本治臺時，將之前荷治時期「Sideia（Diocese 基督教教區）」定義為「Siraya（西拉雅族）」，因而 Siraya 被視為具血緣之民族或族群。（參見葉金山，〈「吉貝耍」是漢區，人是漢族，話是漢語，信仰是李祖，不是「西拉雅族」〉，2016 年 1 月）。

　　葉金山除了認為西拉雅族不是平埔族原住民之外，並考證認定西拉雅族係原住民化的漢人，與日治、清治時期之原住民之漢化（平埔族、熟番）族群有所不同。葉氏一文對此論據之新說，有幾點值得關注：

第一、按「Kab Ua Sua（吉貝耍）」一詞，一般係指臺南「Kab Ua Sua」部落，乃平埔族（熟番）部落，而西拉雅原住民語「吉貝耍」為「木棉花」之意。惟葉氏考證指「Kab Ua Sua」是地名，是荷蘭人所寫的 Cabessa，是「閣皂山」之讀音（ㄍㄜˊㄅㄧˊㄕㄢ），不是「吉貝耍」（ㄐㄧˊㄅㄟˋㄕㄨㄚˇ）之語言，也不是「木棉花」之意。

第二、臺南「Kab Ua Sua（吉貝耍）」（今臺南東山）地名，出自於江西「閤皂山（閤山）」，是江西道教葛天師葛家道之祖庭，與龍虎山、茅山並稱道教三大名山。故臺南「Kab Ua Sua」住民之祖居地為江西，講的話語應不是「平埔族語」、「西拉雅族語」，而是江西地方之漢語。

第三、「吉貝耍」祭祀「阿立祖」的祝禱詞文獻，過去因謂：原音為西拉雅語，而西拉雅語經已成為絕跡語言，故一直未見譯文。惟依據葉氏所譯〈小公廨祝詞〉、〈西公廨祝詞〉，則見祭詞所用語是漢語，並非所謂之「西拉雅語」；而且，該祭祀祖先之主人公為「潘氏家族」（Panga 河洛音或閩南音：潘家），而非「Kab Ua Sua（吉貝耍）」其他族人。（譯文參見葉金山，〈小公廨祝詞證明「阿立祖」信仰源於「吉貝耍」潘家〉，2016 年 1 月）

第四、「吉貝耍」信仰祭祀之「阿立祖」，不是「西拉雅族」的祖靈，而是指道教、祖先、天、太上老君。

　　如此重大之發現，由於牽涉範圍甚廣，其實相究竟如何，亟待進一步探究實證。若果如以上葉金山所言，不論其是否全屬為真，既有此一說存真，且言之有物，則皆有深究之必要。有關這些新發現，領域涉及不同的研究結論或推論，所衍生的新功課有以下諸命題待解：

一、「西拉雅族」到底是：「漢人原住民化」或是「原住民漢化（平埔族、熟番）」的問題。答案為何？

二、日治時期「Siraya」的內涵及其戶口註記，與荷治時期「Sideia」的內涵是否相同？關係為何？

三、研究文獻陳第〈東番記〉（1603）：「（部落）種類甚蕃，別為社，

社或千人，或五六百人。」其所提的「社」，是原住民的部落？或是先於荷蘭移民來臺的漢人村落？而這些可能是臺灣對岸大明早期或中期之移民（社），可謂之「番」或「夷」嗎？

四、〈東番記〉裡記載東番居民，家家戶戶掛有「銅鈴」，當時荷蘭（科技文明較高之象徵）尚未殖民來臺，則文中所指「銅鈴」是何方產物？是大明鄭和所留？是原住民文化還是當時外來移民之文化？

五、臺南「Kab Ua Sua（吉貝耍）」這個地方，曾大量種植木棉花嗎？此種「木棉（吉貝）」，與當時荷蘭大量引進為轉口貿易商品的「錦葵木棉花」，是同一碼事嗎？且僅以此認定「西拉雅族」就是「木棉花民族」，理由充分嗎？

六、另亦有此一說：臺南「Kab Ua Sua（吉貝耍）」附近地區的段姓人家，曾出示族譜，證明他們不是「西拉雅原住民」，而是來自江西萍鄉。如何反證？又此區人家，與後來清乾隆時，對熟番「賜姓改漢名」，有關嗎？歷史上，平埔族曾被「賜姓改名」嗎？

2017　9月，財政部宣布租稅改革方案，綜合所得稅最高稅率降至40％，標準扣除額由9萬調高至11萬元，調幅22％，薪資所得及身心障礙特別扣除額由12.8萬調升至18萬元，幅度高達約41％，估計最多542萬戶受惠；同時調高營所稅率到20％，為20年來最大稅改。教育部召開課程審議會大會，決議未來新課綱高中國文文言比率減為35％至45％（目前45-55％，）。

勞動部發布，自2018年1月1日起實施，每月基本工資調整為22,000元，每小時基本工資調整為140元。

9 月 8 日，賴清德接任行政院長。

軍公教 2018 年確定加薪 3%，行政院初估需經費 180 億元，包括補助財政不佳地方縣市 38 億元。

（颶風哈維橫掃美國德州等墨西哥灣沿岸，造成洪災，造成 100 多萬人流離失所。

北韓宣稱成功試爆氫彈，聯合國安全理事會通過對北韓實施新制裁，禁止紡織品出口並限制石油產品運輸量。

新加坡新任總統哈莉瑪（1954 - ）宣誓就職。緬甸若開邦的洛興雅族穆斯林上月與政府部隊爆發衝突，聯合國官員稱可能逾千人死亡。）

青年訴求政治參與

2017　10 月，蔡英文總統出席國慶大會表示，今年是兩岸交流 30 周年，

兩岸應該珍惜來得來不易的成果及累積的善意；重申「我們的善意不變、承諾不變、不會走回對抗的老路，但也不會在壓力下屈服」，並呼籲兩岸領導人應共同尋求兩岸互動新模式尋求突破。

全球手機通訊晶片龍頭高通涉嫌壟斷市場，並向業者收取約 4,000 億元授權金，公平會決議開罰 234 億元，創反壟斷最高罰款紀錄。

中共第 19 大 10 月 18 日開幕，中央總書記習近平四度提及「九二共識」，表示「一個中國原則」是兩岸關係的政治基礎，堅持「和平統一、一國兩制」方針；重申反臺獨「六個任何」：「絕不允許任何人、任何組織、任何政黨、在任何時候、以任何形式、把任何一塊中國領土從中國分裂出去。」

陸委會表示，期盼中國大陸在追求綜合實力提升及制度改革的關鍵新局時刻，應致力於推動「民主和平與公平正義」的政策措施，更要以新思維健康面對兩岸關係，才會做到其「勇於創新、永不僵化」的自我期許，真正成為臺海及區域和平的維護者。

美國在臺協會宣布臺灣加入「全球入境計畫」，未來符合資格、且事先申請獲美國核可的臺灣民眾，赴美時可使用電子通關。

10 月 28 日，蔡英文總統率團出訪馬紹爾群島、吐瓦魯及索羅門群島三個太平洋友邦，期間過境美國夏威夷及關島。

（美國賭城拉斯維加斯發生史上死傷最慘重的大規模濫射案，造成至少 59 人死亡、500 多人受傷。

10 月 1 日，西班牙加泰隆尼亞自治區舉行公投，投票中 9 成支持脫離西班牙獨立，但西班牙政府不承認，指公投違法。

日本福島地方法院宣判，日本政府與東京電力公司須賠償福島核災事故提出告訴的居民 3,800 人，金額近 5 億日圓。）

2017　11 月，行政院 11 月 2 日公布慶富承攬海軍獵雷艦案調查報告，指出國防部招標過程中有 5 大嚴重疏失，近 50 億元貸款流向五人頭戶，一銀在評估得標廠商財力、履約能力，及貸後管理上有明顯疏失。11 月 20 日，財政部宣布，與聯貸案有關的第一金控、合庫金控與臺企銀的董事長全數換人，分別由臺北捷運公司董事長董瑞斌（1958 - ）、中央存保公司董事長雷仲達和金融研訓院院長黃博怡（1956 - ）轉任。11 月 26 日，海巡署因慶富船廠延宕 14 艘巡防艇逾 90 天，宣布解約，求償 12 億元。國防部亦因聯貸銀行團不展延還款保證，28 日沒收慶富 7.2 億元保證金。12 月 13 日，國防部宣布五大違約事證，正式函告解除獵雷艦採購契約。

立法院通過《產業創新條例》修正案，工業地閒置逾三年、公告兩年未處理，政府得向土地所有權人處以該土地公告現值 10% 以下罰鍰，不改善將啟動強制拍賣。

行政院通過《勞動基準法》修正草案，在正常工時、加班總工時、加班費計算費率、周休二日等 4 原則不變的前提下，增加加班、排班、輪班間隔、特休假運用等 4 彈性，有條件鬆綁一例一休。

行政院通過農田水利會將從現行的法人改制為公務機關。

立法院通過《政黨法》，明定政黨經費及收入來源，且不得經營或投資營利事業。

亞太經濟合作會議（APEC）10 至 11 日在越南峴港市舉行，親民黨主席宋楚瑜二度擔任領袖代表。

國防部公布軍人退撫新制草案，最低生活保障與公教一致，均為 32,160 元；所得替代率改為「俸率」，18% 優惠存款也配合此制，在方案施行後第一年即取消，本金退還本人，原月退休俸高於退撫

新制月退休俸的差額，分 10 年平均調降。

食藥署與農委會開會決議，放寬雞蛋殘留農藥芬普尼不得檢出標準放寬至 10ppb。

經濟部公布「綠能屋頂全民參與」計畫，採「民眾零出資、政府零補助」原則，由地方政府遴選營運商協助民眾在屋頂設置太陽光電系統，並全額躉購，以 2020 年底前增加 200 萬瓩屋頂型太陽光電為目標。

《外國專業人才延攬及僱用法》11 月 22 日公布施行，放寬對外國專業人才的簽證、居留、全民健康保險、租稅、退休等待遇，未來外國特定專業人才，可不需透過僱主，申請自由轉換工作的工作許可、居留簽證、外僑居留證與重入國許可 4 證合一「就業金卡」，放寬外國專業人才聘僱期間由 3 年延到 5 年，廢止每年須在臺 183 天規定。

彰化縣環保局認定，臺化汽電共生設備 M22 鍋爐長期燃燒不符標準的生煤，裁處 12.44 億元罰鍰，創違反環評法最高金額的行政罰鍰。

（日本眾議院舉行首相指名選舉，自民黨黨魁安倍晉三當選第 98 任首相。

美國總統川普訪問日本、南韓、中國。並見證美中企業簽署超過臺幣 7.65 兆元的經貿合約。美國總統川普 11 月 20 日宣布，將北韓列入「支持恐怖主義國家」黑名單。

北韓宣布成功試射新款洲際彈道飛彈，射程涵蓋美國全境，彈頭也可重返大氣層。）

2017　12 月，立法院通過《促進轉型正義條例》，將於行政院設置「促進轉型正義委員會（促轉會）」，負責推動：開放政治檔案；清除威權象徵、保存不義遺址；平復司法不法、還原歷史真相，並促進社會和解；不當黨產之處理及運用；以及其他轉型正義事項。

行政院通過《礦業法》修正草案，包括亞泥花蓮新城山礦場在內 66 個礦區，須在 3 年內補辦環評，未在期限內完成環評或是未通過，可廢止。

立法院通過《公民投票法》修正案，公投年齡從 20 歲降至 18 歲；將提案門檻降為萬分之一（約 1,800 多人）、連署門檻 1.5%（約 28 萬人）、通過門檻同意票數多於不同意票數，同意票須超過投票人數 1/4，並刪除公投審議委員會，未來公投遇選舉應同日舉行；另新增行政院提案權以及不在籍投票。

為爭取呼吸權，臺中、高雄逾萬民眾參加反空汙大遊行。環保署長李應元承諾，明年開徵懸浮微粒空汙費，硫氧化物及氮氧化物空汙費加倍，國營事業汙染排放 3 年減量 25%。

美國國會要求評估美臺軍艦互停可能性，中國駐美公使 12 月 8 日李克新表示，此舉違反《反分裂國家法》，他告訴美國國會：「美國軍艦抵達高雄之日，就是中國解放軍武力統一臺灣之時。」12 月 13 日，美國總統川普簽署《2018 財政年度國防授權法》，因美臺軍艦互訪可行性等條款引發中國強烈抗議，控美國干涉內政。

詩人余光中（1928 -2017）病逝。（他的詩文作品對臺灣現代文學發展有重要影響。）

王炳忠（1987 - ）、林明正（1978 - ）、侯漢廷（1988 - ）、陳斯俊等疑涉國家安全法案件遭警調單位搜索引發爭議。

12 月 29 日，婦聯會與內政部和黨產會簽署備忘錄，於一個月內依備忘錄意旨，完成簽署行政契約，內容包括婦聯會願捐 343 億元給國庫，作為長照、榮民醫療、社會福利和家庭暴力及性侵害防治之用。（截至 2018 年 1 月底，並未簽署行政契約）

證券交易所統計，臺股今年大漲 1,389.36 點，漲幅達 15%，市值也由去年底的 27.25 兆元增加至 31.32 兆元。

（日本政府舉行皇室會議，天皇明仁（1933 - ）將於 2019 年 4 月 30 日退位，由皇太子德仁（1960 - ）在 5 月 1 日繼位與更改年號。

12 月 6 日，美國總統川普宣布，承認耶路撒冷為以色列首都，並下令國務院提出將駐以色列大使館從特拉維夫遷移至耶路撒冷的計畫，引發阿拉伯世界強烈反彈譴責。12 月 10 日，中東爆發抗議示威衝突。12 月 15 日，數萬巴勒斯坦群眾上街抗議，與以色列軍隊發生衝突。12 月 21 日，聯合國召開緊急會議通過譴責美國承認耶路撒冷為以色列首都的提案；強調耶城地位須由以巴雙方協商決定。

英國和歐洲達成歷史性脫歐談判協議，並簽署「進展報告」，將確保歐盟公民權，支付 400 至 600 億歐元分手費，雙方於 2018 年將展開貿易談判。

美國國務院發布聲明，已執行限制 6 個穆斯林為主國家人民入境美國，包括查德、伊朗、利比亞、敘利亞、索馬利亞與葉門。

美國參議院通過 1986 年以來最大稅改案，公司稅最高稅率由 35% 降至 21%，於明年生效，並廢除公司最低稅負制。個人所得稅最高稅率則從 39.6% 減至 37%，並設最高 1 萬美元的扣除額。減稅法案大幅減少企業和富人稅高達 45 兆元臺幣。

12 月 22 日，聯合國安理會 15 個成員國全數通過對北韓新制裁案，包括限制對北韓石油供應、2 年內驅逐北韓海外工作人員等。）

政府對人民不法不義行為皆應予以彌補，是政府應有之作為。

2017 年 12 月 10 日國際人權日，立法院在民主進步黨多數之下通過《促進轉型正義條例》，象徵一個人權時代的開始。

執政黨揭櫫轉型正義是政治對歷史清算的起點。惟轉型正義不應僅止於對立政黨的清算，也還包括自黨本身不公不義之行為追究，這是大公的轉型正義真諦。

上帝或許依然扮演一個角色：「統一理論是不是令人信服，能夠造就它本身的存在？」

儘管找到統世理論，上帝卻不會明白告訴我們：「宇宙究竟為什麼存在？」

那麼，什麼是上帝生成存在的心意？

　　　　　　　　—— 史蒂芬·霍金，《時間簡史》

　　　　　　　（Stephen William Hawking，1942–2018）

　　　　　　　英國物理學家、宇宙學家

　　　　　　　劍橋大學理論宇宙學中心研究主任

兩岸關係

公元		
1949	兩岸分治	
1971	中華民國退出聯合國	
1972	中美上海公報	
1979	中美建交公報	
	中國提：兩岸三通	
	蔣經國回應：三不	
1982	中美 817 公報	
1984	鄧小平：一國兩制	
1987	開放大陸探親	
1988	中國鼓勵臺灣投資	
1990	金門協議	
1992	香港會談（九二共識）	
1993	辜汪（新加坡）會談	
1995	中國導彈危機	
1996	中國軍事演習	
1997	香港回歸中國	第四部
1998	辜汪會晤	當代之三
1999	李登輝：特殊兩國論	
	澳門回歸中國	
2000	否認「九二共識」	
	小三通	
2002	陳水扁：一邊一國論	
2003	護照封面加註：TAIWAN	
2004	中國成臺灣最大貿易國	
2005	中國《反分裂國家法》	
	國共連胡會	
2007	兩岸交流持續頻繁	
2008	兩會開啟（江陳）會談	
2010	簽訂經濟協定（ECFA）	
2013	簽訂服貿協議	
2014	兩岸首長會談	
	太陽花「反服貿」學運	
2015	馬習會（新加坡）	
2016	兩岸關係轉向停滯	

【第四部】當代之三

天設造化，隔離試煉

既經幾度歷史分治回合的隔離試煉：彼岸，刻骨體認國恥不容分裂；此岸，銘心深悟國恨不成自主。

於是，前者堅持：國族一體，「一個中國」相逼；後者樹立：自主分治，「維持現狀」相應。一切盡在對「國恥」、「國恨」之刻骨銘心。

歷史誠有是非、對錯乎？惟反應因果法則爾。

兩岸關係之發展，貴在彼此真誠相對。未來，應誠不適再以過去「鄭施歷史模式」決定臺灣未來，也不宜再以當前「蔣毛歷史模式」決定兩岸江山。蓋以個人意志或宗族意識終不敵國族主義之威權，畢竟「一個中國」原則仍非兩岸完整之國族意識。

誠願歷史法則之教訓能惕厲彼此淡化個人、宗族意志，讓臺灣此岸不留國恨殘，中國彼岸不遺國恥念，則「同文同種」之國族意識或比「一個中國」相加更可化解兩岸過往之歷史情結。

這一篇也是進行式，未完結。兩岸歷史的發展，臺灣陷在自 17 世紀以降四百多年分分合合的命運；而在「鄭施歷史模式」之後，又落入持續 20 世紀「蔣毛歷史模式」，前途仍在奮鬥掙扎。

兩岸競合

20 世紀中葉，經過世界二戰與國共內戰，臺灣兩度天變。

至 1949 年，兩岸兩中隔海分治，正式啟動歷史上兩個中國時代。迄至 21 世紀 10 年代，經過半個多世紀的交流互動，兩岸由禁止交往，到開放探親，小三通到大三通；由政治敵對到國共論壇，由金門會談到簽訂經濟協議，雙方已進入政經交融地步；甚至依賴經濟中國之程度，使中國已成為臺灣最大之貿易國，業已取代 20 世紀下半葉親美時代的對美依賴。

雖然如此，兩岸歷經近 30 年的經貿融合，但在政治上的歧異卻愈加緊張，並也影響兩岸經貿之進展。今 21 世紀初期，「九二共識」成兩岸政治主張的角力焦點，並也形成國內朝野分立的政治觀察。其實，「一個中國」原則才是兩岸分歧、臺灣社會分化的政治訴求。

兩岸發展的癥結，在中國堅持「一個中國」原則，把臺灣視為中國的一部分。而中國的論述，對臺灣而言，「中國」無論係指「北京中國」或「臺北中國」，皆存著構成內部激化為不可接受的因子，致使兩岸存在和平發展的陰影。

一、1950 –1987：互不交往

1949　10 月 1 日，中華人民共和國建立。12 月 7 日，中華民國政府遷臺。

1954　8 月 22 日，中國發表《解放臺灣聯合宣言》宣告「臺灣是中國的領土，一定要解放臺灣。」

1972 2月28日，美國與中國在上海簽署《中華人民共和國和美利堅合眾國聯合公報》（即《上海公報》）。主要內容：中美關係正常化符合兩國利益；中方反對美方在臺灣問題上所持立場，反對一中一臺、兩個中國、一國兩府、臺灣獨立和臺灣地位未定論；美方承認（acknowledge）海峽兩岸都堅持一個中國，並對這一立場不表異議（not to challenge），它重申它對由中國人自己和平解決臺灣問題的關心，並將逐步減少在臺美軍設施和武裝力量。（詳第七章）

1979 1月1日，中國人大常委會發表《告臺灣同胞書》。提出結束兩岸軍事對峙、開放兩岸「三通」（通郵、通商、通航）、擴大兩岸交流方針。

《中美建交公報》生效。

1979 4月，蔣經國總統提出「三不」：不接觸、不談判、不妥協之對應政策。

1981 9月30日，中國人大委員長葉劍英（1897-1986）發表《進一步闡明關於臺灣回歸祖國實現和平統一的方針政策》（即一般通稱的「葉九條」）。（詳第八章）

1982 8月17日，中華人民共和國與美國簽署《中美就解決美國向臺出售武器問題的公告》（即《817公報》）。《817公報》是為了解決美國對臺武器出售的問題而簽訂的，美國在該公報中就對臺售武問題做出了明確的承諾。（詳第八章）

1983 6月25日，中共中央軍事委員會主席鄧小平（1904-1997）提出兩岸和平統一的最新構想，解決臺灣問題的六條方針（鄧六條）。（詳第八章）

1984 6月23日，鄧小平提出「一個國家，兩種制度」（一國兩制）。

二、1987 –1999：間接交往

1987 10月16日，中國國務院公布〈臺灣同胞到大陸探親旅遊接待辦法通知〉。10月24日，中國公安部出入境管理局擬定〈臺胞出入境六條辦法〉。

1987 11月2日，開放民眾赴大陸探親。

1988 7月7日，中國國務院公布「關於鼓勵臺灣同胞投資的規定」。

1990 5月，李登輝總統於第8任總統就職演說宣示：「如中共當局能推行民主政治及自由經濟、放棄在臺灣海峽使用武力，不阻撓我們在一個中國前提下開展對外關係，則我們願以對等地位建立雙方溝通管道、全面開放學術、文化、經貿與科技交流。」

1990 9月，兩岸紅十字組織代表於9月11至12日進行商談，就雙方參與見證其主管部門執行海上遣返事宜，12日簽署《金門協議》，以保證雙方人員移交的安全。（詳第九章）

1990 10月7日，李登輝總統邀集朝野各黨及社會各界人士於總統府成立「國家統一委員會」研商制訂《國家統一綱領》。國統會設置目的在主導臺灣海峽兩岸關係的發展，依據「民主、自由、均富」力促中國統一。

1991 1月30日，行政院大陸委員會成立，為行政院統籌處理大陸事務的法定機關。

1991 3月9日，財團法人海峽交流基金會掛牌運作，辜振甫擔任董事長。（海基會以陸委會為主管機關，接受政府委託與授權，直接與中國大陸就涉及公權力行使的事宜進行聯繫與協商，成為政府大陸工作體系中重要的一環。）

1991　3月14日，行政院通過《國家統一綱領》，為大陸政策最高指導原則。於1991年2月23日國統會第三次會議通過，3月14日行政院會議通過；2006年2月27日，陳水扁總統宣布「終止適用」。（詳第九章）

1991　第一次陳唐會談於4月28日至5月4日在中國北京舉行，這是海基會成立後首度組團赴北京訪問，由海基會首任秘書長陳長文與國臺辦副主任唐樹備（海協會尚未成立）商談兩岸共同防制海上犯罪程序性問題。

第二次陳唐會談於11月4日至7日在中國北京舉行，就共同合作之項目、實質商談時地等廣泛交換意見。

12月16日，大陸「海峽兩岸關係協會」（海協會）於北京成立。由汪道涵擔任會長，做為與海基會互動的窗口。

12月17日，中國國務院發布〈中國公民往來臺灣地區管理辦法〉。

1992　1月1日，開放大陸地區配偶申請來臺居留。

1992　3月，兩岸「文書驗證」及「掛號函件」第一次會談【許惠祐（1952-）、李亞飛（1955-）】於3月22日至27日在中國北京舉行，首度交換意見，無具體成果。

1992　10月，兩岸「文書驗證」及「掛號函件」第二次會談【許惠祐、周寧（1960-）】於10月26日至29日在香港舉行。（會談中，雙方就「一個中國」的論題分別提出了多項表述方案。海協會提出了5個文字表述方案。海基會先後提出8個表述方案。雙方雖均堅持「一個中國」的原則，但對於「一個中國」的涵義，認知各有不同。雙方對13個表述方案均未達成共識。辜振甫於2001年3月1日發表談話回顧九二香港會談過程時，認為中國理解的共識是「兩岸均

堅持一中原則」；但臺灣理解的共識為「一個中國，各自以口頭表述」，雙方的理解有差距，造成爭議。之後，大陸官方稱，雙方以口頭聲明的方式確認「海峽兩岸均堅持一個中國的原則」，後來進一步宣稱「兩岸均堅持一個中國原則」是 1992 年兩岸兩會的共識。臺灣則以「一個中國、各自表述」作為 1992 年兩岸會談過程及結果。該次會談是後來「九二共識」爭議之原點。）

1993　3 月，兩岸「文書驗證」及「掛號函件」第三次會談（許惠祐、李亞飛）於 3 月 25 日至 28 日在中國北京舉行。由於大陸不再堅持將其對「一個中國」之觀點載入協議，雙方就此二項議題達成共識。

1993　4 月，辜汪會談第一次預備性磋商【邱進益（1936 - ）、唐樹備】於 4 月 7 日至 11 日在中國北京舉行，雙方草簽「文書驗證」及「掛號函件」二項協議；並安排辜汪會談相關事宜。

辜汪會談第二次預備性磋商（邱進益、唐樹備）於 4 月 23 日至 26 日在新加坡舉行，雙方就「兩會建立制度化聯繫與會談方式」、「經濟交流」、「文教、科技交流」及辜汪會談共同文件交換意見。

辜汪會談於 4 月 27 日至 29 日在新加坡舉行。海基會辜振甫董事長、大陸海協會汪道涵會長並代表兩會簽署四項協議：一、《兩岸公證書使用查證協議》，

二、《兩岸掛號函件查詢、補償事宜協議》，三、《兩岸聯繫與會談制度協議》，四、《辜汪會談共同協議》。

1993　8月，辜汪會談後續第一次事務性協商【許惠祐、孫亞夫（1952－）】於8月28日至9月3日在中國北京舉行，就「辜汪會談共同協議」所列之年度優先議題商談，因大陸方面要求加入經濟議題且「只聽不談」致無成果。

8月31日，中國國務院臺灣事務辦公室、國務院新聞辦公室聯名發表以中、英、法、德、西、日、韓七種文字版本的《臺灣問題與中國的統一》白皮書【附錄15】。9月16日，陸委會發表對中國《臺灣問題與中國的統一》白皮書的看法 — 只有「中國問題」，沒有「臺灣問題」之回應聲明。

1993　11月，辜汪會談後續第二次事務性協商（許惠祐、孫亞夫）於11月2日至7日在中國福建廈門舉行，商談「非法入境」、「劫機犯」、「漁事糾紛」及「兩會人員入出境往來便利辦法」。

1993　12月，辜汪會談後續第三次事務性協商（許惠祐、孫亞夫）於12月18日至22日在臺北舉行，商談「非法入境」、「劫機犯」、「漁事糾紛」及「兩會人員入出境往來便利辦法」；就「共同打擊犯罪」、「司法協助」、「智慧財產權」及「台商保障」等議題交換意見。

1994　2月，兩岸兩會副首長第一次焦唐會談（海基會副董事長兼秘書長焦仁和、海協會常務副會長唐樹備）1月31日到2月5日於中國北京舉行。討論落實第一次辜汪會談簽署之協議，及為其後第二次辜汪會談做準備。確定「兩會商定會務人員入出境往來便利辦法」。

1994　3月5日，中國人大通過《臺灣同胞投資保護法》。（1999年12月發佈實施細則）

辜汪會談後續第四次事務性協商（許惠祐、孫亞夫）於3月24日至31日在中國北京舉行，就「非法入境」、「劫機犯」及「漁事

「糾紛」等議題續行協商。

1994　7月5日，陸委會公布首部大陸政策白皮書《臺海兩岸關係說明書》共分八種語文發行。【附錄16】

辜汪會談後續第五次事務性協商（許惠祐、孫亞夫）於7月30日至8月3日在臺北舉行，商談「非法入境」、「劫機犯」、「漁事糾紛」等議題。

1994　8月，第二次焦唐會談8月4日至8月7日在臺北舉行，就兩會會務及事務性協商等議題進行會談。

1994　11月，辜汪會談後續第六次事務性協商（許惠祐、孫亞夫）於11月21日至28日在中國南京舉行，商談「非法入境」、「劫機犯」、「漁事糾紛」、「擴大寄送公證書副本種類」及「快捷郵件」。達成擴大寄送稅務、病歷、經歷及專業證明等四項公證書副本成果。

1995　1月，辜汪會談後續第七次事務性協商（許惠祐、孫亞夫）於1月23日至25日在中國北京舉行，商談「非法入境」、「劫機犯」、「漁事糾紛」及「快捷郵件」等議題。

第三次焦唐會談1月21日至28日在臺北舉行，就兩會會務、事務性協商議題及兩岸交流事項進行會談。

1月30日，中共中央總書記江澤民發表「江八點」，堅持「一個中國」、「一國兩制」框架下，提出發展兩岸關係的八項主張。（詳第九章）

1995　4月8日，李登輝總統於國統會發表〈建立兩岸正常關係，塑造統一有利形勢〉談話，並提出建立現階段兩岸正常關係六點主張（李六條）。（詳第九章）

1995　5月，第二次辜汪會談第一次預備性磋商（焦仁和、唐樹備）於5

月 27 日至 29 日在臺北舉行，發表「第二次辜汪會談第一次預備性磋商共識」。

1995　6 月 7 日，李登輝總統啟程赴美國訪問，至 12 日返臺。李登輝是史上首位進入美國的中華民國現任元首，其間，中共發表五篇抨擊性文章。（其後，中國展開展了聲勢浩大的「反分裂」、「反臺獨」批判，並舉行軍事演習，兩岸關系空前緊張和對立。中國片面中斷兩岸兩會的協商，拒絕履行協議，推遲原訂 7 月中旬舉行之第二次辜汪會談。）

6 月 22 日，中國外長錢其琛（1928 -2017）就 1997 年後處理臺灣與香港關係發表「香港涉臺問題基本原則與政策」（一般稱為港版「錢七條」）：

1. 港、臺兩地現有的各種民間交流交往關係，包括經濟文化交流、人員往來等，基本不變。

2. 鼓勵、歡迎臺灣居民和臺灣各類資本到香港從事投資、貿易和其他工商活動。臺灣居民和臺灣各類資本在香港的正當權益依法受到保護。

3. 根據「一個中國」的原則，香港特別行政區與臺灣地區間空中航線和海上運輸航線，按「地區特殊航線」管理。香港特別行政區與臺灣地區間的海、航運交通，依 雙向互惠原則進行。

4. 臺灣居民可根據香港特別行政區法律進行香港地區，或在當地就學、就業、定居。為方便臺灣居民出入香港，中央人民政府將就其所持證件等問題作出安排。

5. 香港特別行政區的教育、科學、技術、文化、藝術、體育、專業、醫療衛生、勞工、社會福利、社會工作等方面的民間團體和宗教組織，在互不隸屬、互不干涉和互相尊重的原則基礎上，可與臺灣地區的有

關民間團體和組織保持和發展關係。

6. 香港特別行政區與臺灣地區之間以各種名義進行的官方接觸往來、商談、簽署協議和設立機構，須報請中央人民政府批准，或經中央人民政府具體授權，由特別行政區行政長官批准。

7. 臺灣現有在香港的機構及人員可繼續留存，他們在行動上要嚴格遵守《中華人民共和國香港特別行政區基本法》，不得違背「一個中國」的原則，不得從事損害　香港的安定繁榮以及與其註冊性質不符的活動。我們鼓勵、歡迎他們為國家統一和保持香港繁榮穩定作出貢獻。

1995　7 月 21 -26 日，中國對臺灣附近海域進行第一波導彈射擊，以軍事武力威脅臺灣。

1995　8 月 15 -25 日，中國對臺灣附近海域進行第二波導彈射擊。

1995　10 月 24 日，中國國家主席江澤民在出席聯合國成立 50 周年特別紀念會議期間，會晤美國總統柯林頓，江澤民在談到如何處理中美關係的問題時強調臺灣問題是影響雙方關係的最重要、最敏感的問題。

1996　3 月 5 日，中國清晨公布將於 8 日至 15 日於基隆正東 20 至 40 浬，高雄正西 30 至 50 浬海域內進行地對地導彈飛射訓練。3 月 8 日，中國在臺灣兩端進行導彈發射訓練。3 月 12 日，中國在廈門至汕頭一帶沿海舉行海空實彈演習。3 月 13 日，中國向臺灣高雄港外水域發射第四枚導彈。3 月 18 日，中國在福建平潭附近海面舉行陸海空聯合演習。3 月 19 日，中國軍隊進行搶灘攻佔一個小島的演習。3 月 21 日，中國軍機演習。

1996　6 月 26 日，中國國家主席江澤民於西班牙接受訪問時表示：兩岸和平統一談判，可以在「一個中國」原則下結束敵對狀態，進行談判。

對兩岸領導人會面問題，歡迎臺灣領導人以適當身分到大陸訪問。

1997   5月，第一次臺港航運會談（張良任、趙世光）5月2日在香港舉行，陸委會授權海基會與海協會委託之香港船東會協商7月1日以後之臺港航運問題。第二次臺港航運會談5月24日在臺北舉行，簽署「臺港海運商談紀要」。

1997   7月1日，香港主權由英國移交中國接管，終止英國156年殖民統治。凌晨1時30分，香港特別行政區成立，行政長官董建華宣誓就任。陸委會香港事務局成立，並任命鄭安國為首任局長。《香港澳門關係條例》及13種相關法規發布施行。

     7月18日，陸委會主委張京育（1937－ ）表示兩岸統一必須有四個前提：中共應尊重中華民國存在的事實、著重臺灣安全、兩岸共同參與國際組織、中共放棄武力犯臺。

1997   8月8日，陸委會副主委高孔廉指出：中共應務實面對兩岸現狀，若大陸方面考慮以「臺灣加上大陸等於中國」的文字表述「一個中國」原則，我方願意接受。

1998   辜汪會晤第一次預備性磋商【詹志宏（1956－ ）、李亞飛】4月22至24日在中國北京舉行；第二次預備性磋商7月26日在臺北舉行，兩次會議均就辜汪會晤行程進行磋商。

1998   6月25日，美國總統柯林頓啟程前往中國進行為期9天（6月25日至7月3日），造訪五個城市。美國總統柯林頓參加上海圖書館舉行的「建設21世紀的中國」圓桌座談時，說明美國對臺的「三不」政策（不支持臺灣獨立、不支持「兩個中國」或「一中一臺」、不支持臺灣加入以國家為會員資格的國際組織）。但柯林頓明確告訴江澤民，中國和臺灣之間的問題以和平方式解決對美國是極為重要

的（extraordinarily important）。

1998　7月22日，李登輝總統於國統會中提出「民主統一」新宣示，盼兩岸在分治中國的現實基礎上，協商並簽署兩岸和平協定。

7月27日，中國國務院新聞辦公室發表《中國的國防》白皮書。白皮書針對兩岸關係重申，不承諾放棄使用武力，並強調每一個主權國家都有權利採取自己認為必要的一切手段包括軍事手段，來維護本國的主權和領土的完整。

1998　許張會談【海基會副董事長兼秘書長許惠祐與海協會秘書長張金成（1939 - ）】於9月22至24日在中國北京舉行，雙方商定辜汪會晤行程。促成10月之辜汪會晤。

1998　9月24日，美國眾議院通過《國防授權法案》，其中包括要求美國防部研究建構一項包含亞太地區的「戰區飛彈防禦體系」（TMD），以保護包括臺灣、日本及南韓在內的美國該地區盟友。10月1日，參議院通過《國防授權法案》的兩院協調報告，規定國防部要限時研究建構TMD之可行性。

1998　10月14日，海基會董事長辜振甫率團赴中國上海、北京參訪（14日至19日），並與大陸海協會會長汪道涵會面（辜汪會晤）。這是兩岸兩會自1995年6月中斷商談以來的首次高層對話，是汪道涵和辜振甫1993年新加坡會談之后的第二次握手。辜振甫並分別與中國領導人陳雲林、錢其琛及江澤民見面晤談。10月14日，汪道涵表示兩岸應儘早進行政治談判及其程序性商談，並重申關於一個中國原則的涵義問題（86字）。

「世界上只有一個中國，臺灣是中國的一部分，目前尚未統一，雙方應共同努力，在一個中國的原則下，平等協商，共議統一。一個國家

的主權和領土是不可分割的，臺灣的政治地位應該在一個中國的前提下進行討論。」

　　10月15日，辜振甫及汪道涵等在上海新錦江飯店舉行第二次會晤，達成四點共識：（一）加強對話，促成恢復制度化商談契機；（二）促進兩會各層級人員組團互訪；（三）就交流衍生個案積極相互協助處理；（四）汪道涵先生於適當時機來臺訪問。

1998　12月8日，李登輝總統列席第3屆國大會議，闡釋「新臺灣人主義」就是不分先來後到，不分語言地域，共同在此地為臺灣、為中華民國打拼、奮鬥、奉獻的一切人民，作為一個生命共同體的身分認同。

1999　1月15日，中國副總理錢其琛公布1999年後大陸處理澳門涉臺問題的七項基本原則和政策（即澳版「錢七條」）。12月20日，澳門回歸中國。

　　臺澳關係「錢七條」內容：

1. 澳、臺兩地現有的各種民間交流交往關係，包括經濟文化交流、人員往來等，基本不變。

2. 鼓勵、歡迎臺灣居民和臺灣各類資本到澳門從事投資、貿易和其他工商活動。臺灣居民和臺灣各類資本在澳門的正當權益依法受到保護。

3. 根據「一個中國」的原則，澳門特別行政區與臺灣地區間的空中航線和海上運輸航線，按「地區特殊航線」管理。澳門特別行政區與臺灣地區間的海、空航運交通，以雙向互惠的原則進行。

4. 臺灣居民可以根據澳門特別行政區法律進出澳門地區，或在當地就學、就業、定居，現行的入出境方式基本不變。為方便臺灣居民出入澳門，中央人民政府將就其所持證件等問題作出安排。

5. 澳門特別行政區的教育、科學、技術、文化、新聞、出版、體育、康樂、

專業、醫療衛生、婦女、勞工、青年、歸僑、社會福利、社會工作等方面的民間團體和宗教組織，在互不隸屬、互不干涉和互相尊重的原則基礎上，可與臺灣地區的有關民間團體和組織保持和發展關係。

6. 澳門特別行政區與臺灣地區之間以各種名義進行官方接觸往來、商談、簽署協議和設立機構，須報請中央人民政府批准，或經中央人民政府具體授權，由特別行政區行政長官批准。

7. 臺灣現有在澳門的機構可以適當名稱繼續留存。這些機構及人員在行動上要嚴格遵守《中華人民共和國澳門特別行政區基本法》，不得違背「一國兩制」的原則，不得從事損害澳門的穩定以及與其註冊性質不符的活動。我們鼓勵、歡迎他們為祖國的統一和保持澳門的穩定發展做出貢獻。

1999　3月10日，經濟部國貿局公告〈輸入少量大陸物品准許免辦輸入許可證〉規定，未來除農產品不在該項開放少數大陸物品輸入免證適用範圍外，現行禁止自大陸進口的工業產品，只要價值不超過12,000元、且單項產品不超過10件者，可以准許免證進口。

1999　汪道涵回訪第一次預備性磋商於3月17至19日在臺北舉行，雙方就「辜汪會晤」所達成之四項共識及安排汪道涵訪臺事宜進行磋商，雙方原則確定汪道涵當年秋天訪臺，時間5至6天左右。

1999　6月，汪道涵回訪第二次預備性磋商6月27日至29日在中國北京舉行，協商安排汪道涵來臺訪問事宜。（其後兩會制度性會談因為「兩國論」事件遭到中國片面中止，汪道涵來臺訪問流產。）

1999　7月9日，李登輝在總統府接受《德國之聲》專訪時表示，中華民國自1991年修憲以來，已將兩岸關係定位在「國家與國家，至少是特殊的國與國關係」，而非一合法政府、一叛亂團體，或一中央

政府、一地方政府的「一個中國」內部關係。（即特殊「兩國論」，詳第九章）

1999　9 月 21 日，臺灣中部發生大地震。中國國家主席江澤民對臺灣發生嚴重地震災情表示慰問。並表示北京願意提供減輕地震災害一切可能的援助。中國外交部部長唐家璇表示，北京對臺灣的賑災政策非常明確，即是「人道歸人道，政治歸政治」，北京會與包括聯合國體系下的各國際組織會商如何賑災。同日，陸委會主委蘇起（1949 - ）接受《英國國家廣播公司》（BBC）專訪時，肯定中國國家主席江澤民對臺灣震災的善意援助態度，並認為這將是兩岸間「一個好的開始」。至於是否接受大陸方面的人道援助，蘇起表示，需待評估後才能決定。

9 月 24 日，財政部決定准許來臺的大陸地區人民開設外匯存款帳戶、定期存款帳戶及辦理匯款，但每筆結售金額不得超過 5,000 美元、結購金額不得超過新臺幣 10 萬元。

9 月 27 日，陸委會通過延長大陸配偶在臺停留時間、開放大陸配偶在臺停留期間加入健保、有條件開放從事工作及放寬居留期間出境限制等規定。10 月 7 日，行政院通過放寬大陸地區配偶來臺居留數額，由 1997 年的 1,800 人，提高為 1999 年起每年 3,600 人，平均每月 300 人。

1999　12 月 12 日，中國國務院總理朱鎔基（1928 - ）簽署國務院第 274 號令，發佈〈臺灣同胞投資保護法實施細則〉，並於 12 月 5 日開始實施。12 月 13 日，針對中國發佈之投資保護法實施細則，經濟部長王志剛（1942 - ）表示，兩岸應透過正式協商管道，簽署投資保障協定，才能真正保障臺商權益。

三、2000 – 2004：小三通與經貿大開放

2000 2月21日，中國國務院發表《一個中國的原則與臺灣問題》白皮書，列出對臺動武的「三個如果」條件：如果出現臺灣被以任何名義從中國分割出去的重大事變；如果出現外國侵占臺灣；如果臺灣當局無限期拒絕通過談判和平解決兩岸統一問題，中共只能被迫採取一切可能的斷然措施，包括使用武力來維護中國的主權和領土完整，完成中國統一大業。2月25日，陸委會發表聲明回應中國的《一個中國的原則與臺灣問題》白皮書，指出「定位問題」是兩岸現存最關鍵問題之一，強調中國目前處於分裂狀態，中共一再否定中華民國存在的客觀事實，只會為兩岸關係製造更多麻煩，加深緊張關係，完全無助於實際問題的解決。

2000 3月21日，立法院通過《離島開發建設條例》，試辦金門、馬祖、澎湖對大陸直接通郵、通航、通商的「小三通」。

2000 5月20日，陳水扁總統就職演說中針對兩岸問題宣達：「不宣布臺獨、不更改國號、兩國論不入憲、不推動統獨公投，以及沒有廢除國統綱領與國統會問題」所謂「四不一沒有」的說法，讓兩岸關係步上充滿「模糊想像」的空間。

中國國臺辦發表聲明回應「四不一沒有」：臺灣當局新領導人在「接受一個中國原則」這個關鍵問題上，採取了迴避、模糊的態度。一個中國原則是兩岸關係和平穩定發展的基礎。新領導人既然表示不搞臺獨，就不應當附加任何條件；就更不應當否認一個中國、臺灣是中國一部分的現實，把一個中國說成是「未來」的。是否接受一個中國原則，是檢驗臺灣當局領導人是維護國家主權與領土完整、

還是繼續頑固推行臺獨分裂政策的試金石。

2000　9月8日，兩岸首次由馬祖直航大陸福建琯頭碼頭遣返大陸偷渡客，由連江縣警局負責遣返任務；為往後簡化遣返作業跨出重要一步。大陸方面把此次雙向直航遣返稱為對口交換，以地方對地方做為未來遣返作業的推動。

2000　11月29日，中國對外貿易經濟合作部頒布〈對臺灣地區貿易管理辦法〉，共計15條，內容以「一國兩制」、市場經濟等為指導原則，規範對臺貿易管理及糾紛解決等細節。

2001　1月1日，依據〈試辦金門馬祖通航實施辦法〉，即日開始試辦金馬小三通。9月5日，行政院通過〈試辦金門馬祖與大陸地區通航實施辦法〉修正案，增訂試辦通航期間，基於大陸政策需要，我國船舶得經交通部專案核准由澎湖進入大陸地區。並通過《臺灣地區與大陸地區人民關係條例》修正案，開放大陸資金來臺購買不動產。12月25日，行政院金馬小三通指導委員會決定，金馬「小三通」試辦期間展延一年。

2001　2月8日，首批中共《新華社》來臺駐點記者范麗青、陳斌華抵達臺北，展開為期一個月的駐點採訪。10月1日，中國全國新聞工作者協會記者團一行16人抵臺採訪，在新聞局發放的記者證有效期限之內，無須受限於某地，可自由於臺灣境內進行與教育相關的採訪活動，突破以往大陸記者來臺的限制與規定。

2001　5月10日，陳水扁總統表示，對大陸經貿採取「積極開放、有效管理」原則。5月15日，經濟部部長林信義（1946 - ）表示，政府對大陸經貿「戒急用忍」政策將作調整，未來產業赴大陸投資項目，將由目前正面表列，改採負面表列方式，但對電廠投資案，仍不開

放。8 月 12 日，經濟發展諮詢委員會兩岸組共識以「積極開放，有效管理」取代長達 5 年的「戒急用忍」。9 月 20 日，行政院長張俊雄施政報告表示，兩岸經貿必須突破戒急用忍政策的新思維。11 月 7 日，行政院通過「落實大陸投資積極開放、有效管理」政策，放寬企業對大陸投資限制。

5 月 30 日，行政院通過〈臺灣地區與大陸地區金融業務往來許可辦法〉修正案，開放國際金融機構分行辦理兩岸金融業務直接往來，並允許國內金融機構赴大陸設立代表人辦事處。6 月 26 日，財政部公佈受理銀行申請赴大陸設立辦事處。11 月 16 日，財政部修正〈兩岸金融業務往來許可辦法〉，開放銀行國際金融業務分行（OBU）與大陸各金融機構辦理直接通匯業務。

2001　6 月 15 日，經濟部國貿局召開大陸產品輸入檢討會，決定再開放豐年蝦（卵）、門鎖零件、彩色高解析度陰極射線電視顯像管、雷射列表機等 36 項產品進口，而微波爐等 16 項產品「僅開放非完成品」的限制解除，未來這些消費性電子產品的成品將准許。依國貿局統計，目前已開放的大陸工業產品項目計有 5,333 項，佔所有產品項目的 64.7%，農產品僅開放 482 項，開放比例僅 23.04%。

2001　8 月 16 日，中國廈門國際航空與臺灣航勤（澳門）合資的空運貨站奠基，開啟兩岸航空領域的合作。

8 月 28 日，《華盛頓時報》報導，據美國最新情報顯示，中共陸續在福建、浙江等沿海地區增設 M 族短程戰術彈道導彈，從今年 4 月的 300 枚於今擴增超過 350 枚，美偵察衛星同時發現，浙江江山地區 7 月間出現新的 M 族導彈基地。

2001　9 月 28 日，財政部公布核准第一、華南、彰化、中國國際商銀、土

地、合作金庫、世華、中國信託商銀等 8 家銀行，赴大陸設立辦事處。11 月 7 日，行政院宣布第二階段兩岸金融業務往來措施，決定放寬國際金融業務分行（OBU）與大陸銀行直接通匯。

2001　11 月 7 日，行政院通過大陸投資「積極開放、有效管理」政策，取消中國大陸投資個案 5,000 萬美元上限，建立新的審查機制。

11 月 23 日，經濟部開放資訊軟硬體、通信及消費性電子等三大類共 120 項產品赴大陸投資。12 月 13 日，經濟部解除發光二極體（LED）、液晶螢幕後段模組製程等 52 項赴大陸投資禁令。12 月 14 日，開放 636 項醫藥及一般化學品登陸投資。

2002　1 月 1 日，內政部、交通部會銜公布〈大陸地區人民來臺從事觀光活動許可辦法〉，旅居國外的大陸人士可來臺觀光。5 月 10 日，實施第二階段「開放大陸地區人民來臺觀光推動方案」。准許赴海外旅遊或商務考察的大陸人民轉赴臺灣觀光。臺灣駐香港國際機場辦事處啟用，大陸人士在香港機場即可辦理換領來臺旅行證。

1 月 2 日，陸委會主委蔡英文表示，未來陸資來臺投資服務業別，將採取正面表列方式，政府開放大陸物品進口時，也將在過渡時期建立兩岸貿易特殊防禦機制。

1 月 16 日，行政院會通過「加入 WTO 兩岸經貿政策調整執行計畫」，開放兩岸直接貿易、分階段擴大開放大陸物品進口（含農產品 901 項，工業產品 1,225 項）、調整大陸物品進口審查機制，以及強化大陸物品進口防禦機制。

2002　2 月 13 日，財政部修正〈臺灣地區金融機構辦理大陸地區匯款作業準則〉、〈臺灣地區銀行辦理大陸地區進出口外匯業務作業準則〉，外匯指定銀行經核准者，可與大陸地區銀行辦理兩岸匯款及進出口

外匯業務。8月2日，財政部修正〈兩岸金融業務往來許可辦法〉，即日起受理外匯指定銀行與郵匯局申請，直接對大陸金融機構進行金融往來，民眾可對大陸地區匯款，但項目以「兩岸直接經貿往來」為限。國際金融業務分行（OBU）也可對大陸臺商辦理放款及應收賬款收買業務，臺商可直接向 OBU 借款。（由於阻撓，並未實施。但至 7 月 4 日起，兩岸開放金流管道。）

2002　4月2日，立法院通過《臺灣地區與大陸地區人民關係條例》修正案，開放陸資來臺投資土地及不動產、准許臺商大陸投資盈餘匯回臺灣得自應納稅額扣抵，准許未經核准赴大陸投資廠商於 6 個月內補辦報備登記。

4月24日，經濟部公告〈在大陸地區從事投資或技術合作製造業及農業禁止類之產品項目〉清單，併同修正〈在大陸地區從事投資或技術合作許可辦法〉第 7 條。將臺商赴大陸投資業別項目的分類由「許可類、禁止類、專案審查類」三類調整為：「禁止類、一般類」二類，以配合大陸投資新審查機制。8 月 2 日，經濟部投審會修正〈在大陸地區從事投資或技術合作許可辦法〉，開放臺商赴大陸直接投資，其中屬於「重大投資項目」如晶片製造等則以「直接投資」為原則。接著於 12 日，經濟部發佈〈在大陸地區從事投資或技術合作服務業及基礎建設經營項目〉，公佈臺商投資大陸服務業項目，其中 67 項由「專案審查類」改列為「一般類」。

2002　6月19日，行政院通過陸委會所提「小三通政策調整案」，擴大金馬地區大陸農工產品的進口項目，並將配合減免關稅方式，逐步消除小額貿易。同時將以福建為試點，有限度開放臺灣貨品單向轉機至大陸地區，並同意以專案核准的方式，試辦澎湖與福建地區的直

航。

6月21日，勞委會宣布放寬大陸地區人民在臺工作規定，凡是持有居留證、但還未領到身分證的大陸地區人民，即日起可直接享有工作權，不需再向勞委會申請工作許可。

6月29日，臺港完成新空運談判，簽署《有關臺港之間空運安排》新約，就航空公司提供兩地之間往來的客、貨運航班、運量及法律規範等事項達成協定。自7月1日起生效，為期五年。

2002　7月4日，中國人民銀行開放中國、中國工商、中國建設、中國農業及交通五大國有銀行與臺灣銀行業者進行國際金融業務分行（OBU）直接通匯及信用狀往來。兩岸民眾匯款可節省第三地外商銀行收取的手續費用，兩岸信用狀開立由3個工作日減為1日。

7月31日，行政院通過〈試辦金門馬祖與大陸地區通航實施辦法〉修正案，決定在維持安全及有效管理前提下，適度擴大實施小三通。

2002　8月2日，財政部修正發布〈臺灣地區與大陸地區金融業務往來許可辦法〉，未來決定赴大陸投資的公司，可自由採取直接或間接形式，但唯獨晶圓廠仍必須強制採取直接投資。行政院通過〈兩岸地區保險業務往來許可辦法〉修正案，開放保險公司赴大陸設立子公司或分公司。

8月3日，第29屆世界臺灣同鄉會聯合會在東京召開。陳水扁總統在總統府透過視訊直播方式致開幕詞時強調，臺灣和對岸的中國是「一邊一國」。

8月10日，內政部通過〈大陸地區人民在臺灣地區取得設定或移轉不動產物權許可辦法〉，開放陸資來臺投資不動產。但僅限于自用

住宅、或投資觀光旅館、商業大樓、工業廠房，並採取總量管制。

8 月 28 日，內政部發布修正〈臺灣地區人民進入大陸地區許可辦法〉，放寬十職等以上的公務員等機關人員，在大陸地區有三親等血親、繼父母、配偶的父母或配偶者，得申請進入大陸地區探親或探病，並自 30 日起開始受理申請。9 月 1 日，修正〈大陸地區人民在臺灣定居或居留許可辦法〉、〈大陸地區人民進入臺灣地區許可辦法〉，放寬大陸配偶在臺居留期限，由原規定 2 年內只可出境 60 日，放寬為 120 日，並得發給 1 年至 2 年逐次加簽旅行證。自 13 日起實施。

2002　9 月 11 日，內政部入出境管理局發布修正之〈大陸地區人民在臺灣地區定居或居留許可辦法〉及〈大陸地區人民進入臺灣地區許可辦法」〉放寬大陸配偶在臺定居、居留、停留措施。

9 月 25 日，行政院通過《臺灣地區與大陸地區人民關係條例》修正案，包括調整兩岸協商架構、放寬兩岸經貿政策、兩岸人民身份與居留制度、及兩岸通航、文教往來等重要措施。

2002　10 月 8 日，澳門航空開通澳門至深圳和至臺灣一機到底貨運航線。由福建馬尾口岸駛出滿載 1,000 噸砂石的「明德 1 號」貨輪，停靠馬祖福澳港碼頭，兩岸貨物首次實現直航。

2002　11 月 13 日，行政院長遊錫堃表示，同意臺商春節期間以「包機間接直航」的方式回臺。海基會與陸委會聯合召開臺商座談會，宣佈 2003 年 1 月 26 日至 2 月 10 日春節期間，將准許臺商透過「間接包機」與「小三通包船」等海空路線返臺，但包機航線須繞經港澳等第三地。12 月 4 日，行政院通過陸委會與交通部所提「大陸臺商春節返鄉包機專案」，申請間接包機的航空公司，往返均應中停降落香港

或澳門機場，飛航架次及載客額度則不受限制。

2002　12月19日，經濟部公告，即日起有條件開放國內業者赴大陸投資房地產。第一年赴陸投資總額為100億元以內，單一個案投資上限不得超過1,000萬美元；限制不得從事工業區、工商綜合區、公共建設及新市鎮、新市區的投資開發、興建和租售。

2003　2月26日，經濟部投審會通過臺積電第一階段赴大陸投資，限定以自有外匯支付開辦資金。

2003　3月28日，財政部核准近10家銀行國際金融業務分行開辦對大陸臺商放款。

【歷史密碼】

辜汪10周年

2003年是辜汪會談10周年。

海基會董事長辜振甫於2003年4月16日接受日本早大頒贈榮譽博士，典禮上，他發表「新時代日臺與兩岸關係展望」演講，透露九二年的臺海兩會在香港會談時，達成的「一個中國，各自表述」應該不是「雙方的共識」，而是「相互諒解（Accord）」。

為紀念辜汪會談10周年，4月26日，中國國臺辦主任陳雲林以〈積極促進兩岸對話與談判，開創兩岸關係發展新局面〉為文表示，當前只要臺灣當局明確承認九二共識，即授權海協會，恢復與臺灣海基會的商談、對話和正常交往。同一天，中國國務委員唐家璇在〈兩岸同胞團結起來，共同推進中華民族的偉大復興〉文中重申，三通是經濟問題，應通過兩岸民間組織平等協商，協商可不涉及「一個中國」的政治含義，但不能將三

通說成是「國與國」之間的事情。海協會會長汪道涵也在〈兩岸對話與談判是和平解決問題的唯一途徑〉文中提出三點看法，並重申願意在一個中國原則的基礎上，務實、平等地進行協商，妥善處理臺灣方面關心的問題。

臺灣方面，4月29日，海基會董事長辜振甫於「辜汪會談10周年紀念活動」以「恢復協商、走向雙贏」為題發表書面談話強調，兩岸政治立場雖然互異，卻因為互異才有「在寬容不同意見存在下」持續對話的必要性。這一天，陸委會主委蔡英文發表書面談話指出，最近兩岸都面臨SARS疫情的嚴重挑戰，應儘早建立兩岸疫情相互通報機制，以及共同合作研究防治各種疫病，自應是對兩岸人民生命財產最重要的急務。

2003　6月12日，外交部發表「護照封面加註 TAIWAN 字樣」說帖，由於外國境管單位及航空公司未能正確辨認中華民國護照與中國護照的不同，對臺灣民眾旅行造成不便，基於便民的功能性、實務性考量，決定在護照封面的國徽下方加註 TAIWAN 字樣，新版護照將於9月1日發行。6月17日，中國外交部表示，臺灣「護照」上加註「TAIWAN」字樣，是其漸進式臺獨分裂活動的繼續，也是其破壞兩岸關係的又一嚴重步驟，不能不引起全中國人民的高度警惕。9月2日，陸委會就有關加註「臺灣」的中華民國新版護照發表聲明指出，兩岸及臺港人民的往來申請及入境程序，長久以來已有一定運作模式與使用文件，新版護照對臺港兩地的民間交流不致造成影響。

6月17日，行政院核准〈兩岸保險業務往來許可辦法〉修正案，開放兩岸再保險業務直接往來，及保險經紀人、代理人赴大陸設辦事

處。

2003　7月30日,美國國防部向國會提交「2003年中國解放軍軍力報告」,首次提到海峽對岸部署飛彈瞄準臺灣。中國部署短程彈道飛彈已達到450枚左右。

【歷史密碼】

SARS 的兩岸互動

2003年3月,中國大陸發生SARS 。

3月25日,陸委會決議,為免嚴重急性呼吸道症候群疫情（SARS）擴散到金馬地區的風險,暫不擴大小三通實施範圍。3月28日,行政院因應SARS疫情,呼籲國人非必要勿前往中國大陸、香港、越南等地,為了避免兩岸人員往來造成疫情擴散,陸委會宣佈,即日起在臺停留時間居滿的大陸配偶及高科技人士,可自動延長停留。3月30日,陸委會主委蔡英文宣佈,因SARS疫情30日起暫時關閉馬祖「小三通」往來。

中國國務院總理溫家寶4月6日表示,願與香港特別行政區和臺灣地區開展多種形式的疫情控制和疫病防治合作。4月11日,針對中國官員表示要協助臺灣防治SARS疫情,卻一再藉SARS議題將臺灣矮化為大陸一省,陸委會發表聲明鄭重重申,臺灣不是中華人民共和國的一省。

在境管方面,內政部警政署入出境管理局4月21日宣布,大陸地區SARS傳染病疫情持續擴大,為避免兩岸人員往來影響國內防疫工作,「大陸配偶」自動延長停留時限自4月30日再延長至5月31日止。4月25日,陸委會表示,因香港疫情尚未減緩,且已有兩病例進入臺灣,SARS疫情似有擴大跡象;政府決定暫停核發香港居民來臺「落地簽證」一個月。陸

委會並推遲公佈「兩岸直航評估報告」。4月27日，行政院公佈擴大邊境管制措施，全面緊縮大陸、香港人士來臺，臺商及企業主派赴大陸、香港的員工返臺一律專案強制隔離。4月30日。為避免SARS病例集中地區人員經由澳門入境後，造成防疫上的漏洞，陸委會宣布，針對國人由澳門返臺、澳門居民及外籍人士入境，採取「國人、澳門居民及外籍人士由澳門入境之處置措施」。5月5日，行政院公布強化查緝走私偷渡實施要點，訂名為「淨疫專案」，實施期間暫訂至6月底止。5月17日，由於SARS疫情蔓延，行政院宣布暫停金門與大陸客、貨船之往來，其他運作如人員、貨物進出申請、貨物中轉規定等仍予維持。暫停時間長短將視疫情狀況適時進行檢討。

事經約三個月，陸委會主委蔡英文6月19日表示，鑑於國內疫情趨於緩和，且考量金馬地區民意，及貨物傳播疫疾的風險甚低，在配合整體防疫政策下，陳報行政院同意後決定自即日起局部恢復「 小三通 」貨運往來。當天，中國國臺辦發言人張銘清表示，在兩岸疫情都逐步和緩的態勢下，希望兩岸交流及早恢復常態，大陸方面會視臺灣方面的動作做出相應措施。

7月14日，鑒於國內外整體疫情已漸趨緩，為逐步恢復臺港兩地正常經貿及人員之往來，行政院境外管制組表示，香港居民來臺「14天臨時入境停留（落地簽）」即日起恢復。7月16日，陸委會宣布即日起全面恢復金馬小三通的客貨運往來運作。7月17日，陸委會表示，軍公教人員因探親、探病等事由赴大陸、旅居海外大陸士來臺從事專業交流活動、大陸地區人民第二、三類來臺觀光等多項兩民間交流活動，自即日起解除管制，恢復得依〈臺灣地區人民進入大陸地區許可辦法〉相關規定提出申請。

2003　8月6日，開放國內銀行國際金融業務分行辦理無本金交割的美元對人民幣遠期外匯與匯率選擇權業務，增加臺商匯率避險管道。

2003　10月9日，立法院通過《臺灣地區與大陸地區人民關係條例》條正案。原法案102條，本次共修正83條，修正後總條文132條。修正案為兩岸協商設立「復委託」機制，18個月後提出兩岸直航具體實施辦法。

2003　11月18日，臺塑公司所產汽油首次出口中國石油公司。

2003　12月2日，政府宣佈將對在臺停留滿183天的大陸人士課徵所得稅。
12月30日，臺資企業浙江國祥製冷公司為首家在上海以A股掛牌上市。

2004　1月2日，經濟部發佈〈赴大陸地區從事投資技術合作審查原則〉，投資額在20萬美元以下改採申報制。
1月5日，《投資中國》雜誌公佈調查統計報告，到2003年中，中國大陸共有臺商註冊家數68,115家，投資契約金額累計1,295.46億美元，實際投資金額773.57億美元。

【歷史密碼】

臺諜案的兩岸互動

　　兩岸交流，最忌有間諜從中活動。2003年的傅宏章等7人在大陸失蹤事件反映兩岸「諜對諜」之互動關係。

　　本案經海基會反應，大陸海協會於2004年1月14日回函海基會，指稱海基會上月協尋的臺灣居民傅宏章等7人，均係臺灣軍情局派遣至大陸的間諜，負有搜集情報的任務，目前皆被大陸國安部門羈押，同時對其間

諜身分和從事間諜 活動的情況供認不諱。海協會函件中還稱，傅宏章等
7人身體狀況良好，案件正在審理中。

　　兩日後，1月16日，針對「臺諜案」陸委會發表聲明指出，「我們
有理由懷疑，這是中共當局企圖影響臺灣內部政治發展、操弄臺灣選舉的
手段之一」。同日，海基會則就此7人涉嫌在大陸搜集軍事情報遭拘留審
查案復函海協會，希望大陸儘速查明實情，還當事人清白，並對大陸有關
方面違反偵查不公開之原則，損及當事人等之權益表示遺憾。次日，海基
會再度致函海協會，對近期大陸扣押臺商，違反偵查不公開之原則，且未
經正當司法程序判決事，重申我方嚴重之抗議與遺憾，並向大陸方面提出
保障當事人基本權益及司法協助等六項要求。

　　再隔十餘日，1月29日，海基會發函大陸海協會，要求協助遭扣押
臺商的家屬赴大陸探視親人，並盼早日釋放被扣押人員。之後，本案未見
下文。

2004　2月11日，中國公安部宣佈將推出五項簡化兩岸人員往來的便捷措
　　　施，包括授權福建省公安廳簽發有效期為5年的臺胞證、擴大臺灣
　　　居民在大陸長期居留和多次入出境簽註適用範圍、擴大5年以內有
　　　效居留簽註的適用對象等。

2004　3月1日，政府放寬多項兩岸經貿往來辦法。（詳第十章）
　　　經濟部公佈2003年兩岸貿易總額為463.2億美元，較上年增長
　　　23.8%，大陸成為臺灣最大貿易夥伴，進出口金額都刷新歷史紀錄。

2004　4月5日，經濟部公布〈在大陸地區從事商業行為應經許可或禁止
　　　之事項公告項目表〉。

4月7日，中央銀行宣佈，即日起企業 20 萬美元以下的赴大陸投資資金，只要附上經濟部投審會的申報證明，並經銀行業確認後，就能直接到銀行辦理結匯，金額不列入企業每年 5,000 萬美元的累積結匯額度內計算。

4月14日，財政部金融局開放 OBU 開辦無本金交割的美元對人民幣遠期外匯交易（NDF），以協助臺商因應人民幣匯率的避險需求。中國信託商業銀行香港分行為首家獲准的境外分行。

4月19日，財政部宣佈〈臺灣地區與大陸地區保險業務往來許可辦法〉修正案實施，開放保險業以持股比例低於 25%，且非設立分支機構參股投資方式投資大陸地區保險公司。

4月30日，陸委會通過〈大陸地區人民來臺從事觀光活動許可辦法〉修正案，取消第三類大陸地區人民（指在海外取得永久居留權）來臺觀光須「團進團出」規定，大陸人民來臺旅遊由不得變更行程改為變更行程須通報。

2004 5月7日，政府公佈「兩岸海運便捷化措施」，即日起境外航運中心由高雄港擴大到臺中港與基隆港，並取消靠泊船舶須停靠第三地規定，業務範圍由經營轉運貨，擴大到可載運大陸與第三地進口貨。

5月10日，經濟部投審會通過臺積電赴大陸投資 8 英寸晶片廠案。這是首宗晶片廠投資大陸案。

5月17日，國臺辦發表對臺政策聲明（517 聲明）。聲明中嚴厲批評陳水扁政府沒有信守「四不一沒有」的承諾；中國認為兩岸當前的危機來源有三：臺灣沒有信守「四不一沒有」、煽動「對抗中國」的言詞、及以「制憲」走向「臺獨」。中國強調現階段中國對臺政

策的上限並不是儘速統一，而是建立以一個中國為前提的和平穩定發展的兩岸關係。恢復兩岸對話與談判，平等協商，正式結束敵對狀態，建立軍事互信機制，共同構造兩岸關係和平穩定發展的框架。

5月20日，陳水扁宣誓就任第11任總統，於就職演說兩岸關係方面強調善意與和平發展，並重申2000年520就職演說所揭櫫的原則和承諾，過去四年沒有改變，未來四年也不會改變。

中國外交部針對陳水扁總統發表就職演說內容發表聲明，批評陳水扁總統的政策是臺海地區「和平穩定的最大威脅」，呼籲美國不要對臺獨釋出錯誤訊息。

5月31日，中國《人民日報》發表〈我們不歡迎綠色臺商〉一文，點名許文龍為首的「綠色臺商」一邊在大陸賺錢，同時又支援臺獨活動。2005年3月，許文龍發表公開信，表示「兩岸同屬一個中國」，承認「臺灣的經濟發展離不開大陸，搞臺獨只會把臺灣引向戰爭，把人民拖向災難」。

2004 6月23日，陸委會公佈大陸資金赴臺投資產業三不原則，即陸資不得超過僑外來臺投資範圍，不得在臺投資被禁止赴大陸投資的項目，不得投資正在推動的對產業發展有重大影響的明星產業。

2004 8月30日，陸委會通過修正〈境外航運中心設置作業辦法〉部分條文，重點包括：境外航運中心業務範圍從經營轉運擴大至可載運大陸與第三地之進出口貨；直接航行於境外航運中心與大陸地區港口間及境外航運中心間的外籍船舶，經指定後始能航行；提供業者裝卸營運量及其它有關文件，供參考或查核等。

陳水扁「和平架構」的兩岸夢

和李登輝一樣，陳水扁也極想為兩岸之間建立和平互動之關係。在一任四年幾乎無重大進展的兩岸關係情況下，陳水扁於競選連任前不久提出「和平穩定互動架構」的議題，主要內容包含一個原則、四大議題。一個原則是確立和平原則，四大議題是：建立協商機制、對等互惠交往、建構政治關係、防止軍事衝突。陳水扁的如意想法是，320當選連任後邀請中國方面代表磋商，以依循「一個原則、四大議題」進行正式兩岸談判。

構想提出一週之後，中國國臺辦針對陳水扁上述的講法表示，臺灣一方面要推動「破壞兩岸關係、危及臺海和平」的公投，另一方面卻宣稱建立所謂的兩岸「和平穩定互動架構」，顯然是在欺騙臺灣民眾和國際輿論。同時，針對中國國臺辦對兩岸建立「和平穩定互動架構」的批評，陸委會則只能回應：兩岸政治立場存在歧異，但不應成為兩岸共同努力進行對話、尋求和平共處共識的障礙。

中國回應之後兩日，陳水扁接受日本《共同通信社》專訪時指出，已積極籌備兩岸「和平穩定互動架構」的推動及建立事宜，未來將成立「推動小組」，且320後將公佈小組名單，並在520前決定臺灣派駐中國大陸的代表人選，秉持「一個和平原則」，針對「四大議題」，與對岸展開談判。

當選之後，陳水扁總統於接見美國外交政策全國委員會（NCAFP）訪問團時再就其政治思維指出，提出兩岸「和平穩定互動架構」，係希望以「一個和平」原則，取代「一個中國」原則，讓雙方可以坐下來談，讓兩岸關係朝向正常化發展。第二任就職前兩星期，陳水扁總統召開「兩岸和平穩定互動架構小組」首次會議，更指出「小組」將過渡為「兩岸和平發展委員會」，並將親自主持委員會，擬定「兩岸和平發展綱領」，做為兩

岸和平穩定關係的準則，為未來四年的兩岸發展繪下臺灣方面的藍圖。

　　陳水扁第二任就職的前一週，陸委會為陳水扁出聲，呼籲北京當局正面對待臺灣所推動的「兩岸和平穩定互動架構」，企圖以此做為兩岸關係的解凍劑。接著 7 月 13 日，陸委會主委吳釗燮在美國紐約表示，政府正積極尋求與北京對話，試圖創造一個較模糊、雙方都能接受的空間，使兩岸重新對話，並強調復談不應設前提。

　　8 月 17 日，陳水扁於接見工商建研會理監事時指出，目前政府正積極努力，推動成立「兩岸和平發展委員會」，希望擬定「兩岸和平發展綱領」，早日達成兩岸關係正常化。

　　約一個月後，陳水扁的「兩岸夢」提升到聯合國層次，9 月 15 日，陳水扁與聯合國記者協會進行視訊會議致詞時強調，聯合國如果能夠接納臺灣，必定能夠替未來「兩岸和平穩定互動架構」提供最有效的國際監督機制，對臺海和平，甚至亞太安全，都將產生決定性的作用。

　　兩岸和平發展，顯然是兩岸共同喊出的目標，但雙方的政治理解卻遲遲未能進入真正的和平發展協商。陳水扁的「兩岸夢」，直至他卸下第二任總統職務，仍未實現。

2004　10 月 10 日，陳水扁總統在國慶大會致詞主動提議，兩岸「以九二香港會談為基礎」，尋求「雖不完美、但可以接受」的方案，做為進一步推動協商談判的準備；同時，他主張兩岸應該認真思考、並且採取實際行動「管制武器」，以降低臺海軍事威脅的狀態，長遠則應正式結束兩岸敵對狀態，透過協商談判建立兩岸軍事互信機制、同步檢討兩岸軍備政策，甚至共同研議形成「海峽行為準則」，

做為臺海永久和平的具體保障。

2004　11 月 14 日，針對陳水扁總統願以「九二香港會談基礎」重啟兩岸對話，大陸海協會回應堅持一個中國原則是一貫立場，兩岸商談必須在一個中國原則基礎上進行。11 月 17 日，中國國臺辦發言人李維一表示，如果陳水扁承認「一個中國」事實，拋棄「一邊一國」主張，兩會會立即恢復對話和談判。

【歷史密碼】

吳釗燮的 ACBM

ACBM 是何意？如何建立？

2004 年 12 月 4 日，陸委會主委吳釗燮出席第三屆「臺、日交流座談會」引言時，提出「兩岸學界信心建立機制」（ACBM），其具體作法包括：

1. 雙方政府各派遣一名法政或國際關係方面之精英學者，在透過管道知會對方政府後，前往對方長期駐點，進行深入研究；其所撰寫之報告，可密傳回其國內作為各自政府施政之參考。

2. 各自政府可在經一定期間（如二或三年），在知會對方政府後，派遣另一名學者取代。

3. 這名由政府派遣之精英學者，在經授權的情況下，可以作為雙方政府訊息通報的橋樑。

4. 這名政府所派遣之精英學者受到對方政府承認，研究訪談與參與公開學術活動受到保障，並享有部份外交人員的待遇。

5. 這名政府所派遣之精英學者可以同時帶領博士生數名，共同進行研究。

6. 透過這名政府派遣之精英學者，相互通報重要國際會議資訊，互邀對方共同參與公開研討會。

7. 在這名精英學者被政府派遣至對方後，雙方學術界立即透過此一管道，相互約束停止所有讓對方感到難堪或感到強烈敵意的公開評論。

　　吳釗燮有心在兩岸交流上建立起這樣的一個機制，立意甚佳，但兩岸畢竟是政治領導當局的「家務」，雙方交流的進行，畢竟不是學術可為之建立模式，因為變數很多，尤其兩岸最高當局的態度更是關鍵。所謂家家有本難念的經。

【歷史密碼】

《反分裂國家法》

　　2004 年 12 月 17 日是兩岸發展歷史緊張的一天。這一天，中國把《反分裂國家法》端上檯面，中國大陸進行第 10 屆全國人大常委會舉行第 26 次委員長會議，由人大常委會法工委主任胡康生彙報關於《反分裂國家法》草案，預計在第 10 屆全國人大常委會第 13 次會議中進行首次審議。

　　中國當局的說法，全國人大啟動《反分裂國家法》立法，是為了遏制臺獨分裂活動，將有利於維護臺海和亞太和平穩定和繁榮。中國政府堅定堅持「和平統一、一國兩制」方針，雖然中共當局不斷釋出願意和決心以最大誠意、盡最大努力爭取和平解決臺灣問題的前景，但卻堅決表示絕不容忍臺獨，絕不允許任何勢力以任何藉口、任何方式把臺灣從中國分割出去。

　　中共說願意與各國一起，為維護臺海和亞太和平穩定繼續作出不懈努力。但對美國與臺灣發展軍事聯繫，則認為是違反中美三個聯合公報的原

則，會助長臺獨分裂活動，而損害臺灣地區的和平穩定和中美關係。

顯然，《反分裂國家法》之提出，完全是針對臺灣，並對美國警告。

【歷史密碼】
胡錦濤在國際看「臺灣問題」

2004 年 11 月 12 日，中國國家主席胡錦濤在巴西國會發表〈攜手共創中拉友好新局面〉的演講中指出，臺灣問題是中國的內政，中國政府和中國人民有信心、有決心、有智慧、有能力最終實現祖國的完全統一。我們將堅持「和平統一、一國兩制」的基本方針，願以最大的誠意、盡最大的努力爭取以和平方式解決臺灣問題。但是，我們絕不會容忍臺灣獨立，絕不會允許任何人以任何方式把臺灣從中國分割出去。解決臺灣問題，完成祖國統一大業，是 13 億中國人民和全體中華兒女的共同心願。我們感謝拉美人民長期以來在這個問題上對我們的支持，并希望拉美人民繼續全力支持中國人民的這一正義事業。

11 月 19 日，胡錦濤在智利首都聖地亞哥會見新加坡總理李顯龍時指出，臺灣問題涉及中國的核心利益，必須謹慎處理，不能傷害 13 億中國人民的感情，不要損害雙邊關係的大局。中國的主權和核心利益必須得到尊重，這是大局、大道理。

11 月 20 日，胡錦濤在 APEC 智利會議期間會見美國總統布希時指出，臺灣當局正謀求通過所謂「憲政改造」搞「法理臺獨」，企圖把臺灣從中國分割出去。維護國家的主權和領土完整，是中國的核心利益。中國政府一貫堅持「和平統一、一國兩制」的基本方針，願盡一切努力爭取以和平方式解決臺灣問題，實現祖國的完全統一。但我們絕不容許臺獨，絕不允

許任何人把臺灣從中國分割出去。只要臺灣當局承認體現堅持一個中國原則的「九二共識」，兩岸對話與談判可以立即恢復。

總結而言，胡錦濤在國際高度所傳達的臺灣問題，其實質內容就是反對臺灣獨立。2004 年 12 月 28 日，大陸《新華網》〈如何認識實現祖國的完全統一是黨的神聖使命〉的評論，指出對所謂臺灣問題的三個方面即是核心觀點：一是臺灣問題是中國內戰的遺留問題，純屬中國內政。1949 年 10 月 1 日，中華人民共和國成立，中國國民黨的一部分軍政人員戰敗後退到臺灣，在美國政府支持下，武裝割據臺灣。二是臺灣問題是中國政府和中國人民維護國家主權和領土完整、維護民族尊嚴、反對外來干涉的問題。三是臺灣問題的本質是分裂與反分裂、臺獨與反臺獨的鬥爭。

四、2005 － 2008：國共交流與民間往來活絡

2005　1 月 15 日，兩岸春節包機協商在澳門舉行，雙方達成共識，包括：包機時間從 1 月 29 日到 2 月 20 日；中國航點為北京、上海、廣州，臺灣航點為臺北（中正機場）、高雄（小港機場）；雙方各可有 6 家航空公司飛行，各執行 24 次航次來回；不須中停第三地，但須飛經香港情報區。

1 月 29 日，兩岸民航完成分隔 56 年來首次對飛。第一班是上午 7 時 46 分自中國北京飛臺北的中國國際航空公司包機，而首班合法降落臺灣的大陸民航客機則是由廣州飛臺北的南方航空公司包機。至 2 月 20 日春節包機完畢。兩岸八家航空公司的 18 架次班機往返兩岸，共計載客 2,000 餘人。

2005　3月4日，中共中央總書記胡錦濤發表對臺工作「四個絕不」。（詳第十章）

3月14日，中華人民共和國第10屆全國人民代表大會第3次會議通過《反分裂國家法》，表明「世界上只有一個中國，大陸和臺灣同屬一個中國，中國的主權和領土完整不容分割」。（詳第十章）

3月16日，陳水扁總統在接見「全僑民主和平聯盟」工作研討會成員時針對中共通過《反分裂國家法》提出六點嚴正看法。一、中華民國是主權獨立國家，臺灣前途任何改變，只有2,300萬臺灣人民才有權決定；二、中共制定《反分裂國家法》過程，證明目前臺海兩岸確實存在許多制度性的差異，但是解決的方法，絕對不是制定不民主與非和平的《反分裂國家法》。三、國際社會幾乎壓倒性反對，中共仍一意孤行通過一部侵略性的法律；四、臺灣人民崇尚民主、愛好和平，有決心、責任與國際社會共同捍衛民主的體制、維護台海和平以及區域穩定；五、《反分裂國家法》片面改變臺海現狀，引發區域緊張，身為國家領導人及政府將嚴肅面對、謹慎因應；六、非和平烏雲籠罩在臺海上空，當國際社會都齊一發聲時，臺灣更應該團結，臺灣人民更不能沒有聲音。

經濟部修正〈在大陸地區從事投資或技術合作服務業經營項目〉，將證券業由「禁止大陸投資類」改列「一般類」，開放證券商赴大陸地區進行業務投資、設立子公司或分公司。

3月28日，中國國民黨副主席江丙坤率訪問團赴大陸。這是自1949年以來，首次正式組團前往大陸。（雙方就加強兩岸經貿等領域交流與合作取得了12項共識）3月30日，陸委會針對國共代表團會談並取得所謂「12項成果」發表聲明，呼籲朝野政黨、全體民

眾，共同阻止中共為執行《反分裂國家法》包裹糖衣之作為。

【歷史密碼】
中國軍方對臺灣問題的態度

中國大陸中共軍事當局對臺灣問題的基本態度反應，由民主進步黨陳水扁連任的第二度執政初期，一些中共高層在不同場合的談話內容，可見一斑。

最保守的立場是，2004 年 9 月 20 日，在一項中共「中央軍委擴大會議」上，前中共中央軍委主席江澤民表示，針對臺灣問題，要求解放軍部隊做好軍事鬥爭準備，「履行捍衛國家主權領土完整的神聖使命」；並強調，解決臺灣問題要盡最大誠意和最大努力，實現和平統一，但絕不能承諾放棄使用武力。

其次，同一個場合，最高領導當局中國國家主席胡錦濤講話則指出，「毛主席、小平同志一直十分關注的一件大事，就是實現祖國統一。解決臺灣問題，我們要以最大的誠意、盡最大的努力實現和平統一，但絕不能承諾放棄使用武力，這是一項重大政治原則。軍隊必須抓緊做好軍事鬥爭準備。軍事鬥爭準備工作做得越好，就越有可能爭取到和平統一的前景。」

另外，在國際場合，10 月 28 日，中共軍總參謀長梁光烈於美國華盛頓會見美國國務卿鮑爾等人時強調，臺灣問題是中美關係中最重要、最敏感的核心問題，關係到中國的核心利益。中美兩國兩軍關係能否繼續保持平穩發展，關鍵是要處理好臺灣問題。「臺獨」勢力的分裂活動是兩岸關係緊張的根源，是臺海地區和平與穩定的最大威脅。希望美方切實履行有關承諾，不做違反一個中國政策和中美三個聯合公報的事，這對遏制「臺

「獨」，維護臺海地區的和平穩定和中美關係的發展至關重要。

而在另一個國際強權，俄羅斯方面，12月13日，中共中央軍委副主席郭伯雄於會見俄羅斯國防部長伊萬諾夫時表示，當前臺海局勢十分複雜。事實表明，「臺獨」勢力的分裂活動是臺海地區和平與穩定的最大威脅。並強調，如果有人企圖把臺灣從中國分割出去，製造動亂，中國人民解放軍絕不會坐視不管。這是我們一貫的、不會改變的原則立場。

2005年，中共官員再度於美國展現其態度。中共中央軍委副主席、國務委員兼國防部長曹剛川於1月12日會見美國國會眾議院軍委會代表團時表示，臺灣問題是涉及中國主權和領土完整、涉及中華民族的根本和核心利益的重大原則問題。將以最大的誠意、盡最大努力實現祖國的和平統一，但決不容許臺獨，決不允許任何人以任何方式把臺灣從中國分割出去。

2005年中共的內部態度，則反應在軍方部門的政府工作報告上。3月5日，中共中央軍委副主席郭伯雄於分組審議政府工作報告時表示，如果出現臺灣被以任何名義從中國分割出去的重大事變，我們只能被迫採取包括使用武力在內的一切可能的斷然措施。中國人民解放軍有決心、有信心、有能力粉碎任何分裂祖國的圖謀和挑釁，堅決捍衛國家的領土主權完整。

顯然，中國軍方的共同態度，就是對臺灣獨立的可能，表達最強烈的反對，不惜一戰。

2005　4月5日，陸委會主委吳釗燮接受《中央社》訪問時表示，政黨前往中國交流，未經允許或經授權，卻私自與外國政府、對岸或其派

遣的人為約定者，政府相關部會將依法處理。

陳水扁總統召集府院黨主管開會表示，對兩岸經貿政策不能一味開放，要「有效管理」。（隨即有關部門宣佈全面凍結實施兩岸經貿開放政策）

4月13日，行政院通過《敏感科學技術保護法》草案。（原名《科技保護法》），針對兩岸經貿交流的限制法令，明定敏感科技範圍，並規定敏感技術未經許可而輸出者，將處7年以下有期徒刑，並科罰金提高為3,000萬元。

4月29日，中共中央總書記胡錦濤與中國國民黨主席連戰舉行連胡會時就兩岸關係提出四點主張，強調「九二共識」，「一個中國」原則，中國絕不能分裂，中華民族絕不能分裂。

2005　5月3日，中國國臺辦主任陳雲林宣布，大陸有關方面將於近期開放大陸居民赴臺灣旅遊，擴大開放臺灣水果准入並對其中10餘種實行零關稅。

陳水扁大陸政策大轉彎

　　2005 年 4 月 5 日，陳水扁大動作邀集府、院、黨相關人士召開會議，以因應兩岸政經「新形勢」，達成七大結論，轉變過去初就任時期之積極開放兩岸經貿交流的作為，共同為「新政策」背書。這七個結論是：

第一、中華民國是主權獨立國家，臺灣前途任何改變，只有 2,300 萬臺灣人民才有權決定。這是臺灣社會最大共識，北京當局應予正視、尊重。

第二、有關海峽兩岸歧見，應透過對話方式和平解決。臺灣人民自由意志的選擇權應受尊重。堅決反對中國所謂《反分裂國家法》的立法及意圖以「不民主」與「非和平」手段解決臺海爭議。

第三、臺灣已經是一個民主憲政國家，有自己的民選政府。有關兩岸事務，涉及國家主權、政府公權力行使部分，任何政黨、團體、個人均無權代表臺灣人民，取代政府公權力。兩岸交流，應遵守現行法律規定，未經允許或經授權，私與外國政府、對岸或其派遣之人為約定者，相關單位應依法處理。

第四、政府秉持「和解不退縮，堅定不對立」原則，處理兩岸議題，改善兩關係。對中國一貫以「否定我國主權及政府的思維」，權謀操作，企圖分化臺灣，混淆國際視聽，國內部分政黨或政治人物有意、無意予以配合，行政部門應以明確、堅定態度立即回應。

第五、政黨競爭乃民主常態，但國家整體利益、人民最高福祉，永遠高於政黨利益、個人利害，特別有關兩岸事務接觸、對話與協商，應先凝聚朝野共識、全民共識，才有可能團結一致，對外爭取國家、人民最大利益。

第六、政府應全力做好「深耕臺灣，布局全球」、「積極開放，有效管理」的兩岸經貿政策，積極貫徹「臺灣優先、經濟優先、投資優先、投資臺灣優先」，確保臺灣經濟命脈。不能一味開放，忽略最根本、最重要的「有效管理」，國安、行政部應立即檢討調整相關經貿政策。至於兩岸農業、服務等相關議題，應按 WTO（世界貿易組織）的規範、機制進行磋商。

第七、兩岸最大的分歧，不是政治的分離，而是民主與不民主的競爭。北京當局如想要拉近兩岸人民距離，不應在不民主的制度，對臺灣施以小惠，應認真思考如何去除威權專制，真正邁向民主的康莊大道。北京當局更應認真思考，做一個崛起的大國，應成為國際和平的維護者，而非成為以非和平手段破壞國際秩序的威脅者。

其實，這七點結論與過去論述並無新意，尤其，在政策上所強調的作為及其早前說法之對照，只是變動了文字說詞之次序，以符合兩岸發展交流停滯局勢之實情，最重要的，並在藉使修正民主進步黨執政對兩岸政策回歸基本陣營之預期。

【歷史密碼】

宋楚瑜是陳水扁大陸政策的宣聲筒？

宋楚瑜在兩岸的歷史角色，他是宣聲筒嗎？

2005 年 2 月 24 日，陳水扁總統與親民黨主席宋楚瑜會談，雙方達成十點共同結論並簽署聯合聲明。有關兩岸和平方面，共計六項如下：

一、依照中華民國憲法所揭櫫的國家定位，即為兩岸目前在事實與法理上的現狀，此一中華民國主權現狀必須受到兩岸與國際社會的承認與尊

重。

二、現階段兩岸關係的最高原則應為「遵守憲法」、「維持現狀」、「共創和平」。在兩岸和平的前提下，陳總統承諾，在其任期之內，不會宣佈獨立、不會更改國號、不會推動兩國論入憲、不會推動改變現狀的統獨公投，也沒有廢除國統綱領與國統會的問題。宋主席對此表示同意與支持。

三、為提升國家整體的競爭力與政府的管理效能，有必要凝聚朝野共識進行憲政改革。陳總統及宋主席共同承諾，憲政改革的推動不涉及國家主權、領土及臺海現狀的改變，並依憲法所規定的程序進行修改。

四、武力威脅或壓縮臺灣的國際空間，均不利於兩岸關係的改善。為促成兩岸關係的正常化，並建立一個和平穩定的互動架構，雙方將凝聚朝野共識，共同推動有關兩岸和平發展的機制與法制化。

五、加強推動兩岸經貿、文化與學術等交流，並以春節包機成功的模式，透過與對岸協商與談判，逐步推動貨運便捷化，乃至於全面的三通。經發會召開至今已超過三年，對影響產業發展及國家整體競爭力的管制，將儘速予以檢討與修正，以落實「深耕臺灣、布局全球」的經發會共識。

六、任何臺海現狀的改變，必須獲得臺灣 2,300 萬人民的同意；並在兩岸善意的基礎上，不排除兩岸之間，未來發展任何關係模式的可能。

三天後，2月27日，中國國臺辦發言人就「扁宋會」之「十點共識」指出，世界上只有一個中國，大陸和臺灣同屬一個中國。盡管兩岸迄今尚未統一，但大陸和臺灣同屬一個中國的事實從未改變。當前兩岸關係困難的癥結在於，臺灣當局拒承認一個中國原則，否定「九二共識」。希望臺灣當局回到承認「九二共識」的軌道上來，在停止「臺獨」分裂活動，發

展兩岸關係方面，採取一些實實在在的行動，造福兩岸同胞。

　　未久，4月13日，大陸方面再度反應，中國國臺辦副主任孫亞夫接受香港媒體專訪表示：

一、正面肯定「扁宋會」的「十項共識」，尤其是肯定了陳水扁在「扁宋會」中重申了「四不一沒有」及「憲改不涉及主權、領土及臺海現狀的改變」的政治承諾，強調大陸方面仍然看重他的這些承諾，希望他能在未來三年任期內信守這一承諾。

二、再次呼籲民進黨放棄「臺獨黨綱」，停止「臺獨」分裂活動，但與此同時，又將民進黨和李登輝、「臺聯黨」等一批「臺獨基本教義派」作出一定的區隔。

三、重申只要民進黨放棄「臺獨黨綱」，停止「臺獨」分裂活動，大陸方面願意正面附應，與之接觸交往。

四、指出未來三年內，如果臺海發生戰爭，只有一種可能性，那就是「臺獨」分裂勢力錯判情勢，鋌而走險，執意發動重大「臺獨」事變。

　　約三個星期後，5月3日，中國國臺辦副主任王在希代表中共當局宣布，大陸和親民黨主席宋楚瑜之間的交流與對話，是兩黨之間的交流對話，主要是就兩岸關係發展中，兩黨共同關心的問題，進行協商對話；定位是黨際交流，對話主要內容是圍繞兩黨之間和對兩岸關係發展的看法。

　　5月9日，中共中央總書記胡錦濤接受記者採訪時說，「我們和宋楚瑜先生在堅持一個中國原則、認同『九二共識』、反對『臺獨』方面具有一些共同的看法。這也是我們兩黨之間交流的政治基礎。」，「相信有了這樣的基礎，（雙方）在推進兩岸交流、建立兩黨的交流渠道這些方面都可以通過對話協商達成共識。」

　　接著5月12日，中共中央總書記胡錦濤和親民黨主席宋楚瑜舉行正

式會談時，就當前改善和發展兩岸關係再提出四點看法：

一、堅持體現一個中國原則的「九二共識」，確立兩岸關係和平穩定發展的政治基礎。

二、推進「三通」，開創兩岸經濟交流和合作的新局面。

三、早日恢復兩岸平等對話和談判，求同存異、擴大共識。

四、增進相互理解，密切兩岸同胞的感情。

隨後，胡宋會後發表會談公報，主要內容：

一、促進在「九二共識」基礎上，儘速恢復兩岸平等談判。1992 年兩岸達成的共識應受到尊重。在前述兩岸各自表明均堅持一個中國原則，即「九二共識」（「兩岸一中」）的基礎上，儘速恢復 兩岸平等協商談判，相互尊重，求同存異，務實解決兩岸共同關心的重大議題。

二、堅決反對「臺獨」，共謀臺海和平與穩定。雙方對任何推動「正名」、「公投制憲」等破壞臺海現狀的「臺獨」活動，均堅決反對。希望臺灣當局領導人切實履行 2 月 24 日重申的「四不一沒有」的承諾和不通過「憲改」進行「臺灣法理獨立」的承諾。只要臺灣沒有朝向「臺獨」發展的任何可能性，才能有效避免臺海軍事衝突。

三、推動結束兩岸敵對狀態，促進建立兩岸和平架構。

四、加強兩岸經貿交流，促進建立穩定的兩岸經貿合作機制。積極推動兩岸通航。促進實現兩岸直接貿易和直接通匯，進一步實現兩岸經貿關係正常化。促進兩岸恢復協商后，就建立兩岸貿易便利和自由化（兩岸自由貿易區）等長期、穩定的相關機制問題進行磋商。加強兩岸農業合作，擴大臺商在農業領域的投資，增加臺灣農產品在大陸的銷售。促進實現兩岸企業雙向直接投資。促進兩岸在互惠互利基礎上商談解決保護臺商投資權益的問題；商談處理避免對臺商雙重徵稅的問

題等等。

五、促進協商臺灣民眾關心的參與國際活動的問題。

六、推動建立「兩岸民間菁英論壇」及臺商服務機制。

　　觀之宋楚瑜穿梭於兩岸，「銜命」促進兩岸和平發展的目的，其實，兩岸決策領導人之間並無信心基礎，宋楚瑜的歷史角色並沒有成功。

2005　6月1日，大陸宣佈對15種臺灣水果實施進口零關稅，包括鳳梨、釋迦、木瓜、楊桃、芒果、芭樂、蓮霧、檳榔、柚、棗、椰子、枇杷、梅、桃和柿子。8月，大陸實施15種臺灣水果進口零關稅措施。

　　中國福建公安廳實施直航口岸電腦網路簽證，開放臺胞證一年多次簽。臺商和金馬澎等地民眾，持有五年期臺胞證者，一年進出5次以上，就可辦理一年多次簽證，在一年的有效期內自由進出大陸直航口岸。

2005　8月3日，行政院長謝長廷宣布：鑑於國際油價攀升，同意臺灣航機飛越大陸領空前往第三地；同意兩岸貨運、重要節日客運包機直航等事宜，授權與大陸展開同步商談。

　　8月24日，國貿局通過開放手機等25項大陸物品進口。

2005　9月3日，中國民航局批准臺灣的中華、長榮、立榮、華信等4家航空公司飛機飛越大陸領空。這4家公司由臺往返歐洲和東南亞航班，都可飛越大陸領空，由於航程縮短，每年共可節省燃油成本達2.8億新臺幣。5日，中華航空公司飛歐洲的貨運班機為首架飛越中國大陸領空的臺灣民航機。

　　第1屆兩岸民間菁英論壇15 -16日在中國上海舉行。中共中央政治

局常委、全國政協主席賈慶林發表演講時，提出擴大兩岸經濟交流與合作提出四點意見，包括：擱置分歧，努力創造兩岸經濟交流與合作的良好環境；切實推動兩岸直接「三通」進程；拓展兩岸經濟交流與合作的深度與廣度；及構建兩岸經濟合作機制。

9 月 30 日，中國商務部發佈 2005 年第 60 號公告，公布對原產於臺灣等地區進口的未漂白牛皮箱紙板反傾銷調查的終裁決定，並決定自 2005 年 9 月 30 日起，對原產於臺灣等國家和地區的進口被調查產品徵收 7% - 65.2% 不等的反傾銷稅，期限為 5 年。

2005　10 月 3 日，開放金門、馬祖金融機構試辦人民幣兌換業務。旅客或隨交通工具服務的人員，攜帶人民幣入出境的限額也由人民幣 6,000 元調高為 20,000 元。

10 月 6 日，行政院長謝長廷指示陸委會吳釗燮主委，就兩岸政策主動向國安單位建議，早日完成建立兩岸貨幣清算配套機制，全面開放人民幣兌換擴大至臺灣本島適用。

10 月 25 日，中國公安部出入境管理局正式授權上海市、江蘇省公安機關出入境管理部門為臺灣居民補發、換發五年期臺灣居民來往大陸通行證（臺胞證）。

2005　11 月 1 日，中國國臺辦副主任李炳才、鄭立中及有關部門人員與江丙坤率領的中國國民黨臺商服務中心訪問團，在中國北京釣魚台國賓館舉行首屆保護臺商合法權益工作論壇。雙方就深入落實 3 月 30 日陳雲林主任與江丙坤副主席所達成的 12 項共識，形成以下 5 項共同意見。

1. 兩岸客運包機節日化、週末化、常態化及貨運包機問題，希望循 2005 年春節包機協商模式協商；2006 年春節包機問題儘快展開協

商。

2. 雙方共同努力，構建臺灣水果的採購、銷售通路和平臺。

3. 促進兩岸旅遊業者儘快就大陸居民赴臺旅遊相關問題進行協商。

4. 鼓勵兩岸金融業者就加強兩岸金融合作進行協商。

5. 鼓勵兩岸新聞業者就兩岸媒體互派記者常駐問題進行協商。

雙方就保護臺商投資合法權益等問題，進行了廣泛討論，形成以下 10 項共同意見：

1. 中共中央臺辦將就臺資企業土地使用有關問題研究處理辦法。

2. 中共中央臺辦將就全面貫徹執行《臺灣同胞投資保護法》及其實施細則，聽取臺商的意見和建議。

3. 在臺商居住密集區，大陸公安部門將強化治安管理和巡邏。

4. 中共中央臺辦歡迎國民黨智庫就臺商在大陸金融、保險、貿易等領域投資問題，進行交流和專題研究。

5. 大陸海關等有關部門將採取措施，加速推動進出口通關便捷化。

6. 臺資中小企業投資項目符合大陸產業政策者，納入國家開發銀行開發性貸款適用範圍。

7. 逐步增加吸納臺灣仲裁員的仲裁機構的數量，增聘臺灣地區專業人士擔任仲裁員。

8. 臺商可採取合作經營方式在大陸投資興建醫院；取得大陸執業資格的臺灣醫師，可於規定期限內在大陸執業。

9. 中共中央臺辦將積極擴大臺商子女就學渠道。

10. 中共中央臺辦將積極研究簡化臺資企業大陸員工赴臺培訓的申請手續。

2005 11 月 11 日，由中國國臺辦新聞局和中國記協臺港澳辦公室共同主

辦的兩岸媒體記者大陸採訪活動，11月1日在中國江西南昌開始，11月11日結束。來自大陸和臺灣主要新聞媒體20名記者參加此次聯合採訪，包括新華社、人民日報、經濟日報、中國國際廣播電臺、中央電視臺、中新社等大陸媒體和臺灣聯合報、無線衛星電視臺、東森電視臺、中天電視臺、三立電視臺。

11月18日，陸委會指出，中國國臺辦主任陳雲林及國臺辦官員等一行61人受國家政策研究基金會邀請來臺參加「兩岸經貿文化論壇」一案，經內政部警政署入出境管理局所召開「大陸專業人士來臺參觀訪問聯合審查會」審查，基於「兩岸關係現況」、「國際慣例」和「改善兩岸關係的目的」三項因素決議不予許可。

2005　12月9日，陸委會黃偉峰副主委表示，臺灣地區人民不得在大陸地區設有戶籍或領用大陸地區護照，若人民領取大陸地區居民證，將自動喪失中華民國臺灣地區人民身分。

12月24日，大陸海協會會長汪道涵於辭世，陸委會表達由衷哀悼之意。海基會亦發函海協會致意。

12月26日，中國大陸禽流感大流行，陸委會表示，政府防疫機關已擬妥「禽流感大流行防治作戰動員及準備計畫」，將嚴控疫情發展。

大陸推出金門廈門航線春運方案，時間為2006年1月20日至2月13日，每天6艘船參加營運，往返12航班。

2006　1月，陳水扁元旦講話，臺灣未來將以「積極管理、有效開放」代替「積極開放、有效管理」作為未來兩岸經貿政策的新思維。（緊縮兩岸經貿交流的公開聲明）

1月3日，金馬直航實施屆滿五週年。據警政署入出境管理局金門

服務站、金門港務部門統計，2005 年金廈航線從金門到廈門旅客達 264,088 人次，從廈門到金門旅客達 258,231 人次，金廈往返共達 522,319 人次。

1 月 23 日，中國商務部統計，2005 年大陸批准臺資項目 3,907 項，合同臺資 103.6 億美元，實際利用臺資 21.5 億美元；兩岸間接貿易額達 912.3 億美元，其中大陸對臺出口 165.5 億美元，大陸自臺進口 746.8 億美元，大陸逆差 581.3 億美元。

2006　2 月，1 月 20 日兩岸春節包機首飛，開放所有持有效證件、往返兩岸的臺灣居民，增加廈門航點，2 月 7 日結束。兩岸各六家航空公司的 144 個航班共搭載臺胞 27,397 人，搭載率八成一。其中臺灣公司搭載 14,856 人，搭載率為九成；大陸公司搭載 12,541 人，搭載率七成三。

2 月 15 日，中國國家旅遊局統計顯示，2005 年大陸共接待臺灣同胞 411 萬人次，臺灣作為大陸重要旅遊客源地的地位不斷增強。與此同時，大陸同胞赴臺人數達 16 萬人次。

2 月 27 日，行政院海岸巡防署針對 2005 年 1 至 12 月份各機關聯合查緝大陸偷渡犯執行成效，計查獲偷渡犯罪案件 744 件、緝獲大陸偷渡犯 1,069 人（男性 887 人、女性 182 人）、涉案國人 347 人，其中偵破計畫性偷渡案件 6 件、組織性偷渡仲介與色情集團案件 3 件。

2006　3 月 5 日，行政院主計處公佈，2005 年臺灣與大陸（不含香港）的貿易總額達 717 億美元，其中臺灣對大陸出口金額 518 億美元、進口 199 億美元，臺灣約有 319 億美元貿易順差，較上年增加 35 億美元。

3 月 17 日，經濟部貿易調查委員會決議對大陸進口毛巾採行進口救濟（特別防衛措施）及反傾銷調查的產業損害成立（8 月 29 日，經濟部貿委會就大陸進口毛巾做成最後認定產業損害成立）。大陸進口毛巾對臺相關產業已造成「市場擾亂及實質損害」。4 月 14 日，決定對大陸進口毛巾由從價課徵 10.5% 的關稅調整為從量課徵，第 1 年每公斤課徵 42 元，第 2 年 32 元，第 3 年 20 元。5 月 24 日，中國商務部公告對包括臺灣等地區進口的氨綸（彈性纖維）原料課徵臨時反傾銷稅 5.09%。5 月 29 日，財政部宣佈自 6 月 1 日起，對大陸出口毛巾到臺灣的 9 家公司，課徵 4 個月臨時反傾銷稅，稅率最高達 248.2%。

2006　4 月 24 日，中國商務部宣佈，自 5 月 1 日起對天然砂實施禁止出口管理措施。但稍後宣佈暫緩實施。此舉對臺灣砂石業產生了極大衝擊，經濟部並採取措施，防止商人借機囤積哄抬價格。

4 月 28 日，經濟部宣佈自 28 日有條件開放「低階半導體封裝測試、4 吋以下面板中段製程」赴大陸投資。（由禁止赴中國大陸投資項目，改列為一般類項目）

【歷史密碼】
民進黨對「國共論壇」的反應

2006 年 4 月 15 日，中國國臺辦副主任李炳才（1945 - ）宣讀國共兩岸經貿論壇「共同建議」，建議指出，促進兩岸經濟全面交流，建立兩岸經濟合作機制，推動兩岸實現全面、直接、雙向「三通」，加強兩岸農業合作和解決臺灣農產品在大陸銷售、推動大陸居民赴臺旅遊等涉及兩岸

經貿合作方面達成的共識,對於維護兩岸同胞的利益和福祉、改善和發展兩岸關係、實現兩岸雙贏和共同繁榮有著重大意義。

隔天,4月16日,針對中共領導人提出所謂「四點建議」,陸委會指出,中共當局再度突顯其完全未脫離現有「一個中國」之僵化窠臼與意識形態;1995年中共藉詞先片面中斷兩岸制度化協商,再企圖以「一中」原則對我進行政治勒索;2000年以來更假藉國民黨創造的「九二共識」說法,包藏其「一中」的禍心。事實上,中共始終刻意漠視中華民國存在之事實,限縮臺灣人民對未來前途的自由選項,這才是兩岸關係互動障礙之基本根源。

再隔日,陸委會吳釗燮主委表示,中國在國共經貿論壇提出15項政策措施,許多農漁類措施的實質效益有限,政府有必要讓民眾理解,中國許多措施僅具宣傳意義,更是「新瓶裝舊酒」。行政院長蘇貞昌則在4月19日行政院會上表示,國共論壇的共識,只要對臺灣有利,不必因人廢言,可以全盤考量推動,但推動時仍要依據臺灣主體性的原則;對於國民黨與共產黨的兩岸經貿論壇,政府視為兩個政黨的民間交流活動,對於政府的政策並沒有法律上的效力,但相關部門仍要依法行政,主動規劃推動。

事實反應,民主進步黨雖居執政優勢,也無法掌握兩岸局勢之發展,對於國共接觸以及所做的政策推動,也只能順勢,「承認」與「接受」。

2006　5月1日,中國國家質檢總局公告,臺灣水果檢驗檢疫准入大陸市場的品種正式由18種擴大到22種,同時開放11種臺灣主要蔬菜品種檢驗檢疫准入並實行零關稅。允許臺灣漁船自捕的水產品輸往

福建，參照中國大陸自捕漁船做法，憑公海捕魚許可證、貿易合同、發票等資料向檢驗檢疫部門報檢，不再要求提供臺灣主管部門出具的衛生證書。

5月11日，南投縣議會與南京市人大常委會在中國南京簽署《關於建立交流合作關係的協議》，正式建立經常化的交流聯繫渠道。南京市人大與南投縣議會簽署的協議，是江蘇地方人大常委會繼無錫市與臺灣臺東縣議會簽訂此類協議後簽訂第二個協議。

5月15日，中央銀行修正〈金門及馬祖金融機構辦理人民幣現鈔買賣業務要點〉，增設辦理據點；簡化結匯手續與文件；同時將金融機構辦理業務明確限定在辦理人民幣與新臺幣現鈔間的買賣業務。

5月19日，經濟部投審會有條件通過統寶公司到大陸投資從事小尺寸面板後段製造。5月26日，新增〈臺灣創投公司赴大陸投資審查原則〉，開放臺灣創投業者申請赴大陸投資一般類項目。

5月29日，陸委會通過放寬大陸專業人士來臺從事文教專業交流涉及商業行為之活動項目，大陸地區大眾傳播專業人士可來臺從事合理且必要之宣傳活動，並可依其許可目的性質召開記者會、接受大眾傳播媒體（含報紙、雜誌、電視、廣播）訪問。

2006　6月5日，交通部決定開放臺灣農產品運輸「綠色通道」，凡臺灣地區生產的農產品，在大陸通過公路運輸至銷售地，符合大陸鮮活農產品「綠色通道」運輸規定的合法運輸車輛，全部享受「綠色通道」優惠及便利。

6月8日，金門和中國泉州間「小三通」客運航線首航，成為兩岸間第三條「小三通」航線。6月18日，中國福建泉州石井港開通至澎湖馬公港的貨運航線，並舉行首航儀式，這也是大陸貨運首次直

航澎湖。

6月9日，香港入境事務處公佈，自6月12日起，持有有效「臺灣居民來往大陸通行證」和有效內地入出境簽注的臺灣居民，如符合一般入境規定，可以訪客身份在香港逗留最多7天。

6月15日，中國大陸供銷總社正式向臺灣省農會採購200公噸香蕉，並於6月下旬全數運抵大陸。這是兩岸第一次大型集體採購案。6月25日，110噸的臺灣香蕉運抵廈門海天碼頭。

6月22日，臺海兩岸就大陸毛巾進口特別防衛措施（進口救濟）舉行雙邊諮商，這也是2002年底以來，兩岸在世界貿易組織（WTO）架構下的第一次正式諮商。6月23日，WTO公佈「臺灣、澎湖、金門、馬祖個別關稅領域」加入WTO以來的首份有關臺北貿易政策的審議報告，該報告稱，兩岸貿易對臺灣經濟的重要性與日俱增，臺灣當局有必要進一步放鬆對兩岸交通的限制，以促進兩岸貿易增長。

2006　7月17日，臺商旺旺集團投資的湖南旺旺醫院與臺灣敏盛醫療體系簽署醫療合作備忘錄，為臺灣醫療業登陸的重要一步。10月25日，經濟部投審會核准由深圳臺商合資成立的「愛群醫院」登陸，這是首例大陸臺商協會成員集體出資成立的醫院。

2006　8月8日起，中國泉州市公安局開始受理5年期「臺灣居民來往大陸通行證」（簡稱臺胞證）及簽注申請。

8月27日，臺灣海峽兩岸觀光旅遊協會（簡稱臺旅會）成立，由交通部觀光局長許文聖（1949－）擔任董事長，為有關開放大陸民眾赴臺旅遊的兩岸協商對口單位。

2006　9月14日，內政部公告，今後大陸地區大眾傳播專業人士可以來臺

從事一定的宣傳活動，並可依其許可目的性質召開記者會、接受大眾傳播媒體（含報紙、雜誌、電視、廣播）訪問。

9月17日，中國福建省政府提出〈關於加快建設海洋經濟強省的若干意見〉，要提升閩臺海洋經濟合作水平，拓展閩臺海洋經濟開發合作領域，深化閩臺貿易交流，推動閩臺貨物中轉、人員往來和原材料供應基地建設。10月12日，福建出入境檢驗檢疫局和福建省政府臺辦聯合舉行新聞發佈會，發佈〈關於進一步促進閩臺經貿發展和人員往來的20條措施〉。10月13日，泉州市新推出〈關於鼓勵臺商投資的若干意見〉，臺商前來福建泉州投資創業，將享受地價、稅費、金融優待、政府服務等優待。10月15日，福建計劃投資100億元人民幣建設霞浦臺灣水產品集散中心，以加快推動閩臺水產業的合作。

9月18日，中國國臺辦副主任鄭立中與中國國民黨副主席江丙坤舉行第二次保護臺商合法權益工作會談，達成包括臺商投資保護、臺商稅賦、臺灣民眾往來大陸便捷化、勞工保險、兩岸共同打擊犯擊犯罪、專利商標事務合作等方面的10項共同意見，確定每年舉行一至二次工作會談。

9月19日，財政部自2006年6月1日起，對自中國大陸進口之毛巾產品課徵反傾銷稅，課徵期間5年。

9月29日，兩岸中秋節包機首航。至10月13日共飛行24架次，航點為中國北京、上海、廣州與廈門，臺灣為桃園與高雄。

2006　10月17日，中國農業部、國臺辦批准在四川新津縣設立「臺灣農民創業園」。農業部相關負責人表示，大陸將繼續提升海峽兩岸農業合作試驗區、臺灣農民創業園和各類展會的層次，更加務實、靈

活地利用民間渠道加深兩岸農業界的聯繫。

2006　11 月 14 日，經濟部成立「促進臺商回臺投資專案小組」，目的在於統籌整合政府各部會之行政資源，作為臺商投資資訊提供、投資機會開發、投資障礙排除等高效率服務品質之協調窗口。

2006　12 月 19 日，中國公安部表示自 2007 年 1 月 1 日起，將免填入境登記卡的人員範圍擴大至包含內地居民、臺灣居民及華僑在內的所有中國公民。12 月 20 日內政部警政署入出境管理局表示，自 2007 年 12 月 20 日開始，取消大陸地區人民、香港澳門居民申請來臺保證書至警察機關辦理對保規定。

12 月 26 日，內政部表示，新修正大陸民眾來臺依親居留每年為 12,000 名的規定，與舊制相比多 5,000 名。

2007　1 月 12 日，中國福建超大現代農業集團以及中華全國供銷合作總社屬下的北京市果品公司、上海市果品有限公司、南京農貿中心等大陸企業，與臺灣雲林縣農會、青果社在北京簽訂臺灣滯銷柳橙緊急採購協定，將向臺灣採購 1,200 噸柳橙。

1 月 19 日，財政部臺灣省北區國稅局表示，因病在大陸地區就醫，其給付之醫藥費，可憑出具之證明經依兩岸人民關係條例規定之機構驗證後，作為當年度綜合所得稅列舉扣除額。

經濟部投審會表示，累計 2006 年 1-12 月份核准投資件數為 1,090 件，較上年同期減少 15.96%，核准投資金額為 76 億 4,233 萬 5 千美元，則較上年同期增加 27.22%，顯示臺商對中國大陸投資之案件規模有大型化趨勢。

1 月 25 日，2006 年兩岸間接貿易額達 1,078 億美元，年成長 18%，其中，大陸對臺灣出口 207 億美元，年成長 25%；大陸自臺灣進口

871 億美元，年成長 17％。中國商務部表示，目前臺灣是大陸第 7 大貿易夥伴，第 7 大出口市場，第 5 大進口市場，最大的貿易逆差來源地；大陸是臺灣最大的貿易夥伴，最大的出口市場和最大的貿易順差來源地。

2007 2 月 5 日，中國國臺辦等有關部門，與以黃明和為團長的臺灣「海峽兩岸健康交流協會」參訪團進行會談。國臺辦常務副主任鄭立中在參訪團座談時表示，大陸方面將研究解決兩岸人員在醫療、旅遊、保險等領域存在的問題，支持兩岸旅遊企業就旅遊保健行為開展交流與合作，建立便捷的合作模式，歡迎臺灣醫療觀光產業來大陸投資；並進一步研究和改進臺胞參保、就醫和結算等問題。

2 月 15 日，陸委會通過〈大陸地區專業人士來臺從事專業活動許可辦法〉修正案，放寬大陸宗教、產業科技、體育、大眾傳播等類別專業人士來臺限制與眷屬隨行相關規定。

2007 3 月 2 日，內政部會銜交通部發布修正〈大陸地區人民來臺從事觀光活動許可辦法〉。

大陸第 10 屆海峽兩岸旅行業聯誼會在成都開幕，臺灣近 400 名旅遊業界人士、國家旅遊局、國臺辦及全國 31 個省市區相關部門負責人出席開幕式。

陳水扁總統對臺灣前途提出「四要一沒有」。「四要」分別是：臺灣要獨立，要正名，要新憲法，要發展；「一沒有」則是臺灣沒有左右路線問題，只有國家認同分歧與統獨問題。

中國國務院總理溫家寶（1942 - ）宣示，堅決反對臺灣法理獨立的分裂活動，全國政協主席賈慶林及國臺辦主任陳雲林也先後痛批，直指陳水扁在臺獨分裂道路上又邁出危險的一步，中共絕不容忍。

美國國務院發言人麥考馬克（Sean McCormack）表示，不支持臺獨、反對兩岸片面改變現狀、要求陳水扁遵守四不，並且表示「任何可能對先前承諾是否算數引起質疑的言論，無助於保障臺灣利益、對外關係、以及維持海峽的和平與穩定」。

【歷史密碼】

依賴陸砂

臺灣建設依賴陸砂，曾經中國大陸限制陸砂出口臺灣，致使臺灣經濟建設一度遭遇挑戰。

2007 年 3 月 11 日，中國商務部長薄熙來（1949 － ）對於大陸砂石何時能恢復出口到臺灣的問題，表示大陸已注意到臺港的需求，希望能合情合理解決。4 月 25 日，中國國臺辦發言人楊毅表示，有關大陸對臺砂石出口的問題，兩岸有關民間組織已進行溝通並取得一定共識，大陸願在相關條件成熟的情況下，儘早恢復對臺天然砂出口。這一情況，反應臺灣經濟對陸砂的需要依賴。

再經過半年，中國商務部的網站上反應向臺商招手，11 月 8 日網站透露歡迎臺灣砂石業界有代表性的民間組織組團與中國有關方面溝通，儘快就恢復天然砂對臺出口的技術性、業務性問題做出具體安排。11 月 14 日，國臺辦新聞發布，歡迎臺灣砂石業界的代表、有代表性的民間組織組團前來溝通，儘快就恢復天然砂的對臺出口問題達成技術性、業務性的安排。

由於兩岸關係仍處僵化並未交流，針對大陸官方就陸砂輸臺相關談話，陸委會指出，政府早於 2007 年 2 月委請外貿協會協助處理與大陸方

面商談陸砂輸臺相關事宜，惟大陸方面始終以相關單位尚未答覆或模稜兩可的說法，拖延正式商談。中國國臺辦指未來大陸主管部門將憑臺灣地區砂石業界推薦機構出具的證明，向大陸企業發放出口許可證等說法，顯然有意藉由民間團體的對話，架空政府公權力之執行。

至 11 月下旬，中國國臺辦表示，大陸有意恢復對臺天然砂的出口，並表示已經著手啟動相關的準備工作，認為只要臺灣砂石業行業公會代表與大陸方面溝通作出具體安排，就可以實行。12 月 13 日，中國商務部仍表示已著手開展恢復對臺天然砂出口，但將實施許可證申領。2008 年 1 月，福建天然砂實行出口許可證管理對臺出口；3 月 10 日，大陸恢復天然砂對臺灣出口。

中國以陸砂出口管制，對臺灣吊足胃口，這是以建設材料展現對臺灣海島經濟發展的供應調控力量之例。

2007　4 月 5 日，中國衛生部、國家中醫藥管理局發佈，臺灣居民可以參加大陸醫師資格考試，考試方式、內容、分數線和收費標準，與大陸考生相同。

4 月 29 日，第 3 屆「兩岸經貿文化論壇」閉幕會中國方面宣佈 13 項政策措施：

1. 歡迎臺灣地區高等院校招收大陸學生。

2. 自 2007 年 5 月 15 日起，增設廣州、青島、武漢三個臺胞口岸簽注點。

3. 再開放 15 類（項）專業技術人員資格考試。

4. 鼓勵臺灣相關企業直接投資參與大陸的碼頭、公路建設和經營。

5. 臺灣相關航運和道路運輸企業可直接在大陸設立獨資船務、集裝箱

運輸服務、貨物倉儲、集裝箱場站、國際船舶管理、無船承運、道路貨運和汽車維修企業，以及合資國際船舶代理、道路客運公司。

6. 從事福建沿海與金門、馬祖、澎湖海上直接通航的臺灣客運公司，可在福建相關口岸設立辦事機構，從事相關票務業務。

7. 為臺灣船員和潛水夫培訓、發證提供方便，免收考試、發證費。

8. 支援、鼓勵兩岸民間專業組織在兩岸海上搜救、打撈方面開展技術交流與合作。

9. 陸續開放第二批直航包機地點。

10. 臺灣民航飛機在飛行中如遇緊急情況，可以通過兩岸民航界建立的有效聯繫管道，在大陸對外開放的機場降落。

11. 自 2007 年 5 月 1 日起，臺灣所有飛行兩岸包機的航空公司，可在所有開放的大陸包機地點設立辦事機構或代表處。

12. 鼓勵並支援兩岸航空公司在機務維修、貨運倉儲、地面代理、市場開發、商務運作、代碼共用、戰略聯盟、網路延伸等各個方面建立更加緊密的夥伴關係。

13. 歡迎臺灣學生報考大陸民航院校，允許臺灣機務維修人員和機務維修專業的學生報考大陸機務維修執照，並鼓勵其來大陸工作。

【歷史密碼】

政商勾結

勾結（collusion）是市場經濟不完全競爭的常態，但對市場力量的影響控制，卻是市場經濟的致命性弊端。政商勾結更是市場經濟體制的終結者。

2007 年 4 月 11 日，中國國臺辦發言人楊毅透露一項訊息，表示臺灣同胞投資企業聯誼會將於 4 月 16 日在北京成立；並表示臺企聯如認為有必要，經會員代表大會同意，可以邀請部分國家部委的領導擔任臺企聯的榮譽職務，顧問和理事會管理機構、領導機構的個別職位。4 月 16 日，大陸「全國臺灣同胞投資企業聯誼會（臺企聯）」正式成立，中國國臺辦主任陳雲林擔任榮譽會長，東莞臺商協會前會長張漢文當選首任會長，中國國務院多個部委的官員擔任副會長、顧問等職。這是政商掛勾公然顯現的事例。

　　陸委會於表達對中國大陸將成立「全國臺灣同胞投資企業聯誼會」之基本立場就指出，「臺企聯」的組成及人事安排明顯有「國臺辦」色彩及大陸官方的一定介入，並亦提出警惕，陸委會及相關機關將持續關注及瞭解「臺企聯」之運作，將來若該組織已非代表臺商的自主意志或朝向對臺統戰的發展傾向，政府將依法採取必要的處置措施。

　　其實，政商勾結存在於共產黨社會，並不只是兩岸關注的問題，它同時也是國內經濟發展的結構性問題。過去半個世紀黨國體制的政商勾結，已逐漸化整為零生存於臺灣經濟社會。如今，值得注意的，也不是只有國民黨執政才會「犯錯」。

【歷史密碼】

北京奧運聖火

　　2008 年北京主辦奧運，奧運聖火也變成兩岸問題。

　　對於北京奧運聖火的傳遞，臺灣方面的立場，2007 年 4 月 20 日，陸委會劉德勳副主委表示，聖火傳遞路線之規劃，須在遵循奧運禮儀、我方

同意、我主權不被矮化，並有助於兩岸良性互動之原則下進行 。

5月9日，行政院體育委員會發布「2008北京奧運聖火路線問題與我國參加2008北京奧林匹克運動會聲明稿」，聲明指出，日前北京奧運籌組委員會公布奧運聖火傳遞路線因與臺灣方面期望之「第三國進、第四國出」的落差甚大，中國操弄「主權矮化」的手法甚為明顯，因而拒絕聖火來臺。

9月6日，中國北京奧組委執行副主席蔣效愚（1948-）表示，根據北京奧組委2008年4月26日公佈的計畫，北京奧運會的火炬傳遞分成境外和境內兩部分，境外傳遞計畫經過22個城市，臺北是22個境外途經城市之一。對此，行政院張俊雄院長針對奧運聖火來臺一事，假如是以境外城市方式，並未矮化臺灣的主權，而且也獲得對等、尊嚴，同時符合奧運精神，以境外城市方式是可以接受的。但到9月12日，中華奧會主席蔡辰威（1952-）指奧運聖火來臺兩岸在談好「三點共識」之後，北京又要臨時加入2月簽定的「會談紀要」為但書，臺灣無法接受。

9月21日，中華臺北奧會、行政院體育委員會發布新聞稿表示，中華臺北奧會與北京奧運組織委員會針對 2008 北京奧運聖火傳遞經過臺灣路線的安排事宜，進行協商溝通，仍無法達成協議，確定奧運聖火無法傳遞來臺。同日，北京奧組委執行副主席蔣效愚宣布，由於中國臺北奧委會單方面終止有關北京奧運會聖火赴臺的協商，國際奧委會正式通知北京奧組委取消傳遞火炬入臺，並指出聖火不能入臺的責任完全在於臺灣當局。

兩岸交流，都說體育無關政治，但那是「都是說的」。國際體育競技，仍是政治掛帥，誰說體育無關政治。

2007　5月12日，中國第一個全部採用河洛語播出的綜合電視頻道－泉州電視臺正式開播。5月13日，中國國臺辦副主任葉克冬表示，至今，臺灣記者來大陸採訪的累計人數已突破14,000人次。

5月13日，中國國臺辦批准設立海峽兩岸（福建東山）水產品加工集散基地。5月14日，大陸第100個臺企協會－南平臺胞投資企業協會在福建武夷山正式成立。南平福山農業開發有限公司董事長王力當選南平臺企協會會長。

5月14日，中國政府發表聲明表示，6月15日正式生效的《國際衛生條例（2005）》適用於包括香港、澳門、臺灣在內的中國全境。

5月15日，福州－澎湖貨運直航儀式在中國福州市連江縣舉行，這是福建沿海與澎湖貨運直航常態化的首次直航。

【歷史密碼】
臺灣爭取加入 WHO

參與 WHO 也是臺灣步入國際社會的重要指標。

2007年5月15日，外交部發布新聞稿，強調今年政府首度提出世界衛生組織（WHO）會員的訴求，具有重大宣示意義。對於世界衛生大會（WHA）處理結果感到遺憾，但在政府與民間共同努力下，人民的集體意志以及政府的堅定決心均已獲得國際社會相當程度的瞭解與支持，已經踏出向 WHO 叩門的第一步。外交部表示將再接再厲，持續努力推動加入WHO。

中國衛生部長高強（1944-）於第60屆世界衛生大會公開聲稱，已妥善照顧臺灣的衛生問題等發言，5月15日，衛生署侯勝茂（1950-）署長

提出駁斥表示，北京當局在「一個中國原則」下，與 WHO 簽署合作瞭解備忘錄（MOU），使得臺灣自 2005 年後迄今，只能參加極少部分的會議，而且，根據這份未經臺灣方面同意而秘密簽署的備忘錄規範，臺灣須於 5 週前提出申請，與會層級不可高於處長級，與會代表名冊還需冠上來自「中國臺灣」的稱謂，且往往中國技術上延遲處理流程，臺灣與會代表多次於會議前一日才接獲 WHO 的邀請。迄今臺灣學者專家似無法參加 WHO 辦理有關 IHR 會議活動與訓練課程，中國的說法根本就是口惠而不實，是企圖混淆國際視聽的作法。

雖然如此，最後，外交部於 6 月 15 日表示，絕不接受世界衛生組織「國際衛生條例 2005」（IHR 2005），將臺灣納入中國之下的作法。

兩岸競爭，中國也不放棄醫療衛生方面臺灣參與的政治意義。

2007　6 月 12 日，內政部入出國及移民署表示，大陸配偶申請在臺灣地區定居，自明年起需檢附新調整之財力證明。

中國發布〈關於向臺灣居民開放部分專業技術人員資格考試有關問題的通知〉，2007 年起再向臺灣開放 15 類（項）專業技術人員資格考試。6 月 17 日，福建省宣布對臺灣民眾的職業技能鑑定職業由 6 個工種擴大到 26 個。7 月 6 日，臺灣 120 名考生參加在中國廣東深圳舉行的大陸醫師資格實踐技能考試。

6 月 22 日，兩岸首次端午節包機，6 月 15 日至 22 日，兩岸 11 家航空公司在中國北京、上海、廣州、廈門和臺北、高雄 6 個城市間，共 21 班往返包機，運送旅客 6,461 人。

2007　7 月 1 日，第 2 屆海峽兩岸（鼓浪嶼）中醫藥發展與合作論壇在中

國廈門開幕，65 名臺灣代表與 100 多名大陸中醫藥界代表參加。

7 月 11 日，行政院張俊雄院長宣布推動「醫療服務國際化旗艦計畫」，初期選定肝臟移植等五個項目，客源包括海外僑胞和中國大陸人士。7 月 14 日，陸委會副主委劉德勳（1953 - ）表示，8 月 1 日開始受理大陸民眾申請來臺接受肝臟移植等五項醫療行為。初期將以個案審查方式試辦 6 個月，6 個月後會進一步規劃相關法律架構。

7 月 19 日，第 2 屆兩岸縣市「雙百」論壇在中國青島舉行，來自臺灣地區 19 個縣市的 100 多名議員和山東、江蘇、上海、浙江、福建 5 省市的 100 名縣市區人大代表與會。

2007　8 月 12 日，主辦第 13 屆青少年錦標賽的委內瑞拉，在中國的壓力下，拒發中華青少棒隊隊員簽證。

8 月 20 日，中國福建公安廳出入境管理部門正式委託廈門市公安局出入境管理處，為大陸赴金門旅遊的申請人製作「大陸居民往來臺灣通行證」。（於 10 月 18 日推出實施，為簡化辦理「大陸居民往來臺灣通行證」與簽註的新措施。）

8 月 21 日，標準檢驗局再次呼籲消費者不要使用以及業者不要進口 47 種廠牌之中國製牙膏外，另請飯店、旅館業者勿提供摻有二甘醇之牙膏。

8 月 23 日，內政部統計中國人民申請購買臺灣不動產，已有 4 件經審核通過。

8 月 30 日，陸委會與移民署召開聯合審查會議，有條件通過中國籃球明星姚明（1980 - ）來臺訪問。9 月 7 日，應臺灣籃協的邀請，中國籃球選手姚明來臺交流訪問。

2007　9 月 10 日，陳水扁總統透過視訊方式向在日本大阪舉行的「世界臺

灣同鄉會聯合會」第 34 屆年會發表談話時表示，「臺灣中國、一邊一國」是歷史的事實，也是臺海的現狀。

9 月 18 日，兩岸中秋節包機起航，從 9 月 18 日至 10 月 2 日，持續 15 天。包機航線連接中國的北京、上海、廣州、廈門和臺灣的臺北共計 5 個航點，共有 12 家航空公司 24 班往返包機。兩岸中秋包機實施，9 月 21-30 日，兩岸 21 家航空公司 48 個航班，運送旅客 8,469 人。

2007　10 月 11 日，中國福建省副省長李川（1950 - ）表示，福建將加強對臺灣標準的跟蹤收集研究，在國家標準館福建分館建立健全臺灣標準數據庫及檢索系統，此打造成臺灣標準研究中心。

10 月 18 日，中國福建省公安廳針對應邀赴臺灣的中國民眾，推出簡化辦理「大陸居民往來臺灣通行證」與簽註的新措施。

2007　12 月 26 日，中國國臺辦法規局張萬明副局長表示，自 1998 年至今，大陸已有 16 家仲裁機構聘請了 48 名臺灣地區專業人士擔任仲裁員。

2008　1 月 9 日，陸委會指出，依照內政部統計，已經取得長期居留並取得身分證的中國籍配偶人數約 44,000 人，也依法取得選舉權。

1 月 11 日，2008 年兩岸春節包機航班排定，共 12 家航空執行 94 個往返航班。1 月 14 日，兩岸春節包機航班航點仍為中國北京、上海、廣州、廈門和臺北、高雄 6 城市。（歷時 16 天的兩岸春節包機 2 月 15 日結束，中國和臺灣各 6 家航空公司共計 96 班 188 架次。）

1 月 18 日，經濟部投審會指出，對中國大陸投資，2007 年 1 -12 月份核准中國大陸投資件數為 996 件，較上年同期減少 8.62%，核准投資金額為 99 億 7,054 萬 5 千美元，則較上年同期增加 30.46%。

中國將在臺灣海峽安裝 VTS 系統（海上交通管理系統），避免各

類事故發生。（VTS 是 Vessel Traffic Service 的縮寫，是利用雷達、無線電話等通信設施監控航行在港灣和進出港路的船舶，提供船舶在航行中所需的安全信息的系統）

1 月 30 日，中國國臺辦發言人楊毅表示，2007 年大陸自臺灣輸入農產品總額達 1.87 億美元，較上年增長 23％。其中，零關稅的農產品總量為 3,143 噸，總額 433.4 萬美元，稅款優惠額為 486.2 萬元人民幣。

2008 2 月 15 日，中國廈門政協新增 5 名臺商委員，均為正式會議代表。

2 月 25 日，中國國家旅遊局副局長張希欽在「第 11 屆海峽兩岸旅行業聯誼會」表示，2007 年到大陸旅遊的臺灣同胞達 462 萬 7,900 人次，較上年增加 4.86％。

2008 3 月 12 日，行政院同意開放國內銀行的 OBU 及海外分支機構，可以辦理大陸地區境內交易所產生之應收帳款收買業務，並得將其辦理授信業務的對象，擴及第三地區法人在大陸地區的分支機構。同時對大陸臺商授信，擴大其辦理授信業務空間，不須區分有、無擔保。

五、2008 – 2012：大三通與經貿締約

2008 4 月 7 日，陸委會提出「擴大小三通規劃方案」法規修正及執行事宜之辦理情形報告，指出相關措施已自本年 4 月 1 日起執行，將於實施一段期間後，視實施成效適時進行檢討。

2008 5 月，原訂 1999 年秋汪道涵來臺訪問，因為「兩國論」事件遭到中國片面中止。經過長達九年的磨合後，大陸海協會於 2008 年 5 月

29 日回函海基會，表明儘速在九二共識基礎上恢復兩會聯繫往來與協商談判，海協會同時邀請海基會董事長江丙坤於 6 月 11 日至 14 日至中國北京協商觀光客、週末包機議題。）

2008　6 月 8 日，中國廈門舉行「海峽兩岸新聞與傳播研究交流中心」揭牌。中國國臺辦副主任葉克冬在儀式中表示，將積極推動兩岸新聞交流，推動兩岸媒體早日實現互設常駐機構。

6 月 14 日，「第一次江陳會談」於 6 月 11 至 14 日在中國北京舉行，由海基會董事長江丙坤率領代表團與海協會會長陳雲林舉行會談，針對兩岸包機及大陸人民來臺觀光兩項議題進行協商，主要成果是：兩岸兩會正式恢復制度化對話協商機制；並簽署《兩岸包機會談紀要》及《兩岸關於大陸居民赴臺灣旅遊協議》；為未來兩會協商議題作了後續安排；為未來兩岸交流與合作提出方向；強化兩會對話及交流；陳雲林同意適時回訪。這是 1998 年 10 月辜汪會晤之後，兩會之間重新啟動的制度性協商。

行政院 6 月 19 日通過「小三通人員往來正常化實施方案」。全面放寬現行「小三通」我方人員往來資格限制，凡持有兩岸入出境有效證件者，均得經「小三通」往來兩岸。「小三通」口岸比照國際機場及港口，准許外籍人士入出。（9 月 4 日，通過「小三通正常化推動方案」，進一步推動「小三通」人員、航運、貿易往來正常化，開放大陸人民得經金馬往返兩岸、大陸旅客得採落地簽或多次入出境簽證方式赴金馬澎旅遊、擴大開放馬祖白沙港為「小三通」兩岸通航港口，並實施澎湖「小三通」常態化等。）

2008　7 月 2 日，臺北關稅局為配合兩岸直航政策，於 7 月 1 日正式派員進駐松山機場辦公處所，並自 7 月 4 日起提供機場出、入境旅客通

關作業窗口服務。

7月3日，行政院通過「放寬縣市長赴大陸地區交流規劃方案」，將過去參加國際組織舉辦擴大得參加與縣市政業務相關交流活動或會議；同時簡化審查時間為於預定出發日一週前，逕向內政部提出申請審查。

7月18日，大陸地區人民來臺觀光步入常態化，可經由團進團出之方式申請來臺觀光（即為第一類觀光），而且根據兩岸簽署之兩岸空運協議，大陸地區人民可以直接由大陸機場飛抵臺灣機場，正式邁向大三通之通航階段。第一類觀光初期每日開放陸客來臺人數為3,000人。（2011年1月1日大陸觀光團平均每日配額調升至4,000人，2013年4月1日再調升至5,000人。）

7月23日，行政院劉兆玄院長表示，年底前陸續完成67項的法規鬆綁，明年則有142項議題鬆綁。兩岸經貿法規鬆綁將列為工作重點，鬆綁範疇包括開放兩岸貨運包機、證券及期貨業投資大陸、陸資來臺投資生產事業等。

7月31日，金管會公布放寬海外企業來臺上市（櫃）資格限制，第一上市（櫃）僅排除下列海外企業：大陸地區設立登記者；陸資持股超過20%或為主要影響力的股東者。第二上市（櫃）部分僅排除大陸地區設立登記的海外企業。

中國國臺辦主任王毅在第二次「臺商權益保障工作聯席會議」表示，大陸方面將採取措施，加強兩岸交流與經濟合作，推進兩岸直接「三通」進程。

2008　8月1日起，放寬廠商赴大陸投資上限（由40%放寬至60%；在臺設立營運總部或跨國企業者則不設限），並簡化投資審查程序（如

金額在 100 萬美元以下採事後報備，於投資實行後 6 個月內申報）；個案每逾 5,000 萬美元，始進行專案審查。同時也建立關鍵技術與資金審查機制，以保持產業競爭力及優勢。

8 月 4 日，開放證券商間接投資大陸證券公司及直接、間接投資大陸基金管理公司、期貨公司，並開放期貨商直接、間接投資大陸期貨公司，以及證券投資信託事業直接、間接投資大陸基金管理公司。直接投資部分，將透過兩岸協商機制與大陸簽署 MOU。

8 月 13 日，陸委會宣布，即日起大陸旅客來臺行程中，可包含一天半以內醫療健檢美容行程，同團其它旅客若不想從事健檢美容，則可自由行動。

2008　9 月 4 日，經濟部邀集各單位討論成立臺商輔導專案小組，將加強與大陸各地臺商協會互動。

9 月 5 日，228 名臺灣地區旅遊業者參加在中國廈門舉行的「第 4 屆海峽旅遊博覽會」，其中臺北縣、臺南市、南投縣和彰化縣旅遊局為首次組團參加。9 月 7 日，大陸廈門鼓浪嶼菽莊花園與臺北縣林本源園邸，在廈門「第 4 屆海峽旅遊圓桌會議」簽署兩園交流合作協定書。

中秋包機航班，兩岸將共有 8 家航空公司共計執飛行 16 個往返航班，航點包括上海、廈門和臺北。9 月 16 日，交通部民用航空局指出，兩岸週末包機迄今執行 10 週，合計 180 班，雙方總共提供160,848 座位，載客 138,395 人次，平均載客率 86%。

9 月 6 日，大陸「第 2 屆海峽兩岸大學校長論壇」在中國廈門舉行，兩岸 90 多所大學的近 200 名校長、副校長或校長代表出席。並聯合發布《第 2 屆海峽兩岸大學校長論壇宣言》。

9月10日，中國國臺辦發言人李維一表示，APEC有關《諒解備忘錄》對「中國臺北」參與APEC會議有明確規定，並形成慣例。

9月11日，對於中方使用「中國臺北」稱呼我方，外交部發言人陳銘政表示，1991年APEC在討論中國大陸、中華民國、香港入會時曾簽署備忘錄，其中已有界定中華民國參與APEC的名稱，協定的名稱是「Chinese Taipei」，但並未規範中文譯名。外交部堅持「中華臺北」的名稱。

9月20日，教育部修正《大學法》、《專科學校法》，增訂港澳及大陸地區學生來臺就學法源。9月24日，陸委會關於「大陸學歷採認」說明政策立場表示，政府對於大陸高校學歷的採認，將有嚴謹的評估及驗證措施，訂定適度採認門檻，嚴格進行學歷證件的驗證程序，秉持「循序漸進」原則，審慎研擬具體可行的作法逐步推動。

9月23日，中國公安機關出入境管理部門將調整現行5年有效「臺灣居民來往大陸通行證」（臺胞證）號碼編排規則、增加5年有效臺胞證補換發單位和增設口岸臺胞證簽注點三項便利措施。10月22日，中國增加北京、天津、重慶、浙江四省、直轄市公安機關出入境管理部門辦理「臺灣居民來往大陸通行證」補發、換發工作。

2008　10月1日，行政院金管會宣佈，即日起開放私募基金投資大陸有價證券及港澳紅籌股、H股，其中大陸股投資上限為10%。

10月9日，福州馬尾至馬祖之間快件、包裹的直接通郵（兩馬直郵）正式運營。

第二次江陳會談預備性磋商（高孔廉、鄭立中）於10月22日至23日在中國廣東深圳舉行，確立兩岸空運、海運、郵政及食品安全四項協議文本主要內容及架構與陳雲林來臺主要行程。

2008　11月4日，「第二次江陳會談」（江丙坤、陳雲林）於11月3日至7日在臺北舉行，針對兩岸包機直航新航線及增加班次與航點、兩岸海運直航、全面通郵、食品安全管理機制，以及面對世界金融風暴兩岸如何應對等問題進行協商（兩會領導人首次在臺灣舉行會談）。雙方簽署《兩岸空運協議》、《兩岸海運協議》、《兩岸郵政協議》及《兩岸食品安全協議》等四項協議，確認兩會各層級人員制度化聯繫、交流方式，強化兩岸制度化協商機制。12月12日，陸委會指出，兩岸兩會第二次會談簽署的四項協議，協議內容自雙方簽署之日起40日內生效，交通部及相關機關在發布配套法規後，兩岸直航將正式實施。

陳雲林訪臺前後發生多起國旗爭議與衝突事件。

2008　12月4日，行政院通過《臺灣地區與大陸地區人民關係條例》修正案，開放招收陸生來臺就讀大專校院與放寬大陸學歷採認。行政院

強調，政府將採取「三限六不」原則，審慎推動後續相關措施，以保障本國學生的權益。

所謂「三限六不」原則，就是：限制採認之高等學校、限制來臺陸生總量、限制醫事學歷採認，不加分優待、不會影響臺灣學生就學權益、不編列獎助學金、不允許校外打工或兼職、不會有就業問題、不得報考公職人員考試。

12月4日，行政院金管會公告〈大陸地區投資人來臺從事證券投資及期貨交易管理辦法〉。

12月7日，中國福建泉州開往臺灣澎湖的直航貨運「新運盛六號」正式開航，成為繼泉州到金門、馬祖後的第三條泉州直航臺灣的海上航線。

12月11日，行政院通過《臺灣地區與大陸地區人民關係條例》修正案，未來大陸配偶取得我國身分證時間將縮短為6年，同時大陸配偶在臺灣可以工作，繼承遺產也不再有新臺幣200萬元的限制，將使大陸配偶的工作權、身分權及財產權獲得更完善的保障。

12月14日，交通部基隆港務局發布〈臺灣地區與大陸地區海運直航許可管理辦法〉，並公告臺灣地區與大陸地區直航港口，有關兩岸海運通航事項。中華郵政公司公告，自2008年12月15日起開辦兩岸直接通郵業務，開啟兩岸郵政業務合作。

12月15日，總統馬英九主持長榮海運立敏輪高雄首航天津典禮。

12月15日，兩岸開辦直接通郵，增辦小包、包裹及快捷郵件業務，並增加金門、馬祖及高雄等封發局。

12月21日，交通部放寬陸客赴臺限制，陸客組團門檻由10人降為5人，簽證期限由10天延至15天。

12 月 23 日,陸委會就大貓熊來臺事宜指出,中國大陸核發之大貓熊出口證明完全參照過去臺灣自中國大陸進口保育類動植物之證書及格式,證書之進口地點及進口口岸分別以「臺灣臺北」及「TW TAIPEI」表述我方,並無矮化的問題。至於出口地點及出口口岸分別以「四川汶川縣」及「CHENGDU」表述,是依實際情形記載,不應自我矮化為「城市對城市」的模式。

12 月 31 日,中國國家主席胡錦濤藉提出六點對臺政策方針,即所謂「胡六點」。(詳第十章)

2009　1 月 15 日,中國南方航空臺灣辦事處掛牌。

1 月 17 日,馬英九總統出席「2009 亞太國際領導者會議」開幕典禮時表示,新政府上任近 8 個月以來,恢復兩岸已中斷 10 年的協商,實現三通,已使得兩岸關係進入新紀元,有利於此一區域及世界的和平。

〈大陸地區人民來臺從事觀光活動許可辦法〉生效,陸客來臺旅遊的限制進一步放寬。1 月 20 日,大陸擴大赴臺旅遊的開放區域,第二批新增河北、山西、吉林、四川、安徽等 12 省市,使開放的省市達到 25 個。2 月 18 日,中國國家旅遊局公佈第二批允許經營大陸居民赴臺旅遊業務旅行社,共 25 省 113 家旅行社。

2009　2 月 2 日,經濟部修正〈違法在大陸地區從事投資或技術合作案件裁罰基準〉,調降赴大陸投資裁罰基準。

2 月 6 日,臺灣啤酒及英文 Taiwan Beer 商標大陸通過審查,公告後 3 個月無異議下,臺灣啤酒將登陸銷售。這是臺灣第一個在大陸註冊商標的酒類產品。

2 月 24 日,中華郵政公司表示,自 2 月 26 日起開辦「大陸郵政匯

入匯款業務」。

2 月 25 日，內政部入出國及移民署公告，香港澳門居民來臺臨時入境停留（落地簽、電子簽），停留期限由現行 14 日放寬為 30 日。

3 月 18 日，簡化大陸地區專業人士申請來臺手續，並持續配合放寬現行各項來臺許可辦法；現行申請案除有黨、政、軍背景者須提「專業人士聯合審查會」討論外，大多數案件均可於 5 至 10 日內許可發證。5 月 21 日，核定放寬大陸商務及專業人士來臺的規定。大陸商務人士來臺停留最長期限，由 14 天放寬為 1 個月，申請核批時限也由 1 個月縮短為 14 天。

2009　3 月 28 日，「第 2 屆世界佛教論壇」在中國江蘇無錫開幕，4 月 1 日論壇在臺北閉幕。這是繼 2006 年在中國浙江杭州、舟山舉辦的第一屆世界佛教論壇之後，首次以民間形式、跨兩岸共同舉辦的大型國際性宗教多邊論壇。

【歷史密碼】

看見福建兩岸交流角色

中國大陸方面，對兩岸關係的推展，利用馬英九結束長期「綠政」的時刻，相對展開了非常態度，其中，地方政府的反應，尤以福建最為活絡蓬勃。

福建與臺灣相隔臺灣海峽地理對峙而立。自 1949 年以來延續國共內戰，臺海政治長期僵持對抗，直至 1979 年開放，福建不但在地理優勢之下與臺灣互動頻繁，更在兩岸交流政策之下逐漸扮演重要的推手。

在馬英九掌政的第二年，由 2009 年福建的積極作為，更可看見其歷

史的身影。試整理這一年，時序推動兩岸交流之軌跡如下，淋漓滿目，成效斐然。

3月5日，福建漳州市中級法院成立大陸首個「涉臺案件審判庭」，受理案件範圍包括訴訟當事人一方或雙方為臺灣地區居民、臺灣地區法人、臺資企業的一審、二審民商事案件、刑事案件、行政案件。

3月8日，福建計劃從2009年起，在5年內引進1,000名能夠突破關鍵技術、帶動產業發展高層次、創業型、創新型的臺灣IT退休人才。

4月6日，福建省提出25條具體措施，分由四個方面加大吸引臺商投資力度，包括：推進臺資企業融資工作、促進臺資企業轉型升級、支持科技轉化以及產業發展、建立聯繫機制、做好臺商權益保障工作等。

4月9日，12所福建省高職院校將與臺灣高校展開合作辦學，合作期暫定3年。參加的每所學校將招收300名學生，採用「拼盤式」教學模式，課程由合作院校聯合製訂，師資分別來自大陸和臺灣。

4月18日，福建省副省長張志南表示，福建將採取四大措施推進閩臺交流合作，包括：對臺商投資股比等方面給予國民待遇；組織客源，拓展貨源，擴大「三通」效應；推動臺灣旅遊業推出經由「小三通」中轉福建赴大陸旅遊的線路；組織海峽兩岸經貿交易會等重大涉臺商貿活動，推動兩岸實質性合作。

4月22日，福建省政府制訂〈福建省人民政府關於支持臺資企業發展的若干意見〉，推動臺資企業轉型升級，支持臺資企業在大陸上市融資，臺資企業申請上市可享受福建各級政府出臺的扶持政策。

5月3日，福建省教育廳公佈〈2009年福建省普通高等學校招生工作實施細則〉規定，臺灣省籍考生參加高考，可享受加20分的照顧，由學校擇優錄取。

5月5日，中國國務院通過〈關於支持福建省加快建設海峽西岸經濟區的若干意見〉指出，福建省大力推進海峽西岸經濟區建設，進一步發揮福建省比較優勢，賦予先行先試的政策，加快建設海峽西岸經濟區。海峽西岸經濟區是兩岸人民交流合作先行先試區域。支持福建省加快建設海峽西岸經濟區，要重點做好七個方面的工作。

　　5月8日，中國國務院總理溫家寶在福建考察時表示，加快海峽西岸經濟區建設，要努力構築兩岸交流合作的前沿平臺。吸引臺商到大陸來投資，要繼續堅持「同等優先、適當放寬」的原則。建設兩岸經貿合作的緊密區域，建設兩岸文化交流基地，建設兩岸直接往來的綜合樞紐，推動兩岸交流合作向更廣領域、更大規模、更高層次邁進。

　　5月10日，福建省正式印發「關於做好取得內地（大陸）全日制普通高校學歷的臺灣學生來閩就業有關工作的通知」，臺生在福建省內就業，將與大陸普通高校畢業生在工資福利、社會保險、子女教育等方面享有同等待遇。

　　5月25日，福建公布施行《福建省促進閩臺農業合作條例》規定，臺灣民眾投資閩臺農業合作項目，需要使用農村家庭承包經營土地的，可以按照依法自願有償原則，通過流轉方式取得農村土地承包經營權；需要使用其他農村集體土地的，可以通過招標、拍賣、公開協商等方式取得荒山、荒灘等土地承包經營權。閩臺農業合作項目需要使用海域的，可以依法申請取得海域使用權。

　　6月2日，中國國家質檢總局推出〈關於進一步支持海峽西岸經濟區建設的意見〉明確提出，支持閩臺產業對接，支持閩臺擴大農業合作等支持海西建設的20條具體措施。

　　6月17日，福建省勞動和社會保障廳宣布，福建已開考的178個職

業技能鑑定項目，全面向臺灣民眾開放。

7月4日，福建省人事廳表示，臺生來閩就業與大陸同類畢業生享同等待遇，碩士及以上學位臺生可到事業單位就業。

8月2日，福建省人大常委會通過《福建省文物保護管理條例》，將強化涉臺文物保護，鼓勵臺灣同胞投資涉臺文物。

8月3日，福建省銀監局將推動閩臺銀行業互設機構、加強閩臺銀行業股權合作、加強兩岸銀行業業務協作、推動對臺離岸金融業務、加強對臺資企業金融服務、暢通閩臺銀行業溝通渠道等六方面著手，深化閩臺金融合作。

8月4日，福建發布「福建省貫徹落實〈國務院關於支持福建省加快建設海峽西岸經濟區的若干意見〉的實施意見」提出，要推進閩臺高科技園區交流合作，鼓勵和支持臺灣科技界、企業界參與高新技術園區建設。

8月26日，中國國家工商總局通過〈進一步支持福建省加快建設海峽西岸經濟區的若干意見〉規定，允許在福建省登記的臺灣農民個體工商戶以自然人的身分，在福建省內加入農民專業合作社。允許在福建省內從事農業生產經營的臺灣居民，以農業生產資料向當地工商行政管理部門辦理動產抵押登記。

8月27日，國家民族事務委員會推出〈國務院關於支持福建省加快建設海峽西岸經濟區的若干意見〉，重點支持福建開展少數民族對臺交流合作、加強民族文化搶救與保護、加快民族鄉村經濟社會發展。

9月27日，福建省常務副省長張昌平表示，福建將積極推動閩臺院校學生互招、學歷學分互認、師資互聘；鼓勵臺灣民眾來閩參加職業技能鑑定和專業技術職務任職資格評審。將積極引進臺灣金融機構來閩設立分支機構或參股福建企業，推動福建地方性金融機構赴臺設立分支機構，促

進兩地金融機構互設。

10月5日，廈門市公布「金融服務產業集群2009－2015年發展規劃」，重點吸引臺資金融機構來廈門設立總部或分支機構，打造海峽兩岸區域金融服務中心。

10月9日，福建制定「福建省新聞出版業2009－2012年發展規劃」，將實施閩臺出版交流合作工程，建立健全閩臺出版交流合作機制，把福建建設成為兩岸出版交流試驗區，推動形成海峽區域新聞出版產業帶。

10月9日，福建省政府發布「福建省八個重點產業調整與振興實施方案」，加強臺商投資集聚區基礎設施和公共服務平臺建設，著力推進與臺灣先進製造業、高新技術產業和新興產業的對接，拓展傳統產業的合作空間，促進閩臺產業深度對接。

10月12日，中國人民銀行福州中心支行表示，福建新臺幣現鈔與人民幣兌換業務試點範圍，由福州、廈門等地區擴大至全省。

10月13日，中國工信部制定〈關於支持福建省加快海峽西岸經濟區工業和信息化發展的意見〉，提出要發揮福建省的地緣優勢和產業優勢，加快福建省通信業發展，進一步完善信息化基礎設施建設，助推閩臺產業交流與合作。

10月14日，福建省發展和改革委員會制定「福建省鼓勵臺商投資的產業指導目錄」，鼓勵臺商到福建省投資信息，機械，石化，冶金，紡織製鞋，農、林、牧、漁業及其深加工，新材料，生物與醫藥，金融業和服務業十大產業。

10月22日，中國民政部與福建省政府就「加快推進海峽西岸經濟區民政事業發展」簽署合作協議，認真貫徹落實國務院〈關於支持福建省加快建設海峽西岸經濟區的若干意見〉，加快推進海峽西岸經濟區民政事業

發展，為增進兩岸交流發揮更大作用。

11 月 12 日，福建省住房和城鄉建設廳制訂「鼓勵臺灣居民到福建省投資置具體實施方案」，包括：放寬臺資房地產開發企業準入條件，簡化準入審批程序；取消對臺灣地區居民到福建購房的限制；全面對臺開放福建市政公用事業特許經營市場，鼓勵臺資企業投資城鎮供水、供氣、污水垃圾處理等市政公用事業。

12 月 25 日，中共福建省委書記孫春蘭表示，福建要推動與臺灣資本市場合作，拓展兩岸金融合作的內容與空間，著力構建海峽西岸區域多層次資本市場。同時，以文化交流為重要紐帶，促往來、促合作；並辦好第二屆海峽論壇，進一步加大民間交流交往。

這一年來，在全面性啟動兩岸交流方面，福建之投入與發展，相對其他各地，可說無出其右。含蓋面由投資、教育、文化，到司法、金融、科技、產業、經濟，洋洋灑灑，書不勝書。福建，2009，兩岸交流歷史，看得見。

2009　4 月 17 日，第三次江陳會談預備性磋商（高孔廉、鄭立中）於 4 月 17 日至 19 日在臺北舉行，確立三項協議文本主要內容及架構；對於陸資來臺投資議題建立基本共識；商定海基會協商代表團赴訪主要行程。

4 月 29 日，「第三次江陳會談」於 4 月 25 日至 29 日在中國南京召開，協商兩岸共同打擊犯罪及司法互助、金融合作、定期航班及陸資來臺投資四項議題。海基會江丙坤董事長與大陸海協會陳雲林會長代表雙方簽署《兩岸共同打擊犯罪及司法互助協議》、《兩岸金

融合作協議》以及《兩岸空運補充協議》等三項協議，雙方並就共同推動陸資來臺投資獲致共識。

4月30日，發布施行〈大陸地區投資人來臺從事證券投資及期貨交易管理辦法〉，開放大陸地區投資人來臺投資國內證券。

2009　5月13日，中國國臺辦指出，最高人民法院發佈「關於人民法院認可臺灣地區有關法院民事判決的補充規定」，明確規定對經人民法院裁定認可的臺灣有關法院民事判決，與人民法院作出的生效判決具有同等效力。

5月17日，中國國臺辦主任王毅（1953－）在首屆「海峽論壇」大會宣佈八項具體方案，包括：一、推動大陸企業赴臺投資。二、擴大對臺產品採購。三、鼓勵和支持有條件的臺資企業，拓展大陸市場。四、增加大陸居民赴臺旅遊。五、推動協商建立兩岸經濟合作機制。六、進一步向臺灣居民開放專業技術人員資格考試項目。七、加強兩岸農業合作平臺建設。八、許可臺灣地區律師事務所在福州、廈門兩地試點設立分支機構。

5月22日，中國上海世博會事務協調局宣佈，已正式邀請臺北世界貿易中心參展2010年上海世界博覽會。7月21日，上海世博會與臺北世界貿易中心在上海簽署2010年上海世博會臺灣館參展協議。

5月27日，中國國臺辦指出，凡是贊成兩岸關係和平發展的臺灣各界人士，都歡迎以適當身分到大陸交流訪問，包括民進黨人士在內。

2009　6月10日，總統府公共事務室就馬總統「識正書簡」概念提出說明表示，「識正書簡」是針對大陸13億使用簡體字的人而建議的，目的是希望大陸民眾逐漸認識代表中華文化特色的正體字，因此印

刷體應儘量使用正體字，在書寫上可寫簡體字。6月19日，馬英九總統參加「第6屆全球華文網路教育研討會」時強調，要想與中華文化接軌，勢必要認識正體漢字，來理解中華文化的精髓。

經濟部發布〈大陸地區人民來臺投資許可辦法〉及〈大陸地區之營利事業在臺設立分公司或辦事處許可辦法〉，6月30日生效實施。自7月1日起受理陸資企業來臺投資案件，為兩岸經貿關係正常化立下新的里程碑。

2009　7月3日，中國國臺辦主任王毅表示，大陸方面已多次提出希望開闢一條橫穿臺灣海峽、直通兩岸的中部航路，以緩解目前北部航線高度飽和的壓力，雙方對這一問題仍有不同意見，願意通過兩會渠道繼續就此進行協商。

7月4日，交通部民航局統計，自兩岸週末包機直航實施近一年來，兩岸直航班機達4,008班，旅客159.7萬人次。

7月20日，大陸增設西安、長沙、昆明三個航空口岸辦理臺胞簽注業務。

7月28日，福建新大陸電腦股份有限公司收購臺灣帝普科技公司股權申請通過中國商務部核准，為大陸首家經過核准來臺投資企業。

2009　8月10日，中國銀聯與聯合信用卡處理中心宣佈銀聯卡刷卡服務將進入臺灣。

8月17日，中國頒布實施〈關於大陸企業赴臺灣地區投資或設立非企業法人有關事項的通知〉，兩岸雙向直接投資時代的開始。

8月31日，根據《兩岸空運補充協議》，兩岸定期航班啟動，班次從每週108班增加到270班，大陸的航點由21個增加到27個。

2009　10月1日，行政院長吳敦義於院會中表示，為搭建兩岸產業合作平

臺，經濟部自 2008 年 12 月啟動「搭橋專案」，已促成 80 餘家企業進行合作及簽訂合作意向書。

10 月 9 日，中國農業銀行與中國銀聯聯手推出大陸首張臺灣旅遊主題信用卡－「金穗銀聯臺灣旅遊卡」。

2009　11 月 16 日，行政院金管會陳冲主委分別與大陸銀行業監督管理機構代表劉明康（1946－）、證券及期貨監督管理機構代表尚福林（1951－）和保險監督管理機構代表吳定富（1946－），完成簽署《兩岸銀行業監督管理合作諒解備忘錄》、《兩岸證券及期貨監督管理合作諒解備忘錄》和《兩岸保險業監督管理合作諒解備忘錄》。三項協議（統稱《兩岸金融監理合作瞭解備忘錄，MOU》）將於 60 天后生效，簽署拉開了兩岸金融交流合作的序幕。【MOU 是金融機構從事跨境經營業務時，母國監理機關與地主國監理機關同意相互交換意見，協助彼此履行金融監理職責，並將此一瞭解，以備忘錄方式保留，是國際間建立監理合作關係最常見的方式。】

11 月 18 日，臺灣工業總會、臺灣商業總會等 21 家臺灣農工商同業公會入駐福建漳州東南花都，分別在大陸設立聯絡處。

2009　第四次江陳會談預備性磋商（高孔廉、鄭立中）於 12 月 9 日至 10 日在中國福州舉行。對於兩岸「農產品檢疫檢驗」等四項議題達成多項共識；商定海協會協商代表團來訪主要日程。

12 月 25 日，「第四次江陳會談」於 12 月 21 日至 25 日 在臺中市舉行，會談主題包括： 協商兩岸「農產品檢疫檢驗」、「避免雙重課稅及加強稅務合作」、「漁船船員勞務合作」、「標準計量檢驗認證合作」四項議題。雙方簽署《兩岸農產品檢疫檢驗合作》、《兩岸標準計量檢驗認證合作》、《兩岸漁船船員勞務合作》等三項協議。

兩岸政治經濟學

2000 年陳水扁上任總統之後，兩岸經貿交流不斷開放，致使臺灣經濟明顯傾斜中國大陸，但是，在中國堅持「一個中國原則」下，兩岸關係之政治仍在各自立場下難有進展；2008 年馬英九就任總統之後，兩岸經濟關係繼續大幅寬鬆，幾乎已達全面三通狀況；然而，兩岸關係仍因「一個中國」因素而難突破，畢竟政治仍是兩岸所注重之主要課題。

就以馬英九上任三個月百日以來的密集開放兩岸交流，最後仍卡在政治的各自本位。這就是政治經濟學的本質：經濟乃是為政治服務的基礎。以下 2009 下半年中國國臺辦主管對兩岸互動的例證，即是歷史的說明。

2009 年 7 月 29 日，中國國臺辦主任王毅在「第二屆津臺投資合作洽談會」致辭仍然不脫中國「反臺獨」之政治立場。他表示，兩岸經濟關係日趨正常化，並正在向制度化和機制化邁進，將繼續本著「建立互信、擱置爭議、求同存異、共創雙贏」的精神，積極穩妥地推進兩岸關係進程；將繼續鞏固反對「臺獨」、堅持「九二共識」的共同政治基礎，並致力於不斷增強和深化彼此的互信；將繼續按照先易後難、先經後政、把握節奏、循序漸進的思路加強兩岸各領域互利合作；同時，為逐步破解兩岸關係的難題積累共識，創造條件。由此可見，中國在兩岸經濟交流密切之際的背面，政治才是其目的。

其次，中國國臺辦副主任孫亞夫 8 月 9 日在「第 8 屆冀臺經濟合作洽談會」上，也一樣表露政治目的。他致辭表示，將繼續本著「建立互信、擱置爭議、求同存異、共創雙贏」的精神；然而，他仍一本宣科不斷強調中國方面之政治指導：反對「臺獨」、堅持「九二共識」的共同政治基礎上增進兩岸互信、保持良性互動；繼續按照先易後難、先經後政、循序漸

進的思路推進兩岸協商，同時為逐步破解兩岸關係的難題積累共識、創造條件；繼續採取積極措施，全面推動兩岸交流合作。這一天，他強調，將繼續推動商簽兩岸經濟合作協議，爭取今年下半年談起來，推進兩岸經濟合作制度化和機制化。同樣的，由此也見到經濟動作背面的政治動機。

9月21日，中國國臺辦主任王毅在「2009贛臺經貿合作研討會」仍同樣是經濟合作場合，但也是為宣達政治目的。他「先政後經」的表示，過去一年多來，兩岸雙方在反對「臺獨」、堅持「九二共識」基礎上開始建立並積累互信；兩會協商形成制度化安排，已達成九項協議和一項共識，兩岸經濟合作日益緊密，兩岸民間交流交往蓬勃發展。

這一天，雖然他說，我們願繼續加強兩岸經濟合作，推動兩岸經濟合作正常化、制度化和機制化；我們願推動簽署兩岸金融合作備忘錄（MOU），深化金融、保險、證券等領域的合作；我們願在雙方各自做好準備後啟動商簽兩岸經濟合作協議的工作，實現優勢互補、互利雙贏；我們願加強兩岸產業交流，探索建立兩岸產業合作機制…；然而，目的只有一個：政治── 兩岸雙方「反臺獨」、「堅持九二共識」。

2009年底，12月30日，中國國臺辦主任王毅在「學習貫徹胡錦濤總書記重要講話座談會」再度明確闡明中國的兩岸政治經濟學。他依循上級指導，表示兩岸共同反對「臺獨」、堅持「九二共識」是兩岸雙方建立政治互信、加強對話合作的重要基礎；「建立互信、擱置爭議、求同存異、共創雙贏」是兩岸雙方實現良性互動、解決復雜問題的基本思路；先易後難、先經後政、循序漸進是推進兩岸協商不斷向前邁進的有效途徑。

雖然，兩岸經濟交流不斷的進展，但是，中國國臺辦推出就是不變的政治喊話。這就是兩岸政治經濟學，經濟是晃子，政治優先論。

2010　兩岸商簽《兩岸經濟合作架構協議》（ECFA）第一次兩會專家工作商談於 1 月 26 日在中國北京舉行，海協會副會長鄭立中與海基會副董事長高孔廉分別率領協商代表團，就協議基本架構以及程序性議題進行協商。第二次兩會專家工作商談 3 月 31 日及 4 月 1 日在桃園舉行，海協會理事唐煒與海基會顧問黃志鵬分別率團，雙方就 ECFA 的貨物貿易及服務貿易早期收獲計畫、協議文本主要內容及未來協商工作安排等深入交換意見，取得多項共識。第三次兩會專家工作商談（唐煒、黃志鵬分別率團）6 月 13 日在中國北京舉行，海協會理事與海基會顧問，就 ECFA 文本及 5 個附件深入交換意見，並獲得實質進展。

　　1 月 28 日，中國對臺部門在北京邀集黨政軍、各省市自治區對臺部門，接連兩天舉行「2010 年對臺工作會議」，深化國共兩黨和兩岸雙方政治互信。

2010　3 月 19 日，海基會與海協會去（2009）年 12 月 22 日簽署之《兩岸農產品檢疫檢驗合作協議》、《兩岸標準計量檢驗認證合作協議》及《兩岸漁船船員勞務合作協議》，已完成法定程序，於本（2010）年 3 月 21 日生效。

2010　4 月 6 日，陸委會指出，《兩岸經濟合作架構協議》（ECFA）不涉及開放大陸勞工的議題，大陸白領階級來臺與 ECFA 無關。目前開放陸資可來臺設立分公司或子公司的服務業細項計有 117 項，倘投資金額或營運資金達 20 萬美元以上者，得申請負責人或專業人員共 2 位來臺從事營運活動，最多不得超過 7 人；大陸商務人士來臺訓練等相關活動，並非工作許可，在臺停留期間 1 至 3 個月，且不可以申請延長。

2010　5月25日，中國國務院批准設立福州保稅港區，並與基隆自由貿易港區簽訂《兩區對接協議》，兩區率先開展涉及兩岸現代物流各個領域的廣泛合作，力爭開兩岸自由貿易港區對接先河。

5月28日，立法院通過《臺灣地區與大陸地區人民關係條例》修正案，參與兩岸船舶運輸及航空運輸，在對方取得之運輸收入，得依協議於互惠原則，相互減免應納之營業稅及所得稅。

2010　6月12日，中國國臺辦指出，6月20日召開的「第2屆海峽論壇大會」，邀請臺灣工會、青年、婦女、文化、體育、民間信仰、工商、農業、旅遊等30個界別的代表人士出席，臺灣方面與會人數將超過萬人。

第五次江陳會談預備性磋商（高孔廉、鄭立中）於6月23日至25日在臺北舉行。磋商兩岸「經濟合作架構」、「智慧財產權保護合作」兩項議題；安排海基會協商代表團赴大陸行程。

「第五次江陳會談」6月28日至30日於中國重慶舉行，會中簽署《兩岸經濟合作架構協議》（詳第十章）與《兩岸智慧財產權保護合作協議》；針對兩會已簽署之12項協議執行情形進行檢討並提出改善方向；對於兩會下階段優先協商議題達成共識。

2010　7月1日，馬英九總統在「臺灣新契機，亞洲新時代－關鍵時刻，正確選擇」記者會致詞表示，《兩岸經濟協議》的簽訂對臺灣、兩岸、亞太地區乃至於全世界，都有非常重要的意義，第一、《兩岸經濟協議》是臺灣突破經濟孤立的一大步；第二、《兩岸經濟協議》是兩岸經貿走向互惠合作的一大步；第三、《兩岸經濟協議》是加速亞洲經濟整合的一大步。行政院即日成立「全球招商專案小組」，除了對美、歐、日等國招商外，也希望大陸臺商回臺投資。並在國

家安全會議下成立「全球經濟戰略小組」，督導追蹤包括創新、招商、投資等工作。

7月10日，中共中央政治局常委賈慶林在「第6屆兩岸經貿文化論壇」開幕致詞時表示，兩岸要儘快啟動建立多層次、多渠道的經濟合作長效機制。兩岸經濟合作架構協議（ECFA）生效後，將成立兩岸經濟合作委員會，就貨物貿易、服務貿易、促進投資和經濟合作展開後續協商，這些對推進兩岸經濟合作具有重大的作用和長遠的影響。

7月12日，中共中央總書記胡錦濤在會見中國國民黨榮譽主席吳伯雄一行時強調，兩岸經濟合作框架協議是影響深遠的協議，標誌著兩岸經濟合作進入新的階段。希望協議儘快落實，繼續推進兩岸經濟關係正常化、機制化、制度化，為兩岸關係和平發展奠定更堅實基礎。

7月26日，陸委會發表聲明指出，ECFA是以對臺灣有利為原則，參考「東協加一」相關規定，強調ECFA本著世界貿易組織（WTO）基本原則，維護臺灣身為WTO會員的權益。

中國商務部副部長高虎城（1951－）在國務院表示，《兩岸經濟合作架構協議》是在一個中國原則下，兩岸簽署的一個不涉及主權的協議；大陸反對臺灣與東協等任何國家簽定涉及主權國問題的自由貿易協定（FTA）。

7月30日，中國國防部發言人耿雁生（1960－）表示，實現兩岸關係的和平發展，必須在「一個中國」原則的基礎上，商討正式結束兩岸敵對狀態，達成和平協定，構建兩岸關係的和平發展框架。兩岸可以就軍事問題適時進行接觸和交流，探討建立軍事安全互信機

制問題。兩岸軍事部署，可以在兩岸探討建立軍事安全互信機制時討論。撤飛彈困難不大，主要是堅持一個中國。（10月13日，針對大陸方面的說法，陸委會表示兩岸關係在憲法架構下，以「九二共識」為基礎，推動「不統，不獨，不武」；政府堅持推動和平穩定的兩岸關係立場不會改變。）

2010　8月28日，馬英九在「第8次全國教育會議」開幕典禮時表示，立法院通過陸生三法（《臺灣地區與大陸地區人民關係條例》、《大學法》及《專科學校法》部分條文修正案），目的有三：第一、希望年輕人在較早的階段建立友情，為兩岸打造永久的和平；第二、希望校園多元化，讓來自各地的學生透過不同的思維培養將心比心、設身處地、不卑不亢的國際觀；第三、透過境外學生讓我們的教育資源能夠充分利用。

2010　9月9日，馬英九於「慶祝軍人節暨抗戰勝利65週年活動」時指出，中共到目前為止仍有1,000多枚飛彈部署在大陸沿海地區，對臺灣構成威脅，因此要積極向外採購防衛性武器，全面強化作戰能力，以爭取我們的戰略優勢。

9月16日，大陸中國銀監會宣布，已批准臺灣土地銀行、第一商業銀行、合作金庫銀行和彰化銀行首批4家臺資銀行在大陸進行分行的籌建工作。

9月20日，紀念《金門協議》簽署20週年座談會及紀念活動，於20日至21日分別在中國廈門及臺灣金門舉行。

9月30日，大陸福建省高級人民法院近日通過兩岸司法互助渠道，首次向臺灣高雄市林姓當事人送達起訴狀副本等司法文書。

《金門協議》簽署 20 週年，當年簽署的兩岸紅十字會代表陳長文、韓長林等在金門聚首。

2010 10 月 1 日，大陸福建省人大常委會通過《福建省促進現代物流業發展條例》，將於 2011 年 1 月 1 日起施行。條例規定，鼓勵臺灣企業在福建投資建設、經營物流基礎設施，設立地區總部、配套基地以及採購、物流、營運和研發等中心。

　　10 月 27 日，中國國臺辦表示，大陸方面決定於 10 月 28 日正式實施 5 個部門的服務貿易早期收穫開放措施。

2010 第六次江陳會談預備性磋商（高孔廉、鄭立中）於 12 月 14 日在中國上海舉行。磋商兩岸「醫藥衛生合作」、「投資保障」兩項議題；安排海協會協商代表團來訪日程。

　　「第六次江陳會談」於 12 月 20 日至 22 日在臺北舉行。會中雙方簽訂《兩岸醫藥衛生合作協議》；對兩岸投資保障議題達成階段性共識；並決定建立兩岸協議執行成效檢討機制。

12 月 30 日，陸委會賴幸媛主委在立法院答詢指出，「九二共識」是為擱置兩岸主權爭議，透過制度化協商為人民解決問題。「九二共識」就是「一中各表」，「一中」就是中華民國，至於對岸所認為的一中我們不會同意。根據憲法，中華民國是主權獨立的國家，兩岸互不隸屬是現狀，兩岸有主權的爭議也是事實，所以雙方就擱置現在無法處理和解決的爭議，透過制度化協商解決交流衍生的問題。

2011   1 月 1 日，《兩岸經濟合作架構協議》早期收穫清單正式啟動。臺灣 539 項貨品將分二年三階段調降關稅至零，大陸貨品則有 267 項列入。

中國衛生部、商務部發佈〈臺灣服務提供者在大陸設立獨資醫院管理暫行辦法〉，開放臺資醫院在大陸發展與臺籍醫師執業。

1 月 4 日，教育部公布〈大陸地區人民來臺就讀專科以上學校辦法〉，首批陸生將於今年 9 月來臺。行政院核定〈大陸地區學歷採認辦法〉修正案，教育部將據以辦理大陸學歷採認等相關業務。2 月 9 日，教育部核定各大學校院可招收大陸地區學生來臺就讀的名額，一般大學體系包括臺大等 67 校、技職校院體系包括臺科大等 65 校，可以在 100 學年度招收 2,000 名陸生修讀正式學位。

1 月 6 日，馬英九總統接見加拿大國會議員訪華團時表示，去年多達 140 萬名中國大陸觀光客及商務人士來臺，臺灣也有 500 多萬民眾到大陸旅遊訪問，顯示兩岸互動相當頻繁；今年我國將開放大陸學生來臺求學，希望藉由青年族群的交流，讓兩岸擁有長遠的和平未來。

兩岸海協會與海基會同時宣佈「兩岸經濟合作委員會」成立，分別

由海協會常務副會長鄭立中與海基會副董事長高孔廉任召集人。

2011　2 月 22 日，兩岸經濟合作委員會第 1 次例會在桃園舉行，由中國商務部副部長姜增偉（1953 -）與經濟部次長梁國新（1951 -）主談。決定成立第一批 6 個工作小組，並宣布全面啟動 ECFA 後續協議之協商並展開經濟合作事項之推動 。

2 月 23 日，大陸海協會長陳雲林率領「海協會經貿考察團」訪臺 6 天，參加了「大陸企業來臺投資暨兩岸新興產業合作」、「高雄工商企業座談會」、「兩岸農漁業暨中小企業合作」等三場座談會。

2011　3 月 2 日，經濟部長施顏祥（1950 -）宣佈開放第二波陸資登臺清單，包括製造業 25 項、服務業 8 項及公共建設 9 項。製造業部分中 10 項屬有條件開放，限定只能參股投資國內現有事業，且不得對該投資事業具有控制能力。

3 月 8 日，中國國臺辦主任王毅在「11 屆全國人大 4 次會議臺灣代表團全體會議」表示，大陸五年規劃首次把兩岸關系列為專章加以闡述，不僅指明今後幾年兩岸經濟關系的發展方向，也明確了深化兩岸經濟合作的重點領域和主要內容，是一個推進兩岸經貿合作的行動綱領。

3 月 15 日，中國招商銀行臺北代表處開業。（為第四家在臺開設代表處的中國大陸商業銀行）

2011　4 月 25 日，「兩岸銀行監理合作平臺」在臺舉行首次會議，由中國銀監會主席劉明康與金管會主委陳裕璋共同主持，宣告兩岸銀行監理合作平臺正式啟動。

4 月 26 日，「2011 兩岸中草藥產業合作及交流會議」在臺北舉行（兩岸 2011 年首場產業搭橋專案），大陸衛生部副部長王國強（1955 -

）以中華中醫藥學會會長名義率團參加。

2011　5月6日，兩岸常駐世界貿易組織（WTO）代表團分別致函 WTO 秘書處，就《兩岸經濟合作架構協議》（ECFA）向 WTO 進行早期通告。

5月8日，「第7屆兩岸經貿文化論壇」雙方在大陸四川成都達成 19 項共同建議，包括加強核電安全交流合作、積極推動 ECFA 後續商談等。

2011　6月4日，馬英九總統發表對六四事件的聲明表示，大陸民主與人權的現況與其經濟表現，形成顯著的反差。政治改革必須配合經濟改革同步進行。希望大陸當局從早日釋放劉曉波（1955 -2017）、艾未未（1957 -）等人。

6月8日，第一次「兩岸協議成效與檢討會議」在臺北舉行，雙方就大陸居民赴臺灣旅遊協議、兩岸空運相關協議、農產品檢疫檢驗合作協議、食品安全協議、以及共同打擊犯罪及司法互助協議、執行中關心的問題等之執行，進行實質檢討。

6月15日，馬英九總統接受《英國廣播公司》電視新聞頻道（BBC World News）專訪時表示，大陸對我們來說是一個風險，也是一個機會，要把「風險極小化，機會極大化」。臺灣的安全應該靠三道防線：第一道防線是兩岸關係制度化。第二道防線是臺灣增加在世界上的能見度及對世界的貢獻。最後一道防線則是國防與外交，使我們具有足夠的嚇阻力量。

6月21日，海基、海協兩會以換文方式確認「兩岸關於大陸居民赴臺灣旅遊協議修正文件一」，開放大陸旅客來臺自由行。6月22日，內政部及交通部修正〈大陸地區人民來臺從事觀光活動許可辦法〉

部分條文。移民署訂定〈大陸地區人民來臺從事個人旅遊觀光活動申請須知〉，作為受理申請案之依據。來臺自由行平均每日配額上限為 500 人。（移民署公告自 2012 年 4 月 20 日起，上限由 500 人調整為 1,000 人，2013 年 4 月 1 日起調整為 2,000 人，2013 年 12 月 1 日起調整為 3,000 人，2014 年 4 月 16 日起調整為 4,000 人，2015 年 9 月 21 日起調整為 5,000 人，2016 年 12 月 15 日起調整為 6,000 人。）

6 月 22 日，馬英九總統接見美國「布魯金斯研究所」東北亞政策中心主任卜睿哲（Richard Bush, 1947 -）時表示，兩岸「相互不承認主權，相互不否認治權」是一個可以解釋雙方現況的重要概念，此一主張並未改變我國憲法對兩岸關係的定位，一切仍以中華民國憲法為依歸。

中國宣布，大陸居民赴臺自由行，將於 6 月 28 日啟動，國家旅遊局並發布「大陸居民赴臺灣地區個人旅遊注意事項」。（陸客來臺自由行開放城市，2011 年 6 月 22 日宣布首批開放北京、上海、廈門 3 個試點城市，2012 年 4 月 1 日宣布開放第二批城市：天津、重慶、南京、廣州、杭州、成都、濟南、西安、福州、深圳 10 個城市，2013 年 6 月 16 日宣布開放第三批城市：瀋陽、鄭州、武漢、蘇州、寧波、青島、石家莊、長春、合肥、長沙、南寧、昆明、泉州等 13 個城市，2014 年 7 月 18 日宣布開放第四批城市：哈爾濱、太原、南昌、貴陽、大連、無錫、溫州、中山、煙臺、漳州等 10 個城市，2015 年 3 月 18 日宣布開放第五批城市：海口、呼和浩特、蘭州、銀川、常州、舟山、惠州、威海、龍岩、桂林、徐州等 11 個城市。合計開放 47 個陸客來臺自由行城市。）

6 月 25 日，海基會與海協會就《兩岸醫藥衛生合作協議》，相互完成生效通知。

2011　7 月 27 日，海基會與海協會就福建居民赴金門、馬祖、澎湖地區個人旅遊完成換函通報，並於 7 月 29 日啟動。（7 月 29 日開放福建的福州、廈門、漳州、泉州、莆田、三明、南平、龍岩、寧德等 9 個城市；2012 年 8 月 28 日，新增開放海西地區 11 個城市：浙江的溫州、麗水、衢州；廣東的梅州、潮州、汕頭、揭陽；以及江西的上饒、鷹潭、撫州、贛州等，合計大陸 4 個省 20 個城市居民可赴金馬澎地區「小三通」自由行。）

7 月 28 日，針對中國國臺辦主任王毅在美表示「臺灣問題是中國的內政，需要兩岸中國人協商來加以解決」，陸委會重申，中華民國是主權獨立的國家，不是大陸的內政問題。

【歷史密碼】

賴幸媛的賣力演出

2008 年臺灣總統大選國民黨馬英九勝出，獨派性質濃厚的臺聯立委賴幸媛（1956-）入閣擔任陸委會主委，2012 年 9 月卸任，跌破很多人的眼鏡。除了配合馬英九大力推動兩岸經貿關係之外，她也善盡她的角色，大力在國際舞臺為「中華民國」臺灣發聲。以下存記是她卸任前兩年在國際場合的臺灣兩岸論述。

2011 年 7 月 8 日到 11 日，這三天，賴幸媛在美東出席三場演講。

7 月 8 日，賴幸媛在美國華府卡內基基金會，發表「中華民國的大陸政策：引航兩岸關係，為兩岸打造良善互動的和平環境」專題演講，強調

中華民國建國100年的歷史，匯聚成臺灣所珍惜的「自由」與「和平」共同價值，而維繫這些價值的制度，就是中華民國的民主憲政，也是發展兩岸關係屹立不搖的重要核心。

臺灣有責任與大陸分享60年來經濟發展以及民主化過程中所汲取的經驗，透過兩岸交流、對話、合作以及相互理解，臺灣的核心價值也能真正被理解，甚至成為對岸人民的價值信仰，進而促成兩岸長久和平，這就是臺灣的「引航」力量。

7月9日，賴幸媛在華府向僑界說明政府兩岸政策指出，「臺灣經驗」在中國大陸的影響力，將超越經貿層面，有助於大陸人民領略臺灣的核心價值，並促進兩岸長遠的和平發展。在改善兩岸關係的同時，也有責任提醒大陸當局，應該包容並珍惜不同意見的社會價值與貢獻，勇於推動政治改革，將更有助於拉近兩岸的心理距離。

7月11日，賴幸媛在與紐約華僑的座談會表示，政府推動大陸政策，以「九二共識，一中各表」作為恢復兩岸制度化協商的基礎，「一中就是中華民國，沒有第二種解釋」。強調兩岸真正的和解不應存在任何政治前提。目前大陸對臺針對性的軍事部署仍然存在，大陸應主動採取具體的作法，排除這些兩岸關係中不必要的障礙，兩岸才能建立完全的互信，進而朝向一個真正和解的和平（peace with reconciliation）新境界。

2011年8月27日至28日，賴幸媛在美參加兩場講話。

8月27日，賴幸媛出席洛杉磯華僑文教服務中心的座談會，表示政府主張國家的前途與兩岸關係的未來，在中華民國憲法架構下，遵循憲政程序，由我們自己來決定，這不是終極統一，也不是臺獨，而是站穩憲法立場，捍衛中華民國是個主權獨立的國家這個事實，中華民國是我們推動兩岸關係時大多數臺灣人民所依恃的共同認同。

8 月 28 日，賴幸媛在舊金山向僑界說明政府大陸政策，指出政府堅持在中華民國憲法架構下，維持「不統、不獨、不武」的臺海現狀，以「九二共識，一中各表」作為兩岸制度化協商的基礎。九二共識的主要精神就是擱置主權爭議，讓兩岸在法理上互不承認主權的情形下，實質進入互不否認治權、官員與官員對等協商的局面。否認九二共識，就是否認兩岸擱置主權爭議、實質對等協商、為老百姓解決問題的制度化協商的成果；否認九二共識，會讓臺灣在兩岸互動的過程中，失去捍衛中華民國主權的一個重要憑藉。

　　2011 年 9 月 8 日至 10 日，賴幸媛到英國宣達臺灣立場。

　　9 月 8 日，賴幸媛出席英國皇家國際事務研究院（Chatham House）國際研討會，發表「臺灣的兩岸政策：為和平打造不可逆轉的基礎」專題演講，強調如果政府推動兩岸關係的原則及主張被推翻，兩岸關係必然陷入不確定的狀態，這對兩岸及區域發展都有極大衝擊，對臺灣影響尤其重大。政府大陸政策是一條符合臺灣人民願望的正確道路，中華民國政府絕對會堅決地走下去，直到為兩岸和平建立一個不可逆轉的堅實基礎。

　　9 月 10 日，賴幸媛在倫敦向僑界說明大陸政策，再度指出兩岸以「九二共識，一中各表」作為兩岸制度化協商的基礎，展開「對等、尊嚴」的對話、交流，我們主張「一中」就是中華民國，支持「九二共識」就是支持中華民國，就是認同「中華民國是一個主權獨立的國家」。

　　2012 年 2 月，賴幸媛再赴美國。

　　2012 年 2 月 7 日，賴幸媛在美國哈佛大學費正清中國研究中心（Fairbank Center for Chinese Studies, Harvard University），發表「中華民國的民主成就，是建構兩岸關係永續和平的核心力量」專題演講。強調中華民國的民主憲政體制與臺灣社會的主流民意，是決定兩岸關

係發展方向的重要基礎，臺灣人民期望與堅持捍衛臺灣主體性、推動兩岸關係和平穩定發展，以及在中華民國憲法架構下，維持「不統、不獨、不武」的臺海現狀。未來四年，我們有責任鞏固制度化協商以及兩岸協議所獲得的成果，進一步把兩岸「不武」制度化。

目前兩岸關係的發展以及兩岸各自內部的條件等，都尚未成熟到可以協商政治及軍事議題。兩岸之間存在的政治爭議是長期性的問題，沒有短期內一蹴可幾的解決辦法，必須要逐步累積互信。

中華民國是一個主權獨立的國家，中國大陸必須理解，中華民國是臺灣人民安身立命的根本，也是臺灣人民在國際社會上情感與認同的依恃，面對兩岸關係的長遠發展以及推動進一步互動關係的需要，大陸方面應該務實面對與尊重中華民國及兩岸關係的現實，並且與臺灣在國際空間議題上良善互動。

2012 年 3 月，賴幸媛在立法院向國會提出報告。

3 月 26 日，賴幸媛指出「一個中華民國，兩個地區」主要是依據中華民國憲法和兩岸人民關係條例的法律規定中對兩岸現狀的描述，也就是「一個中華民國，兩個地區，一是臺灣地區、一是大陸地區」，臺灣地區是指臺、澎、金、馬及政府統治權所及之其它地區，大陸地區則是臺灣地區以外之中華民國領土，這樣的定位歷經李登輝總統、陳水扁總統至馬英九總統都沒有改變。兩岸關係是循序漸進的，且遵循「先經後政」原則，若要進行兩岸政治談判，政府立場很清楚，必須是「國內有共識，兩岸有互信」。

2012 年 9 月 5 日至 7 日，賴幸媛到歐洲發表三場演說，為馬英九及中華民國臺灣發聲。

9 月 5 日，賴幸媛於歐洲議會發表「穩健的步調、開闊的視野：中華

民國大陸政策的成功關鍵」講話，表示馬英九總統的大陸政策與其所獲得的成就，積極促成臺灣和中國大陸建構新的互動模式，開創兩岸和平穩定大局。在捍衛臺灣主體性及堅守民主生活方式的同時，推動兩岸關係和平穩定的發展，已是臺灣社會最大的共識。面對中國大陸，我們秉持「先急後緩，先易後難，先經後政」、「擱置爭議、務實協商」的原則，兩岸的政府官員務實協商，並且透過所簽署的協議，建立兩岸政府間「機制對機制」的平臺。

9月6日，賴幸媛出席歐亞關係研究中心（EU-ASIA Center）、國際關係暨對話基金會（FRIDE）舉辦的研討會，強調馬總統的大陸政策已積極促成臺灣和中國大陸建構新的互動模式，為臺海和平打造不可逆轉的堅實基礎。兩岸恢復制度化協商創造了海峽兩岸穩定的經貿形勢，有助於歐盟與亞洲進行區域經貿活動。

中華民國政府的大陸政策成功地為兩岸經貿交流創造了穩定的環境，加上臺歐盟經濟合作的緊密關係，將有助於歐洲各國進一步開展在亞洲的經濟活動。未來中華民國政府也將堅定過去的立場，持續推動兩岸制度化協商，為亞太區域和平發展做出更多的貢獻，也為歐亞關係的發展，鋪陳更美好的明天。

9月7日，賴幸媛於倫敦大學亞非學院發表「以制度化協商，推動臺海和平：以臺灣的核心價值，引領兩岸關係」指出：臺灣的民主制度，保障了臺灣人民持續監督政府的權利。透過推動大陸政策，臺灣正在用她的生活方式與民主制度，和變動中的大陸互動，臺灣的民主改革經驗與價值，將是大陸政治、社會及經濟變革的重要參考模式，臺灣的民主發展，也逐漸成為引領兩岸關係發展的關鍵力量。

國防安全是兩岸關係發展中一個非常重要的基石。中華民國政府從未

輕忽對岸的軍事威脅，一方面透過兩岸協商、對話與交流，積極改善兩岸關係，以維護臺海和平穩定的現狀，另一方面，我們的政府有自我防衛的堅定決心和準備，積極向美國採購防禦性軍備。臺灣唯有建構「固若磐石」之自我防衛的國防武力，達成嚇阻威脅、預防戰爭之目標，才能真正維護臺海和平穩定，確保國家生存發展。

獨派出身的賴幸媛賣力演出，看到她為馬英九政府、為臺灣盡心賣力，可謂精神可嘉。

2011　8月28日，馬英九總統針對「九二共識」議題召開記者會強調，「九二共識」的內涵，就是「一個中國，各自表述」，這是兩岸之間的共識。所謂的「一個中國」當然就是中華民國。政府透過「九二共識」此一設計，讓海峽兩岸把雙方到現在為止都還沒有能夠達成主權共識的問題暫時擱置，也就是雙方願意在這樣的基礎上，讓協商能夠進行。

2011　9月21日，美國政府正式通知國會，對臺灣提供價值58.5億美元的軍售計畫，包括升級F16 A/B型戰機。9月22日，中國國臺辦發言人就美國政府宣佈向臺灣出售武器裝備指出，美方這一做法，嚴重違反美「中」三個聯合公報原則，危害臺海地區和平穩定，表示強烈不滿和堅決反對。

2011　「第七次江陳會談」於10月19日至21日在中國天津舉行，協商兩岸「核電安全合作協議」、「投資保障」、「產業合作」三項議題，海基會董事長江丙坤與大陸海協會會長陳雲林簽署《兩岸核電安全合作協議》，並就「兩岸投保協議階段性協商成果」及「加強

兩岸產業合作」，達成共同意見。

陸委會發布「兩岸制度化協商不存在大陸的『一中原則』前提」表示，政府從來沒有接受大陸的「一個中國原則」，兩岸當前的協商也沒有政治前提，制度化協商的精神就是雙方擱置主權爭議，經由政府機制對機制，就民眾關切的議題務實協商，呼籲大陸必須正視及面對中華民國存在的現實。

2011　11月1日，兩岸經濟合作委員會第2次例會在中國杭州舉行，雙方就 ECFA 貨品及服務貿易早期收穫計畫之執行情形、ECFA 後續四項協議之協商，產業合作、海關合作及兩岸經貿團體互設辦事機構事宜等經濟合作事項之推動，以及 ECFA 未來半年推動重點與規劃等議題深入交換意見。雙方同意繼續積極推動各項工作及後續相關商談，另2012年1月1日起超過9成 ECFA 早收清單項目關稅稅率降為零，預估未來效益將更為明顯，雙方同意將作好相關準備並加強宣導，提升早期收穫計畫成效。

11月5日，中國國家知識產權局宣布，凡通過全國專利代理人資格考試，取得資格證書的臺灣居民，在大陸專利代理機構中實習滿一年者，將可以申請「專利代理人執業證」，在大陸專利代理機構執業。

2012　1月1日，ECFA 早收清單第二階段降稅開始實施。兩岸早收清單中 94.5%的產品關稅降為零。

中國北京、上海、廣東、福建、江蘇、浙江、湖北、四川、重慶等九省市開放臺灣申請設立個體工商戶，行業為餐飲及零售業。

1月9日，衛生署公佈臺大醫院、臺北榮民總醫院、新光醫院等第一波30家醫院獲准代為申請大陸民眾辦理來臺手續，接受健康檢

查、醫療美容整形等醫療服務。

經濟部投審會通過大陸常州蘇晶電子材料公司在中部科學園區投資設廠（第一家獲准在臺科學園區投資設廠的陸資企業）。

1月12日，行政院核定〈大陸地區人民來臺從事商務活動許可辦法〉第14條修正案，放寬國內邀請單位或大陸商務人士得申請多次入出境許可證條件，大陸地區年營業額達100億元新臺幣以上或股票上市的企業負責人或經理每人平均可申請來臺多次入出境許可證，20日開始施行。

2012　2月1日，中國大陸海關取消臺灣34種免關稅農產品，每批次價格在600美元以內，進口大陸須辦理提交原產地證書的手續。

移民署放寬對大陸民眾赴臺個人遊限制，三年內曾附財力證明申請來臺個人遊的民眾再次申請個人遊，可免附財力證明。

2月2日，中國國務院批覆設立漳州臺商投資區，漳州臺商投資區授牌。

2月8日，馬英九總統出席「中華語文知識庫」成果發表會致詞時表示，中國大陸主張「書簡識繁」，我方則認為應「識正書簡」。文化的事物應透過進一步交流讓彼此瞭解各自用法。兩岸應本於非政治性、以專業、文化角度看待文字，才能逐漸發展一套兩岸均能接受並通用的字彙。

大陸中國銀聯公司與臺灣聯合信用卡處理中心共同宣佈，中國銀聯卡在臺刷卡交易服務範圍由實體商店擴大到網路商店。

2月17日，中國臺資企業富士康公司宣佈調高大陸各廠區基層員工的基本工資16%至25%。（2010年6月以來第三次大幅調高基層員工基本工資。）

2012　3月1日，中國「2012對臺工作年度會議」強調「四要」，要鞏固大陸和臺灣同屬一個中國的框架。要推進兩岸協商，促進ECFA後續商談取得新進展。要大力促進各領域的交流，繼續加強文化教育交流。要不斷團結和匯聚支持兩岸和平發展的人士，築牢兩岸和平發展基礎，構建兩岸關係和平發展框架。

2012　4月5日，馬英九總統接見歐洲議會訪華團時表示，政府與中國大陸前年簽署《兩岸經濟合作架構協議》（ECFA）後，零關稅貨品項目覆蓋率已由14%增至今年的94%，臺灣在國際經濟舞臺上更為活躍，例如已與日本簽訂60年來第一個投資協議，亦正與新加坡及紐西蘭等國家洽簽經濟合作協議，政府將會積極利用此一機會，擴大與世界主要貿易夥伴的交流。

4月15日，中國大陸南方航空公司開通武漢直飛高雄航線（華中地區首條直飛臺灣南部的航線）。

4月26日，兩岸經濟合作委員會第3次例會在新北市淡水舉行，獲致多項共識。其中推動兩岸經貿團體互設辦事機構事宜，雙方於2012年4月18日各自發布相關法規後啟動。

4月30日，對於大陸人權律師陳光誠（1971 - ）事件，陸委會呼籲大陸方面應正視維權個案。

2012　5月18日，中國大陸海關總署福州原產地管理辦公室揭牌。（中國首家專門負責海關對臺優惠和非優惠貿易原產地管理辦公室）

2012　6月13日，核准大陸中國銀行與交通銀行設立臺北分行營業許可申請。

6月16日，中國國家質檢總局發佈〈關於允許臺灣大米輸往大陸的公告〉及附件「臺灣大米輸往大陸植物檢驗檢疫要求」。

6月17日，第4屆海峽論壇開幕，大陸宣佈八項惠臺措施，包括開放進口臺灣大米，及進一步放寬在大陸畢業的臺灣學生及其他臺灣居民在大陸就業的相關政策；進一步擴大大陸居民來臺旅遊的措施；同意臺灣海峽兩岸觀光旅遊協會在上海設立辦事分處；進一步為臺灣居民來往大陸和在大陸居留、生活提供便利等。

6月26日，大陸首家臺商獨資醫療機構上海禾新醫院開業。

6月27日，大陸中國銀行臺北分行舉行開幕典禮。（首家在臺之大陸銀行分行）

6月28日，海基會與海協會就《兩岸核電安全合作協議》相互完成生效通知。

2012　7月3日，中國大陸全國臺聯「2012年臺胞青年千人營」在北京開營，此次夏令營共設4個團，並將赴大陸27個省份參訪。

7月18日，中國國臺辦與國家開發銀行完成簽署《促進兩岸經濟繁榮與企業共同發展合作協議》，2012年至2015年間，國開行將提供大陸臺企總額500億等值人民幣融資。

7月25日，中國大陸進口的第一批臺灣米，由大陸中糧集團採購自臺中港啟運，26日運抵福州進入超市銷售。

7月28日，「第8屆兩岸經貿文化論壇」在中國哈爾濱舉行。提出17項共同建議，包括加快ECFA後續協商進程，儘速簽署投資保護和促進協議，儘速建立兩岸貨幣清算機制，完善兩岸產業合作機制，深化兩岸旅遊合作等。

2012　8月，「第八次江陳會談」於8月8日至10日在臺北市舉行，協商兩岸「投資保障」及「海關合作」兩項議題，共同確認《兩岸投資保障和促進協議》及《兩岸海關合作協議》的文本內容並完成簽署。

同時，共同發表投保協議「人身自由與安全保障共識」。

8月10日，中國商務部副部長蔣耀平率23家大陸企業負責人來臺，與外貿協會組織的臺灣企業舉行「投資與採購洽談會」，承諾對臺採購金額共達43.3億美元。

8月28日，大陸民眾來臺個人遊試點城市再增加濟南、西安、福州和深圳4個城市。

8月31日，兩岸簽署《兩岸貨幣清算合作備忘錄》，自簽署日起60天內，各自完成相關準備後生效。主要內容包括：一、建立相關框架，由雙方各自指定一家貨幣清算機構，為對方提供己方貨幣的結算及清算服務，同時，兩岸金融機構可互開相應幣種代理帳戶辦理多種形式結算業務；二、對貨幣清算機構的管理合作進行相應安排。

2012　9月4日，中國全國政協主席賈慶林會見海峽兩岸民意交流基金會董事長饒穎奇（1934 - ）率領的臺灣民意代表交流參訪團時，就鞏固深化兩岸關係和平發展提出四點意見。

9月6日，行政院核准《兩岸貨幣清算合作備忘錄》，17日，選定臺灣銀行上海分行為大陸地區新臺幣清算行。

9月7日，中共中央總書記胡錦濤在俄羅斯海參崴會見中國國民黨榮譽主席連戰時就鞏固和深化兩岸關係和平發展提出三點看法：要堅定不移走兩岸關係和平發展道路、要不斷鞏固兩岸關係和平發展的政治基礎，反對「臺獨」、堅持「九二共識」的共同政治基礎、及要在世界格局變化和民族復興的歷史進程中把握兩岸關係的前途等。

9月17日，開辦兩岸郵政速遞（快捷）航空郵件業務。【2013年3

月 20 日開辦兩岸郵政速遞（快捷）業務之海運郵件服務，2013 年 12 月 16 日開辦兩岸郵政 e 小包業務，2014 年 12 月 16 日開辦兩岸郵政速遞（快捷）「商旅包」服務。】

9 月 18 日，兩岸企業第 4 屆紫金山峰會在江蘇南京開幕。國臺辦主任王毅在開幕式上宣佈，自本屆起，紫金山峰會將成為兩岸企業家高端交流合作平臺，這是繼兩岸經貿文化論壇、海協會海基會協商機制及福建海峽論壇之後大陸建立的第 4 個對臺交流平臺。

9 月 27 日，內政部通過〈大陸地區人民來臺從事商務活動許可辦法〉修正案，放寬大陸商務人士每年來臺人數限制及核准條件等相關規定。

2012　10 月 11 日，行政院通過《臺灣地區與大陸地區人民關係條例》修正案，陸生將比照僑外生納入健保，函請立法院審議。陸生來臺就學居留 6 個月以上，就可加保，扣除政府補助後，每月保費 749 元。（對於「陸生納入健保、政府補助四成」，在社會上鬧得沸沸湯湯，因為不是臺灣公民、沒有繳稅，何以享受與臺灣人同樣福利措施，引發爭議。2016 年 10 月 24 日總統府表明「中國大陸學生比照僑外學生納入健保體系，基於政府資源的有限性與社會保險的公平性，僑生、外籍生的保費應全額自付。」）

10 月 18 日，中國交通運輸部在海運領域公布四項對臺政策措施，包括：一、增加兩個直航港口，提升運輸服務能力。二、深化兩岸搜救合作，共同建設平安海峽。三、強化「打非治違」，鞏固直航成果。四、建立健全市場監管制度，確保直航企業得到實惠。

10 月 31 日，中國國臺辦發言人楊毅宣佈，截至 10 月 29 日，經大陸核准的赴臺投資企業、項目共 133 個，投資金額共 7.22 億美元。

2012 11 月 12 日，大陸最大的 LED 磊晶廠三安光電宣佈取得臺灣第 2 大
LED 磊晶廠璨圓光電公司 19.9%的股份，超過日本三井集團，成為
該企業最大的法人股東。（兩岸第一件 LED 企業參股案。）另大
陸復星集團宣佈以 3.6 億元新臺幣取得臺灣維格餅家 20%股權（大
陸企業首次參股臺灣食品業）。投審會通過大陸立訊精密公司以新
臺幣 4.5 億元參股臺灣連接器廠宣德科技（第一家大陸企業參股臺
灣股票上市櫃公司的投資案）。

2012 12 月 11 日，中國大陸中國人民銀行發佈公告，授權中國銀行臺北
分行擔任臺灣人民幣業務清算行。這是兩岸建立貨幣清算機制的新
突破。

12 月 11 日，兩岸經濟合作委員會第 4 次例會在中國廣州舉行，雙
方肯定各項議題的推動成果，包括：ECFA 早期收穫效益持續顯現；
ECFA 後續協議協商進展順利；兩岸投資保障和促進協議及兩岸海
關合作協議於 2012 年 8 月第八次江陳會談順利簽署，雙方將積極
落實協議執行；兩岸產業合作成果持續深化；兩岸經貿團體互設辦
事機構獲得進展，雙方各已核准第一家經貿團體設利辦事機構等。

六、2013 - 2016：全面性往來

2013 1 月 11 日，大陸海協會會長陳雲林在洛杉磯與當地僑領座談時表
示，中共「18 大」首次把堅持「九二共識」寫入中共代表大會的正
式文件，表明對「九二共識」作為兩岸關係和平發展政治基礎重要
組成部分的高度重視。

1 月 30 日，中國公安部宣佈，自 2013 年 2 月 5 日起，在江蘇鹽城、

浙江溫州機場口岸增設臺灣居民簽注點。

2013　2月25日，中共中央總書記習近平在北京人民大會堂會見中國國民黨榮譽主席連戰時表示，務實促進兩岸交流合作取得新的成就，維護臺灣同胞權益，發展臺灣同胞福祉，是新一屆中共中央領導集體的鄭重承諾。2月26日，中國國家主席胡錦濤在人民大會堂會見中國國民黨榮譽主席連戰時表示，兩岸雙方都應當採取積極措施，為兩岸交流合作提供更完善的制度性保障，也希望有越來越多的兩岸各界人士積極參與兩岸交流，加深互利合作，共謀民族復興。中國全國政協主席賈慶林在釣魚臺國賓館會見中國國民黨榮譽主席連戰時指出，兩岸開展和平發展的道路，關鍵是雙方建立並維護反對「臺獨」、堅持「九二共識」的共同政治基礎，對於臺灣的任何政黨、團體，只要願意積極改善和發展兩岸關係，我們都歡迎。

2013　3月5日，中國國務院總理溫家寶在12屆全國人大1次會議，發表政府工作報告時指出，未來要全面貫徹兩岸關係和平發展重要事項，鞏固深化兩岸關係和平發展的政治、經濟、文化、社會基礎。
3月20日，海基會與大陸海協會就修改《兩岸關於大陸居民赴臺灣旅遊協議》完成換文，將大陸觀光團平均每日配額調升至5,000人次，並將於4月1日生效。

2013　4月7日，陸委會表示，為因應大陸地區人類H7N9流感疫情升高，衛生署已將「H7N9流感」公告為第五類法定傳染病，並成立中央流行疫情指揮中心。4.10中國國臺辦表示，在上海等四省市發生人感染H7N9禽流感疫情，大陸主管部門按照《兩岸醫藥衛生合作協議》，通過協議窗口單位向臺灣有關部門通報疫情信息，並將繼續與臺灣加強聯繫，根據臺灣疫情防控需要，提供支持協助。

4月8日，中共中央總書記習近平在博鰲會見臺灣兩岸共同市場基金會榮譽董事長蕭萬長表示，希望兩岸加強經濟領域高層次對話和協調，共同推動經濟合作，同時加快經濟合作架構協議後續協議商談進程，提高經濟合作制度化。

4月11日，行政院通過《大陸地區處理兩岸人民往來事務機構在臺灣地區設立分支機構條例》草案。陸委會表示，本草案內容採概括授權方式，一方面係因兩岸條例也採取相同的立法體例，另一方面係考量雙方刻正進行溝通與協商，為符合法律保留原則並確保我方談判空間，相關辦法及授權事項於協商確定後，將報請行政院核定，並依中央法規標準法及立法院職權行使法之規定，踐行國會監督程序。

4月26日，海基會致函大陸海協會新任會長陳德銘（1949－）表達祝賀之意，並期許日後兩會在既有良好基礎上，推動擴大深化兩岸交流合作。

4月26日，中國「辜汪會談20周年」紀念活動與海協會第3屆理事會第1次會議在北京人民大會堂合併舉行。中國全國政協主席俞正聲（1945－）肯定「辜汪會談」在兩岸關係前進道路上具有里程碑的重要意義。

4月28日，臺北論壇基金會舉行「辜汪會談20周年」紀念座談會。

4月29日，海基會舉辦紀念茶會與座談會。馬英九總統致詞時指出，「辜汪會談」開啟兩岸「以談判化解敵意，以協商取代對抗」的歷史新局，為兩岸和平樹立不朽的里程碑。同時強調，「務實協商、求同存異」是「辜汪會談」為兩岸留下的最寶貴資產。

2013　5月14日，中國全國政協主席俞正聲在北京人民大會堂會見新同盟

會會長許歷農（1921－　）率領的臺灣退役將領表示，樂見兩岸民間就促進建立兩岸軍事安全互信機制議題開展交流對話，為今後兩岸政治難題創造條件。

5月16日，馬英九總統出席「2013世界國際法學會亞太論壇」表示，兩岸關係不是國與國關係，而是一種特殊的關係，兩岸之間沒有國際法上的承認問題。

5月27日，陸委會王郁琦主委在《兩岸服務貿易協議》（詳第十章）背景說明會表示，政府秉持「以臺灣為主、對人民有利」、「對等、尊嚴、互惠」及「國家需要、民意支持、國會監督」的原則，推動兩岸制度化協商。有關服務業的市場開放，由各服務業主管機關依據「利益極大化、衝擊極小化」的原則，與陸方主管部門進行溝通，以確保我方利益。

2013　6月1日，金管會表示，依兩岸簽署〈關於大陸商業銀行從事代客境外理財業務監督管理合作瞭解備忘錄〉，中國大陸合格境內機構投資者（QDII）可投資臺灣證券市場的有價證券。

6月4日，馬英九總統在發表「六四」24週年感言時指出，大陸當局應以更寬廣的胸襟包容異議人士，並衷心期望大陸新的領導階層抓住機遇，開創人權新局。

6月13日，中共中央總書記習近平在北京人民大會堂會見中國國民黨榮譽主席吳伯雄率領的訪問團時表示，兩岸關係發展應堅持從中華民族整體利益的高度把握兩岸關係大局，最根本的、最核心的是維護國家領土和主權完整，大陸和臺灣雖然尚未統一，但同屬一個中國。

6月14日，兩岸兩會第九次高層會談預備性磋商在臺北舉行，磋商

「兩岸服務貿易」議題及安排海基會協商代表團赴大陸行程。

6月15日，第5屆海峽論壇於6月15至21日在福建舉辦。臺灣到會者達12,000餘人，包括農漁會、媽祖會、佛教會、勞工青年團體，工商會，及電視新聞媒體等。

6月21日，「兩岸兩會第九次高層會談」（海基會董事長林中森與海協會會長陳德銘）於6月20至22日在中國上海舉行，協商兩岸「兩岸服務貿易」議題，簽署《兩岸服務貿易協議》，並就有關解決金門用水問題達成共同意見。

陸委會表示，服務貿易協議是ECFA完整版圖中的一部分。此項協議的洽簽，為我方業者赴大陸發展創造利基，有效提升及擴大ECFA具體效益。

6月26日，中國國臺辦表示，《兩岸服務貿易協議》是ECFA的後續協議，大陸對臺灣市場開放涉及商業、通訊、建築、分銷、環境和社會、旅遊、娛樂文化、體育、運輸、金融等眾多服務業行業，開放力度之大、範圍之廣，前所未有。

6月28日，中國建設銀行臺北分行開業。（中國建設銀行是繼交通銀行、中國銀行之後，第3家在臺開業的大陸銀行。）

6月30日，中國國臺辦主任張志軍在會見臺灣維新基金會董事長謝長廷時指出，只要認同和維護「一個中國」框架，贊成和支持兩岸關係和平發展，大陸都願進行對話交流。

2013　7月11日，陸委會王郁琦主委出席中華民國旅行商業同業公會全國聯合會之「兩岸服務貿易協議內容說明會」表示，服貿協議開放兩岸旅行社互設，並不會對我國內旅遊市場造成太大影響。大陸方面在服務貿易開放80項服務業，包括電子商務、文創、運輸、金融

和觀光旅遊等，這些都超越世界貿易組織（WTO）待遇；而我方所開放的 64 項產業中，政府也已經建立完善的審核機制，對陸資來臺設下必要關卡，不會產生太大的衝擊。

2013　8 月 5 日，馬英九總統出席「2013 年東海和平論壇」表示，「東海和平倡議」是兩岸和平之後續發展，中華民國希望從兩岸開始，推展到東海與南海，逐步將此等海域變成「和平與合作」之海，繼續扮演「負責任的利害關係者」與「和平締造者」。

8 月 29 日，馬英九總統在接見中華民國農會暨漁會理事、監事及總幹事時表示，《兩岸服務貿易協議》在農業開放方面，我方僅承諾開放畜牧業之顧問服務業，且 2009 年 6 月即已開放此項目，迄今 4 年來並無陸資來臺投資該服務業，該協議對臺灣農業並無影響。未來若確定開放陸資來臺投資「外銷用」農產品物流中心，依規定必須採取合資方式，且陸資比例不得超過 50%，我方仍具有掌控權主導未來營運方向。

2013　9 月 10 日，馬英九總統訪視「東京著衣公司」表示，《兩岸服務貿易協議》中，大陸對臺開放的 80 項承諾均超過其對「世界貿易組織」（WTO）的承諾，亦優於其對其他國家的開放程度；而大陸的服務業來臺發展，亦可增加我國的就業機會。針對部分廠商擔心因大陸業者來臺競爭而受損，政府也已編列 10 年 982 億元的經費，協助受影響之產業。

9 月 12 日，馬英九總統訪視「樂陞科技公司」表示，政府與大陸簽署《兩岸服務貿易協議》，是協助業者排除進入市場的障礙。

2013　10 月 6 日，中共中央總書記習近平在印尼峇厘島會見代表馬英九總統出席 APEC 領袖會議的前副總統蕭萬長（臺灣兩岸共同市場基金

會榮譽董事長）表示，兩岸長期存在的政治分歧問題終歸要逐步解決，總不能將這些問題一代一代傳下去。願意在一個中國框架內就兩岸政治問題同臺灣方面進行平等協商，作出合情合理安排。對兩岸關係中需要處理的事務，雙方主管部門負責人也可以見面交換意見。（「蕭習會」）

10月6日，中國國臺辦主任張志軍在印尼峇厘島與陸委會主委王郁琦會面後表示，兩岸有關部門應加強交流溝通，並對兩岸事務主管部門負責人實現互訪，表示贊同。

10月9日，陸委會王郁琦主委出席「港澳人士來臺慶祝中華民國102年國慶晚宴」表示，「蕭習會」過程達成「三個突破」。第一、「蕭習會」由陸委會與中國國臺辦直接聯繫，溝通相關的安排，回歸由政府進行制度面的處理；第二、陸委會全程參與「蕭習會」，突破過去無現任官員與會慣例；第三、與國臺辦張志軍主任在「蕭習會」後進行短暫的互動，雙方以職銜互稱，代表兩岸「正視現實、治權互不否認」的具體實踐，對於未來兩岸間的常態互動有重要意涵。

10月11日，中國國臺辦主任張志軍出席首屆兩岸和平論壇表示，在兩岸關係發展進程中，一些政治爭議儘管可以暫時擱置，但不可能完全長期迴避。強調兩岸之間無論有多大的政治分歧，都不能動搖和損害一個中國框架。

2013　11月26日，大陸海協會會長陳德銘率領「海協會經貿交流團」於11月26日至12月3日來臺參訪，除會見海基會董事長外，參訪行程包括高雄港、臺中港、南科、中科，瞭解自由經濟示範區相關規劃，並與陸資企業舉辦座談。

11 月 28 日，馬英九總統與五院正、副院長及秘書長茶敘時表示，《兩岸服務貿易協議》簽署後，期盼立法院儘速完成該協議的審查工作，以加速我國貿易自由化的進程。

2013　12 月 5 日，馬英九總統接見美國前副國務卿史坦柏格（James B. Steinberg）表示，我與中國大陸簽署《兩岸經濟合作架構協議》（ECFA）後，分別與日本簽署《臺日投資協議》，與紐西蘭簽署《臺紐經濟合作協議》（ANZTEC），再與新加坡簽署《臺星經濟夥伴協議》（ASTEP），充分展現我國走向自由貿易的決心與努力。並呼籲與中國大陸就「東海防空識別區」重疊的部分進行雙邊協商，讓東海恢復成「和平與合作之海」。

12 月 10 日，兩岸經濟合作委員會第 5 次例會在臺北舉行，雙方肯定各項議題的推動成果，特別是完成簽署服貿協議，及積極推動其他 ECFA 後續協商。雙方亦透過經合會平臺，增進對彼此經貿政策之了解。

2014　1 月 28 日，陸委會主委王郁琦應中國國臺辦主任張志軍邀請，將於 2 月 11 日至 14 日率陸委會訪問團赴大陸南京、上海訪問。

2014　2 月 11 日，陸委會主委王郁琦與中國國臺辦主任張志軍在中國南京召開首次兩岸事務首長會議，這是兩岸隔海分治 65 年以來，雙方兩岸事務主管機關首長首次正式會晤，並互稱官銜。是兩岸關係發展的重要歷程，對於促進兩岸官方互動往來正常化具有正面意涵。

2 月 17 日，中國國臺辦發言人范麗青（1955 - ）表示，兩岸事務主管部門負責人首次會面，是推動兩岸關係會面發展的重要一步，此會面是在共同政治基礎上，本著相互尊重、求同存異、良性互動的精神來進行，至於兩岸間的政治敏感問題，應該通過政治對話和談

判來解決。

2月18日，中共中央總書記習近平在北京接見中國國民黨榮譽主席連戰表示，希望兩岸雙方秉持「兩岸一家親」的理念，推動兩岸關係和平發展。

兩岸兩會第二次「兩岸協議成效與檢討會議」於2月20日至21日在中國湖南長沙舉行，由海基會副董事長張顯耀率代表團，與大陸海協會常務副會長鄭立中等海協會代表團進行商談。針對兩岸所簽署生效協議之執行情況及成效進行檢視；就部分協議在執行過程中應予強化或改善的方向，共同確認後續處理作法。

「兩岸兩會第十次高層會談」（林中森、陳德銘）於2月26日至28日在臺北市舉行，協商「兩岸地震監測合作」及「兩岸氣象合作」議題，簽署《兩岸氣象合作協議》及《兩岸地震監測合作協議》。

2014　3月17日，陸委會指出，《兩岸服務貿易協議》未能通過及生效，將有三大影響：一、喪失臺灣服務業進入大陸市場先機，使臺灣業者在大陸市場處境更為艱難；二、延宕臺灣加入TPP、RCEP的時程，造成臺灣經濟邊緣化的危機；三、推遲兩岸貨貿協議及ECFA後續協商的進程，增加兩岸協商的困難度。

3月17日，太陽花學運佔領立法院「反服貿」。

3月23日，馬英九總統針對《兩岸服務貿易協議》召開中外記者會表示，跟大陸簽署服貿協議，是為臺灣經濟的未來，利大於弊，希望服貿協議逐條審查、逐條表決。

3月27日，陸委會王郁琦主委表示，社會各界對於《兩岸服務貿易協議》所表達的意見，政府一直保持關注，反服貿學生提出的逐條審查、逐條表決意見，是去年朝野協商的結果，行政部門亦持支持

立場，但如有任何一個條文被否決，最後效果等同於重啟談判，這不是臺灣單方可以做到，社會大眾必須理解。至於，是否以附帶決議或其他方式處理，行政部門會尊重立法院審議結果。

3月29日，馬英九總統針對學生運動再度召開中外記者會表示，政府支持兩岸協議監督機制的法制化，並呼籲立法院盡可能在本會期結束前完成兩岸協議監督機制法制化，但不贊成行政院撤回。

2014　4月16日，中國國臺辦發言人范麗青表示，兩岸平等協商的正常進程不應該受到干擾和阻礙，「臺獨」勢力借兩岸協議監督之名，企圖將「兩國論」和「一邊一國」的「臺獨」主張塞入法條，破壞兩岸協商和兩岸關係和平發展，兩岸協商中沒有已簽協議重新談判的先例。

2014　5月26日，馬英九總統在接見「中華民國全國商業總會」第九屆理監事時表示，我國服務業占GDP近7成，但出口產值甚少，因此政府高度重視《兩岸服務貿易協議》，希望讓審查回歸民主程序。並指出，倘該協議未能順利通過，將對臺灣信譽產生負面影響，並形成未來與他國簽署經濟合作協議之障礙。

2014　6月4日，馬英九總統發表「六四」25週年省思指出，面對歷史傷痛，希望大陸當局能認真思考，儘速平反，確保永遠不再發生這樣的悲劇。

6月18日，海基會致函海協會，對《廣東省企業集體協商和集體合同條例》修訂草案表達臺商的關切及疑慮，協請向有關單位反映，廣徵各界意見再行研議。

6月25日，「第二次兩岸事務首長會議」（王郁琦、張志軍）在桃園舉行，就兩岸關係、兩岸經濟合作、臺灣加入區域整合、兩岸互

設辦事機構等議題交換意見。兩岸關係制度化進程再掀新頁,為兩岸永續長遠發展奠定根基。

2014　7月7日,中國全國政協主席俞正聲在北京會見賴正鎰理事長率領的臺灣商業總會大陸經貿考察團時表示,大陸正在進行經濟結構調整,加快發展服務業,兩岸同胞是一家人,願意在開放中讓臺灣服務業早一步到大陸市場布局,臺灣企業應抓住發展機遇。

7月21日,中國國臺辦發言人馬曉光針對民進黨主席蔡英文聲稱所謂「臺灣前途決議文」主張的「臺灣是主權獨立國家,已經是臺灣人最大的共識」表示,「臺獨」是沒有出路的,想以所謂「臺灣前途決議文」來處理兩岸關係也是行不通的。

2014　8月5日,兩岸經濟合作委員會第6次例會在中國北京舉行,雙方肯定各項議題的推動成果,並期許雙方團隊持續積極推動ECFA後續工作,服貿協議及早生效,以及完成貨品貿易及爭端解決協議協商,落實並加強推動各項經濟合作事項。並就中小企業相關政策及農產品檢驗檢疫便利化等議題進行交流。

8月28日,陸委會表示,行政院已核定〈發布大陸地區及香港、澳門旅遊警示處理原則〉,將自9月1日起,由陸委會專責發布大陸地區及香港、澳門旅遊警示。警示的燈號類別與意涵,將採與外交部現行的標準一致,分為灰(提醒注意)、黃(特別注意旅遊安全並檢討應否前往)、橙(避免非必要旅行)、紅(不宜前往)四級燈號。本機制發布的旅遊警示燈號、範圍及相關資訊,沒有強制約束力,不能直接作為民眾與業者解約、退費的依據。

2014　9月2日,海基會董事長林中森率領海基會董監事團赴大陸訪問,與海協會會長陳德銘在杭州會面,就兩會會務及後續協商事宜交換

意見。

9月24日，大陸海協會副會長鄭立中率海協會經貿參訪團一行6人來臺進行為期7天參訪行程，走訪北、中部等經貿園區，並和海基會董事長林中森會面。

2014　10月24日，馬英九總統出席「打造有競爭力的臺灣」論壇暨早餐會，對未來兩岸政策及發展提出兩項施政目標，第一，政府將持續與大陸洽談《兩岸貨品貿易協議》，並盼立法院儘速通過《兩岸服務貿易協議》及《兩岸協議監督條例》；第二，兩岸應儘速洽簽「互設辦事機構」協議，提供服務，未有任何政治涵義或仿照外交體系之作法，因為「兩岸關係不是國際關係，是一種特殊的關係」。

10月25日，大陸海協會副會長鄭立中率「農業經貿交流團」訪臺，並由海基會陪同，參訪農業園區、農會、農業公司等。

2014　11月1日，中國國家主席習近平在福建調研時表示，平潭綜合實驗區是閩臺合作的窗口，也是中國大陸對外開放的窗口，要真正建成兩岸同胞合作建設、先行先試、科學發展的共同家園。

11月5日，海基會董事長林中森率「海基會關懷福建臺商參訪團」一行10人赴大陸福建平潭考察，由大陸海協會、福建省臺辦等陪同參觀會見。

11月9日，中共中央總書記習近平在北京人民大會堂會見臺灣兩岸共同市場基金會榮譽董事長蕭萬長一行。

11月12日，中國國臺辦主任張志軍在北京與陸委會主委王郁琦會面。

11月25日，中國北京「清華大學臺灣研究院」成立。

2014　12月9日，大陸海協會會長陳德銘率「海協會經貿交流團」來臺進

行為期 8 天參訪行程，並與海基會董事長林中森會面，就兩岸關係交換意見。

2015　1 月 28 日，中國國臺辦主任張志軍應陸委會王主委邀請，將於 2 月 7 日至 8 日率團至金門，進行為期 2 天 1 夜的訪問。

1 月 29 日，兩岸經濟合作委員會第 7 次例會在臺北舉行，雙方肯定各項議題的推動成果，特別是成立中小企業合作工作小組，及積極推動其他 ECFA 後續協商，雙方亦透過經合會平臺，盤點 ECFA 相關工作對中小企業之成效，確立未來工作方向。

2015　3 月 27 日，陸委會表示，大陸劃設 M503 航路並未進入臺灣領空，無涉主權問題。M503 航路經兩岸溝通其距離我飛航情報區邊界由 4.2 浬增加為 10.2 浬，M503 航路為國際民航航路，不會有大陸戰機進入該航路問題。陸委會進一步表示，兩岸民航主管部門就 M503 航路，進行 5 回合溝通，相關情形並已向立法院內政委員會和交通委員會，分別提出專案報告，接受國會監督。

3 月 31 日，參與「亞洲基礎設施投資銀行」（亞投行），經行政院核定，財政部於 3 月 31 日晚間向亞投行多邊臨時秘書處直接傳真張盛和部長簽署之參與意向書，由陸委會傳送中國國臺辦轉致該秘書處。4 月 1 日，中國國臺辦發言人馬曉光表示，國臺辦已經收到臺灣方面意向書，並轉交亞投行多邊臨時秘書處，對臺灣方面以適當名義參與亞投行持歡迎態度。（2016 年 4 月 7 日，亞投行首任行長金立群指出，臺灣若要加入亞投行，必須透過中國財政部申請。財政部回應，我方絕不接受這種矮化做法。）

【歷史密碼】
馬英九再論「九二共識」

　　國民黨雖然執政近七年，但「九二共識」一直仍受民進黨之否認挑戰，因而，他不斷闡述。

　　2015年4月29日，馬英九視導陸委會時表示，所謂「九二共識」，就是兩岸在1992年達成「一個中國、各自表述」的共識，對臺灣最大的意義，就是兩岸對「一個中國」問題，找到一個雙方都可以接受的政治基礎。

　　如果沒有「九二共識」，就不會有1993年「辜汪會談」，更不會開啟2008年後兩岸和平發展的機會之窗，「九二共識」是確保兩岸和平與繁榮的關鍵。馬英九指出，「九二共識」立足於中華民國憲法，反映的是憲法增修條文對兩岸關係的定位。

　　馬英九強調，七年來兩岸透過制度化協商，簽署21項攸關民生的協議，為兩岸和平發展奠定堅實基礎。雙方主管兩岸事務的部會首長去年3次碰面，並互稱官銜，更有助於雙方互動的正常化，這都是實踐「九二共識」的結果。兩岸關係的發展，與「九二共識」相合則旺，相離則傷、相反則盪，「九二共識」不是萬靈丹，但確實可以解決不少問題，可以維持兩岸現狀，並為兩岸帶來和平與繁榮。

　　5月7日，馬英九總統在出席「兩岸互動與交流－歷史時光迴廊特展」開幕再強調，過去七年來，在中華民國憲法架構下，維持臺海「不統、不獨、不武」的現狀，並在「九二共識、一中各表」的基礎上，推動兩岸各項交流與發展，儘管目前雙方尚無法解決主權重疊問題，但透過「九二共識」，彼此得以暫時擱置爭議，使兩岸關係得以繼續往前推展。

　　馬英九表示，過去1992年8月1日，李前總統主持「國家統一委員

會」第八次全體會議，通過「關於一個中國的涵義」：海峽兩岸均堅持「一個中國」的原則，但雙方所賦予的涵義有所不同」。同年10月底舉行「香港會談」，「九二共識」係我方提議、對方答應，而非對方要求、逼迫我方接受。馬英九進一步指出，「九二共識」讓兩岸關係有一個可以緩衝的彈性空間，具有重要意義。

5月14日，馬英九出席「兩岸關係回顧與展望」國際研討會指出，兩岸在「九二共識、一中各表」的基礎上，共同邁向良性互動的和平大道，「一中各表」可以體現兩岸「互不承認主權、互不否認治權」的現狀，最能彰顯中華民國主權與臺灣尊嚴，也是目前兩岸達成共識的互信基礎。

馬英九指出，有三份關鍵歷史文獻可以證明「九二共識」的存在及其內容：第一份文件是1992年8月1日李前總統登輝主持「國家統一委員會」全體委員會議所達成之決議：「一個中國原則，雙方賦予之涵義不同」。第二份文件是1992年10月底的香港會談雙方沒有共識，海基會建議各自以口頭方式表達，海協會接受，也就是兩會針對「一個中國原則」各自以口頭聲明方式表達。第三份文件是2008年3月26日，大陸領導人胡錦濤與美國小布希總統通熱線電話提到「大陸與臺灣應在九二共識的基礎上恢復協商對話，九二共識是指雙方都承認只有一個中國，但同意對其有不同的定義」。

馬英九5月14日接見美國國務院「亞太經濟合作會議」（APEC）資深官員王曉岷（Robert Wang）時表示，「九二共識」是確保兩岸和平與繁榮的關鍵，未來兩岸應該在此基礎上持續鞏固互信，推動和平發展。

2015　5月4日，中共中央總書記習近平在北京會見中國國民黨主席朱立

倫。習近平就維護兩岸關係和平發展提出五點主張，第一、否認「九二共識」，挑戰兩岸同屬「一個中國」的法理基礎，將動搖兩岸關係發展的基石。第二、願優先對臺灣開放。在不違背「一個中國」原則的情況下作出妥善安排，臺灣加入亞洲基礎設施投資銀行意願，持歡迎態度。第三、兩岸同胞要加強文化交流，實現心靈契合，並將適時實施進一步便利兩岸同胞來往的措施。第四、兩岸間長期存在的政治分歧和難題，雙方可以在「一個中國」原則下進行平等協商，作出合情合理安排。第五、中華民族偉大復興要兩岸同胞、全世界的「中國」人團結起來，共同致力實現。

5月11日，馬英九總統接受美國《華爾街日報》專訪表示，加入「亞洲基礎設施投資銀行」（AIIB）的名稱，希望比照「亞太經濟合作會議」（APEC）的模式，以「中華臺北」的名義成為「亞投行」正式會員。

5月23日，「第三次兩岸事務首長會議」【陸委會主委夏立言（1950－ ）、中國國臺辦主任張志軍】在金門舉行，討論焦點是臺灣是否加入亞投行與兩岸互設辦事處。

5月24日，大陸海協會副會長孫亞夫進行9天的訪臺行程，期間並拜會海基會董事長林中森。

2015　6月18日，中國國務院關於修改〈中國公民往來臺灣地區管理辦法〉，決定自7月1日開始，臺灣居民持有效來往大陸通行證，無需辦理簽注，即可經開放口岸來往大陸並在大陸停留、居留。

6月23日，海基會與大陸海協會就《兩岸地震監測合作協議》及《兩岸氣象合作協議》相互完成生效通知。

2015　7月27日，馬英九總統接受《英國廣播公司》（BBC）專訪表示，

對兩岸領導人會面，不排除，但也不強求。對於習近平說兩岸問題不能一代代拖下去表示，兩岸隔海分治 60 多年，應以耐心且用心推動兩岸關係，讓成果逐漸展現。

2015　8 月，「兩岸兩會第十一次高層會談」（林中森、陳德銘）於 8 月 24 日至 26 日在中國福建福州舉行，簽署《兩岸避免雙重課稅及加強稅務合作協議》及《兩岸飛航安全及適航標準合作協議》。

2015　9 月 16 日，中國公安部門公告將於 9 月 21 日起全面實行卡式臺胞證，縣級以上公安機關開始受理申請，同時停止簽發本式臺胞證。對由過去的紙本式改為卡式證件，並於 9 月 21 日起全面啟用新版「臺灣居民來往大陸通行證」（簡稱卡式證件）乙事，陸委會表示，大陸全面性擴及於所有臺灣民眾，導致一般民眾產生陸方有無藉機蒐集個資、指紋等隱私資料或監控個人行蹤等各項疑慮。

9 月 28 日，《兩岸貨物貿易協議》第 11 次業務溝通 9 月 28 日至 29 日在中國北京舉行。

2015　10 月 14 日，「第四次兩岸事務首長會議」（夏立言、張志軍）在中國廣州舉行，雙方堅持在「九二共識」基礎上，鞏固「兩岸制度化協商」與「官方互動」機制，邁向真正穩定的兩岸關係。

2015　11 月 4 日，陸委會夏立言主委召開記者會，說明馬總統將於 11 月 7 日前往新加坡，與大陸領導人習近平會面相關事宜。強調此次會面最重要目標是「鞏固兩岸和平、維持臺海現狀」，我方堅持在「對等、尊嚴」原則下進行安排與規劃，不會簽署任何協議或發布聯合聲明。

圖為 2015 年 11 月 7 日馬習會前夕之三立新聞宣傳畫面。

11 月 7 日，兩岸領導人於新加坡會面。馬英九總統提出維繫兩岸和平繁榮現狀五點主張，第一、鞏固「九二共識」，維持和平現狀。第二、降低敵對狀態，和平處理爭端。第三、擴大兩岸交流，增進互利雙贏。第四、設置兩岸熱線，處理急要問題。第五、兩岸共同合作，致力振興中華。會後並親自主持召開國際記者會。中國領導人習近平就進一步推進兩岸關係和平發展提出四點意見：第一、堅持兩岸共同政治基礎不動搖。第二、堅持鞏固深化兩岸關係和平發展。第三、堅持為兩岸同胞多謀福祉。第四、堅持同心實現中華民族偉大復興。

11 月 17 日，馬英九總統接見「新美國安全中心：下一世代國安領袖計畫」訪華團時表示，於 11 月 7 日於新加坡與大陸領導人習近平先生會面，達成四項兩岸關係和平發展的重要意義：第一、兩岸隔海分治 66 年以來，雙方領導人首次會談，向世界宣示以和平方

式解決爭端。第二，雙方領導人首次確認「九二共識」是兩岸共同且關鍵的政治基礎，亦為兩岸關係現狀的一部分。第三，此次「馬習會」為雙方領導人會面建立新模式。第四，第一次在大陸領導人面前，正式提出大陸對臺軍事部署與國際空間遭擠壓的問題，要求採取具體善意行動。

11 月 18 日，陸委會將大陸配偶取得身分證年限由現行 6 年，調整為 4 年至 8 年，擬修正兩岸條例第 17 條。行政院已於 11 月 14 日核轉立法院審議。另有關兩岸婚姻民間團體表達陸配前婚姻來臺依親已滿 20 歲的子女，未取得長期居留，被迫中斷大學返陸一事，陸委會認為陸配子女受教權，應基於人道考量及保障其就學權益。

ECFA 貨品貿易協議第 12 次協商於 11 月 21 至 23 日在臺北市舉行，討論市場開放降稅安排及協議條文待解決之議題，本次在部分章節達成多項成果，包括海關程序、產品特定原產地規則（PSR）、食品安全檢驗與動植物防疫檢疫措施（SPS）、技術性貿易障礙（TBT）、貿易救濟及透明化規範等，但部分議題仍有歧見，雙方將繼續努力。

11 月 30 日，大陸海協會會長陳德銘率「海協會參訪團」來臺進行為期 7 天參訪行程。

11 月 30 日，兩岸兩會第三次「兩岸協議成效與策進會議」在臺北舉行，由海基會副董事長施惠芬與大陸海協會常務副會長鄭立中等協商代表團進行商談。雙方就已簽署生效的 20 項協議之具體成果與重點策進建議，進行討論。

2015 12 月 28 日，中國自 2016 年起，將新增北京、上海、江蘇、浙江、遼寧和湖北等 6 省市為陸生赴臺就讀「專升本」（高等專科學生升

本科考試）試點省份，招生名額將由目前的 1,000 名增加至 1,500 名。

12 月 30 日，海基會與大陸海協會完成《兩岸民航飛航安全與適航合作協議》生效通知，協議自 2015 年 12 月 31 日正式生效。雙方航空公司可依協議委託對方維修機構執行航機維修簽放作業。

陸委會夏立言主委與中國國臺辦主任張志軍以專線電話通話，確認兩岸事務首長熱線正式連線啟用。

2016　1 月 1 日，中國擴大臺灣居民在中國設立個體工商戶的範圍，包括行業領域從 2 項增加至 24 項、地域從 9 個省市，增加到 26 個省市自治區。中國 1 胎化全面廢除，「2 孩政策」上路。

1 月 5 日，為落實兩岸領導人會面成果，大陸有關方面擬試點開放大陸居民經桃園機場的中轉業務，南昌、昆明、重慶為首批試點城市，大陸居民可持護照及聯程機票和赴第三地的登機牌經桃園機場進行不出機場的中轉。

1 月 16 日，陸委會針對周子瑜事件表示，國人拿國旗表達對國家的愛護與認同，是天經地義的行為，並重申兩岸交流應秉持相互尊重的態度。

1 月 28 日，馬英九總統前往南沙太平島發表談話與提出「南海和平倡議」路徑圖時表示，南沙群島、西沙群島、中沙群島、東沙群島及其周遭海域均屬中華民國固有領土及海域，太平島絕非岩礁，而是島嶼，完全符合《聯合國海洋法公約》（UNCLOS）第 121 條的「島嶼」定義，因而除領海之外，有權提出專屬經濟區與大陸礁層的主張。

2016　2 月 1 日，陸委會表示，經兩岸兩會聯繫溝通已確認 2 月 1 日啟動試點陸客來臺中轉業務。

2016　3月9日，馬英九總統出席「海基會25週年回顧與前瞻論壇」時，對未來接任政府提出四項呼籲，希望能「鞏固兩岸和平，維持臺海現狀」、「接受『九二共識、一中各表』的共識」、「儘快讓兩岸服貿協議生效，並完成兩岸貨貿協議商談，積極參與區域經貿整合機制」，以及「早日實現兩岸兩會互設辦事機構」。

七、2016－2017：冷戰互動

2016　3月24日，中國國臺辦主任張志軍對蔡英文「期待大陸方面再展現一些善意」的表述表示，「九二共識」的堅持，既是大陸方面的原則，也是善意。

2016　4月8日，中國於肯亞擄走8名詐騙案獲判無罪的臺灣人前往中國；後又擄走37名臺灣人。中國將32名在馬來西亞涉及詐欺案的臺灣人專機遣往中國。

4月11日，針對國人在肯亞因涉跨國電信詐騙案遭陸方強押赴陸，陸委會嚴正抗議。4月13日，中國國臺辦發言人安峰山表示，大陸有司法管轄權，將嚴格按照國家法律法規的有關規定辦理此案。4月15日，陸委會成立專案小組，就後續組團赴陸、協助家屬及建立未來兩岸合作打擊跨第三地犯罪案件通案處理模式等事項進行研商。4月20日，法務部率團赴陸共商肯亞案、馬來西亞案等涉及兩岸且跨第三地犯罪之處理方式。4月30日，法務部表示，中國公安部通報由馬來西亞遣送大陸之32名臺籍嫌犯分別拘留在廣東省珠海市第一及第二看守所；並表示將儘速組團赴陸，繼續協商共同偵辦跨境詐欺犯罪相關事宜。8月8日，外交部告知，陸方擬將甫獲

肯亞法院判決無罪的 5 名國人押往中國大陸，陸委會向陸方提出讓本案相關人員交由我方接返回臺依法處理。中國國臺辦發言人馬曉光針對陸委會抗議表示，因臺灣當局未能確認「九二共識」這一體現「一個中國」原則的共同政治基礎，國臺辦和陸委會、海協會和海基會的聯繫溝通和商談機制已經停擺。11 月 29 日，針對陸方將我在馬來西亞涉嫌電信詐騙犯罪之 21 名國人強押帶往中國大陸，陸委會發布新聞稿表達深切遺憾。

4 月 20 日，馬英九總統出席在總統府舉辦的兩岸合編《中華語文大辭典》新書發表會表示，兩岸合編該辭典代表兩岸在政治方面的和解。

4 月 26 日，中國國臺辦主任張志軍在北京會見由勤榮輝總會長率領的臺北市里長聯誼總會參訪團表示，希望更多的臺灣村里社區參與，為兩岸關係和平發展構築更堅實的民意基礎。

2016 5 月 7 日，對於 WHO 第 8 度邀請我國以「中華臺北」名稱、觀察員身分及衛福部長率團出席第 69 屆 WHA，外交部表示正面看待此一發展。本年邀請函提及聯合國大會第 2758 號決議、WHA 第 25.1 號決議以及上述文件中之「一個中國原則」，係 WHO 單方面陳述其立場。

【歷史密碼】

蔡英文兩岸「九二共識」交鋒的後續

兩岸關係的焦點鎖定在「九二共識」（「一個中國」原則）的認知。

2016 年 5 月 20 日，蔡英文於總統就職演說拋出其對「九二共識」的

「尊重歷史事實」之解說之後，中國方面並不滿意，認為「沒有明確承認九二共識」。

5月21日，海協會就今後兩會授權協商和聯繫機制表示，只要海基會得到授權，向海協會確認堅持「九二共識」這一體現「一個中國」原則的政治基礎，兩會授權協商和聯繫機制就能得以維繫。

5月25日，中國國臺辦主任張志軍在北京會見臺灣工商團體秘書長聯誼會參訪團時，就兩岸關係提出三點看法，第一，維護兩岸關係和平發展和臺海和平的關鍵在於堅持體現「一個中國」原則的政治基礎，臺灣當局新領導人在兩岸關係性質這一重大原則問題上沒有清晰態度，沒有作出明確回答，勢必損害兩岸關係的穩定發展；第二，「臺獨」沒有前途，只能是絕路，如能回到兩岸同屬「一中」的框架，就能保持和促進兩岸關係和平發展；第三，兩岸關係和平發展需要兩岸同胞共同維護，希望工商團體和企業以堅決的態度反對和抵制「臺獨」分裂行徑。

6月15日，中國國臺辦發言人安峰山表示，兩會協商和聯繫機制能否得以維繫，關鍵在於海基會能否得到授權，向海協會確認堅持「九二共識」這一體現「一個中國」原則的政治基礎。並指出，臺灣當局新的領導人至今在兩岸關係性質這個問題上仍然採取模糊的態度，如果要確保兩岸現有的制度化交往機制和兩岸關係和平發展成果，必須確認體現「一個中國」原則的政治基礎。大陸和臺灣同屬「一個中國」，只有對兩岸關係的性質有正確的認知，才有利於雙方正常往來。

6月25日，中國國臺辦更明確表示，5月20日後，因臺灣方面未能確認「九二共識」這一體現「一個中國」原則的共同政治基礎，兩岸聯繫溝通機制已經停擺。

6月29日，國臺辦再指出，「九二共識」是兩岸關係和平發展的共

同政治基礎，也是兩岸制度化聯繫機制得以建立的基礎和前提，只有對兩岸關係的根本性質、對兩岸關係發展基礎的問題作出明確的、正確的表述，兩岸的制度化交往才能得以延續。兩會協商和聯繫機制能否得以維繫的關鍵在於海基會方面能否得到授權，向海協會確認堅持「九二共識」這一體現「一個中國」原則的政治基礎。

隔日，6月30日，蔡英文總統於訪問巴拉圭時表示，兩岸恢復兩會的溝通機制是兩岸關係維持和平穩定的重要因素，維持兩岸的和平穩定是大家共同的責任，這不僅是我們與中國大陸要負起主要的責任，也希望區域內在兩岸關係和平上有利害關係的各方都可以一起來幫忙。並強調520就職演說已展現我們的最大誠意與彈性，希望中國大陸可以仔細體會，同時也可以有一些比較彈性的思考，讓兩岸關係可以有所進展，讓關係可以維持穩定。

7月1日，中國國家主席習近平在慶祝中國共產黨成立95週年大會上表示，兩岸關係和平發展是維護兩岸和平、促進共同發展、造福兩岸同胞的正確道路，也是通向和平統一的光明大道，堅持「九二共識」、反對「臺獨」是兩岸關係和平發展的政治基礎；堅決反對「臺獨」分裂勢力。

可見，蔡英文就任總統的一個多月時間，兩岸關係仍陷入在「九二共識」沒有共識的陷阱打轉。

2016　6月24日，柬埔寨政府將25名臺籍電信詐騙嫌犯由中國專機遣送至中國。政府對柬埔寨政府的處置深表不滿，外交部指示駐胡志明市辦事處向柬國表達嚴正關切與深切遺憾，陸委會要求兩岸應持續進行良性溝通與對話，妥善解決相關問題，以有效打擊犯罪。

7月1日，海軍金江軍艦不慎誤射雄三飛彈，陸委會表示，國防部已對外說明，本案係人員操作不當所引起的誤擊，純屬意外事件。

7月19日，火燒車意外造成24名大陸旅客死亡，海基會表示在獲陸委會授權後即先行通報海協會，並於稍後正式函知。7月19日，中國國臺辦發言人馬曉光表示，獲悉遼寧旅行團在桃園發生嚴重車禍和火災事故，國臺辦立即啟動涉臺突發事件應急處理機制。

【歷史密碼】

蔡英文兩岸「九二共識」的第三度交手

再觀察蔡英文上臺後的百日兩岸關係。

7月17日，中國國臺辦主任張志軍出席第五屆「世界和平論壇」，再度對蔡英文「模糊九二共識」提出看法時表示，「一個中國」原則是兩岸關係的定海神針，只有堅持這一原則，兩岸關係才能穩定發展、臺海才能保持和平安寧。無論臺灣哪個政黨、團體，無論其過去主張過什麼，只要承認「九二共識」的歷史事實，認同其核心意涵，我們都願意同其交往，共同推進兩岸關係和平發展。

次日，7月18日，蔡英文總統接受美國《華盛頓郵報》（Washington Post）專訪表示，臺灣是一個民主的地方，民意的走向非常重要，設定期限，要求臺灣政府違反民意去承受一些對方的條件，其實可能性不大。兩岸雙方之間溝通的管道其實是多元的，不只是在官方的層次，還包括每一個不同層級，還有民間的溝通。現在所暫停的是兩會、陸委會與國臺辦的管道，但這只是整個多元管道中的一部分。她表示，這段時間以來，我們都非常謹慎處理與中國大陸的關係，除了不採取挑釁的態度，防止意外的

發生之外，也希望透過資訊的交流，能夠建立起雙方的互信。

四天後，7月22日，中國國臺辦發言人馬曉光針對蔡英文接受美國專訪表示，維護兩岸關係和平發展，是兩岸社會的主流民意，而只有堅持「九二共識」及其兩岸同屬「一中」的核心意涵這一政治基礎，才有可能確保兩岸關係和平穩定發展。馬曉光並表示，國臺辦與臺灣陸委會的聯繫溝通機制、海協會與臺灣海基會的協商談判機制，均建立在「九二共識」政治基礎之上。只有確認體現「一個中國」原則的政治基礎，兩岸制度化交往才能得以延續。

臺灣新任總統百日以來的新兩岸關係仍是套牢在兩岸當局對「九二共識」的無解。

2016　8月12日，中國國臺辦發言人馬曉光針對上海市與臺北市宣布將於8月下旬舉辦「雙城論壇」表示，堅持體現「一個中國」原則的「九二共識」這一政治基礎，兩岸關係和平發展就可以得到維護。

8月31日，陸委會針對田弘茂將出任海基會董事長表示，海基會是政府唯一授權處理兩岸公權力事務之機構，將繼續負責協助處理兩岸交流、服務及協商工作。9月12日，大陸海協會會長陳德銘表示，只有海基會得到授權，向海協會確認堅持「九二共識」體現「一個中國」原則的共同政治基礎，兩會受權協商和聯繫機制才能得以延續。

2016　9月1日，第5屆「海峽兩岸暨港澳經貿論壇」在中國北京舉行。

9月7日，獲中國通報78名在亞美尼亞涉電信詐騙之國人遭帶往中國大陸，陸委會立即向大陸提出抗議，並將持續努力與陸方溝通，爭取將相關人員送回臺灣依法偵審。9月20日，確認13名在柬埔

寨涉電信詐騙案件之國人遭強押帶往中國後,陸委會即再向大陸提出嚴正抗議。

9月10日,蔡英文總統在金門水頭碼頭視導「小三通及港區」表示,「小三通」是兩岸關係的重要里程碑,期許兩岸雙方能從「小三通」的歷史經驗,為持續推動兩岸關係和平穩定發展,做出更大的努力與貢獻。

9月12日,陸委會針對旅遊相關產業的遊行訴求表示,為因應陸客減少對相關業者及從業人員引發的衝擊,行政院已密集召開跨部會專案會議,研議因應方案及措施。

9月14日,蔡英文總統出席「2016大陸臺商秋節聯誼活動」表示,政府推動以「創新、就業、分配」為核心思維的經濟發展新模式,並啟動新南向政策,以加速經濟結構調整,促進產業轉型升級。並強調會盡最大努力增進兩岸良性互動,建立務實穩健、可長可久的兩岸關係。

9月17日,由新北市、新竹縣、苗栗縣、南投縣、花蓮縣、臺東縣、金門縣、連江縣8個縣市負責人組成的臺灣縣市長參訪團到中國北京參訪。9月18日,大陸方面表示將採取8項措施推動與臺灣8縣市交流。

9月23日,陸委會針對我未獲國際民航組織(ICAO)邀請參加本年大會,發表嚴正聲明表達強烈不滿。中國國臺辦發言人馬曉光表示,在臺灣參與國際組織活動問題上,立場是按照「一個中國」原則,通過兩岸協商處理。

2016　10月4日,蔡英文總統接受美國《華爾街日報》專訪表示,在兩岸關係上的「承諾不變」、「善意也不變」,但「不會屈服在壓力之

下」，也「不會走到對抗的老路」。10 月 6 日，中國國臺辦發言人安峰山表示，堅持體現「一個中國」原則的「九二共識」的政治基礎不可動搖，反對任何形式「臺獨」分裂活動的立場堅定不移。

10 月 10 日，蔡英文總統在國慶大典上發表談話，對兩岸問題提出四個「不會」，包括我們的「承諾不會改變」，我們的「善意不會改變」，我們也「不會在壓力下屈服」，「更不會走回對抗的老路」。這是我們對「維持現狀」的基本態度，也是基於對兩岸和平的共同願望。

針對蔡英文「雙十」談話，中國國臺辦發言人安峰山表示，是否接受「九二共識」，是檢驗臺灣當局領導人所謂「善意」的試金石。只要承認「九二共識」的歷史事實，認同其核心意涵，兩岸雙方就可以平等協商、良性互動。

10 月 20 日，原住民族委員會參加「第 10 屆 2016 杭州文化創意產業博覽會」，遭陸方要求不能使用政府機關全銜並強行拆除乙事，陸委會表達支持原民會代表退出展覽以示抗議的決定。

10 月 24 日，就府院黨「執政決策協調會議」討論陸生納保議題會議結論，陸委會表示，中國大陸學生比照外籍生及僑生納入健保體系。中國國臺辦發言人安峰山（1970 - ）就被索馬里海盜劫持長達 4 年半的阿曼籍臺灣漁船 NAHAM3 號兩岸船員獲救表示，倖存的 26 名船員 22 日安全獲救，其中 9 名大陸船員和 1 名臺灣船員，將送返廣州。

| 2016 | 11 月 1 日，中共中央總書記習近平在北京會見中國國民黨主席洪秀柱時就兩岸關係發展提出六點意見，包括：堅持體現一個中國原則的「九二共識」、堅決反對「臺獨」分裂勢力及其活動。另全國 |

政協主席俞正聲在北京人民大會堂會見中國國民黨主席洪秀柱時表示，臺灣當局只有承認「九二共識」，認同其兩岸同屬「一中」的意涵，兩岸關係和平發展的局面才有可能得以維持。

11月16日，陸委會主委張小月（1953－）出席「中國大陸之制度變遷與戰略動向」國際研討會，發表「善意溝通，尋求臺海和平的共同認知」專題演講表示，面對兩岸新情勢，520以來臺灣已有新的論述與方向，中國大陸必須擺脫過去的思維模式與對臺制式作為，敞開大門、面對彼此，才能開啟雙方最大的合作空間。

中國國臺辦發言人馬曉光11月30日就陸委會主委張小月表示大陸應正面理解臺灣方面的「善意」言行，指出是否接受「九二共識」，關係到兩岸關係的根本性質，是檢驗臺灣當局所謂「善意」的試金石。

11月23日，中國全國政協主席俞正聲在北京會見饒穎奇率領的臺灣民意代表交流參訪團時表示，希望繼續深化政協委員與民意代表交流機制，吸納和動員更多來自基層一線和青年一代的新生力量參與到兩岸交流合作中來，厚植兩岸關係和平發展的民意基礎。

11月26日，蔡英文總統應英國《經濟學人》雜誌之邀，於《The World in 2017》專刊發表〈臺灣將再起〉專文表示，將尋求與利害相關的各方，包括中國大陸，展開對話，為亞太地區建立和平繁榮架構。

2016　12月3日，中國國臺辦發言人安峰山針對12月3日美國總統當選人川普與蔡英文通電話表示，臺灣方面的小動作不可能改變臺灣是「中國」一部分的地位，也不可能改變國際社會普遍承認「一個中國」的格局。

12月10日，針對中國軍機12月10日遠海訓練，國防部表示，國軍對此全程均嚴密監偵掌握與應處。12月25日，針對中共遼寧號航母12月25日經日本宮古島海道至西太平洋遠航長訓，國防部表示均有嚴密監控，並會採取應對措施，確保國家安全。

12月20日，中國公安部公布，決定啟用電子往來臺灣通行證。福建省公安機關出入境管理部門自12月26日起開始試點受理電子往來臺灣通行證的申請，同時停止簽發現行紙本式往來臺灣通行證。

12月28日，中國國臺辦發言人安峰山對於陸委會主委張小月稱兩岸新共識必須回歸《中華民國憲法》表示，只有回到承認「九二共識」，認同兩岸同屬「一中」的政治基礎，兩岸關係才能回到和平發展的正確軌道。

12月31日，蔡英文總統出席「總統府記者聯誼會暨臺灣外籍記者聯誼會歲末茶敘」時重申，承諾不變、善意不變，不會屈服於壓力，也不會走回對抗的老路。

2017　1月5日，蔡英文總統接見美國哈佛大學費正清中國研究中心「兩岸事務訪問團」一行時表示，在處理兩岸關係上，臺灣不會屈服於壓力，也不會走回對抗的老路。

1月11日，中國外交部長王毅表示，「一個中國」原則涉及「中國」核心利益，是「中國」同世界各國保持和發展友好關係的前提和基礎；並讚賞奈及利亞堅持「一個中國」原則，指奈方令臺灣駐奈機構摘牌更名、遷出首都。

1月10日，中國航艦遼寧號艦隊自海南島啟程北返山東，國防部全程監控。12日清晨艦隊通過臺灣海峽。

1月20日，蔡英文總統在致函天主教教宗方濟各，響應教宗「2017

年世界和平日」文告中指出，臺灣與中國大陸和平交往的四大基本立場：「承諾不變，善意不變，不在壓力下屈服，不走回對抗老路」，期盼兩岸展開良性對話。

中共中央政治局常委、全國政協主席俞正聲出席2017年「對臺工作會議」時表示，要堅決貫徹黨中央對臺工作大政方針，繼續堅持體現「一個中國」原則的「九二共識」，堅決反對和遏制任何形式的「臺獨」分裂活動，維護國家主權和領土完整，維護兩岸關係和平發展和臺海和平穩定。

2017　2月5日，蔡英文總統出席「大陸臺商春節聯誼活動」時表示，以新的思維及做法，共同擘劃兩岸互動新模式，才能回應兩岸人民及區域內所有成員，對和平發展的共同期待。

2月10日，中國國家主席習近平與美國總統川普通電話時指出，「一個中國」原則是中美關係的政治基礎。

2月14日，蔡英文總統出席中華民國工商團體春節聯誼會致詞表示，兩岸雙方無論是在經貿或者在區域發展的場域，都存在共同的利益，以及互利合作的空間。如果可以捐棄不必要的成見，兩岸就可以針對區域經濟發展各項建設，展開溝通和協商，攜手打造亞洲共同的未來。

2月15日，中國國臺辦主任張志軍出席「全國臺灣同胞投資企業聯誼會」，重申堅持體現「一個中國」原則的「九二共識」，是兩岸關係和平發展的政治基礎。

2月18日，外交部針對西班牙內閣部長會議決定將涉及電信詐騙之國人引渡予中國大陸表示遺憾。

2月22日，蔡英文總統出席外交部新春聯歡晚會時就兩岸關係再次

重申，我們維持現狀的承諾不變、善意不變，不會屈服於壓力，也不會走回對抗的老路。

2 月 23 日，中國舉辦紀念 228 事件活動。

前美國在臺協會（AIT）臺北辦事處處長楊甦棣（Stephen M. Young，1951－）於 2 月 16 日透露，AIT 新址於臺北內湖啟用後，美國將會以駐外使館配套規格派遣陸戰隊駐守。有別於過去美國強調美國在臺協會僅是對臺民間機構，楊甦棣認為此舉對臺美關係具有重大象徵意義。2 月 23 日，中國國防部就媒體報導美方將派陸戰隊駐守美國在臺協會臺北新址表示，堅決反對美臺進行任何形式的官方往來和軍事聯繫。

2017　3 月 9 日，蔡英文總統出席「中華文化總會第 7 屆第 1 次會員大會」時表示，願意抱持最大的善意，持續透過文化交流，把兩岸文化交流合作的成果，深化到其他領域，創造出彼此更大的共同利益。

3 月 10 日，針對媒體報導曾在臺就學之中國大陸人民涉嫌來臺發展共諜組織，陸委會表示，政府對於陸生來臺求學之政策維持不變。

3 月 20 日，中國外交部對美方官員稱川普政府正醞釀對臺大規模軍售計畫表示，希望美方充分認清美售臺武器問題的高度敏感性和嚴重危害性，恪守「一個中國」政策和中美三個聯合公報原則，停止售臺武器，慎重、妥善處理「臺灣問題」，維護中美關係大局和臺海和平穩定。

3 月 27 日，中國外交部對日本總務副大臣赤間二郎（1968－）訪臺表示，日本現職副大臣訪臺明顯違反只維持民間和地區性往來的承諾，嚴重背棄中日四個政治文件精神。

3 月 29 日，陸委會對國人李明哲失聯表示，中國大陸迄今尚未對我

方或家屬進行通報，也未提出具體說明，政府對此表達高度遺憾。3月29日，中國國臺辦表示李明哲因涉嫌從事危害國家安全活動，已接受有關部門調查。4月10日，陸委會指出，李明哲自3月19日入境中國大陸失聯已逾22日，陸方迄今對於所涉罪名及關押地點，均無正式明確的通報，且對李淨瑜女士持有陸方發給的有效證件，予以註銷阻擾，使其無法順利登機赴陸進行人道探視，對此表達嚴正抗議。4月12日，中國國臺辦表示，李明哲涉嫌從事危害國家安全活動，接受有關部門的依法調查。

2017　4月13日，中國公布修改〈大陸居民赴臺灣地區旅遊管理辦法〉（令第43號），並自公布日起施行。

4月17日，中國媒體將我參加亞洲桌球錦標賽代表隊名稱「中華臺北」改為「中國臺北」。陸委會表達嚴正抗議。

4月19日，中國大陸人士張向忠來臺脫團案，陸委會表示，內政部移民署會同相關機關審認其資料及文書，經認定尚不符現行專案長期居留規定，也不符相關修正草案之精神，業由內政部移民署於4月19日協助其隨團離境。

4月24日，中國多省市今起正式啟用電子往來臺灣通行證，同時停止簽發現行紙本式往來臺灣通行證。

4月27日，中國國防部針對臺灣向美國採購兩艘二手「佩里級」巡防艦表示，堅決反對任何國家向臺灣出售武器。

4月28日，蔡英文總統接見美國在臺協會（AIT）主席莫健（James F. Moriarty，1953 - ）時表示，今年是《臺灣關係法》立法38週年。美國國務卿提勒森（Rex Wayne Tillerson，1952 - ）在參議院的任命聽證會上，重申美國信守《臺灣關係法》及「六項保證」，展現美

國新政府對臺美關係的重視。

2017　5月5日，中國決定參照大陸居民待遇，向在大陸高校和科研院所工作的臺灣研究人員開放國家社科基金各類項目申報。

5月6日，臺灣在澎湖附近海域查扣大陸漁船擊傷大陸漁民，中國國臺辦要求立即嚴肅查處這一事件，儘快放人放船。

中國民航局指出，2016年底已部署民航自助設備升級工作，以解決自助設備自動識別臺胞證問題。預計今年底，大陸各民用機場約1,700餘臺自助值機設備均可完成軟硬體升級或更換工作。

中國司法部決定擴大法律服務對臺開放公布三項政策：一、將臺灣律師事務所在大陸設立代表處的地域範圍由現在的福建省福州市、廈門市擴大到福建全省、上海市、江蘇省、浙江省、廣東省；二、允許已在大陸設立代表機構，且該代表機構成立滿3年的臺灣律師事務所在其代表機構所在的福建省、上海市、江蘇省、浙江省、廣東省與大陸律師事務所聯營；三、允許福建省、上海市、江蘇省、浙江省、廣東省的律師事務所聘用臺灣執業律師擔任律師事務所法律顧問，提供臺灣法律諮詢服務。

5月8日，中國國臺辦就世界衛生大會（WHA）有關涉臺問題表示，民進黨當局拒不承認體現「一個中國」原則的「九二共識」，為臺灣參加世衛大會設置障礙。世界衛生組織是聯合國專門機構，必須按照聯合國大會第2758號決議和世衛大會第25.1號決議確認的「一個中國」原則，處理世界衛生大會涉臺問題。並強調，關於臺灣參與國際組織活動問題，必須在「一個中國」原則下，通過兩岸協商，作出安排。

5月9日，我國迄今尚未獲得本年度世界衛生大會（WHA）出席邀

請事，總統府表達高度遺憾及不滿，並指出，任何將臺灣排斥在外，甚至打壓的做法，不僅違背國際衛生組織成立宗旨，對臺灣人民不公平，更對國際的衛生防疫造成難以預期的負面影響。陸委會指出今年中國以其片面宣稱的政治理由，施壓世衛組織，阻撓 WHO 致發我邀請函，違背世衛組織宗旨，打壓我政府，無視臺灣 2,300 萬人民的權益，表達強烈的不滿與抗議。5 月 12 日，WHO 秘書處治理機構暨對外關係處長阿姆斯壯指出，WHO 迄未致發臺灣邀請函係因兩岸無諒解，惟臺灣參與 WHO 技術性會議不受影響。

5 月 10 日，中國相關部門陸續公布新的政策措施，包括：一、大陸鐵路和民航部門宣佈改造自助服務設備，實現臺胞自助購、取票和值機；二、教育部等部門修改完善臺生在大陸學習的有關規定；三、開放在大陸工作的臺灣研究人員申請國家社科基金；四、人力資源和社會保障部擴大臺胞在大陸事業單位就業試點地域；五、司法部決定進一步擴大法律服務對臺開放。

5 月 17 日，斐濟駐臺代表處撤銷。中國外交部表示，世界上只有「一個中國」，臺灣是「中國」的一部分，這是國際社會的共識，也是由聯合國決議等一系列國際文件確定的準則。

5 月 19 日，蔡英文總統接見「2017 海外華文媒體人士回國參訪團」時表示，「維持現狀」就是我們的主張，盼望對岸的領導人，能夠正確解讀去年選舉的意義。舊的問卷應該讓它過去，新的問卷上頭有新的題目。共同維持兩岸的和平與繁榮，是新的課題。

5 月 24 日，中國國家主席習近平致信祝賀中國大陸全國臺企聯成立 10 週年，希望全國臺企聯堅持「一個中國」原則，為維護兩岸關係和平發展、實現中華民族偉大復興做出新的貢獻；願意首先同廣大

臺灣同胞分享大陸發展機遇，歡迎臺灣同胞來大陸投資興業；將繼續研究出臺相關政策措施，為臺灣同胞在大陸學習、就業、創業、生活提供更多便利；並將切實維護臺胞合法權益。

5月26日，中國國臺辦表示，臺灣李明哲因涉嫌「顛覆國家政權罪」，被湖南省安全機關依法逮捕，司法機關將依法處理。

5月27日，蔡英文總統接見「臺灣世衛行動團」致詞時表示，中國在WHA這件事情已經造成兩岸關係一定程度的傷害，行動團此行就是不受壓力屈服的最好例子。

臺灣民眾為捍衛國家主權於街頭舉辦相關活動。

2017　6月7日，中國針對美國國防部6月6日發布「中國軍力報告」對臺內容表示，美國單方面制定的所謂《與臺灣關係法》違反「一個中國」政策和中美三個聯合公報原則，中國堅決反對並要求美國恪守「一個中國」政策和中美三個聯合公報原則，停止售臺武器和美臺軍事聯繫，慎重妥善處理涉臺問題，以免損害中美關係大局和臺海和平穩定。

6月13日，蔡英文總統對巴拿馬共和國宣布與我國斷交並與中國建

交事表達遺憾，強調主權不容挑戰，主權也不容交換。並正告北京當局，為了維持兩岸和平穩定，臺灣已經善盡一切責任；對於北京當局一貫操弄「一個中國」原則，在國際上處處打壓臺灣的生存空間，威脅臺灣人民的生存權利，已衝擊兩岸穩定的現狀，臺灣人民無法接受，我們決不會坐視國家的利益一再受到威脅與挑戰，也絕不會在威脅下妥協讓步！

中國外交部長王毅與巴拿馬共和國副總統兼外長德聖馬妻在北京舉行會談並簽署建立外交關係的聯合公報，即日斷絕臺灣外交關係。

6月19日，「第9屆海峽論壇」於中國廈門舉行，中共全國政協主席俞正聲就「擴大民間交流、深化融合發展」提出五點意見：第一、深化融合發展，需要秉持「兩岸一家親」理念，共同維護中華民族整體利益；第二、深化融合發展，需要進一步提升兩岸經濟合作水準，厚植兩岸共同利益；第三、深化融合發展，需要共同弘揚中華文化，增強兩岸同胞的精神紐帶；第四、深化融合發展，需要充分發揮兩岸同胞的創造力，進一步增強融合發展動力；第五、深化融合發展，需要兩岸同胞攜手克服困難、排除干擾。

中國方面在海峽論壇刻意宣傳「經濟社會融合」、「惠臺便利」等措施，陸委會認為這已片面改變臺海穩定現狀，是兩岸關係發展及區域和平面臨的嚴峻挑戰與危害。

6月24日，行政院長林全接受《日本經濟新聞》專訪表示，兩岸之間的問題不應以零和方式看待，應找到一個雙方互利的平衡點，希望臺灣能和對岸有更多善意互動；維持現狀是目前避免衝突最好的做法，這個基調策略並不會改變，但若有任何情況發生，有必要會隨時檢視。

6月29日，陸委會〈香港移交20週年情勢研析報告〉指出，中國限制香港的民主發展，限縮港人的自由與人權，已令國際社會認為違背「港人治港、高度自治」的承諾。支持香港的民主自由和穩定繁榮，是政府一貫的立場。

6月30日，美國政府於美東時間6月29日通知美國國會總值約14.2億美元（約新臺幣433億元）之對臺軍售案。中國外交部就美國政府宣布向臺灣出售武器裝備表示，美方向臺灣出售武器嚴重違反國際法和國際關係基本準則，嚴重違反中美三個聯合公報原則，損害中國主權和安全利益。中國國防部則表示美國應撤銷有關對臺軍售專案，停止售臺武器和美臺軍事聯繫，以免給中美兩國兩軍關係及臺海和平穩定造成進一步損害。

兩岸對峙，空防隨時戰備

2017　7月3日，中國國臺辦主任張志軍於上海會見出席「臺北－上海城市論壇」的臺北市長柯文哲一行。

7月6日，為強化退離職公務員及軍職人員赴中國大陸之管理規範，

維護國家整體利益，行政院通過《臺灣地區與大陸地區人民關係條例》修正案，將函請立法院審議。

7月13日，中國遼寧號航母編隊行經臺灣海峽駛往香港，於7月1日1600時迄2日2130時進出我國防空識別區。7月11日中午12時駛離香港，12日凌晨0240時進入我國防空識別區，於海峽中線以西繼續向北航行。7月13日凌晨0200時脫離我國防空識別區。國防部表示，國軍全程監控與動態掌握。

2010年諾貝爾和平獎得主、中國大陸異議人士劉曉波逝世。

7月14日，陸委會副主委林正義出席「兩岸關係：邁向新趨勢？」國際研討會，並發表「維繫臺海和平穩定現狀，捍衛臺灣利益與價值」演講。

7月21日，中共空軍於20日上午出動轟六、運八電偵機及運八遠干機等型機，實施計畫性遠海飛訓任務，國防部表示均全程掌握中共軍機動態。

7月24日，中國國臺辦主任張志軍於第26屆海峽兩岸關係學術研討會表示，當前兩岸關係的關鍵是「融合發展」和「政治基礎」：深化兩岸經濟社會融合發展是新形勢下造福兩岸同胞、推動兩岸關係持續向前發展的重要途徑。面對複雜嚴峻的臺海局勢，我們堅持體現「一個中國」原則的「九二共識」，堅決反對任何形式的「臺獨」分裂活動的堅定立場不會動搖；推進兩岸民間交流合作，深化兩岸經濟社會融合發展的積極努力不會減弱；為兩岸同胞謀福祉、辦實事，增進共同利益和親情的真誠態度不會改變。

7月27日，中國擬將我在柬埔寨涉嫌電信詐騙案國人強行押往大陸，陸委會表示，已透過兩岸聯繫管道，向陸方提出要求積極協調

有關部門，讓本案相關人員交由我方接返回臺依法偵審處理，不得強押至中國大陸。

2017　8月1日，中國領導人習近平在慶祝中國人民解放軍建軍90周年大會指出，絕不允許任何人、任何組織、任何政黨、在任何時候、以任何形式、把任何一塊中國領土從中國分裂出去，誰都不要指望我們會吞下損害我國主權、安全、發展利益的苦果。

8月3日，中國將我在印尼涉嫌電信詐騙犯罪之22名國人強行押往大陸，陸委會提出嚴正抗議。

8月7日，「東協暨中國大陸外長會議」採納「南海行為準則」架構，外交部重申南海諸島屬於中華民國領土，中華民國對南海諸島及其相關海域享有國際法及海洋法上的權利，不容置疑；並呼籲相關多邊對話與爭端解決機制不應排除臺灣的參與。

8月8日，蔡英文總統出席「2017亞太安全對話」論壇致詞表示，和平與穩定的兩岸關係是亞太區域內國家以及兩岸的共同利益，我的行政團隊會致力於維持現狀，但是這樣的信念需要來自雙方的善意及合作，同時確保我們在經貿以及區域發展上的共同利益；希望雙方都能一起找出兩岸互動的新模式，來幫助兩岸的穩定及繁榮。

8月9日，中國四川九寨溝縣等地發生規模7.0地震，並引發土石流等災情，陸委會表示，已透過國臺辦、海基會與海協會等聯繫管道，向陸方表達我方慰問之意，並願全力提供必要協助。

8月12日，國防部表示，中共有各型機多架進行遠海長航訓練活動，其中一批轟六與運八型機由我南部防空識別區外，經巴士海峽向北航行，穿越宮古海域再返回原駐地；另一批空警200及蘇愷30型機執行伴護任務，由我國南部防空識別區之外，穿越巴士海峽後，

即循原路線返回駐地。國防部強調,中共該二批遠海長航訓練,國軍於其活動全程均能監偵掌握與應處,護衛國土安全。8月14日,國防部表示,中共運八型機二架進行遠海長航訓練活動,其中一架由我南部防空識別區外,經巴士海峽後向東北航行,穿越宮古海域再飛返駐地;另一架經巴士海峽向東南航行後,循原航路飛返駐地。國防部強調,國軍對於共機活動,均依規定全程監偵掌握與採取適切應處作為,捍衛我海、空域安全。

8月21日,中國國臺辦副主任鄭柵潔(1961 -)於第5屆貴州 — 臺灣經貿交流合作懇談會致詞表示,新形勢下,願意努力擴大兩岸經濟合作的社會效益,增強兩岸同胞的受益面和獲得感。

8月24日,中國將在馬來西亞及柬埔寨涉嫌從事電信詐騙犯罪之18名國人(馬來西亞15人、柬埔寨3人)強行押往大陸,陸委會表示,已向陸方表達深切遺憾並提出嚴正抗議。

8月31日,中共軍機繞臺飛行次數不斷增加,中國國防部表示,軍機訓練是空軍的例行性訓練活動。

2017　9月4日,中國國臺辦主任張志軍於「兩岸交流30週年紀念大會」致詞表示,兩岸關係要排除干擾,繼續沿著正確的方向前行,就要把握好以下幾點:一是堅持體現一個中國原則的政治基礎,堅決反對「臺獨」分裂;二是持續推進各領域交流合作,深化兩岸經濟社會融合發展;三是弘揚中華文化,厚植共同的精神紐帶;四是共築中國夢,同心實現中華民族偉大復興。

9月20日,為紀念「兩岸交流30週年」,陸委會商請中華郵政公司發行「兩岸交流30週年」特種郵票。

陸委會主委張小月在「民間團體兩岸交流研討會」致詞表示,兩岸

關係在過去 30 年之間，已累積相當豐富的交流成果，證明兩岸可以在相互諒解、求同存異的思維下，彼此和平的交流往來。

9 月 28 日，中國全國政協主席俞正聲在建政 68 周年招待會上致辭表示，將毫不動搖堅持「一個中國」原則，堅持「九二共識」政治基礎，堅決反對「臺獨」，努力深化兩岸經濟社會融合發展，讓兩岸基層民眾特別是青年一代多來往交流，維護和推動兩岸關係和平發展。9 月 30 日，中國國務院總理李克強（1955 - ）致辭重申，堅持「一個中國」原則，堅持「九二共識」政治基礎，堅決反對「臺獨」，團結包括臺灣同胞在內的一切支持兩岸關係和平發展的力量，不斷向著實現祖國完全統一邁進。

9 月 30 日，陸委會主委張小月在「兩岸交流 30 週年活動－小三通回顧與展望研討會」中表示，近期將協調研議放寬中國大陸人士以「小三通」旅行事由進入金馬澎、縮短「小三通」藝文商務交流的審查時間及簡化申請「小三通」個人旅遊的應備文件，以及儘速研修〈試辦金門馬祖澎湖與大陸地區通航實施辦法〉。

2017　10 月 5 日，陸委會主委張小月在「2017 大陸臺商秋節座談聯誼活動」致詞表示，兩岸關係不是零和關係，應追求對雙方都有利的雙贏局面。

10 月 10 日，蔡英文總統發表國慶演說，對於兩岸關係重申「我們的善意不變、承諾不變，不會走回對抗的老路，但也不會在壓力下屈服」。她並向中國大陸國家主席習近平喊話，兩岸領導人應該共同努力，共同尋求兩岸互動新模式。

中國國臺辦針對蔡英文總統「雙十」談話表示，臺灣當局不論提出什麼模式、主張，關鍵是要說清楚兩岸關係的性質這一根本性問

題，確認臺灣與大陸同屬一個中國的核心認知。只有堅持一個中國原則、反對「臺獨」，兩岸關係才能和平穩定發展，兩岸交流合作才能順利推進。

10月11日，中國常駐聯合國代表、特命全權大使劉結一（1957 -）接任中國國臺辦副主任職務，並標註正部長級。

10月13日，中國外交部就美國國會眾院外委會審議通過「與臺灣交往法案」強調，有關議案嚴重違反一個中國政策和中美三個聯合公報原則，敦促美方恪守原則，慎重處理臺灣問題，不要向「臺獨」分裂勢力發出任何錯誤信號。

10月15日，臺灣旅行團在中國湖北省宜昌市三峽景區遭遇山崩落石，造成3死2傷。

10月21日，中國福建省宣布，將於3年內引進1,000名臺灣優秀教師到當地大學任教，也歡迎臺灣的大學到福建「承包」職業學校。

10月25日，中國新一屆政治局常委7人名單出爐，排名依序為習近平、李克強、栗戰書（1950 - ）、汪洋（1955 - ）、王滬寧（1955 - ）、趙樂際（1957 - ）、韓正（1954 - ）。其中習近平連任中共中央總書記、中央軍事委員會主席，展開下一個5年任期。李克強仍是排名第2，將繼續擔任國務院總理、中共中央國家安全會副主席。

10月26日，蔡英文總統出席「兩岸交流30週年回顧與前瞻」研討會致詞重申政府「四不」：「善意不變、承諾不變，不會走回對抗老路，也不會在壓力下屈服」的原則，並再次呼籲兩岸領導人應秉持圓融、中道的傳統政治智慧，尋求兩岸關係的突破，為兩岸人民創造長久的福祉，永遠消除敵對及戰爭的恐懼。10月28日，中國國臺辦主任張志軍在「兩岸關係30年回顧與展望」研討會表示，

體現「一個中國」原則的「九二共識」明確界定了兩岸關係的根本性質，沒有這個定海神針，和平發展之舟就會遭遇驚濤駭浪，甚至徹底傾覆。只有承認「九二共識」的歷史事實，認同兩岸同屬一個中國，兩岸關係才能峰迴路轉，走出僵局。

10月26日，中國國防部就未來解放軍是否加強繞臺實戰化巡航及對臺進行軍事施壓表示，解放軍會按照年度計畫組織例行性訓練。

10月28日，中國公安機關將臺灣19名電信網路詐騙犯罪嫌疑人自柬埔寨押解至廣州。

10月30日，中國司法部發佈「關於修改『取得國家法律職業資格的臺灣居民在大陸從事律師職業管理辦法』的決定」，自2017年11月1日起，取得大陸律師職業資格並獲得大陸律師執業證書的臺灣居民在大陸執業可代理涉臺民事案件的範圍將擴大至五大類237項。

2017

11月9日，中國領導人習近平與美國總統川普在北京會談時指出，臺灣問題是中美關係中最重要、最敏感的核心問題，也事關中美關係的政治基礎，希望美方繼續恪守「一個中國」原則。

11月11日，中國領導人習近平在越南峴港會見日本首相安倍晉三時強調，在歷史、臺灣等涉及中日關係政治基礎的重大原則問題上，要始終按照中日四個政治文件和雙方共識行事。

11月15日，陸委會主委張小月出席「中共19大之權力格局與政策前瞻」國際研討會，發表「價值共構、利益共享，開創兩岸新境界」致詞，強調共同尋求兩岸互動的新模式，兩岸領導人應以雙方治理目標的最大公約數「人民」與「改革」，做為兩岸關係發展及溝通對話的基礎。

11月15日，中國國臺辦發言人馬曉光針對臺灣爭取加入CPTPP（跨太平洋夥伴全面進展協定，Comprehensive and Progressive Agreement for Trans-Pacific Partnership）表示，堅決反對建交國與臺灣簽署任何含有主權意涵和官方性質的協定。

11月19日，國防部表示，中共圖154型機一架18日上午飛經宮古海域，由北向南飛，執行遠海長訓。國軍依規定全程掌握共機動態，實施警戒與監控，並持續嚴守防空識別區周邊之海、空監控，護衛我海疆與空域安全。11月22日，中共計有轟六、運八、圖154、伊爾78、蘇愷30等各型機多架，經巴士海峽飛往西太平洋，從事跨島鏈遠海長航訓練。國防部強調，持續掌握共機動態，國軍對共機活動全程均能監偵掌握與應處，護衛國土安全。11月23日，國防部表示，中共軍機轟6等型機多架次續行跨島鏈遠海長航訓練。其中部分機種經巴士海峽飛往西太平洋後，沿原航路飛返駐地；據情有運8型機1架，經巴士海峽轉往東北飛行，穿越宮古水道後飛返駐地。國軍全程依規定派遣機、艦監偵與應處，並無特殊狀況。

11月24日，中國國臺辦主任張志軍出席「第3屆兩岸媒體人北京峰會」開幕致詞，以「六個一」概括「19大」報告對臺工作內容，包括：一個根本目標—解決臺灣問題、實現祖國完全統一；一條基本方針—堅持「和平統一、一國兩制」方針；一項主要任務—推動兩岸關係和平發展，推進祖國和平統一進程；一項基本原則—「一個中國」原則；一條清晰紅線—堅決維護國家主權和領土完整，絕不容忍國家分裂的歷史悲劇重演；一個重要理念—秉持「兩岸一家親」理念，尊重臺灣現有的社會制度和臺灣同胞生活方式，願意率先同臺灣同胞分享大陸發展的機遇。

11月28日，李明哲案以觸犯「顛覆國家政權罪」，遭中國湖南省岳陽市法院判處有期徒刑5年，剝奪政治權利2年。

11月30日，中國國防部發言人吳謙針對共軍軍機出島鏈遠海訓練已成常態表示，臺灣是中國的一部分，類似的訓練是年度計劃內的例行性安排且會持續，並強調沒有鎖鏈能夠鎖住中國。

2017　12月11日，蔡英文總統接見AIT主席莫健表示，臺灣將在區域穩定上持續扮演重要角色，強調臺灣是印度—太平洋區域的自由民主國家，自然是「自由開放的印度－太平洋」戰略中的相關者，相信臺灣可以對這個區域做出更多貢獻。

12月12日，中國大陸空軍表示，在12月11日展開例行性常態化體系遠洋訓練，多架轟炸機、偵察機「繞島巡航」，提升維護國家主權和領土完整的能力。

12月13日，中國國臺辦針對臺灣《公民投票法》修正案及通過《促進轉型正義條例》表示，堅決反對任何勢力以任何方式包括以所謂公投的方式來進行「臺獨」分裂活動，或者為「臺獨」分裂活動打開方便之門，及以各種名義進行的「去中國化」活動。

12月16日，西班牙國家法院同意將臺灣籍詐騙犯引渡到中國，陸委會深表遺憾與不滿，強調中華民國是主權國家，中國必須正視中華民國存在的事實。

12月19日，美國公布「國家安全戰略報告」，提及在《臺灣關係法》下的對臺承諾，外交部表示，該報告在維護區域和平穩定及經濟自由開放的理念與政府所推行的政策一致，符合我國家戰略利益。中國外交部表示，中方敦促美方恪守「一個中國」原則和中美三個聯合公報規定，妥善處理涉臺問題，防止干擾中美合作大局。

12月19日，中國國臺辦對新黨王炳忠等四人被警調部門搜查表示，臺灣當局對「臺獨」分裂分子袒護和縱容，並採取各種手段對主張兩岸和平統一的力量和人士肆意打壓和迫害，對此予以嚴正譴責，並密切關注有關事態發展。

12月20日，針對中共出動各型軍機多架次執行遠海長航，國防部強調，國軍持續堅守崗位，按「國軍經常戰備時期突發狀況處置規定」派遣機、艦嚴密監偵與應處，確保我空域與海疆安全。

12月21日，蔡英文總統視導空軍作戰指揮部，裁示對於近期中共「遠海長航訓練」請國軍持續加強聯合情監偵作業，嚴密監控海、空動態。

12月26日，國防部公布《2017年國防報告書》指出，中共挹注高額國防經費，加速國防與軍隊現代化進程，持續增加海空軍火箭軍及戰略支援部隊等戰力，推動部隊組織改革大幅提升兵力投射能力，嚴重威脅我國家安全。

12月27日，中國國臺辦主任張志軍出席2017年全國臺協會長座談會時表示，將堅決貫徹落實「19大」對臺工作大政方針。另國臺辦與國家發展和改革委員會、商務部在會上宣佈在四川設立海峽兩岸產業合作區。

12月28日，中國國防部就解放軍艦機11月中旬在東亞地區頻繁演訓，軍機多次繞臺航行表示，解放軍海空兵力的有關訓練活動，是年度計畫內的安排，以後類似的訓練還將繼續舉行。

12月29日，蔡英文總統出席「2017總統府年終媒體茶敘」表示，要維持區域的和平與繁榮，兩岸關係是一個重要的關鍵。維持現狀是不變的立場，也是臺灣向區域、向世界做出的有效承諾。兩岸的

問題，就是區域和平的問題。我們會善盡區域安全的責任，持續保持善意，維持一個穩定、一致、可預測的兩岸關係。

中國國家主席習近平在「全國政協」新年茶話會上表示，要繼續堅持「一個中國」原則，在「九二共識」基礎上推動兩岸關係和平發展，反對一切分裂國家的活動。

12月31日，中國國臺辦主任張志軍在2018年第一期《兩岸關係》雜誌發表「共擔民族大義、同寫時代新篇」表示，新的一年裡，我們推動兩岸關係和平發展、紮實推進祖國和平統一進程的決心不會改變。大陸海協會會長陳德銘發表「砥礪奮進、共濟世業」表示，未來兩岸關係還面臨很多變數。

兩岸之未來

耗盡了一甲子，邁入新千禧年也已快五分之一個世紀，什麼是兩岸競合的結局？

是維持：地緣政治的競爭，自我意識和價值體系的衝突？

抑或：昇華轉變關注在人類的終極問題？

中生代歷史學家哈拉瑞《人類大命運》指人類許多思想家和先知的認知：

饑荒、瘟疫和戰爭一定是上帝整個宇宙計畫的一部分，又或是出自人類天生的不完美；除非走到時間盡頭，否則永遠不可能擺脫。

人類由智人（Homo sapiens）躍升為神人（Homo Deus），形同擁有上帝的權力，那面對人類生存的困境及新議題，未來人類會是什麼樣的世界？兩岸人民昇華關注也一齊來關懷吧！

未來：自強行健，履踐理想

人類文明會發展下去，臺灣也是構成體，歷史歲月仍然持續著。

一直以來，和平，唾棄戰爭，是人類的天性；不論那個種族，生活在那個國家，信仰何種宗教、主義，皆然。

回顧過去，歷史顯示人類對抗，不外乎資本主義與社會主義的爭執。資本主義實驗成就了資本的創造性功能，讓人類更加崇尚於自由的價值；而社會主義實驗標榜了政府的專制性角色，讓人類迷戀於權力的嗜好。有關於此，一生用五十年時間才完成《世界文明史》的威爾·杜蘭（Will Durant，1885 -1981），雖然未見到蘇維埃的瓦解，但他生前曾經斷言：

> 東是西，西也是東，這兩者很快就會聚首了。

的確敏銳的觀察。其實，世界的人類趨勢是：對資本主義的恐懼迫使社會主義更加開放，而對社會主義的恐懼則迫使資本主義更加平等。

雙方對本身缺陷的不斷修正，就是兩種主義的綜合。

臺灣由於兩岸關係的未能正常化，但於兩岸競合關係之發展，除面臨中國武統威脅，在思想、信仰、生活制度等方面，近三十多年來不也是朝向這樣的趨勢？

就此，進一步探討。盱衡當代歷史，民主政治最大的挑戰是共產主義。惟今日兩岸的競爭不止在軍事、經濟，而係在思想、生活體制；臺灣應該有絕對的信心。戰後半個世紀，臺灣已轉型成為民主體制的社會，全球也經過長期的冷戰，以馬列思想為核心的蘇維埃體制也已經解體；目前世界上只有中國等極少數國家堅守共產主義。但今日中國之經濟崛起，以及習

近平所標榜的中國夢，並非依靠馬列主義所能完成。因此，兩岸競合的臺灣堅持仍應是民主的生活體制，以及持續的自由經濟，而不是向共產主義靠攏。除非，中國在成功的經濟改革再進一步深化，以及也能成功地完成政治改革，走向民主體制；否則，臺灣於兩岸競合終將以服貼人類價值站上歷史高峰。

其次，臺灣地理特徵是小型島國，中國是大型陸路國；兩者之連結，就是海洋經驗與陸路經驗的特殊相輔相成。

兩岸追求長期和平發展，除國家政治層面與社會經濟層次，必須伴隨以共同文化層面與精神層次，並能以更深層質的共同經營人類心靈的改造。就此，臺灣並不需要因為先民源於中國大陸，就排斥全世界無可替代的中華根本文化；或許正是更應該妥善運用這個文化，除可貢獻於彌補刨根去本式的「文化大革命」遺後的根本連結；臺灣更可以發揮創造力，致力於兩岸共同合作實踐新世紀人類精神深層領域的發覺。這正是人類文明所亟需。

最重要的，如果兩岸攜手合作中華根本文化於人類道德與精神本性上之心靈能量層次層面，當或可優於或廣闊於只以追求國家政治或經濟利益之層次層面。

再次，臺灣有前途問題。無論是當今之計，抑或長久之計，臺灣應優先著手致力於實現人類理想生活國度，為臺灣人民造福祉為基本目標；並全心推展超越國家主權之科技、經濟體（含數位經濟）、文化、宗教、學術、非政府組織（NGO）…等領域之實力，以突破國界相互連結，保障臺灣因國家主權國際爭議困局之發展空間。至於由歷史遺留的兩岸政治關係，自有歷史法則之軌跡可遵循；臺灣是統是獨，則勢必於適當時機由臺灣人民公投決定。兩岸關係當然需由兩岸運用智慧來處理。惟這之前，臺

灣既已化身成中華民國，於最後依歸未明確之前，兩岸仍須維持和平發展之態勢。因此，「中華民國臺灣」勢將維持一段時間至明。

臺灣在變，兩岸在變，歷史也在變。

邁向 21 世紀，意外的臺灣民主穩定走向兩岸競合政治，賴以傲世的經濟則由對美依存已轉而地緣傾中，並在中國崛起氣勢下，形成中國政經強大威脅臺灣生存與發展之兩岸歷史關係。

兩岸競合試煉著雙方的人民。這一代的臺灣人，正面對大陸中國人追求中國夢，逐漸發揮其空前威脅力，於有限的助力環境選擇自己的未來。

臺灣正走在時時刻刻抉擇之路上，步步仍然艱難。

當然，臺灣前途也攸關兩岸發展。臺灣未來何去何從？答案：依歷史法則運行。

臺灣之道，視中華民國之演易。中華民國可以是臺灣，就是今天的臺灣現狀：「中華民國臺灣」；臺灣也可以是中華民國，就是今天臺灣有人所強調：「一個中國，各自表述」（所謂今臺灣立場之九二共識）。中華民國可以是：「臺灣，以及中國大陸」，就是 1945 -1949 之狀況（所謂「中國」立場之九二共識）；中華民國也可能是未來另一個格局：新「中華民國」（中華人民共和國，以及中華民國臺灣）。

至於未來演變如何？依歷史法則，在民心。關鍵在：民心，天地民心。

臺灣人祖上先民，胼手胝足，以臺為家。歷史印證：天行健，君子以自強不息。

臺灣的故事，綿延述說數百年。由波浪兼天挺進臺灣伊始，熙熙攘攘、血淚憂恨，悲戚離合歲月躍然紙上；人事片片、家國變遷，局疊翻來覆去，串積貫穿歲月遺跡，於焉形成臺灣歷史章節，垂傳智慧勉諸後進子弟。

流水行雲，悠悠臺灣大歲月，於此行將告一段落之時，簡言數語，以

為本書之結束。

　　臺民先祖，天地一族，群居本島；
　　墾荒拓地，凝結一脈，生死相照。
　　患難與共，匯聚一氣，串五百年；
　　盡燃生命，代代一續，歷史臺灣。
　　未來歲月，二中一中，堅持相逼；
　　住民自決，定我家邦，前程永逸。
　　形勢諸局，生存優先，尊嚴不忘；
　　臺灣故事，敘述不完，子民自強。

　　最後，也留作者心聲。經過五年鎖定臺灣這五百年紀事的攀爬梳理，終於也到擱筆停格，畢竟也有歷史之感。

　　常為嘆者，有鑑於臺灣先祖大皆因難生存於斯土，而竟須冒險移民犯難於此島；而卻又窮忙於自家遠甚於理國濟世，故而有族群而難有民族，一再外力統治，也是散沙一盤，而無銅牆鐵壁一片。這樣的生存發展，其間雖有不少事蹟突破，但基緣於不充分仍跳不出歷史發展的軌跡。

　　人乃歷史之主角。歷史軌道指出「分分合合本是常事」，理想才能決定命運歸屬。臺灣歷經過往歲月的浪濤洗練，大歲月形成大社會的兼容並蓄，必然的積習大藏污納垢。因此，已然複雜矛盾的族群，如何尋得覓得大多數人的幸福時光，誠期臺灣人大智慧的出現。

《麻豆協約》確立荷蘭領主關係（1635.12）

　　《麻豆協約》是荷蘭東印度公司和臺灣原住民麻豆社於 1635 年 12 月簽訂的「和平協約」。由於荷蘭東印度公司臺灣總督普特曼斯報復 1629 年的麻豆溪事件，在 1635 年 11 月對麻豆社發動戰爭，雙方所簽訂之條約，確立了荷蘭領主與原住民為封臣的封建關係。此後，陸續有其他部落亦以此協約為藍本，表示歸順加入荷蘭地方議會，維繫雙方關係，並任命原住民首長，由荷蘭聯邦議會管轄。

《麻豆協約》條文

總督普特曼斯及大員（臺灣）的熱蘭遮城議會，代表荷蘭特許東印度公司為一方與大麻豆社村全權代表首領們，代表全體村人為另一方簽訂協約。

第一條：

　　我們 Tavoris，Tancksuij，Tilulogh 和 Tidaros，代表全體我們麻豆村民並以其名義，承諾將我們慣於懸掛誇耀的、我們所有收藏被屠殺的荷蘭人頭及其他骸骨，由全村每個村民手中收集起來，然後即刻呈交到新港給牧師 Junius，包括所有毛瑟槍或其他火器，還有軍服，及其他自行在我們這裡搜出的諸如此類物品。

＊條約內容引自鄭維中，《荷蘭時代的臺灣社會，自然法的難題與文明化的歷程》。臺北：前衛，2004。

第二條：

　　我們以活椰子與檳榔樹苗種種入土中，認可我們將讓渡並徹底奉獻並在所有方面給予崇高至大的聯邦議會，傳自我們先人、以及當前我們已在麻豆村以及附近平地佔有的，這種權限與各種財產權，包括我們的司法管轄權，即東至山、西至海和南北方之轄地，包括我們號令所能達到之處，應繼承的，或者在此透過佔有，根據所有人民權利所取得的財產權。

第三條：

　　今後我們沒有任何理由與荷蘭人及其聯盟或盟友發動戰事，相反的，對上述可敬的聯邦議會認可、尊敬、服從，視為我們的庇護者，我們欣喜、自願臣服在她之下，為此目的，並且使一切因此更有秩序的運作。我們承諾在所有的事務上順從並跟隨那四位首領（總督會從我們長老所委任並開列的雙倍名額名單中遴選出來）公平的指揮、命令和指令。又承諾，持續在我們四所主要教堂中以三個月一輪為期，懸掛親王旗【親王指的是荷蘭奧蘭治親王威廉（William of Orange）又被稱為沉默的威廉（William the Silent】於其中一所，若有顯然大事發生，首領們和村中長老需要集合時，便在此處舉行。

第四條：

　　若總督與一些其他村落或本島居民發生戰事，我們隨時願意並做好準備，以隨荷蘭人參戰並集結增援，反之荷蘭人也（當戰爭是合理發動，並且本身就總督的認知決定採取時）在公司體制限度內，應遵守對我們盡可能公正的支援和幫助。

第五條：

　　我們對於所有在魍港或其他地方燒石灰的、在平原上為了交易鹿皮或

其他商品而活動，帶來必需品的漢人，不加以阻礙或加諸負擔，從這裡到他們生活的其他地方，應該准許他們完全自由重複通行，而不得將漢人強盜、逃亡的荷蘭人或荷人的奴隸，加以收留或提供住宿，而相反的要即刻根據發佈的緝捕令，自行將其交出，或者自行壓送城中。

第六條：

當我們被持親王權杖的法庭人員要求特定個人，或者一個以上的人出面，立即到新港或城中（以回答某些問題或其他要求）出庭應訊，即應親身應訊並服從。

第七條：

也是最新的一點，對我們所認識到犯下屠殺荷蘭人的罪責，每年的贖罪日，應送雄、雌兩隻大豬到城堡給總督，同時在可敬的先生尊前為保持友誼，我們再度對四支親王旗，至上崇高敬意。

1635 年 12 月 18 日於熱蘭遮城：（簽名）Hans Putmans

大都王國與荷蘭東印度公司所簽訂之降約（1645）

一、承認該領主以往之權限，但以往諸村落向住民徵收之稅項，今後改由公司收取，且不承認領主之世襲。

二、關於處死罪之權利，對人身、生命等之處罰行為，要與政務員連繫，交由大員長官處理。

三、其他非重要事件委由公司的政務員和長老會議共同處置。

四、各村選出二位長老，公司將賦予和公司管轄內的臺灣其他地區相等的權限。

五、領主需善待各村的住民，且不允許住民有規避領主統治之情事發生。

六、若住民對領主提出告訴時，公司雖認為有必要庇護領主，但一切訴之法律，不對住民施以懲罰。

七、公司所屬之諸村落，以往雖屬領主管轄，但今後變成公司之屬民，領主不可加害之，應彼此親善相處。

八、各村的住民，每年需向公司納貢，領土永久免稅，另外長老在職期間亦免稅。

九、領主每年都需與長老共同出席地方集會（Landdag）。

十、若無公司之特許，不准漢人居住在村內，若有違反，則把漢人送交公司以為處罰。

十一、領主需遵守上述條件，若違背，即喪失領主之權利。

鄭荷之戰《荷蘭降書》（1662.2）

荷蘭給鄭成功和約的提議

由一方為自 1661 年 5 月 1 日到 1662 年 2 月 1 日（明永曆 15 年 3 月 12 日）圍攻福爾摩沙熱蘭遮城的大明招討大將軍國姓殿下，另一方為荷蘭總督揆一及其議員們所訂立的 18 條款如下：

1. 雙方都要把所造成的一切仇恨遺忘。

2. 熱蘭遮城及其城外的工事、大砲及其他武器，糧食、商品、貨幣及所有其他物品，凡屬於公司的都要交給國姓爺。

3. 米、麵包、葡萄酒、燒酒、肉、鹹肉、油、醋、繩子、帆布、瀝青、柏油、錨、火藥、子彈、火繩及其他物品，凡所有被包圍者從此地到巴達維亞的航程中所必需者，上述總督及議員們得以自上述公司的物品中，毫無阻礙地裝進在泊船處及海邊的荷蘭聯合東印度公司的船。

4. 屬於在福爾摩沙這城堡裡的，以及在這戰爭中被帶去其他地方的荷蘭政府特殊人物的所有動產，經國姓爺的授權者檢驗之後，得以毫無短缺地裝進上述的船。

5. 除了上述物品之外，那二十八位眾議會的議員們，每位得以帶走二百個兩盾半銀幣。此外有二十個人，即已婚的、單位主管及比較重要的人，合計帶走一千個兩盾半銀幣。

6. 軍人經過檢查之後，可以帶走他們的全部物品及貨幣，並依我們的習俗，全副武裝，舉著打開的旗子、燃著火繩、子彈上膛，打著鼓出去上船。

7. 福爾摩沙的漢人之中，還有人向公司負債的，他們負債的金額和原因，或因贌租或因其他緣故，都將從公司的簿記中抄錄出來，交給國姓爺。

8. 這政府全部文件簿記，現在都得以帶往巴達維亞。

9. 所有的公司職員、自由民、婦女、兒童、男奴、女奴，在這戰爭中落在國姓爺領域裡且尚在福爾摩沙的，國姓爺將從今日起八至十日內交給上述的船，那些在中國的，也要儘快送來交給上述的船。對於那些不在國姓爺的領域裡而仍在福爾摩沙的公司其他人員，也要立刻給予通行證，以便去搭乘公司的船。

10. 國姓爺要把他所奪去的船上的四隻小艇及其附屬設備立刻還給公司。

11. 國姓爺也要安排足夠的船給公司，以便運送人員和物品到巴達維亞。

12. 農產品、牛和其他家畜以及其他為公司人員停留期間所需要的各類食物，要由國姓爺的部下以合理的價格，從今日起每天充足地供應給公司的上述人員。

13. 在公司人員遺留在此地或未上船以前，國姓爺的兵士或其他部下，如果不是為公司工作而來，誰也不得越過目前用籃堡或該殿下的陣地所形成的界線，來接近這城堡或其城外工事。

14. 在荷蘭東印度公司人員撤離以前，城堡將只掛一面白旗。

15. 倉庫監督官在其他人員和物品都上船之後，將留在城堡裡二至三天，然後才和人質一起上船。

16. 國姓爺將派官員或將官 Ongkim 及其幕僚 Punpauw Jamosie 為人質，於本條約經雙方各按本國的方式簽字、蓋章和宣誓之後，立刻送去停在泊船處的一艘公司的船。相對的，公司將派這政府的副首長 Joan Oetgens van Waveren 及眾議會議員 David Harthouwer 為人質，到

大員市鎮國姓爺那裡，他們將各留在上述二個地方，直到一切按照條約內容確實履行完畢。

17. 國姓爺被囚在這城堡裡的人，或被囚在此地泊船處公司船裡的俘虜，將和我們被囚在國姓爺的領域裡的俘虜交換。

18. 本條約如有誤會或確有需要而在此被遺漏之重要事項，將由雙方基於能為對方接受的共識，立刻修正之。

1662 年 2 月 1 日在大員的熱蘭遮城裡

簽名者：Frederick Coijett （揆一） 等 28 人

鄭成功的回覆

1. 我同意雙方發生過的所有問題都已經過去，不再存在，而且不再去想那些問題。

2. 按照所說的，該城堡所有的大砲、小砲、彈藥、現款以及全部商品，都要毫無例外的交給我。

3. 米、燒酒、醋、油、肉、鹹肉、麵包、繩子、帆布、瀝青、柏油、火藥、子彈、火繩等物品，各船得攜帶航行途中所需要的數量。

4. 所有的平民其財物家私，經檢驗後都得以裝上船。

5. 對那二十八個人，每人准予攜帶二百個兩盾半銀幣；對其他那二十個較低階的人，准予合計攜帶一千個兩盾半銀幣。

6. 兵士准予攜帶他們的行李不受騷擾地上船；並得以全副武裝，點燃火繩、子彈上膛、旗子打開並打鼓等。

7. 你們得以將公司簿記文件中有關債務的資料，或贌租的或商品的，要抄錄交出來。

8. 所有的荷蘭人，男的、女的、孩童、黑人，都將於八至十日內送到船

裡，還在我方的地方官及其他人，也將不例外地都交還你們；而且，那些可能在此地或其他地方躲藏尚未露面的人，也將同樣平安地交還給你們。

9. 那五隻被我們取得的小艇，將歸還你們。

10. 各種船都將准予用來運送荷蘭人上船。.

11. 將命令兵士不得前往城堡附近，也不得有騷擾或暴力行為。

12. 在和約簽訂以前，該城堡得以掛一面白旗。

13. 該城堡裡的要員們須於三日內，將他們的事務處理完畢、並進入船裡。

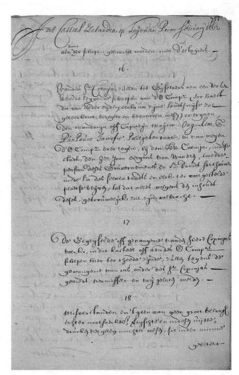

1662，〈鄭成功與荷蘭人的締和條約：荷人18條〉，荷蘭海牙國家檔案館藏。
圖即為荷蘭以18降降書要求媾和之部分條文：16、17、18條。

14. 雙方為此必須互換書面的條約，該書面的條約須經宣誓，並由重要人物簽名；為達此目的，雙方須互換人質。

15. 所有還在該城堡裡的漢人須全部釋放，同樣，在我們這邊還活著的荷蘭人也將予以釋放。

16. 如果還有任何細節在此被遺忘的，將予另行商討。

大明永曆 15 年 12 月 13 日（1662 年 2 月 2 日）

《馬關條約》

（大清帝國、大日本帝國於 1895 年 5 月 8 日在煙臺交換批准）

大清帝國大皇帝陛下及大日本帝國大皇帝陛下為訂立和約，俾兩國及其臣民重修平和，共享幸福，且杜絕將來紛紜之端，大清帝國大皇帝陛下特簡大清帝國欽差頭等全權大臣太子太傅文華殿大學士北洋通商大臣直隸總督一等肅毅伯爵李鴻章、大清帝國欽差全權大臣二品頂戴前出使大臣李經方、大日本帝國大皇帝陛下特簡大日本帝國全權辦理大臣內閣總理大臣從二位勳一等伯爵伊藤博文、大日本帝國全權辦理大臣外務大臣從二位勳一等子爵陸奧宗光為全權大臣，彼此校閱所奉諭旨，認明均屬妥善無闕。會同議定各條款，開列於下：

第一款　中國認明朝鮮國確為完全無缺之獨立自主。故凡有虧損獨立自主體制，即如該國向中國所修貢獻典禮等，嗣後全行廢絕。

第二款　中國將管理下開地方之權併將該地方所有堡壘、軍器、工廠及一切屬公物件，永遠讓與日本。

　　一、下開劃界以內之奉天省南邊地方。從鴨綠江口溯該江以抵安平河口，又從該河口劃至鳳凰城、海城及營口而止，畫成折線以南地方；所有前開各城市邑，皆包括在劃界線內。該線抵營口之遼河後，即順流至海口止，彼此以河中心為分界。遼東灣東岸及黃海北岸在奉天省所屬諸島嶼，亦一併在所讓境內。

　　二、臺灣全島及所有附屬各島嶼。

三、澎湖列島。即英國格林尼次東經百十九度起、至百二十度止
　　及北緯二十三度起、至二十四度之間諸島嶼。

第三款　前款所載及黏附本約之地圖所劃疆界，俟本約批准互換之後，兩
　　　　國應各選派官員二名以上為公同劃定疆界委員，就地踏勘確定劃
　　　　界。若遇本約所訂疆界於地形或治理所關有礙難不便等情，各該
　　　　委員等當妥為參酌更定。

　　　　各該委員等當從速辦理界務，以期奉委之後限一年竣事。但遇各
　　　　該委員等有所更定劃界，兩國政府未經認准以前，應據本約所定
　　　　劃界為正。

第四款　中國約將庫平銀二萬萬兩交與日本，作為賠償軍費。該款分作八
　　　　次交完：第一次五千萬兩，應在本約批准互換後六個月內交清；
　　　　第二次五千萬兩，應在本約批准互換後十二個月內交清；餘款平
　　　　分六次，遞年交納；其法列下：第一次平分遞年之款於兩年內交
　　　　清，第二次於三年內交清，第三次於四年內交清，第四次於五年
　　　　內交清，第五次於六年內交清，第六次於七年內交清；其年分均
　　　　以本約批准互換之後起算。又第一次賠款交清後，未經交完之款
　　　　應按年加每百抽五之息；但無論何時將應賠之款或全數或幾分先
　　　　期交清，均聽中國之便。如從條約批准互換之日起三年之內能全
　　　　數清還，除將已付利息或兩年半或不及兩年半於應付本銀扣還
　　　　外，餘仍全數免息。

第五款　本約批准互換之後限二年之內，日本准中國讓與地方人民願遷居
　　　　讓與地方之外者，任便變賣所有產業，退去界外。但限滿之後尚
　　　　未遷徙者，酌宜視為日本臣民。

　　　　又臺灣一省應於本約批准互換後，兩國立即各派大員至臺灣限於

本約批准互換後兩個月內交接清楚。

第六款　中日兩國所有約章，因此次失和自屬廢絕。中國約俟本約批准互換之後，速派全權大臣與日本所派全權大臣會同訂立通商行船條約及陸路通商章程；其兩國新訂約章，應以中國與泰西各國現行約章為本。又本約批准互換之日起、新訂約章未經實行之前，所有日本政府官吏臣民及商業、工藝、行船船隻、陸路通商等，與中國最為優待之國禮遇護視一律無異。

中國約將下開讓與各款，從兩國全權大臣畫押蓋印日起，六個月後方可照辦。

第一、現今中國已開通商口岸之外，應准添設下開各處，立為通商口岸；以便日本臣民往來僑寓、從事商業、工藝製作。所有添設口岸，均照向開通商海口或向開內地鎮市章程一體辦理；應得優例及利益等，亦當一律享受：

　　一、湖北省荊州府沙市，

　　二、四川省重慶府，

　　三、江蘇省蘇州府，

　　四、浙江省杭州府。

日本政府得派遣領事官於前開各口駐紮。

第二、日本輪船得駛入下開各口附搭行客、裝運貨物：

　　一、從湖北省宜昌溯長江以至四川省重慶府，

　　二、從上海駛進吳淞江及運河以至蘇州府、杭州府。

中日兩國未經商定行船章程以前，上開各口行船務依外國船隻駛入中國　內地水路現行章程照行。

第三、日本臣民在中國內地購買經工貨件若自生之物、或將進口

商貨運往內地之時欲暫行存棧，除勿庸輸納稅鈔、派徵一切諸費外，得暫租棧房存貨。

第四、日本臣民得在中國通商口岸、城邑任便從事各項工藝製造；又得將各項機器任便裝運進口，只交所訂進口稅。

日本臣民在中國製造一切貨物，其於內地運送稅、內地稅鈔課雜派以及在中國內地沾及寄存棧房之益，即照日本臣民運入中國之貨物一體辦理；至應享優例豁除，亦莫不相同。

嗣後如有因以上加讓之事應增章程規條，即載入本款所稱之行船通商條約內。

第七款　日本軍隊現駐中國境內者，應於本約批准互換之後三個月內撤回；但須照次款所定辦理。

第八款　中國為保明認真實行約內所訂條款，聽允日本軍隊暫行佔守山東省威海衛。又，於中國將本約所訂第一、第二兩次賠款交清、通商行船約章亦經批准互換之後，中國政府與日本政府確定周全妥善辦法，將通商口岸關稅作為剩款並息之抵押，日本可允撤回軍隊。倘中國政府不即確定抵押辦法，則未經交清末次賠款之前，日本應不允撤回軍隊；但通商行船約章未經批准互換以前，雖交清賠款，日本仍不撤回軍隊。

第九款　本約批准互換之後，兩國應將是時所有俘虜盡數交還。中國約將由日本所還俘虜並不加以虐待若或置於罪戾。

中國約將認為軍事間諜或被嫌逮繫之日本臣民，即行釋放。併約此次交仗之間所有關涉日本軍隊之中國臣民，概予寬貸；併飭有司，不得擅為逮繫。

第十款　本約批准互換日起，應按兵息戰。

第十一款　本約奉大清帝國大皇帝陛下及大日本帝國大皇帝陛下批准之

後，定於光緒21年4月14日，即明治28年5月初8日在煙臺互換。

為此，兩國全權大臣署名蓋印，以昭信守。

大清帝國欽差頭等全權大臣太子太傅文華殿大學士北洋通商大臣直隸

總督一等肅毅伯爵李鴻章押。

大清帝國欽差全權大臣二品頂戴前出使大臣李經方押。

大日本帝國全權辦理大臣內閣總理大臣從二位勳一等伯爵伊藤博文

押。

大日本帝國全權辦理大臣外務大臣從二位勳一等子爵陸奧宗光押。

光緒21年3月23日

明治28年4月17日

訂於下之關，繕寫兩分

另約

第一款　遵和約第八款所訂暫為駐守威海衛之日本國軍隊，應不越一旅團

之多，所有暫行駐守需費，中國自本約批准互換之日起，每一周

年屆滿，貼交四分之一，庫平銀五十萬兩。

第二款　在威海衛應將劉公島及威海衛口灣沿岸，照日本國里法五里以內

地方，約合中國四十里以內，為日本國軍隊駐守之區。

在距上開劃界，照日本國里法五里以內地方，無論其為何處，中

國軍隊不宜偪近或紮駐，以杜生釁之端。

第三款　日本國軍隊所駐地方治理之務，仍歸中國官員管理。但遇有日本

國軍隊司令官為軍隊衛養、安寧、軍紀及分佈、管理等事必須施

行之處，一經出示頒行，則於中國官員亦當責守。

在日本國軍隊駐守之地，凡有犯關涉軍務之罪，均歸日本國軍務

官審斷辦理。

此另約所定條款，與載入和約其效悉為相同。為此兩國全權大臣署名蓋
　　印，以昭信守。

　　　　　　　　　　　　　　　　　　　　光緒 21 年 3 月 23 日
　　　　　　　　　　　　　　　　　　　　明治 28 年 4 月 17 日

　　訂於下之關，繕寫兩分

　　議定專條

大清帝國大皇帝陛下政府及大日本帝國大皇帝陛下政府為豫防本日署名蓋
印之和約日後互有誤會，以生疑義，兩國所派全權大臣會同議訂下開各款：

第一、　彼此約明，本日署名蓋印之和約添備英文，與該約漢正文、日本
　　　　正文較對無訛。

第二、　彼此約明，日後設有兩國各執漢正文或日本正文有所辯論，即以
　　　　上開英文約本為憑，以免舛錯，而昭公允。

第三、　彼此約明，將該議訂專條與本日署名蓋印之和約一齊送交各本國
　　　　政府，而本日署名蓋印之和約，請御筆批准，此議訂各款無須另
　　　　請御筆批准，亦認為兩國政府所允准，各無異論。

　　為此兩帝國全權大臣欲立文憑，各行署名著印，以昭確實。

　　　　　　　　　　　　　　　　　　　　光緒 21 年 3 月 23 日
　　　　　　　　　　　　　　　　　　　　明治 28 年 4 月 17 日

　　訂於下之關，繕寫兩分

國民政府《國家總動員法》

（1942.3.29 公布，1942.5.5 施行，2003.12.16 廢止 32 條，2004.1 總統令公佈廢止）

第1條　國民政府於戰時，為集中運用全國之人力、物力，加強國防力量，貫澈抗戰目的，制定國家總動員法。

第2條　本法所稱政府，係指國民政府及其所屬之行政機關而言。

第3條　本法稱國家總動員物資，係指左列各款而言：

　　　　一、兵器、彈藥及其他軍用器材。

　　　　二、糧食、飼料及被服品料。

　　　　三、藥品、醫藥器材及其他衛生材料。

　　　　四、船舶、車馬及其他運輸器材。

　　　　五、土木建築器材。

　　　　六、電力與燃料。

　　　　七、通信器材。

　　　　八、前列各款器材之生產、修理、支配、供給及保存上所需之原料與機器。

　　　　九、其他經政府臨時指定之物資。

第4條　本法稱國家總動員業務，係指左列各款而言：

　　　　一、關於國家總動員物資之生產、修理、支配、供給、輸出、輸入、保管及必要之試驗、研究業務。

　　　　二、關於民生日用品之專賣業務。

三、關於金融業務。

四、關於運輸、通訊業務。

五、關於衛生及傷兵、難民救護業務。

六、關於情報業務。

七、關於婦孺、老弱及有必要者之遷移及救濟業務。

八、關於工事構築業務。

九、關於教育、訓練與宣傳業務。

十、關於徵購及搶先購運之業務。

十一、關於維持後方秩序並保護交通機關及防空業務。

十二、其他經政府臨時指定之業務。

第 5 條　本法實施後，政府於必要時，得對國家總動員物資徵購或徵用其
　　　　一部或全部。

第 6 條　本法實施後，政府於必要時，得對國家總動員物資之生產、販賣
　　　　或輸入者，命其儲存該項物資之一定數量，在一定時間，非呈准
　　　　主管機關，不得自由處分。

第 7 條　本法實施後，政府於必要時，得對國家總動員物資之生產、販賣、
　　　　使用、修理、儲藏、消費、遷移或轉讓，加以指導、管理、節制
　　　　或禁止。

　　　　前項指導、管理、節制或禁止，必要時得適用於國家總動員物資
　　　　以外之民生日用品。

第 8 條　本法實施後，政府於必要時，得對國家總動員物資及民生日用品
　　　　之交易價格、數量加以管制。

第 9 條　本法實施後，政府於必要時，在不妨礙兵役法之範圍內，得使人
　　　　民及其他團體從事於協助政府或公共團體所辦理之國家總動員業

務。

第10條 政府徵用人民從事於國家總動員業務時，應按其年齡、性別、體質、學識、技能、經驗及其原有之職業等為適當之支配。

第11條 本法實施後，政府於必要時，得對從業者之就職、退職、受雇、解雇及其薪俸、工資加以限制或調整。

第12條 本法實施後，政府於必要時，得對機關、團體、公司、行號之員工及私人雇用工役之數額加以限制。

第13條 本法實施後，政府於必要時，得命人民向主管機關報告其所雇用或使用之人之職務與能力，並得施以檢查。

第14條 本法實施後，政府於必要時，得以命令預防或解決勞資糾紛，並得於封鎖工廠、罷工、怠工及其他足以妨礙生產之行為嚴行禁止。

第15條 本法實施後，政府於必要時，得對耕地之分配，耕作力之支配及地主與佃農之關係，加以釐定，並限期墾殖荒地。

第16條 本法實施後，政府於必要時，得對貨幣流通與匯兌之區域及人民債權之行使，債務之履行，加以限制。

第17條 本法實施後，政府於必要時，得對銀行、信託公司、保險公司及其他行號資金之運用，加以管制。

第18條 本法實施後，政府於必要時，得對銀行、公司、工廠及其他團體、行號之設立、合併、增加資本、變更目的、募集債款、分配紅利、履行債務及其資金運用，加以限制。

第19條 本法實施後，政府於必要時，得獎勵、限制或禁止某種貨物之出口或進口，並得增徵或減免進出口稅。

第20條 本法實施後，政府於必要時，得對國家總動員物資之運費、保管費、保險費、修理費或租費，加以限制。

第21條 本法實施後，政府於必要時，得對人民之新發明專利品或其事業
　　　 所獨有之方法、圖案、模型、設備，命其報告試驗，並使用之。
　　　 關於前項之使用，並得命原事業主供給熟練技術之員工。

第22條 本法實施後，政府於必要時，得對報館及通訊社之設立，報紙、
　　　 通訊稿及其他印刷物之記載，加以限制、停止，或命其為一定之
　　　 記載。

第23條 本法實施後，政府於必要時，得對人民之言論、出版、著作、通
　　　 訊、集會、結社，加以限制。

第24條 本法實施後，政府於必要時，得對人民之土地、住宅或其他建築
　　　 物，徵用或改造之。

第25條 本法實施後，政府於必要時，得對經營國家總動員物資或從事國
　　　 家總動員業務者，命其擬訂關於本業內之總動員計劃，並舉行必
　　　 要之演習。

第26條 本法實施後，政府於必要時，得對從事國家總動員物資之生產或
　　　 修理者，命其舉行必要之試驗與研究或停止改變原有企業，從事
　　　 指定物資之生產或修理。

第27條 本法實施後，政府於必要時，得對經營同類之國家總動員物資或
　　　 從事同類之國家總動員業務者，命其組織同業公會或其他職業團
　　　 體，或命其加入固有之同業公會或其他職業團體。
　　　 前項同業公會或職業團體，主管機關應隨時監督，並得加以整理、
　　　 改進。

第28條 本法實施後，政府對於人民因國家總動員所受之損失，得予以相
　　　 當之賠償或救濟，並得設置賠償委員會。
　　　 本法實施停止時，原有業主或權利人及其繼承人對原有權利有收

回之權。

第 29 條 本法實施時，應設置綜理推動機關；其組織另以法律定之。

關於國家總動員物資及業務，仍由各主管機關管理執行。

第 30 條 本法實施時，前條綜理推動機關，為加強國家總動員之效率起見，得呈請將有關各執行機關之組織、經費、權限加以變更或調整。

第 31 條 本法實施後，政府對於違反或妨害國家總動員之法令或業務者，得加以懲罰。

前項懲罰以法律定之。

第 32 條 本法之公布實施與停止，由國民政府以命令行之。

《波茨坦宣言》（1945.7.26）

1. 余等：美國總統、中國國民政府主席及英國首相代表余等億萬國民，業經會商，並同意對日本應予以一機會，以結束此次戰事。

2. 美國、英帝國及中國之龐大陸、海、空部隊，業已增強多倍，其由西方調來之軍隊及空軍，即將予日本以最後之打擊，彼等之武力受所有聯合國之決心之支持及鼓勵，對日作戰，不至其停止抵抗不止。

3. 德國無效果及無意識抵抗全世界激起之自由人之力量，所得之結果，彰彰在前，可為日本人民之殷鑒。此種力量當其對付抵抗之納粹時不得不將德國人民全體之土地、工業及其生活方式摧殘殆盡。但現在集中對待日本之力量則較之更為龐大，不可衡量。吾等之軍力，加以吾人之堅決意志為後盾，若予以全部實施，必將使日本軍隊完全毀滅，無可逃避，而日本之本土亦必終歸全部殘毀。

4. 現時業已到來，日本必須決定一途，其將繼續受其一意孤行計算錯誤，使日本帝國已陷於完全毀滅之境之軍人之統制，抑或走向理智之路。

5. 以下為吾人之條件，吾人決不更改，亦無其他另一方式。猶豫遷延，更為吾人所不容許。

6. 欺騙及錯誤領導日本人民使其妄欲征服世界者之威權及勢力，必須永久剔除。蓋吾人堅持非將負責之窮兵黷武主義驅出世界，則和平安全及正義之新秩序勢不可能。

7. 直至如此之新秩序成立時，及直至日本製造戰爭之力量業已毀滅，有

確定可信之證據時，日本領土經盟國之指定，必須佔領，俾吾人在此陳述之基本目的得以完成。

8. 開羅宣言之條件必將實施，而日本之主權必將限於本州、北海道、九州、四國及吾人所決定其他小島之內。

9. 日本軍隊在完全解除武裝以後，將被允許返其家鄉，得有和平及生產生活之機會。

10. 吾人無意奴役日本民族或消滅其國家，但對於戰罪人犯，包括虐待吾人俘虜在內，將處以法律之裁判，日本政府必將阻止日本人民民主趨勢之復興及增強之所有障礙予以消除，言論、宗教及思想自由以及對於基本人權之重視必須成立。

11. 日本將被允許維持其經濟所必須及可以償付貨物賠款之工業，可以使其獲得原料但一切可能使日本能夠重新武裝進行戰爭者除外，以別於統制原料，日本最後參加國際貿易關係當可准許。

12. 上述目的達到及依據日本人民自由表示之意志成立一傾向和平及負責之政府後，同盟國佔領軍隊當撤退。

13. 吾人通告日本政府立即宣布所有日本武裝部隊無條件投降，並以此種行動誠意實行予以適當之各項保證，除此一途，日本即將迅速完全毀滅。

昭和天皇《終戰詔書》（1945. 8. 14）

抑圖帝國臣民康寧，抑偕萬邦共榮之樂，皇祖皇宗之遺範也，朕拳拳所措。曩，所以宣戰米英二國，亦實出庶幾帝國自存與東亞安定；如排他國主權、侵他國領土，固非朕志。然交戰已閱四歲，朕陸海將兵之勇戰，朕百僚有司之勵精，朕一億黎庶之奉公，各各拘盡最善；戰局必無好轉，世界大勢亦未利我。

加之敵新使用殘虐爆彈，頻殺傷殘害無辜之所及，真至未測。而尚繼續交戰，終招來我民族之滅亡，人類文明之所延亦破卻；如斯，朕何以保億兆赤子、謝皇祖皇宗之神靈？是朕之帝國政府所以應共同宣言之至也。

朕與帝國共，對終始協力東亞解放之諸盟邦，得表遺憾之意。以致想及帝國臣民死於戰陣、殉於職域、斃於非命者、及其遺族，五內為之裂。且負戰傷、蒙災禍、失家業者之厚生所至，朕所深軫念。惟今後帝國所受苦難，固非尋常；爾臣民之衷情，朕知之善。然時運之所趨，朕堪所難堪、忍所難忍，欲以為萬世開太平。

朕茲得護持國體，信倚爾忠良臣民之赤誠，常與爾臣民共在。若夫情之所激、濫滋事端，或如同胞互為排擠、亂時局、誤大道、失信義於世界，朕最戒之。宜舉國一家，子孫相傳，確信神州不滅，念任重道遠，傾總力建設將來，誓篤道義、鞏志操，發揚國體精華，以期無後世界之進運。爾臣民，其克體朕意。

《日本投降書》（1945. 9. 2）

我們，謹代表日本天皇、日本政府及日本皇軍總將，茲此接受1945年7月26日由美利堅合眾國政府、中國政府及大不列顛政府于波茨坦協定所擬訂的四個條款，和及後由蘇維埃社會主義共和國聯邦提出的附款，上述四強下稱為同盟國。

我們茲此宣布日本皇軍總將，所有日本陸軍部隊以及所有日本轄下地區的武裝部隊向同盟國無條件投降。

我們茲此頒令所有日本轄下地區的武裝部隊以及日本人民立即停止任何敵視行為，以便處理及援救受損船艦、戰鬥機，軍用及民事財產以及必須遵循由盟軍最高統帥的指示及由他監督下由日本政府所頒布的所有法令。

我們茲此命令日本皇軍將領總部立即向日本陸軍部隊以及所有日本轄下地區的武裝部隊的各司令官指令（他們）必須自發性無條件地投降，確保所有部隊受他們監管。

我們茲此頒令所有民事、陸軍及海軍官員必須服從及遵守由盟軍最高統帥所宣布的聲明、法令及指令而使投降（條款）能落實于他們或他們的職能中。除非由他（官員）提出告退或呈辭外，我們會如舊保留以上官員的原有職級以及會繼續（派遣他們）執行非戰略性任務。

我們茲此保證遵守波茨坦協定所擬禮待天皇，日本政府及其繼任者的條款，無論任何法令及採取任何行動必須得到盟軍最高統帥的指令或由同盟國擬定貫徹（波茨坦）協定的制約。

我們茲此命令日本政府及日本皇軍將領總部立即釋放由日本國拘留的所有盟軍戰俘及本國的離心分子，並給予他們提供保護、醫護，照料及直接運送至（盟軍）指定的地點。

　　天皇內閣及日本政府必須服從盟軍最高統帥將制定實行投降條款的步驟行政以治理國家。

　　　　1945 年 9 月 2 日于日本國東京灣簽署，第 0904 號。

美國接管臺灣的麥帥〈第一號令〉

麥帥〈一般命令第一號〉（1945.9.2）

盟國統帥總司令部指令第一號

依據 1945 年 9 月 2 日日本國天皇及日本帝國政府之代表，暨日本帝國大本營所簽署之投降文件，應對日本國軍隊與日本國管制下之一切部隊，以及相關非軍事性機構，毫無延遲地發佈本指令添附書「一般命令第一號陸、海軍」與擴充命令所必要之訓令，並充分且完全地予以遵守。

添附書

一般命令第一號　陸、海軍

一、日本帝國大本營遵奉日本天皇之指示，並依照日皇代表日本所有軍隊向盟軍統帥投降，茲令所有日本帝國內外之指揮官，使在其指揮之下之日本軍隊及為日本管制之軍隊，立刻停止戰鬥行為，放下武器，駐在其現時所在之地點，並向代表美國、中國、英國、蘇聯之指揮官，如下列所述或如盟軍統帥以後所指示，無條件投降。除盟邦統帥對於詳細規定有所更改外，應迅速與下述之司令官取得聯繫。各指揮官之命令應立即完全執行。

1. 在中國（滿洲除外），臺灣及北緯十六度以北之法屬印度支那境內的日本國指揮官及所有駐地陸海空軍及附屬部隊，應向蔣介石委員長投降。

2. 在滿洲，北緯三十八度以北之高麗半島部份及庫頁島境內之日本指揮

官及所有駐地陸海空軍及附屬部隊，應向蘇維埃遠東軍總司令官投降。

3. 安達曼群島、尼科巴群島、緬甸、泰國、北緯十六度以南之法屬印度支那、馬來西亞、蘇門答臘、爪哇、小巽它群島（包括峇里島、龍伯島及帝汶島在內）、布魯島、西拉姆島、安澎島、亞拉弗海諸島、凱伊島、亞耳島、達尼巴島、西里伯斯群島、哈爾馬赫拉島和荷屬新幾內亞之日本國指揮官，以及駐地之所有陸海空軍及附屬部隊，應向盟國東南亞軍司令部最高司令官投降。婆羅洲、英屬新幾內亞、俾斯麥群島和所羅門群島之前日本國指揮官，以及駐地之所有陸海空軍及附屬部隊，應向澳洲陸軍最高司令官投降。

4. 日本國委任統治各島，琉球、小笠原群島及其他太平洋島嶼之日本高級將領及所有陸海空軍及附屬部隊，應向美國太平洋艦隊總司令投降。

5. 日本國大本營及日本各本土、日本附近各小島，北緯三十八度以南之高麗半島及菲律賓之日本高級將領及所有陸海空軍及附屬部隊，應向美國太平洋艦隊陸軍總司令投降。

6. 上述各司令官為唯一代表盟軍接受投降之代表，所有日本國軍隊應只向前述指揮官或其代表投降。

二、日本帝國大本營並命令其在日本及國外之各司令官，將日本部隊及在日本策劃下之部隊，無論在何地點完全解除武器，並在盟軍統帥所指定之時間及地點，將所有武器及裝備完全繳出。

（一）、在日本本土之日本警察，在另有命令以前，得免受此項解除武裝之規定。警察部隊各留崗位，並應負責維持法律與秩序。此類警察部隊之人數及武裝另行規定之。

（二）、日本帝國大本營應在收到此命令（若干日）內，以關於日本及在日本管制下各地區之全部情報供給盟邦統帥，如下：

1. 關於一切陸上空中及防空之各表，說明此類官佐士兵之地點與人數。

2. 所有陸軍、海軍和非軍用飛機之項目、型式、位置及有關狀完整資料。

3. 日本帝國及日本帝國控制下之所有水上及潛水海軍艦艇和輔導海軍艦艇，無論其係服役中、非服役中或建造中，均須提出其位置、狀態和航行資料。

4. 日本帝國及日本帝國控制下總噸數超過百噸之商船（包括以往曾屬盟國，但現為日本帝國權力範圍內者），無論其係服役中、非服役中或建造中，均須提出其位置、狀態和航行資料。

5. 關於所有地雷、水雷及其他對陸、海、空行動久障礙物的位置和設施狀況，以及與上述有關之安全通路的完整、詳細且附有地圖之資料。

6. 飛行場、水上飛機基地、對空防備設施、港口及海軍基地、物質貯藏所、常設與臨時陸上及沿岸防衛設施，包牯要塞及其他防備地在內之所有軍事設施和建築之位置及說明。

7. 所有盟軍俘虜及被拘留者之收容所或其他拘留場所的位置。

三、在接獲進一步通告之前，日本軍及民間航空所部當局之一切日本帝國陸、海軍非軍用航空機，須確實停留於其所在之陸上、海上及艦上之定點。

四、在接獲盟國統帥指示之前，日本帝國或日本帝國控制下久所有型式海軍艦艇商船，須毫無損傷地加以保存且不得企圖加以移動。至於航海中之船舶則須立即將所有種類之爆炸物無害地拋入海中，而非航海中之船舶則須立即將所有種類之爆炸物移至沿岸安全貯藏處所。

五、日本帝國及日本帝國控制下負有責任之軍部及行政當局，須確實執行

下列事項：

1. 所有日本帝國內埋藏地雷、水雷及其他對陸、海、空行動之障礙物，無其位於任何地點，均須依盟國統帥之指示予以去除。

2. 立即修復所有便於航海之設施。

3. 在前項實施完成之前，須開放且明白標示所有安全通路。

六、日本帝國及日本帝國控制下負有責任之軍部及行政當局，在接獲盟國統帥前一切指示之前，應將下列事物保持原狀且儘量維持良好狀態。

1. 所有兵器、彈藥、爆炸物、軍用裝備、貯藏品及軍需品等所有種類之軍用器材及一切軍用資材（除本指令第四項之特別規定外）

2. 所有陸上、水上及空中運輸和通訊設施與裝置。

3. 飛行場、水上飛機基地、對空防衛設施、港口及海軍基地、物資貯藏所、常設及臨時陸上與沿岸防備設施，包括要塞及其他防備地域在內的所有軍事設施及建築，以及所有前述防備設施、軍事設施和建築之設計與圖面。

4. 所有關於軍用器材及軍事機關或準軍事機關營運時，為製造目前正在使用或無法使用之其他資材及資產，或為仗此等製造或使用更形容易而計畫或意圖進行之所有工廠、製造場所、工作場所、研究所、實驗所、試驗所、技術上之項目（資料）、特許、設計、圖面及發明。

七、日本帝國大本營於接受本命令後，應毫無延遲就前記第六項及其後訓令中規定之所有項目，將其關於各自數量、型式及位置之完全資料表，提供給盟國統帥。

八、所有兵器、彈藥及軍用器材之製造及分配應立即終止。

九、關於日本帝國或日本帝國統治下官憲權限內之盟國俘虜及被拘留者：

1. 須細心注意維持所有盟國俘虜及被拘留者之安全及福利，至前記盟國

統帥接替其責任為止，須提供包括適切糧食、居住、被服及醫療在內之管理及補給業務。

2. 應立即將盟國俘虜反被拘留者所在之收容所及其他拘留所之設備、貯藏品、記錄、正器及彈藥，移交給俘虜及被拘留者中原任軍官者或指定之代表，並置於其指揮之下。

3. 依盟國統帥所指示之地點，將俘虜及被拘留者運送至盟國官憲能交接之安全處所。

日本帝國大本營於接受本命令之後，應毫無延遲地將表示所有盟國俘虜及被拘留者所在地點之資料表，提供給盟國統帥。

十、所有日本帝國及日本帝國統治下之軍部及行政當局，應協助盟國軍隊佔領日本帝國及日本帝國統治地域。

十一、日本帝國大本營及日本帝國該當官憲應做成準備，在盟國佔領軍指揮官有所指示之際，收集且移交一般日本帝國國民所有之一切武器。

十二、日本帝國及日本帝國統治下之軍部、行政官憲及私人，應嚴格且迅速服從本命令及爾後盟國統帥或其他盟國軍部官憲所發出之一切指示，若有遲延或不遵守本命和爾後任何命令之規定者，以及被盟國統帥認定為係對盟國有害之行為時，得由盟國軍部官憲及日本帝國政府加以嚴重且迅速之處罰。

十三、對於應提供給盟國統帥之前記第二項、第七項及第九項所需之資訊，日本帝國大本營立即於最短時間內進行通報。

《戒嚴法》

（1934 年 11 月 29 日國民政府公布施行，1949 年 1 月 14 日總統令修正公布）

第 1 條

　　戰爭或叛亂發生，對於全國或某一地域應施行戒嚴時，總統得經行政院會議之議決，立法院之通過，依本法宣告戒嚴或使宣告之。

總統於情勢緊急時，得經行政院之呈請，依本法宣告戒嚴或使宣告之。但應於一個月內提交立法院追認，在立法院休會期間，應於復會時即提交追認。

第 2 條

　　戒嚴地域分為二種：

一、警戒地域：指戰爭或叛亂發生時受戰爭影響應警戒之地區。

二、接戰地域：指作戰時攻守之地域。

　　警戒地域或接戰地域，應於時機必要時，區劃布告之。

第 3 條

　　戰爭或叛亂發生之際，某一地域猝受敵匪之攻圍或應付非常事變時，該地陸海空軍最高司令官，得依本法宣告臨時戒嚴；如該地無最高司令官，得由陸海空軍分駐團長以上之部隊長，依本法宣告戒嚴。

　　前項臨時戒嚴之宣告，應由該地最高司令官或陸海空軍分駐團長以上之部隊長，迅速按級呈請，提交立法院追認。

第 4 條

　　宣告戒嚴時，該地最高司令官應將戒嚴之情況及一切處置，隨時迅速按級呈報總統。

第 5 條

　　宣告戒嚴之地域，應時機之必要，得變更之。

第三條第二項及第四條之規定，於戒嚴地域之變更準用之。

第 6 條

　　戒嚴時期，警戒地域內地方行政官及司法官處理有關軍事之事務，應受該地最高司令官之指揮。

第 7 條

　　戒嚴時期，接戰地域內地方行政事務及司法事務，移歸該地最高司令官掌管，其地方行政官及司法官應受該地最高司令官之指揮。

第 8 條

　　戒嚴時期接戰地域內，關於刑法上左列各罪，軍事機關得自行審判或交法院審判之。

　　一、內亂罪。

　　二、外患罪。

　　三、妨害秩序罪。

　　四、公共危險罪。

　　五、偽造貨幣有價證券及文書印文各罪。

　　六、殺人罪。

　　七、妨害自由罪。

　　八、搶奪強盜及海盜罪。

九、恐嚇及擄人勒贖罪。

十、毀棄損壞罪。

犯前項以外之其他特別刑法之罪者，亦同。

戒嚴時期警戒地域內，犯本條第一項第一、二、三、四、八、九等款及第二項之罪者，軍事機關得自行審判或交法院審判之。

第 9 條

戒嚴時期，接戰地域內無法院或與其管轄之法院交通斷絕時，其刑事及民事案件均得由該地軍事機關審判之。

第 10 條

第八條、第九條之判決，均得於解嚴之翌日起，依法上訴。

第 11 條

戒嚴地域內，最高司令官有執行左列事項之權：

一、得停止集會結社及遊行請願，並取締言論講學新聞雜誌圖畫告白標語暨其他出版物之認為與軍事有妨害者。

上述集會結社及遊行請願，必要時並得解散之。

二、得限制或禁止人民之宗教活動有礙治安者。

三、對於人民罷市罷工罷課及其他罷業，得禁止及強制其回復原狀。

四、得拆閱郵信電報，必要時並得扣留或沒收之。

五、得檢查出入境內之船舶車輛航空機及其他通信交通工具，必要時得停止其交通，并得遮斷其主要道路及航線。

六、得檢查旅客之認為有嫌疑者。

七、因時機之必要，得檢查私有槍砲彈藥兵器火具及其他危險物品，並得扣留或沒收之。

八、戒嚴地域內，對於建築物船舶及認為情形可疑之住宅，得施行檢查，但不得故意損害。

九、寄居於戒嚴地域內者，必要時得命其退出，並得對其遷入限制或禁止之。

十、因戒嚴上不得已時，得破壞人民之不動產。但應酌量補償之。

十一、在戒嚴地域內，民間之食糧、物品及資源可供軍用者，得施行檢查或調查登記，必要時并得禁止其運出，其必須徵收者，應給予相當價額。

第 12 條

戒嚴之情況終止或經立法院決議移請總統解嚴時，應即宣告解嚴，自解嚴之日起，一律回復原狀。

第 13 條

本法自公布日施行。

臺灣人民自救宣言（1964.9.20）

彭明敏　謝聰敏　魏廷朝

一個堅強的運動，正在臺灣急速地展開著。這是臺灣島上 1,200 萬人民不願受共產黨統治，不甘心被蔣介石毀滅的自救運動。我們要迎上人民覺醒的世界潮流，摧毀蔣介石的非法政權，為建設民主自由，合理繁榮的社會而團結奮鬥。我們深信，參加這個堅強運動，使這個崇高的理想早日實現，是我們每一個人的權利，也是我們每一個人的責任。

一

「一個中國，一個臺灣」早已是鐵一般的事實！不論歐洲、美洲、非洲、亞洲，不論承認中共與否，這個世界已經接受了「一個中國，一個臺灣」的存在。即使在亞洲政策上陷於孤立的美國，也只有少數保守反動的政客，在炒「不承認主義」的冷飯，輿論主流，尤其是知識分子，都要求在法律上承認「一個中國，一個臺灣」，以謀中國問題的最後解決。美國的外交政策也正在往這個方向發展。為什麼美國還在口頭上把蔣政權當作唯一合法的中國政府？因為美國要藉此與中共討價還價，以達成有利的妥協。美國跟中共在華沙談了一百幾十次，美國一直強調了只要中共放棄「解放臺灣」的要求，美國對中共的門將永遠開放著。

蔣政權只靠美第七艦隊苟延殘喘，我們絕對不要被「反攻大陸」這一廂情願的神話矇住眼睛，走向毀滅的路上去。第七艦隊一旦撤退，蔣政權在數小時內就會崩潰。「反攻大陸」云云，只是蔣介石用來維持非法政權和壓榨我們的口實罷了。

二

　　「反攻大陸」是絕對不可能的！凡是具有起碼常識的人們，都會毫不遲疑地下這樣的判斷。蔣介石控制下的軍隊，頂多是一個防禦力量，而絕不是一個攻擊力量。它的存在完全依賴美國的軍援，而美援的目標，又僅在保持美國太平洋的防衛線，因此它不可能獲得超過防衛需要的攻擊武器。它的海軍無法在海上單獨作戰，因為它不但沒有主力艦，連保養一隻軍艦的設備也沒有。它的空軍由短程戰鬥機組織，攻擊所不可欠缺的運輸機和長程戰鬥機卻少得可憐。它的陸軍，仍然以輕裝備步兵為主力，機械化部隊和重炮兵只不過是裝飾品而已。

　　臺灣沒有支持反攻經濟的能力，蔣介石儘管全力支持軍隊，不惜以80％以上的預算做為軍費，但憑這彈丸之地，維持數十萬軍隊平時已苦於奔命，戰時怎能夠供給龐大的戰費？又怎麼能夠補人力的毀滅？

　　戰爭的目的已不存在，蔣介石雖然在號召自由民主，但處處蹂躪人權，一手把持政權，以特務組織，屬行暴政。有人說，大陸來臺人士返鄉心切，容易受蔣介石的驅使。其實，中共國勢的強大，已使百年來飽嘗外侮的民族主義者揚眉吐氣，他們相信，這絕不是貪污無能的蔣介石政權所能望其項背的。我們究竟為誰而戰？為何而戰？蔣介石已失去了使人信服的戰爭目標，誰願為這個獨夫賣命？

　　蔣介石的官兵，把一生奉獻給這個獨夫，請問他們得到什麼代價？一旦年老力衰，不僅不能享其餘生，且被擯去民間，流浪街頭。這種騙局怎麼不令他們痛恨？因此，退伍軍人常說「亡大陸的固然是退伍軍人，亡蔣介石也將是退伍軍人」。現役官兵的生活，更是慘不堪言，他們常常說，「毛澤東斷了我們的祖宗，蔣介石絕了我們的子孫。」狂者鋌而走險，狷者鬱鬱終日，官兵越規犯禁層出不窮，指揮官能多方籠絡，結果兵比官驕，

軍紀掃地。

　　至於代退伍軍人而入伍的臺籍青年在他們的記憶中仍然留著蔣介石在228 事變中屠殺二萬臺灣領導人物的仇恨，他們雖然三緘其口，始終還是蔣介石的「沈默的敵人」，在軍裝的鐵面孔下，固然看不出他們的思想，他們無論如何不致認賊作父，受蔣介石的奴役。政工制度牽制軍事行動，減低軍事效能。軍事行動的優點，在於能迅速動員人力物力，完成任務。政工制度則循教條監視軍事行動，政治目的重於軍事目的，政治責任抵銷了軍事效能。雖然軍中明理之士，如孫立人等，曾提出異議，但卻被戴上莫須有的罪名，迄今含冤莫白。官兵常說：「一旦動員，先槍斃政治指導員。」

　　想一想，一支欠乏攻擊能力的軍隊，在沒有戰費，士氣消沉，效率低落的情況下，和強大的中共作毫無目的的戰爭－這個戰爭叫做「反攻大陸」，而頑強的五星上將蔣介石，卻效法唐・吉訶德高舉一枝破爛不堪的掃把，向風車挑戰。

三

　　為什麼蔣介石仍然高喊「反攻大陸」？因為這個口號正是他延續政權，驅使人民的唯一手段。15 年來，他一直藉這一張空頭支票，宣佈戒嚴，以軍法控制了 1,000 餘萬的人民，他所要的「反攻大陸、」的把戲，實在是二十世紀的一大騙局。國民黨官員何嘗不知道這個騙局不能持久，他們一面將自己的子女和搜刮而來的財富送往國外，準備隨時逃亡，一面扮作江湖郎中，把「反攻大陸」的延命丹餵給死在跟前執迷不悟的蔣介石。讓我們看看這個口號有什麼魔力：

第一、蒙蔽人民，利用人民心理的弱點，以苟延早已喪失存在的蔣政權。

　　部份大陸來臺人士，思鄉心切，可因「反攻大陸」的幻想而支持蔣

介石，部份臺灣人則因盼望政治壓力和經濟負擔減少，而姑且信其有。

第二、可利用非常時期的名義，排除憲法和法令的正當行使，陷害愛國而富於正義感的人們，進一步限制言論，封鎖新聞，控制思想，實行愚化政策。

第三、挾中共以自重，向美國討價還價，作為勒索美援的工具，當中美交涉不順利，或美國向蔣介石施以壓力時，立即在香港放出國共和談的消息，使有恐懼中共病的美國不知所措。

　　總之，「反攻大陸」的口號，對外可以要挾中共以自重，對內可以屬行恐怖政治，延續政權。

四

　　蔣介石政權代表誰？

　　國民政府自稱是：「中國唯一的合法政府」。他認為現在的國民大會、立法委員、監察委員都是經過人民選舉而產生的，包括中國大陸和臺灣代表在內。我們知道，這些選舉都是 18 年以前（1947 年））舉行的，我們也知道不到二年（1949 年）中國大陸的人民已痛恨蔣政權的腐化無能，蔣介石雖然擁有數百萬軍隊卻很快地被趕出了中國大陸。顯然，大陸人民已選擇了另外一個政府。當時的國民政府已不能代表當時的大陸人民，何況在 18 年後的今天，新的一代已經成長，蔣政權顯然不能代表現在的大陸人民了。

　　那麼，蔣政權能否代表臺灣的人民？ 3,000 餘人的國大代表中，臺灣的代表只有 10 餘席，473 人的立法院中，臺灣的代表也不過 6 名，他們的任期已分別於 12 年前和 15 年前屆滿，當然不能代表現在的臺灣人民，何況 228 事變時，蔣介石屠殺了兩萬的臺灣領導人物（當時臺灣人口只有

600萬），雖然臺灣人一直忍氣吞聲，但他們一直是蔣介石「沈默的敵人」。

談到臺灣人和大陸人，我們必須指出，蔣介石政權雖然在口頭上高喊「臺灣人與大陸人必須攜手合作」，其實卻最忌諱臺灣人和大陸人真正合作，所以極力挑撥離間，無所不為。這種政策，在選舉中表現得最為突出。蔣政權分化臺灣人和大陸人，使他們互相猜忌，彼此獨立，以便操縱與統治。因此蔣政權一直防範臺灣人和大陸人的竭誠合作，協力消除蔣介石的專制，實現民主政治。當雷震要求臺灣人和大陸人合作的途徑時，蔣介石終於撕破了臉皮，不顧國內外輿論的指責，張牙舞爪地將雷震戴上紅帽子。蔣介石深知臺灣人和大陸人合作實現之日，也正是他的政權瓦解之時。

或者說，蔣介石政權是國民黨的代表，並且根據他們的傳統的「黨國合一」論也就是代表中國。其實，蔣政權甚至於不能真正代表國民黨。國民黨本身只有獨裁，而沒有民主，絕大多數的黨員，沒有說話的權利，他們的代表，在大會中，只能恭聽頭目的訓詞，鼓掌鞠躬而已。他們只是一群「點頭人」，只能一致通過頭目的提案，至於提案的內容，是不能也不敢過問的。黨內又是派系分立，在蔣介石的權力鬥爭中，如兩廣勢力，胡漢民、張發奎、李宗仁等被清算的派系固不必說，其他不得寵的派系也不能進入權力的核心。這些被排擠的多數黨員，當然是憤慨而不滿的。黨內明智之士或避口不談政治以作無言的抗議，甚至於積極抨擊，成為反對蔣政權的主流。

我們可以說，蔣政權只是國民黨內少數小人集團的代表。它既不能代表中國、又不能代表臺灣，甚至不能代表國民黨。

五

臺灣經濟的發展面臨兩大問題，一是龐大的軍隊組織，一是激增的人口。這是不負責任的蔣政權在「反攻大陸」的虛偽號召下自我毀滅的陷阱。

　　根據蔣政權本年的統計，軍費支出佔預算80%以上，這個數目，並不能概括所有的軍事費用。每年由糧食局供給軍隊20萬噸米的價格遠低於市價，而且遠低於局定的價格；軍隊的運費、電費以及其他應付公營事業的費用，從未結帳；軍需工廠所得與美援物資拋售所得也歸軍隊所有；軍隊的消費，已超過資本的形成。

　　激增的人口，也減低了經濟成長的效果，影響所及，失業問題日趨嚴重，尤以農村的情形最為惡劣。臺灣的勞動人口約有400萬人，而失業人口至少在100萬人以上，約佔勞動人口的四分之一，每平方公里的耕地，要擠1,230人，受大專教育的優秀青年迫不得已，紛紛出國，每年都在千人以上。蔣政權不敢面對現實，將問題的解決訴諸自欺欺人的「反攻大陸」上面，雖然有些知識分子正直呼喊著，但仍然無濟於事。他們說，主張節育的人是失敗主義者，而把希望寄託在剛出生的嬰兒，認為20年後，這批後代將為他們執干戈而「反攻大陸」。

　　許多人以為臺灣的土地政策是蔣政權的德政。其實，蔣政權實行土地改革的動機，卻是為了削弱潛在的反對力量。從清朝以來，臺灣傳統的政治領導人物，都來自地主階級。蔣介石深知政治人才的興衰對他的專制的影響，因此，先在1947年228事變時屠殺了兩萬臺灣領導人物，又在1950年實施土地改革，打倒傳統的政治領導階級。當然大陸人不屬於臺灣地主階級，也是土地改革能實施的主要原因。由於蔣政權傾心消滅地主階級，地方力量終一蹶不振，而農民卻在農產品價格的抑制、無從逃避的重稅、以及肥料換穀政策的重重剝削下，每日為餬口掙扎而無餘力。

經濟政策應該有一套長期發展計劃，但蔣政權所做的，只是不顧經濟原則的盲目的投資，以及表面而臨時性的應急措施。他們為了維持軍糧，不惜殺雞取卵，榨取農民。他們深怕軍費一時中斷，所以不敢面對現實，改革它命脈所在的稅收制度，而任它腐化。他們為了鞏固政權，更與財閥勾結，抑制貧苦大眾，造成貧富懸殊的不安定社會。

　　讓我們看到了山窮水盡的蔣政權的最後面目，一方面將它們的劊子手們放在重要的位置加緊暴力統治，他方面以所得「12億公債」都市平均地權、及變賣公共事業等，來榨取人民，屢次派遣他的掌櫃徐柏園到中南美疏散民脂民膏，大買地產。

六

　　臺灣足以構成一個國家嗎？

　　國家只是為民謀福利的工具，任何處境相同、利害一致的人們都可以組成一個國家。十餘年來，臺灣實際上已成為一個國家，就人口面積、生產力、文化水準條件來看，在聯合國一百十餘國中，臺灣可排在第三十餘位。其實許多小國的人民反而能享受更多的福利和文化的貢獻。如北歐各國、瑞士、南美的烏拉圭，都是很好的例子。我們應拋棄「大國」的幻想和包袱，面對現實，建設民主而繁榮的社會。

　　有人說，蔣介石已成了裸體的皇帝，我們可以坐待他的末日。但是我們不能不想，走到窮途末日的蔣政權，將臺灣交給中共。我們更不能不憂慮，臺灣將被國際上的權力政治所宰割，所以說我們絕對不能等待。

　　許多知識分子們仍然在迷信「和平轉移政權」與「漸進的改革」。我們必須指出，如果回顧劣跡昭昭的國民黨史，我們立刻就可以發現，只要剛愎狂傲的蔣介石睜著眼睛，任何方式的妥協不是夢想，便是圈套──專門用來陷害知識分子的圈套。所以我們絕不能妄想「和平轉移政權」而妥協。

我們還要坦誠的告誡與蔣政權合作的人們：「你們應立即衷心悔悟不再為蔣政權作威作福，不再做蔣政權的爪牙耳目，否則，歷史和人民將給你們最嚴屬的制裁」！

七

在臺灣這種正在開發中的地區，經濟發展實際上是文化、社會、經濟、政治的大革命，而政治則為一切推動的源泉。臺灣儘管具有現代化的良好基礎，可是只要腐化無能的蔣政權存在一天，我們距離現代化仍然非常遙遠，所以我們絕不能期待「漸進的改革」。

基於這種認識，我們提出下列主張，即使流盡最後的一滴血，我們也要堅持到底使它實現。

甲、我們的目標

（一）確認「反攻大陸」為絕不可能，推翻蔣政權，團結1,200萬人的力量，不分省籍，竭誠合作，建設新的國家，成立新的政府。

（二）重新制定憲法，保障基本人權，成立向國會負責且具有效能的政府，實行真正的民主政治。

（三）以自由世界的一分子，重新加入聯合國與所有愛好和平的國家建立邦交，共同為世界和平而努力。

乙、我們的原則

（一）遵循民主常軌，由普選產生國家元首。他不是被萬人崇拜的偶像，也不是無所不能的領袖。更沒有不容批評的教條。他只是受國會監督與控制，熱心為民眾服務的公僕。

（二）保障集會、結社和發表的自由，使反對黨獲得合法的地位，實行政黨政治。

（三）消滅特權，革除貪污，整肅政風，改善軍公教人員的待遇。

（四）樹立健全的文官制度，實行科學管理，提高行政的效能，確立廉潔公正的政治。

（五）保障司法獨立，廢除侵犯人權的法規，嚴禁非法的逮捕，審訊與刑罰。

（六）廢止特務制度，依民主國家常軌，規定警察的地位和職務，並樹立人民的守法精神。

（七）確保人民對國內外通信、遷徙與旅行的自由，維護開放的社會。

（八）以自衛為原則，裁減軍隊，並保障退伍軍人的地位和生活。在經濟方面，由於國防負擔大減，我們可以根據長遠的目標和計劃，充分利用人力物力，加速經濟的成長。我們將以民主方式分配經濟權利，廢除個人和階級經濟特權，保障機會均等。我們將建立直接稅制，加強累進所得稅與遺產稅，消除貧富懸殊的現象。我們計劃擴大國家的生產力，消滅失業，普遍提高國民生活水準，使人類的尊嚴和個人的自由具有實質意義。我們將改造農村傳統的生產力式與維護溫飽的觀念，建設科學化、機械化、現代化的農村社會。過去蔣政權盲目投資、無理干涉企業，以低工資支持資本家、以肥料換穀辦法剝削農民、以消費稅和戶稅增加一般大眾負擔所造成的各種問題，我們將予以徹底解決。

　　我們確信社會的目的在維持個人的尊嚴，增進人民的福利，因此我們反對蔣政權統治下的恐怖、貪婪與妨礙團結發展的多種措施，而要建立一個互信互助、友愛的社會，使每一個人都能過完美積極幸福的生活。

　　多少年來，中國只有兩個是非，一個是極右的國民黨的是非，一個是極左的共產黨的是非，真正的知識反而不能發揮力量。我們要擺脫這兩個是非的枷鎖，我們更要放棄對這兩個政權的依賴心理，在國民黨與共產黨

之外，從臺灣選擇第三條路—自救的途徑。

讓我們結束這個黑暗的日子吧！讓我們來號召不願受共產黨統治、又不甘心被蔣介石毀滅的人們，團結奮鬥，摧毀蔣介石的暴政，建設我們的自由國土。

愛好民主自由的同胞們，千萬不要因看到暗澹的現實而灰心，而絕望。讓我們告訴你們，國內外的情勢對我們越來越有利，而我們的自救力量正在急速地擴大中。在政府機關「地方團體、軍隊、公司、報社、學校、工廠、農村到處都有我們的同志。我們這個組織，已經與在美國、日本、加拿大、法國、德國的同志們取得密切的聯繫，並且得到熱烈的支持，一旦時機來到，我們的同志將會出現在臺灣的每一角落，跟你攜手合作共同奮鬥。

同胞們！勝利就在跟前，團結起來！

這就是我們的標誌。從今天起，它就隨時隨地出現在你們的面前，記住！當你們看到它的時候，這個組織正在迅速地擴大著，這個運動也正在有力地展開著。

921震災總統緊急命令（1999. 9. 25）

查臺灣地區於民國88年9月21日遭遇前所未有強烈地震，其中臺中縣、南投縣全縣受創甚深，臺北市、臺北縣、苗栗縣、臺中市、彰化縣、雲林縣及其他縣市亦有重大之災區及災戶，民眾生命、身體及財產蒙受重大損失，影響民生至鉅，災害救助、災民安置及災後重建，刻不容緩。爰經行政院會議之決議，依中華民國憲法增修條文第二條第三項規定，發布緊急命令如下：

一、中央政府為籌措災區重建之財源，應縮減暫可緩支之經費，對各級政府預算得為必要之變更，調節收支移緩救急，並在新臺幣八百億元限額內發行公債或借款，由行政院依救災、重建計畫統籌支用，並得由中央各機關逕行執行，必要時得先行支付其一部分款項。

前項措施不受預算法及公共債務法之限制，但仍應於事後補辦預算。

二、中央銀行得提撥專款，供銀行辦理災民重建家園所需長期低利、無息緊急融資，其融資作業由中央銀行予以規定，並管理之。

三、各級政府機關為災後安置需要，得借用公有非公用財產，其借用期間由借用機關與管理機關議定，不受國有財產法第四十條及地方財產管理規則關於借用期間之限制。

各級政府機關管理之公有公用財產，適於供災後安置需要者，應即變更為非公用財產，並依前項規定辦理。

四、政府為安置受災戶，興建臨時住宅並進行災區重建，得簡化行政程序，不受都市計畫法、區域計畫法、環境影響評估法、水土保持法、

建築法、土地法及國有財產法等有關規定之限制。

五、中央政府為執行災區交通及公共工程之搶修及重建工作，凡經過都市計畫區、山坡地、森林、河川及國家公園等範圍，得簡化行政程序，不受各該相關法令及環保法令有關規定之限制。

六、災民因本次災害申請補發證照書件或辦理繼承登記，得免繳納各項規費，並由主管機關簡化作業規定。

七、中央政府為迅速執行救災、安置及重建工作，得徵用水權，並得向民間徵用空地、空屋、救災器具及車、船、航空器，不受相關法令限制。衛生醫療體系人員為救災所需而進用者，不受公務人員任用法之限制。

八、中央政府為維護災區秩序及迅速辦理救災、安置、重建工作，得調派國軍執行。

九、政府為救災、防疫、安置及重建工作之迅速有效執行，得指定災區之特定區域實施管制，必要時並得強制撤離居民。

十、受災戶之役男，得依規定徵服國民兵役。

十一、　因本次災害而有妨害救災、囤積居奇、哄抬物價之行為者，處1年以上7年以下有期徒刑，得併科新臺幣五百萬元以下罰金。

以詐欺、侵占、竊盜、恐嚇、搶奪、強盜或其他不正當之方法，取得賑災款項、物品或災民之財物者，按刑法或特別刑法之規定，加重其刑至二分之一。

前二項之未遂犯罰之。

十二、本命令施行期間自發布日起至民國89年3月24日止。此令。

總　　　統　李登輝

行政院院長　蕭萬長

陳水扁司法案彙總

Ⅰ、陳水扁遭起訴司法案（判決有罪部分）

一、龍潭案

奎成允行賄 4 億元，扁珍收賄 3 億元，其他共犯收賄 1 億元，國庫用百億元購買龍潭工業用地，至今仍有山坡地不符建廠規格閒置無法使用。

三審判決定讞：2010 年 11 月 11 日陳水扁有期徒刑 11 年、罰金 1.5 億元；吳淑珍有期徒刑 11 年、罰金 1.5 億元。

二、陳敏薰人事案

陳敏薰行賄吳淑珍 1,000 萬元，想要取得大華證券董事長，最後因林全、奎仲瑩等人拒絕配合，以臺北 101 董座交差。

三審判決定讞：2010 年 11 月 11 日陳水扁有期徒刑 8 年、罰金 500 萬元；吳淑珍有期徒刑 8 年、罰金 500 萬元、洗錢部份 7 個月。

三、南港展覽館案

力拓公司郭銓慶行賄吳淑珍 9,181 萬（美金 273.55 萬元），取得評選委員名單再加以行賄，獲得南港展覽館興建工程 35 億 9,313.5 萬元標案。

三審判決定讞：2012 年 7 月 26 日吳淑珍有期徒刑 9 年、罰金 2,000 萬元。

四、龍潭案洗錢部份

扁家取得奎成允 3 億元賄款，透過人頭帳戶洗錢至海外。

三審判決定讞：2012 年 7 月 26 日陳水扁有期徒刑 2 年、罰金 300 萬元；吳淑珍有期徒刑 2 年、罰金 300 萬元。

五、元大併復華案

元大馬家行賄 2 億元，扁珍幫忙除去辜家競爭，元大取得復華金經營權。復華金股本 31 億元，公股從兩席董事到最後一席都沒有。

三審判決定讞：2012 年 12 月 20 日陳水扁有期徒刑 10 年、罰金 1 億元；吳淑珍有期徒刑 8 年、罰金 8,000 萬元，並追繳兩億元貪污所得。

【2015 年，特偵組循司法互助途徑，由瑞士將陳水扁家族遭凍結帳戶中的 674 萬 2416 美金（折合台幣 2 億 2135 萬餘元）匯回臺灣，其中 2 億元繳入國庫，剩餘款項作為陳水扁個人罰金。此項執行完成後，陳水扁未繳個人罰金剩下 7,000 萬多元，吳淑珍個人罰金 8,000 萬元則已繳清。】

六、教唆偽證罪案

吳淑珍教唆子、女、女婿作偽證，將國務費私用發票說是公務支出。

三審判決定讞：2011 年 8 月 17 日吳淑珍有期徒刑 9 個月。

以上六案件合併執行刑期：陳水扁有期徒刑 20 年、併科罰金 2 億 5 千萬元；吳淑珍有期徒刑 20 年、併科罰金 2 億元。所有貪污金額 6 億 181 萬元沒收。

II、陳水扁遭起訴司法案（判決無罪部分）

一、辜仲諒案

辜仲諒 2004 年總統大選給予陳水扁 2 億元，立委選舉給予 5,500 萬元，判定為政治獻金，三審定讞無罪。

二、機密外交案

陳水扁任內 15 次外交出訪，每次零用金先扣 3 萬美元自留，其餘 7 萬美元才交由馬永成、林德訓支付相關費用，因領據部分領取視同核銷，所以三審定讞無罪。

Ⅲ、陳水扁遭起訴司法案（至 2017 年底審理情形）

一、國務機要費案

陳水扁任內國務機要費以私用發票、假發票、假犒賞清冊、公費私用貪污 1 億 742 萬元之款項。目前為更二審審理中。

一審：2009 年 9 月 11 日判決陳水扁無期徒刑、吳淑珍無期徒刑。二審：2010 年 6 月 11 日判決陳水扁 20 年、吳淑珍 20 年。最高法院：2010 年 11 月 11 日發回更審。更一審：2011 年 8 月 26 日判決陳水扁無罪；吳淑珍無罪。最高法院：2012 年 7 月 26 日發回更審。

二、國泰併世華案

國泰蔡宏圖分 4 年交 4 億元，陳水扁使富邦蔡家退出世華購併案，最後國泰與世華兩家董座私底下討論即取得購併案，監察院調查國泰集團獲利 200 億元。目前更一審審理中。一審：2010 年 11 月 5 日判決陳水扁無罪、吳淑珍無罪。二審：2011 年 10 月 13 日判決陳水扁 10 年罰金 1.5 億元。最高法院：2012 年 12 月 20 日發回更審。目前在更一審。

三、教唆偽證罪案

陳水扁教唆馬永成、林德訓於國務機要費偵查時做不實偽證。目前發回更一審審理中。一審：2011 年 7 月 29 日判決陳水扁 2 個月。二審：2012 年 8 月 17 日判決陳水扁無罪。最高法院：2012 年 12 月 13 日發

回更審。目前在更一審。

四、侵占公文罪案

陳水扁 2008 年卸任後，將 17,375 件公文及機密公文帶出總統府，未歸檔或銷毀。目前在臺北地院一審審理中。

五、洗錢案

國務機要費、國泰併世華等案之洗錢罪。與國務機要費案及國泰併世華案同步發回更審。

六、洗錢案

被追訴陳敏薰行賄 1,000 萬元案的洗錢罪部分。於臺北地院一審審理中。

臺灣重大食品安全事件（1979-2014）

時間	事件名稱	內　容
1979	多氯聯苯中毒事件	彰化油脂公司於產製米糠油使用多氯聯苯加熱脫臭，因管線破裂滲入油中，導致臺中惠明盲校師生、多家工廠公司員工及一般民眾中毒，造成2000多人「米糠油」多氯聯苯中毒事件。
1984	S95奶粉事件	藥商郝景平自美國進口「飼料奶粉」，以不符合人類食品規格之飼料奶粉加工製作高價「嬰幼兒專用奶粉」，造成「S95奶粉事件」。
1985.9	餿水油	臺北德泰油行長期把養豬餿水交給化工廠提煉劣質食用油轉售至市內各夜市攤商與小吃，十年來共出售劣質油220萬公斤。
1986	綠牡蠣事件	南部海域牡蠣養殖被「廢五金」的廢棄物造成大規模污染。
1996	飼料奶粉	業者從澳洲進口「飼料奶粉」充當「食用奶粉」加工轉賣給消費者
1998-2002	黑心米酒	私釀米酒並添加工業用「甲醇」作為酒精，造成多人眼睛失明及數十起死亡。
2004.6	黑心素食	臺北市發現15種摻雜有「動物肉品」成分素料。
2005	黑心澱粉、糯米粉	臺北市岡泉食品公司把餵豬下腳料加工製成澱粉或糯米粉，冒稱泰國進口糯米粉，售給食品加工業。（三年多共賣出上百萬斤，波及粽子、麵包、饅頭、湯圓等）
2005	孔雀石綠	漁業署抽檢36件石斑魚樣品，有14件不合格，檢出還原型孔雀石綠。

2006	豬飼料製食品	臺糖用動物用酵母粉當正常酵母粉製作健素、香健素及健素糖三種健素食品。
2007.9	禁藥養殖	臺北縣農業局抽檢水產養殖場,發現部分養殖場的鱒魚存有「硝基呋喃」、「氯黴素」等禁藥殘留,養殖場產品流入市面。
2008.10	工業酒精製酒	臺中縣太平市一家釀酒工廠使用有毒工業酒精假冒食用酒精調製高粱酒、米酒等。
2009.11	工業鹽充食用鹽	桃園環海公司以致癌的工業用鹽(粗鹽)混充食用鹽販售。(估計有數萬包、上萬公斤透過家樂福、大潤發等賣場流入市面)
2011.3	黑心奶粉	四年來自行調配製造動物用的奶粉偽裝為紐西蘭進口奶粉。
2011.5	瘦肉精與四環素	新北市政府抽驗校園午餐6件驗出含有瘦肉精、四環素。(肉品來自雲林縣,農委會、衛生署、雲林縣政府遭監察院糾正。)
2011.5	塑化劑事件	飲料食品添加有毒塑化劑 DEHP,總計有上萬噸起雲劑製成濃縮果粉、果汁、果漿、優酪粉等50多種食物香料,造成「塑化劑事件」。
2012	畜牲奶粉	臺紐乳品臺灣分公司過期非供人食用奶粉被轉賣冠欣食品(連續五年獲食品金牌獎)、清涼食品、亞世佳食品公司,再製成羊、牛奶、調味乳和兒童奶粉銷售全臺早餐店,約有十公噸黑心奶粉流入市面。

2013.5	毒澱粉、毒醬油等	1. 暴發「毒澱粉」食品安全的問題，統一、愛之味、開喜（德記洋行）使用工業級防腐劑 EDTA-Na2 料製成甜點、飲品。 2. 自助餐店、攤販及餐廳使用的「雙鶴醬油」「單氯丙二醇」超標。 3. 不肖業者將順丁烯二酸酐加入澱粉，做成化製澱粉，包括粉圓、芋圓類、板條、魚肉煉製品類、肉圓、豆花、粉粿、粉條、肉羹、年糕、米粉及水晶餃等，以及地瓜粉、蕃薯粉、酥炸粉、黑輪粉、清粉、澄粉、粗粉、蚵仔煎粉、在來米粉等澱粉類產品均受波及。
2013.6	回鍋油	嘉義市茂洲食品公司以回鍋油製造豆棗、紅豆支、甜麵筋等醬菜料。
2013.8	偽藥供魚養殖	屏東石斑魚養殖業者將工業用化學藥劑製作動物用賣給石斑魚養殖業者，謊稱藥物具有消炎和殺菌效果。
2013.8	毒餐盒	臺中市太平區皇冠特殊印刷公司以「甲苯」擦拭紙容器油汙，多家知名連鎖餐飲業者委製紙餐盒遭波及。
2013.8	黃麴毒素	檢出紅麴米、紅麴酵素錠、紅薏仁等食品，含過量橘黴素、黃麴毒素等，不合格廠商有甲好生技、華順貿易等。
2013.8	胖達人香精	標榜「天然酵母，無添加人工香料」摻入人工合成製造出的香精。
2013.8	劣質米	泉順食品公司標榜臺灣產的山水佳長米，一粒臺灣米都沒有，標示國家標準三等米，卻為最劣的「等外米」等級。
2013.8	毒米苔目	日新食品行「米苔目」檢出苯甲酸。
2013.10	含毒物質「龍葵鹼」	摩斯漢堡（臺灣）「金黃薯」抽驗含「配醣生物鹼」（包括龍葵鹼和卡茄鹼）含量高達 1496ppm（超過國際標準值 10 倍以上）

2013. 10.16	黑心油	大統黑心油事件，標榜100％特級橄欖油係添加低成本葵花油（從葵花籽中提取）及棉籽油（棉花籽提取）混充。橄欖油含量遠不到50%，且還添加「銅葉綠素」調色（銅葉綠素高溫加熱後會釋出銅加速油脂氧化，攝取過量及不容易排泄，會造成肝腎負擔），橄欖油等相關產品下架。 富味香公司三年內將2600公噸棉籽油調和內銷。頂新集團採用大統油品（大統摻雜多種油品的混油）再包裝出售。
2013. 11.12	銅葉綠素 銅葉綠素納	衛福部發現有100公斤「銅葉綠素鈉」流向添加物大廠「億元公司」，製成液狀添加物後，再流向尚宏的粉圓、洺輝食品的魚板、蘭揚的濕海帶、新城國際實業的濕海帶、陸仕瑞芳廠的涼麵5款食品。陸仕是統一超商7-Eleven的涼麵、炒麵代工廠。
2014.4.1	殘留抗生素	聯合稽查小組驗出「偉良牧場」雞蛋殘留抗生素氟甲磺氯黴素和脫氧氫四環素（即去氧羥四環素），供應給7-11統一超商（2萬4000顆問題茶葉蛋已全賣光）；「俊宗牧場」主要供應國軍食用蛋驗出驅蟲藥乃卡巴精。
2014.4.9	灌水牛羊肉	高雄湖內區「農正鮮」公司在牛羊肉中添加保水劑，以按摩、泡水等方式加工2至3次，使牲畜重量增加，再販售給國軍和下游廠商大賺黑心錢，時間長達7年。
2014.2 2014.4	工業漂白劑	2月，臺南市仁德區一間工廠以俗稱「保險粉」的工業用連二亞硫酸鈉和漂白劑次氯酸鈉浸泡豆芽漂白、保鮮。 4月，苗栗市一間工廠同樣以「保險粉」浸泡豆芽漂白。（黑心豆芽已販售長達30年之久。）

| 2014.9.4 | 餿水油、回鍋油、飼料油混充食用油（強冠劣質油事件） | 1. 9月4日，警政署刑警局南部打擊犯罪中心破獲屏東主嫌郭烈成等6人經營地下油廠，專門向廢油回收業者順德企業和自助餐廳收購餿水，再自行熬煉成「餿水油」。「強冠企業股份有限公司」購買黑心油，製成「全統香豬油」後販賣到市面。
2. 9月4日，臺北市政府衛生局發現頂新集團味全公司製造的肉醬、肉酥等12款加工製品皆使用強冠公司「全統香豬油」製成，相關產品全面下架。
3. 9月5日，衛福部發現強冠公司購買自「屏東郭烈成工廠」所回收處理過的廢食用油、回鍋油，以33%劣質油混入67%豬油調和出廠為「全統香豬油」，多家知名業者使用強冠公司油品，包含奇美食品、盛香珍、美食達人（85度C）、味王、味全、黑橋牌⋯。
4. 9月6日，追查發現強冠公司替工研整合行銷公司代工製造「合將香豬油」餿水油品，油品已流向食品原料行、雜糧行、烘焙、早餐店、攤商等。
5. 9月10日，強冠公司遭離職員工爆料，強冠公司長期引進香港的工業豬油混入郭烈成餿水油製成「全統香豬油」。香港食物安全中心證實，香港「金寶運有限公司」將只供動物食用的飼料油謊報可供人類食用油，長期賣給強冠公司。
6. 9月11日，衛福部宣布，強冠公司生產25項豬油產品疑混入餿水油，要求強冠公司一律全數下架。
7. 10月2日，地下工廠油品負責人郭烈成坦承除收購餿水油外，還收購動物屍油（化製場回收動物屍體焚燒過程產生的油）、皮革油賣給強冠公司。 |

| 2014.10.8 | 正義混油事件 | 10月8日，臺南地方法院查獲頂新集團旗下正義公司前處長，鑫好公司負責人吳容合將飼料油謊稱食用豬油賣給頂新集團旗下正義公司。正義公司旗下油品「維力清香油」、「維力香豬油」、「正義香豬油」等油品皆混充飼料油頂新集團旗下正義油品68品項，以及鑫好公司計37項豬油產品，食用豬油混雞飼料油，造成「正義混油事件」。 |

資料來源：彭百顯（2014）

《臺灣問題與中國的統一》白皮書

（中華人民共和國 1993 年 8 月 31 日）

前言

　　維護國家統一和領土完整，是每個主權國家的神聖權利，也是國際法的基本原則。聯合國憲章明確規定：聯合國和它的成員國不得侵害任何會員國或國家之領土完整或政治獨立，不得干涉在本質上屬於任何國家國內管轄的事件。聯合國《關於各國依聯合國憲章建立友好關係及合作之國際法原則之宣言》指出：凡以局部或全部破壞國家統一及領土完整或政治獨立為目的之企圖，都是不符合聯合國憲章精神的。

　　中國近代史是一部被侵略、被宰割、被凌辱的歷史，也是中國人民為爭取民族獨立，維護國家主權、領土完整和民族尊嚴而英勇奮鬥的歷史。臺灣問題的產生與發展，都與這段歷史有著緊密的聯系。由於種種原因，臺灣迄今尚處於與大陸分離的狀態。這種狀態一天不結束，中華民族所蒙受的創傷就一天不能愈合，中國人民為維護國家統一和領土完整的鬥爭也一天不會結束。

　　臺灣問題的現狀如何？癥結何在？中國政府解決臺灣問題的立場與主張是什麼？為了便於國際社會有一個清楚的了解，有必要就下列問題加以闡述。

一、臺灣是中國不可分割的一部分

臺灣地處中國大陸的東南緣，是中國第一大島，同大陸是不可分割的整體。

　　臺灣自古即屬於中國。臺灣古稱夷洲、流求。大量的史書和文獻記載了中國人民早期開發臺灣的情景。距今 1700 多年以前，三國時吳人沈瑩的《臨海水土志》等對此就有所著述，它們是世界上記述臺灣最早的文字。公元 3 世紀和 7 世紀，三國孫吳政權和隋朝政府都曾先後派萬餘人去臺。進入 17 世紀之後，中國人民在臺灣的開拓規模越來越大。17 世紀末，大陸赴臺開拓者超過 10 萬人。至公元 1893 年（清光緒 19 年）時，總數達到 50.7 萬餘戶，254 萬餘人。200 年間增長 25 倍。他們帶去先進的生產方式，由南到北，由西及東，篳路藍縷，披荊斬棘，大大加速了臺灣整體開發的進程。這一史實說明，臺灣和中國其他省區一樣，同為中國各族人民所開拓所定居。臺灣社會的發展始終延續著中華文化的傳統，即使在日本侵占的 50 年間，這一基本情況也沒有改變。臺灣的開拓發展史，凝聚了包括當地少數民族在內的中國人民的血汗和智慧。

　　中國歷代政府在臺灣先後建立了行政機構，行使管轄權。早在公元 12 世紀中葉，宋朝政府即已派兵駐守澎湖，將澎湖地區劃歸福建泉州晉江縣管轄。元朝政府在澎湖設置行政管理機構「巡檢司」。明朝政府於 16 世紀中後期，恢復了一度廢止的「巡檢司」，並為防禦外敵侵犯，增兵澎湖。1662 年（清康熙元年），鄭成功在臺灣設「承天府」。清朝政府逐步在臺灣擴增行政機構，加強了對臺灣的治理。1684 年（清康熙 23 年）設「分巡臺廈兵備道」及「臺灣府」，下設「臺灣」（今臺南）、「鳳山」（今高雄）、「諸羅」（今嘉義）3 縣，隸屬福建省管轄。1714 年（清康熙 53 年），清政府派員測繪臺灣地圖，勘丈全境里數。1721 年（清康熙 60 年），增設「巡視臺灣監察御史」，改「分巡臺廈兵備道」為「分

巡臺廈道」。爾後又增設「彰化縣」和「淡水廳」。1727 年（清雍正 5 年），復改「分巡臺廈道」為「分巡臺灣道」（後又改為「分巡臺灣兵備道」），增「澎湖廳」，定「臺灣」為官方統一的名稱。1875 年（清光緒元年），清政府為進一步經營和治理臺灣，再增設「臺北府」及「淡水」、「新竹」、「宜蘭」3 縣和「基隆廳」。1885 年（清光緒 11 年），清政府正式劃臺灣為單一行省，任劉銘傳為首任巡撫，行政區擴為 3 府 1 州，領 11 縣 5 廳。劉在任內，鋪鐵路，開礦山，架電線，造商輪，興辦企業，創設新學堂，把臺灣社會經濟文化的發展大大向前推進。

1945 年中國人民抗日戰爭勝利後，中國政府重新恢復了臺灣省的行政管理機構。

海峽兩岸中國人為反對外國侵占臺灣進行了長期不懈的鬥爭。15 世紀後期起，西方殖民主義者大肆掠奪殖民地。1624 年（明天啟 4 年），荷蘭殖民者侵占臺灣南部。1626 年（明天啟 6 年），西班牙殖民者入侵臺灣北部。1642 年（明崇禎 15 年），荷蘭又取代西班牙占領臺灣北部。兩岸同胞為反對外國殖民者侵占臺灣進行了包括武裝起義在內的各種方式的鬥爭。1661 年（清順治 18 年），鄭成功率眾進軍臺灣，於次年驅逐了盤踞臺灣的荷蘭殖民者。

1894 年（清光緒 20 年），日本發動侵略中國的「甲午戰爭「。翌年，清政府戰敗，在日本威迫下簽訂喪權辱國的《馬關條約》，割讓臺灣。消息傳來，舉國同憤。在北京會試的包括臺灣在內的 18 省千餘舉人「公車上書」，反對割臺。臺灣全省「哭聲震天」，鳴鑼罷市。協理臺灣軍務的清軍將領劉永福等和臺灣同胞一起，與占領臺灣的日軍拚死搏鬥。中國大陸東南各地居民為支援這一鬥爭，或捐輸餉銀，或結隊赴臺，反抗日本侵略。在日本侵占臺灣期間，臺灣同胞一直堅持英勇不屈的鬥爭。初期，他

們組織義軍，進行武裝游擊抵抗，前後達 7 年之久。繼而，在辛亥革命推翻清政府後，他們又匯同大陸同胞一道，先後發起十餘次武裝起義。及至本世紀 20 和 30 年代，島內反抗日本殖民統治的群眾運動更加波瀾壯闊，席捲臺灣南北。

1937 年，中國人民開始了全民族的抗日戰爭。中國政府在《中國對日宣戰布告》中明確昭告中外：所有一切條約、協定、合同有涉及中日關係者，一律廢止。《馬關條約》自屬廢止之列。這一布告並鄭重宣布：中國將「收復臺灣、澎湖、東北四省土地「。中國人民經過 8 年艱苦的抗日戰爭，於 1945 年取得了最後的勝利，收復了失土臺灣。臺灣同胞鳴放鞭炮，歡欣鼓舞，祭告祖先，慶祝回歸祖國懷抱的偉大勝利。

國際社會公認臺灣屬於中國。中國人民的抗日戰爭是世界反法西斯鬥爭的一部分，得到了世界人民的廣泛支持。在第二次世界大戰中，為了反對德、日、意法西斯軸心國，中國與美國、蘇聯、英國、法國等結成同盟國。1943 年 12 月 1 日，中、美、英三國簽署的《開羅宣言》指出：「三國之宗旨，在剝奪日本自 1914 年第一次世界大戰開始以後在太平洋所奪得或占領之一切島嶼，在使日本所竊取於中國之土地，例如滿洲、臺灣、澎湖列島等，歸還中國。」1945 年 7 月 26 日，中、美、英三國簽署（後蘇聯參加）的《波茨坦公告》又重申：「開羅宣言之條件必將實施」。同年 8 月 15 日，日本宣布投降，《日本投降條款》規定：「茲接受中美英三國共同簽署的、後來又有蘇聯參加的 1945 年 7 月 26 日的波茨坦公告中的條款」。10 月 25 日，同盟國中國戰區臺灣省受降儀式於臺北舉行，受降主官代表中國政府宣告：自即日起，臺灣及澎湖列島已正式重入中國版圖，所有一切土地、人民、政事皆已置於中國主權之下。至此，臺灣、澎湖重歸於中國主權管轄之下。

中華人民共和國成立以來，157 個國家先後同中國建立了外交關係，它們都承認只有一個中國，中華人民共和國政府是中國的唯一合法政府，臺灣是中國的一部分。

二、臺灣問題的由來

臺灣在第二次世界大戰之後，不僅在法律上而且在事實上已歸還中國。之所以又出現臺灣問題，與隨後中國國民黨發動的反人民內戰有關，但更重要的是外國勢力的介入。

臺灣問題與國民黨發動的內戰。中國抗日戰爭期間，在中國共產黨和其它愛國力量的推動下，中國國民黨與中國共產黨建立了抗日民族統一戰線，抗擊日本帝國主義的侵略。抗日戰爭勝利後，兩黨本應繼續攜手，共肩振興中華大業，惟當時以蔣介石為首的國民黨集團依仗美國的支持，置全國人民渴望和平與建設獨立、民主、富強的新中國的強烈願望於不顧，撕毀國共兩黨簽訂的《雙十協定》，發動了全國規模的反人民內戰。中國人民在中國共產黨領導下被迫進行了三年多的人民解放戰爭，由於當時的國民黨集團倒行逆施，已為全國各族人民所唾棄，中國人民終於推翻了南京的「中華民國」政府。1949 年 10 月 1 日成立了中華人民共和國，中華人民共和國政府成為中國的唯一合法政府。國民黨集團的一部分軍政人員退據臺灣。他們在當時美國政府的支持下，造成了臺灣海峽兩岸隔絕的狀態。

臺灣問題與美國政府的責任。第二次世界大戰後，在當時東西方兩大陣營對峙的態勢下，美國政府基於它的所謂全球戰略及維護本國利益的考慮，曾經不遺餘力地出錢、出槍、出人，支持國民黨集團打內戰，阻撓中國人民革命的事業。然而，美國政府最終並未達到它自己所希望達到的目

的。美國國務院 1949 年發表的《美國與中國的關係》白皮書和艾奇遜國務卿給杜魯門總統的信，都不得不承認這一點。艾奇遜在他的信中說：「中國內戰不祥的結局超出美國政府控制的能力，這是不幸的事，卻也是無可避免的」；「這種結局之所以終於發生，也並不是因為我們少做了某些事情。這是中國內部各種力量的產物，我國曾經設法去左右這些力量，但是沒有效果」。

中華人民共和國誕生以後，當時的美國政府本來可以從中國內戰的泥潭中拔出來，但是它沒有這樣做，而是對新中國採取了孤立、遏制的政策，並且在朝鮮戰爭爆發後武裝干涉純屬中國內政的海峽兩岸關係。1950 年 6 月 27 日，美國總統杜魯門發表聲明宣布：「我已命令第七艦隊阻止對臺灣的任何攻擊」。美國第七艦隊侵入了臺灣海峽，美國第十三航空隊進駐了臺灣。1954 年 12 月，美國又與臺灣當局簽訂了所謂《共同防御條約》，將中國的臺灣省置於美國的「保護」之下。美國政府繼續干預中國內政的錯誤政策，造成了臺灣海峽地區長期的緊張對峙局勢，臺灣問題自此亦成為中美兩國間的重大爭端。

為了緩和臺灣海峽地區的緊張局勢，探尋解決中美兩國之間爭端的途徑，中國政府自 50 年代中期起，即開始與美國對話。1955 年 8 月至 1970 年 2 月，中美兩國共舉行了 136 次大使級會談，但在緩和與消除臺灣海峽地區緊張局勢這個關鍵問題上，未取得任何進展。及至 60 年代末 70 年代初，隨著國際局勢的發展變化和新中國的壯大，美國開始調整其對華政策，兩國關係逐步出現解凍的形勢。1970 年 10 月，第 26 屆聯合國大會通過 2758 號決議，恢復中華人民共和國在聯合國的一切合法權利，並驅逐臺灣當局的「代表」。1972 年 2 月，美國總統尼克松訪問中國，中美雙方在上海發表了聯合公報。公報稱：「美國方面聲明：美國認識到，在

臺灣海峽兩邊的所有中國人都認為只有一個中國，臺灣是中國的一部分。美國政府對這一立場不提出異議」。

1978 年 12 月，美國政府接受了中國政府提出的建交三原則，即：美國與臺灣當局「斷交「、廢除《共同防御條約》以及從臺灣撤軍。中美兩國於 1979 年 1 月 1 日正式建立外交關係。中美建交聯合公報聲明：「美利堅合眾國承認中華人民共和國政府是中國的唯一合法政府。在此範圍內，美國人民將同臺灣人民保持文化、商務和其他非官方聯系」；「美利堅合眾國政府承認中國的立場，即只有一個中國，臺灣是中國的一部分」。自此，中美關係實現正常化。

但遺憾的是，中美建交不過三個月，美國國會竟通過了所謂《與臺灣關係法》，並經美國總統簽署生效。這個《與臺灣關係法》，以美國國內立法的形式，作出了許多違反中美建交公報和國際法原則的規定，嚴重損害中國人民的權益，美國政府根據這個關係法，繼續向臺灣出售武器和干涉中國內政，阻撓臺灣與中國大陸的統一。

為解決美國售臺武器問題，中美兩國政府通過談判，於 1982 年 8 月 17 日達成協議，發表了有關中美關係的第三個聯合公報，簡稱「八一七公報」。美國政府在公報中聲明：「它不尋求執行一項長期向臺灣出售武器的政策，它向臺灣出售的武器在性能和數量上將不超過中美建交後近幾年供應的水平，它准備逐步減少它對臺灣的武器出售，並經過一段時間導致最後的解決中。」然而，十多年來美國政府不但沒有認真執行公報的規定，而且不斷發生違反公報的行為中 1992 年 9 月，美國政府甚至決定向臺灣出售 150 架 F-16 型高性能戰鬥機中美國政府的這一行動，給中美關係的發展和臺灣問題的解決增加了新的障礙和阻力。

由上可見，臺灣問題直到現在還未得到解決，美國政府是有責任的中

自 70 年代以來，美國朝野許多有識之士和友好人士，曾經為促使中美之間在臺灣問題上的分歧的解決做了大量有益的工作，上述三個聯合公報就包含著他們的努力和貢獻中中國政府和人民對此十分贊賞中然而也不能不看到，美國確也有人至今仍不願看到中國的統一，製造種種借口，施加種種影響，阻撓臺灣問題的解決。

中國政府相信，美國人民與中國人民是友好的中兩國關係的正常發展，是符合兩國人民的長遠利益和共同願望的中中美兩國都應珍視來之不易的指導兩國關係發展的三個聯合公報中只要雙方都能恪守三個公報的原則，相互尊重，以大局為重，歷史遺留下來的臺灣問題就不難得到解決，中美關係就一定能不斷獲得改善和發展。

三、中國政府解決臺灣問題的基本方針

解決臺灣問題，實現國家統一，是全體中國人民一項庄嚴而神聖的使命中中華人民共和國成立後，中國政府為之進行了長期不懈的努力中中國政府解決臺灣問題的基本方針是「和平統一、一國兩制」。

「和平統一、一國兩制」方針的形成中早在 50 年代，中國政府就曾設想以和平方式解決臺灣問題中 1955 年 5 月，周恩來總理在全國人民代表大會常務委員會會議上即提出：中國人民解決臺灣問題有兩種可能的方式，即戰爭的方式和和平的方式，中國人民願意在可能的條件下，爭取用和平的方式解決問題中 1956 年 4 月，毛澤東主席又提出：「和為貴」、「愛國一家」、「愛國不分先後」等政策主張。但由於某些外國勢力的干預等原因，這些主張未能付諸實踐。

自 70 年代末開始，國際國內形勢發生了一些重要變化：中美建立外交關係，實現了關係正常化；中國共產黨召開十一屆三中全會，決定把黨

和國家的工作中心轉移到現代化經濟建設上來。與此同時，海峽兩岸的中國人、港澳同胞以及海外僑胞、華人，都殷切期望兩岸攜手合作，共同振興中華。在這樣的歷史條件下，中國政府出於對整個國家民族利益與前途的考慮，本著尊重歷史、尊重現實、實事求是、照顧各方利益的原則，提出了「和平統一、一國兩制」的方針。

1979 年 1 月 1 日，中華人民共和國全國人民代表大會常務委員會發表《告臺灣同胞書》，鄭重宣告了中國政府和平解決臺灣問題的大政方針，呼籲兩岸就結束軍事對峙狀態進行商談。表示在實現國家統一時，一定尊重臺灣現狀和臺灣各界人士的意見，採取合情合理的政策和辦法。

1981 年 9 月 30 日，全國人民代表大會常務委員會委員長葉劍英發表談話，進一步闡明解決臺灣問題的方針政策。表示「國家實現統一後，臺灣可作為特別行政區，享有高度的自治權」，並建議由兩岸執政的國共兩黨舉行對等談判。

1982 年 1 月 11 日，中國領導人鄧小平就葉劍英的上述談話指出：這實際上就是「一個國家、兩種制度」，在國家實現統一的大前提下，國家主體實行社會主義制度，臺灣實行資本主義制度。

1983 年 6 月 26 日，鄧小平進一步發揮了關於實現臺灣與大陸和平統一的構想，指出，問題的核心是祖國統一。他還就兩岸統一和設置臺灣特別行政區問題，闡明了中國政府的政策。

1992 年 10 月 12 日，中共中央總書記江澤民指出：「我們堅定不移地按照和平統一、一國兩制的方針，積極促進祖國統一。」「我們再次重申，中國共產黨願意同中國國民黨盡早接觸，以便創造條件，就正式結束兩岸敵對狀態、逐步實現和平統一進行談判。在商談中，可以吸收兩岸其他政黨、團體和各界有代表性的人士參加。」

「和平統一、一國兩制」的基本點

「和平統一、一國兩制」是建設有中國特色的社會主義理論和實踐的重要組成部分，是中國政府一項長期不變的基本國策。這一方針，有以下基本點：

（一）一個中國。世界上只有一個中國，臺灣是中國不可分割的一部分，中央政府在北京。這是舉世公認的事實，也是和平解決臺灣問題的前提。

中國政府堅決反對任何旨在分裂中國主權和領土完整的言行，反對「兩個中國」、「一中一臺」或「一國兩府」，反對一切可能導致「臺灣獨立」的企圖和行徑。海峽兩岸的中國人民都主張只有一個中國，都擁護國家的統一，臺灣作為中國不可分割的一部分的地位是確定的、不能改變的，不存在什麼「自決」的問題。

（二）兩制並存。在一個中國的前提下，大陸的社會主義制度和臺灣的資本主義制度，實行長期共存，共同發展，誰也不吃掉誰。這種考慮，主要是基於照顧臺灣的現狀和臺灣同胞的實際利益。這將是統一後的中國國家體制的一大特色和重要創造。

兩岸實現統一後，臺灣的現行社會經濟制度不變，生活方式不變，同外國的經濟文化關係不變。諸如私人財產、房屋、土地、企業所有權、合法繼承權、華僑和外國人投資等，一律受法律保護。

（三）高度自治。統一後，臺灣將成為特別行政區。它不同於中國其他一般省區，享有高度的自治權。它擁有在臺灣的行政管理權、立法權、獨立的司法權和終審權；黨、政、軍、經、財等事宜都自行管理；可以同外國簽訂商務、文化等協定，享有一定的外事權；有自己的軍隊，大陸不派軍隊也不派行政人員駐臺。特別行政區政府和臺灣

各界的代表人士還可以出任國家政權機構的領導職務，參與全國事務的管理。

（四）和平談判。通過接觸談判，以和平方式實現國家統一，是全體中國人的共同心願。兩岸都是中國人，如果因為中國的主權和領土完整被分裂，兵戎相見，骨肉相殘，對兩岸的同胞都是極其不幸的。和平統一，有利於全民族的大團結，有利於臺灣社會經濟的穩定和發展，有利於全中國的振興和富強。

為結束敵對狀態，實現和平統一，兩岸應盡早接觸談判。在一個中國的前提下，什麼問題都可以談，包括談判的方式，參加的黨派、團體和各界代表人士，以及臺灣方面關心的其他一切問題。只要兩岸坐下來談，總能找到雙方都可以接受的辦法。

鑒於兩岸的現實狀況，中國政府主張在實現統一之前，雙方按照相互尊重、互補互利的原則，積極推動兩岸經濟合作和各項交往，進行直接通郵、通商、通航和雙向交流，為國家和平統一創造條件。和平統一是中國政府既定的方針。然而，每一個主權國家都有權採取自己認為必要的一切手段包括軍事手段，來維護本國主權和領土的完整。中國政府在採取何種方式處理本國內部事務的問題上，並無義務對任何外國或圖謀分裂中國者作出承諾。

這裡還應指出，臺灣問題純屬中國的內政，不同於第二次世界大戰後經國際協議而形成的德國問題和朝鮮問題。因此，臺灣問題不能和德國、朝鮮問題相提並論。中國政府歷來反對用處理德國問題、朝鮮問題的方式來處理臺灣問題。臺灣問題應該也完全可以通過兩岸的協商，在一個中國的架構內求得合理的解決。

四、臺灣海峽兩岸關係的發展及其阻力

臺灣海峽兩岸目前的分離狀態，是中華民族的不幸。所有中國人無不殷切盼望早日結束這種令人痛心的局面。

為了實現兩岸人民正常往來和國家統一，中國政府在提出和平統一主張的同時，也採取了一系列推動兩岸關係發展的措施：

政治方面，調整有關政策措施，化解敵對情緒。最高人民法院、最高人民檢察院決定不再追訴去臺人員在中華人民共和國成立前的犯罪行為。

軍事方面，主動緩和海峽兩岸軍事對峙狀態，停止對金門等島嶼的炮擊，並把福建沿海一些前沿陣地、觀察所開闢為經濟開發區和旅遊點。

經濟方面，敞開門戶，促進交流，歡迎臺商來大陸投資和從事貿易活動，並為之提供優惠條件和法律保障。其他如人員往來、郵電交通以及科技、文化、體育、學術、新聞等方面，中國政府亦持積極態度，採取了相應措施，鼓勵發展兩岸在各個領域的交流與合作，還成立了得到政府授權的民間團體「海峽兩岸關係協會」，同臺灣「海峽交流基金會」及有關民間團體建立聯系，維護兩岸人民的合法權益，推動兩岸關係的發展。

中國政府的對臺政策和措施，得到了越來越多的臺灣同胞、港澳同胞和海外僑胞、華人的理解和支持。廣大臺灣同胞為發展兩岸關係作出了很大的努力。臺灣當局近幾年也相應調整了對大陸的政策，採取了一些松動措施，諸如開放島內民眾赴大陸探親，逐步放寬對兩岸民間交流交往的限制，擴大間接貿易，開放間接投資，簡化兩岸同胞通話、通郵、通匯的手續。這些都是有利於相互交往的。近年來，兩岸的經濟貿易迅速發展，人員往來及各項交流活動不斷擴大。1993 年 4 月舉行的「汪辜會談」簽訂了四項協議，邁出了兩岸關係上具有歷史意義的重要一步，臺灣海峽出現了 40 餘年來前所未有的緩和氣氛，這是有利於和平統一的。

必須指出，臺灣當局雖對兩岸關係作了某些松動，但其現行大陸政策仍嚴重阻礙著兩岸關係的發展和國家的統一。他們口頭上雖聲稱「中國必須統一」，但行動上卻總是背離一個中國的原則，繼續維持與大陸分離的局面，拒絕就和平統一問題進行商談，甚至設置障礙，限制兩岸交往的進一步發展。

近年來，臺灣島內「臺獨」活動日形囂張，給兩岸關係的發展和國家和平統一投下了陰影。「臺獨」的產生有著復雜的社會歷史根源和國際背景，而臺灣當局拒絕和談、限制交往、在國際上推行「雙重承認」和「兩個中國」的政策，又實際上為「臺獨」活動提供了條件。應當說，臺灣同胞要求當家作主管理臺灣的願望是合情合理的、正當的，這不同於「臺灣獨立」，更與極少數堅持要走「臺獨」道路的人有著根本的區別。極少數「臺獨」分子鼓吹「獨立」，甚至投靠外國，妄圖將臺灣從中國分裂出去，這是違背包括臺灣同胞在內的全中國人民的根本利益的。中國政府嚴重關注這一事態的發展，對任何製造「臺灣獨立」的行徑絕不會坐視不理。

某些國際勢力不希望中國統一，仍千方百計插手中國內政，支持臺灣當局的「反共拒和」政策和島內的分裂勢力，為中國的和平統一製造障礙，嚴重傷害了中國人民的民族感情。

中國政府堅信，廣大臺灣同胞是要求國家統一的；臺灣朝野政治力量的大多數也是主張國家統一的。在兩岸人民共同努力下，上述障礙和阻力一定可以排除，兩岸關係一定可以獲得更好的發展。

五、國際事務中涉及臺灣的幾個問題

如前所述，世界上只有一個中國，臺灣是中國不可分割的一部分。中華人民共和國政府作為代表全中國人民的唯一合法政府，得到了聯合國及

世界各國的普遍承認。為維護國家主權和實現國家的統一，中國政府在國際事務中處理涉及臺灣的問題時，始終堅持一個中國的原則，一貫維護臺灣同胞的利益。中國政府相信，這一立場必能贏得各國政府和人民的尊重。

在此，中國政府認為有必要就以下幾個問題重申自己的立場和政策。

（一）與中國建交國同臺灣的關係問題。目前，世界上凡與中國建交的國家，均遵照國際法和一個中國的原則，與中國政府就臺灣問題達成正式協議或諒解，承諾不與臺灣建立任何官方性質的關係。按照國際法，一個主權國家只能有一個中央政府代表這個國家。臺灣作為中國的一部分，它在國際上無權代表中國，不能與外國建立外交關係和發展具有官方性質的關係。但考慮到臺灣經濟發展的需要和臺灣同胞的實際利益，對臺灣同外國的民間經濟、文化往來，中國政府不持異議。近幾年，臺灣當局在國際上竭力推行所謂「務實外交」，謀求同一些與中國建交的國家發展官方關係，推行「雙重承認」，達到製造「兩個中國」、「一中一臺」的目的。對此，中國政府堅決反對。

應該指出，世界上絕大多數國家都能珍視同中國的友好關係，恪守在臺灣問題上和中國達成的協議和諒解，中國政府對此表示贊賞。但也不能不指出，有的國家竟不顧國際信譽，違反與中華人民共和國建交時所作的承諾，同臺灣發展官方關係，從而給中國統一事業設置障礙。中國政府衷心希望，有關國家的政府能夠採取措施，糾正這一做法。

（二）國際組織與臺灣的關係問題。每個國家的主權是完整的，既不能分割，也不能分享。中華人民共和國政府作為中國的唯一合法政府，

有權利也有義務在國際組織中行使國家主權，代表整個中國。臺灣當局企圖在某些只有主權國家才能參加的國際組織中搞所謂「一國兩席」，就是要製造「兩個中國」。中國政府堅決反對這種行徑。這一原則立場完全符合包括臺灣同胞和海外僑胞在內的全中國人民的根本利益。只有在堅持一個中國原則立場的前提下，中國政府才可以考慮，根據有關國際組織的性質、章程規定和實際情況，以中國政府同意和接受的某種方式，來處理臺灣參加某些國際組織活動的問題。

聯合國系統的所有機構，是由主權國家代表參加的政府間國際組織。在恢復中華人民共和國在聯合國的合法權利後，聯合國系統的所有機構都已通過正式決議，恢復中華人民共和國享有的合法席位，驅逐了臺灣當局的「代表」。自此，在聯合國組織中的中國代表權問題已獲得了徹底的解決，根本不存在臺灣再加入的問題。需要指出的是，近一個時期來，臺灣當局的某些人又為「重返聯合國」而大肆鼓噪。十分明顯，這是一種妄圖割裂國家主權的行徑，它無論在法理上或實際上都是行不通的。中國政府相信各國政府和聯合國系統的組織會識破這一圖謀，不做有損於中國主權的事情。

其他政府間國際組織，原則上臺灣也無權參加。至於亞洲開發銀行（ADB）、亞太經濟合作組織（APEC）等地區性經濟組織，臺灣的加入系根據中國政府與有關方面達成的協議或諒解，明確規定中華人民共和國作為主權國家參加，臺灣只作為中國的一個地區以「中國臺北」（英文在亞行為 TAIPEI，CHINA；在亞太經濟合作組織為 CHINESE TAIPEI）的名稱參加活動。這種做法屬於特殊安排，不能構成其他政府間國際組織及國際活動效仿的「模式」。

在民間性質的國際組織中，中華人民共和國的相應組織同有關方面達成協議或諒解，在中國的全國性組織以中國的名義參加的情況下，臺灣的相應組織可以以「中國臺北」（TAIPEI，CHINA）或「中國臺灣」（TAIWAN，CHINA）的名稱參加。

（三）與中國建交國同臺灣通航問題。一個國家的領空是該國領土不可分割的組成部分。1919 年公布的《巴黎航空公約》和 1944 年簽署的《芝加哥公約》均確認，每個國家對其領空具有完全的、排他性的主權的原則。因此，凡是同中國建交國家的任何航空公司，即使是私營航空公司與臺灣通航，都是涉及中國主權的政治問題，而不是一般的民間關係。與中國建交國家的官方航空公司當然不可與臺灣通航，而其民間航空公司如欲同臺灣通航，則須由其政府與中國政府磋商。在徵得中國政府同意後，其民間航空公司始可同臺灣的私營航空公司互飛。實際上，根據上述原則，中國政府已經同意英、德、加拿大等國的民間航空公司與臺灣的私營航空公司通航。

有的國家在與中華人民共和國建交前就同臺灣通航的，則可通過與中國政府談判，改變其同臺灣通航的官方性質後繼續其民間商業運輸安排。

（四）與中國建交國向臺灣出售武器問題。中國政府一貫堅決反對任何國家向臺灣出售任何種類的武器裝備或提供生產武器的技術。凡與中國建交的國家，都應遵循互相尊重主權和領土完整、互不干涉內政的原則，而不以任何形式或借口向臺灣提供武器，否則就是違反國際關係準則，干涉中國內政。

世界各國，尤其是對世界和平事業負有重大責任的大國，理應嚴格遵守聯合國安理會五常任理事國關於限制常規武器擴散的指導原

則，為維護和促進地區的和平與安全作出貢獻。然而，在目前臺灣海峽兩岸關係日益緩和的形勢下，有的國家竟違背自己在國際協議中的承諾，置中國政府的一再嚴正交涉於不顧，向臺灣出售武器，在海峽兩岸之間製造緊張局勢。這不僅是對中國安全的嚴重威脅，為中國的和平統一事業設置障礙，也不利於亞洲和世界的和平與穩定。中國人民當然要強烈反對。

在國際事務中，中國政府一貫奉行獨立自主的和平外交政策，堅持「互相尊重主權和領土完整、互不侵犯、互不干涉內政、平等互利、和平共處」五項原則，積極發展同世界各國的友好關係，從不損害別國利益，不干涉別國內政。同樣，中國政府也要求各國政府，不做損害中國利益、干涉中國內政的事情，正確處理與臺灣的關係問題。

結束語 中國的統一是中華民族的根本利益所在。

中國實現統一後，兩岸可攜手合作，互補互助，發展經濟，共同振興中華。原來一直困擾臺灣的各種問題，都將在一個中國的架構下得到合理解決。臺灣同胞將與祖國其他地區人民一道共享一個偉大國家的尊嚴和榮譽。

長期以來，臺灣問題一直是亞洲與太平洋地區一個不穩定的因素。中國的統一，不僅有利於中國本身的穩定和發展，也有利於中國同各國進一步加強友好合作關係，有利於亞太地區乃至全世界的和平與發展。

中國政府相信，在維護自己國家主權與領土完整的正義事業中，一定能夠得到世界各國政府和人民的理解和支持。

附錄16

臺海兩岸關係說明書

（行政院大陸委員會 1994 年 7 月 5 日）

壹、前言

很多國家在歷史上都有過分裂與統一的經驗，傳統中國歷朝各代也是分分合合。現代中國仍未能跳脫這個歷史的迴圈。自民國 38 年起，中國人民以臺灣海峽為界，分別生活在意識形態不同，政治、經濟、社會制度迴異的兩個社會。

為了消除兩岸的對立和隔閡，謀求民族富強，中華民國政府自民國76 年起以前瞻、務實、主動、穩健的態度，在社會、文化、經濟各方面採行具體措施，推動兩岸交流。民國 80 年 2 月，政府彙集朝野的智慧，制訂《國家統一綱領》，用以凝聚全民的共識，邁開追求統一的步伐。

惟統一條件的創造，實有賴兩岸坦誠的合作；統一大業的完成，更取決於兩岸共同的努力。有鑒於此，中華民國政府認為有必要將兩岸關係作一詳盡說明，期使海內外人士深入瞭解我政府對國家統一這個問題的思考方向、立場與作法，進而貢獻智慧，群策群力，共同為建立民主、自由、均富的中國而努力。

貳、臺海兩岸分裂分治的根源與本質

（一）中華民國的創立

鴉片戰爭後，中國有識之士開始體認到專制體制之害，咸認不自立自

強、不變法圖存、不實行民主共和，無法振衰起敝。在孫中山先生領導下，經過革命志士的犧牲奮鬥，終於在西元1912年建立了亞洲的第一個民主共和國 ─中華民國。中華民國建國初期，內有軍閥割據，外遭列強欺凌，局勢動盪不安。孫中山先生為救中國、圖富強，乃融匯中西文化思想精華，創著三民主義。他的民族主義是以追求中國的獨立自主為目標；民權主義是要實行民主政治；而民生主義則謀求均富，並欲防止資本主義與共產主義之弊端，畢政治革命與社會革命於一役。三民主義的理想，為鴉片戰爭以後「中國往何處去」的問題，提供了正確的方向。

（二）共產主義在中國的萌芽與發展

但當時國際及中國的情勢，也提供了共產思想萌芽及勢力擴張的機會。民國6年，列寧所領導的布林雪維克在「十月革命」中奪得政權；民國8年，蘇聯共黨並成立第三國際，推動世界革命，鄰近的中國便首當其衝；同年，北平發生影響中國深遠的「五四運動」。這個運動中出現的「全盤西化」論使得馬列主義乘虛而入。民國10年7月，少數左傾知識份子成立中國共產黨，為第三國際的中國支部。自此，共產主義開始在中國的土地上蔓延。民國13年，中國國民黨在蘇聯的影響下，實施「聯俄容共」政策，中共乃得以在中國國民黨內藉機成長、壯大。北伐期間，中共利用軍閥割據造成的國內紛爭，製造南昌、長沙、海陸豐、廣州等大型農民暴動事件，走上利用「武裝鬥爭」手段奪取政權的道路。民國20年11月，中共在江西瑞金成立「中華蘇維埃共和國」，自行制定《憲法》，另外組成「臨時中央政府」。這個以「蘇維埃」為名的「國號」，一方面表示它是莫斯科「無產階級祖國」的產兒，另一方面也代表中國再度分裂的開始。民國26年，「七七事變」爆發，中國全面對日抗戰。在抗戰期間，中共采行「一分抗日、二分應付（中央政府）、七分壯大自己」的策

略，大肆擴展根據地與武力。抗戰勝利後，共產黨利用中國人民精疲力盡之際，武裝叛亂，席捲大陸。民國三十八年十月，中共在北平建立「中華人民共和國」。中華民國政府從南京經廣州，播遷臺北，中國遂以臺灣海峽為界暫時形成分裂分治之勢。

（三）制度之爭是中國分裂分治的本質

傳統中國的分合均屬「統治權」之爭，分裂代表著統治權力與管轄地區的區隔，而未曾牽涉到意識形態問題。現在兩岸的分裂分治，卻是史無前例的。表面上看起來是因為中國內戰期間各黨派權力之爭，惟究其本質，實受國際政治的影響及外來意識形態的支配，最後形成以中華文化為基礎的「三民主義中國」與以馬列主義為根源的「共產主義中國」之爭，也是兩種不同的政治、經濟、社會制度與生活方式之爭。尤其是兩岸經過了 40 年的分隔之後，在不同制度下，經濟與社會等發展所呈現明顯的差距，具體凸顯了這種「中國往何處去」的爭執，才是臺海兩岸分裂分治的本質，也是今日造成中國分裂的真正原因。

這項根本因素若無法消除，中國由分裂走向統一的道路將甚為艱難。如果追根究底，今天中國之所以不能統一，不是如中共所指稱臺灣部分居民想脫離中國，也不是「某些國際勢力干涉」，而是大陸的政治制度、經濟水　准以及過去多次腥風血雨的大規模鬥爭，讓人對它缺乏信心。既然在共產體制下長大的有為青年都拼命想出來，或出來不回去，或有家歸不得；既然大陸人民成千上萬的向外偷渡；既然臺灣或海外急望統一的人士都不願意到大陸定居；既然北平連香港最起碼的民主都不能容忍；中共憑什麼指責別人遲疑不肯統一？如果中國大陸實施自由民主的制度，經濟條件符合現代化水準，那有中國人不願見到自己國家統一呢？外國人又如何干涉得了？所以中國統一問題的真正癥結還是出在中共本身，不在別人。

這也就是為什麼中華民國政府一再強調 ：「只有中國問題，沒有臺灣問題」的根本原因。

參、臺海兩岸關係的發展

（一）中共對臺政策的演變

中共長期試圖以武力「解放臺灣」。民國 38 年 10 月，中共以兩棲登陸 作戰方式攻擊金門，但受到重挫。民國 43 年 9 月，中共開始炮擊金門，再 度引發臺海危機。民國 44 年 1 月，中共血洗一江山島並進佔大陳列島。民國 47 年，中共在金門掀起震驚中外的「八二三炮戰」。可以說，在「八二三炮戰」之前，中共一直想以武力完成統一。然而，在動武之時，中共卻也不時喊出「和平解放臺灣」的口號，其目的在進行統戰。

在以武力奪取金門的企圖失敗後，中共遭逢一連串的困境，先有「三面紅旗」引發的天災人禍，後又有與蘇共交惡及面臨俄援斷絕的問題。至「文化大革命」爆發，大陸更瀕臨崩潰的邊緣。此外，中共與印度、蘇聯又發生邊界武裝衝突。在內外交困的情況下，中共除高喊「和平解放臺灣」的口號外，無力採取進一步的軍事行動。當中共與蘇聯關係惡化，共黨陣營分裂之際，由於美蘇之間的敵意猶深，美國又急於脫離越戰，遂開始聯合中共對抗蘇聯。基於戰略考慮，美國與中共間的緊張關係趨於緩和。於是兩岸的衝突焦點，也從臺海 逐漸擴及國際外交舞臺，兩岸在國際上的競爭呈現孤立與反孤立的態勢。

民國 68 年由於美國與中共建交，並中斷與中華民國正式外交關係。此一局勢發展，使中共不再擔心美國直接介入兩岸關係，因此，中共對中華民國 的策略出現了重大的變化。為了在國際間營造和平假像，以利推動改革開放政策，中共開始展開笑臉攻勢。在對臺宣傳上，中共放棄了「解

放臺灣」的口號，改以「和平統一」一詞代之。民國 68 年 1 月 1 日，中共以「人大常委會」名義發表「告臺灣同胞書」，提出「和平統一祖國」的統戰號召及「三通四流」的主張。此時，中共停止對金馬的炮擊。民國 70 年 9 月，中共「人大常委會委員長」葉劍英進一步提出「關於臺灣回歸祖國，實現和平統一的方針」（俗稱「葉九條」）。民國 73 年，鄧小平接續提出「一國兩制」的統一構想。雖然這些聲明都以「和平統一」為名，但中共迄今仍不承諾放棄以武力解決統一問題。

（二）中華民國政府推展兩岸關係的努力

中華民國政府始終認為，徹底解決中國問題的關鍵在中國大陸制度的更張。於是，民國 70 年 4 月，執政黨中國國民黨第十二屆全國代表大會提出「以三民主義統一中國」的號召，主張「統一中國唯一的道路是在全中國實行三民主義」，這項號召與主張隨即轉化為中華民國大陸政策的核心思想。換言之，臺海兩岸爭論的焦點，在於究竟是「自由民主的中國」或「共產專制的中國」比較符合中國人民的願望與世界共同的利益。中華民國政府主張「以三民主義統一中國」的主要理由，是因為過去三十多年，在全世界以及臺海兩岸，兩種不同制度實驗的結果，早經證明馬列共產主義徹底失敗，而三民主義更適合中國國情，才能解決「中國問題」。在馬列共產制度下推動的「土改鬥爭」、「大鳴大放」、「三面紅旗」、「文化大革命」等運動，使中華民族付出了慘重的代價，連中共自己在事後都以「浩劫」來形容。而在臺灣地區，中華民國政府采行孫中山先生的三民主義，以溫和、漸進的手段推動了各項經濟建設和政治改革，造就了中國歷史上空前的繁榮與民主局面。

進入民國 70 年代之後，臺灣地區經濟自由化、社會多元化、政治民主化的發展加速，使中華民國的體質迅速蛻變，並在解除戒嚴後，實施一

連串的開放性大陸政策。民國 76 年 11 月 2 日，中華民國故總統蔣經國先生基於傳統倫理及人道精神的考慮，開放臺灣地區民眾赴大陸探親，結束兩岸近四十年的隔絕狀態，為兩岸關係開啟了互動的契機。此後，兩岸互動關係已從完全隔絕進展到民間交流。

民國 79 年 5 月，李登輝先生在就任中華民國第八任總統的演說中指出 ：「如果中共當局能體認世界大勢之所趨及全體中國人的普遍期盼，推行民主政治及自由經濟制度，放棄在臺灣海峽使用武力，不阻撓我們在一個中國前提下開展對外關係，則我們願以對等地位，建立雙方溝通管道，全面開放學術、文化、經貿與科技的交流，以奠定彼此間相互尊重、和平共榮的基礎，…」。並希望「能於最短時間內，依法宣告終止動員戡亂時期」。此一莊嚴的宣示，為兩岸良性互動奠定了重要的基礎。

為凝聚國人的共識，政府於民國 79 年 6 月召開「國是會議」。與會人 士認為兩岸分別為「擁有統治權的政治實體」；在推動兩岸關係方面，與會人士主張「功能性的交流從寬，政治性的談判從嚴」，並以專責的政府機構和授權的民間仲介機構處理兩岸關係。會中還建議動員戡亂時期終止後，應將中共 定位為對抗性的競爭政權，另亦促請政府制定兩岸關係法來規範兩岸交流。

民國 79 年 10 月，李總統邀集朝野各黨及社會各界人士，于總統府成立國家統一委員會，研商制訂《國家統一綱領》，以決定我未來大陸政策的階段性目標，及國家統一的遠景藍圖。80 年元月，行政院成立大陸委員會，統籌處理政府大陸事務；80 年 2 月，財團法人海峽交流基金會（簡稱為海基會）正式成立，並接受政府委託與授權，處理涉及公權力的兩岸事務性工作。80 年 3 月行政院院會通過《國家統一綱領》，成為政府推展兩岸關係的指導原則。80 年 4 月 30 日，李總統登輝先生宣告動員戡亂

時期於 5 月 1 日零時終止，並依據國民大會之決議，宣告同時廢止動員戡亂時期臨時條款，在憲政層次上，不再將中共視為叛亂組織，此為中華民國公佈《國家統一綱領》後對中共善意的表示。

這個宣告在兩岸關係上有兩個重大的含義。第一，它表示中華民國政府正式而且率先片面放棄以武力方式追求國家統一；第二，中華民國政府不再在國　際上與中共競爭「中國代表權」。中華民國政府認為「中國只有一個」，但「臺灣與大陸都是中國的一部分」，「中共不等於中國」，在中國尚未達成最後的統一以前，兩者既處於分治局面，理應各自有平行參與國際社會的權利。

民國 81 年 7 月，立法院通過《臺灣地區與大陸地區人民關係條例》，並於 9 月 18 日施行，為政府處理兩岸關係奠定了法理基礎。

兩岸民間日益頻繁的交流產生了不少問題，建立制度化管道以解決爭端的需要乃益形迫切。民國 79 年 9 月，兩岸的紅十字會簽訂雙方民間團體的第一個協定─「金門協定」，以處理大量大陸偷渡客的遣返問題。雙方原來約定由中共方面在接獲遣返通知 20 天內接運大陸偷渡客返鄉，但中共卻以各種理由遷延時日，讓幾年來將近三萬名偷渡客平均滯臺 113 天之久。針對因交流而衍生的事務性問題，海基會與中共成立的對等交涉單位海峽兩岸關係協會（簡稱海協會）曾數度在北平與香港交換意見。為了建立有效的聯繫管道，雙方更同意於民國 82 年 4 月在新加坡舉行董事長（會長）層次的會談。會談中，辜振甫與汪道涵兩位先生正式簽署《兩岸公證書使用、查證協定》、《兩岸掛號函件查詢、補償事宜協定》、《兩會聯繫與會談制度協定》以及《辜　汪會談共同協定》，為兩岸事務性會談及制度化互動奠定了基礎。此後，海基會與大陸海協會依據協議，舉行了多次後續商談，對兩岸交流所衍生的問題繼續進行深入討論。

（三）中華民國政府對兩岸關係的架構設計

　　兩岸間事務性談判，除了顯示雙方經四十多年的對抗後，有意經由談判解決彼此間的各種糾葛外，也表示兩岸有意累積各種事務性談判的經驗和成果，為雙方未來的政治性接觸和談判做鋪路工作。然而，幾年來，兩岸之間的事務性商談卻牽引出一些爭論，如「一個中國」的內涵、法律管轄權等，這些問題都涉及兩岸關係定位，如未獲解決，勢將影響兩岸關係發展。

　　中華民國自西元 1912 年創立以來，在國際間始終是一個具獨立主權的　國家，這是個不爭的歷史事實。但是，在兩岸關係的處理上，雙方既不屬於國與國間的關係；也有別於一般單純的國內事務。為使兩岸關係朝向良性互動的方向發展，中華民國政府務實地提出「政治實體」的概念，作為兩岸互動的基礎。所謂「政治實體」一詞其含義相當廣泛，可以指一個國家、一個政府或一個政治組織。現階段兩岸的互動，唯有暫時擱置「主權爭議」的問題，才能解開四十餘年的結，順利朝統一的方向發展。而「政治實體」正是解開這個結的最佳選擇。

　　《國家統一綱領》提出「一個中國、兩個對等政治實體」的架構，來定位兩岸關係，其主要內涵包括：（一）中華民國的存在乃是不容否認的事實。（二）「一個中國」是指歷史上、地理上、文化上、血緣上的中國。（三）兩岸的分裂分治只是中國歷史上暫時的、過渡時期的現象，經由兩岸共同的努力，中國必然會再度走上統一的道路。因此，在追求統一的過程中，兩岸可先經由民間事務性交流，消除彼此間的敵意，進而營造統一的條件；雙方在國際上互相尊重而非彼此排斥；以及雙方放棄以武力做為實現統一的手段。（四）為兩岸的政治談判預留空間。正因為中國目前是分裂為兩個政治實體，才要經由交流和談判，使它合而為一。而「國家統

一綱領」也明確規定在遠端協商統一階段，兩岸成立「統一協商機構」，經由談判方式完成國家統一架構的規劃。

（四）中華民國政府不接受「一國兩制」的主張

中華民國對兩岸目前暫時分裂分治的認定，與中共「一國兩制」的說法，有著絕對不同的內涵。我們認為，傳統觀念的中國現已分裂為兩個政治實體，即實行社會主義制度的大陸地區，以及實行民主自由體制的臺灣地區。依照中共的說法，其所稱的「一國」是指「中華人民共和國」，中華民國管轄下的臺灣，則只是中共統治下的一個「特別行政區」，雖可在中共的同意下享受有限的「高度自治」，但不能違背中共的「憲法」與中共「中央政府」的旨意。這不但完全無視中華民國的存在，更是假中國統一之名，行兼併臺澎金馬之實。

至於中共所設計的「兩制」，彼此在地位上也不相等，大陸地區所實施的社會　主義被其視為主體，而臺灣地區實行的三民主義只能為輔，且只能在過渡時期存在。至於「兩制」的內涵與時效，中共當局認為其擁有解釋權與最後決定權。因此，「兩制」乃是任由中共宰製的一種權宜措施，本質上，仍是一種主從關係，一制代表中央，另一制代表地方，在此安排下，臺灣地區終須被迫放棄民主自由制度，完全接受中共設定及安排的制度。明確地說，「一國兩制」的目的，是要中華民國向中共全面歸降，要臺灣地區人民在一定時間後放棄民主自由制度。因此，中共的這項主張，客觀上並不可行，主觀上我們也絕不接受。

中華民國政府認為，就政治現實而言，中國目前暫時分裂為兩個地區，分別存在著中華民國政府與中共政權兩個本質上完全對等的政治實體。雖然雙方所管轄的土地、人口與所推行的制度不同，但兩者在互動過程中自應平等對待，並各自在其所管轄的區域內，享有排他的管轄權，任

何一方並無法在對方地區內行使治權，也不應該將其意志假主權之名強加于另一方。

（五）中華民國政府堅持追求中國統一的目標

中華民國政府堅決主張「一個中國」，反對「兩個中國」與「一中一臺」。中華民國政府同時也主張在兩岸分裂分治的歷史和政治現實下，雙方應充分體認各自享有統治權，以及在國際間為並存之兩個國際法人的事實，至於其相互間之關係則為一個中國原則下分裂分治之兩區，是屬於「一國內部」或「中國內部」的性質。我們的主張極其務實；這些主張亦與「兩個中國」或「一中一臺」的意涵完全不同。

中華民國政府以「一個中國、兩個對等政治實體」做為兩岸關係定位的架構，期望兩岸關係朝向和平、務實、理性的方向發展。中共當局應瞭解，此一做法乃是促進中國統一的最佳選擇。在兩岸交流過程中，中共應袪除對中華民國政府追求國家統一目標與決心的懷疑。如何在分裂分治的現實基礎上，積極營造統一的有利條件，使兩個不同「政治實體」逐漸融合為「一個中國」，應當是中共當局急需思考的方向。其次，對於中國的統一，臺海兩岸應採取穩健的政策，不宜操之過急，所謂「欲速則不達」。只要兩岸具有統一的誠意和決心，統一的目標終會實現。同時，中國人不能為統一而統一，而應統一在一個合理、良好的政治、經濟、社會制度和生活方式之下。因此，我們主張海峽兩岸應全力為建立一個民主、自由、均富、統一的中國而努力。經由雙方共同的努力，一旦兩岸的意識形態、政治、經濟、社會差距縮小，中國統一自可水到渠成。

為今之計，臺海兩岸應加強交流，並透過事務性談判解決彼此間的爭端。這種談判的經驗和成果累積到一定程度後，雙方才有可能進行政治性接觸和談判。換言之，兩岸事務性談判次數愈頻繁，簽訂的協定愈多，進

行政治性接觸與談判的機會就愈大。中華民國政府的大陸政策，依循「國家統一綱領」的規劃，漸進地推動，希望中共當局能積極善意地回應，使兩岸關係能良性互動，為中國的和平民主統一創造有利的條件。

（六）中華民國政府處理兩岸關係的原則

在和平統一之前，中華民國主張以理性、和平、對等、互惠四項原則處理兩岸關係。

理性原則應是處理兩岸事務的基本思維方式。對分裂國家而言，處理統一　問題時，和平、對等、互惠原則是理性的最大表現。德國統一即是在東西德對　等相待、互惠交往與和平解決爭端的理性原則下完成。歐洲共同體從關稅同盟、單一市場到組成一個歐洲大家園，其所秉持的理性思考，是另一個值得學習的成例。反之，倘不能以理性原則處理國家的統一問題，將使國家內部兵戎再度相見，動亂迭起，人民巔沛流離。過去越南與現在南斯拉夫的慘痛經驗，應足為兩岸所警惕。

和平原則是我們處理兩岸關係的最根本原則。從李總統登輝先生歷次講話內容可以看出，他決定放棄以武力作為解決統一問題的手段。他主張這種方式的主要理由有三：一是以談判代替對抗已成為國際潮流，任何國家都應儘量避免訴諸武力解決彼此間的爭端。二是臺海兩岸的互動已非全贏或全輸的競賽，而是雙方各讓一步，各謀其利的「雙贏」競賽。三是放棄用武才是最合乎中華民族的利益。因此，唯有中共當局在適當時機主動宣佈放棄以武力作為解決統一問題的手段，才能為兩岸關係的發展創造出和諧友善的氣氛。以武力追求「領土的統一」，是以膚淺狹隘的思維曲解了民族主義的真諦；以和平方式追求民主、自由、均富「制度的統一」，才是可大可久的民族主義。中共迄今一直藉稱還有「臺獨勢力」與「外國干涉力量」，而不願放棄對臺使用武力。但主張「臺獨」者畢竟只是臺灣

地區人民中的少數。如果為了打擊這些少數而欺壓認同中華民族與文化的多數，豈非不智？口頭上說是防範「外國干涉力量」，而實際上卻直接威脅全體臺灣地區人民的安全，更顯示中共說詞之偏頗。

對等原則是我們的第三項呼籲。所謂對等，是指在臺灣地區及大陸地區的中國人應享有同等的尊嚴，並受到同等的尊重。中華民國政府認為，無論是目前兩岸民間的交流，或是未來政府間的協商，均應在尊重對方人民與政府法制的原則下進行，不應刻意矮化對方。例如，中共反對任何前往大陸地區訪問的臺灣地區團體使用「中華民國」、「中華民國政府」或「國立」等名詞，一旦使用了這些名詞，中共即擅自將它們改為「臺灣」。中共也反對兩岸以「對等政府」的談判方式簽訂有關兩岸交流的協定，或否定我政府在臺灣地區享有司法管轄權。此外，中共也不斷逼迫我方更改參與國際組織和活動的名稱為「中國臺北」，以貶抑中華民國的國際人格。事實上，中共這些做法，反而可能刺激臺灣內部分裂意識的升高。

互惠原則是我們推動大陸政策的第四項立場。兩岸交流應滿足雙方的利益，兩者之間絕非「零和」關係，而應是「雙贏」的互動。我們相信唯有在雙方互惠的前提下交流，才能互信互諒，可大可久，日進有功。互惠行為不應只是單向的或局部的思考，而必須從雙向與整體考量。由於兩岸對交流賦予的理念不同，彼此對交流幅度與速度的看法不同。以兩岸經貿交流為例，中共雖然口頭聲稱「誰也不吃掉誰」，但實際上卻採取「以大吃小」的交流策略，主張將兩岸之間的經貿交流提高到戰略層次，以「拖住臺灣」。而中華民國政府則主張兩岸經貿交流應在互補、互利原則下採取穩健、漸進的方式進行。換言之，中共當局希望透過兩岸交流儘早達成兼併臺灣的政治目的，而中華民國政府則希望經由各項交流增進兩岸人民的相互瞭解，降低雙方的敵意，縮短彼此間的差距，以達到互補、互惠的

境界。

肆、影響兩岸關係的內外環境因素

（一）國際環境因素

　　影響兩岸關係發展的因素，大致可分為國際、大陸與臺灣三組不同因素。首先就國際因素而言，民國 80 年代，國際社會可說已進入一個嶄新的階段。共產主義在這個世界上經過 70 多年的試驗後，已證明不為人類所接受，因為所有共黨國家，在政治上實施「無產階級專政」，長期壓制自由和民主，引發各階層人民的不滿和反抗；在經濟上則實行社會主義公有制和計劃經濟，造成經濟發展停滯，人民生活水準無法提高的困境。蘇聯的解體及東歐的非共化，基本原因即在此。而在冷戰後的世界格局中，中共作為西方戰略盟友的角色亦隨之改變，西方開始注意中共在人權方面的壓制，國際社會亦開始理性地看待兩岸分裂分治的事實，並瞭解到中華民國在中共改革開放過程中所能發揮的作用，以及臺海安全對亞洲局勢穩定及亞太經濟發展的重要性。

　　此外，國際關係中的經濟互賴特質，亦有助於兩岸關係的緩和。民國 80 年，臺灣、大陸、香港三個地區正式加入亞太經濟合作會議。未來，兩岸亦將加入關稅暨貿易總協定。亞太地區經貿逐步自由化將為此一地區帶來繁榮，亦將促使中共加速其改革開放步伐，此均有助於兩岸關係的良性發展，進而縮短兩岸經濟發展的差距，為中國和平統一提供有利的條件。

　　國際政治中的統合與分離趨勢，也是影響兩岸關係發展的因素。在意識形態掛帥的冷戰時期，分裂國家的統一政策往往受到集團政治的影響而缺乏妥協性，致使統一必須依賴武力解決。國際冷戰時期結束後，統合思

想的復起，促使分裂國家重新向統一的道路邁進。例如，東德人民對自由民主政經體制的向往，以及西德人民對德意志民族的情感，促成東西德在西元 1990 年 10 月依民主程序完成統一。再如，南北韓為建立對統一的共識，在和平與對等的基礎上，亦於西元 1991 年 12 月簽定《和解、互不侵犯與合作交流協議》。這種因國際政經體系改變，而使分裂國家走向和解與統一，正是冷戰後明顯的發展趨勢與特徵。

冷戰後，一些長期被壓抑的民族，由於民族主義重新燃起，分離主義也成為一種令人注目的訴求。蘇聯分裂成 15 個國家；捷克斯洛伐克在境內兩個不同民族均同意的情形下，分裂成捷克與斯洛伐克兩個國家；另外，南斯拉夫亦受此分離主義的影響，而導致分裂。

統合與分離這兩股趨勢，對臺灣地區亦造成衝擊。《國家統一綱領》的通過，是我們對統合思想潮流的肯定；相對地，「臺灣獨立」的主張，也受到分離趨勢的激化。中華民國政府認為，中國的統一在謀求國家的富強與民族長遠的發展，也是海內外中國人共同的願望。我們願促使此一目標的實現；但我們也不諱言，臺灣地區已是一個民主社會，言論思想完全自由，統合思想與分離主義這兩股趨勢必然會對臺灣地區造成影響。主觀上，中華民國政府認為追求統合是我們應走的道路；但客觀上，這兩股趨勢為臺灣地區人民接受的程度，將取決於兩岸關係的發展。如果兩岸關係未能良性發展，分離主義的陰霾恐將揮之不去，逐漸在臺灣地區滋長；反之，如果兩岸能良性互動，分離主義的發展空間自將受限。

（二）大陸地區情勢因素

大陸地區的情勢發展與中共對臺政策，也是影響兩岸關係的一組重要因素。中華民國的大陸政策目標，是建立一個適合全體中國人生存與發展的政經制度與生活方式。我們樂於見到大陸地區加速改革開放的步伐。然

而我們也看到，中共雖決定建立「中國式的社會主義市場經濟體制」，以促進經濟發展、改善人民生活，並作為延續其政權的基礎，但它在政治上仍堅守「四個堅持」（社會主義道路，人民民主專政，共產黨的領導，及馬列主義、毛澤東思想）以維持中共一黨專政。這種「政左經右」路線，本質上就充滿了矛盾。近幾年來，大陸經濟財政危機不斷，貧富差距逐漸擴大，社會問題叢生，均是這種路線造成的後果。中共如不進行政治改革，放棄「四個堅持」，將難切斷長期存在且時松時緊的經濟惡性循環規律。未來，大陸內部政治情勢的走向，將影響到臺灣地區人民對統一問題的看法。臺灣地區歷次民意調查顯示，假使中共能實施自由民主政治，則民眾贊成兩岸屆時可以統一的比率遠高於贊成臺灣獨立者；反之，倘中共繼續實施一黨專政，則希望中國統一的民眾比率遽降，而贊成臺灣獨立的比率則相對升高。由此可見，大陸地區民主化或專政的程度，將深 切影響臺灣地區人民對統一的看法。

臺灣地區民眾對統一問題的看法也受到中共對臺政策的影響。從民國38年迄今，中共領導人從未放棄對臺動武的恫嚇。此外，中共始終刻意封殺中華民國的國際活動空間，設法排除或貶低中華民國在各種國際組織中的地位，極力破壞中華民國與有邦交國家的關係，多方阻撓中華民國拓展航權、採購正當自衛所需的武器裝備，或與其他國家的高層人士相互訪問、開展正常交往。中共這種充滿敵意的行為，怎能不讓海內外的中國人有著「本是同根生，相煎何太急」的感歎！

中共執行外交封殺政策多年，卻似乎渾然不覺其中隱含的矛盾：中共一面動用國際力量來圍堵臺灣，一面卻又反對「臺灣問題國際化」；一面認定臺灣與外國通航是「涉及主權的政治問題」，一面卻聲稱兩岸直航是純粹經濟問題，而不是政治問題；一面打壓臺澎金馬地區人民繁榮富庶所

依賴的國際空間，一面又大唱民族感情的高調。如果中共不知反省自己的言行不一，只知用高壓手段在國際上排擠中華民國，恐怕不僅不能切斷中華民國的對外關係，反而會在臺灣地區不斷激起更多、更大厭惡中共政權的心理，阻礙了國家統一的進程。

事實上，當前國際關係的議題中，已有若干臺海兩岸具有平行利益的地方。可惜中共慮不及此，徒然讓多年的外交爭奪戰消耗了彼此許多寶貴的資源及精力。假如臺海兩岸都能夠平等共存於國際社會，雙方的國際空間都會變得更大；中國人在國際上的發言分量也會更重，而不會相互抵銷。不僅如此，這個多邊的學習過程，配合雙邊的理性交往，必會增進雙方兄弟般的感情，進而強化兩岸最終統一的可能性。以中華民國尋求參與聯合國來說，在兩岸都公開向國際宣示追求一個統一中國的前提下，如果中華民國順利參與聯合國各項組織與活動，以四十多年來累積的成功經驗，回饋國際社會，為中國人在國際社會贏得更多的尊重，中共當局實無百般阻撓的理由。東西德統一的經驗顯示，分裂國家共同參與國際社會，並不會妨害統一的推展，反而可以緩和彼此間的緊張關係，亦可為和平統一創造有利條件，進而在國際間維護整個民族的利益。南北韓也在不久前，採取了類似的作法。我們認為，在這個和解的時代，臺海兩岸需要確實設法化解敵意。中華民國政府已經主動向前跨出了一大步，如果中共當局也能有所體會與回應，相信應有助於兩岸關係往統一的方向發展。

(三) 臺灣地區發展因素

臺灣地區未來的政經發展是影響兩岸關係的另一組重要因素。最近幾年來，中華民國在臺灣可以說經歷了一個「寧靜革命」的過程。在經濟上，中華民國成為全世界第 14 大貿易國與第 7 大對外投資國。論國民平均所

得，在世界亦已排名第 20 位。外匯存底更在全球數一數二。而在政治上，則成功地實現了中國歷史上第一個尊重人權與法治的民主政治。蓄積已久的經濟實力與社會文化活力，透過民主自由的過程釋放出來以後，一面迎向世界，走出「務實外交」的道路；一面迎向中國大陸，成為擴大兩岸民間各項交流的重要觸媒。所以近年兩岸關係的快速發展，在很大程度上是源自於臺灣地區的經濟成長與政治民主化。

可惜中共不但不曾理解這個因果關係，反而一直醜化或詆毀臺灣地區的民　主化過程，然後又藉口「務實外交」就是搞「兩個中國」或「一中一臺」，而蠻橫地干涉中華民國的對外關係，企圖縮小中華民國的國際活動空間。同時中共又企圖「以商圍政，以民逼官，以經濟促政治」，擴大其對臺灣地區的影響力，最後逼迫中華民國政府接受其「一國兩制」的安排。這種一拉一打的做法，既無視於臺灣地區近年來政經發展的潮流，也完全不顧臺灣地區人民的真正意願和福祉。長此以往，對中國統一，甚至兩岸正常交流，必然會導致難以逆料的負面影響。

自民國 76 年臺灣地區解除戒嚴及開放黨禁後，憲法所賦與人民的集會結社和言論自由，獲得完全的保障。臺灣地區人民亦已逐漸凝聚成一種「同舟共濟」、「生命共同體」的社會心理共識。「生命共同體」的信念並非表示臺灣地區 2,100 萬人民要漠視中國歷史或放棄中國統一的神聖使命，而是表示他們未來的福祉與安全都與臺灣地區發展的禍福與共、休戚相關。「生命共同體」的另一種表現，是民意在政府制訂政策中的主導地位。中華民國政府在規劃大陸政策時，必然需要隨時廣徵各界民意的看法與建議。隨著臺灣地區民主化的逐漸成熟，民意勢將成為政府制訂大陸政策的主要參考指標。

臺灣地區已是民主化的多元社會，在野黨在立法院中已擁有相當比例

的席位，其政治主張必然關係到大陸政策的制訂。在國家認同與兩岸關係問題上，朝野政黨存在若干不同的看法。各黨派對大陸政策雖有不同意見，但其目的都是提升臺灣地區人民的福祉。在提出政治主張時，各黨都不能不慎重考慮它對2,100萬人民生命安全與福祉的影響。進一步說，今日中華民國政府與中共當局所爭的應該都是全體中國人長遠的幸福。在這場競爭中，任何輕率冒進的統一政策主張，或對國家認同理念的扭曲，皆絕非全民之福。

伍、結論

（一）兩岸分裂分治是中華民族的不幸

海峽兩岸的分裂分治，是中華民族的不幸。但中華民國人民又何其有幸，在大陸被赤化後，仍保有臺澎金馬這一塊孕育中國未來生命力的基地。經過四十餘年的勵精圖治，中華民國在臺灣地區開創了中國歷史上前所未有的政治民主，也創造了中國數千年來空前的經濟繁榮。四十餘年的努力，已使臺灣地區從海上的邊陲地位躍升為主導中國前途的樞紐。

中華民國政府領導全體中國人民，經過八年浴血抗戰，擊敗了日本帝國主義的侵略，廢除了不平等條約，為中國取得聯合國創始會員國與安全理事會常任理事國的地位。但自從中共於民國38年另在大陸建立政權後，中國大陸人民又何其不幸，在中共不斷對外進行武裝衝突，對內奪權整肅，實行共產主義統治之下，經濟落後，民生凋敝。

（二）中共當局應為中國統一作出貢獻

我們呼籲中共加速推動經濟改革、從事全盤政治改革。唯有如此，才能使大陸同胞早日脫離貧窮匱乏，過著具有人性尊嚴的生活。我們也呼籲

中共要以坦然的心胸正視兩岸關係所面臨的各種問題，並體認到兩岸暫時分裂分治的事實，以理性、和平、對等、互惠的原則，誠心誠意地推動兩岸關係的發展。唯有如此，才能為兩岸和平統一創造契機。

我們認為武力威脅和戰亂，絕非全體中國人所願見；威脅徒增兩岸人民的敵意，戰爭將使兩岸玉石俱焚。假統一之名而訴諸武力者，必將成為中華民族的歷史罪人。只有發揮「血濃於水」的民族情誼，平等相待，兩岸關係才可破除障礙，漸行漸近。

（三）民主、自由、均富是中國統一的真正價值

但「和平統一」仍然不夠；應有「民主統一」。只有和平地統一在民主、自由、均富的制度之下，中國人才有幸福，中國才會對世界的和平、安定與繁榮做出更大的貢獻。如果中國統一在專制獨裁的制度之下，人權受到蔑視與戕害，是世界和平的重大威脅，相信也不會被世界各國所接受。同時我們也認為，中國統一的最大意義，不但在於謀求國家的富強與民族長遠的發展，而且在使全體中國人民都能享有民主、自由與均富的生活。不能達此目標，統一毫無意義與價值。

回顧過去，展望未來，中華民國政府將繼續秉持「以人道考量為優先，逐步擴大民間交流；以文化交流為重點，增進兩岸人民瞭解；以互補互利為原則，擴展兩岸經貿關係」的立場，盡力推動兩岸關係，促使兩岸互動良性發展。中華民國政府亦將繼續秉持前瞻、務實、主動、穩健的原則，研訂整體交流策略，不因中共對我敵視而退縮，亦不因中共對我利誘而冒進。深信經由我全民的智慧與努力，必可開創新局，加速大陸地區政治、經濟、社會的現代化發展，進而完成在民主、自由、均富下統一中國的神聖使命。

國家圖書館出版品預行編目（CIP）資料

大歲月：臺灣政治經濟 500 年／彭百顯著 .

第一版──臺北市：宇河文化出版；

紅螞蟻圖書發行 , 2018.8

面； 公分 . ──（Discover；46）

ISBN 978-986-456-304-3

1. 臺灣史　2. 政治經濟

733.21　　　　　　　　　　　　　　107011085

Discover 46

大歲月：臺灣政治經濟 500 年

作　　　者／彭百顯
發 行 人／賴秀珍
總 編 輯／何南輝
執行編校／鄭素卿
攝　　　影／黃謙賢、郭文宏
美術構成／沙海潛行
封面設計／引子設計
出　　　版／宇河文化出版有限公司
發　　　行／紅螞蟻圖書有限公司
地　　　址／臺北市內湖區舊宗路二段 121 巷 19 號（紅螞蟻資訊大樓）
網　　　站／ www.e-redant.com
郵撥帳號／ 1604621-1 紅螞蟻圖書有限公司
電　　　話／（02）2795-3656（代表號）
傳　　　眞／（02）2795-4100
登 記 證／局版北市業字第 1446 號
法律顧問／許晏賓律師
印 刷 廠／卡樂彩色製版印刷有限公司
出版日期／ 2018 年 8 月　第一版第一刷

定價 1000 元　港幣 334 元

ISBN 978-986-456-304-3　　　　　　　Printed in Taiwan